COMM. VALENCIENNE ET MURCIE
pages 232-253
ARAGON
pages 216-231
CATALOGNE
pages 196-215
0
100 km
BARCELONE
pages 132-185
Zaragoza
Lleida
Barcelona
L'ESPAGNE ORIENTALE
LES BALÉARES
Palma de Mallorca
Valencia
Alacant
(Alicante)
LES BALÉARES
pages 482-503
LES CANARIES
LES CANARIES
pages 504-527

COMMENT Y ALLER ? 36

CATALOGNE-VALENCE UTILE 43

LA CATALOGNE 76

Pictogrammes du Routard

Établissements

- Hôtel, auberge, chambre d'hôtes
- Camping
- Restaurant
- Terrasse
- Pizzeria
- Tapas
- Boulangerie, sandwicherie
- Pâtisserie
- Glacier
- Café, salon de thé
- Café, bar
- Bar musical
- Club, boîte de nuit
- Salle de spectacle
- Boutique, magasin, marché

Infos pratiques

- Office de tourisme
- Poste
- Accès Internet
- Hôpital, urgences
- Adapté aux personnes handicapées

Sites

- Présente un intérêt touristique
- Point de vue
- Plage
- Spot de surf
- Site de plongée
- Recommandé pour les enfants
- Inscrit au Patrimoine mondial de l'Unesco
- Pas de côté

Transports

- Aéroport
- Gare ferroviaire
- Gare routière, arrêt de bus
- Station de métro
- Station de tramway
- Parking
- Taxi
- Taxi collectif
- Bateau
- Bateau fluvial
- Piste cyclable, parcours à vélo

« OSEZ LE PAS DE CÔTÉ »

Le surtourisme ? Tous concernés. Pour éviter les queues interminables à l'entrée de site et les musées saturés, voyagez si possible en dehors des ponts et vacances scolaires. C'est aussi mieux pour le budget ! Et sinon, visitez les sites les plus touristiques aux heures creuses : à l'ouverture, pendant la pause déjeuner ou avant la fermeture.

Et puis, à l'écart des grands flux touristiques, il existe des pépites méconnues, souvent oubliées des circuits classiques, trop encombrés. Ici un site ignoré ; là un quartier secret ; plus loin un village caché au charme discret avec un troquet d'une autre époque. Autrement dit, une infinité de lieux tranquilles que l'on met en avant avec ce pictogramme. Un vagabondage au calme, loin de la foule. Vive le *slow trip* !

#osonslepasdecote

NORD
Bossòst
Vilamòs
Val d'Aran
Bagergue
Salardú
Pont d'Arrós
Vielha
Arties
Baqueira
Betren
C 28
Espot
N 230
Vall de Boí
P. N. d'Aigüestortes
Taüll
Barruera
C 13
Tarascon
N 20
ANDORRE
Andorra La Vella
N 145
Llívia
Puigcerdà
Meranges
Fàbrica de Llanes
Bescaran
Estamariu
Ainsa
El Pont de Suert
Llessui
Sort
Gerri de la Sal
N 260
La Seu d'Urgell
Cerc
Arsèguel
Bellver de Cerdanya
La Molina
P.N. de Cadí-Moixeró
Santes Creus
Organyà
Fórnols
Josa del Cadí
Tuixent
Gósol
Saldes
A 138
ARAGÓN
Salàs de Pallars
Talarn
La Pobla de Segur
C 1311
Tremp
N 123
N 230
Benabarre
Castell de Mur
C 14
E 9 C 16
Berga
C 26
Barbastro
LES PYRÉNÉES CATALANES p. 388
Oliana
Solsona
Agèr
Puig-reig
Monzón
A 22
Artesa de Segre
Ponts
Cardona
C 55
A 130
Binéfar
A 140
Alfarràs
C 26
C 14
C 1412
Súria
C 25
Balaguer
Almacelles
N 230
C 53
Penelles
N 141
Manresa
A 131
C 13
Anglesola
Cervera
C 25
A 2
C 37
Lleida
A 2
Tàrrega
Montserrat
Fraga
N II
N 240
Vallbona de les Monges
C 241
Terrassa
AP 2 E 90
Santuari del Tallat
TRIANGLE CISTERCIEN (OU RUTA DEL CISTER)
C 15
A 2
Torrente de Cinca
C 12
Vimbodí
L'Espluga de Francolí
Sant Sadurní d'Anoia
Ebro
Poblet
El Pla de Manlleu
Vilafranca del Penedès
N 340
N 211
Cornudella de Montsant
Montblanc
Prades
Santes Creus
Colònia Güell
Flix
Escaladei
Siurana
Valls
Castelldefels
La Vilella Baixa
Poboleda
C 32
A 221
PRIORAT
Porrera
Reus
N 240
AP 7 E 15
Sitges
C 12
N 420
Altafulla
C 221
Móna la Nova
Falset
LE LITTORAL BARCELONAIS p. 217
Corbera d'Ebre
N 420
C 44
Cambrils
Tarragona
Calaceite
Gandesa
C 12
Miravet
Port Aventura World
Salou
N 420
El Pinell de Brai
Benifallet
LA COSTA DAURADA ET TARRAGONE p. 335
LES TERRES DE L'EBRE p. 376
L'Ametlla de Mar
AP7 E 15
Tortosa
Santa Barbara
Deltebre
Riumar
Serra de Godall
Amposta
Costa Daurada
Poble Nou del Delta
Ulldecona
La Ràpita
Traiguera
N 232
CV 132
N 340
Vinaròs
VALENCÍA
Peníscola
CV 10

LA CATALOGNE

Tarragona

LA COMMUNAUTÉ DE VALENCE

LA RÉDACTION DU ROUTARD

© R. Delalande et E. Dessons

La saga du *Routard* : en 1971, 2 étudiants, Philippe et Michel, avaient une furieuse envie de découvrir le monde. De retour du Népal germe l'idée d'un guide différent qui regrouperait tuyaux malins et itinéraires sympas, destiné aux jeunes fauchés en quête de liberté. 1973. Après 19 refus d'éditeurs et la faillite de leur 1re maison d'édition, l'aventure commence vraiment avec Hachette. Aujourd'hui, le *Routard*, c'est plus d'une cinquantaine d'enquêteurs impliqués et sincères. Ils parcourent le monde toute l'année dans l'anonymat et s'acharnent à restituer leurs coups de cœur en toute indépendance.

Merci à tous les Routards qui sont solidaires de nos convictions : liberté et indépendance d'esprit ; découverte et partage ; sincérité, tolérance et respect des autres.

NOS SPÉCIALISTES CATALOGNE, VALENCE ET SA RÉGION

Anne Poinsot : après avoir tâté de l'histoire, de la sociologie et de la sculpture, c'est au *Routard* qu'Anne nourrit chaque jour sa curiosité éclectique, ses désirs d'ailleurs et son goût du mot juste. Toujours l'œil grand ouvert sur la beauté paradoxale du monde. Entre les rencontres, l'exploration de terrain et les plages d'écriture, elle n'y voit pas le temps passer…

Florence Charmetant : très tôt le voyage est devenu une nécessité, quelle que soit la destination. Le voyage pour les personnes, les rencontres, les liens, les lieux, les cultures, les langues, les valeurs, les goûts, les parfums, les différences… Plus de 35 années sont passées, son appétit demeure et son envie de transmettre, à vous lecteurs du *Routard,* tout autant.

Guillaume Garnier : à 23 ans, ce Parisien pur jus s'envole pour un long périple vers l'Asie. Il revient atteint d'une sévère fièvre du voyage, le sac désormais greffé sur le dos ! Amoureux des mots et des langues écrites, orales ou chantées, il a trouvé au *Routard* la maison (de fous) idéale pour ne jamais guérir de ce virus. Pire, il s'efforce de le transmettre !

André Poncelet : bruxellois, biberonné aux aventures de Tintin et de Bob Morane, il trace la route dès ses 17 ans. Après une carrière dans le livre, il participe au premier Routard consacré à son pays. Ciseleur de mots et arpenteur de méridiens, il n'a de cesse de communiquer ses coups de cœur tant pour les cités au riche patrimoine que pour les grands espaces.

UN GRAND MERCI À NOS AMI(E)S SUR PLACE ET EN FRANCE

Pour cette nouvelle édition, nous remercions particulièrement :

- **Josefina Mariné** et **Emmanuelle Poiret,** de Tourisme de la Catalogne à Paris, pour leur grand professionnalisme ;
- l'office espagnol de tourisme à Paris, en particulier **Miren Lizarralde** et **Maria José Gómez Gómez,** pour leur efficacité sans faille ;
- les offices de tourisme de Barcelone et leurs équipes, avec un clin d'œil particulier à **Emma Martín,** de Barcelona Turisme ;

- **Leticia Colomer** et son équipe, à Valence, pour leur accueil et leurs précieuses infos ;
- **Ilona,** source inépuisable de bons tuyaux.

NOS ENQUÊTEURS-FURETEURS

Nous tenons à remercier tout particulièrement Fabrice Argelas, Gabriel Bertrand, Loup-Maëlle Besançon, Thierry Bessou, Grégory Dalex, Fabrice Doumergue, Cédric Fischer, Carole Fouque, Guillaume Garnier, Nicolas George, Michelle Georget, Claude Hervé-Bazin, Emmanuel Juste, Fabrice de Lestang, Éric Milet, Pierre Mitrano, Alain Pallier, Jean-Sébastien Petitdemange, André Poncelet, Thomas Rivallain et Jean Tiffon pour leur collaboration régulière.

Aurélia Andriamampianina, Pauline Bezzina, Jean-Jacques Bordier-Chêne, Philippe Coupy, Zoé Danner, Agnès Debiage, Jérôme Denoix, Tovi et Ahmet Diler, Clélie Dudon, Alain Fisch, Adrien et Clément Gloaguen, Émilie Lambert, Marie Maurel, Chantal N'Guyen, Martine Partrat, Odile Paugam et Didier Jehanno, Lucie Royer, Prakit Saiporn, Antoine Sibelle et Maureen Sorgnard.

L'ÉDITEUR HACHETTE LIVRE

Direction : Sidonie Chollet

Direction éditoriale : Élise Ernest

Édition : Gia-Quy Tran et **Pauline Huet**

Cartographie : Frédéric Clémençon et **Aurélie Huot**

Fabrication : Nathalie Lautout, Liza Sacco et **Aude Cauchet**

Relations presse : COM'PROD, **Fred Papet** et **Laëtitia de Cerval.** ☎ 01-70-69-04-69. • info@comprod.fr • **Martine Levens** (Belgique) ☎ +32-47-568-35-76.

Contact Partenariats : Jérôme Denoix • jeromedenoix@gmail.com •

Contact Partenariats et régie pub : Florence Brunel-Jars • fbrunel@hachette-livre.fr •

Silhouette du Routard : Clément Gloaguen (d'après Solé) ; **couverture : Atelier Choque Le Goff** ; **maquette intérieure : le-bureau-des-affaires-graphiques.com, Thibault Reumaux** et **npeg.fr**

Important : dernière minute

Entre deux parutions du *Routard,* des événements fortuits (conditions sanitaires, catastrophes naturelles mais aussi formalités, taux de change, conditions d'accès aux sites, fermetures inopinées, etc.) peuvent modifier vos projets de voyage. Pour éviter les déconvenues, nous vous recommandons de consulter la rubrique « Guide » par pays de notre site • **routard.com** • et plus particulièrement les dernières ***Actus voyageurs.***

☎ **112 :** c'est le numéro d'urgence commun à la France et à tous les pays de l'UE, à composer en cas d'accident, agression ou détresse. Il permet de se faire localiser et aider en français, tout en améliorant les délais d'intervention des services de secours.

Gérone

« Il y a toujours un moment dans leur vie où les gens s'aperçoivent qu'ils m'adorent. »

Salvador Dalí

Depuis le vert des Pyrénées jusqu'au bleu de la Méditerranée, la Catalogne et la communauté de Valence déploient des atouts maîtres pour attirer les visiteurs. Tout est réuni pour inviter le voyageur à poser ses bagages : **une histoire parmi les plus vieilles d'Europe,** des capitales – **Barcelone et Valence** – qui ne dorment pratiquement jamais, contentant indifféremment amateurs **de plages et de musées,** un **arrière-pays encore authentique,** des villages perchés et des parcs naturels côté Catalogne, ou des sierras plantées d'oliviers sillonnées de petites routes désertes côté Valence…

Et un **époustouflant éventail de trésors artistiques,** allant du roman des églises des vals pyrénéens au gothique flamboyant de la Llotja de Valence, souvent source d'inspiration pour les plus grands noms de l'art moderne et de l'architecture : Dalí, Picasso, Miró, Gaudí et Tàpies, pour ne citer qu'eux. Sans oublier la palmeraie la plus septentrionale du monde, à Elche.

Autre point commun à la Catalogne et à la région de Valence : ces **terres profondément attachées à leur culture et à leur tradition** (culinaire en particulier : la paella est valencienne, ne l'oublions pas !), à leur autonomie aussi… et à leur langue, le catalan et le très proche valencien.

Vous l'aurez compris, la Catalogne et le Pays valencien sont des **destinations pour toutes les saisons et tous les goûts,** à explorer en famille, en amoureux ou en joyeuses bandes, en tongs comme en chaussures de rando.

La palmeraie, à Elche

NOS COUPS DE CŒUR

1 S'initier aux subtilités de la cuisine catalane à Barcelone, au marché de la Boquería.

Donnant sur la Rambla, ce marché couvert est un spectacle pour les yeux et une tentation pour les papilles. Sous ses portiques en fer, ce temple de la tradition culinaire regorge de produits issus de toute la péninsule Ibérique et des pays méditerranéens. Saliver à chaque étal jusqu'à s'attabler devant les meilleures tapas et un verre de blanc sec : le bonheur des gourmets ! *p. 156*

Bon à savoir : *pour saliver d'avance, rendez-vous sur • boqueria.barcelona •*

© Jon Arnold Images/hemis.fr

2 Admirer l'imagination flamboyante de Gaudí en découvrant la basilique de la Sagrada Família.

Monument le plus visité d'Espagne après l'Alhambra de Grenade. Et ce n'est évidemment pas par hasard. Cet édifice désormais emblématique de Barcelone, inachevé après la mort accidentelle de Gaudí en 1926, en chantier quasi permanent depuis, est définitivement une œuvre hors norme. Alors, à votre avis, la Sagrada Família : révolutionnaire ? extravagante ? présurréaliste ?… *p. 187*

Bon à savoir : *réservation obligatoire sur le site internet • sagradafamilia.org •*

© Egorov Valery/Shutterstock

3 Déambuler tranquillement dans le Barri Gòtic de Barcelone.
Le Barri Gòtic, c'est le cœur historique de la ville, dessiné par les Grecs puis les Romains, un quartier plein de charme. Flânez entre ses ruelles et placettes médiévales, le nez en l'air, pour profiter pleins feux de toutes les façades : on y savoure une Espagne authentique, des éclats de vie, des instants magiques. Et puis, on y trouve des joyaux du patrimoine barcelonais : la cathédrale, le musée de la Ville, le palau de la Generalitat… *p. 118*

***Bon à savoir :** découvrir Barcelone aux aurores (de 7h à 8h30) est un moment rare, les rues sont encore désertes, et on peut plonger à loisir dans l'âme de la ville ! Un plaisir réservé aux couche-(très) tard ou aux lève-tôt.*

© SIME/Luigi Vaccarella/Photononstop

4 **S'offrir une folle nuit de fiesta dans les boîtes hyper branchées de Barcelone.**

Avec son insouciance légendaire et son atmosphère *caliente*, Barcelone est l'une des meilleures destinations festives d'Europe, une ville qui ne dort jamais tout à fait. Des clubs de flamenco aux temples techno-house, Barcelone vit à cent à l'heure. Les Catalans dînent tard, boivent tard et sortent très tard. Si les discothèques sont encore vides jusqu'à 1h ou 2h du matin, elles ouvrent souvent jusqu'à 6h. *p. 116, 145, 154, 164, 166, 177, 208*
Bon à savoir : *guetter les* flyers *des soirées ou rendez-vous afin de connaître les offres gratuites pour la soirée sur le site* • barcelonaparties.com •

5 **Entre Sant Feliu de Guíxols et Tossa de Mar, emprunter la route en corniche GI-682 pour accéder à des criques encore préservées.**

Cette superbe route virevoltant dans un cadre naturel accidenté et sauvage vaut à elle seule le déplacement ! Sans compter que c'est par là qu'on accède, par des sentiers balisés, à des criques de sable ou de galets blotties entre les rochers, encore à l'abri des grands points de rendez-vous de la côte ! *p. 314*
Bon à savoir : *comme il est parfois difficile de se garer, dès qu'un bas-côté vous tend les bras, arrêtez-vous, et descendez par les chemins vers la cala la plus proche (généralement indiquée).*

6 Découvrir Gérone, avec ses maisons colorées en encorbellement nichées au bord de l'Onyar, la carte postale de la ville.

La vieille ville, dominée par l'impressionnante cathédrale, est superbe ! L'occasion de flâner dans le vieux quartier juif et son entrelacs de ruelles, de voûtes et d'escaliers, fièrement médiévaux et admirablement conservés. Sans oublier la visite de musées dignes d'intérêt, comme le museu del Cinema, de l'autre côté de l'Onyar, à la collection réunie par un passionné de 7e art : un lieu à la fois riche et ludique.

p. 236

Bon à savoir : *réconciliant Moyen Âge et cinéphilie, la ville a accueilli une partie du tournage de la 6e saison de* Game of Thrones *!*

© Gitanna/Fotosearch LBRF/Age fotostock

7 **Encaisser une grande gifle surréaliste dès le patio du teatre-museu Dalí à Figueres.**

Dalí l'a voulu, Dalí l'a eu ! Construit par le maître lui-même dans les ruines d'un ancien théâtre, son musée est un voyage à part entière dans les profondeurs de son imaginaire, fascinant. Le patio sert d'écrin à la *Cadillac pluvieuse,* dominée par une colonne en pneus, coiffée d'une barcasse de pêche et d'un parapluie ! Un lieu follement et intimement fidèle à son instigateur, et dont l'univers loufoque amuse aussi les enfants. *p. 248*

Bon à savoir : *pour ne pas rester sur le carreau, réserver son billet sur • salvador-dali.org • est plus sûr ! Et pour compléter le « triangle dalinien », ne manquez pas le castell Gala-Dalí à Púbol et la croquignolette casa-museu Dalí à Port Lligat (Cadaqués).*

8 **Se laisser envoûter par le charme préservé de Cadaqués, en particulier à l'heure où le soleil décline et plonge tout entier dans la mer.**

Dominées par son église, ses maisons blanches aux façades recouvertes de bougainvillées dégringolent vers la mer comme dans un tableau de Cézanne. Ce village dégage un charme intact, et ce ne sont pas les Picasso, Éluard ou Dalí, habitués des lieux, qui auraient dit le contraire. *p. 260*

Bon à savoir : *après la visite de la casa-museu de Dalí, à Port Lligat, continuez la balade jusqu'au phare du cap de Creus, où l'on trouve encore des criques préservées dans un paysage absolument sublime.*

9 **Arpenter l'arrière-pays de la Costa Brava, à la recherche de quelques pittoresques villages médiévaux.**

Peralada, Castelló d'Empúries, Peratallada, Pals... sont autant de témoignages vivants, admirablement préservés, de la riche histoire de la Catalogne. Une balade dans leurs ruelles grossièrement pavées, à la découverte de palais, maisons seigneuriales, tours de guet ou églises romanes fait l'effet d'une machine à remonter le temps. *p. 253, 275, 287, 294*

Bon à savoir : peu de bus pour circuler d'un village à l'autre, mieux vaut être véhiculé (surtout hors saison).

10 **Marcher jusqu'au cœur du volcan Santa Margarida dans le parc naturel de la Garrotxa.**

Ancienne zone volcanique s'étendant sur 121 km², ce parc verdoyant offre des panoramas à couper le souffle. En plein milieu du grand cratère du volcan Santa Margarida, on découvre le petit ermitage qui a donné son nom au volcan. Aux alentours, les grandes forêts de hêtres de la Fageda d'en Jordà ont la particularité de pousser sur d'anciennes coulées de lave. *p. 399*

***Bon à savoir :** entre 2 randos, apprenez tout sur les volcans pyrénéens au super centre d'interprétation Espai Cráter, à Olot.*

11 **Grimper jusqu'à Núria avec le train à crémaillère et découvrir des paysages bruts à la beauté spectaculaire.**

Véritable icône de la vallée glaciaire, ce voyage en train vaut le détour à lui seul, dévoilant tour à tour les sommets enneigés et la rivière Freser. Une fois en haut, à Núria, la station offre de nombreuses activités : balades à cheval, randonnées en été, ski en hiver… Autant de manières de découvrir cette belle région montagneuse. *p. 415*

Bon à savoir : *dans le train, installez-vous côté droit à la montée (et inversement au retour) pour bénéficier des meilleures vues !* • *valldenuria.cat* •

12 Au cœur des Pyrénées catalanes, butiner d'église romane en église romane tout au long du tranquille val de Boí.

Ce petit val, très joli et bien tranquille (à peine 1 000 habitants !), se distingue par son impressionnante concentration de magnifiques églises romanes classées au Patrimoine mondial de l'Unesco. Pour l'érection de ces sanctuaires, construits au cours des XIe et XIIe s, et surmontés de graciles tours-clochers, on fit appel aux maîtres lombards. Superbe ! *p. 459*

Bon à savoir : *toutes les 30 mn environ, une magnifique vidéo-projection redonne vie aux fresques de l'église San Climent de Taüll. Un spectacle à ne pas manquer !*

13 S'imprégner de l'atmosphère spirituelle des magnifiques monastères du triangle cistercien.

Poblet, Santes Creus et Vallbona de les Monges : loin de l'agitation du monde, ces 3 vastes monastères cisterciens du XIIe s, perdus dans la campagne entre collines boisées et vignobles, permettent une belle escapade à la fois nature et culture. Et pourquoi ne pas poursuivre par la visite des caves d'architecture moderniste qui émaillent la région jusqu'au Priorat tout proche ? Vins, caves et monastères : des siècles de cohabitation harmonieuse. p. 358

Bon à savoir : *un forfait permet la visite des 3 sites cisterciens à prix réduit.*

© Jean-Claude Carton/Biosphoto

14 **Pédaler au milieu des rizières du delta de l'Èbre en admirant les flamants roses.**

Un peu comme la Camargue française (les taureaux en moins), le delta de l'Èbre déroule ses vastes rizières le long d'un littoral bordé de plages désertes. Cet étonnant patchwork, véritable sanctuaire pour les oiseaux (on en compte plus de 300 espèces), change d'aspect au fil des saisons, passant d'un miroir reflétant le bleu du ciel au vert le plus intense quand le riz converge vers sa maturité. Les petites routes et pistes qui le quadrillent en tous sens définissent alors une trame sans cesse renouvelée, propice aux cyclistes et aux amateurs de pleine nature et de photos. *p. 376*

***Bon à savoir :** si certains migrateurs ne font que passer (meilleure période pour les hivernants : l'automne), on trouve des flamants roses toute l'année.*

© Speier Olaf/Alamy/Hemis

15 **Dans l'arrière-pays valencien, se lancer à la découverte du Maestrazgo.**

Entre mer et montagne, des paysages vallonnés plantés d'oliveraies et d'arbres fruitiers et ponctués de jolis villages, comme Sant Mateu ou le très perché et minuscule Ares. Et, pour bénéficier de superbes points de vue, grimper finalement jusqu'au village de Morella, à 1 000 lieues de la frénésie de la côte. Les fans de street-art, eux, iront faire un tour dans le surprenant village-musée de Fanzara. *p. 534, 538*

***Bon à savoir :** hormis en haute saison, ces villages sont actifs surtout le week-end. Donc, pour y aller en plein mois de mars, par exemple, mieux vaut réserver un logement, sous peine de trouver porte close.*

16 **À Valence, alterner culture, mer et fiesta jusqu'au bout de la nuit.**
Explorer la vieille ville qui cerne la cathédrale et mène, dans un dédale de ruelles, jusqu'à La Llotja, un admirable édifice de style gothique flamboyant, et au *mercat* moderniste. Mais la ville joue aussi de sa modernité avec les lignes futuristes de la Cité des arts et des sciences et ses superbes musées. Et, une fois bien mis en jambes, poursuivre la fête jusqu'à pas d'heure dans les boîtes hyper branchées du côté de la Marina de Valencia, pour finir au petit matin par un bain de mer, avant de rentrer se coucher. *p. 484*

17 **S'offrir une soirée dans l'attachante ville de Xàtiva.**
Depuis le golfe de Valence, évadez-vous vers l'intérieur à travers les petites routes, au milieu des champs d'orangers, d'amandiers, et les vignobles. Xàtiva a su garder ses vieux quartiers, blottis autour de son château, et de beaux monuments qui témoignent de sa splendeur passée. Une escapade que les amoureux de l'Espagne sauront savourer. *p. 562*

ITINÉRAIRES CONSEILLÉS

Voici quelques idées pour guider vos pas à travers la Catalogne et la communauté de Valence. Évidemment, ce ne sont que des suggestions, que chacun adaptera en fonction de ses goûts et du temps dont il dispose.

IDÉE WEEK-END À BARCELONE (2-3 JOURS)

Vous débuterez au **Barri Gòtic** (sa cathédrale et ses ruelles, le *museu d'Història de la Ciutat*). Déjeunez tôt au marché de la **Boquería** puis, dans le quartier de la **Ribera : musée Picasso et palais de la Musique catalane** **(attention, avoir réservé).**

Le 2e jour : en bus touristique, ce qui permet d'enchaîner assez facilement la **Sagrada Família** et le **park Güell** (réservation impérative pour les 2), puis le **Montjuïc** et la **fondation Miró.** Puis petite balade sur la **plage.**

Le 3e jour : commencez par le **palau Güell** et avisez ensuite selon vos goûts : **Musée maritime** ou **musée d'Histoire de la Catalogne.** Puis le modernisme, au **passeig de Gràcia** (lire notre itinéraire spécial dans la rubrique « À voir » de Barcelone).

IDÉE WEEK-END À VALENCE

Balade dans le **centre historique** : la cathédrale et le quartier médiéval, la Lonja, le superbe *mercat* central, complété par l'un des musées de la ville (museo nacional de Cerámica, IVAM – musée d'art contemporain –, ou museu de Belles Artes). Puis consacrer une journée complète à la **Cité des arts et des sciences** (Ciutat de les arts i les ciències) : entre le très interactif museu de les Ciències, les multiples aquariums de l'Oceanogràfic et une projection à l'Hemisfèric, la journée sera déjà bien remplie. Et, pour finir, pourquoi pas un bon plat de poisson ou de riz sur le **nouveau port de plaisance** ?

EN CATALOGNE

De la frontière française à Barcelone en 5-6 jours

- **La côte, de la frontière à Barcelone** (3 j.) **: Figueres (1)** et son *teatre-museu Dalí*, le mignon village de **Peralada (2)** et son museu-castell, **Cadaqués (3),** coquet village de bord de mer – et la *casa-museu Dalí* dans la crique de Port Lligat –, **Castelló d'Empúries (4)** et sa *basílica* Santa María, **Gérone (5)** et son cœur médiéval bouillonnant d'Histoire, une escale à la *casa-museu castell Gala-Dalí* à **Púbol (6)** pour compléter le tableau, ou une visite de **Pals (7),** village un peu perché au charme préservé, ou encore une pause balnéaire dans les calanques de **Palafrugell (8).**
- **Barcelone** (**9** ; 2 j.) **:** comme précédemment, en faisant des choix.

De Barcelone en direction de Valence en 5-6 jours

- **Barcelone** (**1** ; 1-2 j.) **:** comme précédemment, en faisant des choix.
- **Tarragona et Reus** (1-2 j.) **:** à **Tarragona (2),** superbe cathédrale et riche patrimoine romain ; à **Reus (3),** Gaudí Centre et balade moderniste en ville. Pour varier les plaisirs, escale à **PortAventura World (4)** et ses attractions (dont le parc aquatique en été), le temps d'une journée.
- Au choix (2 j.) : la **ruta del Cister (5)** et ses formidables monastères cisterciens, la région vinicole du **Priorat (6),** ou le **delta de l'Èbre (7).**

Cité des arts et des sciences, à Valence

Les Pyrénées catalanes en 5 jours

… pour compléter ces 1ers itinéraires. À choisir selon vos goûts !

• Les vallées pyrénéennes (5 j.) : après **la Garrotxa (1),** prendre la route et faire des escales à **Sant Joan de les Abadesses (2)** et **Ripoll (3)** pour leurs édifices romans, une remontée par le train à crémaillère dans le val de **Núria (4)** pour profiter du lac et de ses nombreuses activités, ou 1 journée de rando dans le **parc naturel de Cadí-Moixeró (5),** jusqu'à atteindre **La Seu d'Urgell (6).** Poursuivez par le **val de Boí (7)** et ses ravissantes églises romanes classées au Patrimoine mondial de l'Unesco, pour finir au vert dans le superbe **val d'Aran (8).**

LA COMMUNAUTÉ DE VALENCE EN 8 JOURS

• **Valence** (1 ; 2 j.) **:** comme plus haut, avec en alternative nature quelques heures au parc naturel de l'Albufera, à quelques km au sud de Valence.

• **La Costa Blanca et le golfe de Valence** (3 j.) **: Elche (2)** et son étonnante palmeraie, **Alicante (3)** pour son animation balnéaire, le charmant village de **Castell de Guadalest (4), Dénia (5)** pour son château et les sports nautiques qu'offre le coin.

• **La Costa del Azahar et l'arrière-pays** (3 j.) **: Sagunto (6)** et sa cité médiévale piétonne bien préservée, le château templier de **Peñíscola (7)** et, dans l'arrière-pays, **Morella (8),** village à la muraille ancienne en nid d'aigle autour de son château, et **Chulilla (9),** à flanc de falaise, impec' pour une jolie randonnée à la journée.

© Getty Images/Manfred Gottschalk

Le park Güell, à Barcelone

SI VOUS ÊTES PLUTÔT...

Architecture moderniste : Barcelone, bien sûr, ainsi que Sitges, Reus, Canet de Mar et le *mercat* central de Valence.

Saveurs et cultures locales : les marchés (dont la Boquería à Barcelone), visite des caves de *cava* (à Sant Sadurní d'Anoia), le Priorat, les charcuteries artisanales des Pyrénées catalanes (Vic en particulier), la sardane, les *castellers,* sans oublier les *arroces* du delta de l'Èbre et les *paella* de Valence.

Avec des enfants : Barcelone (voir la rubrique « Enfants » du chapitre « Barcelone »), les museus del Joguet à Figueres et à Sant Feliu de Guíxols, le teatre-museu Dalí à Figueres, le museu del Cinema à Gérone, l'ecomuseu Farinera à Castelló d'Empúries, PortAventura World, Aqua Brava à Roses, la Ciutat de les arts i les ciències à Valence, Terra Mítica.

Amateur d'architecture médiévale et de monastères : le Barri Gòtic de Barcelone, le vieux Valence, le val de Boí, le val d'Aran, la ruta del Cister, le monestir Sant Pere de Casserres à Panta de Sau, la Seu Vella de Lleida, le monestir de Sant Pere de Rodes à El Port de la Selva... il y en a partout !

Art contemporain : Barcelone (museu Picasso, fundació Miró, fundació Tàpies, MNAC, MACBA, CCCB), la Ciutat de les arts i les ciències et l'IVAM à Valence et street-art à Penelles.

Fan de Dalí : le teatre-museu Dalí à Figueres, la casa-museu Dalí à Port Lligat (Cadaqués) et la casa-museu castell Gala-Dalí à Púbol.

Plongée sous-marine : les îles Medes, le parc naturel du cap de Creus.

Amateur de randonnées : la Garrotxa, le val de Núria, le lac de Malniu et le puig Pedrós, le parc natural del Cadí-Moixeró, le val d'Aran, le parc national d'Aigüestortes i Estany de Sant Maurici, les cañons de Chulilla, le parc naturel du cap de Creus, le parc natural del Montgrí, les îles Medes i el Baix Ter à Torroella de Montgrí.

Archéologie : Tarragona, les ruines d'Empúries à L'Escala, la Ciutat ibèrica d'Ullastret.

logishotels.com
Soutenir l'économie locale n'a jamais été aussi agréable.
En choisissant un de nos Logis Hôtels, les producteurs et artisans locaux participent chaque jour à la réussite de votre séjour.
Logis HOTELS
DEPUIS 1948

Interview #experienceroutard

par la rédaction du *Routard*

Un site coup de cœur ?

On reste sans voix lors d'une visite à l'*hospital de Sant Pau,* dans le nord de l'Eixample. Il y a encore quelques années, lorsque les travaux de rénovation étaient en cours, les visiteurs (affublés d'un casque de chantier...) n'en voyaient qu'un tout petit bout. Et la restauration est une réussite, même si certains bâtiments, utilisés, ne se visitent que de l'extérieur ! Ce qui est étonnant, c'est qu'on y retrouve toute la rigueur nécessaire à la construction d'un bâtiment dédié aux soins et à la médecine (avec, en arrière-plan, les principes hygiénistes en vogue fin XIXe-début XXe s : séparation maladies infectieuses ou non, séparation hommes/femmes, nécessité de faire pénétrer la lumière, etc.), toute l'organisation sur un vaste terrain d'une mini-ville de bâtiments très spécialisés ; donc vraiment l'utilisation de l'intelligence de l'architecte appliquée aux nécessités de la médecine... C'est tout simplement superbe, et ça parle autant à la raison qu'au sentiment esthétique !

Des activités à faire absolument ?

Déambuler de placette en placette dans le quartier de Gràcia, à partir de 18h-19h lorsqu'il fait beau... C'est un quartier encore habité par des Barcelonais (et pas uniquement par des touristes), et, en fin de journée, les habitants sont dehors : d'un côté, des gamins qui jouent pendant que les parents devisent sur les terrasses des cafés ; sur telle autre place ce sont plutôt des jeunes dans la vingtaine ou des trentenaires qui commencent leur soirée autour d'une bière... C'est une vraie tranche de vie locale, et c'est plutôt marrant parce que chaque place a un peu sa propre « typologie » sociale !

Traverser Barcelone dans les airs, à bord du téléphérique qui part de la Barceloneta et mène jusqu'à Montjuïc ! On a une vue extra sur une bonne partie de la ville, sur le port que l'on survole... et ça permet aussi de grimper à Montjuïc sans faire chauffer ses mollets ! (Bon, il y a aussi une crémaillère qui permet d'y monter tranquillou depuis Poble Sec...)

Un coin secret à découvrir ?

Restons dans les *hospitales...* et conseillons un petit tour dans l'ancien *hospital de la Santa Creu* (ce fut pendant des siècles l'hôpital principal de la ville jusqu'à l'ouverture *de l'hospital de Sant Pau,* justement). Sa grande cour, entourée par des bâtiments médiévaux, est une vraie bouffée de calme dans le Barcelone trépidant... Des bancs invitent à la lecture sous les orangers, et s'y installe parfois une bibliothèque éphémère...

LES QUESTIONS QU'ON SE POSE AVANT LE DÉPART

➢ Quels sont les documents nécessaires ?

Pour les Français, les Belges et les Suisses, pas de visa pour les séjours touristiques, mais une carte d'identité en cours de validité ou un passeport. Les Canadiens, eux, se voient demander leur passeport. Pour les mineurs non accompagnés, penser à l'autorisation de sortie du territoire.

➢ Quelle est la meilleure saison pour y aller ?

En Catalogne et dans la communauté de Valence, le printemps et l'automne sont agréables ; il y fait doux, et vous y trouverez moins de monde que l'été. Juillet et août restent les meilleurs mois pour la baignade et pour visiter les zones montagneuses, notamment le val d'Aran et le val de Boí, beaucoup de choses y restant fermées jusqu'à l'été.

➢ Quel budget prévoir ?

Globalement un peu moins qu'en France, sauf à Barcelone. En été, sur la côte, le prix des hébergements explose. D'une façon générale, on peut se loger à partir de 50-60 € pour 2 et faire un repas complet à partir de 15-20 €, sans les boissons. Pour limiter les dépenses, il reste les campings, accessibles en bus depuis les centres-villes, mais aussi (et surtout) les auberges de jeunesse (en gros, 15 à 33 € la nuit par personne selon la saison) et les petites pensions ou les petits *hostales*. Mais, à moins d'y aller vraiment hors saison (en hiver), réservez pour être sûr de rester dans les clous côté budget. À noter qu'à certaines périodes, en montagne, les tarifs peuvent grimper en raison du chauffage. Pour l'été, réservez longtemps à l'avance ou carrément à la dernière minute. Et si vous voyagez en voiture, gardez en tête que le budget parking est un poste à part entière ! Mais heureusement, on vous signale les parkings gratuits, car il y en a encore...

➢ Comment se déplacer ?

À Barcelone et à Valence, de préférence en métro ou en bus, mais surtout... en marchant : les centres anciens ne s'offrent qu'ainsi. À Valence, le vélo est aussi une bonne option. En fin de journée ou la nuit, vous avez toujours la solution du taxi, relativement bon marché. Et pour sillonner les 2 régions, en bus ou en train (les réseaux sont bien développés). Sinon, en voiture. Les routes sont globalement bonnes... mais sacrément tortueuses dans les Pyrénées ou le Priorat !

➢ Y a-t-il des problèmes de sécurité ?

Le vol, la fauche, la tire : quel que soit son nom, c'est la seule chose, en plus des coups de soleil, que vous aurez à redouter. En voiture, à pied, en ville ou sur la plage, faites attention à vos affaires, et ne laissez rien traîner sans surveillance, ce n'est pas un mythe !

➢ Y a-t-il un décalage horaire ?

Non : l'heure est la même qu'en France en toute saison, car l'Espagne effectue les changements heure d'hiver/heure d'été aux mêmes dates.

➢ Quel est le temps de vol ?

Il faut compter environ 1h40 pour les vols directs entre Paris et Barcelone. Pour les adeptes du train, compter 6h10 de Paris à Barcelone, et à peine 4h30 depuis Marseille ou 3h15 depuis Toulouse. De Paris à Valence, compter 1h45-2h en avion.

➢ Côté santé, quelles précautions ?

Être à jour des vaccins traditionnels et, en été, prévoir de la crème solaire. Et puis c'est l'Europe, donc penser à emporter sa carte européenne d'assurance maladie (CEAM).

➢ Peut-on y aller avec des enfants ?

Plutôt 2 fois qu'une ! Entre les plages, les musées et sites pleins de fantaisie de Gaudí à Barcelone ou de Dalí, sur la côte catalane, les sports nautiques, les jolies balades sur les sentiers côtiers, les beaux parcs naturels des Pyrénées, les parcs d'attractions de la Costa Brava ou la Cité des arts et des sciences de Valence, il y a vraiment de quoi faire. Repérez les meilleurs sites grâce au symbole .

➢ Quel est le taux de change ? Comment payer sur place ?

La monnaie est l'euro, ce qui est bien pratique pour les Français. Pour nos amis canadiens et suisses, le taux de change est d'environ 1 € = 1,35 $Ca = 1,02 CHF. Sur place, nombreux distributeurs de billets, change aisé, et l'on peut régler à peu près partout avec une carte de paiement, hormis dans certains petits *hostales* ou les bars à tapas les plus modestes.

➢ Quelle langue parle-t-on ?

Le catalan en Catalogne et le valencien dans la communauté de Valence ! Bon, en réalité, l'espagnol (castillan) est également compris en général. Cela dit, nombre de Catalans et de Barcelonais préféreront pratiquer le français plutôt que l'espagnol... C'est que l'identité catalane, ce n'est pas rien ! Enfin, l'anglais est suffisamment courant pour pouvoir se débrouiller au quotidien.

➢ Quels sports peut-on pratiquer ?

Les marcheurs et les vététistes seront aux anges dans l'arrière-pays, très bien équipé en sentiers de randonnée et itinéraires balisés. Même chose pour l'escalade et le canyoning. Les sports d'eau vive sont aussi très populaires. L'été, cap sur la mer : *snorkelling,* voile, paddle, kitesurf, kayak. L'hiver vient le tour du ski et des balades à raquettes sur les contreforts pyrénéens.

COMMENT Y ALLER ?

EN AVION

Les compagnies *low cost*

▲ **BRUSSELS AIRLINES**
• brusselsairlines.fr •
➢ Liaisons ***Barcelone***-Bruxelles et ***Valencia***-Bruxelles.

▲ **EASY JET**
• easyjet.fr •
➢ Dessert ***Barcelone*** au départ de Paris, Lyon, Nice, Bâle-Mulhouse et Genève. ***Valence*** au départ de Toulouse en juil-août. ***Alicante*** au départ de Bâle-Mulhouse et Genève.

▲ **RYANAIR**
• ryanair.com •
➢ Dessert ***Barcelone*** depuis Paris-Beauvais et Bruxelles ; ***Gérone,*** au nord de Barcelone, au départ de Paris-Beauvais, Bruxelles-Charleroi et Karlsruhe-Baden. Et dessert ***Reus,*** au sud de Barcelone, depuis Bruxelles-Charleroi. Dessert ***Valence*** au départ de Paris-Beauvais, Marseille et Bruxelles, également au départ de Bordeaux, Nantes et Toulouse en juillet-août, et ***Alicante*** au départ de Paris-Beauvais, Bordeaux, Marseille, Toulouse, Bruxelles et Karlsruhe-Baden.

▲ **TRANSAVIA**
☎ 0892-05-88-88 (0,50 €/mn + prix d'appel). • transavia.com •
➢ *Transavia* dessert ***Barcelone*** et ***Valence*** au départ de Paris-Orly, ainsi qu'Alicante.

▲ **VOLOTEA**
• volotea.com •
➢ Au départ de Lyon, vols directs pour ***Valence***.

▲ **VUELING**
• vueling.com •
➢ Une compagnie espagnole. Départ tlj de Paris et Bruxelles vers ***Barcelone, Valence*** et ***Alicante*** ; départs de Nantes, Rennes, Nice, Bordeaux et Lyon vers Barcelone, Valence ou Alicante (via Barcelone). Vols pour Barcelone depuis Brest, Lille et Toulouse.

Les lignes régulières

Pour la Catalogne et Valence

▲ **AIR FRANCE**
Rens et résas au ☎ 09-69-39-36-54 (tlj ; appel non surtaxé), sur • airfrance.fr •
➢ Air France dessert ***Barcelone*** et ***Valence*** au départ de Paris Charles-de-Gaulle.

▲ **AIR EUROPA**
– Paris : 58 A, rue du Dessous-des-Berges, 75013. ☎ 01-42-65-08-00. • aireuropa.com • Ⓜ Bibliothèque-François-Mitterrand. Bureau ouv lun-ven 9h-17h, mais vous pouvez réserver par tél tlj, 24h/24.
➢ Au départ de Paris, Air Europa dessert ***Barcelone.***

▲ **IBERIA**
Résas : ☎ 0825-800-965 (0,12 €/mn). • iberia.com •
➢ Au départ de Paris, plusieurs vols directs/j. vers ***Barcelone*** et vers ***Valence.*** Et pour Barcelone, plusieurs vols/j. au départ de Nice et de Nantes.

LES ORGANISMES DE VOYAGES

En France

▲ **ALLIBERT TREKKING**
– Paris : 37, bd Beaumarchais, 75003. ☎ 01-44-59-35-35. • allibert-trekking.com • Ⓜ Chemin-Vert ou Bastille. Lun-sam 10h-12h30, 13h30-18h. Agences également à Lyon, Nice, Chapareillan, Toulouse.
Née en 1975 d'une passion commune

entre 3 guides de montagne, Allibert propose aujourd'hui des voyages aux 4 coins du monde. Découvrir de nouveaux itinéraires, en respectant la nature et les cultures des régions traversées, reste leur priorité. Pour chaque pays, différents niveaux de difficulté. Allibert est le 1er TO certifié Tourisme responsable.

▲ COMPTOIR DES VOYAGES

• comptoirdesvoyages.fr • Agences ouv lun-sam 9h30-18h30.
– Paris : 2-18, rue Saint-Victor, 75005. ☎ 01-53-10-30-15. Ⓜ Maubert-Mutualité.
– Bordeaux : 26, cours du Chapeau-Rouge, 33000. ☎ 05-35-54-31-40.
– Lille : 76, rue Nationale, 59800. ☎ 03-28-04-68-20.
– Lyon : 10, quai Tilsitt, 69002. ☎ 04-72-44-13-40.
– Marseille : 12, rue Breteuil, 13001. ☎ 04-84-25-21-80. Ⓜ Estrangin.
– Nice : 62, rue Gioffredo, 06000. ☎ 04-97-03-64-80.
– Toulouse : 43, rue Peyrolières, 31000. ☎ 05-62-30-15-00. Ⓜ Esquirol.

En plus de 30 ans, Comptoir des Voyages s'est imposé comme la référence incontournable du voyage sur mesure en immersion, avec plus de 90 destinations couvrant les 5 continents. Ses conseillers-spécialistes construisent des voyages uniques en s'adaptant à votre budget, vos goûts et vos envies. Pour favoriser les rencontres et l'immersion dans la vie locale, ils privilégient des hébergements typiques et des expériences authentiques. Sur place, des *Welcome Hosts* francophones partagent avec vous conseils et bonnes adresses le temps d'un café. Sur votre smart phone, l'application mobile *Luciole* vous informe sur le déroulé de votre voyage, vous suggère des lieux de visite et vous guide grâce à un GPS hors connexion. Comptoir des Voyages est membre d'Agir pour un tourisme responsable depuis 2009, labellisation ATR renouvelée par Écocert Environnement cette année.

▲ JET TOURS

☎ 01-76-24-93-01. • jettours.com •

Depuis plus de 50 ans, le nom de Jet Tours résonne chez les voyageurs comme le spécialiste des vacances réussies et des souvenirs inoubliables. Présent dans plus de 70 destinations à travers le monde (dont la Catalogne), Jet Tours porte une attention particulière à la diversité de son offre. Ses dizaines de milliers d'offres et de séjours sont sélectionnés avec rigueur, à l'instar de ses partenaires. Du club de vacances dans le Bassin méditerranéen au circuit sur mesure à l'autre bout du monde, en passant par le voyage de noces ou le *city break,* les équipes Jet Tours accordent toujours la même importance à votre satisfaction et au respect de votre budget.

▲ NOMADE AVENTURE

• nomade-aventure.com • Agences ouv lun-sam 9h30-18h30.
– Paris : 40, rue de la Montagne-Sainte-Geneviève, 75005. ☎ 01-46-33-71-71. Ⓜ Maubert-Mutualité.
– Lyon : 10, quai Tilsitt, 69002. ☎ 04-72-44-13-50.
– Toulouse : 43, rue Peyrolières, 31000. ☎ 05-62-30-10-77.

Nomade Aventure propose des circuits inédits partout dans le monde, à réaliser en famille, entre amis, avec ou sans guide. Également la possibilité d'organiser, hors de groupes constitués, un séjour libre en toute autonomie et sur mesure. Spécialiste de l'aventure avec plus de 600 itinéraires (de niveau tranquille, dynamique, sportif ou sportif +) faits d'échanges et de rencontres avec les habitants, Nomade Aventure donne la priorité aux expériences authentiques à pied, à VTT, à cheval, à dos de chameau, en bateau...

▲ LA ROUTE DES VOYAGES

• laroutedesvoyages.com • Agences ouv lun-ven 9h-19h (18h ven). Rdv conseillé.
– Paris : 10, rue Choron, 75009. ☎ 01-55-31-98-80. Ⓜ Notre-Dame-de-Lorette.
– Angers : 6, rue Corneille, 49000. ☎ 02-41-43-26-65.
– Annecy : 4 bis, av. d'Aléry, 74000. ☎ 04-50-45-60-20.
– Bordeaux : 19, rue des Frères-Bonie, 33000. ☎ 05-56-90-11-20.
– Lyon : 59, rue Franklin, 69002. ☎ 04-78-42-53-58.

– Toulouse : 27, rue Perchepinte, 31000. ☎ 05-62-27-00-68.
25 ans d'expérience de voyage sur mesure sur les 5 continents ! 15 pays en Europe complètent à présent leur offre (dont l'Espagne et la Catalogne). Cette équipe de voyageurs passionnés a développé un vrai savoir-faire du voyage personnalisé : écoute, conseils, voyages de repérage réguliers et des correspondants sur place soigneusement sélectionnés avec lesquels ils travaillent en direct. Son engagement à promouvoir un tourisme responsable se traduit par des possibilités de séjours solidaires à insérer dans les itinéraires de découverte individuelle. Elle a aussi créé un programme de compensation solidaire qui permet de financer des projets de développement locaux.

▲ TERRES D'AVENTURE
• terdav.com •
– Paris : 30, rue Saint-Augustin, 75002. ☎ 01-70-82-90-00. Ⓜ Opéra ou Quatre-Septembre. Lun-sam 10h-18h.
– Agences également à Bordeaux, Grenoble, Lille, Lyon, Marseille, Nantes, Rennes, Strasbourg et Toulouse.
Depuis 1976, Terres d'Aventure, spécialiste du voyage à pied, propose aux voyageurs passionnés de marche et de rencontres des randonnées hors des sentiers battus à la découverte des grands espaces de notre planète. Voyages à pied, à cheval, en bateau, à raquettes... Sur tous les continents, des aventures en petits groupes ou en individuel encadrés par des professionnels expérimentés sont proposées. Les hébergements dépendent des sites explorés : camps d'altitude, bivouac, refuge ou petits hôtels. Les voyages sont conçus par niveaux de difficulté : de la simple balade en plaine à l'expédition sportive, en passant par la course en haute montagne.
En province, certaines de ces agences sont de véritables *Cités des Voyageurs* dédiées au voyage. Consultez le programme des manifestations sur le site internet.

▲ VOYAGEURS DU MONDE EN ESPAGNE ET AU PORTUGAL
• voyageursdumonde.fr •
– Paris : la Cité des Voyageurs, 55, rue Sainte-Anne, 75002. ☎ 01-42-86-17-20. Ⓜ Opéra ou Pyramides. Lun-sam 9h30-19h. Avec une librairie spécialisée sur les voyages.
– Également des agences à Bordeaux, Grenoble, Lille, Lyon, Marseille, Montpellier, Nantes, Nice, Rennes, Rouen, Strasbourg, Toulouse. Également à Bruxelles, Montréal, Québec, Lausanne et Genève.
Parce que chaque voyageur est différent, que chacun a ses rêves et ses idées pour les réaliser, Voyageurs du Monde conçoit, depuis plus de 30 ans, des projets sur mesure. Les séjours proposés sur 120 destinations sont élaborés par leurs 180 conseillers voyageurs. Spécialistes par pays et même par régions, ils vous aideront à personnaliser les voyages présentés à travers une trentaine de brochures d'un nouveau type et sur le site internet, où vous pourrez également découvrir leurs hébergements exclusifs et consulter votre espace personnalisé. Au cours de votre séjour, vous bénéficiez des services personnalisés Voyageurs du Monde, dont la possibilité de modifier à tout moment votre voyage, l'assistance d'un concierge local, la mise en place de rencontres et de visites privées, et l'accès à votre carnet de voyage via une application iPhone et Android.
Voyageurs du Monde est membre de l'association ATR (Agir pour un tourisme responsable) et a obtenu sa certification Tourisme responsable AFAQ AFNOR.

Voir aussi au sein de chaque ville les agences locales que nous avons sélectionnées.

Comment aller à Roissy et à Orly ?

Toutes les infos sur le site : *• parisaeroport.fr •*

Conservez dans votre bagage cabine vos médicaments, vos divers chargeurs et appareils, ainsi que vos objets de valeur (clés et bijoux). Et, on ne sait jamais, ajoutez-y de quoi vous changer si vos bagages n'arrivaient pas à bon port avec vous.

En Belgique

▲ CONNECTIONS

Rens et résas : ☎ 070-233-313. • connections.be •

Fort d'une expérience de plus de 20 ans dans le domaine du voyage, Connections dispose d'un réseau de 32 *travel shops*, dont un à Brussels Airport. Connections propose des vols dans le monde entier à des tarifs avantageux, et des voyages destinés à des voyageurs désireux de découvrir la planète de façon autonome. Connections propose une gamme complète de produits : vols, hébergements, locations de voitures, autotours, vacances sportives, excursions...

▲ MPACT

• mpact.be •

– Bruxelles : 7, rue Thérésienne, 1000. ☎ 02-227-93-01.

– Gand : 65B, Maria Hendrikaplein, 9000. ☎ 09-242-32-10.

– Gembloux : 1B, rue Buisson-Saint-Guilbert, 5030. ☎ 08-162-50-98.

Mpact propose un système de covoiturage, ainsi que d'autres services comme l'échange de maisons ou le gardiennage.

▲ TERRES D'AVENTURE

– Bruxelles : 23, chaussée de Charleroi, 1060. ☎ 02-543-95-60. • terdav.com • Lun-sam 9h30-19h.

Voir le texte dans la partie « En France ».

▲ VOYAGEURS DU MONDE

– Bruxelles : 23, chaussée de Charleroi, 1060. ☎ 02-543-95-50. • voyageursdumonde.fr •

Le spécialiste du voyage en individuel sur mesure. Voir le texte dans la partie « En France ».

En Suisse

▲ LA ROUTE DES VOYAGES

☎ 078-400-83-94. • laroutedesvoyages.com • Rdv par tél.

Voir le texte dans la partie « En France ».

▲ TERRES D'AVENTURE

– Genève : 19, rue de la Rôtisserie, 1204. ☎ 022-519-12-20. • geneve@terdav.com • Lun-ven 10h-19h, sam 9h30-18h.

Voir le texte dans la partie « En France ».

▲ VOYAGEURS DU MONDE

• voyageursdumonde.com •

– Genève : 19, rue de la Rôtisserie, 1204. ☎ 022-519-12-10. Lun-sam 9h30-19h (18h30 sam).

– Lausanne : rue du Bourg, 6, 1003 (au 2e étage). ☎ 021-519-10-65. Lun-ven 9h-18h30, sam sur rdv.

Le spécialiste du voyage en individuel sur mesure. Voir le texte dans la partie « En France ».

Au Québec

▲ EXOTIK TOURS

Rens sur • exotiktours.com • Exotik Tours offre une importante programmation en été comme en hiver sur la Méditerranée et l'Europe. L'hiver, des séjours sont proposés dans le Bassin méditerranéen (dont la Catalogne) et en Asie. Durant cette saison, on peut également opter pour des combinés plage + circuit.

▲ TOURS CHANTECLERC

• tourschanteclerc.com •

Tours Chanteclerc est un tour-opérateur qui publie différentes brochures de voyages : Europe, Amérique du Nord, Amérique du Sud, Asie et Pacifique Sud, Afrique et le Bassin méditerranéen en circuits ou en séjours. Il s'adresse aux voyageurs indépendants qui réservent un billet d'avion, un hébergement (dans toute l'Europe), des excursions ou une location de voiture. Également spécialiste de Paris, le tour-opérateur offre une vaste sélection d'hôtels et d'appartements dans la capitale française.

EN TRAIN

➢ Des TGV circulent ***entre Paris et Barcelone*** à raison de 2 à 4 trains/j. selon les saisons. Compter 6h20 de voyage jusqu'à Barcelone. Ils desservent les gares de Valence, Nîmes, Montpellier, Narbonne, Perpignan, Figueres et Gérone. Certains TGV font en outre une halte à Sète et Agde en période estivale, ainsi qu'à Béziers. Il existe aussi 1 train/j. au départ de Lyon

(5h de trajet) et Marseille (4h35 de trajet), mais aussi depuis Toulouse à certaines périodes de l'année (env 3h de trajet). Plus d'informations sur ● *sncf-connect.com* ● *renfe.com* ●

➢ ***Pour Valence,*** env 13 liaisons/j. depuis Barcelone, dont 7 Euromed directs (à peine plus de 3h de trajet pour les plus rapides). Certains vont jusqu'à Alicante (env 5h depuis Barcelone).

Les *passes* internationaux

Avec les ***Pass InterRail,*** les résidents européens peuvent voyager dans 33 pays d'Europe, dont l'***Espagne.*** Plusieurs formules et autant de tarifs, en fonction de la destination, de l'âge et de la classe choisie (1re ou 2de classe). À noter que le *Pass InterRail* n'est pas valable dans votre pays de résidence. Cependant, l'*InterRail Global Pass* offre une réduc de 50 % de votre point de départ jusqu'au point frontière en France. ● *interrail.eu* ●

Pour les grands voyageurs, le ***Pass InterRail Global*** est valable dans l'ensemble des 33 pays européens concernés. Intéressant si vous comptez parcourir plusieurs pays au cours du même périple. Il existe sous 10 formes au choix :

– ***5 formules flexibles :*** utilisables 4, 5 ou 7 j. sur une période de validité d'1 mois, ou utilisables 10 ou 15 j. sur une période de validité de 2 mois ;

– ***5 formules « continues » :*** *pass* 15 j., 22 j., 1 mois, 2 mois ou 3 mois.

Les voyageurs de plus de 60 ans bénéficient d'une réduc sur le tarif de l'*InterRail Global Pass* en 1re et 2de classes. Également des tarifs enfants 4-11 ans et adultes 28 ans et +.

– Si vous ne parcourez que l'Espagne, le ***Pass Interrail Un Pays*** vous suffira. D'une période de validité d'1 mois, et utilisable, selon les formules, 3, 4, 5, 6 ou 8 j. en discontinu ; tarifs selon pays et formule. Là aussi, ces formules se déclinent en version 1re classe (mais ce n'est pas le même prix, bien sûr). Pour voyager dans 2 pays, vous pouvez combiner 2 *Pass Interrail Un Pays.* Au-delà, il est préférable de prendre le Pass *InterRail Global.*

– ***InterRail*** offre également la possibilité d'obtenir des réductions ou avantages à travers toute l'Europe avec ses partenaires (musées, chemins de fer privés, hôtels, etc.).

Renseignements et réservations

– ***Internet :*** ● *sncf-connect.com* ●
– ***Téléphone :*** ☎ *36-35.*
– Également dans les gares, les boutiques SNCF et les agences de voyages agréées.

PAR LA ROUTE

Le covoiturage

Le principe est économique, écologique et convivial. Il s'agit de mettre en relation un chauffeur et des passagers afin de partager le trajet et les frais, que ce soit de manière régulière ou de façon exceptionnelle (pour les vacances, par exemple). Les conducteurs sont invités à proposer leurs places libres sur ***BlaBlaCar*** *(● blablacar.fr ● ; disponible sur le Web et sur mobile).* L'inscription est gratuite.

En bus

2 compagnies se partagent désormais le réseau des bus longue distance : ● ***flixbus.fr*** ● et ● ***blablabus*** ● De nouvelles dessertes sont régulièrement mises en place entre de nombreuses villes de l'Hexagone et vers l'Europe. Afin de vous aider à faire votre choix, il existe des sites de comparaison et de réservation de billets ; certains comparent plusieurs modes de transports (train, bus, covoiturage) et permettent d'acheter directement son billet : ● *kombo.co* ● *comparabus.com* ●

CATALOGNE-VALENCE UTILE

- Carte générale de la Catalogne *p. 6-7*
- Carte générale de la communauté de Valence *p. 9*

ABC de la Catalogne

- ***Superficie :*** 32 108 km^2 (env 6 % du territoire espagnol).
- ***Population :*** 7,739 millions d'habitants (2021).
- ***Capitale :*** Barcelone.
- ***Monnaie :*** l'euro.
- ***PIB :*** 29 034 €/hab. (2022 ; et 23 690 €/hab. pour l'Espagne).
- ***Taux de chômage :*** env 10,37 % (taux global en Espagne mi-2023 : env 13,25 %).
- ***Régime :*** gouvernement autonome (Generalitat) depuis fin 1979.
- ***Statut :*** région autonome depuis le 18 septembre 1979.
- ***Président de la Catalogne :*** Pere Aragonès (depuis le 28 septembre 2020).
- ***Langues officielles :*** catalan, castillan, et aranais dans le val d'Aran.

ABC de la communauté de Valence

- ***Superficie :*** 23 255 km^2 (env 4,6 % du territoire espagnol).
- ***Population :*** 6,3 millions d'habitants (2022).
- ***Capitale :*** Valence.
- ***Monnaie :*** l'euro.
- ***PIB :*** 22 289 €/hab. (2021).
- ***Taux de chômage :*** 13,80 % (taux global en Espagne mi-2023 : env 13,25 %).
- ***Régime :*** gouvernement autonome (Generalitat) depuis juin 1983.
- ***Statut :*** région autonome depuis le 10 juillet 1982.
- ***Président de la communauté autonome de Valence :*** Ximo Puig (depuis juin 2015).
- ***Langues parlées :*** castillan et valencien.

AVANT LE DÉPART

Adresses et infos utiles

En France

Agència Catalana de Turisme : *rens sur* • *catalunyaexperience.fr* • *info.act.fr@gencat.cat* • *catalunya.com* • Les sites officiels de tourisme sur la région, qui s'enrichissent régulièrement de brochures à télécharger.

Office espagnol de tourisme : *pas d'accueil du public, mais rens touristiques lun-ven 9h-17h (14h ven) au ☎ 01-45-03-82-50. Par e-mail : • paris@tourspain.es • Ou sur • spain.info/fr •* Nombreuses brochures très bien faites téléchargeables sur le site.

Consulats d'Espagne : *165, bd Malesherbes, 75017 Paris. ☎ 01-44-29-40-00. • exteriores.gob.es/consulados/paris • Ⓜ Wagram ou Malesherbes. Lun-ven 8h30-14h30 (14h ven). Fermé w-e.* Autres consulats généraux à Bayonne, Bordeaux, Lyon-Villeurbanne, Marseille, Montpellier, Pau, Perpignan, Strasbourg et Toulouse.

Ambassade d'Espagne : *22, av. Marceau, 75008 Paris. ☎ 01-44-43-18-00. • exteriores.gob.es/embajadas/paris • Ⓜ Alma-Marceau. Lun-ven 9h-13h30, 14h30-17h30. Fermé w-e.*

– **Location d'appartements à Barcelone :** vous trouverez une sélection d'agences (françaises ou catalanes) proposant des appartements en pleine ville dans la rubrique « Barcelone. Où dormir ? Location d'appartements ».

En Belgique

Turisme de Catalunya : *rue la Loi, 227, Bruxelles 1040. ☎ 02-640-61-51. • info.bnl@act.cat • catalunya.com • Lun-ven 9h-18h (15h ven). Fermé w-e.*

Office de tourisme d'Espagne : *av. des Arts, 52, Bruxelles 1000. ☎ 02-280-19-26 ou 29. • spain.info • Accueil du public lun-ven 8h30-16h30 (14h30 ven). Fermé w-e.*

Consulat général d'Espagne : *rue Ducale, 85-87, Bruxelles 1000. ☎ 02-509-87-70 ou 86. • exteriores.gob.es/consulados/bruselas • Lun-ven 8h30-14h. Fermé w-e.*

Ambassade d'Espagne : *rue de la Science, 19, Bruxelles 1040. ☎ 02-230-03-40. • exteriores.gob.es/embajadas/bruselas • Lun-ven 9h-13h. Fermé w-e.*

En Suisse

Office de tourisme d'Espagne : *Seefeldstrasse, 19, 8008 Zürich. ☎ 044-253-60-50. • spain.info/fr • Lun-ven 9h-17h. Fermé w-e.* Comme en France, renseignements également très complets par téléphone, et des brochures à télécharger sur son site internet.

Consulat général d'Espagne : *av. Blanc, 53, 1202 Genève. ☎ 022-749-14-60. • exteriores.gob.es/consulados/ginebra • Lun-ven 8h15-13h30. Fermé w-e.*

Consulat général d'Espagne : *Marienstrasse, 12, 3005 Bern. ☎ 031-356-22-20 ou 23. • exteriores.gob.es/consulados/berna • Lun-sam 8h30-13h30 (12h30 sam). Fermé dim.*

Ambassade d'Espagne : *Kalcheggweg, 24, 3000 Berne 15. ☎ 031-350-52-52. • exteriores.gob.es/embajadas/berna • Lun-ven 8h-15h30. Fermé w-e.*

Au Canada

Agència Catalana de Turisme : *• info.usa@act.cat • catalunyaexperience.fr • catalunya.com •* Les sites officiels du tourisme de la Catalogne, qui s'enrichissent régulièrement de brochures à télécharger.

Bureau de tourisme d'Espagne : *2, Bloor St West, 34th floor, suite 3402, Toronto (Ontario) M4W 3E2. ☎ (416) 961-4079 ou 3131. • spain.info • Ⓜ Bloor-Yonge. Lun-ven 9h-15h. Fermé w-e.*

Consulat général d'Espagne : *1200, Ave McGill College, suite 2025, Montréal (Québec) H3B 4G7. ☎ (514) 935-5235. • exteriores.gob.es/consulados/montreal • Lun-ven 9h-13h. Fermé w-e.*

Consulat général d'Espagne : *2, Bloor St East, suite 1201, Toronto (Ontario) M4W 1A8. ☎ (416) 977-1661 ou 3923. • exteriores.gob.es/consulados/toronto • Au 12e étage. Lun-ven 9h-12h30. Fermé w-e.*

Ambassade d'Espagne : *74, Stanley Ave, Ottawa (Ontario) K1M 1P4. ☎ (613) 747-2252 ou 7293. • exteriores.gob.es/embajadas/ottawa •* ***Section consulaire*** *à la même adresse. Lun-ven 9h-13h. Fermé w-e.*

Sur Internet

N'hésitez pas à réserver (et donc acheter) vos billets pour les sites culturels et musées importants de la région directement sur leurs sites internet, avant même

de partir. En période d'affluence (dès Pâques et les 1ers week-ends fériés, ainsi qu'en été), ce sont ***des coupe-file très efficaces.*** Et lors de courts séjours, ça permet de gagner pas mal de temps. Cette recommandation est valable en particulier pour les ***sites culturels majeurs de Barcelone :*** pour certains, la réservation est indispensable et permet ***quelques économies ;*** les sites les plus demandés (et les plus onéreux) sont souvent moins chers sur réservation préalable sur internet qu'au guichet sur place. C'est également le cas ***pour les différents musées de la Fondation Dalí. Et c'est devenu une nécessité pour certains sites !***
Voir aussi la rubrique « Sites internet » plus bas.

Formalités

Pensez à scanner passeport ou carte d'identité et carte de paiement. Ensuite, adressez-les-vous par e-mail, en pièces jointes. En cas de perte ou de vol, rien de plus facile pour les récupérer. Les démarches administratives en seront bien plus rapides. Merci, tonton Routard !

– Pour les ressortissants français, belges et suisses, la ***carte d'identité*** ou le ***passeport,*** l'un comme l'autre en cours de validité, ***suffit*** pour entrer sur le territoire espagnol.
– Les ressortissants canadiens se verront demander un ***passeport*** valable 3 mois au moins après leur sortie du pays (ou de l'espace Schengen) pour les séjours touristiques de moins de 90 jours.
Les ***mineurs*** doivent être munis de leur propre pièce d'identité (pour l'Espagne, carte d'identité ou passeport). Pour l'autorisation de sortie de territoire lorsque les enfants ne sont pas accompagnés par un de leurs parents, chaque pays a mis en place sa propre régulation. Ainsi, pour ***les mineurs français,*** une loi entrée en vigueur en janvier 2017 a ***rétabli l'autorisation de sortie du territoire.*** Pour voyager à l'étranger, ils doivent être munis d'une pièce d'identité (carte d'identité ou passeport), d'un formulaire signé par l'un des parents titulaires de l'autorité parentale et de la photocopie de la pièce d'identité du parent signataire. Renseignements auprès des services de votre commune et sur • *service-public.fr* •

Assurances voyage

■ ***Routard Assurance par AVI International :*** *Le Colisée Gardens, 10, av. de l'Arche, CS 70126, 92419 Courbevoie Cedex.* ☎ *01-44-63-51-00.* • *routard@avi-international.com* • *avi-international.com* • Ⓜ *La Défense.* Enrichie au fil des années par les retours des lecteurs, *Routard Assurance* reste l'assurance voyage de référence des globe-trotters. Tout y est inclus, même la **Covid** : frais médicaux, assistance rapatriement, bagages, responsabilité civile... Avant votre départ, n'hésitez pas à contacter *AVI* pour un conseil personnalisé. À la recherche d'une attestation Covid ? Vous la recevrez automatiquement après chaque souscription. Besoin d'un avis médical, d'une prise en charge dans un hôpital ? Le plateau d'Assistance *AVI* dispose d'un vaste réseau médical à travers le monde, disponible 24h/24 pour une réponse en temps réel. De simples frais de santé en voyage ? Téléchargez vos factures depuis l'espace assuré *AVI,* ils vous remboursent sous 1 semaine.

■ ***AVA – Assurance Voyages et Assistance :*** *25, rue de Maubeuge, 75009 Paris.* ☎ *01-53-20-44-20.* • *ava.fr* • Ⓜ *Cadet.* Un autre courtier fiable pour ceux qui souhaitent s'assurer en cas de décès-invalidité-accident lors d'un voyage à l'étranger, mais surtout pour bénéficier d'une assistance rapatriement, perte de bagages et annulation. Attention, franchises pour ses contrats d'assurance voyage.

■ ***Pixel Assur :*** *10, rue du Maréchal-Galliéni, BP 35, 78601 Maisons-Laffitte.* ☎ *01-39-62-28-63.* • *pixel-assur.com* • *RER A : Maisons-Laffitte.* Assurance de matériel photo et vidéo tous risques (casse, vol, immersion) dans le monde entier. Devis en ligne basé sur le prix d'achat de votre matériel. Avantage : garantie à l'année.

Carte internationale d'étudiant (carte ISIC)

Elle prouve le statut d'étudiant dans le monde entier et permet de bénéficier d'avantages, services et réductions dans les domaines du transport, de l'hébergement, de la culture, des loisirs, du shopping...
La carte ISIC (payante) permet aussi d'accéder à des avantages exclusifs (billets d'avion spécial étudiants, hôtels et auberges de jeunesse, assurances, cartes SIM internationales, locations de voitures...).

Renseignements et inscriptions

- ***En France :*** ● *isic.fr* ●
- ***En Belgique :*** ● *isic.be* ●
- ***En Suisse :*** ● *isic.ch* ●
- ***Au Canada :*** ● *isiccanada.ca* ●

Carte d'adhésion internationale aux auberges de jeunesse (carte FUAJ)

Cette carte vous ouvre les portes de plus de 2 400 auberges de jeunesse du réseau *HI-Hostelling International* en France et dans le monde. Vous pouvez ainsi loger dans plus de 75 pays à des prix avantageux et bénéficier de tarifs préférentiels avec les partenaires des auberges de jeunesse *HI*. De plus, vous intégrez une communauté mondiale de voyageurs partageant les mêmes valeurs : plaisir de la rencontre, respect des différences et échange dans un esprit convivial. Il n'y a pas de limite d'âge pour séjourner en auberge de jeunesse. Il faut simplement être adhérent.

Renseignements et inscriptions

- ***En France :*** ● *hifrance.org* ●
- ***En Belgique :*** ● *lesaubergesdejeunesse.be* ●
- ***En Suisse :*** ● *youthhostel.ch* ●
- ***Au Canada :*** ● *hihostels.ca* ●

Si vous prévoyez un séjour itinérant, vous pouvez réserver plusieurs auberges en une seule fois en France et dans le monde sur ● *hihostels.com* ●

ARGENT, BANQUES, CHANGE

Change

À titre d'information, 1 € = 0,97 CHF = 1,44 $Ca (2023).
En Espagne, l'euro (prononcer « é-ou-ro ») se décline en *euros* au pluriel et se divise en *céntimos*.
Le ***change*** des devises se fait essentiellement dans les bureaux de change, que l'on trouve dans les aéroports, certaines gares et dans les villes très touristiques comme Barcelone. Ailleurs, ça peut être compliqué, les banques (ouvertes du lundi au vendredi de 8h15-8h30 à 14h-14h30 ; parfois aussi le jeudi après-midi en hiver et le samedi matin) réservant souvent le service de change à leurs clients.

Distributeurs automatiques

On peut retirer de l'argent liquide dans les nombreux distributeurs automatiques *(cajeros automáticos)* qui équipent la quasi-totalité des villes avec les cartes *MasterCard, Visa* et *Maestro*.

Petite mesure de précaution : si vous retirez de l'argent dans un distributeur, utilisez de préférence ceux attenants à une agence bancaire. En cas de pépin avec votre carte (carte avalée, erreur de code secret...), vous aurez un interlocuteur dans l'agence, pendant les heures ouvrables.

Cartes de paiement

Quand vous partez à l'étranger, pensez à relever le plafond de retrait aux distributeurs et pour les paiements par carte, quitte à le baisser à votre retour.
Avant de partir, notez bien le numéro d'opposition propre à votre banque (il figure souvent sur votre contrat, au dos des tickets de retrait ou à côté des distributeurs de billets), ainsi que le numéro à 16 chiffres de votre carte. Bien entendu, conservez ces informations en lieu sûr et séparément de votre carte. Et surtout, n'oubliez pas aussi de VÉRIFIER LA DATE D'EXPIRATION DE VOTRE CARTE BANCAIRE avant votre départ !
En zone euro, pas de frais bancaires sur les paiements par carte. Les retraits sont soumis aux mêmes conditions tarifaires que ceux effectués en France ; mais en Espagne, certaines banques prélèvent une com' de 1 à 2,50 € sur chaque retrait, commission annoncée sur l'écran de l'ATM : libre à vous alors de renoncer à ce retrait.
Une carte perdue ou volée peut être rapidement remplacée. En appelant sa banque, un système d'opposition, d'avance d'argent et de remplacement de carte pourra être mis en place afin de poursuivre son séjour en toute quiétude.
En cas de perte, de vol, ou de fraude, quelle que soit la carte que vous possédez, chaque banque gère elle-même le processus d'opposition et le numéro de téléphone correspondant. Le plus simple est de faire opposition en ligne via le site de votre agence bancaire ou leur application mobile, ou en les appelant directement. Sinon, voici les numéros des centres d'assistance des différentes cartes.

- ***Carte Visa :*** *n° d'urgence depuis l'Espagne,* ☎ *900-99-11-24.* ● *visa.fr* ●
- ***Carte MasterCard :*** *n° d'urgence depuis l'Espagne,* ☎ *900-822-756.* ● *mastercard.fr* ●
- ***Carte American Express :*** *n° d'urgence,* ☎ *(00-33) 1-47-77-72-00.* ● *americanexpress.com* ●
- Il existe aussi un serveur interbancaire d'opposition qui, en cas de perte ou de vol, vous met en contact avec le centre d'opposition de votre banque : depuis la France, ☎ *0892-705-705 (prix d'appel + 0,35 €/mn)* ; depuis l'étranger, ☎ *(00-33) 442-605-303.*

Avertissement

Si vous comptez effectuer des retraits d'argent aux distributeurs, il est ***vivement conseillé d'avertir votre banque avant votre départ*** (pays visités et dates). En effet, ***votre carte peut être bloquée dès le 1er retrait*** pour suspicion de fraude. C'est de plus en plus fréquent. Bonjour les tracasseries administratives pour faire rentrer les choses dans l'ordre, et on se retrouve vite dans l'embarras !

Besoin urgent d'argent liquide

Vous pouvez envoyer de l'argent par ***La Banque postale*** : le bénéficiaire, muni de sa pièce d'identité, peut retirer les fonds dans n'importe quel bureau du réseau local (en Espagne, *Correos*). Le transfert s'effectue avec un mandat ordinaire international (jusqu'à 3 500 €) et ***la transaction prend 4-5 jours en Europe*** (8-10 jours vers l'international). Plus cher, mais plus rapide, le mandat exprès international permet d'envoyer de l'argent (montant variable selon la destination – 34 au total) sous 2 jours maximum, 24h lorsque la démarche est faite en ligne. Infos sur ● *labanquepostale.fr* ●
Autre solution possible avec le système ***Western Union Money Transfer.*** L'argent vous est transféré en moins de 1h. La commission, assez élevée, est payée par

l'expéditeur. Possibilité d'effectuer un transfert depuis un des bureaux *Western Union* ou, plus rapide, en ligne, 24h/24 par carte de paiement (*Visa* ou *MasterCard*). En Espagne, le principal correspondant de *Western Union* est *Correos* (la poste, donc). Même principe avec d'autres organismes de transfert d'argent liquide, comme ***MoneyGram* ou *PayTop.*** Transfert en ligne sécurisé, en moins de 1h.
Dans tous les cas, se munir d'une pièce d'identité. Toutefois, en cas de perte/vol de papiers, certains organismes permettent de convenir d'une question/réponse type pour pouvoir récupérer votre argent. Chacun de ces organismes possède aussi des applications disponibles sur téléphone portable. Consulter les sites internet pour connaître les pays concernés, les conditions tarifaires (frais, commission) et trouver le correspondant local le plus proche : • *westernunion.com* • *moneygram.fr* • *paytop.com* •

ACHATS

L'époque n'est plus où l'on pouvait acheter des tas de choses pour une poignée de pesetas... *O tempora, o mores...* Avec un IDH (Indice de développement humain) équivalent à celui de la France et de la Belgique et un PIB par habitant (quoique inférieur à celui de la zone euro) en constante progression, l'Espagne (et a fortiori la Catalogne) n'est plus ce pays de cocagne qui aimantait dans les années 1970-1980 les touristes en quête de vacances pas chères. Reste néanmoins quelques secteurs privilégiés, qui attirent d'ailleurs de nombreux frontaliers dans les magasins catalans le week-end : alcools, clopes, vêtements, parfums.
Voici 2 souvenirs sympa et originaux à acheter en Catalogne : les fameuses ***espadrilles lacées*** (noir et blanc, ou rouge et blanc), portées par les danseurs et danseuses de sardane, et puis les ***ustensiles de cuisine*** nécessaires à la préparation de la ***crema catalana*** : les ramequins en terre cuite, ainsi que le fer à chauffer utilisé pour caraméliser le dessus de la crème. Plus largement, la région a une vraie tradition de céramique, et vous trouverez aisément des plats joliment rustiques à moindres frais. Toujours dans le registre culinaire, on peut rapporter du ***fromage*** (on trouve des *quesos* entiers qui supportent bien le transport), de la ***charcuterie*** (certains détaillants vous l'emballeront sous vide), des ***pâtés,*** des ***confits,*** du ***turrón,*** du ***miel,*** des ***fruits secs,*** et surtout du ***vin,*** du ***vermouth*** et de l'***huile d'olive.***
Les ***chaussures,*** à qualité égale, sont souvent moins chères qu'en France. Les articles en peau et les tissus en soie offrent un bon rapport qualité-prix. Un certain nombre de grandes enseignes de ***prêt-à-porter*** sont originaires d'Espagne *(Zara)*, voire de Barcelone *(Mango, Desigual)*. Leurs articles sont quelquefois meilleur marché qu'en France, et le choix est plus grand... Et puis Barcelone ou La Jonquera, à la frontière française, abritent quelques boutiques de fins de série *(outlet)* de ces marques qui font encore valser les étiquettes !
Même style d'achats pour la Communauté valencienne. Le village de Manises, à l'ouest de Valence, est connu pour ses ***céramiques.*** Vous pouvez également craquer pour une ***paella,*** la vraie grande poêle qui sert à concocter le plat du même nom ! Quant aux spécialités culinaires à proprement parler, charcuterie, fromages et produits artisanaux de l'arrière-pays ne manquent pas, comme le *turrón* de Jijona et Alicante, et les ***dattes*** d'Elche.
Lire également la rubrique « Horaires » plus loin pour les horaires d'ouverture des magasins.

Et les soldes ?

En janvier-février (juste après l'Épiphanie, le 6 janvier) et ***en juillet-août.*** Pas de grosses démarques comme en France, mais des rabais de 10 à 25 %, ce qui, sur des prix déjà, un poil moins élevés qu'en France, peut devenir carrément intéressant.

BUDGET

Hébergement (valable pour toute la Catalogne sauf Barcelone)

Une majorité d'hôtels modulent les tarifs de leurs chambres sur Internet en fonction du taux d'occupation. Il y a donc les prix de base (ceux que nous indiquons) et les promos proposées sur le Net. Le prix des chambres évolue en permanence.

Ces promotions sont extrêmement variables d'une semaine à l'autre, voire d'un jour à l'autre. Elles sont particulièrement intéressantes, et tout le monde a tendance à s'y mettre, histoire d'optimiser le chiffre d'affaires !

Des centrales de réservation proposent des tarifs attractifs sur leurs sites, prélevant au passage une commission plus ou moins importante sur la marge de l'hôtelier. Pour pallier cette dépendance, les chefs d'établissement alignent volontiers leurs tarifs sur leur propre site ou par téléphone.

Les fourchettes de prix indiquées pour les établissements cités dans ce guide correspondent généralement à la variation des tarifs selon la saison (et parfois aussi selon le type de chambres), *IVA* (TVA, de 10 %) incluse.
Le concept de saison peut varier d'un établissement à un autre, et surtout d'une région à une autre, avec parfois une moyenne saison intermédiaire, en plus des haute et basse saisons. Globalement, le mois d'août, les ponts, les vacances de Noël et la *Semana santa* (en 2024, du 24 mars au 1er avril) se trouvent toujours en *temporada alta.* Mais, sur la côte, les hôtels fonctionnent aussi à plein régime en été, certains dès les 1ers week-ends de juin, voire, selon la météo, dès mai. À l'inverse, les hôtels 3 étoiles des petites villes intérieures, fréquentés majoritairement par des *gens d'affaires* (comme disent les Québécois...), affichent souvent leurs meilleurs tarifs lors de la fermeture annuelle des entreprises (juillet-août). Pour la même raison, les tarifs y sont parfois plus attractifs le week-end. Si vous comptez voyager dans les Pyrénées espagnoles, gardez à l'esprit que la plus haute saison n'est pas l'été, mais l'hiver. Les tarifs peuvent alors bien prendre 20 à 40 % par rapport à juillet.
Quant au ***petit déjeuner,*** si peu de pensions le proposent, il est souvent inclus dans les hôtels à partir de la catégorie « Prix moyens », mais il est souvent médiocre, sauf dans les adresses haut de gamme. Lorsque nous indiquons le prix du petit déjeuner, il s'entend par personne. Dans l'arrière-pays catalan, il est souvent servi assez tard, parfois pas avant 9h.
Enfin, il faut aussi ajouter la taxe de séjour, qui oscille selon la catégorie de l'hôtel, de 0,50 € à 2 € par jour et par personne.

Recommandation à ceux qui souhaitent profiter des réductions et avantages proposés dans le Routard par les hôteliers et les restaurateurs

À l'hôtel, pensez à les demander au moment de la **réservation** ou bien lors de votre **arrivée.** Ils ne sont valables que pour les réservations **en direct** et non cumulables avec d'autres offres promotionnelles (notamment sur Internet). Au restaurant, parlez-en **au moment** de la commande et surtout **avant** que l'addition ne soit établie. Poser votre *Routard* sur la table ne suffit pas : le personnel de salle n'est pas toujours au courant et une fois le ticket de caisse imprimé, il est souvent difficile de modifier le total. En cas de doute, montrez la notice relative à l'établissement dans le ***Routard* de l'année** et, bien sûr, ne manquez pas de nous faire part de toute difficulté rencontrée.

Les catégories ci-après s'entendent pour ***2 personnes.***
- ***Bon marché :*** jusqu'à 50 € (ou 30 € par personne en auberge de jeunesse).
- ***Prix moyens :*** de 50 à 90 €.
- ***Chic :*** de 90 à 150 €.
- ***Très chic :*** plus de 150 €.

Restos (sauf Barcelone)

Le pain, au même titre que l'eau, est généralement facturé (sauf s'il est inclus dans le menu). Si on le refuse, il n'est évidemment pas compté.

On peut manger à tous les prix un peu partout. Dans l'arrière-pays et dans certaines grandes villes, ***les menus ou formules déjeuner pratiqués en semaine par certains restos de la catégorie « Plus chic » sont souvent une bonne affaire*** et surtout l'occasion de s'offrir un repas de qualité au meilleur prix. Leurs tarifs varient entre 12 et 18 € (entrée, 1 ou 2 plats, dessert, pain et vin, et même parfois un *chupito* du patron) alors que le soir ils peuvent être facturés le double. Sinon avec les tapas, *pintxos* et autres *cazuelitas* à picorer, on peut s'en sortir honorablement. Attention, comme pour les hôtels, la taxe *IVA* (de 10 %, et jusqu'à 12 % dans certains restos chics) n'est pas toujours incluse dans les prix affichés.
Ci-après, des indications pour le prix d'un repas pour 1 personne, sans les boissons, *IVA* incluse.
- ***Très bon marché :*** moins de 10 €.
- ***Bon marché :*** de 10 à 15 €.
- ***Prix moyens :*** de 15 à 30 €.
- ***Plus chic :*** min 30 €.

Voir aussi la rubrique « Budget » propre à Barcelone dans le chapitre consacré à cette ville.

Visites et parkings

Les ***visites*** relèvent d'un budget à part, car les églises sont souvent payantes, et les plus belles peuvent être relativement chères. En revanche, les musées affichent des tarifs d'entrée très raisonnables, souvent entre 2 et 8 €, sauf pour les plus importants ; il arrive même que certains soient gratuits. Attention au budget visite à Barcelone, considérablement plus élevé.
Autre dépense à prévoir si vous vous déplacez en voiture : les ***parkings,*** aux tarifs élevés en Espagne. Le prix à la journée peut grimper jusqu'à 15 à 20 € et même 28 € dans les grandes villes (la circulation étant de toute façon difficile, nous vous conseillons plutôt d'utiliser les transports en commun). Certains hôtels disposent de leur propre parking, souvent un peu moins onéreux (se renseigner à l'avance). Heureusement, il reste encore des parkings gratuits (nous vous les indiquons dans la rubrique « Infos utiles » de chaque ville).

CLIMAT

Doux en hiver, chaud en été, le climat de la ***Costa Brava*** est typiquement méditerranéen, avec 300 jours d'ensoleillement par an. La moyenne de janvier, le mois le plus froid, dépasse 10 °C, et l'été se rapproche de l'idéal avec une agréable température de 25 °C pour l'air et de 23 °C pour l'eau. Le secret de ce microclimat ? Un site abrité, entre mer et montagne, animé par un cortège de petites brises aux noms exotiques, le *gregal,* le *xaloc,* le *migjorn,* soufflant tantôt de la mer, tantôt de la terre, rafraîchissant au passage la plaine littorale.
L'été, la brise fraîche qui monte de la mer lorsque le soleil réchauffe les collines nimbe parfois ***Barcelone*** d'un halo de lumière irréel. Pour troubler un peu les

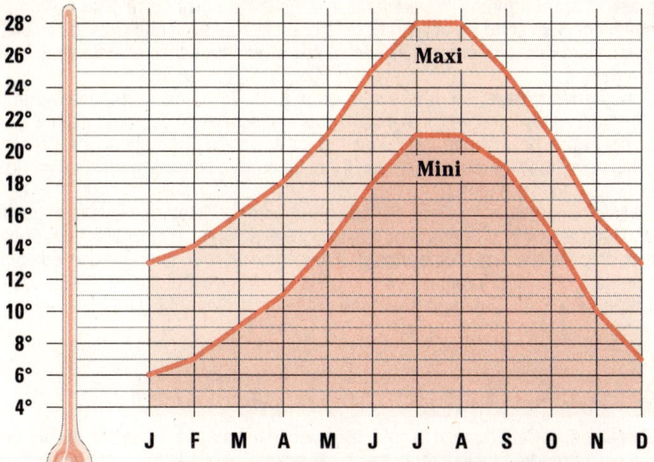

Moyenne des températures atmosphériques

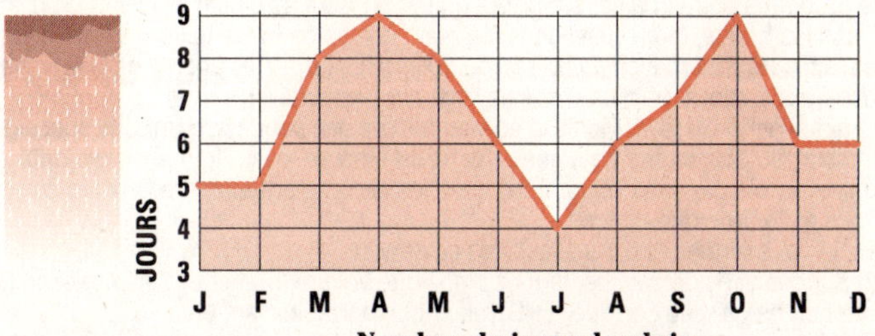

Nombre de jours de pluie

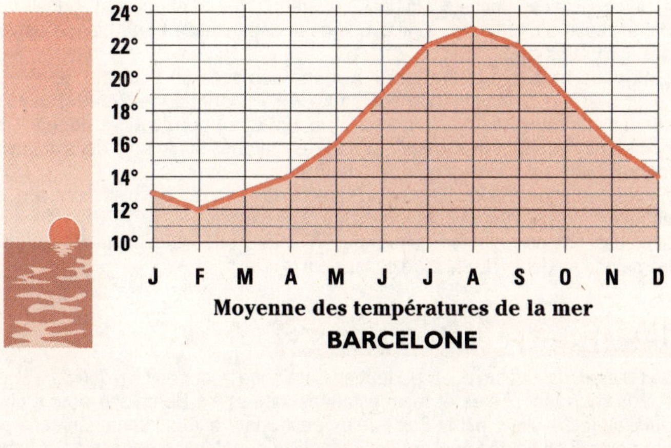

Moyenne des températures de la mer

BARCELONE

plaisirs, la tramontane *(tramuntana),* vent sec du nord, se réveille de temps à autre, accélère entre les collines et déferle sur la côte avec une violence inouïe, au grand dam des pêcheurs. Mais ses sautes d'humeur sont généralement surtout hivernales...

Dans ***l'arrière-pays,*** les hivers sont doux à froids, au fur et à mesure que l'on s'approche des Pyrénées. Les plus hautes stations de ski ouvrent en général vers fin novembre pour fermer à la mi-avril. Dans ces zones montagneuses, l'été tarde à s'installer et le mercure à grimper. Il y pleut aussi bien davantage (940 mm dans le val d'Aran, par exemple).

En fin de compte, la meilleure période pour visiter la Catalogne et la communauté de Valence est le printemps ou l'automne, avec une petite préférence pour ce dernier, généralement moins arrosé. On bénéficie alors de températures agréables, sans la foule. Au printemps, les sommets au-delà de 1 500 m sont enneigés, et il peut faire froid. Prévoyez alors une petite laine... ou 2 ! Et, en hiver, anorak et parka...

DANGERS ET ENQUIQUINEMENTS

Barcelone, la Catalogne et la côte valencienne n'échappent pas à la délinquance, qui peut prendre plusieurs formes : pickpockets, vols à la tire, vols de voitures... La concentration de personnes « en vacances » au sens littéral du terme attire, comme partout, les gens mal intentionnés. Faire attention à ses affaires relève de la prudence et du bon sens. Surtout quand on vient à peine d'arriver.

Dans les hôtels, mais aussi dans les bars, les restos et les taxis, il existe des formulaires de réclamation *(full oficial de queixa),* visés par les agents de la répression des fraudes de la mairie. En cas de litige avec un hôtelier, exigez ce document.

Chaque année, des incidents et agressions par des bandes organisées sont signalés sur les autoroutes catalanes. Ne vous effrayez pas, l'immense majorité des touristes circule sans encombre, mais les recommandations suivantes peuvent vous éviter quelques tracas.

1) Ne vous arrêtez que dans les aires de service.

2) Sur ces aires de service, fermez bien votre voiture, branchez l'alarme et ne laissez rien de précieux en vue (GPS, téléphone portable, sac, etc.).

3) Méfiez-vous d'autres conducteurs qui pourraient vous signaler des incidents sur votre voiture et vous pousseraient à vous arrêter.

4) Si vous êtes en panne sur la bande d'arrêt d'urgence et que vous appelez une dépanneuse d'une borne, vérifiez que cette dépanneuse porte bien le symbole des *autopistas.*

5) Si vous êtes loin d'une borne et que vous avez un portable, appelez le ☎ *902-200-320* (assistance autoroute AP 7 ; fonctionne 24h/24, avec un service d'interprète ; • *autopistas.com* •). Vous pourrez alors donner votre position à l'interlocuteur grâce aux chiffres marqués sur le côté de la chaussée (numéro de l'autoroute et point kilométrique).

En ville, vous pouvez enlever la plage arrière du véhicule pour bien montrer que le coffre est vide : ça vous économisera une vitre cassée.

Lire aussi nos conseils dans la rubrique « Dangers et enquiquinements » spéciale Barcelone au début du chapitre consacré à la ville.

FÊTES ET JOURS FÉRIÉS

Le 23 avril, on célèbre quasi partout en Catalogne le jour du Livre (ou *Sant Jordi* ; voir la rubrique « Fêtes et manifestations locales » à Barcelone pour plus de détails), le 24 juin, c'est la Saint-Jean *(Sant Joan)* qui enflamme (au sens propre comme au figuré : bûchers, feux d'artifice et pétards à gogo !) la Catalogne. Mais on a aussi en rayon la *Patum de Berga* ou le *Misteri d'Elche* (tous 2 classés

Patrimoine mondial immatériel par l'Unesco), les carnavals, les crèches de Noël et les *pastorets,* les célébrations de Pâques (accompagnées de leurs pâtisseries, les *caramelles* et les *mones de Pasqua*)... Pour nous, la plus belle, c'est la fête de Gràcia à Barcelone, autour du 15 août, qui donne lieu à un concours de décoration des rues. Ne manquez pas non plus, à la même époque, celle du quartier de Sants, puis, du 22 au 25 septembre, celle du quartier de la Mercè. Le 11 septembre est le jour de la fête nationale de la Catalogne, la *Diada,* la seule fête laïque d'Espagne.

Outre toutes les microfêtes locales qui peuvent venir égayer (ou perturber) votre séjour (impossible de toutes les recenser !), voici les principaux jours fériés de l'année en Catalogne et dans la communauté de Valence (pour les dates propres à Barcelone, voir « Fêtes et manifestations locales » dans le chapitre consacré à la ville).

- ***1er janvier :*** Nouvel An.
- ***6 janvier :*** Épiphanie.
- ***19 mars :*** Saint-Joseph (férié à Valence).
- ***Jeudi saint :*** férié à Valence ; en 2024, le 28 mars ; en 2025, le 17 avril.
- ***Vendredi saint :*** en 2024, le 29 mars ; en 2025, le 18 avril.
- ***Lundi de Pâques :*** férié en Catalogne et à Valence ; en 2024, le 1er avril ; en 2025, le 21 avril.
- ***1er mai :*** fête du Travail.
- ***Mai ou juin :*** *Pasqua Granada,* c'est-à-dire lundi de Pentecôte (seulement à Barcelone). En 2024, le 20 mai, en 2025, le 9 juin.
- ***17 juin :*** Fiesta d'Aran (uniquement dans le val d'Aran, qui, en « échange », ne marque pas le 26 décembre férié).
- ***24 juin :*** Saint-Jean (férié en Catalogne).
- ***15 août :*** Assomption de la Vierge.
- ***11 septembre :*** fête de la *Diada* (jour férié en Catalogne, beaucoup de restos et de musées sont fermés).
- ***12 octobre :*** fête nationale d'Espagne.
- ***1er novembre :*** Toussaint.
- ***6 décembre :*** jour de la Constitution.
- ***8 décembre :*** Immaculée Conception.
- ***25 décembre :*** Noël.
- ***26 décembre :*** férié en Catalogne (la plupart des musées et des sites culturels à visiter sont fermés ce jour-là).

HÉBERGEMENT

L'abréviation « c/ », que vous retrouverez tout au long de ce guide, signifie tout simplement *calle* ou *carrer* (sa version catalane), c'est-à-dire « rue ».

Les auberges de jeunesse et *hostels*

Il faut saluer les *Generalitats* catalane et valencienne pour la place qu'elles confèrent aux jeunes (une fois n'est pas coutume !). Dans la seule Catalogne, on compte une bonne cinquantaine d'auberges de jeunesse (*alberg juvenil* en catalan) officielles. D'une manière générale, elles sont grandes, assez impersonnelles mais pratiques, bien tenues et le plus souvent situées dans le voisinage des centres historiques.

S'il n'y a pas de limite d'âge, les tarifs pour les plus de 30 ans sont un peu plus élevés (4-5 €). Quant à la carte de la FUAJ, elle n'est généralement pas obligatoire, mais vous paierez 2-3 € de plus par nuit si vous ne l'avez pas. Les draps sont inclus, mais pas les serviettes de toilette (location possible).

On peut réserver par téléphone, e-mail ou en ligne auprès de l'agence centrale des auberges de jeunesse (☎ 93-483-83-83 ; • xanascat.gencat.cat •). Pour toutes les autres régions d'Espagne : • reaj.com •, le site officiel des AJ espagnoles.
À noter qu'il n'est pas possible de réserver pour plus de 5 nuits, mais on peut, une fois installé, rester plus longtemps s'il y a de la place.
Il existe aussi des ***AJ privées*** (en particulier à Barcelone et à Valence), qui offrent des normes et des conditions d'accueil tout à fait honorables, voire supérieures aux AJ classiques. L'ambiance et le cadre y sont souvent plus chaleureux ; le tout pour des tarifs sensiblement équivalents. Un certain nombre de ces AJ privées se retrouvent sur • hostelworld.com •
Dans les Pyrénées, on trouve aussi de nombreux ***refugi,*** qui peuvent désigner aussi bien des sortes d'AJ plutôt dédiées aux sportifs (skieurs en particulier) que d'authentiques refuges en montagne. Pour ceux situés entre Puigcerdà et le val d'Aran, on peut faire ses réservations sur un site centralisé bien pratique : • refusonline.com •

Les campings

Le ***camping sauvage*** est interdit partout en Catalogne, plages comprises. Outre les dégâts environnementaux éventuels, les autorités craignent surtout les incendies de forêt. En cas d'infraction, les amendes peuvent se chiffrer en centaines d'euros !
Les catégories des ***campings officiels*** sont fixées par le gouvernement. Ils sont en général bien équipés, mais souvent sans trop d'intimité, voire assez concentrationnaires. Autour des grandes villes, Barcelone inclus, c'est souvent pire ! Les Espagnols n'y viennent pas tant s'y reposer que s'y divertir : piscines (rarement ouvertes hors saison), terrains de sport, supérette, jeux pour enfants, restos, bars et même parfois... une boîte de nuit, rien ne manque ! Le week-end et en été, c'est très bruyant, les campeurs, disposant pour la plupart d'une, voire de 2 TV, se couchent tard... Dans l'arrière-pays, les campings sont plus calmes et, avec un peu de chance, plus aérés ; hors saison, en semaine, il arrive même que l'on ait tout l'espace pour soi, ça peut alors être très agréable ! Sachez toutefois que de nombreux Espagnols y laissent leur caravane garée à l'année. Enfin, pensez à vous équiper de sardines robustes car, en été, le terrain est presque partout très sec... quand il n'est pas spécialement aménagé pour les fakirs !
– ***Tarifs :*** en moyenne plus élevés qu'en France. On paie à la parcelle (*parcella,* comprenant une tente et une voiture, parfois l'électricité) et on y ajoute le tarif par occupant ; ou en additionnant chaque élément séparément : tente (petite ou grande), voiture, adultes, enfants, électricité... Dans le texte, nous vous indiquons les ***tarifs*** sur la base de 2 adultes, avec tente et voiture. Compter alors entre 20 et 50 € (voire 60-70 € en bord de mer !) par jour, en haute saison, selon la région.
– ***Un bon plan :*** la plupart des campings sont équipés de diverses sortes d'abris, de bungalows, chalets ou autres mobile homes pour 2 à 6-8 personnes. Ça va de la mini-cahute en bois avec juste la place pour 2 matelas, partageant des sanitaires communs, au mini-chalet avec kitchenette, salle de bains intérieure, clim et terrasse. En général, ces bungalows sont situés dans les zones plus calmes du camping – mais attention, il arrive aussi qu'ils donnent sur le parking ! Malgré des prix parfois élevés en haute saison, ça revient tout de même moins cher que l'hôtel pour une famille ou un groupe de copains. Reste que, en août, la plupart ne peuvent être loués pour moins de 1 semaine, sauf éventuelle disponibilité.

■ ***Fédération catalane des campings :*** consulter les sites • barcelonacampings.es • campingsdelleida.com • campingsingirona.com • et • campingstarragona.es • couvrant les 4 grandes régions de Catalogne.

■ ***Federación Campings Comunidad Valenciana :*** c/ Reyes Católicos, 17, 03003 **Alicante.** ☎ 965-22-89-30. • campingscomunidadvalenciana.es •
À noter : la plupart des campings de la communauté de Valence restent ouverts toute l'année !

Le tourisme rural ou agrotourisme

L'appellation regroupe aussi bien les gîtes d'étape, les gîtes ruraux (*casas de pagès* ou *casas rurales*) que les chambres d'hôtes. C'est une formule intéressante pour découvrir le terroir, car les proprios font souvent table d'hôtes (sur résa). Le prix d'une chambre double varie entre 60 et 150 € selon la catégorie et la saison, petit déjeuner inclus. Parfois ce sera une authentique ferme d'élevage aux chambres rustiques, parfois une belle demeure ancienne retapée avec goût, parfois une bâtisse un peu trop retapée au point de lui faire perdre l'essentiel de son caractère... Il y a de tout, à tous les prix ! En tout cas, ne croyez pas qu'une *casa rural* vous coûtera moins cher qu'un hôtel : c'est même souvent le contraire. Outre les nombreuses adresses de ce type que vous trouverez dans ce guide, vous pouvez vous procurer des listes complètes dans les offices de tourisme. À noter que, en été, certaines chambres d'hôtes ne prennent de réservation qu'à partir de 2, 3, voire 4 nuits.

– ***Sites internet :*** • *turismerural.com* • couvre toute la Catalogne et • *turismeruralgirona.org* • la province de Gérone. Pour des hébergements plus respectueux de l'environnement, consultez • *ecotur.es* •

Les pensions, *hostales* et hôtels

Le ministère du Tourisme distingue les ***hostales*** ou ***pensiones*** des ***hôtels,*** mais selon des critères largement techniques (présence ou non d'un ascenseur, d'une vraie réception, couloirs d'une certaine largeur...), bref, pas nécessairement en fonction du degré de confort réel, et encore moins du charme que l'endroit peut dégager. Distinction assez peu pertinente donc pour le touriste, même s'il est vrai que les *pensiones* (ou *hostales,* puisque ce terme tend à se généraliser) sont souvent des lieux d'hébergement plus familiaux et plus simples, parfois encore avec salle de bains partagée (même si c'est désormais rare), où l'on ne sert pas le petit déj. En montagne, on trouve aussi l'appellation ***xalet.***

Les hôtels sont classés de 1 à 5 étoiles, selon des normes un poil plus généreuses que chez nous. Ils sont globalement assez standardisés et n'ont souvent pas trop de charme – surtout en dessous de 3 étoiles. Ils sont en revanche plutôt bien équipés (TV partout, sèche-cheveux dès 2-3 étoiles). Les plus anciens ont souvent des sols en lino pas folichons ou des parquets flottants, les moyens financiers ne permettant pas toujours de tout rénover en même temps ! Les efforts de déco sont rares, mais la propreté est presque toujours au rendez-vous ! Quant au wifi, il fonctionne pratiquement partout.

– ***Les prix,*** disponibles à la réception, varient souvent selon les divisions de l'année touristique : haute, moyenne et basse saisons. On vous rappelle que, en principe, il faut ajouter la taxe *(IVA)* de 10 % ainsi que la ***taxe de séjour*** pour les plus de 16 ans, laquelle peut varier de 0,45 €/j. par personne (cas d'un camping basique) à 5 €/j. par personne (cas d'un 4 ou 5-étoiles à Barcelone). La moyenne se situant généralement entre 0,90 € et 2,25 €. Si vous causez espagnol (ou, mieux, catalan !), vous pouvez tenter de négocier un peu les prix de base... sachant que, de toute façon, les tarifs baissent souvent avec la durée du séjour.

– ***Les chambres :*** pour une simple, demandez une *habitació individual* ; pour une double, une *habitació doble.* Si vous voulez un grand lit, précisez *llit de matrimoni* (*cama de matrimonio* en espagnol). Petite particularité ibère : dans les petits établissements traditionnels (voire un peu vieillots), le *cama de matrimonio* est parfois un lit plus étroit que le « 140 cm » classique : 120 ou 130 cm ; c'est, visiblement, ce qui permet en Espagne de rester amoureux ! D'où l'intérêt, parfois, de préférer une chambre à 2 lits... Cela dit, dans les établissements modernes ou rénovés, les lits doubles en 140 cm, voire de plus grand format dans les lieux chics, sont désormais de mise.

– Les offices de tourisme disposent d'une liste actualisée plus ou moins exhaustive des hôtels et *hostales* avec les tarifs en cours.

– ***Logis*** est la 1re chaîne de restaurateurs-hôteliers indépendants en Europe avec 2 200 établissements répartis dans 8 pays. Fort de ses 70 années d'expérience, le réseau offre l'assurance d'un accueil personnalisé et chaleureux, d'un hébergement de qualité ainsi que d'une restauration faite maison mettant à l'honneur produits locaux et de saison. Engagés sur les territoires, tous les établissements *Logis* sont impliqués dans une démarche d'économie locale, privilégiant les circuits courts et les produits régionaux. Plus d'infos sur • *logishotels.com* •

Location d'appartements

Ce choix d'hébergement se développe et se révèle économique (en particulier à Barcelone) pour une famille, ou même en couple, d'autant que les séjours peuvent n'être que de 2-3 nuits, sans contraintes de semaine entière pleine ou de week-end. Pas mal d'offres promotionnelles si vous réservez sur Internet. Forcément, tous les sites et agences ne sont pas sans surprise ; voir notre sélection à Barcelone dans « Où dormir ? ».

Les *Paradores*

Ce grand réseau d'établissements hôteliers d'exception a été créé en 1928. Leur principale originalité réside dans leur cadre : châteaux forts, manoirs, anciens palais, couvents, monastères... Attention, certains sont de construction récente, mais ils sont toujours situés dans des cadres uniques – souvent en dehors des villes. Les prix varient selon 5 catégories, mais ils sont souvent relativement élevés : 80-280 € (petit déj en sus : 17-21 €), selon la saison et le confort du *Parador* (3 ou 4 étoiles). Et certains peuvent atteindre plus de 300 € ! Pour ceux qui le peuvent, c'est toujours moins cher que les *Relais & Châteaux* auxquels on pourrait les comparer – même si le niveau de service est aussi moins élevé. En général, les *Paradores* affichent des ***tarifs basse saison*** très intéressants, proposent des forfaits week-end et diverses promotions. Par exemple : sur les chambres et le petit déj pour les plus de 55 ans (« *Días Dorados* ») ; - 15 % pour les séjours d'au moins 2 nuits consécutives en ½ pension dans un même *Parador,* sur réservation uniquement – quotas limités (avec 15 % de réduc sur les repas) ; *tarjeta 5 noches* (« carte 5 nuits ») dans des *Paradores* différents (ou non) à 600 € – soit 120 € la double par nuit avec le petit déj – et une réduc de 20 % en prime sur le prix officiel du menu au resto ; les *Escapada Joven* pour les 18-30 ans (- 15 % sur les chambres et les repas hors boisson, mais sur réservation uniquement car quotas limités), etc. Certaines périodes de restriction s'appliquent. Tous les prix mentionnés ici ne comprennent ni l'IVA ni la taxe de séjour. Le petit déjeuner est généralement excellent et gargantuesque, oui ! En été et le week-end, il est impératif de réserver. À défaut de dormir dans les *Paradores,* on peut s'y restaurer (menus 25-37 €, avec une carte de snacks ou de tapas pour certains) ou y prendre un verre pour profiter du cadre.

■ ***Iberrail France :*** *14, rue Bruno-Coquatrix, 75009 Paris.* ☎ *01-42-81-27-27.* • *services.parador@iberrail.fr* • Ⓜ *Opéra ou Madeleine.* Représentant officiel des *Paradores.*

HORAIRES

À l'exception de certaines stations balnéaires (forcées de s'adapter aux touristes étrangers), les ***horaires des repas*** sont plus tardifs que ceux pratiqués en France. Le petit déj se prend rarement avant 8h (8h30, voire 9h...) et jusqu'à 11h, le déjeuner de 13h (ou même 13h30) à 16h, et le dîner de 20h ou 21h à 23h, voire plus tard en été (il fait moins chaud). Les bars prennent vie vers minuit ou 1h ; quant aux ***boîtes de nuit,*** certaines ne commencent à s'animer que vers 2h ou 3h (et encore !)... Il faut avoir une santé de fer pour vivre ici ! Les ***magasins*** sont généralement ouverts du lundi au samedi de 9h30-10h à 13h30-14h et de 16h30-17h à 20h-20h30. En été, sur la Costa Brava, la Costa Daurada et la Costa Blanca, certains commerces restent même ouverts jusqu'à 22h-23h. Les grands magasins sont ouverts sans interruption le midi. Pour les banques, voir plus haut « Argent, banques, change ». À noter aussi que de nombreux sites sont fermés le dimanche après-midi.

LANGUE

Le ***catalan,*** c'est d'abord une langue. De racine latine comme le français, le castillan (espagnol), l'italien, plus cousin encore avec l'occitan, il a atteint sa maturité vers le X[e] s. Au cours de ces 3 derniers siècles, il a subi de multiples persécutions, vexations et interdictions. En 1924, Gaudí fut arrêté parce qu'il parlait catalan sur la voie publique ! Autonomie oblige, le castillan est désormais passé au 2[d] plan et fait même froncer les sourcils aux plus convaincus... Il arrive encore qu'un Andalou, en entendant parler catalan, dise à son interlocuteur (en castillan) : « *S'il vous plaît, veuillez parler chrétien* » *!*

PARLER FRANÇAIS COMME UNE VACHE ESPAGNOLE

C'est vrai que les vaches, surtout espagnoles, parlent mal le français. Cette expression datant du XVIIe s vient en fait d'une altération du mot « basque ». Avec leur accent si particulier, on comprend mieux !

Pour la signalisation routière (sauf sur les autoroutes) ou les plaques de rues, les indications en castillan ont disparu... jusqu'aux « rues de Madrid » et « places d'Espagne » ! Certaines associations, comme le *Foro Babel,* cherchent d'ailleurs à lutter contre cette « hégémonie du catalan ».

Plus de 97 % des habitants de la Catalogne comprennent le catalan, et près de 85 % le parlent (1 personne sur 2 au quotidien), mais il n'est (encore) la langue maternelle que de 38,5 % de la population. Aujourd'hui, son apprentissage est obligatoire dans l'enseignement primaire et secondaire.

Son emprise dépasse les limites de la région : le catalan est aussi parlé aux îles Baléares et dans la quasi-totalité du Pays valencien. Le valencien (*valencià* ou *valenciano* en castillan), considéré par certains comme un dialecte catalan, par d'autres comme une langue à part entière, est pratiqué par environ 52 % de la population de la région. On parle également catalan en Andorre, dans une petite partie de l'Aragon, dans la ville d'Alghero en Sardaigne, ainsi que, bien sûr, en France, dans le Roussillon, ce qui représente au total quelque 11,5 millions de locuteurs – soit davantage que le danois, le norvégien ou le finnois ! Malgré sa reconnaissance par l'Union européenne, le catalan se heurte pourtant à ses limites, en particulier dans l'enseignement supérieur : les meilleurs élèves de la péninsule ou de l'Amérique latine le boudent, et la disponibilité de professeurs spécialisés catalophones fait parfois défaut.

Vocabulaire catalan (castillan entre parenthèses)

Pour vous aider à communiquer, n'oubliez pas notre ***Guide de conversation du routard en espagnol (castillan).***

Mots usuels et expressions courantes

Oui	*sí (sí)*
Non	*no (no)*
bonjour	*bon dia (buenos días)*
bonsoir	*bona tarda (buenas tardes)*
salut ! (salut ! ça va ?)	*¡hola! (¡hola! ¿qué hay/tal?)*

bonne nuit	*bona nit (buenas noches)*
aujourd'hui	*avui (hoy)*
hier	*ahir (ayer)*
demain	*demà (mañana)*
ce matin	*aquest matí (esta mañana)*
ce soir	*aquesta nit (esta noche)*
au revoir	*adéu, arreveure (adiós)*
à bientôt	*fins després (hasta luego)*
s'il vous plaît	*si us plau (por favor)*
merci	*gràcies (gracias)*
de rien	*de res (de nada)*
excusez-moi	*perdoni (perdone, disculpe)*
parlez-vous français ?	*¿parla francès? (¿habla usted francés?)*
comment vous appelez-vous ?	*¿com es diu vostè? (¿cómo se llama usted?)*
je ne comprends pas	*no ho entenc (no entiendo)*
je ne sais pas	*no ho sé (no sé)*
comment dit-on en espagnol... ?	*¿com es diu en castellà? (¿cómo se dice en castellano...?)*
quelle heure est-il ?	*¿quina hora és? (¿qué hora es?)*
je voudrais	*voldria (quisiera)*
d'accord	*d'acord (de acuerdo, vale)*
bureau de tabac	*estanc (estanco)*
poste restante	*apartat de correus (apartado de correos)*
timbre	*segell (sello)*
enveloppe	*sobre (sobre)*
tampons	*tampons (tampones higiénicos)*
serviettes hygiéniques	*compreses (compresas higiénicas)*
monnaie	*canvi (cambio)*
guichet automatique	*caixer automàtic (cajero automático, bancomat)*
pas cher, bon marché	*barat (barato)*
cher	*car (caro)*
fermé	*tancat (cerrado)*
ouvert	*obert (abierto)*
jour férié	*dia festiu (día festivo)*

À l'hôtel

hôtel	*hotel (hotel)*
auberge	*alberg (albergue)*
pension	*pensió (hostal, fonda, pensión)*
garage	*garatge (garaje)*
chambre	*habitació (habitación)*
chambre double	*habitació doble (habitación doble)*
pourriez-vous me la montrer, s'il vous plaît ?	*¿me la pot ensenyar, si us plau? (¿me la puede enseñar, por favor?)*
lit	*llit (cama)*
lit à deux places	*llit de matrimoni (cama de matrimonio)*
lit de bébé	*bressol (cuna)*
réservation	*reserva (reserva)*
combien par jour ?	*¿quant per dia? (¿cuánto por día?)*
service compris	*servei inclòs (servicio incluído)*
pourriez-vous me réveiller à 8h ?	*¿podria despertar me a les vuit? (¿puede despertarme a las ocho?)*
petit déjeuner	*esmorzar (desayuno)*
couverture	*manta (manta)*
oreiller	*coixí (almohada)*
serviette de bain	*tovallola (toalla)*

toilettes	*serveis, lavabo (servicios)*
savon	*sabó (jabón)*
salle de bains	*bany (cuarto de baño)*
douche	*dutxa (ducha)*
je voudrais la note	*el compte, si us plau (la cuenta, por favor)*
la cour intérieure	*el pati (el patio)*
le jardin	*el jardí (el jardín)*

Au restaurant

déjeuner	*dinar (almuerzo)*
dîner	*sopar (cena)*
menu	*menú (menú)*
carte	*carta (carta)*
mouton	*marrà (carnero)*
agneau	*xai (cordero)*
porc	*porc (cerdo)*
bœuf	*bou (buey)*
jambon	*pernil (jamón)*
poulet	*pollastre (pollo)*
veau	*vedella (ternera)*
escargot	*cargol (caracol)*
filet de porc	*filet de porc (solomillo de cerdo)*
côtelette	*costella, llonza (chuleta)*
rôti	*rostit (asado)*
grillé	*a la planxa (a la plancha)*
frit	*fregit (frito)*
poisson	*peix (pescado)*
fruits de mer	*marics (mariscos)*
œufs	*ous (huevos)*
omelette	*truita (tortilla)*
salade	*amanida (ensalada)*
légumes	*verdura (verduras)*
dessert	*postres (postre)*
fromage	*formatge (queso)*
glace	*gelat (helado)*
vin rouge (hic !)	*vi negre (vino tinto)*
vin blanc (re-hic !)	*vi blanc (vino blanco)*
eau gazeuse/plate	*aigua amb gas/sense gas (agua con gas/sin gas)*
bière, panaché	*cervesa, clara (cerveza, clara)*
café (noir)	*cafè (café solo)*
l'addition, s'il vous plaît !	*¡el compte, si us plau! (¡la cuenta, por favor!)*
garçon de café	*cambrer (camarero)*
assiette	*plat (plato)*
verre (pour l'eau)	*got (vaso)*
verre (pour le vin)	*copa (copa)*
couteau	*ganivet (cuchillo)*
cuillère	*cullera (cuchara)*
fourchette	*forquilla (tenedor)*
serviette de table	*tovalló (servilleta)*
sel	*sal (sal)*
poivre	*pebre (pimienta)*
moutarde	*mostassa (mostaza)*
huile	*oli (aceite)*
vinaigre	*vinagre (vinagre)*
beurre	*mantega (mantequilla)*

pain	*pa (pan)*
bouteille	*ampolla (botella)*
je suis végétarien(ne)	*sóc vegetarià ana (soy vegetariano/a)*
prix du marché	*preu segons mercat (s/m) (precio según mercado)*

Sur la route

où va cette route ?	*¿on porta aquesta carreterra? (¿adónde va esta carretera?)*
est-ce la route de... ?	*¿és aquesta la carretera de...? (¿es ésta la carretera de...?)*
à combien de kilomètres ?	*¿a quants quilòmetres? (¿a cuántos kilómetros?)*
à droite	*a mà dreta (a mano derecha)*
à gauche	*a mà esquerra (a mano izquierda)*
tout droit	*tot recte (todo recto)*
je suis en panne	*tinc una avaria (tengo una avería)*
station-service	*benzinera (gasolinera)*
sans plomb	*sense plom (sin plomo)*
au tournant	*a la cantonada (a la vuelta de la esquina)*
parking	*aparcament (aparcamiento, parking)*
loin	*lluny (lejos)*
près	*a prop (cerca)*
interdit	*prohibit (prohibido)*
descente	*baixada (bajada)*
côte	*pujada (cuesta)*
virage	*revolt (curva)*
travaux	*obres (obras)*
village	*poble (pueblo)*
feu de signalisation	*semàfor (semáforo)*

À la gare

gare	*estació (estación)*
billet	*bitllet (billete)*
à quelle heure le train arrive-t-il à... ?	*¿a quina hora arriba el tren? (¿a qué hora llega el tren a/en...?)*
où faut-il changer de train ?	*¿on s'ha de canviar de tren? (¿dónde hay que cambiar de tren?)*
le prochain	*el proper (el próximo)*
le dernier	*l'últim (el último)*
le premier	*el primer (el primero)*
réduction	*descompte (reducción, rebaja, descuento)*
aller simple	*senzill (sencillo)*
aller-retour	*anada i tornada (ida y vuelta)*
correspondance	*correspondència, enllaç (enlace, cambio)*
guichet	*guixeta (taquilla)*
quai	*andana (andén)*
bagages	*equipatge (equipaje)*
compartiment	*compartiment (compartimento)*
wagon	*cotxe, vagó (coche)*
couchette	*llitera (litera)*
contrôleur	*revisor (revisor)*

Le temps

jour	*dia (día)*
semaine	*setmana (semana)*

lundi	*dilluns (lunes)*
mardi	*dimarts (martes)*
mercredi	*dimecres (miércoles)*
jeudi	*dijous (jueves)*
vendredi	*divendres (viernes)*
samedi	*dissabte (sábado)*
dimanche	*diumenge (domingo)*
matin	*matí (mañana)*
midi	*migdia (mediodía)*
après-midi	*tarda (tarde)*
soir, nuit	*vespre (noche)*
minuit	*mitjanit (medianoche)*
heure	*hora (hora)*
quart	*quart (cuarto)*
demi	*mig, mitja (media)*
minute	*minut (minuto)*

Chiffres et nombres

un, une	*un, una (uno, una)*
deux	*dos, dues (dos)*
trois	*tres (tres)*
quatre	*quatre (cuatro)*
cinq	*cinc (cinco)*
six	*sis (seis)*
sept	*set (siete)*
huit	*vuit (ocho)*
neuf	*nou (nueve)*
dix	*deu (diez)*
onze	*onze (once)*
douze	*dotze (doce)*
treize	*tretze (trece)*
quatorze	*catorze (catorce)*
quinze	*quinze (quince)*
seize	*setze (dieciséis)*
dix-sept	*disset (diecisiete)*
dix-huit	*divuit (dieciocho)*
dix-neuf	*dinou (diecinueve)*
vingt	*vint (veinte)*
cinquante	*cinquanta (cincuenta)*
cent	*cent (cien/ciento)*
mille	*mil (mil)*

Important : en espagnol, le *ñ* se prononce « gn », et le *v* se prononce plus « b » que « v ». Ainsi, *España* se dit « Espagna », *cerveza* « cerbesa », *Valencia* « Balencia », etc. Attention cependant, tout excès nuit : essayez quand même de pondérer entre le « v » et le « b ». Quant au *j,* s'il se prononce en castillan un peu comme le « ch » allemand, c'est-à-dire comme un « r » très dur, il se prononce à la française en catalan. Le *x* catalan se prononce, lui, comme notre « ch ». Ainsi le mot *xarxa* (filet ou réseau) se prononce-t-il « charcha ».
Attention : si, par hasard au détour d'une rue, vous entendez que l'on vous traite de « *gabacho* », c'est que vous n'êtes pas forcément le bienvenu. En effet, ce surnom « affectueux » peut avoir une connotation péjorative. Mais d'où provient ce terme exclusivement destiné aux Français (eh oui...) ? En fait, *gabacho* proviendrait de l'occitan *gavach* qui signifierait « celui qui parle mal ». Les Espagnols commencent à utiliser ce mot au XVIIe s. Il fait référence aux montagnards provenant des contrées pyrénéennes reconnaissables à leur curieuse façon de parler.

D'aucuns avancent que celle-ci est due à leur faible niveau d'éducation, d'autres à une maladie de la thyroïde ; il ne s'agissait peut-être finalement que d'un accent régional... Peu importe finalement, le terme se généralise à tous les Français au moment de l'invasion napoléonienne. Et hop ! tous dans le même sac, merci M'sieur Bonaparte !
À noter que vous pouvez également entendre « *franchute* » (autrement plus négatif) ou « *guiri* », ce dernier étant davantage réservé aux touristes anglo-saxons même si l'expression s'est étendue à l'ensemble de la masse touristique.

LIVRES DE ROUTE

– ***La Commode aux tiroirs de couleur*** (2020), d'Olivia Ruiz, éd. Lattès. La femme-chocolat fait cette fois-ci porter sa voix et sa plume en hommage à son histoire familiale, la traversée par sa grand-mère, enfant, de la frontière entre la Catalogne et la France pendant la guerre civile espagnole. Mais au-delà de ce destin personnel, il s'agit d'un roman touchant qui évoque aussi la vie quotidienne difficile de ces réfugiés à leur arrivée en France.
– ***Les Femmes de la Principal*** (2014), de Lluis Llach, Actes Sud, Babel, 2019. Dans les terres viticoles de la Catalogne, une saga familiale dominée par trois générations de femmes. Le patriarche du domaine, quasiment toujours considéré comme le seigneur du village, décide face aux ravages du phylloxéra en 1893, de faire prospérer ses affaires et ses 4 fils à Barcelone, alors en pleine expansion économique. Mais sa fille Maria, laissée pour compte sur les terres familiales apauvries, se révèlera bien plus futée que ses frères... Tout comme sa fille et sa petite-fille à sa suite. Un bel hommage à la Catalogne rurale autant qu'à la pugnacité des femmes.
– ***Le Bourreau de Gaudí*** (2012), d'Aro Sáinz de la Maza, Actes Sud, coll. « Actes Noirs », 2014. Un polar magistral où Barcelone et les sublimes édifices de Gaudí sont rattrapés par les magouilles et autres ignominies héritées de l'après-franquisme... Très noir et très psychologique à la fois, mais la ville est vraiment au cœur de l'action.
– ***Les Voix du Pamano*** (2009), de Jaume Cabré, 10/18, 2012. Cette saga historique autant qu'humaine déroule peu à peu le secret tragique d'un village aux confins des Pyrénées catalanes. Ou quand la grande Histoire (guerre civile, 2de Guerre mondiale...) se conjugue à la petite pour ravager des vies. Des portraits denses et complexes, sous la plume tout à fait singulière de Jaume Cabré, auquel on doit aussi le passionnant *Confiteor* (qui dresse en toile de fond un portrait d'une Barcelone cosmopolite).
– ***Le Labyrinthe aux olives*** (1985), d'Eduardo Mendoza (polar), Le Seuil, coll. « Points » nº 460, 1998. Ceux qui ont lu *Le Mystère de la crypte ensorcelée* connaissent déjà le héros de cette aventure burlesque, cette fois évadé d'un asile d'aliénés. Mendoza nous fait voyager dans l'Espagne contemporaine, entre Madrid et Barcelone, sur les traces d'une mallette bourrée de pesetas. Dans la même veine, ***L'Artiste des dames*** (2003), 3e volet de cette trilogie décalée, dans laquelle Barcelone et la Catalogne tiennent une belle place.
– ***Sabotage olympique*** (1995), de Manuel Vásquez Montalbán, 10/18, coll. « Grands détectives » nº 3086, 1999. Pepe Carvalho, le célèbre détective barcelonais, est engagé pour mener l'enquête sur de mystérieux saboteurs de cette grande foire que sont les Jeux olympiques de 1992. Humour et flegme... catalans sont, comme d'habitude, au rendez-vous !
– ***La Ville des prodiges*** (1986), d'Eduardo Mendoza, Le Seuil, coll. « Points Grands Romans », 2011. Barcelone, « ville des prodiges », inspire un rythme trépidant à Mendoza. Au travers de la destinée d'Onofre Bouvila, petit paysan devenu un industriel aussi riche qu'extravagant, c'est l'aventure de la ville dans le grand chantier de l'Exposition universelle de 1888.
– ***Rue des Voleurs*** (2012), de Mathias Énard, Actes Sud, coll. « Babel », 2014. Si les prémices de cet étonnant roman initiatique tracent le portrait d'un Tanger de

tous les (im)possibles puis d'une Andalousie en forme de cul-de-sac, Barcelone tient la place de choix dans un très beau final, celui de la maturité. Une belle évocation du quartier d'El Raval, où l'écho des révolutions arabes et de l'extrémisme islamique se fait entendre sans manichéisme aucun. Un roman très européen et plein d'intelligence.

– ***Pas pleurer*** (2014), de Lucie Salvayre, Seuil. Prix Goncourt 2014. La confrontation de 2 visions. Celle de Georges Bernanos, témoin révolté de la guerre civile, qui dénonce la terreur exercée par les nationalistes avec la bénédiction de l'Église catholique. Et celle de la mère de la narratrice, qui, 70 ans après, a tout gommé de sa mémoire hormis les jours radieux de l'insurrection libertaire.

– ***La Place du Diamant*** (1957), de Mercè Rodoreda, Gallimard, coll. « L'Imaginaire », 2006. Un roman écrit par une Barcelonaise qui obtint en 1980 le prix d'honneur des Lettres catalanes. L'histoire d'une femme du peuple, originaire du quartier de Gràcia, à Barcelone : son adolescence, son mariage, ses maternités et la mort de son mari milicien dans l'armée républicaine pendant la guerre civile. Un chef-d'œuvre de la littérature catalane.

– ***Teresa l'après-midi*** (1966), de Juan Marsé, Le Seuil, coll. « Points » nº 523, 2014. L'histoire d'un voleur de motos qui séduit 2 jeunes filles, l'une domestique dans une maison bourgeoise, l'autre fille de bonne famille. En toile de fond, les révoltes estudiantines de la Barcelone des années 1960.

– ***Hommage à la Catalogne*** (1937), de George Orwell (reportage), 10/18, coll. « Domaine étranger » nº 3147, 2000. Après avoir été policier en Birmanie, clochard à Paris, que pouvait faire un journaliste trotskiste et sincère débarqué dans la tourmente de la guerre civile espagnole pour quelques jours et quelques articles, sinon s'engager ? Orwell n'hésite pas longtemps et rendra compte de la réalité de la guerre, jusqu'à ce qu'il soit gravement blessé, puis rapatrié dans son pays après une chasse à l'homme dans Barcelone, menée par les staliniens contre les anarchistes et les trotskistes.

– ***L'Ombre du vent*** (2001), de Carlos Ruíz Zafón, Le Livre de Poche nº 30473, 2006. Le jeune Daniel Sempere, fils d'un libraire, tombe sur le roman d'un auteur inconnu, Julián Carrax. Une rencontre virtuelle qui bouleverse sa vie et le lance dans d'étranges aventures à la poursuite de son modèle, dans une Barcelone oppressée par les années Franco. Un voyage passionnant, très littéraire, qui relève aussi de l'enquête policière, et sur lequel les ombres de la guerre civile et du traditionalisme de la société planent sans cesse... ***Le Jeu de l'ange*** (2009) puis ***Le Prisonnier du ciel*** (2013), du même auteur, reprennent bien comme cadre et comme personnage la vibrante Barcelone du tout début du XXᵉ s, mais sur un rythme moins convaincant ; les fans y retrouveront pourtant la genèse de certains personnages. Le 4ᵉ et dernier tome, ***Le Labyrinthe des esprits*** (2018), clôt en beauté cette saga.

– ***Barcelone Noir*** (2012), ouvrage collectif ; éd. Asphalte. 14 nouvelles policières avec pour toile de fond Barcelone, loin des clichés touristiques et festifs. Théâtre d'affaires criminelles situées dans les années 1920 ou de nos jours, la capitale catalane paraît ainsi sous un jour sombre. Suspense et frissons garantis ! Avec des textes de Raúl Argemí, Lolita Bosch, Cristina Fallarás, Teresa Solana, Éric Taylor-Aragón...

– ***Les Soldats de Salamine*** (2001), de Javier Cercas, roman ; LGF, 2005, Le Livre de Poche. Un des fondateurs de la Phalange, organisation fasciste, échappe à la fusillade des républicains qui, à la fin de la guerre civile, se retirent vers la France. Raconté comme une simple anecdote par le fils de ce rescapé, Cercas, écrivain en panne d'inspiration et cantonné à un boulot de journaliste, se mue en véritable enquêteur et se met en tête de reconstruire cette anecdote pour en faire une histoire. L'action se passe principalement dans l'arrière-pays de Gérone.

– ***Les Trois Petites Sœurs*** (1983), de Roser Capdevila, Hachette Jeunesse, coll. « 3 Petites Sœurs », 2001. Si vous voyagez avec des enfants, la série ***Les Tres Bessones*** est tout à fait appropriée. Adaptées également en dessin animé, les histoires narrent les aventures des triplées Anna, Teresa et Helena. Après une bêtise, elles sont systématiquement envoyées dans le temps par la *Bruixa Avorrida* (traduit en français par « Sorcière Camomille ») afin d'aider un personnage de conte en difficulté : le Petit Poucet, Blanche-Neige... Si ces héros sont issus de la culture populaire européenne, on y trouve toujours aussi une référence à la culture catalane. Petite info rigolote : l'auteur, Roser Capdevila s'est, dit-on, inspirée de ses triplées !

Les 4 œuvres suivantes ne concernent pas directement la Catalogne, mais pour ceux qui désirent mieux connaître l'Espagne, ce sont des ouvrages de référence à ne pas manquer !

– ***Don Quichotte de la Manche*** (1605), de Miguel de Cervantes (roman), Flammarion, coll. « GF » n°s 196 et 197, 1969. Pour les esthètes : éd. du Chêne, 2009 ; illustré par Salvador Dalí. La meilleure traduction étant celle de Jacqueline Schulmann aux éditions du Seuil. Roman picaresque qui nous fait voyager dans toute l'Espagne du Siècle d'or, *Don Quichotte* est aussi une parodie des romans de chevalerie à la mode alors. Un classique, indispensable pour quiconque aime l'Espagne... et la littérature. Sus aux moulins à vent !

LE PLAGIAT DE DON QUICHOTTE

À sa sortie, le roman de Cervantes connut un succès considérable. 8 ans plus tard, un auteur sans scrupule publia une suite de l'ouvrage, dans laquelle il dénigrait vertement Cervantes... Certains affirment que c'est son ennemi préféré, l'écrivain Lope de Vega, qui s'y colla ! Furieux, Cervantes décida d'écrire sa suite des tribulations du chevalier, en le faisant mourir à la fin. L'histoire était donc définitivement close.

– ***Tirant le Blanc*** (1490), de Joanot Martorell (roman), Anarchasis, coll.« Famagouste », 2003. Qualifié de « meilleur livre du monde » par Cervantes, ce chef-d'œuvre du Siècle d'or de la littérature catalano-valencienne (Martorell est né à Valence) vaut plus qu'un coup d'œil. Tirant le Blanc, un gentilhomme breton (ils sont partout), s'en va défendre l'Empire grec contre l'invasion turque après avoir fait ses preuves auprès de la cour d'Angleterre. Un routard avant l'heure ! Ses aventures chevaleresques et militaires sont rehaussées par ses aventures amoureuses avec Carmésine, fille de l'empereur de Constantinople, avec laquelle il entretient une intense relation. Très largement étudiée dans les écoles catalanes, l'œuvre de Martorell est aussi déclinée en opéra et en film et a été traduite dans de nombreuses langues.

– ***L'Espoir*** (1937), d'André Malraux (roman), Gallimard, coll. « Folio » n° 2958, 1997. Malraux a vécu en direct les événements de la guerre d'Espagne ; de fait, son roman est aussi une sorte de chronique où la réflexion politique prend une place centrale. Face aux franquistes, il préfère très clairement l'organisation et le pragmatisme des communistes à l'utopie anarchiste. *L'Espoir,* c'est l'espoir en l'homme.

– ***La guerre d'Espagne*** (2008), d'Anthony Beevor, Le Livre de Poche. Plus de 70 ans après les événements, cet ouvrage fondamental éclaire, avec rigueur et objectivité, les zones d'ombre d'une guerre particulièrement cruelle qui aura sonné le glas des espérances et montré le vrai visage des totalitarismes prêts à se déchaîner en Europe.

MUSÉES ET SITES

La Catalogne, comme l'Espagne, a le mérite de pratiquer des prix plutôt raisonnables pour ce qui concerne l'accès aux nourritures culturelles. L'entrée de la plupart des musées et sites culturels secondaires est ainsi très correcte (2-8 €) et parfois même gratuite. Ce n'est pas forcément le cas de Barcelone, qui pratique des tarifs d'entrée bien moins abordables : là, les sites majeurs atteignent plutôt 10-12 €, voire 25 € – en particulier les plus emblématiques demeures modernistes ! Notez également que l'entrée des églises d'intérêt touristique est souvent payante. Ces spécificités mises à part, vous bénéficierez assez facilement de la gratuité à certains moments : par exemple le 1er dimanche du mois, un jour spécifique de la semaine, ou en fin d'après-midi, quelques heures avant la fermeture. Certains sites culturels et musées proposent aussi la gratuité ou des réductions aux citoyens de l'Union européenne (mieux vaut avoir passeport ou carte d'identité sur soi au cas où), aux seniors et, le plus souvent, aux enfants. Pour en bénéficier également, les étudiants (en général jusqu'à 25 ans) doivent montrer leur carte (la carte d'étudiant française suffit en général).

Attention, les prix augmentent souvent au printemps ou au début de l'été, à une période où notre guide est déjà en librairie depuis plusieurs mois : ça explique certains décalages constatés entre les tarifs que nous vous annonçons et la réalité... Qui plus est, avec les réductions budgétaires, de nombreuses municipalités espagnoles ont dû ajuster leurs horaires au plus serré.

Attention encore, beaucoup de musées sont fermés en début d'après-midi et ne rouvrent au plus tôt qu'à partir de 16h30 ou 17h. Les jours fériés, de nombreux musées ferment ou adoptent des horaires réduits. Comme ils disposent pratiquement tous d'un site internet, le plus sage est de se rendre sur leur site avant pour avoir confirmation des horaires. On peut aussi très souvent réserver en ligne. Pour Barcelone, Valence et Gérone, il existe des *passes* qui permettent de profiter des musées à moindre coût (voir nos informations dans les textes de ces villes). Enfin, pour certains sites culturels très fréquentés de Barcelone ou les musées Dalí du nord de la Catalogne, il est impératif de réserver vos billets à l'avance, sur Internet (la réservation est même indispensable pour certains, même s'il en coûte parfois un petit supplément).

– Pour la visite des musées publics, on recommande de se connecter avec son smartphone sur le site officiel ● *visitmuseum.gencat.cat* ● afin d'avoir accès aux textes traduits en français qui décrivent les salles où se trouvent les pièces les plus représentatives du musée.

POSTE

Les timbres (*segells* ou *sellos* en castillan) peuvent naturellement s'acheter dans les postes (*correus* ou *correos*), ouvertes en général du lundi au vendredi de 8h30 à 20h30 et le samedi de 9h30 à 13h dans les grandes villes (jusqu'à 14h30 partout ailleurs). On en trouve aussi dans les bureaux de tabac (*estancs* ou *estancos*), reconnaissables à leur panonceau marron et jaune au « T » stylisé. Tarif normal vers l'Europe (Suisse incluse) : 1,65 €.

UN GRAND CHEF TIMBRÉ

Ferran Adrià, le célèbre chef catalan, eut une idée originale pour promouvoir la cuisine espagnole. En effet, sa collection de timbres-poste était parfumée au gaspacho, au jambon ibérique ou à la fleur de mandarine. Des timbres qui avaient du goût.

Attention à ne pas confondre les boîtes aux lettres de l'opérateur national *Correos,* jaunes, avec celles – rouges, que l'on trouve à l'entrée de beaucoup de boutiques de souvenirs – d'un autre opérateur, *Swiss Post* (beaucoup plus long dans l'acheminement des courriers et que l'on ne conseille pas). C'est également valable pour les timbres, qui évidemment ne sont pas interchangeables !

Les services postaux sont plutôt lents, et leur fiabilité n'est pas garantie à 100 % : il n'est pas rare qu'une carte postale mette plusieurs semaines avant d'arriver à bon port !

Infos : ☎ 902-197-197. ● *correos.es* ●

RESTAURANTS

Pas toujours évident de s'y retrouver pour un non-initié affamé. Perdu dans la jungle des *bodegas, tascas, tabernas, bares de tapas, marisquerías, churrasquerías, braserias, mesones* et *restaurantes,* sans compter les horaires des repas (on mange souvent 2h plus tard qu'en France, le midi comme le soir !) et cette grande variété de plats... Il faut se laisser tenter, oser plonger dans la foule à la recherche du comptoir et de ses éternels *jamones* (jambons), choisir un plat sans forcément comprendre ce qu'il y a dedans... c'est en goûtant qu'on devient connaisseur !
En Catalogne, comme en Espagne, les « restos » tels qu'on les connaît chez nous sont plutôt moins nombreux que les bars et cafés offrant de quoi se restaurer – en l'occurrence, le plus souvent, des tapas (voir « Les tapas » à la fin de cette rubrique). La clientèle reste souvent debout au comptoir, mais nombreux sont les établissements à combiner le bar à tapas avec quelques tables façon *taberna* et une salle de resto plus chic, séparée.
À l'heure du déjeuner (plutôt vers 14h, donc !), en semaine, la plupart des établissements proposent un menu plus ou moins complet à petit prix – mais dans les restos touristiques, question cuisine, c'est souvent médiocre. À noter que les Espagnols ingurgitent une quantité impressionnante de viande sous toutes ses formes et que les végétariens auront parfois des difficultés à trouver leur bonheur. Attention à ne pas vous emmêler les pinceaux : *bocadillo* signifie « sandwich », *sándwich* (en espagnol) signifiant « toast » ou « croque-monsieur », tandis que *tostada* veut dire « pain grillé ».

Parmi les ***bars,*** plusieurs variétés (même si cette distinction est nettement moins marquée en Catalogne que dans le reste de l'Espagne) :
- ***tasca :*** bar à tapas, où l'on mange souvent au comptoir ;
- ***cervecería :*** « brasserie » au sens littéral, donc bar à bières ;
- ***bodega :*** « cave à vins » ; en pratique, une sorte de bar à vins ;
- ***taberna :*** taverne.

Parmi les ***restos,*** on distingue également :
- ***mesón :*** resto assez bon marché et préparant une cuisine typique ; une sorte de cantine, quoi ;
- ***comedor :*** salle à manger dans un établissement hôtelier ou dans un bar ;
- ***marisquería :*** resto de poisson (*mariscos* = fruits de mer) ;
- ***braseria*** et ***churrasqueria :*** restos de viande grillée ;
- **chiringuito** (*xiringuito* en catalan) ***:*** c'est un journaliste qui, à Sitges dans les années 1910, a utilisé cette expression d'origine cubaine pour désigner un resto (style paillote) de plage... elle est restée ;
- ***restaurante :*** c'est ce qui se rapproche le plus du restaurant classique, c'est-à-dire un lieu où l'on s'assoit pour manger, même si, en pratique, on trouve souvent un comptoir à tapas dans la salle d'à côté (exception faite des adresses les plus cossues)... ;
- ***les restos des* Paradores *:*** sans être bon marché, ils restent abordables pour un bon repas. Le cadre est souvent enchanteur, et la cuisine peut se révéler superbe. On y propose toujours un menu comprenant une spécialité locale bien préparée.

SANTÉ

En Catalogne comme à Valence, pas de réels problèmes sanitaires, mais méfiez-vous tout de même de la chaleur et du soleil : prévoyez un chapeau, une crème solaire protectrice adaptée à votre type de peau, et pensez à boire souvent pour éviter la déshydratation. En zones humides (parcs naturels, marais, rizières), prévoyez un antimoustiques efficace !

Enfin, pour un séjour temporaire en Espagne, pensez à vous procurer la ***Carte européenne d'assurance maladie.*** Il suffit d'appeler votre centre de Sécurité sociale (ou de vous connecter au site internet de votre centre, encore plus rapide !), qui vous l'enverra sous une quinzaine de jours. Cette carte fonctionne dans tous les pays membres de l'Union européenne (y compris les derniers arrivés). C'est une carte plastifiée bleue du même format que la carte Vitale. Valable 2 ans, elle est gratuite et personnelle (chaque membre de la famille doit avoir la sienne, y compris les enfants). Attention, cette carte n'est pas valable pour les soins délivrés dans les établissements privés.

LA GRIPPE ESPAGNOLE

Ce virus de souche H1N1 venait, en fait, de Chine et contamina l'Europe via les troupes américaines débarquées en France à partir de 1917. Cette pandémie fut appelée « espagnole », car elle toucha le roi d'Espagne Alphonse XIII et parce que le pays, l'un des rares à ne pas être impliqués dans la 1re Guerre mondiale, fut le seul à publier des informations à son propos – les différents belligérants les classant secret défense... Commencée en 1918, l'épidémie fit, selon les estimations, entre 30 et 100 millions de morts, soit bien plus que le conflit lui-même.

Vaccins

Aucun n'est obligatoire, mais il est préférable d'avoir son rappel antitétanique à jour, surtout si l'on fait du camping.

SITES INTERNET

• ***routard.com*** • Le site de voyage nº 1, avec près de 250 000 membres et plusieurs millions d'internautes chaque mois, ainsi que 600 000 abonnés sur Instagram et Facebook. Pour s'inspirer et s'organiser, près de 300 guides destinations actualisés, avec les infos pratiques, les incontournables et les dernières actus, ainsi que les reportages terrain et idées week-end de la rédaction. Partagez vos expériences avec la communauté des voyageurs : forums avec avis et bons plans, carnets de route et photos de voyage. Et retrouvez les meilleurs prix pour réserver vos voyages, vols, hébergements, voitures et activités.
– ***Bon à savoir :*** entre 2 millésimes, des événements fortuits (formalités, taux de change, catastrophe naturelle, conditions d'accès aux sites, fermetures inopinées, etc.) peuvent intervenir et modifier vos projets de voyage ou de visite. Pour éviter les déconvenues, nous vous recommandons de consulter la rubrique « Inspirations » par destination et cliquer sur l'onglet « Actus ».

Infos et médias

• ***spain.info/fr*** • Le site officiel de l'office de tourisme d'Espagne.
• ***catalunyaexperience.fr*** • et • ***catalunya.com*** • Les sites officiels du tourisme pour toute la Catalogne s'enrichissent régulièrement de brochures à télécharger.
• ***elpais.com*** • et • ***elmundo.es*** • Les versions en ligne des 2 grands quotidiens espagnols.
• ***lavanguardia.com*** • Les nouvelles à la sauce catalane (mais aussi en castillan).
• ***elperiodico.com*** • *Periódico de Catalunya,* le gros titre de la presse catalane, en espagnol. Pour la version catalane, allez voir • ***elperiodico.cat*** •
• ***web.gencat.cat*** • Le site du gouvernement autonome catalan, la Generalitat, pour rester informé sur la Catalogne et son actualité (en espagnol ou en anglais) !

Également les sites officiels de chaque région de Catalogne, en général accessibles en français. Pour la Costa Brava et la province de Gérone : • *costabrava.org* • ; pour la Costa Daurada et Tarragone : • *costadaurada.info* • *tarragonaturisme.cat* • ; pour la province de Lleida : • *aralleida.cat* • ; et pour le val d'Aran : • *visitvaldaran.com* • ; quant à Barcelone et ses environs et Valence, voir plus loin « Spécial Barcelone » et « Spécial Valence ».

Artistes

• *salvador-dali.org* • Site officiel de la fondation Gala-Salvador-Dalí. Pas tout à fait aussi délirant que le peintre, mais les bases de ce qu'il faut savoir sur Dalí : sa bio, celle de Gala – son égérie –, les musées où sont exposées ses œuvres... et leur réservation en ligne
• *picasso.fr* • Picasso, sa vie, ses œuvres... Le site officiel. Belle qualité d'images et chouette graphisme malgré un côté très à cheval sur la perception des droits.
• *gaudidesigner.com* • Un site clair et intéressant, en français, sur les grandes réalisations de Gaudí.
• *fmirobcn.org* • Le site de la fondation Miró, avec une version anglaise.

Insolite

• *chupachups.fr* • Entrez dans la saga Chupa Chups ! Eh oui, la mythique sucette est née à Barcelone. Pour connaître son histoire, prendre de ses nouvelles, papoter entre gourmands sur son forum, bref... vous faire saliver ! Site plutôt sympa, plein d'interactivités et en français !
• *elcorteingles.com* • Tous les produits du fameux grand magasin espagnol sont là (avec version française), à vos CB !

Sports

• *barrabes.fr* • LE site de référence pour les amoureux des sports de montagne (escalade et rando). Boutique et actualités montagne internationale.
• *fedme.es* • En castillan. Le site officiel de la Fédération espagnole des sports de montagne et d'escalade, avec des liens vers les fédérations régionales.
• *feec.cat* • En catalan. Infos détaillées sur les GR et autres sentiers catalans, refuges, compét', etc.
• *fcbarcelona.com* • LE site du Barça, avec l'historique, les vedettes, le programme des rencontres, le musée... pour les *socios* (les supporters du FC Barcelone !).
• *marca.com* • En espagnol et en anglais. Le site du quotidien sportif *Marca* pour vous tenir au courant des exploits sportifs de vos hôtes.

Spécial Barcelone

• *barcelonaturisme.com* • Le site de l'office de tourisme, clair et complet, avec une version française. On peut y acheter en ligne et à l'avance certains des *passes* touristiques et se renseigner sur les visites guidées. Voir aussi • *barcelona.cat* •, site de la municipalité, et • *turismemaresme.cat* •, spécialisé dans la côte de Barcelone-Maresme.
• *barcelona.com* • (Presque) tout ce qu'il faut voir ou savoir sur la ville, des renseignements pratiques aux infos culturelles, en passant par des idées de sorties, en français – avec possibilité de réserver ses hébergements en ligne.
• *sagradafamilia.org* • Apprenez-en plus sur ce monument incontournable de Barcelone.
• *sonar.es* • Faut-il encore présenter le festival Sónar ? En espagnol ou anglais.
• *clubbingspain.com* • Tous les liens pour être au courant de ce qui se passe dans les clubs.

Spécial Valence

- ***comunitatvalenciana.com*** • Portail touristique officiel de la communauté de Valence : classement des plages, programme des fêtes et événements, sports, gastronomie, etc. On peut également y faire des réservations (hôtels, restos, activités...). En français.
- ***visitvalencia.com*** • Le site de l'office de tourisme de Valence. Tout sur les transports, les hôtels, les restos, les musées, les événements, etc. Réservations possibles également. Version française.
- ***valenciacf.com*** • Tout sur le Valencia Football Club ! En espagnol et anglais.

TABAC

En Espagne, il est strictement interdit de fumer dans tous les lieux publics et sur les lieux de travail. Cette interdiction s'applique, bien sûr, à toutes les administrations et entreprises privées, aux gares, aéroports, stations de métro, mais aussi aux restaurants, bars et boîtes de nuit, et aux espaces extérieurs faisant face aux écoles, hôpitaux et aires de jeux pour les enfants. Petites exceptions à cette loi rigoureuse : les hôtels peuvent conserver 30 % de leurs chambres pour les fumeurs. Désormais, la seule possibilité pour les bars d'accueillir des fumeurs est d'aménager des espaces fumeurs, interdits aux mineurs. Depuis début 2014, en Catalogne, une loi inclut la cigarette électronique dans ces restrictions.

LE DANGER DU TABAC

Rodrigo de Jerez, compagnon de Christophe Colomb, fut condamné à 10 ans de prison par l'Inquisition espagnole pour satanisme... En effet, on pensait que seul le diable pouvait sortir de la fumée par la bouche.

TÉLÉPHONE ET INTERNET

Appels internationaux

– ***Espagne → France :*** 00 + 33 + numéro de votre correspondant à 9 chiffres (sans le 0 initial).
– ***France, Belgique ou Suisse → Espagne :*** 00 + 34 + numéro du correspondant à 9 chiffres (lignes fixes comme portables).
– ***Espagne → Belgique et Suisse :*** 00 + 32 (pour la Belgique) ou 41 (pour la Suisse) + numéro du correspondant à 8 chiffres ou 9 chiffres.

Appels intérieurs

Pour les ***appels locaux*** (exemple : d'un quartier de Barcelone à un autre) et ***nationaux*** (exemple : de Valence à Barcelone), on compose directement le numéro complet à 9 chiffres.
– ***Renseignements nationaux*** (en Espagne) ***:*** ☎ *11-818 ou 11-888.*
– ***Renseignements internationaux*** (en Espagne) ***:*** ☎ *11-825 ou 11-886.*

Infos utiles

– ***Information aux citoyens :*** il existe un service très pratique, à Barcelone exclusivement, le ☎ *010.* Dès que vous vous posez une question d'ordre pratique (transports urbains et nationaux, dans quel magasin acheter tel objet...), on essaiera de vous aider si vous parlez espagnol ou anglais !

Le téléphone portable en voyage

Le voyageur européen titulaire d'un forfait dans son pays d'origine peut utiliser son téléphone mobile ***au tarif national*** dans les 28 pays de l'Union Européenne, sans craindre de voir flamber sa facture. Des plafonds sont néanmoins fixés par les opérateurs pour éviter les excès... Cet accord avantageux signé entre l'UE et ses opérateurs télécoms concerne aussi la consommation de ***données internet 3G ou 4G,*** dont le volume utilisable sans surcoût dépend du prix du forfait national (se renseigner). Une bonne nouvelle qui permet dans certains sites ou musées de ***bénéficier d'une traduction en français en scannant les QR codes*** mis à disposition des visiteurs par le musée quand celui-ci ne possède pas de wifi. Cependant, si le voyageur réside plusieurs mois en dehors de son pays, des frais peuvent lui être prélevés...
Dans ces pays, donc, plus besoin d'acheter une carte SIM locale pour diminuer ses frais.

La connexion internet en voyage

Dans l'Union européenne, en Catalogne comme dans le reste de l'Espagne, une majorité d'hôtels, de restos, de bars, et même certains espaces publics disposent du wifi gratuit. Mieux que la connexion 3G et 4G qui peut entraîner des frais en usage intensif, le wifi permet aussi de profiter d'un débit parfois supérieur.
Une fois connecté au wifi, vous avez accès à tous les services de la ***téléphonie par Internet. WhatsApp, Messenger*** (la messagerie de *Facebook*), ***Viber*** et ***Skype*** permettent d'appeler, d'envoyer des messages, des photos et des vidéos aux 4 coins de la planète, sans frais. Il suffit de télécharger – gratuitement – l'une de ces applis sur son smartphone. Elle détecte automatiquement dans votre liste de contacts ceux qui utilisent la même que vous.

Urgence : en cas de perte ou de vol de votre téléphone portable

Suspendre aussitôt sa ligne permet d'éviter de douloureuses surprises au retour du voyage ! Le plus simple est de demander la suspension de sa ligne depuis le site internet ou l'appli de son opérateur.
Sinon, voici les numéros des 4 opérateurs français, accessibles depuis la France et l'étranger :

– ***Free :*** *depuis la France ☎ 3244 ; depuis l'étranger, ☎ + 33-1-78-56-95-60.*
– ***Orange :*** *depuis la France, ☎ 3900 ; depuis l'étranger, ☎ + 33-9-69-39-39-00.*
– ***SFR :*** *depuis la France, ☎ 1023 ; depuis l'étranger, 📱 + 33-6-10-00-10-23.*
– ***Bouygues Telecom :*** *depuis la France, ☎ 1064 ; depuis l'étranger, 📱 + 33-6-60-61-46-14.*

Avant de partir, notez (ailleurs que dans votre téléphone portable !) votre numéro IMEI, utile pour bloquer à distance l'accès à votre téléphone en cas de perte ou de vol. Comment avoir ce numéro ? Il suffit de taper sur votre clavier *#06#.

TRANSPORTS

Le train

– La *RENFE* propose le *Spain Pass* (réservé aux non-nationaux), qui fonctionne selon le même principe que les *passes* internationaux *InterRail* : 4, 6, 8

DISTANCES EN KM ENTRE LES PRINCIPALES VILLES EN CATALOGNE

	BARCELONE	CADAQUÉS	FIGUERES	GÉRONE	LLEIDA	OLOT	SANT FELIU DE GUÍXOLS	SITGES	TARRAGONE
BARCELONE		187	153	113	141	158	104	30	86
TARRAGONE	86	273	239	199	98	244	190	60	
SITGES	42	217	183	143	111	188	134		60
SANT FELIU DE GUÍXOLS	104	107	73	33	243	86		134	190
OLOT	158	77	43	77	218		86	188	244
LLEIDA	141	294	269	220		218	243	111	98
GÉRONE	113	74	40		220	77	33	143	199
FIGUERES	153	34		40	269	43	73	183	239
CADAQUÉS	187		34	74	294	77	107	217	273

ou 10 voyages sur une période de 1 mois pour un tarif de 195 à 410 €, réservations obligatoires comprises.

– La *RENFE* vend également d'autres formules : 10 voyages sur les *AVE* (trains à grande vitesse de grandes lignes) sur une période de 4 mois *(Bono AVE)* ; et 10 voyages sur les *AVANT* (trains à grande vitesse régionaux) avec validité de 8 jours *(Tarjeta Plus 10)* – ou 10 jours en version étudiante.

– Sinon, comme dans nombre de pays, le tarif d'un billet de train normal dépend du jour et de l'heure, de la date, de la classe de réservation... Bonne nouvelle : les plus rapides ne sont pas forcément les plus chers ! Vous trouverez aussi des réductions selon l'âge (enfants et seniors en particulier). Sachez que sur les courtes distances, le billet aller-retour en train s'avère parfois moins onéreux que son équivalent en bus.

– Sur certaines grandes lignes nationales, *AVE* et *AVANT* en particulier (c'est-à-dire les lignes grande vitesse, type TGV), prévoyez une bonne marge avant le départ du train, car les bagages sont passés dans des machines de sécurité du même type qu'aux aéroports : ça prend forcément du temps !

– Dans la plupart des gares, en plus des guichets classiques de vente, on trouve un guichet d'*atención al cliente.* Vous pourrez y obtenir toutes les informations utiles (prix, départs, fréquences, nécessité de réserver ou non une couchette...). Les employés sont généralement pro et peuvent même tout vous imprimer, histoire de comparer à tête reposée.

CHARLES QUINT, UN SACRÉ ROUTARD

Son royaume, étendu de l'Espagne aux Pays-Bas en passant par l'Autriche, l'Italie du Sud et la Bourgogne, était si vaste qu'il passa le tiers de sa vie à cheval. En plus, en guerre contre son ennemi François Ier, il ne pouvait pas traverser la France. Bonjour les détours ! À 56 ans, martyrisé par la goutte, il abdiqua pour s'enfermer au monastère de Yuste (en Estrémadure), où il mourut, épuisé, 2 ans plus tard.

■ ***RENFE*** *(Red Nacional de los Ferrocarriles de España)* **:** ☎ *912-320-320 (nº national).* • *renfe.com* •

■ ***Rodalies de Catalunya :*** ☎ *900-41-00-41.* • *rodalies.gencat.cat* • Dépendant du gouvernement régional de Catalogne depuis 2010, dans le cadre de l'autonomie accentuée, ce service gère 17 lignes intra-catalanes auparavant administrées par la *RENFE.* Elles desservent entre autres Barcelone, Figueres, Gérone, Puigcerdà, Ripoll, Tarragone et Vic.

■ ***Ferrocarrils de la Generalitat :*** ☎ *012.* • *fgc.cat* • Dessert la ligne Lleida-La Pobla de Segur *(Tren dels Llacs),* ainsi que plusieurs crémaillères et 2 lignes locales.

■ ***Ferrocarrils de la Generalitat Valenciana :*** • *fgv.es* • L'équivalent dans la communauté de Valence (gère aussi le métro de la ville).

Si vous désirez réserver et retirer vos billets en France, une adresse :

■ ***Iberrail France :*** *14, rue Bruno-Coquatrix, 75009 Paris.* ☎ *01-40-82-63-60.* • *iberrail-france.fr* • Ⓜ *Opéra ou Madeleine. Lun-jeu 9h30-13h, 14h-18h30 ; ven 10h-13h, 14h-18h.* Représentant officiel de la *RENFE* en France. Tout se fera en français, moyennant une petite commission pour certains billets !

L'avion

En Catalogne, les principaux aéroports sont ceux de Barcelone, Gérone (relié à Paris-Beauvais par *Ryanair*) et dans une moindre mesure celui de Reus-Tarragone (*Ryanair* vers Bruxelles uniquement) ; dans la communauté de Valence, ils se trouvent à Valence et à Alicante.

– ***Iberia*** et ***Air Europa*** sont les principales compagnies régulières espagnoles. Liaisons depuis Barcelone vers toutes les grandes villes, ainsi que de Valence et Alicante. Voir le chapitre « Comment y aller ? » en début de guide. Nouvelle venue

sur le marché, la compagnie *low cost* d'Iberia, ***Iberia Express*** *(• iberiaexpress.com •)*, dessert, pour l'heure, uniquement la liaison Alicante-Madrid.
– La compagnie ***Vueling*** *(• vueling.com •)* domine le marché du *low cost* et assure d'innombrables liaisons depuis Barcelone vers toutes les grandes villes espagnoles et européennes ; depuis Valence vers les Baléares et Séville, ainsi que Paris et Bruxelles ; depuis Alicante vers Bilbao, les Baléares, Santander, Paris, Bruxelles et quelques autres capitales européennes. Voir également « Comment y aller ? ».
– La compagnie *low cost* **Ryanair** *(• ryanair.com •)* est aussi très présente, sur les vols internationaux principalement, mais aussi vers les Baléares, tant depuis Barcelone que Gérone.
– Un numéro de téléphone général pour tous les ***aéroports d'Espagne*** : *☎ 91-321-1000 de l'étranger. • aena.es •*

Le bus

Aussi bien sur les axes majeurs que sur les routes secondaires, où elles sont parfois les seules à proposer une liaison, les compagnies de bus peuvent être un bon recours. Les véhicules sont récents et confortables. Les gares routières des grandes villes sont bien organisées, mais dans les petites villes et les villages, il s'agit généralement juste d'un arrêt signalé par un panneau ou un auvent.
Sur les longs trajets, le bus a tendance à être moins cher que le train. Mais pour les courtes distances, c'est parfois l'inverse. Bref, il faut comparer non seulement les prix, mais aussi les temps de trajet, qui varient assez largement entre le bus et le train en fonction des destinations.
Voici les principales compagnies :

■ ***Moventis-Sarfa :*** *☎ 902-30-20-25. • moventis.es •* Dessert TOUTE la Costa Brava, de Portbou à Tossa de Mar, et pousse même jusqu'à Barcelone, en passant par Figueres, Gérone...
■ ***Sagalés :*** *☎ 902-13-00-14. • sagales.com •* Relie Barcelone à Gérone et Figueres.
■ ***Teisa-Eixbus :*** *☎ 972-20-48-68. • teisa-bus.com •* Assure la ligne Lleida (Lérida)-Gérone, par Vic ; ainsi que tout le trafic dans la Garrotxa et le Ripollés, reliant les villes de Ripoll et Olot à Figueres et Gérone, mais aussi à Barcelone, Camprodon et Puigcerdà.
■ ***Ampsa :*** *☎ 972-21-63-53. • ampsa.org •* Relie Gérone à Torroella de Montgrí et L'Estartit.
■ ***Pujol :*** *☎ 972-34-03-36. • autocarspujol.com •* Relie Tossa de Mar à Gérone et la gare ferroviaire de Blanes via Lloret de Mar.
■ ***Alsa :*** *☎ 902-42-22-42. • alsa.es •* Gère la plupart des lignes de bus dans les Pyrénées de la province de Lleida (Lérida), c'est-à-dire de La Seu d'Urgell, du Pallars, du val d'Aran et du val de Boí avec Lleida et Barcelone.
■ ***Plana :*** *(☎ 977-55-36-80 ; • empresaplana.cat •)* circule dans la région de Tarragone, Reus, la Costa Daurada et dans une moindre mesure vers Prades et le Priorat.

La voiture

Comme dans le reste de l'Europe, sont obligatoires dans tous les véhicules circulant en Espagne un ***gilet fluorescent*** (à conserver ***dans l'habitacle,*** à portée de main, et non dans le coffre) ainsi que ***2 triangles de signalisation.*** Ce gilet devra être porté par tout automobiliste amené à quitter son véhicule sur le bord d'une route, sous peine d'une amende de 90 €.
– Pour la plupart, les ***stations-service*** acceptent les cartes de paiement traditionnelles.
– Le ***réseau routier*** est dense et bien entretenu. De nombreuses autoroutes *(autopistas, AP)* ont été inaugurées cette dernière décennie ; elles sont souvent moins chères qu'en France, voire gratuites en ce qui concerne les *autovías* (4-voies, signalées A) ; le carburant, en revanche, est au même prix ou presque.

– Dans les ***zones montagneuses,*** les routes tortueuses à voie étroite sont légion et n'offrent souvent pas beaucoup de visibilité. Mieux vaut conduire précautionneusement. Cependant, elles sont généralement en excellent état !
– Les ***limitations de vitesse*** sont similaires à celles de la France : 120 ou 130 km/h sur autoroute et sur 4-voies, 90 km/h sur les nationales, 50-70 km/h sur les petites routes et 20-50 km/h en ville selon le type de chaussée.
– Important également : les ***stops*** ne sont pas toujours marqués par une bande blanche au sol.
– Le taux maximum autorisé d'***alcoolémie*** est de 0,50 g/l (et de 0,30 g/l pour les conducteurs novices, soit moins de 2 ans de permis).
– Il est ***interdit de téléphoner au volant,*** même avec un kit « mains libres » ou une oreillette.
– Le port de la ***ceinture de sécurité*** est obligatoire pour les passagers, à l'avant comme à l'arrière.
– ***Savoir-vivre au volant :*** les Espagnols sont généralement courtois au volant. Pas d'insultes, pas de coups d'avertisseur permanents...
– ***Sécurité :*** des bandes très bien organisées sévissent (notamment dans la région de Barcelone). Il est prudent, en ville, de condamner l'ouverture des portes et d'éviter de garder son sac sur les genoux la vitre ouverte. Lire attentivement nos conseils plus haut dans la rubrique « Dangers et enquiquinements ».

Location de voitures

Vous trouverez dans toutes les gares des villes importantes ou dans les aéroports des agences de location de voitures, dont les représentants des grandes compagnies internationales.

■ ***BSP Auto :*** *☎ 01-43-46-20-74 (lun-ven 9h-21h30, w-e 9h-20h).* • *bsp-auto.com* • *Remise spéciale de 5 % aux lecteurs de ce guide avec le code « ROUTARD24 ».* Les prix proposés sont attractifs et comprennent le kilométrage illimité et les assurances. *BSP Auto* propose exclusivement les grandes compagnies de location sur place, assurant un très bon niveau de service. Les plus : vous ne payez votre location que 5 jours avant le départ.

TRAVAIL BÉNÉVOLE

■ ***Concordia :*** • *concordia.fr* • Logé, nourri. Chantiers très variés, essentiellement pendant la période estivale en Espagne : restauration du patrimoine, valorisation de l'environnement, travail d'animation... Places limitées. Également des stages de formation à l'animation et des activités en France. Sachez toutefois que les frais d'inscription coûtent entre 126 et 180 € selon la destination, et que le voyage, l'assurance et les formalités d'entrée sont à la charge du participant.

URGENCES

Numéros utiles

– ***Urgences européennes*** *(ambulances, pompiers, police)* **:** *☎ 112.* C'est le numéro d'urgence commun à tous les pays de l'UE, à composer en cas d'accident, d'agression ou de situation de détresse. Il permet de se faire localiser et aider en français, tout en améliorant les délais d'intervention des services de secours.
– ***Pompiers*** *(bomberos)* **:** *☎ 080.*
– ***Policía nacional :*** *☎ 091.*
– ***Guardia urbana :*** *☎ 092.*

– En cas d'accident de la circulation, on peut aussi appeler la ***Dirección general de tráfico*** *(☎ 060).*
– En cas de perte ou de vol de l'un de vos biens, faites une déclaration au commissariat le plus proche. S'il s'agit d'une carte de paiement, faites immédiatement et impérativement opposition (voir plus haut la rubrique « Argent, banques, change »).
– En cas de ***gros pépin,*** contactez le consulat général de France à Barcelone : *☎ 93-270-30-00. ● barcelone.consulfrance.org ● Permanence consulaire en cas d'extrême urgence (grave accident, décès) seulement, et hors horaires d'ouverture : 📱 699-30-07-49.* Voir plus loin, dans « Barcelone », « Adresses et infos utiles. Représentations diplomatiques » pour plus de détails. Également un consulat honoraire de France à Gérone...

Avoir un passeport européen, ça peut être utile !

L'Union européenne a organisé une ***assistance consulaire mutuelle*** pour ses ressortissants en cas de problème en voyage. Vous pouvez y faire appel lorsque la France (c'est rare) ou la Belgique (c'est plus fréquent) ne dispose pas d'une représentation dans le pays où vous vous trouvez. Concrètement, elle vous permet de demander ***assistance à l'ambassade ou au consulat*** (pas à un consulat honoraire) de n'importe quel État membre de l'UE. Leurs services vous indiqueront s'ils peuvent directement vous aider ou vous préciseront ce qu'il faut faire.
Leur assistance est, bien entendu, limitée aux situations d'urgence : décès, accidents ayant entraîné des blessures ou des lésions, maladie grave, rapatriement pour raison médicale, arrestation ou détention. ***En cas de perte ou de vol de votre passeport,*** ils pourront également vous procurer un document provisoire de voyage.
Cette entraide consulaire entre les États membres de l'UE ne peut vous garantir un accueil dans votre langue. En général, une langue européenne courante sera pratiquée.

LA CATALOGNE

BARCELONE ET SES ENVIRONS

BARCELONE (08000) 1 611 820 hab.

● Plan détachable comprenant le plan centre, le zoom et le plan des transports en commun en fin de guide ● Plan d'ensemble *p. 78-79* ● Plan du Poblenou *p. 193* ● Plan itinéraire gothique *p. 121* ● Plan itinéraire moderniste *p. 185*

On aime passionnément Barcelone ! Cette métropole brille par sa culture, son climat, sa gastronomie, sa mythique équipe de football et surtout sa bonne humeur. Barcelone est une ville où il est difficile de s'ennuyer. Il faut dire que, par son emplacement privilégié, elle respire un air de vacances perpétuelles où les maisons espiègles de Gaudí cohabitent paisiblement avec l'architecture gothique. Le rêve ! Quel bonheur que de pouvoir piquer une tête dans la Méditerranée après en avoir pris plein les mirettes en visitant ces merveilles architecturales... Infatigable, Barcelone ! Quand le soleil se couche et que les musées ferment, la nuit barcelonaise s'embrase. Destination fétiche de fêtards venus des 4 coins de l'Europe, notamment pour enterrer vies de jeunes filles et de jeunes hommes. Ici, les nuits peuvent être plus longues que les jours... En résumé, une destination vivante, affichant une tolérance prisée des jeunes (pas mal d'étudiants Erasmus en goguette...) et des moins jeunes qui trouvent ici une Espagne actuelle et entreprenante, peu folklorique et volontairement à l'écart des clichés du torero jet-setteur ou de la chanteuse flamenco-punk almodovarienne. Mais à force de vouloir plaire au plus grand nombre, ne serait-elle pas devenue trop aseptisée, trop prévisible peut-être ?

Le centre historique s'organise autour de la *Rambla,* véritable artère palpitante qui mène de la place de Catalogne au port, avec ses fleuristes, ses peintres, ses musiciens de rue et ses statues humaines.

Ajoutez à cela des transports en commun efficaces – dont un métro d'une simplicité élémentaire –, des merveilles architecturales signées Gaudí ou Muntaner, une pagaille de restos, cafés, terrasses et salles de concert, des téléphériques, des funiculaires, un tramway, des bateaux, et vous aurez une idée du charme de Barcelone.

8 bâtiments sont classés au Patrimoine mondial de l'humanité par l'Unesco : un record mondial pour une seule ville ! Heureux hasard ou véritable prise de conscience de l'importance de cette architecture, tous appartiennent au mouvement moderniste : le *palais de la Musique catalane,* la *Pedrera (casa Milà),* la *casa Batlló,* le *park Güell,* le *palau Güell,* la *Sagrada Família,* l'*hospital de Sant Pau* et la *casa Vicens.*

ARCHITECTURE ET DESIGN

Mosaïques colorées, volutes joyeuses et dragon brillant comme des écailles de poisson, on pense immédiatement à Gaudí quand on évoque l'architecture de Barcelone. Mais ce créateur mystique et secret savait aussi observer et se nourrir de l'héritage du passé, qui a façonné la ville. Les ruelles médiévales, les vestiges de la muraille romaine, les cathédrales gothiques et les palais modernistes, c'est ce mélange un brin baroque qui lui donne sa beauté insolite. De la période antique subsistent quelques vestiges de la muraille qui entourait la ville au IVe s (visibles dans le parcours souterrain du museu d'Història de Barcelona et dans certains recoins du Barri Gòtic). L'art gothique et son caractère flamboyant ont eu raison des monuments romans. En revanche, il reste dans le nord de la région de très belles églises romanes : la vieille Catalogne en dénombre environ 2 000 ! On peut admirer des fresques colorées (originales) et des peintures sur bois, des Vierge à l'Enfant et des Christ sereins au musée national d'Art de Catalogne de Barcelone. Mais ici, les amateurs d'art gothique seront les plus comblés ; ils découvriront les caractéristiques du ***gothique catalan,*** qui connut son apogée sous le règne de Jaume Ier (prononcer « Jaoumé Primèr », à la catalane !) : des églises moins hautes mais plus larges, solidement appuyées sur leurs contreforts, avec un chœur disposé au centre de la nef principale et non tout au fond. Le toit est généralement plat, sans flèche ni pinacle – à l'exception de la cathédrale et ses 3 orgueilleuses flèches dentelées. Cette dernière est à visiter absolument, avec son cloître abritant depuis des temps immémoriaux 13 oies, en hommage à sainte Eulalie, martyrisée alors qu'elle n'avait que 13 printemps. Santa María del Mar ou Santa María del Pi sont moins imposantes mais valent la visite, dans la lumière tremblotante de centaines de bougies rouges allumées par les fidèles. La ***Renaissance*** et le ***baroque*** ont en revanche laissé peu de traces à Barcelone, si ce n'est des éléments de décoration rajoutés sur des façades gothiques et de nombreuses toiles dans les musées.

LA CATALOGNE

L'éclat du modernisme

Ce qui fait l'image de marque de la ville, c'est bien sûr la délirante ***Sagrada Família,*** la ***Pedrera,*** le ***palau Güell*** et le ***park Güell.*** Autant d'œuvres signées Gaudí (prononcer « Gâodi ») et nées du mouvement artistique et culturel appelé ici « modernisme » ; en France, cela correspond à l'Art nouveau. Les *modernistas,* c'est un mouvement d'architectes et de créateurs, né à la fin du XIXe s (un peu avant l'Art nouveau en France et le *modern style* en Angleterre), qui préférait les motifs mauresques et Renaissance au néoclassicisme, la simplicité de la brique à la froideur de la pierre, les motifs floraux aux frises antiques, les courbes aux lignes droites. Il y eut ***Gaudí,*** mais aussi ***Lluís Domènech i Montaner*** (palau de la Música catalana), ***Puig i Cadafalch*** (Poble Espanyol, ainsi que de nombreux palais et maisons) ou encore ***Josep María Jujol,*** qui épaula le maître Gaudí. Chez Gaudí, plus que chez tout autre, les moindres détails ont leur importance, du mobilier à la poignée de porte en passant par les ferronneries. Avec leurs mosaïques colorées et leurs formes arrondies, on dirait ces constructions sorties des contes de notre enfance, semées dans les rues de Barcelone par un Petit Poucet poétique, distrait et rêveur.

Le célébrissime bloc de maisons sur le *passeig de Gràcia,* entre le n° 35 et le n° 43, surnommé la *Manzana de la Discordia* (un jeu de mots difficile à rendre, puisque *manzana* en espagnol se traduit par « pomme » ou par « pâté de maisons »), est un bon résumé de la variété créatrice du modernisme. Les édifices y sont, comme la Pedrera et le palau Güell, incontournables. Mais d'autres moins connus valent le détour : la casa Sayrach (Diagonal, 423), propriété privée, ou la casa Berenguer (carrer Diputació, 246), elle aussi privée mais transformée en bureaux (il est donc possible d'y jeter un coup d'œil). Le fabricant de chemises sur mesure de la

■ **Adresse utile**

19 Consulat général de Suisse

Où dormir ?

71 Eric Vökel Indústria

Où manger ?

162 El Celler del Vermut
240 Bardeni – El Meat Bar
247 Bar El Tomás de Sarria et Casa Joana
292 Can Punyetes
301 La Venta

Où déguster des *churros* ?

316 Comaxurros

La tournée des boîtes

437 Otto Zutz Club
450 Mirablau

Achats

475 Olokuti

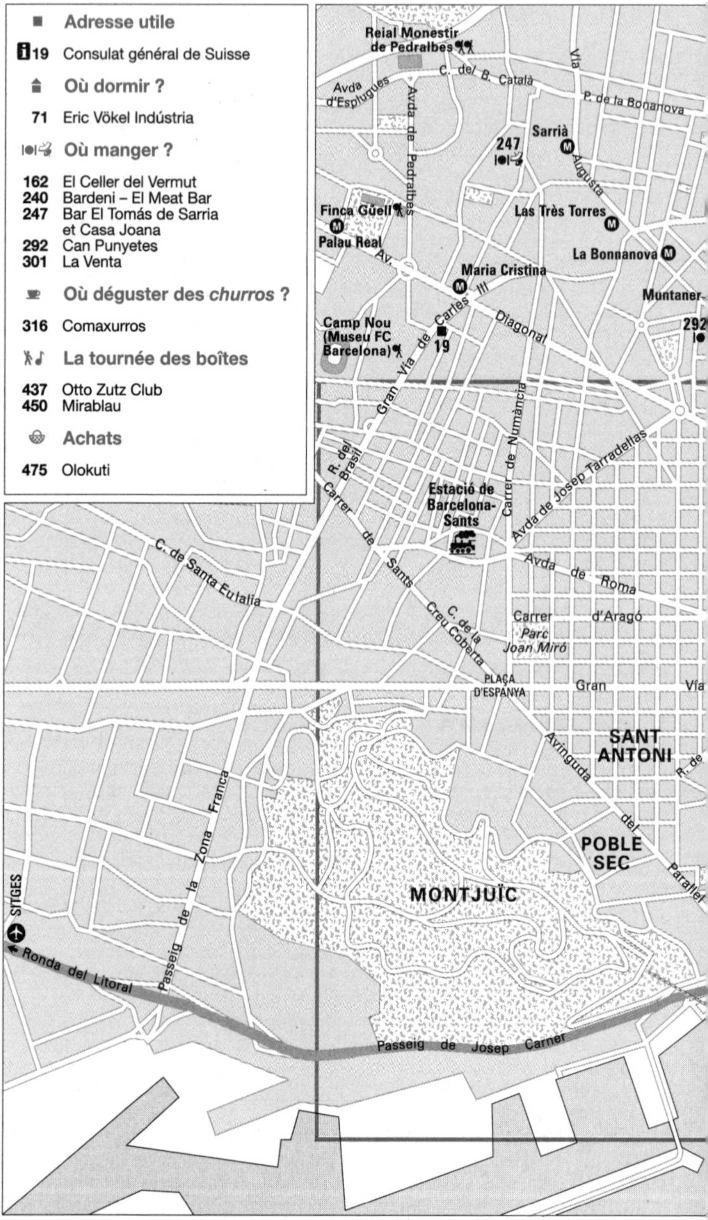

BARCELONE – Plan d'ensemble

Camiseria Xancó (la Rambla, 78), le chocolatier *Escribà* (la Rambla, 83) et l'hôtel *España* (carrer Sant Pau, 9) offrent aussi leurs volutes et leurs dorures aux curieux.

L'audace d'aujourd'hui

Voulant préserver son image de ville audacieuse et entreprenante, la métropole a investi dans des projets architecturaux d'envergure : lors de sa grande toilette pour les J.O. de 1992, 150 architectes ont planché sur 300 monuments ! À visiter, pour la démesure de son architecture et non pour son concept ludico-commercial (auquel on est plutôt allergiques), l'étonnant ***Maremagnum,*** un complexe en plein port, auquel on accède par une passerelle suspendue au-dessus de l'eau, avec restos géants de fruits de mer, boutiques haut de gamme, boîtes de nuit sur 3 étages et minigolf en terrasse.

Dans le ***Raval,*** un ancien quartier mal famé en pleine réhabilitation, 2 bâtiments ultramodernes se côtoient : le ***Centre de culture contemporaine de Barcelone (CCCB),*** construit sur un ancien hospice de charité, la *casa de caritat,* et dessiné par Helio Piñón et Albert Viaplana ; et le ***musée d'Art contemporain (MACBA),*** un mini-Beaubourg tout blanc dessiné par Richard Meier, qui mêle harmonieusement lignes droites et courbes. Ceux qui s'intéressent à l'architecture contemporaine peuvent aussi aller voir le gratte-ciel couché de Rafael Moneo, au bout de l'avenue Diagonal, le Théâtre national de Catalogne, de style néoclassique, conçu par Ricardo Bofill, près de la plaça de les Glòries Catalanes, les 2 immenses tours, la Mapfre et l'hôtel *Arts* qui répondent aux flèches de la Sagrada Família, ainsi que la baleine de bronze de Frank Gehry, tous les 3 en bordure du Port olympique.

Et parmi les plus récentes et qui firent beaucoup jaser, la ***torre Glòries*** *(ex-Agbar),* conçue par l'architecte français Jean Nouvel (créateur également du parc del Poblenou, à quelques enjambées), et l'hôtel *W* (œuvre cette fois-ci du Catalan Ricardo Bofill) dont la « voile » imposante se dresse à la pointe de la Barceloneta.

Design

Branchée et inventive, Barcelone aime le design. Cette créativité a certainement une origine historique : puisqu'ils furent pendant longtemps interdits de commerce avec le Nouveau Monde, les Catalans durent produire leurs propres richesses. Dépourvue de matières premières, la région se spécialisa dans l'industrie de transformation : verre, textile, céramique, cuir, bois, métal, etc. Le concept d'œuvre totale, inventé par le modernisme, qui estimait qu'un architecte devait pouvoir concevoir non seulement la maison, mais aussi son mobilier, a certainement joué aussi un rôle dans ce bouillonnement créatif. Barcelone compte 7 écoles de design ou organismes, dont la FAD *(Foment de les Arts i del Disseny),* née en 1903, la plus prestigieuse et la plus ancienne. Elle décerne un prix chaque année au meilleur dessinateur. Voir aussi le passionnant ***museu del Disseny.***

Tous les 2 ans, au mois de juin, a lieu dans la ville le ***Printemps du design*** *(festival de les arts i del disseny,* ou Fadfest' pour les intimes), un circuit de galeries, boutiques et bars qui exposent les dernières inventions du cru. ***Xavier Mariscal,*** qui crée B.D., céramiques, affiches, logos, etc., est un bon exemple de designer à la mode barcelonaise : il signe aussi des lampes et des tabourets rigolos et pleins de couleur. On peut citer également ***André Ricard,*** qui magnifie l'ouvre-boîte et le déodorant ! Comme autrefois à l'époque moderniste, les designers d'aujourd'hui travaillent le bois, la céramique et le verre, mais aussi le plastique et le carton. Leurs outils ? La poésie et l'humour !

BUDGET

Comme dans le reste du guide, et sauf mention contraire de notre part, les fourchettes de prix insérées à titre indicatif dans le texte correspondent aux prix

pratiqués ***en haute saison, taxe comprise*** (*IVA*, soit 10 %), tant pour l'hébergement que pour les restos.
Il faut savoir que le concept de haute saison varie légèrement d'un établissement à un autre, et Barcelone étant une destination très prisée, elle y dure longtemps.

Hébergement

Rappel : nos prix s'appliquent aux chambres doubles, et sans le petit déjeuner. Lorsque nous indiquons le prix du petit déjeuner, il s'entend par personne.
- ***Bon marché :*** les auberges de jeunesse principalement et les petits *hostales* ; de 15 à 50 € par personne en dortoir selon la saison et de 40 à 65 € la chambre double.
- ***Prix moyens :*** de 65 à 95 €.
- ***Chic :*** de 95 à 130 €.
- ***Plus chic :*** de 130 à 160 €.
- ***Très chic :*** plus de 160 €.

Restos

Le pain, au même titre que la carafe d'eau, est généralement facturé (sauf s'il est inclus dans le menu). Si on le refuse, il n'est évidemment pas compté (quoique...).

On peut manger à tous les prix. Les superbes marchés procurent une nourriture équilibrée, variée et de qualité : bien des commerces incluent un rayon traiteur. Et comme dans toutes les grandes villes européennes, les sandwicheries constituent le moyen le moins cher pour se nourrir. Avec les tapas, les *pintxos* et autres *cazuelitas* ne sont pas beaucoup plus chers, et on a le plaisir et le dépaysement en plus. Le menu du midi en semaine est aussi un très bon plan pour se restaurer à des prix corrects (la plupart des menus oscillent entre 9 et 15 €, pain et boisson inclus). Et de plus en plus souvent, un léger supplément (5 à 10 %) est demandé en terrasse. Les fourchettes qui suivent sont calculées sur la base d'un repas pour une personne sans la boisson mais, dans la mesure du possible, *IVA* incluse.
- ***Très bon marché :*** moins de 10 €.
- ***Bon marché :*** de 10 à 16 €.
- ***Prix moyens :*** de 16 à 30 €.
- ***Chic :*** de 30 à 50 €.
- ***Très chic :*** plus de 50 €.

Musées et sites

En général, les musées sont fermés le lundi (ou le mardi, comme le MACBA), et passent souvent en horaires réduits le week-end. Lors de certaines fêtes ou jours fériés, les musées et sites adoptent des horaires différents : l'office de tourisme édite alors une fiche spéciale.
Compter de 5 à 10 € environ l'entrée des musées et sites secondaires, mais les plus connus dépassent allègrement les 20 €. Les offices de tourisme vendent différentes cartes offrant des réductions sur les principaux sites et les transports (voir ci-après pour le détail des *passes*). ***Les tarifs changent fréquemment en cours d'année*** (souvent au 1er juillet et/ou au 1er janvier), alors vérifiez bien les tarifs avant votre séjour, par exemple sur ● *barcelonaturisme.com* ● !
Beaucoup de musées proposent un jour de gratuité par mois, en général le 1er dimanche du mois (et le dimanche après-midi à partir de 15h) ou pendant la 1re semaine. Ce jour-là, on conseille vivement d'arriver dès l'ouverture. Les étudiants et les personnes âgées de plus de 65 ans peuvent bénéficier de réductions,

mais ils doivent présenter leur carte (souvent, la carte d'étudiant française suffit) ou leurs papiers d'identité. En résumé, prix comparables aux prix français. Attention, de nombreux musées sont ouverts seulement le matin, notamment le dimanche, ou complètement fermés les 1er et 6 janvier, 11 septembre et 25-26 décembre (voir plus loin la rubrique « Fêtes et manifestations locales »). En général, ces jours-là, les offices de tourisme de la ville disposent d'une fiche récapitulant les horaires modifiés de tous les sites.
Pour ***certains sites très fréquentés, il est impératif de réserver à l'avance, sur Internet, vos billets, sous peine de ne pouvoir entrer.*** C'est le cas notamment de la ***Sagrada Família*** et du ***park Güell*** : ils ne conservent aucune entrée en réserve pour les curieux arrivant les mains dans les poches. Mais c'est aussi recommandé pour le museu Picasso, la casa Batlló, la Pedrera, la visite guidée du palau de la Música catalana, etc. Certes, cela vous offre a priori un peu moins de liberté dans votre programme de visite (et ça se paie parfois d'un supplément), mais en période très touristique vous gagnerez du temps, en évitant les longues files d'attente. Cette tendance a d'ailleurs été renforcée par l'apparition de la Covid.

Passes et autres tickets groupés

Il en existe plusieurs, à différents tarifs, plus ou moins complets. Tout dépend de votre emploi du temps, de vos goûts et de votre frénésie culturelle. Vous trouverez ces *passes* ainsi que toutes les infos nécessaires dans les offices de tourisme *(turisme de Barcelona).* Vous pouvez aussi acheter la plupart d'entre eux avant votre séjour, et un peu moins cher (jusqu'à 10 % de réduc si vous achetez des billets pour plusieurs musées), sur le site de l'office de tourisme • *barcelonaturisme.com* •

– ***Barcelona Card :*** *achat aux guichets des offices de tourisme de Barcelone, sur leur site • barcelonaturisme.com • ou au ☎ 93-285-38-32. Compter de 53 € pour 3 j. à 75 € pour 5 j. (30-45 € pour les 4-12 ans) ; réduc familles et à certaines périodes, voir sur le site. Aussi une version* Express, *valable 2 j., uniquement en version adulte, avec moins de réduc, pour env 25 €.* Accès illimité aux transports urbains (métro, bus – sauf les bus de nuit –, tramways, train pour l'aéroport, trains *FGC* intra-muros, trains *RENFE* zone 1 – banlieue, donc). Nombreuses réductions sur des spectacles (mais aussi dans certains bars de nuit, restos, boutiques...), les autres moyens de transport (*Tibibús*, téléphérique de Monjuïc, *Aerobús*...). Surtout, vous obtiendrez une gratuité dans 25 musées et sites (dans tous les musées municipaux, dont le museu Picasso, le MNAC et la fondation Miró, entre autres) ou, plus fréquemment, un tarif réduit (voir la liste remise à jour chaque année sur le site) dans plus de 30 des plus grands musées et sites de la ville (dont le palau de la Música, la casa Batlló, la casa Milà, le zoo, l'aquarium...). C'est celle qui nous a semblé la plus complète, d'autant qu'elle sert aussi de coupe-file. Elle reste très chère puisqu'il faut quand même débourser à l'entrée de la plupart des sites ou musées, et les réductions offertes sur certains sites sont presque symboliques. Elle n'inclut ni la Sagrada Família ni la cathédrale. Attention, il n'est pas toujours possible de faire valoir les réductions offertes par la *Barcelona Card* dans le cadre de réservations sur Internet.

– ***Articket BCN :*** *• articketbcn.org • On peut aussi l'acheter aux guichets des centres concernés ou dans les offices de tourisme. Valable 1 an, il coûte 38 €.* Il permet de visiter 6 « centres » d'art à Barcelone, expositions temporaires comprises : le MNAC, le MACBA, la fondation Miró, la fondation Antoni-Tàpies, le CCCB et le musée Picasso. Avantage : sert aussi de coupe-file.

– Si vous n'en êtes pas à votre 1er séjour à Barcelone, l'***Arqueoticket,*** axé sur les musées consacrés aux civilisations anciennes, peut être intéressant. Pour 14,50 €, cette carte, valable 1 an, permet d'accéder gratuitement à 4 musées : le musée d'Archéologie de Catalogne, le Musée égyptien, le musée d'Histoire de la ville (MUHBA), et El Born-Centre de Cultura i Memòria. On se le procure dans tous les offices de tourisme ou sur leur site, ou auprès des billetteries de chacun des sites.

– ***Ruta del modernisme :*** la *ruta* recense une quinzaine de sites majeurs, et propose un itinéraire cohérent ainsi que toutes sortes de facilités pour les visiter. On peut se procurer le kit aux pavillons Güell *(tlj 10h-16h ; rens : ☎ 93-317-76-52) ou à l'Institut municipal del paisatge Urbà (avda Drassanes, 6-8, au 21e étage ; ☎ 93-256-25-09 ; lun-ven 9h-14h).* La formule complète, à 18 €, comprend un guide des 120 sites avec une carte pour les situer (malheureusement, l'édition française est épuisée), des coupons de réduction sur les entrées des sites, ainsi qu'un petit guide des bars et restos installés dans des édifices modernistes, et un sac... pour trimballer tout ça. Pour 12 €, le guide (avec le plan) et les coupons de réduction, et c'est tout : mais c'est suffisant ! Attention, un certain nombre de sites modernistes, en particulier ceux qui sont toujours en activité ou qui appartiennent à des particuliers, ne sont accessibles qu'en visites guidées à des horaires assez restreints, et la réservation est donc conseillée en pleine saison. Ça vaut donc la peine de bien planifier ces visites-là ! • *rutadelmodernisme.com* •

– Enfin, certains sites proposent des ***billets combinés*** : pour la Sagrada Família et la casa-museu Gaudí du park Güell ; pour le MNAC et le Poble Espanyol.

– ***Barcelona Bus Turístic :*** • *barcelonabusturistic.cat* • *À ne pas confondre avec la compagnie concurrente,* Barcelona City Tour *(bus rouges), moins intéressante.* Les Barcelona Bus *sont bleus avec un dégradé jusqu'au rose. Fonctionnent tte l'année, tlj sauf 1er janv et 25 déc, 9h-20h (env 19h hors saison) ; fréquence ttes les 5-15 mn (25 mn hors saison). Formules 1 ou 2 j. consécutifs au choix : respectivement 33 et 44 € (18 et 23 € 4-12 ans, 28 et 39 € pour les seniors) ; gratuit - de 4 ans. Réduc si achat sur leur site.* Accès illimité aux 2 lignes de bus touristiques de la compagnie (Ruta Blava – bleue – et Ruta Vermella). Elles desservent les monuments majeurs, avec des arrêts pratiquement au pied de chacun. Réductions sur une vingtaine de sites, sur la location de vélos, le téléphérique de Montjuïc, etc. Ça fait un peu piège à touristes, mais le personnel est toujours prêt à vous aider (dans toutes les langues ou presque). Avantage : c'est agréable aux beaux jours quand il y a de la place sur l'impériale. De plus, on peut monter et descendre autant de fois qu'on le souhaite, y compris depuis le même arrêt. Inconvénients : en plein été, il peut y avoir de sacrées files d'attente ; et, dans le bus même, les places sont rares, et on ne voit presque rien quand on est à l'intérieur. Et enfin, il est préférable de faire les visites dans le sens de la circulation du bus, même si cela paraît évident, car un trajet complet dure 2h (la ruta Verde ne dure que 40 mn).

DANGERS ET ENQUIQUINEMENTS

Ici, comme dans toutes les grandes villes, la spécialité est le vol à la tire ! Nombreux pickpockets, redoutablement efficaces. Pour avoir assisté à la course éperdue d'une touriste dans les escaliers de la Sagrada Família derrière le type qui lui avait piqué son sac, nous pouvons vous affirmer que les voleurs ont souvent un look... de touriste (appareil photo en bandoulière, sac à dos). Et de bonnes jambes ! Malgré la présence de policiers (beaucoup sont en civil, histoire de ne pas être repérés), voici quelques conseils à ne pas négliger, sans pour autant sombrer dans une parano qui gâcherait le séjour (voir aussi cette rubrique dans « Catalogne-Valence utile »). En effet, l'immense majorité des touristes voyagent sans encombre.

1) ***Laisser billets d'avion, passeport, objets de valeur*** et une partie de son argent liquide à l'hôtel (coffre).

2) ***Garder sa carte de paiement avec soi.*** Pour la plupart, les restos l'acceptent, et les distributeurs sont nombreux.

3) ***Ne rien porter de voyant sur soi.***

4) ***Sacs à main et appareils photo*** doivent être constamment portés croisés sur la poitrine pour décourager toute tentative de vol à l'arraché... Ne pas laisser traîner son ***portable*** négligemment sur un comptoir ou une table en terrasse.

Les endroits les plus « fréquentés » par les voleurs sont évidemment les hauts lieux touristiques. Ils se fondent dans la masse et détroussent en douceur les touristes confiants. ***Restez donc particulièrement vigilant lors de votre arrivée, entre***

l'aéroport et la ville (tout à la joie des vacances, on relâche souvent son attention à la descente de l'avion ou du train !), sur la Rambla, autour de la Sagrada Família, de la plaça Reial, autour des grands monuments comme la cathédrale, sur le Port olympique, sur les plages et dans les gares.

– ***De nuit,*** gardez l'œil bien ouvert aussi dans le Raval entre, au nord, la carrer Hospital et, au sud, la carrer Santa Madrona (juste au-dessus du Museu marítim). Dans le Barri Gòtic, après 2h30-3h du matin, lorsque les bars ont fermé leurs portes (et que la police a plié bagage), les ruelles au sud de la plaça Reial ne sont pas toujours sûres.

– Et puis refusez systématiquement et fermement les ***œillets*** que vous offrent de (parfois) charmantes jeunes femmes. Très douées pour vous subtiliser votre portefeuille, elles opèrent plutôt autour de la cathédrale, de la plaça del Rei et sur le passeig de Gràcia. Même chose pour les ***vendeurs de cartes*** (certains s'en servent pour masquer leurs mains baladeuses), et pour les cireurs de chaussures sur la Rambla, qui pratiquent des tarifs « spécial touristes »...

– ***Attention, piétons :*** à scooter (le moyen de locomotion préféré dans cette ville ensoleillée) comme en voiture, les Barcelonais démarrent en trombe. Pas au feu vert, mais juste quand le feu pour piétons passe au rouge. Il ne fait pas bon traîner sur les passages cloutés... D'un autre côté, l'automobiliste espagnol s'arrête pour marquer le feu rouge. Gaffe aussi à la traversée des pistes cyclables, nombreuses, notamment autour du passeig de Gràcia : les cyclistes ont tendance à pédaler le nez dans le guidon !

FÊTES ET MANIFESTATIONS LOCALES

– ***6 janvier :*** ici, c'est le jour de l'Épiphanie *(día dels Reis)* que les bambins reçoivent leurs cadeaux. Traditionnellement, des figurants représentant les Rois mages arpentent les rues et lancent des bonbons à la foule.

– ***Fin février :*** carnaval du Mardi gras. On défile derrière Carnestoltes, le Monsieur Carnaval en carton-pâte. C'est aussi la fête de santa Eulàlia, la copatronne de la ville. Le défilé en son honneur est devancé par d'énormes dragons crachant le feu.

– ***Mars-avril :*** la Semaine sainte (la semaine précédant Pâques) est l'occasion de grandes processions autour de la cathédrale, dans les petites rues étroites de la vieille ville. En 2024, le Vendredi saint tombe le 29 mars, et le lundi de Pâques le 1er avril.

– ***23 avril :*** fête de sant Jordi, saint patron de la Catalogne. On honore saint Georges qui a terrassé le dragon. Filles et garçons s'offrent des fleurs, mais aussi des livres, car, ce jour-là, on commémore aussi la mort de Cervantes. La Rambla est noire de monde, et l'on trouve des étalages de fleurs et de livres à tous les coins de rue.

– ***1er mai :*** fête du Travail. Presque tout est fermé. Très suivie en Espagne en général, à Barcelone en particulier.

– ***Mai ou juin :*** *Pasqua Granada* (c'est-à-dire lundi de Pentecôte). En 2024, c'est le 20 mai.

– ***Fin mai-début juin :*** *Primavera Sound* *(en 2024, 30 mai-1er juin ; ● primaverasound.com ●).* Dans le parc del Fòrum, un gros festival rock (tendance indie) avec une programmation ambitieuse. Très sympa car en bord de mer.

– ***Mi-juin :*** *Sónar* *(en 2024, 13-15 juin ; ● sonar.es ●).* Sur 3 jours, grande fête électro qui rameute les meilleurs DJs et autres groupes du genre du monde entier. Si vos congés ne tombent pas à cette période, vous pourrez toujours suivre ce festival en France sur Radio Nova, qui se déplace souvent pour l'occasion.

– ***24 juin :*** fête de la Saint-Jean (concerts, danses et nombreux feux d'artifice et pétards allumés dans tous les quartiers dans la nuit du 23 au 24 juin, attention quand même !). Ce jour-là, on mange la *coca de Sant Joan,* une pâtisserie à vrai

dire assez étouffe-chrétien (juste retour des choses, si l'on considère que la Saint-Jean n'est jamais qu'une fête païenne, célébrant le solstice d'été, recyclée).
- ***Juillet :*** *GREC,* grand festival d'été de Barcelone. Nombreux spectacles dans les salles, les rues et les jardins de la ville (théâtre, musique, etc.). Organisé par l'Institut de la culture de Barcelone *(• barcelona.cat/grec/ •).*
- ***15 août :*** fête de l'Assomption (et fête du quartier de Gràcia, ne pas la rater).
- ***11 septembre :*** *Diada,* fête nationale de la Catalogne (beaucoup de restos et de musées sont fermés à cette occasion).
- ***24 septembre :*** fête de la Mercè, sainte patronne de Barcelone (ou plutôt copatronne, avec santa Eulàlia). Son effigie se trouve dans l'église Nostra Senyora de la Mercè, dans la Ribera. Elle doit son titre de sainte patronne à son courage lors d'une invasion de sauterelles qu'elle a repoussées toute seule en l'an 1637 ! Pas mal de musées gratuits ce jour-là, d'autres fermés.
- ***12 octobre :*** fête de la Vierge du Pilar et jour de l'Hispanidad (fête nationale espagnole).
- ***6 décembre :*** journée de la Constitution.
- ***8 décembre :*** Immaculée Conception.
- ***Fin décembre :*** la semaine précédant Noël, c'est la kermesse de Santa Llùcia ; tout autour de la cathédrale, on trouve des stands avec des figurines représentant des scènes de la Nativité. Des files d'attente hallucinantes pour admirer le Divin Enfant ! Regardez bien les crèches d'ici : aux côtés de l'Enfant Jésus, des Rois mages, de Marie et Joseph, vous remarquerez un bonhomme déculotté et accroupi : c'est le *caganer* (littéralement, le « chieur »), une pure invention catalane ! Ce petit berger symboliserait la fertilité. Remarquez, c'est vrai qu'il engraisse la terre...
- Et puis toute l'année les ***lundi, mercredi, vendredi*** et ***samedi,*** marché aux puces plaça de les Glòries *(9h-20h ; • encantsbarcelona.com •),* et le ***dimanche matin,*** marché aux timbres et monnaies plaça Reial *(9h30-14h30).*

Où voir danser la sardane ?

- ***Plaça Catedral :*** de février à juillet, le samedi à 18h ; de septembre à novembre, les dimanche et jours fériés à 11h15.
- ***Parc de la Ciutadella :*** seulement le dimanche avant Noël vers 12h.
- ***Parc de l'Espanya Industrial et parc de Joan Miró :*** seulement quelques dates dans l'année, se renseigner.

En août, la sardane est réservée aux fêtes locales (voir la rubrique « Sardane » dans « Catalogne-Valence : hommes, culture, environnement » en fin de guide). On peut consulter les dates sur le site *• fed.sardanista.cat •*

GÉOGRAPHIE URBAINE

Comme toute ville historique, Barcelone possède un cœur, la *Ciutat Vella,* vibrant, bouillonnant, cohérent, avec son lacis de ruelles imbriquées, son lot d'impasses sombres aux pavés assassins (pour les talons), ses quartiers populaires où l'on se retrouve après le travail et où le flux naturel des odeurs et des palpitations urbaines vous mènera comme une évidence. Séparés par la Rambla : le ***Raval,*** au sud-ouest (d'où l'on gagne

VOITURE DE DROITE, VÉLO DE GAUCHE ?

Madrid, ville traditionnellement à droite, a toujours favorisé la voiture : grands parkings et larges voies. Les pistes cyclables ? Oubliées. En revanche, à Barcelone, le succès des locations de vélos est tel que l'on compte plus de 400 stations de bicyclettes. Beaucoup de Barcelonais ont même acheté leur propre vélo. À Barcelone, la mairie est socialiste...

Sant Antoni sans presque s'en rendre compte), le ***Barri Gòtic,*** de loin le plus touristique, au centre, et de l'autre côté de la vía Laietana, le quartier de la ***Ribera,*** populaire et historique (un peu moins touristique, à l'exception de la carrer Montcada, de la carrer Argentería et des abords de l'église Santa María del Mar, toute cette zone que l'on appelle ***El Born***).

Plus au nord, l'***Eixample*** – du nom de l'« agrandissement » ou extension (de la ville) décidé au XIXᵉ s –, avec ses rues tirées au cordeau, où l'on trouve la plupart des hallucinantes constructions modernistes (lire notre « Itinéraire moderniste » dans « Barcelone. À voir »). C'est aussi, entre le passeig de Gràcia et la carrer Balmes, la partie la plus commerçante de la ville. Au-dessus de ce quartier, le secteur de ***Gràcia,*** ancien village rattaché à Barcelone, plus calme, plus authentique aussi bien qu'en voie accélérée de gentrification. Un peu plus au nord encore, la colline du ***Tibidabo,*** véritable poumon vert de Barcelone, propose attractions, funiculaire et bars panoramiques. Au pied de ces collines s'étendent largement les quartiers résidentiels (et un peu chic) de ***Sant Gervasi, Sarrià*** et ***Les Corts*** où les fans de foot trouveront le mythique stade du Barça.

Au sud-est de la vieille ville, Barcelone a renoué avec la Méditerranée. Une passerelle postmoderne, au pied de la statue de Colom (Christophe Colomb pour les francophones), traverse le port pour accéder au centre commercial *Maremagnum.* À l'est, la ***Barceloneta,*** le quartier des pêcheurs, s'ouvre aujourd'hui sur une jolie plage. Sa promenade du front de mer mène à la Vila Olímpica (Port olympique). Et plus au nord-est encore, au ***Poblenou,*** ancien quartier industrieux qui se modernise à grands pas, avec ses buildings signés de grands noms de l'architecture mondiale, qui poussent à 2 pas des anciennes maisons d'ouvriers, et autres usines retapées par une nouvelle génération de Barcelonais... Belle balade jalonnée de quelques sympathiques plages familiales. Enfin, à l'ouest du port, le ***Poble Sec,*** quartier populaire qui tend à le rester, même si ses bars à tapas et petites tavernes – où l'ambiance bat son plein – attirent de plus en plus les jeunes touristes. C'est d'ici que l'on prend le funiculaire pour Montjuïc, car le Poble Sec est à la jonction entre la ville basse et la colline de ***Montjuïc,*** grand parc verdoyant, qui offre, en plus de ses superbes musées, une vue admirable sur la ville. Et des installations sportives datant des Jeux olympiques de 1992.

Arrivée à l'aéroport de Barcelone

✈ ***Aéroport Josep-Tarradellas*** *(hors plan d'ensemble)* **:** *situé à **El Prat de Llobregat,** à 12 km du centre-ville.* ☎ *91-321-10-00.* • *aena.es* • Il comprend 2 terminaux : le terminal 1 (ou T1) tout de blanc et en transparence (œuvre du célèbre architecte catalan Ricardo Bofill), et le terminal 2, qui regroupe 3 anciens terminaux, les T2A, T2B, T2C. Distants de 4 km, le T1 et le T2 sont reliés par une navette gratuite (indispensable pour les passagers du T1 qui souhaiteraient gagner le centre-ville en train depuis le T2). On trouve de tout dans chaque terminal, dont un ***office de tourisme*** (T1 et T2B ; lun-sam 10h-18h, dim 9h-14h30), une ***consigne*** (au bout du T1, au niveau 0 – ouv 24h/24 – et face au T2B – tlj 6h-22h –, à côté du parking), des ***bureaux de change*** et des ***distributeurs de billets.***

Comment se rendre en ville et atteindre l'aéroport ?

➢ ***Navette Aerobús :*** ☎ *93-415-60-20.* • *amb.cat* • *aerobusbarcelona.es* • Elles sont bleues ! Navette A1 depuis le T1, et A2 depuis le T2 (arrêts aux T2A, T2B, T2C). ***Navette A1*** : 24h/24 dans les 2 sens, ttes les 10 mn 6h40-0h35, ttes les 20-30 mn la nuit. Durée : env 35 mn. ***Navette A2*** : tlj 24h/24 dans les 2 sens, ttes les 10 mn 5h-22h30, ttes les 20-30 mn la nuit. Durée : env 50 mn. Le ***ticket*** s'achète aux distributeurs (CB uniquement, installés aux arrêts) des T1, T2 et de la pl. Catalunya, sur le site internet ou directement dans le bus. Tarif : 6,75 € (A/R 11,65 €, valable 3 mois après l'aller). Arrêts dans l'ordre : dans le sens aéroport-Barcelone : Plaça-d'Espanya, Gran-Vía-Borrell ; Plaça-de-la-Universitat ; Plaça-de-Catalunya *(centre détachable F4) ;* dans le sens Barcelone-aéroport : c/ Sepulveda, Plaça-d'Espanya.

➢ ***En train :*** • *renfe.com* • Depuis le T2B seulement, la ligne R2 assure des liaisons directes ttes les 30 mn 5h42-23h38 (5h08-23h07 depuis Passeig-de-Gràcia ; *centre détachable F3*). Trajet : 25 mn. Le plus économique : 4,60 € (sans correspondance incluse avec le métro ; attention, le billet A/R, moins cher, n'est valable que le j. même ; en revanche, inclus dans les cartes de transports *T-Día 4 zones* et dans la *Barcelona Card*). Entre les T2A et T2B, prendre l'escalator menant à la passerelle-tunnel rouge et blanc. Arrêts aux gares de Sants Estació et de passeig de Gràcia (la plus pratique car très centrale).

➢ ***En bus :*** • *tmb.cat* • Pour la pl. d'Espanya *(centre détachable B-C3),* ***ligne 46 ;*** départs du T1 et du T2B ttes les 10-15 mn selon heures (25 mn le w-e) tlj 4h50-23h50 dans les 2 sens. Le ticket s'achète directement dans le bus (2,40 €). Ou ***bus nocturne N16*** (pour le T2), ***N17*** (pour le T1) et ***N18*** (pour le T1 et le T2) pl. de Catalunya (et ronda Universitat). La nuit, départ ttes les 20 mn 21h55-4h45 depuis l'aéroport, 23h-5h depuis la pl. de Catalunya.

➢ ***En métro :*** • *tmb.cat* • La ***ligne 9*** relie l'aéroport à la station Zona Universitària, à l'ouest de la ville. Départs des T1 et T2, aux horaires du métro : tlj 5h-minuit (2h ven et veilles de fêtes, en continu dans la nuit du sam au dim). Ticket (5,15 €) spécifique à cette ligne : impossible de l'emprunter avec la carte *T-Casual* (mais inclus dans les *Hola Barcelona Card*). Plutôt économique mais ni très rapide (compter min 1h) ni très pratique pour gagner le centre puisqu'il faut changer à *Europa Fira* (ligne 8), *Collblanc* (ligne 5) ou au terminus (ligne 3), selon votre destination.

➢ ***En taxi :*** évidemment la solution la plus chère (voir plus haut les numéros de tél et tarifs dans « Barcelone utile. Transports. Transports urbains. Les taxis »). Env 30 € depuis le T1, 29 € depuis le T2. Pas de prix fixe (sauf si vous avez réservé sur une application avt), mais un supplément limité à 4,30 € si l'aéroport est l'origine de votre trajet ou votre destination, avec un montant min pour la course de 20 € (mais pas de supplément bagage, ni de supplément 4e passager... ce n'est qu'à partir du 5e qu'il faut casser sa tirelire).

Arrivée à l'aéroport de Gérone

Desservi essentiellement par des compagnies low-cost, même si certaines, comme *Ryanair,* arrivent aussi à El Prat de Llobregat.

✈ ***Aéroport de Gérone :*** *env 12 km de Gérone et à une centaine de km de Barcelone.*

➢ Depuis l'aéroport, bus réguliers vers Barcelone (estació del Norte ; Ⓜ Arc-de-Triomf ; *centre détachable H4*) en fonction des arrivées des vols avec la compagnie *Sagalès (☎ 90-213-00-14 ;* • *sagalesairport line.com* •*)* pour 19,50 € l'aller (30 € l'A/R, valable 30 j.). Même principe depuis Barcelone (départ de la estació del Norte ; guichet C-0 pour les tickets) vers l'aéroport de Gérone. Env 1h15 de trajet (en fonction du trafic).

Transports urbains

– ***Informations :*** *☎ 010 ou 012.* • *amb.cat* • Un tuyau : il existe aussi une application gratuite pour smartphone que vous pouvez télécharger sur le site. Vous aurez ainsi en permanence dans votre poche le plan interactif des transports barcelonais, tramways et trains inclus, en catalan, espagnol et anglais. Une autre appli gratuite, qui ne concerne que les bus et métro, à télécharger sur • *tmb.cat* •

– Il suffit de rentrer sa destination sur

une appli comme ***Google Maps*** pour obtenir les différents moyens de transport possibles, le temps de voyage estimé, l'itinéraire vers la station la plus proche et même les heures de passage prévues. Un jeu d'enfants !

– ***Bus et métro urbains*** sont inclus à volonté dans la ***Barcelona Card*** (voir plus haut « Budget. Musées et sites. *Passes* et autres tickets groupés »). Par ailleurs, les transports sont gratuits pour les enfants de moins de 4 ans.

– Les transports urbains sont variés et modernes, et la signalisation est en général claire. ***Seul risque de confusion*** : certaines stations comme Passeig-de-Gràcia, Plaça-de-Catalunya ou Sants, gros pôles de connexions, cumulent sur plusieurs niveaux en sous-sol plusieurs stations différentes : lignes de métro, ligne *FGC* et *Cercanías* (ou *Rodalies*), et même en plus les trains moyenne et longue distance en surface pour Sants.

Le métro

● *tmb.cat* ● Un des moyens les plus pratiques pour se déplacer. Le réseau est dense et dessert pratiquement tous les points d'intérêt. Les différents titres de transport s'achètent aux automates multilingues ou aux rares guichets. Ne froissez pas les tickets, car ils ne passeront plus le composteur magnétique. Dans ce cas, adressez-vous au préposé. Il y a 8 lignes de métro plus 3 lignes de train (*Ferrocarrils de la Generalitat de Catalunya – FGC,* voir ci-après), numérotées et colorées. Points de connexion des lignes importantes : Passeig-de-Gràcia, Diagonal et Catalunya.

– ***Horaires :*** fonctionne tous les jours 5h-minuit (23h le 24 décembre).

– ***Tarifs : attention, les prix changent tous les ans. À l'unité, le ticket coûte 2,40 €.*** Individuelle, la ***carte T-Casual*** (11,35 € pour une zone, ce qui est suffisant pour le centre touristique) donne droit à 10 trajets en métro ou en bus ainsi que sur les 3 lignes de train, y compris avec correspondance (mais pour des trajets de 1h15 max). La ***T-Familiar*** (10 € pour 8 trajets) peut être utilisée par plusieurs personnes sur 30 jours consécutifs. Individuelle, la ***T-Usual*** (40 € pour une zone) est une carte mensuelle illimitée, incluant le métro jusqu'à l'aéroport. La ***T-Jove*** (80 € pour une zone), réservée aux moins de 25 ans, est une carte illimitée de 3 mois. Enfin, la ***T-Grup*** (à partir de 79,45 €) est utilisable par plusieurs personnes et inclut 70 trajets pendant 1 mois. ***Attention, les cartes* T-Casual, T-Familiar *et* T-Grup *ne permettent pas de relier l'aéroport en métro (ticket à 5,15 €).***

D'autre part, ***Hola Barcelona Travel Card*** (● *holabarcelona.com* ●) propose des cartes de 2 à 5 jours (16,40-38,20 €) fonctionnant à partir de l'heure de validation du titre. Elles fonctionnent avec le métro (y compris la ligne 9 qui dessert l'aéroport), le bus, le tram, le funiculaire de Montjuïc et le réseau FGC et Rodalies (zone 1 uniquement). Mais à moins de se déplacer beaucoup dans le temps imparti, ces cartes sont plutôt difficiles à amortir ; à noter qu'on peut les acheter sur Internet, avec une réduc de 10 % (on échange ensuite la contremarque avec le code personnel à un guichet du métro, dès l'arrivée à l'aéroport par exemple). Sinon, elles sont à prix normal aux machines automatiques du métro.

Le bus

Plus de 80 lignes quadrillent efficacement toute la ville. Plan téléchargeable sur ● *tmb.cat* ●, disponible à certains guichets des stations de métro, et affiché sur les arrêts d'autobus les plus importants. Les bus se distinguent par couleur et numéro. Chaque arrêt affiche les bus qui s'y arrêtent, les trajets de chacun et l'heure estimée des prochains bus.

– ***Horaires :*** les bus circulent de 6h30 (4h30 pour certains) à 22h (voire 30 mn plus tôt ou plus tard), y compris le dimanche. Certaines lignes roulent 24h/24. De 22h30 à 5h (environ), les principaux trajets sont desservis par des bus nocturnes (les *Nitbus*).

– ***Tarifs :*** voir plus haut « Le métro ». À noter que l'on peut changer de bus avec un seul et même ticket à condition que le trajet final ne dure pas plus de 1h15.

– Il existe également 2 compagnies de ***bus touristiques*** qui permettent de visiter les points touristiques de son choix (voir plus haut notre rubrique « Musées et sites. *Passes* et autres tickets groupés »).

➢ ***Liaisons avec l'aéroport :*** voir la rubrique « Arrivée à l'aéroport de Barcelone. Comment se rendre en ville ? ». Aux heures de pointe, préférer le train (voir ci-après).

Cercanías (ou *Rodalies* en catalan)

Infos et horaires sur ● *renfe.com* ● Entre le train de banlieue pour ses destinations et le métro pour ses arrêts centraux (Plaça-de-Catalunya, Passeig-de-Gràcia, Estació-de-Sants, Arc-de-Triomf, Estació-de-França...), un peu l'équivalent du RER parisien. Gérées par la *RENFE,* les lignes sont nommées R1, R2, etc. (attention, sur certains plans, leur numéro est précédé d'un C comme *Cercanías* et non d'un R comme *Rodalies*). Toutes passent par Estació-de-Sants, et desservent ensuite soit Passeig-de-Gràcia, soit Plaça-de-Catalunya.

– La ligne R2Nord dessert l'***aéroport*** (la solution la plus sûre aux heures de pointe) : départs de Passeig-de-Gràcia ou Sants (voir le chapitre « Arrivée à l'aéroport de Barcelone. Comment se rendre en ville ? » dans « Barcelone. Adresses et infos utiles »).

FGC

Infos et horaires sur ● *fgc.cat* ● Entre le train de banlieue et le réseau régional, lignes numérotées L6 à L8 puis L12, R5 et R6 ou S + numéro (de 1 à 9). Quelques lignes intéressantes pour les visiteurs de passage. 2 terminus en pleine ville : Plaça-d'Espanya et Plaça-de-Catalunya. De cette dernière, à l'angle de la c/ Pelai, part entre autres la L7 à destination de Avinguda-del-Tibidabo.

Le tramway

On le cite pour le principe, mais les 6 lignes contournent le centre et ne desservent pas de quartiers notables pour le touriste.

Les taxis

Tous en jaune et noir. Ils pullulent, c'est donc en général très simple d'en attraper un dans la rue. Prise en charge 24h/24, 2,20 € sauf les nuits des week-ends et jours fériés (2,30 €) – 3,20 € les nuits des 1er janvier 23-24 juin, 24-25 et 31 décembre. De 8h à 20h, le kilomètre est facturé 1,17 €, puis 1,40 € à partir de 20h et 6h-20h les week-ends et fêtes, de même les week-ends et fêtes minuit-6h et 20h-minuit. Si vous appelez un taxi, la prise en charge à son arrivée s'élève à 4 € (4,20 € le week-end en journée, 4,50 € le week-end de nuit). Très pratique pour passer d'un quartier à l'autre le soir. Course minimale (quelle que soit la période) : 7 €. Une course en ville vous coûtera rarement plus de 10 € ; compter env 30 € pour une desserte d'aéroport, suppléments inclus. Quelques suppléments : pour les gros bagages et les animaux, 1 € ; pour la gare de Sants, 2,10 € ; pour le port, ou pour 5 ou 6 passagers au lieu de 4, 3,10 €.

– ***Infos et tarifs :*** *auprès de l'Institut Metropolità del Taxi.* ● *taxi.amb.cat* ● *En cas de souci, réclamations au* ☎ *93-223-51-51, ou formulaire en ligne sur leur site.*

– ***Objets perdus dans un taxi :*** ☎ *93-70-70-600.*

🚗 ***Radio Taxi Catalana 37 :*** ☎ *93-399-37-37.* ***Fono Taxi :*** ☎ *93-300-11-00.* Entre autres !

La voiture

Un vrai casse-tête dans le centre ! D'autant plus que, depuis le 1er janvier 2020, ***Barcelone a mis en place une zone à faible émission*** *(Zona de bajas emisiones)* pour améliorer la qualité de l'air. Cette zone couvre tout le centre-ville. Un autocollant à mettre sur le pare-brise est demandé, et ***du lundi au vendredi, de 7h à 20h, il est désormais interdit de circuler avec son véhicule si celui-ci est polluant*** (véhicules essence inférieurs à la norme Euro 3 et diesel inférieurs à la norme Euro 4 ; motos, scooters et autres 2-roues inférieurs à la norme Euro 2). Tous les véhicules qui respectent ces normes peuvent circuler

librement (pour 5 €), ***à condition de s'être enregistrés au minimum 15 jours avant*** (sous peine de 100 € d'amende) sur le *Registro metropolitano de vehículos* sur le site *• zbe.barcelona •*
Pour les autres, ils pourront malgré tout circuler, une fois enregistrés, à condition d'acheter une vignette journalière spéciale disponible dans les *Correos* (bureaux de poste), et pas plus de 10 jours par an. Qu'il s'agisse d'une voiture espagnole ou étrangère, ce sont les mêmes conditions. Si vous avez loué une voiture, celle-ci correspondra sans doute aux normes mais assurez-vous tout de même auprès du loueur que votre voiture puisse y circuler ! Une exception à ces restrictions : les Ronda (qui font le tour de la ville, façon boulevards circulaires) restent accessibles quel que soit le niveau de pollution du véhicule (y compris la Ronda Litoral).
Sinon, faites très attention où vous garez votre véhicule, cela peut vous coûter très cher : la fourrière municipale est impitoyable (voir sur *• grua municipal.ajuntament.barcelona.cat •,* avec version française, pour localiser votre véhicule). Une solution : le ***parking à la journée*** qui vous laisse l'esprit tranquille ; mais les tarifs sont prohibitifs ! On en trouve partout en ville, publics comme privés. On peut consulter la liste sur le site *• aparca mentsbsm.cat •,* c'est le site de la ville sur le stationnement payant public. Il propose également des infos sur les parkings les moins chers. Attention, ces derniers sont souvent fermés les dimanche et jours fériés ; renseignez-vous bien à votre arrivée. Pour les visiteurs de passage, la *B:SM Parking Card,* de 1 à 7 jours, permet de se garer dans un parking choisi pour 24 à 168h consécutives (et la possibilité de sortir et rentrer autant de fois que l'on veut pendant ce temps donné). Prix variable selon le parking choisi et réservé (à partir de 25 € la carte 24h).
Sinon, le meilleur plan est probablement le site ***• parclick.com •*** Très simple d'utilisation, il permet de réserver à l'avance sa place de parking à Barcelone, pour une durée donnée. Dans la liste, on choisit le parking qui convient le mieux, tant pour son emplacement que pour son tarif – variable selon les parkings, mais toujours plus avantageux que les tarifs pratiqués sur place. Puis on sélectionne le forfait qui s'adapte le mieux à son séjour : 3-7 jours, soit 30-95 € selon parking (également des forfaits jusqu'à 1 mois). Après le paiement en ligne, la place est réservée. Sur place, il suffit d'échanger son justificatif de paiement contre une carte qui permet de garer son véhicule. Comme c'est bien pensé, on peut sortir du parking et y rentrer librement aussi souvent que l'on veut pendant toute la durée prévue par le forfait.
– Un bon plan tout de même : le ***parking Viajeros*** *(c/ Carreras i Candi, 65, 08028 ; 📱 618-70-79-70 ; • parking viajeros.com • ; Ⓜ Badal ou Santa-Eulàlia),* proche de la place d'Espanya et de la gare de Sants. En plus des tarifs très compétitifs, ils ont un service de transfert vers la gare de Sants ou le port. Résas sur Internet et règlement en arrivant.
– Autre solution : garer sa voiture à l'université et continuer en métro (ligne 3, station Zona-Universitaria ou Palau-Reial).

Adresses et infos utiles

Infos sur Barcelone

Les offices de tourisme ont ***un numéro de téléphone et un e-mail communs*** *(☎ 93-285-38-32 ; • info@barce lonaturisme.com • ; 8h-20h).* Tous sont fermés les 1er et 6 janvier, et le 25 décembre.

ℹ *Turisme de Barcelona – Catalunya* *(centre détachable F4,* ***1****) : pl. de Catalunya, 17 S. ☎ 93-285-38-32 ou 34. • barcelonaturisme.com • Ⓜ Catalunya. Entrée sur la place (par un escalator menant au sous-sol). Tlj 8h30-20h30. Fermé 1er et 6 janv, 25 déc, et ouv seulement 10h-14h30 le 26 déc.* C'est le point d'information principal de la ville. Accueil en français, disponible et efficace. Excellent niveau d'information sur la ville (y compris des infos et résas hôtelières en « dernière minute »). Organise aussi des visites guidées à pied de la ville (en particulier du Barri Gòtic, ainsi qu'un circuit qui vous mène sur les pas de Picasso). Vend tous les forfaits et *passes* cités dans « Musées et sites » dans « Barcelone utile ». Également des tours en bus (voir plus bas).

Turisme de Barcelona – mirador de Colom *(centre détachable E6,* ***3****) : pl. Portal del Pau, dans le soubassement de la colonne. Ⓜ Drassanes. Tlj 8h30-14h30.* Outre toutes les infos touristiques, vend également forfaits et *passes*.

Turisme de Barcelona – catedral *(zoom détachable F5,* ***5****) : pl. de la Seu, s/n. Ⓜ Jaume-I ou Catalunya. Lun 9h-16h, mar-jeu 9h-19h, ven-sam 9h30-15h30, dim 9h-14h.*

Kiosques d'infos touristiques : *en face de l'entrée de la* ***Sagrada Família*** *(centre détachable H2 ; tlj 8h30-20h – 14h30 dim-lun) ;* ***pl. de Catalunya*** *(centre détachable F4 ; tlj 8h30-14h30) ; sur la* ***pl. d'Espanya*** *(centre détachable B3 ; fermé jusqu'à nouvel ordre) ;* ***estació del Nord*** *(centre détachable H4 ; ouv jeu-lun 8h30-14h).* Plusieurs kiosques bien répartis dans la ville, qui disposent des plans et informations les plus demandés, et vendent pour la plupart la *Barcelona Card* et le *Barcelona Bus Turístic*.

– En été, on croise souvent dans le Barri Gòtic, sur la Rambla et le passeig de Gràcia des *hôtesses en uniforme rouge* avec un badge « Turisme de Barcelona ». N'hésitez pas à vous adresser à elles.

Oficina Ciutadana de la Cultura *(zoom détachable E-F4,* ***6****) : palau de la Virreina, la Rambla, 99. ☎ 93-316-10-00. Ⓜ Liceu. Tlj 10h-20h30.* Toutes les infos concernant les concerts et les spectacles. Très bon niveau de prestation. Programmes et fanzines culturels gratuits à dispo, vente de billets pour certains spectacles ou festival, et aussi du *pass Articket BCN.*

Infos générales sur la Catalogne, Barcelone et le reste de l'Espagne

Oficina de turisme de Catalunya – palau Robert *(centre détachable F2,* ***4****) : passeig de Gràcia, 107. ☎ 93-238-80-91 à 93. • palaurobert.gencat.cat • Ⓜ Passeig-de-Gràcia ou Diagonal. Lun-sam 9h-19h30, dim et j. fériés 9h-14h30. Fermé 1er et 6 janv, et 25-26 déc.* Infos sur toute la Catalogne (Montserrat...) : bien pour préparer des excursions ou des balades dans les environs. Consultation de cartes, guides, livres, dépliants touristiques, etc. En plus, le palau Robert accueille ***régulièrement des expos*** et parfois des concerts dans son jardin ombragé avec des bancs pour se poser.

À l'aéroport : *aux T1 et T2B. Lun-sam 10h-18h, dim 9h-14h30. Fermé 1er janv, Vendredi saint, 1er mai, 11 sept et 25-26 déc.* Infos sur Barcelone et la Catalogne.

Infos en ligne

– ***Sites internet de la ville :*** il en existe 2. *• barcelona.cat •* est celui de la mairie. *• barcelonaturisme.com •* est beaucoup plus complet pour le tourisme (et en français) : infos sur les hébergements, les événements ponctuels, les circuits touristiques, réservations en ligne d'entrées pour les musées et sites avec réductions, etc.

Cartes et *passes*

– Les ***offices de tourisme*** distribuent de bons ***plans de la ville.***

– C'est également auprès d'eux que vous vous procurerez les divers ***passes touristiques*** : *Barcelona Card*, *Articket BCN* et *Arqueoticket.* Pour plus de détails, se reporter à la rubrique « Musées et sites. *Passes* et tickets combinés » ci-dessus.

Visites guidées

■ ***Turisme de Barcelona*** organise de nombreuses visites guidées thématiques payantes (réduc moins de 12 ans), en castillan, catalan, anglais ou français *(en français, surtout ven-dim, et parfois aussi en sem en hte saison),* même si leur offre est actuellement réduite. Résa indispensable plaça de Catalunya, ou vente en ligne via leur site (avec réduc à la clé). Plusieurs formules, à pied, à scooter, à vélo ou en mer. Tout le détail des horaires, langues et tarifs dans les offices de tourisme ou sur • *barcelonaturisme.com* •

– ***À pied, avec guide :*** *14,50-22 €/pers (4-12 ans 5-8 €).* Barcelone Gòtic, Barcelone et Picasso, Barcelone moderniste, Barcelone gourmet, Barcelone littéraire, etc., les visites (2h ou 2h30) sont intéressantes, mais les groupes atteignent facilement 45 personnes. Résultat, on se balade avec une oreillette et on perd en convivialité.

– ***À vélo :*** plusieurs circuits (en ville, dans les environs...), dont Barcelone *street art* en anglais, castillan ou catalan. Vélo, casque et siège enfant fournis, ainsi qu'une boisson. Durée : de 1h30 à 3h. *Selon durée et parcours, 23-50 €/pers (réduc 10-15 ans).*

– ***En bus :*** des tours avec guide, dans les quartiers moins connus de la ville. Durée : 3h30. Rendez-vous à 9h30 plaça de Catalunya et résas auprès de l'office de tourisme *(30-35 € selon tour choisi).*

– D'autre part, il est possible d'acheter en ligne sur le site de l'office de tourisme des MP3 pour visiter en solo, écouteurs sur les oreilles.

■ ***Mabarcelone :*** *678-15-46-42 (Ilona).* • *contact@mabarcelone.com* • *mabarcelone.com* • *Résa conseillée pdt vac scol. Visites guidées thématiques de 2-3h en petits groupes (4-10 pers) et en français : à partir de 25 €/adulte, 15 € - de 18 ans et gratuit - de 6 ans.* Petite agence montée par 2 jeunes Françaises dynamiques et chaleureuses, Ilona et Bénédicte, et surtout passionnées par la ville, son histoire, ses coins et ses recoins, ses habitants, ses artisans... Itinéraires vraiment chouettes et originaux – que les thèmes soient classiques (Barri Gòtic, gastronomie, modernisme, etc.), plus insolites (le Raval, tournages mythiques à Barcelone...) ou adaptés aux enfants (en particulier autour du modernisme). Organise également des visites privées, dont une consacrée au park Güell et à la Sagrada Família avec Andrea, un guide français spécialiste de Gaudí *(à partir de 195 € pour 2 pers + entrées coupe-file aux 2 sites ; résa min 15 j. avt).* Également des balades à vélo pour découvrir à coups de mollets les contrastes de la ville.

■ ***Food Lover Tour :*** *607-19-61-53.* • *foodlovertour.com* • *À partir de 55 €/pers.* Cette équipe de fins gourmets proposent des visites en petits groupes, en français sur demande, pour partir à la découverte de la culture catalane via vos papilles et votre estomac. Des balades entre marchés et bar à tapas, toujours émaillées d'anecdotes historiques : on en apprend tout autant que l'on savoure !

■ ***Itinera Plus :*** *c/ Marquesa, 1.* ☎ *93-319-00-20.* • *info@itineraplus.com* • *itineraplus.com* • Ⓜ *Barceloneta.* Les visites guidées, thématiques, se font en français, en catalan, en castillan et en anglais. *Compter 10 €/pers (groupes de 15-25 pers).* Possibilité de visites privées ou en groupes plus restreints. Les visites couvrent aussi bien les époques romaine, médiévale, industrielle que moderniste. Programme disponible sur Internet.

Agendas culturels

Ces agendas culturels sont pour la plupart disponibles en ligne, dans les offices de tourisme et à l'*Oficina Ciutadana de la Cultura,* palau de la Virreina.

– ***Agenda cultural :*** agenda culturel bimensuel, très bien fait, à parcourir sur le site internet de *Barcelona Turisme,* • *barcelonaturisme.com* •

– ***B-guided :*** le guide trimestriel payant qui fait référence, décliné en plusieurs rubriques sympas *(b-inspired, b-ing, b-wear, b-served, b-seen...).* Guide en anglais et en espagnol plutôt orienté design, zique et fringues. • *barcelona.b-guided.com* •

– ***Mondo sonoro :*** mensuel gratuit indispensable pour suivre l'actualité musicale de la ville et connaître les dates de concerts. Disponible chez les disquaires et dans les bars. • *mondo sonoro.com* •

– ***Metropolitan :*** mensuel gratuit en anglais. Là où ça bouge : bars, *lifestyle,* sorties... • *barcelona-metropolitan.com* •

Services

■ ***Consignes :*** *à la gare de bus* ***estació del Norte*** *(centre détachable H4), directement sur les quais d'accès aux bus.*

*Également à **Sants Estació,** en sous-sol (centre détachable B2). Sinon, très pratique car à 2 mn de la pl. de Catalunya,* **Locker** *(centre et zoom détachables F4,* **12***) : c/ Estruc, 36. ☎ 93-302-87-96. Tlj 9h-20h. Prix : 3,60-12,60 €/24h selon taille et nombre de bagages.*

Représentations diplomatiques

■ ***Consulat de France*** (centre détachable F4, **18**) **:** *ronda Universitat, 22 bis, 4°, 08007 Barcelona. ☎ 93-270-30-00, 07 ou 08. • barcelone.consulfrance.org • Ⓜ Catalunya. Lun-ven 9h-13h (permanence téléphonique lun-jeu 9h-13h, 14h30-17h30). Fermé le w-e. En cas d'extrême urgence (grave accident, décès) seulement, et hors horaires d'ouverture : ☎ 932-70-30-00.* Le consulat peut notamment, en cas de difficultés financières, vous indiquer la meilleure solution pour que des proches vous fassent parvenir de l'argent, ou encore vous assister juridiquement en cas de problème.

■ ***Consulat général de Suisse*** *(plan d'ensemble,* **19**) **:** *Edificios Trade, Gran Vía de Carles III, 94. ☎ 93-409-06-50. • helpline@eda.admin.ch • eda.admin.ch/barcelona • Au 7e étage. Lun-ven 9h-12h (permanence téléphonique lun-jeu 10h-12h, 14h-16h plus ven 10h-12h). Fermé le w-e.*

■ ***Consulat de Belgique*** (centre détachable G3, **20**) **:** *Gran Vía de les Corts Catalanes, 680, àtic 2. ☎ 93-467-70-80. • barcelona@diplobel.fed.be • spain.diplomatie.belgium.be • Lun-ven 9h-14h (jusqu'à 16h par tél). Fermé le w-e. En cas d'extrême urgence (grave) seulement, et hors horaires de bureau : 📱 609-66-10-00.*

■ ***Consulat du Canada*** (centre détachable F4, **21**) **:** *pl. de Catalunya, 9. ☎ 93-270-36-14. • espana.consulaire/consular@international.gc.ca • voyage.gc.ca • Ⓜ Catalunya. Au 1er étage. Lun-ven 9h-12h30. Fermé le w-e.*

Urgences

■ ***Toutes urgences (Samu, police, pompiers) :*** *☎ 112 (accès à un opérateur français qui vous orientera).*

■ ***Police nationale :*** *☎ 091 pour les agressions et vols, ou ☎ 092 (police municipale). Sinon, vous pouvez vous rendre au commissariat de la c/ Nou de la Rambla, 78, mais prévoir 2-4h d'attente.*

■ ***Ambulances de la Croix-Rouge :*** *☎ 93-300-20-20.*

■ ***Secours divers : guàrdia urbana,*** *☎ 092.*

■ ***Turismo Atención*** (zoom détachable E5, **22**) **:** *la Rambla, 43. ☎ 93-256-24-30. Ce service dépend de la guàrdia urbana et est ouv tlj 24h/24.* **Service d'assistance** aux victimes de vol, d'agression ou d'accident, en cas de perte des papiers, des bagages ou en cas de problème médical.

✚ ***Hôpital*** (centre détachable E2, **23**) **:** ***Clínic Barcelona,*** *Villarroel, 170. ☎ 93-227-54-00. • clinicbarcelona.org • Dans l'Eixample.*

■ ***Pharmacies 24h/24 :***
– ***Farmàcia Clapés :*** *la Rambla, 98 (juste à côté du musée de l'Érotisme). ☎ 93-301-28-43. Dans le Barri Gòtic.*
– ***Farmàcia Torres :*** *c/ d'Aribau, 62. ☎ 93-453-92-20. Dans l'Eixample.*
– ***Farmàcia Laguna :*** *c/ de Provença, 459. ☎ 93-455-12-07. Vers la Sagrada Família.*

■ ***Médecins généralistes français :*** *Dr Allard, 📱 606-575-656. Consultation sur rdv : Dr Emmanueli, 📱 612-908-315, se déplace.*

■ ***Objets trouvés – oficina de Troballes*** (zoom détachable F5, **16**) **:** *c/ Ciutat, 2 (ce service dépend de la mairie). ☎ 010 depuis Barcelone, ☎ 00-34-93-153-70-10 depuis la France. Sur rdv lun-ven 9h-14h.* Service très efficace. ***Objets perdus dans le métro ou le bus :*** *☎ 010 ou 902-07-50-27 ; en général, à récupérer au Punt d'Atenció TBM de la station Universitat (lun-ven 8h-20h, sam 9h-17h30, dim 9h-14h) ; mieux vaut commencer par faire une déclaration en ligne sur • tmb.cat •* ***Objets perdus à l'aéroport :*** *☎ 93-259-64-40 ou • objetosperdidosbcn@aena.es •* ***Dans le taxi :*** *☎ 93-70-70-600.*

■ ***Fourrière :*** si vous retrouvez à la place de votre voiture un autocollant bleu triangulaire, vous n'avez plus qu'à bondir (en taxi !) à l'adresse indiquée sur ledit triangle bleu (même en pleine nuit : la fourrière est payante à l'heure... et l'enlèvement coûte déjà dans les 175 €...). Sinon, pour localiser son véhicule dans l'un des dépôts : ☎ 93-706-52-50 ou • gruamunicipal.ajuntament.barcelona.cat/fr • Quand on vous dit qu'il vaut mieux se passer de voiture à Barcelone...

Loisirs

■ ***Llibreria Jaimes*** *(centre détachable G3,* ***8****) : c/ de València, 318.* ☎ *93-215-36-13.* • *jaimes.cat* • Ⓜ *Passeig-de-Gràcia ou Diagonal. Tlj (sauf dim) 10h-14h, 16h-20h (et fermé sam en août).* LA bonne librairie française de Barcelone, où vous trouverez des bouquins sur la ville, son histoire et son art, et pourrez recharger votre provision de romans. Et évidemment, en rayon aussi, votre guide préféré.

■ ***Llibreria Altaïr*** *(centre détachable F3) : Gran Vía de les Corts Catalanes, 616.* ☎ *93-342-71-71.* • *altair.es* • Ⓜ *Universitat ou Catalunya. Entre Balmès et rambla de Catalunya, en face du superbe cinéma Coliseum. Tlj (sauf dim) 10h-14h, 16h-20h30.* Une belle librairie de voyage vaste et très bien approvisionnée, où vous trouverez toutes les cartes dont vous aurez besoin et des livres de voyage.

Transport ferroviaire

Outre sur Internet (avec des billets électroniques, téléchargeables sur l'appli de la RENFE aussi), on peut toujours acheter ses billets aux automates ou aux guichets de passeig de Gràcia ou de estació de França : plus central, moins d'attente ! Valable uniquement pour les trajets nationaux, pas pour l'international.

■ ***Infos et vente de billets RENFE :*** ☎ *912-320-320.* • *renfe.com* •

Estació de Barcelona-Sants *(plan d'ensemble et plan détachable B2) :* Ⓜ *Sants-Estació. Lun-sam 4h30-0h30, w-e et j. fériés 5h-0h30.* Toutes les grandes lignes nationales (Madrid, Andalousie, Pays basque). C'est aussi de Sants que partent les *AVE (Alta Velocidad)* vers Madrid, Lleida et Saragosse. Et ici qu'arrivent et partent les TGV en provenance de et vers la France (direct de Paris, environ 6h30).

Estació de França *(zoom détachable G6) :* Ⓜ *Barceloneta. Infos et vente des billets 6h30-22h. Accès aux guichets automatiques 6h-23h30.* L'une des gares des *Cercanías/Rodalies.* Trains de et vers Sitges, Reus, Tortosa, Móra la Nova, Alicante...

Passeig de Gràcia *(centre détachable F3) : infos et vente des billets 7h-22h. Gare ouv 5h-minuit.* C'est l'une des gares desservies par les *Cercanías/Rodalies,* c'est-à-dire les lignes régionales : entre autres vers Gérone et Portbou au nord, et Sitges au sud, et la R2 vers l'aéroport.

Plaça de Catalunya *(centre détachable F4) :* cette importante station de métro dessert aussi les plages et les environs de Barcelone grâce aux *Cercanías,* lignes C1, C3, C4 et C7. Trains pour Mataró, Blanes, costa del Maresme...

Autres moyens de transport

Lignes maritimes : • *portdebarcelona.cat* •

➢ ***Vers les Baléares*** *(Palma, Mahón, Ibiza) :* ***Trasmed*** *(centre détachable E6,* ***24****), moll de Sant Beltrán.* ☎ *902-45-46-45.* • *trasmed.com* • Traversées tous les jours au départ de Barcelone (ou Valence) à des prix très compétitifs (et liaisons inter-îles également). Du navire classique (9h de traversée) au ferry rapide (4h30 de trajet), avec véhicule dans les 2 cas. La traversée rapide permet de courts séjours sur les îles (Majorque, Minorque, Ibiza ou Formentera). Nombreuses réducs : aller-retour, jeunes, retraités, familles, résas... Pour plus de détails, voir le *Routard Baléares.*

Bus nationaux et internationaux : ***estació del Norte*** *(centre détachable H4), Ali Bei, 80.* ☎ *937-065-366.* • *barcelonanord.barcelona* • Ⓜ *Arc-de-Triomf. Gare ouv 5h15-0h30. Billetterie et standard tlj 7h-21h. Consigne (sur les quais, voir plus haut « Services »).* Tous les départs et toutes les arrivées, nationaux ou internationaux, se font ici. De plus, toutes les compagnies y ont au moins un guichet (au 1er étage du bâtiment). Cette ancienne gare ferroviaire rénovée est spacieuse, bien organisée et centrale. Destinations européennes à des tarifs intéressants. Les navettes pour l'aéroport de Gérone (voir plus haut « Arrivée à l'aéroport de Gérone ») arrivent et partent d'ici aussi (en général quais 28 et 29).

Location de vélos et de scooters

Barcelone dispose de tout un réseau de pistes cyclables qui mènent du palau de Pedralbes à Montjuïc, au parc de la Ciutadella, à la Barceloneta et aux plages au-delà de la Vila Olímpica *(plan d'ensemble)*.
Ne cherchez pas à utiliser les *Bicing* ni les *Bicing Eléctrico* (cousins des Vélo'V lyonnais ou des Vélib parisiens), ils sont réservés à l'usage des résidents de Barcelone. Les visiteurs que nous sommes ne peuvent pas en profiter...

Renta Bike *(centre détachable E4,* ***26****) : c/ Tallers, 45 et Jovellanos, 1. ☎ 93-317-19-70. • barcelonarenta bike.com • Tt proche de la Rambla et de la pl. de Catalunya. Tlj 9h-20h (18h déc-fév). À partir de 10 €/2h, 16,50 €/j.* Pas mal de vélos, bon entretien, et siège enfant sans supplément. Ils louent même des vélos « famille » (avec une caisse devant pour les petits), des vélos électriques et des tandems.
Green Bikes *(zoom détachable F5,* ***27****) : c/ Escudellers, 48. ☎ 93-301-36-12. 📱 673-46-65-46. • greenbikesbar celona.com • Tlj 10h-18h. Vélo unisexe 5 €/2h et 10 €/j. (4-10h), 12,50 €/24h, cadenas et casque inclus.* Vélos verts correctement entretenus et bon rapport qualité-prix, y compris pour enfants. Également des balades guidées en français.
Born Bike Tours *(zoom détachable G6,* ***29****) : c/ Marquesa, 1. Ⓜ Barceloneta. ☎ 93-319-00-20. • info@ bornbikebarcelona.com • bornbike barcelona.com • Tlj 10h-19h. À partir de 8 €/2h. Circuits 26 €/pers.* Plusieurs circuits possibles : « Du gothique au modernisme », le « Montjuic Bike Tour », le « Beach Bike Tour » ou encore le « Tapas Bike Tour » à 36 € (avec 4 tapas et une boisson).
■ ***Moto Rent :*** *plusieurs agences en ville. ☎ 93-452-45-39. • moto-rent. com • Compter min 35 €/j. avec kilométrage illimité, assurance, antivol et casque ; à la sem, le prix descend. Permis B nécessaire (obtenu depuis plus de 3 ans).* Soyez quand même prudent, Barcelone est la ville d'Espagne qui compte le plus de 2-roues. Location de scooters 50 et 125 cm^3 en bon état.
■ ***Vanguard*** *(centre détachable D1,* ***30****) : c/ Londres, 31. ☎ 93-439-38-80. • info.reservas@vanguardrent.com • vanguardrent.com • Ⓜ Hospital-Clínic ou Entença. Lun-ven 8h30-13h30, 16h-19h ; w-e et j. fériés 9h-13h. Scooters 100 cm^3, à partir de 25 €/j., avec franchise, casque et cadenas.* Un des moins chers. Propose aussi des motos.

Où dormir ?

La difficulté n'est pas de trouver un logement, mais d'en trouver un à prix correct ! Les prix flambent sans rapport avec le confort réel ou la tenue de l'établissement, mais surtout en fonction de l'affluence. Notamment lors des congrès et salons. D'une manière générale, large éventail d'hébergements, de la piaule où l'on s'entasse à 4 copains à la pension bourgeoise et cossue. Ceux qui cherchent des chambres doubles à petits prix se rabattront sur les AJ (elles en ont souvent quelques-unes, mais très demandées) ou sur les *pensiones*. Dans les hôtels bon marché, visiter plusieurs chambres avant de poser ses valises. À prix équivalent, le confort n'est pas toujours le même. ***Les tarifs des nuitées variant selon saison, événements, période de la semaine parfois, confort et vue,*** les fourchettes indiquées dans nos textes correspondent à l'éventail de prix en haute saison ; lesquels ont explosé dernièrement.
– ***Avertissement spécial congés scolaires : réservez bien à l'avance*** car il y a foule. Et surtout, demandez un reçu pour les arrhes versées !

AUBERGES DE JEUNESSE ET HOSTELS

Nous vous proposons ici des auberges situées dans le centre ou à proximité, plus quelques-unes plus excentrées mais bien desservies par les transports en commun. Résa évidemment conseillée. Attention, s'attendre à un peu de bruit : à Barcelone, la nuit n'est pas forcément faite pour dormir !

Sant Jordi Hostel – Rock Palace *(centre détachable E-F3,* ***43****)* **:** *c/ Balmes, 75, 08007. ☎ 93-453-32-81. • rockpalace@santjordi.org • santjordihostels.com • Ⓜ Passeig-de-Gràcia. Nuitées en dortoir 35-40 €/pers ; petit déj 4 € ; serviette 2 € (draps inclus). Réduc sur Internet.* Idéalement situé dans un bel immeuble ancien (et protégé) de l'Eixample, cet *hostel* cumule les atouts : une thématique rock bien pêchue sur fond de design pop et d'éléments anciens restaurés, des parties communes originales et conviviales, à l'image du spectaculaire salon tout en marqueterie, vitraux et guitares électriques, ou encore un *rooftop* avec piscinette et une belle vue sur un clocher, et un bar en sous-sol, le *Rock Tavern Cavern*... Répartis sur 5 étages, dortoirs (4 à 12 lits) au diapason, particulièrement au 2e (l'étage noble), le plus exceptionnel étant le 201 avec plafond peint et mouluré, parquet d'époque et grande terrasse privative ! Sanitaires modernes, cuisine commune bien organisée au sous-sol avec grandes tablées et petit patio... Bref, un sans-faute. Organise des soirées à thème. En tout, 3 adresses en ville dans le même esprit (donc tout aussi sympa) mais avec d'autres thématiques (voir leur site).

Alternative Creative Youth Hostel *(centre détachable F3-4,* ***47****)* **:** *ronda de la Universitat, 17, 08007. 📱 635-66-90-21. • alvand@alberguest.com • alternative-barcelona.com • Une adresse discrète, à l'entresol ; sonner sur le seul bouton rond et vert. Ouv 24h/24. Résa quasi obligatoire. Nuitée 27-50 €/pers. Pas de petit déj, mais café, thé et biscuits à disposition.* Aucune enseigne tapageuse ne vient défigurer ce bel immeuble. C'est simple, rien ne laisse présager qu'au 1er étage se cache une auberge de jeunesse ! N'offrant que peu de lits (3 dortoirs de 8 lits et un de 5 lits), l'établissement préfère fonctionner au bouche-à-oreille. En misant sur la sécurité et la propreté, le jeune patron cherche à faire de l'auberge un lieu de rencontre et propose toutes sortes d'activités. L'ensemble est bien tenu et chaleureux. Consigne, cuisine, distributeur de boissons fraîches, lave-linge.

Sleep Green Eco Youth Hostel *(centre détachable E-F3,* ***72****)* **:** *ronda Universitat, 15, 08007. ☎ 93-250-79-38. 📱 635-66-90-21. • info@sleepgreenbarcelona.com • sleepgreenbarcelona.com • Ⓜ Universitat. Accueil au 1er étage. Ouv 24h/24. Résa quasi obligatoire. Nuitée 30-60 €/pers. Pas de petit déj servi mais thé, café et biscuits à disposition.* Très bien placée, *Sleep Green* est la 1re auberge de jeunesse à Barcelone et en Catalogne à obtenir l'Écolabel européen. L'AJ offre des dortoirs climatisés et confortables de 4 à 6 lits. Toutes les chambres disposent d'un balcon et de bons matelas. Cuisine commune, laverie. Même propriétaire qu'*Alternative Creative Youth Hostel.* Excellent accueil.

Safestay Gothic *(zoom détachable F5,* ***49****)* **:** *c/ Vigatans, 5, 08003. ☎ 93-268-78-08. • safestaygotic@safestay.com • safestay.com • Ⓜ Jaume-I. Nuitée 20-25 €/pers en sem, jusqu'à 60 € en hte saison ; petit déj 5,50 €.* Plus de 100 lits en dortoirs de 6 à 16 personnes, confortables et assez spacieux, et des sanitaires en nombre mais extérieurs (seul le dortoir réservé aux filles a les siens). Aménagé dans une ancienne fabrique, d'où cette très grande hauteur sous plafond. Au rez-de-chaussée, vaste salle commune pour se détendre sur les canapés, flanquée d'une minicuisine commune. En bonus, terrasse sur le toit avec table de ping-pong, bien sympa en soirée (ça manque un peu d'ombre en journée). Attention, ici, tout se paie en CB, cash refusé !

Yeah Barcelona Hostel *(centre détachable G2,* ***42****)* **:** *c/ Girona, 176, 08037. ☎ 93-531-01-35. • info@yeahhostels.com • yeahhostels.com • Ⓜ Verdaguer. ♿ Nuitée 25-50 €/pers ; 2 doubles avec* *sdb 70-100 € ; petit déj-buffet 3 €, dîner 10 €.* Un *hostel* moderne et tout beau, de 200 lits à peine. Du parquet et du bois blond ou brut partout, de la réception aux dortoirs : mixtes ou non, de 4 à 6 lits, avec chacun sa salle de bains. Bonne ambiance, mais moins débridée (ça fait du bien parfois) que dans certains autres endroits du genre. Piscine sur le toit et *open bar* si vous dînez sur place !

Zéro Barcelona *(plan Poblenou, B2,* ***123****) : c/ de l'Amistat, 21, 08005. ☎ 93-299-29-40. • stay@zerohostels.com • zerohostels.com • Ⓜ Poblenou. Nuitée en dortoir 35-85 €, petit déj 8,50 €.* Dans une ruelle calme à mi-chemin entre le métro et la plage, cette AJ moderne s'ouvre sur la grande salle commune très claire, qui aboutit à un petit patio et à la cuisine. Sur 2 étages, des dortoirs de 4 à 12 lits superposés (dont 1 féminin), avec rideau pour l'intimité et salles de bains intérieures pour 2 d'entre eux, l'un de 4 lits, l'autre de 8. Laverie. Accueil sympa et ensemble bien tenu, mais assez basique finalement.

Casa Jam *(centre détachable G1,* ***52****) : c/ de Montmany, 38-40, 08012. ☎ 93-315-53-38. • info@casajambarcelona.com • casajambarcelona.com • Ⓜ Joanic. ♿ Nuitée 32-50 €/pers ; doubles min 110 €. Pas de petit déj (mais cuisine à dispo avec thé et café gratuits).* Au cœur de Gràcia, une AJ ouverte par 2 ex-étudiants en environnement, donc démarche écolo de rigueur. La réception et les parties communes sont, sans ostentation, au goût du jour avec murs de béton brut, meubles chinés et luminaires design. Les dortoirs de 4 ou 6 lits (dont un spécial filles) sont plus basiques, propres et nets, comme les salles de bains à partager. Doubles tout confort et plutôt élégantes. Clim partout. Belle cuisine-espace commun en demi-sous-sol, étonnamment lumineux. Accueil vraiment adorable.

Don Moustache Hostel *(centre détachable G4,* ***126****) : c/ Girona, 33, 08010. ☎ 93-667-24-73. • info@donmoustache.com • donmoustache.com • Ⓜ Tetuan. Ouv tte l'année ; réception au 1er étage 9h-21h. Nuitée min 30 €/pers hors saison, jusqu'à 65 €/pers en été, draps et petit déj inclus.* On est accueilli par un vieux scooter et, évidemment, quelques visages moustachus ! 2 dortoirs de 14 et 16 lits non mixtes où les recoins cassent l'effet de masse pour cette petite AJ privée, joliment aménagée. Les dortoirs sont spacieux, chacun possède ses propres w-c et un balcon. 4 salles de bains pour les filles et 4 pour les garçons, parfois un peu rudimentaires quand même. Salle commune avec de gros canapés et coussins confortables devant la télé, qui fait aussi office de salle à manger-cuisine (frigo, micro-ondes, etc.).

Casa Gràcia *(centre détachable F2,* ***45****) : passeig de Gràcia, 116, 08008. ☎ 93-174-05-28. • reservations@casagraciabcn.com • casagraciabcn.com • Ⓜ Diagonal. Nuitée 39-45 €/pers (jusqu'à 60 € selon pic de fréquentation !) ; doubles 145-170 € (pointes à 190 €) ; petit déj 8 €, ou inclus si résa directe.* Installé dans 2 très beaux édifices totalement réaménagés du *passeig,* l'établissement mêle dortoirs (jusqu'à 16 lits) et chambres doubles ou familiales (jusqu'à 6 lits), tout le monde se retrouvant à partager les vastes salons communs, la cuisine, le buffet du petit déj (salle un peu petite lorsque c'est plein) et la belle terrasse-jardin. La déco joue sur le dialogue entre moulures anciennes et coloris modernes acidulés, les salles de bains sont bien de notre époque (ouf !), au contraire des vénérables ascenseurs. Dortoirs bien équipés (quelques-uns réservés aux filles), mais l'ensemble reste assez cher. Côté chambres, quitte à casser sa tirelire, les supérieures donnent en façade et sont un poil plus grandes (et plus lumineuses) que les *standard.* Accueil aussi polyglotte que le lieu. Au rez-de-chaussée, un resto-bar à cocktails. Une grosse machine qui fonctionne !

Kabul Hostel *(zoom détachable E-F5,* ***40****) : pl. Reial, 17, 08002. ☎ 93-318-51-90. • info@kabul.es • kabul.es • Ⓜ Liceu. ♿ Réception au 1er étage. Résa seulement sur Internet. Nuitée en dortoir 25-54 €/pers ; doubles 90-150 € ; petit déj et draps inclus. Serviettes en sus.* Une AJ sur la plaça Reial, le rêve ! Certains dortoirs donnent d'ailleurs sur la place même.

Attention, cette AJ festive est réservée aux plus de 18 ans. Grosse capacité d'hébergement (dortoirs de 4 à 22 lits). Grande terrasse aménagée donnant sur les toits de Barcelone, paisible en journée et surtout fréquentée par des lève-tard et des couche-tôt du matin. Gros avantage : on rentre à l'heure qu'on veut et on peut se lever tard le matin ! Laverie, bar, billard, baby-foot, grand écran de TV et ambiance jeune, avec plein d'activités et de nouveaux potes à la clé !

Safestay Passeig de Gràcia Hostel *(centre détachable F3,* ***46****) : passeig de Gràcia, 33, 08007. ☎ 93-215-65-38. • receptionbcnpdg@safestay.com • safestay.com • Ⓜ Passeig-de-Gràcia. Nuitée 12-55 €/pers ; doubles avec sdb 80-180 € ; petit déj et draps inclus.* Une usine à routards de 400 plumards (dortoirs confortables de 4 à 12 lits, avec ou sans salle de bains intégrée, c'est selon), bourgeoisement installée dans un superbe immeuble de l'Eixample. Installations modernes et gaiement colorées : vaste salon commun avec bar et cuisine, dortoirs impeccables (avec clim, casier, loupiotes et tout)... Les doubles sont très bien aussi, même si les prix sont... élevés. Quoi d'autre ? Une terrasse pour bronzer au dernier étage, avec superbe vue sur le *rooftop* de Gaudí (la casa Battló) et, au loin, la Sagrada Família ! En revanche, sécurité oblige, on n'accède pas aux balcons depuis les chambres.

Generator Barcelona *(centre détachable G2,* ***41****) : c/ de Còrsega, 373, 08037. ☎ 93-220-03-77. • barcelona@staygenerator.com • staygenerator.com/hostels/barcelona • Ⓜ Verdaguer. Ouv 24h/24. Résa quasi obligatoire. Nuitée 25-50 €/pers ; doubles 65-145 €.* À 5 mn du passeig de Gràcia, cette AJ privée que l'on retrouve dans plusieurs capitales européennes offre un concept d'auberge de jeunesse qui dispose également de chambres doubles, plus chères (au dernier étage) et d'un *penthouse* (4 personnes) pour les plus aisés, le tout avec terrasse et vue sur la ville. Dortoirs de 8 (les moins chers), 4 et 6 lits (les plus chers). Plusieurs sont exclusivement féminins (un peu plus chers, comme souvent... grrr). Chacun des 8 étages porte le nom d'un quartier de Barcelone. Nombreux équipements pour cette ruche de plus de 700 lits : restaurant, bar (avec DJ !), salle de jeu, etc. Belle déco design, très colorée et réussie. Excellent accueil.

Mediterranean Hostel *(centre détachable G3,* ***51****) : c/ Diputació, 335, 08009. ☎ 93-244-02-78. • info@mediterraneanhostel.com • mediterraneanhostel.com • Ⓜ Girona. À 2 pas du métro, entrée en demi-sous-sol. ♿ Nuitée 21-50 €/pers.* Cette agréable AJ a su compenser par des couleurs chatoyantes son manque général de fenêtres. Les dortoirs (dont 1 féminin), très colorés, offrent une capacité de 4 à 10 lits, mais certains sont aveugles. Espaces communs sympas et presque design (cuisine, salon TV et même une courette pour les fumeurs). Simple et sans prétention mais plutôt tranquille, et bonne ambiance. Location de vélos. Accueil dynamique.

Sea Hostel *(centre détachable F7,* ***44****) : pl. del Mar, 1-4, 08003. ☎ 93-242-81-38. • hello@seahostelbarcelona.com • seahostelbarcelona.com • Ⓜ Barceloneta. Entrée par le bar-resto Oh Sea. Nuitée 35-70 €/pers, petit déj inclus.* L'emplacement est impayable, et c'est d'ailleurs lui que l'on paie plus que le reste : tout au bout de la Barceloneta, à 20 m de la plage ! Cela dit, dortoirs riquiqui, aveugles pour beaucoup, salles de bains à partager pas toujours nickel, pas de cuisine et espaces collectifs réduits au minimum... On ne peut pas dire que ce soit notre spot préféré en ville. Pour les adeptes de la promiscuité et... de la mer. Allez, accueil sympa, quand même.

LOCATION D'APPARTEMENTS

Voici une proposition originale, et quelques agences sérieuses :

Yök Casa + Cultura *(zoom détachable G4,* ***80****) : c/ Trafalgar, 39, 08010. 📱 640-62-53-13. • mari@helloyok.com • helloyok.com • Ⓜ Urquinaona. Accueil au 8e étage (tlj 9h30-13h30) et apparts au 2e. Apparts 2-4 pers et 4-8 pers 145-275 €.* Dans un bel immeuble, cet étage bourgeois a été divisé en 3 appartements à vocation zéro déchet, de 2 ou 3 chambres et d'une capacité de 2 à 8 personnes.

Dans chacun, moulures et beaux carrelages ont été préservés, et un balcon permet de prendre l'air. Quant au reste de la déco, il s'agit presque à 100 % de récup' : charmante pièce à vivre plutôt design avec cuisine ouverte, lits tout confort (les matelas sont bien récents, eux !). Un tableau affiche votre consommation (eau, énergie) chaque jour et vos épluchures nourrissent un compost sur la superbe terrasse au 8e étage. Oui, oui, on prône un système vertueux ici, et c'est un pari plutôt réussi compte tenu de la situation hyper urbaine ! Accueil très sympathique.

Weflating *(centre détachable D4,* ***57****) : c/ Comte Borrell, 38, 08015. 640-60-61-57 ou 620-23-57-69. • info@weflating.com • weflating.com • Ⓜ Sagrada-Família ou Hospital-de-Sant-Pau. Compter 110-300 €/j. pour 4.* Cette agence pro gère des appartements modernes et vraiment bien équipés. Ils sont situés dans tous les quartiers de la ville : à Sants, Sant Antoni, dans l'Eixample, à Gràcia, près de la Sagrada Família ou encore près du park Güell.

Eric Vökel : *☎ 93-433-46-31 (n° général). • ericvokel@ericvokel.com • ericvokel.com • Dans chaque résidence, réception tlj 9h-18h ; après, un automate délivre les clés. 3 résidences en ville :* ***Gran Vía de les Corts Catalanes,*** *454 (centre détachable C-D3,* ***61****), ☎ 93-292-49-30, Ⓜ Rocafort ; c/* ***d'En Grassot,*** *4 (centre détachable H2,* ***62****), Ⓜ Sagrada-Família ; c/* ***Indústria,*** *165 (plan d'ensemble,* ***71****), Ⓜ Sant-Pau-Dos-de-Maig. À partir de 100 €/j. pour 2, et 130 €/j. pour 4 (prix très variables selon période et remplissage !).* Location de studios et d'appartements de belle facture. La décoration est épurée : le blanc et le bois clair dominent de toutes parts. Toutefois, chaque appartement a sa touche personnalisée, généralement des photos en noir et blanc. Le niveau de prestation est très bon et l'accueil disponible. Bon rapport qualité-prix.

Inside Barcelona *(zoom détachable G5,* ***58****) : c/ Esparteria, 1, 08003 (ne pas confondre avec la c/ de l'Espaseria, juste à côté). ☎ 93-268-28-68. • info@insidebarcelona.com • insidebarcelona.com • Ⓜ Jaume-I. Compter 85-140 €/j. pour 2 et jusqu'à 135-200 €/j. pour 4. Min 3 nuits.* Une quarantaine d'appartements tout confort et très bien entretenus, situés essentiellement dans El Born, où se trouve l'agence, et quelques-uns près de Sants. De standing variable, comme souvent à Barcelone, mais c'est toujours moderne et joliment décoré. Rendez-vous d'accueil directement dans les appartements.

Cocoon Barcelona *(zoom détachable F5,* ***56****) : passatge Madoz, 6, 08002. ☎ 93-500-50-58. • info@cocoonbarcelona.com • cocoonbarcelona.com • Ⓜ Liceu. Bureau lun-ven 10h-19h ; fermé w-e. Résas sur Internet. Apparts 2 pers 80-120 €, 4-6 pers 100-200 €. Min 3 nuits.* Une société sérieuse dont l'offre est très variée, du simple studio au très vaste appartement pour 17 personnes. Ils sont situés un peu partout dans le centre, dans l'Eixample ou proches de la plage, avec terrasse ou piscine pour certains. Parking sur demande (le préciser lors de la réservation). Standing pour toutes les bourses, mais le confort est toujours de qualité.

HÔTELS ET PENSIONS

Dans le Barri Gòtic
(zoom détachable)

Comme le dit le proverbe : « On ne peut pas avoir la fête et forcément le repos de la fête. » Dans ce quartier, les hôtels peuvent être bruyants, voire... très bruyants.

Prix moyens (60-95 €)

Pensió Alamar *(zoom détachable F5,* ***66****) : c/ Comtessa de Sobradiel, 1, 08002. ☎ 93-302-50-12. • info@pensioalamar.com • pensioalamar.com • Ⓜ Jaume-I ou Drassanes. Double avec sdb 85 € (40 € pour 1 pers) ; triples. Pas de petit déj.* Dans une vieille maison, au 1er étage avec ascenseur. Chambres modestes et toutes petites (tout comme les salles de bains communes), mais impeccables et coquettes à leur façon ; certaines ont un ventilo, d'autres un minuscule balcon, toutes un lavabo. Attention toutefois à celles sur rue, plus bruyantes. Cuisine bien équipée, TV. Accueil gentil tout plein.

Hotel Cantón (*zoom détachable F5-6,* ***74***) *: c/ Nou de Sant Francesc, 40, 08002. ☎ 93-317-30-19. • info@hotelcantonbarcelona.com • hotelcantonbarcelona.com • Ⓜ Drassanes. Doubles 50-80 € (jusqu'à 150 € hte saison) ; petit déj-buffet 6 €. Parking 20 €.* Au cœur de la vieille ville mais plutôt au calme, ce discret 1-étoile propose des chambres modernes et propres, disposant toutes d'une salle de bains (quelques-unes avec baignoire) et d'un équipement adéquat pour le prix : clim, coffre-fort, TV, minifrigo. Pas un charme fou du côté des chambres les moins chères, les *standard* (couvre-lits colorés quand même), mais les supérieures, rénovées et modernisées, sont nettement plus cosy. L'ensemble offre un très bon rapport qualité-prix. Accueil aimable.

LA CATALOGNE

Chic (95-130 €)

Hostal Fernando (*zoom détachable F5,* ***67***) *: c/ Ferrán, 31, 08002. ☎ 93-301-79-93. • reservas@hfernando.com • hfernando.com • Ⓜ Liceu. Double env 120 € (jusqu'à 160 € en hte saison).* Face à l'église Sant Jaume, une bonne adresse, malgré la hausse des tarifs. Les chambres offrent un bon confort, mais gardez en tête qu'elles donnent sur l'une des rues les plus animées de la vieille ville. Pensez donc aux boules Quies si vous avez le sommeil léger (même si l'ensemble s'avère plutôt bien insonorisé). Cuisine à disposition. Excellent accueil, une des bonnes alternatives du quartier.

Hotel Denit (*zoom détachable F4,* ***79***) *: c/ Estruc, 24-26, 08002. ☎ 93-545-40-00. • reservations@majestichotelgroup.com • majestichotelgroup.com • Ⓜ Plaça-Catalunya. Doubles 109-169 € (jusqu'à 220 € en hte saison), petit déj de base inclus (supplément à la carte).* Dans une ruelle étroite si bien qu'elle est rarement ensoleillée, cet hôtel, entièrement rénové, ne bénéficie d'aucune vue (en particulier côté cour), mais reste central et d'un très bon confort. Les chambres sont de taille variable, toutes bien agencées et décorées dans des tons blanc, gris et violet, assez sombres cependant. Les petites « économiques » sont riquiqui mais d'un bon rapport qualité-prix.

Hotel El Jardí (*zoom détachable F5,* ***81***) *: pl. Sant Josep Oriol, 1, 08002. ☎ 93-301-59-00. • reservations@eljardi.com • eljardi.com • Ⓜ Liceu. Double avec sdb env 120 € ; petit déj 6 €.* Très belle façade ancienne pour cet hôtel posé sur une place ravissante, qui se métamorphose en un théâtre enchanteur le soir. Les chambres les moins chères, bien que confortables, peuvent manquer de charme (quelques-unes sont même carrément borgnes...). Les plus chères – certaines avec de grands balcons, voire une terrasse – profitent de la jolie placette (et donc de l'animation qui va avec... prévoir les boules Quies). L'ensemble est fonctionnel, propre et bien équipé (TV, clim...). Accueil disponible.

De chic à plus chic (min 100 €)

El Call Hotel (*zoom détachable F5,* ***78***) *: c/ Arc de Sant Ramon del Call, 4, 08002. ☎ 93-302-11-23. • hello@hotelelcall.com • hotelelcall.com • Ⓜ Jaume-I. Doubles 100-180 €. Pas de petit déj.* On remarque à peine l'entrée, tant les vitres bleutées de l'édifice se fondent parmi les vénérables façades du *call*. Plutôt étroit, et tout en hauteur (ascenseur !), à l'image du quartier. On peut reprocher à la grosse trentaine de chambres leur taille inégale et leurs fenêtres parfois symboliques (les individuelles sont d'ailleurs aveugles)... mais difficile de pousser les murs des bâtiments voisins. Elles offrent un bon confort (clim), y compris les salles de bains, et leur classicisme se relève de clins d'œil rétro. Dommage qu'on n'y trouve, à défaut de petit déj, pas même une bouilloire... Service tout à fait attentif et efficace, un vrai plus pour le coup.

Hotel Barcelona Catedral (*zoom détachable F4,* ***109***) *: c/ dels Capellans, 4, 08002. ☎ 93-304-22-55. • hotel@barcelonacatedral.com • barcelonacatedral.com • Ⓜ Jaume-I. Doubles*

110-300 € ; petit déj 15 €. Un hôtel moderne à une enjambée de la charmante petite plaça Nova, en plein quartier Gòtic. Extrêmement confortable et reposant, malgré l'animation environnante, cet hôtel offre 80 chambres de très bon confort, à la déco récente : matelas épais, belles salles de bains avec douche à l'italienne, TV, clim... Les moins chères sont d'un très bon rapport qualité-prix. Piscine sur le toit, bien agréable en plein été. Restaurant.

Dans la Ribera et El Born (zoom détachable)

De chic à très chic (de 95 à plus de 160 €)

Ciutat Barcelona *(zoom détachable G5,* ***64****) : c/ Princesa, 35, 08003. ☎ 93-269-74-75. • princesa@ciutathotels.com • ciutathotels.com • Ⓜ Jaume-I ou Arc-de-Triomf. Doubles 60-180 € ; petit déj env 10 €.* Cette bonne adresse cumule les avantages. Située en lisière du quartier historique, à 2 pas du musée Picasso, elle propose des chambres modernes sobrement décorées, avec un soupçon de design. Ensemble confortable et très agréable à vivre, d'autant que, sur le toit, on trouve une belle terrasse parquetée de bois, avec une piscine de poche et un bar *(ouv à tous, mer-dim dès 18h).* L'idéal pour se délasser les gambettes après une journée de crapahutage. Bouteilles d'eau fraîche à discrétion. Accueil vraiment adorable et toujours prêt à rendre service.

Musik Boutique Hotel *(zoom détachable G4,* ***54****) : c/ Sant Pere Més Baix, 62, 08003. ☎ 93-222-55-44. • info@musikboutiquehotel.com • musikboutiquehotel.com • Ⓜ Jaume-I ou Urquinaona. Double min 125 €.* Dans un joli immeuble, un hôtel bien confortable et à taille humaine, dont les chambres déclinent des tons violet, taupe et gris. Préférez une chambre aux étages supérieurs pour éviter le bruit de la rue (et aussi de la porte d'entrée !). Les *standard* sont moins lumineuses (leurs fenêtres donnent sur le patio), et la salle de petit déj en sous-sol est un peu étouffante (sous de belles voûtes de pierre !), mais l'accueil est attentionné. Et, bien sûr, équipement audio dans toutes les chambres, pour la *musik.*

Àmfores *(zoom détachable G4,* ***53****) : c/ de Bou de Sant Père, 9, 08003. ☎ 93-504-74-70. • info@amfores.es • amfores.es • Ⓜ Jaume-I ou Urquinaona. Doubles 110-140 €.* Très discrète, cette Boutique Guesthouse, est en fait un petit hôtel à taille humaine, niché dans un édifice ancien de la Ribera plein de caractère. Murs en brique, volets en bois, teintes écrues et matières naturelles privilégiées : charme au rendez-vous. Plusieurs catégories de chambres, toutes de bon confort, clairement petites pour les 1ers prix (avec lavabo dans la chambre plutôt que dans la salle de bains), agrandies d'un balcon pour les supérieures. Bon, on cherche un peu les penderies et il faut grimper dans les étages pour gagner en luminosité : nul n'est parfait ! Belle terrasse commune, agrémentée d'un jacuzzi (en supplément) sur le toit, et accueil affable.

Chic & Basic Habana Hoose *(zoom détachable, F-G5,* ***59****) : c/ Argenteria, 37, 08003. ☎ 93-595-65-05. • habanahosse@chicandbasic.com • chicandbasic.com • Ⓜ Jaume-I. Doubles 120-140 € (jusqu'à 190 € le w-e ; et ajouter 25-30 € pour un balcon), petit déj inclus.* Un drôle de mélange, cet hôtel est installé dans un bâtiment qui héberge les voyageurs depuis le XVIIIe s. Côté moderne, c'est confort anglo-écossais (avec tartans et profonds fauteuils), même si certaines chambres sont étroites (les matelas assurent !). Côté déco, un mix entre photos de La Havane (référence à l'histoire vénérable du lieu) et grands tags inspirés de la culture punk des années 1970. Un assemblage tonique ! À chacun des 5 étages, petit salon avec boissons chaudes et quelques gâteries à dispo. Accueil sympa et sans chichis.

Yurbban Trafalgar Hotel *(zoom détachable G4,* ***63****) : c/ de Trafalgar, 30, 08010. ☎ 93-268-07-27. • trafalgar@yurbban.com • yurbban.com • Ⓜ Urquinaona. ♿ Double env 200 € ; plus chères avec terrasse, et les prix* *grimpent vite. Excellent petit déj-buffet servi à l'annexe voisine.* Situation très centrale (juste derrière le *palau de la Música*) pour ce boutique-hôtel design qui joue à fond le style urbain-branché. On a bien aimé le lobby-*lounge bar* (tout en bleu fané et mobilier vintage de bois blond) ouvrant sur un patio verdoyant. Mais le must, c'est le *rooftop* du 8e étage avec piscine, solarium, pergola et quelle vue (360 °) ! Les chambres, pas toujours immenses (plus petites avec terrasse) mais bien pensées, ont du parquet jusque dans les salles de bains, une literie tip-top et un frigo. Une par étage donne sur la cour intérieure (les nos 104, 204, 304...), moins sympa. Enfin, plein de petits plus : vermouth et douceurs à discrétion, prêt de vélos, machine à laver à dispo... Et l'hôtel a aussi une annexe (plus chic) juste à côté avec un spa et encore un superbe *rooftop*, le **Yurbban Passage Hotel & Spa** *(au n° 26 ; ☎ 93-882-89-77 ; • passage@yurbban.com •).* Accueil assez routinier.

Dans la Barceloneta
(centre détachable E-H6-7)

De chic à très chic (min 100 €)

Hotel 54 Barceloneta *(centre détachable F7,* **127***) : passeig Joan de Borbó, 54, 08003. ☎ 93-225-00-54. • recepcion@hotel54barceloneta.es • hotel54barceloneta.es • Ⓜ Barceloneta. Doubles 100-200 € ; petit déj 12 €.* Cet hôtel a 2 atouts majeurs : une situation extra (face au port de plaisance, à 2 pas de la plage et à 10 mn à pied de la vieille ville) et une terrasse sur le toit, aménagée avec fausse pelouse et douche extérieure, pour lézarder entre 2 balades. Pour le reste, on apprécie sa taille conviviale, l'accueil efficace et la qualité des chambres contemporaines rénovées (petites mais de bon confort). En revanche, l'insonorisation pèche un peu... Mignon petit café, où est servi le petit déj, au rez-de-chaussée. Excellent accueil.

Dans El Raval
(zoom et centre détachables D-F4-6)

Prix moyens (60-95 €)

Hostal Benidorm *(zoom détachable E5,* **100***) : rambla dels Caputxins, 37, 08002. ☎ 93-302-20-54. • info@hostalbenidorm.com • hostalbenidorm.com • Ⓜ Liceu ou Drassanes. Sur la Rambla, à l'angle de c/ Nou de la Rambla. Doubles 70-160 € ; familiales (3-4 pers). Pas de petit déj. Consigne à bagages.* S'il occupe un petit immeuble qui ne paie pas de mine, cet hôtel offre un rapport qualité-prix imbattable (surtout pour ses chambres familiales). La déco est sobre, et les salles de bains sont très correctes. Les chambres les plus calmes donnent sur l'arrière du palau Güell et les cheminées bariolées de Gaudí, celles côté rue sont plus bruyantes. Bonne humeur garantie dès le réveil !

Hostal La Terrassa *(zoom détachable E5,* **103***) : c/ Junta de Comerç, 11, 08001. ☎ 93-302-51-74. • reservations@laterrassa-barcelona.com • laterrassa-barcelona.com • Ⓜ Liceu. Doubles 80-95 € (jusqu'à 150 € en été), petit déj inclus.* Il y a bien une terrasse partagée mais qui ne mérite pas à elle seule le déplacement ! En revanche, plusieurs chambres disposent d'un balcon (les autres ouvrent directement sur le mur du voisin...). Elles ont été rénovées (clim), leurs salles de bains aussi, mais restent très basiques (à des prix, toutefois, raisonnables), et vraiment riquiqui pour certaines. Et on est à 2 pas de la Rambla, dans une rue plutôt calme (notion très relative à Barcelone !)... Accueil très sympa.

Hotel Aneto *(zoom détachable E4,* **55***) : c/ del Carme, 38, 08001. ☎ 93-301-99-89. • aneto@hotelaneto.com • hotelaneto.com • Ⓜ Liceu. Doubles 80-100 € (jusqu'à 140 € en août) ; petit déj dans la cafét' voisine 5 €. Parking 22 €.* Dans ce bel immeuble bourgeois assez typique du quartier, c'est aux 1er et 4e étages (ascenseur !) que se répartissent les chambres, bien conçues mais pas bien grandes, avec salle de bains intérieure ou séparée (mais privée) : on y dort mais on n'y passera pas la journée ! L'entretien est impeccable, l'accueil, attentionné et généreux en conseils et les prix, presque raisonnables pour le quartier...

Hotel Peninsular *(zoom détachable E5,* ***60****) : c/ Sant Pau, 34, 08001. ☎ 93-302-31-38. • info@hotelpeninsularbarcelona.com • hotelpeninsularbarcelona.com • Ⓜ Liceu. Double env 100 €, petit déj basique inclus ; familiales.* Une adresse originale puisqu'il s'agit d'un ancien couvent, d'où le caractère exigu et monacal des chambres, toutes pourvues d'une salle de bains et de la clim. L'ensemble est pittoresque, avec sa réception à l'ancienne (Hemingway reste impassible devant les marbres...) et ses 3 étages de galeries qui encerclent un patio couvert, où flottent des plantes suspendues à des câbles sur fond de vert tendre des murs. Revers de la médaille, c'est une sacrée caisse de résonance où le moindre bruit fait écho. Cela dit, le silence est demandé à partir de 21h, et cette vieille habitude carmélite ne sera pas pour déplaire aux résidents en quête de tranquillité.

De prix moyens à très chic (de 70 à plus de 160 €)

Chic & Basic Lemon Hotel *(centre détachable E4,* ***68****) : c/ Pelai, 6, 08001. ☎ 93-342-66-66. • lemon@chicandbasic.com • chicandbasiclemonhotel.com • Ⓜ Universitat. ♿ Doubles 120-150 € (env 55 € en basse saison). Enfants et animaux non acceptés.* À quelques pas de l'animation, une adresse dans le genre moderne et fonctionnelle, décorée dans un esprit jungle (et jaune citron, d'où le nom), dès les salles communes qui donnent sur une terrasse. Les chambres sur rue profitent un peu du bruit du trafic, celles sur l'arrière sont plus tranquilles mais plus sombres : on ne peut pas tout avoir ! Bon confort général. Accueil particulièrement disponible.

Jazz Hotel *(centre détachable E4,* ***106****) : c/ Pelai, 3, 08001. ☎ 93-552-96-96. • jazz@nnhotels.com • hoteljazz.com • Ⓜ Universitat. Doubles 120-260 €. Parking.* Ce bâtiment contemporain à la ligne stricte cache des chambres très confortables et à la propreté vraiment irréprochable. Elles sont vastes, avec une discrète déco contemporaine et une ambiance feutrée très reposante. Bon petit déj. Cerise sur le gâteau, une terrasse panoramique sur la ville avec une petite piscine pour se rafraîchir. Accueil aux petits soins. Une excellente adresse.

Hotel Andante *(centre détachable E5,* ***128****) : avda Drassanes, 23-25, 08001. ☎ 93-441-25-45. • reservas@andantehotel.com • andantehotel.com • ♿ Ⓜ Drassanes. Doubles 91-400 € ; petit déj 16 €. Parking payant sous l'hôtel (20 €/nuit).* Au cœur du Raval, à 2 pas de la Rambla, cet hôtel moderne installé dans un bâtiment d'architecture contemporaine possède, hormis sa situation, plusieurs atouts. Des chambres à l'élégance sobre et actuelle, lumineuses, avec vue et terrasse pour certaines. De belles salles de bains avec douche à l'italienne ou baignoire. Tout le confort souhaité, à des prix accessibles. Une démarche écolo à saluer. Et, en prime, un magnifique couloir de nage sur le toit, avec vue sur toute la ville ! Excellent accueil.

Eco Hostal Grau *(centre détachable E4,* ***143****) : c/ de les Ramelleres, 27, 08001. ☎ 93-301-81-35. • bookgreen@hostalgrau.com • hostalgrau.com • Ⓜ Universitat ou Plaça-de-Catalunya. ♿ Doubles 80-150 €, petit déj express (gâteau maison et thé ou café) inclus.* Juste au-dessus du *Centric* (voir la rubrique « El Raval. Où manger des tapas ? »), dans la même famille depuis le milieu du XIXe s. L'hôtel, lui, est ouvert depuis 1941, mais n'a conservé de son passé que quelques jolis meubles anciens, un dédale de charmants couloirs et de recoins, et 24 chambres à la déco minimaliste plaisante. Et le tout est résolument écolo, de la peinture bio des murs au jardin vertical pour filtrer les eaux usées. Propose aussi des appartements. Accueil chaleureux et ambiance familiale.

Hotel Ciutat Vella *(centre détachable E4,* ***104****) : c/ Tallers, 66, 08001. ☎ 93-481-37-99. • info@hotelciutatvella.com • hotelciutatvella.com •*

Ⓜ Plaça-Catalunya ou Universitat. Doubles avec sdb 80-120 € (jusqu'à 200 € en août) ; petit déj 9 €. Derrière une entrée plus que discrète se cache cet hôtel confortable à la déco contemporaine qui décline le blanc, le rouge et le noir. Bien équipées, la plupart des chambres donnent sur la rue (un peu bruyante, cela dit) ; certaines, côté cour, disposent d'une belle terrasse privative. Sur le toit, mignon et mini-*rooftop* avec un épais gazon synthétique et un jacuzzi pour buller au soleil.

Très, très chic et top tendance (plus de 250 €)

Casa Camper *(zoom détachable E4,* ***107****) : c/ Elisabets, 11, 08001. ☎ 93-342-62-80. • barcelona@casacamper.com • casacamper.com • Ⓜ Universitat. Doubles 200-250 €, petit déj inclus ; également des suites.* C'est dans ce coin branché du Raval que les héritiers de la famille fondatrice de *Camper*, célèbre marque originaire de Majorque, ont ouvert cet hôtel moderne de 30 chambres. Pour 6 d'entre elles, le petit salon avec balcon est situé côté rue (blanc), tandis que la chambre se trouve au calme, côté cour (rouge). Déco sobre, mais plein de détails tendance écolo. Ni petit déj ni repas servis de manière traditionnelle, mais un espace snack ouvert 24h/24, gratuit et très bien fourni. Grande terrasse panoramique au 6e étage pour déguster votre butin. Accueil souriant.

Dans Sant Antoni
(centre détachable C-D4)

Hostal Cèntric *(centre détachable E4,* ***116****) : c/ Casanova, 13, 08011. ☎ 93-426-75-73. • info@hostalcentric.com • hostalcentric.com • Ⓜ Universitat. Doubles 70-190 € ; triples et quadruples 85-175 €. Petit déj à la Fàbrica Moritz tte proche. Parking privé 17 €/24h.* Très bien placé sans être bruyant, un hôtel à taille humaine aux jolis tons beige et taupe jusque dans les chambres ! Toutes avec petit balcon, elles ne sont certes pas immenses mais modernes et bien équipées, presque cosy, et d'un bon rapport qualité-prix. Finalement, nos préférées sont celles du rez-de-chaussée, un peu plus spacieuses et prolongées d'une miniterrasse privative. Accueil gentil comme tout et boissons chaudes en libre accès toute la journée.

Dans Poble Sec, côté mer
(centre détachable D-E6)

De prix moyens à chic (60-130 €)

Hostal Oliveta *(centre détachable D5,* ***48****) : c/ Poeta Cabanyes, 18, 08004. 📱 673-61-99-71. • hostaloliveta@hotmail.es • hostaloliveta.com • Doubles 80-130 € ; triples aussi.* Oui, l'entrée se fait bien, en journée, par le restaurant du même nom ! À l'étage, une poignée de chambres, très simples et pas bien grandes, mais au rapport qualité-prix de plus en plus rare à Barcelone. Toutes avec salle de bains (parfois de l'autre côté du couloir, mais privative), matelas correct, certes sans véritable insonorisation, ni déco ni frigo mais à ce tarif... Accueil tout à fait gentil, qui plus est. Un bon plan !

Hotel Yomo BCN Port *(centre détachable E6,* ***129****) : avda Paral-lel, 15, 08004. ☎ 93-324-95-00. • bcnport@yomohotels.com • yomohotels.com • Ⓜ Drassanes. ♿ Au 1er étage. À proximité du Musée maritime. Doubles 80-210 €.* Un petit hôtel dans un immeuble moderne et central, dont l'avantage réside dans ses installations très correctes pour le prix. Les chambres ne sont pas très vastes, mais la déco aux couleurs soutenues et l'ameublement les rendent fonctionnelles. Attention, certaines sont aveugles et l'insonorisation n'est pas la qualité première de l'adresse. Accueil dynamique et sympa.

Dans l'Eixample
(centre détachable C-H1-4)

Quartier plutôt résidentiel, la ville « nouvelle » a également ses attraits (maisons de Gaudí et de ses confrères, bars et restos à la mode...), et des avantages sur la vieille ville : peu de délinquance et bien plus de calme, sauf autour du passeig de Gràcia. Et puis, c'est le plus grand quartier de la *ciutat* ! Cela dit, les prix sont généralement plus élevés.

De prix moyens à chic (60-130 €)

Hostal Oliva *(centre détachable F3, **111**) : passeig de Gràcia, 32 (angle c/ de la Diputació), 08007. ☎ 93-488-01-62. • info@hostaloliva.com • hostaloliva.com • Ⓜ Catalunya ou Passeig-de-Gràcia. Au 4e étage. Résa impérative pdt les vac, en versant des arrhes 15 j. à l'avance. Doubles 85-135 €. Parking 20 €.* Une pension adorable, dans la même famille depuis 1924 : Chelo, qui vous accueille, est la 3e génération. Niché dans un immeuble ancien fort bourgeois (très belle cage d'escalier et 2 ascenseurs, dont un « julesvernesque »), le tout n'a pas pris une ride. Au contraire ! Avec le temps, les propriétaires améliorent leurs grandes chambres : des salles de bains impeccablement tenues, clim, TV, et même double vitrage ici ou là. Le mobilier ancien mais sobre, dont de belles pièces modernistes, s'intègre discrètement aux chambres claires, régulièrement rénovées et hautes sous plafond, avec balcon pour certaines. Celles donnant sur l'arrière, mais sans vraiment de vue, sont les plus calmes. Vraiment soigné, tout ça !

Hostal Eixample *(centre détachable G4, **113**) : c/ d'Ausiàs Marc, 19, 08010. ☎ 93-302-19-89. • info@hostaleixample.com • hostaleixample.com • Ⓜ Urquinaona. Au 1er étage. Doubles 85-115 € (triples aussi) ; petit déj 7,50 € (dégressif).* Certes, ce n'est pas le grand luxe, mais cette pension sans chichis présente quelques avantages : bien située et de faible capacité (donc conviviale). Seulement 8 chambres simples et fonctionnelles, toutes différentes, avec balcon pour la plupart, et qui conservent par endroits le joli carrelage ancien. Si possible, éviter la nº 8, la plus petite et la plus sombre. Le tout est très bien tenu, et la salle de petit déj est lumineuse. Bon rapport qualité-prix, donc, et accueil très aimable.

Hostal Girona *(centre détachable G4, **115**) : c/ Girona, 24, 08010. ☎ 93-265-02-59. • info@hostalgirona.com • hostalgirona.com • Ⓜ Tetuan. Au 1er étage. Doubles 80-230 € sans ou avec sdb et petit déj.* Dans un immeuble 1900 (antique ascenseur), cet immense appartement ancien se distingue par son aménagement assez classe, à l'image des tapis, boiseries et autres jolis meubles des parties communes. Les chambres sont nettement plus sobres, néanmoins accueillantes et de bon confort (clim). Quelques bémols : pas de double vitrage, l'insonorisation moyenne et certaines chambres sont un peu petites (les simples ne valent pas le coup). Belle salle commune, dans un esprit cellier en vogue, où est servi le petit déj. Accueil polyglotte gentil comme tout.

De chic à plus chic (95-160 €)

Hotel Praktik Bakery *(centre détachable G2, **132**) : c/ Provença, 279, 08037. ☎ 93-488-00-61. • reservas@hotelpraktikbakery.com • hotelpraktikbakery.com • Ⓜ Diagonal ou Verdager. Boulangerie tlj 7h30-22h (14h30 dim). Doubles 110-220 € ; petit déj 11 €.* Dans un immeuble traditionnel de l'Eixample, à 2 pas de la Pedrera, voici un hôtel-boulangerie, concept créé par l'enseigne *Praktik* qui décline plusieurs autres hôtels design à thème dans le quartier (dont le *Praktik Rambla,* lire plus loin). Ici a été intégrée une vraie boulangerie à la française *(Baluard)* en guise de lobby : miam les effluves de pain chaud et les bons petits déj ! Les chambres, toutes de blanc vêtues (marque de fabrique de la chaîne *Praktik*), sont d'un design industrialo-minimaliste très tendance avec pour seule concession les mosaïques bleues côté salles de bains. Joli mais pas forcément très pratique (ça manque de bureau, tout ça !). Si vous êtes plus branché œnologie que viennoiserie, direction le ***Praktik Vinoteca***

LA CATALOGNE

*(centre détachable E-F3, **121** ; c/ Balmes, 51, 08007 ; ☎ 93-454-50-28 ; • reservas@hotelpraktikvinoteca.com • hotelpraktikvinoteca.com • ; Ⓜ Passeig-de-Gràcia ; 120-180 €)*, à quelques *cuadras* de là. Même style de chambres (à noter que celles du rez-de-chaussée sont un peu plus grandes, et celles en étages, avec ou sans balcon, plus calmes), mais déco des parties communes axée sur le vin (dominante de bois brut) dès l'entrée, verre offert à l'arrivée et dégustations avec un sommelier certains soirs, dans une belle salle qui dévoile une microterrasse. Enfin, pas très loin non plus, le ***Praktik Garden*** affiche des prix sensiblement identiques, voire un peu en dessous *(centre détachable G3, **131** ; c/ Disputació, 325, 08009 ; ☎ 93-467-52-79 ; • reservas@hotelpraktikgarden.com • hotelpraktikgarden.com • ; Ⓜ Girona ; doubles 85-165 € (voire 240 € en hte saison) ; pas de petit déj, mais café et thé à disposition tte la matinée)*. Ici, le décorateur a voulu recréer une ambiance de jardin tout en conservant les éléments originaux du bâtiment historique de l'Eixample. Chambres pas bien grandes mais tout confort ; les plus chères s'élargissent d'une terrasse donnant sur une vaste terrasse arborée, un îlot de verdure intelligemment aménagé, véritable atout en pleine ville. Et maintenant, faites votre choix !

Hotel Granvía *(centre détachable F3, **118**) : Gran Vía de les Corts Catalanes, 642, 08007. ☎ 93-318-19-00. • hgranvia@nnhotels.com • hotelgranvia.com • Ⓜ Passeig-de-Gràcia. Doubles standard 120-220 €,* deluxe *(vue sur la terrasse) plus chères ; familiales.* Très central. Dans un élégant édifice du XIXe s, aux escaliers et colonnes tout blanc : le résultat est à la fois chic, frais et lumineux. Confortables salons à fauteuils Chesterfield, et surtout une gigantesque terrasse. Chambres élégantes. Nombreuses attentions à l'égard des clients. Parfait pour se la jouer gentleman, si vous avez le portefeuille qui va avec...

– Ne négligez pas les locations de studios et d'appartements ***Eric Vökel*** dans l'Eixample. Voir plus haut dans la rubrique « Locations d'appartements ».

De plus chic à très chic (min 140 €)

Hotel Praktik Rambla *(centre détachable F3, **133**) : rambla de Catalunya, 27, 08007. ☎ 93-343-66-90. • reservas@hotelpraktikrambla.com • hotelpraktikrambla.com • Ⓜ Passeig-de-Gràcia. Doubles 150-250 €, petit déj inclus en général.* Installé dans l'un des prestigieux hôtels particuliers de la rambla de Catalunya, la *Casa Ciment Arola,* construite au début du XXe s par Francisco de Paula del Villar y Carmona et rénovée par un designer à la mode. L'occasion de dormir dans un palais moderniste, sous de hauts plafonds où serpentent de riches moulures ! Dans ce fleuron de la chaîne *Praktik,* les chambres affichent un style assez épuré, de jolies salles de bains dotées de douches spacieuses et un très bon confort. Les plus petites donnent sur le patio, cour intérieure Art nouveau typique de l'Eixample barcelonais, par de grandes baies vitrées. Salon de lecture très agréable, avec son bow-window, par lequel on accède à la très grande terrasse, où fauteuils, canapés et chaises longues vous tendent les bras (et où café et thé restent à disposition toute la journée). Excellent rapport qualité-prix dans sa catégorie.

H10 Urquinaona Plaza *(centre détachable F-G4, **119**) : pl. Urquinaona, 2, 08010. ☎ 93-238-20-40. • h10.urquinaona.plaza@h10hotels.com • h10hotels.com • Ⓜ Urquinaona. Doubles standard 140-350 € ; petit déj-buffet 21 €.* Situation privilégiée, aux confins de l'Eixample, du Barri Gòtic et de la Ribera, cet hôtel chic de la chaîne *H10* propose un excellent niveau de confort sous de belles hauteurs sous plafond. 75 chambres à la blancheur immaculée, égayée de touches vert pomme et d'iris colorisés. Certaines donnent sur l'originale cour intérieure chapeautée d'une verrière, et les plus spacieuses (et plus chères) disposent d'une terrasse avec vue sur un bout de jardin. Même l'isolation est haut de gamme. Détail insolite : le lavabo dans la chambre, séparé de la salle de bains (on s'y fait). Au rez-de-chaussée, belle terrasse entourée de murs végétaux pour boire un verre le soir. Mais le vrai plus, c'est le *rooftop* avec transats, lits de repos, *plunge pool* pour se rafraîchir les petons et coin *lounge !*

Dans le Poblenou
(plan Poblenou)

De prix moyens à chic (60-140 €)

Hostal Poblenou *(plan Poblenou, A2,* ***70****) : c/ del Taulat, 30, 08005. ☎ 93-221-26-01. • info@hostalpoblenou.com • hostalpoblenou.com • Ⓜ Llacuna. Au 1er étage. Doubles 80-140 € ; plus cher en cas d'événements en ville. Familiale aussi. Petit déj 12 €.* Dans un charmant petit immeuble des années 1930. Atmosphère plus proche d'un *B & B* ou d'une maison d'hôtes, en fait, avec son accueil sincère et ses 10 chambres seulement, mignonnes et confortables (clim), chacune baptisée du nom d'un artiste catalan. Pratique, la familiale avec une salle de bains séparée, mais privée. Petit déj dans une salle coquette où eau, café et thé restent à disposition toute la journée, ou sur l'agréable petite terrasse fleurie. Joliment situé : à 2 pas de la vivante rambla del Poblenou et à 5 mn de la plage de Bogatell. D'ailleurs, en été, on vous prête parasol et serviettes de plage ! Une adresse qui tient la route.

À Gràcia
(centre détachable E-H1-2 et plan d'ensemble)

De prix moyens à chic (60-130 €)

Blanc Guesthouse, chez Beatriz Planet *(centre détachable E1,* ***130****) : c/ Tuset, 27, 08006. ☎ 93-676-18-56. • reservas@blancguesthouse.com • blancguesthouse.com • Ⓜ Diagonal ou Gràcia. Au 1er étage. Doubles sans sdb 65-100 €, avec sdb 75-120 €, petit déj inclus. Parking 15 €. Sur présentation de ce guide, café offert ou réduc de 10 % sur les doubles si résa par mail.* Dans un ancien appartement, à 2 pas de Gràcia, cette *guesthouse* propose une dizaine de chambres confortables à la déco contemporaine épurée, relevée de quelques touches de couleur, et à la propreté totale. Entre autres atouts, une belle terrasse aménagée avec tables, chaises et canapés à l'ombre de parasols, pour le petit déj ou pour se poser entre 2 visites. Accueil sympa.

Coup de folie (200 € et plus)

Seventy Hotel *(centre détachable G2,* ***135****) : c/ de Corsega, 244-252, 08037. ☎ 93-012-12-70. • seventybarcelona@nnhotels.com • seventybarcelona.com • Ⓜ Diagonal. Doubles 205-235 €, sans ou avec petit déj.* Une adresse luxueuse et exceptionnelle pour sa déco à la fois sophistiquée et chaleureuse. Ici, tout est finement conçu pour que l'on se sente bien avec, dès l'arrivée, un spectaculaire hall tout en baie vitrée et une superbe bibliothèque ultra-design. Cet immense hôtel de plus de 150 chambres, toutes parfaitement équipées et confortables, invite au repos et à la rêverie : espace de coworking, piscine sur le *rooftop* (vue à 360° !), solarium, salle de sport et, en bonus, un superbe spa (qu'il faut réserver à l'avance). Un arrêt dans le temps, idéal pour se ressourcer.

Du côté de Sants
(centre détachable B2-3)

De chic à plus chic (95-160 €)

The Urban Suites *(centre détachable B3,* ***125****) : c/ Sant Nicolau,*

3, 08014. ☎ 93-201-51-64. • info@theurbansuites.com • theurbansuites.com • Ⓜ Tarragona ou Espanya. Apparts (2-6 pers) 110-350 €. Parking 15 €. Ces appartements de standing pour 2 à 6 personnes ont tout pour plaire : une situation intéressante (proche du métro), une déco contemporaine de bon goût (du minimalisme réussi), un confort irréprochable (clim, chaîne hifi, cuisine équipée) et un solarium sur le toit pour lézarder (les familiales du rez-de-chaussée ont leur terrasse privée). Une bonne alternative à l'hôtel. Accueil toutefois un rien blasé.

Où camper dans les environs ?

Voici quelques campings, mais rien d'extraordinaire, tous ont des défauts : bruit, accueil expéditif, sanitaires moyennement entretenus. Le *Masnou* reste un moindre mal, mais mieux vaut camper à Sitges (voir « Le littoral barcelonais »).

Au nord de Barcelone

⛺ **Camping El Vedado :** *ctra Masnou-Granollers, km 7,2, 08188* ***Vallromanes.*** *☎ 93-572-90-26. • info@campingelvedado.com • campingelvedado.com • ♿ À 18 km de Barcelone. En voiture, belle route à travers les vignes : de Barcelone, prendre l'AP 7 (sortie 13) ou la C-32 vers le nord (sortie 86), puis 6 km jusqu'au camping (un peu avt Vallromanes). En bus (en hte saison, 2 bus/j. mat et soir), prendre le* Barcelona Bus *(départ ronda Sant Pere, 19, à 100 m de la pl. de Catalunya ; 2,50 € env, 40 mn de trajet) direction Vallromanes ; attention, seuls les billets* T-casual *sont valables, pas les passes 2-5 j. ; le bus arrive dans le camping. En train : Masnou (7 km). Ouv mars-début nov. Selon saison, 26-40 € pour 2 pers avec tente et voiture. Bungalows 4-6 pers 90-160 €.* À 7 km de la côte, un camping populaire rudimentaire mais à taille humaine (170 emplacements). Il est situé en pleine nature, au milieu des bois et donc très ombragé. Piscine, terrains de sport et resto. Aspects négatifs : l'été, les sanitaires souffrent clairement de la suroccupation de l'espace, l'accès à l'électricité est très cher et les bungalows et chalets sont exigus et manquent vraiment d'entretien. Accueil francophone sympa.

Au sud de Barcelone

Zone très urbanisée, ne vous attendez donc pas à un calme bucolique et champêtre !

– Il y a aussi 2 campings ombragés et bien équipés à ***Sitges,*** à 10 km au sud de Castelldefels (voir plus loin « Le littoral barcelonais »).

⛺ **Camping 3 Estrellas :** *autovía de Castelldefels, km 13,2 (ou km 186,2 de la C-31), 08850* ***Gavà.*** *☎ 93-633-06-37. • info@camping3estrellas.com • tresestrellascampings.com • À env 12 km du centre-ville. En bord de plage, le long de l'autovía de Castelldefels, en direction de Barcelone. De Barcelone et de la pl. d'Espanya (centre détachable B3), C-31 direction Castelldefels/aeropuerto et prendre la sortie 13 ; ensuite, faire demi-tour en passant sur le pont. Sinon, bus L95 ou L94 : ttes les 30 mn en saison 6h30-22h30 ; 20-30 mn de trajet (vérifier les horaires sur place). Ouv 15 mars-15 oct. Parcelles standard 26-40 € pour 2 pers avec tente et voiture. Loc 40-174 €.* Au milieu d'une pinède, en bord de plage. L'ensemble est bien entretenu (sanitaires impeccables). C'est un immense camping bien équipé : épicerie, snack-bar, resto, grande piscine, jeux pour enfants... avec la mer juste à côté. Un seul bémol, mais de taille, l'aéroport et ses nuisances sonores : il est tout proche. Au bout de 2 jours vous pourrez, les yeux fermés, faire la différence entre un bi- et un quadriréacteur... Des vacances apprenantes, chouette, non ?

BARCELONE QUARTIER PAR QUARTIER

LE BARRI GÒTIC

• Zoom détachable • Plan de l'itinéraire gothique *p. 121*

Le cœur historique de la ville fut dessiné par les Romains, qui ont fondé les 1res colonies sur le mont Taber (en l'an 12 av. J.-C.). Un quartier à parcourir à pied, à la découverte de la cathédrale, des précieux monuments médiévaux, mais aussi des vestiges romains, moins apparents (si l'on excepte les remparts) puisque souvent complètement intégrés dans les pierres ocre des palais et des demeures seigneuriales. Mais la fête est plus belle quand elle est plus longue dans cette *Ciutat Vella,* le plus beau pavé se transforme le soir venu en cour des Miracles, où le badaud émerveillé partage son bout de trottoir avec le fêtard éméché qui finira sa nuit, échoué sur un pas-de-porte.

Où manger des tapas ?

Assis ou debout

Bar del Pi *(zoom détachable F5,* ***96****) : pl. Sant Josep Oriol, 1. ☎ 93-302-21-23. • info@bardelpi.com • Ⓜ Liceu. Face à la cathédrale del Pi. Mar-sam 10h-21h30. Fermé lun. Tapas et bocadillos 5-17 €.* Situé sur la jolie place Sant Josep Oriol, ce minuscule bar historique (même famille depuis 1927) avec mezzanine est le rendez-vous des artistes du quartier. Bonnes tapas comme la tortilla ou les *croquetas.* Terrasse où les peintres déballent leurs chevalets (généralement le samedi après-midi) pour vendre leurs œuvres. Un classique.

La Pineda *(zoom détachable F5,* ***140****) : c/ del Pi, 16. ☎ 93-302-43-93. • xarcuterialapineda@gmail.com • Ⓜ Liceu. Tlj sauf mar : lun-sam 9h-20h, dim et fêtes 11h-16h. Tapas env 5 € ; assortiment de charcuterie ou de fromages + 1 verre 12-20 €.* Petite charcuterie-épicerie dans son jus. À l'intérieur, au milieu des charcutailles, entourées de vitrines remplies de bonnes bouteilles, quelques tables accueillent les habitués, venus jouer aux dominos tout en savourant un vermouth maison. C'est l'un des rares endroits où l'on peut déguster la *butifarra d'ou,* un « saucisson d'œuf » typiquement catalan. Remarquez la machine à couper le jambon mécanique et la vénérable caisse enregistreuse qui fait les additions depuis 1930. Une adresse authentique. Mais attention, les prix de la charcuterie sont au kilo, donc n'hésitez pas à fixer un budget, sinon l'addition peut vite monter !

Bodega La Palma *(zoom détachable F5,* ***190****) : c/ de la Palma de Sant Just, 7. ☎ 93-315-06-56. • bodega@bodegalapalma.com • Ⓜ Jaume-I. Lun-sam 12h-17h, 19h-minuit. Fermé dim. Menu déj en sem 15 € ; tapas et raciones 5-20 €.* Une bodega toute simple au détour d'une ruelle sinueuse, surtout fréquentée par les gens du quartier (et quelques-uns de nos lecteurs, aussi !). Ambiance et accueil sympathiques. Comme l'addition grimpe vite, on s'y arrête plutôt le midi ou pour débuter la soirée.

Bodega Vasconia *(zoom détachable F5,* ***97****) : c/ d'En Gignás, 13. ☎ 93-488-68-82. • reservas@bodegavasconia.com • Ⓜ Jaume-I. Tlj sauf lun 12h-minuit. Fermé 1er-15 fév. Tapas 4-10 € ; menu 20 €.* L'endroit parfait pour une initiation à l'art des tapas. Ce bar de 1905 a été modernisé juste comme il faut, conservant carreaux aux murs, poutres et comptoir en marbre. La carte, bilingue anglaise, propose les grands classiques, servis dans des proportions plus proches du plat que de la tapa ! Un bon rapport qualité-quantité-prix.

Au comptoir

Irati *(zoom détachable F5,* ***145****) : c/ Cardenal Casañas, 17. ☎ 93-302-30-84. • reservas@sagardi.com • Ⓜ Liceu. ♿ À 2 pas de la Rambla, direction pl. del Pi. Tlj : resto 13h-16h (17h le w-e), 20h-23h ; bar 11h-0h30. Pintxos à prix unique 2,10 € ; plats un peu chérots 20-40 €.* Une étroite taverne basque fréquentée en soirée par une clientèle hétéroclite. Toutes ces rondelles de pain recouvertes de boudin grillé, anchois, fromage, thon à la tomate... sont savoureuses, et régulièrement renouvelées. Bonne ambiance. Resto au fond, plus cher.

Zim *(zoom détachable F5,* ***156****) : c/ de la Dagueria, 20. • formatgerialaseu@gmail.com • Ⓜ Jaume-I. Tlj 19h-23h. Fermé 2e et 3e sem d'août. Tapas max 8 €.* Tellement petit que seuls les joyeux drilles qui papotent devant incitent à passer la porte discrète de ce minuscule bar. Quelques tabourets autour du vieux comptoir et c'est tout ! On vient y partager un vermouth ou un verre de vin, sélectionnés avec soin, autour d'une assiette d'excellente charcuterie (hmm, cette *sobressada* !) ou de fromages (la sympathique patronne est une ancienne fromagère, elle en connaît une belle tranche !).

Sensi Tapas *(zoom détachable F6,* ***148****) : c/ Ample, 24. ☎ 93-252-88-41. • sensigroupbcn@gmail.com • Ⓜ Jaume-I ou Barceloneta. Tlj 18h30-minuit. Fermé 24-25 déc. Tapas 4,50-14 €.* Bonne ambiance le soir dans ce petit resto de tapas, qui propose également de la paella et d'excellents raviolis frais. Pour les tapas, le chef navigue entre le classique et le créatif, via des incursions orientales. On peut se laisser guider par ses suggestions, si l'on est indécis ! 2 autres adresses (mêmes horaires) : ***Sensi Bistro*** *(c/ Regomir, 4 ; ☎ 93-250-61-49 ; • sensigroupbcn@gmail.com •),* très bien aussi, et qui dispose surtout de vraies places assises, et ***Gourmet by Sensi*** *(c/ de Milans, 4 ; ☎ 93-295-57-52 ; • gourmet@sensi.es •),* au cadre plus moderne et plus clair, tout aussi couru. Attention, tous sont vite complets, réserver ou venir tôt.

Où manger au resto ?

Très bon marché (moins de 10 €)

Conesa Entrepans *(zoom détachable F5,* ***219****) : c/ de la Llibreteria, 1. ☎ 93-310-13-94. ♿ Ⓜ Jaume-I. Lun-sam 9h-21h15. Fermé dim. Sandwichs 3,60-6 € ; formules 7-9 €.* Un local ouvert depuis 1951, mais largement modernisé depuis ! Son décor est celui d'une cafétéria lorgnant sur le fast-food mais il propose, selon beaucoup de Barcelonais (et on est plutôt d'accord), certains des meilleurs sandwichs (*entrepans* en catalan, chauds ou froids) de la ville, et même à base de pain sans gluten. Quelques salades ou croquettes aussi. À emporter ou sur place (mais c'est minuscule).

Bon marché (10-16 €)

Cervantes *(zoom détachable F5,* ***205****) : c/ Cervantes, 7. ☎ 93-317-33-84. • kokscris@gmail.com • Ⓜ Jaume-I ou Liceu. Lun-ven 7h30-15h. Congés : août. Menus déj env 15 €.* À 2 pas de la place animée de Sant Miquel, cette *licoreria* de 1939 est aujourd'hui une bonne cantine de quartier. Une grande salle à l'ancienne avec son lot d'habitués, tenue par 3 sœurs qui concoctent avec amour un agréable *menù del día,* simple mais authentique et d'un excellent rapport qualité-prix. Spécialités de *truitas* (tortillas). Mention spéciale pour la soupe de fèves et le flan maison. Les employés du coin viennent aussi y prendre leur pause-café dès le matin.

Bidasoa *(zoom détachable F5,* ***208****) : c/ d'En Serra, 21. ☎ 93-318-10-63. • raulgaletooeoeoe@hotmail.com • Ⓜ Drassanes ou Jaume I. Tlj sauf dim soir et lun 13h-16h, 20h-23h (minuit le w-e). Congés : août. Menu midi 11,50 € ; paella 9 € ; tapas 2-8 €.* Voilà une adresse bien typique-rustique, restée dans son jus. C'est LE repaire des habitués, alors ne vous étonnez pas de voir le patron serrer la main à tout-va ! C'est dans une ambiance chaleureuse et sur fond de musique rock (ou catalane) que l'on déguste une cuisine simple et gourmande. De très bonnes tapas, mais ne partez pas sans avoir goûté la délicieuse paella, pas sur la carte mais volontiers proposée. Accueil chaleureux et détendu. Un de nos coups de cœur !

La Cerería Cooperativa *(zoom détachable F5,* ***196****) : baixada de San Miguel, 3. ☎ 93-301-85-10. • cereriacooperativa@gmail.com • Ⓜ Jaume-I ou Liceu. Mar-dim 13h-23h (18h dim). Fermé lun. Congés : 3 sem en août. Menus midi 9-13 €.* Voici l'un des rares restos coopératifs de Barcelone, végétarien qui plus est. Et, cerise sur le gaspacho, dans l'assiette, méditerranéenne, goûteuse et copieuse, tout est fait maison. Plutôt original côté déco puisque l'endroit garde aussi sa vocation industrieuse, l'ancienne fabrique de bougies s'étant fait atelier de luthier : les instruments grimpent jusqu'au haut plafond ! On peut aussi simplement y boire un cocktail en fin de journée, sur la terrasse installée dans le joli passatge del Crèdit, ou y grignoter des tapas dans une ambiance chaleureuse en soirée. Excellent accueil.

La Cassola *(zoom détachable F5,* ***225****) : c/ de Sant Sever, 3. ☎ 93-318-15-80. • rosadelgotico@hotmail.com • Ⓜ Jaume-I ou Liceu. Lun-ven 13h-16h. Fermé le w-e. Congés : août. Menu déj en sem 13 € ; plats 12-15 €.* Le vrai petit resto familial avec une salle rustique et une clientèle d'habitués. Cuisine locale honnête (et maison, jusqu'aux desserts !) dès le généreux menu du jour (gaffe aux suppléments). Et on y parle un peu le français.

Prix moyens (16-25 €)

Vinateria del Call *(zoom détachable F5,* ***194****) : c/ Salomó ben Adret, 9. ☎ 93-302-60-92. • lavinateria@lavinateriadelcall.com • Ⓜ Liceu ou Jaume-I. ♿ Tt près de la pl. Sant Jaume. Tlj sauf dim midi et lun 13h-16h, 19h30-23h. Formule déj 15 € ; raciones 7-14 €.* La Catalogne traditionnelle et joviale se retrouve dans ce resto que l'on pourrait qualifier de « tou-rustique ». Dès l'entrée, on est immédiatement saisi par une vapeur très tannique, et après quelques verres, on en ressort d'une humeur très tonique. Grand choix de vins et bonne cuisine locale, charcuterie, fromages et autres plats, mais aussi *escalivada* et autres propositions végétariennes. Ici, on ne sert pas de tapas mais des *raciones* à partager, l'addition dépendra de votre appétit et de votre gourmandise (bons desserts maison !). Et le menu du déjeuner est une bonne option dans le quartier. Service affable.

Venus Delicatessen *(zoom détachable F5,* ***201****) : c/ d'Avinyó, 25. ☎ 93-676-03-15. • grupovenusvmsl@gmail.com • Ⓜ Jaume-I ou Drassanes. Tlj 8h30-1h. Menu déj en sem 10,50 € ; tapas 2-5 € ; plats 10-15 €.* Une petite halte pendant la visite de la vieille ville, dans ce café à tendance végétarienne. Tapas, *poke bowls,* salades, couscous, chili con carne, etc. Le cadre est plutôt mignon, avec quelques tables en terrasse, et l'accueil sympa comme tout. On y expose le travail de jeunes artistes. Voir aussi la rubrique « Où prendre le petit déjeuner ?... » plus bas.

Levante *(zoom détachable F5,* ***194****) : pl. Manuel Ribé, juste à côté du MUHBA El Call. ☎ 93-858-26-79. • info@bistrotlevante.com • Ⓜ Liceu ou Jaume-I. Lun 18h-23h, mer-dim 10h-23h30. Fermé lun midi et mar. Tapas et plats 9-16 € ; repas env 25 €.* Une adresse qu'on aime particulièrement pour ses produits frais. Une cuisine aux notes tirant du côté de l'Orient méditerranéen, volontiers végétarienne et joliment présentée, que l'on accompagne de houmous, de tzatziki et de vins naturels. Si la petite terrasse est pleine, vous pourrez vous réfugier à l'intérieur, le cadre, très sobre, y est tout aussi agréable.

De chic à très chic (de 25 à plus de 40 €)

Dans cette catégorie, des restos encore abordables le midi et nettement plus onéreux le soir.

La Plassohla *(zoom détachable F4,* ***203****) : via Laietana, 49 (entrée côté c/ Comtal). ☎ 93-321-01-89. • info@laplassohla.com • Ⓜ Urquinaona. Tlj 12h-minuit. Menu déj en sem 24 € ; plats 9-25 € ; couverts 2 €.* Au rez-de-chaussée de l'*Hotel Ohla,* un grand espace moderne entouré de baies vitrées accueille un vrai « gastrobar ». Dès l'arrivée, les cuisines ouvertes laissent imaginer la qualité et la créativité des mets et autres tapas... Et le menu du midi à prix presque raisonnable est une formidable occasion de découvrir la cuisine d'un étoilé ! Une poignée de tables en terrasse. *Gaudir del seu menjar* (bon appétit, en français dans le texte) !

El Salón *(zoom détachable F5,* ***202****) : c/ Hostal d'en Sol, 6. ☎ 93-315-21-59. • restaurantelsalon@gmail.com • Ⓜ Jaume-I ou Barceloneta. Tlj sauf dim 17h-2h. Résa conseillée le w-e. Quelques tapas env 5 € ; menus 30-35 € ; plats 10-20 €.* Atmosphère chaleureuse et charmante pour ce resto servant une excellente cuisine méditerranéenne : à l'intérieur, on se croirait presque dans la salle à manger de copains, version romantique ! Belle petite terrasse sur l'adorable placette dels Traginers, à 2 pas, pour les soirs d'été. Bref, vous l'aurez compris, on aime bien !

A Restaurant – Hotel Neri *(zoom détachable F5,* ***144****) : c/ Sant Sever, 5. ☎ 93-317-74-42. • info@hotelneri.com • Ⓜ Jaume-I. Tlj 13h-15h30, 19h30-23h. Terrasse ouv seulement soir et w-e. Plats 18-25 € ; carte 35-40 €.* Voici sans doute la terrasse la plus romantique de Barcelone... avec sa fontaine qui glougloute. Idéal pour un repas en amoureux. Un resto chic, où l'on peut se régaler d'une bonne cuisine dans une atmosphère design et tamisée, mais préférer indiscutablement la terrasse, quand c'est possible. Service un peu guindé, voire pincé. Mais c'est le restaurant de l'*Hotel Neri,* un *Relais & Château* !

Los Caracoles *(zoom détachable F5,* ***200****) : c/ dels Escudellers, 14. ☎ 93-301-20-41. • loscaracoles@loscaracoles.es • Ⓜ Drassanes ou Liceu. Parking gratuit 2h au n° 22 sur la Rambla. ♿ Tlj sauf mar 13h-16h, 19h30-23h. Résa conseillée. Menus 22 € le midi en sem, sinon 33-45 € ; carte 25-70 €.* Un des restos historiques de la ville, dans la même famille depuis 1835. Belle cuisine ouverte : jetez un œil aux grandes rôtissoires sur la façade, où dorent langoureusement chevreaux et cochons de lait (la spécialité maison). Splendide décoration rustico-catalane avec tonnelets peints, jambons au milieu des feuillages, photos des artistes ayant hanté les lieux. Superbe tireuse à bière en laiton sur le bar, en forme d'escargot. Très touristique, avec les inconvénients que cela implique... Désagréable habitude de prendre les touristes... pour des touristes et, par exemple, de les parquer dans les salles du haut et de réserver les plus belles aux habitués et aux Catalans. La cuisine et l'accueil sont à l'avenant, irréguliers, c'est le moins que l'on puisse dire ! Évitez la paella.

Où prendre le petit déjeuner ? Où manger une pâtisserie ? Où déguster une glace ?

Granja Dulcinea *(zoom détachable F5,* ***310****) : c/ de Petritxol, 2. ☎ 93-302-68-24. • granjadulcinea@gmail.com • Ⓜ Liceu. Tlj 9h-13h, 16h30-20h30. Congés : août.* Dans une jolie rue du Barri Gòtic, une adresse réputée pour son chocolat chaud. C'est l'un des plus anciens salons de thé de la ville (1930). Difficile de faire plus traditionnel, même s'ils proposent aussi des produits sans gluten. Beaucoup le considèrent comme le meilleur...

La Xurreria *(zoom détachable F5,*

311) : *c/ Banys Nous, 8. ☎ 93-318-76-91. Ⓜ Liceu. Tlj sauf mer 7h-14h, 16h-20h (20h30 le w-e).* Une minuscule échoppe de quartier qui fait de la friture, et rien que de la friture, depuis 1968 ! Et donc des *churros,* un régal. Le chocolat, en revanche, est un peu trop industriel à notre goût. Accueil très gentil.

Caelum *(zoom détachable F5,* **312)** : *c/ de la Palla, 8. ☎ 93-302-69-93. • caelumbcn@gmail.com • Ⓜ Liceu. Tlj sauf dim 12h-20h. Fermé pont du 15 août.* Une jolie boutique qui s'avère être aussi un adorable salon de thé. On y vend gâteaux, biscuits et autres douceurs concoctés exclusivement dans une quarantaine de monastères espagnols. Ambiance recueillie devant ces délices que l'on savoure... religieusement. Qui a dit que la gourmandise était un péché ? Les amateurs de vieilles pierres iront faire un tour au sous-sol pour admirer les vestiges des vieux bains juifs de la ville (XIIe s) : comme quoi l'empreinte religieuse, ça dure...

Mannà Gelats *(zoom détachable F5,* **324)** : *c/ Banys Nous, 22. ☎ 93-342-73-12. • icarlos.itriago@mannagelats.com • Ⓜ Liceu. Tlj 14h-20h. Congés : de mi-janv à mi-fév.* Un très bon glacier artisanal, aux produits sans conservateurs ni colorants ; glaces élaborées sur place. Des fruits qui viennent pour la plupart du tout proche marché de la Boquería. Quant au chocolat, il évoque le goût des chocolats chauds pris au coin du feu l'hiver, mais version glacée. Crémeux (presque trop parfois !) et parfumé à souhait !

Venus Delicatessen *(zoom détachable F5,* **201)** : *c/ d'Avinyó, 25. ☎ 93-676-03-15. 📱 660-20-63-16. Ⓜ Jaume-I ou Drassanes. Tlj 8h30-1h. Petits déj continentaux 3-6 €.* Voir plus haut « Où manger au resto ? ».

Federal Café *(zoom détachable F6,* **308)** : *passatge de la Pau, 11. ☎ 93-280-81-71. • barcelonagothic@federalcafe.es • Ⓜ Jaume-I ou Drassanes. Tlj 9h-17h. Petit déj et brunch 4-10 €.* Un café bien contemporain dans l'esprit *healthy,* où les *tostadas* d'avocat, les mueslis maison et autres salades aux œufs pochés s'accompagnent de bons cafés ou de jus détox. Terrasse au calme, et dans la grande salle, quelques tables *computer friendly.*

Où boire un verre ?

Drôle de centre historique ! La Rambla (en particulier à hauteur de la carrer dels Escudellers) devient, à la sortie des bars, le lieu de tous les possibles, « coupe-gorge » pour certains, dépaysement ibérique pour d'autres. Du côté de la plaça Reial (« Pral » pour les intimes), haute en couleur, on trouve aussi bien une vie diurne que nocturne. Le jour, les terrasses des restaurants font le plein de touristes et de Barcelonais venus prendre le soleil. La nuit, jusqu'à 2h30 (voire 3h le week-end), la place draine nombre de noctambules. L'animation y est intense. La police est d'ailleurs très présente. Mais, attention, il y a aussi bon nombre de pickpockets à l'affût de l'insouciant, et dès que les bars ferment, le quartier se vide et devient moins accueillant et un peu moins sûr.

Plutôt dans la journée

Un peu partout en ville, des devantures plus ou moins discrètes, plus ou moins vitaminées, où l'on peut acheter du thé, des jus de fruits ou de légumes fraîchement pressés.

Caj Chai *(zoom détachable F5,* **365)** : *c/ Salomó Ben Adret, 12. ☎ 93-301-95-92. • info@cajchai.com • Ⓜ Jaume-I. Lun-ven 15h-20h ; w-e 11h-13h30, 14h45-21h. Cérémonie du thé sur résa.* Pour changer du *chocolate con churros,* voici une belle adresse spécialisée dans le thé ! La carte est aussi ambitieuse que pléthorique, avec des dizaines de variétés présentées en fonction des styles et des provenances. La petite salle cosy, au mobilier hétéroclite et agrémentée de calligraphies, se prête bien à ce genre de dégustation zen. Fait aussi boutique.

Tôt ou tard

Café Babel *(zoom détachable F5, **354**)* **:** *c/ Correu Vell, 14. ☎ 93-315-23-09. • cafebabelbcn@gmail.com • Ⓜ Jaume-I. Tlj (sauf mar déc-mars) 13h (17h déc-mars)-2h. Congés : janv. Tapas 5-8 € ; plats env 12 €.* Joli café grand comme un mouchoir de poche, appréciable surtout pour sa magnifique terrasse au calme, au pied de l'ancienne muraille romaine et sous les arbres. Tapas et en-cas pour les petits creux. Très sympa le soir, quand les remparts s'illuminent.

L'Alcobita et La Alcoba Azul *(zoom détachable F5, **365**)* **:** *c/ Salomó Ben Adret, 10 et 14. ☎ 93-302-81-41* (Alcoba Azul) *et 93-382-69-58* (Alcobita). *• info@laalcobaazul.com • Ⓜ Jaume-I. Tlj 12h-1h30 (2h30 ven-sam) ;* Alcobita *seulement le soir dès 18h. Fermé 24 déc. Repas 15-20 €.* 2 petites tavernes jumelles, presque côte à côte, à l'esprit rustique. Idéal pour se serrer entre potes autour des petites tables en bois, en sirotant un vermouth, une liqueur ou un cocktail. Terrasse sur la charmante place. On peut y grignoter des tartines, mais rien de génial, mieux vaut se contenter de fromage et de charcuterie.

Bar Oviso *(zoom détachable F5, **356**)* **:** *c/ d'Arai, 5. ☎ 93-304-37-26. Ⓜ Jaume-I. Tlj 9h-2h30.* À la fois vintage et branché, ce bar draine une clientèle jeune attirée par l'atmosphère relax, la déco décalée (fresques, pubs hors d'âge et innombrables tags dans les toilettes), et la terrasse géniale sur la place George-Orwell, qui a conservé un brin d'authenticité. On y mange également (et plutôt bien) : petite carte de tapas, de burgers et de sandwichs.

Els Quatre Gats *(zoom détachable F4, **358**)* **:** *c/ Montsió, 3. ☎ 93-302-41-40. • 4gats@4gats.com • Ⓜ Catalunya. Ruelle donnant dans l'avda del Portal de l'Ángel. Tlj sauf lun 11h-minuit (17h mar et dim).* Ce vénérable établissement, fondé en 1897, fut le quartier général des modernistes, où le tout jeune Picasso illustra les menus à l'extrême fin du XIXe s et où il exposa pour la 1re fois en 1900. C'est donc l'un des bars emblématiques de Barcelone. La décoration n'a guère changé depuis : beaux carrelages, boiseries et vitraux multicolores. Et jetez donc un œil à la façade ! Ceux qui aiment l'atmosphère des lieux chargés d'histoire y feront une petite halte pour y boire un café. Éminemment touristique, on s'en doute.

El Bosc de les Fades *(zoom détachable E6, **362**)* **:** *passatge de la Banca, 7. ☎ 93-317-26-49. • info@museocerabcn.com • Ⓜ Drassanes. Tlj 10h-1h.* Le musée de Cire *(museu de la Cera)* abrite ce café à la déco fantasmagorique. Depuis son ouverture, à l'orée des seventies, les lutins n'ont pas pris une ride, et l'atmosphère y est toujours magique. Cela peut être une bonne idée d'y passer avec des enfants dans l'après-midi. Ils adoreront venir rendre visite aux fées qui, dit-on, habitent la chambre au lustre tournant, ou celles qui se mirent dans la vasque de la fontaine. Le soir, l'ambiance est plutôt jeune, et on y sert des cocktails et des tapas. Une véritable institution !

Cafè de l'Òpera *(zoom détachable F5, **361**)* **:** *la Rambla, 74. ☎ 93-317-75-85. • info@cafeoperabcn.com • Ⓜ Liceu. Tlj 8h-1h.* Bien que les tapas ne soient pas exceptionnelles, on aime ce bistrot pour son ancienneté : fondé à la fin du XVIIIe s, il a été redécoré dans le style moderniste dans les années 1930. Toujours bondé, en particulier l'été. La grande terrasse (un peu plus chère) face au théâtre est idéale pour observer le mouvement incessant de la Rambla. Service aimable.

Ne pas manquer non plus l'historique **Bar del Pi** *(zoom détachable F5, **96**)*, détaillé dans la rubrique « Où manger des tapas ? ».

Plutôt le soir

Polaroid *(zoom détachable F5, **366**)* **:** *c/ Codols, 29. ☎ 93-186-66-69. • polaroidbar@gmail.com • Ⓜ Drassanes. Tlj 19h30-2h30 (3h ven-sam). Back to the eighties* dans ce bar fraternel avec de vieilles affiches de ciné genre *Ghostbusters* sur les murs, des pages de B.D. pour décorer les tables hautes, des vitrines bourrées de jouets vintage et des écrans pour les clips. Jeune, bruyant et très festif. Et il y a bien sûr une collection de polaroids !

Margarita Blue *(zoom détachable F6, **364**) : c/ Josep Anselm Clavé, 6. ☎ 93-412-54-89. • margaritabluebcn@gmail.com • Ⓜ Drassanes. Tlj sauf lun-mar 17h-1h. Carte env 20 €.* Vaste bar à l'ambiance latino, qui sert aussi une cuisine tex-mex copieuse et correcte. Déco chaleureuse et théâtrale, comptoir qui n'en finit plus, plein de miroirs et de couleurs. Régulièrement, des spectacles sur la petite scène au fond du bar, des lectures de poésie au défilé de drag-queens en passant par des shows de magie, pendant qu'un DJ maintient l'ambiance aux platines.

Nou Pipa Club *(zoom détachable E-F5, **370**) : pl. Reial, 3. 📱 686-60-04-23. • pipaclubpr@gmail.com • Ⓜ Liceu. Tlj 21h-3h (5h certains w-e). Cocktail 12 €.* Ce bar à cocktails joue sur l'ambiance feutrée du speakeasy dès l'accès, avec escalier à grimper en silence une fois le physionomiste amadoué... Et c'est dans un superbe appartement, avec vue sur la plaça Reial, que l'on choisit ses cocktails puis l'un des salons confortables pour se poser, en amoureux ou en joyeuses bandes ! Nous, c'est le rhinocéros qui nous a fait de l'œil, juste à côté de la collection de pipes à laquelle l'endroit doit son nom (et son histoire ! un ancien club de fumeurs de pipes !). Ambiance chic décontractée-décalée.

Bar Mariatchi *(zoom détachable F5, **368**) : c/ Codols, 14. • mariatchibcn@gmail.com • Ⓜ Drassanes. Tlj 12h (19h le w-e)-2h.* Très coloré et chaleureux, voici le tout petit bar de... Manu Chao en personne, et associés, rempli de musiciens et d'artistes de tout poil. L'empreinte du chanteur est très nette ! Ambiance assurée grâce à cette clientèle festive et très cosmopolite, qui parle musique, art et altermondialisme en buvant des verres... Un incontournable pour les amateurs de véritable ambiance de *música del barrio*.

Glaciar *(zoom détachable E-F5, **370**) : pl. Reial, 3. ☎ 93-302-11-63. • glaciarbcn@gmail.com • Ⓜ Liceu. Tlj 9h-1h (2h ven-sam) en terrasse, 1h de plus à l'intérieur.* Peut-être l'un des bars les plus authentiques de la place, et l'un des moins chers, en plus. Sympathique déco intérieure : bois, poutres au plafond, photos de musiciens aux murs. Ambiance musicale de bon goût (jazz, reggae, funk...). Large choix de bières. Locaux, étudiants et touristes s'y retrouvent avant de poursuivre la nuit ailleurs. Agréable terrasse en partie abritée sous les arcades.

LA CATALOGNE

Où écouter de la musique live ?

Les ruelles du Barri Gòtic autour de la cathédrale ont une acoustique époustouflante, et il n'est pas rare qu'aux beaux jours des musiciens confirmés viennent y faire un set (jusqu'à environ 23h). Violoncelle, guitare classique, bandonéon... C'est un peu la loterie, certes, mais souvent de qualité.

Harlem Jazz Club *(zoom détachable F5, **425**) : c/ Comtessa de Sobradiel, 8. ☎ 93-310-07-55. • zingariaproducciones@yahoo.es • harlemjazzclub.es • Ⓜ Liceu ou Jaume-I. ♿ Mar-dim 20h-4h. Fermé lun, sauf exception (consulter le site), et 3 sem en sept. En général, set vers 22h30. Entrée : 8-12 € (conso incluse).* Dans ce tout petit café-concert, l'ambiance est informelle et décontractée, ni sélecte ni élitiste comme c'est parfois le cas dans les clubs de jazz. Programmation de grande qualité à dominante jazz, évidemment, blues, mais aussi musiques du monde (latino-américaine, Balkans, tango, rock acoustique, reggae, etc.).

Jamboree *(zoom détachable F5, **371**) : pl. Reial, 17. ☎ 93-319-17-89. • info-jamboree@masimas.com • masimas.com • Ⓜ Liceu. Concerts à 20h et 22h ; entrée : 5-20 € (sans conso) selon jour et artistes. Entrée boîte : 5-10 €.* Un lieu dont la réputation n'est plus à faire. Les meilleurs jazzmen se produisent en début de soirée sous les 3 petites caves voûtées accolées du *Jamboree*, le *Tarantos* à l'étage programmant des spectacles de flamenco (à 20h30, 21h30 et 22h30). Plus tard dans la nuit (de minuit à 5h), les 2 clubs se métamorphosent en discothèques. Au choix : plutôt funk, disco et R'n'B au *Jamboree*, pop-rock et eighties au *Tarantos*. Excellente programmation, surtout au *Jamboree*, et bonne ambiance cosmopolite.

Sidecar Factory Club *(zoom détachable F5,* ***372****) : pl. Reial, 7. ☎ 93-317-76-66. • info@sidecar.es • sidecarfactoryclub.com • Ⓜ Liceu. Jeu-dim 17h-3h. Entrée concert : 10-20 € selon programmation (réduc si résa sur Internet). Entrée boîte : 5-10 €, avec conso.* La petite cave en sous-sol, avec scène de poche et bar, accueille des concerts plutôt éclectiques mais avec une nette dominante indie rock. Une fois que les musiciens ont plié bagage, place à un DJ (électro, pop, funk & soul, etc.), et l'endroit se transforme en boîte de nuit. Pour souffler, on peut retourner boire un verre au bar du rez-de-chaussée, plus peinard (sauf s'il y a un DJ !) avec son écran pour les clips et sa terrasse. Néanmoins, l'entrée est souvent chère et le service pas terrible.

La tournée des boîtes

On vous prévient, les boîtes de la Rambla, c'est un peu l'usine, et les videurs sont de vrais contremaîtres.

Marula Café *(zoom détachable F5,* ***430****) : c/ dels Escudellers, 49. ☎ 93-318-76-90. • eventos@marulacafe.com • Ⓜ Drassanes. Tlj 23h-5h. Entrée gratuite jusqu'à 2h, puis 10 € avec 1 conso.* Soul, funk, R'n'B, mais aussi *Latin music*, tout ce qui groove bien a sa place dans cette excellente boîte un brin rétro à l'atmosphère très cool. L'espace n'est pas grand, avec une petite piste coincée entre 2 bars, mais on se sent aussitôt à l'aise et prêt pour une nuit de danse ! Bons concerts à l'occasion.

El Cangrejo *(zoom détachable E5,* ***431****) : c/ de Montserrat, 9. ☎ 93-301-29-78. Ⓜ Drassanes. Seulement ven-sam 23h-3h. Entrée gratuite, mais conso obligatoire.* Voici un endroit de fête canaille pour les fanas d'Almodóvar ! Le kitsch est à son comble avec une déco pas possible et des tubes des années 1980, qui laissent la place (vers 23h30) à des spectacles de travestis chantant en play-back ou faisant un show humoristique. C'est toujours très bon enfant, mais mieux vaut maîtriser l'espagnol.

Également le ***Jamboree*** *(zoom détachable F5,* ***371****)* et, encore mieux, le ***Sidecar Factory Club*** *(zoom détachable F5,* ***372****)*, qui se métamorphosent en boîtes de nuit à la fin des concerts. Voir plus haut « Où écouter de la musique live ? ».

Achats

L'avigunda del Portal de l'Ángel et la carrer Portaferrissa sont les plus commerciales. Prolongement naturel du passeig de Gràcia, l'***avigunda del Portal de l'Ángel*** regroupe un grand nombre de marques internationales (et, régulièrement, la ***fira d'Artesans*** – *tlj 10h-21h* –, un petit marché sous tentes d'artisans de la ville, qui tournent fréquemment). Parfait pour faire quelques emplettes. Sinon, bain de foule assuré le samedi. Pour le routard chineur, une ribambelle de petites boutiques ou de vastes cavernes aux trésors se côtoient dans la minuscule carrer de la Palla *(zoom détachable F4)*, qui donne sur la place de la Cathédrale. Bourrées d'antiquités pour les unes, plutôt version brocante pour les autres, elles souffrent des augmentations de loyer du quartier et sont peu à peu remplacées par des galeries d'art plus ou moins convaincantes ou des boutiques beaucoup plus standardisées... snif !

Casa Colomina *(zoom détachable F4,* ***461****) : c/ Cucurulla, 2. ☎ 93-317-46-81. • casacolominaml@yahoo.es • Ⓜ Liceu. Tlj sauf dim 11h-14h, 17h-20h.* Minuscule (un simple comptoir) boutique ouverte depuis 1908, spécialisée dans la fabrication de *turrón*, probablement le meilleur de la ville car vraiment artisanal. De la famille du nougat, à base de sucre et d'amandes, celui dit *de Jijona (Xixona)* a le grain fin ; celui d'Alicante contient de plus gros morceaux d'amandes. Goûtez aussi le *mazapán* (pâte d'amandes aux parfums divers). Meilleur choix en hiver (le *turrón* s'offre à Noël, comme les chocolats en France). *Autre adresse à Gràcia (c/ Gran de Gràcia, 57 ; en hiver seulement).*

La Manual Alpargatera *(zoom détachable F5, **483**) : c/ Avinyó, 7. ☎ 93-301-01-72. Ⓜ Liceu ou Jaume-I. Presque à l'angle de la c/ de Ferrán. Tlj sauf dim 10h-14h, 16h (17h ven)-20h. Également une boutique du côté d'El Born, c/ de Montcada, 13 ; mar-dim 11h-21h.* Une boutique et fabrique artisanale d'espadrilles pour petits et grands. Les indémodables souliers en corde sont confectionnés sous les yeux des clients, puis rangés sur les étagères qui courent du sol au plafond. Vendeurs à l'ancienne, avec les petits tabourets d'essayage. Qualité et solidité garanties. Si vous souhaitez investir dans une vraie paire d'espadrilles *(à partir de 30 € pour les modèles de base)*, c'est ici qu'il faut venir.

Ganiveteria Roca *(zoom détachable F5, **473**) : pl. del Pi, 3. ☎ 93-302-12-41. • info@ganiveteriaroca.cat • Ⓜ Liceu. Lun-ven 10h-13h30, 16h30-20h ; sam 10h-14h, 17h-20h.* Depuis 1911, une magnifique coutellerie, dont la vitrine attire systématiquement tous les badauds. Plus de 9 000 références de couteaux, lames, ciseaux, rasoirs... Les amateurs apprécieront. La boutique attire tellement de monde qu'il y a des tickets, comme chez le boucher !

Bodega Vidrios y Cristales *(zoom détachable F6, **479**) : passeig d'Isabel II, 6. ☎ 93-250-45-01. • vidriosycristales@sagardi.com • Ⓜ Barceloneta. Lun-mer 18h-23h, jeu-sam 13h (12h le w-e)-23h.* Tout au bout du Barri Gòtic, sur le chemin de la Barceloneta, au frais sous les arcades du passeig Isabel II. Dans de charmantes boîtes rétro, conserves de poissons et produits de la mer, mais aussi quelques *jamones* qui pendouillent. Également une intéressante sélection de vins espagnols, cidres et vermouths (la spécialité de la maison). Possibilité de consommer sur place, dans un décor de taverne à l'ancienne assez réussi.

Llibreria Selvaggio *(zoom détachable F5, **468**) : c/ Freneria, 12. ☎ 93-315-15-56. • selvaggiolibros@movistar.es • Ⓜ Jaume-I. Tlj sauf dim 10h-19h30 (pause jeu 13h30-17h).* Une minuscule boutique qui embaume le vieux papier et le cigare, où l'on peut dénicher des cartes postales anciennes de Barcelone, des plans, des revues, des livres parcheminés... Certains ouvrages sont en français.

Desigual : marque de fringues mixtes au style assez marqué et très coloré. On en croise à peu près partout dans la ville, entre autres : *pl. Catalunya, 9 et au **Corte Inglés** de la pl. Catalunya, 14 ; c/ Argenteria, 65, dans El Born ; sur la Rambla, 136-140 (tt près de la pl. de Catalunya) ; également un **outlet** (stock des collections anciennes, moins cher) c/ Diputació, 323 (centre détachable G3, **131**), etc. ; consulter • desigual.com •*

Voir aussi plus haut ***Caelum*** *(zoom détachable F5, **312** ; c/ de la Palla, 8)* dans la rubrique « Où prendre le petit déjeuner ?... ». Tout plein de douceurs, essentiellement sucrées, en provenance de divers monastères et ordres religieux du pays.

Cerería Subirá *(zoom détachable F5, **351**) : c/ Baixada de la Llibretería, 7. ☎ 93-215-26-06. • cereriasubira@gmail.com • Ⓜ Jaume-I. Tlj sauf dim 10h-20h.* La plus ancienne boutique de la ville fait commerce de bougies depuis 1761 : cierges (la maison fournit toutes – ou presque – les églises de la ville) et bougies aux formes et couleurs les plus variées. Joli décor d'époque avec boiseries et escalier à double révolution flanqué de statues-lampadaires.

Artesania Catalunya *(zoom détachable F5, **465**) : c/ Banys Nous, 11. ☎ 93-653-72-14. • bcncrafts.com • Ⓜ Jaume-I ou Liceu. Tlj sauf dim ap-m 11h-14h, 17h-20h.* Une boutique montée par le très officiel Conseil du tourisme, du commerce et de l'artisanat pour promouvoir les artisans catalans bien vivants, et bien dynamiques. Céramique, bijoux, textile, métal... du bibelot rigolo à la belle orfèvrerie (voire à l'objet d'art), il y en a pour tous les goûts et toutes les bourses. Également des expos dans l'espace du fond.

La Veintinueve *(zoom détachable F5,* ***469****) : c/ Banys Nous, 14. ☎ 93-763-91-88. • info@laveintinueve.com • Ⓜ Jaume-I ou Liceu. Lun-sam 11h-21h, dim et j. fériés 12h-20h30.* Une boutique que les amatrices de mode rétro vont a-do-rer ! Chaussures vintage, bien cambrées et colorées comme il faut (et fabriquées en Espagne, dans la région de Valencia), robettes cintrées aux larges jupes à faire virevolter, petits hauts serrés...

Les marchés

Marché aux timbres et pièces de monnaie *(zoom détachable E-F5) : pl. Reial. Tte l'année, dim 9h-14h30.*

Foire aux antiquités *(zoom détachable F5) : pl. Nova. En face de la cathédrale. Ts les jeu.*

À voir

Le ***Barri Gòtic,*** ce rectangle bordé au sud-ouest par la célèbre Rambla, présente une remarquable homogénéité architecturale (tout au moins en apparence, comme nous le verrons plus loin). Cela n'avait pourtant rien d'évident ! À la fin du XIXe s, le quartier médiéval s'est dégradé à la suite de la migration des familles aisées pour les nouveaux quartiers de l'Eixample. Sa rénovation est donc très récente, du moins au regard de l'histoire de la cité. Surtout que 1 an de siège avait déjà détruit les $^2/_3$ de la ville en 1714 pendant la guerre contre l'Espagne. Par la suite (1908-1936), c'est le percement du métro sur la vía Laietana qui continue de saccager le vieux centre. Sans oublier les 2 ans de bombardements qui s'ensuivent pendant la guerre civile ! Le Barri Gòtic reste malgré tout l'***un des quartiers médiévaux les mieux préservés du pays.*** Et s'il est, certes, très touristique, au détour des ruelles et venelles, on surprend toujours des instants magiques, des tranches de vie d'une Espagne encore authentique : un franciscain tout de noir vêtu, des familles en balade plaça de George Orwell, des enfants en uniforme jouant au ballon autour de la fontaine de la plaça de Sant Felip Neri, les boutiques d'antiquaires carrer de la Palla... Il faudra savoir vous perdre pour capturer vos propres instantanés et fabriquer vos propres souvenirs...

Catedral *(zoom détachable F5) : pl. de la Seu. ☎ 93-342-82-62. • catedralbcn.org • Ⓜ Jaume-I. Horaires du culte : lun-sam 8h30-12h30, 18h-19h30 (17h-20h vac scol et j. fériés) ; dim 8h30-13h45, 17h-20h. Horaires des visites (billet unique à 9 €, audioguide inclus ; gratuit - de 12 ans) : lun-ven 9h30-18h30, sam 9h30-17h15 (et parfois dim 14h-17h) ; dernière entrée 30 mn plus tôt. Le billet payant donne accès au chœur, au cloître, au trésor et aux toits. Visite guidée de 1h à 12 €/pers. Billet combiné avec le* Museu diocesà *: 15 €. Pas de visite touristique 1er janv, à Pâques et à Noël. Épaules nues interdites, pas de short ni casquette, et portables éteints !*

Bâtie au XIIIe s à l'emplacement d'une église romano-wisigothique, c'est en fait la 3e église (et la 2e cathédrale) construite sur ce site. Des travaux d'excavation ont dévoilé l'existence d'une basilique paléochrétienne. L'invasion arabe ne laissa rien de la construction d'origine, mais la cathédrale connut une nouvelle vie au XIe s, avant d'être élevée au rang de cathédrale-basilique à la fin du XIIIe s. La construction dura plus de 150 ans. Les 2 tours octogonales datent du XIVe s. La façade n'était pas encore réalisée ! C'est pourquoi un riche industriel barcelonais du XIXe s proposa de terminer cette façade d'après les plans et selon le style gothique. La dernière touche fut mise en 1913, avec l'installation de la lanterne et de la flèche. L'intérieur de la cathédrale est un ***exemple parfait du gothique catalan,*** composé de 3 nefs voûtées, sombres et élégantes, une abside et un faux transept. C'est sur les bras des transepts que s'appuient les tours octogonales. Admirez les énormes piliers, les arcs saillants, les arcs-boutants d'une évidente simplicité. Tout, dans cette grandiose réalisation, est d'une pureté conceptuelle rarement égalée.

À l'intérieur, on découvre 17 chapelles secondaires et des joyaux architecturaux tels que les stalles du chœur, la chaire, les fonts baptismaux, la lanterne centrale, véritable puits de lumière, et le Christ de Lépante.
- ***Le chœur :*** placé au centre de l'édifice, c'est l'un des chefs-d'œuvre du lieu. Il fut réalisé à la fin du XIVe s sur demande de l'évêque Ramon d'Escales. La clôture d'accès, en marbre blanc, représente sainte Eulalie défendant la foi chrétienne, ainsi que saint Sévère (début du XVIe s). Mais ce sont surtout les 61 stalles en bois finement ciselé, surmontées de véritables dentelles gothiques, qui font toute sa beauté. Notez les riches blasons qui les ornent : ce sont ceux des chevaliers de la Toison d'or, réunis ici par l'empereur Charles Quint en présence des rois de France, du Portugal, de Hongrie... C'est le travail du père Sanglada, qui sculpta également la chaire.
- ***La crypte :*** située sous l'autel, elle n'est visible que de derrière la grille. Sainte Eulalie, patronne de la ville, y repose en paix depuis 1939. Cette crypte, dessinée par Jaime Fabré au début du XIVe s, constitue un réel chef-d'œuvre d'équilibre architectural. Remarquez tout d'abord l'entrée en forme d'arc. En découvrant la voûte presque plate qui coiffe le tombeau de la sainte, on reste ébahi. On a le sentiment que le poids de l'ensemble a comme écrasé la voûte, pourtant soutenue par 12 arcs gracieux. Sur l'énorme clé de voûte centrale sont représentées la Vierge et sainte Eulalie comme en apesanteur. Une merveille. Sous la clé de voûte repose le sarcophage en albâtre de la sainte, qui date également du début du XIVe s.
- ***Les chapelles latérales :*** sur la gauche, à l'entrée de la cathédrale, superbes fonts baptismaux avec une énorme coupe aux arêtes hélicoïdales en marbre de Carrare (XVe s). Ceux-ci voisinent avec 2 chapelles particulièrement dorées, celles de saint Sévère et de saint Marc. Sur la droite, une chapelle (réservée à la prière) renferme le célèbre ***Christ de Lépante.*** La tradition orale du XVIe s indique que ce crucifix figurait à la proue du navire amiral de la flotte chrétienne qui combattit la flotte musulmane dans le golfe de Lépante au XVIe s. Un peu plus loin, en revenant vers la crypte, les tombeaux du comte de Barcelone et de son épouse, fondateurs de la cathédrale romane en 1058.
- ⇇ Prenez le temps de monter sur les ***toits*** *(accès en ascenseur par la chapelle Les Ànimes del Purgatori, à gauche de la crypte).* Même si le point de vue n'est pas si élevé, on découvre un aspect unique du clocher et de la flèche au-dessus de la lanterne centrale. Sans oublier le panorama sur la ville avec, entre autres, la Sagrada Família en toile de fond.
- ***Le cloître et le musée :*** à droite du transept, accès au cloître par la *puerta de Sant Sever,* de style roman lombard. Ce cloître dégage un impressionnant sentiment de sérénité, peut-être grâce à l'abondante lumière qui contraste avec l'obscurité de la cathédrale et grâce à son adorable courette plantée de palmiers. Il fut achevé au milieu du XVe s. Levez les yeux : toutes les clefs de voûtes sont travaillées. 2 portes superbes, qu'il vaut d'ailleurs mieux admirer de l'extérieur, sont à signaler : celle de la Pietà (tout de suite à gauche en venant de la cathédrale) et celle de Santa Eulàlia (qui donne sur la carrer del Bisbe), du plus pur style gothique flamboyant. Au centre, ***la cour-jardin plantée de palmiers est peuplée de 13 oies.*** Pourquoi 13 ? En mémoire, dit-on, de santa Eulàlia, qui avait 13 ans lors de son martyre. C'est ici que, chaque année lors de la Fête-Dieu (ou *Corpus Christi,* 60 jours après Pâques), se déroule une manifestation originale, celle dite de « l'œuf qui danse » *(l'Ou com Balla)* : on place au sommet de la fontaine Sant Jordi une coquille d'œuf, entière mais vide, qui reste en équilibre au sommet du jet d'eau...
Au bout du cloître, une autre chapelle intéressante : celle de *Santa Llúcia,* avec le gisant de l'évêque Arnau de Gurb. C'est la seule partie romane de la cathédrale, du XIIIe s, encore conservée (même si elle fut rapportée au XIXe s).
Le *trésor* de la *salle capitulaire* se trouve à côté *(inclus dans l'entrée de la cathédrale).* On peut y admirer une belle série de tableaux, notamment la *Pietà* de Bartolomé Bermejo, datant de la fin du XVe s, ainsi qu'une belle *Vierge à l'Enfant,*

mais aussi un petit Miró. Et les beaux retables de saint Bernardin et de l'ange gardien de Jaume Huguet (XVe s) ou de l'orfèvrerie religieuse émaillée des XVe et XVIe s.

Itinéraire gothique (ou presque !)

Le Barri Gòtic se distingue par sa grande homogénéité. Pourtant, au risque d'en décevoir certains, cette homogénéité est relativement factice... Ce Gòtic est à bien des égards un décor d'opérette ! Ce qui n'enlève rien à son charme, au contraire. Le but était à l'époque de rendre la ville idéale, tout en sauvant un maximum d'authentiques bâtiments... Nous vous proposons donc un petit itinéraire qui vous aidera à démêler le faux du vrai... Partons donc de la ***cathédrale,*** authentique joyau gothique... à l'exception de sa façade principale, de la flèche et de la lanterne, érigées au début du XXe s.

Face à la cathédrale, la ***place du parvis*** (officiellement appelée ***plaça Nova***), à l'origine bien plus petite et où s'improvisent de petits concerts sauvages. En 1956, on décida de reconstruire une partie de l'aqueduc romain et de rendre visibles 3 des 78 tours que comptait autrefois la ville. Les bombes avaient éventré Barcelone pendant la guerre civile, et on profita du chantier pour faire des fouilles et des aménagements. Il ne faut jamais oublier que le quartier médiéval est une inextricable imbrication romaine et gothique (si les remparts furent renforcés au IVe s, ils ont gardé le même tracé) et que le quartier fut fortement rénové par les évêques au XVIIIe s. Heureusement, il reste une infinité d'éléments gothiques, certains bien cachés. Jetez donc un œil à la ***porta romana*** (porte romaine) à droite de la cathédrale et de la rampe d'accès de la carrer del Bisbe ; c'est la mieux conservée des 4 portes (il n'en reste plus que 2). On y voit encore le passage (aujourd'hui grillagé) réservé aux piétons. Cette entrée de la ville était placée sous la protection de saint Roch, censé éloigner la peste.

À l'entrée de la *carrer del Bisbe* le ***palau episcopal*** (palais épiscopal) conserve de la construction primitive romane une spacieuse cour intérieure à arcades. En face, la ***casa de l'Ardiaca*** (maison de l'Archidiacre) est une intéressante construction, plusieurs fois remaniée, qui mélange allègrement les styles gothique et Renaissance (XIe-XVIe s). Très jolie cour intérieure avec une fontaine et un palmier. À l'étage, le bâtiment abrite les archives de la Ville, qui proposent régulièrement des expos temporaires *(GRATUIT).* Juste en face, la petite ***capella Santa Llúcia*** (XIIe-XIIIe s), désormais rattachée à la cathédrale. On peut admirer le petit porche roman à 4 voussures décorées de motifs végétaux ; l'intérieur a été détruit pendant les guerres civiles.

Empruntez enfin la carrer del Bisbe et, juste sur la gauche, dans une niche, repérez ce discret agneau pascal orné du symbole de l'évêque qui annonce les ***cases dels Canonges*** (maisons des Chanoines), un bel édifice Renaissance relié au *palau de la Generalitat* par un pont gothique datant de... 1928. *Plaça Garriga i Bachs,* jetez un œil aux impacts de balles sur les murs : ils datent de la guerre civile espagnole. Tournez dans la ***carrer de Montjuïc del Bisbe,*** jusqu'à la ravissante ***plaça Sant Felip Neri.*** Un vrai décor de cinéma ! Plusieurs réalisateurs y ont d'ailleurs planté leurs caméras : Tom Tykwer pour *Le Parfum* (2006), Woody Allen pour *Vicky Cristina Barcelona* (2008)... Petite fontaine devant la belle église baroque du XVIIIe s (dédiée évidemment à sant Felip Neri). Les impacts sur la façade sont également de tristes souvenirs, ceux des bombardements des avions de Mussolini en 1938 (42 personnes, dont 20 enfants de l'école Sant Felip Neri, située sur la place, alors qu'ils jouaient, furent tuées)... Une plaque commémorative sur la façade de l'église rappelle ce triste épisode. Et on dit que Gaudì, très croyant, venait entendre la messe ici tous les jours. Le palais jouxtant l'église provient de la vía Laietana et a été reconstruit ici pierre par pierre après la guerre civile. On est ici aux portes de la *judería,* le ***Call Mayor, c'est-à-dire le quartier juif médiéval*** qui constitue une enclave (voir les détails un peu plus loin).

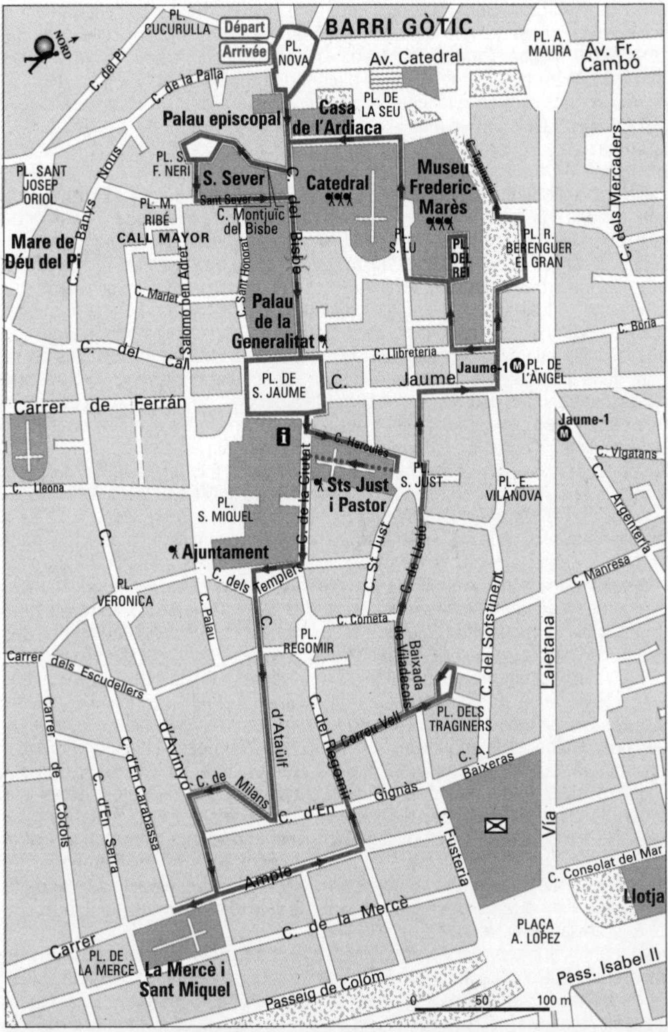

ITINÉRAIRE GOTHIQUE

Retournez sur vos pas, vers la ***carrer del Bisbe,*** qui cristallise tout le charme et l'authenticité du quartier. Après les *cases dels Canonges,* notez la façade gothique du ***palau de la Generalitat,*** siège de la présidence de Catalogne avec ses belles gargouilles et ses têtes sculptées (dont une représente la Mort). On débouche sur la ***plaça Sant Jaume*** où siège l'***Ajuntament*** (hôtel de ville). La grande façade date du XIXe s, mais le bâtiment est bien antérieur, comme en témoigne la façade originale en gothique flamboyant (1399) qui se trouve sur la gauche, dans la

carrer de la Ciutat. Continuez puis empruntez sur votre gauche l'étroite ***carrer de Hèrcules,*** pour atteindre la ***plaça Sant Just,*** flanquée de la basilique gothique ***Sants Màrtirs Just i Pastor.*** Sa façade est restée inachevée du fait de la peste noire (mi-XIVe s) et d'un cruel manque d'argent. Si vous pouvez la visiter, ses chapelles baroques sont en revanche parfaitement préservées. Ces 3 derniers monuments sont détaillés un peu plus loin dans la rubrique « Autour de la cathédrale ».
Retournez vers la carrer de la Ciutat ; tournez à gauche puis à droite dans la ***carrer dels Templers*** (rue des Templiers, lesquels possédaient cette partie de la ville), puis à gauche ***carrer d'Ataülf.*** Là, au nº 4, il reste un portail roman, seul vestige d'une église qui brûla par 2 fois. Un peu plus loin sur la droite, à hauteur du nº 16, on croise la ***carrer del Timó,*** une minuscule impasse gardée par une grille. C'était, dit-on, un passage secret qui menait au siège de l'ordre du Temple. Tournez encore à droite ***carrer de Milans*** avec cette place ronde à la curieuse configuration. Ici, on fait une petite incursion dans le XVIIIe s : au fond d'une boutique, on aperçoit un balcon qui permettait au propriétaire de surveiller son magasin de chez lui... Typiquement barcelonais ! Vous verrez beaucoup d'installations de ce genre dans la vieille ville. On tombe ensuite sur la célèbre ***carrer d'Avinyó,*** que l'on descend à main gauche ; au nº 52, juste à gauche, un petit porche cache un patio avec un escalier caractéristique des immeubles médiévaux de l'époque (bien que remanié au XVIIIe s, il a gardé sa structure d'origine).

Au débouché d'Avinyó, prenez la ***carrer Ample*** jusqu'à la ***plaça de la Mercè*** et tombez sur l'église qui porte son nom, l'***església de la Mercè*** *(tlj 9h-13h, 16h30-20h),* une église déplacée sans son cloître depuis la place de la mairie.
Faire demi-tour dans la carrer Ample pour attraper à gauche la carrer del Regomir, puis à droite la carrer Correu Vell : vous débouchez sur la jolie ***plaça dels Traginers*** (où l'on débarquait autrefois les marchandises arrivées par bateau) surplombée par une ancienne tour de la muraille romaine. Sur votre gauche, remontez par la ***baixada de Viladecols,*** qui devient ***carrer dels Lledó,*** l'une des rues médiévales les mieux préservées (avec la carrer Montcada, dans la Ribera). Au bout, la carrer Jaume I, et, jouxtant la vía Laietana, la ***plaça de l'Àngel,*** autrefois porte romaine. Si vous prenez à droite la carrer del Sots-Tinent-Navarro, parallèle à la vía Laietana, vous longez les remparts romains de la ville. Idem si vous partez à gauche, en suivant la ***carrer de la Tapinería,*** l'ancienne rue des Cordonniers (*tapins* : chaussures). La muraille romaine est encore adossée à l'église royale... le tout imbriqué de restes de palais médiévaux (vous êtes juste derrière la plaça del Rei). Les demeures plus récentes ont été dégagées pour mieux mettre en valeur les murailles. Ce qui est chose faite lorsqu'on atteint la ***plaça Berenguer el Gran*** (statue équestre du comte-roi Ramón Berenguer III). Revenir vers la plaça de l'Àngel pour suivre sur quelques mètres la ***carrer de la Llibretería*** (l'antique ***cardo maximus,*** donc la voie romaine principale), puis très vite à droite la carrer Veguer.
Arrivée, enfin, sur la ***plaça del Rei,*** une des plus élégantes places de Barcelone. Un bel ensemble architectural dominé par le mirador del Rei Martí, véritable gratte-ciel du XVIe s, à 5 étages et à arcades, qui offre un très beau panorama. Quant au ***palau Reial Major,*** le palais du roi qui abrite désormais le ***museu Frederic Marès*** (se visite, voir plus loin), il fut amélioré au XVIe s avec notamment une tour de guet. Mais c'est là que les urbanistes modernes firent leurs plus grandes prouesses. Cette place médiévale, plus vraie que nature, n'est en réalité qu'une reconstitution ! Il ne subsiste que quelques éléments d'origine, comme une partie du *palau del Virrei* (le vice-roi, représentant du roi en son absence), l'église royale et quelques arcs. Les autres demeures, tel le musée d'Histoire de Barcelone, furent rapportées en 1930 pour fermer la place et la rendre plus pittoresque. C'est d'ailleurs à l'occasion de ces travaux que l'on découvrit la ville romaine souterraine (visible dans ledit musée d'Histoire de la Ville ; se visite, voir plus loin). On y trouve également la *chapelle Santa Agueda,* par laquelle il faut passer pour accéder au mirador, la *maison Padellás,* superbe demeure de style gothique catalan, qui abrite le Musée historique, ainsi que les anciennes *arxiu de la Corona d'Aragó* (archives

de la Couronne d'Aragon), noble demeure avec fontaine glougloutante et patio. On peut en principe le traverser en journée pour gagner la carrer dels Comtes puis la plaça Sant Lu ; admirez au passage le plafond qui surplombe l'escalier.
Pour revenir vers la cathédrale, la carrer dels Comtes longe le *museu Frederic Marès* : sa porte d'entrée est encore un ajout, datant cette fois-ci de la guerre civile. Pratiquement en face, à gauche du portail, sur la façade de la cathédrale, vous remarquerez une porte en hauteur qui donne dans le vide : il s'agit d'un ancien passage qui menait au Palais royal. Tout autour, de belles sculptures, quelques gargouilles et des anges musiciens. Quand vous aurez fini de les admirer, vous vous retrouverez à votre point de départ avec, en bonus, le ***Museu diocesà*** sur votre droite !

Les musées de la plaça del Rei
(zoom détachable F5)

Museu d'Història de Barcelona (**MUHBA** ; *musée d'Histoire de la Ville et galerie des fouilles ; zoom détachable F5,* **501**) **:** *pl. del Rei, c/ del Veguer, 2. ☎ 93-256-21-00. ● museuhistoria.bcn.cat ● Ⓜ Jaume-I. ♿ Mar-dim 10h-19h (20h dim). Fermé lun et 1er janv, 1er mai, 24 juin et 25 déc. Entrée : 7 € (audioguide compris ; valable également pour ts les petits sites archéologiques indiqués au dos du ticket) ; réduc ; gratuit - de 16 ans, et pour tous le 1er dim du mois et à partir de 15h le dim. Inclus dans l'Arqueoticket.*
Après une présentation de l'évolution du peuplement du site actuel de Barcelone depuis la préhistoire (avec un audiovisuel), prenez l'escalier (ou l'ascenseur) qui descend vers la partie la plus captivante de la visite : ***les fondations de l'ancienne ville romaine et médiévale.*** Bref coup d'œil à la *torre de la muralla* du IVe s, véritable puits de lumière, puis vous constaterez que l'aménagement de ce lieu a ingénieusement conservé l'esprit du site grâce à des allées qui permettent de déambuler au-dessus des ruines telles que les vestiges du *cardo minor* et des maisons *(domus)* : atrium, péristyle, *cubicula,* murs et ruelles sinueuses. De quoi prendre de la hauteur sur ce dédale de vieilles pierres, largement puisées à Montjuïc puis réutilisées jusqu'au bas Moyen Âge et qui donne une idée de la taille de la ville à cette époque. Ne manquez pas les jarres *(dolia),* les colonnes de l'ancienne basilique, le chapiteau corinthien ni l'ancien baptistère datant de la fondation de la cathédrale. Plus saisissants encore, les ***vestiges des boutiques*** où l'activité semble s'être arrêtée la veille : laveries, teintureries, piscicultures, salaisons, cellier, etc., dont on voit toujours parfaitement les bassins ou l'emplacement des jarres et amphores. Remarquez les thermes romains et l'ensemble de sculptures récupérées de l'ancienne muraille de Barcelone. Quand on vous disait que dans ce quartier tout s'imbrique : les murs romains sont progressivement devenus ceux du palais épiscopal puis du palais des comtes carolingiens au IXe s. À l'étage, une expo thématique consacrée à la Barcelone médiévale.
On remonte ensuite pour visiter les salles du palais comtal et royal avec ses vitrines remplies de poteries, puis la chapelle, où l'on peut admirer le ***remarquable retable de l'Épiphanie*** (1464), et enfin les salles gothiques catalanes dont le vaste *salò del Tinell.* Cette impressionnante salle de cérémonie et de banquet du XIVe s, avec ses immenses arcs en plein cintre, présente de belles fresques romanes du XIIIe s illustrant la conquête de Majorque. Également un film en images de synthèse reconstituant les volumes et l'architecture du palais à toutes les époques. Enfin, le musée accueille les vestiges d'un bateau du XVe s, retrouvé dans le port, ainsi qu'un espace consacré à la ville du XIXe et du XXe s.

Juste à côté du musée, la ***librairie La Central*** intéressera les amateurs d'art, de géographie, de sociologie, d'architecture... Mêmes horaires que le musée. Nombreuses succursales en ville *(● lacentral.com ●).*

*** © ***Museu Frederic Marès*** *(zoom détachable F5,* ***507****)* **:** *pl. Sant Lu, 5-6. ☎ 93-256-35-00. • barcelona.cat/museumares • Ⓜ Jaume-I. ♿ (partiel). Mar-sam 10h-19h, dim et fêtes 11h-20h ; dernière entrée 30 mn plus tôt. Fermé lun et 1er janv, 1er mai, 24 juin et 25 déc. Entrée : 4,20 € (inclus expos temporaires ; valide pour une 2e visite dans les 6 mois) ; réduc ; gratuit - de 16 ans, et pour tous le 1er dim du mois et ts les dim après 15h. Audioguide : 1 €.*

L'ancien *palau Reial Major,* résidence barcelonaise des monarques de la couronne de Catalogne et d'Aragon du Xe au XVe s, abrite l'étonnante et très riche collection de Frederic Marès. Sculpteur de métier, ***cet artiste a commencé très tôt à réunir toutes sortes d'objets et œuvres d'art provenant de ses voyages.*** Il en fit don en 1946 à la Ville, qui, reconnaissante, choisit ce superbe bâtiment pour les abriter, et autorisa Marès à y habiter jusqu'à sa mort en 1991. Plus de 4 200 pièces en tout, réparties en fait entre 13 musées, outre celui-ci. La collection est ici organisée en 2 parties : le musée d'Art religieux, chronologique, remarquable notamment pour sa collection de sculptures romanes (un vrai complément du MNAC !) ; et le Musée sentimental, qui réunit les multiples collections de Marès.

– ***Museu d'Escultura :*** *situé pour moitié au rdc et au 1er étage, dans le patio.* En guise d'introduction, une petite collection antique permet de découvrir des sculptures ibériques, grecques, puniques, romaines et d'Afrique du Nord, ainsi que quelques objets classiques (fibules, lampes à huile). Cependant, les plus belles pièces sont exposées dans les salles suivantes, entièrement consacrées à l'art médiéval. ***Magnifique collection de Vierges polychromes*** et de Christs en croix très allongés dans le style catalan, tous datés du XIIe au XVe s. Après les beautés épurées du roman (dont quelques pièces du maître de Cabestany), voici, dès la salle 6, le gothique. Quelques statues très expressives, notamment plusieurs « couples » représentant *Saint Jean et la Vierge* (salle 7). Après un détour par une petite salle (nº 5) dédiée à de superbes émaux de Limoges, place à une vaste collection de Vierges à l'Enfant et de saints. Au niveau d'un immense Christ en majesté d'origine italienne (salle 11), descente dans la ***crypte*** où sont exposées des sculptures sur pierre du IIIe au XVIe s : sarcophages, gisants (dont celui, en albâtre, de Juan Vargas, gardé par 4 chiens), colonnes, superbes chapiteaux et 2 beaux portails complets des XIIe-XIIIe s. Rejoignez maintenant le ***1er étage,*** qui abrite des sculptures et des peintures datant du XVe au XIXe s, essentiellement la Vierge et la sainte Famille. Salle 14, nombreuses *pietà,* une belle représentation du Christ portant sa croix par la star catalane Jaume Huguet (XVe s). Puis, salle 15, une série de minicoffres gothiques en ivoire, en métal ciselé, en bois, ou même un écritoire mexicain du XVIIIe s. Après une profusion de sculptures Renaissance un peu clinquantes, la salle 22 présente de beaux reliefs en albâtre illustrant des scènes bibliques. La visite s'achève par une ***riche section baroque*** (salles 25 à 27) pour illustrer les XVIIe-XVIIIe s, avec notamment une *Conversion de saint Paul* un peu folle, suivie de spécimens représentatifs de la Catalogne du XIXe s.

– ***Aux 2e et 3e étages,*** on accède au ***Museu sentimental.*** Ce musée original regroupe une impressionnante série d'objets usuels utilisés du XVIIe au XIXe s à travers le monde. Plus de 70 000 pièces ! ***Vraiment intéressant, ne le manquez pas.*** Ce rassemblement d'objets merveilleux de tous pays et en telle quantité est rare. En vrac, comme dans un inventaire à la Prévert, des éventails, des moules à hosties, des jougs ouvragés, d'incroyables pipes sculptées, des centaines de tabatières, des épées, mousquets et autres armes létales, une vaste collection de heurtoirs, des horloges, des cannes, des bénitiers... Et au 3e étage, l'***étonnante collection de jouets et automates anciens.*** Les amateurs d'antiquités seront aux anges ! Quant à l'ancien atelier-bureau-bibliothèque de Marès, il renferme ses propres œuvres, somme toute assez académiques car souvent le fruit de commandes publiques. Mais ce musée mérite assurément le détour.

Autour de la cathédrale (zoom détachable F4-5)

Si vous visitez la cathédrale un samedi vers 18h, ou un dimanche ou un jour férié vers 11h15, vous assisterez aux ***sardanes,*** qui sont jouées et dansées sur le parvis. Un orchestre vient spécialement, et les habitants laissent tomber leurs paniers de courses et « abandonnent » leur bébé dans le landau pour participer à cette joyeuse fête populaire.
Face à la cathédrale, on découvre plusieurs bâtiments civils intéressants. C'est sur cette place Neuve (la ***plaça Nova***) que se tenait, au XIIIe s, le grand marché aux esclaves...

Museu diocesà *(Musée diocésain ; zoom détachable F5,* ***502****)* **:** *pl. de la Seu, 7. ☎ 93-315-22-13. • museudiocesa.esglesia.barcelona • Ⓜ Jaume-I. ♿ À côté de la cathédrale. Tlj 10h (11h mar)-20h. Entrée : 8 € (selon expos) ; réduc ; gratuit - de 12 ans. Billet combiné avec la catedral : 15 €.* Le bâtiment mérite un coup d'œil. Il s'agit de la *casa de Pía Almoina,* une ancienne résidence de chanoines du XIe s, détruite 4 siècles plus tard, puis reconstruite. Elle fut bâtie sur les fondations d'une tour octogonale romaine, vestige de remparts du Ier s, dont on voit encore les soubassements. Très belle grille à l'entrée de la boutique, grâce aux lignes voluptueuses du sculpteur contemporain catalan Josep Plandiura.

Au ***10, carrer del Paradis*** (ruelle donnant sur la plaça Sant Jaume), on trouve le *Centre excursionniste de Catalogne.* Entrez pour dénicher les 4 grosses colonnes romaines, stupéfiants vestiges de l'***ancien temple d'Auguste*** *(lun 10h-14h, mar-sam 10h-19h, dim 10h-20h ; GRATUIT).* Enfin apparaît la ***plaça Sant Jaume,*** ancien forum romain, encadrée par le palais de la Generalitat et l'hôtel de ville.

Palau de la Generalitat *(zoom détachable F5)* **:** *☎ 93-402-46-00. • presidencia.gencat.cat • Ⓜ Jaume-I. Visite seulement lors de la Sant Jordi (23 avr), les 11 et 24 sept, et sur résa sur le site internet les 2e et 4e w-e du mois sauf en août. GRATUIT.* Siège de l'assemblée provinciale de la région de Catalogne et de son gouvernement. La Catalogne dispose d'une large autonomie : elle a un président, des conseillers, sa propre police, son budget et sa langue. Le palais présente 2 façades très différentes. Côté carrer Bisbe, de style gothique avec de nombreuses gargouilles ; côté plaça Sant Jaume, de style classique gréco-romain d'une grande sobriété. ***Le balcon est hautement symbolique aujourd'hui comme hier*** : la République y a été proclamée en 1873 et les joueurs du Barça viennent y saluer la foule à chaque victoire. À l'intérieur, quand c'est possible, admirez le superbe escalier gothique, entièrement sculpté, et sa galerie supérieure ornée d'élégantes et fines arcades. Remarquez également la façade de la *capella Sant Jordi* (chapelle Saint-Georges), d'un très pur gothique flamboyant. Plus haut, on trouve le curieux *patio dels Tarongers* (cour des Orangers), l'un des coins les plus tranquilles de Barcelone. Bel exemple de transition du gothique à la Renaissance. On accède ensuite au *salón del Consistori Major,* aux beaux murs décorés. Plafonds à caissons peints.

Ajuntament *(hôtel de ville ; zoom détachable F5)* **:** *pl. Sant Jaume. ☎ 93-402-70-00. • barcelona.cat • Ⓜ Jaume-I. Ouv seulement dim 10h-14h. Visite libre ou guidée gratuite en anglais à 10h, en espagnol à 10h30 et 12h, et en catalan à 11h, 11h30 et 12h30. Et journées portes ouvertes les 11 fév, 23 avr et le jour du Corpus Christi (30 mai 2024) 10h-20h, sans visites guidées. GRATUIT.* Sa vraie façade n'est pas celle plantée sur la place, d'un style néoclassique du XIXe s assez lourd, mais celle donnant sur la carrer de la Ciutat, à gauche : du splendide gothique catalan. À l'intérieur, le *salon des Cent,* grande salle voûtée qui abrita en 1373 le 1er gouvernement de la ville. Superbe plafond à caissons. Noble simplicité de la décoration. *Salón de las Crónicas,* décoré de fresques évoquant les expéditions lointaines menées par les Catalans.

Basílica dels Sants Màrtirs Just i Pastor *(zoom détachable F5)* **:** *c/ Hèrcules. • basilicasantjust.cat • cataloniasacra.cat • Ⓜ Jaume-I. Non loin de l'hôtel de ville. Tlj 10h (11h sam)-13h, et lun, mer, jeu et sam 19h-20h30. GRATUIT (accès à la tour 2 €). Également des visites guidées sur résa (☎ 93-301-74-33 ou • visitsantjust@gmail.com •), théoriquement lun-sam à 11h et 12h30 pour 10 €.* Ce serait ***l'église la plus ancienne de la ville***. Elle fut longtemps la paroisse des rois. Des travaux de restauration ont mis au jour les vestiges d'une ancienne basilique du VIe s et de fonts baptismaux construits à partir de restes de monuments romains. Notez la curieuse façade : la tour de gauche, prévue sur les plans, ne fut jamais édifiée.

CROIX DE BOIS, CROIX DE FER !

Derrière l'autel de la basílica de Sants Màrtirs Just i Pastor, la chapelle Saint-Félix renferme un beau retable du XVIe s. Si une personne avait fait verbalement son testament devant 2 témoins, lesdits témoins n'avaient qu'à prêter serment devant l'autel de cette chapelle pour que ce testament oral soit authentifié et légal ! Une coutume ancestrale unique, qui resta en vigueur jusqu'à la fin du XXe s. Vous connaissez la suite : si tu mens, tu vas en enfer !

Le Call Mayor *(zoom détachable F5)*

À quelques pas de la cathédrale, en suivant les carrer de Sant Sever et de Salomó ben Adret, les ruelles se font plus étroites encore, les bâtisses plus vénérables... vous voilà au cœur de la *judería* (quartier juif) de la Barcelone médiévale, le ***Call Mayor*** (*call* signifie littéralement « petite rue »). L'art médiéval catalan diffère beaucoup de celui du reste de l'Espagne, car il fut peu influencé par l'art islamique (la Catalogne ne compte que 80 ans de présence arabe). Inversement, ***le rôle de la communauté juive fut beaucoup plus important sur le plan culturel, intellectuel et philosophique,*** mais aussi économique et financier. Toujours est-il que l'on peut parler de ghetto, car on a trouvé trace de portes en fer qui fermaient le quartier chaque soir. Et les juifs, après avoir connu bien des persécutions (à leur paroxysme en 1391), furent définitivement expulsés en 1492. Chicaneries perpétrées dans le dessein inavoué d'opérations immobilières très juteuses, comme la construction au XIVe s du palais de la Generalitat de Catalunya qui nécessita la destruction de plusieurs immeubles du *Call Mayor.* Parallèlement (et paradoxalement, oserait-on dire), le sud de la carrer de Ferrán, vers la plaça Reial, vit l'émergence d'un nouveau quartier, le *Call Menor,* qui se développa afin d'accueillir les juifs chassés de France. C'est ainsi que l'on trouve face au n° 29 de la carrer de Ferrán une synagogue du XIVe s, surnommée d'ailleurs la Synagogue des Français et englobée depuis dans l'église Sant Jaume.

Pour en savoir plus, le ***MUHBA El Call*** *(zoom détachable F5,* ***503****)* : *placeta de Manuel Ribé, 3. ☎ 93-256-21-22. • museuhistoria.bcn.cat • Ⓜ Jaume-I ou Liceu. En été, mar-ven 11h-14h ; dim 11h-15h, 16h-19h. Hors saison, mer 11h-14h ; dim 11h-15h, 16h-19h. Fermé lun et sam, ainsi que 1er janv, 1er mai, 24 juin et 25 déc. Entrée : 2 € ; gratuit - de 16 ans, 1er dim du mois, avec la Barcelona Card, et pour tous le dim après 15h.* Installé dans une maison du XIVe s. Panneaux explicatifs sur l'histoire du quartier juif et l'emplacement du Call Mayor à l'intérieur de l'enceinte, puis son extension vers la carrer dels Banys Nous (toujours ainsi nommée en référence aux « bains neufs » des ablutions rituelles), avant la création au XIIIe s, hors les murs, du *Call Menor.* Le centre présente une collection d'objets du XIIIe s trouvés lors de fouilles archéologiques locales. Sinon, carrer de Sant Honorat, boutique sur l'histoire et l'art juif, *Call Barcelona.*

Pour compléter la découverte de ce microquartier, voir aussi la minuscule ***synagoga*** *(zoom détachable F5,* ***504****)* : *c/ Marlet, 5. ☎ 93-317-07-90. • sinagogamayor.com • Tlj sauf sam 10h30-14h30 (15h dim), et aussi lun-jeu 15h-18h30. Entrée : 4 €.* Redécouverte au XXe s – une boutique a longtemps occupé l'endroit –, elle fut probablement en activité jusqu'à l'expulsion des juifs de Catalogne au XVe s (un document atteste de sa rénovation par le roi au XIVe s). Les fouilles archéologiques ont même révélé des vestiges de muraille romaine du IIIe s. Un tout petit lieu, touchant de simplicité et plein de mémoire.

Vers la Rambla (zoom détachable F4-5)

Entre le Barri Gòtic et la Rambla, on s'égare avec plaisir dans un entrelacs de ruelles médiévales. Quelques rues emblématiques permettent de comprendre l'histoire du quartier comme la ***carrer dels Banys Nous*** avec ses boutiques d'antiquaires *(zoom détachable F5)* et son prolongement, la *carrer de la Palla,* dont le tracé épouse celui de l'ancien rempart (on en voit encore un p'tit bout, d'ailleurs) ou la ***carrer de la Boquería*** *(zoom détachable F5),* dont le nom rappelle son ancienne activité bouchère. Au nº 5, ***carrer de Petritxol*** *(zoom détachable F4-5)* est installée la *Sala Parès,* l'une des plus anciennes galeries d'art de la ville (1877) et la 1re où exposa Picasso en 1901.

Plaça del Pi *(zoom détachable F5)* **:** l'une des places les plus agréables de Barcelone. Son église gothique, la ***Mare de Déu,*** fut brûlée pendant la guerre entre l'Espagne et la France. Une plaque commémore le drame. L'intérieur est assez décevant. On y donne en revanche de bons concerts d'orgue et de musique classique.

– La ***carrer dels Escudellers*** *(zoom détachable F5)* s'anime surtout le soir venu. Point de rencontre de noctambules solitaires, de groupes de jeunes en goguette, de quelques marginaux et... de patrouilles de police. Peut-être prendrez-vous le temps de vous y balader à la recherche de nouvelles couleurs ou de sons inédits. Le meilleur moment est, selon nous, entre 20h et 22h, lorsque les honnêtes commerçants baissent leur rideau de fer pour laisser la rue aux clients des bars.

BIG BROTHER !

Il existe dans cette partie de la vieille ville, bordant la carrer dels Escudellers, une plaça George Orwell, *en hommage à son livre sur la guerre civile,* Hommage à la Catalogne. *Mais l'auteur de* 1984 *(roman sur un régime totalitaire) serait pour le moins décontenancé de voir que la place qui porte son nom détient le record de caméras de vidéosurveillance en ville ! Ironique...*

Plaça Reial *(zoom détachable F5)* **:** un épicentre animé du quartier. Située au milieu d'un labyrinthe de rues grouillantes et étroites, cette grande place accueille le soleil toute la journée (parfois aussi les pickpockets le soir). Très fréquentée à tout heure. Au centre, la fontaine des Trois Grâces et les quelques palmiers contrastent avec les palais et leurs belles arcades classiques. Les 2 réverbères furent dessinés par Gaudí (l'une de ses 1res œuvres).
Tout autour, les dizaines de chaises en fer des terrasses des bars-restos scintillent au soleil et invitent à s'asseoir. Le dimanche matin, grosse animation grâce au marché aux timbres et aux monnaies qui s'abrite sous les arcades.

Fundació Setba *(zoom détachable F5,* ***508****)* **:** *pl. Reial, 10. ☎ 93-481-36-96. • fundaciosetba.org • Ⓜ Liceu ou Drassanes. Lun-ven 10h-18h. Fermé w-e, certains j. fériés (dont 25-26 déc) et août. Entrée : 2 € (sonner à l'interphone et se présenter).* Dans un appartement, 3 salles, un de ces espaces culturels et polyvalents dont Barcelone a le secret ! Expositions temporaires d'artistes contemporains

LA CATALOGNE

catalans, espagnols et internationaux, en général thématiques, et souvent montées en collaboration avec des projets sociaux. C'est aussi l'une des rares possibilités d'admirer la plaça Reial depuis un 1er étage. L'appartement ne compte pas moins de 7 balcons. Plus encore, il a gardé sa décoration et son agencement d'origine. Une pépite qui ravira les amateurs d'architecture. Les fans de Lluís Llach pourront aussi venir s'y recueillir : le célèbre chanteur catalan y vécut de longues années.

LA RIBERA ET EL BORN

● Zoom détachable

C'est tout le quartier situé au nord-est de la vía Laietana. Grosso modo, il est délimité au nord-ouest par la carrer de Trafalgar et au nord-est par le passeig Picasso (qui longe le parc de la Ciutadella). Né de l'expansion maritime et commerciale de la ville au XIVe s, c'est un vieux quartier populaire, séparé du Barri Gòtic par la percée « haussmannienne » de la vía Laietana. Même lacis de ruelles médiévales, mêmes maisons hyper patinées, mêmes passages mille fois usés et voûtés, avec des détours, des coudes, des rebonds. La Ribera, c'est la Barcelone des petits métiers et des artisans, dont vous croiserez encore les échoppes, et celle des jeunes créateurs de vêtements, sacs dingues et autres accessoires de mode, des boutiques alternatives et des ateliers d'artistes plongés dans les affres de la création. Population souriante et sympathique, étalant parfois ses coups de gueule ou ses fous rires dans la rue. La vie, quoi !

On trouve de tout à la Ribera : des petits restos et des établissements au goût du jour, des boîtes d'avant-garde, des galeries d'art, de superbes musées... Mais ne vous cantonnez pas, comme la plupart des promeneurs, au sud de la carrer Princesa, autour de la basilique Santa María del Mar et du musée Picasso, dans ce qu'on appelle aujourd'hui *El Born.* Ce coin-là, certes très séduisant et incontournable, attire désormais les foules. Le soir, le secteur est envahi par les jeunes Barcelonais qui prennent d'assaut les terrasses des bars. N'hésitez donc pas à franchir la carrer Princesa vers le nord. Si la longue carrer del Carders est désormais très commerçante (et fréquentée !), il faut se glisser dans les venelles adjacentes : l'ambiance y est colorée et moins abîmée par le tourisme. C'est aussi dans ce quartier que les Catalans ont résisté le plus longtemps à Philippe V. La résistance continue, car les habitants protestent contre la multiplication des bars nocturnes et des nuisances qui vont avec.

Où manger des tapas ?

Assis (ou debout)

El Xampanyet *(zoom détachable G5,* ***150****)* ***:*** *c/ Montcada, 22. ☎ 93-319-70-03. ● info.xampanyet@gmail.com ● Ⓜ Jaume-I. Tlj (sauf dim soir et lun et le soir des j. fériés) 12h-15h30, 19h-23h. Congés : août. Raciones 5-16 €.* Dans la rue du musée Picasso, une échoppe tenue en famille depuis 1929. Au-dessus des quelques tables, azulejos et barriques tapissent les murs, gourdes en peau pendent du plafond. Spécialité d'anchois, mais aussi jambon de canard, ventrèche de thon... À déguster au comptoir pour limiter l'addition, qui grimpe d'autant plus vite que les prix ne sont pas affichés ! Sympa mais architouristique !

La Vinya del Senyor *(zoom détachable G5,* ***151****)* ***:*** *pl. Santa María, 5. ☎ 93-310-33-79. ● info@lavinyadelsenyor.es ● Ⓜ Jaume-I. Tlj 12h-minuit (1h ven-sam). Tapas et raciones 2-20 €.*

Petit bar à vins au rez-de-chaussée d'un immeuble aux couleurs chaudes et bourré de charme, où touristes et Barcelonais lèvent joyeusement le coude en picorant de la charcuterie et du fromage. Minuscule bar au rez-de-chaussée et salle de poche à l'étage, bondés le soir. Plutôt cher dans l'ensemble ; très agréable surtout pour la terrasse aux beaux jours, sur cette place charmante, stratégiquement située face à la superbe basilique Santa María del Mar.

Tapeo (zoom détachable G5, **149**) : *c/ Montcada, 29. ☎ 93-310-16-07. • anemdetapes@gmail.com • Ⓜ Jaume-I. Tlj 12h-minuit. Tapas et raciones 2-20 € ; repas complet 25-30 €.* Une salle en couloir, sobrement contemporaine et ouverte, côté bar, sur la cuisine. Excellentes tapas dans le genre « tradition très revisitée » et spécialité de *costilla de cerdo iberico.* Le chef, Daniel Rueda, est passé par quelques grandes tables de la ville. Un peu cher déjà, mais produits et cuisine de haute volée : on se régale, tout en finesse. Un peu pousse-conso quand même, dommage. *Autre adresse à Gràcia (c/ del Topazi, 8 ; mêmes horaires, mais fermé 16h-20h).*

Quillo (zoom détachable G4, **204**) : *c/ Rec Comtal, 2. ☎ 93-138-31-30. • info@quillo-bar.com • Ⓜ Urquinaona ou Arc-de-Triomf. Tlj 12h-23h30 en continu. Résa conseillée le soir. Tapas 7-18 € ; plats 14-22 €.* Un peu caché derrière une entrée étroite, Quillo aligne pas mal de qualités : une cuisine catalano-andalouse moderne (à l'image du lieu), goûteuse et copieusement servie (dès les tapas), un accueil et un service aux petits soins, des propositions du jour délicieuses... Et même du flamenco *en vivo* les jeudi et vendredi soir (à partir de 23h). On aime autant se percher au long comptoir, à l'entrée, pour une pause tapas en début de soirée que s'installer vraiment dans l'une des belles salles du fond. Olé ¡

Bar Andorra (zoom détachable G4, **163**) : *c/ Sant Pere Més Alt, 74 bis. ☎ 93-177-35-09. • barandorra74bis@gmail.com • Ⓜ Urquinaona. Tlj sauf dim 8h30 (12h sam)-minuit (ou plus...). Congés : août. Tapas et petits plats 5-16 € ; menu midi en sem env 14 €.* Un drôle de bar de quartier resté dans son jus de prime abord, avec son zinc, sa vieille pendule et ses banquettes en skaï (notre coin préféré), mais la salle arrière déploie un décor de pierres apparentes nettement plus cosy et lumière tamisée en soirée ! Ambiance vraiment décontractée, musique indé (soirée Dj's régulièrement), et des tapas goûteuses, assez originales pour certaines, mais toujours autour de produits catalans. Un endroit décalé, impeccable pour entamer la soirée.

Tantarantana (zoom détachable G5, **166**) : *c/ de Tantarantana, 24. ☎ 93-268-24-10. • tantarantana@gruposantelmo.com • Ⓜ Jaume-I. Tlj 13h-minuit. Résa conseillée le soir (en particulier le w-e). Tapas, salades et petits plats 5-17 €.* Belle terrasse sur une placette pour prendre un verre pendant que les enfants jouent tranquillement ou pour grignoter quelques tapas : *baba ganoush,* croquettes, calamars, *jamon de bellota...* Du traditionnel honnête, cependant l'addition grimpe assez vite, mais on n'est pas bien là, à profiter de la vie du quartier ?

En Aparté (zoom détachable G4, **212**) : *c/ Lluís el Piadós, 2. ☎ 93-269-13-353. • contacto@enaparte.es • Ⓜ Urquinaona ou Arc-de-Triomf. Mer-dim 10h-0h30 (cuisine en continu). Tapas (6-10 €), planches de charcut' ou fromage ; brunch le w-e 10h-16h.* Petit clin d'œil franchouille : fromages et charcuteries viennent ici de l'Hexagone, tout comme les patrons, et la déco navigue entre bistrot parigot et auberge. On se rassure, outre les planches, quiches, viennoiseries et granola maison du petit déj, la carte aligne aussi des *patatas bravas,* ouf ! Une adresse qui se fréquente à toute heure, pour un brunch, une pause-café ou un apéro-dîner. Terrasse (rare dans le coin) prisée.

Catalina Café (zoom détachable G5, **227**) : *c/ d'En Giralt el Pellicer, 8. ☎ 93-310-39-93. Ⓜ Jaume-I. Lun-ven 8h-minuit, sam 9h-1h, dim 10h-minuit. Tapas 3-9 €, bocadillos 6-7 €, tablas 12-14 €.* Sur le flanc du mercat Santa Caterina, avec son bout de terrasse au soleil, c'est le petit café parfait pour observer l'animation du marché, siroter le café du matin ou l'apéro de fin de journée tout en picorant quelques tapas sans prétention.

Au comptoir

Sagardi *(zoom détachable G5,* ***152****) : c/ Argentería, 62. ☎ 93-319-99-93. • reservas@sagardi.com • Ⓜ Jaume-I. Tlj 11h-minuit. Pintxos 2,50 €.* C'est l'un des bars basques du secteur (qui fait partie d'une chaîne locale), avec son long comptoir où, midi et soir, les plateaux de *pintxos* se succèdent. Accompagnez-les donc d'un verre de cidre rafraîchissant, ou d'un jus de fruits. Sa terrasse agréable le distingue des autres adresses du coin. Au fond, une partie resto (nettement plus chère) où l'on sert d'excellentes viandes grillées, longuement maturées (que l'on aperçoit d'ailleurs en vitrine). Une valeur sûre.

Bar del Pla *(zoom détachable G5,* ***164****) : c/ de Montcada, 2. ☎ 93-268-30-03. • info@bardelpla.cat • Ⓜ Jaume-I. Tlj sauf dim 12h-23h (minuit ven-sam). Résa conseillée le soir. Tapas et raciones 7-15 €.* Encore un étroit bar à tapas vrombissant, où l'on se serre contre le comptoir ou autour des quelques tables et tonneaux pour se régaler de tapas assez élaborées qui mettent à l'honneur, en version modernisée, les produits catalans traditionnels. L'adresse est courue (y compris des touristes) et le service dépote, mais ça reste un régal ! Belle carte des vins également.

Euskal Etxea *(zoom détachable G5,* ***154****) : placeta Montcada, 1-3. ☎ 93-310-21-85. • reservas@sagardi.com • Ⓜ Jaume-I. Tlj 13h (12h le w-e)-minuit. Pintxos 2,50 € ; resto très cher.* Un bar à tapas basque à la belle déco et au grand comptoir en L recouvert de *pintxos,* pas toujours accessible aux heures de pointe, mais les serveurs se baladent aussi le plateau à la main, entre autres avec les pintxos *caliente* (chauds !). Quelques tonneaux en guise de tables à l'extérieur. Tout est bon et frais, il suffit de se servir, le décompte se fait à la fin, au nombre de piques !

Golfo de Bizkaia *(zoom détachable G5,* ***155****) : c/ Vidriera, 12. ☎ 93-268-48-88. • reservas@sagardi.com • Ⓜ Barceloneta. À l'angle avec la c/ de l'Esparteria. Tlj 13h (12h le w-e)-minuit. Pintxos 2,50 € ; plats 8-16 €.* Une petite taverne basque aux volets bleus et au cadre moderne. Le soir, les *pintxos* remportent un grand succès, il est même parfois difficile de se faire une place au comptoir. Sert aussi des huîtres à la pièce et des *raciones* de bonne facture, plutôt côté poiscaille, mais aussi terriennes. Bonne ambiance autour du zinc et des tonneaux, en salle comme dans la rue.

Can Paixano – La Xampanyeria *(zoom détachable G6,* ***184****) : c/ Reina Cristina, 7. ☎ 93-310-08-39. • info@canpaixano.com • Ⓜ Barceloneta. Mar-sam 12h-22h. Fermé dim-lun et j. fériés. Bocadillos et tapas 3-5 €. Cava 1,60 € (verre)-12 € (bouteille).* Au beau milieu d'une rue discrète, pas d'indication, c'est sous le grand porche que ça se passe. Un bar pittoresque et sans chichis, ouvert depuis 1969, où touristes et habitués s'empiffrent de *bocadillos* bien dodus et de tapas bien traditionnelles au comptoir, accompagnés d'un verre de *cava* (tenter le rosé, la spécialité). Avec les jambons et saucisses pendus au plafond, bonnes odeurs de charcutaille garanties ! Super ambiance mais une queue qui s'allonge tout au long de la journée.

Où manger au resto ?

Très bon marché (moins de 10 €)

Pim Pam Burger *(zoom détachable G5,* ***207****) : c/ Sabateret, 4. ☎ 93-315-20-93. Ⓜ Jaume-I. Tlj jusqu'à 23h30-minuit (cuisine fermée 15h30-19h en sem). Burgers 9-10 €, jusqu'à 15 € pour les doubles.* Un fast-food mais qui propose d'excellents burgers, garnis d'excellents produits frais. Quelques tabourets et tables hautes, et basta ! Plutôt à emporter, quoi. Idéal pour les bourses légères et les grosses faims, et très apprécié des Barcelonais...

Bon marché (10-16 €)

Espai Mescladís *(zoom détachable G5,* ***226****) : c/ dels Carders, 35. ☎ 93-319-87-32. • info@mescladis.org • Ⓜ Jaume-I. Entrée du côté de la placette, à l'arrière. Tlj 12h (11h le w-e)-21h. Menus déj 9-14 € ; carte max 15 €.* Adresse ouverte par une association de réinsertion qui forme les personnes isolées aux métiers de l'hôtellerie. Pas de salle, juste une terrasse semi-couverte très cool entre de bien vieilles arcades de pierre décorées de bric et de broc-(ante). Produits aussi locaux que bio pour une bonne cuisine du monde entier, volontiers végétarienne. Le service prend son temps, ça en laisse pour détailler la jolie déco ou profiter des expos. Voir aussi leur resto-école dans « L'Eixample. Où manger assis ? ».

Bar Joan *(zoom détachable G5,* ***227****) : mercat Santa Caterina, c/ d'En Giralt el Pellicer, 2. ☎ 93-310-61-50. Ⓜ Jaume-I. Tlj sauf dim 7h30-15h30. Menu déj en sem 14,25 € ; plats 8-17 €.* Au fond de la halle, une salle banale et un simple comptoir au bar pour se poser avec les habitués du quartier et les commerçants du marché. Menu du jour impeccable : bonne cuisine locale avec des produits (souvent du poisson au programme) d'une évidente fraîcheur (les étals sont à côté !). Service souriant et efficace.

Voir aussi les *menu del día* de **Petra** et **El Foro,** ci-dessous, très abordables.

Prix moyens (16-25 €)

Petra *(zoom détachable G5,* ***217****) : c/ dels Sombrerers, 13. ☎ 93-319-99-99. • info@restaurantpetra.com • Ⓜ Jaume-I. Tlj sauf dim soir et lun soir 13h-16h, 20h30-23h. Menu déj en sem 15 € ; plats 10-16 € ; repas 25 €.* À côté de l'église Santa María del Mar, une charmante et bonne petite adresse qui joue la carte du local. Ses murs couverts d'affiches publicitaires du siècle dernier accrochent le regard, tout autant que les jolis vitraux modernistes de la porte d'entrée. La bonne surprise est surtout dans l'assiette avec une cuisine de saison, fraîche, inventive et savoureuse autour de thèmes méditerranéens et catalans. Et toujours 1 ou 2 propositions végétariennes, jusque dans le menu du déjeuner. Ambiance plus intime en soirée. Service aimable : une valeur sûre !

Casa Lolea *(zoom détachable G4,* ***153****) : c/ Sant Pere Més Alt, 49. ☎ 93-624-10-16. • hola@casalolea.com • Ⓜ Urquinaona. Tlj 9h-minuit. Résa conseillée. Petit déj servi jusqu'à 12h, puis tapas non-stop. Plats 13-22 €.* La *vermuteria* de papa revue et corrigée dans le style atelier, mais toujours avec les tables en bois et les jambons suspendus. Dans l'assiette, très soignée, la cuisine s'amuse à parfaire des classiques ou à y introduire une pointe d'exotisme. Et, côté boisson, toute une palette de sangrias artisanales élaborées in situ, que l'on peut aussi emporter dans de jolies bouteilles (désormais distribuées dans de nombreuses boutiques dans toute l'Espagne). Préférer la salle du fond, plus agréable. Une adresse gentiment dans l'air du temps.

Calabrasa *(zoom détachable G5,* ***158****) : passeig del Born, 27. ☎ 93-310-07-86. • hola@calabrasa.com • Ⓜ Jaume-I ou Barceloneta. Tlj. Tapas 5-12 € ; plats 16-22 €.* Entre sa petite salle de bistrot coquette et sa terrasse en plein passeig, on craignait un peu l'attrape-touriste. À tort ! Tapas et plats bien tournés, largement inspirés du terroir catalan, mais toujours avec une petite touche perso du cuistot, qui pioche volontiers dans les saveurs sucré-salé et les condiments du monde entier. Parmi les spécialités, viandes rôties au feu de bois (le *brasa* de l'endroit !). Une cuisine qui a du goût et du peps !

El Foro *(zoom détachable G5,* ***209****) : c/ Princesa, 53. ☎ 93-310-10-20. • elfororestaurante@gmail.com • Ⓜ Jaume-I. Tlj sauf lun 13h-16h, 20h-22h30 (minuit ven-sam). Menus env 16 € au déj (ou ½ menu 10 €), sinon 19-24 € ; tapas et raciones 4-27 €.* Resto d'inspiration argentine, dans une grande salle aérée avec sa

LA CATALOGNE

cuisine ouverte. Terrasse très agréable. Bonnes viandes argentines. Excellent accueil. Intéressant surtout pour ses menus complets le midi.

Pla de la Garsa *(zoom détachable G5,* ***215****) : c/ Assaonadors, 13. ☎ 93-315-24-13. • reserves@pladelagarsa.com • Ⓜ Jaume-I. Mer-dim 20h-minuit (1h ven, 2h sam). Fermé lun-mar. Congés : 10 j. en juin. Plats 13-22 €.* Il se raconte qu'une bodega aurait été créée ici dans les années 1920 par les anarchistes catalans. C'est aujourd'hui un adorable bar-*formatgería* qui sert vins, fromages et charcuteries soigneusement choisis et petits plats catalans bien mitonnés dans une petite salle aux tables de marbre et chaises bistrot, avec mezzanine qu'on gagne via un bel escalier en colimaçon en fer forgé.

Flax & Kale Passatge *(zoom détachable G4,* ***192****) : c/ de Sant Pere Més Alt, 31. ☎ 93-524-00-52. Ⓜ Urquinaona. Tlj 12h-16h30, 19h-minuit (fermeture cuisine 22h30-23h). Plats 10-20 €. Brunchs le w-e 7-14 €.* Dans le joli passage de la Manufacture, 2 vastes salles rénovées au cachet rétro avec murs de brique, colonnettes et tuyauterie apparente. Ici, on pratique une cuisine « flexitarienne », bio et végane, en droite ligne de chez *Teresa Carles* qui a fondé le meilleur resto végétarien de la ville. À la carte, des salades, des plats fusion Asie-Méditerranée, des *ramen* et des *poke bowls,* un burger de saumon ou encore des pizzas sans gluten, le tout à arroser d'un jus détox. On peut également recharger son thermos de kombucha. Ce n'est pas spécialement bon marché mais c'est vraiment bon et sain.

El Puertecillo *(zoom détachable G5,* ***216****) : c/ Comercial, 7. ☎ 93-268-19-39. • born@puertecillo.es • Ⓜ Barceloneta. Derrière El Born Centre Cultural. Mar-dim 13h-18h, 20h-23h30. Fermé lun. Compter 13-40 €/kg selon produit (les prix affichés incluent la cuisson).* Le concept est simple : en fonction de l'arrivage, on choisit à l'étal la quantité de couteaux, langoustines, gambas et autres calamars que l'on souhaite déguster. Puis on se prononce sur l'accompagnement et le mode de cuisson : *a la plancha, vapor* ou *frito.* On paie, on s'attable dans la vaste salle façon cantine, et on vous appelle dès que c'est prêt. Et on se régale ! Comme l'air est frais à l'intérieur (*mariscos* obligent), prévoyez une petite laine. Succursales sur Paral.lel et à la Sagrada Família (ainsi qu'à Sitges).

De chic à très chic (de 25 à plus de 40 €)

Can Cisa – Bar Brutal *(zoom détachable G5,* ***250****) : c/ Princesa, 14. ☎ 93-319-98-81. • hola@barbrutal.com • Ⓜ Jaume-I. Tlj sauf mar 19h (13h ven-dim)-1h (minuit en hiver). Tapas 8-12 € ; plats 14-20 € ; repas 25-30 €.* Un lieu double face mais avec un même credo : la qualité. Vins naturels avec un beau choix au verre, planches de charcuterie (dont une superbe *cecina*) à se partager, ou petits plats à mi-chemin entre la *tapa* et la *ración,* certes un peu plus onéreux qu'ailleurs, mais avec quelques trouvailles surprenantes (et aussi des classiques pour les timides). Ambiance semi-indus' bien contemporain dans la 1re salle ou plus intimiste – limite boudoir – à l'arrière. Une adresse classe mais pas guindée.

Cal Pep *(zoom détachable G5,* ***218****) : pl. de les Olles, 8. ☎ 93-310-79-61. • calpep@calpep.com • Ⓜ Barceloneta. ♿ Tlj sauf dim, lun midi et j. fériés 13h-15h45, 19h30-23h30. Résa obligatoire. Plats 10-30 € ; repas 40 €.* Ce bistrot de quartier au cadre basique est devenu une institution devant laquelle la queue se forme dès 19h. Face à l'unique comptoir, 2 rangées : l'une attablée et, derrière, ceux qui attendent et matent les assiettes des heureux clients déjà servis pour patienter. Également une jolie terrasse sur la placette. On se régale de fruits de mer et poissons frais préparés sous nos yeux. Le plaisir est autant visuel que gustatif ! Attention à la salière dans l'addition : les prix sont affichés, mais pas forcément très clairement et ça grimpe vite ! Dispose aussi d'une salle dans le fond (moins sympa et bien plus cher).

7 Portes *(zoom détachable G6,* ***221****) : passeig d'Isabel II, 14. ☎ 93-319-30-33. • reserves@7portes.com •*

Ⓜ Barceloneta. ♿ Entrée sous les arcades. Tlj 13h-minuit (19h dim) ; service continu. Plats 15-35 € ; repas min 45 €. Ouvert en 1836, c'est l'un des grands classiques de Barcelone. Avec tout ce que cela implique : souvent de l'attente, une cuisine inégale et une addition très très salée quand même. Quant au cadre, il est dans un esprit très brasserie 1900, avec ses tableaux, ses poutres vernies et ses plaques de cuivre indiquant les places des célébrités qui honorèrent les lieux de leur vénérable présence : Miró, Dalí, Picasso (qui vécut à 2 pas), la Callas, Juan Carlos...

Où prendre le petit déjeuner ? Où manger une pâtisserie ? Où déguster une glace ?

Cremat 11 (zoom détachable G5, **309**) **:** *c/ Cremat Gran i Xic, 11. 📱 682-03-83-77. • cremat11barcelona@gmail.com • Ⓜ Jaume-I. Tlj 10h-16h. Pancakes 12-15 €.* On vous l'accorde, ça n'est pas très catalan, mais Cédric et son équipe concoctent de délicieux et généreux pancakes, un vrai régal ! Ambiance jeune et branchée, une adresse idéale pour un brunch (servi en continu) ou un déjeuner sur le pouce. Service très gentil. Autre adresse, plus grande, ***Cremat Lounge*** *(c/ de la Diputació, 200 ; ouv aussi 18h-minuit mer-dim).*

Honest Greens (zoom détachable G5, **315**) **:** *Pla del Palau, 11. ☎ 93-122-76-64. Ⓜ Barceloneta ou Jaume-I. Lun-ven 9h-23h, w-e 9h30-23h30. Petits déj 4-7 €, plats 8-10 €.* Dans cette petite chaîne de fast-food nouvelle génération, fondée par des Français (cocorico !), on s'emploie à utiliser des produits de qualité, et on déguste grosses tartines (sucrées ou salées), granola, salades, jus frais ou un mixte de tout ça dès le petit déj. Et ça débite ! Très apprécié de la jeunesse de la ville. Dans la série *healthy food,* signalons aussi les brunchs.

Café du Museu de la Xocolata (zoom détachable G5, **350**) **:** *c/ Comerç, 36. ☎ 93-268-78-78. • reserves@museuxocolata.cat • Ⓜ Jaume-I. Mar-sam 10h-19h, dim 10h-15h. Fermé 6 janv et 25-26 déc.* On n'est pas obligé de visiter le musée pour déguster un excellent chocolat chaud, ainsi que diverses pâtisseries et grignoteries déclinées de la fée cacao...

Gocce di Latte (zoom détachable G5, **317**) **:** *pl. de Palau, 4. 📱 617-98-61-86. • goccedilatte@gmail.com • Ⓜ Barceloneta. Tlj 12h-minuit. Compter 3,30 €.* Glaces artisanales aux parfums originaux et délicats : datte-cardamome, curcuma-mandarine, matcha... Et les classiques aussi : cacao, crème catalane ou pistache très réussis, ainsi que des gaufres à fourrer de crème glacée. Gourmand, va ! 2 tables pour se poser le temps de déguster, ou sur le petit banc dehors.

Du côté des **brunchs**, outre *Cremat 11* et *Honest Greens,* propositions sympas aussi chez ***Flax & Kale Passatge*** et ***En Aparté*** (voir ci-dessus dans « Où manger au resto ? » et « Où manger des tapas ? »).

Où boire un verre ?

Ce petit quartier qui fait bloc autour de l'église Santa María del Mar *(zoom détachable G5)* est l'un des principaux spots pour sortir le soir. Entre le passeig del Born, délicieusement ombragé, et les ruelles alentour, ce sont plusieurs dizaines de bars qui se partagent les faveurs des noctambules.

Sky Bar (zoom détachable F5, **379**) **:** *au sommet du Grand Hotel Central, vía Laietana, 30. ☎ 93-295-79-00. • skybar@grandhotelcentral.com • Ⓜ Jaume-I. Lun-ven 13h-21h. Résa conseillée le w-e. Accès 16 € (gratuit pour les hôtes), à convertir en boisson.* Au sommet d'un hôtel chic, *rooftop* avec vue à plus de 180° sur

Barcelone et piscine à débordement. Ladite piscine – qui semble plus là pour le décor que pour la baignade – paraît s'épancher comme une cascade dans les rues de la ville... Pour sortir le grand jeu.

L'Antic Teatre *(zoom détachable G4, **380**) : c/ Verdaguer i Callís, 12. ☎ 93-315-23-54. • anticteatre@anticteatre.com • anticteatre.com • Ⓜ Urquinaona ou Jaume-I. À 20 m du palau de la Música. Tlj 11h (17h w-e)-23h (minuit ven-sam). Congés : août.* De la rue, on ne devine pas cette oasis. Passer la petite porte et gravir les escaliers : on débouche sur une grande terrasse surplombant une cour intérieure en terre battue, sous l'ombre – salutaire aux heures les plus chaudes – d'un beau figuier qui s'illumine de lampions à la nuit tombée. C'est également un espace culturel dynamique (théâtre, marionnettes, concerts). Clientèle jeune de tous horizons, tendance cool.

Les terrasses du passeig del Born *(zoom détachable G5, **381**) : Ⓜ Jaume-I ou Barceloneta. Tlj jusqu'à minuit ou 1h.* Sur la belle place, plusieurs cafés se disputent vos faveurs et leurs terrasses. On a une préférence pour celle de la **Casa Delfín** (resto cher, en revanche), mais il y a aussi celle du **Café del Born** et celle du **Pitin Bar,** toutes sont voisines. En revanche, on se contentera d'y boire un verre.

Miramelindo *(zoom détachable G5, **383**) : passeig del Born, 15. ☎ 93-310-37-27. • hello@barmiramelindobcn.com • Ⓜ Jaume-I ou Barceloneta. Tlj sauf dim-mar 20h-2h (2h30 ven-sam).* Grande salle chaleureuse assez classe avec parquet, mezzanine, éclairage tamisé, chaises moelleuses et comptoir convivial, où l'on sert toutes les variétés de cocktails classiques, mojito en tête. Musique de fond jazzy, salsa ou soul, DJ certains soirs, et beaucoup, beaucoup de monde, principalement entre 25 et 40 ans.

Dr. Stravinsky *(zoom détachable G5, **357**) : c/ dels Mirrallers, 5. ☎ 93-157-12-33. • info@drstravinsky.cat • Ⓜ Jaume-I. Tlj 18h (16h w-e)-2h (3h sam). Cocktails min 11 €.* Est-ce un bar – lumière rougeoyante – ou une antique officine de sorcier – alambic et alignement rigoureux d'étranges flacons derrière le comptoir ? Et quels sont donc ces breuvages aux subtiles essences servis dans un galet, un tube à essai ou... ah, un verre !? Voici un étonnant bar à cocktails monté par 2 mixologistes passionnés qui ont bichonné la déco autant que la carte. De véritables cocktails d'auteur, mariant avec bonheur gin, vodka ou whisky choisis avec des herbes, des fleurs, des champignons ou tout autre comestible ou liquide qui les inspire. Une expérience, dans la bonne humeur et sur du bon son.

Paradiso *(zoom détachable G5, **360**) : c/ de Rera Palau, 4. ☎ 93-360-72-22. • info@paradiso.cat • Ⓜ Barceloneta. Ts les soirs 17h-2h ou 3h. Cocktails min 10 €.* La grande vague des speakeasies (ces bars clandestins américains du temps de la Prohibition) a atteint El Born et, derrière la façade, ce faux comptoir à *pastrami* ouvre sa vraie porte de faux frigo sur un vrai bar caché, à l'ambiance tamisée sélecte mais décontractée, très prisé des trentenaires barcelonais. Excellents cocktails (dont de nombreuses créations, primées qui plus est) et un long bar ondulant où le bois, intime et chaleureux, est à l'honneur. Très prisé, prévoir de l'attente !

Story *(zoom détachable G5, **211**) : c/ Pou de la Cadena, 8. ☎ 93-011-49-65. • story.cafe.bar@hotmail.com • Ⓜ Jaume-I. Mer-dim 13h-minuit (2h30 ven-sam). Fermé lun-mar.* Bien caché dans une ruelle, un petit café simplement sympathique : des bouquins sur les rayonnages, des œuvres d'art (à vendre) aux murs, quelques fauteuils et canapés pour se relaxer, régulièrement de la musique live en soirée pour accompagner les cocktails. Courte carte de cuisine méditerranéenne si besoin (prix moyens) mais pas hyper convaincante. Accueil décontracté et service efficace.

El Copetín *(zoom détachable G5, **383**) : passeig del Born, 19. • elcopetinbs@yahoo.es • Ⓜ Jaume-I ou Barceloneta. Tlj 18h30 (17h30 ven-dim)-3h.* Lumière tamisée, tables et chaises de bistrot, musique latino-américaine (principalement cubaine). Dans ce petit bar à cocktails chaleureux et tout en longueur, tout le monde se connaît, et l'ambiance est résolument décontractée. Goûtez un des 2 cocktails vedettes de la maison : le mojito et le *pisco*. Il y a plein de bonnes choses dedans, et ça facilite le contact !

Mariposa Negra *(zoom détachable G5, **367**)* : *pl. de les Olles, 4. • hola@mariposanegrabar.com • Ⓜ Barceloneta. Tlj 14h (16h hors saison)-2h (3h ven-sam). Cocktails 10-12 €.* Ce drôle de papillon de nuit cache plus d'un tour dans son verre. Non seulement les cocktails sont évidemment des créations hautes en saveurs (nombreuses préparations maison et artisanales), mais ils sont servis dans des gobelets en céramique de toutes formes, créés, peints et cuits sur place (le four trône au fond, près des toilettes) ! Certains ressemblent un peu à la dernière création de votre petit frère pour la fête des grands-mères, mais comme l'ambiance est sympa comme tout et la terrasse accueillante, on reprend vite un autre godet.

Le ***Tantarantana*** *(zoom détachable G5, **166**)* déploie sa terrasse sur une place très agréable pour boire un verre. Voir plus haut « Où manger des tapas ? ».

LA CATALOGNE

Où voir un spectacle (opéras, concerts classiques...) ?

Palau Dalmases *(zoom détachable G5, **355**)* : *c/ Montcada, 20. 660-76-98-65. • flamencopalaudalmases@gmail.com • flamencopalaudalmases.com • Ⓜ Jaume-I. Tlj 18h-minuit. Shows de flamenco tlj à 17h30, 18h45, 20h et 21h15. Entrée : 25-45 € ; 10-15 € enfants 5-10 ans ; gratuit - de 5 ans.* Une curiosité ! Comme au théâtre, les lourdes et imposantes portes s'entrouvrent pour laisser place à un décor unique : un authentique palais du XVIIIe s, où l'on organise chaque jour dans une salle pleine de cachet des spectacles intimistes de flamenco (ainsi, parfois, que des concerts de jazz ou d'autres spectacles). Très touristique, mais hors norme.

Achats

La *Ribera* et *El Born* sont des quartiers un brin moins touristiques et par conséquent pleins de charme. Il faut s'y promener au hasard pour découvrir ateliers de créateurs, galeries d'art et brocanteurs installés dans le secret d'une ruelle. Pas mal d'ateliers-boutiques d'artisans du côté des carrers del Pou de la Cadena, dels Mirallers et dels Banys Vells *(zoom détachable G5)* et un peu au-dessus de la carrer de la Flor de Lliri, depuis la céramique contemporaine au travail du cuir.

La Botifarrería de Santa María *(zoom détachable G5, **460**)* : *c/ Santa María, 4. ☎ 93-319-91-23. • info@labotifarreria.com • Ⓜ Jaume-I ou Barceloneta. Tlj sauf dim 9h30 (9h sam)-14h30, 17h (17h30 sam)-20h30. Congés : août.* Une charcuterie artisanale à l'enseigne de la saucisse. On y trouve tous les classiques les plus alléchants de la cochonnaille catalane ou espagnole (jambon, *sobrasada*, etc.), dont une impressionnante diversité de saucisses et boudins (blancs ou noirs) : aux oignons nouveaux, champignons, fromage, épinards-pignons, au chocolat... à pocher, à griller, etc. Mis sous vide pour emporter à la maison. Excellente adresse.

La Vila Viniteca *(zoom détachable F5, **462**)* : *c/ Agullers, 7-9. ☎ 93-777-70-17. • barcelona@vilaviniteca.es • Ⓜ Jaume-I ou Barceloneta. Tlj sauf dim (ouv les dim fériés) 8h30-20h30 ; fermé sam ap-m juil-août.* Voici une double adresse pour amateurs de vins et d'alcools. Au n° 7, le magasin de prestige, le plus récent, où s'entassent crus nationaux et internationaux de très haute volée. Les plus grands sommeliers espagnols s'y rendent lorsqu'ils sont de passage à Barcelone. La cave regorge de trésors. Au n° 9, c'est l'épicerie familiale (fondée en 1932) entièrement rénovée au goût du jour, c'est superbe, on a envie de tout acheter (excellentes charcuteries et nombreuses conserves). N'oubliez pas de jeter un œil à la cave à fromages, une merveille. Tous les produits ici sont de 1er choix !

El Magnífico *(zoom détachable G5,* ***463****)* **:** *c/ Argentería, 64. ☎ 93-319-39-75. ● shop@cafeselmagnifico.com ● Ⓜ Jaume-I. Lun-sam 9h-20h. Fermé dim.* Petite maison qui a fait du café en grains ou moulu sa spécialité depuis 1919. Comme on peut aussi acheter des *espressos* (à emporter ou sur place), imaginez les doux effluves qui s'échappent de cette jolie boutique chic. Possède juste en face une autre officine, entièrement dévolue au thé : ***Sans i Sans*** *(c/ Argentería, 59 ; lun-sam 10h-20h).*

Gispert *(zoom détachable G5,* ***464****)* **:** *c/ Sombrerers, 23. ☎ 93-319-75-35. ● info@casagispert.com ● Ⓜ Jaume-I. Ruelle le long de l'église Santa María del Mar. Tlj 9h30-20h.* Avec ses rayonnages patinés et son comptoir hors d'âge, cette boutique fidèle au poste depuis 1851 vaut le coup d'œil. D'autant qu'on y vend de bonnes choses : du café et des fruits secs torréfiés sur place et de l'épicerie fine, principalement des produits locaux, de label bio pour certains (huile d'olive, confitures, herbes...).

La Campana *(zoom détachable G5,* ***470****)* **:** *c/ de la Princesa, 36. ☎ 93-319-72-96. ● administracion@lacampanadesde1890.com ● Ⓜ Jaume-I. Tlj 11h-20h (21h en hte saison). Congés : fév.* Pas donné, mais excellent *turrón* (sous toutes ses formes) depuis 1890 (et la vitrine n'a pas changé depuis !). Les glaces sont très bien aussi, crémeuses à souhait.

Bubó Born *(zoom détachable G5,* ***313****)* **:** *c/ Caputxès, 10. ☎ 93-268-72-24. ● bubo@bubo.es ● Ⓜ Jaume-I. Tlj sauf lun 10h-21h.* Bien entendu, de très bons chocolats chauds, mais surtout des pâtisseries hyper photogéniques et à se damner, avis aux gourmands ! Uniquement à emporter.

À voir

Palau de la Música catalana *(palais de la Musique catalane ; zoom détachable F-G4)* **:** *c/ palau de la Música, 4-6. ☎ 902-475-485 ou 93-295-72-00. ● palaumusica.cat ● Ⓜ Urquinaona. Depuis le haut de la vía Laietana, 2e à gauche en descendant vers la mer.* ***Résa conseillée.*** *Achat des places via leur site internet, par tél (lun-ven 9h-13h, pas de résas pour le j. même) ou sur place à la billetterie : ven-dim 10h-15h30. Visite autoguidée tlj 9h-15h30 (audioguide en français téléchargeable sur son portable ; apporter ses écouteurs) : 18 € (ou 16 € avec un feuillet) ; visite guidée tlj 9h-15h (en catalan, espagnol, anglais ou français) 20 € ; réduc ; gratuit - de 10 ans. Durée : 50 mn. Billet combiné avec l'hospital Sant Pau : 19 €. Photos autorisées mais sans flash. Pour les concerts et spectacles, rens et résas par tél ou sur le site internet. Tarifs : à partir de 15 €.*

> ***Pour éviter les files d'attente*** en haute saison (dès les 1ers week-ends fériés, pendant les vacances scolaires et l'été), ***réservez en ligne sur le site officiel !*** Supplément de 1 € par billet.

Déclaré Patrimoine de l'humanité par l'Unesco en 1997, ce chef-d'œuvre fut construit entre 1905 et 1908 par Lluís Domènech i Montaner à la demande de l'Orfeó Català, un chœur catalan associatif, et ce, en partie grâce à une souscription populaire. D'ailleurs, on choisit d'implanter l'édifice dans le quartier des choristes, alors ouvriers du textile, pour qu'ils ne soient pas en retard aux répétitions ! Ce « palais » est un ***résumé fou des délires architecturaux du début du XXe s.*** En façade, repérez les bustes de Wagner, Beethoven, Bach et Palestrina (un compositeur italien de la Renaissance). Puis admirez la sculpture débordante et fort symbolique à l'angle : le peuple avançant vers le progrès, sous la conduite de

sant Jordi (saint Georges), un saint que l'on retrouve partout. Briques, colonnes à chapiteaux sculptés de motifs végétaux, céramiques polychromes, entrelacs de fer forgé et verres colorés... soit les signes annonciateurs d'une douce folie. D'ailleurs, lorsque la mode du modernisme s'estompa peu à peu au profit du plus sérieux noucentisme, il ne manqua pas de détracteurs pour la dénoncer. Certains s'efforcèrent même d'obtenir sa destruction. Il n'en a heureusement rien été, et le palais a même été prolongé en 2000 dans un style plus contemporain.
Mais tout cela n'est rien à côté du clou de la visite, soit la ***formidable salle de concerts*** (surtout si vous pouvez assister à une répétition !). On emprunte d'abord un bel escalier, bordé par une rambarde de colonnettes habillées de verre jaune, et puis c'est le choc. Dans la salle de 2 000 places, soit autant que de roses en verre ou en céramique évoquant la rose de saint Georges (patron de la Catalogne, bis repetita), c'est une ***explosion d'extravagance*** ! Au plafond, une superbe verrière en forme de coupole inversée représentant soleil et gouttes d'eau (notez les visages stylisés des demoiselles dans les tons bleu-vert). De chaque côté de la scène, 2 piliers : celui de gauche représente Anselm Clavé, grand compositeur catalan (et fondateur de plus de 100 chœurs !), avec, au-dessus, une allégorie de son œuvre *Les Flors de Maig.* À droite, on reconnaît l'ami Ludwig et *La Chevauchée des Walkyries* de Wagner. Autour de la scène, 18 sculptures de muses tenant chacune l'instrument de musique de leur pays (harpe, castagnettes, gembri d'Afrique du Nord...). Notez encore les piliers recouverts de céramiques qui se prolongent en queues-de-paon déployées et les chevaux ailés aux balcons. Bref, si ça ne vous donne pas envie d'assister à un concert...
Cependant, si cette époustouflante composition architecturale correspondait bien aux goûts de l'époque, le malheureux architecte avait doté la salle de concerts d'une bien mauvaise acoustique. Aujourd'hui, après de nombreux aménagements discrets et efficaces, les mélomanes peuvent apprécier pleinement les prouesses musicales tout en profitant du décor. D'ailleurs, la vocation du *palau* est de ***présenter tous les types de musique,*** du symphonique au jazz en passant par la pop, le flamenco, la variété et même les musiques de film. Les plus grands noms s'y sont produits, de Strauss à Stravinsky, de Duke Ellington à Miles Davis, en passant par Nina Simone...
Agréable café ***(Cafetería Palau Música)*** dans le hall pour prolonger le plaisir du lieu et profiter de la terrasse.

Mercat de Santa Caterina *(zoom détachable G5) : c/ Francesc Cambó. • mercatsantacaterina.com • Ⓜ Jaume-I ou Urquinaona. Non loin de la cathédrale et du palau de la Música. Lun, mer et sam 7h30-15h30 ; mar, jeu et ven 7h30-20h30. Fermé dim.* Initialement inauguré en 1848, après de longues années de service et une non moins longue période de rénovation, il a enfin rouvert en 2005. Santa Caterina était le ***1er marché couvert*** de Barcelone consacré à la vente en gros, notamment de viande. Enric Miralles, l'architecte chargé de la rénovation, s'est attaché à récupérer les poutres anciennes et les volumes donnés par les voûtes, ainsi qu'une partie des façades d'origine. Pour donner du relief à l'extérieur un peu plat, Miralles imagina un dôme polychrome, sorte de toit ondulé reproduisant les carrelages hexagonaux multicolores (de type tomettes) propres à la décoration catalane. Mais sa mort, survenue en 2000, mit le projet entre parenthèses. Sa femme, l'architecte italienne Benedetta Tagliabue, décida alors de reprendre tous ses travaux en cours et le finalisa en 2005. Il abrite aujourd'hui un marché d'alimentation plutôt agréable, un supermarché *(pratique car très central ; lun-sam 9h-21h),* 2 restos et différentes boutiques.

Museu europeu d'Art modern (MEAM *; zoom détachable G5,* ***505) :*** *Barra de Ferro, 5. ☎ 93-319-56-93. • meam.es • Ⓜ Jaume-I. Tlj sauf lun 11h-19h. Fermé 1er janv et 25-26 déc. Entrée : 11 € ; réduc ; gratuit - de 10 ans. Concerts : ven à 18h (15 € ; jazz-blues) et sam à 18h (15 € ; classique ou vocal), entrée pour le musée incluse.* Installé dans un palais du XVIIIe s, ce musée-fondation présente un panorama très intéressant de la peinture et de la sculpture figurative espagnole et internationale. Cette collection privée a la particularité de présenter des

artistes vivants, tous nés entre 1960 et 1995, et issus du mouvement du nouveau réalisme, voire de l'hyperréalisme. Lors de notre dernière visite, on y a noté une forte prédilection pour les nus ! Mais chaque année, la collection s'agrandit grâce au concours international que le MEAM organise. À noter que, outre les cycles de concerts jazz et classique très réguliers, d'autres spectacles y sont régulièrement montés et montrés : théâtre, opéra, magie ou philo ; tout le détail de la programmation sur leur site internet.

Museu Etnològic i de Cultures del Món *(musée d'Ethnologie et des Cultures du monde ; zoom détachable G5)* **:** *c/ Montcada, 12. ☎ 93-256-23-00. • barcelona.cat/museu-etnologic-culturesmon/ • Ⓜ Jaume-I. Mai-sept, mar-dim et j. fériés 10h-20h ; oct-avr, mar-sam 10h-19h, dim et j. fériés 10h-20h. Fermé lun, 1er et 6 janv, 1er mai, 24 juin et 25-26 déc. Entrée : 5 € ; billet combiné avec le château de Montjuïc 12 € ; réduc ; gratuit - de 16 ans, pour tous le 1er dim du mois et à partir de 15h ts les dim.* Né en 2017 de la fusion de 2 musées (qui ont également fusionné leurs noms), ce musée bénéficie d'un emplacement de choix, face au musée Picasso, dans une rue historique bordée de demeures seigneuriales. Il est bien sûr dédié aux cultures du monde, plus exactement aux arts premiers (Afrique, Asie, Océanie, Amériques). 2 élégants palais médiévaux (*Nadal* et *Marquès de Lió*) servent d'écrin à ses riches collections grâce à une présentation épurée. Ne pas manquer : la spectaculaire section des masques africains dans une pièce voûtée, la salle Nouvelle-Guinée avec ses totems et ses impressionnants linteaux de bois sculptés, les *bisj* (poteaux de cérémonies) des Asmat ou encore, dans la partie d'art hindou, ce plafond peint datant des XIVe-XVe s. Le 2e étage se consacre aux arts d'Amérique, de Chine et du Japon. Un musée qui passionnera les amoureux des arts premiers. En revanche, on ne vous conseille pas spécialement la visite de l'annexe de Montjuïc, décevante.

MOCO *(zoom détachable G5,* ***510****)* **:** *c/ Montcada, 25. ☎ 93-629-18-58. • mocomuseum.com • Ⓜ Jaume-I. Tlj 9h-22h. Résa conseillée : jauge limitée par tranche horaire. Entrée : 14,50-17,50 € selon tranches horaires ; réduc ; gratuit - de 9 ans.* Installé dans un superbe palais médiéval (comme toute la calle Montcada), le *palau Cervellò,* ce musée se spécialise dans l'art moderne, contemporain et le *street art.* Au rez-de-chaussée, après la sculpture monumentale de Kaws, un panel des artistes contemporains tels Andy Wharhol, Damien Hirst, Jeff Koons, Basquiat, mais aussi JR ou Banksy. Et au 1er étage, des salles centrées sur un artiste, qui permettent de faire mieux connaissance avec leurs univers. L'accrochage tourne régulièrement et s'enrichit de nouveautés ou d'expos temporaires. Un mot d'ordre : le vaste espace et les belles hauteurs sous plafond qui permettent des mises en perspective singulières entre les œuvres, voire des télescopages, y compris au moyen de jeux de miroirs. On y trouve aussi des NFT (les œuvres d'art numériques, pour ceux qui auraient loupé un épisode), comme la belle installation du Studio Irma. Une expérience d'art contemporain qui séduit même les ados. Petite boutique.

Museu Picasso *(zoom détachable G5)* **:** *c/ Montcada, 15-23. ☎ 93-256-30-00. • museupicasso.bcn.cat • Ⓜ Jaume-I. Mar-dim 10h-20h (19h en hiver). Fermeture à 14h les 24 et 31 déc, à 17h le 5 janv. Fermé lun, 1er janv, 1er mai, 24 juin et 25 déc. Entrée musée + expo temporaire : 15 € (14 € sur Internet) ; entrée expo temporaire : 7,50 € (6,50 € sur internet) ; réduc ; gratuit - de 18 ans et pour tous le 1er dim du mois, ainsi que jeu à partir de 17h (16h l'hiver), et certains j. fériés (dont 24 sept). Inclus dans l'Articket. Visite guidée en français dim à 11h15 : 6 €.*

Pour éviter les files d'attente très importantes en haute saison (dès les 1ers week-ends fériés et pendant les vacances scolaires), ***réservez sur le site internet officiel*** : c'est le même tarif. Encore plus valable pour les jours et horaires de gratuité, car le nombre de places est limité.

Installé dans un superbe ensemble de ***5 palais médiévaux mitoyens*** communiquant entre eux (une réussite !), ce musée présente une collection fabuleuse retraçant une bonne partie de la carrière de Picasso, qui offrit pour l'occasion un millier d'œuvres, 3 ans avant sa mort en 1973. ***Un incontournable pour comprendre l'évolution de son travail.***
« L'art est un mensonge qui nous permet de nous approcher de la vérité », disait Picasso. Ce qui est vrai, c'est qu'il est né à Málaga (Andalousie) le 25 octobre 1881 et que, tout petit déjà, il connut un destin extraordinaire : à sa naissance, on le crut mort-né. La sage-femme commençait même à se rhabiller, quand son oncle souffla dans le nez du bébé une bouffée de son infâme cigare, ce qui le fit tousser et pleurer ! Le père de Picasso, professeur de dessin à l'académie et peintre lui-même, lui apprit évidemment à dessiner. Une anecdote : durant le séjour de la famille à La Corogne (en Galice), peu avant Barcelone, constatant que l'adolescent peignait déjà mieux que lui, il lui offrit son chevalet, ses couleurs, ses pinceaux et sa palette... et ne toucha plus jamais à la peinture. À 14 ans, Picasso, génie précoce, entrait à l'école des beaux-arts. 2 ans plus tard, il peignait son 1er chef-d'œuvre, *Science et Charité*...
La visite commence par une exposition de ses œuvres de jeunesse avec pas mal de minuscules paysages sur bois. S'il n'est pas en tournée internationale, jetez un œil à la *Corrida,* un dessin exécuté à l'âge de 9 ans, mais aussi aux croquis, esquisses, sanguines, lavis, carnets de voyage. Où l'on s'aperçoit, pour ceux qui en doutaient encore, que Picasso savait rudement bien dessiner (comme quoi il faut maîtriser les règles pour mieux les transgresser !). À la fin du XIXe s, il passe ostensiblement des paysages aux portraits. Plus loin, une étonnante *Première communion* (il n'a que 15 ans lorsqu'il la peint), d'un classicisme à la limite du style pompier, qui surprend après les tableaux consacrés au large et aux horizons.
Évidemment, on s'attardera devant le célèbre *Science et Charité (salle 3),* une œuvre qui marque l'apogée de son réalisme social et la fin de sa jeunesse picturale. En 1899, Picasso revient à Barcelone et prend part au mouvement avant-gardiste catalan en exposant pour la 1re fois l'année suivante au café *Quatre Gats,* toujours ouvert aujourd'hui (voir « Où boire un verre ? »). On constate alors que dans sa peinture les paysages passent derrière les fenêtres et que les visages s'effacent peu à peu... Voir notamment les superbes portraits de femmes comme *La Chata,* peinte au charbon, *La Nana,* composée à partir de touches de couleurs vives, ou encore *L'Attente (Margot).* Dans les salles suivantes, à partir de la salle 8, ***plusieurs chefs-d'œuvre de la période bleue,*** fortement influencée par Max Jacob et la lecture des grands poètes français (Rimbaud, Verlaine, Baudelaire), suivie de la période rose avec, notamment, le splendide *Portrait de Sebastià Junyent i Sans* et celui de la *Senyora Canals.* En 1916, Cocteau l'emmène voir les ballets russes et le pousse à un retour vers le classicisme. Cela donnera notamment *L'Arlequin*, un portrait du danseur et chorégraphe Léonide Massine (et aussi la rencontre de Picasso avec sa 1re épouse, Olga Kokhlova, danseuse).
Mais ne manquez surtout pas les salles 12, 13 et 14, avec les extraordinaires variations et études sur *Les Ménines* de Velázquez (58 tableaux en noir et blanc ou en couleurs). Prévoyez d'y passer du temps pour tout détailler ! Après un coup d'œil aux céramiques réalisées à Vallauris (avec faunes, poissons, taureaux, hiboux et

DES DEMOISELLES BIEN LÉGÈRES

Contrairement à ce que tout le monde imagine, le célèbre tableau des Demoiselles d'Avignon *(que l'on peut voir au MoMA à New York) n'a rien à voir avec la ville française. La toile cubiste qui révolutionna la peinture est en fait un vibrant hommage aux filles de joie de Barcelone qui travaillaient à l'époque dans la carrer d'Avinyó (Avignon en catalan), vieille rue du Barri Gòtic toute proche de l'un des ateliers du jeune Picasso...*

soleils), reposez-vous devant la série des *Pigeons* (*Los Pichones* ; salle 15), qui constitua une pause dans son travail sur *Les Ménines.* Enfin, saluez le *Portrait de Jacqueline* (salle 16) et le célèbre *Portrait de Jaume Sabartés,* l'ami de toujours de Picasso (et initiateur du musée), déguisé en grand d'Espagne. D'ailleurs, pensez à lever les yeux pour admirer les plafonds des salons, les délicates arcades des cours intérieures et les soubassements de la boutique. Car, tout de même, vous vous baladez dans certains des plus beaux palais de la ville.

➢ ***Carrer de Montcada :*** cette rue historique, l'une des plus huppées de la ville au Moyen Âge, aligne de somptueuses demeures seigneuriales, vestiges bien conservés datant du XIIIe au XVIIIe s, en particulier celles qui abritent le musée Picasso, le Musée ethnologique et le MOCO. Si on a la chance de trouver la porte ouverte, au no 20, le *palau Dalmases* présente un splendide escalier d'honneur sculpté de style baroque. Juste à côté, jetez un œil à la *Galerie Montcada* *(mar-sam 11h-20h, dim 11h-16h)* qui vend des originaux de Picasso, Tapiès, Miró ou encore Dalí. Peut-être aurez-vous également la chance d'observer au no 25, derrière la façade gothique de la maison des *Comtes de Santa Coloma* (ou *maison Cervelló*), une magnifique cour à galerie ogivale du XVe s.

À pied, vous ferez de délicieuses découvertes architecturales comme les ***passages voûtés*** en face de la basilique *Santa María del Mar,* l'immeuble de la petite ***plaça de les Olles*** avec son bow-window, ou encore le séduisant ***passeig del Born,*** avec ses agréables terrasses en journée (qui se « branchisent » la nuit) et ses bars de nuit. Sur ce *passeig* se déroulaient les tournois de chevaliers au Moyen Âge. Au no 17, une demeure typique du XIVe s.

Basílica Santa María del Mar (*zoom détachable G5*) **:** *pl. Santa María.* • *santamariadelmarbarcelona.org* • Ⓜ *Jaume-I ou Barceloneta. Au bout de la c/ de Montcada. Tlj 10h-18h. Accès gratuit lun-sam après 18h et dim 10h-13h30, mais en silence car ce sont les horaires de culte (et pas d'accès aux tours). Entrée : 5 € pour l'église, les tribunes et la crypte ; 10 € avec en plus les tours et la terrasse (accès au fond de l'église à droite) ; gratuit - de 10 ans.*

Un des plus beaux exemples du style gothique catalan (XIVe s), qui vit passer Ignace de Loyola lorsqu'il étudiait à Barcelone. C'est d'ailleurs le seul, à Barcelone, à afficher une unité de style si remarquable. Une prouesse technique rendue possible par la courte durée du chantier, à peine 55 ans, financé par les commerçants du quartier et les marins, et utilisant les pierres de grès de Montjuïc. Elle est bâtie sur une ancienne église paroissiale du Xe s. La sobriété de l'architecture étonne. Lignes simplifiées, les surfaces planes de la façade donnent de la grandeur à l'édifice, de la sérénité. Façade ouest, porche magnifique qu'encadrent de gracieuses tours octogonales. Admirable rosace de style gothique flamboyant du XVe s, reconstruite après le tremblement de terre qui, au siècle précédent, inclina l'une des tours de 16 cm...

À l'intérieur, même unité de style, même sentiment d'absolu et d'élévation (il faut dire que la nef affiche 32 m de hauteur). Seules quelques colonnes très espacées sont là pour soutenir l'immense voûte, marquée de 5 clefs remarquablement travaillées et toujours polychromes. Depuis les tribunes (escalier en colimaçon juste à gauche de l'entrée), joli point de vue sur les pilastres, les rosaces latérales et les voûtes (et les plus observateurs noteront quelques restes de fresque sur les voûtes des tribunes mêmes). Notez les beaux vitraux du *Jugement dernier* et ceux du *Couronnement de la Vierge* dans la rosace. On doit la modernité de l'autel et de la crypte au ravage d'un incendie en 1936 (le retable baroque et nombre de statues disparurent). Des terrasses, vue spectaculaire sur le quartier. Une de nos églises préférées.

LE *FÚTBALL*, C'EST SACRÉ !

En entrant à droite dans la basilique, les fans de foot trouveront un miniblason du FC Barcelona caché au bas d'un vitrail. Une façon de remercier le président du club, qui subventionna la restauration d'un autre vitrail dans les années 1960.

LA CATALOGNE

El Born Centre de Cultura i Memòria *(zoom détachable G5) : pl. Comercial, 12. ☎ 93-256-68-51 ou 50 (pour les résas). • elbornculturaimemoria.barcelona.cat • Ⓜ Jaume-I ou Barceloneta. ♿ Mar-dim 10h-20h (nov-fév, mar-sam jusqu'à 19h, dim 20h). Fermé lun, 1er janv, 1er mai, 24 juin et 25-26 déc. Entrée : gratuit pour les vestiges exposés (audioguide payant en français) ; expo permanente 4 € ; réduc ; gratuit - de 8 ans. Visites guidées thématiques (4 €/pers, voir site internet pour la programmation ; en catalan, espagnol ou anglais).*
Inspiré du Mémorial de Caen, le *Born Centre de Cultura i Memòria* a pris place dans cette superbe halle toute de fer, de brique rouge et de verre (et de bois pour les pare-soleil), élevée en 1876 sur l'emplacement du marché central de la ville qui existait depuis l'époque médiévale. Une nouvelle vie après plusieurs décennies de fermeture. Il faut dire que la rénovation a mis au jour de ***sacrés vestiges archéologiques,*** qui ont d'une part retardé les travaux, d'autre part amené les autorités (et les gens du quartier, très impliqués dans sa sauvegarde) à repenser complètement le projet. Le résultat ? Un centre culturel ouvert sur la ville, conçu comme une rue semi-couverte, qui a conservé sa ***belle structure XIXe s au-dessus des vestiges de la Barcelone du XVIIe s.*** Une ville prospère qui souffrit de 11 mois de siège en 1714, au tournant du XVIIe et du XVIIIe s, contre Philippe V d'Espagne, secondé par la France, qui remporte la ville et met ainsi fin à la guerre de Succession d'Espagne. Les vestiges dégagés par les fouilles mettent au grand jour les fondations et quelques pans de murs de plus de 55 maisons, dont une taverne, un *hostal,* et de nombreuses boutiques d'artisans, incluant les rues, le tout parfaitement visible. La qualité de préservation de ces vestiges est due au fait que, après la guerre, tout le quartier a été détruit à coups de canon, puis enseveli sous le sable par les vainqueurs. L'intéressante expo permanente, « *Barcelona 1700. De les pedres a les persones* » (« Barcelone en 1700. Des pierres aux hommes »), évoque le quotidien des Barcelonais d'alors à travers plus de 1 800 objets issus des fouilles, remis ici dans le contexte économique et social de la Barcelone prospère et commerciale de l'époque, sans oublier le fameux siège et ses destructions. Un bon complément du parcours au-dessus des vestiges. Les autres espaces sont dédiés aux expositions temporaires, et de grandes salles ont été prévues pour accueillir conférences, concerts, petits spectacles...

Museu de la Xocolata *(musée du Chocolat ; zoom détachable G5) : c/ Comerç, 36. ☎ 93-268-78-78. • museuxocolata.cat • Ⓜ Jaume-I ou Barceloneta. ♿ Mar-sam 10h-19h, dim 10h-15h. Fermé 1er et 6 janv, et 25-26 déc. Entrée : 6 € (le billet est une plaque de chocolat) ; réduc ; gratuit - de 6 ans.* Un petit musée qui dépend d'une école de pâtisserie. Pour tout savoir ou presque sur le chocolat... On y apprend, par exemple, que les Mayas utilisaient les fèves comme monnaie d'échange. Et que si les moines cisterciens ont une vieille tradition de chocolatiers, c'est que les 1res fèves (accompagnées d'une recette) furent envoyées par bateau vers le Vieux Continent par le frère Jerónimo de Aguilar, compagnon du conquistador Hernán Cortés, au monastère cistercien de Piedra, en Aragón. Nombreux panneaux explicatifs (la plupart en français), bornes interactives, quelques diaporamas. Mais ce qui ravira les plus jeunes, ce sont les nombreuses maquettes en chocolat, résultat de concours nationaux et internationaux : la Sagrada Família, Don Quijote, mais aussi des scènes de *Star Wars* ou les Schtroumpfs (les *Pitufos* en espagnol)
Également une ***boutique-cafétéria*** *(mêmes horaires que le musée)* où se repaître de... chocolat, bien sûr !

Le parc de la Ciutadella *(centre détachable G-H5-6) : au nord-est de la Ribera. Ⓜ Arc-de-Triomf, Barceloneta ou Ciutadella. ♿ Tlj 10h-22h30.* Un des plus grands parcs de la ville, dessiné et pensé comme un « poumon vert » par Josep Fontserè à partir de 1870. Et un lieu symbolique, parce qu'il a remplacé la citadelle édifiée par Philippe V pour surveiller les Barcelonais, coupables de s'être rangés aux côtés de ses ennemis, espace rendu aux Barcelonais après la révolution de Septembre 1868. Parmi les édifices construits à l'occasion de l'Exposition universelle en 1888, 3 ont été conservés : un arc de triomphe, une belle cascade monumentale conçue entre autres par Gaudí (alors jeune étudiant) et le *castell dels Tres Dragons* (château des Trois Dragons), œuvre moderniste toute de brique imaginée par Domènech i Montaner, autre architecte moderniste. Le parc est orné de belles allées plantées de palmiers, de bosquets soigneusement taillés, d'espaces verts et de parterres fleuris, le tout agencé d'une manière très conformiste. Au hasard de ces allées, on tombe aussi sur un jardin d'enfants avec une ludothèque, un zoo et un petit lac pour faire du canotage. C'est l'endroit rêvé pour une sieste ou un pique-nique.

Le zoo *(centre détachable H6) :* *☎ 902-45-75-45. • zoobarcelona.cat • Ⓜ Ciutadella. Tlj : mai-fin juin 10h-19h ; de fin juin à mi-sept 10h-20h ; de mi-sept à fin oct et janv-fin mars 10h-17h30 ; fin mars-fin avr et de mi-sept à mi-oct 10h-18h. Fermeture des caisses 1h avt (30 mn nov-mars). Entrée : 21,40 € ; 3-12 ans 12,95 € ; + de 65 ans 10,50 € ; réduc ; gratuit - de 3 ans.* Cher mais immense. Il faut plusieurs heures pour faire le tour de cet espace vert très ombragé, émaillé de plans d'eau, de vraies-fausses montagnes et de volières. Quant aux animaux, beaucoup d'espèces originaires d'Amérique latine (condor, nandou, guanaco, capybara, jaguar...), une vaste section des singes (celle des gorilles fait toujours l'unanimité !), des éléphants, des girafes, des tigres, et même, beaucoup plus rares, des dragons de Komodo (sorte de varans, rares en Europe) et un petit panda rouge. Bonne signalétique en catalan, en castillan et en anglais, et partout des cafés et autres snacks.

LA BARCELONETA

• Centre détachable E-H6-7

Au sud du parc de la Ciutadella, un quartier construit au XVIIIe s par le génie militaire, ce qui explique le plan rigoureux des rues et l'uniformité des immeubles. Longtemps habitée exclusivement par les marins et les pêcheurs, la Barceloneta est aujourd'hui considérée comme un secteur privilégié, un morceau de choix pour ceux qui recherchent la proximité à la fois des transports et de la plage. La population s'est par conséquent panachée, embourgeoisée... sans perdre complètement son caractère populaire. Même si les prix du mètre carré atteignent désormais des sommets et en font l'un des quartiers les plus chers de la ville, on trouve toujours de bons vieux petits bistrots et des magasins d'articles de pêche, le long d'étroites ruelles très méditerranéennes où le linge pend aux fenêtres.

SOUS LES PAVÉS, LA PLAGE !

Tout l'est du quartier de la Barceloneta, après avoir été réaménagé en Village olympique, a été converti en résidences... les pieds dans l'eau. À l'entrée, c'est le port de plaisance : une preuve supplémentaire de la réussite totale des rénovations olympiques. Ensuite, une longue promenade maritime le long des plages (baignades). On se croirait sur la Riviera !

Où manger des tapas ?

Assis ou debout

La Cova Fumada *(centre détachable G7,* ***181****) : c/ Baluard, 56. ☎ 93-221-40-61. Ⓜ Barceloneta. Lun-sam 8h45-15h (9h-14h sam). Fermé dim et j. fériés. Congés : août. Bombas 2 € ; repas 15-20 €.* Ce bar sans enseigne (c'est inutile, il est connu comme le loup blanc) est une relique dans son genre : passé les portes de guingois, on distingue un comptoir sans âge, la cuisine où grillent sardines, calamars et autres poulpes ultra-frais, et une poignée de tables bancales. L'atmosphère est aussi chaleureuse que bruyante, les serveurs écrivent l'addition directement sur le zinc, et les habitués se régalent de délicieuses tapas, le verre à la main.

Jai-Ca (centre détachable G6, **195**) : *c/ Ginebra, 13. ☎ 93-268-32-65. • comunicacio@barjaica.com • Ⓜ Barceloneta. Tlj sauf mar 8h-23h. Tapas et plats 4-18 €.* Une adresse familiale à l'ancienne, bien typique de la Barceloneta, avec sa petite terrasse stratégiquement posée à un angle de rue. On y sert (depuis 1955 !) des tapas traditionnelles, simples mais fort bien cuisinées : petites gambas frites, fruits de mer *a la plancha* d'un excellent rapport qualité-prix... Mais la vraie spécialité, c'est *la anchoa con raspa,* un anchois mariné et son arête qu'on vous apporte dans un 2e temps, toute grillée. ***Annexe,*** au 9 de la rue, un peu plus grande : même cuisine, mêmes tarifs, et ouverte tous les jours !

Cal Chusco (centre détachable G7, **142**) : *c/ d'Emília Llorca Martín, 5. 637-01-00-10. • calchusco5@gmail.com • Ⓜ Barceloneta. Tlj sauf jeu 8h30-22h30. Congés : nov et Noël. Menu midi et soir 12 € ; tapas 3,50-7 € ; paella min 15 € (min 2 pers).* À 2 pas du port, une petite taverne très populaire. On y mange de bonnes tapas très classiques, à bon prix et dans une ambiance conviviale. Paella sur commande. Une adresse haute en couleur.

La Violeta (centre détachable G7, **181**) : *c/ Baluard, 58 (angle c/ de Sant Carles). ☎ 93-221-95-81. • hola@barlavioleta.com • Ⓜ Barceloneta. Lun et ven 18h-22h45, sam 13h-22h45, dim 13h-17h45. Tapas 6-11 € (supplément en terrasse).* Un héraut du vin naturel, des produits bio et de proximité : c'est écrit en gros sur les portes, essayons de le croire ! Cet établissement offre aussi un choix de tapas (portions un peu chiches) et de petits plats comme le ceviche. On se laisse tenter en investissant la terrasse de la très populaire place du marché de la Barceloneta.

Bar Léo (centre détachable G7, **106**) : *c/ Sant Carles, 34. ☎ 93-224-20-71. Ⓜ Barceloneta. Tlj 8h-20h30. Tapas 2-4 €.* Décoré en hommage à Bambino, un chanteur de flamenco, ce petit bar, en retrait de l'agitation mais à 2 pas de la plage, permet de s'enfiler quelques tapas à prix doux avant de continuer la soirée. Bienvenue dans une Barceloneta simple et authentique !

Où manger au resto ?

Entre la ville et la plage, on aime bien ce quartier un peu à part pour son atmosphère encore populaire. On y goûte les *bombas,* spécialité strictement locale, boulettes plutôt épicées de pomme de terre et de viande hachée.

De bon marché à prix moyens (10-25 €)

Can Maño (centre détachable G6, **271**) : *c/ Baluard, 12. 696-16-53-03. Ⓜ Barceloneta. Mar-sam 9h-11h, 13h-16h, plus jeu-ven 20h-23h. Congés : août. Repas 8-15 €.* La *fonda* de quartier dans son jus ; 2 salles minuscules baignées de néon, où s'entassent le comptoir, des tables en formica et la cuisine dans l'arrière-boutique. Patrons avenants et affairés, servant une cuisine sans chichis faite de *platos combinados,* poissons et autres calamars du jour que l'on vous détaillera oralement, salades et légumes frais ou grillés, en version tapas pour certains, bien copieux pour les autres.

La Bombeta (centre détachable G6, **232**) : *c/ de la Maquinista, 3. ☎ 93-319-94-45. Ⓜ Barceloneta. Tlj sauf mer 12h-minuit. Carte 15-20 €.* Ce vieux bistrot n'a rien perdu de son cachet. Le comptoir n'est pratiquement plus accessible à cause des tables qui le bordent. On y mange une cuisine simple, honnêtement préparée dont, on s'en douterait vu l'enseigne, des *bombas.*

De chic à très chic (de 25 à plus de 40 €)

Xup-Xup (centre détachable G7, **238**) : *passeig Marítim de la Barceloneta, s/n. ☎ 93-224-03-53. • info@xupxuprestaurant.com • Ⓜ Ciutadella ou Barceloneta. Accès par la promenade, sous les arcades, à même la plage. Tlj sauf lun 12h-minuit. Menu déj en sem 20 € (+ 10 % en terrasse) ; tapas et plats 11-25 €.* Un resto de plage les pieds dans le sable. Ça n'est pas donné, mais on paie bien sûr la vue sur la mer. La cuisine, très classique, tient cependant la route. Service aimable, couverture pour les soirs venteux.

Où prendre le petit déjeuner ? Où manger une pâtisserie ?

Baluard (centre détachable G6, **326**) : *c/ Baluard, 38-40. ☎ 93-221-12-08. • info@baluardbarceloneta.com • Ⓜ Barceloneta. Tlj (sauf dim ap-m et j. fériés) 7h30-20h30.* Avec ce fournil bien visible derrière les baies vitrées, on n'a aucun doute sur la provenance du pain : préparé sur place avec principalement des produits bio. Aux céréales, aux olives... il n'y a que l'embarras du choix si l'on projette un pique-nique à la plage (d'autant que le marché est juste à côté). Pour le 4-heures, optez sans hésiter pour les bons pains au chocolat ou pour les madeleines aux fruits ! On peut même se poser dans le petit salon de thé ouvert juste à côté, au nº 42 *(mêmes horaires).* Autres adresses en ville, par « eixample » dans l'Eixample (à l'*Hôtel Praktik Bakery,* voir « Où dormir ? ») avec un petit coin cosy où se poser.

Où boire un verre ?

Tôt ou tard

Ké ? (centre détachable G6, **397**) : *c/ del Baluard, 54. ☎ 93-224-15-88. Ⓜ Barceloneta. Tlj 10h-1h ou 2h.* Le genre de bar simplement sympa (et alternatif) qui remplit son office à toute heure. En journée, on profite sur la terrasse de l'animation de la place du marché, en soirée, on fraternise dans les 2 petites salles colorées et chaleureuses, décorées avec un peu de tout et des tableaux noirs que les hispanophones prendront la peine de lire... Sur cette même place du marché *(plaça Poeta Boscà),* où les gamins jouent au foot en fin de journée, on peut aussi opter pour un verre en terrasse à ***El Mercat*** ou au ***Marisma.*** Ou siroter un délicieux vermouth ou de bonnes bières artisanales à la ***Bodega Fermín*** *(tlj 12h-minuit).*

Absenta (centre détachable G7, **403**) : *c/ de Sant Carles, 36. ☎ 93-221-36-38. • antic.absenta@gmail.com • Ⓜ Barceloneta. Tlj sauf mar 18h (15h le w-e)-2h (3h ven-sam).* Photogénique à souhait, ce minuscule bar à l'ancienne, meublé de bric et de broc, se distingue par son amour de la fée verte ! Des vitrines présentent tout le matériel nécessaire à la préparation de l'absinthe, les rayonnages sont garnis de bouteilles, et les amateurs peuvent même acheter la production maison. Cela dit, la plupart des visiteurs préfèrent des cocktails très classiques, qu'ils savourent autour du bar central, assis sur un tonneau, accoudés au vieux poêle ou sur la grande terrasse.

La Fresca (centre détachable G6, **369**) : *c/ de la Maquinista, 8. ☎ 93-312-36-02. • lafresca@grupramonet.com • Ⓜ Barceloneta. Tlj sauf lun 13h-23h. Menù del día env 12 €.* Ce petit bar à tapas permet de prendre le pouls du quartier et en particulier de la carrer de la Maquinista, gentiment animée. Pour les amateurs d'authenticité locale, on peut également boire un verre un peu plus loin à ***La Platjeta,*** un vieux rade qui a ses habitués. En revanche, on n'y mange pas ou alors juste quelques tapas. Pour l'ambiance.

Le Bar du W *(hors plan centre détachable par E7,* ***378****)* **:** *pl. de la Rosa dels Vents, 1. ☎ 93-295-28-00. Tlj 13h-2h30 (3h le w-e).* C'est le bar *lounge* de l'hôtel *W,* réalisé par le célèbre Ricardo Bofill à l'extrémité de la pointe de la Barceloneta. Un immense bar hyper design et tendance, dont les larges baies vitrées ouvrent sur une vaste terrasse et la piscine. En surplomb de la plage, la vue est exceptionnelle ! Dès que la nuit tombe, le lieu prend des allures d'immense boîte de nuit à ciel ouvert, où il est difficile de se frayer un chemin tellement il y a de monde... Nombreux shows et soirées thématiques.

La tournée des boîtes

Sur le Port olympique (centre détachable H6)

➢ *Pour s'y rendre,* Ⓜ *Ciutadella-Vila-Olímpica.*

Pas tout à fait à la Barceloneta mais dans le prolongement de ses plages, en allant vers le nord. Le paradis des clubbers m'as-tu-vu ! On aime ou pas, mais on peut y aller rien que pour le spectacle : une bonne vingtaine de bars d'envergure s'alignent comme à la parade sur le *mol del Mestral.* Chacun de ces bars *(tlj jusqu'à 5h en temps normal)* est une boîte de nuit à lui seul, et il y en a pour tous les goûts : rock, rap, techno, électro, salsa... Avec une telle concentration d'endroits, de couleurs, de bruits différents et une ambiance saturée, c'est un des lieux où la drague est reine. Et les prix élevés ! Chacun de ces bars possède une terrasse où l'on peut prendre un verre plus tranquillement, face à la plage ou au port, tout en continuant d'observer le flot continu des fêtards de tout poil, qui ne s'arrête qu'au petit jour. Là encore, pas de parano, mais la zone étant très touristique, il vaut mieux faire attention la nuit autour de la plaça dels Voluntaris : quelques vols et agressions ont été signalés.

CDLC *(centre détachable H6-7,* ***449****)* **:** *passeig Marítim, 32. • info@cdlcbarcelona.com • cdlcbarcelona.com • Tlj 20h-3h (6h pour* Opium Mar*).* Vaste club à l'intérieur soigné, une grande piste et une terrasse face à la plage qui draine une foule de clubbers. Cher, mais une valeur sûre. On peut encore préférer l'atmosphère asiatique branchée du ***Shôko*** *(passeig Marítim, 36 ; • shoko@shoko.biz • shoko.biz •),* dont la programmation très commerciale rend fébriles les aficionados, à moins de tenter l'expérience marrante du ***Ice Barcelona*** *(passeig Marítim, 38 ; • icebarcelona.com •).* Pour ce dernier, même concept que ses homologues, comme celui de Londres par exemple : on enfile une doudoune et des gants, et on entre dans une glacière à - 5 °C le temps d'avaler une vodka et de se dire qu'on va vite retourner danser au chaud ! À faire une fois.

Achats

Mercat de la Barceloneta *(centre détachable G6)* **:** *pl. Poeta-Bosca, 1.* Ⓜ *Barceloneta. Lun-sam 7h30-14h. Fermé dim.* Typique de la ville avec son architecture métallique XIXe s revisitée au début du XXIe s, et tout aussi typique du quartier avec ses produits de la mer.

À voir

Après avoir parcouru le passeig Joan de Borbó, se diriger vers le ***moll dels Pescadors*** (marché de poisson en gros). La carrer d'Emília Llorca Martín mène ensuite à la ***plage de la Barceloneta*** *(centre détachable H7),* où s'étirent de nombreux restos de fruits de mer, avec des terrasses presque sur le sable. Signe du renouveau

LA CATALOGNE

du quartier, la pointe de la plage de *San Sebastià* est occupée par l'énorme hôtel de luxe *W* aux intérieurs dessinés par Starck, et dont la silhouette étincelante se dresse comme un aileron (ou une voile ?) sur l'horizon. Juste en face, immanquable également, le siège de *Desigual* signé Ricardo Boffil.

– Au retour, possibilité de regagner le portal de la Pau ou le moll de la Fusta en *golondrina* (bateau-mouche).

– ***Aeri del port*** *(téléphérique à destination de Montjuïc)* **:** *départ de la tour de San Sebastià (centre détachable F7), sur le port. Voir plus loin « Comment aller à Montjuïc ? ».*

Museu d'Història de Catalunya *(musée d'Histoire de la Catalogne ; centre détachable G6)* **:** *pl. de Pau Vila, 3. ☎ 93-225-47-00. • mhcat.cat • Ⓜ Barceloneta. Mar-sam 10h-19h (20h mer), dim et j. fériés 10h-14h30. Fermé lun (sauf j. fériés), 1er et 6 janv, 1er mai et 25-26 déc. Entrée : 6 € ; expo temporaire 4 € ; billet expos permanente + temporaire 8 € ; réduc ; gratuit - de 16 ans et pour tous le 1er dim du mois 10h-14h30, ainsi que certains j. fériés. À l'entrée, livret explicatif en français, et audioguide téléchargeable.*

Ce musée très didactique occupe depuis 1996 l'ancien entrepôt en briques du *palau de Mar* construit en 1901, bel exemple d'architecture portuaire. L'objectif du musée : rien moins que de raconter ***toute l'histoire de la Catalogne,*** de la préhistoire à l'après-Franco, en passant par la romanisation, la période médiévale riche en rebondissements, l'apparition d'une nouvelle bourgeoisie liée à l'industrialisation et la construction de l'Eixample. La visite aborde tous les aspects de l'histoire géologique, technologique, sociale, économique, politique... Elle illustre de manière précise le particularisme catalan (culturel, politique...) et explique clairement les relations tumultueuses avec le pouvoir espagnol selon les époques. C'est un pari plutôt réussi, grâce à une ***muséographie thématique et ludique*** : documents audiovisuels et multimédias, reconstitutions grandeur nature (habitat de l'âge du bronze, chapelle, abri contre les bombardements...), maquettes, etc. Chaque salle réserve une surprise : on peut moudre du grain comme le faisaient les Celtibères, manœuvrer une noria d'irrigation, monter à cheval comme les chevaliers, manipuler un mousquet ou revêtir une armure complète. C'est en résumé une bonne introduction à la découverte de la région, donc une visite à faire en famille en début de séjour.

– Également une ***médiathèque,*** un auditorium, des expos temporaires de bonne facture, et une cafétéria-restaurant, le ***1881 per Sagardi*** *(☎ 93-221-00-50 ; tlj 10h-minuit),* tout en haut sur la terrasse, avec une superbe vue sur le port et la ville. On peut profiter de la terrasse, au coucher du soleil, pour un simple cocktail, mais gare au vent dans les voiles !

Casa de la Barceloneta 1761 *(centre détachable G6-7)* **:** *c/ de Sant Carles, 6. ☎ 93-688-49-56. Ⓜ Barceloneta. Mar et jeu 10h-13h, 16h-21h ; mer et ven 16h-21h ; sam 10h-14h, 16h-20h. Fermé dim, lun et j. fériés. GRATUIT.* Une des rares petites maisons de la Barceloneta, rénovée, à ne pas avoir pris des étages au fil des siècles. C'est d'ailleurs la dernière qui ressemble à celles que l'on pouvait trouver il y a 2 siècles. Au rez-de-chaussée, des panneaux reprennent l'histoire de l'urbanisme du quartier. Rien en français, tout en catalan, mais les schémas sont plutôt clairs.

La ***plage de la Barceloneta*** *(centre détachable H7)* est la plus proche du centre, donc ne pensez pas être tout seul à y étaler votre serviette. Plus qu'animée en été (avec vendeurs ambulants, masseurs, etc.) et ambiance plutôt jeune, surtout le soir. Et si la baignade est surveillée, vos affaires ne le sont pas... Entre la plaça del Mar et l'immanquable hôtel *W* s'étend la ***plage de Sant Sebastiá,*** la plus grande de la ville mais pas la moins fréquentée, là encore. Attention aux méduses en été (mais leur présence est, en principe, annoncée par haut-parleur).

LE PORT VELL

• Centre détachable E-F6

Ce « vieux port » n'est plus tellement vieux vu sa constante transformation. Après l'aménagement du moll d'Espanya, avec la construction du vaste centre commercial *Maremagnum,* de l'aquarium, du complexe *ciné Imax* (programmation de films en 3D...) et la création d'un *World Trade Center,* à la fois centre d'affaires et gare maritime pour les Baléares, c'est aujourd'hui le port de plaisance qui fait peau neuve. Ces nouveaux aménagements laissent une large place à la flânerie : zones piétonnes ombragées de palmiers, promenades aménagées agrémentées de sculptures (dont la *Cap de Barcelona* – « Visage de Barcelone » – de Roy Lichtenstein, commandée pour les J.O. de 1992) et larges passerelles vers le moll d'Espanya.

À voir. À faire

Las Golondrinas *(bateau touristique ; centre détachable E6) : sur le port, au portal de la Pau, au niveau de la colonne de Christophe Colomb. ☎ 93-442-31-06. • lasgolondrinas.com • Ⓜ Drassanes. Tlj 10h-17h l'hiver et jusqu'à 20h l'été. Fermé déc-fin janv. Au moins 2 circuits au choix : le port en 40 mn (env 8 départs/j. l'été ; 8 €, réduc) ; le port et le littoral en 1h (6-7 départs/j. l'été, un peu moins hors saison ; 10,50 €, réduc). Le tour sur le port est inclus dans la* Barcelona Card *et réduc pour le tour du littoral.* Cette compagnie de vedettes organise des sorties dans le port de Barcelone.

Mirador de Colom *(tour de Christophe Colomb ; centre détachable E6) : sur la pl. Portal de la Pau. Ⓜ Drassanes. Tlj 8h30-20h30 (19h30 hors saison, et même 14h30 en hiver) ; dernier accès ascenseur 1h avt fermeture. Fermé 1er janv et 25 déc. Billet : 8 € ; réduc ; gratuit - de 4 ans.* Le mirador de Colom, dont les 205 t furent dressées en 1888 (puis restaurées au début des années 1980), offre un ***panorama exceptionnel*** sur le port, les collines, la Rambla et la topographie générale de la ville. Un ascenseur à 5 places grimpe 51 m jusqu'à une étroite terrasse vitrée au sommet de cette colonne de bronze et d'acier, coiffée d'une sculpture de Christophe Colomb, trônant à 62 m de hauteur. Le célèbre navigateur indique de façon vigoureuse la route des Indes de sa main droite, et tient une carte de navigation de sa main gauche. Après son 1er voyage au cours duquel il découvrit un nouveau continent (l'Amérique), « l'amiral de la mer Océane » revint en Espagne en 1493 et se déplaça jusqu'à Barcelone pour faire son rapport aux souverains – Isabelle de Castille et Ferdinand d'Aragon – qui avaient financé son voyage. Les routards sujets au vertige se contenteront de faire le tour de la colonne. Les bas-reliefs racontent différentes scènes de la vie du navigateur. Les statues, quant à elles, représentent les personnages catalans qui ont un rapport direct – ou indirect – avec la découverte et la colonisation de l'Amérique. Enfin, les médaillons en bronze, pendus par des chaînes, sont les effigies de profil des principaux hauts personnages de la découverte. On aperçoit donc, entre autres, le roi Ferdinand II, Isabelle de Castille, le frère Antonio de Marchena du couvent de La Rabida (en Andalousie)...

Museu marítim (MMB ; *Musée maritime ; centre et zoom détachables E6) : avda Drassanes. ☎ 93-342-99-20. • mmb.cat • Ⓜ Drassanes. ♿ Au pied du mirador de Colom. Tlj 10h-20h (18h déc) ; dernière entrée 1h avt fermeture. Fermé 1er et 6 janv, et 25-26 déc. Entrée : 10 € (goélette* Santa Eulàlia *inclus ; voir ci-après) ; réduc étudiants - de 25 ans, + de 65 ans, etc. ; gratuit - de 17 ans, et pour tous le dim à partir de 15h (sauf j. fériés), ainsi que 18 mai et 24 sept.* Musée installé dans les anciens chantiers navals de Barcelone, qui ont réussi à traverser 7 siècles sans dommages (les seuls en Europe). À la fin du XIXe s, les autorités de l'époque voulurent détruire ces merveilles d'architecture. Heureusement, une forte mobilisation les sauva, et le musée fut inauguré en 1941. Cadre évidemment unique (et superbement rénové) pour ce musée aux si riches collections qu'elles ne sont plus présentées (pour l'instant) qu'à travers des expositions temporaires (vraiment remarquables !). En permanence, quand même, quelques bateaux comme ces *pirogues des Philippines et de Guinée équatoriale* ou un joli catamaran catalan tout en bois de 1920. Bien présente également (il serait difficile de déplacer cette galère longue de 60 m), l'impressionnante reproduction grandeur nature de la galère la *Real,* vaisseau amiral de la bataille de Lépante en 1571. On pourra, enfin, suivre la lente restauration d'une petite frégate modèle Barcelona, de la 2de moitié du XIXe s, un vrai travail d'orfèvre.

LA CARAVELLE, UN BATEAU MAL FICHU

Cette coquille de noix était lourde, trapue et bien peu maniable. Son tonnage faible ne lui permettait d'emporter que peu de marchandises. Petite (à peine 20 m de long), elle ne transportait qu'une vingtaine de marins. Haute sur l'eau, elle était instable et sensible aux tempêtes. Et, pourtant, elle permit les plus grandes découvertes !

À la sortie, ***boutique*** et un bon ***bar-resto,*** le ***Norai Raval*** *(tlj 9h-20h),* avec une très agréable terrasse sous les orangers, agrémentée de quelques répliques de bateaux également.

La goélette Santa Eulàlia (centre détachable F6) **:** moll de la Fusta ; à 2 pas du Museu marítim, *au pied du mirador de Colom.* Ⓜ *Drassanes. Mar-dim 10h (14h sam)-20h30 (17h30 nov-mars). Fermé lun, 1er et 6 janv, et 25-26 déc. Billet inclus dans l'entrée du* Museu marítim, *ou entrée seule : 3 €. À noter : il arrive que le bateau parte en navigation en juil. Possibilité d'embarquer sam 10h-13h sur résa (☎ 93-342-99-29 ; • reserves@mmb.cat • ; jusqu'à 3-4 mois de liste d'attente).* Construite en 1918 à Torrevieja, la *Santa Eulàlia* mérite une visite. Après avoir été une goélette de soutien aux travaux sous-marins, ce fier 3-mâts a été superbement restauré par le Musée maritime, pour le plaisir des plus petits et des plus grands.

Aquàrium (centre détachable F6) **:** *moll d'Espanya. ☎ 93-221-74-74. • aquariumbcn.com •* Ⓜ *Drassanes ou Barceloneta. Tlj 10h-19h ou 10h-20h (et même 21h juil-août) selon saison et période (sem ou w-e). Entrée : 25 € ; 10 € 3-4 ans ; 18 € 5-10 ans.* Ce vaste aquarium, surtout connu pour sa section méditerranéenne (la plus complète du monde), propose la panoplie classique d'espèces provenant des 4 coins du globe : Bassin méditerranéen, donc, mais aussi Australie, Caraïbes, mers tropicales... Mais les murènes, rascasses et autres poissons-clowns ont beau frétiller de la nageoire, ce sont les requins qui attirent les foules. Regroupés dans un ***immense bassin de 36 m de diamètre,*** ils se baladent au-dessus de 2 tunnels vitrés où se recroquevillent les visiteurs. Impressionnant. L'autre attraction majeure, c'est ***Planeta Aqua,*** où l'on évoque la variété des milieux (mers chaudes, mers froides, l'obscurité des grandes profondeurs) en s'appuyant sur une muséographie ludique : un cachalot qui abrite dans ses entrailles des aquariums bourrés de méduses, un vaste bassin où s'ébattent des raies, un espace dédié aux manchots... Enfin, *Explora* est une section interactive très sympa destinée aux enfants. Également un auditorium.

EL RAVAL

• Zoom détachable et centre détachable D-F4-6

Séparé du Barri Gòtic par la mythique Rambla, on l'appelait autrefois « Barri Xino » (quartier chinois, sans que les historiens tombent réellement d'accord

sur l'origine de ce nom...). Aujourd'hui, le Raval conserve son mystère et nourrit toujours les fantasmes des voyageurs atterrissant sur la planète Barcelone, malgré un trafic de drogue important. Dans le sillage du très beau musée d'Art contemporain (MACBA), spot d'ailleurs prisé par les jeunes le soir, bars et cafés-concerts fleurissent, des magasins de disques vaguement alternatifs, des friperies et des boutiques de créateurs ouvrent leurs portes, des cabinets d'architecture remplacent les vieilles boutiques. Bref, tout un nouveau secteur très tendance (et touristique) se dessine aujourd'hui au nord du Raval. Mais il suffit de quelques centaines de mètres pour retrouver un Raval au tissu urbain dégradé, aux logements vétustes et aux ruelles insalubres.

Au sud, autour de la *carrer de Sant Pau,* il reste donc des bouts de rues qui rappellent la fiévreuse époque où gouapes et marins en goguette venaient chercher frissons et plaisirs, et dans lesquelles se balader la nuit (soyez particulièrement vigilant !) peut encore procurer son pesant d'émotions urbaines. Mais dans sa partie nord, le quartier est entré dans un processus de réhabilitation, grand chantier étalé sur plusieurs années. Ce vaste programme bouleverse peu à peu le caractère et la physionomie du Raval et vient chambouler l'identité d'un quartier qui repose principalement sur une culture et une mixité urbaine fortes. Le Raval est aujourd'hui pris en étau entre 2 dynamiques : celle d'une gentrification au nord et celle d'une lutte contre les différents problèmes sociaux au sud (drogue, insécurité...), sur fond de flambée des prix de l'immobilier.

Un à un, les pâtés de maisons sont gagnés par la modernité : les immeubles les plus insalubres sont détruits pour être reconstruits. Ainsi a été ouverte et aménagée la *rambla del Raval,* qui aligne désormais ses terrasses de cafés sous l'ombre de jeunes palmiers. Un marché animé s'y tient le samedi. Et le *Chat* pachydermique du peintre et sculpteur Botero y a trouvé sa place. Après avoir fréquenté le parc de la Ciutadella, non loin de ses congénères du zoo, les abords du stade olympique, puis les Drassanes, le voici installé dans un quartier où tout le monde l'aime... C'est un incontournable pour qui veut une photo souvenir en compagnie de la star incontestée de la rambla del Raval. Et, à 2 pas, se dresse la tour toute ronde du très chic *Barceló Hotel,* autre immanquable symbole de la transformation du quartier.

Où manger des tapas ?

Assis ou debout

Centric *(centre détachable E4, **143**) : c/ de les Ramelleres, 27. ☎ 93-306-96-62. Ⓜ Catalunya ou Universitat. Lun-ven 8h-1h (2h jeu-ven), w-e 9h-2h (1h dim). Petit déj servi jusqu'à 13h. Tapas 1-6 € ; plats 7,50-20 €.* Sur la petite place, voici un bar de copains, typique et fraternel, fréquenté par les locaux de tous âges. Configuration très conviviale avec le petit comptoir qui donne sur l'extérieur et cette longue banquette bien confortable pour observer l'animation. On sert ici des tapas classiques ou végétariennes et des spécialités catalanes fort bien cuisinées (mitonnées, même) et pas si fréquentes sur les tables des restos, comme ces *buñuelos* d'épinard au miel. Même la simple tortilla est excellente (et celle à la *sobrassada* un régal !).

Bar Cañete *(zoom détachable E5, **157**) : c/ de la Unió, 17. ☎ 93-270-34-58. • reservas@barcanete.com • Ⓜ Liceu. Tlj 13h-minuit. Tapas 4-20 € ; raciones 9-27 €.* Un bar à tapas chic, avec un staff en tenue et coiffé d'une toque. Beaucoup de créativité dans la conception des tapas, toutes préparées avec de bons produits sélectionnés avec soin. On s'accoude à l'étroit et long comptoir qui favorise les rencontres ; car si le lieu est classe, la clientèle n'est pas bégueule. Beaucoup de fruits de mer et de poissons, mais aussi de surprenantes aubergines au miel finement ciselées, cannellonis de poularde au foie gras... La carte est si longue qu'on a bien du mal à se décider ! Pour finir, beau plateau de fromages affinés à la perfection. Une bonne adresse, qui a cependant un prix !

Kasparo *(zoom détachable F4,* ***160****)* **:** *pl. Vicenç Martorell, 4. ☎ 93-302-20-72. Ⓜ Catalunya. Tlj 9h (10h dim)-23h. Tapas et raciones 3-14 €.* Sur une placette avec son square très vivant et populaire (et un parc de jeux pour enfants), cette petite adresse nichée sous des arcades modernes propose des tapas très fraîches affichées sur l'ardoise, et aussi des salades et des *bocadillos.* Calme et ombre font que les Barcelonais s'y installent dès le café du matin. Petit déj d'ailleurs servi jusqu'à 13h. Service gentil.

Voir aussi, ci-après, dans « Où manger au resto ? », les formules d'apéro pour 2 *(à partir de 15 €)* de ***La Monroe*** *(centre détachable E5,* ***193****).*

Où manger au resto ?

Évitez les restos de la Rambla, car la qualité est rarement au rendez-vous, et les prix y sont bien plus élevés qu'ailleurs.

Bon marché (10-16 €)

La Monroe *(centre détachable E5,* ***193****)* **:** *pl. de Salvador Seguí, 1-9. ☎ 93-441-94-61. • info@lamonroe.es • Ⓜ Liceu. Mer-dim 12h30-minuit (1h ven-sam). Fermé lun-mar. Tapas et raciones 2-11,50 € ; apéritif pour 2 (tapas et vermut) dès 15 €.* Terrasse colorée et upcyclée du resto de la *Filmoteca de Catalunya* (allez d'ailleurs y faire un tour !). Pas de la grande cuisine mais une atmosphère détendue et de bonnes vibrations, qui permet de se sustenter d'une cuisine méditerranéenne du marché ou de commencer la soirée autour d'un verre de *vermut* et de 2 ou 3 tapas tout en observant les va-et-vient du Raval. Service rapide.

Bar de la librería La Central *(zoom détachable E4,* ***382****)* **:** *c/ Elisabets, 6. ☎ 90-080-21-09. Ⓜ Liceu. Tlj 10h-21h30 (minuit le w-e). Plat du jour 10,50 € ; entrepans max 9,50 € ; plats 9-15 €.* Un lieu particulièrement charmant : la librairie *La Central* s'ouvre sur un patio et une vraie cour-jardin arborée (accessible par la rue) où glougloute une fontaine le long de son rocher, et où l'on peut boire un verre et grignoter de bons petits plats de saison. Une oasis de calme et de sérénité sous les palmiers et les orangers !

De prix moyens à chic (16-40 €)

Arume *(centre détachable E4,* ***114****)* **:** *c/ d'En Botella, 11. ☎ 93-315-48-72. • info@arumerestaurant.com • Ⓜ Sant-Antoni. Mer-jeu 19h-23h ; ven-dim 13h-15h, 19h-23h. Fermé lun-mar. Résa conseillée. Plats 16-21 €.* Dans une ruelle obscure, ce resto intimiste est bien connu des Barcelonais, à raison. Le chef galicien propose une cuisine très actuelle, à la fois inventive et ancrée dans son terroir, qu'on déguste dans une enfilade de sobres petites salles. Service convivial.

Bar Muy Buenas *(centre détachable E4,* ***112****)* **:** *c/ del Carme, 63. ☎ 93-807-28-57. • info@muybuenas.cat • Ⓜ Liceu. Mer-dim 13h-16h, 19h30-minuit (en continu jeu-sam). Fermé lun-mar. Formule déj 13,50 € ; plat env 12 € ; repas 25 €.* Un de ces lieux à effet « waouh » : on est accueilli par un superbe et authentique décor moderniste en bois. Une authenticité qui s'étend, dans cette ancienne poissonnerie du XIXe s devenue bar en 1924, à l'assiette : les produits locaux et de proximité garnissent des recettes d'inspiration catalane traditionnelle. Jusque dans les cocktails, uniquement à base de produits catalans ! Un lieu 100 % couleur locale à la sauce contemporaine. Service un peu longuet en revanche...

Cera 23 *(centre détachable E4,* ***233****)* **:** *c/ de la Cera, 23. ☎ 93-442-08-08. • info@cera23.com • Ⓜ Sant-Antoni ou*

Liceu. Ouv ts les soirs, sauf mer-jeu. Plats 15-18 € ; repas env 30-35 €. À l'avant, le bar avec quelques sièges et tables, surplombés par un écran géant diffusant des vidéos ; à l'arrière, salle plus intime avec cuisine ouverte. L'assiette mélange habilement la Méditerranée et la Galice et c'est délicieux, comme ce riz noir aux fruits de mer, parmesan et sauce safran ! Bons vins du pays et service très attentionné.

Sésamo *(centre détachable D4,* ***231****) : c/ Sant Antoni Abat, 52. ☎ 93-441-64-11. • sesamobcn@gmail.com • Ⓜ Sant-Antoni. Tlj 19h-minuit. Tapas et plats 7-12 € ; menu tapas 25 €, boissons comprises.* Cette discrète adresse à l'orée de Sant Antoni est considérée par beaucoup comme l'un des meilleurs végétariens de la ville. Petite salle simplement plaisante pour une cuisine beaucoup plus élaborée, méditerranéenne au sens (très !) large signée d'un chef argentin nourri de multiples influences, qui aime notamment s'amuser avec les épices. Un resto végétarien pour un dîner en amoureux ? L'endroit y ressemble !

Teresa Carles *(centre détachable F4,* ***241****) : c/ de Jovellanos, 2. ☎ 93-317-18-29. • info@teresacarles.com • Ⓜ Universitat. Tlj 12h-17h, 19h-23h. Tapas 8-11 € ; plats du jour (lun-ven) 10,50-13,50 € ; menú degustación 30 €.* C'est LE resto végétarien de Barcelone, installé dans un grand espace où les 2 salles ont été restaurées façon loft : gros paniers remplis de légumes et fruits frais. À la carte, lasagnes, burgers, houmous, risotto à l'encre et pignons... Une cuisine franchement délicieuse, très prisée des locaux. Succès oblige, la maison assure également les cuisines de la chaîne « flexitarienne » *Flax & Kale* (voir plus haut « La Ribera et El Born. Où manger au resto ? »).

Bar Central *(zoom détachable E5,* ***235****) : marché de la Boquería, stand 494 (tt au fond de l'allée centrale). ☎ 93-301-10-98. Ⓜ Liceu. Tlj sauf dim 8h-20h30. Congés : 15 j. en janv et 15 j. en juil. Tapas et plats 5-16 € ; paella env 15 € ; parillada 29-33 €.* Voici le comptoir chic du marché de la Boquería. Les maraîchers y viennent dès 11h pour liquider un petit blanc accompagné de coquillages, de gambas ou autres fruits de mer trônant sur le zinc... Un poil cher, certes, mais on est bien assis et la qualité est au rendez-vous. Et puis, manger une paella ou une *parillada* à la Boquería (et avec les doigts !) fait partie des grands bonheurs qu'offre Barcelone.

Bar Pinotxo *(zoom détachable E5,* ***235****) : marché de la Boquería, stand 466-470, 1re allée à droite de l'allée principale en venant de la Rambla. ☎ 93-317-17-31. • info@pinotxobar.com • Ⓜ Liceu. ♿ Lun-sam 6h30-16h. Fermé dim. Congés : août. Raciones 7-16 € ; repas 20-25 €.* Un vieux de la vieille mais toujours un incontournable de la Boquería, repris récemment par les neveux du fondateur. Souvent bondé et architouristique en saison, alors essayez d'avoir une place sur les quelques grands tabourets au coude à coude autour du comptoir. Excellente cuisine catalane entre terre et mer ; mais, même ici, les coquillages ne sont pas donnés !

L'Antic Forn *(zoom détachable E4,* ***224****) : c/ del Pintor Fortuny, 28 (angle c/ Doctor Dou). ☎ 93-412-02-86. • lanticforn@hotmail.com • Ⓜ Liceu ou Catalunya. ♿ Tlj sauf dim soir et lun 9h (13h sam)-16h30, 19h30-23h30. Tapas 5-10 € ; plats et pizzas 10-20 € ; menus midi 11-15 €.* Restaurant de quartier légèrement en retrait de l'animation touristique. Comme son nom l'indique, un vieux four à bois où cuisent pizzas et viandes à la braise. Cuisine sans grande prétention mais maison (quelques ratés dans le menu toutefois), servie dans une grande salle à l'ancienne au cachet certain ou sur quelques tables sur le trottoir. Service rapide et attentionné.

Où prendre le petit déjeuner ? Où manger une pâtisserie ? Où déguster une glace ?

Granja M. Viader *(zoom détachable F4,* ***318****) : c/ d'En Xuclà, 4-6. ☎ 93-318-34-86. • granjaviader@yahoo.es • Ⓜ Catalunya ou Liceu.*

Mar-sam 9h30-13h45, 17h-21h. Fermé dim-lun, j. fériés et pdt la Semaine sainte. Tout près de la Rambla, une authentique *granja catalana* (crémerie-salon de thé) ouverte depuis 1870. La plus vieille laiterie de Barcelone. Les murs sont tapissés de photos de la famille et de vieilles affiches publicitaires célébrant le 125e anniversaire ! Vers 17h, étudiants gourmands, artistes, vieilles dames et vieux messieurs du quartier se retrouvent entre ses murs pleins de cachet : chocolat crémeux, assiettes de fromage frais nappé de miel *(mel i mató)*, madeleines, crèmes catalanes... Tout est fait maison avec des produits de la ferme. Régalez-vous de *leche mallorquina* (du lait de la ferme avec du citron et de la cannelle), excellent et très rafraîchissant. En partant, vous pouvez faire quelques emplettes : chantilly, yaourts, fromages, charcuterie artisanale.

Christian Escribà *(zoom détachable E5,* ***319****)* **:** *rambla de les Flors, 83. ☎ 93-301-60-27. • rambla@escriba.es • Ⓜ Liceu. Tlj sauf lun 9h-21h.* À côté de la Boquería, la meilleure pâtisserie du coin, pas donnée mais excellente. Elle est logée dans la superbe *Casa Figueras*, remodelée début XXe s sur un édifice des années 1820, avec une façade moderniste de mosaïques, sculptures, fer forgé, cristallerie... Au fond, un mini-salon de thé pour savourer de bonnes tartes, des brioches et des croissants moelleux, des petits-fours, accompagnés d'un délicieux chocolat. En saison, ne ratez sous aucun prétexte les *bunyols de Quaresma* (beignets de Carême). Quelques tables en terrasse dans le passage aux beaux jours. *Autre adresse Gran Vía, 546 (☎ 93-454-75-35 ; tlj sauf lun 9h-15h, 17h-21h).*

Rocambolesc *(zoom détachable E5,* ***314****)* **:** *espai Liceu, la Rambla, 51-59. ☎ 93-743-11-25. Ⓜ Liceu. Tlj 12h-21h30 (23h-minuit le w-e). Min 3,20 €.* Ce glacier est l'émanation d'*El Celler de la Roca* (un resto de Gérone que certains considèrent comme l'un des meilleurs du monde !), voisin du théâtre Liceu. Toute petite échoppe au décor postindustriel, avec une offre limitée à quelques parfums saisonniers à agrémenter de toppings, et des bâtonnets dont l'un en forme de doigt de Christophe Colomb (!) en hommage à Barcelone.

Pensez également au ***marché de la Boquería*** *(zoom détachable E4-5).* Rien de mieux pour commencer la journée qu'une barquette de fruits frais... Pour un en-cas plus consistant, plusieurs comptoirs proposent tortillas et autres tartines garnies délicieuses dès potron-minet.

Où boire un verre ? Où écouter de la musique live ?

– **Attention :** à partir du moment où vous quittez la Rambla vers le Raval, n'y allez pas seul après 23h-minuit. Ce n'est pas le Bronx non plus, mais restez vigilant. En revanche, la partie au nord de la carrer Hospital est moins craignos. Les amateurs de grosse animation dirigeront leurs pas vers la carrer de Joaquín Costa, juste derrière le MACBA, une des rues dans laquelle les bars ouvrent et ferment au gré des modes et des saisons (on y a quand même trouvé quelques adresses stables !).

Tôt ou tard

Bar de la librería La Central *(zoom détachable E4,* ***382****)* **:** *c/ Elisabets, 6. ☎ 900-80-21-09. Ⓜ Liceu. Tlj 10h-21h30 (minuit w-e). Voir aussi « Où manger au resto ? » plus haut.* Un lieu particulièrement charmant que le café de la librairie *La Central*, avec ses patio et jardin. Idéal pour se reposer, bouquiner, échanger au calme. Mais aux heures des repas, priorité est donnée aux clients qui mangent.

Bar Lobo *(zoom détachable F4,* ***161****)* **:** *c/ Pintor Fortuny, 3. ☎ 93-481-53-46. • barlobo@grupotragaluz.com • Ⓜ Liceu ou Catalunya. Tlj 9h-1h (cuisine ferme à 23h30). Tapas et raciones 6-20 € ; petits déj plutôt salés (jusqu'à 13h en sem et 14h le w-e) env 10 €.* Grand loft à la déco étudiée et à l'atmosphère très bobo avec sa cuisine ouverte. Certes, les tapas, pas très généreuses, sont plutôt banales pour un prix plus élevé qu'ailleurs, mais les horaires de service élastiques sont bien pratiques, et cette terrasse (où les places s'arrachent !) sur une placette piétonne est tellement agréable !

Fat Schmuck *(centre détachable E4, **396**) : pl. d'Emili Vendrell, s/n. 674-48-00-73. • info@schmuckordie.com • Ⓜ Sant Antoni ou Liceu. Tlj 9h-minuit. Cocktails 6-10 €. Burgers et plats max 12 €.* L'un des spots du quartier, ouvert dans la foulée de *Two Schmuck* et *Lucky Schmuck* (tous 2 un peu plus haut dans la carrer de Joaquín Costa, tentez votre chance !) par la même équipe de joyeux lurons (doués en marketing, quand même !). En plus de leurs bons cocktails à prix serrés, *buns,* tacos ou *chicken waffles* et autres casse-dalle dans l'air du temps. Pas très catalan mais c'est bon, l'ambiance est électrique et, avec un coup de chance (ou une réservation), on peut même profiter de la terrasse.

– Sinon, pour faire une pause solide dans cette rue de la soif qu'est devenue la carrer de Joaquín Costa, faites la queue, comme tout le monde, au kébab phare du coin (au nº 22), le *Bismillah Kebabish* : c'est le rendez-vous des affamés de minuit !

La Confitería *(centre détachable D5, **391**) : c/ Sant Pau, 128. ☎ 93-140-54-35. • info@confiteria.cat • confiteria.cat • Ⓜ Paral-lel. Tlj 18h-2h.* Ce bar photogénique a conservé la déco moderniste héritée de l'ancienne pâtisserie-confiserie. Quelques tables et un comptoir de bois occupent la boutique d'origine (1912), coiffée d'une fresque passée de mode. Seuls les gâteaux ont disparu, remplacés par les bouteilles alignées comme à la parade. Cocktails classiques comme plus créatifs. Au fond, une 2e salle plus grande, où l'on sert tapas, tartares, et quelques plats catalans. Une belle adresse fréquentée par le public comme par les comédiens des théâtres voisins, en fin de spectacle.

33/45 Bar & Gallery *(centre détachable E4, **392**) : c/ de Joaquín Costa, 4. ☎ 93-187-41-38. • 3345.bar@gmail.com • Ⓜ Universitat ou Liceu. Tlj 15h30-0h30.* Un bar *trendy,* où se retrouve le monde *arty*-bohème de Barcelone, qui vient siroter ici un cocktail raccord à sa tenue... La déco va fouiller dans le vintage des années 1970-1980, pour se faire un no-look très travaillé. Régulières expoventes d'artistes de qualité, et DJ derrière les platines pour maintenir la pression. Une bonne adresse, juste ce qu'il faut de branché.

Plutôt le soir

London Bar *(zoom détachable E5, **393**) : c/ Nou de la Rambla, 34. ☎ 93-808-21-87. Ⓜ Drassanes. Tlj sauf mar-mer 19h30-2h30. Entrée gratuite, mais conso obligatoire.* C'est l'un des incontournables du circuit moderniste, qu'Hemingway et Picasso avaient l'habitude d'écumer en voisins. Jean Genet venait lui aussi y boire son café-cognac. Et ce beau monde ne serait sans doute pas dépaysé s'il lui prenait l'envie d'y revenir. Il faut dire que le cadre Art nouveau d'origine a été judicieusement préservé. Dans la salle du fond, petite scène où musiciens de jazz et de blues donnent le meilleur d'eux-mêmes après minuit. Atmosphère jeune et chaleureuse.

Casa Almirall *(centre détachable E4, **394**) : c/ de Joaquín Costa, 33. ☎ 93-318-99-17. • casalmirall2@yahoo.es • Ⓜ Universitat. Mer-sam 19h-2h30 (3h ven-sam). Fermé dim-lun.* Fondé en 1860, l'un des plus vieux estaminets de Barcelone a conservé intacte sa superbe déco Art nouveau. On imagine volontiers artistes et intellectuels y refaisant le monde au début du XXe s à la lueur de bougies faiblardes. Si les chandelles ont disparu, la lumière reste tamisée. Les artistes y viennent encore, tout comme la clientèle jeune et décontractée qui a pris ses marques dans le quartier.

El Jardí *(zoom détachable E4-5, **388**) : c/ Hospital, 56. ☎ 93-681-92-34. Ⓜ Liceu. ♿ Tlj 17h (13h w-e)-23h.* Le cloître-jardin de l'ancien hôpital de Santa Creu accueille, outre une branche de l'université, cette belle terrasse protégée du soleil et des intempéries (et chauffée l'hiver). On ne peut rêver cadre plus enchanteur pour boire un verre que cette courette à arcades, où s'épanouissent quelques belles

LA CATALOGNE

plantes. Le soir, aux bougies, sous les vieilles voûtes, c'est carrément magique !

Nevermind *(centre détachable E4, **400**) : c/ Tallers, 68. 663-71-00-95. • nevermindbarcelona@gmail.com • Ⓜ Universitat. Tlj 17h30-2h30.* Un bar alternatif génial, avec une longue salle hyper caverneuse entièrement recouverte de graffitis... et une rampe de skate au fond ! Les moins casse-cou préféreront le baby-foot, mais tout le monde se retrouve au comptoir à siroter des verres pas chers, sur un fond sonore entre punk, rock et metal. Jeune, skate, cool et festif. Aussi un petit frère du côté d'El Born, ***Nevermind Gòtic*** *(c/ Escudellers Blancs, 3).* Une affaire qui roule !

Bar Marsella *(centre détachable E5, **353**) : c/ de Sant Pau, 65. ☎ 93-442-72-63. Ⓜ Liceu ou Drassanes. Tlj sauf mer 18h-1h.* Proche de la *filmoteca,* un bar un peu décadent, au décor figé depuis 1820 dans une immense salle : dans les vitrines, les bouteilles ont, en près de 2 siècles, accumulé quelques couches de poussière, les miroirs ne reflètent plus grand-chose et la peinture du plafond n'en finit plus de s'écailler. Il se raconte qu'Hemingway ou Genet aimaient venir y troubler une absinthe. Une jeune clientèle fait aujourd'hui de même dans un joyeux brouhaha. Attention, l'absinthe peut surprendre, et ce dès le 1er verre !

La Cobra *(centre détachable E4, **363**) : c/ de Joaquín Costa, 47 (angle c/ del Tigre). • lacobrabar@gmail.com • Ⓜ Universitat ou Sant-Antoni. Tlj 19h-1h.* Envie de siroter une bière entre 2 radiographies de squelette, entouré d'objets évoquant magicien et grimoire ? Même si la déco est plus bricolée que fignolée, bonne ambiance dans ce rade très fréquenté jusqu'à très tard !

Madame Jasmine *(centre détachable E5, **395**) : rambla del Raval, 22. Ⓜ Paral-lel. Presque en face de la statue du Chat de Botero. Tlj 19h-3h.* L'étroite devanture ne paie vraiment pas de mine, mais l'intérieur est un petit musée du kitsch avec son alcôve imprimée panthère, ses meubles hétéroclites, son comptoir recouvert de vieilles photos érotiques et ses bibelots improbables. Performances (pour public averti comme on dit !) et shows déjantés de drag-queens le dimanche soir. Clientèle jeune, musique aussi décalée que la déco, et quelques tables en terrasse sur le terre-plein central. Un étonnant endroit qui a emprunté son nom à une des plus célèbres prostituées d'antan du quartier... Dommage que le service soit parfois désagréable.

Bar Pastis *(zoom détachable E5, **399**) : c/ Santa Mònica, 4. 634-93-84-22. Ⓜ Drassanes. Mer-dim 19h-3h.* Depuis 1947, un bar rouge et noir, emblématique du quartier où l'on peut goûter à une atmosphère franchouillarde et un peu décadente. La petite salle est noircie par le temps, tableaux et objets se confondent avec les murs dans cet ancien caboulot à marins, où passent Brel et Édith Piaf en boucle... Fort touristique, d'où l'addition qui s'en ressent. Nombreux concerts de musique française, catalane, etc.

Où voir un spectacle (opéras, concerts classiques...) ?

Gran Teatre del Liceu *(zoom détachable E5) : sur la Rambla. ☎ 93-485-99-00. • liceubarcelona.cat • Ⓜ Liceu.* Pour les passionnés d'opéra.

La tournée des boîtes

La scène électronique

Moog *(zoom détachable E5, **451**) : c/ Arc del Teatre, 3. ☎ 93-319-17-89. • moogbarcelona.com • Ⓜ Drassanes. Situé dans une ruelle perpendiculaire à la Rambla, en bas à droite. Tlj minuit-5h (6h ven-sam). Entrée : 7-15 €.* Petite boîte très sympa, appréciée des clubbers pour son excellente programmation d'électro dans la salle principale (DJs résidents et pointures internationales de temps à autre). L'autre, à l'étage, est plus branchée pop et disco.

Achats

Le Raval, autour du MACBA, est devenu le ***quartier hype*** de la ville : entre friperies et épiceries bio, *skate-shops* et boutiques de disques pour les collectionneurs de vinyles. Au sud, il reste toujours aussi populaire avec bazars asiatiques et autres magasins de téléphonie mobile.

Wah-Wah Discos *(centre détachable E4,* ***487****)* **:** *c/ de la Riera Baixa, 14. ☎ 93-449-67-94. • info@wah-wahsupersonic.com • Ⓜ Liceu. Lun-sam 11h-14h, 17h-20h30. Fermé dim et j. fériés.* Un petit paradis pour amateurs de vinyles avec un choix véritablement impressionnant dans tous les genres, du jazz au disco en passant par tous les sous-genres du rock.

Pour les ***disques d'occasion,*** cette même carrer de la Riera Baixa, ou alors prenez la carrer Tallers *(1re à droite en descendant la Rambla)* et la carrer Sitges *(1re à gauche une fois sur la c/ Tallers).* Une sorte de petit musée du vinyle à ciel ouvert.

Casa Beethoven *(zoom détachable E-F4-5,* ***488****)* **:** *la Rambla, 97. ☎ 93-301-48-26. • ludwigvb@casabeethoven.com • Ⓜ Liceu. Lun-sam 9h-20h (sauf 14h-17h mer et sam). Fermé dim.* Adossé au *palau de la Virreina,* un discret magasin de partitions très ancien. Dans les grands cartons grenat, des chansons traditionnelles et des berceuses catalanes, des sardanes, de la musique classique. Avis aux farfouilleurs...

Marché

La Boquería *(ou* ***mercat de Sant Josep*** *; zoom détachable E4-5)* **:** *la Rambla, 91. Ⓜ Liceu ou Catalunya. Lun-sam 8h-20h. Se reporter ci-après à la rubrique « À voir ».* Un des plus beaux marchés de la ville, même si c'est aussi le plus connu (et leplus touristique, oui !). Fraîcheur garantie, mais les prix ont tendance à s'envoler. Poissons à l'œil brillant et crustacés vivants, fruits parfumés et colorés (vendus aussi en jus et en salade), olives et fromages en veux-tu en voilà, charcuteries variées à base de porc ibérique (ce qui explique en partie les prix) ; on vous recommande plus particulièrement tout ce qui est *jamón, llomo* et *chorizo ibéricos,* dont le fameux *pata negra* andalou. Ne pas hésiter à s'enfoncer dans le marché ; à l'entrée, les prix sont souvent plus chers. Pratique, ça voyage bien, et vous pouvez tout faire emballer sous vide.

À voir

La Rambla : l'avenue la plus connue de Barcelone. Elle marque une limite historique, car la ville médiévale s'arrêtait là. ***Incroyablement animée de jour comme de nuit.*** En arabe, *rambla* signifie « torrent », ce qui nous rappelle qu'un cours d'eau coulait à cet endroit. En temps normal, c'est un flot incessant de touristes qui dévalent quasiment 24h/24 la Rambla. Quant à certains Barcelonais un peu las de l'agitation, ils n'hésitent pas à la contourner. Quoi qu'il en soit, ***la Rambla est LA colonne vertébrale du centre historique,*** elle permet de rayonner facilement entre les différents quartiers. Pour prendre de la hauteur et admirer le fleuve des passants sur la Rambla, nous vous conseillons la visite du mirador de Colom (lire plus haut « Le port Vell. À voir »). Pour les Barcelonais, de manière traditionnelle, la Rambla se descend par le milieu de l'allée centrale, d'un train de sénateur. Une fois sur le port, il est d'usage de faire demi-tour et de remonter.

Tout à la fois agora, marché, lieu de rencontre, gigantesque théâtre où les gens viennent se voir, la Rambla cristallise toutes les contradictions de la ville : bonheur de vivre et tensions, visages rieurs ou inquiétants, farniente aux terrasses de cafés et difficultés de circulation. Oiseaux et fleurs en rajoutent dans le bruit et la couleur.

MIRÓ-BOLANT

Sur le sol de la Rambla, au niveau de la station de métro Liceu, se cache une mosaïque originale de Joan Miró installée en 1976. L'idée que son œuvre puisse être piétinée ne le dérangeait pas. Des enfants y font des chasses-poursuites, s'imaginant peut-être sauter de planète en planète sur une carte du cosmos. Cette activité enfantine n'aurait probablement pas déplu à l'artiste.

Et, pour vous expliquer pourquoi vous entendrez souvent dire les Ramblas, c'est parce que, historiquement, l'avenue a été divisée en 5 tronçons aux noms hérités des institutions qui la bordaient : couvent, université... Le 1er, juste en dessous de la plaça de Catalunya a, par exemple, pris le nom de la *font de Canaletes,* une fontaine magique ! Qui boit de son eau reviendra à Barcelone. Essayez ! Nous, nous revenons souvent, il faut croire que ça marche !

Attention ! Ne jamais oublier qu'il s'agit du terrain de jeux préféré des pickpockets, et les badauds sont nombreux à se faire délester de leur appareil photo ou de leur portefeuille tandis qu'ils admirent, subjugués, les statues humaines ou les portraitistes, attractions emblématiques de la Rambla.

La Boquería *(ou* ***mercat de Sant Josep*** *; zoom détachable E5)* **:** *entrée au nº 91 de la Rambla. • boqueria.info • Ⓜ Liceu ou Catalunya. Lun-sam 8h-20h30. Fermé dim et 1er mai. Plan du marché à droite avt le porche en venant de la Rambla.*

Ce marché couvert est une vénérable institution et un véritable spectacle pour les yeux. Les étals rivalisent de beauté, et, bien que le marché soit devenu une attraction touristique majeure, ça reste un vrai marché, et il serait dommage de ne pas y passer, ne serait-ce que pour déguster une salade de fruits ou un *bocadillo.* ***Plus on s'enfonce dans les allées en s'éloignant de la Rambla, plus les prix baissent !*** Sa structure de fer et de verre très Art nouveau vaut, elle aussi, le coup d'œil. Les commerçants ont une gouaille toute catalane, et les poissonnières et les bouchères arborent de magnifiques tabliers bordés de dentelle. Vous y prendrez sans doute vos plus belles photos, sans oublier le porche avec sa couronne surmontée d'une chauve-souris, qui fait une des plus belles cartes postales du quartier.

Plusieurs ***comptoirs pour se restaurer*** dès le matin (voir plus haut la rubrique « Où manger au resto ? ») : fruits en jus ou en salade, fruits de mer, tapas et sandwichs divers ; ou tout simplement en achetant, d'une part de la charcuterie, d'autre part du pain, pour se concocter un *bocadillo.*

Palau de la Virreina – Centre de la Imatge *(zoom détachable E-F4)* **:** *la Rambla, 99. ☎ 93-316-10-00. • lavirreina.bcn.cat • Ⓜ Liceu ou Catalunya. Tlj sauf lun 11h-20h. Fermé 1er janv, 1er mai et 25-26 déc. GRATUIT.*

Pour la petite histoire, le *palau de la Virreina* fut construit en 1777 comme résidence secondaire pour Manuel d'Amat, vice-roi du Pérou. Cet homme richissime était en définitive la main du roi pour extraire le minerai au Pérou : on comprend mieux la magnificence du lieu.

C'est aujourd'hui un des hauts lieux de la photographie internationale en Catalogne. Plusieurs expositions temporaires gratuites y sont organisées chaque année (certaines proviennent de festivals comme « Visa pour l'image », de Perpignan). Mais aussi des thématiques plastiques, expressives et expérimentales. Une sélection très pointue de la photographie contemporaine.

À 150 m, au nº 83 de la Rambla, l'***Antiga Casa Figueras*** *(zoom détachable E5,* ***319****)*. L'ancienne épicerie à la superbe façade de mosaïques et de sculptures est aujourd'hui une pâtisserie de renom (*Christian Escribà* ; voir plus haut « Où prendre le petit déjeuner ?... »).

Palau Güell *(zoom détachable E5)* **:** *c/ Nou de la Rambla, 5. ☎ 93-472-57-75. • palauguell.cat • Ⓜ Liceu ou Drassanes. Tlj sauf lun hors j. fériés : avr-sept, 10h-20h ; oct-mars, 10h-17h30 ; dernière entrée 1h avt fermeture. Fermé 1er et 6 janv, 4e sem de janv et 25-26 déc. Entrée : 12 €, audioguide inclus ou application téléchargeable ; réduc ; gratuit - de 10 ans et pour tous le 1er dim du mois dans la limite des entrées disponibles.*

Incontournable ! Güell était un riche industriel, spécialisé dans les tissus en velours et... le ciment. Ce palais, qui porte décidément bien son nom, est la ***1re grande création gaudienne,*** et a rouvert en 2011 après de longues années de restauration. On y retrouve tous les fastes hallucinés et l'inspiration gothique et musulmane de l'architecte. Avant de commencer la visite, il est important de comprendre les raisons de l'implantation du palau Güell dans le quartier d'El Raval, alors que la bourgeoisie de l'époque préférait les larges avenues de l'Eixample autour du passeig de Gràcia. Pour Güell, c'est une volonté délibérée d'installer son business au cœur de la cité catalane, lieu de contact historique des échanges commerciaux. Tout en y habitant avec ses 10 enfants (!), il recevait ici ses clients et fournisseurs. Mais la raison majeure est familiale, car le père d'Eusebi Güell résidait dans le palais voisin. D'ailleurs, un corridor relie toujours les 2 résidences (visible dans le patio du 1er étage).

La façade, avec ses proportions imposantes, son caractère sombre et son ornementation en fer forgé, affirme d'emblée la puissance économique de son résident. Au-dessus des 2 portes cochères paraboliques, on est immédiatement frappé par la rangée de fenêtres qui évoquent celles d'un atelier d'artisan. Là encore, on ressent bien le caractère mixte, à la fois familial et commercial de la construction de Gaudí. Le hall d'entrée a une conception très pratique, il permettait aux voitures à cheval de pénétrer dans le palais et de déposer les convives et la famille (notez les 4 marches) au pied de l'escalier central. Ce dernier, en serpentine des Pyrénées, est surmonté d'un plafond à caissons en bois exotique avec des roses en fer forgé.

UNE TECHNIQUE EN BÉTON

Gaudí a été le 1er architecte de son époque à utiliser le béton armé. C'est grâce à son fidèle client et ami, Eusebi Güell, industriel dans le textile et fondateur de la 1re usine de ciment de Catalogne, qu'il put d'ailleurs expérimenter très tôt ce matériau.

Gaudí mit son génie bâtisseur au service de la famille Güell et de leurs habitudes sociales et culturelles. La musique et l'acoustique sont au cœur de leurs préoccupations quotidiennes : en effet, Eusebi Güell est un fin mélomane, et sa fille sera compositrice. Dans l'***antichambre,*** impressionnant tableau de Clapès représentant *Hercule cherchant les Hespérides*. Dans la ***salle de piano,*** belle tribune noire à 10 fenêtres avec colonnettes en ébène surplombant un banc en cuir noir repoussé de Cordoue. Dans la ***superbe salle à manger*** boisée, cheminée en noyer sculpté, surmontée d'une jalousie pour observer les visiteurs. Plafonds à caissons partout, les plus beaux étant ceux, dorés à la feuille d'or, de la ***salle de réception,*** où l'on trouve également des vitraux sur le thème de Shakespeare. Mais le ***salon principal*** est la ***pièce maîtresse du bâtiment*** avec sa coupole parabolique (pour l'acoustique) et son oratoire escamotable. Ses portes en palissandre, peintes et marquetées à l'intérieur, étaient ouvertes pour les offices familiaux. Notez la présence d'un ***orgue*** (qui fonctionne en automatique, toutes les 30 mn environ avec une programmation différente), dont les tuyaux s'échappent à la lisière de la coupole, permettant ainsi une propagation du son de haut en bas. Pour parfaire la perfection musicale, la partie haute du salon, sur la galerie en

mezzanine, était réservée aux musiciens et aux chœurs. La musique pouvait alors venir de toutes parts baigner l'auditoire.
À partir du salon, on accède aux ***appartements familiaux.*** Dans la chambre de l'épouse, notez les arabesques en fer forgé sur les colonnettes. Dans les chambres des enfants, les vitraux de Macbeth et Hamlet, sans doute dans un souci éducatif. Le salon-fumoir est remarquable pour ses persiennes qui permettent de régler l'afflux de lumière tout en préservant des regards indiscrets du voisinage. ***Clou du spectacle, le toit-terrasse !*** Sauf lorsqu'il pleut, bien sûr... Gaudí a laissé là libre cours à son inspiration. Chacune des 18 cheminées de 15 m chacune est un pied de nez à la rigueur du bâtiment, une euphorie de formes et de couleurs. La flèche centrale, surplombant le salon, est recouverte de matériaux de récupération en provenance des anciens fours à chaux de la famille Güell. Elle est surplombée par une chauve-souris, qui, selon la légende, avertissait le souverain Jaume Ier de toute attaque nocturne impromptue.
Avant de partir, ne manquez pas la visite des ***écuries*** au sous-sol, histoire d'admirer les piliers et les minivoûtes en brique des fondations et de constater l'exiguïté du terrain sur lequel est bâti ce superbe palais.
Une visite à ne pas manquer : un magnifique spectacle architectural où s'exprime toute la force constructive de Gaudí.

De jour, traverser l'***ancien hospital de la Santa Creu*** *(zoom détachable E4-5 ; entrée c/ del Carme, 47, ou par la c/ Hospital, 56).* Havre de paix très agréable où ne parviennent plus les rumeurs de la ville (agréable café *El Jardí* également, voir plus haut « Où boire un verre ?... »). ***C'est à l'hôpital de la Santa Creu que Gaudí fut transporté et décéda*** le 10 juin 1926, après avoir été renversé par un tramway. Aujourd'hui transformé en jardin, où trône une belle croix sculptée, on peut à loisir détailler l'architecture des vieux bâtiments du XVe au XVIIe s, aménagés pour accueillir la bibliothèque de Catalogne. Dans la petite salle, très jolies voûtes gothiques. Dans la grande, patio à galerie : superbes azulejos à l'entrée. C'est tout le quartier qui était autrefois couvert de couvents, et les religieuses y côtoyaient (déjà) les prostituées... Voir l'ancienne *casa de la Misericordia,* où l'on abandonnait les enfants ; au 17, carrer Ramelleres, on peut encore observer le trou dans le mur (avec un système de tourniquet) où étaient déposés (jusque dans les années 1930) les nouveau-nés.

La Capella *(zoom détachable E5,* ***509****)* **:** *c/ Hospital, 56. ☎ 93-256-20-44. • lacapella.barcelona • Ⓜ Liceu ou Drassanes. Ouv seulement quand expo : mar-ven 17h-20h, w-e 12h-20h, j. fériés 11h-14h. Fermé lun, 1er et 6 janv, 1er mai, 24 juin et 25-26 déc. GRATUIT.* La chapelle de l'ancien hôpital de la Santa Creu, datant du XVe s, accueille ce centre d'art contemporain étonnant et détonnant. Si vous ne craquez pas pour l'expo en cours, vous serez sans doute envoûté par la magie et l'étrange solennité des lieux.

Museu d'Art contemporani de Barcelona ***(MACBA ;*** *musée d'Art contemporain de Barcelone ; centre détachable E4)* **:** *pl. dels Àngels, 1. ☎ 93-412-08-10. • macba.cat • Ⓜ Catalunya ou Universitat. ♿ Lun et mer-ven 11h-19h30 (10h-20h fin juin-fin sept), sam 10h-20h, dim et j. fériés 10h-15h ; dernières admissions 30 mn avt fermeture. Fermé mar (sauf vac scol), ainsi que 1er janv et 25 déc. Entrée : 11 € (valide 1 mois) ; réduc étudiants ; gratuit - de 14 ans et + de 65 ans. Inclus dans l'Articket.*
En raison de sa blancheur éclatante, les intimes et les habitants du quartier l'appellent « the White House ». Sa composition est une œuvre architecturale en soi, que l'on doit à Richard Meier. D'avant-garde, ***l'ouvrage laisse entrer un maximum de lumière avec élégance,*** et permet au visiteur de circuler avec une grande commodité. L'association de lignes courbes et rectilignes donne beaucoup de légèreté à l'édifice. Néanmoins, le contraste entre le bâtiment et les ruelles qu'il faut emprunter pour y accéder, la place où se côtoient fêtards, habitants, touristes et skateurs qui jouent aux casse-cou juste devant, nous rappelle un petit

peu Beaubourg à Paris. Tout cela faisant l'objet de toutes les critiques, mais aussi de tous les éloges (dont le nôtre) ; et, dans tous les cas, le bâtiment mérite autant d'être vu que d'être visité pour ce qu'il abrite.
En général, exposition « permanente » au 1er étage et expos temporaires (souvent détonnantes) dans les autres niveaux. Mais les œuvres sont visibles par roulement en fonction de la thématique du moment (renseignez-vous avant d'y aller pour éviter toute déception). Sachez au moins que le fonds du musée contient une sélection de peintures, photos, sculptures et vidéos des 50 dernières années. Très international, même si beaucoup d'artistes représentés sont espagnols (pour la plupart des Catalans). Minimalisme, expressionnisme abstrait et figuratif contemporain, tout est mélangé.
À l'entrée du musée, un sommier métallique suspendu donne le ton. Il symbolise une invitation à la réflexion et à la contemplation ainsi qu'un plaidoyer contre la violence.
Belle salle de lecture au 1er étage et, en été, petite ***cafétéria*** sur la terrasse du 1er étage.

Centre de Cultura contemporània de Barcelona *(**CCCB** ; centre détachable E4) **:** c/ de Montalegre, 5. ☎ 93-306-41-00. • cccb.org • Ⓜ Catalunya ou Universitat. Juste derrière le musée d'Art contemporain. Mar-dim et j. fériés 11h-20h. Fermé lun, ainsi qu'après 15h les 5 et 6 janv, 24, 26 et 31 déc, et tte la journée 1er janv et 25 déc. Entrée : 6 € pour 1 expo, 8 € pour 2 expos ; parfois tarifs spéciaux selon expo ; réduc ; gratuit - de 12 ans, et pour tous le dim 15h-20h. Inclus dans l'Articket.* Ce centre a ouvert ses portes en 1994 dans les murs d'un ancien hospice du XVIIIe s, plutôt agréable avec sa vaste cour et son mur de verre moderne. Il présente des expos sur le concept de la ville en général (l'histoire, la société, la culture, l'urbanisme, l'architecture, etc.), sur Barcelone, ainsi que des expos temporaires très variées et interdisciplinaires. Organise aussi des conférences, des concerts, etc. Là-haut *(accès possible le 1er dim du mois seulement)* vous attend une magnifique vue sur la mer et sur la vieille ville.
Jolie cafétéria, la ***Terracccita*** *(tlj)* en prime, sur une terrasse fleurie, ouverte et calme.

Església Sant Pau del Camp *(centre détachable D-E5)* ***:*** *au bout de la c/ Sant Pau, près de l'avda del Paral-lel. Ⓜ Paral-lel. Théoriquement, lun-ven 9h30-12h30, 15h30-18h30 ; sam 9h30-12h30 ; dim 11h-12h (sauf s'il y a des baptêmes), 16h-18h30 (sauf s'il y a des mariages). Entrée : 3 €.* Un peu anachronique au milieu de ce quartier en pleine mutation. Son nom provient des champs qui séparaient la ville ancienne de la colline de Montjuïc. Elle date du XIIe s. Le presbytère et la salle du chapitre furent édifiés un siècle plus tard. Charmant cloître à l'intérieur, agrémenté d'arcades originales polylobées.

SANT ANTONI

• Centre détachable C-E4-5

Ancien quartier commerçant, Sant Antoni a du caractère et une identité qui lui est propre. S'y balader, c'est s'imprégner de son ambiance encore préservée, bien que quelque peu gentrifiée. Si les rues au tracé très géométrique de *Sant Antoni* l'apparentent à l'Eixample (dont il dépend administrativement), son ambiance populaire évoque plutôt le Raval (sans certains de ses côtés glauques). Le marché (voir ci-après la rubrique « Achats ») conçu par Antoni Rovira i Trias et rénové rappelle, lui aussi, la géométrie de Cerdà (l'architecte de l'Eixample) et entre dans cette logique de réhabilitation urbaine.
Dans ses alentours, des rues semi-piétonnes, notamment la très animée carrer Parlament avec ses nombreux restos et bars.

LA CATALOGNE

Où manger des tapas ?

Assis ou debout

Bar Calders *(centre détachable D4, **170**) : c/ Parlament, 25. ☎ 93-329-93-49. Ⓜ Sant-Antoni. Tlj 17h-2h. Tapas 3-9 € ; plats 10-17 €.* Notre bar préféré dans cette carrer Parlament très animée. S'il n'y a pas de place en terrasse, on vous proposera d'attendre dans la petite salle bistrot où une tripotée de chats japonais vous fera « hello ». Une fois attablé dans l'impasse qui mène à une sympathique librairie, on déguste le *vermut* maison en se restaurant de très bonnes tapas comme le guacamole, le houmous, la salade russe, les croquettes ou encore des tranches de manchego. Bon accueil et excellente musique.

Fàbrica Moritz *(centre détachable E4, **141**) : ronda Sant Antoni, 39-41. ☎ 93-426-00-50. • info@moritz.cat • Ⓜ Universitat. Tlj 12h-1h (bar à vins 12h30-22h). Tapas 2-8 € ; plats 7-30 € ; compter 20-25 € pour un repas avec 1 boisson. Bières 2,60-8 €.* Depuis sa fondation en 1856, *Moritz* fait mousser la bière pour les Barcelonais. Ici, dans l'ancienne usine réhabilitée par l'architecte Jean Nouvel, l'ambiance est plus SoHo que Barri Gòtic. La manufacture conserve son aspect brut de décoffrage d'antan, élégamment mis en lumière dans des tonalités aussi ambrées que la bière. On y sert de bonnes tapas et une cuisine bien préparée (avec quelques influences alsaciennes, souvenirs des origines du fondateur de la marque !). Les serveurs sont vêtus des bleus de travail (ici noirs) que portait le personnel de la brasserie. Dans la cave voûtée, les cuves tournent à plein régime pour alimenter le comptoir et la salle en bière fraîche. À l'entrée, à droite, le petit ***bar à vins*** ; même cuisine, mais, comme son nom l'indique, on n'y sert que du vin. À gauche, boulangerie et boutique-librairie avec tous les produits dérivés de la marque ! Seul bémol, l'intensité sonore...

Bar Alegria *(centre détachable D3, **165**) : c/ del Comte Borrell, 133. ☎ 93-328-33-68. Ⓜ Urgell. Tlj 13h30-16h, 20h-1h. Résa indispensable même si l'on vient à l'ouverture ! Tapas à partager 3-18 €.* Dans un décor 1900 avec carrelage mosaïque blanc et noir et mezzanine en bois vernis, ce resto cache sa touche de modernité dans son assiette : une multitude de tapas à partager quelque peu revisitées, savoureuses et au bon rapport qualité-prix. Jolie terrasse. Service jeune et efficace.

Où manger au resto ?

De bon marché à chic (10-40 €)

Rekons *(centre détachable D4, **252**) : c/ del Comte d'Urgell, 32. ☎ 93-424-63-83. 📱 665-38-15-11. • admin@empanadasrekons.com • Ⓜ Sant-Antoni ou Urgell. Tlj 11h-minuit. Bocadillos et empanadas 2,30-10 € ; kilombo salade + 2 empanadas 11 € ; repas 8-15 €.* Aménagé dans l'ancienne *Granja Canigó* dont l'esprit boulange (et l'enseigne) a été conservé, un petit resto de cuisine « argentino-catalane », où l'on trouve de très bonnes *empanadas*. À emporter ou à consommer sur place dans la petite salle du bas, du haut ou encore en terrasse (s'il y a de la place !). Également des *milanesas* et des *bocadillos* délicieux, petits déj et super jus de fruits frais. Un bon plan bien sympathique, avec en prime un très bon accueil.

El Racó del Agüir *(centre détachable C4, **199**) : c/ Tamarit, 117. ☎ 93-426-68-39. Ⓜ Poble-Sec ou Sant-Antoni. Ouv le midi lun-sam, plus ven soir. Résa indispensable. Plat du jour 12,50 € et menu déj 17 € ; carte 30-40 €.* Dans cette petite salle rétro-contemporaine fort élégante, on déguste un plat du jour ou un menu du midi d'un rapport qualité-prix comme on en voit peu. Tout est frais, local et raffiné, depuis les croquettes qui craquent sous la dent au thon mi-cuit accompagné de guacamole ou

LA CATALOGNE

de mangue en passant par le bar aux girolles en saison. Pour accompagner, une belle carte des vins et un fond jazzy bienvenu. Et le vendredi soir, c'est la fête de la créativité. Une superbe adresse de gourmets !

Can Vilaró *(centre détachable D4,* **234***) : c/ del Comte Borrell, 61. ☎ 93-325-05-78. Ⓜ Sant-Antoni. En face du marché. Tlj sauf dim 8h-16h. Fermé le soir et août. Plats 4-10 € ; repas 15-20 €.* Une poignée de tables en formica le long du zinc, quelques assiettes décorées au mur : si la salle a été ripolinée de frais comme le marché voisin, elle n'a guère changé depuis l'ouverture du lieu en 1967. Authentique, comme la clientèle, l'accueil et la cuisine. On sert ici de vrais plats familiaux catalans comme bien peu de restos barcelonais en proposent encore : au hasard du marché ou de la saison, la carte aligne *escudella* (la potée locale), *cap-i-pota* (tête et pied de veau), tripes à la catalane, ou encore pieds de porc aux champignons. Quelques rares tables en terrasse.

Sant Antoni Gloriós *(centre détachable D4,* **230***) : c/ de Manso, 42. ☎ 93-424-06-28. Ⓜ Poble-Sec. Tlj midi et soir sauf dim ap-m. Résa conseillée. Raciones 10-29 €.* Cuisine variée qui propose autant de produits de la mer (notamment des moules et de la seiche) que toutes sortes de viandes que l'on déguste dans une ambiance purement catalane, attablés autour de tonneaux. 2 ou 3 tables en terrasse, mais on a une légère préférence pour la déco de l'intérieur. Plats généreux et service charmant. On reviendra !

Où manger une pâtisserie ?
Où déguster une glace ? Où boire une *orxata* ?

Orxateria & Torroneria Sirvent *(centre détachable D4,* **321***) : c/ Parlament, 56. ☎ 93-441-27-20. Ⓜ Sant-Antoni. ♿ Seulement avr-oct, tlj 9h30-21h30 (23h30 juil-août) ; fermé le reste de l'année. Compter 1,50-2,70 €.* Cette petite boutique (installée ici depuis 1943) est un endroit incontournable pour goûter à l'*orxata,* cette fameuse boisson rafraîchissante fabriquée avec le suc des tubercules et des tiges d'une sorte de papyrus qui pousse dans les marais du Guadalquivir. Leurs glaces artisanales (au *turrón*) dans la boutique voisine méritent aussi le déplacement.

Voir aussi **Rekons** *(centre détachable D4,* **252***)* dans la rubrique « Où manger au resto ? ». On y sert de bonnes pâtisseries et d'excellents jus de fruits frais.

Où boire un verre ?

Tôt ou tard

Bar Olimpia *(centre détachable D5,* **401***) : c/ Aldana, 11. 📱 606-20-08-00. • barolimpiabarcelona@gmail.com • Ⓜ Paral-lel. Tlj sauf dim-lun 15h-1h.* Petit bar de quartier où trône le nom du bar en mosaïques sur le comptoir, très sympa pour boire un verre en terrasse. On peut aussi y goûter quelques tapas ou de la cuisine méditerranéenne. Concerts à l'occasion.

Jonny Aldana *(centre détachable D5,* **401***) : c/ Aldana, 9. ☎ 93-174-20-83. • bar@jonnyaldana.com • Ⓜ Paral-lel. Tlj 18h-minuit (2h30 ven-sam). Congés : janv.* Atmosphère jeune et décontractée, dans ce petit bar chaleureux aux couleurs vivantes, qui est très apprécié pour son accueil souriant et sa cuisine. En plus des tapas, quelques plats, dont certains végans. Terrasse de poche sympa également, sur la rue relativement calme.

Plutôt le soir

Xixbar *(centre détachable C4,* **402***) : c/ Rocafort, 19. ☎ 93-423-43-14. • hello@xixbar.com • Ⓜ Poble-Sec. Tlj sauf dim-lun 18h-1h.* Un joli petit bar à cocktails façon bonbonnière tenu par une équipe jeune et sympathique. L'atmosphère décontractée donne envie de prolonger la soirée. Cocktails un peu plus chers que la moyenne (le gin est la spécialité du lieu), mais bien faits et parfois très originaux.

Achats

Marché

Mercat de Sant Antoni *(centre détachable D4)* **:** *à l'intersection de ronda Sant Pau et Tamarit. Tlj sauf dim 8h-20h30.* ***Foire aux livres*** *dim 8h-15h dedans et autour.* Sous sa belle halle moderniste rouge lie-de-vin récemment rénovée, c'est le plus grand des marchés de la ville (5 000 m²) et le 1er édifié hors du centre historique. À l'intérieur, presque trop retapé à notre goût, règne néanmoins une hygiène incontestable. Parmi les nombreux traiteurs, signalons par exemple ***Masclans Orígens*** (stand nº 74). Aussi bon que beau, à des prix qui restent ceux d'un marché, toute une gamme de prêt-à-manger à déguster plutôt au calme et au frais...

POBLE SEC

• Centre détachable C-E4-5-6

On passe de Sant Antoni au quartier de Poble Sec par la *Paral-lel,* l'une des avenues les plus importantes de la ville. Longée sur la droite à partir du port par un morceau des dernières murailles de la ville du XIVe s. C'était, de la fin du XIXe s à celle des années 1960, un des pôles de la vie nocturne locale avec moult cinémas, cabarets, théâtres et autres clubs de strip-tease. Mais l'avenue a aujourd'hui perdu tout son lustre : ne restent plus que le *Molino* (un moulin qui n'est plus rouge depuis Franco...), la salle de concerts de l'*Apolo* et les shows très... chauds du *Bagdad.*

Avec ses rues méditerranéennes qui escaladent le pied de la colline de Montjuïc, le *Poble Sec* a longtemps été oublié des touristes comme des Barcelonais. Mais si ce « village sec » (la 1re fontaine n'y a été installée qu'à la fin du XIXe s) reste bien populaire et tranquille en journée, il s'anime sérieusement le soir venu. Notamment le long de la piétonne carrer de Blai qui doit battre le record de bars à *pintxos* très bon marché (mais pas forcément de grande qualité) de la ville !

Un quartier populaire qui mérite vraiment le détour, et une halte gastronomique en chemin vers les musées de Montjuïc (ou en en revenant)...

Où manger des tapas ?

Assis ou debout

Koska Taverna *(centre détachable D5,* ***147****)* **:** *c/ de Blai, 8. ☎ 93-127-03-13. • info@koskataverna.com • Ⓜ Poble-Sec ou Paral-lel. Mer-ven 18h-23h (minuit ven), sam 12h-minuit, dim 12h-16h30. Fermé lun-mar. Pintxos env 2 € ; raciones 5-8 €.* La salle ne paie pas de mine, et on lui préfère bien sûr la terrasse (vite occupée), mais c'est surtout une *taverna* où les *pintxos* ne patientent pas toute la soirée en vitrine et affichent quelques originalités. Et on peut aussi se caler avec une vraie *ración* (demander la carte) : bonne viande en particulier. Carte des vins sélective et service pro.

Petit Montjuïc *(centre détachable C5,* ***173****)* **:** *c/ de Sant Isidre, 2. 629-71-59-43. • hola@petitmontjuic.com • Ⓜ Poble-Sec. Mer-dim 12h-minuit. Formules apéro pour*

2 pers 9-13 € ; plats 9-12 €. Au pied des musées de Montjuïc, un petit bar très sympathique avec une terrasse (souvent venteuse) et une petite salle où on joue des coudes. Très agréable pour boire un *vermut* et avaler quelques tapas ou pour changer un peu du régime catalan en dégustant un tajine ou un couscous de très bonne facture avant de terminer par un baklava bien sucré. Également des salades. Bon accueil.

Denassus *(centre détachable D5,* ***176****) : c/ Blai, 53. ☎ 93-387-76-45. • info@denassus.com • Ⓜ Poble-Sec. Tlj 13h-23h (minuit sam). Tapas et petits plats 2,50-18 €.* Long comptoir et tables hautes, la petite salle plutôt classe de ce bar à tapas bruisse du plaisir des gourmets de déguster de bons produits catalans dans des recettes bien contemporaines (quoique toujours inspirées de la tradition). Courte carte qui suit les saisons, et toujours d'alléchantes propositions du jour. Joli choix de vins, et accueil aussi agréable que la terrasse.

Au comptoir

Quimet & Quimet *(centre détachable D5,* ***180****) : c/ Poeta Cabanyes, 25. ☎ 93-442-31-42. Ⓜ Paral-lel. Tlj sauf dim 12h-16h, 18h-22h30. Congés : août. Tapas 3-10 €.* Tous les amateurs connaissent ce minuscule bar à tapas, dans la même famille depuis 4 générations. Alors, bien sûr, c'est très touristique, et il ne faut pas espérer s'asseoir (tout le monde reste debout), et les tapas sont un peu inégales. Mais on passe un bon moment entre ces murs boisés décorés d'une ribambelle de bouteilles de vin. Belle sélection de bières internationales. Un lieu indémodable.

La Tasqueta de Blai *(centre détachable D5,* ***169****) : c/ de Blai, 17. ☎ 93-173-05-61. • hola@grupotasqueta.com • Tlj 12h-minuit. Pintxos 1-1,80 €. Supplément de 10 % en terrasse.* Dans cette rue piétonne qui traverse le Poble Sec et regorge de bars à *pintxos* bon marché mais de qualité moyenne, un incontournable pour ses *pintxos* préparés et servis en continu (et ça débite...), sur de grosses tranches de pain. Un peu de la grosse cavalerie quand même, mais ça cale ! À engloutir perché sur les chaises hautes le long du bar, ou sur les quelques rares tables en terrasse. Sinon, son petit frère presque en face, *La Esquinita.*

Où manger au resto ?

Sur le pouce

La Porca *(centre détachable D5-6,* ***117****) : c/ de Mata, 16. ☎ 93-179-51-75. • info@laporca.com • Ⓜ Paral-lel. Jeu-dim 13h-16h, et tlj 19h-23h (23h30 ven-sam). Bocadillos, burgers et plats 5-15 €.* Ici, on propose avant tout des *bocadillos* et des burgers. Mais des *bocadillos* aux garnitures copieuses et succulentes, à base de produits locaux amoureusement cuisinés. On peut même demander le *bocadillo* sans le pain et avec plus de salade ! L'objectif : proposer une véritable alternative aux fast-foods. Et ça marche : les jeunes, les familles remplissent la salle aux allures d'agréable cafétéria. Petits budgets, voici votre cantine.

De prix moyens à chic (16-40 €)

Taverna Can Margarit *(centre détachable C5,* ***245****) : c/ de la Concòrdia, 21. ☎ 93-441-67-23. • tavernacanmargarit@hotmail.com • Ⓜ Poble-Sec. ♿ Tlj sauf dim et j. fériés 20h30-23h30. Congés : Pâques et août. Repas env 20 €.* Cette ancienne bodega, dont l'arrière-salle s'est convertie en taverne, attire une clientèle de quartier. Les serveurs virevoltent entre tonneaux, tables rustiques et ustensiles agricoles. Le ton est donné : des plats traditionnels bien exécutés, du vin maison et un service avec du caractère ! Carte simple, donc, sur laquelle il faudra lorgner, entre autres, du côté du lapin *(conil)* sur lit d'oignons et d'ail, la vraie spécialité du lieu. Belle ambiance.

Xemei (centre détachable C5, **246**) : passeig de l'Exposició, 85. ☎ 93-553-51-40. • restaurante@xemei.es • Ⓜ Poble-Sec. Tlj 13h30-16h (sauf en août), 20h30-23h. Congés : 24-26 déc. Plats 15-25 € ; repas 35-45 €. Un resto italien réputé, vénitien plus exactement. Les 2 frères proprios (l'un en cuisine, l'autre en salle) ont composé le joli décor intérieur dans des tons chauds agrémentés de belles peintures. Élégante terrasse sur cette rue tranquille. Tout est à base de produits frais. Excellents *antipasti* de la mer (peu copieux toutefois), spaghettis aux palourdes et à l'encre de seiche, délicieux tiramisu. Service souriant mais vite débordé. Faites-vous bien confirmer les prix, qui grimpent vite.

Carmesi (centre détachable D5, **251**) : c/ Blai, 28 (angle c/ Tapioles). 659-04-83-94. • nipereme@yahoo.com • Ⓜ Poble-Sec. Ouv seulement le soir, plus le midi le w-e. Congés : 1er janv, dernière sem d'août, 24-26 et 31 déc. Tapas 5-12 € ; repas env 25 €. Bonne et originale, une cuisine du monde élaborée à base de produits frais, souvent bio. Charmante petite salle, façon bistrot moderne, sur fond de mur rouge. On peut aussi profiter de la terrasse sur la rue piétonne. Personnel très souriant, ambiance calme et reposante. Une des rares bonnes tables de la rue.

La tournée des boîtes

La scène électronique

Nitsa Club (centre détachable D5, **452**) : c/ Nou de la Rambla, 113. • nitsaclub@nitsa.com • nitsa.com • Ⓜ Paral-lel. Ven-sam (et parfois dim) 0h30-6h. Entrée : 15-20 €. Les vendredi et samedi, la célèbre salle *Apolo* accueille les soirées mythiques du *Nitsa Club.* C'est LE rendez-vous électro de la ville (plus de 20 ans d'existence...), le plus connu, et sans aucun doute le meilleur. Les plus grands DJs s'y produisent. Un vrai must !

MONTJUÏC

• Centre détachable A-D4-6 • Plan d'ensemble *p. 78-79*

Une communauté juive aurait habité à la fin du XIVe s au pied de ce qui devint « la montagne des Juifs ». Plus tard, cette colline servit de citadelle chargée de surveiller (sinon de punir, jusqu'à l'époque franquiste) les turbulents Catalans... avant que l'Exposition universelle de 1929 ne lui donnât son aspect actuel. De nombreux édifices furent alors construits, ou transformés, pour accueillir de merveilleux musées. On y trouve notamment le musée national d'Art de Catalogne, un village espagnol reconstitué (le *Poble Espanyol*), la Fondation Miró, ainsi qu'un splendide jardin botanique (5 € ; pratiquement toutes les essences d'Espagne y sont plantées). Suffisamment d'activités pour meubler une journée entière, voire 2 ! Et puis la vue sur la ville est vraiment prodigieuse, l'endroit idéal pour se balader.

Le site de Montjuïc était également le centre névralgique des Jeux olympiques de 1992 et en a conservé nombre d'installations : stade, piscines, le *palau Sant Jordi,* étonnant bâtiment contemporain qui évoque quelque dos de tortue, et la non moins étonnante *torre de Calatrava,* haute de 136 m, dont l'inclinaison correspond exactement à celle des rayons du soleil au solstice d'été... Lire également la rubrique « Où voir un spectacle... », plus bas.

Comment aller à Montjuïc ?

➢ ***À pied :*** 2 solutions. La plus facile et la plus rapide consiste à gagner la station de métro Espanya et à grimper les marches ou à utiliser les escalators qui mènent au MNAC. Compter 10 mn à peine. La plus sportive est de suivre les différents circuits fléchés depuis le Poble Sec *(Ⓜ Paral-lel ou Poble-Sec)* ; ils empruntent de beaux jardins paysagers et odorants. Ça grimpe sérieusement, mais, par beau temps, la balade est très agréable.

➢ ***Par la route :*** le long du port, suivre le passeig de Colom, puis la route qui grimpe à travers les jardins Costa i Llobera (plantés de cactus) jusqu'au mirador de l'Alcalde (point de vue époustouflant ; *centre détachable C6*). Vous noterez là-haut les pavements artistiques des allées de promenade.

➢ ***Le funiculaire :*** *départ ttes les 10 mn, tlj 7h30 (9h w-e et j. fériés)-22h ; accessible avec un ticket de métro normal ou la carte T-Casual.* Très pratique, il part depuis l'intérieur de la station de métro Paral-lel et monte jusqu'à mi-hauteur de la colline *(station Parc-de-Montjuïc).* De là, on peut gagner rapidement la fondation Miró puis traverser les jardins jusqu'au MNAC. Sinon, un ***téléphérique*** (en sortant à droite du funiculaire) conduit jusqu'au château de Montjuïc et permet d'admirer la vue le temps de la montée : *tlj 11h-19h (18h en hiver) ; tarifs : 10 € l'aller ou 15 € l'A/R (trop cher !) ; réduc - de 12 ans, gratuit - de 4 ans. • telefericdemontjuic.cat •*

➢ ***Aeri del port*** *(teleférico del Puerto ; téléphérique à destination de Montjuïc au départ du port)* **:** départ de la tour de San Sebastià *(centre détachable F7),* avec arrêt à la tour de Jaume I. *☎ 93-430-47-16. • telefericodebarcelona.com • Juin-début sept, tlj 10h30-20h ; mars-mai et début sept-oct, tlj 10h30-19h ; nov-fév, tlj 11h-17h30. Fermé 25 déc. Billets (chers) : 12,50 € l'aller simple, 20 € l'A/R.* On peut aussi se contenter de grimper dans la tour de San Sebastià pour 5 €. Service suspendu si le vent est trop fort ou la météo trop mauvaise ! À éviter si vous avez le vertige (c'est une antiquité !), mais la vue est très belle.

➢ ***En bus :*** prendre le bus nº 150 qui passe par la pl. d'Espanya et traverse Montjuïc jusqu'au téléphérique, s'arrêtant au Poble Espanyol, au Parc olympique et à la Fondation Miró (mais pas au MNAC, qu'il faudra gagner à pied en 5-10 mn)... Sinon, le bus nº 55 depuis la pl. Urquinaona et la pl. Catalunya. Ttes les infos sur *• tmb.cat •* La ***ligne rouge du bus touristique*** *(• barcelonacitytour.cat •)* est une autre bonne solution, vous déposant au pied de chacun des sites.

Où voir un spectacle (opéras, concerts classiques...) ?

La Font Màgica de Montjuïc *(centre détachable B4)* **:** *pl. Carles Buïgas, 1. Ⓜ Espanya. Le long de l'avda Reina María Cristina et des escaliers qui montent jusqu'au Palau nacional. Juin-sept, mer-dim 21h30-22h30 ; avr-mai et oct, jeu-sam 21h-22h ; nov-mars, jeu-sam 20h-21h. 5 spectacles, d'une durée de 15 mn env, ttes les 30 mn. GRATUIT.* Conçu pour l'Exposition universelle de 1929, ce spectacle son et lumière est très réussi. Les jets d'eau jaillissent d'une multitude de fontaines, petites ou très grandes, au rythme des symphonies classiques, morceaux de rock, valses... le tout avec panorama sur Barcelone. En journée, c'est un ballet de jeux d'eau qui peut déjà être spectaculaire.

Sala Montjuïc *(centre détachable B-C6)* **:** *début juil-début août, ciné en plein air dans la cour du château de Montjuïc à 20h30. ☎ 93-302-35-53. • salamontjuic.org • Entrée : 7,50 €, 10,50 € avec chaise longue.* En général, l'ambiance commence à monter dès le début, avec des p'tits concerts ou des apéros, avant la séance cinoche de 22h ! Impec pour finir en beauté une journée de visites !

La tournée des boîtes

L'atmosphère bon enfant de la journée laisse étonnamment place la nuit à l'un des hauts lieux de la fiesta barcelonaise. L'endroit abrite l'une des discothèques les plus branchées de la ville, qui profite du décor atypique du Poble Espanyol (rubrique « À voir » plus loin). Comme le billet d'entrée de la boîte permet de pénétrer dans le village, ça peut être une bonne idée de faire la visite de nuit, car le public est alors beaucoup plus percutant et l'ambiance assez magique. Au printemps, la plaza Mayor (du Poble) accueille les plutôt pointus ***Brunch Electronik avec DJs internationaux, food trucks et... jeux pour les enfants,*** et en juin et juillet, d'excellents concerts d'artistes internationaux (payants).

La Terrrazza *(centre détachable A4,* ***445****)* **:** *ouv l'été seulement, jeu-sam 0h30-6h ; vérifier avt, parfois ouv seulement pour les soirées spéciales. • contact@laterrrazza.com • laterrrazza.com • Entrée : 15-20 € selon DJ.* *La Terrrazza,* c'est la référence des *open air* de la ville, avec une terrasse géniale en surplomb du Poble. Mais il doit surtout sa solide réputation à sa programmation, qui séduit un public de noctambules invétérés et branchés (de 20 à 35 ans). House et techno de qualité, shows artistiques, ambiance *muy caliente...* les clubbers avertis se régaleront.

À voir

Castell de Montjuïc *(centre détachable B-C6)* **:** *ctra de Montjuïc, 66. ☎ 93-256-44-40. • ajuntament.barcelona.cat/castelldemontjuic • Au sommet de la butte (bus n° 150). Tlj 10h-20h (18h nov-fév) ; dernière entrée 30 mn avt fermeture. Entrée : 9 € ; réduc ; gratuit - de 18 ans et pour tous le dim après 15h et 1er dim du mois. Avec visite guidée : 13 €, en français, anglais, espagnol et catalan (1h).* Surtout intéressant pour le panorama exceptionnel sur la ville. Longtemps propriété de l'État, le *castell* faisait partie, à l'instar de la *Ciutadella* au nord, du dispositif qui permettait de surveiller la turbulente Barcelone. La municipalité de la Ville l'a récupéré en 2009, un vrai symbole pour les Catalans, puisque c'est notamment ici qu'ont été emprisonnés (sinon exécutés...) nombre d'opposants au régime franquiste. Il accueille un musée qui rappelle ce passé et un centre d'interprétation du Montjuïc. Un autre projet vise à réhabiliter le Musée militaire qui occupait le bâtiment depuis 1963, fermé à la demande des Catalans, car c'était un musée militaire espagnol. Également des expositions temporaires.

Fundació Miró *(Fondation Miró ; centre détachable C5)* **:** *passeig Miramar. ☎ 93-443-94-70. • fmirobcn.org • Pour s'y rendre : bus nos 150 ou 55, ou funiculaire (voir plus haut). Mar-dim 10h-20h (18h dim et en hiver). Fermé lun (sauf j. fériés), 1er janv et 25-26 déc. Entrée : 15 € (ou 14 € sur Internet ; inclus dans l'Articket) ; réduc ; gratuit - de 15 ans.*

Superbes bâtiments d'abord, dessinés en 1975 par l'architecte Josep Lluís Sert, ami de Miró et émule de Le Corbusier. D'une blancheur toute méditerranéenne et d'une modernité toujours aussi pertinente. Bel écrin pour une superbe ***collection, unique au monde, d'œuvres de Joan Miró,*** dont il a fait don lui-même. La présentation plus ou moins chronologique selon les contraintes sanitaires en cours permet de suivre l'évolution de l'artiste barcelonais. La visite commence par exemple avec le saisissant triptyque de 1974, l'*Espoir du condamné à mort,* peint après l'exécution d'un militant anarchiste par Franco (1 an avant la mort du dictateur !). On retrouve ensuite les 1res toiles (1917-1918) largement inspirées par les impressionnistes auxquelles succèdent des œuvres sous influence cubiste. Puis sont accrochées les vastes toiles des années 1920 en relation avec les surréalistes à Paris. C'est le Miró que tout le monde (ou presque) connaît, avec ces formes géométriques toutes de simplicité et ces

couleurs des plus franches. On y verra aussi le Miró des années 1940 (une des séries des *Constellations*) qui se met également sérieusement à la sculpture.
N'oubliez d'ailleurs pas de faire un petit tour sur la grande terrasse qui abrite quelques ***sculptures colorées et pleines d'humour,*** comme la *Caresse d'un oiseau* ou *Jeune fille s'évadant.* Ni sur la petite terrasse qui accueille la sculpture *Lluna, sol i una estrella,* don du fils de Matisse, et offre un beau point de vue sur la ville. Mais on découvre également ici un Miró moins connu, celui des années 1930 quand il avoue un « mépris profond pour la peinture » ; celui des années 1960 aussi qui emprunte, en l'assumant, à Jackson Pollock sa technique du « dripping » (laisser couler la peinture)... Pour l'anecdote, ne manquez pas cette toile simplissime au titre déglingué : *L'Aile de l'alouette encerclée du bleu d'or rejoint le cœur du coquelicot endormi sur la prairie de diamants* !
Par ailleurs, on découvrira avec plaisir l'immense *Tapisserie de la Fondation,* réalisée par Miró avec Josep Royo, et la *Fontaine de Mercure* que Calder fabriqua pour le pavillon de l'Exposition universelle de Paris en 1937 en hommage aux mineurs d'Almadén réprimés par Franco. Y sont également exposées par roulement des œuvres hommage à Miró (Tanguy, Léger, Ernst, Masson, Calder...). Une vidéo de 20 mn détaille la technique des œuvres brûlées de l'artiste.
Enfin, puisque Miró souhaitait que sa fondation soit un lieu vivant, la ***salle Espai 13*** *(supplément)* ***permet de découvrir de jeunes artistes,*** couvrant de nombreux aspects de l'art contemporain, comme la vidéo. Expositions temporaires de qualité.
Belle ***boutique*** et agréable ***cafétéria*** sur place.

LA CATALOGNE

– En sortant de l'édifice, on peut jeter un œil au petit ***jardin de sculptures*** (fermé en cas de pluie), exposant sculptures et mobiles originaux de jeunes créateurs. De l'autre côté, les ***jardins de Laribal*** offrent un très beau point de vue sur la ville.

Museu nacional d'Art de Catalunya (MNAC *– musée national d'Art de Catalogne ; centre détachable B4-5)* ***:*** *dans le Palais national. ☎ 93-622-03-76. • museunacional.cat • Ⓜ Espanya. Accès : voir plus haut. Mar-sam 10h-20h (18h oct-avr) ; dim et j. fériés 10h-15h. Fermé lun, 1er janv, 1er mai et 25 déc. Entrée (valable 2 j. pdt 1 mois) : 12 € (inclus dans l'Articket) ; expos temporaires 6-10 € ; réduc étudiants ; gratuit - de 16 ans et + de 65 ans citoyens de l'UE, et pour tous le sam à partir de 15h, 1er dim du mois, 18 mai et 11 sept. Résa en ligne conseillée, y compris les jours de gratuité. Accès terrasse : 2 €. Application-audioguide dans ttes les langues.*
Le MNAC est l'un des musées les plus prestigieux du monde, couvrant 1 000 ans d'art en Catalogne, du Xe au XXe s. C'est déjà, en tout cas, ***le plus beau musée d'art roman au monde,*** en particulier pour ses peintures religieuses murales, et l'un des tout 1ers pour le gothique. De la terrasse située devant le musée, superbe perspective sur les bâtiments de l'Exposition universelle et sur les fontaines lumineuses (plus de 50 combinaisons de jets d'eau), jusqu'aux arènes et au-delà. Pour les horaires de ce spectacle gratuit et féerique, se reporter plus haut à la rubrique « Où voir un spectacle (opéras, concerts classiques...) ? *La Font Màgica de Montjuïc* ».

Rez-de-chaussée

➢ ***Section romane***

Exceptionnelle ! Elle comprend essentiellement de très nombreuses fresques romanes provenant d'une trentaine d'églises catalanes en ruine. Décollées avec précaution au début du XXe s, restaurées avec soin, elles ont été déposées au musée tandis que des copies prenaient leur place sur les murs des églises, la plupart situées dans un petit terroir des Pyrénées catalanes (vallées de la Noguera, de la Valira et du Segre, non loin des sources de la Garonne ; et val de Boí, dont les minuscules églises romanes sont inscrites par l'Unesco sur la liste du Patrimoine mondial).

On est tout d'abord frappé par la présentation claire et remarquable, dans un cadre à chaque fois approprié : reconstitutions grandeur nature d'absides, de voûtes et même de chapelles complètes pour mettre en valeur les fresques. Au fil des salles, on suit l'évolution iconographique des grandes représentations médiévales : l'Apocalypse, la *Madre de Deus,* le Christ Roi, l'Enfant Roi... Notez particulièrement, ***salle 4,*** les visages enfantins de l'absidiole de Marmellar, ***salle 5,*** la qualité des couleurs de l'absidiole et de l'autel d'***Esterri de Cardós*** et, ***salle 7,*** le **Pantocrator** (Christ en majesté) provenant de l'***église Saint-Clément-de-Taüll.*** Plusieurs salles sont également agrémentées de devants d'autels richement décorés. Superbes chapiteaux ouvragés, entre autres dans la ***salle 8. Salle 9,*** ne pas manquer l'Épiphanie avec ses saints bénissants, ni le Jugement dernier et la pesée des âmes, ou encore l'Enfer (mais le Christ a disparu !), tout cela en provenance de l'église ***Santa María de Taüll.*** Dans la ***salle 10,*** superbe *Christ Majestat Batlló de la Garrotxa* revêtu d'une tunique orientale et plusieurs statues de Vierges à l'enfant. ***Salle 11,*** intéressantes sculptures en bois des voleurs de la descente de croix. La visite de la section romane se termine ***salle 16*** par un autre chef-d'œuvre, ***Las Pinturas de la sala capitular de Sigena,*** qui constitue le plus beau des écrins pour une remarquable collection d'émaux de Limoges.

➢ ***Sections gothique, Renaissance et baroque***

Les salles se succèdent avec 2 logiques qui se confrontent et parfois s'opposent. Cette tentative de présentation chronologique, avec quelques salles plus thématiques qui mettent en avant un artiste, un style, peut déconcerter, mais finalement, peu importe. La beauté des œuvres exposées, la puissance des couleurs, la douceur des visages, l'ironie de certains détails, la cruauté de certaines scènes font que l'on se laisse entraîner, ébloui, surpris, envoûté... Et tant pis si certaines explications (uniquement en catalan, en castillan et en anglais, mais surtout très succinctes) nous laissent sur notre faim. Vous en prendrez de toute façon plein les yeux !

- ***Salle 17 :*** grandes peintures murales illustrant la conquête de Majorque (1285-1290) par l'armée d'Espagne du roi Jaume Ier.
- ***Salle 18 :*** séduisant groupe de statues de 1300 provenant de l'atelier de Saint-Bertrand-de-Comminges (sud de la Haute-Garonne).
- ***Salle 19 :*** collection d'Antonio Gallardo Ballart (belle urne reliquaire, fresque de la vie de saint Nicolas).
- ***Salle 20 et 20 bis :*** sculptures d'albâtre ou de plâtre, beau travail des drapés, gisants.
- ***Salle 21 :*** saisissante *Tête de Christ,* sculpture réalisée par *Jaume Cascalls* vers 1352, l'un des artistes les plus talentueux de Catalogne au XIVe s.
- ***Salles 23 et 24 :*** salles consacrées aux retables ; une succession de chefs-d'œuvre, comme celui de la *Mare de Déu* (de Jaume Serra) et de *Santa Bárbara* (de Sarrià).
- ***Salle 25 :*** fascinants martyres de Bernat Martorell (début XVe s), qui semble être passé maître dans l'art du supplice ! Remarquez comme les visages de certains méchants ont été rayés...
- ***Salle 26 :*** admirez les toiles et retables de ***Jaume Huguet*** (1412-1492), éclatants de couleur et de réalisme (avec effets de relief). Sans doute le plus grand peintre catalan du Moyen Âge ; pour preuve, la très étonnante *Consécration de saint Augustin.* Autre chef-d'œuvre dans cette même salle, le retable *Mare de Déu Dels Consellers,* de Lluís Dalmau, avec ses visages tous différents les uns des autres, ce qui prouve une évolution certaine. Voir aussi le *Saint Pierre couronné,* de Roderic d'Osona.

Il faut noter que, à partir de la salle 27, l'influence de la Renaissance italienne et du baroque se fait fortement sentir.

- ***Salle 28 :*** pour la grande tapisserie *Le Triomphe de la gloire sur la mort,* de Willem Dermoyen.
- ***Salles 30 à 34 :*** la ***collection Thyssen-Bornemisza,*** du nom d'industriels allemands qui ont fait don au musée d'une série d'œuvres (peintures et sculptures

européennes), allant de la période gothique au rococo du XVIIIe s. La section des peintures italiennes du *Quattrocento* révèle l'influence de Giotto sur la peinture catalane. Parmi les maîtres exposés, ne pas rater Bernardo Daddi, ou le génial Fra Angelico avec son exceptionnelle *Mare de Déu de la Humilitat.* Tableaux d'artistes vénitiens du *Settecento,* Canaletto et Tiepolo, ainsi que des œuvres de l'école flamande : Rubens et Ruysdael. Et puis, en vrac, El Greco, Goya, Velázquez, Zurbarán et on en passe...

– ***Salle 35 :*** natures mortes et portraits signés tout de même Cranach le Vieux, Fragonard, Le Tintoret et Véronèse, entre autres.

– ***Salle 36 :*** consacrée notamment aux fresques religieuses d'Annibal Carrache.

– ***Salle 37 :*** Cupidon et Psyché de Goya, statues de Damià Campany représentant *La Mort de Cléopâtre* et *Lucrèce.*

– ***Salle 38,*** la ***collection Cambó*** *(Llegat Cambó).* Elle présente des œuvres de la peinture européenne du XIVe au XIXe s, provenant du legs de Francesc Cambó (1876-1947). Ce riche mécène argentin (d'origine catalane) consacra une partie de sa vie et de sa fortune à acquérir des œuvres de la Renaissance et du baroque. Cette splendide collection compte, entre autres, des tableaux signés Sebastiano del Piombo, El Greco, Cranach le Vieux, Metsys, Titien, Rubens ou encore Zurbarán. Excusez du peu !

1er étage : art moderne

L'autre grande affaire du musée, qui occupe l'intégralité de l'étage. Là encore, ***la collection est considérable*** (plus de 1 200 œuvres pour près de 260 artistes !). Elle tire son origine de l'Exposition universelle de 1888 à Barcelone. Plutôt que de se contenter d'une fastidieuse succession chronologique d'œuvres et d'artistes, on a opté pour une présentation thématique permettant d'inclure toutes les formes d'art des XIXe et XXe s, qu'il s'agisse de la peinture, de la sculpture ou du dessin, mais aussi de la gravure, de la photographie, du cinéma, de l'architecture et des arts décoratifs. Les différentes sections s'intéressent d'abord à l'apparition d'un nouveau genre d'artiste, plus bohème et dandy, mais ***le clou de la visite reste évidemment la section dédiée au modernisme.*** La visite se poursuit avec le ***noucentisme,*** enchaîne avec l'***art pendant la guerre civile,*** et s'achève avec l'***avant-garde d'après-guerre.***

Y sont représentés les grands mouvements que sont le néoclassicisme ou le romantisme, sans oublier Fortuny, l'école de Rome ou encore le réalisme catalan. Pas mal d'explications traduites en français. La ***1re section*** permet d'aborder différents thèmes comme l'art du portrait et de l'autoportrait (voir ***salle 40*** l'autoportrait de ***Picasso*** de 1896, le buste d'Alexandre Falguière signé ***Rodin*** et le réjouissant buste de Picasso par ***Pablo Gargallo***), le nu (***salle 41,*** 2 petits Picasso et des compositions pleines d'audace de ***Marià Fortuny***), l'artiste à l'œuvre (***salles 43-44,*** *L'Atelier de tapis* de ***Josep Miralles,*** *Carmen Bastiduà* de Fortuny)... ***Salle 45,*** le portrait bourgeois est à l'honneur (portrait de Colette par ***Jacques-Émile Blanche,*** bourgeoises de ***Ramon Casas, Munch...***). ***Salles 46-47,*** la vie de bohème (*L'Opéra,* de ***Urgell,*** autoportrait de Ramon Casas). On retrouve encore Marià Fortuny ***salle 48*** avec son *Odalisque* très orientale et, après les élégantes exotiques de ***Masriera salle 49,*** sa monumentale *Bataille de Tetuan.* ***Salle 52,*** paysages impressionnistes signés ***Boudin*** et ***Joaquim Mir. Salle 53,*** les « Modernistes à Paris » avec ***Rusiñol,*** Casas et des affiches de ***Mucha. Salle 54,*** ils sont de retour à Barcelone (portraits de Casas, revue des Quatre Gats, plus un film de Méliès). Enfin, ***salles 55 à 61,*** joli panorama du ***mobilier moderniste*** (signé Junyent, Clapès, paravents-vitraux de Frederic Vidal, marqueteries de Gaspar Homar).

Dans la ***2e section,*** on passe rapidement sur le travail de ***Gaudí*** et de ***Josep Maria Jujol,*** son disciple. Dans la partie dédiée au misérabilisme, le charme provient essentiellement des mystérieuses gitanes d'***Isidre Nonell (salle 63).*** Dans les ***salles 68-69,*** beaux portraits de jeunes filles en fleur d'***Alexandre de Riquer.***

Puis vient le ***noucentisme (3ᵉ section).*** Ce courant est une réaction à l'art visionnaire et exalté de Gaudí, un retour vers le classicisme et le réalisme quand Gaudí aspirait à la légèreté et à la transcendance. Voilà un courant artistique local qui marqua les 2 premières décennies du XXᵉ s. Il s'inspire de Cézanne et du classicisme méditerranéen, de Puvis de Chavannes aussi, tout en restant fidèle au réalisme de l'entre-deux-guerres. ***Salle 70,*** de remarquables tableaux de ***Joaquím Torres Garcia*** et de ***Joaquim Sunyer,*** comme *Tres nus al bosc.* ***Salle 71,*** le travail de ***Xavier Nogués*** pour les *Galeries Laietanes* ne manque pas d'humour, tandis que les sections sur l'avant-garde ***(salle 72)*** mettent en avant ***Mela Muter, Dalí*** (*Portrait de Joan Maria Torres* et, salle suivante, *Portrait de mon père*) et les adorables naïvetés d'***Olga Sacharoff. Salle 73,*** on aborde plus franchement le réalisme avec ***Ramon Calsina, Marià Andreu*** et ***Josep de Togores.*** Enfin, le surréalisme est abordé ***salle 75.***

Quant aux salles sur l'***art pendant la guerre civile (4ᵉ section),*** elles rassemblent des œuvres fortes qui mêlent propagande et faits historiques (photos d'***Agustí Centelles,*** le Robert Capa catalan, lithos originales de ***Ramón Puyol,*** encres et gouaches de ***José García Narezo***)...

Impossible de tout citer tant l'offre est vaste, mais les chefs-d'œuvre ne manquent pas. En fonction des accrochages et de ses goûts, on peut s'attarder encore devant les belles sculptures de ***Juli González,*** les œuvres de ***Josep Puig i Cadafalch,*** de ***Marc Aleu*** (*Les Vaincus*) ou de ***Picasso*** (*Portrait de Marie-Thérèse Walter*).

LA CATALOGNE

|●| Òleum : *au 1ᵉʳ étage du musée. ☎ 93-289-06-79. Mer-dim et j. fériés 13h-16h ; le soir, seulement pour les groupes. Parfois fermé pour des événements privés. Résa conseillée. Menu déj env 30 € ; carte 25-40 €.* Très agréable resto aménagé dans l'une des grandes salles d'apparat du palais, avec vue panoramique sur la ville. Les marbres à l'antique côtoient les œuvres de Tàpies dans un jeu subtil de miroirs. Carte courte mais assiettes savoureuses et joliment dressées. Ne manquez pas, à l'entrée, le *Mural per a IBM,* signé Miró.

Pour ceux qui voudraient se contenter d'un verre, voire d'un minigrignotage, il y a une ***buvette*** sur l'esplanade du musée, avec une jolie vue sur la ville.

Poble Espanyol (*village espagnol ; centre détachable A-B4*) **:** *avda Francesc Ferrer i Guàrdia, 13. ☎ 93-508-63-00. • poble-espanyol.com • Ⓜ Espanya. Lun 10h-20h, mar-dim 10h-minuit ; prolongation jusqu'à 3h ou 4h les ven-sam d'été ; horaires spéciaux autour de Noël (et lun-jeu en janv). Entrée : 14 € (12,60 € sur Internet) ; 4-12 ans 10 € (9 € sur Internet) ; pass famille ; réduc ; gratuit - de 4 ans. Entrée de nuit : 7 €. Audioguide : 3,50 €. Plan gratuit. Certains restos fermés lun. Boutiques ouv 10h-20h l'été (19h printemps et automne, 18h l'hiver). En temps normal, activités enfants (jeux de piste...) en français. Fêtes, spectacles et ateliers divers le dim.*

Cette réplique fidèle de différents monuments espagnols et des principales architectures régionales est un ***héritage de l'Exposition universelle de 1929.***

L'idée du célèbre et talentueux architecte Josep Puig i Cadafalch était de créer un modèle idéal de village, dans lequel seraient représentés des échantillons de l'architecture populaire espagnole. Le résultat fut un village fortifié de 49 000 m², à l'intérieur duquel se trouvent une mairie, un monastère, 117 bâtiments, rues et places.

On se croirait un peu chez Mickey, compte tenu des innombrables boutiques et des touristes qui y déambulent en journée, mais l'ensemble s'est bien patiné avec le temps et ne manque pas d'allure. Le visiteur est invité à louvoyer des *plazas mayores* castillanes aux ruelles des villages andalous, ou encore à musarder parmi les palais et autres églises... La porte d'entrée est une reproduction de celle des remparts d'Ávila. Les maisons, qui s'ordonnent autour d'une agréable place centrale, abritent une quarantaine d'artisans, de grande qualité, travaillant sous les yeux des visiteurs. Possibilité d'acheter leur production. Ne manquez pas notamment l'extraordinaire habileté des souffleurs de verre *(forn de vidre).*

On y trouve aussi le ***museu Fran Daurel*** (un petit musée d'art contemporain avec des œuvres de Picasso, Miró, Tàpies, ou encore de Dalí), et on peut y voir des manifestations culturelles. Et puis des ***restos*** proposant des soirées « folkloriques », avec menus « typiques » et flamenco, des discothèques, un théâtre... Hyper touristique, évidemment, surtout l'été. Le soir, en revanche, lorsque la majorité des visiteurs ont regagné le centre-ville, la balade ne manque pas de charme.

Pavelló Mies Van Der Rohe *(centre détachable B4) : avda Francesc Ferrer i Guàrdia, 7. ☎ 93-215-10-11. • miesbcn.com • Tlj 10h-20h (18h nov-fév). Entrée : 8 €, audioguide inclus ; réduc ; gratuit - de 16 ans et pour tous le 1er dim du mois.* Un bâtiment rescapé de la grande Expo universelle de 1929. Rescapé ? Enfin, presque... Comme la plupart de ses voisins, il fut démonté en 1930. C'est à l'instigation de la mairie que le pavillon fut reconstruit à l'identique, à son emplacement d'origine. Même s'il s'agit d'une copie, l'architecture épurée du pavillon allemand tranche par sa modernité avec les bâtiments environnants, datant pourtant tous de la même année. Il abrite une fondation chargée de promouvoir l'architecture contemporaine. À réserver aux inconditionnels, et ce d'autant plus que l'espace est vide, et l'entrée chère pour ce qu'il y a à voir à l'intérieur, le bâtiment peut tout aussi bien être vu de l'extérieur.

Caixa Forum *(centre détachable B3-4) : avda de Francesc Ferrer i Guàrdia, 6-8 (mais entrée par c/ Mexic). ☎ 93-476-86-00. • caixaforum.org • Ⓜ Espanya. ♿ Tlj 10h-20h (23h mer en juil-août). Fermé 1er et 6 janv, et 25 déc. Entrée : 6 € ; gratuit - de 16 ans.* Entre la fondation *La Caixa* et Barcelone, il s'agit décidément d'une folle passion... Ce mécénat a permis la restauration de l'ancienne usine *Casa Ramona*. Ce **superbe édifice moderniste** en brique de l'architecte Cadafalch s'est converti en centre d'art contemporain : remarquables expositions temporaires, qu'il s'agisse de photos, de peintures ou de sculptures. Au 1er étage, possibilité de jeter un œil aux 2-3 ruelles qui mènent à la cafétéria. Également une terrasse sur le toit. Ça fait donc plusieurs bonnes raisons de venir. Et il y a parfois des concerts.

À l'angle de la plaça d'Espanya et de la Gran Vía de les Corts Catalanes, les anciennes ***arènes*** de Barcelone *(centre détachable C3),* habillées de briques et d'azulejos. Construites en 1916, elles voyaient agoniser plus de 200 taureaux annuellement. Désormais, ce sont les portefeuilles qui se font déplumer, puisqu'elles ont été réaménagées en un vaste complexe commercial ! Nombreuses boutiques, 12 salles de ciné, spa et salle de gym... L'architecte n'est autre que Richard Rogers, coauteur du Centre Pompidou, à Paris. Il a greffé une structure ultramoderne dans le corps de l'arène, et modifié l'extérieur juste ce qu'il faut pour donner à l'ensemble une allure décalée. Depuis le toit (qui accueille aussi de multiples restos), panorama à 360° sur Montjuïc et le reste de la ville ; emprunter les escalators (gratuits) ou l'ascenseur panoramique extérieur (payant).

Au pied des arènes, le ***parc Joan Miró*** vaut surtout pour *Femme et oiseau,* l'immanquable (22 m de haut) statue signée... Miró, évidemment. Elle couronne une savante géométrie spatiale alternant vastes pelouses – de toute évidence l'endroit le plus prisé –, zones arborées de palmiers ou vierges – où les gamins viennent se défouler –, jeux pour enfants, et se clôture par une bibliothèque municipale.

L'EIXAMPLE

• Centre détachable C-H1-4 • Plan de l'itinéraire moderniste *p. 185*

Comme n'importe quelle ville d'origine médiévale, Barcelone était entourée de puissants remparts, entre lesquels son expansion démographique et économique finit par étouffer. En 1854, lorsqu'on décida de les abattre, les vastes zones de sécurité militaires qui s'étendaient au-delà perdirent du coup leur

vocation. Du pain bénit pour les urbanistes ! Plusieurs projets sont proposés, mais c'est finalement Ildefons Cerdà qui décrocha le gros lot en 1859 et conçut le quadrillage finement pensé de l'Eixample. Vu du ciel, c'est impressionnant ! La nouvelle ville devait compter 550 blocs, organisés le long de rues et d'avenues tirées au cordeau et coupées en biais à chaque angle. Cela n'avait rien à voir avec une quelconque démarche esthétique : il s'agissait d'une part d'apporter lumière et perspective par contraste avec le vieux quartier sombre et humide, et d'autre part de dégager la vue aux véhicules à une époque où les feux rouges n'existaient pas. Visionnaire !
4 artères constituent l'épine dorsale de l'ensemble. D'abord, la Gran Vía de les Corts Catalanes : grande saignée parallèle à la mer, la plus longue voie de la ville. Ensuite, le passeig de Gràcia : le principal axe vertical, lieu de promenade favori des bourgeois au début du XXe s. Bordé d'immeubles cossus, banques, ambassades, sièges sociaux et boutiques de luxe. Notez ses intéressants bancs-réverbères de pierre et de fer, et ses pavés dessinés par Gaudí. Parallèle au passeig de Gràcia, la rambla de Catalunya et son terre-plein central où restos et bistrots étalent leurs terrasses à l'ombre des tilleuls. Enfin, rompant de façon provocatrice l'ordonnancement régulier de l'Eixample, la Diagonal, comme son nom l'indique, fend le quartier en alignant nombre de bâtiments modernistes, boutiques élégantes, couturiers, boîtes, cafés à la mode...

– ***Petite combine pour se repérer dans l'Eixample :*** la numérotation des rues part de la mer pour les artères orientées nord-ouest (verticales sur notre plan) ; pour les autres, orientées nord-est (horizontales sur notre plan), elle se fait dans le sens de l'écriture. Logique !

LA CATALOGNE

Où manger des tapas ?

Assis ou debout

La Pepita *(centre détachable F-G2, **175**) : c/ Còrsega, 343. ☎ 93-238-48-93. • lapepitabcn@gmail.com • Ⓜ Diagonal. Tlj 13h-1h. Résa recommandée le soir. Tapas 8-16 € ; menu déj env 13 € ; le soir, compter 25-30 €.* Bistrot simple et frais, aux murs entièrement tagués par les clients, avec une poignée de tables au fond et un immense bar qui aligne les gourmands. L'avenante patronne (qui parle le français) soigne sa clientèle, pendant que son chef de mari retravaille les tapas classiques et les sandwichs, ce qui l'a conduit à accoucher de la *pepita* : un genre de double tartine grillée à base de pain maison, farcie de différentes choses. Un peu léger, mais très fin. Accompagné d'un bon petit vin comme on saura vous le choisir, ça passe tout seul.

Bar Velódromo *(centre détachable E1, **174**) : c/ de Muntaner, 213. ☎ 93-430-60-22. • elvelodromo@moritz.com • Ⓜ Hospital-Clínic ou Diagonal. Tlj 7h30-1h (2h ven-sam). Tapas 3-13 € ; plats 7-20 €.* Restauré avec soin, ce vaste bar d'avant-guerre joue à fond la carte rétro : on s'attable volontiers dans la grande salle, à 2 pas du billard, ou perché sur la mezzanine et, selon l'heure, on profite d'un sandwich, de tapas (les plats sont moins convaincants), ou bien on sirote un verre en bonne compagnie sur les quelques tables sur le trottoir. Typique et archiclassique, c'est la carte postale de la belle brasserie vintage, les Barcelonais adorent et les étudiants aussi, pour ses prix planchers.

Entrepanes Díaz *(centre détachable F2, **177**) : c/ Pau Claris, 189. ☎ 93-415-75-82. • entrepanesdiazpress@gmail.com • Ⓜ Diagonal. Tlj sauf dim-lun 13h-16h, 19h-2h30. Entrepans 7,50-9 € ; bomba 3,50 €.* Les *entrepans* (entre-pains : donc, oui, vous l'avez deviné, il s'agit de sandwichs chauds) s'avèrent ici assez travaillés, mais tout de même un peu chérot. Disons que ça glisse bien avec un petit *vermut,* et que c'est le prix, aussi, de la déco ancienne (miroirs patinés, boiseries et serveurs adorables tout de noir vêtus, avec le tablier blanc siouplaît !). Petite terrasse à la tonnelle un peu vieillotte mais les grosses faims enfourneront une *bomba* pour se caler.

Paco Meralgo *(centre détachable E2,* ***167****) : c/ de Muntaner, 171. ☎ 93-430-90-27. • info@restaurantpacomeralgo.com • Ⓜ Hospital-Clínic. ♿ Tlj 13h-minuit. Tapas 5-23 € (jusqu'à 30 € pour certaines spécialités) ; montaditos 5-11 €.* Bien placé en angle, l'un des représentants de la nouvelle vague des tapas gastronomiques, fréquenté par des meutes de jeunes loups très *corporate*. Raffinées et créatives, elles prennent des libertés avec la tradition mais pas avec la qualité. Plébiscité par les gourmets !

Ciutat Comtal *(centre détachable F3,* ***172****) : rambla de Catalunya, 18. ☎ 93-318-19-97. Ⓜ Universitat ou Passeig-de-Gràcia. À l'angle de la Gran Via de les Corts Catalanes. Lun-ven 8h30-minuit, w-e 9h-2h. Tapas 3-11 €.* Un classique du quartier, même si on ne joue pas dans la haute gastronomie. Les tapas sont bonnes et copieuses, pas ruineuses, mais rien de raffiné. Quant au cadre, il s'agit d'un bar à peine modernisé, prolongé par une agréable terrasse ombragée au milieu de la Rambla. Une adresse pratique et peu onéreuse pour le quartier.

La Bodegueta Provença *(centre détachable F2,* ***159****) : c/ Provença, 233. ☎ 93-215-17-25. Ⓜ Diagonal. Tlj sauf dim 8h-minuit (1h ven-sam). Menu déj env 16 € ; tapas et plats 6-15 €.* Cadre rustico-industriel réussi entre carrelages noir et blanc et rayonnages de bois sombre qui empilent les bouteilles jusqu'au plafond. Joli choix de vins, donc, à accompagner de tapas et de plats corrects se partageant au comptoir, ou coquette salle arrière, toutes petites tables ou terrasse avec une clientèle qui semble s'y plaire, un peu comme nous ! Bon accueil.

Tapas 24 *(centre détachable F3,* ***171****) : c/ Diputació, 269. ☎ 93-488-09-77. • tapas24@carlesabellan.com • Ⓜ Passeig-de-Gràcia. Tlj 9h-minuit. Tapas 5-10 € ; plats 12-24 €.* En contrebas de la rue, la petite salle est systématiquement bondée, comme la terrasse sur le trottoir. Tout autour de la cuisine ouverte sur le comptoir, les gourmands attendent leur tour pour s'attabler, reluquant les assiettes des chanceux qui se régalent, juchés sur leurs tabourets hauts. Il faut dire que ce bar à tapas appartient au chef Carles Abellan, et sert du matin au soir de bons produits traditionnels bien travaillés, rehaussés çà et là d'une touche de créativité. Cher, certes, mais globalement très bon.

Voir aussi plus bas dans « Achats » la belle épicerie moderniste ***Queviures Múrria*** *(centre détachable G3,* ***472****),* qui propose aussi, à partir de 19h dans une arrière-salle élégante, de belles sélections de fromages, de charcuteries et quelques petits plats, et un choix non moins judicieux de vins pour accompagner tout ça.

LA CATALOGNE

Où manger au resto ?

De bon marché à prix moyens (10-25 €)

Gelida *(centre détachable D3,* ***236****) : c/ de la Diputació, 133. ☎ 93-453-79-97. • bonprofit@elgelida.cat • Ⓜ Urgell. Tlj sauf dim 7h-22h (16h sam). Tapas et plats 3-7 €.* Pour ceux qui aiment les adresses presque d'avant-guerre ou les routiers en pleine ville et qui ont de gros trous dans leur porte-monnaie... Le bar date de 1946 et ça se voit avec son zinc chromé, sa vieille photo de l'équipe de foot locale, ses tonneaux en hauteur et son mobilier ringard ! Mais l'ambiance est vraiment populaire, et l'ardoise égrène un beau choix de modestes plats du jour à prix imbattables. Certes, on est à des années-lumière de la gastronomie, mais nulle part ailleurs vous ne trouverez une plâtrée de sardines à 4 €, un *bistec* à 4,50 € ou une *entrecot* à 6 € !

El Filete Ruso *(centre détachable E2,* ***253****) : c/ Enric Granados, 95. ☎ 93-217-13-10. • elfileteruso@elfileteruso.com • Ⓜ Diagonal. Tlj 13h-16h, 20h-23h (23h30 jeu-sam). Résa conseillée le soir. Tapas max*

10 € ; burgers 8-14 € ; plats jusqu'à 23 €. Accueil souriant et ambiance chaleureuse dans ce bistrot élégant, à l'excellent rapport qualité-prix. Certes, on apprécie les murs au bleu apaisant, mais surtout les bons produits bio et locavores, en particulier la viande qui vient directement des Pyrénées (km 0 et *slow food* en mantra !), le tout dans le respect de la tradition catalane. Pas mal de burgers revisités, et beau choix de tapas de saison, qui n'oublie pas les végétariens. Aussi bien pour un apéro au bar que pour un repas plus intime. Un vrai coup de cœur.

Lat° Café *(centre détachable G2, **222**) : c/ del Bruc, 118. ☎ 93-004-65-01. • hola@latocafe.com • Ⓜ Girona ou Diagonal. Tlj sauf mar 10h-16h. Menu midi en sem env 16 € ; plats 8-18 €.* Cette petite adresse fait d'abord le bonheur des amateurs de brunch. Et celui-ci prend sa source dans les Andes. Œufs Bénédicte avec une gaufre au yucca, pain perdu au tamarin, *ceviches* variés, sans oublier le clin d'œil du lama, fil conducteur de toute la déco... Également des pancakes classiques, woks et salades à base de produits frais, plus des plats sans gluten ni lactose. Murs clairs ou rehaussés de brique, comptoir et tables en bois, plus une petite terrasse agréable.

Restaurant Mescladis *(centre détachable D3, **237**) : c/ Comte Borrell, 122. ☎ 93-295-50-12. • info@mescladis.org • Ⓜ Urgell. Lun-ven 10h30-minuit. Menu midi en sem env 14 €.* Voici le resto-école d'une association d'insertion, qui travaille aussi bien avec les jeunes déscolarisés du coin qu'avec les migrants tout juste arrivés. Le menu et la carte se parent donc parfois de plats venus eux aussi de loin, mais la cuisine méditerranéenne (et catalane) tient le haut de l'assiette. Copieuses, d'ailleurs, ces assiettes, et le tout dans un esprit locavore, bio et laissant une belle place aux options végétariennes. Miniterrasse, grande salle contemporaine, et des sourires partout. C'est chouette tout ça, non ?

Vivant *(centre détachable G3, **124**) : c/ del Consell de Cent, 394. ☎ 93-315-80-09. • restaurant@vivant.cat • Ⓜ Girona. Tlj sauf dim et lun soir 13h-16h, 19h30-minuit. Repas 20-25 € ; menu dégustation 33 €.* Un super rapport qualité-prix, voilà le trait dominant de cet établissement. Dans un cadre atemporel rafraîchissant, aux murs blancs comme chaulés, on profite d'une cuisine qui met au goût du jour les meilleurs produits catalans. C'est frais, savoureux, le service est efficace et les portions bien dosées. Et tout le quartier s'y donne rendez-vous, alors faites pareil !

Chic (25-40 €)

El Mercader del Eixample *(centre détachable F2, **122**) : c/ de Mallorca, 239. ☎ 93-272-07-05. • info@elmercaderdeleixample.com • Ⓜ Diagonal. Tlj 13h-16h, 20h-23h. Congés : 10 j. mi-janv. Plats 8-24 € ; carte 20-30 €. Café offert sur présentation de ce guide.* Une oasis dans la ville : dans le jardinet d'un édifice néoclassique, où les tables semblent avoir poussé comme la vigne vierge le long du mur. Fraîcheur, verdure : idéal pour apprécier une cuisine *slow food et* km 0. Tous les produits sont cultivés, élevés ou pêchés de façon écologique et à proximité. La tradition catalane est respectée mais revue tout en légèreté : on se régale ! Service attentif. Agréable salle si le temps se gâte. N'y allez pas, foncez-y !

Gresca *(centre détachable E2, **105**) : c/ de Provença, 230. ☎ 93-451-61-93. Ⓜ Diagonal. Tlj 13h30-15h30, 20h30-23h30. Résa conseillée à midi, et les soirs le w-e. Tapas 5-22 € ; menu midi en sem 22,50 €.* Éclairage gracieux et décor discret – de sobres murs de pierre – mettent en valeur la vaste cuisine ouverte et ses délices. Car on vient ici pour goûter les créations, pardon, se laisser envoûter par les sortilèges de Rafael Peña (passé chez Ferran Adrià). Pourtant, pas d'autre potion magique que des produits ultra-frais, traités avec une attention extrême, à déguster au comptoir ou dans 2 petites salles. Le menu du déjeuner connaît un vrai succès ! Riche carte de vins essentiellement... français et bio. Service parfait, efficace et cordial. Un coup de cœur.

Semproniana *(centre détachable E2, **255**) : c/ Rosselló, 148. ☎ 93-453-18-20.*

• *sempronjana@sempronjana.net* • Ⓜ *Hospital-Clínic. Entre les c/ Aribau et Muntaner. Tlj sauf lun 13h-16h30, plus mer-sam 20h-23h. Menus env 21 € le midi, puis 35-40 € ; plats 4-25 € selon taille.* Quelques tables côté rue dans une petite pièce éclatante de couleurs et meublée récup', mais c'est surtout au fond du couloir que ça se passe, dans un vaste espace façon ancien atelier à la déco plus sobre, mais pleine de détails originaux et à l'éclairage intimiste. On y est bien assis, il y a de l'espace entre les tables... Bref, joli cadre pour découvrir une cuisine méditerranéenne de chef, élaborée et goûteuse, déclinée, pour la plupart des plats, en 3 tailles, de la *tapa* à la *ració* copieuse.

Cachitos *(centre détachable F3, **243**)* : *rambla de Catalunya, 33. ☎ 93-215-27-18. • info@cachitosbcn.com • Ⓜ Passeig-de-Gràcia. Tlj 10h-3h. Menu midi en sem 20 € ; tapas 5-22 € ; plats du jour 14-30 € ; paellas 16-30 €.* Genre de grande brasserie avec plusieurs bars et comptoir et de vastes salles, dont l'une en mezzanine. Confortables banquettes et grandes tables, recoins plus cosy aux fauteuils et canapés moelleux, sans compter la terrasse sur la Rambla. Bref, on a le choix ! Bonne cuisine élaborée avec des produits frais et de saison, en format tapas comme en plats. Service prévenant et élégant. Une adresse pratique.

CruiX *(centre détachable C3, **257**)* : *c/ d'Entença, 57. ☎ 93-525-23-18. • cruixbcn@gmail.com • Ⓜ Rocafort ou Espanya. Mer-sam 20h-22h30, plus ven-dim 13h-15h30. Fermé dim soir-mar et j. fériés. Résa conseillée le soir. Congés : août et Noël. Tapas (dont arroces) 4-14 €, menus dégustation 39-56 €.* Spécialiste en paella, en riz, le chef, issu des brigades zélées de la haute gastronomie, raconte dans ses menus, articulés autour d'un riz, ses racines valenciennes, complétés par des tapas raffinées et recherchées. Un univers créatif original.

Tragaluz *(centre détachable F2, **260**)* : *passatge Concepció, 5. ☎ 93-487-06-21. • tragaluz@grupotragaluz.com • Ⓜ Diagonal. Tlj 12h-17h, 20h-1h (cuisine jusqu'à 23h). Plats 14-25 € ; repas 30-40 €.* Noyé dans la verdure, sous le ciel bleu dévoilé par la verrière, cuisine ouverte (on voit les jeunes cuisiniers s'activer), le cadre de ce restaurant est original. Aux beaux jours (et il y en a beaucoup !), le soleil illumine vos plats, c'est d'ailleurs de là qu'il tire son nom *Tragaluz* : « avale la lumière ». Le groupe possède une quinzaine de restos à Barcelone. Celui-ci a plutôt misé sur une ambiance romantique. À la carte, des plats italiens (pâtes, poissons et viandes) avec un bon rapport qualité-prix et quelques entrées qui elles, en revanche, ne sont pas données. L'espace est partagé avec un resto japonais au rez-de-chaussée. À ne pas confondre pour les réservations. Service courtois et délicat.

Très chic (plus de 40 €)

L'Olivé *(centre détachable E-F3, **256**)* : *c/ Balmes, 47. ☎ 93-452-19-90. • info@restaurantlolive.com • Ⓜ Universitat ou Passeig-de-Gràcia. ♿ Tlj 13h-16h, 20h-23h30. Résa conseillée (parking offert). Menus 55-94 €.* Une adresse de qualité, renommée dans toute la ville depuis plus de 40 ans pour sa délicieuse cuisine dans la tradition catalane, entre terre et mer. Service prévenant, clientèle chic tirée à 4 épingles, déco moderne, sobre et élégante avec une belle cuisine ouverte. Carte pas donnée mais bien fournie : cannellonis de crabe, poulpe braisé, tataki de thon, épaule d'agneau au four, *escalivada*, crevettes et saucisses du pays. Petite terrasse.

Où prendre le petit déjeuner ? Où manger une pâtisserie ? Où déguster une glace ?

Mauri *(centre détachable F2, **467**)* : *c/ Provença, 241. ☎ 93-215-10-20. • catering@pasteleriasmauri.com • Ⓜ Diagonal. Lun-sam 8h-22h (23h sam), dim 9h-16h. Menu midi en sem env 20 €.* Immense pâtisserie-salon de thé-restaurant-traiteur fondée en 1929, où se précipitent aussi à l'heure du déj ceux qui travaillent dans le quartier, pour les sandwichs comme pour le menu du jour. Excellentes pâtisseries maison, *turrón,* chocolat... c'est le moment de faire vos provisions !

La Pastisseria *(centre détachable E-F3,* ***320****) : c/ d'Aragó, 228. ☎ 93-451-84-01. • lapastisseria@lapastisseriabarcelona.com • Ⓜ Universitat. Lun-sam 9h-14h, 17h-20h ; dim 9h-14h30.* La boutique très contemporaine et épurée du champion du monde de pâtisserie en 2011, Josep Maria Rodríguez. Certes pas donné, mais les tartes aux agrumes (citron ou orange) ou au caramel, pour ne citer qu'elles, sont à tomber. Quelques tables à l'intérieur.

Cremería Toscana Muntaner *(centre détachable E2,* ***322****) : c/ Muntaner, 161. ☎ 93-539-38-25. • info@cremeriatoscana.com • Ⓜ Hospital-Clínic. À l'angle de la c/ Corsega, 208-201. Tlj 12h-minuit. Fermé 1er janv et 25 déc.* Si la succursale de cette excellente *gelatería* est plus connue (car située dans El Born), la maison mère, elle, dispose d'une adorable petite salle avec mezzanine, à moins que vous ne préfériez, comme les habitués, poser une fesse sur les rondins dans la rue. Impeccable pour une pause autour d'une glace artisanale savoureuse.

DelaCrem *(centre détachable E3,* ***323****) : c/ Enric Granados, 15. ☎ 93-004-10-93. • hola@delacrem.cat • Ⓜ Universitat. Tlj de 9h30 jusqu'à la nuit. Congés : 1 sem début janv. Compter 3-6,50 € selon gourmandise.* Quelques tables posées sur la petite place ombragée. Glaces et petites pâtisseries 100 % naturelles et artisanales, quelques-unes véganes, juste su-cculentes ! Également de très bons chocolats chauds. Autre adresse, ***l'Obrador DelaCrem,*** à l'autre bout de l'Eixample *(centre détachable G3,* ***327*** *; passeig Sant Joan, 59 ; même horaires).*

Voir aussi dans la rubrique « Où manger au resto ? », le ***Lat° Café*** *(centre détachable G2,* ***222****),* pour ses plats qui font volontiers office de brunch.

Où boire un verre ?

Tôt ou tard

El Nacional *(centre détachable F3,* ***404****) : passeig de Gràcia, 24 bis. ☎ 93-518-50-53. • elnacionalbcn.com • Ⓜ Passeig-de-Gràcia. Tlj 12h-1h (bars 2h dim-mer, 3h jeu-sam).* Légèrement en retrait du passeig de Gràcia (au bout d'un passage), ce monumental bâtiment des années 1930-1940 abrite un spectaculaire complexe gourmand divisé en plusieurs restos, bars à tapas, à vins, bières... Rien que le cadre mérite le coup d'œil. Difficile d'imaginer que c'était un ancien garage ! Magnifique réhabilitation mêlant éléments d'origine et d'autres plus contemporains, sur fond de cascades de plantes vertes, dans le pur style Belle Époque. Les restos sont un peu chérots et le service aléatoire, on conseille plutôt de venir boire un verre, histoire de profiter du décor et de l'atmosphère, bourdonnante et joyeuse.

Plutôt dans la journée

Laie *(centre détachable F3-4,* ***405****) : c/ Pau Claris, 85. ☎ 93-318-17-39. • cafe@laie.es • Ⓜ Urquinaona ou Catalunya. Tlj sauf dim 9h (10h sam)-21h. Formule et menu déj en sem 14-16,50 €.* Un peu de calme dans ce monde de bruit, car il s'agit d'une *llibreria-cafè,* dont le rez-de-chaussée est réservé à la boutique et l'étage, très vaste, au salon de thé. Passé le bar, on découvre une belle salle moderne décorée de photos, prolongée par une véranda tout en boiseries dont les portes ouvrent sur une cour intérieure. Impeccable pour une pause en terrasse à toute heure (menus déjeuner bons et bien présentés).

Gay-friendly

S'il n'y a pas de quartier exclusivement gay à Barcelone, en revanche, un noyau autour du croisement des carreres Consell de Cent et Casanova est communément appelé le « ***Gay-Xemple*** ». Des bars, des boîtes (voir cette rubrique ci-après) et des boutiques ultra-spécialisées, hétéro-*friendly* pour la plupart.

La tournée des boîtes

Petit rappel : c'est dans l'Eixample que se trouvent aussi la majorité des boîtes gays et *gay-friendly*.

Luz de Gas *(centre détachable E1,* ***435****) : c/ Muntaner, 244-246. ☎ 93-209-77-11. • luzdegas.com • Ⓜ Diagonal. En temps normal, mer-sam (et parfois mar) minuit-6h (en août, pas de musique live et ouv seulement jeu-sam). Entrée : 20 € avec 1 conso.* Un ex-cabaret reconverti en disco-salle de concerts. La déco n'a pas bougé : lourdes tentures de velours grenat, plafond peint, balcons, énormes lustres étincelants. La clientèle, chic et très VIP, majoritairement dans les 35-45 ans, s'agglutine autour des divers comptoirs et de la scène. À l'étage, bar à cocktails et petite piste dédiée à la musique espagnole. Du mercredi au samedi (et parfois mardi), très bons concerts d'artistes de jazz, pop-rock, blues. Enfin, mieux vaut avoir le look *beautiful people* pour pouvoir entrer.

La Fira *(centre détachable E2,* ***436****) : c/ de Provença, 171. Ⓜ Provença. Entre les c/ Aribau et Muntaner, au cœur de l'Eixample. Jeu-sam 23h45-6h. Entrée : 5-10 € selon soir, avec conso.* Un club atypique ! Car, passé le couloir aux miroirs déformants, on découvre une déco délirante réalisée avec des automates et des manèges provenant de fêtes foraines et autres parcs d'attractions du début du XXe s. Génial ! « *La Foire* » fait régulièrement le plein d'étudiants qui se déhanchent sur les tubes latinos ou anglo-saxons du moment.

Otto Zutz Club *(plan d'ensemble,* ***437****) : c/ Lincoln, 15. ☎ 93-238-07-22. • ottozutz.com • Ⓜ Fontana ou Passeig-de-Gràcia. Mer-sam 23h30-6h. Entrée : 10-18 € avec 1 boisson.* Un des bars-discothèques les plus fréquentés de la ville. Attention les yeux ! En fin de semaine, 4 salles sur 3 niveaux et autant de styles : en bas, c'est généralement hip-hop et R'n'B, au milieu, commercial, house et pop-rock à tendance eighties, et en haut funk et soul. Clientèle jeune dans les 2 premiers niveaux, où l'on passe d'une piste de danse à l'autre par l'escalier vitré, alors que le 3e niveau est plus sélect avec son coin *lounge* (mieux vaut être sapé et avoir plus de 25 ans pour y être admis !). Dans tous les cas, les salles ne sont pas trop immenses, les bars accessibles, et l'atmosphère festive !

Antilla Salsa Barcelona *(centre détachable D3,* ***439****) : c/ d'Aragó, 141. ☎ 93-451-45-64. • info@antillasalsa.com • antillasalsa.com • Ⓜ Urgell ou Hospital-Clínic. Mer-jeu 23h-4h, ven-sam 23h-6h, dim 19h-2h. Entrée : 10 € avec 1 conso.* Pour vibrer sur des rythmes de salsa avec des groupes tous les soirs (sauf en août : les platines prennent alors le relais), dans un cadre coloré et chaleureux, comme l'atmosphère. Tantôt assez démonstratif, tantôt plus décontracté. Du mercredi au vendredi, en début de soirée, place aux *masters classes* avec des cours gratuits de tango, salsa et rumba.

Arena *(centre détachable F3,* ***440****) : c/ Balmes, 34. ☎ 93-487-83-42. • grupoarena.com • Ⓜ Universitat ou Passeig-de-Gràcia. À l'angle de c/ Diputació, juste derrière la fac. Tlj 0h30-5h. Entrée : 6-12 €.* L'une des boîtes gays les plus connues de la ville, archifréquentée par un public jeune, où les éphèbes profitent des shows proposés chaque soir à l'*Arena Madre* avant d'investir les pistes au rythme de l'électro, de la house et de la dance. La salle *Classic (entrée au 233, c/ Diputació ; ouv seulement ven-sam)* accueille exclusivement les hommes. En bas des escaliers, une grande salle s'articule autour de plusieurs pistes de danse et de recoins tamisés où l'on peut se détendre sur des canapés. Pas mal d'espace également pour la récente salle *VIP (entrée au 94, c/ Diputació ; ouv seulement ven-sam)* et ses tubes d'hier (ou d'avant-hier !). Un conseil, n'y allez pas avant 1h, il n'y a personne.

Aire *(centre détachable E3, **441**) : c/ de la Diputació, 233. ☎ 93-451-84-62. • grupoarena.com • Ⓜ Universitat ou Passeig-de-Gràcia. Jeu-sam et veilles de fêtes 23h-2h30. Entrée : 5-10 €.* L'équivalent de l'*Arena* (même groupe), version filles. Le public reste toutefois assez mixte (mais pour les garçons, c'est entrée sur invitation !). Là encore, ne pas venir avant 1h.

Achats

Le passeig de Gràcia et les rues perpendiculaires en allant vers la rambla de Catalunya alignent les boutiques des marques internationales du luxe. On l'appelle ici le ***quadrat d'or*** (le carré d'or)... Difficile également d'échapper dans le quartier à *Mango* et autres rejetons du poids lourd du textile espagnol *Inditex* : *Zara, Berschka, Stradivarius, Pull & Bear, Oysho...* qu'on retrouve également rambla de la Catalunya. Ni très original ni franchement moins cher qu'en France, mais bon, au moins c'est national...

À noter quand même aussi, quelques ***outlets*** de grandes marques espagnoles dans le coin : un *outlet* ***Desigual*** *(centre détachable G3, **131** ; c/ de la Diputació, 323, à côté de l'hôtel* Praktik Garden *; lun-sam 10h-20h, fermé dim),* et plusieurs autres carrer de Girona entre Gran Vía et carrer de Casp *(dont un outlet **Mango** au n° 37 ; tlj sauf dim 10h-21h ; centre détachable G3-4).*

Queviures Múrria *(centre détachable G3, **472**) : c/ Roger de Llúria, 85. ☎ 93-215-57-89. • queviures@jmurria.com • Ⓜ Passeig-de-Gràcia. Mar-sam 10h-14h, 17h-20h. Fermé dim-lun. Congés : août.* Derrière les boiseries modernistes (et les publicités anciennes), de jolies vitrines mettent en avant les produits soigneusement choisis de cette épicerie pleine à craquer, du riz du delta de l'Èbre aux jambons, du *cava* aux fromages (locaux mais pas seulement : nos lecteurs suisses y trouveront par exemple tout ce qu'il faut pour une fondue !).

La Vinícola *(centre détachable G2, **481**) : c/ de Girona, 123. ☎ 93-532-33-31. • info@lavinicola.cat • Ⓜ Verdaguer ou Girona. ♿ Tlj sauf dim (et lun mat l'hiver) 10h-14h, 17h-21h.* Pas de surprise, avec un nom pareil il s'agit bien d'un caviste, qui écume essentiellement les crus catalans (dont les biens connus Priorat, mais aussi son voisin Montsant – moins cher et plein de surprise), des vermouths, une sélection de bières artisanales, et même quelques dives bouteilles de l'Hexagone. Avantage : le caviste maîtrise aussi bien le français que les bouquets de ses nectars.

Bolibar *(centre détachable F3, **474**) : rambla de Catalunya, 43. ☎ 93-488-34-34. • bolibar@bolibar.com • Ⓜ Passeig-de-Gràcia. Lun-ven 9h30-14h, 16h-20h ; sam 10h-14h, 17h-20h. Fermé dim (et sam ap-m en été).* Une quincaillerie ? Ce n'est certes pas pour une urgence de tire-fond qu'on vous l'indique, mais parce que cette boutique historique reproduit, dans les règles de l'art(isanat), 8 pièces de... quincaillerie dessinées par Gaudí pour ses *casas Calvet, Milà* ou *Batlló*. À vous poignées de portes et de tiroirs modernistes (compter quand même dans les 50-60 €/pièce) ! Y aura plus qu'à les installer à la *casa...*

Botiga Barça *(centre détachable F3, **491**) : passeig de Gràcia, 15. ☎ 90-218-99-00. Ⓜ Catalunya ou Passeig-de-Gràcia. Lun-sam 10h-21h.* La boutique officielle du Barça... avec tout ce qu'il faut pour ressembler à un vrai supporter !

À voir

Casa Batlló (centre détachable F3) : *passeig de Gràcia, 43. ☎ 93-216-03-06. • casabatllo.cat • Ⓜ Passeig-de-Gràcia. ♿ Tlj 9h-22h (ou 20h selon saison). Résa conseillée. Entrée (très chère) : 29-37 € selon horaires (plus on réserve* *en avance, moins c'est cher) ; casque audio compris ; réduc ; gratuit - de 12 ans. Env 1h15 de visite. Entrée avec le 1er étage : 45 €. Également les « nuits magiques » le soir, à partir de 18h30 l'hiver, plus tard l'été à partir de 45 € (trop cher !). Attention, louée de temps en temps pour des événements, donc parfois fermée (planning des fermetures sur leur site).*

Pour éviter les files d'attente et bénéficier de tarifs plus intéressants, réservez sur le site internet officiel.

La *casa Batlló* est, pour certains, le plus beau, le plus abouti des projets de Gaudí. Construite entre 1904 et 1906 pour un industriel du textile (au 3e étage, les héritiers y ont toujours une résidence), c'est un véritable symbole de Barcelone. Ici, c'est un Gaudí plus onirique qui s'exprimerait, en principe, sans faire référence à ses croyances religieuses (ou plus discrètement, car on retrouve tout de même les initiales « IMJ » pour Jésus, « M » pour « Marie » et « J » pour Josef sur la tourelle-échauguette de la façade).

Les interprétations au sujet de la façade extérieure de la **casa Batlló** ***ont toujours fait couler beaucoup d'encre.*** Certains n'y voient que des os (balcons figurant des crânes avec les orifices pour les yeux et le nez). D'autres donnent la priorité aux éléments naturels : les colonnes en bas de l'édifice rappellent des troncs d'arbres, les ondulations des mosaïques en verre et céramique le mouvement de l'océan. Ces vagues, aperçues comme dans un songe, évoqueraient aussi un étang de couleur bleu-vert habité par le dragon (d'où les arêtes et les nageoires) qui sera enfin tué par saint Georges (sant Jordi, le patron de la ville). D'ailleurs, le sommet de la maison se termine par une sorte de casque hérissé d'écailles qui rappelle la carcasse d'un monstre marin.

Cette maison étonnante captivait Salvador Dalí, qui y voyait des affinités secrètes avec son univers artistique.

La visite

Dans le casque-audioguide, c'est Gaudí lui-même (plus exactement une reconstitution de ses souvenirs) qui accompagne la visite et fait voyager aux origines de son inspiration pour percer les mystères cachés de l'énigmatique *casa Battló* !

La visite de l'intérieur commence par l'étage noble : l'ancien bureau de Batlló, agrémenté d'une cheminée en céramique (encastrée dans une alcôve en forme de champignon), le grand salon éclairé par une longue baie vitrée moderne (avec son système de contrepoids pour faciliter l'ouverture, oui, oui, Gaudí pensait à tout !), la salle à manger, au plafond orné d'étranges bulbes, par laquelle on accède au patio décoré de céramiques. Puis on pénètre dans une curieuse cage d'escalier, et on monte d'étage en étage, autour d'un puits de lumière tapissé de carrelages en céramique bleue. Bleue comme la mer ! L'ascenseur rétro fonctionne encore. Aucune ligne droite ne vient rompre l'ondulation infinie des lignes. Jeu de courbes et de voûtes « chaînette », arcades en forme de gouttes d'eau, spirales végétales, portes et fenêtres dessinées avec des contours d'algues sous-marines. Tout le génie de Gaudí a été de récupérer au maximum la lumière, même dans les parties basses. « Tout est fait pour toucher autant que pour voir. » On notera le superbe travail de menuiserie. Au dernier étage, les combles des domestiques, là aussi pensés pour que la lumière soit omniprésente, donnent accès au toit de l'immeuble, occupé par une terrasse où se dressent des cheminées aux formes torsadées et tarabiscotées, surplombant l'avenue. Une merveille, et également un prodige d'intelligence.

Également 2 salles toutes récentes, le *Gaudí Dôme* dédié à la nature, si importante pour l'architecte, et le *Cube de Gaudí,* une expérience à 360° en fin de parcours qui entend nous plonger dans l'esprit de Gaudí, grâce à l'intelligence artificielle : une œuvre technologique pionnière, certes, mais somme toute un peu décevante à ce tarif exorbitant (et il n'est plus là pour nous dire ce qu'il en pense !).

Casa Amatller (centre détachable F3) : *passeig de Gràcia, 41. ☎ 93-461-74-60. • amatller.org • Ⓜ Passeig-de-Gràcia. Ouv mar-dim. Résa sur Internet conseillée. Au choix, visite guidée (en espagnol, catalan ou anglais) 25 €, avec 2-6 visites/j. ; ou visite avec audioguide (aussi en français ; à télécharger au préalable) 20 € ; réduc - de 12 ans ; gratuit - de 7 ans. Visite en petits groupes à heures fixes, quel que soit le type de visite. Durée : 45 mn avec audioguide, 1h avec guide. Attention, talons aiguilles interdits.*

Coincée entre l'illustre *casa Batlló* et la *casa Lleó i Morera*, la *casa Amatller* est encore une **brillante déclinaison du modernisme catalan,** réalisée en 2 petites années par Josep Puig i Cadafalch (1898-1900) pour le compte d'Antoni Amatller. Maître chocolatier, précurseur en matière de marketing et de publicité (la marque *Amatller* était célèbre dans le monde entier), il était aussi amateur d'art éclairé, photographe et grand voyageur. La particularité, ici, est que l'édifice existait déjà, l'architecte l'a remodelé de fond en comble.

Commencez par observer la façade, avec ses fenêtres gothiques, son toit à redents de style flamand et cet ***étonnant bestiaire fantasmagorique.*** L'architecte s'est amusé à y représenter de nombreux détails symbolisant la vie et les goûts du propriétaire : ici, des rats prenant des photos (1er étage, autour de la fenêtre centrale), là, des cochons tenant des céramiques (clin d'œil à sa collection d'art).

POMME DE DISCORDE

Au début du XXe s, quelques notables demandèrent à des architectes modernistes de transformer les façades classiques du passeig de Gràcia en palais extraordinaires. Gaudí, Domènech i Montaner et Puig i Cadafalch rivalisèrent d'ingéniosité et d'audace pour livrer 3 interprétations du modernisme sur un même pâté de maisons. L'îlot urbain est surnommé « La Manzana de la Discordia », clin d'œil à la mythologie grecque et jeu de mots sur la manzana en espagnol (« pomme », mais aussi « pâté de maisons »). Attention, seules la casa Batlló et la casa Amatller se visitent.

Contrairement à ses voisines, ***l'intérieur de la casa Amatller a eu la chance de conserver in situ son mobilier d'époque,*** dessiné de A à Z par l'architecte. Autre différence, c'est le style néogothique qui domine, notamment dans les encadrements de portes, même si toujours mâtiné de touches modernistes. Dans la salle à manger, carrelage d'origine avec des fleurs d'amandiers à 5 pétales, emblème de la famille, et une superbe cheminée abondamment sculptée où figurent 2 princesses, l'une sud-américaine symbolisant le cacao, l'autre européenne représentant la consommatrice. Entre elles, un bateau pour le transport... Mais globalement l'atmosphère est plus sombre, plus austère et masculine (Amatller y vivait seul avec sa fille) qu'à Batlló. La chambre de Teresa fait exception, baignée de lumière et tout en bois clair, avec les 4 âges de la femme sculptés sur un chapiteau : naissance, enfance, maturité et vieillesse. Réminiscence des travaux de décoration réalisés en 1934 dans la maison, le dressing-room attenant a été conservé dans son pur style Art déco. On notera également les jolis couloirs alliant carrelage, céramiques et vitraux, la salle des collections avec ses vitrines d'objets précieux et enfin le bureau-bibliothèque placé au centre de la maison. La visite, qui se limite au 1er étage, occupé à l'époque par Antoni Amatller (le reste était loué), passionnera les amateurs de modernisme et d'architecture en général.

Sur place, la ***cafétéria-boutique*** permet de s'offrir une jolie boîte de chocolats, de boire un vrai chocolat chaud, et même de faire une agréable pause déjeuner (sandwichs, salade-bar, gâteaux).

Casa Lleó i Morera (centre détachable F3) : *passeig de Gràcia, 35. ☎ 93-676-27-33. • casalleomorera.com • Ⓜ Passeig-de-Gràcia. Pas de visites (il faut se contenter de la façade et de la visite virtuelle sur le site internet).* Entre les délires marins de la *casa Batlló* et l'austérité néogothique d'*Amatller,* voici une variation florale de cet inépuisable modernisme catalan, signée Lluís Domènech i Montaner (1902-1905), l'architecte du *palau de la Musica* et de l'*hospital de Sant Pau.* Sur les balcons en façade, des sculptures symbolisent le XXe s : des femmes brandissant un gramophone, un téléphone ou encore un appareil photo... Certaines ornementations ont été détruites lors de la guerre civile et de l'aménagement de la boutique *Loewe,* mais Dalí en récupéra une partie pour le patio de son théâtre-musée à Figueres...

Casa Milà – la Pedrera (centre détachable F2) **:** *c/ Provença, 261 (angle avec le passeig de Gràcia). ☎ 902-202-138. • lapedrera.com • Ⓜ Diagonal, Provença ou Passeig-de-Gràcia. Tlj 9h-20h30 (18h30 nov-fév) ; dernière entrée 30 mn avt fermeture. Fermé 7-13 janv et 25 déc. Entrée chère : 25 € (accès au toit et audioguide inclus) ; réduc ; gratuit - de 7 ans. Visite guidée « La Pedrera cachée » : 28 € ; et la « Pedreda completa » 35 € ; pour les* ***visites nocturnes,*** *voir plus bas. Pour ttes les entrées, + 3 € si achat au guichet : réservez donc sur Internet !*

> Pour éviter les files d'attente et bénéficier de tarifs plus intéressants (+ 3 € au guichet si vous n'avez pas réservé sur internet !), réservez sur le site internet officiel.

La maison de Gaudí la plus célèbre. D'ailleurs, dans *Profession reporter,* d'Antonioni, Jack Nicholson, le personnage principal, habite la Pedrera, que l'on voit bien dans le film. Construite entre 1906 et 1912 pour le richissime dandy Pere Milà, la Pedrera est désignée par beaucoup de critiques d'art comme une œuvre abstraite, une folie structurelle. Gaudí, qui avait pour l'occasion un budget illimité, a poussé au maximum la rupture du plan de façade et les possibilités plastiques des volumes. Il en résulte une sorte d'immense falaise, aux courbes extraordinaires (d'où son surnom de la Pedrera, la « carrière »). Une prouesse technique rendue possible par le fait que les blocs de pierre ne supportent pas le poids du bâtiment, mais sont maintenus par une résille en acier, formant ainsi une 2de peau. Notez aussi le formidable travail en fer forgé des balcons : on dirait des copeaux de chocolat ! La 1re cour, encadrée de colonnes-palmiers, fut conçue pour accueillir les calèches. Un ascenseur en bois atteignait autrefois le ***toit-terrasse...*** en 7 mn. Aujourd'hui, c'est un ascenseur moderne. Au 7e étage, on découvre les hautes cheminées ressemblant étrangement à des guerriers, voire des bouddhas pour ceux qui font la visite nocturne, et les tours d'aération aux formes audacieuses, revêtues de *trencadis* (fragments de céramique). Vue remarquable sur la ville et la Sagrada Família au loin.

La maison accueille dans ses combles une ***charpente composée de 270 voûtes paraboliques,*** une forêt d'arches en bois absolument superbe. On y a aménagé l'***Espai Gaudí,*** une exposition retraçant la vie de l'artiste et expliquant l'évolution de son œuvre, on ne peut plus didactique. Audiovisuel, plans et photos des différentes réalisations de l'architecte, maquettes des autres œuvres de Gaudí et explications techniques très précises. Également un diaporama qui, de 1852 à 1926 (dates de naissance et de mort de Gaudí), présente année par année des événements majeurs, souvent liés à l'architecture.

LA NATURE COMME SOURCE D'INSPIRATION

À l'Espai Gaudí, plusieurs vitrines illustrent les sources d'inspiration de l'architecte, et, parmi elles, la nature occupe une place non négligeable. On découvre alors les rapprochements entre l'intérieur d'un coquillage et les formes sensuelles des chaises conçues par Gaudí, ou encore des fruits du caroubier repensés en voluptueux bancs de bois.

LA CATALOGNE

L'étage au-dessous abrite un ***appartement*** plutôt sobre, aménagé avec des meubles et des objets de l'époque pour reconstituer le cadre de vie du début du XXᵉ s. Notez le débarras bourré d'objets amusants... Également un diaporama (mais sans explications). Gare à la photo souvenir « gratuite » en fin de visite : elle est en fait payante ! Tout le 1ᵉʳ étage du bâtiment est occupé par des ***expos temporaires*** remarquables *(accès par le 92, passeig de Gràcia ; env 4 expos/an ; 3 €).* Belle ***boutique,*** mais chère.

Les Nuits de la Pedrera
2 options possibles :
– ***Visites nocturnes*** *(Gaudi's Pedrera : The Origins)* **:** *mars-oct et 26 déc-3 janv, tlj 21h-23h ; nov-fév, tlj 19h-21h ; départ ttes les 30 mn, visites en catalan, espagnol ou anglais. Prix : 38 € ; réduc ; gratuit - de 6 ans.* Après une brève introduction, on assiste surtout à un son et lumière sur le toit-terrasse de la Pedrera illuminée (verre de *cava* inclus en fin de visite), plus esthétique qu'instructif. Attention, on ne visite ni l'appartement ni l'Espai Gaudi (il faut refaire la visite en journée !).
– ***Concerts de jazz :*** *de mi-juin à mi-août, ven-sam à partir de 20h, sur la terrasse du toit de la casa Milà. Résa à l'avance conseillée au ☎ 902-20-21-38 ou sur Internet. Billet : 38 €. De mi-juin à mi-sept, possibilité de combiner concert + The Origins : 60 €.* Une autre manière toute particulière d'apprécier l'œuvre de Gaudí, en plein air et en nocturne, en écoutant un bon concert de jazz, un verre de *cava* à la main...

LA CATALOGNE

Fundació Antoni Tàpies *(Fondation Antoni-Tàpies ; centre détachable F3)* **:** *c/ Aragó, 255 (presque à l'angle du passeig de Gràcia). ☎ 93-487-03-15. • fundaciotapies.org • Ⓜ Passeig-de-Gràcia. ♿ En temps normal, tlj sauf lun 10h-19h (21h ven, 15h dim). Fermé 1ᵉʳ et 6 janv, et 25-26 déc. Entrée : 8 € ; réduc ; gratuit - de 17 ans. Inclus dans l'Articket.*
La muséographie bouge régulièrement et propose tout au long de l'année des expos temporaires de l'œuvre de Tàpies (1923-2012). Elles occupent 1, 2 ou 3 étages selon l'ampleur des pièces. C'est une manière vivante de faire tourner le fonds de la collection.
Né à Barcelone, admirateur de Picasso et de Van Gogh, Tàpies devient l'ami de Joan Miró, crée une revue d'art et obtient du gouvernement français une bourse qui lui permet de se lancer à fond dans sa peinture. En 4 décennies, il aura ***exposé dans le monde entier*** et reçu une bonne vingtaine de prix, dont celui de la paix, décerné par l'ONU. Encensé par les connaisseurs, admiré par ses pairs (et même fait « marquis de Tàpies » par Juan Carlos en 2010), il n'a pourtant pas encore trouvé l'adhésion du grand public, tant son œuvre, avant tout cérébrale, peut paraître déroutante. Avec cette fondation, le nationaliste catalan, ***chef de file incontesté de la peinture espagnole des 30 dernières années,*** peut se vanter d'avoir eu droit, avant sa mort, à son propre musée ! L'immeuble et le quartier choisis ont également une signification très nette : après le modernisme architectural, Barcelone continue à produire des peintres symbolisant à eux seuls la modernité d'une ville en perpétuelle effervescence artistique...
Installée dans un splendide immeuble moderniste construit au siècle dernier par l'architecte Domènech i Montaner et inaugurée en 1990, la fondation se distingue de prime abord par son ***étonnant toit,*** œuvre de Tàpies intitulée *Nuage et Chaise.* C'est un assemblage de câbles d'aluminium tordus, sur lequel repose une chaise, symbole clé de l'œuvre de Tàpies ! L'intérieur est à l'avenant : marbre et mezzanine fin de siècle, froideur et dépouillement austère, conçu comme pour mieux faire jaillir des toiles du grand peintre catalan toute la chaleur des couleurs, toute la richesse des matériaux de récupération. Maître de l'*arte pobre,* l'art pauvre, Tàpies réinvente la vie quotidienne avec des morceaux de bois, une toile épaisse, une poignée de sable, beaucoup de peinture... Dommage que la visite soit aussi courte. Une quinzaine d'œuvres sont exposées, ce qui est un peu décevant même s'il s'agit de la plus importante collection au monde ouverte au public.

La fondation ne se limite pas uniquement aux œuvres de Tàpies et présente le travail d'autres artistes contemporains (installations, performances expérimentales, photos, sculptures, peintures, etc.), à l'occasion d'expos temporaires, parfois simultanées. Elle renferme aussi une librairie d'art et une superbe bibliothèque *(seulement sur rdv par tél),* spécialisée dans les civilisations orientales, qui inspirèrent en grande partie la philosophie du maître des lieux.

Itinéraire moderniste

Barcelone sans le modernisme, c'est comme une coupe sans champagne ! Gaudí, Domènech i Montaner, Puig i Cadafalch et quelques autres architectes talentueux ont offert à la belle la plus somptueuse des parures, qui a métamorphosé la vieille capitale catalane en une cité moderne, élégante... et irrésistible ! Rappelons que le modernisme est l'équivalent catalan des styles Art nouveau, Sécession, Liberty ou encore Jugendstil selon les pays concernés. L'engouement pour ce style architectural si original était tel qu'on recense aujourd'hui encore des centaines de sites éparpillés aux 4 coins de la ville. Impossible de tous les visiter, à moins d'être un stakhanoviste du genre. Pour une approche sérieuse, se procurer le kit ***La Ruta del modernisme*** (voir la rubrique « Budget. Musées et sites » dans « Barcelone utile »), qui détaille les plus importants. Sinon, on vous propose un ***itinéraire de 4h*** environ, qui a le mérite d'être faisable à pied et de passer en revue les sites principaux (pour plus de détails, se référer aux textes qui leur sont consacrés). Prévoyez évidemment plus de temps si vous envisagez de pénétrer dans l'un ou l'autre des monuments.

Vous le constaterez vite, notre itinéraire fait quelques embardées hors de l'Eixample (il débute même dans El Raval) : mais c'est pour mieux vous y ramener !

– Commençons par le maître. Gaudí n'avait que 34 ans lorsqu'on lui confia la réalisation du ***palau Güell*** *(zoom détachable E5* ; voir plus haut le chapitre « El Raval »), situé au 5, carrer Nou de la Rambla. Construit entre 1895 et 1899 en plein Raval, c'est un étonnant palais à la façade massive et austère, avec des portes en arc parabolique et un intérieur très surprenant... À ne pas manquer.

– Puis on remontera la Rambla pour rattraper la carrer Sant Pau jusqu'aux n°s 9-11, où se situe l'***Hotel España,*** dont les salons ont été décorés par Lluís Domènech en 1902.

– Retour sur la Rambla pour admirer au n° 77 la ***casa Doctor Génové*** d'Enric Sagnier i Villavecchia (1911), et au n° 83 l'***Antiga Casa Figueras,*** d'Antoni Ris i Güell (1902 ; elle abrite la pâtisserie *Escribà,* voir plus haut « Où prendre le petit déjeuner ? Où manger une pâtisserie ?... », une pause sympa en cours de balade ; *zoom détachable E5,* ***319***) : les 2 arborent une belle décoration moderniste composée de mosaïques colorées et de sculptures. Un peu plus haut, le ***mercat de la Boquería*** *(zoom détachable E5)* se distingue par son fameux toit métallique installé en 1914 sur une structure antérieure. Tout proche, au 24, carrer del Carme, on découvre la charmante façade de la boutique ***El Indio*** (désormais fermée), dont les décorations extérieures caractéristiques datent de 1922.

– Traverser ensuite le Barri Gòtic pour rejoindre l'avinguda Portal de l'Ángel et la carrer Montsió *(zoom détachable F4),* et faire une pause bien méritée au célèbre ***Els Quatre Gats*** *(zoom détachable F4,* ***358****).* Dessiné par Puig i Cadafalch en 1895, ce bâtiment orné de fer forgé et de fenêtres aux vitraux polychromes accueillait les agapes du gratin culturel de la fin du XIXe s et du début du XXe s (à l'intérieur, la fameuse toile du tandem de Ramon Casas est une copie : l'originale est au MNAC).

– Traverser la vía Laietana pour se repaître de la façade géniale et grandiose du ***palau de la Música catalana*** *(zoom détachable F-G4),* réalisé entre 1905 et 1908 par Domènech i Montaner. C'est un festival de sculptures et de mosaïques polychromes délirantes. Remarquer les 2 grosses colonnes percées de petites fenêtres au rez-de-chaussée : il s'agit des guichets d'origine de la billetterie !

– D'ici, direction plein nord pour pénétrer dans le saint des saints, l'Eixample. Il rassemble la plus forte concentration d'édifices modernistes, dont la ***casa Calvet,*** au n° 48 de la carrer Casp *(centre détachable G4),* le 1er immeuble conçu par Gaudí dans l'Eixample (1898), remarquable pour sa façade baroque et ses reliefs évoquant des champignons (clin d'œil au propriétaire, passionné de mycologie).

– Mais c'est à 2 pas, sur le passeig de Gràcia *(centre détachable F2-3-4),* que s'alignent comme à la parade les chefs-d'œuvre les plus emblématiques. Pour se mettre l'eau à la bouche, arrêt aux nos 2-4 devant la ***casa Pons i Pascual*** (bâtiment d'inspiration gothique d'Enric Sagnier i Villavecchia, 1891) et au n° 6 devant la ***casa Rocamora*** *(visite possible sur ● casessingulars.com ●),* de 1917, signée Joaquin Bassegoda et reconnaissable à ses toitures vernissées.

– Puis on parvient au trio magnifique, plus connu sous le nom de ***Manzana de la Discordia*** (Pomme de Discorde ; *centre détachable F3*), pour éclairer les différentes sensibilités architecturales, et même les oppositions théoriques à l'intérieur d'un courant jugé pourtant relativement homogène. Au n° 35 (à l'angle de carrer del Consell de Cent), la ***casa Lleó i Morera*** (1902-1906), de Lluís Domènech i Montaner. Juste au-dessus, au n° 41, la ***casa Amatller*** (1898-1900). Et, à côté, l'incontournable ***casa Batlló*** (1904-1907), dessinée par Gaudí. Voir plus haut les descriptifs de ces maisons (seules les 2 dernières se visitent).

– En remontant le passeig de Gràcia, petit crochet au 255, carrer Aragó pour découvrir la ***fundació Tàpies*** (*centre détachable F3* ; voir le texte plus haut), construite par Domènech i Montaner en 1886 afin d'abriter la maison d'édition familiale.

– Retour passeig de Gràcia, avec une halte au n° 66 pour apprécier les influences médiévales de la ***casa Vidua Marfà*** (Manuel Comas i Thos, 1905), avant de s'enthousiasmer devant la façade fascinante de la ***casa Milà*** (la ***Pedrera ;*** *centre détachable F2* – voir le texte plus haut), sans doute l'immeuble le plus connu de Gaudí (1906-1912). Cette falaise aux formes ondulées rappelle une forteresse, impression renforcée par les cheminées coiffées par des heaumes de chevaliers.

– On débouche alors sur le quartier de ***Diagonal,*** émaillé de plusieurs édifices dignes d'intérêt. La ***casa Sayrach,*** aux nos 423-425 (à gauche ; *centre détachable E1*), est une sublime folie signée par... Sayrach en 1918. Jetez un coup d'œil à travers la porte vitrée : la fantaisie naturaliste est ici poussée à son paroxysme. C'est simple, on se croirait dans le ventre d'une baleine, murs et colonnes rappelant l'ossature de l'animal... Au n° 373, le ***palau Baró de Quadras*** (Josep Puig i Cadafalch, 1904). Ce réjouissant palais orné de gargouilles abrite aujourd'hui un institut privé, mais il se visite *(centre détachable F2 ; résa conseillée sur ● casessingulars.com ● ; entrée : 16 €, réduc, gratuit - de 7 ans).* À l'intérieur, on découvre un hall, un escalier somptueux et une terrasse sur le toit pour observer plus à son aise la façade de la proche *casa Comalat.* Au n° 442, en face justement, la ***casa Comalat*** (*centre détachable F-G2* ; Salvador Valeri i Popurull, 1909) avec une façade arrière délirante, carrer de Còrsega, 316 (essayer d'entrer discrètement dans le hall, sur Diagonal, digne du palais de Dame Tartine). Au

UN STYLE ARCHITECTURAL TOUJOURS VIVANT

L'un des aspects les plus étonnants du modernisme est que sa production, loin d'être enfermée dans les musées, est encore utilisée tous les jours. À côté des logements commandés par de riches industriels barcelonais, il y a presque un siècle déjà, on trouve de nombreux commerces qui ont conservé leur caractère et leur architecture modernistes, depuis la pharmacie jusqu'au boulanger... Et le plus insolite est que ces lieux pratiquent toujours, pour la plupart, l'activité pour laquelle ils ont été conçus !

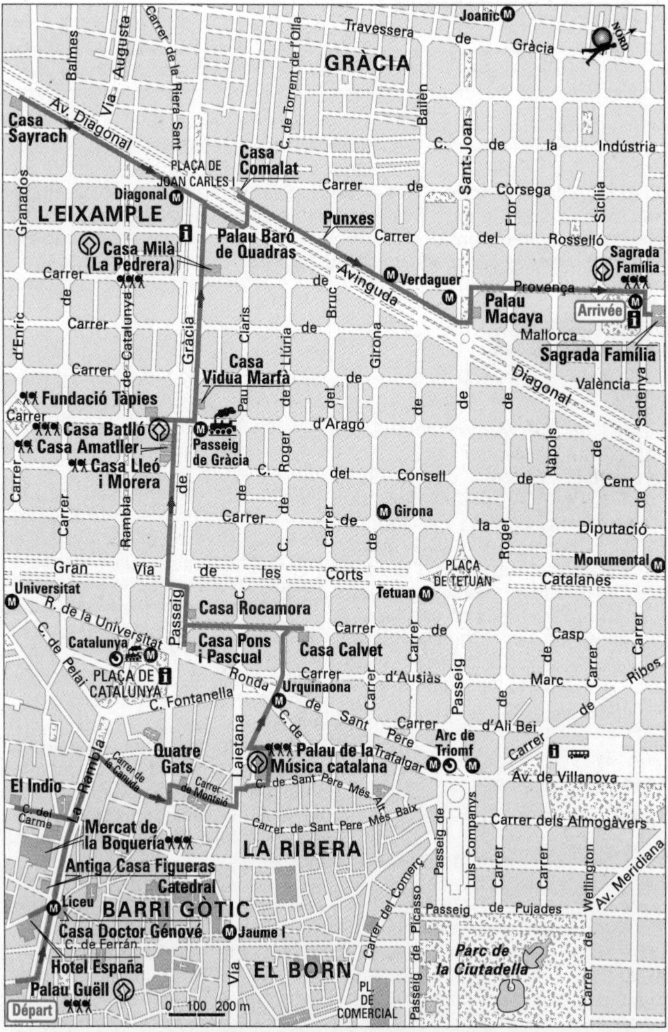

ITINÉRAIRE MODERNISTE

nº 420, occupant tout un pâté de maisons, les ***Punxes*** (ou ***casa Terradas,*** 1903-1905 ; *centre détachable G2*), dont les plans ont été projetés par Josep Puig i Cadafalch. Aspect massif de château fort baroque avec ses tourelles surmontées de cônes pointus.

– Enfin, sur le chemin de la ***Sagrada Família,*** terminus de notre balade, jetez un œil sur le ***palau Macaya*** (1901 ; *centre détachable H2*), passeig Sant Joan, 108, également l'œuvre de Josep Puig i Cadafalch, très orientalisante. C'est aujourd'hui un centre culturel géré par *La Caixa.*

LA SAGRADA FAMÍLIA

• Centre détachable G-H1-2 • Plan d'ensemble *p. 78-79*

C'était, jusqu'au XIXe s, tout simplement le *poblet* (village) : des champs et quelques maisons basses. Puis l'industrie est venue, un petit quartier s'est construit, sur un plan très géométrique comme l'Eixample voisin. Et une église. Mais pas n'importe quelle église : la *Sagrada Família,* devenue aujourd'hui le monument le plus visité d'Espagne après l'Alhambra de Grenade. Église qui a logiquement donné son nom à ce quartier qui abrite aussi un autre chef-d'œuvre de l'architecture moderniste, l'*hôpital de la Santa Creu i Sant Pau.*

Où manger ?

Tapas

El Celler del Vermut *(hors plan centre détachable par H2 et plan d'ensemble,* **162***) : c/ Lepant, 239. 677-69-43-09. • karballo87@gmail.com • Ⓜ Sagrada-Família. Tlj sauf lun 12h-minuit (17h dim). Tapas 9-12 €.* Ce petit bar familial qui ne paie pas de mine propose pourtant un accueil chaleureux et des tapas galiciennes de bonne qualité. On a bien aimé le *pulpo a la brasa,* mais aussi le jambon, les calamars et les *pimientos,* entre autres. Brin de terrasse.

De bon marché à prix moyens (10-25 €)

Zed *(centre détachable H3,* **254***) : c/ de Valencia, 399. ☎ 93-138-78-69. Ⓜ Sagrada-Família. Jeu-lun 13h-23h. Fermé mar-mer. Tapas 6-10 € ; plats 12-17 €.* Le credo, ici, ce sont les produits, écologiques pour la plupart et souvent en circuits courts, et le fait maison : tout, jusqu'au pain, sort des mains du cuistot, français, qui maîtrise clairement ce qu'il fait. Il a même son propre fumoir ! Le résultat ? Des plats de saison, méditerranéens, qui piochent des 2 côtés des Pyrénées, et poussent parfois jusqu'à l'Italie ou l'Asie pour quelques délicates touches. Bon conseil sur les vins aussi. On s'est régalés !

Bicos Restaurante *(centre détachable H3,* **134***) : avda Diagonal, 287. ☎ 93-611-82-27. • info@bicosrestaurante.com • Ⓜ Sagrada-Família. Mar-sam 13h-15h45, 20h-22h45 ; dim 13h-16h. Fermé dim soir et lun, et le soir des j. fériés. Congés : 11-26 mars, 10 j. mi-août et 23-31 déc. Plats 6-18 € ; carte env 30 €. Café ou chupito offert sur présentation de ce guide.* Le plaisir commence dès la porte franchie : le cadre bistrot est adouci par le bleu canard des murs, les fleurs des champs qui ornent les tables, le nom même de *Bicos,* qui évoque en galicien (la langue du chef) des bisous à pleines joues. Ce mélange de simplicité et de raffinement éclate dans l'assiette, où produits et recettes traditionnels (poulpe, *leche frita* au dessert) se font contemporains et légers. Accueil chaleureux et service efficace.

Puertecillo Sagrada *(centre détachable H2,* **223***) : passatge de Simó, 18. ☎ 93-450-01-91. Ⓜ Sagrada-Família. Mar-dim 13h-16h, 20h-23h30 (minuit le w-e). Fermé lun. Carte 20-25 €. Compter 13-40 €/kg selon produit (les prix affichés incluent la cuisson).* On a l'impression d'entrer dans une poissonnerie, et d'ailleurs ça se passe presque de la même façon. On choisit son poisson et ses fruits de mer, pesés devant vous, puis la cuisson (*a la plancha, vapor* ou *frito*) et enfin on patiente dans la salle avant d'aller chercher son plat. Une bonne formule pour ceux qui aiment la mer. *Succursales à El Born (voir plus haut), sur Paral.lel et à Sitges.*

Chic (plus de 25 €)

Bardeni – El Meat Bar *(plan d'ensemble et hors plan centre détachable par H3, **240**) : c/ Valencia, 454. • info@caldeni.com • Ⓜ Sagrada-Família. Mar-sam 13h-14h30, plus jeu-ven 20h-21h30. Fermé dim-lun. Plats 12-28 €.* Le très moderne *Meat Bar* annonce la couleur : la bidoche est ici reine, avec l'Angus en 1er dauphin et des cuissons parfaites, mais aussi, plus original, le foie et la langue mariés en carpaccio... La carte, courte, s'aventure aussi du côté de la mer et de plats plus végétaux (délicieuses petites tomates « bonbon ») et s'enrichit de suggestions du jour. Vraie créativité et très grande attention à la sélection des produits de base. Service énergique (et après l'heure, c'est plus l'heure !) mais sympathique.

Où boire un verre ?

À droite de la belle Sagrada, l'***avinguda de Gaudí*** fait office de petite *rambla* avec ses nombreux cafés et terrasses. Les 1res (les arbres masquent la vue ensuite) sont idéales pour boire un verre en contemplant le monstre sacré...

Rooftop de l'hôtel Ayre Rossellón *(centre détachable H2, **385**) : c/ del Rosselló, 390. ☎ 93-600-92-00. Ⓜ Sagrada-Família.* La terrasse située sur le toit de l'hôtel offre l'une des plus belles vues qui soient sur la Sagrada Família. Parfait pour siroter un cocktail en contemplant le chef-d'œuvre illuminé le soir.

LA CATALOGNE

À voir

Basílica de la Sagrada Família *(plan d'ensemble et centre détachable H2) : c/ Mallorca, 401. ☎ 93-513-20-60. • sagradafamilia.org • Ⓜ Sagrada-Família. En temps normal, tlj : avr-sept 9h-20h, oct et mars 9h-19h, nov-fév 9h-18h. Ferme à 14h les 1er et 6 janv, et 25-26 déc. **Visites guidées** de 1h tlj : mai-oct, en anglais à 11h, 12h et 13h plus 15h le w-e et 17h en juil-août, en castillan à 10h30, 11h30, 12h30 et 16h ; nov-avr, en anglais à 11h, 13h et 15h, en castillan à 12h et 16h. **Visite en français,** mar et jeu à 17h en juil-août, sam à 13h sept-juin. Sinon, audioguide téléchargeable avec l'application « Sagrada Familia Official » très bien fait. **Entrée :** 26 € ; visite guidée 30 € ; réduc, notamment avec la Barcelona Card ; gratuit - de 11 ans. **Visite des tours** 36 € avec audioguide, 40 € avec visite guidée ; attention, tours interdites aux - de 6 ans, et jusqu'à 16 ans obligatoirement accompagnés d'un adulte. Billet combiné avec audioguide Sagrada Família + casa-museu Gaudí aussi.*

Réservation obligatoire de vos entrées soit sur le site internet officiel, soit aux guichets de la Sagrada quelques jours plus tôt (mais en haute saison, ***il faut vous y prendre plusieurs semaines à l'avance***). Les billets en ligne fonctionnent par tranche horaire. Pas nécessaire de les imprimer : on peut les présenter sur son téléphone ou sa tablette. En revanche, il vaut quand même mieux arriver 30 mn avant l'heure indiquée...

Réel « Temple de la lumière », une partie de la Sagrada Família est inscrite sur la liste du Patrimoine mondial de l'Unesco : la façade de *La Nativité* et la crypte, toutes 2 achevées (ou presque) du vivant de Gaudí. Commençons la visite par une citation attribuée à Gaudí : « Pour qu'une œuvre d'architecture soit belle, il faut que tous les éléments possèdent une justesse de situation, de dimensions, de formes et de couleurs. »

– ***Financement :*** le financement de ce chantier titanesque, selon le vœu de Gaudí, provient entièrement de dons privés (individuels, associations religieuses ou entreprises), donations charitables, héritages. On peut imaginer aussi que l'Opus Dei et le Vatican ne restent pas indifférents et suivent de près l'avancement des travaux pour un « Temple » somme toute dédié à la gloire de l'Église et de Dieu. Une chose est sûre, aujourd'hui encore le financement reste le même : pas un euro ne provient du gouvernement de Catalogne, aucune subvention publique n'est accordée par l'État ou l'Union européenne. N'est-ce pas une garantie du sérieux du projet, qui respecte la laïcité et la séparation de l'Église et de l'État ?

– ***Querelles d'esthètes :*** elles n'empêchent pas de l'admirer en l'état, de rester pétrifié, délicieusement captivé par la créativité architecturale de la façade de *La Nativité* et par la profusion de formes géométriques. Sa richesse en symboles, évoquant les rêves les plus sublimes, annonce le surréalisme. On se demande parfois si Gaudí ne serait pas un revenant inspiré, tombé de la planète Moyen Âge, un génie nostalgique d'une autre époque égaré dans la modernité du XXe s, un visionnaire introverti venu de l'âge des cathédrales pour poursuivre, dans un style très personnel, la grande œuvre exaltée de l'Europe chrétienne de saint Bernard. Les détails abondent, parfois insolites. Notez par exemple cette sculpture surprenante dans le cloître du Rosaire (à droite lorsqu'on franchit le portail de *La Nativité*), qui représente un diable... offrant une bombe à un anarchiste ! On aime ou pas. Picasso, par exemple, n'avait aucune affinité pour l'homme ni pour son œuvre : on dit même qu'il détestait le personnage.

L'édifice fut mis en chantier en 1882 sous la houlette d'un 1er architecte, Francesc de Paula Villar. Remercié par le commanditaire 18 mois plus tard, il fut remplacé par Gaudí, qui reprit le projet initial... mais pour mieux le bouleverser et le transcender. La 1re tranche ne fut achevée qu'en 1926. Gaudí décède accidentellement cette année-là, mais les travaux continuent jusqu'aux débuts de la guerre civile (1936), au cours de laquelle la plupart des plans originaux de Gaudí brûlent lors d'un incendie. Pour ceux qu'étonnerait l'audace de l'architecture (compte tenu du conservatisme de la hiérarchie religieuse de l'époque), il

PERMIS D'Y CROIRE

Incroyable, si l'on ose dire à propos d'un tel lieu : jusqu'à présent la Sagrada ne payait aucune taxe à la collectivité alors que 4,5 millions de visiteurs s'y pressent chaque année, sans parler des 20 millions de curieux annuels qui viennent l'admirer de l'extérieur... La mairie de Barcelone s'est aperçue que le monument ne possédait pas de permis de construire en bonne et due forme (personne n'a pu remettre la main dessus !). Moralité, la Sagrada va désormais payer son écot, ce qui permettra aussi de réaménager les accès. Elle possède désormais un vrai permis de construire qui la rendra plus présentable pour son « achèvement » prévu en 2026, soit le centenaire de la mort de Gaudí.

UNE TECHNOLOGIE RÉVOLUTIONNAIRE

L'édifice de Gaudí est né d'un schéma gothique préexistant, transformé au travers d'une série d'inventions structurelles, de colonnes inclinées capables d'absorber les poids et les forces, sans avoir à recourir aux arcs-boutants, en utilisant des matériaux de construction différents en fonction de leur emplacement et des charges qu'elles doivent soutenir. Il a voulu que les colonnes se ramifient comme des arbres en arrivant à la voûte. Et si l'on demandait à Gaudí où il trouvait ses idées : « C'est lui », disait-il en pointant du doigt l'arbre situé devant son bureau !

faut y voir surtout une riposte de celle-ci à la déchristianisation importante que connaissait la société industrielle naissante, et la volonté de l'Église de récupérer l'influence perdue. Une anecdote : l'abondance des dons vers 1893 fut telle que les commanditaires de l'église exigèrent de Gaudí un caractère plus hardi et plus grandiose de l'architecture. Ce qui explique la démesure de la façade de *La Nativité*, la ***façade principale,*** devenue l'un des symboles de Barcelone.

Le projet final, outre cette façade, comprenait l'édification de 2 autres, *La Passion et la Mort* et *La Gloire du Christ*, plus 4 tours par façade symbolisant les apôtres, un arc-boutant central comme un pont suspendu et, pour finir, une grande tour dominant l'ensemble représentant le Sauveur. À partir de 1915, les fonds manquant, Gaudí renonça à son salaire et se lança jusqu'à sa mort dans une véritable fuite en avant : il habita même le Temple pendant ses dernières années. Dès 1940, les travaux reprennent, et l'Église y voit à nouveau, en plein national-catholicisme franquiste triomphant, l'occasion de s'affirmer. Grâce aux maquettes sauvées du conflit, les architectes peuvent reconstituer les plans qui avaient brûlé.

Au début des années 1960, un mouvement contre la prolongation des travaux vit le jour (conduit par Le Corbusier et Miró, entre autres), arguant de l'absence de plans suffisants et des risques de dénaturer l'œuvre existante, voire de la trahir. Les travaux continuèrent cependant et, aujourd'hui, la ***façade de la Passion et la Mort*** (œuvre assez controversée de Josep María Subirachs), avec ses 4 clochers, est virtuellement terminée, fermant ainsi l'espace intérieur. La polémique n'est, cependant, pas finie : beaucoup estiment que cette nouvelle façade n'apparaît effectivement que comme une caricature de mauvais goût de l'ancienne et qu'elle lui a fait perdre son identité ! On attend votre avis. Notez au passage la présence sur cette façade d'un carré magique à 16 chiffres, dont les sommes horizontales, verticales et diagonales sont toujours de 33... l'âge du Christ quand il fut crucifié...

Les travaux continuent aujourd'hui à bon rythme même si la Covid-19 a bousculé les avancées pendant 1 an. Aujourd'hui, 8 tours sur 18 sont bel et bien achevées, et la tour de la Mare de Déu, coiffée d'une étoile lumineuse, dresse ses 137 m de hauteur.

Outre l'audace et le génie architectural du lieu, le plus surprenant est d'accomplir une visite touristique dans un édifice en construction. Du jamais-vu dans le monde des monuments ! Imaginez-vous dans la peau d'un touriste du XIIe s visitant le chantier de Notre-Dame de Paris ou celui du temple d'Angkor, tandis que des centaines d'ouvriers et de maçons travaillent comme des fourmis à l'intérieur. La Sagrada Família est un ***chantier permanent*** rempli d'échafaudages, de grues, de blocs de pierre (porphyre, basalte, granit gris et pierre de Montjuïc). Les plus optimistes espèrent que l'ensemble du Temple sera achevé en 2026 (centenaire de la mort de Gaudí, tout un symbole), mais d'autres parient pour 2030. Bon, on n'est plus à 4 ans près... D'ailleurs, Gaudí lui-même avait estimé que, selon les techniques de son temps, il faudrait 2 siècles pour finir l'œuvre...

UN ASCÈTE DÉSARGENTÉ ET GÉNIAL

Gaudí passa les 12 dernières années de sa vie dans le Temple, dormant au sous-sol, se nourrissant frugalement de fruits secs. Habillé de vêtements élimés, il demandait l'aumône dans la rue, tant pour son besoin personnel que pour celui de la construction de la Sagrada Família. Le 7 juin 1926, il fut renversé par un tramway. Pris pour un mendiant, personne ne se soucia de lui, et il fut transféré trop tard à l'hôpital. Toutefois, une foule immense vint lui rendre un dernier hommage. Dans le musée-crypte, on aperçoit le tombeau où le génial architecte repose au cœur de son admirable projet.

En attendant, l'édifice a été ouvert au culte et consacré par le pape Benoît XVI en 2010, lui conférant ainsi une véritable valeur religieuse et le statut de basilique, alors même que certains craignaient qu'elle ne finisse par devenir « un parc d'attractions ». Si l'intérieur est désormais achevé (5 nefs longitudinales et 3 nefs transversales d'où s'élève une véritable forêt de colonnes arborescentes) ainsi que l'une des 2 sacristies donnant accès au cloître extérieur, ***il reste à construire encore 4 clochers*** sur un total de 12, ainsi que la tour lanterne centrale de 170 m, la tour Notre-Dame (125 m) et celles des Quatre Évangélistes, sans compter la façade principale, encore inachevée.

– ***Accès aux tours du Temple :*** par la façade de la Nativité ou par celle de la Passion (c'est fromage ou dessert, pas les 2). Dans chaque cas, on monte obligatoirement par l'ascenseur, pour redescendre on peut le faire en ascenseur ou à pied, par un escalier en colimaçon bien exigu qui ménage quelques échappées visuelles sur des détails architecturaux intéressants. Du haut des tours, on découvre toute la ville, mais on ne peut malheureusement plus passer d'une tour à l'autre par les étroites passerelles géantes, inaccessibles à cause des travaux.

– ***Le musée-crypte :*** *au sous-sol du Temple.* Très intéressant et même ***indispensable pour se représenter le projet final.*** Nombreux plans, maquettes (certaines sont même en cours de réalisation pour venir en aide aux architectes actuels) et photos des différentes étapes de la construction, ainsi que des films et autres explications sur l'œuvre et l'inspiration de Gaudí. À travers une vitre, on aperçoit le ***tombeau de Gaudí*** dans la crypte (accessible également par l'extérieur de l'édifice).

– À côté du portail de la Passion, les ***escoles*** construites en 1909 par Gaudí à la demande de l'Association des dévots de sant Josep et qui étaient destinées à l'enseignement des enfants. Par leur simplicité et leur rigueur, tant sur le plan des matériaux utilisés que sur le plan esthétique, les *escoles* suscitèrent l'intérêt de nombreux architectes (dont Le Corbusier). Après plusieurs campagnes de restauration (et même de reconstruction), elles abritent aujourd'hui une exposition permanente sur les techniques architecturales de Gaudí et sur la fonction de la géométrie dans l'élaboration de la cathédrale.

Hospital de la Santa Creu i Sant Pau *(plan d'ensemble) : avda Sant A. M. Claret, 167. ☎ 93-553-78-01 ou 93-268-24-44. • santpaubarcelona.org • Ⓜ Sant-Pau-Dos-de-Maig. Bus n°s 47, H8 et 19 (depuis le centre) et H6 (depuis le park Güell). Tlj 10h-18h30 ; visites guidées w-e et j. fériés à 11h (castillan) et 12h30 (catalan). Fermé 25 déc.* ***Résa en ligne conseillée.*** *Entrée : 16 €, avec audioguide 20 € (ou 19 € si vous téléchargez l'audioguide sur votre propre téléphone), avec visite guidée (castillan ou catalan) 20 € ; réduc ; gratuit - de 12 ans.*

Érigé au rang de Patrimoine de l'humanité par l'Unesco, ce vaste site est ***l'ensemble moderniste le plus important d'Europe.*** L'hôpital de Sant Pau est construit sur les fondements d'une institution hospitalière et religieuse datant de 1401. À l'époque, cet emplacement, suffisamment éloigné de la ville, avait été choisi pour sa bonne « ventilation » afin d'éviter la propagation d'éventuelles épidémies. À la fin du XIXe s, quand Barcelone devient le moteur industriel de la Catalogne et accueille nombre d'immigrés venus de toute l'Espagne, la ville décide de se doter d'un établissement moderne. Paul Gil, banquier de la reine, lègue à sa mort l'ensemble de sa considérable fortune pour réaliser ce nouvel hôpital, et c'est à ***Lluís Domènech i Montaner*** (à qui l'on doit également le *palau de la Música catalana*) qu'est confié le projet. Si la 1re pierre est posée en 1905, l'hôpital ne sera inauguré qu'en 1930. Il accueillera des malades jusqu'en 2009, fin des travaux du nouvel hôpital, construit à l'emplacement des anciens jardins potagers.

Sant Pau est presque une ***ville dans la ville,*** une petite cité moderniste idéale, avec ses rues, ses pavillons, son église, ses arbres remplis de perruches vertes, sans oublier son couvent pour les religieuses qui s'occupaient des soins. Et encore, le projet définitif, faute de moyens financiers et de querelle avec l'évêque, n'a jamais été achevé. Parmi les 46 pavillons prévus, seuls 27 ont été construits. Œuvre éclectique d'influence néogothique, c'est d'abord un très bel ensemble

de brique et de tuiles vernissées, d'une ***grande richesse ornementale*** : il faudrait presque prendre le temps de détailler toutes les sculptures, gargouilles, bas-reliefs en mosaïque... D'ailleurs, la beauté des bâtiments était, à l'époque, considérée comme thérapeutique... afin de guérir l'âme. Tout dans la création de cet hôpital a tenu compte des avancées médicales et des conceptions hygiénistes de ce début du XXe s. Grâce à des châteaux d'eau néogothiques indépendants, chacun des pavillons était autonome en eau, élément indispensable à l'entretien et à la salubrité des lieux. C'est dans le même souci hygiéniste que les murs intérieurs sont carrelés de céramiques, différentes en fonction des pavillons ; celui de Sant Rafael – parmi la poignée qui se visite – est le plus impressionnant.
La symétrie est le dénominateur commun de l'enceinte. Les pavillons sont distribués autour de 2 rues nord-sud et est-ouest en forme de croix : n'oublions pas que l'édifice a été construit en coopération avec les autorités religieuses de l'époque ! ***Isolés les uns des autres (pour éviter les contagions,*** sujet brûlant s'il en est), assortis de 2 jardins plantés d'essences censées purifier l'air et capter les bactéries, ils étaient destinés à des spécialités médicales différentes et communiquent entre eux par 1 km de galeries souterraines (dont on emprunte une toute petite partie en début de visite en compagnie d'infirmiers virtuels), sans avoir à passer par les jardins. Pour privilégier l'harmonie visuelle, les pavillons possèdent 1 ou 2 étages en sous-sol ou en demi-sous-sol. Un grand écran semi-circulaire projette un passionnant exposé historique traduit en français. La maquette du site donne une idée de la dimension des lieux. Le pavillon Sant Salvador abrite une exposition sur Montaner aménagée en forme de dragon, référence à sant Jordi. La visite se termine dans le grandiose pavillon de l'administration, superbe avec son escalier monumental sous coupole par lequel on gagne (chouette perspective, depuis les fenêtres, sur la Sagrada Família) la magnifique salle Montaner et sa balustrade sculptée de lettres gothiques. Pour la petite histoire, Lluís Domènech i Montaner – dont Gaudí suivra l'enseignement à l'École technique supérieure d'architecture de Barcelone –, obsédé par la beauté et l'idée de l'art pour l'art, a quelque peu esquivé la question structurelle, et nombre d'édifices ont dû être repris et consolidés. ***Un ensemble qui mérite grandement un détour*** (d'autant qu'il est largement moins fréquenté que la Sagrada Família).

LE POBLENOU

• Plan Poblenou *p. 193*

Il fut un temps pas si lointain où le Poblenou (surnommé « le Manchester barcelonais ») faisait partie des mal-aimés. Si les industriels se réjouissaient du rendement de leurs innombrables usines, les élégantes se pinçaient le nez à la simple évocation de ses exhalaisons pestilentielles !
Mais le Poblenou tient sa revanche : d'abord, parce que les fabriques ont fermé progressivement ; ensuite, parce que la flambée de l'immobilier a incité de nombreux Barcelonais à migrer vers ce nouvel eldorado. Partout s'érigent de nouveaux bâtiments, un peu futuristes pour certains, le quartier est un chantier permanent ! Certains entrepôts ont cédé la place à de beaux espaces verts, d'autres ont été reconvertis en lofts et ateliers d'artistes, entraînant dans leur sillage lieux alternatifs et créatifs de tout poil. Quant au littoral, il a profité de l'incroyable processus de rénovation initié par les Jeux olympiques de 1992. Chaque week-end, c'est la foule des grands jours qui arpente ses plages, avant d'aller se perdre dans les rues pittoresques de cet ancien quartier populaire de plus en plus branché.

Où manger ? Où manger des tapas ?

De très bon marché à bon marché (moins de 16 €)

Monopol (plan Poblenou, A-B1-2, **239**) : rambla del Poblenou, 74bis. ☎ 93-485-46-00. • lamonopol@gmail.com • Ⓜ Poblenou. Tlj 12h (11h jeu-dim)-minuit ; service non-stop ven-dim. Congés : 1 sem mi-août. Menus 11-12 € en sem, 15 € le w-e ; tapas et raciones 3-12 € ; carte env 15 €. Apéro maison offert sur présentation de ce guide. Derrière sa façade ouvragée, c'est l'ancien siège social du club de foot local, un pan d'histoire du quartier. Les jeunes gens qui l'ont transformé en bar-resto n'ont rien changé à la déco : trophées sur les étagères, vieilles photos d'équipes aux murs... et il y a toujours un baby-foot ! Petite cuisine catalane, burgers, tapas et bière artisanale maison. La terrasse, ici, n'est pas sur la Rambla comme les voisins, mais sur le toit. DJs ou concerts de temps à autre.

El Menjador del Centre – MDC (plan Poblenou, A1, **282**) : c/ de Pujades, 176. Tél. : 93-485-36-99. • info@elcentrepoblenou.cat • Lun-ven 9h30-22h30, sam 18h-minuit. Fermé dim. Menu midi en sem 12,30 € ; tapas 3-12 €. Voici le resto du « centre moral i cultural del Poblenou », une assoc' fondée en 1910 et qui propose toujours activités, spectacles et entraide. L'élégant bâtiment accueille aussi, au rez-de-chaussée, une salle de bistrot aux belles teintes rouge foncé, prolongée d'une terrasse en retrait de la rue. Cuisine traditionnelle sans prétention, impec tant pour déjeuner à prix d'ami que pour débuter la soirée autour de quelques tapas.

El 58 (plan Poblenou, A-B2, **284**) : rambla de Poblenou, 58. ☎ 93-601-39-03. • el58poblenou@gmail.com • Ⓜ Poblenou. Lun-ven 13h-15h30, 20h-23h30. Fermé w-e. Tapas 5-18 €. Une maison typique du quartier, tout en profondeur : une fois le bar passé, c'est une enfilade de petites salles de bistrot, un peu biscornues, où bois et briques dominent. Également une petite terrasse sur la Rambla. Dans les petites assiettes, de joyeux et goûteux assemblages de produits bien catalans, relevés de cuissons exotiques ou de pointes modernes. Une adresse aussi sympathique qu'intéressante.

Aguaribay (plan Poblenou B2, **283**) : carrer del Taulat, 95. ☎ 93-300-37-90. • aguaribaybcn@gmail.com • Tlj sauf mar 10h-16h. Menu midi env 15,50 €. Certes, on peut le trouver un peu cher, ce discret restaurant végétarien (propositions véganes également). Et si le court menu du jour pioche pas mal d'inspiration chez des maîtres de la cuisine végétarienne (les indiens : *dosai*, dal, etc.), il assure du côté de la qualité des produits, clairement *slow food* (voire *slow service*) et km 0. Vins tout aussi nature, aux origines parfois plus lointaines. Cerise sur le carrot cake, agréable terrasse aux beaux jours.

De chic à très chic (de 25 à plus de 40 €)

Xiringuito Escribà (plan Poblenou, A2, **280**) : avda del Litoral, 62. ☎ 93-221-07-29. • administracio@restaurantsescriba.com • Ⓜ Llacuna. Sur la promenade del Bogatell. Tlj 12h30-22h30. Plats 16-30 € ; paellas 20-34 €. Parmi les nombreux restos alignés en bord de mer et le long de cette plage, *Escribà* est de loin le plus connu et le plus fréquenté. Assez touristique, donc, et pas donné, mais la vue depuis la terrasse est tellement sympa...

Els Pescadors (plan Poblenou, B2, **281**) : pl. de Prim, 1. ☎ 93-225-20-18. • contacte@elspescadors.com • Ⓜ Poblenou. Depuis le métro, remonter les c/ Bilbao puis de la Jonquera et tourner à droite dans c/ de Fernando Poo, 1re à gauche ensuite vers la placette. Tlj 13h-15h30, 19h45-22h30. Congés : vac de Noël et 2 sem en janv. Résa conseillée. Repas 45-60 €. Autrefois une taverne, c'est aujourd'hui le meilleur resto de poisson du quartier (grosse spécialité : la morue). Le

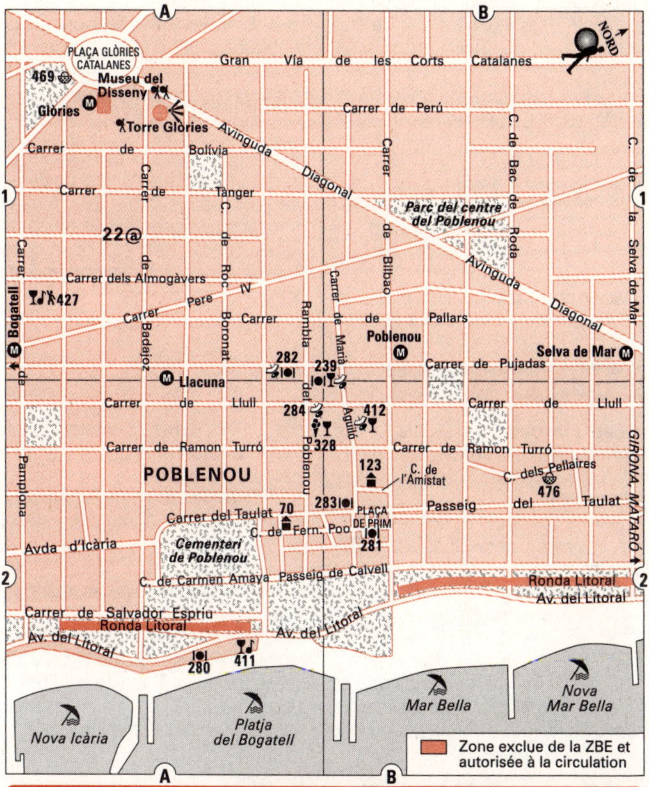

POBLENOU

Où dormir ?

- **70** Hostal Poblenou (A2)
- **123** Zéro Barcelona (A2)

Où manger ?

- **239** Monopol (A-B1-2)
- **280** Xiringuito Escribà (A2)
- **281** Els Pescadors (B2)
- **282** El Menjador del Centre – MDC (A1)
- **283** Aguaríbay (B2)
- **284** El 58 (A-B2)

Où déguster une glace ?
Où boire une *orxata* ?

- **328** Orxateria El Tío Ché (A-B2)

Où boire un verre ?

- **411** Kiosques de la plage del Bogatell (A2)
- **412** Bitácora (B2)

Où écouter de la musique live ?

- **427** Razzmatazz (A1)

Achats

- **469** Puces du mercat dels Encants (A1)
- **476** Palo Alto Market (B2)

poisson est bien sûr facturé au poids, et ça grimpe vite. Mais le service est attentif, la cuisine soignée (voire inventive côté desserts), les produits de saison et le cadre vraiment charmant. La terrasse se déploie sur la célèbre, tranquille et ô combien pittoresque plaça de Prim, à l'ombre des arbres tortueux qui se laissent escalader par les enfants. Pas étonnant que ce soit le resto préféré des Rolling Stones (ils s'y connaissent, les papis rockers). Cela dit, vu les tarifs, ce n'est pas pour toutes les bourses !

Où déguster une glace ? Où boire une *orxata* ?

Orxateria El Tío Ché *(plan Poblenou, A-B2,* ***328****) : rambla del Poblenou, 44-46. ☎ 93-309-18-72. • horchateria@eltioche.es • Ⓜ Poblenou. Tlj sauf mer 10h-22h (23h ou minuit ven-sam).* Fondé en 1912, c'est le glacier du Poblenou. Pas pour son aspect historique, mais parce que ses glaces artisanales sont vraiment onctueuses ! Délicieuse *orxata* également, y compris sous forme de crème glacée. Le tout à déguster en terrasse ou sur les bancs posés tout au long de la Rambla et de ses petits ronds-points, à l'ombre des platanes...

Où boire un verre ?

Les kiosques de la plage del Bogatell *(plan Poblenou, A2,* ***411****) : sur la plage del Bogatell, en plein air. À 10 mn à pied du Port olympique en longeant la mer vers le nord. Ⓜ Llacuna.* Plusieurs bars-kiosques (*xiringuitos* en catalan) s'alignent face au large, notamment le ***Vai Moana*** *(📱 608-32-43-50 ; • oficina@panteagroup.club • ; en hte saison, tlj jusqu'à 1h – 2-3h le w-e – et 20h hors saison ; fermé déc-mars).* Le soir, musique et ambiance dansantes. Quelques tapas et sandwichs pour combler un petit creux. Évidemment, l'emplacement se paie, mais idéal pour humer l'air du soir en toute tranquillité.

Bitácora *(plan Poblenou B2,* ***412****) : pl. de la Unió, 24. ☎ 93-277-87-12. Tlj 9h-minuit (1h ven-sam). Tapas 5-13 € ; menu du jour 13 € (1/2 menu : 9 €).* Un bar de toute heure, que ce soit pour le café-*bocadillos* du petit déj, l'apéro du soir (tapas tout à fait honorables et abordables) ou la *caña* de la pause fraîcheur. Terrasse sur l'une des places sympas du vieux Poblenou, pour profiter de l'animation locale.

Où écouter de la musique live ?

Razzmatazz *(plan Poblenou, A1,* ***427****) : c/ Almogàvers, 122. ☎ 93-320-81-67. • inforazz@salarazzmatazz.com • salarazzmatazz.com • Ⓜ Bogatell ou Marina. Entrée : 15-20 € (avec 1 conso) selon programme ; réduc si achat à l'avance sur Internet.* C'est la plus grande salle de concerts de Barcelone, où se produisent les pointures espagnoles et internationales. Abrite aussi une immense boîte de nuit au look industriel avec 5 salles aux ambiances différentes : la plus grande (*La 1*) pour l'indie rock, le *Pop Bar* plutôt... dance (et *gay-friendly*), *Human* pour les amateurs de techno pure et dure, *Lolita* pour la house ou le disco, etc.

Où voir un spectacle (opéras, concerts classiques...) ?

Auditorium *(plan d'ensemble) : c/ Lepant, 150. ☎ 93-247-93-00. • auditori.cat • Ⓜ Glòries ou Marina.* Inauguré en grande pompe en mars 1999 par l'Orchestre symphonique de Barcelone et l'Orchestre national de Catalogne, cet auditorium accueille la plupart du temps des concerts classiques. Il ouvre également certaines salles au jazz, au flamenco, au rock et même au *Sónar* !

Teatre Nacional de Catalunya

(plan d'ensemble) **:** *pl. de les Arts, 1.* ☎ *93-306-57-00.* • *tnc.cat* • Ⓜ *Glòries ou Marina.* Avec son fronton inspiré de l'architecture grecque antique, on reconnaît bien le style de Ricardo Bofill dans ce théâtre qui programme essentiellement des pièces en langue catalane.

Achats

Les puces du mercat dels Encants *(plan Poblenou, A1,* ***469****)* **:** *pl. de les Glòries Catalanes.* • *encantsbarcelona.com* • Ⓜ *Glòries, Encants ou Monumental. Lun, mer et ven-sam 9h-20h.* Sous une immense et vaste halle moderne, imaginée par l'architecte comme d'immenses voilures-miroirs, dans lesquelles se reflètent les couleurs du marché. Rien que l'architecture vaut le coup d'œil. Sinon, quelques bonnes affaires à réaliser, au sous-sol. Au rez-de-chaussée, c'est sans grand intérêt. Au 1er niveau, des gargotes derrière un immense wagon de train.

Palo Alto Market *(plan Poblenou, B2,* ***476****)* **:** *c/ dels Pellaires, 30-38.* • *palomarketfest.com* • Ⓜ *Selva-de-Mar. Le 1er w-e du mois (sauf août) 12h-22h. Entrée : 5,50 € ; gratuit - de 12 ans.* Dans la cour d'une ancienne usine du Poblenou, réhabilitée par Javier Mariscal, un marché qui réunit artisans d'art, éditeurs de bouquins, designers et... stands de fruits et légumes. *Food trucks,* concerts et DJs. Éminemment branché, et très sympathique.

À voir

Ce n'est pas un hasard si on a choisi de construire à la lisière du Poblenou, sur quelque 220 ha de friches industrielles, ***un quartier quasiment futuriste,*** le ***22@,*** consacré à la communication et aux nouvelles technologies avec l'immanquable ***torre Glòries*** (ex-*torre Agbar ; plan d'ensemble et plan Poblenou, A1 ;* voir plus bas pour les conditions de visite), achevée en 2005 par l'architecte français Jean Nouvel, située à l'angle de Diagonal et de la carrer de Badajoz. Descendez donc au métro Glòries pour en admirer la façade car, malheureusement pour l'amateur d'architecture, on ne visite de la tour que le sous-sol et le dernier étage ! Le bâtiment, organisé autour d'un noyau central qui abrite ascenseurs et autres gaines techniques, se veut écolo, édifié, par exemple, au moyen de matériaux biodégradables. Ses 144 m de haut, de forme oblongue, en obus, font écho aux flèches de la Sagrada Família (dont les tours, lorsqu'elles seront terminées, la dépasseront largement) et au sanctuaire de Montserrat (dans les proches environs de la ville). Vus de près, ses dégradés de bleus et de rouges sont censés rappeler les céramiques de Gaudí. De loin, ce sont ses beaux reflets mordorés qui l'emportent, dus aux innombrables facettes de cristal qui la recouvrent. Surnommée « le suppositoire » par les Barcelonais, la torre Glóries s'inscrit donc dans un ambitieux projet d'urbanisme qui englobe aussi le récent ***museu del Disseny*** *(plan Poblenou, A1),* dont la silhouette est comparée à une agrafeuse... décidément ! Autre projet en cours, l'aménagement du parc Glòries, qui, à terme, englobera l'ensemble de cette énorme place, ne laissant l'accès qu'à des modes de déplacements doux (seul un tramway traversera l'esplanade). Pour l'heure, seule la partie nord, la *Gran Clariana*, complétée d'un parc de jeux pour enfants, est achevée.

En poursuivant l'avinguda Diagonal, à 10 mn à pied environ, s'étend le récent ***parc del centre del Poblenou*** *(plan Poblenou, B1)* : un vaste triangle de plus de 5 ha, conçu également par Jean Nouvel. Encadré par une enceinte percée de hublots et croulant sous la végétation, c'est un espace « de lumières et d'ombres », selon l'architecte, où alternent de larges étendues dégagées et des aires plus intimistes. À quelques rues de là, au nord, aménagé dans une ancienne usine textile, ***Hangar*** *(c/ Emília Coranty, 16 ;* • *hangar.org* • *; portes ouvertes jeu 16h-18h)*

accueille résidences d'artistes (et expositions de leurs travaux), ateliers, festivals ou concerts – un axe fort de la dynamique créative du quartier.
Mais le véritable cœur du Poblenou palpite tout du long de la ***rambla del Poblenou*** *(plan Poblenou, A1-2)*, plus précisément dans la partie sud, à partir de la carrer de Pere IV. Elle est bordée de bars dont les terrasses débordent largement sur le terre-plein central. Enfin, si l'on rejoint la ***carrer de Maria Aguiló*** (aussitôt parallèle à la Rambla), on a carrément l'impression d'être en province, avec ses petits immeubles bas, son marché (une grosse halle située au bout de carrer de Pons i Subirà) et ses placettes pleines de charme, comme l'adorable ***plaça de Prim.*** Avec ses maisonnettes blanches et ses arbres aux troncs torturés, on en oublierait presque qu'on est à Barcelone !
Enfin, jeter un œil à l'immense et surprenant ***cimetière du Poblenou*** *(plan Poblenou, A2 ; cementeri de Poblenou, accès par la c/ del Bisbe Climent ; tlj 8h-18h).* Derrière ses hauts murs, c'est le 1er construit hors la ville, surtout intéressant pour ses sépultures modernistes. On parvient ensuite à des plages irrésistibles, car nettement plus tranquilles qu'à la Barceloneta.

★★ ***Museu del Disseny (DHUB** ; plan Poblenou, A1)* **:** *pl. de les Glòries Catalanes, 37-38. ☎ 93-256-68-00. • museudeldisseny.cat • ♿ Ⓜ Glòries. Mar-dim 10h-20h. Fermé lun (sauf j. fériés), 1er janv, 1er mai, 24 juin et 25 déc. Entrée expo permanente (valable 2 j. pdt 6 mois) : 6 € ; réduc ; gratuit - de 16 ans, et pour tous le dim 15h-20h et 1er dim du mois.*
Barcelone, reconnue dans le monde entier pour ses designers de talent, réunit en un seul et même lieu son ***patrimoine lié au design.*** Ces 25 000 m² regroupent plus de 70 000 pièces, issues des anciens *museu des Arts decoratives, museu du Design, museu de Cerámica* et *museu tèxtil i d'indumentària.* L'architecture du bâtiment, signé par le cabinet MBM, vaut déjà le coup d'œil. Ses lignes géométriques et asymétriques, sa couleur gris mat (la façade est couverte de plaques de zinc) et son aspect brut industriel tranchent radicalement avec les courbes scintillantes de la torre Glóries, en arrière-plan. Au pied de l'édifice s'étire une esplanade qui offre une intéressante perspective sur ce quartier en pleine mutation et qui se prolongera dans le futur parc Glóries. Il a d'ailleurs été pensé pour s'insérer dans la vie du quartier, puisque son grand hall central et ses escalators permettent d'accéder librement au Poblenou en contrebas. Il abrite également une bibliothèque municipale, plusieurs bibliothèques spécialisées, des centres de recherche sur les matériaux et des studios de design, comme une passerelle entre le savoir et l'économie.
À travers ***4 sections permanentes*** correspondant chacune à un étage du bâtiment (les expos temporaires sont au rez-de-chaussée), le *museu del Disseny* rend hommage à l'objet au sens noble, de sa conception à son utilisation. Muséographie claire et aérée, notices explicatives bien ficelées, bref, un musée à la lecture facile.

1er étage : le design d'objets
Sous une frise chronologique, une sélection d'objets de déco et de meubles désignés au XXe s par des Catalans, devenus les icônes d'une époque. Parmi les pièces emblématiques, le fauteuil en cuir et armatures tubulaires « BKF » ou « Butterfly » (1938) dessiné par le trio argentin-catalan Antoni Bonet-Juan Kurchan-Jorge Ferrari Hardoy et inspiré d'une chaise utilisée par les officiers de l'armée britannique au XIXe s. Un des plus copiés de l'histoire du design ! Au rayon des objets les plus populaires et plébiscités pour leur bon rapport qualité-prix, on retrouve la Seat Ibiza 2e génération et... les w-c Roca. Même les ustensiles pratiques de la vie quotidienne ont leur place au musée, comme la *fregola* (balai-serpillière) d'Ecofrego avec son seau cloisonné pour séparer les eaux sales de celle de rinçage. Il fallait y penser !

2e étage
Après « Les arts décoratifs du IIIe au XXe siècle », l'étage accueille désormais une exposition intitulée « Modernisme, cap sur la culture du design » afin de démontrer que l'un mène à l'autre... Les différentes parties devraient illustrer à travers nombre d'objets cette envie de modernité et d'intégration européenne qui est à l'origine

du modernisme, mais aussi les industries de l'art, les grands protagonistes du mouvement, la maison bourgeoise, l'art au XIXe s, etc.

3e étage : la mode de 1550 à 2015
Muséographie très réussie, mettant en scène les courants vestimentaires de façon originale et théâtrale. Le parcours est chronologique, avec une série de vitrines thématiques présentant, sur de beaux fonds noirs, une sélection de costumes anciens et vêtements qui ressortent magnifiquement. Petite touche décalée, la présence d'une création contemporaine inspirée de cette tendance (un faux cul en denim, par exemple), glissée au milieu des mannequins en costumes d'époque ! Belle série de corsets également. Sur les murs, tout autour des vitrines, court une frise chronologique ponctuée d'anecdotes savoureuses et de petits commentaires sur la mode masculine et son évolution à elle aussi (y a pas de raison !). On suit l'évolution des silhouettes selon le contexte moral et social, par exemple comment le corps se libère après la Révolution. Et aussi toutes les techniques, les artifices pour amplifier, élargir, allonger ou au contraire réduire certaines parties du corps selon les modes.

4e étage : la nouvelle communication visuelle, de 1980 à 2003
Pas l'étage le plus intéressant à notre goût. Cela dit, on y trouve une sélection d'affiches illustrant l'évolution du graphisme depuis le boom de la Movida. Joli point de vue sur la tour Glóries.

Torre Glòries *(ex-torre Agbar)* **:** *avda Diagonal, 211. ☎ 93-547-89-82-03-35. • miradortorreglories.com • Ⓜ Glòries. D'avr à mi-oct, tlj 10h-21h. De mi-oct à mars, tlj 9h30-18h30. Dernière entrée 1h avt fermeture. Fermé 25 déc et 1er janv. Entrée mirador 15 €, mirador + Cloud cities Barcelona 25 € ; réduc, grauit – de 5 ans. Cloud cities Barcelona : accès à partir de 10 ans.* Surprise, on commence la visite de ce mirador par le sous-sol ! Un mirador virtuel, de Barcelone surnommé Hipermirador, à travers un foisonnement de projection et d'écran plus ou moins géants. Sa situation géographique, sa faune (avec une interprétation artistique très réussie et assez poétique !), les bruits qui l'animent et la traversent, ses sous-sols : tout y passe. Plutôt bien fait même si on peut trouver ça un peu conceptuel. Accès ensuite par un ascenseur ultra rapide au 30e étage et sa vue à 360° sur la ville : spectaculaire ! Les plus acrobates opteront aussi pour le parcours Cloud cities Barcelona (compter env 30 mn), œuvre de l'artiste Tomás Saraceno, une sculpture suspendue de 113 modules reliés entre eux par plus de 6 km de cable. Le visiteur se faufile de plateforme en plateforme, au prix d'une certaine gymnastique. Pas si aisé qu'il y paraît ! Quelques plateformes accueillent des coussins : on s'y pose plus confortablement pour profiter, quand même, de cette vue sur Barcelone. Fermement déconseillé aux visiteurs sujets au vertige ou à mobilité délicate. L'idée étant de changer de point de vue sur l'espace et la mobilité, le tout tient un peu de l'acrobranche sur sculpture.

Où aller à la plage ?

Plutôt familiales, les plages du Poblenou comme celles de la ***Nova Icària*** (près du port Olímpic), de ***Nova Mar Bella*** ou du ***Llevant,*** la plus à l'est donc parmi les moins fréquentées de la ville. Plus de monde et ambiance plus jeune sur les plages de ***Bogatell*** et de la ***Mar Bella*** (peut-être bien la plus belle, avec une petite zone naturiste, surtout gay).

GRÀCIA

• Centre détachable E-H1-2 • Plan d'ensemble *p. 78-79*

Ambiance bohème et douceur de vivre, Gràcia mérite qu'on s'y attarde le temps d'une journée (ou d'une soirée). Ce quartier, quelque peu alternatif

quoique déjà bien gentrifié, a su garder son atmosphère d'ancien village. Se balader à Gràcia, c'est zigzaguer le nez en l'air et l'humeur vagabonde dans les ruelles (la carrer de Torrijos, on adore !) bordées de petits immeubles et de maisons qui n'ont rien perdu de leur charme.
Attardez-vous, carrer Gran de Gracia, sur les façades Belle Époque de certains immeubles bourgeois. Entrez dans leur hall, admirez les luxueuses cages d'escalier, les ascenseurs rétro, les rampes en fer forgé, etc. Superbe édifice au n° 15, avec bow-windows miroitants. Au n° 77, puis au n° 81, notez les balcons, les bow-windows avec vitraux, le vieil ascenseur.
Prendre ensuite la travessera de Gràcia, autre axe important du quartier (avec son marché de l'Abaceria, déménagé passeig Sant Joan en attendant son retour par ici).
Dans les années 1920, Gràcia était anarchiste. Les rues se nomment ici Fraternité, Liberté ou Progrès, et une place s'appelle même « Revolución » (Franco ne l'a jamais digéré !). En mai 2016, l'expulsion d'un squat a débouché sur plusieurs nuits de quasi-émeute ! 4 autres petites places sympas : de la Vila de Gràcia (avec ses façades de couleur), del Sol avec sa haute tour d'horloge (1864) et sa mairie toute bleue et discrètement moderniste, del Diamant et de la Virreina. À Gràcia vit une classe moyenne, héritière du monde ouvrier des années 1930, à laquelle viennent se joindre des jeunes, des étudiants, ainsi que des profs, des intellectuels, des artistes, des écrivains. Bienvenue chez les bobos barcelonais ! Oh, vous ne découvrirez rien d'extraordinaire : juste une atmosphère de quartier, des p'tits bistrots, des bars recyclés, des boutiques vintage, de vieux disquaires, brocantes, librairies...
Ne pas rater, en outre, la grande fête du quartier aux alentours du 15 août ! Grand moment de liesse authentiquement populaire pendant plusieurs jours.

Où manger des tapas ?

Assis ou debout

La Trini *(centre détachable G1,* ***182****)* ***:*** *c/ Verdi, 30. ☎ 93-237-03-35. • info@latrini30.com • Ⓜ Joanic. Tlj 12h-minuit. Tapas 3-14 € ; plats 10-20 €.* Un petit bar à tapas, resté dans son jus et tenu par des jeunes très sympas. Bonne ambiance le soir au comptoir comme dans la jolie salle, mélange heureux de Barcelonais venus se faire une toile au ciné *Verdi* voisin et de vacanciers. Ne manquez pas les délicieuses croquettes au jambon !

Gasterea *(centre détachable G1,* ***168****)* ***:*** *c/ Verdi, 39. ☎ 93-237-23-43. • viclopsen@hotmail.com • Ⓜ Fontana. Tlj sauf mer 18h30-23h30. Pintxos 2,10 € ; cazuelitas 4-7,50 €. CB refusées.* Serré devant le zinc comme les *pintxos* alignés sur le bar ou réfugié-perché dans le brouhaha de la salle arrière, on apprécie le lieu. L'ambiance est ici au beau fixe, tant par l'humour du service que par la qualité des produits embrochés sur les banderilles des *pintxos.* Tout est frais, éminemment basque (y compris le cidre ou le *txacoli*), et l'addition reste vraiment raisonnable ! Une valeur sûre de Gràcia.

Colmado Gràcia *(centre détachable G1,* ***242****)* ***:*** *travessera de Gràcia, 193. ☎ 93-463-63-96. • colmadogracia@gmail.com • Ⓜ Diagonal. Tlj sauf dim 19h-minuit. Tapas et plats 7-16 €.* Une vieille balance, quelques bocaux pour justifier le *colmado* (épicerie), mais c'est bien un bar-resto, minuscule. Déco comme souvent dans la Barcelone cool : murs bruts, plantes vertes et chaises dépareillées (qui, ici, grimpent jusqu'au plafond !). La différence est dans l'assiette : excellente cuisine maison, produits frais et plein de petites formules vraiment épatantes vu le prix (2 tapas suffisent). Accueil et service a-do-rables. Résa impossible.

Où manger au resto ?

De bon marché à plus chic (10-30 €)

|●| ***Gut*** *(centre détachable G2,* ***294****) : c/ del Perill, 13. ☎ 93-186-63-60. • restaurantgut@gmail.com • Ⓜ Diagonal. Tlj 13h-15h30, 20h-22h. Menus 13,50 € (déj) puis env 28 € ; plats 10-16 € ; repas env 25 €.* En face d'une école de danse, une charmante petite salle à la lumineuse et coquette déco contemporaine. Bonne cuisine méditerranéenne (et volontiers) végétarienne et végane, avec une large gamme de plats sans gluten. Une petite adresse sûre.

|●| ***Can Punyetes*** *(plan d'ensemble,* ***292****) : c/ de Marià Cubí, 189. ☎ 93-200-91-59. • info@canpunyetes.com • Ⓜ Diagonal. Depuis l'avda Diagonal, remonter la c/ de Muntaner, puis c'est la 3e à gauche. Tlj 12h30-15h45, 20h30-minuit (les fourneaux s'arrêtent un peu plus tôt). Fermé 1er janv et 25 déc. Plats 8-17 €.* Gentille taverne rustique, facilement identifiable grâce à ses portes vitrées en arabesque. Petite salle chaleureuse aux murs couleur jaune de Naples. On y sert des plats catalans à prix doux (genre tapas et tranches de pain grillées) et des viandes cuites à la braise. Il faut parfois patienter au bar avant de décrocher une table. Mais on n'attend jamais bien longtemps. Clientèle plutôt étudiante, mais les moins jeunes semblent tout aussi ravis de l'aubaine.

|●| ***Envalira*** *(centre détachable G1,* ***293****) : pl. del Sol, 13. ☎ 93-218-58-13. Ⓜ Fontana. ♿ Mar-sam 13h-23h, dim et j. fériés 13h-17h. Fermé lun. Congés : Semaine sainte, août et fêtes de fin d'année. Menu midi et soir 24 € ; plats 10-25 € ; repas 30-35 €.* Une institution familiale, bien cachée derrière sa minuscule vitrine de verre sablée. L'accent n'est pas mis sur la déco, mais bien sur la cuisine, notamment sur les *arroces* et les paellas. Accueil et service aimables.

|●| ***La Gavina*** *(centre détachable F1,* ***297****) : c/ Ros de Olano, 17. ☎ 93-415-74-50. • pizzerialagavina@yahoo.com • Ⓜ Fontana. À 2 pas de la pl. del Sol. Tlj sauf lun 13h (20h mar)-1h. Congés : Semaine sainte et 1re quinzaine d'août. Pizzas 7,50-14 €.* C'est, paraît-il, la pizzeria la plus connue de Gràcia. Rien de bien extraordinaire, une devanture quelconque mais une atmosphère familiale et agréable, et des pizzas reconstituantes, y compris à emporter. Résultat : c'est parfois blindé, ça papote sec et tout le monde oublie la salle quelconque.

|●| Voir aussi dans « Où boire un verre ? » ***Can Codina*** *(centre détachable G2,* ***376****)* pour son menu du jour à midi honnête et à prix bien serré.

Très, très chic (plus de 60 €)

|●| ***Botafumeiro*** *(centre détachable F1,* ***298****) : c/ Gran de Gràcia, 81. ☎ 93-218-42-30. • info@botafumeiro.es • Ⓜ Fontana ou Diagonal. Service continu tlj 12h-1h. Plateau de fruits de mer, assortiments de poissons a la plancha 135-145 € pour 2 pers ; plats 25-60 € !* Un des meilleurs restos de poisson et crustacés de Barcelone : dès l'entrée, on baigne dans cet univers. Une longue salle avec des box de bois clair, une atmosphère tamisée et agréable, un service impeccable. Cuisine ouverte, où l'on peut voir la brigade à l'œuvre. Si vous ne tenez pas particulièrement à votre intimité, on vous conseille le long comptoir au bar... sympa et plus informel ! En repartant, ne pas manquer le superbe hall du nº 77 juste à côté...

LA CATALOGNE

Où déguster une glace ?

🍦 ***Paral.lelo*** *(centre détachable F1,* ***325****) : c/ de Sèneca, 18. 📱 645-74-69-03. • info@parallelogelato.com • Ⓜ Diagonal. Tlj 12h30-23h.* Dans une ruelle discrète, un excellent petit glacier artisanal qui vous régalera avec ses parfums originaux et saisonniers comme avec ses classiques : fromage de chèvre à la confiture de poivron rouge, sésame noir, thé matcha, pistache, sorbet chocolat noir ou encore citron-gingembre. Le tout en *slow food* (lait local...) et aussi en végan pour quelques saveurs.

La Gelateria Italiana *(centre détachable G1,* ***329****) : pl. de la Revolució de Setembre 1868, 2. ☎ 93-210-23-39. Ⓜ Fontana ou Joanic. Tlj 9h-minuit.* Vaste choix de bonnes glaces italiennes, à emporter ou à déguster sur la terrasse de la place, pour faire une pause.

Amma *(centre détachable G1,* ***416****) : pl. de la Virreina, 3. 695-50-11-83. • info@ammagelato.com • Ⓜ Fontana ou Joanic. Tlj 13h-23h (minuit ven-sam). À partir de 2,50 € la boule.* Un glacier végan et totalement artisanal, aux parfums et sorbets vraiment réussis, jamais trop sucrés. Les grands classiques et aussi des créations plus originales (avocat-coco, par exemple), au fil des saisons. À déguster sur la place.

Où boire un verre ?

Beaucoup d'animation sur les terrasses des nombreuses places à la sortie des écoles, puis, dans un registre plus festif et étudiant, le soir autour de la plaça del Sol et de la carrer de Verdi. Le temps fort étant bien sûr les fêtes du quartier, à la mi-août.

Tôt ou tard

Café del Sol *(centre détachable G1,* ***415****) : pl. del Sol, 16. ☎ 93-237-14-48. • cafedelsoldenit@gmail.com • Ⓜ Fontana ou Diagonal. Tlj 10h-1h (3h ven-sam) ; la terrasse ferme à minuit. Tapas 5-8 € ; plats 6-16 €.* Sur l'une des places incontournables de Gràcia, il règne à toute heure dans ce café une ambiance bohème. C'est pourquoi on aime fainéanter en terrasse, même si l'intérieur a vaguement des allures de café 1900. Quelques tapas et des plats fort honnêtes (salades, burgers, tataki...) pour grignoter un morceau.

Bar Virreina *(centre détachable G1,* ***416****) : pl. de la Virreina, 1. ☎ 93-237-98-80. • correo@virreinabar.com • Ⓜ Fontana. Tlj 10h-minuit (17h30 dim).* Dominée par la belle église Sant Joan, la place de la Virreina est un peu le centre symbolique de Gràcia. Et ce bar est parfait pour prendre un café ou un verre sous les parasols noirs de la vaste terrasse (à condition d'y trouver de la place !), tout en observant la vie du quartier. Bons sandwichs et tapas servis le midi. Le soir, il y a en principe plus d'animation.

Bodega E. Marin *(centre détachable G1,* ***418****) : c/ de Milà i Fontanals, 72. ☎ 93-213-30-79. • bodegamaringracia@gmail.com • Ⓜ Fontana ou Joanic. Tlj sauf sam soir et dim 7h-15h, 17h-23h.* Toute petite échoppe dans son jus, mi-caviste, mi-bodega. Les murs sont couverts du sol au plafond de rayonnages de bouteilles, mais on peut aussi acheter ou commander du vin ou du *vermut* « au robinet ». Une rangée de tabourets à l'intérieur où l'on s'agglutine. Du typique ! Rien à grignoter, en revanche.

Can Codina *(centre détachable G2,* ***376****) : c/ del Torrent-de-l'Olla, 20. ☎ 93-516-15-84. Ⓜ Diagonal. Tlj 12h-minuit. Tapas 4-8,50 € ; menu du jour env 11,50 €.* Cet ancien repaire des aficionados du Barça s'est un peu boboïsé mais il est resté dans son jus de vieux bistrot. On y avale avec plaisir un *vermut* maison ou des bières artisanales accompagnés de quelques *bravas* ou de *croquetas.*

Bar Pietro *(centre détachable G1,* ***359****) : travessera de Gràcia, 197. ☎ 93-525-11-43. • barpietrobcn@gmail.com • Ⓜ Joanic. Tlj sauf le soir dim-lun 8h-23h (minuit ven-sam). Congés : 15 j. début août.* Le bar tendance du quartier où les copains se retrouvent volontiers pour partager une bière, en journée ou en soirée. Un lieu où l'on vient et où l'on revient, et auquel on s'attache. Très vite bondé, mais on comprend le succès !

Plutôt le soir

Raïm 1886 *(centre détachable G1, **419**) : c/ del Progrés, 48 (angle c/ Siracusa, 4). 687-45-96-79. Ⓜ Diagonal ou Joanic. Mer-sam 20h-2h30 (3h ven-sam). Congés : 10 j. fin août.* Un vol direct pour La Havane au prix d'un mojito ? Le son des cuivres cubains vous mènera très certainement au *Raïm* (« raisin » en catalan). Cette ancienne (1886) cantine ouvrière aux murs patinés par le temps, meublée d'époque et envahie de bibelots usés, vibre chaque soir au rythme de la salsa dans une atmosphère fraternelle. Et, de mémoire catalane, on n'aurait jamais servi de meilleurs mojitos à Barcelone.

Le Châtelet *(centre détachable G1, **417**) : c/ de Torrijos, 54 (à l'angle avec la c/ de la Perla). ☎ 93-284-95-90. Ⓜ Joanic. Tlj 18h (17h dim)-0h30 (3h ven-sam). Snacks 3,50-5 €.* Dans ce bar fraternel, l'enseigne façon damier donne le ton, tout comme la déco colorée à la Miró. Atmosphère résolument barcelonaise, jeune et internationale. Impeccable pour siroter un cocktail bon marché dans un fauteuil moelleux et avaler un bon *bocadiilo* (*entrepan* en catalan).

Achats

Pas mal de petites boutiques de jeunes créateurs (mode et déco) dans les rues de ce quartier, et des commerces de bouche savoureux !

Entre Latas *(centre détachable G1, **489**) : c/ de Torrijos, 16. ☎ 93-015-47-25. • hola@entrelatas-bcn.com • Ⓜ Joanic ou Gràcia. Tlj sauf dim ap-m et lun 11h-14h, 18h-21h (fermé aussi sam ap-m et dim en été). Congés : 20 août-10 sept.* De la boîte de conserve, exclusivement ou presque ! Car les Espagnols mettent volontiers en boîtes tout ce que la mer produit, les amateurs de poulpe et autres escabèches de moules, couteaux, thon ou morue trouveront ici de quoi remplir les trous dans leurs valises. À noter que la plupart de ces produits viennent de l'Atlantique et des ports de Galice, quand même. Bons conseils, parfois en français. Pour les amateurs, d'autres petites boutiques créatives dans la rue...

Olokuti *(plan d'ensemble, **475**) : c/ d'Asturies, 38. ☎ 93-217-00-70. • info@olokuti.com • Ⓜ Fontana. Tlj sauf dim 10h-21h.* Si la maison est typique du quartier, c'est surtout pour ses fringues et objets de déco, tendance « consommer autrement » (du bio, du commerce équitable...) qu'on apprécie l'endroit. Également une boutique spécial enfants dans la même rue, au nº 23.

Pinullet Queseria Urbana *(centre détachable F1, **484**) : c/ Sant Gabriel, 13. 654-71-50-48. Ⓜ Fontana. Tlj sauf dim-lun 10h-14h30, 17h-20h15 (16h-18h30 sam).* Fromager urbain, oui, vous avez bien lu. Des fromages élaborés directement à Gràcia à partir de lait de vache bio d'une ferme de l'arrière-pays barcelonais, par des jeunes gens pleins d'idées (et de goût). Tout est fait sur place ! Frais, moelleux ou bien vieillis, les frometons commencent à se faire un nom en ville. Un cadeau original (ou la base d'un bon pique-nique).

Can Luc *(centre détachable F1, **485**) : c/ Berga, 6. ☎ 93-007-47-83. • info@canluc.es • Ⓜ Fontana. Tlj sauf dim 10h-14h30, 16h30-20h.* Chez Luc, oui, Luc étant un Français amoureux du fromage devenu fromager à Barcelone ! Excellent choix de fromages... français donc, mais aussi de belles pâtes de toute la péninsule. Un rendez-vous de gourmets et de gourmands.

À voir

Park Güell *(plan d'ensemble) : c/ Olot. ☎ 902-200-302. • parkguell.barcelona • Ⓜ Lesseps. Dans le quartier de La Salut, juste au-dessus de Gràcia. De la station de métro Lesseps, quasiment pas de fléchage. Compter*

15 mn à pied : prendre la travessera de Dalt vers la droite puis à gauche l'avda de la Montanya et enfin les escalators (ou, plus loin, la c/ de Larrard) ; ça grimpe à la fin. En bus : à condition de réserver en ligne, le bus jaune de la ligne Amarilla-Metro, pl. Alfonso-X, est direct et gratuit. Sinon, prendre le n° 24 depuis la pl. de Catalunya (trottoir côté Corte Inglés), mais attention à vos affaires, arrêt « Park Guëll » ou, pour éviter les foules, Carmel Gran Vista, on descend alors le parc depuis le haut. Également le bus n° V19 depuis Arc-de-Triomf. Pour commencer par la zone monumentale, l'accès se fait par la c/ Olot. Tlj 9h30-19h30 (17h30 nov-mars) ; dernière entrée 1h avt fermeture. Fermé certains j. fériés. ***Tte la zone monumentale qui regroupe les édifices de Gaudí (y compris la casa-museu Gaudí) est payante et en accès limité*** *(1 400 pers/h).* ***Résa en ligne INDISPENSABLE, aussi longtemps que possible à l'avance !*** *Entrée : 10 € ; réduc ; gratuit - de 6 ans. Si l'on achète son billet au guichet près de l'entrée principale, le nombre d'entrées disponibles par ½ h dépend du nombre de visiteurs sur le site, donc prévoir en hte saison beaucoup d'attente (parfois jusqu'à 4h après l'achat) avt de pouvoir entrer... Le billet ne vaut que pour 1 entrée (pas de retour possible). Possibilité de visite guidée à 22 € et privée à 50 € (résa en ligne).*

L'entrée, à l'extrémité de la rue par une grille secondaire, permet une petite balade dans le parc, entre ses terrasses arborées et les ponts en faux rochers aménagés par Gaudí, avant d'atteindre la zone monumentale.

– ***La zone monumentale :*** les 2 pavillons qui encadrent la sortie surprennent avec leurs cheminées « champignonesques ». Destinées à l'origine à la conciergerie de la résidence, ces bâtisses aux lignes pleines de fantaisie inspirées du conte d'Hansel et Gretel... évoquent plutôt l'univers ondulant d'une B.D. des *Schtroumpfs* ! Ne raconte-t-on pas que Gaudí avait dû, de temps à autre, recourir à certaines productions mycologiques (des champignons hallucinogènes, pour être clairs) plus réputées pour leur capacité à procurer des visions colorées de l'existence que pour leur valeur nutritive ? Le pavillon du concierge, à droite, abrite aujourd'hui (l'intérieur est beaucoup moins exubérant que l'extérieur...) un minuscule centre d'interprétation du modernisme (photorama d'architecture et d'histoire).

PLUS D'ARGENT ? TANT MIEUX !

Voici l'une des étapes obligatoires de votre itinéraire pour découvrir Gaudí. À l'origine de ce parc, on trouve dans les années 1900 le projet ambitieux d'une ville-jardin modèle, au sein d'un parc à l'anglaise (d'où le K du « park », pas du tout catalan !) commandité par l'industriel Güell et confié à Gaudí. L'argent ayant manqué, l'entreprise resta inachevée, et le terrain (avec ce qui avait déjà été réalisé) fut converti en parc municipal... pour le bonheur de tous.

Plus surprenant encore est le double escalier, enserrant la fameuse fontaine au dragon polychrome, et menant à ce qui devait être initialement le marché de la ville-jardin. Forêt de 86 ***colonnes doriques,*** dont le gigantisme, le mystère pesant, le vide oppressant entre elles créent une atmosphère étrange et envoûtante. À gauche, derrière l'école intégrée au parc, jeter un œil au curieux *portic de la Bugadera,* un passage tout incurvé où trône la statue-pilier d'une lavandière. Au niveau supérieur, une grande esplanade se termine par une ***balustrade-banquette*** en pierre et béton, sinueusement folle, décorée exclusivement d'incrustations de *trencadis* de céramiques, carrelages, vaisselles cassées, matériaux utilisés en combinaisons chromatiques fascinantes. De là, vue superbe et étendue sur Barcelone.

– ***Les jardins :*** de vastes jardins méditerranéens (pins, oliviers, figuiers) fréquentés par les perruches vertes. Vous franchirez obligatoirement au moins un des 3 viaducs, étranges hallucinations de pierre et de terre, qui illustrent les capacités géniales de Gaudí à remodeler le paysage. Enfin, les plus courageux ne manqueront pas l'ascension du *turó de les Tres Creus,* qui conduit après une pente ardue à une colline surmontée de 3 croix (dont une curieusement en forme de triangle), soit le point le plus élevé du parc. Joli point de vue sur la ville.

– ***Casa-museu Gaudí :*** *sur la droite, un peu en hauteur, en entrant dans le parc (hors de la zone d'accès restreint). ☎ 93-219-38-11. • sagradafamilia.org/casa-museu-gaudi • Tlj 9h30-20h (10h-18h oct-mars) ; dernier accès 15 mn avt fermeture. Entrée : 5,50 €, à régler sur place via un QR code, ou entrée combinée avec la Sagrada Família 30 € (avec audioguide), uniquement sur internet.* ***Attention, n'est pas inclus dans l'entrée du Park Güell.*** Sur les 61 habitations prévues par l'ambitieux projet de ville-jardin, seules 3 ont été construites, dont cette charmante petite maison, œuvre d'un disciple de l'artiste, Francesc Berenguer. Gaudí y résida pendant 20 ans. Au départ, c'était la maison témoin du projet immobilier ! À voir : quelques superbes meubles provenant des *casas Batlló, Calvet* et *de la Pedrera,* ainsi que des portraits, plans et maquettes de projets. Au 1er étage, la chambre de l'architecte, reconstituée. Il vécut ici quelques années. Une visite intéressante mais très courte.

Casa Vicens *(plan d'ensemble) : c/ de les Carolines, 20-26. • casavicens.org • Ⓜ Lesseps ou Fontana. Avr-oct, tlj 10h-20h ; nov-mar, lun 10h-15h, mar-dim 10h-19h. Fermé 6 janv et 25 déc.* ***Résa en ligne conseillée.*** *Entrée : 18 € sur Internet, 20 € sur place ; réduc ; gratuit - de 12 ans.*
Encore Gaudí, diront les grognons ! La *casa Vicens* fut, en 1885, le ***1er projet de Gaudí pour des particuliers,*** à savoir la famille Vicens, dont on ne sait pas grand-chose sinon qu'il s'agissait d'une famille barcelonaise bourgeoise qui désirait faire construire une maison de campagne. Il faut imaginer que le coin était alors verdoyant, Gràcia n'était qu'un village déjà « loin de la ville », et le terrain était bien plus vaste... Sans oublier que la maison était 2 fois plus petite... Ainsi que vous l'expliquera très bien votre guide (on vous conseille vraiment la visite guidée), Gaudí édifia pour les Vicens une maison assez simple, pas bien grande, destinée à n'être utilisée que quelques mois dans l'année. Si elle grimpe sur 4 niveaux, elle est surtout enchâssée dans un vaste jardin, avec une très grande fontaine (aujourd'hui détruite). Et le jeune architecte y exprime déjà toutes ses influences : l'***orientalisme*** manifeste des motifs, des matériaux et des arches des façades, l'omniprésence de la ***végétation*** jusque dans les azulejos représentant feuillages divers et fleurs, ou dans toutes les ferronneries (y compris celles du portail principal, que l'on s'attend presque à voir vibrer sous la brise...).
Puisque la 1re vue sur la maison se fait vraiment depuis le ***jardin*** (de la rue, on manque de recul), on remarque très vite, côté arrière de la façade, de légères différences entre la partie droite, avec sa petite tourelle, et la gauche, plus simple : les couleurs des céramiques qui diffèrent d'un ton, des ornementations un brin plus simples... C'est que, suite à la vente de la demeure, cette partie gauche a été ajoutée à l'original (à droite) en 1925 ! Et pas même par Gaudí en personne – trop occupé alors à sa grande œuvre de la Sagrada Família – mais par un de ses assistants, Joan Baptista de Serra Martínez, qui double donc la surface de la maison et construit des façades « dans le style » de Gaudí. On vous passe les différentes étapes qui rétrécirent le jardin, détruisirent la fontaine et la chapelle, déplacèrent le perron... pour entrer dans ce bel édifice, où Gaudí fit tout pour laisser entrer lumière et nature. Mais notez, juste avant, le vaste balcon du rez-de-chaussée et ses volets japonisants (reconstruits d'après photos car cette loggia avait été transformée en véranda). Quant à la ***délicate fontaine à arc-en-ciel*** qui s'y trouve, c'est une originale toile d'araignée qui combine l'eau et le soleil pour former un effet d'arc-en-ciel. Dire qu'elle fut retrouvée au fin fond de la province de Gérone !
Au ***rez-de-chaussée,*** l'étage noble, vestibule, salle à manger et salon affichent tous de superbes sgraffites, vernis pour certains, aux motifs végétaux, comme si les lierres des azulejos de la façade étendaient les arabesques de leurs ramifications jusque dans la maison. Les quelques meubles de la salle à manger sont également de la main de Gaudí, qui y intégra, sur demande de M. Vicens, 34 petites œuvres d'un peintre catalan (mais les oiseaux des portes, eux, d'inspiration

LA CATALOGNE

japonaise, sont une idée de Gaudí). Tout au bout, l'***adorable petit fumoir,*** d'inspiration totalement mudéjare : polychromie d'origine sur stalactites de papier mâché, bleu comme le ciel, avec des grappes de dattes qui évoquent une oasis. Sans oublier les sgraffites qui, ici, rappellent le travail du cuir, tanné et modelé en relief, typique de Cordoue. Une merveille !
On retrouve toujours une profusion végétale dans les pièces du ***1er étage*** : sgraffite façon amandier dans la chambre rose, plafond de la salle de bains (qui disposait de l'eau courante et se partageait en 3 espaces distincts : vestiaire, toilette et salle d'eau) orné de lierre entre les poutres. Dans la chambre principale, 2 thèmes séparent la pièce : un côté bleu avec des fougères aux murs et des mûres sauvages au plafond, une partie rose illustrée de roseaux et de feuilles de vigne. Dans la chambre bleue, notez les passiflores, symbole de la passion du Christ que Gaudí vénérait. Remarquez cet ingénieux système de porte qui permet de fermer au choix l'une des 2 chambres et la salle de bains pour n'en faire plus qu'un seul espace... Et finissons l'étage par le mignon boudoir avec sa coupole pleine d'oiseaux, son trompe-l'œil d'une des tours de la maison, et ses fenêtres ajourées, qui accueillait les activités familiales du soir (lecture, travaux de couture). En gros, les hommes au fumoir et les femmes à la couture...
Quant au ***2e étage,*** auquel on accède par un escalier datant de 2014, il avait une double raison d'être : avec toutes ses fenêtres pour créer des courants d'air, c'était un séchoir idéal pour le linge de maison... mais il avait aussi une ***fonction d'isolation thermique,*** en tant qu'étage tampon (un procédé classique de l'architecture traditionnelle catalane). Il accueille désormais une série de maquettes (dont une de la maison avec son jardin d'origine, sa fontaine, son potager), un film instructif (successivement en catalan, castillan et anglais), le *manuscrit de Reus* dans lequel Gaudí donne sa vision de la maison familiale idéale et enfin des expositions temporaires. Pour terminer, grimpette jusqu'au ***toit-terrasse,*** où l'on retrouve les prémices des tourelles qui feront son succès.
🍷 Petit ***café*** dans le jardin. Possibilité de grignoter un morceau.

L'OUEST DE BARCELONE

• Plan d'ensemble *p. 78-79*

Au pied de la serra de Collserola s'étendent de vastes quartiers plutôt chics, *Sarrià, Sant Gervasi* et, au nord-ouest, *Sants,* importante articulation de la ville autour de la gare ferroviaire du même nom, et enfin *Les Corts,* connu pour accueillir le *Camp Nou,* stade du Barça. Le vieux centre de Sarrià a conservé un aspect ancien plutôt plaisant et non loin, le monastère de Pedralbes est un vrai morceau de campagne à la ville.

Où manger des tapas ?

Du côté de Sants
(centre détachable B1-3)

Assis ou debout

Bodega Bartolí *(centre détachable B2,* ***108****)* **:** *c/ del Vallespir, 41. ☎ 93-339-10-21. Ⓜ Sants-Estació. Lun-ven 7h-18h30, sam 8h-18h. Fermé dim. Menus déj 13-14 € ; plats env 10 €.* À quelques pas de la gare, une bodega authentique, sans artifice, fréquentée par la population du quartier. Cuisine catalane à l'image du décor, savoureuse, et qui tient au ventre (spécialités d'escargots). Pas donné, mais convaincant. Nous, on aime.

La Mestressa *(centre détachable B2,* ***179****)* **:** *pl. d'Osca, 7. ☎ 93-431-99-80. • lamestressa@hotmail.com • Ⓜ Plaça-de-Sants. Lun-jeu 17h30-1h, ven 17h30-2h30, sam 13h-2h30, dim 13h-1h. Résa le w-e en soirée. Tapas,* *burgers, salades et planchas 4,50-16 €.* Sur cette place très villageoise du barri de Sants, si calme en journée et si animée le soir, une adresse où venir entre potes refaire le monde et déguster *escalivada* et autres *croquetas* catalanes. On joue ici sur l'ambiance décontractée, meubles de récup' de rigueur et sourire de l'accueil. Et pour s'asseoir en terrasse et profiter de la place piétonne, il faut arriver tôt ! Les gourmands pousseront ensuite jusqu'à ***Cacao's Gelato Siciliano,*** à 2 pas pour s'offrir une excellente glace artisanale *(c/ Riego, 19 ; 602-08-04-31 ; mar-dim 17h30-minuit, fermé lun).*

Où manger au resto ?

Du côté de Sarrià *(plan d'ensemble)*

Quelques bonnes adresses dans la charmante rue principale de Sarrià, si vous êtes en vadrouille dans le coin, entre la colline du Tibidabo et le monastère de Pedralbes. Ambiance et clientèle très locales.

De bon marché à prix moyens (10-25 €)

Bar El Tomás de Sarria *(plan d'ensemble,* ***247****)* **:** *c/ Major de Sarrià, 49. ☎ 93-203-10-77. • info@eltomasdesarria.com • Ⓜ et FCG : Sarrià. Tlj sauf dim 12h30-16h, 18h30-22h. Congés : Semaine sainte, août et fêtes de fin d'année. Patatas bravas env 2,70 €.* Classique bar de quartier tout en longueur, prolongé de 2-3 tables en terrasse. Une adresse pourtant connue de toute la ville : on y sert, paraît-il, les meilleures *patatas bravas* de Barcelone ! Personne évidemment ne commande rien d'autre. Et même si, avouons-le, on n'a pas (encore !) testé toutes les *patatas bravas* de la capitale catalane, celles-là sont particulièrement bonnes !

Casa Joana *(plan d'ensemble,* ***247****)* **:** *c/ Major de Sarrià, 59. ☎ 93-203-10-36. • restcasajoana@gmail.com • Ⓜ et FCG : Sarrià. Tlj sauf dim 9h-15h45, 20h30-22h30. Menus 13 € midi en sem et 20 € soir et w-e ; plats 10-25 € ; tapas 2-12 €.* La bonne auberge familiale, au décor gentiment modernisé et à l'accueil franchement chaleureux. Cuisine sans prétention mais vraiment maison, plats aussi locaux que les habitués du quartier qui réservent toujours la même table. Bon rapport qualité-prix pour les menus, un peu chérot à la carte.

À voir

Reial monestir de Pedralbes *(plan d'ensemble)* **:** *baixada del Monestir, 9. ☎ 93-256-34-34. • monestirpedralbes.barcelona • Train FGC de la ligne L12 ; arrêt « Reina-Elisenda », puis 10 mn à pied. Sinon, bus nos H4, V5, 63, 68, 75 et 78, qui partent, pour certains, de la pl. Universitat ; descendre à l'arrêt « Monastir-de-Pedralbes », ou alors 20 mn de marche depuis Ⓜ Palau-Reial ou Maria-Christina. Dernière option, la ligne bleue du bus touristique avec arrêt au pied du monastère. Mar-dim : avr-sept, 10h-17h (19h sam, 20h dim) ; oct-mars, 10h-14h (17h le w-e) ; dernière entrée 1h avt fermeture. Fermé lun, 1er janv, Vendredi saint, 1er mai, 24 juin et 25 déc. Entrée : 5 €, audioguide en français compris ; réduc - de 30 ans et + de 65 ans ; gratuit - de 16 ans et pour tous 1er dim du mois. Inclus dans la Barcelona Card.*

Fondé en 1327 par la reine Elisenda de Montcada, 4e femme de Jacques II d'Aragon, le monastère présente une architecture typique du gothique catalan. Sobre tour octogonale et armoiries sur la façade. À l'intérieur de ***l'église*** *(ouv 11h-13h),* vitraux du XIVe s et tombeau en albâtre de la reine. On retrouve son exact pendant, également en albâtre, de l'autre côté du mur, dans le monastère. On remarque tout de même que la reine est, cette fois-ci, représentée en nonne. ***Le cloître,***

charmant, possède 3 rangées de fines arcades superposées, et dessert de façon classique les différentes parties du monastère : cellules (bien conservées), infirmerie, réfectoire... Les religieuses ont vécu ici jusqu'en 1983.
Dans la salle du chapitre, beau vitrail du XVe s, et dans la chapelle Saint-Michel, ***superbes peintures murales du XIVe s*** de Ferrer Bassa (influencé par Giotto et l'école siennoise), représentant des scènes de la vie de la Vierge. Très belles cuisines également, recouvertes d'azulejos, et tout confort. Dans l'impressionnant volume des anciens dortoirs est exposé le trésor : orfèvrerie religieuse, statues, peintures, très beau retable... Les autres salles conventuelles abritent généralement des expositions temporaires. Une belle visite, dans un environnement paisible aux allures de village (la place pavée devant le monastère est vraiment pittoresque).

Finca Güell *(ou* ***pabellones Güell*** *; plan d'ensemble)* ***:*** *avda de Pedralbes, 7. ☎ 93-317-76-52. • rutadelmodernisme.com • Ⓜ Palau-Reial. Du métro, prendre à droite l'avda Diagonal, puis monter l'avda de Pedralbes sur env 150 m. Tlj 10h-16h. Entrée : 6 € ; réduc ; gratuit - de 6 ans. Visites guidées gratuites en anglais à 10h, 11h et 15h, espagnol 13h et catalan 12h.* Ces pavillons, construits de 1884 à 1887 par un Gaudí visionnaire, méritent un détour pour leur magnifique et impressionnant portail, véritable chef-d'œuvre de ferronnerie moderniste : un dragon ailé, squelettique mais non moins menaçant avec sa gueule béante et ses dents acérées, joue les gardiens. La *finca* abrite aujourd'hui une bibliothèque de recherche et n'est accessible au public que dans le cadre des visites. Cela dit, il n'y a pas grand-chose à voir de plus à l'intérieur de la propriété.

Museu FC Barcelona – Camp Nou : *avda Arístides Maillol, 7-9. ☎ 902-189-900. • fcbarcelona.com • Ⓜ Palau-Reial ou Collblanc. Tlj 9h30-19h30 (10h-18h30 dim et j. fériés ; 14h30 de mi-oct à mi-mars). Fermé les jours de match, 1er et 6 janv, et 25 déc. Entrée (hyper chère, réduc sur le site internet) : 28 € (ou 30 € avec tablette) ; réduc 4-10 ans et + de 70 ans ; gratuit - de 4 ans. Diverses visites guidées à partir de 35 € (dont une avec espaces privés et vestiaires des joueurs !) et jusqu'à 119 € (zone des joueurs le jour du match).* Vraiment pas donné, mais, selon le tarif, les fans pourront descendre les gradins jusqu'à la pelouse (sans la fouler : interdit !), puis découvrir les loges présidentielles (et même boire un coup au bar VIP... moyennant un petit supplément), le vestiaire des stars ou encore jeter un coup d'œil à l'impressionnante tribune des commentateurs sportifs (un vrai nid d'aigle tout en baie vitrée, suspendu au-dessus du vide). Si cette partie est très sympa, le musée se révèle pour sa part bien décevant : n'espérez ni reliques ni souvenirs émouvants, vous n'aurez droit qu'à une succession high-tech de vidéos, commentaires audio et autres tables interactives. Intéressant, mais ce n'est pas exactement ce qu'on attendait. Boutique immense en fin de parcours. *Business is business...*

LE TIBIDABO

• Hors plan d'ensemble *p. 78-79*

Cette grosse colline est le point culminant (à plus de 500 m) de la serra de Colserolla, petit massif couvert de pins et de cyprès, l'une des réserves d'oxygène de la ville, qu'elle protège des vents du nord. Panorama absolument éblouissant depuis les terrasses. Par beau temps, possibilité d'apercevoir Majorque et les Pyrénées.
Quant au ***parc d'attractions*** du même nom qui occupe l'essentiel du site, ouvert depuis 1908, c'est carrément le plus ancien d'Espagne et c'est la récompense des petits... et des grands qui sont fans du genre ! Car on n'est pas obligé d'acheter un forfait à la journée : une partie des 25 manèges est accessible en

direct et se paie à l'unité. Sympa pour un tour de grande roue (construite en 1921 mais, rassurez-vous, rénovée depuis) ébouriffant ! *Ouv ts les w-e et j. ou ponts fériés mars-déc, et mer-dim juil-août. Fermé 6 janv-fév. Compter env 2 €/activité. On peut aussi envisager un forfait intermédiaire pas trop cher (adulte env 19 € ; enfant 10,50 €) permettant un accès illimité aux attractions du 1er niveau. Pour l'ensemble du parc, prévoir env 35 €/adulte et 14 €/enfant de - de 1,20 m ; gratuit enfant - de 90 cm. Bref, c'est un peu à la carte et une sortie sympa pour les familles (● tibidabo.cat ●).*

En revanche, l'église du Sacré-Cœur qui coiffe la colline ne vaut pas le déplacement. Sauf peut-être pour l'ascenseur payant qui vous emporte encore plus haut, pour une vue grandiose. On découvre ainsi toutes les collines avoisinantes et, par temps clair, Montserrat. Petite laine conseillée, il y a souvent du vent. Et pour ceux qui voudraient aller encore plus haut, un ascenseur grimpe également jusqu'à la plateforme de la tour de communication conçue à l'occasion des J.O. de 1992 par le célèbre architecte Norman Foster.

Sur place, ***café*** et ***snack*** avec de délicieux *churros.*

Pour s'y rendre

➢ ***Par la route,*** délicieuse et sinueuse, qui s'élève doucement. En VTC ou en taxi, du centre : 10-20 €.

➢ ***En transports en commun :*** ça dépend de la saison !

– Le plus économique, le plus direct et le plus simple : le ***Tibibús T2A*** *(● sarfa.com ● ; fonctionne seulement lorsque le parc est ouv ; à partir de 10h15, ttes les 30 mn en été ; 3 €/trajet, déductible du prix d'entrée au parc),* au départ de la estació del Nord. Il vous dépose pl. del Doctor Andreu, d'où il faut prendre le nouveau funiculaire *Cuca de Llum* (inclus dans l'entrée du parc). Le bus nº V13 se rend également à proximité du musée *Cosmo Caixa.*

– Sinon, prendre le ***train FGC de la ligne L7*** (entrée discrète plaça Catalunya, à l'angle de la c/ Pelai). Ticket spécial à 2,40 € l'aller simple ou inclus dans la carte *T-Casual.* Au terminus (station Avinguda-del-Tibidabo, pl. Kennedy), prendre le ***Tibibús T2C*** qui mène jusqu'à la pl. del Doctor Andreu, d'où le ***nouveau funiculaire*** *Cuca de Llum* (inclus dans l'entrée du parc) vous hisse au sommet du Tibidabo. Sinon, il ne vous reste qu'à prendre un taxi...

Où manger au resto ?

Très chic (plus de 40 €)

La Venta *(hors plan d'ensemble,* ***301****) : pl. Doctor Andreu. ☎ 93-212-64-55. ● laventa@laventarestaurant.com ● Sur l'avda Tibidabo, au pied du funiculaire. Pour s'y rendre, bus nº 196 jusqu'au terminus. Tlj sauf dim soir (aussi le midi en août) 13h30-15h30, 20h30-22h30. Résa conseillée en été. Menus dégustation midi et soir 48 € (servi pour la tablée), puis 53-59 € ; tapas 12 € ; plats 12-24 €.* Une belle adresse : service impeccable, cadre soigné (salles joliment décorées de céramiques et de dessins ou véranda cosy) et surtout une cuisine élaborée et savoureuse (queue de bœuf, oursin gratiné, tarte aux pommes), le tout à déguster sur une terrasse dominant la ville. Certains plats sont proposés en demi-portion. Prix encore raisonnables pour la qualité proposée.

Où déguster des *churros* ?

Comaxurros *(plan d'ensemble,* ***316****) : c/ de Muntaner, 566. ☎ 93-417-94-05. ● info@comaxurros.com ● Mar-mer 16h30-20h30 ; jeu-ven 9h30-13h30, 16h30-20h30 ; w-e 9h-14h, 17h-20h30.* Churros con chocolate *env 5 €.*

En redescendant de Tibidabo, voici l'occasion de faire la pause goûter en dégustant d'excellents *churros* à tremper dans un vrai chocolat chaud, onctueux comme il faut. Le tout dans un local moderne orné d'un joli néon rose ou à emporter sur la tranquille plaça Bonanova.

La tournée des boîtes

Mirablau *(hors plan d'ensemble,* ***450****)* **:** *c/ Manuel Arnús, 2 ; en fait, pl. Doctor Ancheu. ☎ 93-434-00-35. • mirablau@mirablaubcn.com • Pour s'y rendre, descendre à la station de métro Avinguda-del-Tibidabo et prendre le bus nº 196 (dernier départ à 22h ou 23h l'été, mais consulter les horaires, qui changent souvent). Sinon, en taxi. Tlj 11h-1h pour le resto et jusqu'à 5h ven-sam pour le DJ. Entrée libre.*

Bar musical panoramique, le *Mirablau* a un atout considérable qu'aucune mode ne pourra détrôner : des baies vitrées sur 2 étages pour contempler Barcelone qui, la nuit, scintille de mille feux. Clientèle de jeunes gens de toutes les catégories, venus s'encanailler gentiment dans un décor postmoderne. Sympa également pour avaler un petit plat à prix correct tout en profitant largement de la vue.

LA CATALOGNE

À voir dans le secteur du Tibidabo

Cosmo Caixa *(musée de la Science)* **:** *c/ Isaac Newton, 26. ☎ 93-212-60-50 (disque automatique). • cosmocaixa.es • Ⓜ Avinguda-del-Tibidabo. Bus nº V13 direct. Sinon, depuis la station Avinguda-del-Tibidabo (ligne L7), bus nº 196. Accès : par la ronda de Dalt, entre la c/ Cister et l'avda del Tibidabo. Tlj 10h-20h. Fermé 1er et 6 janv, et 25 déc. Entrée : 6 € ; gratuit - de 16 ans ; activité : 3-6 € ; réduc. Cafétéria sur place.*

Fidèles à leur réputation de créativité, les architectes catalans ont fait preuve d'audace pour concevoir cet espace ultramoderne au service de la connaissance. Ils ont creusé 6 niveaux sous la colline de Collserola afin d'y aménager une surface de 50 000 m^2, tout en respectant l'ancien bâtiment, œuvre moderniste (1909) de Domènech i Estapà, situé sur l'esplanade qui offre une vue imprenable sur la ville de Barcelone.

On descend d'abord une vertigineuse rampe hélicoïdale symbolisant le temps (et donc l'évolution), qui s'enroule autour d'un immense tronc d'arbre d'Amazonie, un acariquara haut de 21 m et vieux de 300 ans. À ses pieds, une machine s'amuse (et nous amuse !) à remonter systématiquement les graines, hélicoïdales elles aussi, pour les faire chuter à nouveau.

Puis c'est le choc visuel provoqué par une muséographie d'avant-garde destinée à captiver le visiteur, à lui donner la plus belle leçon de ***sciences naturelles*** sans jamais l'ennuyer. Car, bien plus qu'un musée, c'est un « palais de la Découverte ». Les (petits et grands) gamins peuvent toucher à tout, tester, explorer, appliquer en jouant des tas de phénomènes physiques, optiques, sonores, rêver devant les machines sophistiquées... Vraiment ludique ! Dans la section « Univers », on ne manquera pas le ***Print 3D,*** le grand ***pendule magnétique*** ou encore la ***lunette remontant le temps jusqu'au Big Bang.*** Également un « ***mur géologique*** », une section composée de différents types de formations montrant le curieux phénomène des strates rocheuses (7 coupes de roches réelles, pour un poids total de près de 100 t). Quant à la 2e partie, consacrée au monde du vivant, elle est tout aussi géniale. Comme le musée a fait du développement durable et de la protection de la forêt un objectif pédagogique, il a reconstitué un vaste morceau grandeur nature de la « ***forêt inondée*** », un morceau de forêt tropicale les pieds dans l'eau. Tout est là, de la touffeur aux sons caractéristiques, en passant par les arbres aux racines puissantes plongeant dans un immense bassin où évoluent des poissons tropicaux et autres bébêtes curieuses. Passionnantes expos temporaires. Planétarium.

Torre Bellesguard : c/ Bellesguard, 20. ☎ 93-250-40-93. • bellesguardgaudi.com • Même accès que le Cosmo Caixa (puis bus n°s 123 ou 196 depuis la station Avinguda-del-Tibidabo ou 15 mn à pied par la c/ d'Isaac Newton). Mar-dim 10h-15h ; dernière entrée à 14h30. Fermé lun, 1er et 6 janv, et 25-26 déc. Entrée : 9 € (avec audioguide), ou 16 € avec visite guidée (seulement le w-e, en anglais, espagnol ou catalan ; consulter le site) ; réduc ; gratuit - de 8 ans.

Derrière les murs restaurés d'un petit château du XVe s, résidence d'été du dernier roi de Catalogne, Martin Ier, voici une villa, enfin un petit château, de taille somme toute assez modeste (900 m² quand même), construite par Gaudí entre 1900 et 1909. Il l'édifia (sans jamais l'achever) pour la famille Figueras, celle de la fameuse *casa Figueras,* où se trouve désormais la pâtisserie de renom *Christian Escribà* (voir plus haut « El Raval. Où prendre le petit déjeuner ?... »).

Respectueux du site, ***Gaudí a fait ici dans le néomédiévalisme*** : la maison ressemble vraiment à un château avec ses tours, ses créneaux et son chemin de ronde. L'architecte a même poussé la logique jusqu'à concevoir un escalier intérieur très étroit pour pouvoir repousser plus facilement d'hypothétiques assaillants !

Beaucoup de lignes droites, donc, à l'extérieur. Même si Gaudí n'a pas pu s'empêcher de céder – discrètement – à ses marottes : observez les fenêtres en ogives étroites avec leurs colonnettes en pierres torsadées, la tuyauterie recouverte de *trencadis* (mosaïque constituée de débris de céramiques) ou encore le camaïeu vert-bleu-gris des ardoises de la façade (les maçons ont, paraît-il, mis plusieurs mois à les trier) qui crée quand même un effet d'ondulation ! Et Gaudí a multiplié les références à la religion chrétienne : la tour fait 33 m de haut, les 3 balcons évoquent la Trinité...

Une réalisation plutôt intéressante parce que à part dans l'œuvre de l'architecte. Mais, attention, il n'y a vraiment pas grand-chose à voir à l'intérieur. On notera surtout la forte luminosité interne qui contraste avec le style austère des murs extérieurs, renforcée par les azulejos et le lustre de type mudéjar du vestibule. Mais le mobilier a été brûlé pendant la guerre civile... pour chauffer la maison, qui accueillait alors un orphelinat. Et le 1er étage, occupé par les propriétaires, ne se visite pas. Reste le grenier, cette pièce dite « des briques », inachevée, qui devait être un salon de musique dans l'esprit médiéval et qui donne aujourd'hui une idée des solides armatures utilisées par Gaudí. Et enfin le ***sommet de la tour,*** avec ses 2 terrasses, la 2e étant accessible par un escalier très, très étroit (sujets au vertige, s'abstenir !), où l'on comprend pourquoi l'endroit s'appelle « belle vue » (*bellesguard* en catalan). Petite anecdote gaudienne supplémentaire : dans un angle de la 1re terrasse, l'angle du toit avec ses 2 fenêtres forme le visage... d'un dragon. On ne se refait pas !

LES ENVIRONS DE BARCELONE

COLÒNIA GÜELL

Située au nord de Barcelone, à *Santa Coloma de Cervelló,* cette cité ouvrière voulue par l'industriel Güell est remarquable, en particulier pour son église construite par Gaudí. Elle est malheureusement inachevée, mais elle représente pour les fans de l'architecte une possibilité de mieux comprendre ses règles architectoniques. Un monument petit par sa taille mais grand pour son génie et son innovation. Et pour Gaudí, l'église de la Colònia Güell servit en quelque sorte de brouillon à la Sagrada Família. « La structure qui sera celle

de la Sagrada Família, je l'ai essayée d'abord pour l'église de la Colònia Güell. Sans cet essai préalable, je n'aurais jamais osé l'adopter pour le Temple », disait-il lui-même.

Comment y aller de Barcelone ?

En voiture, très mal indiqué ; le plus simple reste le train.

➢ ***En train*** *(22 mn)* **:** depuis Plaça-Espanya, prendre un train de la *FGC* (lignes S4, S8 et S9) ; direction Barcelona-Martorell/Igualda/Manresa, arrêt à la station « Colònia-Güell », puis marquage bleu au sol (un peu effacé, certes, mais c'est aussi bien fléché ; 5 mn à pied). Trains ttes les 15 mn (ttes les 30 mn dim). Forfait « Combinat Güell », qui comprend l'A/R en train + l'entrée à la crypte avec audioguide : 14,80 €.

Adresse utile

ℹ ***Centre d'interpretació :*** *c/ de Claudi Güell, 6. ☎ 93-630-58-07. • gaudicoloniaguell.org • Dans la Colònia Güell. Mêmes horaires que la Colònia : tlj 10h-15h. Fermé 1er et 6 janv, et 25-26 déc. Entrée pour la crypte de la Colònia Güell : 10 €, audioguide inclus ; réduc ; gratuit - de 10 ans. Visite guidée sur résa en ligne crypte + Colònia (entrée incluse, compter 2h) : 13 €, en castillan sam à 12h30, en catalan dim à 12h30 ; parfois possible sur résa en français, mais plus cher.* Petit conseil : c'est à l'ouverture, à 10h, qu'il y a le moins d'attente. Et prévoir 2 bonnes heures de visite pour découvrir aussi la Colònia. Le billet pour visiter l'église s'achète à l'office de tourisme ; la cité ouvrière, elle, se visite gratuitement. Ne manquez pas la visite du centre d'interprétation, qui explique clairement le contexte aussi bien artistique que social lors de la construction de cette cité ouvrière.

Où manger ? Où boire un verre ?

Aux beaux jours, le week-end, les tables de la Colònia sont très demandées : n'hésitez pas à réserver, en particulier pour le dimanche midi.

El Capritx : *c/ Reixach, 16. ☎ 93-630-76-52. 📱 607-90-68-72. • rcapritx@gmail.com • À gauche en sortant de l'église, dans la Colònia. Mar-dim midi 13h-16h. Fermé 15 j. en août. Menus déj en sem env 14 €, le w-e 24-26 € ; carte min 30 €.* Pour prolonger le plaisir de la visite de la Colònia Güell, ce petit resto propose un bon menu du jour, servi dans une salle fraîche à la déco 1900. Seul bémol, le supplément à presque tous les plats !

Ateneu Unió : *pl. Joan Güell, 5. ☎ 93-661-31-11. • ateneuunio@gmail.com • Tlj 7h-23h. Menu déj 13 €.* C'est l'antique café du village, installé sur la grand-place, jadis le lieu de rendez-vous des villageois. À l'intérieur, la déco de l'immense salle avec ses beaux carreaux de ciment au sol est probablement d'origine, avec quelques petites retouches, de-ci de-là, au gré des années. Une pause agréable, pendant ou à la fin de la visite, en terrasse si le temps le permet. Sinon, le ***Bar Sport*** *(c/ Barrau, 4 ; ☎ 936-54-83-42 ; tlj 7h-22h, jusqu'à 16h30 dim ; fermé 15 j. en août),* avec sa grande terrasse à l'ombre des arbres et ses *raciones* bien catalanes sans prétention à prix serrés, au carrefour de toutes les animations du village, est une bonne solution.

À voir

Colònia Güell : construite à partir de 1890 par Eusebi Güell i Bacigalupi, ce n'est rien d'autre que la cité ouvrière d'une usine textile, aujourd'hui

intégrée au village de Santa Coloma de Cervelló et toujours habitée. L'usine fabriquait principalement du velours, et l'industriel Güell espérait limiter les conflits sociaux en regroupant tous ses employés dans un cadre agréable, doté de tous les services d'une ville classique. Ce type d'organisation se retrouve souvent en Catalogne (et aussi en France, à l'époque de la révolution industrielle), mais la particularité, ici, est que Güell a continué à jouer son rôle de mécène de la culture en dotant sa cité industrielle d'équipements culturels et religieux. L'ensemble cessera de fonctionner en 1973, crise générale de l'industrie oblige.
Comme souvent, Guëll a fait appel à ***son architecte favori, Gaudí,*** pour construire sa cité et en particulier l'église. Il a également engagé ***d'autres grands architectes catalans, Rubió Bellver et Berenguer i Mestres,*** pour bâtir les grosses maisons de maître, les logements des ouvriers et tous les bâtiments administratifs et collectifs (école, caves...). Les matériaux sont caractéristiques du mouvement moderniste, mâtiné de beaucoup de brique, de fer et de pierres locales, typiques de l'architecture catalane populaire.
La Colònia se partage en 2 zones en forme de L : la zone industrielle et la zone résidentielle avec, à l'extrémité de chaque L, 2 bâtiments symboliques, la crypte et l'école. Toute la cité se parcourt à pied au fil des grosses bâtisses modernistes : le couvent, les caves, l'école, les logements populaires et l'église, mais les maisons sont toujours habitées et les infrastructures toujours en fonction (l'école, par exemple). Du coup, seule l'église inachevée se visite.
– ***L'église (crypte) :*** ce petit bijou moderniste planté au milieu des pins vaut vraiment une visite, et pour bien en comprendre la complexité, le mieux est de suivre l'une des visites guidées qui permettent de saisir tout l'enjeu technique et architectural de cet endroit hors du commun. La 1re pierre est posée en 1908, mais tout comme son « Temple », ***cette église est inachevée :*** Gaudí abandonne les travaux en 1914 pour des raisons méconnues (probablement pour se concentrer sur le chantier de la Sagrada Família), n'ayant construit que la crypte, surmontée du porche et de l'ébauche de la nef. La crypte offre une sensation très particulière de déséquilibre, le sentiment troublant d'une architecture en mouvement qui pourrait, à tout instant, vriller et s'écrouler. Alors qu'il n'en est rien, bien au contraire : chez Gaudí, la structure prime toujours, et la répartition des forces est parfaite. On sent ici tout son génie et sa grande observation de la nature, comme à la Sagrada. L'intérieur est intéressant pour les nombreux vitraux, mais aussi pour son mobilier, notamment ses bancs. Une occasion unique de s'asseoir sur du mobilier original et inestimable. Les plans initiaux de Gaudí prévoyaient des tours de 40 m de haut et plusieurs étages. Les architectes qui prirent la relève sur le chantier se contentèrent de couvrir la crypte et de consolider les constructions existantes afin qu'on puisse l'ouvrir au culte. Accès au plateau supérieur en contournant la crypte par la droite : sur la grande dalle, l'emplacement prévu des piliers est bien marqué, et quelques moignons de tours pointent vers le ciel. Remarquer le porche de l'église : comme celui de la crypte, il est taillé d'un seul tenant dans la pierre.

MONTSERRAT (08699)

À une soixantaine de kilomètres à l'ouest de Barcelone, tel un nid d'aigle perché à 700 m d'altitude, le monastère de Montserrat constitue l'un des lieux les plus visités de la Catalogne. Son nom provient de l'aspect « scié » que la montagne prend quand on la regarde d'un certain angle. D'un périmètre de 25 km, la masse de roche fièrement dressée culmine à 1 235 m au pic de Saint-Jérôme. Ce curieux massif rocheux se caractérise par de longs monolithes verticaux collés les uns aux autres, conglomérats de galets énormes et érodés, qui prennent des formes animales ou humaines mais toujours fantastiques.

La rudesse de ce paysage est adoucie par une exubérante végétation qui s'accroche à la roche avec une étonnante vivacité. Un pareil site ne pouvait pas laisser indifférents les hommes désireux de fuir le vacarme du monde : mystiques et moines en firent leur demeure. Et aujourd'hui, les alpinistes chevronnés en ont fait un de leurs rendez-vous de prédilection.

UNE MONTAGNE INSPIRÉE

De tout temps, le Montserrat a enflammé l'imaginaire des artistes, et nombre de ses masses rocheuses portent des noms évocateurs (le Moine, la Sentinelle, la Cloche). Les poètes allemands ***Schiller*** et ***Goethe*** étaient de fervents admirateurs de ce site. Ce dernier n'a-t-il pas déclaré que « l'homme ne trouvera le bonheur nulle part, si ce n'est dans son propre Montserrat » ? Le musicien ***Wagner*** s'inspira de ce lieu tourmenté qu'il évoque dans *Parsifal* et *Lohengrin*. L'Autrichien ***Stefan Zweig*** s'y rendit en 1905 : il qualifia Montserrat de « montagne sacrée » et, impressionné, il jugea le paysage « digne de Zarathoustra et non d'un Parsifal ».

LE GRAAL ET LA VIERGE NOIRE

Montserrat, c'est aussi (et aujourd'hui, surtout) un pèlerinage célèbre vers le monastère, construit aux XIe et XIIIe s. Dès le VIIIe s, de nombreux ermitages cernaient la montagne. Selon une légende fameuse au Moyen Âge, mentionnée souvent dans le cycle des romans arthuriens, le ***Saint-Graal*** (calice supposé contenir le sang du Christ) aurait été rapporté de Terre sainte au XIe ou XIIe s, par des chevaliers revenus des croisades, qui l'auraient mis « en dépôt » à Montserrat. Qu'est-il devenu, ce célèbre calice qui enflamma l'imagination de tant d'auteurs médiévaux ? La quête du Graal continue ! Avis aux amateurs, même si une version officielle le situe désormais dans le trésor de la cathédrale de Valencia.

NAZISME ET INCULTURE CRASSE

Himmler était fou d'ésotérisme. Ancien éleveur de poulets, il avait une vision très bornée de l'histoire. Il vint à Montserrat, en 1940, avec une escouade de nazis pour récupérer le légendaire... Saint-Graal. Boire le sang du Christ contenu dans le vase sacré lui aurait permis de gagner la guerre, pensait-il. Dans Indiana Jones et la dernière croisade, *Spielberg évoque cette incroyable quête du Saint-Graal avec des nazis allumés.*

Au cours du XIIe s, une Vierge miraculeuse fut trouvée dans une grotte de la montagne. Dès lors, la renommée du monastère s'étendit hors des frontières. Au XVIe s, on développa l'infrastructure pour permettre à un nombre croissant de pèlerins d'y séjourner. C'était sans compter avec le délicat passage des troupes napoléoniennes qui rasèrent le tout en 1811.
Les bâtiments que l'on peut voir aujourd'hui datent du XIXe s et ne présentent guère d'intérêt. La guerre civile fut l'une des périodes les plus noires du monastère. La paix revenue, la vie religieuse a repris avec une grande vivacité, au point de retrouver son intégrité en étant l'un des plus virulents foyers de protestation lors de la période franquiste.

QU'Y TROUVE-T-ON ?

Un monastère et une basilique, un musée, un magnifique point de vue, de belles balades (et superbes spots pour les fanas d'alpinisme), et une ambiance follement pieuse (ou pieusement folle, au choix) pendant le pèlerinage.

Comment y aller de Barcelone ?

En voiture

L'accès en voiture est payant (parking env 5 €/j.). On conseille de laisser la voiture à Monistrol-Vila et prendre le train à crémaillère (voir ci-après).

En train

➢ *De la pl. d'Espanya. ☎ 93-205-15-15. • fgc.cat •* Prendre le train *Ferrocarril FGC* (ligne R5 ou R50, direction Manresa). En gros, 1 train ttes les heures à partir de 5h15 (retour de Monistrol de Montserrat 6h21-22h41). Durée : env 1h05. Descendre soit à la station Aeri de Montserrat pour prendre le téléphérique, soit à la station suivante, Monistrol de Montserrat, pour prendre le train à crémaillère. Compter de toute façon env 1h30 de trajet total.

■ ***Téléphérique*** *(aeri de Montserrat) :* *☎ 93-835-00-05. • aeridemontserrat.com •* Sur la ligne *Ferrocaril R5,* descendre à ***Aeri de Montserrat,*** puis ce téléphérique mène au monastère. Fonctionne tte l'année (seulement le w-e 2de quinzaine de janv) : mars-oct, départ env ttes les 15 mn, 9h30-19h ; hors saison, moins de départs : 9h30-18h15 (17h15 en sem déc-fév). 13 € l'A/R (8,60 € le trajet simple). Il relie le fond de la vallée de Monistrol au monastère de Montserrat, et gravit en 5 mn une hauteur de 544 m sur une distance de 1 350 m.

■ ***Train à crémaillère :*** *☎ 93-252-14-80. • cremalllerademontserrat.cat • turistren.cat •* Permet d'accéder directement à l'esplanade du monastère. On le prend à la gare de ***Monistrol de Montserrat*** (si on arrive en train depuis Barcelone par la ligne *Ferrocaril R5*) ou à la station de ***Monistrol-Vila*** (2e arrêt du train à crémaillère, seulement valable pour ceux qui arriveraient en voiture, car on y trouve ***un vaste parking gratuit***). De Monistrol-Vila : nov-mars, départ ttes les 20-40 mn (ttes les 20 mn le w-e) 7h35-17h35 (19h08 le w-e) ; avr-oct, ttes les 20 mn, 8h35-20h15. De Monistrol de Montserrat : 1 départ ttes les heures tte l'année ; nov-mars, 8h48-17h48 (18h48 le w-e) ; avr-oct, 8h48-18h48 (19h48 le w-e et tlj de mi-juin à mi-sept). Billet : 13,50 € l'A/R ; réduc (notamment pour les lève-tôt sur les 2 premiers départs depuis Monistrol-Vila hors saison). La ligne, longue de plus de 5 200 m, permet de gravir une pente de 548 m en 15-20 mn. Train en très bon état.

– Des ***billets « combi »*** sont en vente, assez chers : par exemple, le « combi » incluant le métro à Barcelone, un billet de train A/R Barcelone pl. Espanya-Monistrol de Montserrat, le billet (A/R) avec le train à crémaillère, les funiculaires de Sant Joan et Santa Cova.

Adresse et info utiles

ℹ ***Informations touristiques :*** *pl. de la Creu. ☎ 93-877-77-77. • montserratvisita.com • En arrivant au pied du monastère, sur la droite. Mars-sept, tlj 10h-19h ; oct-fév, tlj 10h-16h (17h le w-e).*

– À noter : résa recommandée en ligne sur *• montserratvisita.com •* car, depuis début 2023, le nombre de visiteurs autorisé est limité afin de préserver la spiritualité des lieux. *Ticket combiné incluant tous les espaces et musées de Montserrat : 18 € ; ou 23 € avec le chœur de l'Escolania.* Sinon, chaque site conserve son billet d'entrée, mais à réserver également. Voir aussi les combos incluant le transport depuis Barcelone.

Où camper ? Où manger ? Où boire un verre ?

– Pendant les pèlerinages, foule énorme. Renseignez-vous à l'office de tourisme pour les hébergements *(☎ 93-877-77-77 ; demandez le central de résas).* Ils vous proposeront, entre autres :

Aire de camping de Sant Miguel : *accessible seulement à pied. Ouv Semaine sainte-1er nov. Fermé hors saison. Réception 8h-14h, 17h-21h. Compter 10,50 € pour 2 pers avec tente.* Site exceptionnel en terrasses. Confort basique, mais douches avec eau chaude.

Restaurant Abat Cisneros : *sur l'esplanade. 607-24-33-05. Tlj 12h-16h côté self-service (fermé en hiver) ; midi et soir côté resto. Menus 25-30 €.* Presque le seul endroit pour manger sur place (prix moyens).

Bar del Mirador : *tlj 9h-16h (21h sam, 18h30 dim).*

À voir

Rappel : résa recommandée, y compris pour les tickets combinés.

La basilique : *tlj 7h-20h. Entrée : 6 €, audioguide inclus (application à télécharger), ou 8 € en ajoutant l'accès au trône de la Vierge.* Construite au milieu du XVIe s, elle profite d'un beau panorama sur la vallée. À l'intérieur, on découvre une élégante nef bordée par 2 étages de chapelles. Pour accéder à la *Vierge noire (tlj 8h-10h30, 12h-18h25, plus 19h15-20h de mi-juil à sept)* qui trône au-dessus de l'autel, sortir de l'église et emprunter la porte de droite. Préparez-vous à faire une queue délirante ! On traverse patiemment une série de chapelles avant de gravir un escalier monumental, composé de hauts-reliefs sculptés. Mosaïques intéressantes représentant des saints. L'escalier étroit mène au chœur où siège la *Moreneta* (Vierge noire), sculpture romane en bois polychrome du XIIe s, posée sur un socle d'argent. Les pèlerins défilent à pas cadencés pour baiser le globe que tient la sainte patronne de la Catalogne. Son visage semble presque triste à force d'être serein. On parvient ensuite à la crypte.

– Ne loupez pas le chœur d'enfants de l'*Escolania* : il s'agit d'une école de musique qui forme de jeunes choristes. On peut les entendre chanter le *Salve Regina (lun-ven à 13h, dim à 12h et 18h45, sauf à Pâques, fin juin-fin août et à Noël car les jeunes sont en vacances ; durée : env 10 mn ; 8 € ; messe célébrée en grégorien par des moines tlj à 11h – résa conseillée).*

– Le *cloître* gothique (datant de 1460) est le seul élément rescapé de l'ancienne abbaye.

Le musée de Montserrat : *pl. del Monestir. ☎ 93-877-77-45. • museudemontserrat.com • Tlj 10h-16h45 (17h45 de fin juin à mi-sept et ts les w-e et j. fériés avr-oct). Entrée : 8 € ; réduc. Audioguide : 2 €.* La 1re partie du musée s'intéresse principalement à la peinture espagnole ainsi qu'aux écoles napolitaine et vénitienne... Œuvres de Bartolomeo Manfredi, superbe *Saint Jérôme* du Caravage, un Greco, un Zurbarán, quelques compositions de Picasso... et une petite section inattendue qui rassemble Pissarro, Sisley, Degas ou encore Monet. Une salle est, comme il se doit, réservée à la Vierge de Montserrat (tableaux, statues...). La 2de partie propose une collection archéologique éclectique (poteries chypriotes, objets rapportés de Terre sainte, une impressionnante momie de jeune fille...), avant de céder la place à une belle série d'icônes byzantines. Intéressant. Et expos temporaires.

Balades dans les environs

Le *Guide officiel de Montserrat,* opuscule payant fort bien fait et disponible sur place dans toutes les boutiques, indique tous les itinéraires, leur durée et leur point de départ.

– **Le funiculaire de Sant Joan :** *monte depuis le monastère jusqu'au sommet de la montagne. En gros : avr-oct, ttes les 12 mn 10h-17h50 (18h50 de fin juin à mi-sept) ; nov-déc (et 3e sem de mars), ttes les 20 mn mais seulement jusqu'à 16h, 16h15 ou 17h15 selon jour. Fermé de janv à mi-mars. Durée : 6 mn. Billet : 16 €*

A/R (env 19 € avec le funiculaire de Santa Cova) ; réduc. Pente de 248 m sur une longueur de 503 m. Du sommet, vue magnifique sur toute la région, jusqu'aux petites collines qui ondulent vers la mer. C'est également le point de départ de l'*itinéraire de Sant Joan.*

➢ € **L'ermitage de Saint-Jérôme** (Sant Jeroni) **:** *accès par le funiculaire de Sant Joan, au bord de la grande place. Durée : 1h aller.* Du sommet, un sentier mène au pic de Sant Jeroni. Panorama extraordinaire.

➢ L'***itinéraire de Santa Cova*** est moins fatigant. Les fainéants couperont le fromage en utilisant le funiculaire de Santa Cova, qui raccourcit la balade *(fin mars-oct, ttes les 20 mn 10h-17h40, ou 18h l'été et le w-e ; le reste de l'année, 1er départ vers 10h, dernier à 16h20 et fermé en sem ; fermé 8 janv-9 mars ; 6 € l'A/R ; 18,70 € avec le funiculaire de Sant Joan).*

➢ € ***Le chemin des Gouttières :*** *4 km. A/R : 1h sans arrêt.* Départ du parking du monastère de Montserrat et du monument situé en dessous, dédié à Ramon Lull, penseur catalan, par le sculpteur Subirachs. Le haut lieu de Montserrat en Catalogne garde l'empreinte de son mysticisme sur le moindre de ses chemins. Et les Catalans sont très fiers, à juste titre, de leurs artistes. Cette balade est une façon de rendre hommage à la Vierge noire de tous les Catalans en suivant les traces de l'art catalan, si présent dans ce pays. Sur la terrasse du parking, plaça dels Apòstols, la vue panoramique est superbe vers les Pyrénées au nord, la mer et le Tibidabo sur Barcelone à l'est – évidemment par beau temps ! Après avoir quitté le monument de l'Échelle de la Raison *(Escala de l'Enteniment),* quelques mètres plus loin sur la route permettent de rejoindre l'indication d'*Els Degotalls,* ou Les Gouttières. Il faut suivre cette direction durant 25 mn pour découvrir de très belles vues panoramiques et plusieurs monuments qui font référence à la vie culturelle et folklorique de la Catalogne. Le chemin aboutit au site du *Magnificat,* décoré de céramiques aux sujets symboliques. À la fin de l'itinéraire se profile la formation rocheuse d'*Els Degotalls* en forme de gouttières, d'où jaillissait une source autrefois.

– L'été, de nombreux alpinistes « s'essaient » aux parois de Montserrat. ATTENTION, la roche sédimentaire comporte un mélange de matière dure et de matière friable. Plusieurs sauts de l'ange sont à déplorer.

TERRASSA (08221) 173 800 hab.

À 28 km au nord-ouest de Barcelone, sur la route du monastère de Montserrat, cette grande ville, effervescente et animée, est la 2e ville universitaire de Catalogne avec près de 15 000 étudiants. Plusieurs bâtiments industriels ont été reconvertis en salles d'exposition, en édifices publics ou en musées. C'est le cas du *Vapor Aymerich, Amat i Jover,* véritable chef-d'œuvre de l'architecture industrielle moderniste, qui abrite aujourd'hui un passionnant musée de la Science. Ne manquez pas non plus le très bel office de tourisme et les superbes églises romanes !

UN PEU D'HISTOIRE

Terrassa occupa une place importante lors de la révolution industrielle de la fin du XIXe s. Ses usines textiles furent le principal moteur de la vie économique de la ville pendant près d'un siècle. La riche bourgeoisie industrielle laissa le champ libre aux architectes modernistes, dont Lluís Muncunill i Parellada, qui s'en donnèrent à cœur joie, construisant usines et fabriques, mais aussi magasins, logements ouvriers, édifices publics et espaces verts. Vers 1970, la crise économique obligea la plupart des entreprises textiles à fermer leurs portes.

Comment y aller de Barcelone ?

➢ ***En train RENFE*** *(50 mn)* **:** depuis la pl. de Catalunya, ligne R4 ou R12 direction Terrassa (au retour, direction Martorell). Trains ttes les 15 mn env. Ticket A/R env 9,20 €.

➢ ***En métro-train*** *(1h)* **:** prendre la ligne S1 *(FGC)* depuis la pl. de Catalunya. Plusieurs/h. Tarif équivalent.

Adresse et info utiles

i ***Oficina de turisme :*** *Masia Freixa, parcs de Sant Jordi, pl. Josep Freixa i Argemí, 11. ☎ 93-739-70-19. • visitaterrassa.cat • Lun 9h-14h ; mar-ven 9h-14h, 17h-19h (16h-18h oct-mars) ; w-e et j. fériés 10h-14h. Août, ouv mat seulement.* Logé dans un superbe édifice moderniste tout en rondeurs et d'un blanc immaculé, signé Lluís Muncunill i Parellada, à l'orée d'un parc. Visite guidée de l'édifice sur résa ; et audioguide à télécharger (espagnol, catalan ou anglais seulement) pour découvrir les édifices modernistes industriels de Terrassa.

À voir

– Il existe un billet combiné incluant Le Seu d'Ègara, le Castell Cartoixa de Vallparadis et la Casa Alegre de Segara : *7 €, réduc.*

★★ ***Museu de la Ciència i de la Tècnica de Catalunya*** *(musée national de la Science et de la Technique de Catalogne ; mNACTEC)* **:** *rambla d'Ègara, 270. ☎ 93-736-89-66. • mnactec.cat • ♿ De mi-juin à mi-sept, mar-dim 10h-14h30 ; le reste de l'année, mar-ven 9h-18h, w-e et j. fériés 10h-14h30, plus sam 15h30-19h30. Fermé lun, 1er et 6 janv, 25 et 26 déc. Entrée : 6 € ; réduc ; gratuit - de 16 ans, et pour tous le 1er dim du mois.*

Le musée occupe les superbes bâtiments d'une usine considérée par certains comme l'une des plus belles d'Europe. C'est au début du XXe s que 3 industriels de Terrassa (Aymerich, Amat et Jover) décident de s'associer pour monter une fabrique de textile. Ils confient la construction à l'architecte Lluís Muncunill i Parellada. À partir de 1908, jusqu'à 400 personnes y travaillent à la fabrication de tissus en laine, de la filature à la finition, et ce jusqu'à la fermeture en 1978. Le bâtiment est un chef-d'œuvre. La grande nef centrale s'étend sur environ 11 000 m^2, elle est couverte d'arcs et de voûtes en brique soutenus par des piliers en fer. L'effet vient surtout de la ***belle charpente en brique dont les ondulations font comme des vagues*** au-dessus de la muséographie moderne.

Le musée commence par une maquette de l'usine et une exposition permanente sur l'énergie (charbon et vapeur, gaz et pétrole, énergies propres, énergie de la planète), le tout illustré par de vieilles machines, roues, engrenages et éolienne. Les autres sections se consacrent à l'industrie textile, aux ordinateurs et aux transports, avec une exposition de voitures, motos et avions de toutes les époques. Vraiment très bien conçu, vivant et original (infos en castillan et en anglais, parfois en français). Des jeunes gens sont là pour répondre à vos questions et faire des animations, par exemple dans le secteur consacré à la chimie (au sous-sol), sans oublier jeux et écrans pour les enfants jusqu'à 6 ans.

On peut voir aussi les anciennes ***caves à charbon*** et une ***énorme machine à vapeur,*** le patio et la superbe cheminée haute de 41 m.

Café-resto dans la cour et resto à l'étage. Sinon, plusieurs cafés sur la *rambla* juste devant.

Balade du mNACTEC au parc Vallparadis : gagner le ***mercat de la Independència*** par la rambla d'Egara et tourner à gauche dans le raval de Montserrat jusqu'au nº 48 pour jeter un œil au cadran solaire de l'ancienne ***Farmàcia Albinyana.*** Passer l'***Ajuntament*** (mairie), logé dans la *casa Consistorial,* et vous voilà devant la cathédrale sur la ***plaça Vella*** où se trouve le cœur de l'animation avec ses cafés. Visiter la ***casa Alegre de Sagrera*** au nº 29 de la carrer Font Vella *(mer-sam 10h-13h, 16h-20h et dim 11h-14h ; fermé lun-mar, et août ; entrée : 3 €, gratuit 1er dim du mois).* Cette riche maison de style Art nouveau fut bâtie à l'emplacement du manoir d'un fabricant de textile de la fin du XVIIIe-début XIXe s qui joua un grand rôle dans la guerre d'indépendance espagnole. En repartant, jeter un œil aux 2 jolies maisons du ***nº 91.*** Passer le pont qui surplombe le petit train du parc Vallparadis. À l'angle du pont et de la station *FGC* Vallparadis-Universitat, jeter un œil à la ***casa Baumann*** de 1913. Descendre à gauche vers le parc, idéal pour se dégourdir les jambes et pour divertir les enfants avec le petit train (*Trenet Parc* ; payant). Un coup d'œil au ***château*** *(castell Cartoixa)* du XIIe s *(☎ 93-785-71-44 ; mer-sam 10h-13h30, 16h-19h et dim 11h-14h ; fermé lun-mar ; entrée : 3 €, réduc)* avant de grimper jusqu'aux églises...

Conjunt monumental de les esglésies de Sant Pere *(ensemble monumental des églises de Sant Pere)* **:** *dans le parc Vallparadís. ☎ 93-783-37-02. • terrassa.cat/museu • En arrivant en train, traverser le centre-ville pour accéder au parc Vallparadis (très agréable). Mar-sam 10h-13h30, 16h-19h ; dim et j. fériés 11h-14h. Fermé lun, 1er et 6 janv, 1er mai et 25-26 déc. Entrée : 5 € ; réduc ; gratuit pour tous le 1er dim du mois. Audioguide : 2 €.* Les 3 adorables églises Sant Pere, Sant Miquel et Santa Maria conservent encore des peintures du haut Moyen Âge, mais on y trouve aussi des œuvres gothiques et romanes. L'église de Sant Pere, la plus grande, est renommée pour son très beau retable gothique en pierre et ses peintures murales. Celle de Sant Miquel, la plus petite et la plus émouvante, est en fait un ancien baptistère du IXe s avec colonnes à chapiteaux et une minuscule crypte romane. Quant à Santa Maria, complètement romane, elle abrite des fresques murales et 2 beaux retables du XVe s, ainsi qu'un pavement en mosaïque. On peut également voir les fondations de la Seu d'Ègara, une ancienne basilique du VIIIe s.

LE LITTORAL BARCELONAIS (Costa Barcelona)

SITGES (08870) 29 300 hab.

• Plan *p. 219*

À 40 km au sud de Barcelone, protégée des vents du nord par les monts du Garraf qui en ont longtemps interdit l'accès par la terre, Sitges s'est très tôt tournée vers la mer. De ce déterminisme géographique, la ville a hérité d'une relation particulière avec le Nouveau Monde, comme en témoignent les *casas de los Indianos* (tendance moderniste pour la plupart) qui émaillent son cœur historique. Car tout au long des XVIIIe et XIXe s, nombreux furent les natifs qui, partis « faire les Amériques » comme on disait à l'époque,

sont rentrés au bercail les poches pleines. Le plus célèbre d'entre eux, un certain Bacardí, fit fortune dans la distillerie.
Ce melting-pot culturel attira très tôt artistes et intellectuels, notamment dans le sillage de Santiago Rusiñol, peintre, poète et dramaturge, enfant chéri de cette ville qui devient un pivot du mouvement moderniste catalan à la fin du XIXe s. De ce bouillonnement a perduré un certain art de vivre qui a permis à Sitges de résister au bétonnage intensif qu'ont connu ses consœurs de la côte. Tandis que ses plages, baignées de soleil à longueur d'année, sont particulièrement appréciées par la communauté LGBT.

Arriver – Quitter

En train

Estació RENFE *(plan B1)* **:** *pl. E. Maristany. Rens : ☎ 912-320-320. • renfe.com • rodaliesdecatalunya.cat •*
➢ ***Barcelona-Sants et Barcelona-Passeig de Gràcia*** *(ligne R2 Sud ; 35-45 mn)* **:** départ ttes les 10-30 mn 4h45-22h25 depuis Sitges, 5h45-minuit depuis Barcelone.
➢ ***Aéroport de Barcelone T2, puis T1*** *(ligne R2 Sud jusqu'à El Prat de Llobregat, puis ligne R2 Nord ; 40-50 mn)* **:** départ ttes les 30 mn env 5h24-23h26 depuis Sitges, 5h42-23h38 depuis l'aéroport terminal 2.

En bus

Estació d'autobusos *(plan A1)* **:** *dans le prolongement de l'avda de les Flors, de l'autre côté de la voie ferrée.* Compagnie *Garraf* : *☎ 93-893-70-60. • busgarraf.cat •*
➢ ***Barcelona*** *(pl. Universitat, via pl. d'Espanya ; 50 mn-1h10)* **:** depuis Barcelone, en sem ttes les 30 mn-1h, 6h30-23h20 ; le w-e 8h20-22h20, 1 départ/h. Depuis Sitges, mêmes fréquences, mais départ 5h40 (7h le w-e). Aussi quelques bus de nuit.
➢ ***Barcelona aéroport (T1*** *; 30-35 mn)* **:** 1 départ/h lun-sam 6h-22h (21h sam) ; dim 2 départs/h 8h-22h. Depuis l'aéroport, mêmes fréquences, mais départ 50 mn plus tard en sem, 1h50 plus tard dim.

Adresses et infos utiles

Oficina d'informació turística *(office de tourisme ; plan B1,* ***1****)* **:** *pl. Eduard Maristany, 2. ☎ 93-894-42-51. • sitgesanytime.com • Devant la gare ferroviaire. Lun-ven 10h-14h, 16h-18h30 (20h en été) ; sam 10h-14h, 16h-19h ; dim 10h-14h. Autre bureau plus excentré (mais pratique en voiture) avda Camí de Capellans, 108. ☎ 938-94-42-51 ; lun-sam 10h-14h, 15h-19h ; dim 10h-14h.*
■ ***Agisitges*** **:** *c/ de la Davallada, 1. 📱 619-79-31-99. • info@agisitges.com • agisitges.com •* Tours guidés, sur l'architecture des maisons des *Americanos* par exemple, possibles en français.
Taxis **:** *☎ 93-894-13-29. • taxisitges.com •*
Stationnement **:** ATTENTION ! Gare aux PV, la chasse à l'infraction est une affaire qui roule à Sitges. Parkings du centre hors de prix *(compter 27 €/j.)*, le mieux est de se garer sur le grand parking du parc Can Robert *(4 €/j. ; plan A1)*, au nord de la voie ferrée, voire dans les zones résidentielles alentour *(gratuit)*.

Où dormir ?

Sitges est une ville très prisée à certaines périodes et il est indispensable de réserver bien à l'avance. À titre d'exemple, en septembre, pendant la *Bears Week* (le grand rassemblement des fêtards gays), les prix explosent littéralement !

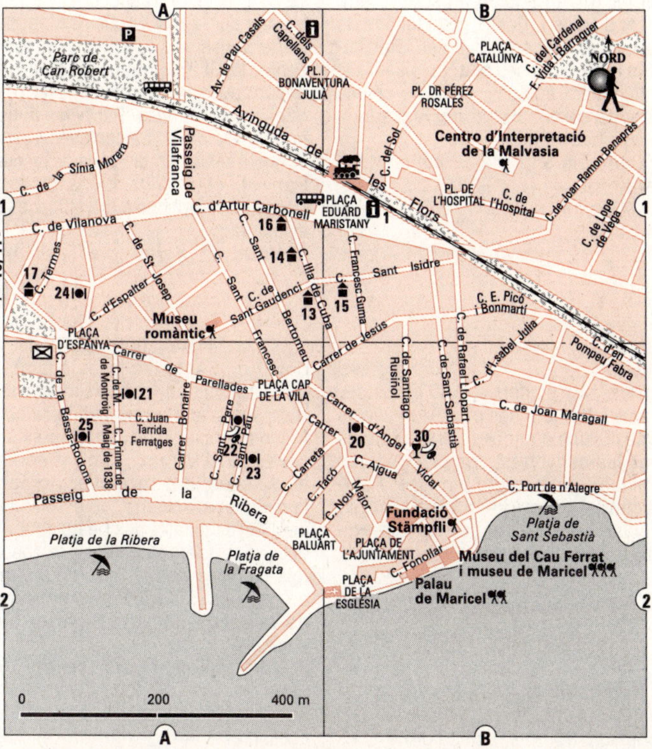

SITGES

■ **Adresse utile**

1 Oficina d'informació turística (B1)

Où dormir ?

10 Càmping El Garrofer (hors plan par A1)
11 Càmping Sitges (hors plan par A1)
13 Hotel Noucentista (A1)
14 Hotel El Xalet (A1)
15 Hotel Romàntic (B1)
16 Hotel Liberty (A1)
17 Hotel Alexandra (A1)

Où manger ?

20 Galicia (B2)
21 El Pecadito (A2)
22 La Picara (A2)
23 La Salseta (A2)
24 Incognito (A1)
25 Can Martí (A2)

Où boire un verre ?

30 El Cable (B2)

Campings

Càmping El Garrofer *(hors plan par A1,* ***10****) : ctra 246A, km 39. ☎ 93-894-17-80. • camping@grupolasinia.com • campingelgarrofer.com • À 2 km au sud de Sitges. Bus Barcelone-Sitges, arrêt « Rocamar ». Fermé nov-fév. Compter 24-42 € pour 2 pers avec voiture et tente. Bungalows 2-5 pers 59-180 €.* Sur un grand terrain ombragé, un camping bien équipé à défaut d'être joli et bien vert. Resto, piscine, aire de jeux et animations diverses. Bungalows avec terrasses plutôt plaisants et entièrement équipés. Certains chiens « dangereux » ne sont pas acceptés, renseignez-vous...

Càmping Sitges *(hors plan par A1, **11**) : ctra 246A, km 38. ☎ 93-894-10-80. • info@campingsitges.com • campingsitges.com • ♿ À env 1 km au sud de Sitges. Arrêt de bus « Camping Sitges ». Fermé de mi-oct à mi-mars. En été, résa indispensable à l'avance. Compter 28-41 € pour 2 pers avec tente et voiture. Bungalows 2-4 pers 64-154 €.* Sur un grand terrain plat et herbu, 160 emplacements à l'ombre des pins. Bungalows avec cuisine équipée et draps fournis (pas les serviettes), les plus récents profitant d'une petite terrasse. Équipements classiques et propres : piscine, resto, supérette, aire de jeux... Accueil (souvent) francophone.

De prix moyens à plus chic (65-160 €)

Hotel Liberty *(plan A1, **16**) : c/ de l'Illa de Cuba, 45. ☎ 93-676-69-50. • info@libertyhotelsitges.com • libertyhotelsitges.com • ♿ Congés : janv. Doubles 70-200 € ; penthouse pouvant accueillir 4 pers.* Littéralement truffé de nounours (en référence à la *Bears Week*), cet hôtel est un savant mélange de raffinement et d'esprit cocooning. Fenêtres à jalousie, carrelage Liberty, mobilier choisi, chaque chambre possède son propre style, y compris l'économique du rez-de-chaussée (la seule dépourvue de machine à café). Celles sur l'arrière, avec petite terrasse ou balcon, surplombent le ravissant jardin où le petit déj est servi en été. Accueil gentil.

Hotel Alexandra *(plan A1, **17**) : c/ Rafael Termes, 20. ☎ 93-894-15-58. • info@hotelalexandrasitges.com • hotelalexandrasitges.com • Congés : janv. Doubles 80-150 €. Pas de petit déj.* Petit immeuble moderne de 3 niveaux plus combles, situé à l'angle d'une rue à l'écart du gros cirque estival (mais à 5 mn à pied). La 301, avec terrasse et un aperçu lointain sur la mer (2 chaises longues, treille de jasmin...), est la plus séduisante. La 302 est carrément un petit appart, avec sa machine à laver planquée sur la terrasse. Parmi les autres, préférer les 2 avec balcon car certaines donnent sur un simple puits de lumière. Partout, couvre-lits bleus et frigo. Accueil francophone aussi efficace que sympathique.

Hotel El Xalet *(plan A1, **14**) : c/ de l'Illa de Cuba, 35. ☎ 93-811-00-70. • info@elxalet.com • elxalet.com • ♿ Doubles 60-200 € ; petit déj 10 €.* Dans un hôtel particulier du début du XXe s, les jolies chambres ont gardé leur atmosphère moderniste d'origine grâce à une habile refonte. Meubles anciens, boiseries ripolinées, carrelage et vitraux Tiffany d'époque et du charme à revendre. Agréable jardin avec piscinette, où est servi un petit déj sans faille aux beaux jours, et accueil au top. Seul bémol, la finesse des cloisons risque bien d'imprimer à vos nuits d'inoubliables souvenirs de vacances... Alors, choisissez bien votre nid !

Hotel Noucentista *(plan A1, **13**) : c/ Illa de Cuba, 21. ☎ 93-810-26-66. • info@hotelnoucentista.com • hotelnoucentista.com • Fermé nov-fév. Résa conseillée. Doubles 60-110 € ; petit déj 7-10 €.* Dans un bel édifice Art nouveau, une poignée de vastes chambres toutes différentes, au mobilier ancien bien dans l'esprit des lieux, et plutôt dans un esprit pension de famille. Carrelage et moulures d'époque mais salles de bains modernes, tout de même ! Au 1er étage, une belle suite avec galerie en guise de balcon. Excellent accueil de Claudia et Oliver.

Hotel Romàntic *(plan B1, **15**) : c/ Sant Isidre, 33. ☎ 93-894-83-75. • romantic@mediumhoteles.com • mediumhoteles.com • ♿ Fermé nov-fév. Résa conseillée. Doubles 80-225 €, petit déj inclus.* Dans une paisible rue du centre historique, cet hôtel composé de 2 villas construites au XIXe s par un *Americano* est irrésistible de charme, un vrai voyage dans le temps. Les chambres, toutes différentes, sont parfois assez petites mais toujours joliment décorées de gravures, tableaux et meubles anciens. Les plus chères jouissent d'un balcon donnant sur le superbe jardin arboré, à l'arrière. Les parties communes sont tout aussi agréables et le bar américain est un petit bijou d'élégance rétro.

Où manger ?

Bon marché (max 16 €)

🍴 ***Galicia*** *(plan B2,* ***20****) : c/ Ángel Vidal, 20. ☎ 93-894-00-91. Tlj sauf mar 13h-16h, 19h30-23h30. Congés : nov. Menu 13 € en sem, 16 € le w-e ; pizzas 10-12 € ; carte 15-20 €.* Minuscule et pittoresque cantine à la déco nourrie de tout un bric-à-brac hispanique. Les claustrophobes préféreront la poignée de tables extérieures. Honorable cuisine familiale (comme l'ambiance !) rodée par les années de métier. Touristes comme habitués apprécient particulièrement les pizzas maison et les menus économiques.

🍴 ***La Picara*** *(plan A2,* ***22****) : c/ Sant Pere, 3. ☎ 93-811-02-85. • paolarive ros23@yahoo.es • Fermé dim soir-mar midi. Congés 15 j. en juin et 3 sem fin oct. Tapas et raciones 5-14 €.* Un petit bar à tapas où tout est fraîchement cuisiné et qui, outre sa petite carte qui aligne les classiques espagnols et catalans, propose toujours quelques *raciones* du jour. Petite salle coquette et service avenant.

🍴 ***Incognito*** *(plan A1,* ***24****) : c/ Europa, 16. 📱 646-59-82-52. • eric-brua@yahoo.es • ♿ Ts les midis sauf mar. Congés : 1er janv et 25 déc. Plat du jour env 13 € ; menú del día 14-18 €.* Incognito, ce bar-resto ne devrait pas le rester longtemps, même dans sa rue peu passante ! Parce que c'est une excellente petite adresse (et déjà un passage obligé du circuit gay). La cuisine méditerranéenne (au sens large), riche de bonnes idées, de produits frais et à prix d'ami, attire les travailleurs. Service aussi efficace que chaleureux.

🍴 ***El Pecadito*** *(plan A2,* ***21****) : c/ de Marqués de Montroig, 4. ☎ 93-894-74-79. • anisan1964@gmail.com • Tlj sauf mer 12h30-minuit. Congés : de mi-déc à mi-janv. Plats du jour 7-15 €.* Dans une des rues les plus animées (la fameuse « rue du Péché »), un resto populaire avec, outre sa terrasse, une salle tout en profondeur, où le son de l'immanquable téléviseur est largement couvert par le brouhaha ambiant. Personnel efficace au service d'une cuisine espagnole classique avec pas mal de plats de poisson et autres fruits de mer qui tiennent (pour le prix) bon la barre.

De prix moyens à plus chic (min 16 €)

🍴 ***La Salseta*** *(plan A2,* ***23****) : c/ Sant Pau, 35. ☎ 93-811-04-19. ♿ Tlj sauf dim soir et lun (plus mar soir hors saison). Congés : 10 j. en oct et vac de Noël. Résa conseillée le soir. Repas 25-35 €.* Ce n'est pas pour la salle, très classique avec ses tables dressées dans les règles de l'art, mais pour l'assiette, résolument catalane et *slow food,* à base de produits du coin exclusivement, biologiques aussi souvent que possible. L'occasion de goûter les spécialités de la ville, comme le *xato de Sitges,* une sorte de belle salade. Bonne carte des vins (et conseils avisés pour s'y retrouver), service attentionné : bref, une adresse de qualité.

🍴 ***Can Martí*** *(plan A2,* ***25****) : c/ de la Bassa-Rodona, 10. ☎ 93-894-41-14. • info@canmarti.es • ♿ Tlj sauf mer (et mar hors saison). Menu déj 20 € ; carte 30-40 €.* Une salle avec des tables dressées à l'ancienne et quelques olives qui patientent gentiment dessus. La clientèle d'habitués qui vient s'asseoir ici sait ce qu'elle veut : passer un bon moment autour d'une viande grillée (la spécialité de la maison), d'un *arroz* rondement mené ou d'un poisson tout juste sorti de l'eau. Le service attentif, la générosité des portions et le rapport qualité-prix du menu déj en semaine en font une bonne adresse.

Où boire un verre ?

El Cable (plan B2, **30**) : c/ Barcelona, 1. ☎ 93-894-87-61. • bar@elcable.cat • Tlj 19h-23h30, plus 12h-15h30 le w-e. Tapas et pintxos 2-6,50 €. Ouvert dans les années 1950, ce bistrot est resté dans son jus. D'ailleurs on tire toujours le malvoisie, le vermouth et le *moscatell* à la barrique, dans une chaude ambiance qui atteint rapidement le niveau sonore d'une cantine scolaire. Faut dire qu'ici on sert des tapas de concours et des *pintxos* à faire baver les escargots ! Alors évidemment, ça se sait et on rapplique fissa dès l'ouverture pour y rester scotché une bonne partie de la soirée...

Le soir, les bars de la ***carrer Primer de Maig*** (*plan A2* ; rebaptisée calle Pecado, « rue du Péché »... tout un programme !) et de la ***carrer de l'Illa de Cuba*** (*plan A-B1*) font le plein jusqu'à pas d'heure. Les hommes qui préfèrent les hommes apprécieront l'ambiance du côté de la ***carrer Sant Bonaventura*** et de la ***carrer Bonaire.***

À voir. À faire

Museu del Cau Ferrat i museu de Maricel (*musée du Fer forgé et musée de Maricel ; plan B2*) : c/ de Fonollar, 8. ☎ 93-894-03-64. • museusdesitges.cat • Tlj sauf lun 10h-19h (17h nov-mars). Entrée : 10 € ; entrée combinée avec le palau de Maricel 13 €, avec en plus le musée Stämpfli 17 € ; réduc ; gratuit - de 16 ans et pour tous le 1er mer du mois. Pour la visite, télécharger l'application gratuite en français.

Le *museu del Cau Ferrat* est l'ancienne résidence de Santiago Rusiñol (1861-1932), apôtre du modernisme catalan, peintre, philosophe et dramaturge. Elle fut transformée en musée en 1933. En fait, la traduction littérale de *musée du Fer forgé* est assez inappropriée car quand bien même cette maison recèle de véritables chefs-d'œuvre du genre (pas moins de 750 pièces couvrant une période allant du Moyen Âge à la Renaissance tardive), il s'agit plus d'un ***véritable musée d'art*** doublé d'une sorte de ***cabinet de curiosités.***

On y trouve, outre les œuvres de ***Rusiñol,*** de nombreux tableaux, dont ceux de ses amis ***Ramon Casas*** et ***Miquel Utrillo*** (le père de Maurice), avec lesquels il formait un inséparable trio. Tous les artistes de l'époque sont passés par là, tant et si bien que les murs bleu Klein de sa maison sont aujourd'hui bardés d'œuvres originales de ***Picasso, Miró,*** de céramiques catalanes allant du XVIe s à nos jours, d'antiquités phéniciennes et de verreries romaines. On y trouve même *Les Larmes de saint Pierre,* un Greco, acheté une bouchée de pain par Rusiñol lors de son séjour à Paris. À l'étage, sous un superbe plafond néogothique, le maître des lieux avait aménagé un grand salon pour faire la fête. Outre la collection de fer forgé proprement dite, on y découvre un étonnant patchwork Edo (Japon) de la fin du XVIIIe s ainsi qu'une collection de verres anciens en provenance de toute l'Europe.

Après une petite vidéo de présentation et souvent une expo temporaire, on gagne ensuite le *museu de Maricel,* installé, lui, dans l'ancien hôpital de Sant Joan, augmenté de plusieurs maisons du quartier, accolées et réunies, de 1910 à 1918, par l'industriel américain Charles Deering (les tracteurs John Deere !). Devenu musée dans les années 1970 grâce à l'acquisition de la collection d'un riche médecin, entièrement repensé en 2014, ce vaste ensemble néoclassique offre un ***panorama artistique allant du Xe s à la 1re moitié du XXe s.*** On laisse s'écouler les siècles à mesure que l'on descend les étages : statuaire médiévale, retables qui nous en filent plein les mirettes, puis toiles baroques, ***école luministe de Sitges*** (XIXe s), modernisme et noucentisme... Au rez-de-chaussée, fresques allégoriques autour de la 1re Guerre mondiale dans une ancienne chapelle et sculptures de nus joliment présentées dans une longue pièce vitrée ouvrant sur la mer.

Palau de Maricel (palais de Maricel ; plan B2) **:** c/ de Fonollar, s/n. ☎ 93-894-03-64. • museusdesitges.cat • Sur visite guidée seulement jeu, ven et dim à 11h (en anglais), 12h (en catalan) et 13h (en castillan) ; très changeant, vérifiez avt de vous y rendre. Entrée : 5 € ; entrée combinée avec les autres musées de la ville de Sitges ; réduc ; gratuit - de 16 ans. Le *palau de Maricel* était l'endroit où le milliardaire Charles Deering, qui avait acquis pas moins de 46 maisons du quartier plus l'ancien hôpital de Sant Joan, entreposait ses collections. Sa maîtrise d'œuvre avait été confiée à Miquel Utrillo, avec lequel Deering se brouillera d'ailleurs avant la fin des travaux. Ce bâtiment s'avère une vraie réussite d'architecture noucentiste. Il est constitué de plusieurs salons d'un clinquant assumé, d'une petite chapelle, mais surtout d'un cloître en terrasses absolument fabuleux ouvert sur la Méditerranée et dont les chapiteaux sculptés constituent une allégorie de Deering lui-même ! Mégalo un jour, mégalo toujours !

Centro de interpretació de la Malvasia (centre d'interprétation du malvoisie ; plan B1) **:** pl. de Joan i Ferret, s/n. ☎ 93-379-72-13. • cellerdelhospital.cat • Ven 17h-19h (20h avr-oct) ; sam 11h-14h30, 17h-19h (20h avr-oct) ; dim 11h-14h30. Fermé certains j. fériés (voir le site). Entrée : 6 € ; visites guidées sur résa 10 € ou 20 € selon formule ; réduc. Le développement du phylloxéra associé à l'arrivée en fanfare du *cava* dans le dernier quart du XIXe s a bien failli réduire à néant la production locale de malvoisie. Oui, mais c'était sans compter sur un certain Manuel Llopis de Casades, qui légua à l'hôpital Sant Joan Baptista son propre chai ainsi qu'un vignoble. C'est l'histoire qui est racontée dans ce musée moderne où vos sens seront mis en éveil. Une dégustation clôture la visite et bien sûr, passage obligé par la boutique.

Museu romàntic (plan A1) **:** c/ Sant Gaudenci, 1. ☎ 93-894-29-69. • museusdesitges.cat • **Fermé pour travaux.** Cette demeure néoclassique de la fin du XVIIIe s, construite par les Can Llopis, riche famille de commerçants de malvoisie (un vin liquoreux), a été laissée telle quelle.

Les « casas de los Americanos » : itinéraire à faire en solo à l'aide du plan (très succinct mais gratuit) disponible à l'office de tourisme, ou lors de visites guidées (voir *Agisitges* dans « Adresses et infos utiles »). À part la bibliothèque municipale, pas de visite de l'intérieur des édifices, on les admire de l'extérieur ! Il s'agit de demeures privées édifiées par des Catalans partis aux Amériques, à Cuba notamment, et revenus au pays fortune faite. La ville en compte environ 80, dont le style va du néoclassicisme au modernisme en passant par le romantisme et l'éclectisme.

Fundació Stämpfli (plan B2) **:** pl. de l'Ajuntament, 13. ☎ 93-894-03-64. • fundacio-stampfli.org • museusdesitges.cat • Juil-sept, w-e et j. fériés 11h-14h, 16h-20h ; horaires restreints en hiver (souvent w-e et j. fériés seulement 10h-14h). Entrée : 5 € ; réduc. Fondée par l'artiste suisse Peter Stämpfli, cette galerie de dimension modeste expose sa collection par roulement, en organisant des expos temporaires centrées sur le travail d'un artiste en particulier. La majorité des œuvres s'inscrivent dans le courant de la figuration narrative, né dans les années 1960 à Paris.

Les plages : une dizaine de petites plages, délimitées par des digues, s'étirent sur les 3 km du front de mer. À environ 15 mn vers l'est, après l'église, la plage *dels Balmins* accueille les naturistes (majoritairement gays).

Fêtes

- **Carnaval de Sitges :** pdt une bonne sem, début fév. Parades (gays pour certaines) pleines d'exubérance. Celles des dimanche et mardi sont les plus intéressantes.

– ***Rallye de Cotxes d'Època :*** *un w-e de mars.* • *sitgesrallye.com* • Rassemblement de voitures d'époque.
– ***Corpus Christi :*** *juin.* Magnifiques tapis de fleurs dans les rues et procession de géants.
– ***Sitges Pride :*** *juin ou juil en principe, pdt 5 j.* • *gaysitgespride.com* •
– ***Bears Week :*** *1 sem en sept.* • *bearssitges.org* • C'est la semaine où les chasseurs courent après les gros nounours.
– ***Festival internacional de Cinema fantàstic de Catalunya :*** *10 j. début oct.* • *sitgesfilmfestival.com* • Rendez-vous des amoureux de fantastique et d'horreur au cinéma.

VILAFRANCA DEL PENEDÈS (08720) 40 056 hab.

À 24 km au nord de Sitges et à 55 km au sud-ouest de Barcelone, dans une vaste plaine fertile traversée à l'époque romaine par la via Augusta, Vilafranca del Penedès reste un nœud de communications. Réputée pour être la capitale du Haut Penedès *(Alt Penedès),* c'est le 1er terroir viticole de Catalogne, qui produit notamment 90 % du *cava* régional mais aussi des blancs légers et des rouges charnus.
De taille moyenne, la ville compte en son centre quelques monuments anciens : la basilique gothique Sainte-Marie et, dans le palais du Roi *(palau Reial),* le musée de la Culture du vin de la Catalogne. Elle est aussi connue pour organiser en octobre-novembre des concours de *castellers.*

Adresse utile

Oficina de turisme : *c/ Hermenegild Clascar, 2. ☎ 93-818-12-54.* • *turismevilafranca.com* • *penedesturisme.cat* • ♿ *À env 10 mn à pied de la gare. Juil-sept : lun-sam 9h30-18h, dim et j. fériés 10h-13h ; le reste de l'année : lun-sam 9h30-13h30, 15h-18h ; dim-lun et j. fériés 10h-13h.*
– ***Marché :*** *sam.*

À voir dans le coin

Les caves Torres : *finca El Masel, 08739* ***Pacs del Penedès.*** *☎ 93-817-73-30.* • *torres.es* • *À 4 km à l'ouest de Vilafranca del Penedès, sur la route de Sant Martí Sarroca. Lun-sam 9h-18h, dim 9h-14h. Visite guidée sur résa en ligne, en castillan, catalan, ou anglais, et impérative en français. Entrée : env 23 € (avec une dégustation de 3 vins) ou 34 € (avec 4 vins et 4 fromages ou 4 tapas). Durée : 1h45 à 2h selon formule.* La visite débute avec un film de 15 mn, narrant la success-story de la famille Torres. Produisant du vin depuis 1870, c'est aujourd'hui l'une des plus grandes et des plus modernes maisons d'Espagne, primée à maintes reprises. On entre ensuite dans le *tunel de las Estaciones,* où le cycle des saisons et son influence sur la vigne animent un mur-écran pendant qu'une cascade d'arômes embaume l'air (bois brûlé, fleur d'oranger, etc.). Et hop ! On embarque dans un petit train qui sillonne le domaine avant d'entrer dans l'obscure cave ***Josefa,*** où sont entreposés des milliers de tonneaux. Passage par les chaînes de mise en bouteilles et retour au point de départ pour la dégustation. On peut regretter le côté aseptisé de la visite, tout en reconnaissant aux Torres un sens aigu du marketing.

DANS LES ENVIRONS DE VILAFRANCA DEL PENEDÈS

SANT SADURNÍ D'ANOIA (12 863 hab.)

Située au bord de l'autoroute AP 7-E 15 Barcelone-Tarragone, à 15 km à l'est de Vilafranca del Penedès et 45 km à l'ouest de Barcelone, Sant Sadurní d'Anoia est LA ville du ***cava***. Avec plus de 60 *bodegas,* le coin assure près de 75 % de la production nationale de ce vin pétillant (voir la rubrique « Boissons » dans « Catalogne-Valence : hommes, culture, environnement »). C'est l'occasion de visiter les splendides caves modernistes de ***Codorníu,*** qui produit plus de 40 millions de bouteilles par an, et de tout savoir sur le *cava* en visitant le *Centro de interpretaçió del cava – Fassina de Can Guineu*.
Chaque année début septembre s'y déroule un carnaval pour le moins original : la ***festa de la fil.loxera,*** un festival pyrotechnique et musical qui célèbre la victoire de la ville en 1887 sur le phylloxéra, un puceron qui ravagea, à l'époque, tout le vignoble de la région.

Comment y aller ?

➢ ***En train :*** liaisons régulières avec Barcelona-Sants (1h) et Vilafranca del Penedès (25 mn) par la ligne R4 des *Rodalies.* *• rodalies.gencat.cat •*

Adresse utile

Oficina de turisme et Centro de interpretaçió del cava – Fassina de Can Guineu : *c/ Hospital, 23. ☎ 93-891-18-33. • turismesantsadurni.cat • À 150 m de la pl. del Ayuntamiento, soit 10-15 mn à pied de la gare. Mar-ven 9h15-14h45, 16h-18h30 ; sam 10h-14h, 17h-19h ; dim 10h-14h. Fermé lun.* Plan de la ville avec la liste des caves à visiter.

Où manger ?

Can Quetu : *c/ de Tarragona, 25. ☎ 93-891-02-57. Tlj sauf lun et sam 13h-16h30, 20h-minuit. Congés : août. Menu en sem env 10 €. CB refusées.* Une cantine locale où l'on se restaure de plats simples et où qualité et quantité sont au rendez-vous. Bon accueil.

À voir

Centro de interpretació del cava – Fassina de San Guineu : *mêmes adresse et horaires que l'office de tourisme. ☎ 93-891-31-88. • turismesantsadurni.cat • Entrée : 6 € ; réduc.* Aménagé dans une distillerie du début du XIXe s, ce petit musée aux équipements tactiles vous fera toucher du doigt (après une vidéo d'introduction) la production du *cava,* d'un point de vue organique (pousse de la vigne, ses maladies, dont le fameux phylloxéra) comme d'un point de vue du processus de vinification. Une dégustation clôture la visite. Boutique pour s'approvisionner.

Les caves Codorníu : *avda J. Codorníu. ☎ 93-891-33-42. • codorniu.es • visitascodorniu.com • (résas). Lun-sam 9h-17h (15h dim). Dernière entrée 1h30 avt fermeture. Visite guidée d'env 1h30 en castillan, catalan, anglais ou français (sur résa en ligne) suivie d'une dégustation de 2 types de cava : 22 € ;*

réduc ; gratuit - de 7 ans. Compter 30 € pour déjeuner sur place. Née en 1551, la maison *Codorníu* est ***la plus ancienne entreprise familiale d'Espagne.*** C'est aussi la 1re de Catalogne à adopter, en 1872, la méthode champenoise pour la création du *cava* auquel elle consacre rapidement la totalité de sa production. En 1915, après 20 ans de chantier, inauguration des merveilleuses caves imaginées par l'architecte moderniste ***Josep Puig i Cadafalch.*** Un monument national qui intéressera même les néophytes en matière de vin. Après une vidéo retraçant l'histoire de la maison et la traversée de la belle propriété, on rejoint l'ancienne salle de pressage, transformée en musée réunissant quantité d'objets et machines viticoles. Puis c'est la plongée dans un dédale souterrain de caves où vieillissent des milliers de bouteilles. On en découvre une partie à bord d'un amusant petit train.

LA COSTA BRAVA ET L'ARRIÈRE-PAYS

• Carte *p. 227*

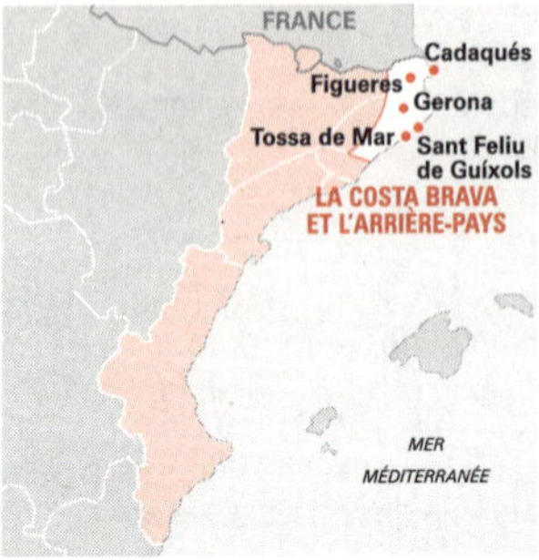

Plébiscitée par les artistes et intellectuels au lendemain des Années folles, la Costa Brava, avec ses calanques baignées d'une mer translucide et son climat doux, s'ouvre au tourisme de masse dès les années 1960.

Mais, sous la pression des marchands de soleil, la belle a tôt fait de se métamorphoser. Résultat : on bétonne à tout-va, tant et si bien que la rentabilité prend le pas sur le bon goût et la préservation de cet exceptionnel territoire naturel. De véritables temples de la consommation poussent comme des champignons. Parallèlement, les locaux abandonnent leurs activités traditionnelles pour se dédier au tourisme. Aujourd'hui, c'est près de 6 millions de voyageurs qui débarquent ici chaque année, dont un grand nombre de Français.

Fort heureusement, on trouve au fil de ces 256 km de littoral des sites naturels préservés propices à de belles escapades nature, comme le parc naturel du cap de Creus, sans oublier les criques qui s'égrènent sur la côte, offrant un farniente appréciable. De plus, certaines localités de bord de mer, comme Cadaqués, ont su conserver leur âme : village à la mode dans les années 1960 et fréquenté par le gratin artistique, il s'arpente toujours d'un pied léger au gré de ses ruelles bordées de maisons blanches parfumées de jasmins. C'est le cas aussi de Tossa de Mar ou de Begur, même si, plus encore qu'à Cadaqués, le tourisme international haut de gamme et branché se fait sentir, au point qu'on y pratique des tarifs souvent abusifs.

Et puis il y a l'arrière-pays, avec ses pittoresques villages médiévaux, ses paysages vallonnés et ses jolies routes de campagne. Y poser son sac, c'est souvent l'occasion d'une bonne table et d'une randonnée à pied, à VTT ou même à cheval sur les nombreux itinéraires qui quadrillent la région.

Enfin, la Costa Brava est aussi le berceau du truculent Dalí, définissant, entre Figueres, Port Lligat et Púbol, le fameux « triangle dalinien ». Une figure certes à géométrie variable en fonction de l'affluence, mais qui vaut à elle seule le détour, voire le voyage...

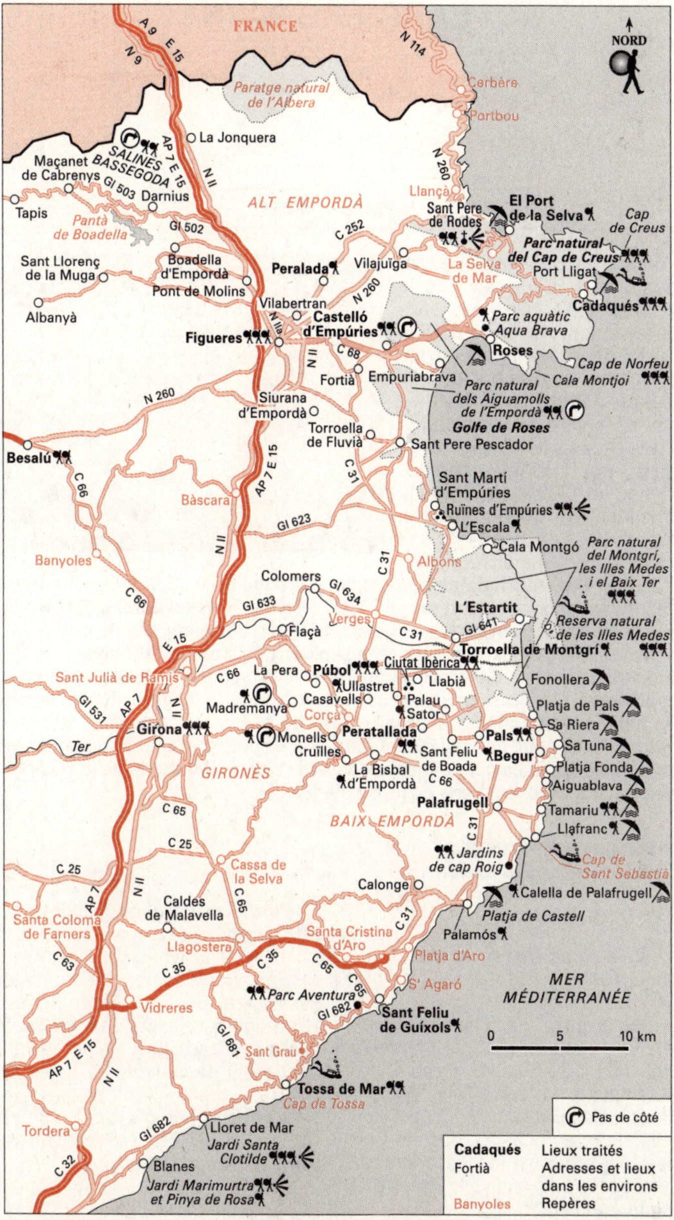

LA COSTA BRAVA

L'ARRIÈRE-PAYS

GIRONA (GÉRONE)

(17000) 101 900 hab.

• Plan *p. 230-231*

Fondée par les Romains sur des bases ibériques dès le Ier s av. J.-C., Gérone, successivement occupée par les Wisigoths et les Maures avant de tomber sous la houlette du clergé, a établi sa renommée sur sa capacité à résister à l'envahisseur (le dernier siège mené par l'armée napoléonienne en 1809 dura 7 mois !). Commerçante depuis toujours, elle abrite, jusqu'en 1492, une importante communauté juive. De cette faste période ne subsiste aujourd'hui qu'un *call jueu,* comptant cependant parmi les quartiers juifs les mieux conservés d'Europe. Siège d'un évêché influent, Gérone s'est également dotée d'une imposante cathédrale entre les XIVe et XVIIe s ; le plus grand édifice religieux de Catalogne ! Aujourd'hui, cette ville à taille humaine dévoile un cœur historique charmant et préservé, d'intéressants musées et de nombreuses festivités toute l'année. En plus, elle constitue une bonne base de séjour au cœur d'un territoire naturel idéal pour des balades à pied et à vélo, comme en témoignent les nombreux cyclistes qui viennent sillonner la région. D'autant que le TGV relie aujourd'hui Gérone à Paris en tout juste 6h !

NAPOLÉON PREND LA MOUCHE

D'après la légende, une nuée de mouches échappée du tombeau de saint Narcisse (dans la basilique Sant Feliu) aurait mis en déroute les armées napoléoniennes qui assiégeaient Gérone en 1808. Elles avaient déjà tué des milliers de soldats de Philippe le Hardi en 1285 ! Rien d'étonnant donc à ce que la mouche soit aujourd'hui le symbole de la ville.

Arriver – Quitter

En train

Estació de tren *(gare ferroviaire ; hors plan par A3)* **:** *pl. d'Espanya.* ☎ *912-320-320.* • *renfe.com* •

➢ ***Paris-gare de Lyon*** *(France ; env 6h),* ***Lyon*** *(env 4h) et* ***Marseille*** *(env 4h)* **:** 1-2 *TGV-AVE* directs/j., via notamment ***Valence TGV, Nîmes, Montpellier, Béziers, Narbonne*** (correspondances pour Toulouse et Bordeaux), ***Perpignan*** (correspondances vers Cannes, Nice, Lyon, Genève) et ***Figueres-Vilafant.***

➢ ***Figueres*** *(15-40 mn selon la gare)* **:** 1-2 trains/h, via ***Flaçà*** (gare desservant les villages de la côte : Palafrugell, Begur, Pals et L'Escala).

➢ ***Portbou / Cerbère*** *(France ; 1h)* **:** 6-15 trains/j., via ***Llançà*** pour certains (gare desservant El Port de la Selva).

➢ ***Barcelona*** *(gares de Sants et Passeig-de-Gràcia ; 40 mn-1h30)* **:** 1-5 trains/h, via ***Caldes de Malavella*** pour certains (gare desservant Sant Feliu de Guíxols et Tossa de Mar).

➢ ***Madrid*** *(gare d'Atocha ; 3h30-4h45)* **:** 5-10 *AVE*/j., via ***Barcelona-Sants*** et ***Zaragoza-Delicias.***

En bus

Estació d'autobusos *(gare routière ; hors plan par A3)* **:** *pl. d'Espanya.* ☎ *972-21-23-19. Sous la gare* *ferroviaire, au niveau des trains TGV-AVE.* Plusieurs compagnies se partagent les destinations.

■ **Bus Moventis-Sarfa :** *☎ 902-30-20-25. • moventis.es •*

➢ **Cadaqués** *(1h45),* **Roses** *(1h15) et* **Castelló d'Empuríes** *(1h)* **:** 1-2 bus/j. (sauf w-e hors juil-août). Liaisons plus nombreuses depuis Figueres.

➢ **L'Escala** *(1h)* **:** 2-5 bus/j., via **Flaçà** et **La Pera.**

➢ **Palafrugell** *(1h10)* **:** 1-3 bus/h, via **platja d'Aro** et **Palamós.**

➢ **Peratallada** *(55 mn),* **Pals** *(1h05) et* **Begur** *(1h15)* **:** seulement 1 bus/j. sauf w-e, via **Flaçà, La Pera** et **La Bisbal d'Empordà.** Bus plus fréquents depuis Palafrugell.

➢ **Sant Feliu de Guíxols** *(2h05)* **:** 2-14 bus/j., via **Flaçà, La Pera, La Bisbal d'Empordà, Palafrugell, Palamós** et **platja d'Aro.**

➢ **Tossa de Mar** *(40 mn)* **:** 3 bus/j., en été seulement. On conseille plutôt de prendre un bus pour Lloret de Mar (voir ci-après) et de changer pour Tossa : 1 bus/h avec la compagnie **Pujol** *(• autocarspujol.com •).*

■ **Bus Sagalés :** *☎ 902-13-00-14. • sagales.com •*

➢ **Lloret de Mar** *(40 mn-1h)* **:** 1-2 bus/h (moins fréquents le w-e).

➢ **Figueres** *(55 mn)* **:** 2-4 bus/j. Plus pratique en train.

➢ **Barcelona** *(estació del Nord ; 1h20)* **:** 2-4 bus/j., jusqu'à **l'aéroport del Prat** *(2h).*

■ **Bus Teisa-Eixbus :** *☎ 972-20-48-68. • teisa-bus.com •*

➢ **Sant Feliu de Guíxols** *(55 mn)* **:** 9-19 bus/j.

➢ **Vic** *(1h) et* **Lleida** *(Lérida ; 3h35)* **:** 2-10 bus/j., la plupart marquant un arrêt à **l'aéroport de Girona-Costa Brava.**

■ **Bus Ampsa :** *☎ 972-21-63-53. • ampsa.org •*

➢ **Torroella de Montgrí** *(50 mn) et* **L'Estartit** *(1h)* **:** 6-12 bus/j.

En avion

✈ **Aéroport de Girona-Costa Brava** *(hors plan par A3)* **:** *17185* **Vilobí d'Onyar.** *☎ 972-18-66-00. • aena.es • À 12 km au sud de Gérone.* Relié à de nombreuses villes européennes par des compagnies *low cost,* comme *Ryanair.* Sur place : office de tourisme *(☎ 972-18-67-08),* location de voitures...

➢ **Rejoindre le centre-ville de Gérone :** avec *Sagalés (• sagalesair portline.com •),* 1 bus env ttes les heures vers la gare routière *(2,75 €).* Également des liaisons avec **Barcelone, Figueres**... Sans compter les bus *Moventis-Sarfa (• moventis.es •)* qui roulent vers Lloret de Mar, Palafrugell, Platja d'Aro, Sant Feliu de Guíxols, Tossa de Mar...

Adresses et infos utiles

Oficina de turisme *(plan B3,* **1***)* **:** *rambla de la Llibertat, 1. ☎ 972-01-00-01. • girona.cat/turisme • Lun-ven 9h-19h ; sam 9h-14h, 15h-19h ; dim et j. fériés 9h-14h. Fermé Noël et début janv.* Plan de la ville en français, infos détaillées des itinéraires cyclistes (voies vertes), de la route des vins de l'Empordà, agenda culturel, jeux de piste... Accueil compétent en français. Petit espace avec expos temporaires.

Punt de Benvinguda – Associació Guies de Girona *(plan B1,* **2***)* **:** *c/ Berenguer Carnicer, 3. ☎ 972-21-16-78. 📱 674-95-58-05. • guiesdegi rona.com • turismegirones.cat • Tlj 9h-19h (17h sam, 14h dim).* Ce petit local délivre des infos sur Gérone et sa région, et héberge aussi l'Association des guides officiels de Gérone. Ils organisent les *Girona Walks (📱 657-52-14-45 ; • gironawalks.com •),* des visites guidées de la ville en castillan ou en catalan seulement *(avr-oct, départ mar-dim vers 12h ; nov-mars, mar-sam à la même heure ; env 12 €, gratuit - de 14 ans).* Sinon, visites guidées privées en français sur demande, mais plus chères et plutôt destinées aux groupes (25 personnes maxi).

■ **Visites guidées avec GIGS :** *📱 619-33-58-48. • info@gigsgi rona.com • turismon.net • Sur résa. Tlj en été ; le w-e seulement, et sur demande, hors saison. Compter 15 €/ pers. Durée : 2h.* Autre organisme

Adresses utiles

- 1 Oficina de turisme (B3)
- 2 Punt de Benvinguda – Asociació Guies de Girona (B1)
- 3 Librairie Ullysus (C2)
- 4 Eat Sleep Cycle (B3)
- 5 Cicloturisme i Medi Ambiant (A3)
- 6 Police (B3)

Où dormir ?

- 10 Alberg Cerverí de Girona (C2)
- 11 Pensió Viladomat (C2)
- 12 B & B Bells Oficis (B3)
- 13 Can Cocollona (hors plan par A3)
- 14 Casa Cúndaro (C2)
- 15 Hotel Peninsular (B3)
- 17 Hotel Històric (C2)
- 18 Hotel Ciutat de Girona (B2)
- 19 Hotel Nord 1901 (B2)

Où manger ?

- 30 Zanpanzar (C2)
- 31 Bau Bar (C1)
- 32 Restaurant 8 de 7 (B2)
- 33 Le Bistrot (C2)
- 34 Vintages et Volver (B2)
- 35 Casa Marieta (B2)
- 36 Occi (B2)
- 37 L'Alqueria (A3)
- 38 Can Marquès (hors plan par B3)
- 39 Brots de Vi (C2)

Où grignoter une douceur ? Où déguster une glace ?

- 50 La Xurreria de la Cort Reial (B2)
- 51 La Lletera (B1)
- 52 Rocambolesc Gelateria (B2)

Où boire un verre ? Où sortir ?

- 60 Nykteri's (C1)
- 62 Sunset Jazz Club (B1)

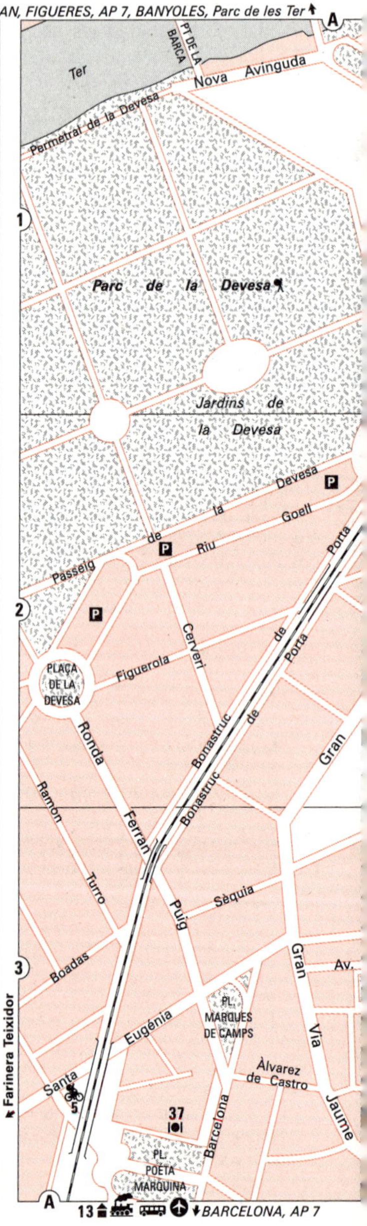

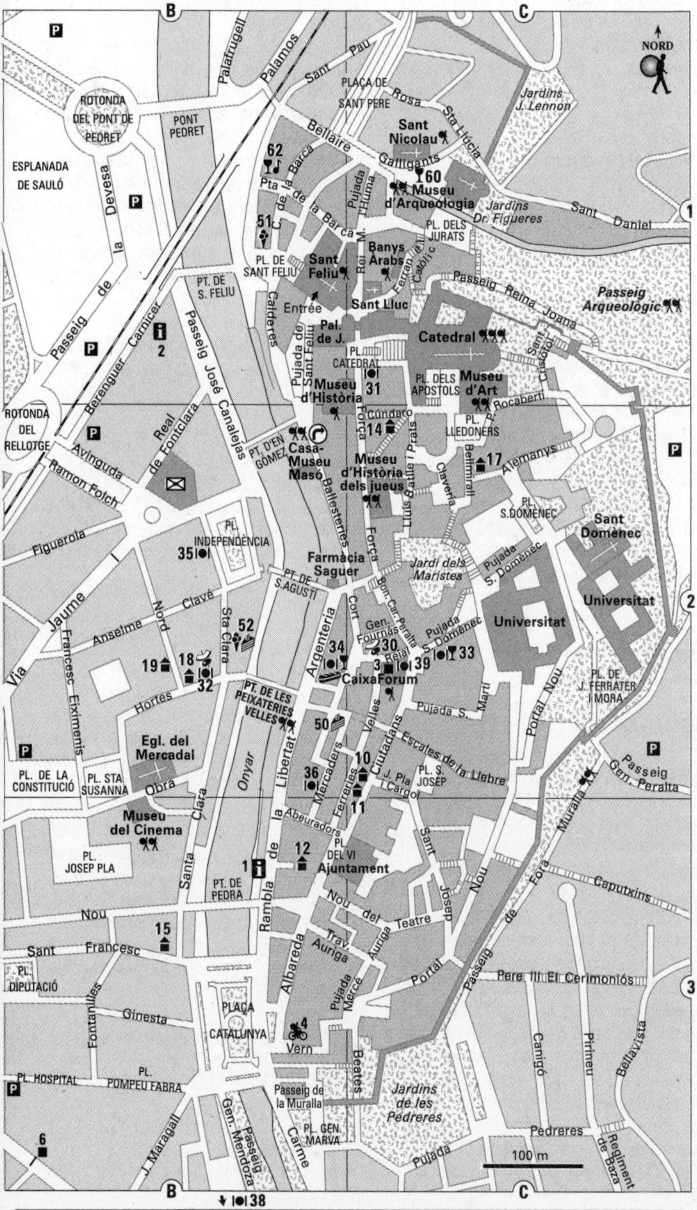

GIRONA (GÉRONE)

de guides proposant des visites de Gérone en français. Également des visites thématiques.

■ ***Consulat honoraire de France :*** *M. François-Xavier Pujol de Salas,* *605-05-53-97. • gerone@agenceconsulaire.fr •*

■ ***Hospital Dr Josep Trueta :*** *avda de França, 60. ☎ 972-94-02-00.*

■ ***Police*** (plan B3, **6**) **:** *Gran Vía Jaume I, 57. ☎ 972-18-16-10.*

■ ***Taxis Girona :*** *☎ 972-22-23-23. • gitaxi.cat •*

■ ***Location de vélos :*** la ville dispose d'une flotte de ***vélos en libre-service*** *(2 €/j. ; inscription et dépôt de garantie de 150 € par CB sur • girocleta.cat •).* Plus de choix et des vélos plus perfectionnés (VTC, course, VTT, etc.) chez ***Eat Sleep Cycle*** *(plan B3, **4** ; c/ del Vern, 3 ; ☎ 972-75-43-01 ; • eatsleepcycle.com • ; lun-sam – tlj avr-mai et sept – 9h-14h, 16h-19h ; 25-90 €/j.),* et ***Cicloturisme i Medi Ambiant*** *(plan A3, **5** ; c/ Santa Eugènia, 11 ; ☎ 972-22-10-47 ; • cicloturisme.com • ; lun-ven 9h-14h, 15h-18h).*

■ ***Librairie Ullysus*** (plan C2, **3**) **:** *c/ Cort Reial, 3. ☎ 972-21-17-73. • ulyssus.com • Tlj sauf dim.* Au cœur de la vieille ville, une petite librairie spécialisée dans le voyage. On y trouve, entre autres, des cartes et topoguides en français.

■ ***Stationnement :*** grands ***parkings gratuits*** de part et d'autre de la *rotonda del Pont de Pedret* et le long du *passeig de la Devesa (plan B1).* Sinon, plusieurs ***parkings payants*** proches du centre historique : *plaça de la Constitució (plan B2), plaça de l'Hospital (plan B3)...*

– ***Marchés :*** *mar et sam mat, dans le **parc de la Devesa,** autour de la piscine municipale (hors plan par A2) ; alimentation, vêtements, chaussures... Tlj sauf dim 7h-14h, et aussi 17h-20h30 ven à la grande halle du **mercat de Lleó** (hors plan par B3) ; alimentation seulement. Également un petit marché d'artisans sam 10h-21h mars-déc, sur le **pont de Pedra** (plan B3).*

Où dormir ?

Auberges de jeunesse

■ ***Alberg Cerverí de Girona*** (plan C2, **10**) **:** *c/ Ciutadans, 9, 17004. ☎ 972-21-80-03. • girona.xanascat@gencat.cat • xanascat.gencat.cat • Lits en dortoir (2-8 pers) 15-29 € selon saison, petit déj inclus. ½ pens et pens complète possibles. Repas 9-11 €.* Au cœur de la vieille ville, près d'une centaine de lits superposés dispatchés dans des chambres basiques et fonctionnelles, dont les plus grandes disposent d'une salle de bains. Sanitaires communs pour les autres. L'ensemble, très bien tenu, est ordonné autour d'un petit patio fleuri situé au 2e étage. Pensez à prendre une serviette de bain, car il n'y en a pas en prêt. Laverie.

■ ***Can Cocollona*** (hors plan par A3, **13**) **:** *c/ Mare de Déu del Remei, 8. 607-40-96-10. • info@cancocollona.com • cancocollona.com • À 15-20 mn à pied du centre. Lits en dortoir (4-6 pers) 25-30 € petit déj inclus. Café offert sur présentation de ce guide.* Dans un quartier tranquille à proximité immédiate des gares de bus et de train, une minuscule AJ installée dans une maisonnette blanche qu'apprécieront les routards adeptes du « bien vivre ensemble ». Cuisine équipée et salle à manger communes, ainsi qu'un agréable patio extérieur. À l'étage, 3 petits dortoirs, dont un exclusivement féminin (avec balcon). Tous partagent les sanitaires. Parfait pour les bandes de potes !

Bon marché (autour de 60 €)

■ ***Pensió Viladomat*** (plan C2, **11**) **:** *c/ Ciutadans, 5, 17004. ☎ 972-20-31-76. • info@pensioviladomat.cat • pensioviladomat.cat • Doubles sans ou avec sdb 54-64 €. Pas de petit déj.* En plein centre, une petite pension modeste sur 3 étages (sans ascenseur) offrant des chambres simples

LA CATALOGNE

et propres, avec balcon. Celles avec salle de bains sont aussi équipées d'un frigo et d'une cafetière. Pas de clim en revanche.

De prix moyens à chic (50-100 €)

B & B Bells Oficis (plan B3, **12**) : *c/ Germans Busquets, 2 (2e étage), 17004. ☎ 972-22-81-70. 679-46-04-57. • info@bellsoficis.com • bellsoficis.com • Au fond d'une impasse donnant sur la Rambla. Doubles sans ou avec sdb 50-102 €, petit déj inclus.* Dans un immeuble historique, rénové en partie par Rafael Masó au début du XXe s, une minuscule pension à la déco à la fois design et vintage. 5 chambres avec clim et balcon, de taille et d'aménagement différents (la moins chère avec lits superposés), dont 3 se partagent la même salle de bains. L'ensemble est quand même assez exigu, mais ça reste un bon plan pour un court séjour.

Casa Cúndaro (plan C2, **14**) : *pujada Catedral, 7, 17004. ☎ 972-22-35-83. • info@casacundaro.com • casacundaro.com • Réception à l'*Hotel Històric *(plan C2, **17**), à 100 m. Doubles 66-95 € ; apparts 2-4 pers jusqu'à 110 €. Pas de petit déj.* Dans une demeure médiévale haute sous plafond, une poignée de chambres spacieuses et confortables et 4 apparts avec kitchenette et murs en pierre apparente. Ambiance et déco rustique, avec du mobilier chiné ou... fait maison. Un bon plan pour les familles ou entre copains, au plus près du carillon de la cathédrale !

Hotel Peninsular (plan B3, **15**) : *avda Sant Francesc, 6, 17001. ☎ 972-20-38-00. • peninsular@novarahotels.com • hotelpeninsulargirona.com • Doubles 80-130 €, petit déj 10-12 €. Parking 18 €/j.* À côté de la plaça de Catalunya, un hôtel classique aux chambres fonctionnelles, décorées simplement mais rénovées, tout confort et proprettes. Bon petit déj et accueil pro.

Chic (90-150 €)

Hotel Nord 1901 (plan B2, **19**) : *c/ Nord, 7-9, 17001. ☎ 972-41-15-22. • info@nord1901.com • nord1901.com • Doubles 90-170 € ; apparts et suites ; petit déj 15 €.* Quelle classe ! Dès l'entrée, la déco cossue donne le ton. Les chambres – comme les apparts tout équipés – sont vraiment plaisantes et spacieuses. Les plus onéreuses donnent sur le jardin ou la calme ruelle ; les autres sur des puits de lumière intérieurs. Sur l'arrière, petite piscine bordée d'un *sundeck* et de murs végétalisés, où il fait bon se détendre. Remarquable petit déj et très bon accueil.

Hotel Històric (plan C2, **17**) : *c/ Bellmirall, 4 A, 17004. ☎ 972-22-35-83. • info@hotelhistoric.com • hotelhistoric.com • ♿ Doubles 90-140 € ; apparts 2-4 pers 99-168 € ; petit déj 12 €.* Au cœur de la vieille ville, une maison ancienne pleine de charme aux chambres confortables et décorées dans un style rustique élégant. Également plusieurs appartements avec 1 ou 2 chambres, cuisine, mais sans clim et un peu moins recherchés côté déco. Belle terrasse sur le toit.

Hotel Ciutat de Girona (plan B2, **18**) : *c/ Nord, 2, 17001. ☎ 972-48-30-38. • info@hotelciutatdegirona.com • hotelciutatdegirona.com • Doubles 90-150 €, petit déj 16 €.* Un hôtel d'une bonne quarantaine de chambres très confortables, de tailles variables et d'allure moderne, dans les tons rouge, gris et brun. Petit déj de qualité, bar et spa sur place. Une bonne adresse en plein centre.

LA CATALOGNE

Où manger ?

Gérone propose quelques très belles tables, dont « le meilleur restaurant du monde » en 2013 et 2015 : ***El Celler de Can Roca.*** Ne vous emballez pas : compter près de 200 € par tête et, à moins de réserver 11 mois à l'avance, très peu de chances d'y trouver de la place !

Tapas

Zanpanzar (*plan C2, **30***) : *c/ Cort Reial, 10-12. ☎ 972-21-28-43. • zanpanzar.girona@gmail.com • Tlj en été ; fermé le midi en sem le reste de l'année. Pintxos 4-8 € ; plats 5-18 €.* Un chouette bar à tapas basque pris d'assaut à l'heure où les cure-dents plantés dans les *pintxos* sur le comptoir sont encore à la verticale ! À accompagner d'un petit *txakolí* (vin blanc basque) bien frais, mais on peut aussi s'attabler dans la salle rustique et commander une *ración* bien servie. Festif en toutes circonstances, l'endroit est l'un des seuls de la ville ouverts le dimanche soir !

Volver (*plan B2, **34***) : *c/ Cort Reial, 13. ☎ 972-96-62-96. • fannocaro@yahoo.com.ar • Tlj sauf dim. Empanadas 2,50 € (13 € les 6, 22 € les 12) ; formule 3 empanadas + boisson 7,50 €.* Pour un repas sur le pouce, une petite boutique d'*empanadas argentinas* à emporter. Généreux petits chaussons au poulet, thon, jambon, champignon et fromage... encore tout chauds. On fait parfois la queue tant l'endroit est prisé !

De bon marché à prix moyens (10-30 €)

Restaurant 8 de 7 (*plan B2, **32***) : *c/ Hortes, 10. ☎ 972-10-44-30. • restaurant8de7@gmail.com • Tlj sauf dim-lun. Congés : 2 sem début sept. Menu env 17 € le midi en sem, 21 € le sam ; compter 20-25 € le w-e ; tapas et raciones 4-18 €.* Une salle à la déco contemporaine tout en longueur et quelques tables en terrasse pour ce resto qui se fait discret. Pourtant c'est une valeur sûre pour les locaux. Il faut dire que la cuisine d'inspiration gastro est d'un rapport qualité-prix exceptionnel, surtout au déjeuner ! Des tapas à tomber et des plats raffinés au dressage superbe. Pour la note, on lui met 8 sur 7 !

Le Bistrot (*plan C2, **33***) : *pujada de Sant Domènec, 4. ☎ 972-21-88-03. • info@cafelebistrot.com • Tlj. Formules et menu midi 13-19 € en sem, 18-25 € le w-e ; plats 8-18 €.* Grande salle style 1900 où le temps semble s'être arrêté, prolongée d'une terrasse sur les escaliers de l'église Sant Domènec. L'assiette ne déçoit pas, avec, au déjeuner, de bonnes spécialités catalanes revisitées ; et, le soir, des salades, pizzas, crêpes, et assiettes de fromages-charcuterie. Également quelques viandes, plus chères. On peut aussi se contenter d'y boire un verre.

Vintages (*plan B2, **34***) : *c/ Cort Reial, 15. ☎ 972-20-63-26. • vintagesgirona@gmail.com • Tlj sauf dim. Résa conseillée. Plats 10-16 €, carte env 35 €. Digestif offert sur présentation de ce guide.* Bar à vins tout en longueur, aux couleurs chaudes et lumières tamisées, pour une ambiance cosy et... vintage. Sur fond de musique jazzy, on y sert d'excellents vins d'ici et d'ailleurs au verre, à accompagner de bons petits plats goûteux, y compris végétariens, qui oscillent entre tradition et originalité. Excellent accueil. Petite terrasse déployée en été.

Bau Bar (*plan C1, **31***) : *pl. de la Catedral, 8. 📱 680-27-50-73. • info@baubargirona.com • Tlj sauf dim 8h30 (11h sam)-17h. Formules et menus 13-16 €.* Le palais gothique Pia Almoina, qui héberge l'Ordre des architectes de Catalogne (mazette !), sert aussi de cadre (original) à ce petit resto qu'on recommande à l'heure du déjeuner, pour son menu et l'efficacité de son service. Dans l'assiette, des plats sans chichis mais honnêtement réalisés, tournant autour de la cuisine catalane et méditerranéenne. Également de bons desserts. Un bon plan pour une petite faim près de la cathédrale.

Brots de Vi (*plan C2, **39***) : *c/ Cort Reial, 1. 📱 631-29-84-67. • info@brotsdevi.cat • Tlj en été ; fermé lun et mar midi hors saison. Résa conseillée. Plats 10-20 €.* En plein cœur de la vieille ville, voici une carte variée autour de produits frais et locaux : belles salades garnies, burgers costauds, mais aussi entrées gourmandes que l'on peut partager pour accompagner son verre de vin naturel, l'autre spécialité de la maison. Quelques tables en terrasse aux beaux jours, et à peine plus dans la petite salle tout en longueur. Pensez à réserver ou arrivez tôt, c'est vite plein !

Casa Marieta (plan B2, **35**) : *pl. Independència, 5-6. ☎ 972-20-10-16. • info@casamarieta.com • Tlj. Menus midi 17-21 € ; plats 5-19 €. Promos parfois.* Ouvert depuis 1892, c'est le plus ancien resto de la ville, mais aussi l'un des plus touristiques... On le recommande pour ses prix tenus et parce qu'on y sert toujours une bonne cuisine du cru faisant la part belle aux viandes grillées, sans oublier quelques poissons et toujours des plats de saison. À bouloter dans une grande salle un peu kitsch ou en terrasse sous les arcades d'une place fort animée.

De prix moyens à plus chic (25-35 €)

Occi (plan B2, **36**) : *c/ Mercaders, 3. ☎ 972-22-71-54. • info@restaurantocci.com • Tlj sauf mer soir et dim. Menu midi en sem env 24 € ; plats 15-22 €.* Longue salle entre vieilles pierres et déco moderne. Cuisine dans le même style, à la fois traditionnelle et revisitée, mijotée avec de bons produits frais de saison. Le menu du jour – savoureux à défaut d'être copieux – est une bonne affaire. Nos papilles en redemandent !

L'Alqueria (plan A3, **37**) : *pl. Poeta Marquina, 2. ☎ 972-22-18-82. • info@restaurantalqueria.com • Tlj sauf lun, le midi seulement. Congés : 2 sem en août. Résa quasi indispensable. Paellas, fideuàs et arroces 16-26 €.* Incontestablement les meilleures paellas et autres riz arrangés de la ville ! Le tout réalisé à la commande avec soin et doigté par un chef valencien, exigeant en matière de produits frais. À déguster dans un cadre contemporain sobre, qui rehausse les vieilles pierres. Vous allez vous régaler !

Can Marquès (hors plan par B3, **38**) : *pl. F. Calvet i Rubalcaba, 3. ☎ 972-20-10-01. • restaurant@canmarques.com • Lun-sam le midi, plus le soir jeu-ven en hte saison. Fermé dim et j. fériés. Congés : pdt la Semaine sainte et 2 sem en août. Menu midi en sem 18 € ; plats 11-25 € ; carte env 40 €.* Face au marché couvert, donc un peu à l'écart du centre, un resto familial ouvert depuis 1920. Si la salle s'est mise au goût du jour dans le genre sobre, la cuisine reste bien dans la tradition catalane avec des spécialités comme la langue de bœuf ou les tripes (excellentes !). Le soir, on peut goûter certains plats de la carte en petites portions, histoire de varier les plaisirs.

Où grignoter une douceur ?
Où déguster une glace ?

La Lletera (plan B1, **51**) : *c/ Barca, 1. ☎ 972-41-24-19. • info@lalletera.cat • Tte l'année, tlj.* Un glacier exquis où tout est fait sur place. Essentiellement de succulents parfums crémeux, et aussi quelques sorbets de saison. Quelques tables sur la place pour se poser.

La Xurreria de la Cort Reial (plan B2, **50**) : *c/ Cort Reial, 9. ☎ 972-39-62-57. • alexmontse2017@icloud.com • Tlj sauf dim et j. fériés, 9h30-13h30, 17h (17h30 ven)-20h. Congé : juil. Petit verre de chocolat chaud offert sur présentation de ce guide.* Minuscule pâtisserie emplie de vieux objets façon brocante, et surtout de bonnes choses : *churros, bunyols...* À accompagner d'un chocolat chaud ou d'un café en terrasse sur cette adorable placette.

Rocambolesc Gelateria (plan B2, **52**) : *c/ Santa Clara, 50. ☎ 972-41-66-67. • info@rocambolesc.com • Tlj.* Cette boutique, clairement inspirée de *Charlie et la chocolaterie*, est une « annexe » du fameux resto *El Celler de Can Roca* (élu « meilleur restaurant du monde » en 2013 et 2015 !). Glaces plus que créatives, donc, et large choix de « topings ». Également quelques desserts, identiques à ceux servis au resto mais à emporter ; ce qui les rend un peu plus accessibles !

Où boire un verre ? Où sortir ?

Nykteri's (plan C1, **60**) : *c/ Santa Llúcia, 4. ☎ 972-42-69-41. • nykteriscocktailbar@gmail.com • Jeu 19h-1h, ven-sam 19h-2h30, dim 18h-22h. Fermé lun-mer. Résa recommandée.* Ouvert sur une charmante placette, dominée par l'église romane de Sant Nicolau, ce bar à cocktails de haute volée, préparés par une mixologue régulièrement primée, est sans doute l'un des meilleurs de la ville ! Également quelques bricoles à grignoter, histoire de mettre un peu de solide dans le liquide.

Sunset Jazz Club (plan B1, **62**) : *c/ Jaume Pons i Martí, 12. ☎ 872-08-01-45. • sunsetgirona@gmail.com • sunsetjazz-club.com • Tlj sauf mer, à partir de 19h. Programmation des concerts (gratuits ou payants) sur le site.* On aime bien l'ambiance chaleureuse de ce bar blotti dans 2 salles voûtées garnies de fauteuils et canapés rouges. Concerts de qualité, plébiscités par les gens du coin.

À voir. À faire

– ***Important :*** l'intéressante ***carte Girona Museus*** (non nominative) concerne 6 musées, les museu d'Arqueologia de Catalunya, museu d'Art de Girona, museu d'Història de Girona, museu d'Història dels jueus, museu del Cinema, et la casa Masó. Le principe est simple : on paie l'entrée du 1er musée plein tarif (la carte ne s'applique pas aux tarifs réduits), et l'on bénéficie d'une réduc de 50 % dans les 5 autres ; cette carte est valable 6 mois.

Catedral (plan C1) : *pl. de la Catedral. ☎ 972-42-71-89. • catedraldegirona.cat • ♿ Tte l'année, tlj 10h (12h dim et j. fériés)-18h. Dernière admission 30 mn avt fermeture. Fermé 1er et 6 janv, Vendredi saint et 25 déc. Entrée (nef + trésor + cloître) : 7,50 € (avec la visite de la basílica Sant Feliu) ; billet combiné avec le museu d'Art de Girona et la basílica Sant Feliu 12 € (valable 1 an) ; réduc ; gratuit - de 7 ans. Audioguide en français compris. Photos interdites.*
Grandiose, on ne peut pas la manquer ! On vous conseille d'arriver par la rue Força pour la découvrir depuis le superbe escalier monumental (1690) qui la précède. Sa construction a débuté au XIVe s sur la base d'une église du XIe s, pour s'achever 3 siècles plus tard. Ce qui explique le mélange des styles : la façade baroque et la tour romane, dite *de Charlemagne.* À l'intérieur, plan à une seule nef monumentale, de style gothique et qui serait, paraît-il, la plus large du monde après celle de la basilique Saint-Pierre de Rome (22,98 m) ! Un volume impressionnant ceint d'une foule de petites chapelles. Beaux vitraux, impressionnant baldaquin du maître-autel en argent (XIVe s) et, en retrait derrière des grilles, son retable en argent ciselé, lui aussi, et incrusté de pierres précieuses (XIVe s)...
– ***Le cloître :*** magnifique ! De style roman, il est en forme de trapèze, avec une double rangée de colonnettes et de superbes chapiteaux ouvragés et tous différents. Prenez aussi le temps de détailler les frises qui ornent les piliers carrés : l'histoire de l'humanité depuis Noé, des scènes de la vie biblique, d'autres illustrant la période de construction du cloître, entremêlées de figures zoomorphes et d'entrelacs de plantes et de fleurs. À l'étage, collection de vêtements liturgiques (chasubles, chapes pluviales...), ainsi qu'une salle exposant un vitrail du XVIe s redécouvert en 2019 (en morceaux, puis recomposé !), lors de la restauration de l'une des chapelles.
– ***Le trésor :*** il présente quelques chefs-d'œuvre uniques de l'art liturgique, comme ce magnifique *codex de l'Apocalypse* (aussi appelé *Beatus de Girona*) réalisé en 975, richement illustré (c'est une excellente copie qui est exposée ici, l'original craignant la lumière). Et puis, plongée dans l'obscurité, la *tapisserie de la Création,* une pièce unique en Europe : la création du monde racontée en broderie, réalisée au XIe s et débordante de naïveté. Également des statues, peintures, retables, ostensoirs du XVe s, croix de procession, tabernacle du XIXe s et autres objets de culte...

➢ ***Balade architecturale :*** autour de la cathédrale, plusieurs édifices composent l'un des plus remarquables ensembles gothiques d'Europe. En bas de l'escalier à droite, la ***Pia Almoina,*** un superbe palais de style gothique catalan aux fenêtres élancées (XIIIe-XVIIIe s). Aussi au pied de l'escalier, la ***casa Pastors*** (XVIIIe s) est un ancien palais de justice qui accueille des expos d'art en été. À l'entrée de la carrer Força, le ***portal de Sobreportes,*** ancienne porte de la ville fortifiée, flanquée de 2 tours. Et puis, en haut des escaliers de la cathédrale, une autre place majestueuse, la ***plaça dels Apòstols,*** bordée par le ***palau episcopal*** (qui abrite le *museu d'Art de Girona,* voir plus loin) et la ***casa de l'Ardiaca*** (XVIe s).

Museu d'Art de Girona *(musée des Beaux-Arts ; plan C1-2) : pujada de la Catedral, 12. ☎ 972-20-38-34. • museuart.com • Tlj sauf lun. Mar-sam 10h-19h (18h oct-avr), dim et j. fériés 10h-14h. Fermé lun, 1er et 6 janv et 25-26 déc. Entrée : 6 € ; billet combiné avec la catedral et la basílica Sant Feliu 12 € (valable 1 an) ; réduc. Carte Girona Museus acceptée. Audioguide et infos détaillées salle par salle à consulter sur le site • visitmuseum.gencat.cat • (QR code dispo à l'entrée). Plan-dépliant en français.*
Un superbe musée, dont l'installation soignée et bien agencée (code couleur permettant de distinguer les différents courants artistiques), rend la visite agréable et didactique. Sur 4 niveaux, importante collection d'art catalan depuis l'époque romane jusqu'au XXe s, dont une majorité d'œuvres sacrées. Parmi les pièces maîtresses, cet *ara,* autel portatif en argent du Xe s, provenant du monastère Sant Pere de Rodes *(salle 1).* Quelques beaux chapiteaux romans finement ciselés *(salle 2)* et le *Biga de Cruïlles (salle 3)* du XIIe s, une poutre romane richement détaillée, provenant du monastère bénédictin de Sant Miquel de Cruïlles. Dans la *salle 4,* la statue de *La Lleona* (XIIe s), dont on retrouve la réplique sur la place Sant Feliu (voir plus loin) ; mais aussi l'*Abside de Pedrinyà,* beau vestige d'une fresque murale du XIIIe s. À voir de près : le *Martirologe,* codex du XVe s, de plus d'une centaine de pages criblées de minuscules illustrations sur fond d'or *(salle 5).* Superbe *retaule de Sant Pere de Púbol,* retable gothique sur bois réalisé par Bernat Martorell en 1437 *(salle 8)* ; touchants *Adam et Ève,* d'époque Renaissance, entourés d'animaux et dominés par le doigt réprobateur de Dieu...
Au 2e étage, des pièces uniques au monde : tablettes en bois plâtrées du XIVe s qui servaient de modèle à la fabrication des vitraux *(salle L'Espai).* Au 3e étage, c'est au tour de l'art baroque et des figures du retable. Au 4e étage, on se détache de l'art religieux pour se rapprocher des courants de la fin du XIXe et du début du XXe s, notamment du modernisme et du noucentisme : voir entre autres les tableaux de Modest Urgell, Santiago Rusiñol, ou encore le moulage en plâtre *Contra l'invasor* (1891) de Miquel Blay, illustrant la résistance du peuple géronais face à l'invasion napoléonienne. Expos temporaires au dernier étage.

Museu d'Història de Girona *(musée d'Histoire ; plan B-C1-2) : c/ Força, 27. ☎ 972-22-22-29. • girona.cat/museuhistoria • Mar-sam 10h30-18h30 (17h30 oct-avr), dim et j. fériés 10h30-13h30. Fermé lun, 1er et 6 janv et 25-26 déc. Entrée : 4,20 € ; réduc ; gratuit - de 16 ans et + de 65 ans, et pour tous le 1er dim du mois. Carte Girona Museus acceptée.* Sis dans un ancien couvent de capucins du XVIIe s, un musée classique aux installations un peu dépassées, et dont la densité des informations peut perdre le visiteur (notamment par manque de traduction). On y parcourt l'histoire de la ville depuis l'Antiquité jusqu'au franquisme, en passant par le Moyen Âge, la Renaissance, l'ère baroque, et la Gérone moderne, qui dut son essor au textile, au papier et à la farine : tout ce qui se faisait au moyen d'un moulin à eau ! Section musiques et danses traditionnelles. Au rez-de-chaussée, dans la salle à droite de l'entrée, voir aussi le « cimetière » où l'on asseyait les dépouilles des moines défunts dans des niches au-dessus de cavités, afin qu'ils se vident de leurs substances molles ou liquides... avant de les enterrer.

Call Jueu ou ***quartier juif*** *(plan C1-2)* de Gérone était, au Moyen Âge, l'un des plus importants d'Espagne. On dit aujourd'hui que c'est l'un des mieux conservés d'Europe. Appelé le *Call,* il avait sa propre administration et, selon la législation des villes, devait rendre des comptes aux chrétiens. Ce quartier a abrité une communauté de près d'un millier de membres jusqu'à l'expulsion manu militari de tous les juifs d'Espagne par Ferdinand d'Aragon, dit « le Catholique », en 1492. La ***carrer Força,*** à l'architecture authentiquement médiévale avec ses gros pavés, constituait l'axe principal du quartier juif. S'en échappent la ***carrer Sant Llorenç*** et la ***carrer Cúndaro,*** emblématiques et tortueuses venelles en escaliers qui n'ont pas changé d'un pouce en 10 siècles ! Quant à la ***carrer Escales de la Pera,*** elle fut ouverte au XVIe s pour monter vers la cathédrale, éventrant ainsi le quartier.

Museu d'Història dels jueus *(musée d'Histoire des juifs ; plan C2)* **:** *c/ de la Força, 8. ☎ 972-21-67-61. • girona.cat/call • Juil-août, tlj 10h-19h (14h dim et j. fériés) ; sept-juin, tlj 10h-18h (14h dim, lun et j. fériés). Fermé 1er et 6 janv et 25-26 déc. Entrée : 4 € ; réduc ; gratuit - de 14 ans, et pour tous le 1er dim du mois. Carte Girona Museus acceptée. Panneaux en français et audioguide gratuit sur le site • visitmuseum.gencat.cat • (QR code dispo à l'entrée).* Ce bâtiment fut construit sur l'emplacement de la 3e et dernière synagogue de Gérone (XVe s), ville connue pour son école cabalistique (XIIIe s), qui a donné naissance à la pensée du même nom : la kabbale, une interprétation ésotérique et symbolique de la Bible. Richement documenté, le musée retrace l'histoire et la vie de la communauté juive de Gérone du IXe au XVe s, communauté présente dans la région, pense-t-on, depuis l'époque romaine et les balbutiements du christianisme. À voir, notamment : des contrats matrimoniaux, des objets de culte et, fleuron de la collection, une dizaine de pierres tombales portant des inscriptions en hébreu, retrouvées dans l'unique cimetière juif de la ville, sur la montagne Montjuïc. Au niveau supérieur, section sur les activités des juifs catalans, notamment commerciales (reproduction du fameux atlas catalano-majorquin de Cresques Abraham daté de 1375), leur contribution scientifique aux savoirs de l'époque, leur marginalisation à partir du XIIIe s, leurs conversions forcées dès le XIVe s, leur expulsion, consécutive au décret de l'Alhambra (signé à Grenade, en mars 1492), et enfin l'Inquisition (fin XVe-début XVIe s)... Sans oublier les restes du *mikvé* (bain rituel) du XVe s. Expos temporaires. Un beau musée, complet sans être indigeste, qui a su investir avec respect les vestiges de l'ancienne synagogue.

Casa-museu Masó *(plan B2)* **:** *c/ Ballesteries, 29. ☎ 972-41-39-89. • rafaelmaso.girona.cat • Visites guidées seulement (10 pers max), mar-dim à 11h30, 13h, 16h et 17h30 (possibles en français sur demande). Fermé lun.* ***Résa obligatoire.*** *Entrée : 10 € ; réduc ; gratuit - de 16 ans. Durée : 1h. Carte Girona Museus acceptée. Dépliant en français très bien fichu (notamment pour suivre la visite si elle est donnée dans une autre langue).*

Plus intime que d'autres maisons-musées que l'on trouve dans la région, cette visite vaut vraiment le détour. Natif de Gérone, Rafael Masó (1880-1935) est un éminent architecte et digne représentant du mouvement culturel et politique catalan appelé ***« noucentisme »*** qui aspire à revivifier la culture catalane du XXe s par opposition au *modernisme* qui avait dominé la période précédente de tendance « Fin de siècle ».

En arpentant sa maison natale, où il vécut avec sa famille jusqu'à l'âge de 32 ans, on plonge dans l'univers esthético-architectural de l'artiste et du courant qu'il incarna. En effet, la maison (qui est en fait un assemblage de 4 maisons acquises petit à petit par la famille) a été totalement rénovée au début du XXe s par Masó lui-même : il repensa absolument tout l'espace et l'aménagement. Passé l'entrée au carrelage mural orné de blasons, on découvre le vestibule et son horloge française, la salle à manger recélant des objets conçus par Masó, la galerie et la salle de couture. Cette dernière offre une perspective unique sur l'Onyar. Puis la cuisine restée en l'état, la bibliothèque qui conserve les livres de la famille, le séjour chargé de toiles originales (la peinture était l'une des passions du père de Masó), puis les chambres et la superbe salle de bains. Tous les meubles, datant de différentes époques, appartiennent à la famille Masó. Expos temporaires dignes d'intérêt, changeant tous les 6 mois.

➢ ***Balade architecturale Rafael Masó :*** *plan de la « route Masó » disponible à la fin du dépliant de visite de la maison-musée. Sinon, infos à glaner à l'office de tourisme.* Pour compléter la visite de la casa-museu Masó, on peut aussi découvrir à Gérone plusieurs des œuvres de l'architecte, à commencer par la ***farmàcia Saguer*** *(c/ Argentina, 29 ; juste avt le pont),* à 2 pas de sa maison. Ne pas manquer aussi l'une de ses plus significatives réalisations architecturales, la ***Farinera Teixidor*** *(c/ Santa Eugènia, 42, juste derrière la gare routière),* une ancienne minoterie construite en 1910 sur des plans de Masó, alors en pleine période moderniste (et sous l'influence manifeste de Gaudí). Elle ne se visite pas, mais on peut parcourir le passage qui traverse le site pour découvrir les extérieurs, riches en détails. Un peu plus loin au nº 19, la ***casa de la Punxa,*** maison des proprios de la minoterie.

Basílica Sant Feliu *(plan B-C1) : pujada Sant Feliu, 29. ☎ 972-20-14-07. • catedraldegirona.cat • Tte l'année, tlj 10h (13h dim et j. fériés)-18h. Fermé 1er et 6 janv, Vendredi saint et 25 déc. Entrée : 7,50 € (avec la visite de la catedral) ; billet combiné avec la catedral et le museu d'Art de Girona 12 € ; réduc ; gratuit - de 7 ans. Audioguide en français inclus.* Elle affiche un chevet rond et très élancé et, à l'intérieur, un bel exemple de transition de l'art roman au gothique. Riches sarcophages emmurés de part et d'autre de l'autel, réalisés à Rome et importés à Gérone vers 315 pour ensevelir des Romains décédés en ville. Également d'intéressants vitraux géométriques, ainsi que la sépulture de saint Narcisse, si chère à Dalí et point d'orgue d'une très belle chapelle de la fin du XVIIIe s, qui tranche avec la sobriété des lieux.

Sur le côté de la plaça de Sant Feliu, ne manquez pas ***La Lleona,*** la statue de la fameuse lionne, perchée sur une colonne. En fait, c'est une réplique, l'originale se trouve au musée d'art, où l'on ne peut pas lui embrasser les fesses ! Cela dit, à cause du Covid, il est interdit, jusqu'à nouvel ordre, de l'embrasser ici aussi... *¡ Qué mala suerte !*

LA LIONNE EN A PLEIN LE CUL

Si Rome a sa fontaine de Trevi, dédiée au rituel de la piécette pour revenir un jour dans la Ville Éternelle, Gérone a sa lionne. D'ailleurs, un dicton populaire dit : « Si tu vas à Gérone, n'oublie pas d'embrasser le cul de la lionne... » Et afin d'épargner l'escalade périlleuse pour atteindre ladite féline, la mairie a fait installer un escalier !

Banys Àrabs *(bains arabes ; plan C1) : c/ Ferran El Catòlic. ☎ 972-19-09-69. • banysarabs.cat • Tte l'année, tlj 10h-18h (14h dim et j. fériés). Fermé 1er et 6 janv et 24-26 déc. Entrée : 3 € ; réduc ; gratuit - de 8 ans. CB uniquement. Panneaux explicatifs en français.* Si leur origine demeure inconnue, leur présence est attestée dès 1194. Construits sur le modèle des bains romains, à savoir *frigidarium* (froid), *tepidarium* (tiède) et *caldarium* (chaud), ces bains sont tout sauf arabes ! Organisé autour d'un élégant petit bassin octogonal coiffé d'une coupole soutenue par des colonnes, l'*apodyterium* (salle de repos) confère toutefois à ce lieu la fraîcheur et l'atmosphère sereine propres aux bains orientaux. Les esprits curieux jetteront un œil à l'ingénieux système permettant à l'air chaud de circuler dans le sol à partir du foyer (hypocauste).

Passeig Arqueològic et de la Fora Muralla *(promenade archéologique et du chemin de ronde des Remparts ; plan C1-2-3)* **:** *accès libre.* Une balade tranquille et bucolique qui offre passages presque secrets, escaliers et, tout au long des murailles, une vision inédite de la vieille ville avec les Pyrénées en toile de fond. On y accède depuis différents endroits dans la ville. L'un des passages démarre derrière la cathédrale, face aux bains arabes. Une volée de marches mène à une arche, puis aux *jardins de la Francesa* et aux tranquilles *jardins dels Alemanys,* aménagés au pied des remparts, au-dessus du cours du riu Galligants. La *porte de Sant Cristòfol* permet de rejoindre le long chemin de ronde des remparts ponctué de miradors, jusqu'aux vastes *jardins de les Pedreres,* non loin de la plaça de Catalunya.

Museu d'Arqueologia de Catalunya *(Musée archéologique ; plan C1)* **:** *c/ de Santa Llúcia, 8. ☎ 972-20-26-32. • macgirona.cat • Mar-sam 10h-19h (18h oct-avr), dim et j. fériés 10h-14h. Fermé lun, 1er et 6 janv et 25-26 déc. Entrée : 7 € ; réduc ; gratuit - de 16 ans et pour tous le 1er dim du mois. Carte Girona Museus acceptée. Audioguide inclus. Plan-dépliant en français.* Ce musée est installé dans l'ancien monastère Sant Pere de Galligants, considéré comme l'une des plus belles œuvres de l'art roman catalan (XIIe s) ! Superbe cloître alignant une double rangée de colonnettes, dont les chapiteaux sont décorés de thèmes du Nouveau Testament ou de scènes quotidiennes de l'époque. Bref, un cadre magnifique pour une petite mais riche collection d'objets archéologiques datés de la préhistoire à l'ère paléochrétienne, en passant par les tribus ibères, les Romains... Le tout mis au jour lors des fouilles réalisées dans les environs de Gérone, à Empúries notamment. Dans l'ancienne église, voir le fameux sarcophage des saisons (IVe s), unique en son genre en Catalogne, ou encore la réplique à taille réelle de la rosace qui orne la façade principale du monastère ; et puis, à l'étage du cloître, exposition d'outils, verreries, céramiques, amphores, urnes funéraires, silex et os taillés, ainsi qu'un étonnant petit autel sacrificiel ibère en marbre finement ciselé des IIIe-IIe s av. J.-C.

Depuis le musée archéologique, une autre petite portion des murailles, entre les *jardins de l'Àngel* et les *jardins John-Lennon,* offre un joli point de vue sur la vieille ville et sa cathédrale. Plus au nord, au fil de la rivière Galligants, c'est une zone plus nature propice aux balades qui s'offre à vous.

À côté du musée, jolie petite ***chapelle romane Sant Nicolau*** datant du XIIe s mais qui fut reconstruite en 1943. Elle accueille aujourd'hui des installations artistiques temporaires.

CaixaForum *(plan C2)* **:** *c/ Ciutadans, 19. ☎ 972-20-98-36. • caixaforum.es/girona • Lun-sam 10h (11h sam)-14h, 17h-20h ; dim et j. fériés 11h-14h. GRATUIT.* Un petit centre culturel qui a investi un très bel édifice médiéval du XIIe s ayant connu différentes vies. Rénové de fond en comble, il conserve des vestiges discrets de ces temps révolus et accueille sur 3 niveaux des expositions temporaires intéressantes, ainsi que des événements culturels variés.

➢ ***Balade architecturale :*** vers la carrer de l'Escola Pia, on emprunte les ***escaliers de la pujada Sant Domènec*** *(plan C2)* ; charmant ensemble avec son église Renaissance au fond et grande voûte du *palau dels Agullana* (XVIIe s) à gauche. Tout en haut, sur la plaça Sant Domènec, magnifique façade Renaissance de *Les Àguiles,* l'ancienne université. En descendant, on arpente les ***carrer dels Ciutadans, carrer dels Ferreries Velles*** et ***carrer dels Mercaders*** *(plan B-C2-3),* 3 rues parallèles médiévales semées d'imposants passages voûtés et d'adorables placettes (*Voltes d'En Rosés,* par exemple).

Les bords du riu Onyar : c'est la carte postale de la ville. La vision de ces maisons colorées en encorbellement, agglutinées au-dessus de la rivière ne laisse pas indifférent. La farandole de ponts qui traversent celle-ci offre aussi d'intéressantes perspectives. Entre autres, le ***pont de les Peixateries Velles*** (1877 ;

plan B2), presque à l'extrémité nord de la joyeuse ***rambla de la Llibertat*** *(plan B2-3)*, est l'œuvre de la compagnie Gustave-Eiffel (notez la plaque « Levallois près Paris »).

Museu del Cinema *(plan B3)* **:** *c/ Sèquia, 1. ☎ 972-41-27-77. • museudelcinema.cat • Juil-août, lun-sam 10h-19h, dim et j. fériés 10h-14h ; sept-juin, mar-sam 10h-18h, dim et j. fériés 10h-14h, fermé lun. Dernière admission 45 mn avt fermeture. Fermé 1er et 6 janv et 25-26 déc. Entrée : 7 € ; réduc ; gratuit - de 14 ans, et pour tous le 1er dim du mois. Carte* Girona Museus *acceptée. Panneaux en français. Infos et audioguide dispo sur le site • visitmuseum.gencat.cat •* Tout un univers ! Plus qu'un musée du Cinéma, c'est un musée qui retrace l'histoire de l'image depuis que l'homme a voulu la figer dans le temps, et son évolution avec l'apparition du mouvement, du son et de la couleur. Sur plusieurs étages, voici l'incroyable collection d'un fou de ciné (un certain Tomàs Mallol, décédé en 2013 à l'âge de 90 ans, qui fut aussi cinéaste amateur), constituée de milliers d'objets datant du XVIIIe s à 1970. À travers une muséographie interactive et thématique, on découvre non seulement l'histoire, mais aussi la « préhistoire » du cinématographe : théâtres d'ombres, cameras obscuras, jouets optiques, lanternes magiques, puis la déterminante invention de la photographie par le Français Niépce à Chalon-sur-Saône (1824). Se succèdent alors des praxinoscope, zootrope, kinétoscope, vérascope, mutoscope... et, enfin, le fameux cinématographe inventé par les frères Lumière, dont on peut admirer l'un des rares exemplaires originaux ! On survole ensuite l'univers généré par le cinéma qui trouve son expression dans les trucages et l'illusion, inventés par Méliès, avant que n'apparaissent l'industrie du 7e art, le perfectionnement des appareils, l'arrivée du son synchrone, le star-system, le ciné amateur... Projections d'extraits de films dans des minisalles de cinoche. Une visite dense et très intéressante, mais qui manque selon nous d'explications plus techniques sur le fonctionnement des objets exposés.

➢ ***Balades nature :*** *plusieurs itinéraires « Girona Natura » détaillés à récupérer à l'office de tourisme.* Les amateurs de balades à pied ou à vélo seront ravis d'apprendre qu'il existe plusieurs itinéraires à proximité immédiate de Gérone, pour tous les niveaux. Citons d'abord le ***parc de la Devesa*** *(plan A1)*, à l'entrée de la ville. C'est l'un des principaux poumons verts de la ville avec le parc des Ribes del Ter, qui s'étale sur 40 ha de végétation sillonnée par de longues allées bordées de platanes (2 605 exactement, plantés pour la plupart au milieu du XIXe s !) et de belles pelouses. D'autres sentiers au départ du musée archéologique partent vers le nord et traversent la ***vallée de Sant Daniel*** en suivant le cours du riu Galligants et ses affluents.

Fêtes et festivals

Gérone est le berceau de nombreux événements et festivals tout au long de l'année. Renseignez-vous auprès de l'office de tourisme.

– ***Procession du Vendredi saint :*** impressionnante car elle rassemble une bonne centaine de figurants déguisés en soldats romains !

– ***Temps de flors*** *(le Temps des fleurs)* **:** *pdt 9 j. à partir de la 2e sem de mai, partout dans le centre-ville.* Des escaliers de la cathédrale aux plus cachés des patios (ouverts pour l'occasion ; infos à l'office de tourisme), la ville se couvre d'une grosse centaine de jardins éphémères, souvent très contemporains. Superbe !

– ***Fête de Sant Narcís :*** *pdt 12 j. autour du 29 oct.* C'est la fête du saint patron de la ville, rassemblant *gegants* (géants de carton-pâte) et musiciens sur des airs de sardane. Théâtre, manège, repas, expos et concerts gratuits au parc de la Devesa et dans toute la ville.

DANS LES ENVIRONS DE GÉRONE

➢ Pour les adeptes de randonnées pédestres et cyclistes, la comarque, connue pour être une terre de passage depuis des lustres, offre une grande diversité de chemins balisés. Entre autres, le ***chemin de Saint-Jacques-de-Compostelle*** *(camí de Sant Jaume),* qui passe par Gérone et sa province sur environ 53 km ; mais aussi la superbe balade sur la voie verte, ***ruta del Carrilet,*** aménagée sur l'ancien chemin de fer qui reliait jadis Sant Feliu de Guíxols à Gérone (40 km) et Gérone à Olot (57 km). Cartes, brochures en français et infos à l'office de tourisme. • *viesverdes.cat* •

DU PETIT TRAIN À LA PETITE REINE

La voie ferrée qui reliait Gérone au port de Sant Feliu de Guíxols servait à l'époque au transport des bouchons de liège, l'un des piliers de l'économie industrielle locale. Les mauvaises langues disent que c'est parce qu'elle avait pris de la bouteille qu'on l'a désaffectée en 1969, puis transformée en voie verte. Aujourd'hui, au plus fort de l'été, elle est tellement embouteillée par les vététistes qu'il paraît que ça bouchonne à nouveau !

FIGUERES (FIGUERAS)

(17600) 47 000 hab.

• Plan *p. 243*

« Les deux choses les plus heureuses qui puissent arriver à un peintre contemporain sont : primo, être espagnol, et secundo, s'appeler Dalí. Elles me sont arrivées toutes les deux. »

Salvador Dalí

Capitale de l'Alt Empordà, Figueres doit sa renommée (et l'affluence touristique qui en découle) à Salvador Dalí. Né ici en 1904, il y implanta son époustouflant théâtre-musée, son dernier chef-d'œuvre, tel qu'il le désirait pour préparer sa postérité. Pari réussi, car c'est aujourd'hui l'un des musées les plus visités d'Espagne après celui du Prado à Madrid et à égalité avec le Guggenheim de Bilbao ! Et c'est d'ailleurs le principal intérêt de cette ville assez moderne, dont le centre ancien compte une poignée de rues piétonnes et quelques bâtiments modernistes ici et là. Et pour cause : Figueres a été, après Madrid, la ville la plus bombardée du pays pendant la guerre civile à cause de sa concentration d'opposants républicains...

Arriver – Quitter

En train

Estació de tren *(gare ferroviaire ; plan B2)* **:** *pl. de l'Estació.* ☎ *912-320-320.* • *renfe.com* • *rodalies.gencat.cat* • Bus via le centre-ville pour la gare *TGV-AVE* de Figueres-Vilafant, avec la compagnie *Teisa-Eixbus* (☎ *972-20-48-68.* • *teisa-bus.com* •). Consigne payante à la gare routière, en face.

➢ ***Portbou / Cerbère*** *(France ; 20-25 mn)* **:** 12-16 trains/j., via ***Llançà***

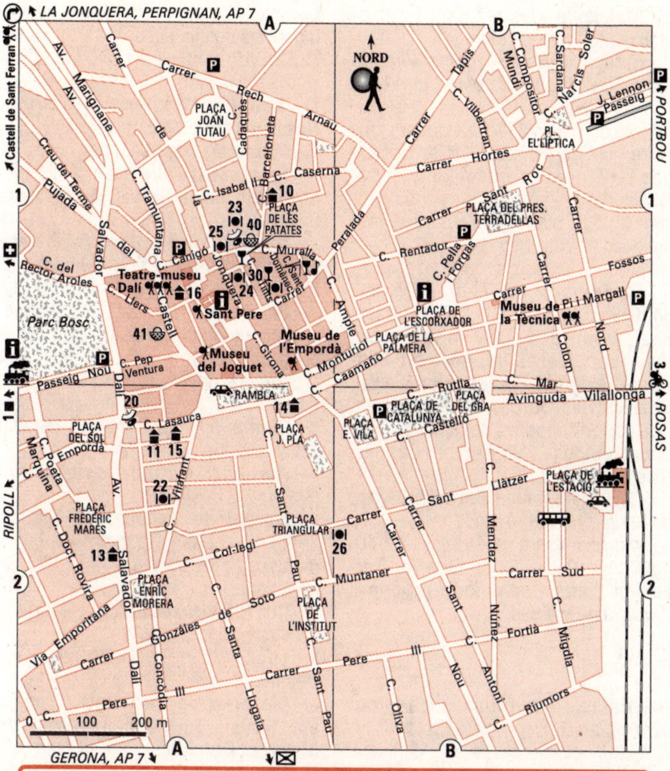

FIGUERES

Adresses utiles	**Où manger ?**

Adresses utiles

- Oficines de turisme (A1, hors plan par A1-2 et B1)
- Taxis (B2 et A2)
- Hospital Comarcal de Figueres (hors plan par A1)
- 1 Police – Mossos d'Esquadra (hors plan par A1-2)
- 3 Edibikes (hors plan par B2)

Où dormir ?

- 10 Hotel Los Angeles (A1)
- 11 Hostal La Barretina (A2)
- 13 Hotel Europa (A2)
- 14 Hotel Rambla (A2)
- 15 Hotel Duran (A2)
- 16 The Museum Apartments (A1)

Où manger ?

- 20 Txot's Sidreria (A2)
- 22 El Trull d'En Baserba (A2)
- 23 Granada Vins (A1)
- 24 Bocam (A1)
- 25 Integral (A1)
- 26 Can Bado (A-B2)

Où boire un verre ?

- 30 Café del Tints (A1)

Où acheter de bons et beaux produits ?

- 40 Chafoca (A1)
- 41 Casa Ribas (A1)

(gare desservant certains villages du cap de Creus : El Port de la Selva, Cadaqués...).

➢ ***Girona*** *(30-40 mn)* et ***Barcelona*** *(gares de Sants et Passeig-de-Gràcia ; 1h40-2h)* **:** 1-2 trains/h, via ***Flaçà*** (qui dessert les villages de la côte : Palafrugell, Begur, Pals, L'Escala) et ***Caldes***

de Malavella (dessert Sant Feliu de Guíxols et Tossa de Mar).

Estació AVE de Figueres-Vilafant *(gare TGV-AVE ; hors plan par A1-2)* **:** *c/ de Les Pedreres. ☎ 912-320-320. • renfe.com •* À 2 km à l'ouest ; bus entre les 2 gares, calés sur les départs des TGV, avec la compagnie *Teisa-Eixbus (☎ 972-20-48-68 ; • teisa-bus.com •).* Sur place, point d'infos touristiques *(tlj sauf dim ap-m, 9h-17h en été ; fermé dim hors saison).*

➢ ***Paris-gare de Lyon*** *(France ; 5h30-5h50)* **:** 1-2 *TGV-AVE* directs/j. Également des TGV pour ***Lyon, Valence, Marseille, Aix-en-Provence, Avignon, Nîmes, Montpellier, Béziers, Narbonne*** et ***Perpignan.*** Correspondances depuis ces villes pour Toulouse, Bordeaux, Cannes, Nice ou Genève.

➢ ***Girona*** *(15 mn)* et ***Barcelona*** *(gare de Sants ; 1h)* **:** 8-10 *AVE*/j.

➢ ***Madrid*** *(gare d'Atocha ; 3h40-4h30)* **:** 5-10 *AVE*/j., via ***Girona, Barcelona-Sants, Camp de Tarragona*** et ***Zaragoza-Delicias.***

En bus

Estació d'autobusos *(gare routière ; plan B2)* **:** *pl. de l'Estació, 17. ☎ 972-67-33-54. Face à la gare ferroviaire du centre-ville.* Le bus de la compagnie *Teisa-Eixbus* (voir plus haut) rejoint aussi la gare routière. Consigne payante. Plusieurs compagnies se partagent les destinations.

■ ***Bus Moventis-Sarfa*** **:** *☎ 902-30-20-25. • moventis.es •*

➢ ***Castelló d'Empuries*** *(15 mn)* et ***Roses*** *(30 mn)* **:** 9-25 bus/j.

➢ ***Cadaqués*** *(1h)* **:** 4-8 bus/j.

➢ ***Peralada*** *(10 mn),* ***Llançà*** *(20 mn)* et ***El Port de la Selva*** *(35 mn)* **:** env 6 bus/j.

➢ ***Torroella de Montgri*** *(1h20)* **:** env 6 bus/j., via ***Sant Pere Pescador*** et ***L'Escala.***

➢ ***Palafrugell*** *(1h)* **:** 2 bus/j., en sem seulement (tlj en juil-août), via ***La Bisbal d'Empordà.***

■ ***Bus Sagalés*** **:** *☎ 902-13-00-14. • sagales.com •*

➢ ***Girona*** *(50 mn)* **:** 2-4 bus/j. Le train est plus pratique.

➢ ***Aéroport Girona-Costa Brava*** *(1h25)* **:** 2-3 bus/j.

➢ ***Barcelona*** *(estació del Nord ; 2h20)* **:** 2-3 bus/j., qui ont leur terminus à ***l'aéroport del Prat*** *(3h)* de Barcelone.

■ ***Bus Teisa-Eixbus*** **:** *☎ 972-20-48-68. • teisa-bus.com •*

➢ ***Olot*** *(55 mn)* **:** 2-6 bus/j., via ***Besalú.***

➢ ***Maçanet de Cabrenys*** *(55 mn)* **:** env 5 bus/j. sauf dim, via ***Pont de Molins*** et ***Darnius.***

■ ***Ampurdanbus*** **:** *☎ 972-50-23-83. • ampurdanbus.com •*

➢ ***Peralada*** *(20 mn)* **:** 1-2 bus/j.

Adresses et infos utiles

Oficina de turisme *(plan B1)* **:** *pl. de l'Escorxador, 2. ☎ 972-50-31-55. • turismefigueres.com • De juil à mi-sept, lun-sam 9h-19h ou 20h, dim 10h-15h ; le reste de l'année, lun-sam 9h30-18h – fermé parfois 14h-14h30 –, dim 10h-15h. Également* ***2 autres points d'infos*** *: un à la gare AVE (voir plus haut), et un autre à proximité du teatre-museu Dalí (plan A1 ; pl. de l'Església), ouv de juil à mi-sept seulement, tlj.* Office compétent et sympa. Infos activités et balades dans la région et sur la Costa Brava, route des vins *DO Empordà*. Brochures en français. En saison (voir agenda sur le site), organise des visites guidées en français dont celle de l'église Sant Pere *(6 €, réduc, gratuit - de 10 ans),* mais surtout la *Ruta Dalí (4 €, réduc, gratuit - de 10 ans),* une déambulation au fil de la vie de l'artiste, qu'on peut aussi faire en autonomie en suivant les « dalles » avec les fourmis (feuillet à récupérer à l'office). Également d'autres visites guidées thématiques.

■ ***Police – Mossos d'Esquadra*** *(hors plan par A1-2,* **1***)* **:** *c/ Ter, 9. ☎ 972-54-18-00.*

Hospital Comarcal de Figueres *(hors plan par A1)* **:** *ronda Rector Aroles. ☎ 972-50-14-00.*

Taxis **:** *pl. de l'Estació (plan B2).*

☎ 972-50-50-43. Et Rambla (plan A2). ☎ 972-50-00-08.

Location de vélos (hors plan par B2, **3**) : chez **Edibikes,** ctra de Roses, 71, à la sortie de la ville. 610-12-45-66. • edibikes.com • Fermé dim. À partir de 15 €/j.

Stationnement : à seulement 10 mn à pied du teatre-museu Dalí, grand **parking gratuit** au *parc de les Aigües* (plan A1 ; c/ Rec Arnau, 22). Également 3 autres parkings gratuits à 15-20 mn de marche à l'est du centre (plan B1 et hors plan par B1 ; ctra de Llançà, à proximité de la pl. El-líptica ; un autre – très petit – au bout de la c/ Pi i Margall ; et le dernier à côté de la gare ferroviaire, c/ El Far). Sinon, plusieurs grands **parkings payants** (env 3 €/h ; 14-25 €/j.) en plein centre : *Empark* (plan A1 ; passeig Nou ; réduc si résa sur le site • empark.com •), *Saba* (plan B2 ; pl. Catalunya), *El Garrigal Saba* (plan A1 ; c/ Canigó, juste à côté du museu Dalí) et *Sanartrade* (plan B1 ; c/ Rentador).

– **Marchés :** marché alimentaire mar, jeu et sam sur la pl. de Catalunya (plan B2) et sur la pl. del Gra (plan B2). Marché aux vêtements jeu sur passeig Nou (plan A1). Également un marché aux antiquités le 3e sam du mois sur la Rambla (plan A1-2).

Où dormir ?

De bon marché à prix moyens (50-75 €)

Hotel Los Angeles (plan A1, **10**) : c / Barceloneta, 10. ☎ 972-51-06-61. • info@hotelangeles.com • hotelangeles.com • Doubles 50-75 € ; petit déj 6 €. Parking 10 € (mais stationnement gratuit juste à côté). On indique cet hôtel familial pour ses tarifs raisonnables et sa situation, pas trop loin du centre, dans une ruelle au calme. Passé la réception et la salle du petit déj à la déco désuète, les chambres se révèlent nickel et rénovées (avec clim). Bref, une bonne surprise.

Hostal La Barretina (plan A2, **11**) : c/ Lasauca, 13. ☎ 972-67-64-12. • info@hostallabarretina.com • hostallabarretina.com • ♿ Doubles 50-67 € ; petit déj bon marché à la carte au resto. On recommande volontiers cette quinzaine de petites chambres sans artifices, pratiques, propres et bien équipées. Bon petit resto pas cher au rez-de-chaussée. Accueil familial sympa.

Hotel Europa (plan A2, **13**) : avda S. Dalí, 101. ☎ 972-50-07-44. • reservas@hoteleuropafigueres.es • hoteleuropafigueres.es • Congés : janv-mars. Doubles 60-95 € ; familiales. Garage privé 12 €. En bordure d'une avenue passante, à 500 m du teatre-museu Dalí, un bâtiment en brique sans charme qui offre des chambres classiques, fonctionnelles et bien équipées (clim, double vitrage). L'autre atout, c'est le parking au pied de l'hôtel. Sans parler de l'accueil, gentil et en français.

De prix moyens à plus chic (60-150 €)

Hotel Rambla (plan A2, **14**) : c/ Rambla, 33. ☎ 972-67-60-20. • hotel.info@hotelrambla.net • hotelrambla.net • ♿ Doubles env 110 € ; familiales. Parking 16 €. Petite bouteille de cava offerte en fin de séjour sur présentation de ce guide. En plein centre, cette belle et étroite façade néoclassique de 1860 abrite des chambres classiques mais confortables, à la déco sobre : murs blancs et meubles en bois clair. Toutes s'agrandissent d'un balcon sur la Rambla, et certaines, sur l'arrière, ont une petite terrasse. Accueil familial chaleureux et pro.

Hotel Duran (plan A2, **15**) : c/ Lasauca, 5. ☎ 972-50-12-50. • info@hotelduran.com • hotelduran.com • ♿ Doubles 75-130 € ; petits déj 8-11 €. Parking 15 €. Derrière cette belle façade jaune et rouge se niche l'un des seuls hôtels flirtant avec le « haut de gamme » à Figueres. Une soixantaine de chambres confortables, plus ou moins spacieuses, et aux lignes contemporaines, élégantes et soignées. Rien d'extravagant comme au temps où Dalí et sa clique fréquentaient les lieux (le peintre avait un penchant pour la chambre n° 101). Et n'oubliez pas de jeter un œil dans le hall sur les photos et les dédicaces laissées par l'artiste.

The Museum Apartments *(plan A1, **16**) : pl. Gala-Salvador Dalí, 7. ☎ 972-51-31-54. 609-58-92-29. • info@themuseumapartments.com • themuseumapartments.com • Apparts 2 pers 70-160 €, jusqu'à 5 pers 300 € (parfois plus cher en été). Parking 15 €.* On a un gros faible pour cette petite dizaine d'appartements exceptionnels, aménagés dans une belle demeure fin XIXe s jouxtant le teatre-museu Dalí. Tout confort (lave-vaisselle, lave-linge, clim...) et un look résolument contemporain : murs blancs, carrelage vintage, mobilier design et... très belle terrasse pour 2 d'entre eux, avec vue sur la façade ou la cour du musée Dalí !

Où manger ?

Tapas

Txot's Sidreria *(plan A2, **20**) : avda S. Dalí, 114. ☎ 972-67-85-23. 608-99-03-15. • figueres@sidreriatxots.com • Tlj. Pintxos 2-8 € ; plats 6,50-25 €.* L'endroit est résolument basque, avec son mobilier brut en bois clair et son insolent comptoir garni de délicieux *pintxos.* Parfait pour manger sur le pouce, donc, mais aussi pour se faire un repas consistant : bon choix de petits plats catalano-hispano-basques bien tournés, à accompagner de cidre maison ou d'un *txakoli* bien frais. Grande terrasse semi-ouverte à l'arrière.

Bon marché (10-15 €)

El Trull d'En Baserba *(plan A2, **22**) : c/ Vilafant, 26. ☎ 872-21-56-82. Tlj sauf dim, le midi seulement. Menu du jour env 14 €.* Un resto de quartier comme on les aime, à peine excentré, qui sert une bonne cuisine catalane réalisée simplement, avec un menu du jour à prix doux. Petite salle intérieure toute simple mais agréable, et au fond, le bar avec la TV en fond sonore et le comptoir des habitués. En prime, l'accueil est vraiment chaleureux.

Granada Vins *(plan A1, **23**) : c/ Muralla,1. ☎ 972-51-40-79. Tlj sauf dim (et lun soir en hiver). Plats et raciones 7,50-18 €.* Ce resto avec salle en pierre tout en longueur, mezzanine et terrasse installée sous les arcades, ne déçoit pas. Idéal pour le menu du midi, copieux, pas cher et à base de bons produits frais, présentés avec soin. Bien aussi pour boire un verre accompagné de tapas car c'est aussi un bar à vins avec du choix !

Prix moyens (15-30 €)

Bocam *(plan A1, **24**) : c/ de la Jonquera, 18. ☎ 972-53-94-94. 616-92-73-47. • hola@bocam.cat • Tlj (sauf lun midi hors saison). Fermé Noël-Nouvel An. Résa vivement conseillée. Menus déj 16-35 € ; plats env 16 € ; carte 25-30 €. Apéritif maison offert sur présentation de ce guide.* Une petite table d'exception pour déguster une cuisine recherchée et savoureuse qui réinvente avec talent les classiques catalans. Cadre contemporain : dans la cuisine ouverte, une petite brigade de jeunes cuisiniers s'active pour reproduire avec précision les recettes pleines d'originalité d'une cheffe inspirée, dans un esprit de circuits courts (y compris végétarien). Quelques tables dans la ruelle.

Integral *(plan A1, **25**) : c/ de la Jonquera, 30. ☎ 972-51-63-34. • integral.figueres@gmail.com • Tlj sauf dim, le midi seulement. Congés : 10 j. fin mai et 3 sem nov. Résa recommandée par tél. Menu unique env 18 €.* Les amateurs de cuisine végane trouveront ici leur bonheur avec des plats 100 % végétaux, accompagnés de vin naturel et bio. Croquettes de lentilles, gyozas au poireau et gingembre, burgers de légumes, riz de Pals au shiitake... Revendiqué *slow food* et *kilómetro cero,* bien sûr. Service dans une salle à la déco épurée, tout en longueur face à une cuisine ouverte, dans une atmosphère zen avec musique planante. Trop coool !

Can Bado *(plan A-B2,* ***26****) : c/ Sant Llàtzer, 8. ☎ 972-50-50-11. • canbadofigueres@gmail.com • ♿ Le midi seulement, tlj sauf lun-mar. Menu midi en sem env 19 € ; plats 12-27 €.* Un peu excentré, ce bon petit resto est bien dans l'air du temps avec ses carreaux de faïence, ses meubles vintage et ses murs façon tableau noir. Dans l'assiette, cuisine d'ici – et un peu d'ailleurs – simple mais plaisante dès le menu du déjeuner (joli choix d'*arroces* notamment).

Où dormir ? Où manger dans les environs ?

Casa rural El Molí de Siurana : *c/ del Pont, 17469* ***Siurana d'Empordà.*** *☎ 972-52-51-39. 📱 661-23-76-13. • reserves@elmolidesiurana.com • elmolidesiurana.com • À 10 km au sud-est de Figueres par la N IIa puis la C-31, et à droite vers Siurana ; la maison se trouve à la sortie du village. Congés : nov et 2 sem en janv. Double env 130 € ; familiales ; petit déj inclus. Table d'hôtes (sur résa) 24 €. Apéritif maison offert sur présentation de ce guide.* Un petit air de Toscane flotte sur cette délicieuse maison entourée d'un beau jardin paysagé. Une *casa rural* de charme au service hôtelier. Les chambres sont spacieuses, confortables et de style contemporain. Celles du rez-de-chaussée disposent de leur propre terrasse et d'un accès indépendant. En prime, une belle piscine avec transats, solarium et coin ombragé au fond du jardin. Tout invite au farniente dans une atmosphère reposante. Les vraies vacances, quoi !

El Molí : *ctra Pont de Molins a les Escaules, 17706* ***Pont de Molins.*** *☎ 972-52-92-71. • info@hotelelmoli.es • hotelelmoli.es • À 8 km au nord-ouest de Figueres par la N II, puis à gauche par la GIV-5041. Resto tlj sauf mer (plus lun soir et mar soir hors saison). Congés : de mi-déc à mi-janv. Doubles 145-185 €, petit déj inclus. Plats 11,50-23 € ; carte 35-40 €. ½ pens possible.* Perdu dans la campagne, c'est un vieux moulin en pierre du pays, flanqué d'une annexe moderne. Les chambres sont spacieuses, design et tout confort, avec terrasse privée sur la rivière ou les montagnes pour certaines. Bonne table spécialisée dans les escargots et les viandes grillées ; le tout mijoté selon des recettes inspirées et élégantes. À déguster dans une salle rustique ou sur l'agréable terrasse ouverte sur la berge. Jeux pour enfants, piscine dans le jardin d'oliviers et transats posés en bordure de rivière. Une adresse un peu onéreuse mais de qualité.

Avis aux motorisés : on trouve aussi de belles adresses, dont de bonnes tables, dans la région montagneuse de ***Salines-Bassegoda*** (voir plus loin).

LA CATALOGNE

Où boire un verre ?

Le soir venu, ambiance animée, sympa et plutôt jeune sur les terrasses autour de la ***plaça de les Patates*** *(plan A1)* et dans la discrète ***carrer Sant Domènec*** *(plan A1)* où l'on recommande, entre autres, le bar *Venecia* au nº 4 pour boire une bonne bière (grande variété !) en musique, avec la jeunesse locale.

Café del Tints *(plan A1,* ***30****) : c/ dels Tints, 10. ☎ 972-51-90-20. • cafedelstints16@gmail.com • Tlj sauf dim. Menu au déj env 15 €, le soir (jeu-sam) compter 20 €.* Dans une ruelle tranquille, on recommande ce bar élégant pour boire un verre dans une atmosphère tamisée en soirée. Mais on y sert également un menu à bon prix à l'heure du déjeuner (avec toujours un choix végétarien), et aussi certains soirs en fin de semaine.

Où acheter de bons et beaux produits à Figueres et dans les environs ?

Chafoca (plan A1, **40**) **:** c/ Muralla, 1, à Figueres. ☎ 972-50-00-97. • chafoca@hotmail.com • Tlj sauf dim 8h30-13h30, 16h30-20h30. Une authentique petite charcuterie-épicerie qui déborde de bons produits traditionnels : cochonnaille, fromage, huile d'olive...

Casa Ribas (plan A1, **41**) **:** pujada del Castell, 17, à Figueres. ☎ 972-50-12-65. • elbonbeure@casaribas.com • ♿ Tlj sauf dim-lun mat. Une échoppe regorgeant de vins d'appellations catalanes et du reste du pays. On y trouve aussi des apéros, digeos, et quelques douceurs comme le *turrón.*

Gran Jonquera Outlet & Shopping : avda Galicia, 22-28, 17700 **La Jonquera.** ☎ 972-55-78-31. • granjonquera.com • À 15 km au nord de Figueres par l'AP 7 (sortie 2) ; après le péage, direction Figueres (N II). Tlj 9h-21h. Un grand magasin d'usine dédié aux grandes marques de la mode espagnole et internationale. Les prix de 30 à 80 % inférieurs aux boutiques classiques valent vraiment le déplacement !

À voir

Teatre-museu Dalí (théâtre-musée Dalí ; plan A1) **:** pl. Gala-Salvador Dalí, 5. ☎ 972-67-75-00. • salvador-dali.org • Tlj sauf lun (tlj juil-sept et ouv certains lun de juin) 10h30-18h (9h-20h juil-août). Dernière admission 45 mn avt fermeture. Fermé 1er janv et 25 déc. **Résa en ligne conseillée.** Entrée : 17-21 € selon saison ; réduc ; gratuit - de 9 ans. Visite nocturne (août uniquement) : compter 23 €, ou 29 € avec la visite guidée en français. Dépliant en français à télécharger sur le site internet. Boutique avec une foule d'objets collector !

– ***Conseils malins :*** en été, et en particulier le week-end, période de grande affluence, on recommande de visiter le musée dès l'ouverture, ou de ***réserver plusieurs jours à l'avance sur le site internet.*** La fréquentation semble moindre ***le lundi*** (quand c'est ouvert) ***et le dimanche après-midi.*** Mieux vaut aussi venir les jours de ***grand soleil,*** car en cas de mauvais temps, c'est l'enfer ! Autrement, nous plébiscitons la ***visite nocturne « Dalí de Nit »*** (tlj, en août seulement ; calendrier des visites à consulter sur le site), dont les éclairages donnent aux œuvres du maître une teinte encore plus curieuse. Enfin, n'hésitez pas à ***venir avec vos enfants,*** car l'univers loufoque de Dalí les interpelle et les amuse !

Au cœur de la ville, difficile de manquer ce gros bâtiment rose surmonté d'œufs, aux murs constellés de pains. Avec la casa-museu castell Gala-Dalí de Púbol et la casa-museu Salvador Dalí de Port Lligat (Cadaqués), le délirant teatre-museu Dalí de Figueres est ***l'un des 3 piliers du « triangle dalinien » incontournable en Catalogne !***

C'est au début des années 1960 que Salvador Dalí décide de construire son musée dans les ruines de l'ancien théâtre de Figueres (XIXe s), incendié à la fin de la guerre civile ; là même où il

FÉTICHES ET SYMBOLES

Récurrent, le contraste dur/flasque évoque, paraît-il, la peur de Dalí de l'acte sexuel et son impuissance. La bougie qui se consume, tout comme les béquilles, suggère aussi ce thème. Dalí semble aussi fasciné par les escargots, organismes mous vulnérables dans leur coquille protectrice et... hermaphrodites. Et puis le pain, populaire et religieux, symbole clé dans son art, avec sa croûte dure et son cœur moelleux. S'il détestait les fourmis – mort et décomposition des corps –, il affectionnait en revanche les œufs – fécondité et renouveau.

exposa pour la 1re fois en 1919. L'artiste travaille ainsi pendant 10 ans, supervisant les moindres détails, donnant libre cours à ses fantasmes et fantaisies, jusqu'à l'inauguration officielle en 1974. « Je veux que mon musée soit un bloc unique, un labyrinthe, un grand objet surréaliste, disait-il. Ce sera un musée absolument théâtral. Les visiteurs en sortiront avec la sensation d'avoir eu un rêve théâtral. »
Sur 3 étages, dans un apparent désordre, une large collection d'œuvres reflète l'itinéraire artistique du peintre, depuis ses 1res toiles impressionnistes, futuristes, cubistes, etc., jusqu'aux compositions des dernières années de sa vie, en passant par ses fameuses créations surréalistes.
D'abord, dans le ***patio*** (en fait, l'ancien orchestre du théâtre, cerné de statues dorées), on découvre, surmontée d'une plantureuse statue en bronze, la *Cadillac pluvieuse* (1938), dans laquelle sont arrosés les plantes et les escargots de Bourgogne qui accompagnent un couple de mannequins et leur chauffeur ! Juste derrière, cette colonne en pneus de tracteur coiffée d'une chaloupe de pêche traditionnelle (que Dalí et Gala utilisaient) et d'un parapluie est, selon son auteur, le plus grand monument surréaliste du monde. Et les gouttes d'eau qui en dégoulinent sont, en fait, des préservatifs ! Essayez de trouver tous les « G » (comme Gala) que l'artiste a cachés dans ce patio...
On gagne ensuite la scène de l'ancien théâtre dominée par la gigantesque toile du *Labyrinthe* (un buste d'homme ouvert d'une porte) qui servit de décor à son ballet, joué à New York en 1941 ; le tout éclairé par une superbe ***coupole*** *(salle 3).* C'est ici, en plein cœur de l'édifice, sous une dalle toute sobre, que repose Dalí depuis sa mort en 1989 ; rideau ! Le Maître avait élu domicile en ces lieux dès 1984, après l'incendie mémorable de sa chambre au château de Púbol. Sur la gauche de la pierre tombale, une étonnante et emblématique *Gala nue regardant la mer qui à 18 mètres apparaît le président Lincoln* (1975)...
On accède sur la gauche à la ***salle du Trésor*** *(salle 4),* tapissée de velours rouge et regroupant certaines des œuvres les plus prestigieuses aux yeux de Dalí, comme la *Jeune fille de Figueres* (1926), montrée comme une carte de visite à Picasso lors de leur 1re rencontre à Paris ; ou la *Leda atomique* (1949), aux résonances mythologico-scientifiques ; ou encore le *Spectre du sex-appeal* (1934) qui représente Dalí enfant en costume de marin, contemplant un monstre – dur et mou à la fois – symbolisant la sexualité, sur fond de cap de Creus. Voir également 3 des fameux portraits de Gala : *Galarina* (1945), *Gala de dos regardant un miroir invisible* (1960) et *Portrait de Gala riant* (1969). Attention, certaines de ces œuvres majeures sont parfois de sortie pour de grandes expos à l'étranger.
On se dirige ensuite vers la ***salle des Poissonneries*** *(salle 5),* appelée ainsi car c'est ici que se déroulait le marché aux poissons de Figueres après la guerre. Mais au passage, juste avant, on admire, au niveau du petit escalier, la discrète *Tête de Beethoven* (1973), peinte avec... des poulpes crachant leur encre ! On y voit notamment l'amusante *Composition satirique* (1923), inspirée par *La Danse,* toile bien connue de Matisse ; ou encore *Les Demoiselles d'Avignon* (1970), clin d'œil à Picasso ; le *Mannequin de Barcelone* (1926) ; l'ironique *Autoportrait mou avec du lard grillé* (1941), illustrant que le plus consistant dans notre représentation n'est ni l'esprit ni la vitalité, mais bien notre propre peau ; et puis cette *Figure rhinocérontique de l'Illios de Phidias* (1954), inspirée par une statue antique sur fond de baie de Cadaqués, et où le peintre catalan « insiste sur les testicules pour prendre son impulsion » ! Sans oublier le *Portrait de Pablo Picasso au XXIe s* (1947) – drôlement arrangé, le copain ! – et de touchantes œuvres de jeunesse, comme cette *Vénus souriante* (1921) sur fond maritime... À côté, la *salle 6* accueille le célèbre *Violettes impériales* (1938) peint en exil à la fin de la guerre civile espagnole.
Au-dessus, la ***salle Mae West*** *(salle 11)* présente une reconstitution du visage de l'actrice américaine en 3 dimensions, transformé en... salon avec le célèbre « canapé-lèvres » qu'on retrouve à Port Lligat (Cadaqués). Et puis, plus on grimpe dans les étages, plus on se perd dans l'univers fascinant de l'artiste : la *Vénus de Milo avec tiroirs* (1964) ; l'impressionnant plafond du *Palais du vent* (1974) avec ses pieds géants *(salle 15),* et, à côté, la version tapisserie du célébrissime tableau

La Persistance de la mémoire, avec ses fameuses montres molles, dominant un lit aux pieds en forme de poissons écailleux provenant d'un bordel parisien ; la *Poésie d'Amérique (1943),* où fait irruption la bouteille d'une célèbre marque de soda *(salle 16)* ; le *Robot-gisant (salle 18),* dormant dans un cercueil de Plexiglas avec un sabre persan incrusté de diamants. Et encore bien d'autres chefs-d'œuvre, dont ces immenses sculptures composées des matériaux les plus inattendus, toutes plus débridées les unes que les autres ! Enfin, au dernier étage, la ***collection privée de Dalí*** *(salle 14),* où il puisa une partie de son inspiration bouillonnante...

– ***Dalí-Joies*** *(les joyaux de Dalí)* **:** à la sortie du théâtre-musée, un espace baignant dans la pénombre *(entrée indépendante par la pujada del Castell, à l'angle de la calle Àngels Vayreda, avec le même ticket)* abrite les (incroyables !) bijoux créés par Dalí, accompagnés de leurs croquis. C'est encore un vrai voyage ! Prenez le temps d'admirer le *Cœur royal* (1953), que vous aurez peut-être la chance de voir battre, *L'Éléphant de l'espace* (1961), ou encore *L'Ange déchu* (1963) doté d'un mécanisme qui actionne le mouvement des ailes...

DALÍ LE VEINARD

Pour la vente de ses joyaux dessinés par Dalí, le bijoutier Alemany organisa un énorme cocktail à New York, avec 2 000 invités. Mais personne n'avait noté que le même soir se déroulait le célèbre bal des Diamants. Et, de fait, personne ne vint. Personne ! Le bijoutier pensa au suicide. Le lendemain, coup de fil d'un milliardaire qui s'excusait de n'avoir pu venir. Il demanda une visite privée des bijoux. Enthousiaste, ce dernier acheta la totalité de la collection. Ouf !

Església de Sant Pere *(plan A1)* **:** *pl. de la Església. Tlj 8h45-19h. GRATUIT.* Construite à la fin du XIVe s sur des bases romanes. Sa nef spacieuse à un seul vaisseau est vraiment caractéristique du style gothique catalan. La poignée de rues, en contrebas, demeure tout ce qui reste du centre médiéval de Figueres. C'est ici qu'eurent lieu le baptême et les funérailles de Dalí.

Museu del Joguet de Catalunya *(musée du Jouet de Catalogne ; plan A1)* **:** *c/ Sant Pere, 1. ☎ 972-50-45-85. • mjc.cat • Mar-sam 10h-18h (19h sam) ; dernière admission 20 mn avt fermeture. Fermé dim-lun, 1er janv et 25-26 déc. Entrée : 7 € ; 5,60 € 6-16 ans ; réduc de 30 % avec le ticket du teatre-museu Dalí. Audioguide : 1 €.* Dès l'accueil et sa tour Eiffel en *Meccano* (construite en 1929 à Barcelone), on arpente une impressionnante collection, avec un fonds d'environ 19 000 pièces fabriquées pour l'essentiel en Espagne, sinon en Catalogne, agencées en 30 sections : copies de jeux de l'époque romaine, soldats de bois, petites processions de curés et autels miniatures, vieux théâtres et superbes guignols, robots des années 1960-1980, jeux de magie, toupies, jeux de société, lanternes magiques, poupées du monde entier (les plus vieilles, déjà articulées, remontent au Ve s av. J.-C.), circuit de trains électriques... Également le célèbre *Don Osito Marquina,* le petit ours de Salvador Dalí et de sa sœur, accompagné des lettres de Federico García Lorca, attendri par la bestiole...

Museu de l'Empordà *(plan A1)* **:** *la Rambla, 2. ☎ 972-50-23-05. • museuemporda.org • Mar-sam 10h-20h (19h nov-avr), dim 10h-14h. Fermé lun, 1er et 6 janv et 25-26 déc. Entrée : 5 € ; réduc ; gratuit sur présentation du ticket du teatre-museu Dalí.* Ce musée régional vaut surtout pour ses expos temporaires intéressantes, qui valorisent le travail des artistes contemporains de la région. Cela dit, la collection permanente donne un bon aperçu du panorama artistique régional des XIXe et XXe s. Au ***2e étage,*** on trouve des toiles de Lluis Rigalt illustrant le romantisme catalan, quelques tableaux orientalistes de Ramon Tusquets et le début du réalisme avec Martí Alsina. Le modernisme et l'éclectisme ne sont pas en reste, avec un pastel de Marie Laurencin, une lithographie de Foujita et une aquarelle d'Olga Sacharoff (XXe s). Le ***3e étage*** expose d'autres peintres du XXe s,

LA CATALOGNE

dont Josep Blanquet marqué par le réalisme photographique avec son *Pujada del Castell* (1899), ou encore des toiles impressionnistes de Josep Bonaterra. Également des œuvres de l'école de l'Empordà, mouvement initié par Juan Núñez qui marqua toute une génération. Sans oublier le surréalisme avec un *Saint Narcisse* (1962) de Dalí, mais aussi des artistes comme Evarist Vallès, Àngel Planells et Joan Massanot.

➢ ***Balade architecturale :*** dans le prolongement de la Rambla *(plan A-B1)*, la ***carrer Monturiol*** est jalonnée de plusieurs façades modernistes. C'est au nº 6 qu'est né un certain Salvador Dalí, le 11 mai 1904 ! En 1912, toute la famille déménage ensuite au nº 10, dans la ***casa Mas Roger,*** où le jeune artiste peint ses 1res toiles. Un peu plus loin, le ***théâtre municipal El Jardí*** *(plan A2 ; pl. Josep Pla),* construit en 1914, aussi dans le style moderniste.

Museu de la Tècnica de l'Empordà *(musée de la Technique ; plan B1) : c/ Fossos, 12. ☎ 972-50-88-20. • mte.cat • En saison, jeu-dim seulement 16h-19h ; sinon, ouv sam seulement, 15h-19h (sauf le 23 avr) et fermé dim-ven sauf sur résa par e-mail à • mte@mte.cat • Entrée : 3 € ; gratuit - de 10 ans.* Tenu par un gentil couple de personnes âgées passionnées, dont madame mène la visite en français, cet étonnant musée regroupe une formidable collection privée de machines à écrire : tous les modèles, nationalités, alphabets... Puis des alignements d'horloges comtoises, de machines à coudre, de vélos, de vieux outils... Le tout accumulé en près de 45 ans de chinage ! Cette incroyable variété d'objets nous a laissés pantois, autant que leur histoire et leur fonctionnement expliqués en détail et avec humour.

Castell de Sant Ferran *(hors plan par A1) : pujada del Castell. ☎ 972-50-60-94. • castellsantferran.com • Tlj sauf lun : Semaine sainte et juil-août (tlj) 10h-20h ; nov-mars 10h30-15h ; le reste de l'année 10h30-18h. Dernière admission 1h avt fermeture. Fermé 1er et 6 janv et 25-26 déc. Entrée : 4 € ; réduc ; gratuit - de 10 ans. Sur résa par tél uniquement, visite guidée (« la Catedral del Aigua » ; 1h45) en français, en jeep et bateau pneumatique : 16 €/pers (2 pers min). Dépliant-plan en français.*

Le castell de Sant Ferran, considéré comme ***la plus grande forteresse*** à bastions du XVIIIe s en Europe avec ses 32 ha, offre au visiteur un terrain de jeu superbement préservé, où la nature a souvent repris ses droits, pour un beau voyage dans le temps. Édifié dans le but de protéger la frontière face à la France, sa construction prit près d'un siècle de retard et ne commença qu'en 1753. La garnison y fut installée en 1792. Paradoxalement, elle fut investie à 2 reprises par les Français (1794 et 1808), sans que ceux-ci n'aient eu vraiment recours aux armes... Outre ses dimensions impressionnantes, sa construction contribua au prestige de Figueres, au développement de son économie et à l'accroissement de sa population. Tour à tour caserne (Salvador Dalí y fit ses classes), prison au début du XXe s, base des Brigades internationales pendant la guerre civile, la forteresse ouvrit finalement ses portes au public en 1996...

Un ***parcours fléché*** bien pensé permet d'explorer une bonne partie des intérieurs et des extérieurs du *castell* en complète autonomie : bastions avec vue panoramique sur les Pyrénées, alignements militaires des casernements vides, place d'armes, église néoclassique en ruines mais dont on admire les solides fondations, pavillons des officiers, vestiges de la prison, casemates, et puis ces impressionnantes écuries où 500 chevaux battaient le pavé de leurs fers !

Si vous voulez approfondir le sujet, on recommande vivement la ***visite guidée « la Catedral del Aigua ».*** À bord d'une jeep, on parcourt les larges fossés, avec des arrêts pour visiter les galeries souterraines (où se déployait la guerre de « contre-mines ») et les casernements. Le tout ponctué d'explications sur le fonctionnement de la forteresse. Puis on embarque sur un bateau pneumatique pour explorer à la lampe électrique (claustrophobes, s'abstenir !) l'une des 4 gigantesques citernes que compte le site ; soit au total 9 millions de litres d'eau donnant une autonomie d'un an aux 4 000 personnes et 500 chevaux vivant sur place !

LA CATALOGNE

Fêtes et manifestations

– ***Festival Còmic :*** *avr.* • *festivalcomic.cat* • Spectacles d'humoristes, parfois en français !
– ***Festa de Santa Creu :*** *sur 10 j. fin avr-début mai.* Grande fête de la ville avec sardanes, concerts, théâtre, attractions et marchés artisanaux.
– ***Collas Castelleras :*** il s'agit des fameux « châteaux humains », à divers moments de l'année, notamment début mai, début juin, le dimanche qui suit la *San Pedro* (29 juin), à la mi-septembre et à la mi-novembre (calendrier à l'office de tourisme). Certains peuvent atteindre 10 étages !
– ***Festival de jazz :*** *fin juin ou début juil.*
– ***Figueres es Mou :*** *juil.* • *figueresesmou.cat* • Festival de danse contemporaine qui se déploie dans toute la ville, y compris en extérieur.
– ***Fêtes de l'été :*** musique, théâtre, spectacles en ville. Et des sardanes sur la Rambla le vendredi soir.
– ***Acústica :*** *fin août-début sept.* • *festivalacustica.cat* • Pendant 4 jours, des concerts rock déjantés qui attirent pas mal de monde !

DANS LES ENVIRONS DE FIGUERES

Canònica de Santa María de Vilabertran *(abbaye canoniale) : c/ de l'Abadia, 4, à* ***Vilabertran.*** *☎ 972-50-87-87.* • *patrimoni.gencat.cat* • *À 2,5 km au nord-est de Figueres. Juil-août, mar-dim 10h-13h30, 15h-18h30 ; fermé lun (hors j. fériés). Le reste de l'année, jeu-sam 10h-13h30, 15h-17h30 ; dim 10h-15h ; fermé lun-mer. Dernière admission 30 mn avt fermeture. Fermé 1ᵉʳ et 6 janv et 25-26 déc. Entrée : 4 € ; réduc ; gratuit - de 16 ans et pour tous le dernier mar du mois oct-juin. Dépliant en français. Concerts de musique classique dans l'église dans le cadre du* ***Festival Schubertíada*** *théoriquement en août ; info :* • *schubertiada.cat* • Situé à la croisée des chemins, cet ensemble monastique du XIᵉ s, remodelé au XIVᵉ s et fortifié au XVᵉ s, est éminemment représentatif de l'architecture des abbayes médiévales. Admirablement bien conservé, il est organisé autour d'un petit ***cloître*** trapézoïdal de toute beauté, auquel est accolée une ***église*** romane de tradition lombarde qui témoigne de la transition entre le XIᵉ et le XIIᵉ s. Là, à gauche du chœur, ne pas manquer le ***crucifix*** gothique de procession (1325). C'est un bois recouvert d'argent (quand bien même il paraît doré) et incrusté de pierres précieuses. Dans la ***salle capitulaire,*** une vidéo (disponible en français) retrace la genèse du site... Une visite paisible que l'on poursuit volontiers par la découverte des bâtiments historiques du village sur un itinéraire balisé.

La région montagneuse de Salines-Bassegoda, sur les contreforts des Pyrénées, a été la dernière étape du gouvernement républicain avant l'exil. Située à quelques kilomètres à peine de la frontière française, elle constitue aujourd'hui une belle échappée nature accessible surtout aux personnes motorisées. Une bonne dizaine d'itinéraires de randonnées à pied ou à VTT sillonnent toute la zone, traversée par plusieurs cours d'eau, dont la Muga et ses moulins en ruine... Sur la route, les pittoresques villages de Sant Llorenç de la Muga, Darnius, La Vajol, Maçanet de Cabrenys, Albanyà, Bassegoda accueillent les visiteurs dans leurs ruelles anciennes, animées en fin de semaine. Pour plus d'infos, s'adresser à la mairie de ***Maçanet de Cabrenys*** *(☎ 972-54-40-05 ;* • *maçanetdecabrenys.cat* •*)* ou à celle de ***Sant Llorenç de la Muga*** *(☎ 972-56-91-40 ;* • *es.santllorençdelamuga.cat* •*).* Voir aussi • *salines-bassegoda.org* •

Can Mach : *ctra de Tapis, 26, 17721* ***Tapis.*** *☎ 972-54-33-11.* • *info@canmach.com* • *canmach.com* • *Sur la GI-503, à 8 km à l'ouest de Maçanet de Cabrenys. Fermé mar oct-juin (hôtel et resto). Doubles 78-88 € (+ 10-15 € avec baignoire hydro-massante), petit déj inclus ; familiales* *également. ½ pens et pens complète possibles. Menu du jour env 14 €, plats 6-17 €. Loc de VTT (15 €/j.).* Lovées dans un virage d'une petite route de montagne (peu fréquentée la nuit), en bordure du bourg ancien, 6 belles chambres contemporaines confortables (baignoire hydromassante pour les plus chères), arrangées dans de jolis tons rouge-gris. Dans le bâtiment voisin, le resto mijote une bonne et roborative cuisine catalane de montagne à base de viandes grillées : sanglier, bœuf, poulet, agneau... À engloutir sur la terrasse avec vue ou dans la grande salle rustique (ambiance animée). Accueil vraiment chaleureux et plein de bons conseils pour parcourir la région.

Finca Paraíso : *camí del Club Nàutico, 17722* ***Darnius.*** *☎ 872-59-99-21. 655-05-57-98. • patricia@fincaparaiso.es • fincaparaiso.es • À 2 km au sud de Darnius, en direction du « Club Nàutico » ; c'est à gauche juste avt d'arriver au lac. Studios 2-3 pers 60-80 €, maison 4-5 pers 130-145 €. Séjour 2 nuits min (tarif dégressif à la sem).* Isolée dans un coin de nature tranquille, cette vaste propriété abrite 4 studios et une maison, spacieux, nickel et aménagés avec du mobilier à l'ancienne. Tout confort : cuisine équipée, clim, terrasse privée donnant sur le jardin... Terrain de pétanque. Belles balades à faire dans le coin et, naturellement, accès au lac de Boadella juste en contrebas. Prévoir de faire quelques provisions avant d'arriver, car c'est un peu loin de tout !

El Trull d'en Francesc : *placeta de l'Oli, 1, 17723* ***Boadella d'Empordà.*** *☎ 972-56-90-27. • info@trull.info • À env 13 km au nord-ouest de Figueres par la N II, puis par la GIV-5041. Ts les midis sauf mar, plus le soir ven-sam. Fermé janv-9 fév. Menus 30-45 € ; plats 15-25 €.* Une jolie salle rustique avec pierres apparentes et cheminée, flanquée d'une large véranda surplombant un ruisseau dans un cadre bucolique à souhait. Dans l'assiette, cuisine « *de la terra a la taula* », préparée avec des produits de saison, frais et issus du terroir local ; l'image de marque de la maison. Spécialités de viandes goûteuses du cru, déclinées selon des recettes traditionnelles, un poil inspirées. Service pro et accueil gentil. Bref, une excellente adresse plébiscitée par les gens du coin. On aime !

PERALADA (17491) 1 940 hab.

À la limite entre la serra de l'Albera et les marais de l'Ampurdan, Peralada, un peu perchée sur sa colline, est une petite cité riche d'histoire. Connue depuis l'époque ibère, elle fut l'un des tout 1ers postes avancés des Romains. Mais c'est entre les XIe et XIVe s que la cité, capitale d'un comté, connut ses heures de gloire, et fut même l'une des plus engagées dans le processus de construction de l'identité catalane. Le routard Ramón Muntaner, l'un des plus brillants chroniqueurs du Moyen Âge, y est né. Aujourd'hui, avec ses charmantes ruelles et ses maisons de pierre, Peralada coule des jours paisibles, offrant aux flâneurs la visite d'un château-musée digne d'intérêt. Les mélomanes y apprécieront aussi le festival de musique classique qui se déroule de juillet à mi-août dans le parc du château.

Arriver – Quitter

En bus

■ ***Bus Moventis-Sarfa :*** *☎ 902-30-20-25. • moventis.es • Arrêt au rond-point, à l'entrée de la ville (route de Figueres).*

➢ **Llança** *(15 mn)* et **El Port de la Selva** *(30 mn)* **:** 4-6 bus/j.

➢ **Roses** *(30 mn)* et **Cadaqués** *(30 mn)* **:** 8-10 bus/j.

■ ***Ampurdanbus :*** *☎ 972-50-23-83. • ampurdanbus.com • Arrêts au pied de la ville et au carrefour près du château.*

➢ **Figueres** *(20 mn)* **:** 1-2 bus/j.

Adresse et info utiles

Oficina de turisme : *pl. Peixateria, 6. ☎ 972-53-88-40. • visitperalada.cat • À l'entrée du cloître de Sant Domènec. Juil-août, tlj 10h-20h ; le reste de l'année, tlj sauf dim ap-m et lun 10h-18h (17h oct-mars).* Espace infos sur les routes des vins *DO Empordà,* les chemins de rando et les circuits VTT. Plan de la ville avec descriptif en français des sites. Accès au *Museu municipal* à l'étage et au cloître de Sant Domènec sur l'arrière (voir plus loin).

Stationnement : parking gratuit aux 2 entrées principales de la ville, la vieille ville se visite à pied.

Où dormir ? Où manger ?

Casa rural Can Genís : *c/ Vilella, 25. ☎ 972-53-81-86. 607-30-90-50. • info@can-genis.com • can-genis.com • Double env 95 €, petit déj inclus. Parking gratuit.* Adossée à une muraille du XIVe s, cette vieille maison restaurée abrite 5 chambres nickel et bien équipées, à la déco un peu rustique. Celles situées à l'étage disposent d'une terrasse. Aussi un appartement de style néocampagnard. Au rez-de-chaussée, cuisine-salle à manger et salon à dispo. Barbecue et piscine avec transats. Accueil discret qui se réchauffe vite.

Hotel de la Font : *c/ Baixada de la Font, 15-19. ☎ 972-53-85-07. • info@hoteldelafont.com • hoteldelafont.com • Congés : de mi-déc à fin mars. Double env 120 € ; petit déj 8 €. Réduc de 10 % sur les doubles sept-juin sur présentation de ce guide.* Un petit hôtel installé dans une belle maison ancienne, rénovée simplement mais avec goût. Une douzaine de jolies chambres confortables, un brin monacales, réparties sur 2 niveaux, avec tomettes et parquet en pin, murs blancs et lits en fer forgé. Sans oublier les salons cossus et le patio fleuri avec fontaine. Charmant !

Forn El Llonguet : *pl. del Carme, 4. ☎ 972-53-89-89. Tlj sauf dim ap-m et lun.* Une excellente boulangerie artisanale, au cœur du village. Pour un repas sur le pouce ou un goûter, de bons sandwichs, du pain à l'olive, des viennoiseries et aussi des pâtisseries, de bons yaourts et des biscuits secs. Parfait en attendant la visite du *museu-castell.*

El Carme : *pl. del Carme, 7. ☎ 972-53-88-48. Tlj en été ; fermé lun hors saison. Tapas, salades, burgers et sandwichs 3-7 €.* Installé sur la placette du *museu-castell,* ce café-resto possède une terrasse agréable à l'heure de la pause. Rien de renversant mais une petite restauration généreuse à prix doux, comme de bons burgers. On peut se contenter d'y boire un verre. Service gentil comme tout.

Cal Sagristà : *c/ de la Rodona, 2. ☎ 972-53-83-01. Fermé lun soir et mar (sauf juil-août). Plats 12-22 € ; repas 25-35 €.* La bonne table de village au cadre à l'ancienne : salles voûtées, vieux tableaux, parquet et ventilos chromés. L'assiette est dans le même esprit, classique mais de qualité : cochon de lait, canard aux poires, lapin aux pruneaux, raviolis aux fruits de mer, charriot de desserts maison... Une adresse qui plaît aux locaux. Belle terrasse pour le soir avec vue panoramique sur les Pyrénées.

À voir

Museu-castell de Peralada : *pl. del Carme, s/n. ☎ 972-53-81-25. • museucastellperalada.com • Visite guidée seulement (1h, possible en* *français) : mar-sam et dim mat, à 10h, 11h, 12h, 15h30, 16h30 et 17h30 (à 10h, 11h, 12h, 16h, 17h, 18h et 19h juil-août). Pour le parc, visite uniquement sur résa au ☎ 972-53-89-34. Fermé 1er et 6 janv et 25-26 déc. Attendre devant la porte (être à l'heure précise !), on vient vous chercher. Entrée musée : 7 € ; réduc ; gratuit - de 10 ans.*

Au cœur d'un parc de 7 ha, d'abord une église, puis l'imposant bâtiment d'un ancien monastère de frères carmélites qui produisirent ici du vin jusqu'en 1835, date de la *desamortización* (acte soustrayant les terres de l'Église pour les revendre aux enchères aux particuliers). C'est alors que les comtes de Peralada, proprios du château juste derrière, une solide bâtisse à tours crénelées du XIVe s transformée, au XIXe s, en un palais de style français (ne se visite pas), le récupérèrent (une sorte de droit de retour, car ils en avaient fait donation aux religieux au XIIIe s). Le monastère fut alors transformé en école des arts et métiers gratuite pour les enfants du village. Puis, au décès du dernier héritier en 1923, l'ensemble fut racheté par l'industriel catalan Miquel Mateu, collectionneur passionné, qui installa un musée dans l'ex-monastère. À sa mort en 1972, le musée fut ouvert au public, et l'on flanqua le château d'un... casino !

La visite guidée du musée commence par l'impressionnante ***bibliothèque*** qui compte près de 100 000 ouvrages, dont plus de 1 000 exemplaires de *Don Quichotte* traduits en 33 langues (le sieur Miquel était un passionné de littérature !). Elle accueille aussi des conférences et des expositions temporaires. Puis, on descend à la ***cave,*** où l'on élaborait jadis le vin de la famille (1929-1960), aujourd'hui produit à l'extérieur. Là, minimusée du Vin avec de nombreux outils et objets anciens, dont ces rares foudres des XVIe-XVIIIe s, ainsi qu'une salle à manger typique, dans une énorme barrique de vin. La visite se poursuit dans le ***cloître*** gothique à fines colonnettes. Dans la galerie, une foule d'éléments d'architecture en pierre, provenant des monastères médiévaux de la région, achetés par M. le comte pour restaurer son église... La section la plus originale demeure l'impressionnante ***collection de verres anciens,*** l'une des plus importantes au monde ! Les pièces les plus anciennes datent de l'Antiquité égyptienne (3 500 ans), d'autres proviennent de sites archéologiques de Syrie et de Palestine. On y trouve aussi une remarquable série de gargoulettes en verre, caractéristiques des traditions catalanes des XVIIe et XVIIIe s, de l'opaline, du cristal de Bohême et des flacons en tout genre, de facture anglaise, française, chinoise... Et encore une foule de céramiques espagnoles (XVIIe-XIXe s). On finit par l'***église du Carmen*** (XIVe s, restaurée au XIXe s), avec son superbe plafond à caissons gothique en bois peint. Là, notez les 2 chapiteaux récupérés du monastère de Sant Pere de Rodes, réalisés par le Maître de Cabestany, considéré comme le meilleur artisan-sculpteur d'Europe au XIIe s... Remarquables également : les tapisseries bruxelloises ainsi que de l'argenterie espagnole du XVIIe s.

TU ME TIENS PAR LA GARGOULETTE

Au XVIIe s en Catalogne, lors des épousailles et pour symboliser la séparation des biens et la fragilité du mariage, on offrait à chacun des jeunes mariés un objet de cristal pour le moins original. L'homme recevait une gargoulette (une cruche) un peu « bedonnante », coiffée d'un coq, au goulot soufflé en forme de pénis en érection. Pour la mariée, c'était une gargoulette aux formes généreuses et à la taille fine, coiffée d'une poule pondeuse sur son nid, dont le goulot avait la forme d'une vulve... Évidemment, on n'échangeait jamais les carafes, et puis, de toute façon, une gargoulette, c'est fait pour boire à la régalade, personne n'y aurait mis les lèvres !

Museu municipal et cloître de Sant Domènec : *mêmes coordonnées et horaires que l'office de tourisme (voir plus haut). Entrée : 4 € ; réduc ; gratuit - de 8 ans. Doc en français.*
Ce petit musée, installé à l'étage, est consacré à l'enfant du village, le chroniqueur ***Ramón Muntaner,*** un aventurier coureur des mers au XIIIe s. On peut aussi y voir quelques vestiges archéologiques des XIe-XVe s découverts en ville, et puis, dans le sas qui conduit à la salle d'expo temporaire, ce chat momifié du XVIIIe s : une coutume de l'époque consistait à emmurer des chats vivants pour protéger les maisons... Chat alors !
À l'arrière du musée, on peut jeter un œil au ***cloître de Sant Domènec,*** seul vestige d'un cloître augustinien du XIIe s. Sur les chapiteaux richement sculptés, on détaille des atlantes (ceux qui soutenaient la voûte céleste), quelques motifs zoomorphes, végétaux, et des thèmes bibliques. Noter côté nord, le chapiteau des péchés, qui ont pour conséquence de rendre les hommes sourds, aveugles et muets ! Rien que ça !

Manifestation

– ***Festival Castell Peralada :*** *de début juil à mi-août. ☎ 902-37-47-37. • festivalperalada.com •* Important festival de musique à la programmation très hétéroclite (classique, opéra, ballet, cirque et même rock avec des invités de renommée internationale) dans le parc du château.

LA COSTA BRAVA

Dire que la Costa Brava, la « côte sauvage », est restée indomptée serait exagéré, tant l'*urbanización* y a frappé fort par endroits. Mais un chapelet de calanques résiste encore et toujours à l'envahisseur immobilier, notamment dans l'Alt Empordà, qui réunit à elle seule 3 parcs naturels, dont celui, magnifique, du cap de Creus.

PARC NATURAL DEL CAP DE CREUS

Créé en 1998 sur quelque 13 844 ha terrestres et maritimes, ce parc naturel occupe toute la péninsule entre El Port de la Selva et Roses. Il a pris le nom de l'une des zones les plus sauvages du territoire. « Cap de Creus, cap du Diable », affirment d'ailleurs les marins, qui redoutent son passage quand souffle le vent. Ce qui n'empêche pas la vue sur la mer d'être tout simplement sublime depuis son phare !
Le parc présente une biodiversité très riche, qui s'épanouit dans des paysages montagneux sublimes, taillés dans le roc par la puissante tramontane et façonnés par le passé agricole de la région. Ce grand coin de nature sauvage est aussi semé de jolies petites forteresses, ermitages, dolmens, murets de pierres sèches utilisés dans la culture en terrasses de la vigne et de l'olivier. Plusieurs petites routes permettent de découvrir les zones les plus sauvages du parc en voiture mais superficiellement. Le mieux est encore d'enfiler ses chaussures de rando ou d'enfourcher son VTT pour explorer le territoire en profondeur, et juger du contraste avec l'effervescence balnéaire de la côte. Ou de s'offrir une balade en mer depuis Cadaqués, Port Lligat, Port de la Selva ou Roses.

Adresses utiles

Centres d'info du parc : au monastère **Sant Pere de Rodes** (☎ 972-19-31-91 ; • parcsnaturals.gencat.cat/es/cap-creus • ; de fin juin à mi-sept, tlj 10h-14h, 15h-18h ; le reste de l'année, tlj 10h-15h), et une annexe au **phare du cap de Creus** (mai-sept, tlj 10h-14h, 15h-19h ; Semaine sainte-fin avr et oct, tlj sauf lun 10h-15h ; fermé nov-Semaine sainte) avec une expo des minéraux que recèlent les sols du cap de Creus. Infos détaillées sur les itinéraires de découverte et bonne doc (dépliant de randos avec descriptif...). Cartes et itinéraires en français à télécharger sur le site.

Où manger ? Où boire un verre ?

Cap de Creus : ctra Cap de Creus. ☎ 972-19-90-05. • info@restaurantcapdecreus.com • Au bout de la route qui mène au cap de Creus. Tlj (fermé le soir hors saison). Résa recommandée pour y manger. Snacks dès 6 €, plats 14-24 €. C'est la grosse bâtisse crème (catalane) posée en hauteur, face au phare. On y mange du poisson frais, des pâtes, des tortillas, des salades, mais aussi... des plats indiens ! On peut se contenter de prendre un verre sur la chouette terrasse en bois pour profiter, aux 1res loges, de l'incroyable panorama sur la côte escarpée et l'azur de la grande bleue d'un côté, et sur l'arrière-pays catalan de l'autre. Décoiffant !

LA CATALOGNE

EL PORT DE LA SELVA (17489) 1 000 hab.

Lové au creux d'une baie bordée par les montagnes verdoyantes du parc naturel du cap de Creus, ce petit port de pêche séculaire, encore préservé des ravages de la spéculation immobilière, est le point de départ de plusieurs itinéraires de randonnée qui sillonnent le parc, notamment en direction du superbe monastère de Sant Pere de Rodes... Sa grande plage de sable – copieusement ventée – fait le bonheur des amateurs de voile, et son atmosphère authentique a de quoi séduire.

Arriver – Quitter

En train

La **gare ferroviaire de Llançà** est la plus pratique et la plus proche de **El Port de la Selva,** reliée à **Portbou, Figueres, Girona** et **Barcelona.** Infos et résas : ☎ 912-320-320. • renfe.com •

En bus

Bus Moventis-Sarfa : ☎ 902-30-20-25. • moventis.es •

- **Llançà** (15 mn) **:** 6-13 bus/j.
- **Figueres** (40 mn) **:** 4-6 bus/j.
- **Peralada** (30 mn) **:** 4-6 bus/j.
- **Cadaqués** (30 mn) **:** env 6 bus/j. (en été).

Adresse et info utiles

Oficina de turisme : c/ Llançà, 3. ☎ 972-38-71-22. • elportdelaselva.cat • Juste avt le port, sur la droite. Juil-août, mar-sam 9h-15h, 15h30-20h ; dim-lun 10h-13h30, 16h-19h30. Juin et sept, ouv le mat seulement et *fermé lun ; la 1re quinzaine de juin et la dernière de sept, ouv aussi l'ap-m ven-sam. Le reste de l'année, fermé lun-mar, plus l'ap-m sauf ven-sam.* Infos transports, loisirs nautiques (voile, paddle...), sentiers de rando, etc.

– ***Marché :*** *ven mat, avda J. V. Foix, face à la mer.*

Où dormir ? Où manger ? Où déguster une glace ?

Hotel Cal Mariner : *ctra de Cadaqués, 2. ☎ 972-38-80-05. • hotelcalmariner@gmail.com • À l'angle de la c/ Llançà, juste en retrait de la plage. Resto tlj. Fermé de mi-oct à mi-fév. Menu (midi et soir) 22 €, tapas et plats 6-88 €.* Dès l'entrée, le vivier à crustacés et l'étalage de poissons donnent le ton : ici, la mer trône dans les assiettes ! Au choix, 2 salles à la déco marine ou la terrasse. On vient de loin pour les paellas, les *suquets,* un poisson à peine sorti de l'eau ou autres *zarzuelas*. C'est frais et rondement mené grâce à un service énergique. Et si l'envie vous prend de vous éterniser, la maison compte des chambres fonctionnelles, la plupart avec balcon ou terrasse donnant sur la mer, mais largement surestimées en haute saison *(doubles 80-140 €, petit déj en plus).*

Galiana : *c/ Platja, 16. 677-22-33-80. • info@gelatsgaliana.com • Sur le front de mer. Mai-oct, tlj (sauf mer hors saison) 15h (13h w-e)-minuit (ferme plus tôt hors saison).* Des glaces artisanales crémeuses ou aux fruits de saison, pour des saveurs qui explosent en bouche !

Où déguster et acheter du bon vin ?

Mas Estela : *à* ***La Selva del Mar.*** *☎ 972-12-61-76. • masestela@hotmail.com • masestela.com • À 4 km au sud-ouest du Port de la Selva (ne pas entrer dans le centre du village, prendre toujours à gauche !). Tte l'année. Visite et dégustation en français, sur résa par tél et à l'avance : 13 €/pers.* Perdu dans un environnement exceptionnel de montagnes verdoyantes et sauvages, juste en bordure du parc naturel du cap de Creus, c'est un vignoble de 16 ha exploité en biodynamie. Plusieurs rouges, blancs et vins doux de caractère, élevés par un couple franco-catalan passionné.

DANS LES ENVIRONS D'EL PORT DE LA SELVA

Monestir de Sant Pere de Rodes : *camí del Monestir. ☎ 972-38-75-59 et 972-19-42-38. • patrimoni.gencat.cat • À env 8 km à l'ouest d'El Port de la Selva par la GIP-6041. Depuis les 2 parkings, compter 10 mn à pied jusqu'au monastère. Plusieurs sentiers pédestres (voir plus loin) y mènent aussi depuis El Port de la Selva et ts les villages du cap de Creus. Mar-dim et j. fériés 10h-20h (17h30 oct-mai) ; dernière admission 30 mn avt fermeture. Fermé lun (ouv si fériés). Entrée : 6 € ; réduc ; gratuit - de 16 ans, et pour tous le dernier mar du mois oct-juin seulement. Audioguide en français (1h) inclus. Visite guidée en français l'été sur demande. Sur place, resto (tlj sauf lun, le midi seulement ; assez onéreux) et festival de musique classique en été (sam soir à partir de mi-juil, mer et sam en août ; billets : 22-30 € ; résa sur le site • festivalsantpere.com •).* ***On nous signale des vols dans les voitures aux 2 parkings non surveillés (bris de glace) ; ne rien laisser en vue.***

Ce monastère bénédictin est érigé sur un éperon rocheux occupé depuis des temps immémoriaux pour sa situation exceptionnelle. Le panorama et l'atmosphère que dégage le site sont d'ailleurs déjà des raisons suffisantes pour y

LA CATALOGNE

grimper à travers les paysages de la serra de Rodes, d'une sauvage beauté. Et le monastère en lui-même est, à juste titre, considéré comme ***l'un des chefs-d'œuvre de l'art roman catalan*** !
Il aurait été fondé au IXe s par des moines bénédictins ; selon la tradition, sur des reliques de saint Pierre apportées de Rome et cachées ici dans la montagne afin qu'elles échappent à la fureur des Perses qui menaçaient la Ville Éternelle au VIIe s. Si l'essentiel du bâtiment, dressé sur le flanc du mont Verdera à 520 m d'altitude, date des Xe-XIe s, son architecture a connu une constante évolution jusqu'à son abandon au XVIIIe s, et s'est adaptée à la roche, se développant sur plusieurs niveaux : la visite est donc un peu sportive, d'escalier en étroit passage !
Le plus intéressant demeure son ***église,*** assez bien préservée, avec un très beau et haut clocher carré roman du XIIe s à 3 étages, symétrique, à énorme tour carrée défensive. Nef avec voûte en berceau, soutenue par des piliers massifs flanqués de colonnes à chapiteaux ouvragés ; une architecture curieuse ! Tout au fond de l'abside centrale, au-dessus du déambulatoire, levez les yeux vers les restes d'une fresque du XIIe s dont on distingue encore quelques saints coiffés de larges auréoles... La ***crypte,*** consacrée au culte des reliques, abritait les pièces majeures du trésor du monastère, aujourd'hui dispersées. Et sa curieuse colonne en forme de palmier demeure le vestige du tout 1er sanctuaire... La visite se poursuit dans le ***cloître primitif*** rustique inférieur du XIIe s, découvert en 1989 lors de fouilles et restauré à grand renfort de béton, puis le ***cloître supérieur*** à double colonne, entièrement restauré également, pour enfin gravir le 1er étage du ***clocher,*** haut de 27 m. Son escalier donne accès au déambulatoire supérieur, montrant là aussi quelques restes de fresques... Belle vue panoramique de la terrasse du resto.

➢ À partir du monastère, un chemin monte – en 30 mn de grimpette – au ***castell de Verdera,*** construit aux IXe-Xe s à 670 m d'altitude. Une position stratégique qui lui conféra un rôle majeur dans plusieurs conflits aux XIVe et XVe s. Mais il tomba en désuétude avec l'invention de l'artillerie, pour devenir un point de guet contre la piraterie maritime au XVIe s. Là-haut, vestiges des remparts (fin XIIIe s) et de son église, et vue panoramique splendide !

➢ Depuis le parking nord du monastère, un autre chemin mène en 2 mn aux beaux vestiges de ***Santa Creu de Rodes,*** petit bourg médiéval fortifié du XIIe s autour de sa chapelle du Xe s, construite sur une ancienne tour de guet. En décadence dès le XVe s, le village tomba en ruine, et son église *(ouv tlj, sauf lun en été)* fut rabaissée au rang d'ermitage, mais continua à servir jusqu'au XIXe s...

➢ ***Randonnées pédestres dans la région :*** à partir d'El Port de la Selva, rando sur le ***GR 11*** qui conduit au cap de Creus en 4-5h, avec 2 variantes en cours de route qui mènent respectivement aux criques de cala Taballera et cala Prona ; compter 3-4h pour le ***GR 92*** jusqu'à Cadaqués ; quant à la liaison phare de cap Creus-Cadaqués, compter 2h par le superbe sentier côtier balisé. Au printemps, les effluves des genêts en fleur embaument toute la vallée.
Autre rando possible sur l'une des variantes du chemin de Compostelle (chemin catalan), destinée aux plus sportifs, menant jusqu'au monastère de Sant Pere de Rodes. Pour cela, suivre sur 2 km la route de Llançà et, juste en face du camping *Port de la Vall,* prendre la direction de la Vall de Santa Creu. Garez-vous sur le parking en bord de route, juste avant le bourg (lequel est interdit aux voitures). De là, on accède au sentier balisé menant au monastère... 4 km plus loin et à 1h40 de marche soutenue. Ça grimpe dur, sans oublier qu'il faut aussi prévoir le retour ! On peut également partir d'El Port de la Selva même, mais il convient d'ajouter 40 mn. Infos et cartes dans les offices de tourisme du coin, aux centres d'infos du parc naturel du cap de Creus et sur le site • *parcsnaturals.gencat.cat/es/cap-creus* •

LA CATALOGNE

CADAQUÉS

(17488) 2 800 hab.

• Plan p. 261

Jusque dans les années 1950, on n'accédait à Cadaqués que par la mer. Cet isolement et l'absence de vraies plages ont préservé ce coquet village, même si, aujourd'hui, la pression d'un tourisme haut de gamme se fait sentir, avec des tarifs qui flambent...
Dominées par la masse de son église, ses petites maisons blanches aux façades recouvertes de bougainvillées dégringolent vers la mer comme dans un tableau de Cézanne ! Car, ici, « paysage » n'est pas un vain mot, et ce ne sont pas les Picasso, García Lorca, Éluard ou Marcel Duchamp – habitués des lieux – qui auraient dit le contraire...
Quant à Dalí, il trouva refuge dans la crique de Port Lligat, à 2 km au nord-est de Cadaqués, dès les années 1930. On visite aujourd'hui sa maison-atelier où, pendant près 50 ans, il donna libre cours à son imagination. On ne vous conseillera jamais assez de découvrir le village à la mi-saison pour éviter tous les visiteurs journaliers qui affluent en été.

Arriver – Quitter

En train

Les 2 ***gares ferroviaires de Figueres*** sont les plus pratiques pour gagner Cadaqués ; reliées à ***Portbou, Girona, Barcelona*** et à la ***France.*** *Infos et résas : ☎ 912-320-320. • renfe.com •*

En bus

Estació d'autobusos Moventis-Sarfa *(gare routière ; hors plan par A2) : riera Sant Vicenç. ☎ 972-25-87-13 ou 902-30-20-25. • moventis.es • À côté du grand parking payant, à l'entrée du village.*

➢ ***El Port de la Selva*** *(30 mn)* et ***Llançà*** *(45 mn)* **:** env 6 bus/j. (en été).
➢ ***Castelló d'Empúries*** *(45 mn)* **:** 6-14 bus/j.
➢ ***Roses*** *(30 mn)* **:** 6-19 bus/j.
➢ ***Figueres*** *(1h)* **:** 4-8 bus/j.
➢ ***Girona*** *(1h45)* **:** 1-2 bus/j., aucun le w-e hors juil-août.
➢ ***Barcelona*** *(estació del Norte ; 2h45)* **:** 1-5 bus/j. La plupart ont pour terminus ***l'aéroport del Prat*** *(3h30).*

Adresses et infos utiles

Oficina de turismo *(plan B2)* **:** *c/ Cotxe, 2a. ☎ 972-25-83-15. • visitcadaques.org • Juil-août, lun-sam 9h-21h ; dim 10h30-13h30, 17h-20h. Hors saison, lun-sam 10h (9h ven-sam)-13h, 15h-18h ; dim 10h-13h.* Itinéraires de randonnées en français à partir de Cadaqués dans le parc naturel du cap de Creus, infos transports, loisirs nautiques (kayak, plongée sous-marine, balades en mer...), carte des plages et criques... Accueil sympa.

Dispensaire *(plan B2)* **:** *c/ Nou, 6. ☎ 972-25-88-07.*

Police *(hors plan par A1,* ***3****)* **:** *c/ Carles Rahola, 9. ☎ 972-15-93-43 ou ☎ 112.*

Location de vélos : *chez* ***Bicicletas y Rutas*** *(☎ 972-11-60-42 ; 646-66-68-19 ; • bicicletasyrutas.com • ; boutique à Roses, mais les proprios vous livrent les vélos à Cadaqués, car ils y habitent),* ***Rentabit*** *(plan A2,* ***1*** *; avda C. Serinyana, 9 ; ☎ 972-25-82-26 ; 639-66-05-13 ; • rentabit.net •), et*

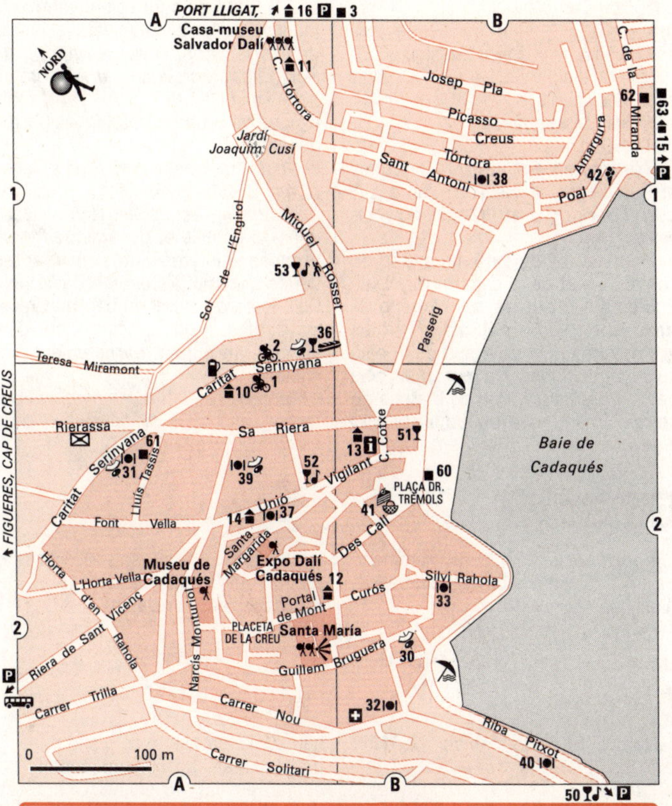

CADAQUÉS

Adresses utiles

- Oficina de turismo (B2)
- 1 Rentabit (A2)
- 2 Eco Car (A1)
- 3 Police (hors plan par A1)

Où dormir ?

- 10 Hostal El Ranxo (A2)
- 11 Hostal La Fonda (A1)
- 12 Hostal Vehí (A-B2)
- 13 Hostal Marina (B2)
- 14 Hotel Ubaldo (A2)
- 15 Hotel Playa Sol (hors plan par B1)
- 16 Carpe Diem et Hotel Calina (hors plan par A1)

Où manger ?

- 30 Mut (B2)
- 31 L'Alba (A2)
- 32 Celeste (B2)
- 33 Lua (B2)
- 36 Embolic (A-B1)
- 37 Es Grec (A2)
- 38 Es Balconet (B1)
- 39 Compartir (A2)
- 40 Talla (B2)

Où déguster une douceur ?

- 41 Pastisseria Can Cabrisas – La Mallorquina (B2)
- 42 Joia (B1)

Où boire un verre ? Où écouter de la musique ? Où danser ?

- 50 Café de la Habana (hors plan par B2)
- 51 Le Casino (B2)
- 52 Brown Sugar (A2)
- 53 Les bars musicaux de la carrer Rosset (A-B1)

À faire

- 60 Creuers Cadaqués et Charter Sant Isidre (B2)
- 61 Sotamar (A2)
- 62 Diving Center Cadaqués (B1)
- 63 Ulla und Paul (hors plan par B1)

*chez **Eco Car** (plan A1, **2** ; avda C. Serinyana, 10 ; 618-88-36-56 ; • ecocar cadaques.com •).* Vélos classiques *(15-25 €/j.)* ou électriques *(30-40 €/j.)*, mais aussi des scooters 125 cm³ *(45 €/j.)*.
***Taxis :** **Pepe Taxi** (606-06-70-15)* ou ***Olé Taxi** (626-52-68-32).*
Stationnement : entre Cadaqués et Port Lligat, le meilleur plan est le ***grand parking gratuit,*** mais non surveillé *(hors plan par A1 ; avda S. Dalí, face au camping)*, à 10 mn à pied du centre-ville et de la casa-museu Dalí. Également ***2 autres parkings gratuits*** *(hors plan par B2 et B1)* situés aux extrémités nord et sud de la baie par la route longeant la mer ; mais plus petits, chacun à 15 mn de marche du centre. Enfin, ***parking payant*** *(hors plan par A2 ; riera de Sant Vicenç ; env 3 €/h)* très cher et souvent plein mais pratique car situé juste à l'entrée du village. Sans oublier le ***parking de Port Lligat*** *(hors plan par A1)*, gratuit hors saison *(5 €/24h avr-sept)* mais éloigné du centre de Cadaqués (20 mn de marche).
■ ***Visites guidées :*** *avec **Rutes Cadaqués.** 686-49-23-69. • rutescada ques.com • Tte l'année.* Née à Cadaqués, la gentille et dynamique Mercè propose d'intéressantes et vivantes visites à thème (histoire de Cadaqués, Dalí, le parc naturel du cap de Creus, les pirates...) en français, dont certaines conviennent parfaitement aux enfants.
– ***Marché :*** *lun mat sur la riera de Sant Vicenç, au niveau du grand parking à l'entrée du village.*

Où dormir ?

– ***Important :*** en août, particulièrement, les prix explosent et deviennent parfois injustifiés.

De prix moyens à chic (60-95 €)

***Hostal El Ranxo** (plan A2, **10**) : avda C. Serinyana, 15. 609-87-58-26 ou 608-27-33-24. • hrcadaques@ gmail.com • hostalelranxo.com • Congés : Noël. Doubles 60-100 € (jusqu'à 145 € en août !) ; petit déj 10 €. Parking 17 €/j.* L'une des adresses les moins chères du village, mais toujours de qualité ! Dans un édifice des années 1960-1970, de petites chambres simples mais pratiques (avec clim), propres et agréables. Bar accueillant avec terrasse au rez-de-chaussée. Ambiance sympa et très bon accueil familial.

***Hostal Vehí** (plan A-B2, **12**) : c/ Església, 6. ☎ 972-25-84-70. • info@hostalvehi.com • hostal vehi.com • Fermé nov-avr. Doubles 75-95 € ; petit déj 10 €.* Dans l'une des charmantes ruelles du vieux village, à proximité de l'église, une dizaine de chambres pratiques et nickel, toutes dotées du confort standard (clim). Les plus chères, dans les étages, sont lumineuses. À la mi-saison, très bon rapport qualité-prix-situation.

***Hostal La Fonda** (plan A1, **11**) : c/ Tórtora, 64. ☎ 972-25-80-19. • lafondadecadaques@hotmail.com • fondadecadaques.com • Congés : fév. Doubles 87-95 € (jusqu'à 135 € l'été), petit déj inclus.* Un brin sur les hauteurs à proximité du grand parking gratuit, mais proche du centre, un *hostal* familial, au calme. Chambres coquettes, avec une bonne literie et la clim, mais vraiment petites pour la plupart. Bon petit déj continental, servi à table.

De chic à très chic (60-280 €)

***Hostal Marina** (plan B2, **13**) : riera Sant Vicenç, 3. ☎ 972-15-90-91. • info@hostalmarinacadaques. com • hostalmarinacadaques.com • Ouv mars-nov, en principe. Doubles 60-120 €.* Accueil familial, francophone et aux petits soins dans cet *hostal* situé au cœur de l'animation, presque face à la mer. Ce petit immeuble des années 1920 réhabilité et habillé de blanc abrite des chambres toutes différentes, des plus grandes et modernes (certaines avec balcon), aux plus petites et simples sur l'arrière (plus au calme aussi). Mais l'entretien, lui, est constant et le confort similaire partout (clim). Resto sur place.

Hotel Ubaldo *(plan A2, **14**) : c/ Unió, 13. ☎ 972-25-81-25. • info@hotelubaldo.com • hotelubaldo.com • Congés : nov-Semaine sainte. Double env 130 €. Pas de petit déj. Parking gratuit (petits véhicules seulement !).* Dans une rue tranquille à proximité de la plage, un établissement fonctionnel et bien tenu. Les chambres sont de bon confort (clim, coffre, etc.), dotées d'une déco contemporaine plaisante et d'un petit balcon pour la plupart. Excellent accueil qui incite à prolonger le séjour !

Hotel Playa Sol *(hors plan par B1, **15**) : Riba es Pianc, 3. ☎ 972-25-81-00. • playasol@playasol.com • playasol.com • Fermé de mi-nov à mi-fév. Doubles 150-282 € (jusqu'à 330 € en août !), petit déj inclus. Parking 11-15 €.* Cet hôtel presque les pieds dans l'eau est l'un des plus beaux de Cadaqués. Chambres agréables et confortables, aux tons clairs et dans un style marin élégant et discret. Les plus chères ont une vue extra sur la baie ; les autres sur le paisible jardin méditerranéen à l'arrière. Espaces communs classes et prestations au diapason. Côté jardin : jacuzzi et hammam, belle piscine chauffée *(mai-oct)*, tennis, ping-pong, location de vélos et de kayaks. Accueil courtois et pro.

À Port Lligat

À 1,5 km à peine de Cadaqués, soit 20 mn à pied depuis le centre du village par une ruelle escarpée, c'est dans la crique de Port Lligat que ***Salvador Dalí vécut*** et travailla une grande partie de sa vie, dans une série de maisons qu'on visite aujourd'hui. À quelques pas se trouve aussi la très belle plage de Sant Antoni...

De chic à très chic (80-190 €)

Carpe Diem *(hors plan par A1, **16**) : ctra Cap de Creus, 1. ☎ 972-25-81-31. • info@carpediemcadaques.com • carpediemcadaques.com • À 10 mn à pied du centre, et autant de Port Lligat. Ouv tte l'année. Studios 90-180 € ; apparts 4-6 pers et suites également ; petit déj 14 €. ½ pens possible. Parking gratuit.* Cascadant parmi les oliviers, cette résidence protégée propose studios et appartements tout confort et bien entretenus. Une flopée de services : piscine chauffée toute l'année, centre de plongée, tennis, ping-pong, fitness et laverie. Resto pour les résidents. Bien pour les longs séjours et pour les familles ou groupes d'amis.

Hotel Calina *(hors plan par A1, **16**) : avda S. Dalí, 33, platja Port Lligat. ☎ 972-25-88-51. • info@hotelcalina.com • hotelcalina.com • Fermé nov-fév. Doubles 88-195 €, petit déj-buffet inclus ; studios 2-4 pers 114-230 € ; suites aussi. Parking gratuit.* Devant la petite plage rocailleuse de Port Lligat, ce grand hôtel, avec sa situation privilégiée, propose de nombreuses chambres tout confort, avec petite terrasse privative. Les plus chères ont vue sur la mer ou la piscine, les autres donnent sur le parking et la verdure des collines voisines. Grande piscine avec transats, mais bon, la plage n'est vraiment pas loin... Bar à tapas. Accueil charmant et pro.

LA CATALOGNE

Où manger ?

Tapas

Mut *(plan B2, **30**) : pl. Dr Pont, 12. Tlj, sauf lun-mar hors saison. Congés : nov. Tapas, salades et plats 5-15 €. CB refusées.* Chouette terrasse avec sa vue sur la mer, et 2-3 tables façon bistrot devant un comptoir où se préparent des tapas classiques mais d'une belle fraîcheur, et des petits plats pleins de saveurs et d'idées malignes. Bien aussi pour boire un verre en picorant. Une petite adresse décontractée, tout indiquée à l'heure de la pause.

De bon marché à prix moyens (10-25 €)

L'Alba (plan A2, **31**) : *c/ C. Serinyana, 19. ☎ 972-25-91-36. • pepa.v@hotmail.com • Tlj. Menu du jour 20 € ; tapas, arroces et plats 5-15 €.* Petit bar-resto au cadre quelconque, avec son comptoir pour les habitués et sa terrasse sur rue. À midi, très bon menu du jour à base de produits frais mitonnés simplement sur quelques accents d'Andalousie, région d'origine des patrons. Aussi des tapas, des plats de poisson et des viandes soignées, d'un excellent rapport qualité-prix. Sans oublier les bons sandwichs !

Embolic (plan A-B1, **36**) : *c/ Miquel Rosset, 5. 697-71-08-41. Avr-oct, tlj à partir de 19h30 ; hors saison, ouv certains w-e (variable). Focaccia et salades 5-9 € ; plats 5-12 €.* Dans une ruelle animée en soirée (c'est là que se trouvent les principales boîtes de nuit), ce tout petit bar-resto à la déco en bois propose des plats équilibrés et variés (couscous végétarien, brochettes de poulet, curry thaï), de bons sandwichs à base de *focaccia* et quelques assiettes à partager genre houmous-crudités. Bien à l'heure de l'apéro ou pour un dîner léger. Simple et efficace.

Celeste (plan B2, **32**) : *c/ Nou, 1. 722-29-68-91. Juil-août, tlj ; sinon, le soir seulement, plus le midi le w-e. Congés : de mi-déc à mi-mars. Résa conseillée. Pâtes et plats 8-18 €.* À l'abri des regards, cette bonne table italienne fait toujours le plein dans sa jolie petite salle avec parquet. Au menu, de sympathiques antipasti et surtout de succulentes pâtes fraîches aux accompagnements qui savent faire preuve d'originalité.

De prix moyens à plus chic (15-35 €)

Talla (plan B2, **40**) : *c/ Riba Pitxot, 18. ☎ 972-25-87-39. • tallacadaques@gmail.com • Ouv de mi-avr à fin sept. Juil-août, tlj sauf mar ; sinon, fermé mar-mer. Résa vivement conseillée. Plats 11-33 €, repas env 40 €.* Notre coup de cœur gastronomique à Cadaqués ! Toute petite salle de 3 tables et superbe terrasse au bord de l'eau dont la vue donne sur Port Alguer, la fameuse crique peinte par Dalí en 1923. Dans l'assiette, une cuisine inventive, raffinée et succulente. Attention, ça se sait et cette très bonne adresse affiche souvent complet en saison : réservez !

Lua (plan B2, **33**) : *c/ Santa Maria, 1. ☎ 972-15-94-52. • lua.cdqs@gmail.com • Ouv avr-oct ; fermé mer, sauf juil-août. Plats 16-24 €.* Perdu dans une ruelle du vieux Cadaqués, ce resto branché à la déco contemporaine sert une cuisine fusion inventive qui puise son inspiration dans les recettes du monde, de la Méditerranée à l'Asie. Côté vins, on revient souvent aux origines des patrons, italiens. Une bonne adresse, saupoudrée d'un service adorable.

Es Balconet (plan B1, **38**) : *c/ Sant Antoni, 2. ☎ 972-25-88-14. • esbalconet@hotmail.com • Ouv mars-oct, tlj, midi et soir. Fermé en mars hors saison. Menus 23-40 € ; plats 18-25 €. Apéritif maison ou digestif offert sur présentation de ce guide.* Dans une ruelle discrète débordant de bougainvillées, on ne vient pas ici par hasard. Tenu par un chef passionné de longue date par le poisson qu'il mitonne avec saveur : *a la plancha,* en *suquet* ou en papillote, la pêche du jour finit invariablement dans votre assiette ! Sinon, la paella maison a ses inconditionnels, et les végétariens ne sont pas oubliés. Une douzaine de tables, dont certaines sur le balconnet, le nez dans les bougainvillées !

Es Grec (plan A2, **37**) : *c/ Unió, 11. ☎ 972-25-10-71. • esgrec@gmail.com • Fermé lun-mer sauf juil-août. Congés : nov-déc. Plats 10-25 € ; repas 25-40 €.* Comme l'enseigne l'indique, le patron, chaleureux, est grec ! Ce qui explique le fond sonore et le style de sa cuisine. Francophone, il annonce la pêche du jour avant de retourner mijoter tout ça dans sa cuisine ouverte sur une salle toute simple, taillée dans le rocher. Produits frais, donc, poissons, poulpes ou calamars simplement travaillés *a la plancha.* On aime !

Plus chic (40-60 €)

Compartir *(plan A2,* ***39****) : riera Sant Vicenç. ☎ 972-25-84-82. • info@compartircadaques.com • Tlj sauf lun (hors saison, fermé mar ainsi que le soir en sem). Résa indispensable. Congés : de mi-déc à mi-janv. Menu dégustation 80 € ; plats 10-40 € ; repas 70-80 €.* Ouvert par un trio de chefs, anciens du célébrissime *El Bulli,* cette vieille maison aux murs de pierre, devancée par une belle cour-terrasse abritée, offre un cadre simplement élégant pour partager (« *compartir* » !) des tapas originales ou goûter une cuisine fine et surprenante, aux associations et présentations audacieuses. Service pro et souriant. Un étonnant moment de bonheur gustatif.

LA CATALOGNE

Où déguster une douceur ?

Pastisseria Can Cabrisas – La Mallorquina *(plan B2,* ***41****) : pl. Dr Trèmols, 8. ☎ 972-25-82-83. Tlj.* La bonne pâtisserie artisanale de Cadaqués, bien plus pourvue le week-end qu'en semaine ; fréquentation oblige. On y achète les fameux *taps,* petits gâteaux du cru en forme de bouchon, à déguster face à la mer !

Joia *(plan B1,* ***42****) : riba d'es Poal, 1. 📱 610-15-73-00. Avr-oct seulement, tlj 13h30-19h ou 20h (jusqu'à 2h en été).* Bonnes glaces artisanales aux parfums naturels, sans conservateurs ni colorants. À déguster par exemple sur le bout de plage juste en face...

Où boire un verre ? Où écouter de la musique ? Où danser ?

Le Casino *(plan B2,* ***51****) : pl. Dr Trèmols, 1. ☎ 972-25-81-37. • info@societatlamistatcadaques.cat • Tte l'année, tlj 7h-22h (minuit en saison).* Avec son ambiance buffet de la gare, c'est le rendez-vous « couleur locale » de Cadaqués ! S'y mêlent touristes et gens du cru du matin au soir ; en terrasse sur la mer ou dans la grande salle haute de plafond. Tranches de vie garanties les soirs de match du Barça !

Café de la Habana *(hors plan par B2,* ***50****) : c/ Dr Bartomeus. ☎ 972-25-86-89. • nanu@cafedelahabana.com • En longeant la mer vers le sud de la baie. De Pâques à mi-oct, tlj (jeu-dim à la mi-saison) 20h-2h30, concert dès 22h30 ; en hiver, ven-sam seulement.* Une adresse un peu secrète, idéale pour un verre en fin de soirée. Dans une ambiance intimiste, on sirote des cocktails pleins de soleil à base de rhum en écoutant Nanu, le talentueux patron qui lâche le comptoir pour pousser la chansonnette avec sa guitare.

Brown Sugar *(plan A2,* ***52****) : c/ Vigilant, s/n. 📱 659-38-11-54. Tlj 10h-2h30.* La terrasse se limite à quelques coussins simplement posés dans l'escalier de la ruelle, et le comptoir disparaît sous les fruits frais qui ne demandent qu'à se transformer en jus ou en cocktails. Concerts presque tous les soirs en saison, les week-ends en hiver. Très agréable aussi dans l'après-midi, pour se poser au calme.

Enfin, les fêtards iront faire un tour du côté des ***bars musicaux de la carrer Miquel Rosset*** *(plan A-B1,* ***53****),* très animés en soirée dès 23h durant la saison. On retiendra le patio luxuriant du *Café Tropical,* le cocktail-bar dans les salles voûtées de la *Frontera* et, pour danser, la discothèque *Shadows.*

Où danser dans les environs ?

Rachdingue Club **:** *à* ***Vilajuïga.*** *• contact@rachdingue.com • rachdingue.store • À env 23 km à l'ouest de Cadaqués ; en arrivant de Roses et avt d'entrer dans le village, prendre à droite, puis un chemin caillouteux. Ouv sam seulement, de juil à mi-sept. Fermé oct-juin. Entrée : 15-25 €.* Cette boîte de nuit surréaliste est installée, depuis 1968, dans une ancienne ferme au beau milieu des champs. Elle fut d'ailleurs inaugurée par Salvador Dalí, qui laissa sa signature sur les murs... Super DJs, concerts live et ambiance déchaînée.

À voir

Casa-museu Salvador Dalí (hors plan par A1) **:** *platja Port Lligat, à* ***Port Lligat.*** *☎ 972-25-10-15. • salvador-dali.org • À 2 km au nord-est de Cadaqués (20 mn à pied). Tlj (fermé la plupart des lun hors saison) : de mi-juin à mi-sept, 9h30-19h50 ; le reste de l'année, 10h30-17h10. Ces horaires peuvent varier, voir le calendrier en ligne. Dernière admission 50 mn avt fermeture. Fermé 1er janv, 7 janv-11 fév et 25 déc.* ***Attention : résa obligatoire tte l'année, et plusieurs j. à l'avance,*** *sur le site internet ou par tél ; et nécessité de retirer son ticket min 30 mn avt l'heure de la visite. Entrée : 15-18 € selon saison ; réduc ; gratuit - de 9 ans. Visites ttes les 10 mn, à horaires fixes, par groupe de 8 pers. La maison compte 3 parties qu'on explore en 10 mn env chacune, ainsi que le patio et l'oliveraie où l'on reste le temps qu'on veut. Consigne obligatoire pour les sacs à dos (prévoir 1 €).*

Avec le délirant teatre-museu Dalí de Figueres et la casa-museu castell Gala-Dalí de Púbol, la maison-musée de Cadaqués constitue l'un des 3 sommets du ***« triangle dalinien »***. Plus qu'une découverte de son art, on entre ici dans l'intimité de l'artiste, on peut y voir quelques-unes de ses œuvres, dont la maison elle-même !

Cette maison, blottie dans la crique de Port Lligat, fut la seule résidence stable de Salvador Dalí. C'est ici qu'il vécut régulièrement dès 1930, et qu'il réalisa la plupart de ses œuvres jusqu'à la mort de son épouse et muse Gala en 1982. Il prit alors ses nouveaux quartiers au château de Púbol (voir plus loin le chapitre « Casa-museu castell Gala-Dalí » à Púbol). Ouverte au public en 1997, cette demeure est en fait un ensemble de 7 blanches maisonnettes de pêcheurs, acquises au fil du temps et imbriquées les unes dans les autres, certaines les pieds dans l'eau. Au total, plus de 500 m² de coins et recoins, passages tortueux et secrets, conçus et décorés avec toute la folie théâtrale du maître, et parsemés d'immortelles, ces fleurs jaunes séchées qu'on trouve dans la région (Gala les adoraient !).

LES ŒUFS DE DALÍ

Au-dessus de sa maison de Port Lligat et de son théâtre-musée à Figueres, notez les énormes œufs posés sur les toits. Symbole de vie et de fertilité, ils évoquent aussi la mythologie : Dalí (avec son frère décédé) s'était identifié à Pollux et Castor, nés dans des œufs (Zeus s'était en effet déguisé en cygne pour courtiser Léda, leur mère...). Le maître affichait ainsi également au faîte de son nid les bébés en devenir qu'aucune femme ne lui aura jamais donnés. Il se vantait même d'être impuissant. S'il mettait volontiers en scène des couples faisant l'amour, jamais il n'y participait !

Dans le ***vestibule de l'ours*** *(salle 1),* on est accueilli par un véritable ours empaillé, cadeau du poète Edward James, qui garde les cannes de Dalí. On pénètre ensuite dans la ***salle à manger d'hiver*** *(salle 2),* toute simple avec son four à bois rustique et ses étagères remplies d'objets bidouillés et détournés de leur usage premier ; avant d'accéder à la ***bibliothèque*** *(salle 3),* dotée d'une cheminée et surmontée de cygnes empaillés (la taxidermie était l'une de ses obsessions !), symboles d'immortalité et... animaux de compagnie de l'artiste. Attenante, une discrète ***terrasse*** *(espace 4)* avec vue sur la crique de Port Lligat.

On grimpe ensuite au 1er étage pour gagner l'***atelier*** *(salle 7),* largement ouvert sur la mer et renfermant 2 tableaux originaux sur bois inachevés (au moment de la mort de sa muse...). Là, un grand chevalet métallique qui, muni d'un système astucieux de poulies motorisées, permettait à Dalí de peindre assis dans son fauteuil. Juste à côté, dans la ***chambre des modèles*** *(salle 6),* sont entassés quelques-uns des objets qui ont inspiré l'artiste dans ses créations les plus loufoques, dont une gigantesque reproduction de son tableau préféré : ***L'Angélus,*** de Millet.

UN ANGÉLUS MORBIDE

Dalí était littéralement fasciné par L'Angélus, *le tableau de Millet. Une toile qui hanta son enfance, et qui plus tard pénétrera à plusieurs reprises son œuvre entre 1932 et 1935 ; il la reproduisit une soixantaine de fois ! En 1938, il lui consacra même un livre tout entier (édité en 1963). Mais le plus impressionnant, c'est que le maître eut l'incroyable intuition que, à la place du panier, Millet avait d'abord peint un cercueil d'enfant. Alors, quand les rayons X commencèrent à être utilisés par les experts en art, on s'empressa de vérifier : Dalí avait vu juste !*

On passe dans le ***salon jaune*** *(salle 8)* où, face à la ***chambre à coucher*** *(salle 10),* un miroir accroché d'une drôle de façon lui permettait de voir le soleil se lever depuis son lit. Le cap de Creus étant le point le plus à l'est de l'Espagne, Dalí se targuait d'être le 1er à voir le soleil se lever sur son pays ! À côté, on remarque dans le ***salon des oiseaux*** *(salle 9)* une minuscule cage accrochée au mur, où il mettait des grillons car leur chant – et les insectes en général – le fascinait... On traverse alors la ***salle de bains de Gala*** *(salle 11)* pour gagner la ***chambre des placards*** *(salle 12),* en fait le dressing du couple, que Gala avait recouvert de photos de leur vie mondaine : Picasso, Cocteau, Harpo des Marx Brothers, Coco Chanel, Maria Callas... Lui qui était fasciné par le « masochisme » d'Hitler, on le voit ici en compagnie de Franco ! Plus loin, la ***salle ovale*** *(salle 13),* dessinée par le maître et surmontée d'une coupole, était réservée à Gala, qui y lisait ou recevait ses invités. Les fauteuils épousent la courbe des murs, et une superbe lumière rouge baigne l'endroit, façon lupanar ! Testez-y l'acoustique du centre de la pièce...

On gagne ensuite le ***jardin*** dominé par son ***colombier*** *(salle 15)* décoré d'œufs géants ; et la ***tour des marmites*** *(salle 16),* avec piano incrusté, où sont projetés des extraits de films délirants, mettant en scène le maître dans sa maison. Encore quelques pas jusqu'au sommet de l'***oliveraie*** *(espace 18)* qui borde la demeure de Dalí, pour admirer sa grande statue allongée du ***Christ des déchets*** *(espace 17),* réalisée avec du matériel récupéré sur la plage suite aux inondations de 1960 ! Un peu plus haut encore, le ***mirador*** offre une vue imprenable sur la crique de Port Lligat ; à côté, le ***garage,*** montrant un intéressant film sur la vie du maître en ces lieux...

Enfin, on redescend dans le charmant ***patio*** *(espace 19)* de la maison, contigu à la ***salle à manger d'été*** *(salle 14)* et planté de jolis arbres. Le lieu était le centre de la vie publique du couple : nombre de personnalités y furent conviées à des soirées mémorables ! La forme de la superbe ***piscine*** *(espace 20),* bordée de fontaines et rehaussée d'objets publicitaires sur l'univers du pneu (!), lui fut inspirée par les pièces d'eau du palais de l'Alhambra, à Grenade ; et les serpents en tissu lui furent offerts par la sœur de Brigitte Bardot...

➢ ***Promenade en mer à bord du Gala de Dalí :*** *à* ***Port Lligat,*** *depuis le quai face à la maison-musée. 617-46-57-57. • excursionesbarcagaladedali.com • Juin-sept, départs tlj 11h-20h, env ttes les heures (résa recommandée par tél). Durée : 1h env. Env 15 €/pers.* Petite balade sur les eaux magnifiques du cap de Creus à bord de la chaloupe originale de Dalí et Gala – en fait, un « pointu », embarcation de pêche traditionnelle de la région. Petite baignade comprise.

Església Santa María *(plan A2) : c/ Portal de Mont, 1-3. En principe, tlj sauf dim ap-m.* Dominant le vieux Cadaqués, elle offre depuis sa petite esplanade une vue superbe sur les toits et la mer. Construite aux XVIe et XVIIe s, son architecture extérieure, plutôt sobre, contraste agréablement avec l'étonnant retable baroque qui trône au fond de l'abside, élaborée dans la 1re moitié du XVIIIe s. On dit de cette œuvre, qui ne mesure pas moins de 17 m sur 12 m, à mettre au crédit de Pau Costa, qu'elle est la plus remarquable de tout l'Empordà ! À sa base, 2 atlantes – en tenue de pêcheurs ! – soutiennent un riche ensemble de sculptures présidées par la Vierge de l'Espérance (sainte patronne de Cadaqués) et, plus haut encore, la Vierge Marie...

UN VAILLANT ADMIRATEUR

Dans l'église Santa María, en faisant face au retable, on remarque une toile dans l'une des chapelles à gauche... qu'on croirait peinte de la main de Dalí ! Il s'agit en fait de l'œuvre d'un grand admirateur russe du maître catalan, qui vint à Cadaqués pour le rencontrer, sans succès (il résidait déjà à Púbol)... Ce Russe, dit-on, pour se faire envoyer en URSS une photo de l'un des tableaux de Dalí (alors censurés dans ce pays), dut se faire expédier une centaine de lettres anodines, dont chacune cachait, sous le timbre, un petit bout de la photo ; de sorte qu'il put, finalement, la reconstituer entièrement au nez et à la barbe des autorités !

Museu de Cadaqués *(plan A2) : c/ Narcis Monturiol, 15. ☎ 972-25-88-77. • visitcadaques.org • Horaires variables, mais en principe : en été, tlj 10h30-17h30 (14h dim) ; le reste de l'année, tlj sauf mar 11h-18h (14h30 mer). Fermé janv-fév. Entrée : 6 € ; réduc ; gratuit - de 10 ans.* Expo annuelle sur 3 niveaux, inédite et toujours de qualité, souvent sur l'univers de Dalí : photos, peintures... Pour les inconditionnels !

Expo Dalí Cadaqués *(plan A2) : c/ Santa Margarida, 24. • expodalicadaques.com • Semaine sainte-oct, tlj 11h-19h ; hors saison, se renseigner à l'office de tourisme. Entrée : 8,50 € ; réduc. Dépliant et panneaux en français.* Sur 3 niveaux, exposition de 300 œuvres graphiques originales de Dalí (lithographies, sérigraphies...) et quelques sculptures provenant de la collection privée du capitaine Moore, secrétaire et homme de confiance du maître pendant 12 ans. L'ensemble est présenté par thématiques autour d'œuvres littéraires chères à Dalí *(Tristan et Iseut, Don Quichotte, La Divine Comédie, La Vénus aux fourrures...).* Pour les passionnés surtout, et les amateurs de littérature, d'autant que ledit capitaine Moore fut suspecté avant sa mort d'avoir produit de fausses lithographies de Dalí ! On a le droit de rigoler.

À faire

➢ ***Excursion en bateau :*** avec ***Creuers Cadaqués*** *(plan B2,* ***60*** *; pl. Dr Trèmols ; 615-63-61-57 ; • creuerscadaques.com • ; Semaine sainte-oct, 1-3 rotations/j. ; env 20 €/pers),* des sorties de 1h30 autour du cap Creus, avec commentaires à bord sur les différentes criques, puis baignade. Aussi de belles balades en mer autour du cap de Creus à bord du ***Charter Sant Isidre*** *(plan B2,* ***60*** *; 626-96-02-98 ; • chartersantisidre.com • ; 2-3 départs/j. (1 seulement en basse saison) ;*

env 16 € ; réduc ; durée : 2h ; 35 pers max ; également des excursions de 4h et 7h), charmant « pointu » à voile de 1925. Ou depuis Port Lligat (et en petit comité) à bord de la chaloupe ***Adela*** *(📱 646-24-25-23 ; • excursions-cadaques.com • ; en saison seulement ; 11 pers max)* pour un programme à la carte (faune, *snorkelling,* baignade, cap de Creus...).

Plongée sous-marine : les fonds marins du parc naturel du cap de Creus sont sauvages et d'une grande beauté. On y croise mérous, congres, murènes, poulpes, corail rouge... Rendez-vous chez ***Sotamar*** *(plan A2,* ***61*** *; avda C. Serinyana, 17, ☎ 972-25-88-76, • sotamar.com • ; fermé oct-Pâques ; vend et loue aussi du matériel de snorkelling),* ou chez ***Diving Center Cadaqués*** *(plan B1,* ***62*** *; c/ de la Miranda, 6 ; 📱 631-60-46-49, • divingcentercadaques.es • ; fermé déc-mars),* sans oublier l'un des plus anciens de la place : ***Ulla und Paul*** *(hors plan par B1,* ***63*** *; punta S'Oliguera, c/ de Caials, 97 ; 📱 609-50-01-75 ; • divingcapdecreus.com •)* au départ d'une gentille crique à l'écart du centre. *Baptêmes 70-80 € ; plongées 35-55 € selon équipement ; snorkelling 30-35 €.*

➢ ***Excursion guidée en kayak de mer :*** *avec* ***Kayaking Costa Brava*** *; bureau à l'Escala : ☎ 972-77-38-06. • kayakingcostabrava.com • Sortie guidée de 4h : 55 €. Loc 14 €/h, 20 €/h en biplace.* Départ de la plage de Port Lligat. Idéal pour accéder aux recoins les plus beaux et les plus inaccessibles de la côte du parc naturel du cap de Creus. Aussi des cours de kayak et possibilité d'en louer sans guide.

S'il y a des plages au centre de Cadaqués, n'hésitez pas à marcher un peu jusqu'à de petites criques plus discrètes (mélange de sable et de galets partout) : la ***plage de Sa Conca*** *(hors plan par A2),* à l'esprit encore un peu bohème (naturistes sur les rochers) au sud de Cadaqués. Ou, vers le nord *(hors plan par B1),* celles ***del Ros,*** d'***En Pere Fet*** ou de ***Sa Confitera*** face à l'île S'Arenella. Infos et dépliant à l'office de tourisme.

Fêtes et manifestations

- ***1er janvier :*** à 7h du mat', petit déj et sardanes au cap de Creus pour accueillir le 1er lever de soleil de l'année !
- ***Fira Indians :*** *1er ou 2e w-e de juin.* Rend hommage aux *indians,* ces émigrés partis de Cadaqués pour faire fortune à Cuba. Artisanat, musique salsa, ambiance Caraïbes !
- ***Fête de la Vierge du Carmen :*** *16 juil.* Procession religieuse en mer, sardanes et repas de sardines.
- ***Festival international de musique de Cadaqués :*** *2 sem fin juil-début août. • festivalcadaques.com •* Au moins un concert par jour sur les places et dans les églises du village.
- ***Fête du village*** *(festa major)* ***:*** *3-4 j. autour du 8 sept.* Expos, courses à pied, sardanes, bals, activités pour les enfants, etc.

DANS LES ENVIRONS DE CADAQUÉS

➢ ***Randonnées :*** superbe balade de 8 km (2h l'aller simple) jusqu'au ***phare du cap de Creus,*** avec de nombreuses criques sauvages sur le parcours. Les fainéants iront en voiture à travers un paysage beau et chaotique de buissons nanifiés par la tramontane, sous lesquels affleurent des roches antédiluviennes. Voir aussi plus haut notre chapitre « Parc natural del cap de Creus ». Sinon, le ***GR 92*** passe par Cadaqués et mène à Port de la Selva (12 km, 3-4h) au nord, et à Roses (22 km, 6-7h) au sud !

ROSES

(17480) 19 900 hab.

• Plan *p. 271*

Les pieds dans l'eau, Roses et sa baie ont connu des heures de gloire. Mais l'immobilier plutôt bon marché et l'afflux de vacanciers consommateurs de soleil ont eu raison de son caractère de petite station balnéaire. Inutile de préciser qu'en été, c'est blindé ! Cela dit, c'est un point d'amarrage intéressant pour sillonner un coin doté de paysages encore très nature, du côté du cap Norfeu ou des marais de l'Aiguamolls.

Arriver – Quitter

En train

Les 2 ***gares ferroviaires de Figueres*** sont les plus proches de Roses, reliées à ***Portbou, Girona, Barcelona*** et aussi à la ***France.*** *Infos et résas : ☎ 912-320-320. • renfe.com • renfe-sncf.com •*

En bus

Estació d'autobusos Moventis-Sarfa *(gare routière ; plan B1,* ***1****) :* *riera Ginjolers, 103. ☎ 972-15-05-85 ou 902-30-20-25. • moventis.es •*

➢ ***Castelló d'Empuries*** *(15 mn)* et ***Figueres*** *(30 mn) :* 11-33 bus/j., via ***Santa Margarida*** et ***Empuriabrava.***

➢ ***Cadaqués*** *(30 mn) :* 6-19 bus/j.

➢ ***El Port de la Selva*** *(45 mn) :* env 6 bus/j. (en été), avec changement à ***Llançà.***

➢ ***Peralada*** *(25 mn) :* 8-10 bus/j.

➢ ***Girona*** *(1h20) :* 1-2 bus/j. (pas de liaison le w-e, sauf en juil-août). Liaisons plus nombreuses depuis Figueres.

➢ ***Barcelona*** *(estació del Norte ; 2h15) :* 1-3 bus/j., la plupart ont pour terminus ***l'aeropuerto del Prat*** *(3h20)* de Barcelone.

Bus Estarriol *(plan A1,* ***2****) : c/ de Madrid, 12. ☎ 972-50-04-03. • estarriol.com • Départ des bus devant l'office de tourisme, pl. de les Botxes (plan A1).*

➢ ***Bus urbains pour les plages : bus nº 1*** (tte l'année), 1 bus ttes les 30 mn 8h30-23h30 (8 bus/j. 9h-19h hors saison) pour les plages de Salatar et de Santa Margarida ; ***bus nº 2*** (en hte saison uniquement), 1 bus ttes les heures env, 9h-21h (sauf à 16h, 18h et 20h), pour celles de Canyelles Petites et de l'Almadrava.

Adresses et infos utiles

Oficina de turisme *(plan A1) : avda de Rhode, 77-79. ☎ 972-25-73-31. • ca.visit.roses.cat • À côté de la citadelle. De mi-juin à mi-sept, tlj 9h-21h. Hors saison, lun-sam 10h-14h, 15h-18h ; dim et j. fériés 10h-13h.* Doc en français : plan, agenda culturel, itinéraires de rando, infos loisirs (VTT, équitation, sports nautiques). Accueil francophone sympa.

Centre médical CAP *(hors plan par A-B1,* ***4****) : ctra Mas Oliva. Ouv 24h/24. En cas d'urgence, contacter le ☎ 972-15-37-59 ou le ☎ 112.*

Police *(plan A1,* ***3****) : c/ avda Tarragona, 64. ☎ 972-15-37-15.*

Location de vélos : *à Santa Margarida (hors plan par A1), chez* ***Cicles Empordà*** *(avda Gola de l'Estany, 33 ; 665-19-70-06),* ***Bicicletas y Rutas*** *(travessia Gola de l'Estany, 12 ; ☎ 972-11-60-42, 646-66-68-19 ; • bicicletasyrutas.com •). Vélo classique (15-20 €/j.) ou électrique (35 €/j.).*

Taxis : *pl. Catalunya (plan A1), ☎ 972-25-30-33 ; ou avda de Rhode, 88-90 (hors plan par A1), ☎ 972-25-47-49.*

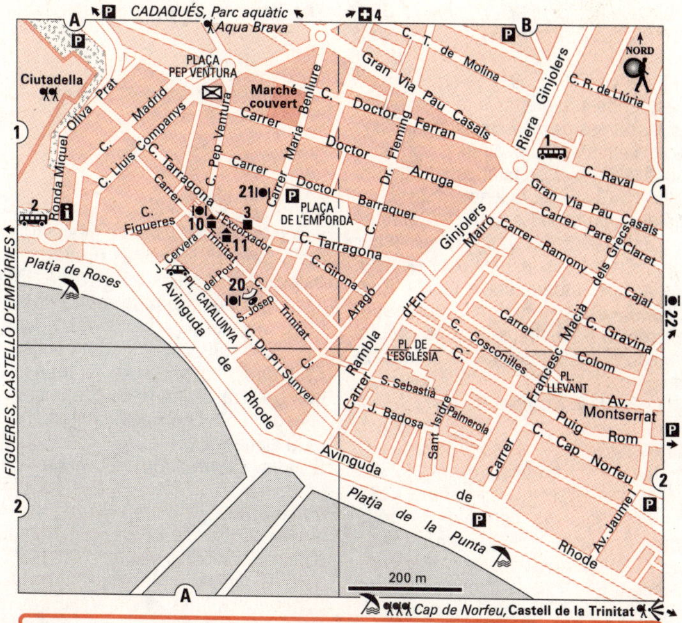

ROSES

Adresses utiles	**Où dormir ?**
Oficina de turisme (A1)	**10** Hostal Rom (A1)
1 Estació d'autobusos Moventis-Sarfa (B1)	**11** Hotel Carmen (A1)
2 Bus Estarriol (A1)	**Où manger ?**
3 Police (A1)	**10** Resto de l'Hostal Rom (A1)
4 Centre médical CAP (hors plan par A-B1)	**20** Gaia (A1)
	21 Ca la Valeria (A1)
	22 Cal Campaner (hors plan par B1)

Stationnement : parkings gratuits en plein centre-ville sur la *plaça de L'Empordà (plan A-B1)* ou sur la *ronda Olivia Prat (plan A1)* derrière la citadelle, sauf jour de marché (dimanche). Sinon, ***parking payant*** sur le front de mer.

– Possibilité aussi de se joindre à une ***visite guidée du port de pêche de Roses*** – l'un des plus importants du coin – ***et de la criée*** *(horaires variables : juil-sept, mar-ven à 17h ; oct-juin, ven seulement ; tarif : 6 €, réduc ; rens et billets à l'office de tourisme).*

– ***Marchés :*** *marché alimentaire couvert tlj, pl. P. Ventura (plan A1) ; et aux vêtements, chaussures et accessoires dim mat sur la ronda Olivia Prat, derrière la citadelle (hors plan par A1).*

Où dormir ?

Campings

Càmping Laguna : *platja Can Turíes, 17486* ***Castelló d'Empúries.*** *☎ 972-45-05-53. • info@campinglaguna.com • campinglaguna.com • À env 12 km au sud-ouest de Roses par la C-260, après Empuriabrava.*

Fermé nov-mars. Compter 31-62 € (70 € en bord de plage !) pour 2 pers avec tente et voiture. Bungalows 2-6 pers 64-185 €. Coincé entre le parc natural dels Aiguamolls de l'Empordà et les berges de la Muga, au bout d'une voie sans issue, un camping agréable, sous les pins et les tamaris, en bordure d'une belle plage. Également des bungalows organisés autour de 2 petites lagunes. Resto-bar, boîte de nuit et bar de plage en saison, jeux pour enfants, 2 piscines, supermarché, tennis, foot, basket, volley, minigolf, pétanque, et centre équestre à l'entrée. Accès immédiat à pied ou à vélo aux sentiers du parc.

Càmping Rubina Resort : *platja de la Rubina, 17487* ***Empuriabrava.*** *☎ 972-45-05-07. • info@rubinaresort.com • rubinaresort.com • À env 7,5 km au sud-ouest de Roses par la C-260, avt Empuriabrava. Fermé de mi-oct à mars. Compter 22-53 € pour 2 avec tente et voiture. Bungalows et apparts 2-6 pers 60-215 €.* Immense camping moderne à la tenue irréprochable, accolé à la station balnéaire d'Empuriabrava. Grands emplacements assez espacés mais pas toujours bien ombragés, avec accès direct à la plage. Aussi des apparts et de beaux bungalows (clim pour certains), où l'intimité de chacun est préservée. Énorme piscine, supérette, jeux et miniclub pour enfants, ping-pong, terrains de basket, de foot et de pétanque, resto, *lounge-bar*... Bon accueil et plein d'animations en été.

De prix moyens à chic (45-150 €)

Hostal Rom (plan A1, **10**) **:** *c/ Trinitat, 35. ☎ 972-25-61-81. • info@hostalrom.es • hostalrom.es • Congés : nov-mars. Double min 100 €, petit déj inclus ; familiales également. Parking env 9 € (ou gratuit à proximité).* Une soixantaine de chambres très simples mais bien équipées, et dotées d'un balcon pour celles côté ruelle. Des salles de bains qui se refont petit à petit. Mais le plus de cet *hostal* familial, c'est son accueil pro et souriant ! Car, pour les proprios, le tourisme est un vrai sacerdoce depuis les années 1950. Également un resto (voir « Où manger ? »).

Hotel Carmen (plan A1, **11**) **:** *c/ Trinitat, 41. ☎ 972-98-98-00. • info@hotelcarmen.es • hotelcarmen.es • Fermé nov-début avr (sauf Noël et carnaval). Doubles standard 60-145 €, petit déj inclus ; supérieures et suites. ½ pens possible à l'Hostal Rom, à côté. En août, long séjour (3-7 nuits) parfois demandé. Parking 8-12 € (ou gratuit à proximité).* Cet hôtel, tenu par la même famille que l'*Hostal Rom* à côté, propose des chambres agréables, rénovées et tout confort (clim, minifrigo), dont la moitié possèdent un petit balcon, et d'autres une petite terrasse avec solarium et douchette privative. Remarquable petit déj-buffet.

Où manger ?

De bon marché à prix moyens (10-30 €)

Gaia (plan A1, **20**) **:** *pl. Catalunya, 11. ☎ 972-09-36-46. Fermé mar (sauf juil-août). Congés : janv-mars. Résa conseillée côté resto. Menu (tlj, midi et soir) env 18 € ; tapas 5-18 €, plats 15-26 €.* Notre coup de cœur à Roses ! Ancienne maison de notable : la salle baroque est restée dans son jus, complétée d'un adorable patio arboré sur l'arrière, ainsi que d'une terrasse sur la place face à la plage. C'est en terrasse que l'on se régale de tapas élaborées, avec notamment les *croquetas* de la maison, le carpaccio de la mer ou encore le poulpe... Côté resto, bonne surprise là aussi, avec un menu au super rapport qualité-prix qui offre des plats raffinés et de fameux desserts. En prime, le service est au top.

Ca la Valeria (plan A1, **21**) **:** *c/ M. Benlliure, 9. ☎ 972-25-51-94. 660-87-81-78. • enzocapoccia@hotmail.com • Tlj sauf dim soir et* *mar-jeu, le midi seulement (tlj midi et soir en hte saison). Résa conseillée le w-e en saison. Congés : 15 déc-15 janv. Menus tlj 18 € et 25 € ; plats env 15 €.* À l'écart du touristique front de mer, dans un cadre quelconque, mais c'est ce qu'il y a dans l'assiette qui nous intéresse ici : une généreuse cuisine catalane, simple et servie à prix doux. On se régale des paellas, *suquets*, salades ; et les menus du jour, avec poisson frais, demeurent un sérieux tour de force.

I●I ☂ ***Resto de l'Hostal Rom*** *(plan A1,* ***10****)* **:** *c/ Trinitat, 35.* ☎ *972-25-61-81.* ● *info@hostalrom.es* ● ♿ *Tlj midi et soir. Fermé nov-mars. Buffet 15 €, carte. Voir aussi plus haut « Où dormir ? ».* Voici un opulent buffet catalan d'un excellent rapport qualité-prix mais on peut aussi commander à la carte. Le tout à dévorer dans un calme patio.

Plus chic (30-50 €)

I●I ***Cal Campaner*** *(hors plan par B1,* ***22****)* **:** *c/ M. Carles Feliu, 23.* ☎ *972-25-69-54.* ● *info@calcampaner.cat* ● *Congés : 1 sem fin juin et 3 sem en déc. Fermé lun et dim soir en été, dim soir et lun-mar hors saison. Repas 50-60 €. Digestif offert sur présentation de ce guide.* Une institution familiale soixantenaire plutôt chic, loin de l'animation balnéaire. Dans une salle à la déco sobre avec cuisine ouverte, on pêche le poisson du jour sur la petite carte. Le chef le pèse (prix au poids), le passe *a la plancha*, y ajoute salade et *pan con tomate*, et le tour est joué ! Tout est bon et très frais mais attention, l'addition peut être salée si l'on craque pour certains produits nobles.

À voir. À faire

La Ciutadella *(citadelle ; plan A1)* **:** *avda de Rhode.* ☎ *972-15-14-66.* ● *ca.visit.roses.cat* ● *Juin-sept, tlj 10h-20h (21h juil-août) ; avr-mai, tlj sauf dim-lun 10h-20h ; oct-mars, tlj sauf lun 10h-17h (14h dim) ; plus les lun fériés tte l'année 10h-14h. Fermé 1er et 6 janv et 25-26 déc. Entrée : 4 € ; billet combiné avec le castell de la Trinitat 5 € ; réduc ; gratuit - de 16 ans. Visite guidée (5 € ; 1h) en français tlj pdt la Semaine sainte et l'été, w-e et j. fériés le reste de l'année ; se renseigner pour les horaires, variables. L'été, visite guidée théâtralisée nocturne (1h40) en français (1 soir/sem, se renseigner ; 10 €, dégustation de produits locaux inclus). Dépliant en français.*

La citadelle de Roses est considérée comme le berceau historique de la ville. La visite se décline en 2 temps : le ***musée archéologique*** et la visite des ruines. Après une vidéo d'introduction fort bien documentée, on découvre une riche collection d'objets archéologiques rappelant que la zone était occupée dès la préhistoire. Photos de menhirs et de dolmens. Puis, vers le IVe s av. J.-C., des Grecs de Marseille fondent ici une colonie nommée « Rhodes », dont la prospérité est liée au commerce, comme le montrent les objets de provenance méditerranéenne. Les Romains s'installent à leur tour, puis la détruisent pour rébellion ; mais le mouillage perdure. Arrivée des catholiques au IVe s, avant que la cité ne prenne la forme d'un village wisigoth fortifié sur la colline de Puig Rom, bientôt délaissé avec l'arrivée des troupes musulmanes au VIIIe s... La population revient sur les lieux de la 1re ville grecque au Xe s, quand les moines bénédictins fondent le monastère Santa María de Roses. Puis la ville médiévale se développe derrière ses remparts, avant d'être menacée au XVe s par des pirates, comme Barberousse en personne ! Charles Quint décide alors de faire édifier cette forteresse au XVIe s, qui ne connaîtra pas de grandes modifications jusqu'à sa destruction en 1814 par les troupes napoléoniennes... Après la visite un rien studieuse du musée, on se balade parmi les ***superbes vestiges du site*** (min 1h pour en faire le tour), révélés par les fouilles, qui témoignent encore de toutes ses périodes d'occupation. Elles cohabitent aujourd'hui, pour le plus grand plaisir des amateurs d'archéologie et des autres. Les ruines médiévales, notamment, sont magnifiques, avec en pièce maîtresse la petite église romane superbement conservée.

Castell de la Trinitat *(château de la Trinité ; hors plan par B2)* **:** *c/ A. Canals. ☎ 972-15-14-66. Juin-sept, tlj 17h-21h (22h juil-août) ; oct-mai, seulement sam 11h-17h, dim et j. fériés 11h-15h ; tlj 11h-17h pdt la Semaine sainte. Entrée : 4 € ; billet combiné avec la Ciutadella 5 € ; réduc ; gratuit - de 16 ans. Visite guidée (1h ; 5 €) en français tlj pdt la Semaine sainte et l'été ; w-e et j. fériés le reste de l'année, se renseigner pour les horaires, variables. En été, visite guidée nocturne (1h30) en français (1 soir/sem, se renseigner ; 10 €, verre de cava inclus). Dépliant en français.* Construite à la fin du XVIe s, cette forteresse faisait partie du système défensif concocté par Charles Quint. En forme d'étoile à 5 branches, elle ne trouve son équivalent qu'à Naples ou Malte. À l'intérieur, peu de choses à voir, car une partie fut détruite au XIXe s ; aujourd'hui reconstituée avec du béton. On distingue toutefois : citerne, latrines, four, meurtrières... Vue superbe au soleil couchant depuis la plateforme principale où se déployait l'artillerie, et qui avance telle une étrave dans la baie de Roses.

Les plages : si celles ***du centre-ville,*** bordées par le béton, manquent de charme, elles sont idéales pour les enfants car peu profondes. Les plages les plus sympa se trouvent vers le sud, ***entre le quartier balnéaire de Santa Margarida et Empuriabrava*** (accès à pied ou à vélo) ou vers le nord, plus sauvages, notamment celles de ***Canyelles Petites*** et de l'***Almadrava.*** Quelques jolies criques se cachent aussi en direction du cap de Norfeu (voir « Dans les environs de Roses »).

Fêtes

– ***Carnaval :*** *en fév ou mars, pdt 5 j.* Probablement le plus ancien carnaval du coin.
– ***Sons del Món :*** *en juil.* ● *sonsdelmon.cat* ● Un festival de concerts éclectiques de qualité entre Roses, Empuriabrava et Castelló d'Empúries.
– ***Fête de la Ville :*** *autour du 15 août.* Concerts de toutes sortes, théâtre, expos, feux d'artifice, sardanes, géants et bal...

DANS LES ENVIRONS DE ROSES

Le cap de Norfeu *(hors plan par B2)* **:** *si vous êtes motorisé, suivez, depuis le centre, la direction du port par la Gran Vía de Pau Casals (plan B1), puis à gauche la route direction Montjoi (panneau). Belle rando pédestre pour les plus courageux (voir plus loin) et petit train touristique pour ceux qui aiment !*
En quelques kilomètres à peine, on oublie le béton de la côte en découvrant des paysages superbement préservés qui appartiennent au parc naturel du cap de Creus. À un maquis aux arbres ras succède une forêt typiquement méditerranéenne qui dégringole vers de petites criques complètement sauvages comme, à environ 7 km de Roses, ***cala Murtra*** (plage de galets, naturiste) qu'on gagne à pied en un gros quart d'heure. La route sinue ensuite 2-3 km jusqu'à ***cala Montjoi*** qui héberge aujourd'hui un grand complexe hôtelier *(attention, de mi-juil à mi-août, accès en voiture à Cala Montjoi restreint de 10h30 à 16h30, possible uniquement sur résa préalable à* ***El Bulli1846****).*
Cette crique est surtout célèbre pour avoir servi d'écrin au très médiatique restaurant gastronomique *El Bulli,* élu plusieurs fois « meilleure table du monde », jusqu'à l'été 2011. Les alchimistes culinaires que sont Ferran Adrià et Juli Soler viennent d'ouvrir, après des années de suspens, un complexe baptisé ***El Bulli 1846,*** un ***musée-laboratoire dédié*** à la création gastronomique : ● *elbullifoundation.com* ● *; ouv de mi-juin à mi-sept, lun-sam 9h30-20h (dernier accès à 18h30) ;*

entrée : 27,50 € (transfert en bus depuis Roses inclus – détails sur le site lors de la résa) ; réduc ; gratuit - de 11 ans ; compter 2h30 de visite, audioguide à télécharger sur place inclus.
Après Montjoi, la route se transforme en piste, passant 2 km plus loin par la jolie ***cala Pelosa*** (et son *chiringuito* très fréquenté le week-end), la presqu'île du cap Norfeu (ni piste ni sentier balisé pour atteindre la pointe), pour rejoindre – 6 km après, mais compter quand même 25 mn ! – la charmante ***cala Jóncols*** ; tranquille plage de sable et galets, et superbe spot de plongée (hôtel-resto sur place).

➢ Plusieurs ***randonnées*** à pied ou à vélo à réaliser dans les environs ; adressez-vous à l'office de tourisme pour les itinéraires détaillés ou téléchargez cartes et descriptifs en français sur le site • *parcsnaturals.gencat.cat/es/cap-creus* • Parmi ceux-ci :
– ***La route des Mégalithes (R 3) :*** promenade facile de 4,4 km (1h20) partant du parking sur la route de Montjoi. Le ***dolmen de la Creu d'en Cobertella*** (3000-2700 av. J.-C.) est accessible par une grimpette bétonnée en 5 mn de marche seulement. C'est le plus intéressant du coin et le plus grand de Catalogne !
– ***Le chemin de ronde (tronçon du GR 92) :*** départ du parking après la punta de l'Almadrava, balade de 9 km (aller seulement), qui passe par cala Montjoi (à 4,4 km, soit 2h de marche), puis mène à cala Jòncols environ 4,5 km plus loin. Superbes vues sur les criques et pointes rocheuses de la côte. Possibilité de pousser la balade jusqu'à Cadaqués (encore 5-6 km environ, mais avec de la dénivelée !) et, de là, de reprendre un bus pour Roses...
– ***L'axe cyclotouriste Figueres-Roses :*** itinéraire VTT de 22 km traversant la campagne en passant par les villages de Vilatenim, Palol, Vilanova de la Muga, Estanyol et Vilaüt.

Parc aquàtic Aqua Brava *(hors plan par A1) : ctra de Cadaqués (GI-614), km 1. ☎ 972-25-43-44. • aquabrava.com • À env 1 km au nord-ouest de Roses (panneaux). Accès bus (gratuit) depuis Roses (au niveau de la Ciutadella) : 3 bus/j., à 10h, 11h15 et 15h ; en juin et sept, 2 bus/j., à 10h30 et 15h. De juin à mi-sept, tlj 10h-19h ; dernière admission 30 mn avt fermeture. Fermé hors saison. Entrée : 38 € (32 € après 15h) ; 22 € (18 € après 15h) enfants de - de 1,20 m et + de 65 ans ; gratuit enfants de - de 80 cm. Pique-nique interdit, mais restos-bars à prix raisonnables sur place.* Planté dans un agréable petit coin de verdure particulièrement fleuri et ombragé, un parc aquatique bien entretenu proposant des toboggans géants spectaculaires. Aussi plusieurs piscines dont une à vagues... Et pour les plus petits, l'*île aux pirates* avec sa petite piscine à vagues, son toboggan et une fenêtre sous-marine rigolote pour se prendre en photo ! Encadrement sérieux et sympa, mais files d'attente parfois longues (venir dès l'ouverture).

CASTELLÓ D'EMPÚRIES (17486) 11 150 hab.

• Plan *p. 277*

Charmante petite bourgade médiévale du XIe s, blottie au bord de la Muga, tout juste à l'intérieur des terres. Son cœur historique se résume à quelques ruelles tortueuses et jolies placettes, sans oublier l'imposante basilique de Santa María, vestige de sa grandeur passée ! Imposante car, naguère, les comtes d'Empúries souhaitaient tout bonnement y voir s'installer le siège épiscopal de l'Empordà...

Arriver – Quitter

En train

Les **2 gares ferroviaires de Figueres** sont les plus proches de Castelló d'Empúries, reliées à **Portbou, Girona, Barcelona** et à la **France.** *Infos et résas : ☎ 912-320-320. • renfe.com •*

En bus

Parades d'autobusos Moventis-Sarfa *(arrêts des bus)* **:** *c/ Santa Clara (plan B2, **1**) pour Roses et Cadaqués ; c/ Rentador (hors plan par B1-2, **2**) pour Figueres, Girona et Barcelona. ☎ 902-30-20-25. • moventis.es •*

➢ **Roses** *(15 mn)* et **Figueres** *(15 mn)* **:** 11-33 bus/j., via **Empuriabrava.**

➢ **Cadaqués** *(45 mn)* **:** 4-14 bus/j.

➢ **Girona** *(1h)* **:** 1-2 bus/j. (rien le w-e, sauf en juil-août).

➢ **Barcelona** *(estació del Norte ; 2h)* **:** 1-3 bus/j. La plupart ont pour terminus **l'aéroport del Prat** *(3h20)* de Barcelone.

Adresses et infos utiles

Oficina de turisme *(plan A1)* **:** *pl. dels Homes, 1. ☎ 972-15-62-33. • castelloempuriabrava.cat • Juil-août, tlj 9h-21h. Mars-oct, lun-sam 10h-14h, 16h-18h ; dim et j. fériés 10h-14h. Nov-fév, lun-jeu 10h-16h ; ven-sam 10h-14h, 16h-18h ; dim 10h-14h.* En été, visite guidée *(payante)* du bourg en français (sur demande hors saison), sentiers de rando dans la région, agenda culturel... Plan-brochure en français avec itinéraire historique.

Taxi : *☎ 972-45-12-18.*

Stationnement : on gare sa voiture dans l'un des **4 parkings gratuits** juste en périphérie du bourg *(avda P. Casals, plan A2 ; pl. F. Macià, plan A2 ; face à l'Ecomuseu Farinera, plan B1 ; et à l'angle de c/ Marin et c/ Rentador, plan B1-2),* pour ensuite gagner à pied le cœur historique.

– **Marché** *(plan B1)* **:** *mar mat, pl. J. Alsina, devant la basilique de Santa María.*

Où dormir ?

De prix moyens à chic (70-100 €)

Hotel Canet *(plan A1-2, **10**)* **:** *pl. J. de la Pilota, 2. ☎ 972-25-03-40. • info@hotelcanet.com • hotelcanet.com • ♿ Fermé nov-mars. Doubles 80-100 € (jusqu'à 170 € en août), petit déj inclus ; familiales. ½ pens possible. Parking gratuit.* Au cœur du bourg, une grande bâtisse canari tenue depuis 1924 par la même famille. Chambres simples et confortables, régulièrement rénovées, dont la plupart donnent sur une jolie place tranquille. Sur le toit, belle terrasse avec solarium, transats et, dès le petit déj, une vue panoramique formidable sur les toits du village ! Sans oublier la piscine, à seulement 2 mn à pied de l'hôtel, dans le cadre charmant d'un ancien couvent. Très bon resto sur place (voir « Où manger ? »). Accueil familial gentil et francophone.

Can Gaita *(plan A2, **11**)* **:** *c/ Comtes d'Empúries, 1. ☎ 972-25-01-71. 📱 636-61-30-38. • infocangaita@gmail.com • cangaita.cat • Appelez, le proprio n'habite pas loin. Apparts 2 pers 60-90 €, 4 pers 100-120 €.* En plein centre du bourg, cette maison ancienne abrite 3 appartements, voûtés ou mansardés, à la déco un brin kitsch mais bien équipés. Le proprio dispose également d'autres appartements du même genre à proximité de la cathédrale.

Can Gibert *(plan A2, **12**)* **:** *c/ Comtes d'Empúries, 26. 📱 628-04-48-63. • cangibert@cangibert.net • cangibert.net • Appelez, la proprio n'habite pas loin. Apparts 4-6 pers 115-200 €. Séjour 2 nuits min (3 en juil-août).*

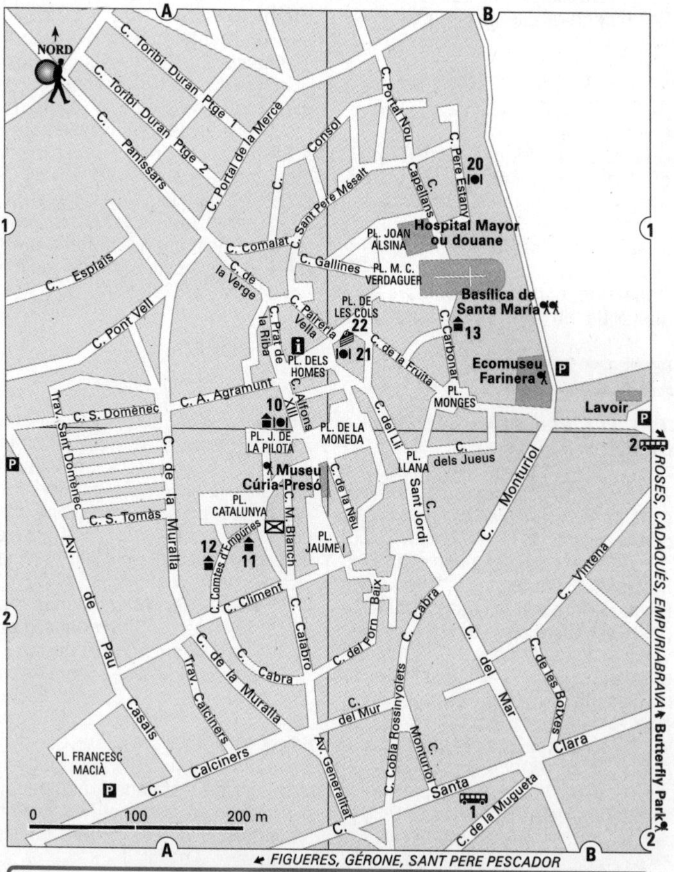

CASTELLÓ D'EMPÚRIES

Adresses utiles	
Oficina de turisme (A1)	
1 Arrêt de bus Moventis-Sarfa pour Roses et Cadaqués (B2)	
2 Arrêt de bus Moventis-Sarfa pour Figueres, Girona et Barcelona (hors plan par B1-2)	

Adresses utiles
- Oficina de turisme (A1)
- 1 Arrêt de bus Moventis-Sarfa pour Roses et Cadaqués (B2)
- 2 Arrêt de bus Moventis-Sarfa pour Figueres, Girona et Barcelona (hors plan par B1-2)

Où dormir ?
- 10 Hotel Canet (A1-2)
- 11 Can Gaita (A2)
- 12 Can Gibert (A2)
- 13 Hotel Palau Macelli (B1)

Où manger ?
- 10 Resto de l'Hotel Canet (A1-2)
- 20 El Portal de la Gallarda (B1)
- 21 Les Voltes (B1)

Où déguster une douceur ?
- 22 Pastisseria Surroca (B1)

Construite sur l'ancienne muraille, cette vénérable maison noble du XIXe s abrite 5 appartements confortables, nickel et pleins de personnalité. Certains, immenses et avec terrasse privée, s'apparentent à des lofts. Et partout, une foule de meubles anciens pour une ambiance authentique et pittoresque.

Jardin-terrasse avec bougainvilliers. Bon rapport qualité-prix-charme.

De chic à très chic (90-210 €)

Hotel Palau Macelli (plan B1, **13**) : *c/ Carbonar, 1. ☎ 872-22-20-24. • info@palau-macelli.com • palau-macelli.com • Congés : janv-fév et 15 j. en mars. Doubles 160-220 €, suites également ; petit déj env 19 €.* Dans une ancienne demeure seigneuriale du XVIIe s, un hôtel chic récent, sur 3 niveaux (ascenseur), organisé autour d'un patio central. Différentes catégories pour les 14 chambres et suites, qui se distinguent surtout par leur volume, mais même confort et déco contemporaine soignée partout. L'ensemble est splendide ! En prime, petite piscine avec transats sur les toits d'où l'on profite d'une vue panoramique sur la basilique et le village. Sans oublier les superbes jardins, dotés d'un bar d'été. Spa avec jacuzzi et massages. Accueil très pro.

Où manger ?

El Portal de la Gallarda (plan B1, **20**) : *c/ Pere Estany, 12. 621-23-19-57. • portalcastello@gmail.com • Tlj sauf lun midi en été ; hors saison, horaires variables (consulter leurs réseaux sociaux). Fermé fin nov-début mars. Menus 19-22 € ; carte 20-25 €.* Plébiscitée par les gens d'ici, cette table, logée dans une bâtisse du XIIe s prolongée d'une superbe terrasse avec vue sur la campagne environnante, offre une bonne cuisine méditerranéenne, mijotée avec des produits du coin.

Les Voltes (plan B1, **21**) : *pl. dels Homes, 4. ☎ 972-25-08-12. 711-78-10-24. • eric17486@hotmail.es • Tlj. Fermé nov-mars. Plats et pizzas 9-30 €. Apéritif maison offert sur présentation de ce guide.* La carte affiche pêle-mêle viandes grillées, pizzas croustillantes à souhait et salades, mais on préfère les belles suggestions goûteuses à l'ardoise. L'ensemble est fort bien mené, pour plaire au plus grand nombre. La terrasse, sur la place, est bien agréable, l'accueil excellent et le service aux petits oignons.

Resto de l'Hotel Canet (plan A1-2, **10**) : *mêmes coordonnées que l'hôtel, voir plus haut « Où dormir ? ». Tlj (sauf lun en basse saison). Menus 13 € en sem, puis 22 € ; plats 6-23 € ; carte 25 €.* À défaut d'y dormir, le resto de cet hôtel, sous ses airs un poil chics, s'avère très abordable pour déguster une cuisine catalane traditionnelle généreusement servie et réalisée dans les règles. Excellent rapport qualité-prix et service gentil.

Où manger du bon poisson dans les environs ?

La Farigola : *c/ Delta Muga, 6 (édifice Manhattan), à* ***Empuriabrava.*** *☎ 972-45-34-51. • lafarigolaempuriabrava@gmail.com • À 5 km à l'est de Castelló d'Empúries. Tlj sauf mar-mer. Fermé nov-avr. Carte env 40 €. CB refusées. Digestif offert sur présentation de ce guide.* Au pied d'un énorme building disgracieux, le meilleur resto du coin pour déguster du poisson frais de la baie. La pêche du jour est déclinée selon des recettes traditionnelles simples et goûteuses. On s'est régalé avec les locaux !

Où déguster une douceur ?

Pastisseria Surroca (plan B1, **22**) : *c/ les Cols, 9. ☎ 972-25-07-07. • surrocapastisseriacastello@gmail.com • Tlj sauf dim ap-m et lun.* De délicieuses petites pâtisseries – les meringues sont leur spécialité, hmm ! – à dévorer sur le pouce en découvrant le village.

À voir. À faire

Basílica de Santa María (plan B1) : *pl. M. Cinto Verdaguer, 1. 688-33-10-94. • basilicasantamaria.com • En saison, tlj 10h-14h, 16h-18h (9h-21h de juil à fin août) ; 17h en basse saison. Entrée : 3,50 € ; réduc. Explications en français.*
On peut s'étonner de voir une cathédrale aussi majestueuse dans ce bourg certes joli mais riquiqui ! C'est que, aux XIVᵉ et XVᵉ s, le comté d'Empúries égalait ceux de Barcelone ou de Gérone. D'ailleurs, cette dernière s'est toujours farouchement opposée à ce qu'Empúries eût un évêque. Une histoire de gros sous, tout ça...
À l'extérieur, remarquable ***portail*** orné des 12 apôtres (le seul imberbe, c'est Jean). Si les bases de la basilique de Santa María demeurent celles d'une église romane du XIIᵉ s, l'édifice actuel fut achevé au XVᵉ s selon les lignes de l'architecture gothique catalane, à savoir une symbiose entre la fonctionnalité spirituelle et la simplicité décorative (vaste programme !). Haute tour-clocher de 36 m présentant plusieurs styles architecturaux. À l'intérieur, en pièce maîtresse, magnifique ***retable gothique*** du maître-autel, qui rappelle les fleurons de la Sagrada Família, ciselé dans l'albâtre (XVᵉ s), telle une dentelle, avec sa figure centrale : une Vierge de la Chandeleur... Avant de sortir, voir les étonnants ***fonts baptismaux*** à double bassin du XIVᵉ s, taillés dans un seul bloc de pierre : le grand servait de réserve d'eau et le petit aux baptêmes (et non l'un pour baptiser les adultes et l'autre les enfants !).
– ***Le musée :*** *dans la sacristie ; entrée sur la gauche du maître-autel. Fermé pdt les messes.* On peut y voir une voûte en brique de l'ancienne église romane. Belle collection d'orfèvrerie liturgique (calices, crucifix, chandeliers, etc.), Vierge immaculée en argent (XVIIᵉ s), ostensoirs gothiques et baroques, peintures... Tout au bout, petite terrasse ouverte sur les vergers.

Ecomuseu Farinera (écomusée ; plan B1) : *c/ Sant Francesc, 5-7. ☎ 972-25-05-12. • ecomuseu-farinera.org • Avr-sept, tlj (sauf dim ap-m et lun avr-juin et sept) 10h-14h, 16h-19h (17h-20h juil-août). Le reste de l'année, mar-sam 10h-14h, 16h-18h ; dim 10h-14h. Fermé 1ᵉʳ et 6 janv, 3ᵉ sem de janv, 11 sept et 25-26 déc. Entrée : 3,70 € ; réduc ; gratuit - de 6 ans. Audioguide gratuit à télécharger sur smartphone et panneaux en français.* Il s'agit d'un moulin à eau utilisé pour transformer le blé en farine entre la fin du XIXᵉ s et la 1ʳᵉ moitié du XXᵉ s. On suit tout le processus depuis le canal (médiéval) dont la force de l'eau faisait tourner, au sous-sol, une turbine générant l'énergie mécanique nécessaire au fonctionnement des moulins à broyer rutilants. Puis la force est dispatchée dans les étages, où une imposante structure en bois avec courroies, poulies et axes assure le tamisage et le conditionnement de la farine. Exposition d'outils agricoles, reproduction d'ateliers... Une visite intéressante et didactique, qui rend hommage à des métiers et des savoir-faire essentiels. On termine par une petite expo (en accès libre) présentant les parcs naturels du coin.

Museu Cúria-Presó (plan A2) : *pl. Jaume Iᵉʳᵒ. ☎ 972-25-08-59. Juil-août, tlj 10h-19h ; avr-juin et sept, tlj sauf lun 10h-16h ; le reste de l'année, seulement jeu-dim 10h-16h. Fermé 1ᵉʳ et 6 janv et 25-26 déc. Entrée : 2,50 € ; réduc ; gratuit - de 7 ans. Audioguide en français inclus (40 mn).*
C'est un intéressant musée d'histoire médiévale installé dans un bâtiment du XIVᵉ s, qui abrita un tribunal et une prison jusqu'au XIXᵉ s. D'abord, quelques pierres tombales avec des inscriptions en hébreu montrent la présence, dès le XIIIᵉ s, de la plus importante communauté juive de la région, après Gérone...
Puis, à l'étage, une maquette du village à l'époque médiévale, entourée d'objets archéologiques évoquant ses principaux monuments, son pouvoir religieux, son économie, son agriculture, l'artisanat local et le commerce. Surfant sur son dynamisme économique, la cité devient capitale comtale du XIIIᵉ au XVIᵉ s, ce qui généra une vie culturelle intense, autour, notamment, de la musique véhiculée par des troubadours. L'existence des prisonniers est elle aussi abordée lors de la visite des cellules avec latrines et graffitis, oubliettes...

Butterfly Park *(parc des Papillons ; hors plan par B2)* **:** *c/ Santa Clara, s/n. ☎ 972-45-07-61. ● butterflypark.es ● Au bord d'un rond-point avt l'entrée de Castelló d'Empúries, en venant de Roses. En saison, tlj de 10h au coucher du soleil ; hors saison, le w-e seulement. Entrée : 12 € ; 8 € 4-11 ans ; gratuit - de 4 ans.* Ce parc, qui accueille toujours 30 espèces de papillons tropicaux, abrite depuis plusieurs années un nombre important d'oiseaux tropicaux et d'autres espèces (chauves-souris, tortues, etc.) recueillis après abandon ou provenant d'anciens zoos. Tout ce petit monde cohabite aujourd'hui dans cette serre labyrinthique. Attention à ce qui brille : les perroquets, très amicaux, n'hésitent pas à chiper le moindre bijou qui dépasse ! Promenade libre sympa qui plaira à toute la famille. Évitez quand même les périodes d'affluence, car on s'y sent alors un peu à l'étroit...

Fêtes

– ***Fête de Sant Llorenç :*** *10 août, pdt 5 j.* C'est la fête du saint patron du village, avec son lot de bals, sardanes, défilés...
– ***Festival des Trobadores :*** *2ᵉ w-e de sept.* Tournois de chevaliers et autres cabrioles des jongleurs et bouffons qui envahissent le centre historique.

DANS LES ENVIRONS DE CASTELLÓ D'EMPÚRIES

Parc natural dels Aiguamolls de l'Empordà : *entrée, parking et bureau d'info à* ***El Cortalet,*** *à 4 km au sud de Castelló d'Empúries par la GIV-6216, en direction de Sant Pere Pescador (km 4,2). ☎ 972-45-42-22. ● parcsnaturals.gencat.cat/ca/aiguamolls-emporda ● (itinéraires adaptés aux personnes se déplaçant en fauteuil roulant). Tlj 9h-18h30 (16h nov-mars). Accès gratuit, mais parking 5 €. Visites guidées payantes en juil-août (en français sur résa). Loc de jumelles : 2,50 €. Brochure d'itinéraires détaillés en français ou sur le site ● aiguamollsdelemporda.cat ● Snack sur place en saison.*
Toute la région était auparavant couverte de marécages, qui disparurent peu à peu avec le développement agricole et la construction d'énormes complexes touristiques. Heureusement, en 1983, suite à la mobilisation de plusieurs associations, cette réserve naturelle fut créée, couvrant 4 730 ha de part et d'autre de la station balnéaire d'Empuriabrava, et longeant la côte vers le sud jusqu'à Sant Martí d'Empúries, avec un petit crochet par la rivière El Fluvià, autour de Sant Pere Pescador.
Plusieurs ***chemins balisés de rando*** à pied (connexion au GR 1 et au GR 92) ou à VTT partent du centre d'info, et nombreux postes d'observation pour les ***passionnés d'ornithologie*** (de mars à mai et d'août à octobre, les espèces sont plus nombreuses ; à la période de nidification, d'avril à juin, la promenade par la plage – boucle de 3h – est suspendue). Balade très agréable. N'oubliez pas d'apporter un répulsif antimoustiques !

Où dormir dans les environs du parc ?

Campings

Càmping Las Palmeras : *ctra de la Platja, 17470* ***Sant Pere Pescador.*** *☎ 972-52-05-06. ● info@campinglaspalmeras.com ● campinglaspalmeras.com ● À 1,5 km à l'est de Sant Pere Pescador. Fermé fin oct-mars. Compter 30-50 € pour 2 avec tente et voiture. Bungalows 4-6 pers 84-207 € ; studios 2 pers 79-138 €.* À seulement 500 m d'une jolie plage peu fréquentée, un agréable camping aux nombreux emplacements gazonnés et arborés (plus ou moins ombragés). Sanitaires rutilants. Aussi de jolis studios et des bungalows tout équipés, certains climatisés. À dispo : 2 belles piscines, dont une chauffée en basse saison, entourées de pelouse et de palmiers, jeux pour enfants, terrains de sport, billard, location de vélos, pétanque, supermarché, laverie... Cours de yoga et d'espagnol. Et mention spéciale pour le resto, qui sert de bons petits plats à prix serrés ! Excellent accueil.

Càmping Aquarius : *platja de Sant Pere Pescador, 17470* ***Sant Pere Pescador.*** *☎ 972-52-01-01 et 00-03. • info@campingaquarius.com • campingaquarius.com • ♿ À 2,5 km au sud-est de Sant Pere Pescador. Ouv avr-oct. Compter 20-65 € pour 2 avec tente et voiture. Cabanes, mobile homes et apparts 2-5 pers 45-215 €.* Bordé par une belle et grande plage préservée en accès direct, un camping tranquille, plus tout jeune mais toujours bien entretenu. Emplacements herbeux correctement ombragés mais qui manquent parfois d'intimité, sanitaires nickel. Resto-bar et équipement complet : supérette, jeux pour enfants, minigolf, terrains de sport, massages, cours de yoga, location de vélos...

De prix moyens à chic (60-130 €)

Masía rural Ca la Caputxeta : *c/ la Closa dels Frares, 17486* ***Castelló d'Empúries.*** *635-45-70-16. • info@caputxeta.com • caputxeta.com • À 1,5 km au sud de Castelló d'Empúries en direction de Sant Pere Pescador, au rond-point sur la C-260. Congés : janv-fév. Doubles 100-130 €, petit déj inclus ; 2 apparts 4-8 pers ; familiales. Digestif ou café offert sur présentation de ce guide.* À l'écart d'un rond-point, dans une petite zone résidentielle. Cette maison d'hôtes offre une poignée de chambres d'humeur campagnarde, simplement décorées mais plaisantes et tout confort. Également de superbes et spacieux appartements. Jardin avec piscine et jacuzzi. Autre point fort, l'accueil (francophone) de Carmen, adorable. Pour les amateurs, terrain de golf juste en face.

Casa rural Can Bayre : *c/ Major, 9, 17469* ***Fortià.*** *☎ 972-53-43-24. • info@canbayre.com • canbayre.com • À 4 km au sud-ouest de Castelló d'Empúries par la C-68, direction Figueres. Ouv tte l'année. Double env 115 €, petit déj 12 € ; suite et un appart 4 pers également. Petit déj offert ou réduc de 10 % en basse saison sur présentation de ce guide.* Au cœur d'un petit village vraiment tranquille, une jolie maison rurale du XVIe s. En tout, 5 chambres climatisées de taille différente au style rustico-contemporain. Également un appartement indépendant avec 2 chambres. Agréables pièces communes, dont un grand salon et une belle salle à manger. À l'arrière, petite terrasse donnant sur l'église romane Sant Julià (XVIe s). Les proprios y organisent des dîners-concerts une fois par mois. Accueil chaleureux.

Mas del Joncar : *camí del Joncar, 15, 17470* ***Sant Pere Pescador.*** *☎ 972-52-10-72. 616-99-48-58. • info@masdeljoncar.com • masdeljoncar.com • En venant de Castelló d'Empúries, prendre à gauche au rond-point avt l'entrée du village. Doubles 110-130 €. Table d'hôtes 20 €. Réduc de 10 % sur les doubles en basse saison sur présentation de ce guide.* Bordé par des vergers et la rivière du parc dels Aiguamolls, au bout d'une longue allée de palmiers, voici un mas bien restauré et chaleureux. Vaste salon vitré pour la détente et des chambres confortables aux murs en pierre, avec terrasse privée pour la plus belle. Également 2 chambres dans un chalet à côté de la belle piscine. Accueil doux des proprios. Plusieurs chemins de rando à proximité. Pour un séjour très nature, au calme.

LA CATALOGNE

Où acheter de bons produits ? Où manger ?

Mas Gusó : *c/ Sant Martí d'Empúries, s/n, 17470* ***Sant Pere Pescador.*** *☎ 972-52-03-79. • info@masguso.com • masguso.com • À env*

2 km du village, sur la route de Sant Martí d'Empúries, indiqué à gauche. Boutique ouv mars-oct, tlj 10h-18h (20h en été ; 15h dim). Resto ouv tlj sauf lun en saison ; hors saison, seulement jeu-dim. Repas 35-45 €. On trouve ici une boutique-cave à vins proposant de bons produits locaux (huile d'olive, condiments, conserves), dont quelques-uns provenant de la production du mas. Sur place, resto réputé de cuisine catalane avec une terrasse à l'ombre d'un vénérable platane.

À faire

■ ***Kiteexperience K3 :*** *c/ de la Platja, 17470* ***Sant Pere Pescador.*** *📱 637-37-42-75. • kiteexperience.com • En face du camping Gaviota. Avr-sept, tlj 10h-18h (19h en été). Loc de paddle 13 € pour 1h, 20 € pour 2h et 40 € les 5h.* Une petite école de kite tenue par des jeunes adorables, juste en face de la belle plage de Sant Pere Pescador. Location de matériel en tout genre, dont des paddles, mais aussi des cours de kite et de windsurf.

L'ESTARTIT ET TORROELLA DE MONTGRÍ

(17258 et 17257) 12 000 hab.

Petit village de pêcheurs jusqu'en 1960, L'Estartit compte désormais parmi les stations balnéaires de la Costa Brava, mais enclavé dans le *parc natural del Montgrí,* les *Illes Medes i el Baix Ter.* Cette vaste zone verdoyante protégée, qui s'étale entre L'Escala et Torroella de Montgrí, couvre aussi les criques sauvages qui se découpent dans la côte. Un lieu propice aux randonnées pédestres ou à VTT, et à la pratique du kayak de mer.
C'est aussi de L'Estartit qu'on embarque vers les fameuses îles Medes, classées « Réserve naturelle », l'un des plus beaux spots de plongée de Méditerranée !
Et, à 5 km dans l'intérieur des terres, le cœur historique de Torroella de Montgrí ne manque pas de charme avec ses étroites ruelles en damier, sa belle église et son agenda culturel dynamique, au cœur d'une gentille plaine agricole dominée par un imposant château du XIIIe s.

Arriver – Quitter

En train

🚂 La ***gare ferroviaire de Girona*** est la plus pratique pour gagner Torroella de Montgrí et L'Estartit, reliée à ***Barcelona*** et à la ***France.*** Autrement, la gare de ***Flaçà*** demeure la plus proche, mais pas de bus direct pour rejoindre ensuite L'Estartit (seulement 1 bus dans l'autre sens). *Infos et résas : ☎ 912-320-320. • renfe.com •*

En bus

🚌 ***Parades d'autobusos*** *(arrêts des bus)* **:** *à* ***L'Estartit,*** *sur l'avda de Grècia (artère principale perpendiculaire à la mer) et le passeig Marítim ; à* ***Torroella,*** *près la pl. del Lledoner (en plein centre).*

■ ***Bus AMPSA :*** *☎ 972-75-82-33. • ampsa.org •*

➢ ***L'Estartit*** et ***Torroella de Montgrí*** *(20 mn)* **:** 6-19 bus/j.

➢ ***Girona*** *(1h10)* **:** 6-12 bus/j.

■ ***Bus Moventis-Sarfa :*** *hors saison, départs seulement de* ***Torroella,*** *passeig Catalunya, 35 ; en été, aussi de* ***L'Estartit.*** *☎ 902-30-20-25. • moventis.es •*

➢ ***L'Escala*** *(20 mn)* **:** 6-10 bus/j.

➢ **Figueres** *(1h20)* **:** 6 bus/j., via **L'Escala** et **Sant Pere Pescador.**
➢ **Barcelona** *(estació del Norte ; 2h20)* **:** 2-4 bus/j. La plupart ont pour terminus ***l'aéroport del Prat*** *(3h20)* de Barcelone.

Adresses et info utiles

Oficina de turisme de L'Estartit et Torroella de Montgrí : *passeig Marítim, à* ***L'Estartit.*** *☎ 972-75-19-10. • visitestartit.com • Face au port. En saison, tlj 9h-21h (20h juin et sept) ; hors saison, lun-ven 9h (10h mai)-18h (17h nov-mars), w-e et j. fériés 10h-14h.* Plans des 2 villages, brochure en français, infos transports, loisirs (plongée sous-marine, sorties en bateau aux îles Medes, kayak, pêche, voile, kitesurf, paddle, randos dans les environs, équitation, location de vélos, tennis...), etc.

Oficina del parc natural del Montgrí, les Illes Medes i el Baix Ter *(bureau du parc)* **:** *espigó de Llevant (au milieu du port, accessible à pied seulement), à* ***L'Estartit.*** *☎ 972-75-17-01. • parcsnaturals.gencat.cat/ca/illes-medes • De mi-juin à mi-sept, lun-ven 8h30-17h ; w-e 8h30-13h30, 14h30-16h30. Le reste de l'année, lun-ven 9h-14h ; w-e 8h30-13h, 14h30-17h.* Toutes les infos sur ce parc de 8 195 ha, dont 77 % sur terre et 23 % maritimes, dans des environnements naturels aussi variés qu'étonnants : montagnes, côtes rocheuses, criques, îles, marais, plaines... Dépliants thématiques (plongée sous-marine, pêche, navigation) en français, plans-itinéraires de découverte à pied, vélo, VTT...

– ***Marchés :*** *jeu mat à* ***L'Estartit*** *; lun mat à* ***Torroella,*** *où les paysans de la région se retrouvent sur la pittoresque pl. Quintana i Combis, tradition qui remonte au Moyen Âge !*

LA CATALOGNE

Où dormir ? Où manger dans le coin ?

Hostel Costa Brava : *c/ Església, 12, 17258* ***L'Estartit.*** *☎ 975-75-10-85. 679-57-70-83. • info@hostelcostabrava.es • hostelcostabrava.es • Dans le centre, à 3 cuadras du port et de la plage. Fermé nov-mars. Resto-bar ouv tlj. Doubles 72-79 € (jusqu'à 111 € en août) ; nuitée en dortoir 3-4 lits 28-33 €/pers (38-45 €/pers août). Menu déj en sem 18 € ; plats 8,50-12,50 €. Pas d'ascenseur.* Un petit *hostel* familial tout bleu abritant une vingtaine de chambres doubles et de dortoirs de 3-4 lits (non superposés), tous avec salle de bains et balcon. Déco très sobre et clim dans certaines chambres. Petite cuisine à dispo et agréable resto-bar à la déco marine avec une terrasse pour un repas économique et copieux. Propose aussi des activités nautiques en tout genre. Un bon plan pour les budgets réduits, surtout hors saison.

Hostel Medes II : *c/ Guillem de Montgrí, 38, 17258* ***L'Estartit.*** *☎ 972-75-08-80. • info@hotelmedes.com • hotelmedes.com • Dans le centre, à 3 cuadras de la plage. Fermé janv-fév. Doubles 90-150 €, familiales également ; petit déj 13 €. Parking env 20 €.* Un hôtel classique disposant de différentes catégories de chambres, depuis les doubles avec balcon, simples mais bien tenues, aux supérieures et suites rénovées et spacieuses. Toutes ont la clim. Excellent accueil familial. Piscine sur l'arrière et resto sur place.

Hotel Picasso : *La Gola de Ter, 17257* ***Torroella de Montgrí.*** *☎ 972-75-75-72. • info@hotelpicasso.net • hotelpicasso.net • À env 8 km au sud-est de Torroella par la C-31, direction Pals. Congés : fév-mars. Resto tlj (sauf lun à la mi-saison), fermé en sem l'hiver. Doubles 100-140 € ; familiales ; petit déj inclus. Menu 19 € ; plats 8-20 €. Verre de cava offert sur présentation de ce guide.* Dans un hameau agricole non loin de l'embouchure du Ter, un hôtel tout de jaune et vert vêtu qui n'a rien à voir avec l'artiste ! Chambres agréables, fonctionnelles et bien équipées. Mobilier moderne standardisé et balcon pour presque toutes. Côté resto, cuisine correcte à prix tenus. Piscine, et jolie plage de Fonollera à 10-15 mn à pied. Location de vélos.

Fonda Mitjà : *c/ Església, 14, 17257* ***Torroella de Montgrí.*** *☎ 972-75-80-03. • info@fondamitja.com • fondamitja.cat • Congés : 20-31 déc. Resto tlj sauf dim. Doubles 90-120 €. ½ pens possible. Menus 17 € en sem, env 22 € le w-e ; plats 8-17 €.* En pleine vieille ville, ce bâtiment livre des chambres coquettes et bien équipées. Côté fourneaux, *cuina catalana casolana* (cuisine maison) qui se tient bien. Aussi une carte de *cocas*, ces petits pains traditionnels ronds grillés et garnis de bons ingrédients. Service dynamique sympa.

Hotel Molí del Mig : *camí del Molí, s/n, 17257* ***Torroella de Montgrí.*** *☎ 972-75-53-96. • hotel@molidelmig.com • molidelmig.com • À 2 km au sud-est de Torroella. Fermé nov-janv. Doubles 80-200 € (jusqu'à 300 € certains w-e d'août) ; petit déj 10 €. Loc de vélos (10 €/j.). Parking gratuit.* En pleine campagne mais proche de tout, un superbe hôtel haut de gamme, installé dans un vieux moulin du XVe s restauré et agrandi par un architecte soucieux de préserver son caractère originel. Mission accomplie ! Chambres tout confort, petit déj extra, et un grand jardin avec des recoins où se poser, des arbres fruitiers, un bar extérieur et 2 piscines. Spa sur résa. Enfin, l'hôtel est au carrefour de nombreux sentiers de randonnée à pied et à vélo. Bref, un lieu magnifique propice à une retraite digne de ce nom. Tarifs vraiment intéressants en semaine et en basse et moyenne saisons. Resto sur place.

Els Valencians : *c/ Montgó, 29, 17258* ***L'Estartit.*** *☎ 972-75-18-07. • elsvalencians@outlook.com • En saison, tlj sauf dim soir et lun (tlj de mi-juil à fin août) ; oct-Pâques, ouv seulement le w-e à midi. Menus 27-36 €.* La bonne adresse pour manger une paella. La maison ne propose que ça, d'ailleurs, dans le cadre d'un menu complet avec entrée de fruits de mer, salade, puis dessert... et vin compris, s'il vous plaît ! Plus qu'à choisir celle qui vous tente le plus : au poisson, aux fruits de mer ou à la viande ? Une adresse populaire qui marche fort, et on le comprend.

Fleca Can Francès : *c/ Església, 5, à* ***Torroella de Montgrí.*** *☎ 972-75-86-53. • flecacanfrances@gmail.com • Tlj sauf dim 7h-13h30, 17h-20h. Congés : 3 sem fin juin-10 juil.* Fondée en 1885, cette maison prépare de délicieuses pâtisseries et une foule de biscuits secs artisanaux ; à dévorer sur le pouce en explorant la vieille ville de Torroella.

Plongée sous-marine aux îles Medes

À seulement 10 mn de traversée en bateau, les ***îles Medes,*** classées Parc naturel, livrent 7 magnifiques îlots comptant parmi les plus beaux sites de plongée de Méditerranée !

Occupées dès l'Antiquité, les îles acquièrent une importance militaire stratégique au Moyen Âge, car situées au cœur du commerce maritime de la région. Elles sont alors l'enjeu d'importantes batailles navales. Aux XVe et XVIe s, on y construit des forteresses pour défendre la côte contre les pirates et autres corsaires, dont les célèbres frères Barberousse, qui les occupent un temps. Elles passent ensuite aux mains des Français, et enfin des troupes espagnoles et anglaises, dont il subsiste quelques vestiges de casernement...

Reliefs sous-marins spectaculaires (tunnels, grottes...), flore et faune marines (mérous, barracudas, raies aigles...) particulièrement abondantes. Autant de merveilles à découvrir avec la dizaine de centres de plongée basés à ***L'Estartit.*** Parmi eux :

■ **La Sirena :** *passeig Marítim, 2. ☎ 972-75-09-54. 📱 686-48-33-15. • divingsirena.com • Face au port. Baptême env 70 € ; plongées 38-78 € selon équipement et saison ; snorkelling (2h) 32 €.* L'un des plus anciens de la place !

■ **El Rei del Mar :** *avda de Grècia, 5.*

*☎ 972-75-13-92. • elreidelmar.com • Au rdc de l'*Hotel Panorama. *Baptême (en été seulement) env 80 € ; plongées 39-60 € selon équipement et saison. Pas de* snorkelling.

Les non-plongeurs qui souhaiteraient avoir un aperçu de ces fameux fonds marins peuvent embarquer à bord d'un de ces énormes bateaux jaunes à fond de verre de la flotte ***Nautilus*** *(passeig Marítim, 23 ; ☎ 972-75-14-89 ; • nautilus.es • ; ouv tte l'année ; 2-12 sorties/j., à partir de 25 €/pers pour 1h30 de balade, réduc).* Mais attention, ces derniers prennent parfois jusqu'à 200 personnes, et ça se bouscule un peu, dans la cale vitrée contenant seulement 60 personnes, pour voir les fonds marins ! Aussi, on peut opter plutôt pour une sortie sur une embarcation de 20 personnes maxi avec ***Núria*** *(☎ 972-66-59-02 ; • barcanuria.com •)* ou ***El Fadrí*** *(📱 652-94-28-72 ; • creuers2mes2.com •).* Tous 2 ont un kiosque sur le quai et proposent 2 à 6 sorties quotidiennes de Pâques à octobre *(22 €/pers pour 1h45 de balade avec un arrêt baignade, réduc).*

Les amateurs de bronzette sans béton opteront pour la ***platja Fonollera,*** à quelques kilomètres plus au sud, de l'autre côté de l'embouchure de la Ter, dans une zone naturelle verdoyante *(de Torroella, prendre la C-31, direction Pals ; puis à gauche direction Mas Pinell).*

LA CATALOGNE

À voir. À faire

Museu de la Mediterrània : *c/ d'Ullà, 31, à* ***Torroella de Montgrí.*** *☎ 972-75-51-80. • museudelamediterrania.cat • ♿ Juil-août, tlj sauf dim 10h-14h, 17h30-21h ; sept-juin, tlj sauf dim ap-m et mar 10h-13h30, 17h-20h. GRATUIT. Audioguide.* Installé dans un palais du XVIe s, ce musée moderne présente d'abord la géographie, la faune, la flore et les activités agricoles des environs de Torroella. Puis se succèdent l'histoire des hommes dans la région (de la préhistoire au monde moderne, avec de grands écarts !), leurs musiques et chants traditionnels, leurs fêtes, illustrés sur de nombreux écrans. Bref, toute une culture à l'œcuménisme bienveillant, qui s'inscrit dans le foisonnement multiculturel du Bassin méditerranéen.

– À signaler aussi, le ***Jazz Festival*** à ***L'Estartit*** en juillet, puis le ***Festival de Torroella de Montgrí,*** en août *(• festivaldetorroella.cat •).* Assez éclectique, il fait la part belle au classique et aux musiques du monde.

DANS LES ENVIRONS DE L'ESTARTIT ET DE TORROELLA DE MONTGRÍ

Ruines d'Empúries : *c/ Puig i Cadafalch, à* ***L'Escala.*** *☎ 972-77-02-08. • macempuries.cat • À 15 km au nord de Torroella de Montgrí et 2 km au nord du centre de L'Escala ; accès par les routes GI-623 et GI-632 (indiqué). Tlj 10h-20h (18h d'oct à mi-nov et de mi-fév à mai, 17h de mi-nov à mi-fév). Fermé lun de mi-nov à mi-fév, 1er janv et 25 déc. Dernière admission 30 mn avt fermeture. Entrée : 7 € ; réduc ; gratuit - de 16 ans, et pour tous le 1er dim du mois oct-juin seulement. Parking payant en saison (1 €/h). Audioguide en français inclus (2h, une mine d'infos !). Plan-dépliant en français.*
Fondée par les Phocéens peu après leur installation à Marseille, au VIe s av. J.-C, la cité portuaire gréco-romaine Empúries tient son nom du grec *emporion,* qui signifie « marché » ; d'où, finalement, *Empordà,* l'appellation actuelle de la région... ***Le commerce maritime avec les populations ibères de la péninsule était la principale activité de la cité,*** dont les constructions romaines débutèrent, elles, vers 100 av. J.-C.

Ce vaste site archéologique, en bord de mer, est vraiment exceptionnel. La balade peut se suffire à elle-même, mais on conseille vraiment d'utiliser l'audioguide : richement documenté, il nous plonge tout entier dans l'époque gréco-romaine et redonne vie à ces pierres silencieuses. On découvre donc, côté mer, les ***ruines grecques*** et les vestiges de ses 2 temples, ses maisons, ses cuves de salaison, son agora, son quai de chargement, etc. Et, sur les hauteurs, les ***ruines romaines,*** avec de magnifiques restes de mosaïque dans une maison patricienne, des vestiges de thermes, une partie du forum et du temple capitolin, sans oublier la vieille muraille dont la porte est encore marquée de leurs roues de chars, les vestiges de l'amphithéâtre... Passionnant !
Le ***musée*** du site, qui fait la jonction entre les 2, présente les objets issus des fouilles archéologiques : des vases en forme de phallus (porte-bonheur à l'époque), des instruments chirurgicaux (comme ces sondes urinaires ! aïe !), de remarquables mosaïques dont une sur le thème du sacrifice d'Iphigénie, une très belle tête d'Hermès, de vieilles ancres de bateaux, les plus anciennes inscriptions et monnaies grecques de la péninsule, la stèle funéraire à motifs graphiques d'un guerrier ibère, de très belles céramiques attiques à figures rouges ou noires, etc. La plus belle pièce du musée ? C'est un marbre du IIe s av. J.-C. représentant Asclépios (Esculape), dieu de la Médecine !

➢ En sortant du site, longer la mer par la gauche jusqu'à ***Sant Martí d'Empúries,*** à environ 500 m, là même où les Grecs débarquèrent dans un village ibère. Ce bourg médiéval est un petit bijou face à la mer, avec sa curieuse église, sa place et ses adorables maisons de pierre qui font vite oublier certaines aberrations immobilières de la côte que l'on aperçoit au loin.

L'Escala : cet ancien petit port, avec son vieux quartier de pêcheurs et son émouvante église Sant Pere, ne manque pas de charme. Réputé pour ses anchois, on y trouve plusieurs conserveries traditionnelles, mais pas toujours alimentées par la pêche du coin, raréfaction de la ressource oblige. Voir aussi l'intéressant petit ***museu de l'Anxova i de la Sal*** évoquant l'épopée de cette pêche à grand renfort de photos d'archives, d'outils et d'objets anciens *(avda F. Macia, 1 ; ☎ 972-77-68-15 ; • museudelescala.cat • ; de mi-mars à mi-oct, tlj sauf dim ap-m et lun 10h-13h, 17h-20h ; le reste de l'année, tlj sauf lun 10h-13h, plus 17h-20h ven-sam ; GRATUIT ; fait aussi bureau d'info touristique en saison).*

➢ ***Excursion guidée en kayak de mer :*** *avec **Kayaking Costa Brava,** c/ Enric Serra, 42, **à L'Escala.** ☎ 972-77-38-06. • kayakingcostabrava.com • Sortie guidée de 4h : 55 € ; loc 14 €/h, 20 €/h en biplace.* Départ de Cala Montgó ; c'est le moyen idéal pour accéder aux belles criques sauvages et autres recoins les plus inaccessibles de cette côte qui fait partie intégrante du *parc natural del Montgrí, les Illes Medes i el Baix Ter.* Aussi des cours de kayak et la possibilité d'en louer sans guide.

Où dormir ? Où manger près des ruines ?

Alberg juvenil L'Escala-Empúries : *ctra del Museu, 36, 17130 **L'Escala.** ☎ 972-77-12-00 ou 934-83-83-63 (résas). • escala.xanascat@gencat.cat • xanascat.gencat.cat • Sur la route menant aux ruines d'Empúries, à 100 m de l'arrêt « Empúries » des bus Moventis-Sarfa. Fermé déc-janv, et la nuit du dim sept-juin. Compter 13,30-31 €/pers selon âge et saison ; petit déj 4,70 €. ½ pens et pens complète possibles. Repas 9,60-20 €.* AJ proposant plus de 200 couchages dispatchés autour d'un patio dans des chambres de 5 ou 6 lits avec sanitaires privatifs, et 3 grands dortoirs de 12 à 21 lits. L'ensemble est un peu spartiate mais correctement tenu, et la plage se trouve à proximité.

Hotel L'Escala Centre : *c/ Migdia,*

18, 17130 **L'Escala.** ☎ 872-20-14-14. • info@hotelescalacentre.com • hotelescalacentre.com • Congés : déc-janv. Doubles 60-115 €, jusqu'à 150 € pour les supérieures, petit déj inclus. Juste au-dessus du vieux quartier des pêcheurs, cet immeuble moderne abrite de chambres nickel, confortables, dotées d'une déco contemporaine discrète et sobre, tirant sur le « bord de mer ».

B & B L'Hort de Sant Cebrià : ctra Sant Pere Pescador, 24, 17474 **Torroella de Fluvià** ; dans la rue principale du village. ☎ 972-55-00-67. 609-42-56-55. • info@hortdesantcebria.com • hortdesantcebria.com • À 15 km au nord-ouest des ruines d'Empúries par la C-31 en direction de Figueres. Réception ouv tlj 14h-20h. Double env 170 €, petit déj inclus. Enfants de - de 12 ans refusés. Parking gratuit juste derrière. Romantique à souhait, cette maison d'hôtes abrite 6 vastes chambres très coquettes : tons taupe ou blanc cassé, meubles d'antiquaire chinés par les proprios, grandes salles de bains avec jacuzzi ou douche à l'italienne... Nos préférées donnent sur la chapelle romane du XIIe s voisine, dont les cloches ont la bonne idée de ne pas sonner la nuit ! Superbe salon avec cheminée et grande baie vitrée ouverte sur le joli jardinet, sa piscine et son *sundeck*. Coin terrasse sous les glycines. Excellent accueil de Juan Carlos et Jordi, tous 2 fins gourmets, qui connaissent toutes les bonnes tables du coin. Prêt de vélos, pour rejoindre la plage à 4 km de là.

Grop : c/ del Port, 21, 17130 **L'Escala.** ☎ 972-05-95-50. • info@restaurantgrop.cat • En bordure de la petite plage. Fermé jeu (sauf juil-août). Congés : fév. Tapas 4-15 € ; plats 11-22 €. Un resto d'allure moderne à la déco style indus' avec gros tuyaux et terrasse-véranda face à la plagette du quartier des pêcheurs. Une adresse populaire, peu onéreuse et de qualité pour ses tapas à partager, fruits de mer, viandes grillées, poisson frais avec quelques suggestions véganes. Service efficace et rapide.

La Gruta : c/ del Pintor Enric Serra, 44, 17130 **L'Escala.** ☎ 972-77-62-11. • restaurantlagruta@gmail.com • Dans une ruelle du vieux centre entre le port et la petite plage. Tlj sauf dim-lun. Congés : 10 déc-10 mars. Résa conseillée. Menus 25 € (déj en sem), puis 39-55 € ; carte env 45 €. Café offert sur présentation de ce guide. Aux fourneaux, un chef français, et dans l'assiette, une jolie cuisine originale et savoureuse, qui se décline en plusieurs menus, avec une option végétarienne, le tout d'un exemplaire rapport qualité-prix ! Accueil charmant.

Llop de Mar : c/ del Pintor Enric Serra, 2, 17130 **L'Escala.** • llopdemarcostabrava@gmail.com • Ouv Semaine sainte-oct, tlj (jeu-dim seulement à la mi-saison). Tapas 6-18 €, salades, sandwichs, pizzas et burger 8-15 €. Face la mer, juste devant la plagette familiale, un bar-resto jeune et branché qui déploie une terrasse idéale à l'heure de l'apéro. L'occasion aussi de s'offrir un repas sur le pouce avec de bonnes salades et des sandwichs.

LA CATALOGNE

PERATALLADA

(17113) 150 hab.

Classé Monument historique, Peratallada est l'un des villages médiévaux les plus importants de tout l'Empordà ! Avec ses ruelles à arcades grossièrement pavées, et bordées de maisons aux façades à blasons, il conserve toute son unité. Au centre, château, palais (XIe-XIVe s) et remparts (XIIe-XIIIe s) font le bonheur des amateurs de vieilles pierres. Une particularité topographique dont la ville tire d'ailleurs son nom, *pera tallada* signifiant « pierre taillée ». Pour la petite histoire, suite à un conflit d'intérêts entre l'évêché et la seigneurie locale, l'église Sant Esteve (XIIe s), de style roman fortifié, se trouve à l'extérieur du village. Comme quoi l'alliance du sabre et du goupillon peut

parfois avoir du plomb dans l'aile ! Du coup, le château, qui possédait sa propre chapelle, est séparé de l'église « officielle » par un large fossé.
Pleine à craquer dès que 3 gouttes arrosent les plages, cette ville-musée se montre éminemment touristique.

Arriver – Quitter

En bus

Bus Moventis-Sarfa : *☎ 902-30-20-25.* ● *moventis.es* ●
➢ ***Girona*** *(55 mn)* **:** 1 bus/j. sauf w-e, via ***La Bisbal d'Empordà, La Pera*** et ***Flaçà.***
➢ ***Pals*** *(10-30 mn),* ***Begur*** *(20-40 mn)* et ***Palafrugell*** *(40-55 mn)* **:** 1-2 bus/j. sauf w-e.

Adresse utile

Oficina de turisme : *pl. Castell, 3. ☎ 872-98-70-30.* ● *visitperatallada.cat* ● *Fermé mer (sauf juil-août), horaires variables mais on y trouve un plan explicatif en libre-service.* Plus que pour sa doc succincte et ses horaires aléatoires, on vous le signale car c'est aussi un ***bar à tapas*** fréquenté par les locaux, avec une sympathique terrasse au coin de la place !

Où dormir ?

De prix moyens à chic (60-110 €)

Can Solés : *c/ Torre, 1. ☎ 972-63-41-63. 646-18-71-91.* ● *info@cansoles.com* ● *cansoles.com* ● *Ouv tte l'année. Résa très conseillée. Doubles 70-80 €, petit déj inclus ; familiale. CB refusées. Café offert sur présentation de ce guide.* Cette maison d'hôtes aménagée dans une vénérable demeure appartenant à la famille Solés depuis le XVIe s, fut, dans les années 1930, la toute 1re taverne du village ! Seulement 6 chambres, toutes différentes mais impeccables et à la déco rustique plaisante. Très agréable jardin pour le petit déj, et cuisine commune à dispo. Accueil gentil et aux petits soins.

Ca L'Aliu : *c/ Roca, 6. 661-40-49-35.* ● *info@calaliu.com* ● *calaliu.com* ● *Résa conseillée en hte saison. Double min 72 €, petit déj inclus.* Juste à proximité du grand parking, dans une ruelle du village encore marquée par le passage des chariots, voici 8 jolies chambres, simples mais bien tenues et bien équipées. Charmante terrasse suspendue, verdoyante et ombragée. Cuisine à dispo.

Hostal Blau : *c/ del Forn, 2. ☎ 972-63-41-85. 616-74-18-34.* ● *hostalblau@hostalblau.es* ● *hostalblau.es* ● *Résa conseillée. Doubles 100-110 €, petit déj inclus.* Au cœur du village, dans une bâtisse du XVIIe s, un labyrinthe d'étroits couloirs et escaliers conduit à des chambres climatisées superbes et vraiment atypiques. Toutes différentes et très colorées, elles offrent un joyeux mélange de mobilier ancien, de poutres peintes en bleu, avec partout des bibelots et objets ethniques. La plus belle possède une terrasse dominant le village. Une belle adresse de charme !

Où manger ?

Prix moyens (15-30 €)

Can Nau : *c/ dels Esquiladors, 2. ☎ 972-63-40-35.* ● *restaurantcannauperatallada@gmail.com* ● *Tlj sauf mer. Menu arròs de Pals 22,50 € ; plats 8-20 €.* Derrière ses vieilles pierres, cette maison rustique abrite un bon petit resto de *cuina casolana catalana* (cuisine maison) maîtrisée, qui mijote les bons produits frais de la *comarca.* Le tout servi aussi en terrasse dans la ruelle, au pied de la *torre.* Bon rapport qualité-prix, surtout pour le menu avec l'*arrós* de Pals au poisson et à la seiche, complété d'un dessert (et vin inclus !).

DANS LES ENVIRONS DE PERATALLADA

ULLASTRET *(17114 ; 260 hab.)*

Village médiéval pittoresque à 5 km au nord-ouest de Peratallada. Au centre, un ensemble de maisons et une grande bâtisse seigneuriale avec arcades sont plantés sur une enceinte fortifiée (XIIe s). Et puis toute la campagne des environs a bien du charme... Il en émerge d'ailleurs la cité ibère d'Ullastret et son superbe musée archéologique.

Où dormir dans les environs ?

Can Pau de Llabià : *c/ Major, 17257* ***Llabià.*** *630-15-83-12. • info@canpaudellabia.com • canpaudellabia.com • Juste à côté de l'église. En plein été, loc de la maison entière parfois demandée, se renseigner. Doubles 80-125 € ; familiales. Pas de petit déj mais cuisine à dispo.* Au sommet d'un minuscule village médiéval, cette belle ferme du XVIe s tout en pierre renferme 6 chambres assez sobres, de style campagnard, la plupart avec vue sur la superbe campagne environnante. Dans le jardin, la pelouse émaillée des sculptures d'inspiration « calderienne » du proprio invite à la sieste. Reste plus qu'à tirer sa chaise longue sous le grand phœnix et à s'assoupir au bruissement de ses palmes ! Très beau petit musée privé d'œuvres fascinantes du sculpteur qui accueille ses hôtes avec beaucoup de gentillesse. Une adresse coup de cœur dans un site exceptionnel !

Où manger ?

Ibèric : *c/ Valls, 11. ☎ 972-75-71-08. • restaurant-iberic@hotmail.com • Mar-dim le midi, plus le soir ven-sam. Fermé lun. Congés : 2 sem fin juin-début juil, vac de Noël. Plats 15-30 €.* Plusieurs salles à la déco rustico-chic en pierre, et puis cette agréable terrasse couverte dans la rue, au pied des remparts. Carte renouvelée au gré du marché et des saisons. Dans l'assiette, de délicieux poissons (la spécialité), mais aussi quelques viandes. Le tout mijoté selon des recettes traditionnelles soignées. Les fauchés opteront pour du poulet ! Également une foule d'entrées *para compartir...*

À voir

Ciutat Ibèrica d'Ullastret – Museu d'Arqueologia : *Afores, puig de Sant Andreu. ☎ 972-17-90-58. • macullastret.cat • (parcours adapté sur résa). À 1,5 km au nord d'Ullastret par la GI-644, puis à droite la GIV-6442 (panneaux). Tlj sauf lun 10h-20h (18h oct-mai sauf Semaine sainte) ; dernière admission 30 mn avt fermeture. Fermé 1er et 6 janv et 25-26 déc. Entrée : 7 € ; réduc ; gratuit - de 16 ans et pour tous le 1er dim du mois. Audioguide en français inclus (version pour adulte ou enfant ; 50 mn) avec plan, à télécharger sur smartphone. Compter 1h de visite.*
Installées sur le littoral méditerranéen dès le Paléolithique, les populations indigènes se sont succédé pour finalement donner naissance, à partir du VIe s av. J.-C., à

une civilisation propre : les Ibères. Après avoir goûté à l'influence culturelle des Grecs et des Phéniciens, ils tombent sous la férule des Romains, qui débarquent ici pendant la 2e guerre punique, vers 218 av. J.-C.

> **LES CRÂNES DU POUVOIR**
>
> *Les crânes découverts dans les fouilles de la cité ibérique d'Ullastret sont transpercés d'un clou. C'est que l'ennemi mort au combat était décapité et sa tête fixée en trophée à l'entrée des édifices aristocratiques, soulignant ainsi le pouvoir absolu du chef de la ville ; un rituel qui serait d'origine celte...*

Ullastret fut ainsi l'une des plus importantes cités ibères de Catalogne, capitale de la tribu des Indikètes. Bâtie dès le VIe s av. J.-C. au sommet d'une colline qui surplombait jadis un grand lac devenu plaine agricole, elle faisait face à une île, fortifiée elle aussi. Ullastret entretenait des liens commerciaux étroits avec la cité grecque d'Empórion (actuelles ruines d'Empúries), il est intéressant en ce sens de visiter les 2 sites. Les fouilles débutèrent en 1930 et les 1res découvertes datent de 1947...

L'audioguide, très bien fait sur le mode du dialogue et adapté aux plus jeunes, se révèle un outil indispensable pour faire parler ces vieilles pierres, et constitue un bel hommage aux archéologues, à qui l'on doit ces découvertes. Sur le site, on trouve les vestiges des murailles, rues, maisons, citernes, silos à récoltes (les archéologues ont en révélé 200 !), temples et autres fortifications imposantes dont les murs tirés au cordeau témoignent de la rigueur des Ibères. Il s'agit là de la plus grande muraille ibère de Catalogne, renforcée de tours rondes et carrées et percée de 4 portes principales...

Sur les hauteurs, un riche ***musée archéologique*** (carnet de visite en français) fait le point sur cette culture méconnue, ses origines et son évolution jusqu'à l'arrivée des Romains. Exposition de céramiques, de verreries, de bijoux... Également des vitrines sur les rites religieux et funéraires. Et encore d'intéressantes sections consacrées au commerce, à l'urbanisme et à l'architecture, à l'agriculture, à l'élevage, à la pêche et à la chasse, à la production artisanale (textile, céramique et métal). Sans oublier la langue ibère, notamment l'écriture, que les spécialistes n'ont pas encore réussi à traduire ! Et ne manquez pas l'étonnante visite virtuelle de la ville telle qu'elle pouvait être en 250 av. J.-C. à travers un film 3D de 6 mn en français, projeté sur un écran panoramique dans une salle limitée à 5 personnes. Cela permet de se rendre compte des dimensions importantes de la cité et de sa situation stratégique.

***MONELLS** (17121) **ET MADREMANYA** (17462)*

Mignons petits villages médiévaux, proches l'un de l'autre, à une quinzaine de kilomètres à l'ouest de Peratallada. Un peu cachés au cœur de la « petite Toscane catalane » au carrefour de belles randonnées à pied et à vélo, leurs minuscules cœurs historiques se laissent arpenter à pied, pour une balade tranquille et hors du temps. Quelques similitudes avec Peratallada donc, le flot touristique et les boutiques de souvenirs en moins !

Où dormir dans le coin ?

Casa rural Can Bassa : *avda Gavarres, 10, 17462* ***Madremanya.*** *648-10-00-01. ● canbassa@gmail.com ● canbassa.com ● Tte l'année. Doubles 150-212 €, petit déj inclus ; apparts pour 4 pers min 350 € (2 nuits min hors saison, 1 sem min en juil-août). Loc de vélos.* En bordure du village, une *masía* du XIVe s superbement rénovée. L'ensemble comporte 3 chambres doubles et 5 appartements aménagés dans des maisonnettes imbriquées les unes dans les autres. Tout le confort et beaucoup de charme : tons passés, meubles en bois cérusé, vieux bouquins, murs en pierre apparente... De plus, nombreux espaces communs, dont un petit jardin en escaliers avec piscinette dominant la campagne. Bref, un bel endroit, certes pas donné mais idéal pour une retraite de qualité !

PALAU-SATOR *(17256 ; 320 hab.)*

À 3 km au nord-est de Peratallada, encore un beau village médiéval fortifié, pas touristique pour 2 sous, et dont les principaux édifices ont été construits entre le Xe et le XVIe s. À partir de la *torre de les Hores* (tour des Heures ; une ancienne porte de la ville), on rejoint le *castell,* point culminant du village.
Plus au sud-est, le petit bourg de ***Sant Feliu de Boada*** ne manque pas de charme (ni de bons restos !) non plus. Et, en chemin, faites donc un détour par la petite ***église de Sant Juliá de Boada,*** préromane (Xe s).

LA CATALOGNE

Où dormir ? Où manger à Palau-Sator et alentour ?

Casa rural Can Barrull : *c/ Extramurs, 2, 17256* ***Sant Feliu de Boada.*** *☎ 972-63-41-98. 670-42-11-49. • info@canbarrull.com • canbarrull.com • À env 3 km au sud-est de Palau-Sator. En arrivant à Sant Feliu, au niveau du parking, contourner le village par la droite. Ouv tte l'année. Doubles 99-110 € ; appart 4 pers aussi. Petit déj env 9 €.* En bordure du village, dans une vieille ferme où règne la pierre apparente, voici de charmantes chambres superbement décorées, impeccables et bien équipées, dont certaines donnent sur la montagne. Également un appartement indépendant du même tonneau. Très joli salon avec jeux. Petit déj copieux à base de produits locaux, dont ceux de l'exploitation agricole. Vente d'huile d'olive maison. Une bien belle adresse doublée d'un excellent accueil !

Mas Pou : *pl. de la Mota, 4, à Palau-Sator. ☎ 972-63-41-25. • palausator@maspou.com • Tlj sauf dim soir et lun. Résa conseillée le w-e et en été. Congés : de mi-janv à début mars. Plats 10-26 €, carte env 35 € ; tapas 4-12 € au musée rural.* Un resto de tradition familiale prisé des Catalans, mais aussi des groupes ! Derrière le jardin-terrasse, plusieurs salles au cadre classique, plutôt élégantes. Le chef ne travaille que du frais et du local, accommodé dans des recettes traditionnelles revisitées et abouties. Prévenez votre estomac qu'il aura du boulot ! Pour un repas plus léger, un bar à tapas s'est installé dans l'annexe, à côté du sympathique petit musée rural de la maison.

Can Joan : *c/ la Font, 9, 17256* ***Sant Feliu de Boada.*** *☎ 972-63-43-13. 646-08-82-98. • can.joan@hotmail.com • À 3 km au sud-est de Palau-Sator. Fermé lun. Menus env 17 € le midi en sem, sinon 30 € ; plats 10,50-26 € ; carte 25-35 €. Apéritif maison offert sur présentation de ce guide.* Bonne *cuina casolana* (cuisine maison) dans ce resto aux spécialités typiques soignées, mijotant poissons, viandes grillées et autres ingrédients frais du cru. Sans oublier les tapas pour accompagner un verre de vin local, en terrasse au bord du village. Patron très accueillant.

LA BISBAL D'EMPORDÀ *(17100 ; 11 190 hab.)*

À 7 km au sud-ouest de Peratallada, cette petite ville traversée par le riu Daró demeure l'une des plus actives de Catalogne dans la ***fabrication de la***

céramique. Une activité qui se traduit de manière visible dans le paysage urbain... Moins de charme que les villages voisins, mais un gentil petit centre historique qui se laisse découvrir aux heures fraîches, entre son *església Santa María* et son surprenant *castell-palau* qui présente des expos temporaires *(tlj sauf dim ap-m, plus lun hors saison ; entrée : 3 € ; héberge aussi l'office de tourisme : ☎ 972-64-55-00, • visitlabisbal.cat •)* ; le tout parsemé d'intéressantes boutiques de céramique au style classique ou étonnamment contemporain.

Où dormir dans les environs ?

Casa rural Mas Masaller : *barri Rabioses, 5, à* **Cruïlles.** *☎ 972-64-13-01. 📱 618-84-29-60. • masmasaller@gmail.com • masmasaller.com • À 3 km au sud-ouest de La Bisbal par la GI-660. Congés : janv. Doubles 94-104 €, petit déj gargantuesque inclus ; familiale 3-4 pers aussi. Table d'hôtes sur résa 18 €.* Perdue en pleine campagne, cette grande ferme pittoresque du XIIIe s, où habitent les proprios et leurs enfants, livre 6 charmantes chambres ventilées, toutes de taille différente avec une déco à dominante rustique et du lourd mobilier en bois. Grande tablée conviviale pour partager un bon et copieux repas. Piscine au fond du jardin, et sentiers de randonnée à proximité. Un lieu simple et authentique où l'on se sent bien. Accueil gentil. Sur place, boutique qui vend des produits fermiers (fromages, etc.).

LA CATALOGNE

À voir

Terracotta Museu : *c/ Sis d'Octubre, 99. ☎ 972-64-20-67. • terracottamuseu.cat • Juil-août, tlj sauf dim ap-m 10h-14h, 16h30-20h ; sept-juin, tlj sauf dim ap-m et lun 10h-13h (14h w-e), 16h-19h (16h30-19h30 sam). Entrée : 5 € ; réduc ; gratuit - de 12 ans. Dépliant en français.* Établi dans une ancienne fabrique de céramique qui fonctionna jusque dans les années 1980, c'est un intéressant musée dédié à cette activité séculaire et emblématique de La Bisbal. Le lieu conserve ses équipements d'origine : plusieurs impressionnants fours à bois en brique, des tours à main traditionnels, quelques presses industrielles pour confectionner quantité de céramiques domestiques, mais aussi des moules à carrelages et à briques, et autres éléments d'architecture pittoresques... Aidé par des petits films en français, on suit bien le procédé de fabrication : extraction et préparation de l'argile, mise en forme de l'objet à la main ou à la presse, séchage, décoration, puis cuisson à 1 000 °C. Quelques très beaux spécimens de céramique locale. Et des expos temporaires d'artistes du genre, renommés et souvent locaux.

CASA-MUSEU CASTELL GALA-DALÍ À PÚBOL

☎ 972-48-86-55. • salvador-dali.org • ♿ (partiel). Le château est situé dans le village de Púbol, accessible par la C-66 reliant Gérone à La Bisbal d'Empordà. En venant de Barcelone ou de Figueres, sortir de l'AP 7-E 15 à « Girona Nord ». Tlj (sauf lun de mi-sept à juin) 10h30-19h (17h15 de mi-mars à fin-juin et de mi-sept à début nov ; 17h ou 16h en hiver). Résa conseillée. Dernière admission 45 mn avt fermeture. Fermé 1er janv, de début janv à mi-mars et 25 déc. Entrée : 9-11 € selon saison ; réduc ; gratuit - de 8 ans. Dépliant-plan en français. Visite guidée en français payante (sur résa en ligne) : 17-20 €, incluant le prix de l'entrée. Visite guidée nocturne « Nits de Gala » payante (sur résa en ligne) en français, en août seulement ***(suspendue jusqu'à nouvel ordre).***

SACRÉ DALÍ !

Quand il acheta le château de Púbol, Dalí fut consterné par l'état lamentable de la route qui y menait. Il y invita alors le gouverneur de Catalogne à prendre le thé. Ayant crevé 2 fois, le notable arriva avec un énorme retard. Le roué Salvador ne s'en offusqua pas mais avertit son invité que Franco allait venir le mois suivant. Les travaux de réfection commencèrent dès le lendemain… et Franco ne vint jamais !

Avec le teatre-museu Dalí de Figueres et la casa-museu Salvador Dalí de Port Lligat (Cadaqués), ce château-musée de Púbol est le dernier monument du ***« triangle Dalí » de Catalogne.*** Le peintre s'impliqua dans sa rénovation comme dans sa décoration, avec toutefois un peu moins de facéties qu'à Port Lligat. La visite y est un peu plus agréable car le coin plus préservé et l'affluence légèrement moindre...

Situé au cœur du charmant microvillage médiéval de Púbol, ce petit château, connu depuis le XIe s, fut acheté par Dalí en 1968 après 30 ans d'abandon, et offert à Gala, son épouse et muse, pour qu'elle dispose d'un lieu où se réfugier. Dalí, lui, n'y venait que quand elle l'y invitait... par écrit et en français ! Gala y joua donc la « dame du château » jusqu'au soir de sa vie, en 1980 (elle mourut à Port Lligat 2 ans plus tard). C'est alors seulement que Salvador Dalí y résida, jusqu'en 1984, date à laquelle un incendie se déclara dans sa chambre, provoqué par une sonnette-poire destinée à appeler son infirmière. Le peintre fit alors des pieds et des mains pour être conduit à l'hôpital dans sa Cadillac !

Et justement, la fameuse voiture (immatriculée à Monaco) se trouve toujours dans le ***garage*** *(salle 13)* du château, dont on visite la plupart des pièces, à commencer par la ***salle des blasons*** *(salle 1),* au plafond décoré par le peintre pour que, disait-il, « lorsque Gala lèvera les yeux, elle me voie dans son ciel ». Dans la ***salle du piano*** *(salle 2),* ne pas manquer la fausse porte aux faux radiateurs (Gala ne les aimait pas et avait demandé à Dalí de les camoufler) qui dissimule... 2 vrais radiateurs (quel blagueur) ! On découvre également sa ***chambre à coucher*** *(salle 3),* aux allures kitsch-royales tout de bleu et qui, après la mort de la muse, fut utilisée par Dalí jusqu'au fameux incendie... et aussi l'ancienne cuisine reconvertie en ***salle de bains*** *(salle 4).* Dans la ***bibliothèque*** *(salle 5),* pas vraiment de livres puisqu'ils se trouvent à Port Lligat, mais un curieux jeu d'échecs conçu par le maître avec des pièces en forme de doigts (les pouces sont ceux de Gala et de Dalí, pour la reine et le roi naturellement). Dans la *salle 6,* une autre chambre à coucher, rouge cette fois-ci, qui accueillait les invités de passage. Voir notamment le petit autel évoquant du folklore kitsch et religieux de l'Espagne !

Au 2e étage, la *salle 7* accueille des expositions temporaires. Et puis cette ***salle à manger*** *(salle 10)* rustique avec sa cheminée ovale représentant une goutte d'eau sur le point d'exploser, et le petit atelier que Dalí s'était aménagé dans un coin pendant les dernières années de sa vie, ainsi qu'une vitrine exposant la collection d'objets que Dalí offrait à Gala à chaque fois qu'il lui rendait visite. Attenante, une superbe ***terrasse couverte*** *(espace 11 ; accès par le jardin)* donnant sur la campagne alentour.

Ne manquez pas non plus la magnifique ***crypte*** *(salle 12)* et ses 2 tombes étonnantes de sobriété, compte tenu de l'extravagance du couple, mais reliées entre elles par un couloir pour faciliter les étreintes post-mortem ! Pourtant, seule Gala y est enterrée, Dalí ayant préféré finalement son musée de Figueres comme dernière demeure. Sur la tombe de la muse est apposée une croix et, dernière touche surréaliste, les statues d'une girafe, de 2 chevaux et d'un homme sans tête qui la veillent !

Enfin, baladez-vous dans le petit ***jardin*** romantique abritant les fameuses et emblématiques ***sculptures d'éléphants à pattes de sauterelles*** (Dalí en avait une peur bleue !), sans compter la ***piscine,*** alimentée en eau par une terrifiante lotte et parsemée de têtes de Richard Wagner, le compositeur préféré de Gala...

Où dormir ? Où manger dans les environs ?

Casa rural Can Massa : *c/ Vell, 2, 17120* ***La Pera.*** *☎ 972-48-83-26. • canmassa@canmassa.com • canmassa.com • À moins de 1 km de Púbol ; sur la droite en entrant dans le village en venant du château de Dalí. Doubles 70-96 € ; familiales ; petit déj 8 €. Boisson d'accueil offerte sur présentation de ce guide.* À l'orée d'un vieux village tout en pierre, cette ancienne ferme livre 6 chambres climatisées dont des familiales avec de minuscules mezzanines. Côté déco, c'est tout simple, avec des meubles anciens comme chez grand-mère ! Terrasse pour certaines et piscine hors-sol dans le jardin. Accueil doux et discret. Une adresse abordable dans ce coin qui en compte peu.

Bar L'Escola : *pl. de l'Església, à* ***La Pera.*** *☎ 972-48-81-14. • barlescolalapera@gmail.com • escolalapera@gmail.com • À moins de 1 km de Púbol, au cœur du village. Tlj sauf lun et mar soir (ouv tlj en été). Menu déj en sem env 16 € ; tapas et plats 4-10 €.* Sur la place du village, un bistrot inattendu avec sa salle voûtée proprette et sa terrasse devant l'église. À la carte : salades, sandwichs, *cocas* (pains traditionnels ronds, grillés et garnis de bons ingrédients), burgers et quelques plats passe-partout ; le tout mitonné avec les bons produits frais du cru, bio et pleins de saveur. Aussi quelques tapas que l'on peut accompagner d'un verre de vin.

Où acheter du bon miel dans les environs ?

Mas Entreserra : *c/ Sant Joan, 10, à* ***Casavells.*** *652-99-00-69. • info@masentreserra.com • masentreserra.com • À 8 km au sud-est de Púbol par la GI-642 et la C-252. Vente directe tlj ; si c'est fermé, appelez, les proprios ne sont jamais loin.* Dans cette petite entreprise familiale, de gentils apiculteurs récoltent une foule de miels aux parfums variés : mille-fleurs, eucalyptus, romarin, oranger, châtaignier... Également des bonbons et cosmétiques naturels. Ils vendent aussi sur les marchés de la région. Sur demande, ateliers de création de bougies en cire d'abeille.

À faire dans le coin

➢ **Descente de la Ter en canoë :** *avec* ***Kayak del Ter,*** *au pied du village de* ***Colomers,*** *devant le bus anglais à impériale. 662-15-94-69. • kayakdelter.com • Tte l'année. Résa conseillée. Tarifs : 25-32 € ; 16-17 € pour les - de 14 ans, 6-7 € - de 7 ans.* En canoë canadien ou en kayak, voici de belles randonnées de 2h (ou plus en combinant kayak et retour à vélo ou en Segway). Une découverte sportive ou contemplative pour partir à la conquête des rives de la Ter, qui prend parfois, avec sa végétation dense, des petits airs d'Amazonie.

PALS

(17256) 2 515 hab.

Du sommet de sa colline, ce superbe village fortifié du IXe s dominait naguère une plaine couverte de marais et d'étangs ; d'où son nom, Pals, du latin *palus,* soit « terrain marécageux », aujourd'hui exploités en rizières. D'ailleurs, le riz de Pals fait la fierté de son bourg qui le célèbre à l'occasion de plusieurs événements gastronomiques et agricoles. Ses vieilles rues escarpées joliment fleuries, l'église avec son haut clocher à campanile et le donjon offrent l'occasion d'une agréable balade où l'on a loisir à se perdre, malgré l'intense fréquentation estivale et les inévitables magasins de babioles fabriquées bien loin d'ici.

Arriver – Quitter

En train

La ***gare ferroviaire de Girona*** est la plus pratique pour gagner Pals, reliée à ***Barcelona*** et à la ***France.*** Autrement, la gare de ***Flaçà*** demeure la plus proche, 1 bus/j. en sem seulement pour rejoindre ensuite Pals ! *Infos et résas : ☎ 912-320-320. • renfe.com •*

En bus

Parada d'autobusos Moventis-Sarfa : *c/ de l'Abeurador. ☎ 902-30-20-25. • moventis.es • Sur un grand parking en contrebas du vieux centre.*

➢ ***Platja de Pals*** *(30 mn)* **:** 7 bus/j., en été seulement.

➢ ***Begur*** *(10 mn)* **:** 3-12 bus/j.

➢ ***Palafrugell*** *(20 mn)* **:** 3-12 bus/j.

➢ ***Torroella de Montgrí*** *(10 mn)* **:** 2-7 bus/j. ; 2-3 bus/j. poursuivent jusqu'à ***L'Escala*** (sauf juil-août).

➢ ***Sant Feliu de Guíxols*** *(1h15)* **:** 3 bus/j. sauf juil-août, mieux vaut changer à ***Palafrugell*** (bus nombreux).

➢ ***Girona*** *(1h05)* **:** 1 bus/j. sauf w-e (plus fréquents depuis Palafrugell), via ***Peratallada, La Bisbal d'Empordà, La Pera*** et ***Flaçà.***

➢ ***Barcelona*** *(estació del Norte ; 2h30)* **:** 3-7 bus/j., via ***Palamos, Platja d'Aro, S'Agaró...*** La plupart ont pour terminus ***l'aéroport del Prat*** *(3h)* de Barcelone.

Adresses utiles

Oficina de turisme : *pl. Major. ☎ 972-63-73-80. • visitpals.com • Tlj : juin-août, 10h-14h, 17h-20h ; sept-mai, 10h-14h30, 16h-19h (17h nov-déc) ; fermé dim ap-m en hiver. Également* ***2 annexes*** *: sur le rond-point à l'entrée du village en venant de Torroella de Montgrí (c/ A. Figueres, 6 ; ouv Pâques-sept, tlj 10h-14h, 16h-19h) ; et en bord de plage à platja de Pals (ouv en été seulement, tlj 10h30-14h, 15h-18h30).* Plan du village et de ses environs, livret de visite en français, agenda culturel... Vend les topoguides des randonnées pédestres et VTT de la région.

Poste : *c/ Enginyer Algarra, 9.*

Stationnement : plusieurs ***parkings gratuits*** dont un au bout de la carrer Enginyer Algarra (rue principale de la ville moderne basse, en direction de Begur), à 5 mn à pied du centre historique. Sinon, ***parking payant*** au pied de la vieille ville.

– ***Marché :*** *mar 9h-13h30 sur le passeig d'Europa et sam 9h-14h en été au bord de la plage de Grau. Marché aux puces sam 10h-14h sur la pl. de Catalunya.*

Où dormir à Pals et dans les environs ?

Camping

Càmping Neptuno : *c/ Rodórs, 23, 17256* ***Platja de Pals.*** *☎ 972-63-67-31. • info@campingneptuno.com • campingneptuno.com • À 4 km à l'est de Pals, sur la route de Platja de Pals (quelques bus/j. en été). Ouv de fin avr à mi-sept. Compter 24-44 € pour 2 avec tente et voiture. Bungalows et mobile homes 2-6 pers 71-184 €. Wifi payant.* Loin de la route desservant la plage, dans une grande pinède clairsemée et ombragée, un camping tranquille et familial. Également des bungalows et mobile homes bien équipés, avec clim pour les plus chers. Piscine avec toboggan, tennis, basket, jeux pour enfants, supérette, bar, et puis la superbe plage à 1,5 km. Location de vélos. L'ensemble des installations mériterait un petit coup de neuf mais le site, agréable et bien situé, demeure encore préservé.

Prix moyens (60-85 €)

Hostal Barris : *c/ E. Algarra, 51, à Pals. ☎ 972-63-67-02. • hostalbarris@gmail.com • hostalbarris.com •*

LA CATALOGNE

Dans la rue principale de la ville moderne basse. Congé : Noël. Doubles 70-85 €. Pas de petit déj. Parking gratuit. Derrière une façade un peu sévère (c'était un cinéma), une vingtaine de petites chambres simples, bien équipées et nickel, mais un peu sombres pour certaines ; préférez celles donnant sur la rue, plus lumineuses. Bien pour un court séjour ! Sur place, le resto ***Vicus*** *(☎ 972-63-60-88 ; tlj sauf mar ; carte 50-60 €)* demeure l'une des bonnes tables gastro de la région, réputée à des lieues à la ronde !

De chic à très chic (90-150 €)

Casa rural Ses Garites : *barri de Puig Roig, 31, 17256 Pals. 📱 646-49-03-95. • info@sesgarites.com • sesgarites.com • À 4 km à l'est de Pals, direction Platja de Pals ; au rond-point situé à l'entrée de Masos de Pals, tourner à droite (panneaux). Tte l'année. Doubles 95-150 €, petit déj inclus ; familiale. Table d'hôtes sur demande. Loc de vélos.* Superbe et authentique demeure fortifiée des XIVe-XVIIe s avec tourelles d'angle, posée dans un magnifique bout de campagne ! Fort bien restaurée, elle abrite 6 chambres aménagées avec de beaux matériaux, plafonds voûtés et murs en grosses pierres brutes. Certaines sont dotées d'une terrasse privée avec vue sur les champs ; une familiale avec salon. Également de beaux espaces communs, sans oublier le jardin et la petite piscine, au cœur d'une nature préservée et verdoyante ! Parfait pour se retirer de la civilisation, en restant à proximité de la plage...

Où manger ? Où boire un verre ?

Bon marché (10-20 €)

Can Genís : *c/ E. Algarra, 15. ☎ 972-63-67-51. • lavela_pals@hotmail.com • Dans la rue principale de la ville moderne basse. Fermé dim-lun sauf en été. Formule et menu déj en sem env 12 € (vin inclus !) ; plats 4-15 € ; carte 15-20 €.* Entre l'enseigne qui annonce « Els Pescadors » et les vieux habitués du village qui l'appellent « la Vela », on s'y perd un peu... Mais ce resto-bar de pays est bien au nº 15, avec sa grande terrasse abritée, son comptoir qui croule sous d'appétissantes tapas et ses maximes inscrites au tableau noir ! Dans l'assiette, bonne cuisine catalane, simple et honnête. Le vin de la maison se boit tout seul ! Accueil familial. Une adresse comme on les aime !

De prix moyens à plus chic (25-35 €)

El Pedró : *c/ de les Placetes, 29. ☎ 972-63-69-83. • info@elpedropals.com • Dans le vieux village haut, la rue en contrebas de l'église. Tlj sauf dim (fermé dim soir et jeu hors saison). Congés : de mi-nov à mi-mars. Menu 37 € ; plats 15-22 € ; carte 25-35 €.* Une bâtisse ancienne dont l'étage abrite 2 salles – bleue ou jaune, avec ou sans voûte –, bien mises en valeur par l'éclairage. La table est nappée, c'est plutôt chic. Aussi une terrasse sur la placette, vite prise d'assaut l'été. La carte propose une élégante et savoureuse cuisine typiquement ampurdanaise concoctée par des « cuistotes » autodidactes de la même famille depuis 4 décennies.

Antic Casino : *c/ E. Algarra, 32. 📱 636-99-38-83. • anticasinorestaurant@hotmail.com • ♿ Dans la rue principale de la ville moderne basse. Tlj sauf lun. Congés : déc-fév. Résa fortement conseillée en saison. Menus env 20 € le midi en sem, puis 35 € ; plats 18-21 € ; carte 25-35 €.* Dans un ancien bistrot, quelques tables au joli dressage contemporain au rez-de-chaussée et à l'étage. Un soin particulier que l'on retrouve dans l'assiette, avec de délicieux plats du cru inspirés et mijotés à base de bons produits frais : riz de Pals, pêche du jour... la maison a même son potager et un poulailler ! Agréable courette-terrasse à l'avant, sous un magnolia. Une excellente adresse.

À voir. À faire

Església de Sant Pere : *pl. de l'Església.* Culminant en haut du village, avec une jolie vue sur la campagne environnante depuis son esplanade, cette église est émouvante de sobriété. Construite en 994 : sa base est romane (Xe-XIe s), son abside et sa nef unique gothiques (XVe s), le portail principal baroque (XVIIe s) et le clocher du XVIIIe s.

Torre de les Hores *(tour des Heures)* ***:*** *c/ de la Torre. Avr-sept, mar 17h-20h (19h avr-juin et sept) ; mer-dim 10h30-14h, 17h-18h (16h-19h avr-juin et sept) ; fermé lun. Oct-Pâques, seulement w-e et fêtes 10h30-14h30, 15h-18h ; fermé en sem. Entrée : 3 € ; gratuit - de 13 ans.* Ronde et haute de 15 m, cette tour fortifiée romane des XIe-XIIe s est le plus ancien vestige du château de Pals. Édifiée sur un gros rocher, elle arbore un clocher gothique construit avec les pierres du château en ruines du XVe s. Au pied, on distingue encore les emplacements des tombes wisigothes taillées dans la roche. De là-haut, panorama sur les environs.

Museu-casa de Cultura « Ca la Pruna » : *c/ P. Companyó (angle c/ de la Mina). Réouverture après travaux prévue prochainement.* Cette pittoresque maison fortifiée des XVe-XVIe s abrite une riche collection d'outils et d'objets anciens sur le thème de la vie paysanne. Elle accueillera également l'office de tourisme une fois la restauration terminée.

➢ ***Balade dans les rizières :*** toute l'année, mais juin-juillet est la meilleure période, car c'est là qu'a lieu le repiquage pour une récolte prévue en octobre. Itinéraire balisé de 8 km pour la plage (environ 2h30 à pied aller-retour). Sinon, la grande boucle de 21 km prend 4h30. Départ de la plaça Major en suivant le GR 92. Au croisement avec le PR-108, emprunter celui-ci en direction du moulin de Pals. La balade continue ensuite vers la mer, aux Basses d'en Coll, et le parc naturel d'Aiguamolls (retour possible en bus l'été). Cette randonnée peut aussi se faire à VTT. Brochure et topoguide détaillés en vente dans les offices de tourisme de la région.

➢ ***Balade vers le Quermany :*** il s'agit du point culminant de la commune, à l'est de Pals, qu'on peut gagner à pied (compter 1h30) ou à VTT (pour les experts, car ça grimpe et c'est pierreux !). Superbe panorama sur la région.

Fêtes

– ***Plantada i Segada tradicional :*** *en juin, le w-e avt la Saint-Jean.* On y célèbre le repiquage du riz, prélude à une nouvelle récolte qu'on espère fructueuse en octobre... Démonstration, banquet populaire, concert, et les restos du coin se mettent au diapason en gonflant leur carte d'*arròses* !

– ***Nits d'espalmas :*** *dernier sam de juil.* 20 000 bougies placées au sol sont allumées dans le village (pas d'éclairage public ce soir-là) ! Cracheurs de feu, musique et danses... Magique !

– ***Festa major :*** *3 j. début août.* De la musique et un marché artisanal.

– ***Fête de la platja de Pals :*** *2e mer d'août.* Essentiellement des concerts nocturnes de rock pour une sacrée ambiance !

– ***Fira de vins i caves de Catalunya :*** *dernier w-e d'août.* Une grande foire aux vins réputée dans toute la région, agrémentée de musique, d'un marché artisanal...

BEGUR

(17255) 4 030 hab.

Perché à 200 m d'altitude, ce joli bourg domine idéalement un petit chapelet de calanques. Avec ses belles villas construites au début du XXe s par les colons revenus des Amériques, la vieille ville se la joue tropézienne, attirant une clientèle plutôt chic, avec les tarifs prohibitifs qui vont de pair, surtout en haute saison ! Sinon, pas des masses de choses à faire, on y traîne en terrasse le temps d'un verre de *cava,* avant de devoir céder sa place car d'autres l'attendent ! Pour mémoire, c'est ici qu'a grandi Carmen Amaya, l'une des plus fameuses danseuses de flamenco...

Arriver – Quitter

En train

Les ***gares ferroviaires de Flaçà et de Girona*** sont les plus proches pour gagner Begur, reliées à ***Barcelona.*** À partir de chacune d'elles, bus pour Palafrugell puis Begur. *Infos et résas : ☎ 912-320-320. • renfe.com •*

En bus

Parada d'autobusos Moventis-Sarfa *(arrêt des bus) : pl. Forgas. ☎ 972-61-00-06 ou 902-30-20-25. • moventis.es •* Achat des billets possible à l'office de tourisme (CB uniquement).

➢ ***Pals*** *(10-20 mn) :* 3-12 bus/j.

➢ ***Palafrugell*** *(15 mn) :* 5-15 bus/j.

➢ ***Torroella de Montgrí*** *(50 mn) :* 2-7 bus/j., dont 2-3 qui poursuivent jusqu'à ***L'Escala*** (sauf juil-août).

➢ ***Sant Feliu de Guíxols*** *(1h) :* 3 bus/j. sauf juil-août, mieux vaut changer à Palafrugell (bus nombreux).

➢ ***Girona*** *(1h15) :* 1 bus/j. sauf w-e (plus fréquents depuis Palafrugell), via ***Peratallada, La Bisbal d'Empordà, La Pera*** et ***Flaçà.***

➢ ***Barcelone*** *(estació del Norte ; 2h25) :* 3-7 bus/j., via ***Palamos, Platja d'Aro, S'Agaro...*** La plupart ont pour terminus ***l'aéroport del Prat*** *(3h15)* de Barcelone.

➢ ***Plages de Sa Riera*** *(15 mn),* ***Fornells et Aiguablava*** *(15 mn) ainsi que* ***Sa Tuna*** *(15 mn) :* 5-8 bus/j., de mi-juin à mi-sept seulement.

Adresses et infos utiles

Oficina de turisme : *avda Onze de Setembre, 5. ☎ 972-62-45-20. • visitbegur.cat • Avr-oct, tlj 9h (10h w-e)-21h (19h ou 20h en mi-saison) ; fermé dim ap-m en mi-saison. Nov-mars, tlj sauf dim 9h (10h sam)-14h.* Plan, dépliant-itinéraire en français pour une visite du centre, topoguide des randonnées pédestres et VTT de la région, carte des plages, des criques et des sentiers du littoral *(camins de ronda),* infos loisirs (sports nautiques, plongée sous-marine, équitation, etc.) et agenda culturel. Vente de billets de bus (CB uniquement).

■ ***Centre médical CAP Alsina i Bofill :*** *c/ d'Ángel Guimerà, 6, à* ***Palafrugell.*** *☎ 972-61-06-07. Pour les urgences, contacter l'hôpital de Palamós, qui gère les appels : ☎ 972-60-06-20.*

■ ***Police :*** *c/ Francesc Forgas. ☎ 972-62-42-00.*

Taxi : *pl. Forgas, à l'arrêt de bus. ☎ 972-62-21-87.*

Location de vélos : *chez* ***Dolce Scooter,*** *camí del Mar, 8. 619-90-71-54. • dolcescooter.com • Juin-sept, tlj 9h-14h, 16h-21h. Vélo classique 20 €/j., vélo électrique 40 €/j., scooter 50 €/j.*

Stationnement : parking payant en saison *(env 20 €/j.)* au centre de la ville, mais d'autres sont ***gratuits*** à proximité, notamment celui sur *camí del Mar* (à 5 mn à pied) et celui de l'*Arbreda* (à 10 mn à pied). Tous sont indiqués sur le plan de la ville de l'office de tourisme.

– ***Marché :*** *mer mat sur la pl. de l'Església et la pl. de la Vila.*

Où dormir ?

Camping

Càmping Begur : *ctra d'Esclanyà, km 4. ☎ 972-62-32-01. • info@campingbegur.com • campingbegur.com • Sur la GIP-6532 direction Palafrugell (arrêt des bus Moventis-Sarfa devant). Fermé oct-mars. Compter 36-54 € pour 2 avec tente et voiture. Bungalows et mobile homes 4-6 pers 75-190 €. Réduc à la sem.* Installé dans une belle pinède odorante – à 2 km de la plage –, cet agréable camping offre des emplacements gazonnés et ombragés et des bungalows bien tenus. Préférer planter sa guitoune au fond du terrain, à cause de la proximité de la route. À dispo : 2 belles piscines (dont une chauffée pour faire des longueurs), jeux pour enfants, resto-bar et supermarché à côté.

Prix moyens (50-100 €)

Hostal Sa Barraca : *ctra Fornells-Aiguablava, 1. ☎ 972-62-33-60. 609-79-35-84. • info@sabarraca.com • sabarraca.com • À 2 km au sud de Begur par la GIV-6531, puis à gauche la GIV-6532 direction Fornells-Aiguablava, dans un virage (prudence !). Congés : de mi-janv à mi-fév env. Résa conseillée. Double env 120 €.* Un vrai coup de cœur ! Dans cette maison tranquillement posée sur une colline verte, on ne sait plus très bien si l'on est à l'hôtel ou chez soi... En tout, 7 chambres agréables et rutilantes, de style classique parsemé de quelques meubles anciens. Pas immenses mais toutes agrandies d'une terrasse avec vue exceptionnelle sur la baie. Et quel plaisir, en été, de prendre le petit déj face à ce spectacle ! En prime, une cuisine à dispo pour ne pas exploser le budget. Accueil chaleureux et de bon conseil. Bref, une belle adresse à prix tenus.

De prix moyens à très chic (80-200 €)

Hotel Sa Riera : ***platja de Sa Riera,*** *s/n. ☎ 972-62-30-00. • hotel@sariera.com • sariera.com • À 2 km du centre de Begur. Fermé oct-avr. Doubles 101-132 €, petit déj inclus. Parking gratuit.* À 2 pas de la belle plage de Sa Riera, un hôtel récent d'une cinquantaine de chambres confortables, classiques et fonctionnelles, avec balcon ou terrasse offrant une vue sur la mer pour la plupart. Piscine, jeux pour enfants, minigolf et biquettes en liberté sur le terrain à l'arrière. Une bonne adresse pour les familles, à prix encore raisonnables pour le coin. Très bon accueil.

Hotel Rosa : *c/ Pi i Ralló, 19. ☎ 972-62-30-15. • info@hotelrosabegur.com • hotelrosabegur.com • Congés : janv-mars (ouv certains w-e en hiver). Doubles 100-151 €, petit déj inclus ; suite.* Au cœur du vieux Begur, cet établissement familial compte une vingtaine de chambres confortables, toutes avec bains massants, sans déco particulière mais bien tenues. Terrasse-solarium au-dessus des toits. Spa et massages. Petit déj au resto d'en face.

Hotel Aiguaclara : *c/ Sant Miquel, 2. ☎ 972-62-29-05. • info@hotelaiguaclara.com • hotelaiguaclarabegur.com • Congés : déc-janv. Doubles 100-215 €, petit déj inclus ; suites avec terrasse aussi. Parking 12 €.* Dans une demeure à haut plafond de style colonial du XIXe s, une dizaine de chambres coquettes avec balcon, terrasse ou fenêtre. Toutes différentes dans leur style et aménagement, imaginés par des architectes locaux. Des carrelages colorés d'époque aux pièces communes imprégnées de références au voyage : rien n'a été laissé au hasard, même si le confort s'avère parfois un peu juste pour les tarifs en haute saison. Juste à côté, le bar à tapas *Clara* (voir « Où manger ? Où boire un verre ? »).

Où manger ? Où boire un verre ?

El Bistró de Begur : *pl. Forgas, 2-3. ☎ 972-62-47-50. 623-17-32-17. À côté de l'arrêt des bus. Tlj sauf lun, dès 9h (13h-21h en été). Menu midi en sem env 17 € ; tapas et plats 7-20 €.* En bordure du centre historique, cet établissement propose d'un côté un bar à tapas avec comptoir, habitués et TV en fond sonore, et de l'autre une salle moderne plus tranquille pour le resto. On déguste dans les 2 cas une cuisine simple, soignée et savoureuse. Reste à choisir l'ambiance ! Terrasse sur la place, vraiment plaisante en soirée quand le *castell* est éclairé.

La Escalopa : *Ventura Sabater, 6, galeries Casa Gran. ☎ 972-62-38-24. • jaeger-wald@gmx.de • Dans une galerie marchande, à 100 m de la pl. de l'Église. Fermé jeu (sauf l'été). Congés : janv-fév, en principe. Plats 12-20 €.* Certes, on ne vient pas ici pour la situation, au fond d'une galerie marchande des années 1970 ! Mais la petite salle tout en bois est vraiment sympa et le chaleureux accueil de la patronne (allemande) tout simplement formidable. Dans l'assiette : pas de la grande cuisine, mais de généreuses entrecôtes de 400 g cuites au feu de bois, des pizzas et, bien sûr, de copieuses escalopes qui se mangent avec plaisir.

Casa Juanita : *c/ Pi i Ralló, 7. ☎ 972-62-20-13. • info@casajuanita.cat • Fermé dim soir et lun (sauf en été). Congés : nov-fév. Résa conseillée. Carte 30-40 €.* Dans une salle voûtée proprette et rustique, un resto spécialisé dans le poisson très frais. La pêche du jour est d'abord présentée sur un plateau (demandez bien le prix !), avant que le poisson ne valse au feu de bois avec pommes de terre, oignons et tomates. Aussi des salades, et 2 viandes pour les irréductibles !

Clara : *c/ Santa Teresa, 3. 613-04-55-04. Tlj (sauf lun hors saison), le soir seulement. Cocktail env 10 € ; plats 11-21 €.* Ce bar, discrètement branché, est l'endroit idéal pour prendre un cocktail sur la romantique terrasse abritée. On y sert aussi des petits plats à partager, tournant principalement autour des produits de la mer, pouvant constituer un dîner léger (mais pas donné).

Pour boire *una canã* dans une certaine mouvance touristique, vous trouverez facilement sans notre aide les terrasses de la ***plaça de l'Església*** jouxtant celles de la ***plaça de la Vila,*** parmi lesquelles se détache celle du très commercial bar ***El Tapas de Begur,*** où l'on se presse dès la fin du jour pour son comptoir garni de... tapas.

À voir. À faire dans le coin

L'itinéraire historique *(1h30-2h)* **:** l'office de tourisme propose un plan et un dépliant en français pour partir à la découverte des principaux édifices de la ville (maisons d'anciens colons, églises, édifices médiévaux, etc.), et notamment les ruines du château (XVe-XVIe s) sur son promontoire (à 15-20 mn à pied de la place centrale), baptisé à juste titre le *balcon de l'Empordà.*

➢ Begur est le point de départ de plusieurs belles ***randonnées pédestres.*** L'office de tourisme donne de la doc détaillée en français sur les différents itinéraires de la région, sillonnée notamment par le GR 92.

Plusieurs petites criques sont accessibles depuis Begur, par des routes sinueuses et pentues. D'abord ***Sa Tuna,*** une toute petite calanque rocheuse avec quelques pointus, d'anciennes maisons de pêcheurs rénovées, et des

LA CATALOGNE

terrasses de cafés pour profiter de la vue. Sa toute proche voisine au nord, ***Aguafreda,*** nettement plus nature, est dotée d'une petite plage rocailleuse. Plus au nord, on trouve ***Sa Riera,*** qui demeure la plus grande du coin (mais plutôt urbanisée), avec sa large plage de sable. Vers le nord, toujours, un sentier côtier gagne la ***platja de l'Illa Roja,*** assez sauvage et naturiste... puis la ***platja del Racó,*** qui se confond avec l'immense plage de sable de Pals. Enfin, à 3-4 km au sud de Begur se cache la discrète ***platja Fonda,*** en graviers gris et adossée à la falaise verdoyante ; suivie du port de poche de ***Fornells,*** puis de la charmante petite plage de sable en demi-lune d'***Aiguablava,*** cernée par un bel environnement naturel.

Fêtes

– ***Campanya Gastronómica Peix de Roca :*** *pdt 1 mois, mai-juin.* Plusieurs restos et bars à tapas partenaires proposent des menus à prix fixe autour du produit star du coin, le poisson de roche, pêché dans les criques alentour.
– ***Festival international de Música de Begur :*** *certains j. de mi-juil à fin août.* • *festivalbegur.cat* • Depuis plus de 40 ans, un festival réputé en Catalogne pour sa programmation jazz, rock et flamenco.
– ***Fira d'Indians :*** *1er ou 2e w-e de sept.* Rythmes, musiques et danses cubaines commémorant le retour au pays des familles de colons qui avaient quitté Begur pour le Nouveau Monde.

PALAFRUGELL ET SES CALANQUES

(17200) 23 040 hab.

Si la ville de Palafrugell ne présente que peu d'intérêt pour le voyageur malgré son immanquable château d'eau moderniste planté sur une place entre ses 2 musées, elle demeure néanmoins – avec sa gare routière, son office de tourisme compétent et son auberge de jeunesse – la porte d'entrée pour rejoindre les 3 mignons villages côtiers lovés dans des calanques : Tamariu, Llafranc et Calella de Palafrugell. Sans surprise, il est préférable de s'y rendre à la mi-saison pour éviter l'affluence estivale qui rend difficile l'accès (en voiture) à ces sites.

Arriver – Quitter

En train

Les ***gares ferroviaires de Flaçà et de Girona,*** reliées à ***Barcelona,*** sont les plus proches pour gagner ensuite Palafrugell en bus. *Infos et résas : ☎ 912-320-320.* • *renfe.com* •

En bus

Estació d'autobusos Moventis-Sarfa *(gare routière) : c/ Lluis Companys, 2, à **Palafrugell.** ☎ 972-61-00-06 ou 902-30-20-25.* • *moventis.es* •

➢ ***Tamariu*** *(15-55 mn)* **:** 3 bus direct/j., sinon 6 autres bus en été mais parcourent un long circuit côtier via ***Cap Roig*** et ***Llafranc.***

➢ ***Calella de Palafrugell*** *(15 mn)* et ***Llafranc*** *(20 mn)* **:** 1 bus/h en été ; 2-5 bus/j. hors saison.

➢ ***Begur*** *(10 mn)* et ***Pals*** *(20 mn)* **:** 2-14 bus/j.

➢ ***Sant Feliu de Guíxols*** *(55 mn)* **:** 15-24 bus/j.

➢ ***Torroella de Montgrí*** *(30 mn-1h20 en été par la côte)* **:** 2-7 bus/j. ; 2-3 bus/j. poursuivent jusqu'à ***L'Escala*** (sauf juil-août).

➢ ***Girona*** *(1h10)* **:** 1-3 bus/h, via ***Palamós*** et ***platja d'Aro.***
➢ ***Figueres*** *(1h)* **:** 2 bus/j., via ***La Bisbal d'Empordà.***
➢ ***Barcelona*** *(estació del Norte ; 2h20)* **:** 7-19 bus/j., via ***Palamos, Platja d'Aro, S'Agaro...*** La plupart ont pour terminus ***l'aéroport del Prat*** *(3h)* de Barcelone.

PALAFRUGELL (17200)

Adresses et infos utiles

Oficina de turisme : *avda Generalitat, 33. ☎ 972-30-02-28. • visitpalafrugell.cat • À l'entrée de la ville sur la C-31. Juil-août, tlj 10h-20h (13h dim). Le reste de l'année, lun-sam 10h-13h, 16h-19h (10h-17h de mi-oct à mars) ; dim 10h-13h.* Plan de la ville et de ses calanques, infos transports, loisirs (itinéraires de rando, dont le sentier du littoral, activités nautiques, etc.), agenda culturel... Vend également un *pass* culturel *(10 €, gratuit - de 13 ans ; valable 1 an)* permettant de visiter les sites majeurs de la zone (musées de Palafrugell, jardin botanique du Cap Roig, etc.). Accueil francophone compétent.

Location de vélos : *chez* ***Cicles JK,*** *c/ A. Guimerà, 39. ☎ 972-61-07-09. 607-31-49-96. • ciclesjk.com • Tlj sauf dim (plus lun hors saison). Compter 15 €/24h pour un vélo classique, 40 € pour un vélo électrique.*

Taxis : *609-51-10-71* ***(Taxi Palafrugell)*** *ou 627-01-95-20* ***(Eurotaxi).***

– ***Marché :*** *tlj sauf lun (tlj de mi-juil à mi-août), c/ de Pi i Margall (marché couvert), et grand marché du dim dans la même rue.*

Où dormir ?

Alberg Solidança : *c/ Garriga, 75. 692-81-00-93. • alberg@solidanca.cat • alberg.solidanca.cat • ♿ Fermé nov-mars. Nuitée 18-30 € selon la chambre (1-7 pers) ; doubles 46-60 € ; petit déj inclus.* AJ installée dans un ancien couvent du XVIIIe s bordé d'un immense jardin vraiment inattendu ! Une soixantaine de lits dispatchés dans des chambres monacales avec ou sans douchette et lavabo. Sinon, sanitaires bien fournis et impeccables. Pas de clim mais ventilo partout. Immenses espaces communs avec cuisine, salon-bibliothèque et des tas de coins où se poser dans une ambiance routarde. Accueil sympa. Bref, une bonne adresse à prix copain, toute proche du marché, des 2 musées, et de l'arrêt de bus pour les calanques.

À voir. À faire

Museu del Suro *(musée du Liège)* **:** *pl. del Museu. ☎ 972-30-78-25. • museudelsuro.cat • Face au château d'eau moderniste. De mi-juin à mi-sept, tlj sauf dim ap-m 10h-14h, 17h-20h ; le reste de l'année, tlj sauf dim ap-m et lun 10h-13h (14h w-e), 16h-19h (17h-20h sam). Fermé 1er et 6 janv et 25-26 déc. Entrée : 3 € ; réduc ; gratuit - de 12 ans et pour tous le dernier sam du mois.* Installé dans une ancienne usine de liège – la plus importante d'Espagne dans les années 1920 – qui faisait alors vivre une bonne partie de la région. On y apprend tout sur ce noble matériau, son histoire depuis des temps immémoriaux (les Grecs s'en servaient déjà au Ve s av. J.-C. pour fermer leurs amphores !), son origine, sa transformation, son exploitation industrielle et ses usages, qui étaient plus nombreux autrefois, car on en faisait des isolants, des filtres à cigarettes, du papier, des semelles de chaussures, des sacs, et même des fringues ! Expos temporaires, ateliers enfants, sans oublier la boutique qui propose de beaux objets en liège.

Museu Can Mario – Fundació Vila Casas : *pl. Can Mario, 7. ☎ 972-30-62-46. • fundaciovilacasas.com • Face au château d'eau moderniste. En été, mar-dim 11h-13h30, 17h30-20h30. Hors saison, mar-ven 11h-13h30, 17h30-20h ; sam 11h-14h, 16h30-20h30 ; dim et j. fériés 11h-14h. Fermé lun et de déc à mi-janv. Entrée : 5 € ; réduc.* Dans une ancienne fabrique de liège, un intéressant musée pour les amateurs d'***art contemporain,*** en particulier de sculpture. Belle collection hétéroclite et bien mise en valeur, avec des œuvres souvent étonnantes de créativité. En guise d'introduction, certaines œuvres sont exposées à l'extérieur, sur la place. Expos temporaires dédiées à des artistes locaux également.

Fête

– **Flors i Violes :** *pdt 3 j. autour du 1er mai. • florsivioles.cat •* C'est la fête du printemps, égayée de musiques, de projection de films, d'expos d'art, de spectacles de rue...

TAMARIU (17212)

Une bien jolie crique bordée de maisons blanches. Ses rochers enserrent une plage de sable plutôt familiale qui reste agréable, malgré l'affluence estivale, avec ses quelques restos en terrasse...

Adresse utile

Oficina de turisme : *kiosque sur la place du village, juste à gauche en arrivant, à côté de l'arrêt de bus. ☎ 972-62-01-93. • visitpalafrugell.cat • Juin-sept, tlj sauf dim ap-m (hors juil-août), 10h-13h, 17h-20h. Fermé hors saison.*

Où dormir ? Où manger ?

Càmping Tamariu : *c/ Costa Rica, 2. ☎ 972-62-04-22. 646-11-68-59. • info@campingtamariu.com • campingtamariu.com • En arrivant au centre du village, prendre à gauche (panneaux). Fermé oct-avr. Compter 25-30 € pour 2 avec tente et voiture.* À seulement 300 m de la plage, un camping familial à taille humaine, au calme, simple et sans fioritures, mais bien tenu ; tout en longueur d'abord, puis qui part à l'assaut d'une pinède en terrasses. Parcelles bien ombragées et sanitaires propres. Piscine, resto-bar, épicerie.

Hotel Tamariu : *passeig del Mar, 2. ☎ 972-62-00-31. • hotel@tamariu.com • tamariu.com • Resto ouv tlj sauf mer. Fermé déc. Doubles 142-195 €, petit déj inclus ; appart 2-8 pers. Parking 15 €.* Face à la plage depuis 1930, cet hôtel familial abrite des chambres lumineuses et tout confort (clim, grand frigo), à la déco refaite dans un style contemporain inspiré de la mer... et à des tarifs en partie dus à sa localisation. Alors autant se faire vraiment plaisir en réservant une chambre avec balcon sur la mer (supplément de 10 €), vous goûterez à ce que la calanque a de mieux à offrir ! Excellent accueil.

Can Tonet : *c/ de la Riera, 9. ☎ 972-62-02-05. • cantonet.tamariu@gmail.com • Ouv avr-sept. Tlj en été ; hors saison, tlj sauf mar, le midi seulement, plus le soir ven-sam. Menu 19 € ; plats 8,50-15 €.* Un peu à l'écart de la plage, cette petite table de saison au cadre contemporain déploie une terrasse sympathique pour déguster une cuisine méditerranéenne simple sans casser le porte-monnaie. Bien aussi pour un apéro tapas en soirée. Un bon rapport qualité-prix-service pour le coin !

À faire

➢ ***Excursion guidée en kayak de mer :*** *avec* ***Kayaking Costa Brava*** *(bureau à L'Escala). ☎ 972-77-38-06. ● kayakingcostabrava.com ● Sortie guidée de 4h : 55 € ; loc 14 €/h, 20 € en biplace.* Départ de la plage de Tamariu, une option idéale pour accéder aux recoins les plus beaux, les plus sauvages et les plus inaccessibles de la côte alentour. Également des cours de kayak et la possibilité d'en louer sans guide.

LLAFRANC (17211)

Accolée à Calella de Palafrugell avec laquelle elle forme une petite entité balnéaire, Llafranc se caractérise par ses maisons d'une blancheur « cycladique ». Sympathique plage bordée de pins parasols, microport de plaisance, et promenades le long des flots bleus où il fait bon prendre un verre en fin de journée...

Adresses utiles

Oficina de turismo : *kiosque face à la plage, passeig de Cipsela (angle de la c/ de Roger de Llúria). ☎ 972-30-50-08. ● visitpalafrugell.cat ● Juil-août, tlj 10h-13h, 17h-20h ; le reste de l'année, ouv seulement sem de Pâques, juin et sept, w-e d'avr-mai et de début oct, tlj sauf dim ap-m 10h-13h, 16h-19h.*

Location de vélos, de kayaks et de paddles : *chez* ***Tourist Service,*** *c/ Cypsela, 1. 696-02-72-03. ● touristservice.es ● Face au kiosque de l'office de tourisme. Tlj 10h-20h. Fermé oct-mai. Loc de vélos classiques 30 €/j., vélos électriques 40 €, kayaks 1-2 pers 20-30 €/h, paddles 20 €/h. Excursions guidées (2-3h) kayak + snorkelling + photo sous-marine env 50 €.* Loue aussi des bateaux à moteur et fait *taxi-boat* pour les petites criques des environs.

Où dormir ? Où manger ?

Hostal La Llagosta : *c/ F. de Blanes, 24. ☎ 972-30-01-15. ● hostallallagosta@gmail.com ● hostallallagosta.com ● Fermé oct-mars. Doubles 98-115 €, petit déj inclus ; familiales aussi.* Juste en bord de plage, cet hôtel familial propose une dizaine de chambres rénovées dans des tons clairs sur une légère note maritime. Les plus chères ont une vue sur la mer. Au rez-de-chaussée, resto prisé qui sert une cuisine catalane de marché. Accueil commercial et affaire bien rodée.

Can León : *c/ P. Pascuet, 30. ☎ 972-30-14-19. Dans la rue qui monte à droite du front de mer. Tlj. Menus en sem (midi et soir, 1er service uniquement) 17-24 € ; plats 10-30 € ; carte 28-35 €. Digestif offert sur présentation de ce guide.* Une bonne table plébiscitée par les gens du coin pour ses bonnes paellas et ses poissons ultrafrais cuisinés selon des recettes typiques rondement menées, dont des plats végétariens. Aussi un coin de carte pour les viandards. À dévorer dans une salle à l'ancienne, flanquée d'une microterrasse sur la rue ; preuve que, ici, l'essentiel est dans l'assiette !

La Croissanteria de Llafranc : *pl. Promontori, 11. ☎ 972-30-51-52. Tlj 8h30-23h ou minuit (16h hors saison). Moins de 10 €.* Sur la jolie placette principale de Llafranc, bordée par le front de mer, cette boulangerie prépare une grande variété de *bocadillos* chauds ou froids, mais aussi des salades généreuses, des parts de pizza et des... *croissandwichs* ! À emporter à la plage ou à dévorer en terrasse. Également une ***gelateria*** (au nº 5 de la même place) pour d'excellentes glaces, pas vraiment données !

À voir. À faire dans le coin

Plongée sous-marine : *avec* ***Triton Diving,*** *pl. dels Pins, 3. 620-53-00-36. • tritonllafranc.com • Baptême 85 € ; plongées 36-54 € selon équipement ; snorkelling 25 €.*

➢ ***Le mirador du far Sant Sebastià :*** perché sur une haute falaise verte et abrupte, à 180 m au-dessus du niveau de la mer, le phare Sant Sebastià (XIXe s), le plus haut de la côte catalane, jouit d'un formidable panorama sur les calanques et la Méditerranée ! Si on le rejoint aisément en voiture, un chemin à pied part aussi de Llafranc, mais ça grimpe dur ! À sa base, on trouve *Nomo,* un resto japonais. Juste derrière l'hôtel-resto *El Far* (voir ci-après) et à côté d'un ***site archéologique ibère*** (VIe-Ier s av. J.-C.), on visite une ancienne ***tour de guet*** du XVe s qui protégeait les villageois contre les pirates *(☎ 972-30-78-25 ; • museudelsuro.cat • ; de mi-juin à mi-sept, tlj 10h-13h, 17h-20h30 ; d'avr à mi-juin et fin sept, tlj sauf lun 10h-13h ou 14h, 16h-19h ; le reste de l'année, sur rdv ; entrée : 3 €, réduc, gratuit - de 12 ans).*

Hotel El Far : *muntanya de Sant Sebastià. ☎ 972-30-16-39. • hotel@elfar.net • hotelelfar.com • Juste derrière le phare. Resto ouv tlj (sauf mar hors saison). Doubles 100-370 € ! Menus 25-38 € ; carte 30-50 €.* Un superbe hôtel de charme installé dans un ancien ermitage du XVIIIe s dominant la grande bleue... Si dormir et manger n'y est pas bon marché, on peut se contenter d'y boire un verre en terrasse, et profiter du panorama !

➢ ***Randonnées pédestres :*** les itinéraires détaillés sont disponibles à l'office de tourisme de Palafrugell, qui vend aussi des cartes topographiques en français. Parmi ceux-ci, citons la ***boucle Llafranc-Tamariu,*** une balade de 19 km (environ 4h aller-retour) qui emprunte le GR 92, longe la côte jusqu'à cala Pedrosa, et continue jusqu'à la platja dels Liris. Également une intéressante brochure détaillée gratuite sur les différentes portions du ***sentier du littoral*** *(camí de ronda),* assez facile pour découvrir criques, plagettes et petits ports de cette côte préservée...

CALELLA DE PALAFRUGELL (17210)

Dans le prolongement de Llafranc, c'est d'abord un ancien village de pêcheurs, ***Port Bo,*** avec quelques maisons à arcades en bordure d'une charmante plage entre les rochers ; le tout bordé par la ville moderne, surpeuplée en été. Beaucoup d'échoppes de souvenirs, glaciers, terrasses de resto en saison ; le reste de l'année, c'est plutôt calme. Ici, le littoral rocheux s'étend de crique en *cala,* semées de charmantes plagettes de sable, comme *Port Pelegri...*

Adresses utiles

Oficina de turisme : *c/ de les Voltes, 4. ☎ 972-61-44-75. • visitpalafrugell.cat • En bas de la rue piétonne principale, face à une plagette. Juil-août, tlj 10h-13h, 17h-20h ; le reste de l'année, ouv seulement sem de Pâques,* juin et sept, w-e d'avr-mai et de début oct, tlj sauf dim ap-m 10h-13h, 16h-19h. Dans un ancien local de pêcheurs, infos sur toutes les activités de cette station balnéaire très fréquentée. Petite expo gratuite sur la pêche locale à l'étage.

Location de vélos : chez **Met,** c/ Lepant, 17. ☎ 972-61-40-39. 635-66-12-55. • maritimesmet.com • Ouv mai-sept, tlj (sauf mer à la mi-saison). Vélos classiques env 25 €/j., vélos électriques env 50 €/j.

Où manger les pieds dans le sable ?

Fiego : *platja del Port Pelegri. ☎ 972-61-59-96. À l'extrémité ouest de Calella, sur la plage, en contrebas de l'hôtel* Mediterrani. *Ouv avr-oct, tlj sauf mar en été ; sinon, fermé le soir. Résa conseillée. Plats 8-25 € ; carte 25-35 €.* Dans un ancien hangar à bateaux, ce resto de pêcheurs sert une cuisine méditerranéenne traditionnelle. Mitonnée avec les produits frais du marché et la pêche du jour, comme la paella et autres riz « à la casserole ». Également des salades, tartines, etc., pour les fauchés. Un endroit bondé mais pittoresque.

LA CATALOGNE

À voir dans les environs

Jardins de Cap Roig : *cami de Rus. ☎ 972-61-45-82. • fundacionlacaixa.org/es/jardines-cap-roig • Sur les falaises du cap Roig, au sud de Calella ; accès en voiture (indiqué) ou à pied (chemin de ronde, env 1h de marche). Tlj (w-e seulement en janv-fév) 10h-20h (18h oct-mars) ; dernière admission 1h avt fermeture. Attention, ferme à 16h les jours de concert du Cap Roig Festival en juil-août. Fermé 1er-6 janv, 24-26 et 31 déc. Entrée : 10 € ; réduc ; gratuit - de 16 ans. Plan explicatif en français à télécharger sur smartphone. Compter 1h30 de visite.* L'histoire raconte qu'un colonel de l'armée tsariste, Nicolai Woevodsky, est tombé amoureux de Dorothy Webster, une aristocrate anglaise, lors de son exil en Angleterre. Lui, passionné de dessin et d'architecture, et elle, férue d'archéologie et de botanique, achetèrent, en 1927, ce superbe site surplombant la mer afin d'y construire un petit château d'inspiration médiévale entouré d'un magnifique jardin de 17 ha. Ce dernier s'est, depuis, enrichi de plus de 1 000 espèces végétales du monde entier et de monumentales sculptures contemporaines. Une flânerie instructive et pleine de charme à travers une exubérance de fleurs, d'arbres et de plantes endémiques et exotiques, avec de superbes panoramas sur la Méditerranée. Et, pour parachever l'enchantement, il s'y déroule, chaque année en été, le *Cap Roig Festival,* fameux festival de musique (voir ci-après)...

Fêtes

- ***Cantada d'havaneres :*** *1er sam de juil, dans la calanque de* **Port Bo** *(Calella de Palagrugell). Infos et résas : • havanerescalella.cat •* Récital d'*havaneres,* ces complaintes des marins catalans exilés à Cuba.
- ***Cap Roig Festival :*** *presque ts les soirs de fin juil à mi-août, dans les jardins de cap Roig (lire plus haut). Infos et résas : • caproigfestival.com •* Festival de musique bien connu pour sa programmation éclectique d'artistes de renommée internationale.

AU SUD DE PALAFRUGELL

Platja de Castell : à quelques kilomètres au sud de Palafrugell, sur la route de Palamós (C-31), cette plage de sable magnifique et sauvage est située dans l'***espace naturel Cap Roig,*** péninsule de terre vierge au littoral rocheux découpé de charmantes *calas* ; le tout narguant le béton des cités balnéaires alentour... Parking payant et cher de mai à septembre *(tarif à la mn : env 10 €/j., 6 € l'ap-m),* situé à 500 m du camping. Compter ensuite 10-15 mn à pied pour rejoindre la plage. *Chiringuito* sur place mais assez cher, prévoyez plutôt un pique-nique. Possibilité de randonner à pied ou à VTT dans cette belle zone protégée, et d'en explorer les côtes en kayak.

➢ ***Excursion guidée en kayak de mer :*** *avec* ***Kayaking Costa Brava*** *(bureau à* ***L'Escala****). ☎ 972-77-38-06. • kayakingcostabrava.com • Sortie guidée de 4h : 55 € ; loc 14 €/h, 20 € en biplace.* Départ de la platja de Castell, une balade idéale pour atteindre les criques les plus belles et sauvages, inaccessibles de la côte rocheuse alentour. Également des cours et la possibilité d'en louer sans guide.

Càmping Benelux : *paratje torre Mirona, 17230* ***Palamós.*** *☎ 972-31-55-75. • cbenelux@cbenelux.com • cbenelux.com • Fermé oct-avr. Compter 26-39 € pour 2 avec tente et voiture.* Au cœur d'une pinède située à environ 1 km de la splendide plage de Castell, cet agréable camping offre des emplacements ombragés et des sanitaires nickel. Grande piscine et pataugeoire, resto-bar, supérette, jeux pour enfants, laverie... Location de vélos et plongée sous-marine. Bien desservi par la piste cyclable qui court jusqu'à Sant Feliu de Guíxols à 20 km au sud.

Mas Molla : *c/ Mollá, 17251* ***Calonge.*** *☎ 972-65-01-36. • info@masmolla.com • masmolla.com • En saison, visites guidées en français sur résa. Compter 10 €/pers, avec dégustation de 3 vins à la clé. Durée : env 1h30. Cave (vente directe) ouv tlj sauf dim ap-m 10h-14h, 17h30 (15h oct-mai)-20h30 (20h oct-mai), mais appeler de préférence avt d'y aller.* Dans un joli coin de campagne, tout près de la côte, un superbe petit mas viticole dans la même famille depuis... 700 ans ! On y produit des vins selon un processus traditionnel, vendus en direct et au marché. Intéressante visite à travers le vignoble et la cave, ponctuée des explications d'une famille dynamique et passionnée. Superbe jardinet où l'on finit le parcours par la dégustation. Ambiance familiale authentique et accueil chaleureux.

➢ Pour les amateurs de balades à pied ou à vélo, la voie verte ***Ruta del Tren Petit*** part de Palafrugell (accès par la carrer de la Granota), et rejoint Palamós sur 6 km d'un itinéraire bien balisé à l'intérieur des terres. *• viasverdes.com •*

Palamós *(17230)* **:** depuis que, au début des années 1960, Truman Capote y trouva la tranquillité suffisante pour écrire son chef-d'œuvre *De sang-froid,* cet ancien village de pêcheurs ancré sur une péninsule s'est malheureusement laissé envahir par une périphérie de béton. Si vous êtes dans le coin, allez quand même faire un tour sur le port de pêche (toujours en activité) pour son pittoresque marché aux poissons et son ***museu de la Pesca*** *(musée de la Pêche)* : *moll Pesquer. ☎ 972-60-04-24. • museudelapesca.org • Juil-août, tlj 10h-14h, 16h-21h ; le reste de l'année, tlj (sauf lun oct-avr) 10h-13h30 (10h30-14h w-e et j. fériés), 15h30 (16h w-e et j. fériés)-19h. Entrée : 5 € ; réduc ; gratuit - de 6 ans.* Inscrit dans une démarche pédagogique, le musée présente un intéressant panorama du patrimoine historique et culturel de la pêche locale, depuis les espèces marines présentes au large du littoral de la Costa Brava jusqu'aux différents métiers liés à cette activité. Le musée organise aussi des visites guidées de la criée sur réservation *(tlj en été à 16h15 (parfois des visites supplémentaires), hors saison ven seulement ; env 2 € ; possible en français en été, sinon audioguide à télécharger sur smartphone).*

SANT FELIU DE GUÍXOLS (17220) 22 210 hab.

• Plan *p. 309*

À l'inverse de la plupart des stations balnéaires de la Costa Brava – qui n'étaient rien d'autre que des plages désertes où les promoteurs immobiliers se sont déchaînés –, Sant Feliu de Guíxols fut d'abord une petite bourgade côtière, qui s'est laissé peu à peu grignoter par le tourisme. La ville, plutôt tranquille hors saison, ne manque pas d'intérêt avec ses quelques immeubles modernistes et son ancien monastère. C'est ici, du haut de l'ermitage de Sant Elm, que la côte fut baptisée *Costa Brava*, « côte sauvage », par le poète et journaliste catalan Ferran Agulló au début du XXe s...

Arriver – Quitter

En train

Les ***gares ferroviaires de Gérone et de Caldes de Malavella*** sont les plus proches de Sant Feliu de Guíxols, ttes 2 reliées à ***Barcelone.*** Des bus assurent la liaison entre ces 2 gares et Sant Feliu, mais ils sont plus nombreux depuis Gérone. *Infos et résas : ☎ 912-320-320. • renfe.com •*

En bus

Estació d'autobusos *(gare routière ; plan A2) : c/ dels Enamorats.* 2 compagnies se partagent les destinations :

■ ***Bus Moventis-Sarfa :*** *☎ 902-30-20-25. • moventis.es •*

➢ ***Barcelona*** *(estació del Norte ; 1h25)* **:** 6-19 bus/j. La plupart ont pour terminus ***l'aéroport del Prat*** *(2h)* de Barcelone.

➢ ***Girona*** *(2h05)* **:** env 3 bus/j., via ***platja d'Aro, Palamos, Palafrugell, La Bisbal d'Empordà, La Pera*** et ***Flaçà.***

➢ ***Aéroport de Girona-Costa Brava*** *(50 mn)* **:** 1 bus/j., en été seulement.

➢ ***Begur*** *(55 mn)* et ***Pals*** *(1h05)* **:** 3-5 bus/j.

➢ ***Palafrugell*** *(55 mn)* **:** 15-38 bus/j.

➢ ***Tossa de Mar*** *(35 mn)* **:** 2 bus/j., en été seulement.

■ ***Bus Teisa-Eixbus :*** *☎ 972-20-48-68. • teisa-bus.com •*

➢ ***Girona*** *(55 mn)* **:** 12-20 bus/j.

Adresses utiles

- Oficina de turisme (B2)
- Taxis (B2)
- **1** Dispensaire (hors plan par B2)
- **2** Ayats Cycles (hors plan par B2)
- **3** Kayak Center Guíxols (hors plan par B2)
- **4** Aventura Experience (B2)

Où dormir ?

- **11** Hotel del Mar (hors plan par B2)
- **12** Hostal Noray (A-B2-3)
- **13** Hostal Chic (B2)
- **15** Hotel Sant Pol (hors plan par B2)

Où manger ?

- **20** Bar Extremeño (hors plan par A1)
- **21** La Pansa (B1)
- **22** Ca L'Isern (B2)
- **23** El Trinquet (B2)

Où grignoter une douceur ?

- **24** La Vienesa (B2)

Où boire un verre ? Où sortir ?

- **30** Nou Casino La Constància (B2)
- **31** Juanita Banana (B2)

Où acheter du bon vin ?

- **40** Calangel (B2)

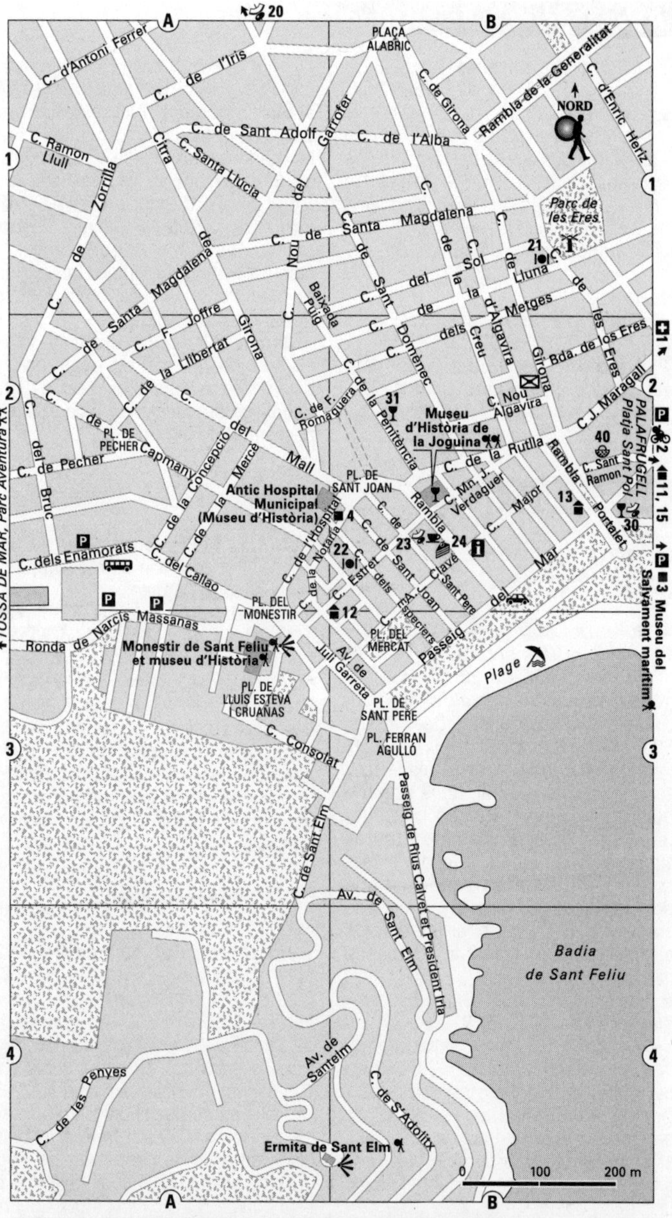

SANT FELIU DE GUÍXOLS

Adresses et infos utiles

Oficina de turisme *(plan B2)* **:** *La Rambla, 22. ☎ 972-82-00-51. • visitguixols.com • Installé dans le monastère, où se trouve aussi le musée d'Histoire. Juil-août, tlj 10h-20h ; le reste de l'année, tlj 10h-18h (14h dim et j. fériés).* Plan de Sant Feliu, itinéraires de rando, infos sur la région...

Dispensaire *(hors plan par B2,* **1***)* **:** *c/ Commerç, 74. ☎ 972-32-60-09.* Médecin 24h/24.

Taxis *(plan B2)* **:** *passeig del Mar. ☎ 972-32-09-34 ou 972-17-70-11.*

Location de vélos *(hors plan par B2,* **2***)* **:** *chez* **Ayats Cycles,** *ctra de Palamós, 164. ☎ 972-82-15-37. 630-58-51-56. • ayatscycles.com • Tlj sauf dim 10h-13h, 16h-20h. Vélos min 18 €/j., vélos électriques 25-45 €/j.*

Stationnement : l'office de tourisme délivre un plan spécial indiquant tous les parkings de la ville. Entre autres, **parking payant** en haute saison *(env 8 €/j.)* proche du monastère *(plan A2)*, **parkings gratuits** à 300 m à l'est du centre-ville après le port, face à la hideuse barre d'immeubles, et au rond-point au début de la carretera de Palamós *(hors plan par B2)*.

– **Marché** *(plan B3)* **:** *tlj sauf lun (tlj en été), pl. del Mercat.* Un beau marché couvert ; et le dimanche, c'est le grand déballage autour de la place et sur le passeig del Mar !

Où dormir ?

De prix moyens à chic (50-110 €)

Hotel del Mar *(hors plan par B2,* **11***)* **:** *c/ Sant Ramon, 43-45. ☎ 972-32-08-41. 635-06-32-81. • info@hoteldelmar.es • hoteldelmar.es • Congés : 20 déc-20 janv. Double env 83 € ; familiales aussi. Petit déj 7 €. Parking 10 €.* À 50 m de la plage tout en restant très central, dans une rue paisible en soirée. Balcon ou petite terrasse pour des chambres toutes simples et ventilées, à la déco très sommaire sur rue ou de style marin pour celles donnant sur le jardin. Salle commune avec jeux pour les enfants et petite terrasse agréable. Ambiance familiale sympa.

Hostal Chic *(plan B2,* **13***)* **:** *rambla del Portalet, 5. ☎ 972-32-87-28. 617-65-88-90. • info@hostalchic.com • hostalchic.com • Doubles 60-122 € ; petit déj à la carte au resto.* Central et tout proche de la plage, un bel immeuble ancien aux volets bleus et à l'architecture moderne. Seulement 5 chambres, toutes différentes, avec une déco colorée plaisante, dont certaines profitent d'un balcon ou d'une petite terrasse donnant sur la rambla arborée. Les autres, à l'arrière, sont plus paisibles, car le lieu fait aussi resto-bar. Petite terrasse sur le toit. Accueil francophone et très sympa de la dynamique Carmen.

Hostal Noray *(plan A-B2-3,* **12***)* **:** *c/ Estret, 14. ☎ 972-32-20-38. • info@hostalnoray.com • Fermé de mi-sept à mi-mai. Doubles avec sdb 70-91 € (min 3 nuits en août).* Très centrale, dans une ruelle au calme, cette pension offre des chambres simples et bien tenues, avec double vitrage, ventilo et mobilier en pin. Les moins chères donnent sur un puits de lumière. Bon accueil en français.

Très chic (80-200 €)

Hotel Sant Pol *(hors plan par B2,* **15***)* **:** *platja de Sant Pol, 125. ☎ 972-32-10-70. • info@hotelsantpol.com • hotelsantpol.com • À 2 km du centre de Sant Feliu, face à la plage de Sant Pol. Congés : nov et janv. Double env 195 €, petit déj inclus. Parking 10-15 €.* Un hôtel moderne et confortable, quasi les pieds dans l'eau, face à la belle plage familiale de Sant Pol. Une vingtaine de chambres au look uniforme et bien équipées avec clim, frigo, douche à l'italienne, terrasse et vue sur la mer pour 15 € de plus (c'est les vacances, après tout !). Fait également resto. Accueil pro.

Où manger ?

Tapas

Bar Extremeño (hors plan par A1, **20**) **:** *c/ Granada, 18. ☎ 972-32-23-56. Tlj sauf lun. Menu le midi en sem 13 € ; tapas et raciones 4-14 € ; plats 7-20 € ; vin à partir de 5,50 € la bouteille !* Un peu loin de tout (à 20 mn à pied de la plage), mais l'endroit vaut vraiment le coup ! Dans ce cadre sans chichis avec TV et quelques carrelages décoratifs aux murs, on sert de copieuses tapas délicieuses... et à très bon prix ! Même le vin de la maison descend tout seul ! Service gentil, sans façon et efficace. Dans le genre, sans doute l'un des meilleurs rapports qualité-prix de Catalogne. On adore !

El Trinquet (plan B2, **23**) **:** *c/ Sant Pere, 26. 722-55-01-56. En principe, ouv du mer soir au dim midi ; fermé lun-mar (horaires variables, appeler avt). Tapas et plats 9-27 €.* On a aimé ce petit bar à tapas monté par 2 sœurs qui ont mis du cœur à l'ouvrage, autant dans la déco de leur charmante petite salle que dans l'élaboration d'une carte succincte et originale de petits plats à partager : maquereau en escabèche, carpaccio de courgette, boulettes de viande à l'amande, omelette de morue, tartare de thon, etc. C'est frais et délicieux !

De bon marché à prix moyens (10-30 €)

La Pansa (plan B1, **21**) **:** *c/ Lluna, 99. ☎ 972-82-06-08. • lapansa.sfg@hotmail.es • Tlj sauf le soir dim-lun, plus le soir mar-jeu hors saison. Congés : 15 j. en nov. Menus 14 € en sem (mar-jeu), 20 € le w-e ; plats 7,50-17 € ; carte env 25 €.* À seulement 10 mn à pied de la plage, une cantoche familiale « à l'ancienne » décorée d'objets hétéroclites et fréquentée par les habitués du quartier. Dans l'assiette, délicieuse cuisine catalane, sans chichis mais authentique et de qualité. *Parillada* de poissons et fruits de mer frais à l'honneur, tout comme les viandes grillées et la paella. Une valeur sûre !

Ca L'Isern (plan B2, **22**) **:** *c/ Especiers, 27. ☎ 972-82-28-21. • info@restaurant-isern.com • Tlj sauf mer. Congés : 15 j. en mai et 15 j. en nov. Menus 16-35 € ; plats 18-28 € ; carte env 30 €.* Depuis 1954, ce petit resto familial sans prétention passe toutes sortes de bestioles sur le gril : du bœuf au lapin, sans oublier les cailles et les délicieuses côtelettes d'agneau. Une table 100 % viandards, donc, où l'on mange tout simplement bien !

LA CATALOGNE

Où grignoter une douceur ?

La Vienesa (plan B2, **24**) **:** *La Rambla, 33. ☎ 972-32-01-81. • pastisseria@lavienesa.cat • Tlj sauf dim ap-m et lun (tlj en été) 8h30-14h (15h dim), 16h30-20h30.* Une pâtisserie réputée, avec une agréable terrasse sur la Rambla, pour un petit déj ou une pause gourmande après la plage. Alléchant en diable !

Où boire un verre ? Où sortir ?

Nou Casino La Constància (plan B2, **30**) **:** *rambla Portalet, 2. ☎ 972-32-73-72. En principe, tlj 9h-23h (18h hors saison), mais c'est un peu selon l'humeur du patron !* Ne manquez pas d'aller prendre un café ou l'apéro dans l'ambiance un peu hors du temps de ce vaste resto-bar installé au rez-de-chaussée d'un pittoresque immeuble XIXe s à l'architecture orientaliste. Squatté à l'année par les vieux de Sant Feliu, qui y disposent d'une salle pour taper le carton ! Aussi des tapas et *raciones* pas chères. Accueil vraiment indifférent en revanche.

Juanita Banana *(plan B2,* ***31****) : c/ Penitència, 24. 667-68-57-48. • janetropicana@hotmail.com • Tlj sauf lun (tlj en été), le soir seulement.* Dans une charmante maison ancienne du centre-ville, on est dépaysé par l'atmosphère chaleureuse de ce bar cubain servant de fameux cocktails sur une gentille note de salsa. Une adresse un poil confidentielle, fréquentée en soirée par les bobos locaux !

Où acheter du bon vin ?

Calangel *(plan B2,* ***40****) : c/ Sant Ramon, 15. ☎ 972-32-00-80. • info@calangel.com • Tlj sauf dim ap-m 9h-14h, 16h30-21h.* Le lieu idéal pour qui veut goûter et acheter des vins catalans : en vrac, bio ou élaborés par des maisons prestigieuses. Également d'autres vins et spiritueux espagnols en tout genre. Dégustation (payante) au distributeur prévu à cet effet ! Et un peu de « solide » (amuse-bouche) pour se composer un sérieux apéro !

À voir. À faire

Monestir benedictí de Sant Feliu *(plan A3) : pl. del Monestir. Il accueille le musée d'Histoire de la ville (voir ci-après). Le billet d'entrée au musée permet de monter à la tour pour une jolie petite vue sur Sant Feliu.* Un beau mélange d'architecture romane, gothique et baroque. Il fut construit par les bénédictins sur les ruines d'une cité romaine, et les 1ers textes mentionnant son existence datent de 961. On peut voir de l'extérieur les éléments architecturaux remontant aux origines de la construction : la ***porta Ferrada*** (Xe s) avec ses arcades et sa galerie supérieure, la ***torre del Fum*** (Xe-XIIe s) et l'***arc baroque de Sant Benet*** (XVIIIe s), porte d'entrée de la muraille qui protégeait le monastère (il se trouve à présent au milieu de la place après la démolition des murs dans les années 1930). On peut visiter aussi l'***église*** *(ouv en principe aux heures des messes affichées devant)* qui dévoile un intérieur roman et des voûtes gothiques, le tout soutenu par de gros piliers rustiques.

Museu d'Història *(plan A3) : pl. del Monestir. ☎ 972-82-15-75. • museu.guixols.cat • Horaires très variables, qui suivent généralement ceux de l'office de tourisme (voir plus haut) mais pas systématiquement. Entrée : 4 € ; réduc ; gratuit - de 6 ans. Panneaux en français. Audioguide gratuit, à télécharger sur smartphone.*

– ***Au 1er étage,*** une section qui raconte l'histoire du monastère, dont la construction est à l'origine de la fondation de la ville fortifiée au Xe s, et de son extension. Quelques céramiques antiques, des peintures, bas-reliefs, livres enluminés, et ce superbe coffre de marin peint datant du XVIIIe s. Également une salle dédiée aux tribus ibères, leur mode de vie, l'artisanat (textile, travail du fer et de la céramique), le commerce, les croyances, le rituel funéraire, puis la romanisation et son influence sur les esprits. Le tout agrémenté d'objets archéologiques mis au jour lors de la construction du port, en 1903, et montrant la présence d'une tribu ibère établie sur le territoire actuel de Sant Feliu du Ve au IIIe s av. J.-C. En face, accès à la *torre del Fum* du monastère après une volée de 93 marches.

LES GIRONAIS FONT SAUTER LE BOUCHON !

Parole d'œnologues : rien ne vaut le liège pour boucher et conserver les vins. Au XVIIIe s, la Catalogne, très bien pourvue en chênes-lièges, développe la subériculture (la culture du liège). Aujourd'hui, 20 % de la production de bouchons en liège de la planète proviennent de cette région. Mais on ne trouve les bouchons gironais que sur les plus prestigieuses bouteilles !

– ***Les étages 2 et 3*** sont consacrés aux expos temporaires de grande qualité montées par Carmen Thyssen, une riche collectionneuse d'art espagnole. Info sur le site : • *espaicarmenthyssen.com* •
– L'entrée au musée donne aussi accès aux expositions temporaires dans l'***Antic Hospital Municipal*** à proximité *(plan A2 ; c/ de l'Hospital, 33 ; horaires variables).* Il est question d'y installer prochainement les collections permanentes du musée. Affaire à suivre...

Museu d'Història de la Joguina *(musée d'Histoire du jouet ; plan B2)* **:** *la Rambla, 50. ☎ 972-82-22-49. • museudelajoguina.cat • De mi-juin à mi-sept, lun-sam 10h-13h, 17h-21h ; dim et j. fériés 11h-14h. Hors saison, mar-sam 10h-13h, 16h-19h (20h sam) ; dim et j. fériés 11h-14h ; fermé lun. Fermé 15 j. en fév et 15 j. en oct. Entrée : 6 € ; réduc ; gratuit - de 9 ans. Dépliant en français.* D'abord, c'est l'occasion de découvrir les superbes intérieurs d'un immeuble moderniste classé : magnifiques sols, vitraux, gravures Art nouveau et sgraffites dans la cour. Aux étages, exceptionnelle collection de quelque 8 000 jouets – pour la plupart espagnols – datant de 1870 à 1985, dont près de 2 300 en expo, dispatchés sur 3 niveaux. Chambre d'enfant de 1900, jouets en fer-blanc, 1res dînettes, tricycles, traditionnels trains électriques, baby-foot de 1945 et *Dinky Toys* des *sixties.* Au 2e étage, jeux de société, le tout-plastique des années 1960-1980, et surtout la petite galerie des « horreurs », vestiges d'un parc d'attractions de Barcelone, qui fait son petit effet !
Café du musée *(entrée par l'arrière, c/ Sant Llorenç, 43 ; en été tlj 19h-2h, hors saison, fermé dim-mar),* un bar à cocktails dans le cadre pittoresque de cette maison avec 2 mignons patios sous verrière. Accueil formidable de Tomàs, francophone et collectionneur passionné !

Museu del Salvament marítim *(musée du Sauvetage en mer ; hors plan par B2)* **:** *passeig del Fortim. ☎ 972-82-15-75. Ouv en principe de juil à mi-sept, tlj 17h (ou 18h)-19h30 (ou 20h30), mais mieux vaut téléphoner ou s'adresser à l'office de tourisme. GRATUIT.* Dans l'ancienne station de sauvetage de Sant Feliu, à l'architecture typiquement XIXe s. Au rez-de-chaussée, une belle embarcation de sauvetage à rames et une petite expo (en castillan et anglais) sur l'histoire du sauvetage en mer dans la région, évoquée par de vieux objets, accastillage, matériels de secours, et puis ces curieuses fusées qui servaient à envoyer un filin aux navires échoués sur la côte pour en évacuer les équipages. Petit film aussi évoquant la grande époque du port, avant le béton...

Monter à l'***ermita de Sant Elm*** *(plan A-B4),* en 20 mn à pied depuis la plage (mais ça grimpe !) ou accessible en voiture. De sa petite église, magnifique panorama sur la baie, depuis Begur jusqu'aux abords de Tossa de Mar.

➢ Pour les amateurs de randos pédestres et cyclistes, super balade par la ***ruta del Carrilet.*** Cet itinéraire long de 40 km suit le tracé de l'ancienne voie ferroviaire qui reliait Sant Feliu à Gérone et se poursuit vers Olot. Cartes et infos à l'office de tourisme. • *viasverdes.com* •

➢ ***Randonnées pédestres dans la région :*** plusieurs sentiers suivent la côte vers le nord jusqu'à Portbou ; ou par l'intérieur vers Tossa de Mar (sud). D'autres encore sillonnent la magnifique campagne de l'arrière-pays (cartes et itinéraires détaillés à l'office de tourisme). Entre autres, l'itinéraire des ***dolmens de Gavarres,*** au départ de Santa Cristina d'Aro (à environ 4 km au nord-ouest de Sant Feliu) ou du joli hameau de Romanyà de la Selva (quelques kilomètres plus au nord) : plusieurs dolmens le long du parcours, dont l'ensemble de la *cova d'En Daina,* non loin de Romanyà.

La ***platja Sant Feliu,*** en centre-ville, et, à 2 km au nord-est, la ***platja Sant Pol*** sont toutes 2 bordées par la route et assez fréquentées. Pour plus de tranquillité, suivre la route vers Tossa de Mar (voir plus loin). En contrebas se planquent, entre les rochers, quelques petites criques : la charmante (même si un peu construite) plage de sable de ***cala Canyet*** ou la sauvage ***Vallpresona*** et sa plage de gros galets, accessible à pied (1 km env depuis la route).

➢ ***Sorties en kayak de mer :*** *avec* ***Kayak Center Guíxols*** *(hors plan par B2,* ***3****), passeig del Fortim. 📱 667-76-91-80. • kayakguixols.com • Tour guidé : 27 €/pers ; loc 10-12 €/h, 17 €/h en biplace, paddle 14 €/h.* Organise aussi des balades en famille ou au coucher de soleil, des sorties *snorkelling* et loue du matériel sans guide.

Parc Aventura *(hors plan par A3)* **:** *ctra de Sant Feliu de Guíxols a Tossa de Mar (GI-682), km 42. 📱 637-43-15-77 ou 79. • parcaventurasantfeliu.com • Fin juin-début sept, tlj ; hors saison, ouv w-e seulement, sur résa préalable ; de 10h30 au coucher du soleil. Entrée : 11-35 € selon parcours (30 mn-2h20) ; 9 € pour le parcours enfant (30 mn).* Au cœur d'une pinède sauvage et escarpée, un choix de ***3 parcours dans les arbres,*** adaptés à l'âge et à la taille de chacun : enfants, ados, adultes. Une balade sympa de plus de 50 obstacles, parfois assez spectaculaires, que l'on franchit avec casque et harnais, sous la férule d'un guide. Également un petit sentier botanique et des jeux pour les moins de 4 ans. Pour plus d'adrénaline encore, ***Aventura Experience*** propose un parcours guidé de ***via ferrata*** sur les parois rocheuses et vertigineuses de la *cala del Moli,* à l'est du port (unique *via ferrata* d'Europe en bord de mer !). Info au bureau d'accueil dans le centre-ville *(plan B2,* ***4*** *; c/ Hospital, 32 ; • aventuraexperience.com • ; compter 40 €/pers avec le guidage, 18 € pour le matériel seulement).*

➢ Les routards motorisés ne manqueront pas d'emprunter la superbe ***route panoramique GI-682 reliant Sant Feliu à Tossa de Mar.*** D'abord, car ça virevolte dans un cadre accidenté et sauvage. Mais surtout car, en se débrouillant bien, on arrive à descendre dans de toutes petites criques pour être enfin (presque) seul(e)... le rêve ! Et, comme il est parfois ardu de se garer, dès qu'un bas-côté vous tend les bras, arrêtez-vous ! La route étant empruntée par de nombreux cyclistes, restez prudent dans les virages !

Fêtes

– ***Festival international de la Porta Ferrada :*** *juil-début août. • festivalportaferrada.cat •* Festivités en plein air (au port), dans l'église, théâtre-auditorium et au Guixols Arena. Au programme : danse, comédie musicale et concerts en tout genre, allant du jazz-swing au reggae en passant par le rock avec des pointures de renommée internationale chaque année.
– ***Fête de Sant Feliu*** *(festa major)* **:** *31 juil-4 août.* Sardanes, bals sur le passeig del Mar, feux d'artifice sur la plage (4 août). Le 3 août, lors du *Correfoc* (danse autour des feux de Bengale), les diables sont lâchés dans la rue, pétards à la main, ce qui provoque un beau charivari. Évitez, ce jour-là, de vous mettre sur votre 31 !

TOSSA DE MAR (17320) 5 900 hab.

• Plan *p. 317*

Dans la 1re moitié du XXe s, ce qui n'est encore qu'un minuscule village de pêcheurs attire intellectuels et artistes. Des peintres comme Marie Laurencin, Olga Sacharoff et, plus tard, Chagall viennent y installer leurs quartiers d'été. André Masson y vivra même 2 ans. Du coup, Bataille (qui y

terminera *Le Bleu du ciel*), Michaux, Supervielle ou Leiris viennent lui rendre visite, tant et si bien que Tossa, à la veille de la guerre de 1936, devient le creuset si ce n'est d'une mouvance libertaire, à tout le moins d'un courant antifasciste et engagé. Mais c'est le tournage en 1950 de *Pandora* (la 1re grosse production tournée en Espagne), où Ava Gardner tient le 1er rôle, qui transforme ce village en une station balnéaire en vogue. Aujourd'hui, avec son petit bourg médiéval fortifié et sa baie outremer, Tossa est tout simplement splendide ! Revers de la médaille : du printemps à l'automne, Tossa connaît une grande affluence touristique. Ceux qui préfèrent le calme viendront hors saison, mais, dans ce cas-là, il n'y a presque rien d'ouvert !

Arriver – Quitter

En train

Les ***gares ferroviaires de Gérone*** et de ***Blanes*** sont les plus proches de Tossa de Mar, ttes 2 reliées à ***Barcelone.*** Des bus assurent la liaison entre ces 2 gares et Tossa de Mar (avec correspondances à Lloret de Mar ou Llagostera, sauf été) ; mais ils sont plus nombreux depuis Blanes. *Infos et résas : ☎ 912-320-320. • renfe.com •*

En bus

Estació d'autobusos *(gare routière ; plan A1) : avda Pelegrí, 25. ☎ 972-34-09-03. À côté de l'office de tourisme.* 2 compagnies se partagent les destinations :

■ ***Bus Moventis-Sarfa :*** *☎ 902-30-20-25. • moventis.es •*

➢ ***Girona*** *(40 mn)* **:** 2 bus/j. en été seulement. On conseille plutôt de prendre un bus pour Lloret de Mar et de changer pour Girona : 1-2 bus/h avec la compagnie ***Pujol*** *(• autocarspujol.com •).*

➢ ***Aéroport de Girona-Costa Brava*** *(55 mn)* **:** env 2 bus/j. en saison. On recommande plutôt de passer par Lloret del Mar ; de là, 3-10 bus/j. pour l'aéroport avec la compagnie ***Sagalés*** *(• sagales.com •).*

➢ ***Lloret de Mar*** *(20 mn)* et ***Barcelona*** *(estació del Norte ; 1h30)* **:** 8-15 bus/j. La plupart ont pour terminus ***l'aéroport del Prat*** *(2h05)* de Barcelone.

➢ ***Sant Feliu de Guíxols*** *(35 mn)* et ***Palafrugell*** *(1h25)* **:** 2 bus/j., en été seulement, via ***platja d'Aro*** et ***Palamós.***

■ ***Bus Pujol :*** *☎ 972-34-03-36. • autocarspujol.com •*

➢ ***Lloret de Mar*** *(25 mn)* **:** 1-2 bus/h. De là, 1-3 bus/h pour la ***gare ferroviaire de Blanes*** *(35 mn).*

En bateau

■ ***Dofi Jet Boats*** *(plan B2,* **5***)* **:** *kiosque sur la plage. ☎ 972-35-20-21. 📱 628-35-22-50 ou 636-48-76-80. • dofijetboats.com •*

➢ Avr-oct, liaisons maritimes (jusqu'à 12/j. en été) avec ***Lloret de Mar,*** certains bateaux continuant jusqu'à ***Blanes*** ou ***Calella*** (compter 25-35 € A/R selon trajet).

Adresses et infos utiles

Oficina de turisme *(plan A1)* **:** *avda Pelegrí, 25, dans la mairie. ☎ 972-34-01-08. • infotossa.com • Juin-sept, lun-sam 9h-21h ; dim et j. fériés 10h-14h, 17h-20h. Oct-mai, lun-sam 9h30-13h30, 16h-19h ; dim et j. fériés 10h-14h (fermé dim nov-mars). Également un* ***kiosque*** *(plan B1 ; tlj sauf mer – et sauf dim ap-m à la mi-saison – 11h-14h, 16h-19h ; fermé nov-Semaine sainte) en bord de plage, près du grand parking, à l'extrémité de l'avda de la Palma.*

Centre médical *(consultorio local ; hors plan par A1,* **1***)* **:** *avda Catalunya, 14. ☎ 972-34-18-28.*

Taxis *(plan A1)* **:** *en face de l'office de tourisme. ☎ 972-34-33-33.*

Location de vélos (hors plan par A1, **2**) : chez **Jimbo Bikes,** rambla Pau Casals, 12. ☎ 972-34-30-44. • jimbobikes.com • Lun-ven. Env 23 €/j. Vélos classiques seulement.

Stationnement : difficile de se garer dans Tossa en plein été ! Plan actualisé à récupérer sur le site de l'office de tourisme. Nombreux **parkings payants** dans le centre, mais pas donnés (8-35 €/j., et même jusqu'à 44 €/j. pour celui de la plage !). Sinon, pas mal de **places de stationnement gratuit** (lignes blanches) à débusquer le long de l'avinguda de Catalunya et les rues alentour (plan A1).

– **Marché** (plan A-B1) : jeu mat, rambla Pau Casals.

Où dormir ?

Camping

Càmping Cala Llevado (hors plan par A1, **10**) : ctra de Tossa a Lloret (GI-682), km 18,9. ☎ 972-98-36-80. • reservation@seagreen.fr • calallevado.com • À 3 km à l'ouest de Tossa, direction Lloret de Mar, côté mer (accès possible en bus). Fermé nov-fin mars. Compter 32-54 € pour 2 avec tente et voiture. Bungalows 2-8 pers 52-155 €/j. (min 1 sem en juil-août, 574-1 890 €/sem). Le plus grand camping de Catalogne dans un superbe site naturel aménagé en terrasses verdoyantes, au cœur d'une pinède généreuse dévalant jusqu'à la mer. Mieux vaut avoir des mollets et des fessiers, car ça grimpe sec ! En contrebas, 3 superbes criques (dont une naturiste) et grande plage de sable. Planqués dans la pinède aussi, des bungalows bien équipés genre chalet. Et puis une foule de services : belle piscine, *water sport* sur la plage, jeux pour enfants, grand resto-bar, supérette, laverie...

Auberge de jeunesse

Manà Manà Hostel (plan B2, **11**) : c/ Sant Telm, 9. ☎ 972-34-25-49. • info@manamanahostel.com • manamanahostel.com • Lits en dortoir 4-6 pers 27-40 € ; doubles 60-92 €. Réduc de 10 % sur les doubles sur présentation de ce guide. Dans une rue tranquille du centre proche de la plage, une coquette AJ, bien tenue, proposant une poignée de dortoirs impeccables avec casiers, dont un réservé aux filles, et une seule chambre double/triple, avec un grand lit (superposé, on peut y dormir à 3) et une salle de bains avec douche multi-jets. Salon-cheminée orné d'un lézard en mosaïque au rez-de-chaussée, et toit-terrasse d'où l'on admire la vieille ville et la mer. Cuisine-salle à manger et machine à laver à dispo. Accueil francophone sympa et décontracté. Une belle adresse pour faire des rencontres.

De bon marché à prix moyens (35-90 €)

Hostal Balmaña (plan A1, **12**) : ctra Lloret, 11. ☎ 972-34-01-40. • hostalbalmana@gmail.com • Fermé oct-avr. Doubles sans ou avec sdb env 53 €, petit déj inclus. Parking gratuit (un gros atout !). En surplomb de la route de Lloret de Mar, une grande bâtisse blanche aux fenêtres bleu ciel, bordée d'une gentille terrasse. Pas le grand luxe, mais l'endroit est agréable. Une douzaine de chambres avec ou sans salle de bains, au confort rudimentaire mais vraiment proprettes. Terrasse-solarium à l'étage. Accueil gentil et serviable.

Fonda Codolar (plan B2, **14**) : c/ Codolar, 12. ☎ 972-34-04-68. 📱 676-14-19-20. • fondacodolar@hotmail.com • Fermé de mi-oct à fin mai. Résa conseillée. Doubles 67-90 € (jusqu'à 110 € juil-août). Dans le vieux Tossa, une sympathique pension à la façade égayée de plantes vertes et de fleurs. Une douzaine de petites chambres simples, proprettes et régulièrement rénovées. Terrasse panoramique commune.

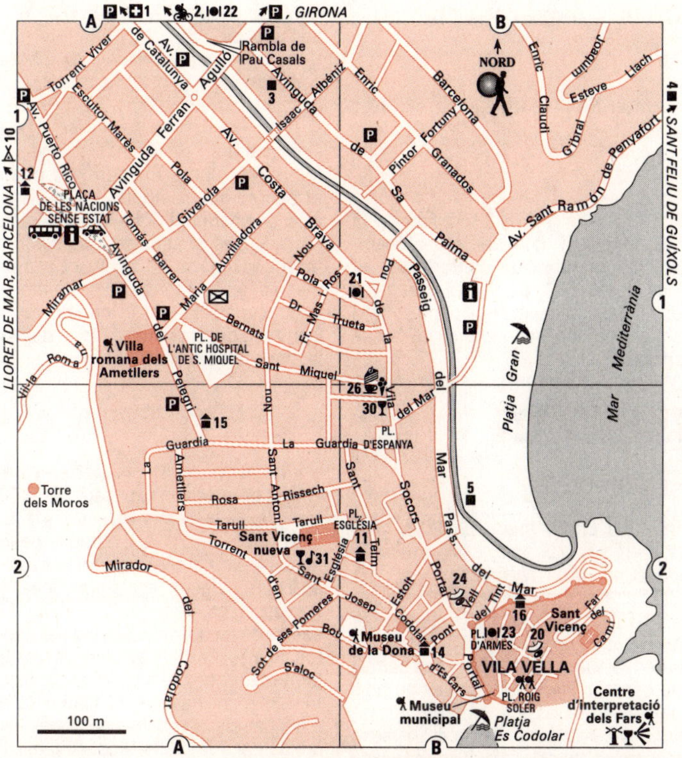

TOSSA DE MAR

Adresses utiles

- Oficines de turisme (A1 et B1)
- **1** Centre médical (hors plan par A1)
- **2** Jimbo Bikes (hors plan par A1)
- **3** Tossasub (plongée sous-marine ; A1)
- **4** Kayaks Nicolau hors plan par B1)
- **5** Dofi Jet Boats (B2)

Où dormir ?

- **10** Càmping Cala Llevado (hors plan par A1)
- **11** Manà Manà Hostel (B2)
- **12** Hostal Balmaña (A1)
- **14** Fonda Codolar (B2)
- **15** Hotel Sant March (A2)
- **16** Hotel Cap d'Or (B2)

Où manger ?

- **20** La Lluna (B2)
- **21** La Roca de Tossa (B1)
- **22** El Rincón de Galicia (hors plan par A1)
- **23** La Placeta (B2)
- **24** Can Paset (B2)

Où déguster une pâtisserie ou une bonne glace ?

- **26** Pastissería Sant Pere (B1-2)

Où boire un verre ? Où sortir ?

- **30** Cervecería Don Juan (B2)
- **31** Tahiti Club (A2)

De prix moyens à chic (70-160 €)

Hotel Sant March (plan A2, **15**) : *avda Pelegrí, 2. ☎ 972-34-00-78. • info@hotelsantmarch.com • hotel santmarch.com • Fermé oct-mai. Doubles 70-120 €, petit déj inclus ; familiales. Parking 15-20 €/j.* Familial et bien tenu, cet hôtel abrite des chambres fonctionnelles, confortables et lumineuses. Belle piscine avec transats et pelouse. Accueil attentionné et francophone. Une belle affaire en basse saison.

Hotel Cap d'Or (plan B2, **16**) : *passeig del Mar, 1. ☎ 972-34-00-81. • info@hotelcapdor.com • hotel capdor.com • Fermé de mi-oct à la Semaine sainte (ouv w-e seulement à la mi-saison). Résa conseillée. Doubles 100-180 €, petit déj inclus ; familiales.* Juste en bord de plage et accolé aux remparts de la vieille ville, un charmant hôtel régulièrement rénové. Des chambres tout confort, arrangées dans un style « bord de mer » avec des tons clairs. La moitié avec vue sur la mer (d'où les prix !). Bon petit déj servi en terrasse devant la plage. Resto sur place.

Où manger ?

Tapas

La Lluna (plan B2, **20**) : *c/ de l'Abat Oliva, 10. ☎ 972-34-25-23. Tlj (sauf mer hors saison). Fermé nov-Semaine sainte. Tapas et tostadas 5,50-18 €.* On ne peut mieux situé sur les hauteurs de la vieille ville, minuscule salle typique avec son comptoir carrelé de céramiques, et des tables en bois posées en terrasse le long d'un escalier pavé. À la carte, tapas et *tostadas* mitonnées avec des produits de qualité bien goûteux.

Can Paset (plan B2, **24**) : *c/ del Portal, 11. ☎ 972-34-10-48. En saison, tlj sauf mer ; hors saison, ouv seulement le w-e. Tapas 5-15 € ; plats 10-23 €.* Le genre de petite adresse qu'on aime bien, au cœur de l'animation, mais qui sait rester authentique. Toute petite salle vite remplie avec quelques tables et un comptoir où s'installent les habitués. Les murs, couverts de photos, témoignent de l'histoire ancienne de ce troquet, avant même que le tourisme ne s'y installe. La 5e génération aujourd'hui aux manettes a rénové ce lieu de vie où il fait toujours bon boire un verre et déguster une cuisine catalane simple et savoureuse.

Prix moyens (15-30 €)

La Roca de Tossa (plan B1, **21**) : *c/ Pola, 7. ☎ 872-98-18-88. 686-60-99-34. • larocadetossa@gmail.com • Fermé mer (sauf juil-août). Congés : janv-Semaine sainte. Menus 18-34 € ; plats 8-24 €.* La bonne petite adresse sans prétention qui sait fidéliser sa clientèle (également locale). Particulièrement recommandable pour son menu au déjeuner (vin inclus), servi tous les jours, midi et soir. Des plats terre-mer copieux, à base de produits frais, mitonnés avec soin. Cadre banal mais pas désagréable, avec quelques tables dans la ruelle. Accueil familial. Un bon plan !

El Rincón de Galicia (hors plan par A1, **22**) : *c/ Capità Mestres. ☎ 972-34-13-74. Tlj. Plats 10-28 €.* Bien à l'écart du tumulte touristique, on ne vient pas ici par hasard ! C'est que ce petit morceau de Galice excelle en matière de poissons et fruits de mer, déclinés sous forme de *parilladas, arroces,* et autres plats à partager... Tout est ultrafrais et plein de saveurs ! Service dans une grande salle à la déco forcément marine ou en terrasse arborée. Une adresse efficace et sans esbroufe, repaire d'habitués qui ne s'y trompent pas !

La Placeta (plan B2, **23**) : *pl. de les Armes, 2. ☎ 972-34-08-72. • reser ves@restaurantplaceta.com • Tlj. Résa conseillée le soir. Menus env 23 € au déj, puis 34 € ; plats 10-28 €.* Planté au bord de la place d'Armes de la vieille ville fortifiée, un élégant resto mijotant une fine cuisine catalane savoureuse et maîtrisée. Dans l'assiette : poissons et fruits de mer bien frais, mais aussi de quoi satisfaire les irréductibles viandards ! Le menu 1er prix du midi est une bonne option pour ne pas trop casser la tirelire ! Service jeune, dynamique et sympa.

Où déguster une pâtisserie ou une bonne glace ?

Pastissería Sant Pere *(plan B1-2,* ***26****)* **:** *c/ Pou de la Vila, 5. ☎ 972-34-05-39. Tlj. Fermé nov-Semaine sainte.* Un salon de thé pour croquer dans l'alléchante *tortada* ou dans les *brises de Tossa,* un feuilleté à la mousse d'amande et de noisette, entre autres gourmandises. Propose aussi d'excellentes glaces !

Où boire un verre ? Où sortir ?

Cervecería Don Juan *(plan B2,* ***30****)* **:** *c/ Pou de la Vila, 3. ☎ 972-34-02-98. Tlj 11h-minuit (1h w-e). Congés : nov-avr.* Ouvert depuis 1956, un bar festif et commercial où de gros jambons pendouillent au plafond ! On y descend des verres de moins en moins sagement, au fil des heures. Également des tapas pour éponger... Tables en bois alignées dans la ruelle. Service jeune et dynamique.

Tahiti Club *(plan A2,* ***31****)* **:** *c/ Sant Josep, 28. ☎ 972-34-14-02. • tahiti tossa@yahoo.es • Tlj de mi-juin à mi-sept, sinon w-e seulement. Fermé de mi-oct à la Semaine sainte. Concert dès 23h30. Entrée libre.* Un petit pub avec une scène riquiqui face au bar, vibrant au rythme des concerts de *música en vivo.* Surtout des guitaristes acoustiques et dans un esprit latino : salsa, flamenco, sevillanas, rumba... Assurément un classique de Tossa !

À voir. À faire

Villa romana dels Ametllers *(plan A1)* **:** *avda del Pelegrí, 19. Tlj 10h-19h. Fermé si des fouilles sont en cours. GRATUIT. Panneaux en français.* Villa romaine du Ier s av. J.-C., dont les vestiges – découverts en 1914 – témoignent de la prospérité des relations commerciales qu'entretenait la région avec tout le Bassin méditerranéen. À l'entrée se trouvait le jardin ; venaient ensuite les thermes et les espaces de vie qui ont conservé quelques beaux pans de mosaïques. Les objets archéologiques mis au jour dans les fouilles sont exposés au Musée municipal (voir ci-après).

Museu municipal *(plan B2)* **:** *pl. Roig i Soler, 1. ☎ 972-34-07-09. De juin à mi-sept, tlj 10h-20h ; de mi-sept à mai, tlj sauf dim ap-m et lun 10h-14h, 16h-18h. Entrée : 3 € ; réduc ; gratuit - de 12 ans. Dépliant en français.* On commence par descendre dans les petites salles consacrées à l'archéologie, avec des objets découverts dans la villa romaine des Ametllers : céramiques, lampes à huile, monnaies, fragments de statues, etc. ; sans oublier cette belle mosaïque du IVe s provenant du vestibule. Le rez-de-chaussée et le 1er étage, quant à eux, abritent des sculptures d'Enric Casanovas et des tableaux, notamment de Francesc Domingo i Segura, Metzinger *(La Ballerine),* Kars, Olga Sacharoff, et un célèbre *Violoniste céleste* de Chagall. Expos temporaires au dernier étage.

Museu de la Dona *(musée de la Femme ; plan B2)* **:** *c/ des Codolar, 4. ☎ 972-96-46-33. • museudeladona@gmail.com • En principe : juin-sept, mer-dim 11h-13h, 16h-20h ; oct-mai, w-e seulement 11h-13h, 16h-19h. Mais horaires variables, se renseigner par tél ou à l'office de tourisme. Entrée : 2 € ;*

LA CATALOGNE

réduc. Dépliant en français. Expos temporaires également. Installé dans une ferme du XVIe s au pied de la vieille ville, ce tout petit musée ethnographique se propose de raconter l'histoire de Tossa selon une perspective bien précise : celle des femmes. Au ***rez-de-chaussée,*** les métiers de la pêche et de l'agriculture sont à l'honneur (outils agricoles, barque de pêche restaurée, photos d'archives, témoignages filmés). Associés à des pratiques masculines, ils furent pourtant pratiqués activement par les femmes. Au ***1er étage,*** reproduction d'une cuisine et d'une salle à manger traditionnelles et d'une chambre à coucher avec un métier à coudre illustrant la vie domestique, ainsi qu'un film sur les traditions et dévotions religieuses. Enfin, le ***2e étage*** se concentre sur le rôle déterminant joué par les femmes à l'arrivée du tourisme à partir des années 1950. Un bel hommage et un travail nécessaire de mémoire collective.

ET AVA LANÇA TOSSA

En 1950, Ava Gardner vint à Tossa interpréter Pandora, personnage principal du film éponyme d'Albert Lewin. Elle revint ensuite régulièrement en Espagne et s'éprit du célèbre torero Dominguin. Lors de leur 1re nuit d'amour, l'homme se leva pour sortir de la chambre. « Où vas-tu ? », lui demanda Ava. « Je ne peux pas m'empêcher d'aller raconter ce qui m'arrive aux copains », répondit le torero. Élégant !

*** La vila vella*** *(vieille ville) :* un lacis de charmantes ruelles pentues, planquées derrière des ***remparts*** (fin XIIe s) classés Monument historique avec leurs 3 tours, et absolument magnifiques au soleil couchant ! Le chemin de ronde est en accès libre pour une vue plongeante sur la petite crique d'*Es Codolar.* Sur une placette en haut de cette vieille ville, on admire la ***statue d'Ava Gardner*** en robe du soir (érigée en 1998 et œuvre de Ció Abelli), le regard perdu dans la baie ; hommage au film *Pandora,* qu'elle tourna ici en 1950 et qui projeta Tossa dans la lumière du monde ! Encore plus haut, l'ancienne ***església de Sant Vicenç,*** du XVIIe s, détruite en partie au XIXe s par une explosion ; elle servait d'entrepôt à munitions ! Les habitants ayant ensuite récupéré les pierres, seules l'abside, la sacristie et la façade ouest tiennent encore debout. Mais cette ruine n'en reste pas moins belle, avec son large point de vue sur la baie et l'azur profond de la Méditerranée.

Centre d'interpretació dels Fars de la Mediterrània *(centre d'interprétation des Phares ; plan B2) : dans le phare de Tossa, dominant la vieille ville. ☎ 972-34-33-59. Juil-sept, tlj 11h-20h ; oct-juin, tlj sauf lun-mar 11h-18h. Entrée : 3 € ; gratuit - de 12 ans. Panneaux en français.* On ne peut pas grimper en haut du phare, si vous vous posiez la question ! Cette minuscule expo est consacrée à ***l'histoire des phares*** de la Méditerranée, depuis l'Antiquité à nos jours. Quelques explications sur leur origine et sur le métier de gardien de phare, illustrées par la vidéo d'un intéressant témoignage d'Alberto Aguirre, ancien gardien de phare racontant l'évolution de la ville de 1950 à 1990.

Sur place, ***buvette*** avec une vue panoramique grandiose sur la Méditerranée.

➢ ***Randonnées pédestres :*** l'office de tourisme propose un miniguide (gratuit et en français) détaillant 5 circuits à parcourir depuis Tossa. De la petite balade tranquille au long de l'agréable sentier côtier pour gagner de jolies petites calanques comme ***cala Pola*** (2h A/R), à des randos un peu plus sportives comme celles grimpant dur jusqu'à ***Sant Grau*** ou au ***puig de ses Cadiretes,*** qui offre un très beau point de vue sur la région (respectivement 4h et 4h15 A/R).

Plongée sous-marine : *chez* ***Tossasub*** *(plan A1,* ***3****), avda de Sa Palma, 17. ☎ 972-34-30-95. 📱 629-72-98-56. • tossasub.com • Tlj 9h-14h, 16h-19h. Baptême 99 €/pers, promos fréquentes sur leur site ; plongées min 50 € selon équipement.*

- Location de kayaks et paddles : *avec* ***Kayaks Nicolau*** *(hors plan par B1,* ***4****), avda Mar Menuda, platja de la Palma. 📱 608-80-24-85. • kayaksnicolau.cat • Ouv de mi-mai à fin sept. Compter 16 €/h pour un kayak ou un paddle. Sortie guidée env 45 €/pers, sur résa.*

Incontournable et très fréquentée, la ***platja Gran*** *(plan B1-2),* plage principale de Tossa, dominée par quelques barres d'hôtels construits dans les années 1970. Sinon, en montant la carrer Portal, le long du Musée municipal, on accède à la jolie petite ***cala Es Codolar*** *(hors plan par B2).* Enfin, il existe plusieurs criques plus ou moins sauvages dans les environs, comme ***cala Bona, cala Pola, cala Giverola*** et ***cala Futadera*** au nord de Tossa, en direction de Sant Feliu de Guíxols. Et ***cala Llevado*** au sud, vers Lloret del Mar.

LA CATALOGNE

Fêtes et traditions

- ***Vot del Pelegri :*** *22 janv.* Pèlerinage de 40 km vers Santa Coloma de Farners, à l'ermita de San Sebastián. Le lendemain, au retour, procession dans les rues de la vieille ville jusqu'à l'église Sant Vicenç. Cette célébration remonterait au XVe s et aurait été instituée en remerciement à saint Sébastien pour avoir délivré la population de la peste.
- ***Fête des Pêcheurs :*** *1er dim de juin.* La veille au soir ont lieu des *habaneras* (chants marins) avec *cremat* (boisson flambée), et le lendemain matin, petit déj... aux sardines !
- ***Festa Mayor d'Estiu :*** *dernier w-e de juin.* Pour célébrer saint Pierre, patron des pêcheurs, concerts en plein air sur la plage (rumba, musique catalane...), sardanes, processions et feux d'artifice.
- ***Fête de la Toquen a Córrer :*** *2 juil, autour de la chapelle Virgen del Socorro.* On y danse *ses nou sardanes,* une variante rapide de la sardane, puis tous les villageois lancent de l'eau par les fenêtres ; ambiance !
- ***Concours de peinture rapide :*** *dernier dim d'août.* Depuis une soixantaine d'années, les peintres s'y retrouvent pour produire une œuvre sur Tossa en une journée montre en main !

DE TOSSA DE MAR À BARCELONE PAR LA COSTA DE MARESME

Quand on quitte Tossa de Mar vers Barcelone, c'est la Costa Brava des concentrations bétonnées : Lloret de Mar, Blanes... Et, vous nous connaissez, ce n'est pas trop notre truc ! Toutefois, une petite portion de cette côte, miraculeusement épargnée, abrite 3 beaux ***jardins botaniques*** – inattendus de verdure et de fraîcheur – à seulement quelques encablures de Tossa de Mar.

➢ ***Comment y aller en bus ?*** De mi-avril à mi-octobre, le bus ***beaches-gardens open tour*** relie les 3 jardins à Lloret de Mar et Blanes *(☎ 972-36-44-76 ; • autocarspujol.com •)* ; environ 7 bus/j.

🚶🚶🚶 ⇐ ***Jardins Santa Clotilde :*** *paratge de Santa Clotilde, à* ***Lloret de Mar.*** *☎ 972-37-04-71. • lloretdemar.org • À 11 km au sud-ouest de Tossa ; fléché depuis le dernier rond-point à la sortie de Lloret de Mar, direction Blanes. Tlj 10h-20h (17h nov-janv, 18h fév-mars) ; dernière admission 1h avt fermeture. Entrée : 6 € ; réduc (notamment avec le billet d'entrée aux 2 autres jardins) ;*

gratuit - de 12 ans. Plan-dépliant en français. Pas de parking : tentez votre chance dans les rues adjacentes ! Certainement le plus spectaculaire des 3 ! Créé par un aristocrate en 1919, ce jardin perché au-dessus de la mer est inspiré par la Renaissance italienne, et dominé par la maison du maître qui appartient aujourd'hui à ses descendants (et ne se visite pas). Ses 26 000 m^2 livrent copies de statues d'époque, topiaires, allées bordées de cyprès et de lauriers-roses, longs escaliers tapissés de lierre... Bref, un jardin tout en perspectives offrant de superbes échappées sur cette portion de côte étonnamment préservée.

⚲⚲ ⇜ ***Jardí botánic Marimurtra :*** *passeig de Carles Faust, 9, à* ***Blanes.*** *☎ 972-33-08-26. • marimurtra.cat • À 16 km au sud-ouest de Tossa ; fléché dès le 1er rond-point à l'entrée de Blanes quand on arrive de Lloret de Mar. Tlj 9h (10h nov-mars)-19h (18h avr-mai et oct, 15h nov-mars – 17h le sam nov-mars) ; dernière admission 1h avt fermeture. Entrée : 8 € ; réduc (notamment avec le billet d'entrée aux 2 autres jardins) ; gratuit - de 4 ans.* Créé en 1921 par un entrepreneur allemand, ce jardin révèle quelque 4 000 espèces sur ses 4 ha visitables (10 ha en tout !), divisés en 3 parties : subtropicale, tempérée et méditerranéenne. Cette dernière parcelle demeure la plus spectaculaire, car dotée d'allées en perspective dévalant jusqu'au bord de la falaise dominant la mer. Là, plusieurs balcons panoramiques, dont un kiosque romantique à souhait ! Une visite agréable et intéressante du point de vue botanique. Buvette avec terrasse sous les palmiers, et une gentille crique pour faire trempette au pied du site (accès par l'extérieur).

⚲ ***Jardí botánic Pinya de Rosa :*** *camí de Santa Cristina, à* ***Blanes.*** *☎ 972-35-06-89. • pinya-de-rosa.es • À 15 km au sud-ouest de Tossa, avt Blanes (indiqué). Tlj 9h-18h (horaires restreints hors saison) ; dernière admission 1h avt fermeture. Fermé de mi-déc à mi-janv. Entrée : 5 € ; réduc (notamment avec le billet d'entrée aux 2 autres jardins) ; gratuit – de 10 ans.* Beaucoup plus modeste que les 2 autres, car il ne descend pas jusqu'à la mer, ce jardin de 2 ha en terrasses compte plus de 5 000 variétés de cactus et autres plantes grasses. Malheureusement, son entretien laisse vraiment à désirer.

LA CATALOGNE

CANET DE MAR *(08360)*

⚲ Cette petite station balnéaire familiale est un passage presque obligé pour les amateurs d'***architecture moderniste,*** car elle demeure la patrie de l'un des maîtres du genre : Lluís Domènech i Montaner. Celui-ci y a notamment signé, autour de la riera Sant Domènec (en plein centre), 3 superbes maisons : la ***casa Domènech*** qui abrite un musée consacré à l'architecte (et l'office de tourisme), l'***Ateneu Catenec*** et la ***casa Roura.*** Bref, cette petite ville compte au total une quinzaine d'édifices modernistes : marché couvert, anciennes usines, jusqu'aux monuments funéraires du cimetière... Plan-liste disponible à l'office de tourisme *(riera Gavarra i Buscarons, 1 ; ☎ 937-94-08-98 ; • turismecanet.cat • ; mar-dim 10h-14h, et aussi sam (et ven l'été) 16h-19h ; fermé lun).*

A Media Luz : *c / Ample, 9. ☎ 937-94-37-25. • restaurantamedialuz@gmail.com • En plein centre, à 2 pas de l'office de tourisme. Ouv ts les soirs sauf lun, et aussi midi sam-dim. Résa fortement conseillée le w-e. Menu 22 € ; tapas et plats 3-20 €.* Au rez-de-chaussée d'un drôle d'immeuble néomédiéval. De la couleur aux murs, du mobilier de récup', bref un cadre vintage tendance ! Dans l'assiette, bonne cuisine locale à base de produits frais du cru, dont de belles propositions végétariennes. Un excellent rapport qualité-prix-accueil. Terrasse sur l'arrière.

LE CENTRE DE LA CATALOGNE

VIC

(08500) 41 000 hab.

• Plan *p. 324-325*

Capitale de la région de l'Osona, Vic est située à seulement 70 km de Barcelone. Voici donc une petite ville intéressante, construite autour d'un joli centre historique, et plutôt oubliée des touristes... Vic présente aussi l'avantage d'être plantée au beau milieu de la campagne catalane, que les fanas de vieilles pierres peuvent sillonner à la découverte de villages médiévaux conservés dans leur jus. De même, l'environnement vert immédiat et la proximité du parc naturel de Montseny en font un endroit privilégié pour les amateurs de nature et de randonnées pédestres.

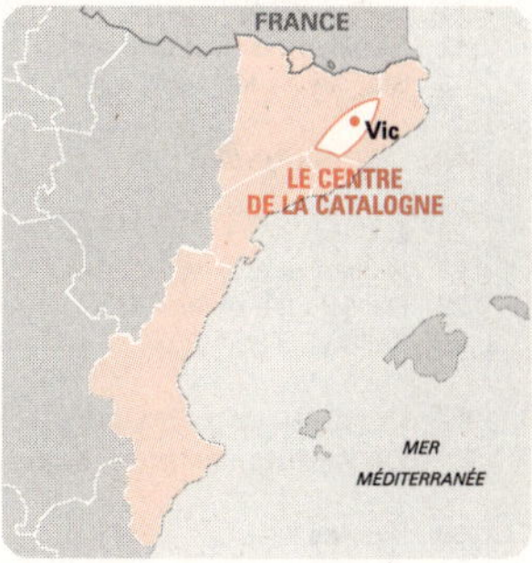

Arriver – Quitter

En train

Estació RENFE *(plan A1-2)* **:** *pl. de l'Estació, 4. ☎ 912-320-320. • renfe.com •*

➢ ***Barcelona*** *(Sants)* **:** min 1 train/h (ttes les 30 mn aux heures de pointe) sur les lignes R2 ou R3, direction ***Puigcerdà.*** Durée : 1h20-1h30. Préférer le bus, plus rapide et plus ponctuel.

En bus

Estació d'autobusos *(plan A1)* **:** *c/ del Pare Gallissà, 4. ☎ 938-89-19-17.* 2 compagnies se partagent les destinations :

■ ***Eix Bus :*** *☎ 972-20-48-68. • teisabus.com •*

➢ ***Girona :*** 4 bus/j. en sem, 2 le w-e, dont certains marquent un arrêt à l'aéroport de Gérone. Durée : env 1h.

➢ ***Lleida*** *(Lérida)* **:** 2-3 bus/j. Durée : 2h30.

■ ***Sagalés :*** *☎ 938-89-25-77 (gare) ou 902-13-00-14 (infos générales). • sagales.com •*

➢ ***Barcelone :*** 1-2 bus/h en sem (moins en août), seulement 3 bus/j. le w-e. Durée : 1h10. À Barcelone, départs et arrivées Gran Vía de les Cortes Catalanes, angle c/ Roger de Llúria.

➢ ***Rupit :*** 2-4 bus/j. Durée : 1h15.

➢ ***Roda de Ter :*** 2-7 bus/j. (sauf dim). Durée : 15 mn.

➢ ***Viladrau :*** 2-4 bus/j. (sauf dim). Durée : 50 mn.

Adresses utiles

i ***Oficina de turisme*** *(plan C2)* **:** *pl. del Pes, s/n. ☎ 938-86-20-91. • victurisme.cat • Lun-ven 10h-14h, 16h-19h (18h oct-mars) ; sam 9h-19h ; dim 10h-14h.* Plan, brochures, infos sur les circuits de randonnée pédestre, etc., sur Vic, ses environs et tout l'Osona. Propose aussi une appli à charger sur les smartphones.

✚ ***Hospital general de Vic*** *(hors plan*

■ Adresses utiles

- i Oficina de turisme (C2)
- 1 Police (hors plan par A1)
- 2 Hospital general de Vic (hors plan par B1)

Où dormir ?

- 10 Alberg Juvenil Canonge Collell (hors plan par A1)
- 11 Estació del Nord (A1)
- 12 Seminari Vic (hors plan par B1)
- 13 Stances Apartaments (C1)

Où manger ?

- 20 El Caliu (B2)
- 22 El Jardinet (C2)
- 23 De Vici - Bar de Vins (C1)
- 25 Cal'U et El Bart (B2)

Où boire un verre ? Où écouter de la musique ?

- 30 Dickens (C2)
- 31 Jazz Cava (C2)
- 32 El Clots dels Romans (C2)

Où acheter du saucisson de Vic ?

- 36 Casa Sendra (A1)

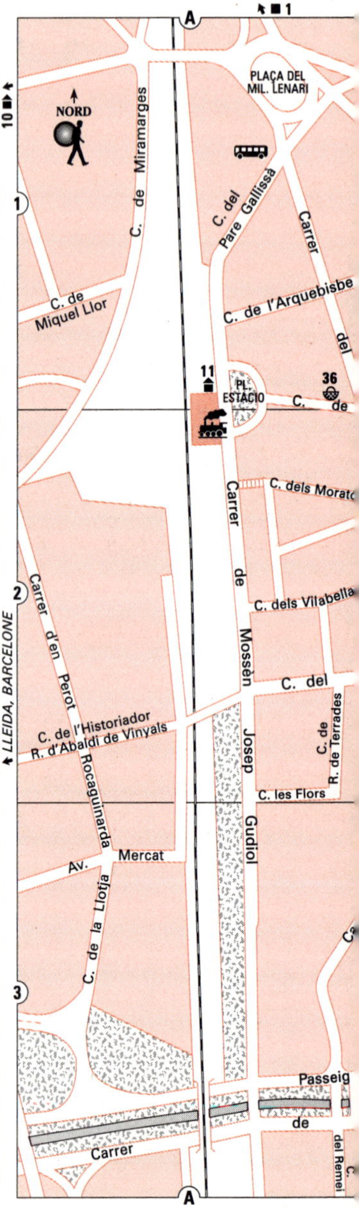

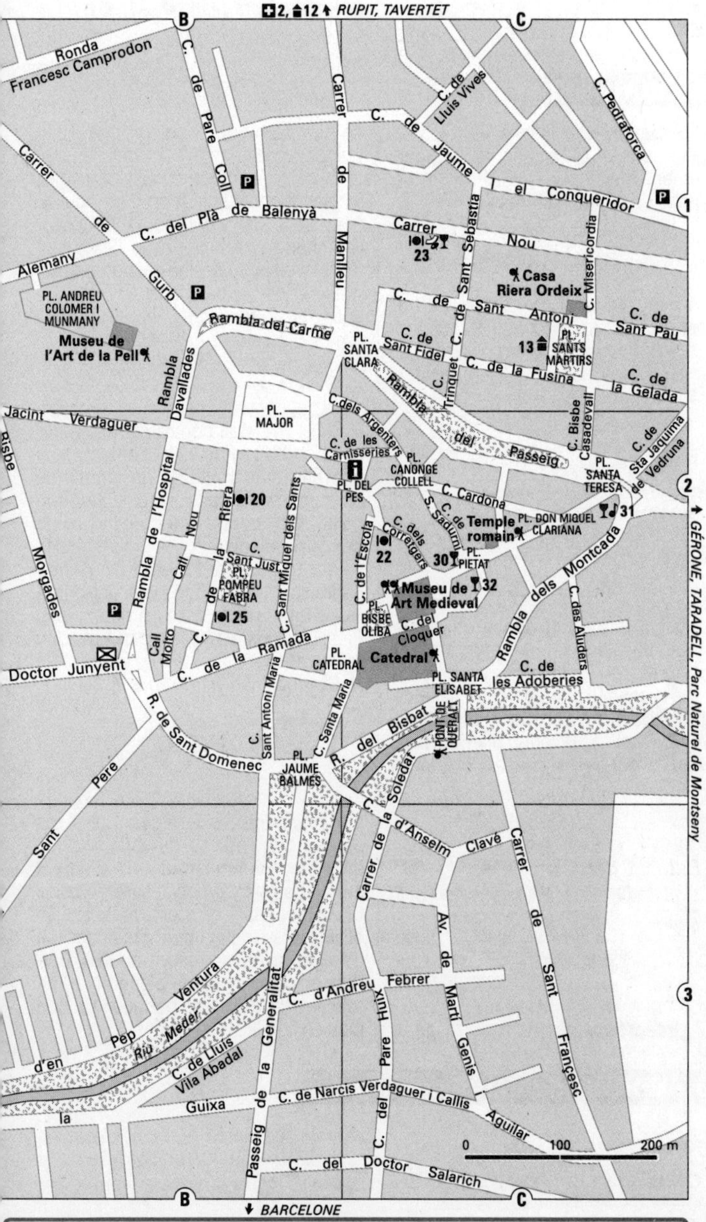

2, 12 RUPIT, TAVERTET
B
C
1
2
3
GÉRONE, TARADELL, Parc Naturel de Montseny
BARCELONE
Ronda Francesc Camprodon
C. de Pare Coll
Carrer de Manlleu
C. de Lluís Vives
C. de Jaume I el Conqueridor
C. Pedraforca
Carrer de Gurb
C. del Plà de Balenyà
Alemany
Carrer Nou
23
C. de Sant Sebastià
C. Misericòrdia
Casa Riera Ordeix
PL. ANDREU COLOMER I MUNMANY
Museu de l'Art de la Pell
C. de Sant Antoni
C. de Sant Pau
Rambla del Carme
PL. SANTA CLARA
C. de Sant Fidel
C. Trinquet
13
PL. SANTS MARTIRS
C. de la Fusina
C. de la Gelada
Rambla Davallades
Jacint Verdaguer
PL. MAJOR
C. dels Argenters
Rambla del Passeig
C. Bisbe Casadevall
C. de Sta Joaquima de Vedruna
Bisbe Morgades
C. de les Carnisseries
PL. CANONGE COLLELL
PL. SANTA TERESA
PL. DEL PES
C. Cardona
C. de S. Sadurní
Temple romain
PL. DON MIQUEL CLARIANA
31
Rambla de l'Hospital
C. Nou
C. de la Riera
20
C. Sant Miquel dels Sants
C. dels Corretgers
C. de l'Escola
22
30
PL. PIETAT
C. Sant Just
PL. POMPEU FABRA
Call
25
Museu de Art Medieval
32
PL. BISBE OLIBA
C. del Cloquer
Rambla dels Montcada
C. des Aluders
Call Moltó
C. de la Ramada
PL. CATEDRAL
Catedral
Doctor Junyent
PL. SANTA ELISABET
C. de les Adoberies
C. Sant Antoni Maria
C. Santa Maria
R. del Bisbat
PONT DE QUERALT
R. de Sant Domenec
PL. JAUME BALMES
Sant Pere
C. de la Soledat
C. d'Anselm Clavé
Carrer de Sant Francesc
Carrer de la Soledat
Av. de Martí Genís i Aguilar
C. d'Andreu Febrer
Ventura
d'en Pep
Riu Meder
C. de Lluís Vila Abadal
Passeig de la Generalitat
C. del Pare Huix
la Guixa
C. de Narcís Verdaguer i Callís
C. del Doctor Salarich
0
100
200 m

VIC

par B1, **2**) : Francesc Pla « El Vigatà ». ☎ 938-89-11-11.

■ **Police** (hors plan par A1, **1**) : c/ del Era d'en Sellés, 10. ☎ 938-85-00-00.

Où dormir ?

La plupart des établissements sont légèrement en périphérie, mais généralement pas à plus de 10-15 mn de marche du centre historique.

Auberge de jeunesse

Alberg juvenil Canonge Collell (hors plan par A1, **10**) : avda Olímpia, 4. ☎ 938-89-49-38. • alberg.vic@gencat.cat • reserves.xanascat@gencat.cat • xanascat.gencat.cat • ♿ À env 15 mn à pied de la gare ; suivre les indications pour se rendre à la faculté ; après l'avoir dépassée et franchi 2 ronds-points, c'est plus loin sur la droite, au coin de la rue, face à une piscine. Congés : 23 déc-7 janv. Résa conseillée. Nuitée 19-20 €/pers selon âge, petit déj inclus. Réduc pour les - de 13 ans sur présentation de ce guide. Bâtiment moderne qui fait à la fois résidence étudiante et AJ. Ensemble assez aseptisé et chambres de 4 lits (superposés) propres et fonctionnelles, toutes avec salle de bains. Billard, TV, ping-pong, zone sportive (basket...), laverie, distributeurs divers... Pour passer une nuit, et basta.

Prix moyens (50-90 €)

Estació del Nord (plan A1, **11**) : pl. del Estació, 4. ☎ 935-16-62-92. • info@estaciodelnord.com • estaciodelnord.com • Réception au 1er étage (ascenseur). Doubles 60-65 €. Pas de petit déj (mais distributeur de boissons chaudes). Parking proche gratuit. Intégré au bâtiment de la gare, ce sympathique hôtel propose une quinzaine de chambres claires dans les tons beige et blanc cassé, agréables et fonctionnelles, le long d'un couloir, avec salle de bains nickel. On pourrait craindre le bruit, mais l'excellent double vitrage ne laisse pas passer grand-chose ! Bon accueil.

Seminari Vic (hors plan par B1, **12**) : ronda Camprodón, 2. ☎ 938-86-15-55. • estades@seminarivic.cat • seminarivic.cat • À 10 mn à pied au nord du centre. Doubles 66-77 €, avec petit déj. Parking 6 €. Joli contraste : un séminaire en brique de 1945 abritant dans une aile une trentaine de chambres ultramodernes, dans les tons gris-chocolat, et d'un excellent confort pour le prix (clim et sanitaires flambant neufs). Certaines peuvent accueillir 3 ou 4 personnes. De plus, bon petit déj-buffet (dans une grande salle un peu froide). Fait aussi *hostel* pour les groupes. Une bonne affaire !

Stances Apartaments (plan C1, **13**) : pl. Màrtirs, 5. ☎ 621-21-89-00. • info@stancesvic.com • stancesvic.com • Pas d'accueil sur place résa impérative. Compter 90-110 € pour 2, jusqu'à 140 € pour 5. Voici 2 beaux appartements aménagés dans les étages d'un édifice du XVIIe s (donc sans ascenseur) : tout l'équipement est moderne (cuisines et salle de bains bien équipées !), et pour le reste ancien et récent se mêlent plutôt bien dans la déco et préserve l'esprit du lieu. Balconnet donnant sur la place et, sur le toit, une terrasse à se partager. Un bon plan en famille.

Où dormir dans les environs ?

Camping

Càmping La Vall (hors plan par C2) : camí de la Vallmitjana, 08552 **Taradell**. ☎ 938-12-63-36. • lavallpark@campinglavallpark.cat • campinglavall.com • ♿ À env 8 km au sud de Vic ; direction Gérone, puis à droite vers Taradell ; liaisons régulières en bus à partir de la gare routière (arrêt à 15-20 mn à pied du camping). Réception fermée 14h-16h. Congés : 15 déc-6 janv. En été, env 31 € pour 2 pers avec tente et voiture. Bungalows 2-6 pers 111-171 € selon capacité en été (2 nuits min en hte saison). Un agréable camping assez ombragé, situé dans une vallée verdoyante, au pied de la sierra de Vallmitjana et à côté d'un étang. Sanitaires nickel. Plusieurs jolis bungalows en bois, équipés de salle de bains, cuisine, TV et terrasse. Piscine, supermarché, bar-resto, laverie, jeux pour enfants, tennis, terrain de basket, etc. Bon rapport qualité-prix.

Chic (90-150 €)

Mas Pratsevall *(hors plan par C2)* **:** *08552* ***Taradell.*** *618-73-03-28. • info@maspratsevall.com • maspratsevall.com • À env 8 km au sud de Vic. Gîtes 2-4 pers 125-145 €/nuit (750-850 €/sem) selon saison. Réduc de 10 % sur les doubles sur présentation de ce guide.* Attenants à la charmante maison des gentils proprios, à la lisière d'une petite forêt, 3 beaux gîtes (pour 2 à 6 personnes) impeccables et très bien équipés : salle de bains, cuisine, et 2 ou 3 chambres. Si 2 d'entre eux sont résolument rustiques avec leurs vieux meubles catalans, le 3e, plus récent, arbore une touche design séduisante.

LA CATALOGNE

Où manger ?

De bon marché à prix moyens (10-30 €)

El Caliu *(plan B2,* ***20****)* **:** *c/ de la Riera, 13. ☎ 938-89-52-71. • elcaliuvic@gmail.com • Tlj sauf lun 13h-15h30, 20h30-23h30. Menu midi 13,50 € ; carte env 20 €.* Un petit resto familial et très accueillant qui propose une bonne cuisine catalane, réalisée avec les produits frais du cru, en portions copieuses. Spécialité de grillades, viandes absolument délicieuses. Un très bon rapport qualité-prix.

El Bart *(plan B2,* ***25****)* **:** *c/ de la Riera, 25. ☎ 938-86-02-76. Mer-dim midi et soir. Fermé lun-mar. Plats et raciones 5-20 €.* Ambiance bohème et animée dans ce resto. On y mange pour pas cher et pas mal du tout une petite cuisine catalane avec des inspirations d'ailleurs.

El Jardinet *(plan C2,* ***22****)* **:** *c/ Corretgers, 8. ☎ 938-86-28-77. Mar-dim 13h-15h30, plus ven-sam 20h30-23h. Menus 18 € le midi, 32 € le soir ; carte env 35 €.* Ouvert depuis 1980, tout le monde le connaît à Vic. Salle avec quelques peintures, prolongée d'une petite terrasse. On y est bien accueilli, et la cuisine catalane est savoureuse. Service bien rodé.

Plus chic (min 30 €)

Cal'U *(plan B2,* ***25****)* **:** *c/ de la Riera, 25. ☎ 938-89-03-45. • info@restaurantcalu.com • Mer-dim 13h-15h30, plus ven-sam 20h30-22h30. Congés : 2 sem en janv et 2 sem en août. Menus 21-30 € ; carte 30-40 €.* Dans une demeure ancienne, on monte d'abord un escalier majestueux dominé par un lustre moderne géant. Le resto est au 1er étage, réparti sur plusieurs salles aux murs peints de fresques magnifiques... Dans l'assiette, on oscille entre tradition et modernité avec des plats succulents et joliment présentés.

De Vici – Bar de Vins *(plan C1,* ***23****)* **:** *c/ Nou, 16. ☎ 938-13-46-23. • devici@devici.cat • Mar-sam 12h-16h, 19h- minuit. Tapas et plats 5-20 €, repas 28-35 €.* Dans une enfilade de belles salles de brique voûtées le long d'une cuisine ouverte, l'endroit porte bien son nom : des vins et encore des vins, natures ou en biodynamie pour la plupart, et de petits plats (min 2 par personne pour manger vraiment) assez sophistiqués, qui s'appuient toujours sur les traditions du coin. Accueil un peu guindé mais c'est vraiment délicieux.

Où boire un verre ? Où écouter de la musique ?

El Clots dels Romans *(pan C2,* ***32****)* **:** *pl. Montrodon, 2. 608-22-61-94. Tlj 11h-1h (2h sam) ; en hiver, fermé mar, et ouv seulement à* *partir de 17h.* On est loin de la *vermuteria* de papa : ambiance rock version chic et cocktails, serrés autour du bar et de ses guéridons ou sur les quelques tables (prisées !) en terrasse. Ambiance virevoltante jusqu'à tard.

Dickens *(plan C2, **30**) : pl. de la Pietat, 6. • dickensvic@gmail.com • Tlj sauf lun, dès 18h.* Le pub anglais de Vic, décoré de gravures dédiées au grand écrivain. Près de 50 bières de 15 pays différents à la carte.

Jazz Cava *(plan C2, **31**) : rambla dels Montcada, 5. • info@jazzcava.com • Mer-dim, dès 18h. Fermé lun-mar (plus mer hors saison). Concerts le soir (en général gratuits) ven-dim.* Une grande salle voûtée en pierre, où des groupes de musicos mettent le feu en soirée. Et même en journée, sur la terrasse, le week-end en été !

Où acheter du saucisson de Vic ?

Vic produit d'exquis saucissons, notamment le *Casa Riera Ordeix* et le *Sendra.*

Casa Sendra *(plan A1, **36**) : c/ Jacint Verdaguer, 28. ☎ 938-85-59-65. • comercial1@casasendradevic.com • casasendradevic.com • Lun-ven 9h-13h, 15h-19h. Fermé w-e.* C'est dans cette boutique, aux allures de bijouterie, que vous trouverez le *Sendra,* la Rolls des saucissons de Vic.

À voir. À faire

Les amoureux d'architecture vont s'en donner à cœur joie ! Un itinéraire en boucle, la ***route du centre historique,*** est fléché à partir de la jolie plaça Major, pour sillonner à pied les ruelles étroites à la découverte des principaux points d'intérêt (plan et audioguide à l'office de tourisme). On découvre notamment : la ***catedral*** *(plan C2 ; tlj 10h-13h, 16h-19h),* de style assez hétéroclite, où les fresques de Josep Maria Sert (artiste catalan du XIXe s) couvrent quelque 2 000 m^2 ; le ***temple romain*** *(plan C2),* datant du IIe s apr. J.-C. : on ignora longtemps son existence, car il était intégré à l'architecture du château des Montcada ; ou encore le ***pont de Queralt*** *(plan C2),* construit au XIe s sur le chemin de Barcelone, au pied des remparts...

Museu de Art medieval *(musée d'Art médiéval ; plan C2)* **:** *pl. Bisbe Oliba, 3. ☎ 938-86-93-60. • museuepiscopalvic.com • Avr-sept, mar-ven 10h-19h ; oct-mars, 10h-13h, 15h-18h ; et tte l'année, sam 10h-19h, dim et fêtes 10h-14h. Fermé lun, 1er et 6 janv, lundi de Pâques et 25-26 déc. Entrée : 8,50 € ; réduc ; gratuit - de 10 ans et pour tous le 1er jeu du mois.* Dans un bâtiment moderne au cœur du quartier historique et juste à côté de la cathédrale, cet étonnant musée présente de magnifiques sculptures et peintures romanes et gothiques de Catalogne. Voir notamment, dans la 1re salle, la *Descente de croix* du XIIe s, peut-être l'ensemble sculptural roman en bois le mieux conservé au monde. Également de très belles collections d'orfèvrerie, de fer forgé, de cuir, de textile, de verrerie et de céramique, offrant un panorama complet de l'histoire de l'art religieux et des arts décoratifs catalans. N'oublions pas enfin la petite section archéologique présentant vestiges préhistoriques, beaux objets antiques et des éléments d'architecture médiévale... Un musée qui n'intéressera pas que les passionnés.

Museu de l'Art de la Pell *(musée du Cuir ; plan B1)* **:** *c/ Arquebisbe Alemany, 5. ☎ 938-83-32-79. • museuartpell.vic.cat • Mar-ven 10h-13h, 16h-19h ; w-e et j. fériés 11h-14h (et 16h-19h sam). Fermé certains j. fériés. Entrée : 3,50 € ; réduc ; gratuit - de 10 ans et pour tous le 18 mai, le 5 juil et le 1er jeu du mois.* Belle collection d'objets en cuir du monde entier : fauteuils, coffres et bahuts catalans, mais aussi gourde hollandaise, carquois turc, statuettes égyptiennes, gants de boxe péruviens et même lyre camerounaise !

Casa Riera Ordeix (plan C1) : *pl. Màrtirs, 14. ☎ 938-89-30-34. • info@casarieraordeix.com • casarieraordeix.com • Visite guidée lun-ven sur rdv par tél ou mail : 15 €/pers pour 1h-1h30 de visite, avec une petite dégustation.* Derrière cette façade anonyme se cache en fait l'un des séchoirs de saucissons de la maison Riera Ordeix. Assez spectaculaire, surtout en octobre, lorsque le séchoir est rempli ! Et on ne goûte plus un *salchichón* ou un *fuet* de la même papille après.

Marchés et fêtes

– **Marchés :** *mar mat et sam mat sur la pl. Major (plan B1-2) et la rambla del Passeig (plan C1-2), essentiellement vestimentaires. Dim sur le passeig de la Generalitat. Toujours sur la pl. Major, marché de peintures et dessins le 2e sam du mois ; et un marché aux antiquités, très réputé dans la région, le 1er sam du mois pl. dels Sants Màrtirs (plan C1).*
– **Mercat del Ram** (Marché des Rameaux) : *ven-dim des Rameaux.* L'une des plus grandes foires agricoles et d'élevage de Catalogne.
– **Festival de musique de Cantonigròs :** *4 j. mi-juil.* Musique, chant choral, mais aussi danses traditionnelles du monde entier.
– **Mercat de Música viva :** *4 j. mi-sept. • mmvv.cat •* Un festival hétéroclite, où les producteurs de spectacles viennent faire leur marché.
– **Mercat medieval :** *6-9 déc.* Reconstitution de tavernes, échoppes et ateliers artisanaux médiévaux.

DANS LES ENVIRONS DE VIC

MANLLEU (08560 ; 18 000 hab.)

À 13 km au nord de Vic, cette petite ville un peu endormie fut un important nœud industriel durant tout le XIXe s grâce à la rivière qui la traverse, la Ter, force motrice indispensable avant la généralisation de l'électricité. Aujourd'hui, les berges, aménagées, permettent surtout de belles balades, mais un musée intéressant raconte toute l'histoire de la pré-industrialisation de la région :

Museu del Ter : *pl. de les Dones del Ter, 1 ; au bord de la Ter, à droite à l'entrée de la ville en venant de Vic. ☎ 938-51-51-76. • museudelter.cat • L'accueil du musée est également l'office de tourisme. En été, mar-ven 11h-14h, 17h-20h ; w-e 10h-14h. De mi-sept à juin, mar-dim 10h-14h. Entrée : 4 € ; réduc ; gratuit - de 18 ans.* Sur 2 étages et à travers de multiples machines bien conservées, toute l'histoire de la production de la laine dans la région, avec le cardage, le nettoyage, le filage... Et aussi toutes les activités annexes (inventions et améliorations de nouvelles machines, etc.) qui en découlèrent au XIXe s et jusqu'au début du XXe s. On voit aussi 2 antiques génératrices hydroliques, en action à certaines heures. Tout l'aspect social est bien mis en perspective aussi, de même que la pollution des cours d'eau.

TAVERTET (08511 ; 152 hab.)

À 30 km au nord-est de Vic, perché sur un plateau calcaire, l'un de ces petits villages endormis au bout d'une route sinueuse et étroite qui mérite une escapade (peu desservi par les bus, dommage). Sa petite église Sant Cristofol sur la place plantée d'arbres fruitiers, où l'on papote à l'ombre, et son superbe point de vue sur la vallée en font un hameau quelque peu touristique mais moins que Rupit. D'ailleurs la plupart des restos et des hébergements ne sont ouverts que le w-e durant l'année (et encore, sur réservation !), et le tout ne s'anime vraiment qu'en juillet-août (réservations tout aussi indispensables). Randonnées pédestres possibles le long des falaises.

Où dormir ? Où manger ?

Casa rural El Jufré : *c/ Bisbe Galzeran Sacosta, 1. ☎ 938-56-51-67. 606-56-67-33. • eljufre@gmail.com • eljufre.com • À l'entrée du village et juste à côté de l'église. Congés : 22 déc-10 janv. Double avec sdb env 60 €, petit déj inclus ; env 90 € en ½ pens ; moins cher à partir de 2 nuits.* Dans cette maison du XIIe s parfaitement rénovée, l'accueillante patronne propose plusieurs chambres nickel, et aménagées jusque dans l'ancien grenier à blé. Chaleureuse salle à manger et, cerise sur le gâteau, terrasses avec une vue panoramique saisissante sur la verdoyante sierra de Montseny. Une bien bonne adresse pour faire une pause tranquille.

Hostal Can Nogué : *camí del Mig, 2. ☎ 938-56-52-51. • roomshostal@gmail.com • hostalcannogue.com • À l'entrée du village. Hors juil-sept, ouv seulement s'il y a des résas. Double 96 € en ½ pens (obligatoire). Carte env 25 € (vin et dessert inclus).* Une adresse mignonne, où l'on trouve des chambres coquettes et champêtres, avec petits rideaux et vases remplis de fleurs séchées. Certaines ont un petit balcon. Resto au rez-de-chaussée, de bonne réputation, proposant une cuisine catalane traditionnelle de l'arrière-pays. Prêt de vélos. Bon accueil.

Can Miguel : *passatge Les Fonts, 4. ☎ 938-56-50-83. tlj sauf mar. Menu 13,50 € (15,50 € en terrasse) ; plats 8-12 € ; entrepans copieux max 5 €.* Avec sa petite terrasse ombragée de bord de route et sa salle dans son jus, le *Can Miguel* est le resto du village ouvert toute l'année : il dépanne aussi en épicerie et en fromage du cru. Cuisine traditionnelle à prix juste, et des *bocadillos* largement garnis (aussi à emporter). Accueil gentil.

RUPIT *(08569 ; 345 hab.)*

Cerné par les buis et les chênes verts, traversé par un cours d'eau glougloutant, un magnifique village tout en pierre, classé Monument historique, qui compte aussi pas mal d'artisans. Ne ratez pas la maison particulièrement typique sur la droite de l'église, avec les 2 balcons en bois...

– *Conseil :* pour mieux apprécier le village, évitez d'y aller le week-end et pendant les vacances scolaires. Cela dit, la plupart des établissements n'ouvrent que du jeudi au lundi, sauf entre mi-juillet et mi-août, la pleine saison.

Infos utiles

Point d'info à l'entrée du village, au niveau du parking, ouv le w-e.

Arrêt des bus : *sur le parking (payant et obligatoire) à l'entrée du village.*

➢ **Vic :** 3 bus/j. en sem et 2 le w-e avec la compagnie *Sagalés (☎ 938-89-25-77 ou 902-13-00-14 ; • sagales.com •).* Durée : 1h20.

Où dormir ? Où manger ?

Càmping Rupit : *ctra Vic-Olot, km 31,5. ☎ 938-52-21-53. • info@rupit.com • senia.es • Sur la C-153 entre Vic et Olot, dépasser le village par la route qui le surplombe. Congés : nov-Pâques. Compter 30-60 € pour 2 pers avec tente et voiture selon saison. Coco-tente avec minicuisine 100-140 €. Bungalows 4-6 pers 49-140 €. Wifi à l'accueil seulement.* Un petit camping de 46 parcelles offrant de bonnes possibilités de planter sa tente à l'ombre de la végétation dense qui enrobe la colline, mélange de chênes et de fruitiers. Sanitaires nickel. Les bungalows en bois ont salle de bains, cuisine, TV, terrasse... Piscine, terrain de basket et table de ping-pong. Bar-resto (bon marché). Accueil aimable.

Mas La Serra: *Rupit i Pruit. 648-77-81-28. • info@maslaserra.com • maslaserra.com • Sur la route d'Olot, 2-3 km après la bifurcation pour Rupit, prendre un chemin sur la gauche (panneau) et continuer sur 3,5 km. Doubles 85-95 €, petit déj inclus. Dîner pour les hôtes 20 €.* Dans un grand mas du XIVe s joliment restauré, une grosse poignée de chambres rustiques et impeccables, réalisées dans de beaux matériaux et pourvues d'une excellente literie. Haut plafond et poutres, coin canapés autour d'une grande cheminée. Petit bar en libre-service. Le tout tenu par la pétillante Élisabeth. Piscine.

Hostal Estrella : *pl. Bisbe Font, 1. 938-52-20-05. • hostalestrella@hostalestrella.com • hostalestrella.com • Résa conseillée en hte saison et le w-e. Congés : 3 sem en janv. Doubles 140-165 €, petit déj inclus. Menus 24-33 €. ½ pens possible.* Une auberge chic et charme au cœur du village, véritable nid douillet pour escapade en amoureux... ou halte réparatrice du randonneur. Côté vallée ou côté cour, les chambres, aux murs de pierre, sont coquettes et équipées d'une belle salle de bains. Celles du 4e étage, dans les combles (les standard), jouissent d'une jolie vue mais sont un peu plus datées, et quelques supérieures ont droit à un balcon. Sympathique resto au rez-de-chaussée, prolongé d'une terrasse sur la rivière, où Luis travaille essentiellement les produits locaux (il s'en fait une fierté !). Quant à l'accueil chaleureux, c'est à Suzana qu'on le doit.

Fonda Marsal : *c/ Manyà, 3. 938-52-20-86. • info@fondamarsal.cat • fondamarsal.cat • Au cœur du village, presque à côté de l'*Hostal Estrella. *Fermé mar soir et mer hors saison. Menus 15-17 € (midi et soir) ; carte env 15 €.* Un resto familial ouvert depuis 1930, où l'on entend toujours sonner la vieille horloge. On n'y vient pas pour le cadre, désuet, mais pour la bonne et copieuse cuisine *casera* (maison), proposée à prix d'ami ! Accueil sans chichis, service attentif et atmosphère authentique.

LA CATALOGNE

À voir. À faire

***Salt de Sallent* :** pour jouir d'un splendide panorama sur la campagne, les falaises et, quand elles sont alimentées, les chutes d'eau. En voiture, en arrivant à Rupit, prendre à droite au niveau du parking et continuer pendant environ 3 km sur une route parfois cabossée ; à la fourche, prendre à gauche (l'autre menant à la mignonne chapelle Sant Joan de Fàbregues, du XIe s – généralement fermée) puis, juste à la fin du grand virage, tourner à gauche encore et se garer sur le parking de fortune. De là, descente par une piste en pente douce environ 15 mn jusqu'au salt de Sallent. Au printemps, vous en aurez pour votre compte ; en été, c'est presque à sec ! Un sentier pédestre dallé part également de Rupit, à gauche juste après l'église. Prévoir environ 1h A/R.

– ***Piscine municipale* :** *prendre la route à droite au niveau du parking ; c'est tt de suite à gauche. Tlj en été 11h-19h.* Belle piscine en plein air dont le bleu azur tranche au cœur de ce village de pierres sèches.

PANTA DE SAU

Dominant un lac de barrage, au bout d'une bande de terre, l'***ancien monastère bénédictin de Sant Pere de Casserres*** est considéré comme l'une des œuvres les plus séduisantes de l'art roman religieux catalan (lire plus loin

« À voir. À faire »). Belles balades pour découvrir les environs, à travers des paysages contrastés de forêts, ravins ou plaines, et parsemés de villages mignons comme tout. En 1962, la construction du barrage changea l'aspect d'une partie de la vallée. Le petit village de Sant Romà de Sau s'est vu recouvert par les eaux, sauf le clocher de son église, qui émerge encore du lac quand le niveau baisse (ce qui est régulièrement le cas en été). On le distingue un peu depuis le *Parador.* Pas de bus pour explorer le coin.

Où dormir ? Où manger dans le coin ?

Restaurante Fussimanya : *ctra Parador, km 7. ☎ 938-12-21-88. • info@fussimanya.cat • Sur la route du Parador, après Tavèrnoles en venant de Vic, prendre à gauche au panneau et continuer sur 2 bons km. Tlj sauf dim 9h (8h w-e et j. fériés)-17h. Menu midi 23 € ; plats 8-17 €.* Ce resto, très fréquenté par les gens du coin, sert une très bonne et copieuse cuisine traditionnelle. Déco rustique et fenêtres ouvertes sur la nature environnante. L'un des meilleurs choix par ici.

Parador de Vic-Sau : *paraje el Bac de Sau. ☎ 938-12-23-23. • vic@parador.es • parador.es • Sur la route du monastère Sant Pere de Casserres. Doubles 120-200 € selon saison, petit déj-buffet inclus.* Une grosse bâtisse en pierre dominant le lac et (la pointe de) son clocher émergeant des eaux. Beau lobby éclairé par une verrière multicolore, et puis de très belles chambres tout confort (quoique pas toujours assez insonorisées), avec parquet et mobilier en bois clair, et, pour les plus chères, vue sur le lac. Resto, piscine (en été), et possibilité de randonnées pédestres dans la nature sauvage environnante.

À voir. À faire

Monestir Sant Pere de Casserres : *situé 3 km après le Parador, par une petite route sur la gauche (fléché). ☎ 937-44-71-18. • santperedecasserres.cat • Tlj sauf lun 10h-19h30 (17h30 oct-mai) ; dernière entrée 30 mn avt fermeture. Fermé 1er janv, 6-31 janv et 25-26 déc. Entrée : 5 € ; réduc ; gratuit - de 7 ans. Demander le feuillet en français au guichet. Un sentier de 5-10 mn mène de l'accueil au monastère.* Sant Pere de Casserres est l'un de ces monastères fondés au tournant du Xe s (voir plus loin « La ruta del Cister : le triangle cistercien » dans « La Costa Daurada et Tarragone »). ***Parmi les plus intéressants et les plus pittoresques de la région.*** D'abord, le site en jette, tout au bout d'une péninsule de terre verdoyante, surplombant une nonchalante courbe de la rivière... Indépendant au moment de sa construction, il fut rattaché à l'abbaye de Cluny en 1079, et son cloître, édifié au XIe s, aujourd'hui fleuri de géraniums, s'avère le plus ancien de Catalogne. Il distribue le dortoir, la cuisine (aussi l'une des plus anciennes de Catalogne) et le réfectoire. Accolée à l'ensemble, l'église, de belles dimensions, moins restaurée que le reste du site. On peut aussi monter dans la salle du prieur, juste au-dessus du cellier. Et une dépendance avec petit audiovisuel (sous-titré).

Resto sur place *(13h-17h, menu min 12,50 € – 20 € le w-e –, repas 15-25 € ; aussi des bocadillos),* à l'entrée.

➢ Pour les amateurs de ***randonnée pédestre,*** le chemin PR-C 40 part de la cathédrale de Vic et vous conduit au monastère en 20 km environ, soit 4h30 de marche. Problème (si une voiture ne vous attend pas au monastère) : il faut revenir par le même chemin (re-4h30 de marche...). Si cela vous tente malgré tout, demandez l'itinéraire détaillé à l'office de tourisme de Vic.

PARC NATURAL DE MONTSENY

Déclaré « Parc naturel » et « Réserve de la biosphère » par l'Unesco, le massif montagneux de la sierra de Montseny s'étend sur plus de 30 000 ha de paysages boisés, qui alternent entre hauts plateaux, falaises, plaines herbeuses, ravins escarpés, rivières et torrents. Au détour des routes sinueuses et autres chemins en lacet, on découvre aussi de petites églises romanes paumées et quelques jolis microvillages... Enfin, les fanas de randonnée pédestre trouvent ici une foule de sentiers, dont les GR 5 et GR 2 qui traversent le parc.
On suggère de commencer la visite par Viladrau, village situé à proximité de Vic et des axes routiers, où l'on trouve toutes les commodités.

Adresses et info utiles

ℹ Outre le centre d'interprétation de Viladrau (voir ci-après), on trouve des ***centres d'info dans le parc*** : *à* ***Can Casades.*** *☎ 938-47-51-13. • p.montseny.casades@diba.cat • ; tlj 10h-15h. Également un 2e bureau à* ***Santa Fé,*** *dans la partie sud du parc. Ou bien encore à la* ***Masia Mariona (Fontmartina).*** *☎ 938-47-51-02. • p.montseny.patxot@diba.cat • Tlj 10h-14h, 15h-17h.* Dépliant en français avec plan du parc et infos sur celui-ci, notamment les sentiers de randonnée. Vente de topoguides.
- ***Site internet du parc :*** *• parcs.diba.cat/web/montseny •*

VILADRAU *(17406 ; 1 000 hab.)*

Ce village coquet et quelque peu bourgeois est surtout un lieu de villégiature pour personnes âgées, été comme hiver. C'est aussi notre porte d'entrée dans le parc naturel et le point de départ de plusieurs randonnées pédestres.

Arriver – Quitter

En bus

➢ ***Vic :*** 2-4 bus/j. dans les 2 sens avec *Sagalés (☎ 938-89-25-77 ou 902-13-00-14 ; • sagales.com •).* Durée : 45 mn.

En voiture

➢ ***Vic :*** emprunter la C-25.
➢ ***Barcelona :*** prendre la C-17 jusqu'à Vic, puis la C-25.

Adresse et info utiles

■ ***Espai Montseny :*** *c/ Migdia, 1. ☎ 938-84-80-35. • viladrau.cat • viladrauturisme.cat • En venant de Vic, sur la gauche (panneau). Juin-sept, tlj sauf lun 9h-14h, 16h-19h ; oct-mai, mar-ven 10h-14h, w-e 9h-14h et 16h-18h. Fermé janv en sem et 25-26 déc. Entrée : 3,50 € ; réduc.* C'est le centre d'interprétation du parc naturel. Prenez-y le dépliant gratuit en français et les cartes. On peut aussi y voir, outre une petite expo, 2 films (accès payant et un peu cher), l'un sur le parc et ses légendes, l'autre, plus historique, sur les... sorcières du coin, particulièrement malmenées durant l'Inquisition. Également toutes les infos sur les nombreuses randos, vente des topoguides.
- **Station-service** dans le petit village de Montseny.

Où dormir ? Où manger ?

Hostal Bofill : *c/ Sant Marçal, 2. ☎ 938-84-90-12. • hotelbofill@gmail.com • hotelbofill.blogspot.com • Juste après la pl. Major, sur la droite. Hôtel ouv seulement le w-e d'oct à mi-déc, resto tte l'année. Double 60 €, petit déj inclus. Menu midi 10 €.* On le repère facilement, c'est la grosse maison en pierre qui ne manque pas d'allure. L'intérieur, plus que centenaire, est resté dans son jus, rustique et un peu vieillot, y compris les chambres, dotées de petites salles de bains. Vue sur le village ou la campagne, au choix. Bar, avec menu pas cher le midi. Bon accueil.

El Molí de la Barita : *ctra Viladrau-Vic, km 4. ☎ 938-84-91-62. • info@elmolidelabarita.cat • À 4 km de Viladrau sur la route de Vic, non loin d'une station-service. Jeu-dim 13h-16h, plus ven 20h-23h. Congés : 20 déc-20 janv. Menu du jour 19 € ; repas env 25 €.* Une maison blanche en bord de route abritant une salle tout en rondins avec cheminée au milieu. On y déguste une cuisine catalane du terroir : truite fraîche du vivier, poulet fermier, chevreau, etc., sans oublier les desserts maison pour conclure. Un excellent rapport qualité-prix.

À voir. À faire dans le parc naturel

➢ **La grande boucle :** à faire en voiture (ou à vélo pour les amateurs aguerris) à partir de Viladrau. Compter environ 60 km, et 1h30-2h sans compter les arrêts. Il s'agit d'une petite route qui serpente à flanc de montagne, en surplomb des vallées verdoyantes, et qui livre des paysages sauvages et magnifiques (elle peut être assez fréquentée en été et certains w-e ; prudence !).

Partant de Viladrau, prendre la GI-543 en direction d'Arbúcies, puis tourner à droite sur la GIV-5201 pour rejoindre ***Sant Marçal*** et son monastère du Xe s *(ne se visite pas, celui-là, mais petit resto sur place dans un cadre superbe - ouv seulement midi, menu env 16 €).* Magnifique point de vue sur une nature superbe. Continuer sur cette même route jusqu'à ***Can Casades,*** où se trouve l'un des centres d'info du parc naturel (voir plus haut), et 400 m plus loin bifurquer sur la droite direction le ***Turo de l'Home, puis à 3 km environ à nouveau à droite,*** *ça grimpe vers ce* point culminant de la région à 1 707 m : route pas vraiment carrossable, laisser la voiture et grimper. Le panorama est vraiment très beau !

Puis, poursuivre à droite vers ***Fontmartina,*** où l'on trouve et de quoi dormir (campings et gîtes). On rejoint ensuite à droite puis à gauche la route BV-5301, le petit village de ***Montseny*** et son église romane ; l'occasion d'une pause déjeuner. Dans les environs proches, également plusieurs hôtels et gîtes perdus dans la montagne pour passer la nuit. Poursuivre alors vers ***Collfornic,*** un col assez spectaculaire, point de passage du sentier de randonnée GR 5-2 qui rejoint notamment (en 3h30 aller-retour) le ***sommet de Matagalls*** (1 697 m)... Toujours depuis Collfornic, on gagne par la route ***El Brull,*** un micro-village avec son église en pierre rose. De là, possibilité de rejoindre le site archéologique des fortifications ibères de ***Montgros*** (4 km) et d'admirer, un peu plus loin (6 km), de curieux dolmens par une piste généralement carrossable, ou sinon à pied...

De retour à El Brull, continuer jusqu'à ***Seva,*** et tourner à droite sur la route BV-303 pour retrouver finalement Viladrau.

Dans la partie sud-ouest du parc, le curieux ***lac de Vallforners,*** accessible à pied (4 km) depuis le village de Cànoves, est vraiment très beau ; tout comme le ***castell de Montsoriu*** (2h de marche), au sud-est, que l'on rejoint par la route GI-552 via Arbúcies.

LA COSTA DAURADA ET TARRAGONE

TARRAGONA (TARRAGONE) (43000) 135 500 hab.

• Plan p. *336-337*

Perchée sur une colline en bord de mer, *Tarraco* fut l'une des cités romaines les plus importantes de la péninsule Ibérique. Sans pour autant arborer le visage d'une ville-musée, son centre distille le charme hérité d'une histoire prospère, avec ses ruines romaines classées au Patrimoine mondial par l'Unesco, ses murailles médiévales, ses églises et ses demeures de maître. Depuis toujours tournée vers la mer, Tarragone est la capitale de la Costa Daurada, l'un des principaux ports de Catalogne et un centre industriel actif. Si la ville moderne n'incite pas au rêve, ses docks réhabilités en font un lieu de promenade apprécié. Quelques belles plages à proximité pour les les amateurs.

GARÇON, UNE TARRAGONE !

La Chartreuse, liqueur à la composition tenue secrète depuis 1757, porte le nom du monastère de l'Isère où elle a été inventée. Mais, expulsés de France en 1903, les moines avaient installé leur principale distillerie à Tarragone jusqu'en 1989. Ce qui explique que, de bar en épicerie, on trouve aujourd'hui partout en ville des bouteilles de cette Chartreuse que, dans la France des années 1930, on appelait la Tarragone !

Arriver – Quitter

En train

Estació RENFE *(plan C3, 8)* **:** *passeig de Espanya, s/n.* ☎ *912-320-320.* • *renfe.com* • *rodalies.gencat.cat* • *Au pied de la vieille ville.*

➢ ***Barcelona*** *(30 mn-1h)* **:** trains ttes les 20-30 mn dans les 2 sens, 5h30-21h30 (5h51-23h01 depuis Tarragona).

➢ ***Valencia*** *(2h35-5h)* **:** env 11 trains/j., dès 7h32 et jusqu'à 20h32 ; mieux vaut partir de la *estació Camp de Tarragona.*

➢ ***PortAventura World*** *(11 mn)* **:** env 5 trains directs/j. dans les 2 sens, 6h37-21h48.

➢ ***Tortosa*** *(1h10)* ***via les stations balnéaires de la Costa Daurada*** **:** env 11 trains/j. (ligne Tarragona-Tortosa) de 7h15 à 22h20. Arrêts à ***Salou, Cambrils*** et ***L'Ampolla.***

➢ ***Lleida*** *(Lérida ; env 1h50)* **:** 3-4 trains/j. dans les 2 sens, dans l'ap-m, via notamment ***Montblanc, L'Espluga de Francolí*** et ***Vimbodí.*** Plus de liaisons plus rapides depuis Camp de Tarragona.

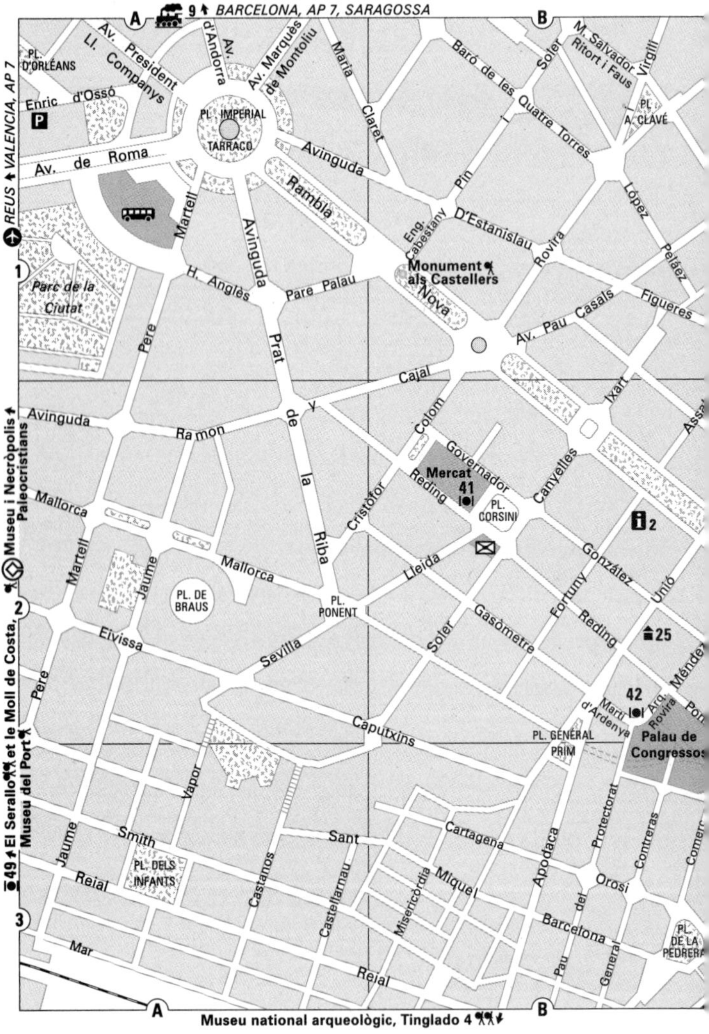

■ Adresses utiles	⛺ Où dormir ?
1 Oficinas municipales de turismo (D1 et C2)	20 Torre de la Mora (hors plan par D2)
2 Oficina de turismo de Catalunya (B2)	21 Tamarit Beach Resort (hors plan par D2)
7 Hospital Sant Pau i Santa Tecla (C2)	22 Hostal Noria (C2)
8 Estació RENFE (C3)	23 Hostal Forum (C2)
9 Estació Camp de Tarragona – RENFE (hors plan par A1)	24 Hotel Plaça de la Font (C2)
	25 Tarragona Hostel (B2)
	27 Hotel Lauria (C2)
	28 Hostal 977 (C1)

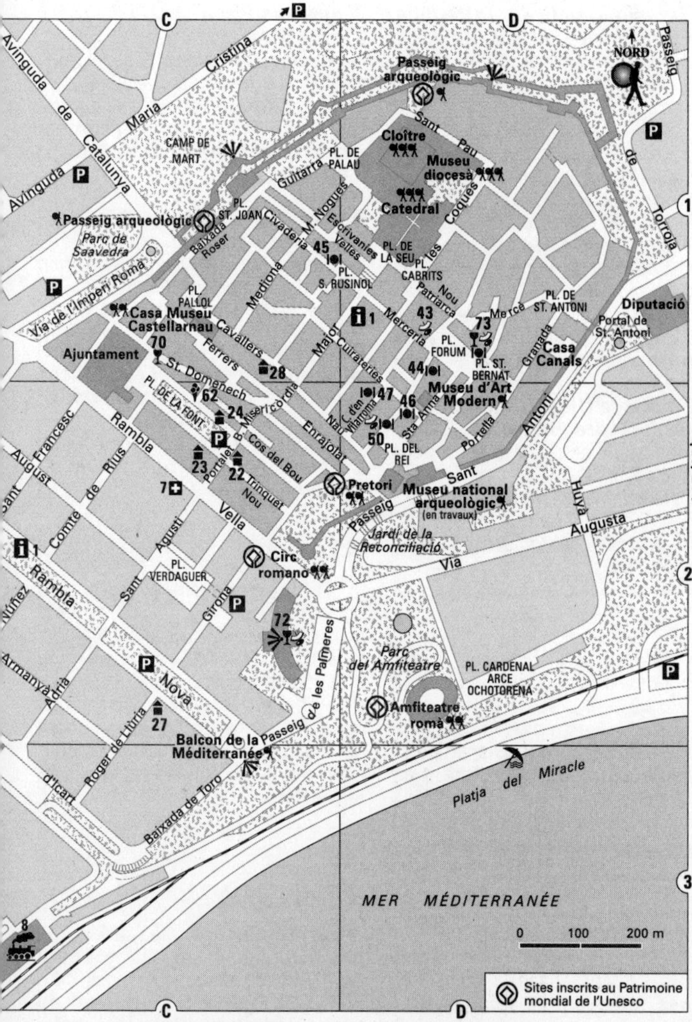

TARRAGONA (TARRAGONE)

Où manger ?

- **41** Mercat Municipal (B2)
- **42** El Tiberi (B2)
- **43** La Caseta de les Tres Bessones (D1)
- **44** Lola Bistro (D1)
- **45** Seasons (C1)
- **46** La Morada (D2)
- **47** Lo Gat (D2)
- **49** Cal Joan (hors plan par A3)
- **50** El Llagut (D2)

Où déguster une bonne glace ?

- **62** Sirvent (C2)

Où boire un verre ? Où sortir ?

- **70** Pl. de la Font, Quattros (C1)
- **72** Bar-resto Caelum (C2)
- **73** La Casa del Vermut (D1)

Estació Camp de Tarragona – RENFE *(hors plan par A1, **9**)* ***:*** *à Camp de Tarragona. ☎ 900-828-555. • renfe.com • À 14 km au nord de Tarragona par la N-240. Pour y aller, env 50 bus/j. lun-ven (15 mn de trajet), 2 fois moins les w-e et j. fériés depuis la gare routière de Tarragona avec Autocars Plana. ☎ 977-55-36-80. • empresaplana.cat •* C'est la gare des trains rapides (dont l'*AVE*) de la **ligne Barcelone-Madrid,** via **Lleida** (Lérida) et **Zaragoza** (Saragosse ; correspondance vers Huesca). Beaucoup plus rapide que les liaisons qui partent du centre-ville.

➢ ***Barcelona*** *(1h20),* ***Lleida*** *(Lérida ; 1h10),* ***Zaragoza*** *(Saragosse ; 2h30)* ***:*** 1-2 départs/h dans les 2 sens pour chaque destination.

➢ ***Valencia*** *(env 2h10)* ***:*** 8 trains/j. dans les 2 sens *(Euromed).*

➢ ***Madrid*** *(Atocha ; 2h50)* ***:*** 16 trains/j. dans les 2 sens.

En bus

Estació d'autobusos *(plan A1)* ***:*** *entre l'avda de Roma et la c/ Pere Martell, près de la pl. Imperial Tarraco • emtanemambtu.cat •* Joliment décorée par des artistes. Plusieurs compagnies se partagent les destinations :

■ ***Autocars Plana :*** *☎ 977-55-36-80. • empresaplana.cat •*

➢ Depuis **Barcelona** *(Passeig-de-Gràcia),* la ligne qui va à Cambrils dessert au passage les 2 terminaux de l'aéroport El Prat, Tarragona, PortAventura World et Salou. Compter 5 bus/j. ; dans les 2 sens.

■ ***Hispano Igualadina :*** *☎ 900-92-91-92 (à Reus). • igualadina.com •*

➢ ***Reus*** *(15-20 mn)* ***:*** en sem, min 1 bus direct ttes les 30 mn dans les 2 sens, 6h30-22h30 ; moins le w-e.

■ ***Hife :*** *☎ 977-55-09-49. • hife.es •*

➢ ***Tortosa*** *(1h-1h15)* ***et les stations balnéaires de la Costa Daurada :*** 10-11 bus/j., 6h45-21h30, sur la ligne Tarragona-Tortosa, avec des arrêts à ***Salou, PortAventura World*** et ***Cambrils.***

En avion

✈ ***Aéroport de Reus*** *(hors plan par A1)* ***:*** *à env 7 km au nord-ouest de Tarragone, sur la route de Reus. ☎ 913-21-10-00. • aena.es •* La compagnie de bus *Hispano Igualadina* affrète des bus tlj entre Tarragona (Parc Sant Jordi) et cet aéroport, horaires calés sur les vols internationaux. Voir la rubrique « Arriver – Quitter » à Reus.

Adresses et infos utiles

ℹ ***Oficinas municipales de turisme*** *(plan D1, **1**)* ***:*** *c/ Major, 37. ☎ 977-25-07-95. • tarragonaturisme.cat • Fin juin-fin sept, tlj sauf dim ap-m et j. fériés 10h-14h, 16h-19h. Le reste de l'année, lun-sam 10h-14h, 15h-18h ; dim et j. fériés 10h-14h. Visites guidées payantes (en français sur résa).*

ℹ ***Kiosque*** *(plan C2, **1**)* ***:*** *sur la rambla Nova, s/n. Ouv Pâques-sept, tlj 10h-14h.*

ℹ ***Oficina de turisme de Catalunya*** *(plan B2, **2**)* ***:*** *c/ Fortuny, 4. ☎ 977-23-34-15. • catalunya.com • Lun-sam 9h30-17h (14h sam).*

✚ ***Hospital Sant Pau i Santa Tecla*** *(plan C2, **7**)* ***:*** *rambla Vella, 14. ☎ 977-25-99-00.*

P ***Stationnement :*** le parking le plus central le moins cher est celui de l'avda de Catalunya *(hors plan C1 ; 4,95 €/j.),* à 5 mn à pied du centre historique. De même, celui de c/ Enric d'Osso *(plan A1).* Sinon, toute la ville est zone bleue *(9h-14h, 16h-20h sauf dim et j. de fêtes ; 4 € pour 2h max).* Les parkings couverts les plus proches du centre historique sont très chers *(3 €/h, 30 €/24h).*

Détail des **bus urbains :** *• emtanemambtu.cat •*

■ ***Police*** *(plan A1)* ***:*** *pl. d'Orleans. ☎ 977-24-98-44.*

Radio-taxi : *☎ 977-22-14-14.*

Où dormir ?

Il est prudent de réserver à Tarragona qui, pour sa taille compte peu d'hébergements, surtout dans les petits prix.

Campings

Voici 2 campings voisins, situés à environ 10 km du centre-ville et bien desservis par le bus nº 12 *(8h-22h ; 1 bus/h en sem, ttes les 2h dim).*

⛺ ***Torre de la Móra*** (hors plan par D2, **20**) : *ctra N-340, km 1171, 43008. ☎ 977-65-02-77. • info@torredelamora.com • torredelamora.com • ♿ Fermé nov-Pâques. Compter 35-65 € pour 2 pers avec tente et voiture. Bungalows et tentes prémontées 2-6 pers 40-290 €. 2 nuitées min exigées pour les emplacements comme pour les hébergements.* Un vaste camping aménagé en bord de mer ou en terrasse dans une pinède ombragée de palmiers, et surplombée par la vieille tour qui lui a donné son nom. Sanitaires bien tenus. Également un ensemble de bungalows coquets en toile ou en bois, avec ou sans salle de bains. Supérette, et, de l'autre côté de la voie d'accès, grand espace de loisirs avec jeux pour enfants, activités pour les grands (bingo), tennis, piscine paysagée et bar-resto.

⛺ ***Tamarit Beach Resort*** (hors plan par D2, **21**) : *ctra N-340, km 1172, 43008. ☎ 977-65-01-28. • resort@tamarit.com • tamarit.com • ♿ Bus et gare d'Altafulla à 1 km de l'entrée. Fermé de mi-déc à Pâques. Compter 35-95 € pour 2 pers avec tente et voiture. Bungalows 2-8 pers 53-262 €.* Tout au bout d'une route sinueuse bordée d'innombrables campings, ce dernier de la liste s'étale au bord d'une longue belle plage. Les emplacements profitent du couvert de palmiers et de pins, et certains sont quasi pieds dans l'eau... Bungalows en bois, ou en toile, les *lodges safaris* (1er prix). Sanitaires nickel, comme tout le reste. Piscine, tennis, salle de gym, spa, jeux pour enfants, supérette, restos, distributeur de billets, rien ne manque... Cher et bondé en été, mais l'espace est assez bien organisé. Une excellente adresse où l'accueil peut être en français.

Bon marché (15-30 €)

🏠 ***Tarragona Hostel*** (plan B2, **25**) : *c/ de la Unió, 26, 43001. ☎ 637-54-54-84. • tarragonahostel@gmail.com • tarragonahostel.com • À 500 m de la gare RENFE et 800 m de la gare routière. Dortoirs 6-8 lits 20-22 €/pers ; 2 chambres 3 pers 43-50 €.* Au 2e étage d'un immeuble à la façade décrépite, de petits dortoirs bien propres, à la déco joyeuse, avec des lits superposés ; certains ont la clim, certains sont aveugles, d'autres avec balcon, donc si vous avez le choix... Douches à partager. Terrasse-patio sympathique et cuisine équipée. *Lockers.* Accueil vraiment cool de la jeune équipe, de bon conseil pour découvrir la ville.

Prix moyens (50-90 €)

🏠 ***Hostal Noria*** (plan C2, **22**) : *pl. de la Font, 53, ou c/ Trinquet Nou, 2, 43003. ☎ 977-23-87-17. • info@hostalnoria.com • hostalnoria.com • Doubles avec sdb 57-65 € selon saison. Parking souterrain assez cher (garez-vous plutôt avda de Catalunya).* Sur la place la plus animée de la ville, cette pension offre, sur 5 étages, de petites chambres pas toutes de 1re jeunesse mais propres et dotées d'une literie en bon état. Double vitrage pour atténuer le bruit, pas de clim mais des brasseurs d'air. Resto pas cher au rez-de-chaussée.

🏠 ***Hostal Forum*** (plan C2, **23**) : *pl. de la Font, 37, 43003. ☎ 977-27-92-14. • reservas@forumtarragona.com • forumtarragona.com • Nuitée en dortoirs 2-8 lits 27-29 € ; doubles avec sdb 58-75 €.* Les chambres assez élégantes, avec ventilo, sont petites, avec salle de bains minuscule mais impeccable. Équipement basique. Toutes celles qui donnent sur la place disposent d'un balcon et sont décorées de couleurs flashy. Animation nocturne assurée. Les autres, avec vue sur les toits, sont de fait plus calmes. Réception automatisée, en revanche.

De prix moyens à plus chic (60-150 €)

Hostal 977 (plan C1, **28**) : *c/ Cavallers, 4 bis, 43003. ☎ 977-21-66-51. • info@hostal977.com • hostal977.com • Doubles 61-85 €. Pas de petit déj (un café, un muffin, et basta !).* Dans une rue calme en plein cœur de la ville historique, cette adresse de poche et de charme offre 5 petites chambres, fonctionnelles, décorées dans un style rustico-moderne pas déplaisant. L'adresse vaut surtout pour son emplacement (tout ce qu'il y a à voir est à moins de 5 mn à pied) ainsi que pour l'accueil d'Albert, jamais avare d'un bon tuyau.

Hotel Lauria (plan C2, **27**) : *rambla Nova, 20, 43004. ☎ 977-23-67-12. • reservas@hotel-lauria.com • hotel-lauria.com • Doubles 60-140 €, des familiales aussi ; petit déj-buffet inclus. Parking 12,50 €.* Bien situé sur cette rambla Nova animée, un grand hôtel un peu impersonnel dont 80 % des chambres (tout confort) ont été relookées dans un style plutôt sobre. Les autres auraient besoin d'un bon lifting. Les plus sympas donnent sur la cour avec sa petite piscine et ses chaises longues. Accueil aimable.

Hotel Plaça de la Font (plan C2, **24**) : *pl. de la Font, 26, 43003. ☎ 977-24-08-82. • hotel@hotelpdelafont.com • hotelpdelafont.com • Doubles 58-90 € ; petit déj sommaire 6 €. Possibilité de ½ pens. Parking env 15 €.* Une vingtaine de chambres coquettes et bien conçues, mais mal insonorisées, se nichent dans ce petit hôtel aux 1res loges dans la vieille ville : belles salles de bains, clim, bureau et grandes photos de la ville ou de la région au-dessus des lits. Les plus chères, avec balcon, profitent de la vue sur la place... mais aussi de son animation ! Resto au rez-de-chaussée. Service améliorable.

Où manger ?

De bon marché à prix moyens

Mercat Municipal (plan B2, **41**) : *pl. Corsini, ☎ 977-89-78-88. Lun-sam 8h30-21h.* Y aller autant pour son atmosphère colorée, ses étals de produits locaux et ses stands où casser simplement la graine, que pour son magnifique bâtiment moderniste construit en 1915. Jetez un coup d'œil au carillon animé.

El Tiberi (plan B2, **42**) : *c/ Martí d'Ardenya, 5. ☎ 977-24-28-96. • info@eltiberi.com • Tlj sauf lun 13h-16h, et aussi ven et sam 20h-23h. Résa pas inutile. Buffet midi en sem env 16 €, et w-e 18 €.* Cette spacieuse cantine populaire, située dans un coin paumé de la ville, s'est spécialisée dans le buffet catalan à volonté. On s'y régale sans restriction : salades, viandes froides et grillées, poissons, pâtisseries locales, etc. Évitez la sangria, en revanche...

La Caseta de les Tres Bessones (plan D1, **43**) : *c/ Mercería, 28. ☎ 977-24-28-84. • logar1961@hotmail.com • Tlj sauf sam 9h30-16h30 (10h-22h en été). Congés : janv-mars. Tapas 5-10 € ; carte 15-20 €. Digestif maison offert sur présentation de ce guide.* La salle ne présente pas d'intérêt particulier, mais la terrasse sur la charmante plaça del Fòrum est très agréable et reposante. Pas de grandes émotions gustatives, mais la cuisine (ouverte en continu) sert des plats classiques et des *vins i caves* (vins et *cavas*) très honorables pour le prix. Service attentionné.

Lo Gat (plan D2, **47**) : *c/ d'En Vilaroma, 10. ☎ 977-24-47-97. Mer-sam 20h30-23h30. Plats 15 € max ; repas 20-25 €.* Tout le monde trouve son compte dans cette petite adresse cosy, un chouïa alternative et généralement bercée de musique. Entre affiches de ciné et bougies dégoulinantes de cire, le staff prépare les commandes sous les yeux des clients en concoctant de copieuses salades, de généreuses omelettes, de délicieuses soupes, des gratins savoureux et de grosses tartines à tout ce qu'on veut.

De prix moyens à chic

La Morada (plan D2, **46**) : *c/ de Natzaret, 7. ☎ 877-070-862. Formule tout compris à 25 € (pour 2), même le soir. Sinon, compter 35 €. Tlj sauf lun-mar 13h-17h, et aussi jeu-sam 20h-minuit.* Façade bleu ciel. Aux 2 salles, dont une en mezzanine, on préfère le bar en sous-sol, et surtout, si le temps s'y prête, la grande terrasse sous les arbres. Spécialité de riz *(arroces)*, agrémentés de crustacés. Burgers et viandes également. C'est tout simple mais plutôt bon, et le lieu est accueillant malgré un service un peu hésitant.

Plus chic (min 30 €)

El Llagut (plan D2, **50**) : *c/ de Natzaret, 10 (plaça del Rey). ☎ 977-22-89-38. • info@elllagut.com • Mar-sam 13h-16h, 20h30-minuit ; dim 13h-15h30. Résa recommandée. Tapas 9-17 € ; plats 14-28 €.* Salle à la fois chaleureuse et élégante. Terrasse tranquille sur la place del Rey. Des *arroces* aux desserts, une cuisine très adroite largement tournée vers la mer. Service de bon conseil pour les vins et produits d'une irréprochable fraîcheur. L'endroit est labellisé *Slow food, kilómetro cero*.

Lola Bistro (plan D1, **44**) : *c/ d'en Ventallols, 13. 📱 696-32-71-40 • info@lolabistro.restaurant • Jeu-sam 13h30-16h, 20h30-23h ; dim 13h-16h. Résa impérative. Plats 15-24 €. Compter 30-35 €.* 2 salles agréables aux murs de pierre en sous-sol et des vitres posées au sol sur des vestiges archéologiques. Comme dans toute adresse labellisée *Slow food* qui se respecte, les plats – à partager entre les convives – sont travaillés avec maestria à partir de produits locaux. Conseil compétent pour harmoniser les assiettes avec des vins reflétant le savoir-faire des vignerons de la région. Attention, l'addition grimpe vite. Adresse-sœur à *Altafulla*.

Seasons (plan C1, **45**) : *pl. Santiago Rossinyol, 2. ☎ 977-23-83-27. • reserves@restaurantseasons.cat • À 50 m des escaliers qui mènent à la cathédrale. Mer-dim 13h-17h, 20h30-23h. Menu du jour env 25 € ; plats 12-28 €.* Cuisine apparente dès l'entrée, petite salle doublée d'une mezzanine, le tout habillé de gros moellons. Cuisine fine et créative concoctée par un chef passionné avec des produits de saison sélectionnés localement. Essayez les couteaux du delta de l'Èbre. Portions gastronomiques qui laisseront les gros appétits sur leur faim. Carte des vins bien charpentée et service souriant.

Cal Joan (hors plan par A3, **49**) : *c/ d'Espinach, 4. ☎ 977-21-92-23. À l'entrée du quartier d'El Serallo, dans une rue parallèle au port. Mer-dim 11h-16h. Fermé lun-mar. Menu du jour env 19 € ; carte (en catalan) 35-40 €.* Pas de vue sur les bateaux de pêche, mais une cuisine de la mer réussie, servie avec gentillesse dans une grande salle qui vibre de conversations. L'occasion de goûter à quelques fleurons de la cuisine tarragonaise : *romescu, arroces* de toutes sortes, paellas et autres *fideuàs*. Une adresse excentrée, mais qui vaut le déplacement.

Où déguster une bonne glace ?

Sirvent (plan C2, **62**) : *pl. de la Font, 12. ☎ 977-23-20-03. • info@sirvent-tarragona.com • Tlj 11h-1h (2h jeu-sam). Plusieurs autres adresses en ville dont rambla Vella, 25-27 (plan C2 ; 8h-22h) et sur le port (c/ de Trafalgar, 7 ; hors plan par C3 ; 10h-1h).* Une institution depuis 1860 ! Grand choix de généreuses crèmes glacées, jus de fruits frais, milk-shakes et les fameuses *orxatas* valenciennes.

Où boire un verre ? Où sortir ?

Bar-resto Caelum *(plan C2,* ***72****) : rambla Vella, 2 (au 6e étage, sur la terrasse de l'hôtel* H10 Imperial *Tarraco). ☎ 977-15-66-07. Tlj 11h-minuit.* Envie de prendre un peu de hauteur et de siroter un cocktail accompagné de tapas ? Grimpez donc sur le toit de l'*Imperial Tarraco,* le panorama de jour comme de nuit est époustouflant ! D'un côté, on surplombe l'amphithéâtre romain et de l'autre la zone portuaire, qui n'en finit pas d'en finir. Il y a même une petite piscine avec son solarium.

Plaça de la Font *(plan C1-2,* ***70****) :* dès la fin de l'après-midi, joyeuse ambiance pleine de dynamisme et de jeunesse, où les fêtards et soiffards ne manquent pas de se tremper. Notre terrasse préférée est **Quattros,** face à la mairie *(ajuntament),* où il faut guetter la moindre table qui se libère.

La Casa del Vermut *(plan D1,* ***73****) : pl. del Fòrum. ☎ 977-23-36-79. Tapas 8-22 €.* En bordure de la jolie plaça très animée, cette petite taverne, assez touristique, est entièrement vouée au rituel du vermouth à l'ancienne. Allez-y mollo (ça cogne vite et fort) et épongez le liquide en picorant quelques tapas (carte longue comme l'Èbre). Curiosité : la *salade russe* en 3 tailles.

À voir. À faire

– Tous les musées et sites sont fermés le lundi, à l'exception de la cathédrale et du Musée diocésain.

En ce qui concerne le patrimoine classé par l'Unesco, avant de partir à la découverte des sites, commencer par l'annexe du ***Museu d'Història*** dans les ruines du Forum romain *(plan C1, pl. del Pallol, 3 ; tte l'année, mar-sam 9h-21h (19h en hiver) ; dim-lun 9h-15h ; fermé lun en hiver ; entrée 5 €)* où est exposée une ***maquette au 1/500 de ce que fut la Tarraco romaine à son apogée*** (IIe s apr. J.-C.). Voir le *video-mapping* historique projeté sur la voûte.

Les adeptes de la ***réalité augmentée*** téléchargeront (en wifi car ça prend pas mal de données) l'***appli Imageen*** qui permet de s'immerger virtuellement dans la Tarraco romaine, sinon ***QR code*** à scanner à l'entrée de chaque monument pour une visite guidée en français. Se procurer le ***billet combiné*** *(pour ts les sites ; 15 €, pour les sites romains, la Casa Castellarnau et la Casa Canals ; achat dans les sites concernés ou à l'office de tourisme).*

Le centre historique

Catedral, claustre i Museu diocesà *(cathédrale, cloître et musée diocésain ; plan D1) : pl. de la Seu ; entrée par le cloître, pl. de Palau. ☎ 977-22-69-35 (musée). • catedraldetarragona.com • Ouv en principe de mi-juin à mi-sept, tlj sauf dim mat 10h-20h ; de mi-avr à mi-juin et de mi-sept à oct, tlj sauf dim 10h-14h, 16h-19h ; de nov à mi-avr, lun-sam 10h-14h, 15h-17h (18h sam). Dernier accès 30 mn avt fermeture. Fermé 1er et 6 janv, 1er nov, 8 déc et 25-26 déc. Résa possible en ligne. Entrée : 5 € ; réduc ; gratuit - de 7 ans. Audioguide en français 2 €, vidéoguide 4 €. Visite guidée de 1h30,* ***sur résa*** *en ligne, tlj sauf dim à 11h, et à 16h sam : 15 €. Compter aisément min 1h de visite.*

Il suffit d'un coup d'œil sur le plan de la ville pour réaliser l'importance de cet ensemble. L'allure mastoc de la cathédrale trahit encore sa vocation initiale de forteresse, allégée ultérieurement par différents ajouts. Il faut savoir qu'elle fut construite à partir de 1174 sur les ruines d'un temple de Jupiter, et consacrée en 1331. La façade inachevée arborant une rosace gothique monumentale, de 11 m de diamètre, est dotée d'un triple portail flanqué de personnages bibliques avec, au centre, une double porte de chêne que sépare sur un fût une svelte Vierge

à l'Enfant du XIVe s. Le tout est surmonté au tympan d'un linteau où le Christ en majesté préside au Jugement dernier avec son cortège de ressuscités emmenés, les uns, vers la gloire céleste, vers la gueule d'un Léviathan pour les autres. Gargouilles zoomorphes sur les pinacles entourant le porche.
La visite de l'intérieur, ***véritable musée d'Art sacré***, démarre dans l'impressionnante triple nef, aux énormes piliers surmontés de croisées d'ogives, flanquée dans les collatéraux d'une série de chapelles. Certaines, d'une grande diversité stylistique, méritent qu'on s'y attarde, comme la chapelle Saint-Michel, à la croisée du transept, avec un retable dédié à l'archange et une grande sculpture de bois polychrome où l'on observe que le démon terrassé n'en mène pas large. La ***chapelle Santa Técla,*** de style baroque, toute en marbre, abrite la relique du bras de la sainte dans un coffret en ébène et argent ciselé. Le reliquaire d'origine avait été volé par les troupes françaises en 1811. À voir aussi le superbe retable de style gothique tardif, aux tons orangés et dorés de la ***chapelle Notre-Dame de Montserrat,*** qui mêle peintures et sculptures. ***Celle dels Strases*** (des tailleurs) recèle une voûte nervurée superbement sculptée. Le maître-autel monolithique en pierre calcaire polychrome est l'une des plus belles œuvres régionales du XIIIe s. Y sont détaillés des épisodes de la vie du Christ, les stations de sa Passion et la vie de Marie.
Le joyau de la cathédrale se trouve dans l'abside centrale cernée de 2 portes crénelées : le grand ***retable*** – 1re moitié du XVIe s – est une pièce gothique exceptionnelle consacrée à ***santa Tecla,*** patronne de la ville ; le sculpteur ***Pere Joan*** a ciselé les détails de cette œuvre majeure comme une pièce d'orfèvrerie. À droite de l'autel, le sarcophage de l'archevêque Joan d'Aragó, dont le gisant offre un visage apaisé, presque souriant.
Remarquer aussi le vénérable dallage *opus sectile* (sorte de mosaïque à grosses tesselles), les stalles et l'imposant orgue baroque du XVIe s, entouré de volets peints, l'un des plus grands d'Europe.
Derrière l'abside, sur la gauche, accès à la sacristie puis à la salle du trésor à l'impressionnant plafond à caissons du XIVe s, orné de motifs héraldiques. C'est la 1re des salles du ***Musée diocésain*** qui jouxtent le pourtour du vaste cloître daté fin XIIe-début XIIIe s (plan fourni avec l'audioguide). Si les ornementations sont essentiellement romanes (chapiteaux historiés), les baies trahissent une influence mauresque. Dans la chapelle du Corpus Christi, impossible de rater l'imposant ostensoir processionnel (1922). Ni, dans la salle capitulaire, la gigantesque tapisserie *de la Bonne Vie* (XVe s), tissée à Arras.
L'ancien dortoir des chanoines laisse deviner un vestige du mur romain, un arc arabe en albâtre finement ciselé de 960, une série de 6 statues de la Vierge en bois polychrome et une superbe tapisserie bruxelloise du XVIIe s, relatant l'histoire de Samson écartant les colonnes du palais des Philistins. Pour terminer, 2 salles complètent la visite. L'une reprend, à l'aide d'un petit film, l'histoire des origines de la ville, l'autre documente le visiteur sur la restauration des parties médiévales.

➢ ***Balade à travers le dédale de ruelles :*** les arcades gothiques de la *carrer Merceria (plan D1)* mènent à la plaisante ***plaça del Fòrum*** *(plan D1),* où ne subsistent que quelques pierres de la partie supérieure du forum romain. À 2 pas, la ***plaça del Rei*** *(plan D2)* correspond à sa partie inférieure. Il s'agissait alors de la plus grande place du monde romain ! En chemin, ouvrez l'œil : beaucoup de maisons ont été construites en pillant les monuments romains, il n'est donc pas rare de trouver des inscriptions funéraires en latin sur les façades.

Pretori i circ romans *(prétoire et cirque romains ; plan C-D2)* **:** *pl. del Rei. ☎ 977-22-17-36. Avr-sept, mar-sam 9h30 (10h sam)-21h, dim et j. fériés 10h-15h ; horaires légèrement restreints en hiver. Fermé lun. Entrée : 5 € ; réduc ; gratuit - de 16 ans et pour tous le dernier mar du mois oct-juin. Entrée provisoire par la partie inférieure au niveau du Circ romano. QR code à scanner pour la visite et panneaux en français.*

– ***Le cirque romain :*** construit en béton à l'époque de l'empereur Domitien, vers 90 apr. J.-C. (eh oui ! les Romains avaient déjà inventé ce matériau, et vu à quoi ressemblent certains endroits de la *Costa Daurada* aujourd'hui, on hésite à leur dire merci !). Il n'en reste que quelques gradins et l'une des portes d'entrée des spectateurs. De dimensions imposantes (325 m de long sur 115 m de large), des courses de chars auxquelles pouvaient assister jusqu'à 30 000 personnes y furent organisées jusqu'au Vᵉ s. On déambule dans des couloirs souterrains. Une grande partie est dissimulée sous les bâtiments modernes des alentours.
– ***La tour du prétoire :*** construite par l'empereur Vespasien vers 70 apr. J.-C., elle se dressait alors au sud-est du forum. Sa structure actuelle, sur 3 niveaux, remonte au Moyen Âge, quand elle fut convertie en château royal. Du XIXᵉ s jusqu'en 1953, elle servit de prison. Quelques vestiges de statues antiques sont exposés au rez-de-chaussée, mais c'est au 1ᵉʳ étage que se trouve la pièce la plus remarquable, le sarcophage dit « d'Hippolyte » (IIIᵉ s apr. J.-C.), récupéré au fond de la mer en 1948 et dont le décor s'inspire de la tragédie née de l'amour de Phèdre pour son gendre. Au 2ᵉ étage, une maquette de la Tarragone médiévale montre comment la ville s'est alors développée aux dépens du cirque romain. Enfin, de la terrasse supérieure, vue imprenable sur la ville... jusqu'aux montagnes russes du *parc PortAventura.*

LA CATALOGNE

Amfiteatre romà *(amphithéâtre romain ; plan D2)* **:** *parc de l'amfiteatre romà. ☎ 977-24-25-79. Mêmes horaires et tarifs que le prétoire et le cirque romains.* Construit au début du IIᵉ s apr. J.-C, à flanc de colline, à l'extérieur des remparts et face à la mer, c'est certainement le monument le plus emblématique de la Tarraco romaine. Plus de 14 000 personnes s'asseyaient sur des gradins, partiellement taillés dans la roche, pour assister aux spectacles sanglants qui y étaient donnés. Pour honorer les 1ᵉʳˢ martyrs chrétiens qui y furent brûlés vifs, dont *saint Fructueux*, 1ᵉʳ évêque de la ville, une petite basilique wisigothique fut édifiée au centre de l'arène, remplacée au XIIᵉ s par une église romane dont on peut voir les vestiges.

Passeig arqueològic – Muralles *(promenade archéologique ; plan C-D1)* **:** *accès par avda Catalunya. ☎ 977-24-57-96. Mêmes horaires et tarifs que le cirque romain et le prétoire. À faire en début de soirée lorsque le parcours s'illumine.* Cette « promenade archéologique » d'un peu plus de 1 km, aménagée le long des remparts, offre l'occasion d'admirer le système de fortifications et de profiter de superbes panoramas. Vu la taille cyclopéennes des pierres de la base assemblées sans mortier, on saisit mieux l'origine de l'expression « un travail de Romains » ! Si une partie des remparts date de cette époque, d'autres sont médiévales et modernes. Ces fortifications ont prouvé leur utilité plusieurs fois : en 1809, les Français s'y sont attaqués sans succès (avant d'y revenir en 1811 pour une bataille sanglante qui a marqué Balzac), tout comme les Anglais en 1813 ! À mi-chemin du parcours, centre d'interprétation avec une petite expo sur l'histoire des remparts, des origines au XIXᵉ s. On peut sortir au niveau du passeig de Torroja (plan D1).

Casa-museu Castellarnau *(plan C1)* **:** *c/ Cavallers, 14. ☎ 977-24-22-20. Mêmes horaires et tarifs que le prétoire et le cirque romain.* Dans une maison du XVᵉ s (paraît que Charles Quint y aurait piqué un roupillon en 1542), transformée en hôtel particulier au XVIIIᵉ s. Passé la petite expo du rez-de-chaussée, c'est à l'étage, dans les pièces dites « nobles », que ça se passe. Un véritable petit Versailles, avec du baroque en veux-tu en voilà : salle de bal, plafonds peints, lustres, meubles et sellerie d'époque. Joli patio, pharmacie, cuisine carrelée, salle de billard, salon de musique, témoignent de la vie quotidienne de l'époque. Le plus intéressant : le travail en marqueterie de microparticules de bois. Vous y reconnaîtrez un Rembrandt, un Greco...
Dans le même genre, la ***casa Canals*** *(plan D1 ; c/ Granada, 11 ; ☎ 977-24-28-58 ; en été, mar-ven 9h30-20h30, sam 10h-20h30, dim 10h-14h30 ; en hiver, mar-sam*

9h-19h30, sam 9h30-19h, dim 10h-14h30 ; entrée : 5 €) : grosso modo la même chose mais en moins bien avec en plus quelques jolis dioramas représentant des nativités. Expos temporaires.

Museu d'Art Modern *(plan D1-2)* **:** *c/ Santa Anna, 8. ☎ 977-23-50-32. • dipta.cat/mamt • Mar-ven 10h-20h ; sam 10h-15h, 17h-20h ; dim 11h-14h. Fermé lun et j. fériés, 1er et 6 janv, 1er mai, 24 juin, 11 sept, 8 déc et 25-26 déc. GRATUIT.* La visite débute avec une émouvante *pièta* moderne de bronze et de marbre de la main du sculpteur tarragonais Julio Antonio (1889-1919). Ensuite, à l'étage, le *Tapiz de Tarragona,* 1re œuvre née de la collaboration entre ***Miró*** et ***Josep Royo.*** Suivent d'autres artistes qui ont marqué le passage du XIXe au XXe s, notamment issus de l'école des beaux-arts de la ville (un vrai vivier !). Magnifique buste de Richard Wagner. Expos temporaires au rez-de-chaussée.

La ville moderne

Balcon de la Méditerranée *(plan C3)* **:** l'extrémité sud de la rambla Nova se termine par le point de vue le plus fréquenté de la ville. On contemple l'immensité des flots bleus en suivant la coutume de « toucher le fer de la rambarde » *(tocar ferro)* : c'est censé porter chance.

Monument als Castellers *(plan B1)* **:** sur la rambla Nova, à la hauteur du 129, le monument de bronze (1932) du sculpteur ***Francesc Anglès*** représente des centaines de corps occupés à ériger une pyramide humaine traditionnelle.

Museu i Necròpolis Paleocristians *(musée et nécropole paléochrétienne ; hors plan par A2)* **:** *avda de Ramón y Cajal, 84. ☎ 977-25-15-15. • mnat.cat • Tlj sauf lun. Juin-sept, 10h-13h30, 16h-20h ; hors saison, 9h30-13h30, 15h-17h30 (18h mars-mai et oct) ; et tte l'année, dim et j. fériés 10h-14h. Entrée : 4 € (inclus musée archéologique) ; réduc ; gratuit - de 16 ans et pour tous le 1er dim du mois oct-juin. Audioguide en français.* Après un petit espace muséographique (le Monde de la Mort, brrr !) qui évoque les rites funéraires de l'époque romaine aux 1ers temps du christianisme (sarcophages historiés et mosaïques funéraires), on se balade à travers cette nécropole, l'une des mieux conservées du Bas-Empire romain (IIIe-Ve s), mise au jour par hasard en 1923. Les tombes (plus de 2 000 sépultures au total) sont, pour la plupart, de simples fosses protégées par quelques tuiles ou des débris d'amphores. Rien de renversant donc, hormis la taille du site.

Museu national arqueològic de Tarragona – Tinglado 4 *(plan D2 et hors plan par B3)* **:** *tinglado 4, Moll de Costa (hors plan par B3). ☎ 977-25-15-15. • mnat.cat • Juin-sept, mar-sam 9h30-20h30. Oct-mai, mar-sam 9h30-14h, 15h-18h ; dim et j. fériés 10h-14h. Fermé lun, 1er janv, 1er mai, 25-26 déc. Entrée : 4 € (inclus musée et nécropole paléochrétienne) ; réduc ; gratuit - de 16 ans, et pour tous le 1er dim du mois oct-juin. Audioguide en français inclus.* En attendant la réouverture du ***musée principal fermé pour rénovation,*** le hangar nº 4 *(tinglado 4)* offre une muséographie soignée qui met très bien en valeur quelques pièces rares sélectionnées dans le musée d'origine. On y admire notamment une petite Vénus en marbre de Carrare, une série de têtes d'empereurs romains, une mosaïque représentant Euterpe (la muse de la musique), une superbe tête de Méduse en mosaïque, des bijoux et un phallus anthropomorphe pas piqué des hannetons. Une visite courte et instructive qui s'inscrit avec bonheur entre 2 flâneries sur les docks.

Museu del Port *(hors plan par A3)* **:** *Tinglado 2, Moll de Costa, en face du Tinglado 4. ☎ 977-25-94-00. • porttarragona.cat • Mar-sam 10h-14h, 17h-20h (16h-19h oct-mai) ; dim et j. fériés 11h-14h. Fermé lun. GRATUIT. Panneaux en français.* Ce petit musée retrace l'histoire du port depuis l'époque romaine jusqu'à nos jours (photos, maquettes) avec une intéressante section consacrée à la charpenterie de marine et à l'archéologie sous-marine. Évocation, au passage, du siège de Tarragone en 1811 par les troupes napoléoniennes du général Suchet que Balzac évoque au début de sa nouvelle *Les Marana*. Une vidéo sur le trafic portuaire actuel clôture la visite. Instructif et bien fait.

El Serallo et le Moll de Costa *(hors plan par A3)* **:** *au sud-ouest du centre. Accès à pied depuis la rampe qui descend du balcon de la Méditerranée (compter 20 mn à pied et bus nº 22 au retour : ça grimpe !).* Le port de pêche, avec sa criée, s'appuie sur ce quartier construit au cours du XIXe s autour de l'église Sant Pere, pour les pêcheurs : pas franchement spectaculaire mais encore très populaire, pour ses nombreux restos de poissons et fruits de mer (voir « Où manger ? »). En revanche, les docks, récemment réhabilités, offrent une promenade agréable. C'est ici que viennent s'amarrer les yachts, parmi les plus luxueux du monde.

Les plages : *à l'est du centre-ville par la vía Augusta (N-340, direction Barcelone) et en bus par les lignes L11 ou L12. Pour plus d'infos, brochure* Guia de platges *de l'office de tourisme ou sur • platges.cat •* Tarragona et ses alentours comptent environ 15 km de criques et plages de sable fin et doré (d'où le nom *costa Daurada)*. En contrebas de la vieille ville, la *platja del Miracle (plan D2-3)* n'est pas folichonne mais elle s'étire sur 500 m et se trouve à 2 pas du centre. D'autres, plus éloignées, sont vraiment agréables, et 2 jolies calanques, *cala Fonda* et *cala Roca Plana,* se rejoignent à pied depuis la *platja Llarga.*

Marchés et fêtes

– **Marchés :** ***mercat municipal*** *(pl. Corsini ; plan B2, voir « Où manger ? »). Également un* ***marché des agriculteurs*** *(plan D1), mer et sam mat pl. du Fòrum, et une* ***brocante*** *(plan D1), dim mat jusqu'à 14h30 env, pl. de la Seu.*
– **Tarraco Viva :** *2de quinzaine de mai. • tarracoviva.com •* Amusantes reconstitutions de la vie romaine autour des principaux monuments de la vieille ville. On croise des habitants en toge.
– **Journées gastronomiques des produits naturels :** *en sept, pl. del Rei.* Autour du mouvement *Slow food*.
– **Concours international de feux d'artifice :** *1re ou 2e sem de juil, ts les soirs dès 22h30, sur la platja del Miracle (plan D2-3).*
– **Fête de Santa Tecla :** *pdt 10 j. du 11 au 24 sept, jour de la Sainte-Tècle, protectrice de Tarragona.* Grande fête populaire qui remonte à 1321. Groupes costumés, défilés, chants, danses, musiques, géants, etc.
– **Concours de castells :** *3 j. début oct, ts les 2 ans dans la Tarraco Arena Plaça ; prochaine édition en 2024.* Il oppose les meilleurs *castellers* de Catalogne qui essaient, d'année en année, d'ajouter des étages à leurs pyramides humaines.

DANS LES ENVIRONS DE TARRAGONA (TARRAGONE)

Aqüeducte de les Ferreres *(aqueduc des Forgerons)* **:** *à env 4 km de Tarragona. ☎ 977-24-22-20. Minuscule parking d'où part le sentier (compter 10 mn à pied).* C'est tout de même émouvant de voir, émergeant d'une forêt de pins, cette double ligne d'arches sur 217 m de long, vieille de plus de 2 000 ans et toujours dans un surprenant état de conservation ! Les locaux l'ont appelé *le Pont du diable.* Bar-resto sur place : ***La Casa del Guarda*** *(675-85-37-22).*

D'autres vestiges romains jalonnent la N 340, ancienne Vía Augusta qui file vers Barcelone, comme, à une poignée de kilomètres, la ***tour funéraire des Scipion*** et l'impressionnante ***carrière del Mèdol,*** ou, plus loin, le monumental ***arc de Berá*** (à 20 km).

Altafulla : *à 15 km à l'est de Tarragona.* Ignoré des touristes, le cœur historique d'Altafulla mérite le détour, avec ses ruelles médiévales qui grimpent vers le château Renaissance et son église juste à côté, sans oublier les murailles et les maisons de pêcheurs du XVIIe s *(c/ Botigues de Mar).* On y profite aussi d'une belle plage de sable blond et on y observe les oiseaux migrateurs dans la zone humide de l'embouchure de la Gaia.

Villa romana dels Munts : *passeig del Fortí, à* ***Altafulla.*** *☎ 977-65-28-06. • mnat.cat • À 15 km à l'est de Tarragona (fléché). Juin-sept, mar-sam 10h-13h30, 16h-20h. Le reste de l'année, mar-sam 10h-13h30, 15h-18h (17h30 nov-fév). Et tte l'année, dim et j. fériés 10h-14h. Fermé lun. Entrée : 4 € ; réduc ; gratuit - de 16 ans, et pour tous le 1er dim du mois oct-juin.* Les amateurs apprécieront la visite de cette ***villa romaine en bord de mer,*** quand bien même elle n'est pas des plus spectaculaire (les mosaïques du cryptoportique sont les plus intéressantes, mais on ne les voit pas bien). Étant donné l'importance et la qualité artistique des vestiges (céramiques, mosaïques, fresques...), il s'agissait probablement de la résidence d'un haut fonctionnaire.

Villa-mausoleu de Centcelles : *Afores, s/n, à* ***Constantí.*** *☎ 977-52-33-74. • mnat.cat • À 6 km au nord de Tarragona. Mêmes horaires et tarifs que la villa romana dels Munts.* Une vaste villa rurale construite à partir du Ier s dont subsistent des vestiges clairement visibles (les bains notamment). La visite vaut surtout pour le mausolée érigé au IVe s. Une hypothèse l'attribue à l'empereur Constantin. Selon certains spécialistes, il aurait été construit en guise de repentir par Flavius Magnentius, le commanditaire de son assassinat. Bref, l'endroit n'a pas fini de livrer tous ses secrets... Sous la coupole, les rares fragments de mosaïques polychromes encore lisibles (plus d'un million de tesselles à l'origine) représentent des scènes de la Bible (les plus anciens exemples connus du genre). Avouons qu'on n'y voit pas grand-chose. Heureusement, une vidéo (disponible en français) vous explique tout en 10 mn.

PORTAVENTURA WORLD

Déçue de ne pas avoir accueilli Disneyland, l'Espagne s'est consolée avec *PortAventura World* ! Inauguré en 1995, à quelques kilomètres au sud de Tarragona, c'est l'un des parcs d'attractions les plus fréquentés d'Europe.
Il se compose du *PortAventura Park* lui-même, d'un centre aquatique, le *Caribe Aquatic Park,* et de *Ferrari Land*, un parc à thème dédié à la marque au petit cheval cabré. Le tout couvre 70 ha et peut accueillir jusqu'à... 20 000 visiteurs par jour.
Le parc se décline sur 117 ha en 6 destinations, de la Méditerranée au Far West en passant par la Polynésie, la Chine, le Mexique et « 1, rue Sésame » (référence à une production franco-américaine pour la jeunesse), cette dernière comportant 11 attractions pour les tout-petits. En plus, 40 spectacles de qualité remarquable sont organisés chaque jour. Et toujours avec des acteurs originaires des pays évoqués.
Ouvert en 2017, *Ferrari Land* est le parc de la vitesse et des sensations fortes, on y trouve la montagne russe la plus haute et la plus rapide d'Europe (112 m de haut pour une accélération de 0 à 180 km/h en 5 secondes ! De quoi se caler l'estomac derrière les amygdales !)
Pour conclure, si le côté exotique des mises en scène n'échappe pas aux clichés et que tout a été conçu pour vous faire cracher vos euros, reconnaissons que l'ensemble est plutôt réussi. En tout cas, il y a de grandes chances pour que vos enfants soient aux anges !

À noter que PortAventura Park tente de limiter son impact sur l'environnement en s'alimentant en électricité via une centrale photovoltaïque et en assurant le recyclage des eaux usées.

Accès au parc

– *Un conseil :* en pleine période estivale, y aller en transports en commun.

➢ ***En bus :*** depuis ***Tarragona*** *(30 mn)*, avec la compagnie Plana, bus ttes les 30 mn dans les 2 sens, 9h15-17h30. Depuis ***Reus,*** prendre un bus jusqu'à Salou (bus ttes les 20 mn-1h selon saison), d'où partent de très nombreuses correspondances.

➢ ***En train :*** le plus écologique, PortAventura World possède sa propre gare. Depuis **Barcelona** *(Sants ; 1h20-1h50)* ou **Tarragona** *(10 mn)*, env 10 trains/j. dans les 2 sens ; depuis Barcelona, la plupart avec changement à Tarragona (3-4 directs à peine).

– Noter l'existence d'un ***forfait*** intéressant pratiqué par *RENFE Alta Velocidad y Larga Distancia* ainsi que *Rodiales de Catalunya* : 57,50 € (51,90 € juniors et seniors) pour le train A/R depuis n'importe quelle gare catalane desservie + entrée au parc. *Moins cher en moyenne et basse saisons.* • *rodalies.gencat.cat* •

LA CATALOGNE

Infos pratiques et hébergement

– ***Infos et résas :*** ☎ *902-20-22-20 (en français).* • *portaventuraworld.com* • On achète son entrée en ligne.

– ***Horaires d'ouverture :***

– ***PortAventura Park,*** *fermé du 7 janv à 1 sem avt Pâques. En gros, de Pâques à mi-nov, tlj 10h-18h ou 19h (20h le w-e et tlj jusqu'à 23h en été) ; de mi-nov à début janv, seulement w-e (tlj en déc) 10h-18h.*

– ***Caribe Aquatic Park*** *: de fin mai à mi-sept env, tlj 10h-18h (19h en juil-août).*

– ***Ferrari Land :*** *fermé 7 janv-mars. A priori, d'avr à mi-juin, tlj 16h-22h (ou 19h) ; de mi-juin à mi-sept, tlj 13h-22h ; de mi-sept à mi-nov, 16h-22h ; de mi-nov jusqu'au 7 janv, ven-dim 16h-22h.*

Attention, hors saison, les horaires d'ouverture sont irréguliers (vérifier sur leur site). Pic de fréquentation entre fin mai et début juin, quand les écoles organisent leurs sorties de fin d'année scolaire.

– ***Tarifs*** *(en 2023) : gratuit jusqu'à 3 ans.* ***PortAventura Park*** *: 48 € pour 1 j., tarif réduit (junior 4-10 ans et senior + de 60 ans) 42 €, pers en situation de handicap (min 33 % d'invalidité) 34 €. Également plusieurs* ***forfaits*** *: 1 j./2 parcs, 2 j./2 parcs et 3 j./2 parcs et 3 j./3 parcs (voir le site). Parking 14 €/j.*

– Billet d'entrée nocturne pour PortAventura (à partir de 18h) : 30 € ; réduc.

– Plusieurs formules de ***Pass Express*** *permettant, pour un supplément de 18 à 35 €, un accès prioritaire (avec moins de 15 mn d'attente) et incluant une dizaine d'attractions majeures du parc (appréciable en plein été lorsqu'il y a la queue).*

– ***Caribe Aquatic Park*** *: 31 €/j., junior et senior 27 €, pers en situation de handicap 18 €.*

– ***Ferrari Land :*** *adulte 19 €, junior et senior 17 €, pers en situation de handicap 13 €.*

🏠 On compte ***6 hôtels*** sur le site : ***Hotel Port Aventura, Hotel Colorado Creek Hotel Gold River, Hotel Caribe, Hotel El Paso*** *(les moins chers)* ***; Hotel Mansión de Lucy*** *(plus luxueux). Infos et résas au* ☎ *977-77-90-90 ou 902-20-22-20.* • *portaventuraworld.com* • *Prix variant selon saison, fréquentation et durée du séjour. Selon hôtel et période, compter en gros min 130 € pour une double (nettement plus pour les suites) ; avec les chambres sont toujours inclus : petit déj, parking, entrée illimitée à Port-Aventura Park, 1 seule entrée à Ferrari Land comprise et parfois des réduc pour Caribe Aquatic Park.*

À la démesure du lieu, des hôtels énormes de 500 chambres, avec piscine, restos, etc. Évidemment très cher (surtout en été), mais des prix qui comprennent l'entrée aux 2 parcs, l'accès au *Beach Club* (installations face à la mer avec piscines, massages, etc.), les transports dans le site et un *pass* pour ne pas faire la queue (une seule fois, mais c'est déjà pas mal !).

– Également un parking pour caravaning tout confort (séjour max 2 nuits), avec un forfait d'accès aux parcs.

Consultez le plan remis à l'entrée pour prendre connaissance des ***horaires des shows organisés*** dans le parc. Celui intitulé ***Divas*** propose un spectacle millimétré à l'américaine, vraiment époustouflant, mélangeant chansons, costumes et acrobates. Un des plus appréciés également est ***Aloha,*** dans le monde polynésien avec une invocation aux dieux du Pacifique pour apporter la paix et la prospérité.

Chaque « monde » propose une offre culinaire selon les thèmes, mais la majorité des visiteurs se contente de celle des fast-foods – plutôt insipides, il faut le dire.

Les principales attractions

Des panneaux lumineux indiquent le délai d'attente devant les attractions majeures. Autant y jeter un œil pour optimiser votre temps ! Cela dit, vous devrez de toute façon vous armer de patience ! Voici les attractions les plus décoiffantes.

– ***Furius Baco :*** dès l'entrée du village méditerranéen. Une drôle de machine à récolter le raisin, montée sur rails, atteint 135 km/h en 3 s... quelle ivresse ! Et cette folie ne dure que 1 mn !

– ***Tutuki Splash :*** ah... la Polynésie et ses plages à l'ombre des cocotiers... Dans une barque, sur un toboggan vertigineux, descente sur les flancs d'un volcan en éruption, avec passage des plus rafraîchissant dans une grosse vague... et splash final !

– ***KonTiki :*** de plus en plus vite, et de plus en plus haut, jusqu'à se mettre quasiment à la verticale, une immense balançoire en forme de caravelle se démène follement dans la tempête.

– ***Dragon Khan :*** hallucinant ! Ce grand 8 est en fait un gigantesque et turbulent dragon chinois. À plus de 100 km/h, il vous met 8 fois la tête en bas en 2 mn. Une des attractions les plus spectaculaires du parc.

– ***Shambhala :*** derrière le nom tibétain d'un paradis mythique niché dans l'Himalaya se cache une montagne russe de plus de 1 600 m de parcours qui accumule les records : 76 m de hauteur et 78 m de chute à 134 km/h !

– ***Hurakan Condor :*** du haut d'une tour maya, harnaché et assis les pieds dans le vide sur une nacelle perchée à 100 m de haut, vous voilà lancé en chute libre pendant 3 petites secondes, à 115 km/h. Complètement dingue !

– ***Stampida :*** au fin fond du Far West, des wagonnets de mine se croisent à un train d'enfer sur des montagnes russes tout en bois. Bruit dément, sensation incroyable que tout va se fracasser à chaque instant. Les amateurs de grandes frayeurs exultent !

– ***Grand Canyon Rapids :*** nul besoin de se rendre en Arizona pour faire du rafting sur le Colorado et avoir le grand plaisir d'être quelque peu... trempé par les canons à eau manipulés par les visiteurs du haut du parcours.

– ***Silver River Flume :*** sur les traces des bûcherons nord-américains, on vous a concocté ici une périlleuse aventure sur des troncs dans les rapides de la rivière d'Argent.

– ***Street Mission :*** le *dark ride* de la série télévisée américaine *Sesame Street* permet aux tout-petits de jouer au détective aux côtés de Grover !

– ***Uncharted :*** la nouvelle attraction inaugurée en 2023 se base sur l'univers du film de *Sony Pictures* avec Tom Holland en tête d'affiche. Située dans la zone « Far West », c'est la 1re montagne russe *dark ride* d'Europe. Boostés par une accélération d'1 G, les aventuriers téméraires parcourent près de 700 m dans un décor immersif de territoires inexplorés. Une expédition qui ne laissera personne indifférent, c'est sûr !

Ferrari Land : l'hommage à la marque automobile italienne se devait d'être à la hauteur de ses résultats en Formule 1. Vitesse, donc, sur le *Red Force,* montagne russe emblématique de ce parc. Mais aussi des simulateurs de conduite sur piste pour se mettre dans la peau des champions.

Caribe Aquatic Park : 9 000 m² de plages, piscines, toboggans, jets d'eau, bassins à vagues, etc., ainsi qu'une zone couverte climatisée. Le méga-toboggan aquatique ***King Khajuna*** (31 m de haut et pente à 55°) risque bien de vous impressionner !

REUS

(43200) 106 700 hab.

• Plan *p. 352-353*

Dès le XVIIIe s, Reus est l'une des villes les plus prospères de Catalogne. La raison ? Elle rivalise à l'époque avec Londres et Paris pour la fabrication et la commercialisation de l'eau-de-vie. Une manne qui s'est renforcée avec le développement de l'industrie textile, puis, dès la fin du XIXe s, avec l'arrivée d'un produit phare : le célèbre vermouth, qui donnera ses lettres de noblesse à la ville. Cette réussite économique s'affiche alors dans les demeures que se font bâtir les riches commerçants de la ville en faisant appel aux plus grands architectes modernistes du moment. Bizarrement, si le célébrissime Gaudí est bien né à Reus en 1852, il n'y a réalisé aucun projet, laissant à ses confrères le soin d'y construire une bonne centaine d'édifices dont certains comptent parmi les plus emblématiques de ce courant architectural. Pas rancunière, la ville lui a tout de même dédié un musée.
Alors déambulez, le nez en l'air, dans les rues commerçantes et animées de cette ville attachante. Il se peut bien qu'elle vous réserve des surprises...

Arriver – Quitter

En train

Estació RENFE *(plan A1,* **1***)* **:** *pl. de l'Estació. ☎ 912-320-320. • renfe.com • rodalies.gencat.cat •*
➢ **Barcelona** *(1h30-1h40)* **:** env 19 trains/j. dans les 2 sens (12 le w-e).
➢ **Lleida** *(Lérida ; 1h30)* **:** 4 trains/j. A/R, 7h05-20h07.
➢ *Pour* **Madrid, Zaragoza, Lleida, Barcelona** *et* **Huesca :** bus *Plana* n° 96 vers ***l'estaciò Camp de Tarragona - RENFE*** *(hors plan par C2,* **2***)* ; voir le chapitre « Tarragona ».

En bus

Estació d'autobusos *(hors plan par C3)* **:** *avda de Salou, 2.*

■ ***Hispano Igualadina :*** *☎ 977-77-06-98 ou 902-29-29-00. • igualadina.com •*
➢ **Tarragona** *(25 mn)* **:** en sem, 1 bus ttes les 15-30 mn dans les 2 sens, 6h-22h ; le w-e, env 1 bus/h. Trajet : 25 mn.
➢ **Barcelona** *(2h)* **:** en sem, 2 bus/j., à 7h et à 15h. Le train est plus pratique.
■ ***Autocars Plana :*** *☎ 977-55-36-80. • empresaplana.cat •*
➢ **Cambrils** *(30 mn)* **:** lun-ven env 8 bus/j., 6h25-21h05 dans les 2 sens. Nettement moins le sam et seulement 4 dim et j. fériés.
➢ **Salou** *(35 mn)* **:** lun-ven, 1 bus/ ttes les 30 mn. 6h30-22h30 dans les 2 sens ; un peu moins sam ; aucun dim et j. fériés.

➢ ***PortAventura World :*** pas de liaison directe, aller jusqu'à Salou (bus ttes les 20 mn-1h selon saison), pl. Europa, puis changer de bus ou partir de l'aéroport de Reus (bus n° 50 depuis la gare routière, 16 liaisons/j.).

En avion

✈ ***Aéroport de Reus*** *(hors plan par C2)* **:** *autovía Reus Tarragona, km 3. ☎ 902-40-47-04 (central d'info). • aena.es •* Vols domestiques (Palma de Majorque) et internationaux *low cost* (essentiellement *Ryanair* pour Bruxelles-Sud-Charleroi). Se renseigner, ça change vite...

➢ ***Liaisons aéroport-ville*** *(25-30 mn)* **:** *• reustransport.cat •* Bus n° 50, 14 liaisons/j. dans les 2 sens, 7h25-20h30 env. Moitié moins le w-e. Tarif : 3 €. Arrêt notamment à la pl. Llibertat *(plan B1)* et aux gares ferroviaire et routière.

➢ ***Liaisons aéroport – Barcelona et Tarragona :*** avec *Hispano Igualadina.*

LA CATALOGNE

Adresses et infos utiles

ℹ ***Oficina de turisme*** *(plan C2)* **:** *pl. Mercadal, 3. ☎ 977-01-06-70. • reusturisme.cat • Au rdc du Gaudí Centre Reus. Lun-sam 9h30-19h (20h juin-sept) ; dim et j. fériés 10h-14h.* Accueil francophone.

✚ ***Hospital Universitari Sant Joan*** *(hors plan par C3,* ***3****)* **:** *avda del Dr Josep Laporte, 2. ☎ 977-31-03-00.*

■ ***Police*** *(plan B1,* ***4****)* **:** *c/ General Moragues, 54. ☎ 977-32-80-00.*

🚗 ***Taxis :*** *☎ 977-34-50-50.*

🅿 ***Stationnement :*** attention, les parkings les plus centraux sont chers. Les parkings municipaux de la pl. Llibertad *(plan B1)* et de la pl. de Prim *(plan B2)* sont plus avantageux. Sinon le parking privé *Simonet (plan B1-2)* s'avère un bon compromis. *• reusmobilitat.cat • Et pour ttes les infos sur les bus urbains : • reustransport.cat • (aussi une application).*

Où dormir ?

De prix moyens à chic (60-100 €)

🏠 ***Hotel Centre Reus*** *(plan C2,* ***10****)* **:** *c/ de l'Hospital, 6-8. ☎ 977-12-64-14. • info@hotelcentrereus.com • hotelcentrereus.com • ♿ Au chevet du Prioral de Sant Pere, en plein centre. Doubles 65-95 € ; 1 triple qui peut accueillir 4 pers ; petit déj 14 € (au resto du rdc).* Idéalement placé, ce petit hôtel bénéficie d'une vingtaine de petites chambres sobres, tout confort et bien insonorisées. Elles disposent pour la plupart d'un balconnet orienté vers la ville. Solarium en terrasse. On s'y sent vite comme un coq en pâte.

🏠 ***Hotel Gaudí*** *(plan C2,* ***12****)* **:** *c/ Raval de Robuster, 49, 43204. ☎ 977-34-55-45. • gaudi@gargallohotels.es • hotelgaudireus.com • Doubles 60-100 €.* En plein centre, cet hôtel au nom plein de promesses affiche en réalité un profil quasi stalinien et sa déco commence à dater. Les chambres sont toutefois spacieuses, propres et bien équipées. Grande cafet' au rez-de-chaussée.

🏠 ***NH Ciutat de Reus*** *(hors plan par C1,* ***13****)* **:** *avda Marià Fortuny, 85, 43203. ☎ 977-34-53-53. • nhciutatdereus@nh-hotels.com • nh-hotels.com • ♿ Remonter la c/ del Roser, puis à gauche avda Marià Fortuny. Doubles 69-106€ ; petit déj-buffet env 15 €/pers. Parking couvert 15 €/j.* À 15-20 mn à pied du cœur de Reus, ce grand hôtel moderne abrite de belles chambres dont certaines sont décorées d'œuvres d'art originales. Les plus tranquilles donnent sur l'arrière (mais avec vue, pas géniale il faut l'avouer, sur le toit d'un hypermarché). Atmosphère classique d'un établissement de chaîne, élégant et contemporain. Un rapport qualité-prix tout à fait acceptable.

Adresses utiles

- Oficina de turisme (C2)
- 1 Estació RENFE (A1)
- 2 Estació Camp de Tarragona – RENFE (hors plan par C2)
- 3 Hospital Universitari de Sant Joan (hors plan par C3)
- 4 Police (B1)

Où dormir ?

- 10 Hotel Centre Reus (C2)
- 12 Hotel Gaudí (C2)
- 13 NH Ciutat de Reus (hors plan par C1)

Où manger ?

- 20 Forn Sistaré (A1 et B1)
- 22 Antiga Casa Coder (C2)
- 23 Mercat Central (A-B1-2)
- 25 Vermut Rofes (B1)
- 27 Lo Bon Profit (A1)
- 28 Ferran Cerro et La Tagliatella (C2)

Où grignoter une douceur ?
Où acheter de bons produits ?

- 30 Confiteria Poy (B2)
- 31 Antiga Casa Padreny (C2)
- 32 Colmado Barò (C2)

Où prendre un petit déj ?
Où boire un verre ?

- 40 Museu del Vermut (C1-2)
- 41 Roslena (B1)

Où manger ?

Très bon marché (max 10 €)

Mercat Central *(plan A-B1-2,* ***23****) : lun-sam mat, et jeu-ven tte la journée.* À voir aussi pour sa grande halle de style Art déco. Quelques sympathiques stands de traiteur avec tables à proximité pour se sustenter de plats locaux à prix modérés. Fraîcheur bienvenue en été.

Forn Sistaré *(plan B1,* ***20****) : c/ Ample, 20 bis (angle c/ Sant Antoni). ☎ 977-32-20-28. • info@fornsistare.com • Tlj sauf dim 7h30-14h30, 17h-21h. Max 5 €.* Depuis 1910, la famille Sistaré perpétue la tradition du bon

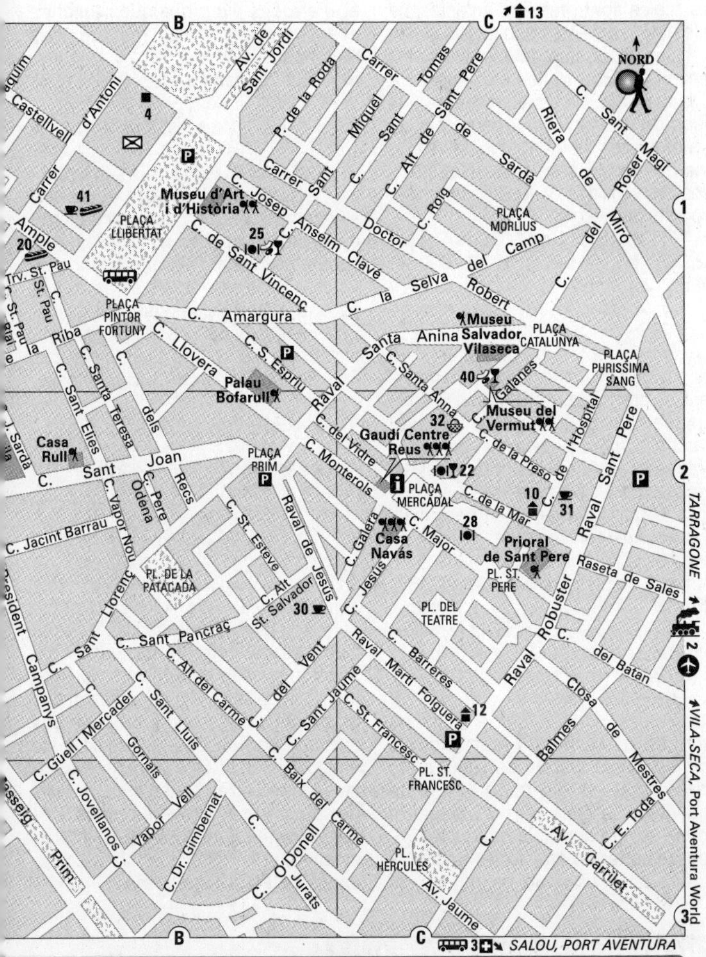

REUS

pain au levain. Mais ici, ce sont leurs *coques de recapte* qui ont attiré notre attention. Ces pizzas catalanes garnies de légumes et cuites au four sur une pâte imbibée d'huile d'olive auxquels s'ajoutent parfois quelques anchois, du bacon ou du saucisson. Plusieurs autres adresses dans le centre, notamment c/ Prat de la Riba, 35 *(plan A1, **20**)*, en face du *Mercat*.

De bon marché à prix moyens (10-30 €)

Lo Bon Profit *(plan A1, **27**) : c/ de Cristòfor Colom, 5. ☎ 977-32-13-17. 686-52-37-63. • manuel.barroso@telefonica.net • Ts les midis sauf mer 13h-16h, plus jeu-sam 20h30-23h. Carte 18-35 €.* À l'écart des circuits touristiques, une adresse immuable.

Les tables sont dressées à l'ancienne et le patron arpente toujours la salle en bretelles. Spécialité de la maison : les escargots ! Et à toutes les sauces : à la *llauna*, à la catalane, et même aux pieds de cochon ! Pour ceux que les gastéropodes rebutent, une petite cuisine du marché sans prétention labellisée *Slow food* et concoctée avec des produits de saison.

Antiga Casa Coder (plan C2, **22**) : *pl. Mercadal, 16. ☎ 977-34-07-07. • gguivernau@yahoo.es • Tlj 8h-minuit. Menus env 22 € midi en sem, 28 € soir et w-e ; carte env 35 € ; supplément terrasse.* Fondée en 1790 par un certain Joan Coder, commerçant et droguiste, cette adresse stratégiquement placée sur la place du marché propose de bonnes spécialités régionales juste un peu modernisées. Énorme choix pour les menus, d'un bon rapport qualité-prix. Bien aussi pour un *cava* en terrasse. Service en dents de scie.

Vermut Rofes (plan B1, **25**) : *c/ Sant Vicenç, 21-23 (angle c/ Sant Miquel). ☎ 977-34-45-84. • info@vermutsrofes.com • Tlj sauf dim 13h-17h, et mer-sam 20h-1h. Tapas 5-15 € ; menu 22 € le midi en sem ; carte 30-35 €.* Cette ancienne fabrique de vermouth (demandez à voir les chais), datant de 1890, a été transformée en bar-resto et lieu de festivités. La salle rétro et élégante donne sur un agréable patio où il fait bon déjeuner en été. Tapas soignées et, à la carte, un choix de carpaccios et d'*arroces* avec quelques touches avant-gardistes. Pas mal de vins régionaux aussi.

La Tagliatella (plan C2, **28**) : *pl. del Castell, 2. 43201. ☎ 977-94-51-42. • comunication@latagliatella.es • Tlj 13h30-16h30, 19h30-minuit. Pizzas 14-16 € ; pâtes 16-18 €.* Un italien qui vaut autant pour la qualité de sa cuisine lombarde que pour son superbe décor rétro : poutres au plafond, boiseries, photos et meubles d'époque. Incontournables pizzas bien garnies et plats de pâtes à composer soi-même. Également salades, risottos et carpaccio. Vin du patron tout à fait honorable. Du classique bien rodé. Vaste terrasse.

Très chic (plus de 30 €)

Ferran Cerro (plan C2, **28**) : *pl. del Castell, 2. ☎ 977-34-04-00. • info@ferrancerro.com • Tlj sauf dim soir et lun 13h30-15h30, 20h-22h30. Résa en ligne fortement recommandée. Menus en 3 tailles : S (servi le midi lun-ven, 40 €), M ou L (55 € et 80 €) ; sinon, carte env 60 €.* Enfant de Reus, Ferran Cerro est aujourd'hui un jeune chef accompli. Dans son univers minimaliste (une salle, quelques tables et pas grand-chose dessus), il propose une cuisine que l'on pourrait qualifier de moléculaire et revisite la tradition catalane en mettant à l'honneur les produits de saison (y compris des propositions végétariennes), avec cette pointe de créativité qui distingue les chefs avant-gardistes. Plats végétariens.

Où grignoter une douceur ?
Où acheter de bons produits ?

Antiga Casa Padreny (plan C2, **31**) : *c/ Hospital, 15. ☎ 977-34-30-21. • padreny@padreny.com • Tlj sauf dim soir et lun 8h-13h30 (14h30 dim), 17h30-20h (20h30 sam).* Une superbe pâtisserie-confiserie installée à Reus depuis 1815, véritable supplice pour les gourmands ! Petit salon pour se poser.

Confiteria Poy (plan B2, **30**) : *raval de Jesús, 8. ☎ 977-31-24-75. • confiteriapoy@confiteriapoy.cat • Tlj sauf dim ap-m et lun 8h30-13h30 (14h30 dim), 17h-20h.* Petit salon de thé classique : gâteaux et viennoiseries à accompagner d'un café ou d'un chocolat. Bien aussi pour le petit déjeuner.

Colmado Barò (plan C2, **32**) : *c/ de les Galanes, 14. 633-28-51-48. • colmado.baro@gmail.com • Tlj sauf dim et sam ap-m juil-sept 9h30-13h30, 17h-20h.* Fondé en 1918, cet établissement (dans la même famille depuis

4 générations) propose toujours son vin, son vermouth, sa charcut', ses frometons, ses fruits secs et ses bonbons à une clientèle fidèle. L'occasion d'un tour d'horizon de la production locale.

Où prendre un petit déj ? Où boire un verre ?

Roslena *(plan B1,* ***41****)* **:** *pl. de la Llibertat, 4. ☎ 977-52-58-17. Tlj 7h-21h (15h dim).* Un concept multifonction derrière une large baie vitrée : café, comptoir de viennoiseries et pâtisseries, glaces, jus de fruits, salades originales et sandwiches appétissants, sans oublier le coin presse. Produits garantis frais. Tout cela en s'installant sur la vaste terrasse sous les arbres.

Museu del Vermut *(plan C1-2,* ***40****)* **:** *c/ de Vallroquetes, 7. ☎ 977-34-23-12. • info@museudelvermut.com • Tlj sauf dim soir et lun 12h-15h30, 19h30-22h30.* Point de rendez-vous des amateurs d'ambiance vintage et de vermouth, ce musée à la gloire de cette boisson à base d'absinthe (voir plus loin « À voir. À faire ») est l'endroit idéal pour nouer au bar des amitiés autour d'un verre parmi les 70 étiquettes du breuvage ou d'un plat local à base de vermouth, bien sûr, ou d'un choix de tapas.

À voir. À faire

Gaudí Centre Reus *(plan C2)* **:** *pl. Mercadal, 3. ☎ 977-01-06-70. • gaudicentre.cat • Au-dessus de l'office de tourisme. De mi-sept à mai, lun-sam 10h-14h, 16h-19h ; dim et j. fériés 10h-14h. Juin et fin sept, tlj 10h-14h, 16h-20h. Juil-sept, lun-sam 10h-20h ; dim et j. fériés 10h-14h. Entrée : 10 €, audioguide en français inclus ; réduc ; gratuit - de 9 ans.*
Ce centre d'interprétation extrêmement bien conçu est, sur 1 200 m², entièrement consacré à Gaudí (1852-1926). Plus qu'un simple étalage de sa biographie et de son œuvre, il permet au public de comprendre la manière dont cet architecte de génie s'est inspiré de la nature pour concevoir la structure même de ses ouvrages. La visite commence au 3e étage avec une projection de 10 mn (dispo en français) épatante de créativité sur tout ce qui a contribué à créer son style. D'abord influencé par le métier de chaudronnier de ses ancêtres, où une simple tôle génère un volume, Gaudí s'est tourné très tôt vers la nature et en particulier vers les arbres, dont l'élégance et la complexité le fascinaient.

Après avoir découvert quelques reproductions de ses réalisations majeures (maquette de la *Pedrera,* de la coupole du *palais Güell*) et répondu à quelques énigmes, on passe ensuite, en descendant, dans les coulisses de la vie et du génie de Gaudí. Vidéos, photos, témoignages audio, reconstitution de son atelier installé au cœur du chantier même de la *Sagrada Família*. Gaudí était surtout quelqu'un qui travaillait sur maquette. Le plus bel exemple, celle dite « du funiculaire » est à proprement parler renversante ! On apprend aussi les fonctions cachées de certains de ses traits architecturaux, et on s'interroge sur certains mystères jamais résolus de son œuvre. Pour finir, une vidéo en *panavision* présente le modernisme à Reus.

UN PROJET PARTI EN FUMÉE

En 1908, 2 Américains en visite à Barcelone demandèrent à Gaudí de plancher sur un projet grandiose : la réalisation d'un hôtel « Attraction » sur un site au cœur de Manhattan (celui des Twin Towers*). Avec ses 360 m de haut, il aurait été le plus haut gratte-ciel du monde. Hélas, avec sa mort accidentelle en 1926 et la perte d'une partie de ses archives dans un incendie lors de la guerre civile, il n'est resté que quelques croquis du fabuleux projet.*

Casa Navàs (plan C2) : *pl. Mercadal, 5-7. ☎ 977-01-06-70 (office de tourisme). • casanavas.cat • Tte l'année, visites guidées multilingues (notamment en français) à heures fixes, lun-ven ttes les heures 11h-18h – 20h juil-sept – (min 3 le mat et 3 l'ap-m), sam ttes les heures 11h-19h (min 4 le mat et 4 l'ap-m), dim et j. fériés ttes les heures 10h-14h. Résa en ligne fort conseillée, sinon achat du billet à l'office de tourisme. Entrée : 12 € ; réduc ; gratuit - de 8 ans.* Inspirée des palais gothiques vénitiens et construite entre 1901 et 1908, la Casa Navàs est l'œuvre du Barcelonais ***Luis Domènech i Montaner,*** l'un des brillants contemporains de Gaudí. L'architecte fut secondé par les meilleurs artisans de l'époque. Faut dire que son commanditaire, un riche industriel du textile, lui avait fait un chèque en blanc pour concevoir une maison-magasin qui devait en mettre plein la vue à ses fournisseurs et clients. Résultat : la casa Navàs est aujourd'hui ***l'un des intérieurs modernistes parmi les mieux conservés au monde.*** À noter, à l'extérieur, l'absence d'une tourelle d'angle, effondrée lors d'un bombardement en 1938. Il est question de la rebâtir.
La visite est vraiment fascinante car tout est resté dans son jus : des mosaïques aux vitraux Tiffany, des céramiques aux fers forgés, des parquets aux toiles de soie, des lustres au mobilier marqueté, sans oublier les bibelots d'époque. Vous y verrez même le 1er combiné téléphonique installé à Reus ! Et si la chambre à coucher nous a semblé un peu triste avec ses têtes de lit plaquées à la feuille d'or, le bureau de monsieur, l'atelier de broderie de madame, la terrasse décorée de fresques historiques, la salle de musique avec son piano automatique, la cuisine conçue sur des normes hygiénistes témoignent d'un raffinement extrême. Une visite à ne pas manquer.

Prioral de Sant Pere (plan C2) : *tlj 10h30-13h (12h30 l'hiver), 16h30-20h (17h-19h l'hiver).* L'église gothique du XVIe s du centre-ville, dont on aperçoit de loin le clocher massif, est l'un des symboles de Reus. On dit que l'escalier en colimaçon qui mène au sommet inspira le jeune Gaudí. À voir, la rosace surplombant l'entrée et les chapelles latérales.

Museu d'Art i d'Història (musée d'Art et d'Histoire ; plan B1) : *pl. de la Llibertat, 13. ☎ 977-01-06-60. • museudereus.cat • Tlj sauf dim-lun 10h-14h, 17h-20h. GRATUIT.*
Sans être exceptionnel, ce musée bénéficie d'une muséographie bien conçue (vidéos, objets et photos) qui permet d'appréhender l'aspect culturel de la ville : son carnaval, ses célèbres *castells* (pyramides humaines), mais aussi son histoire à travers le développement économique de ses filatures. Reus fut aussi un temps l'égal de Londres ou de Paris dans le domaine de la bibine, puisque la bourse de la ville fixait le prix de l'eau-de-vie sur les marchés mondiaux.
Les beaux-arts sont également à l'honneur, avec de la peinture religieuse du XVIe s (provenant pour la plupart du maître-autel du prieuré de Sant Pere, démonté à la hâte pendant la guerre civile afin d'échapper aux bombardements). Enfin, nombreux sont les artistes locaux qui se distinguèrent dans les courants picturaux qui accompagnèrent le modernisme, comme *Hortensi Güell i Güell, Joaquim Mir ou Marià Fortuny i Marsal.* Évocation de l'élixir doré, autre nom pour l'huile d'olive. Également des collections de céramiques issues des ateliers de Reus aux XVIe et XVIIe s. À l'étage, salle des retables gothiques.

Museu Salvador Vilaseca (plan C1) : *raval de Santa Anna, 59. Mêmes horaires que le* Museu d'Art i d'Història. *GRATUIT.* Section archéologique (statues romaines) et expos temporaires parfois très intéressantes.

Museu del Vermut (musée du Vermouth ; plan C1-2) : *c/ Vallroquetes, 7. ☎ 977-34-23-12. • museudelvermut.com • Tlj sauf dim ap-m et lun*

12h-15h30, 19h-22h30 (23h30 ven). GRATUIT. C'est l'histoire d'un type qui commence une collection à partir d'une bouteille de *Cinzano* que lui offre son père... Aujourd'hui, le musée-bar-resto qu'il dirige compte plus de 1 850 bouteilles et près de 7 000 objets en relation avec le précieux breuvage. Mis au point par des moines bénédictins bavarois (*Wermut* est le nom allemand de l'absinthe, élément constitutif du vermouth). Il s'agissait à l'origine d'une boisson médicinale destinée à remonter le moral ! La visite des salles de ce temple du vermouth, aménagé dans une ancienne usine de 1920, ne contredit en rien la promesse des moines : on sait tout sur son histoire et on en ressort gonflé(e) à bloc ! Possibilité aussi d'y déjeuner et dîner (voir « Où boire un verre ? »).

L'HABIT NE FAIT PAS LE MOINE, LE VERMOUTH NON PLUS !

Martini *fut la seule marque de vermouth à déjouer l'embargo sur l'importation de boissons alcoolisées aux États-Unis pendant la prohibition. Faut dire qu'elle s'était fait passer pour un produit pharmaceutique sans alcool ! Après analyse, en fait, il y en avait quand même un peu...*

La route du modernisme : *promenade d'env 2h, en centre-ville, se procurer le plan à l'office de tourisme.* Un itinéraire qui vous fera découvrir (de l'extérieur seulement) ***29 bâtiments Art nouveau,*** dont certains sont à mettre au crédit des plus grands architectes modernistes : *Lluis Domènech i Montaner, Pere Caselles i Tarrats,* ou encore *Joan Rubió i Bellver* (l'assistant de Gaudí sur la Sagrada Família)... Sans parler de la façade baroque du **palau Bofarull** *(plan B1-2),* qui abrite aujourd'hui le conservatoire de musique ou la **Casa Rull** *(plan B2)* près du marché.

Institut Pere Mata *(hors plan par A1) : c/ Institut Pere Mata, s/n, à 2 km à l'ouest du centre-ville. Prendre direction Alcañiz/Falset par la N-420 (panneau sur la droite). Ou bus nos 30 et 31. ☎ 977-33-85-65. • peremata.cat • Juin-sept, lun-sam 11h-14h, 16h30-18h30 ; dim et j. fériés 11h-14h. Le reste de l'année, seulement sam 11h-14h, 16h-18h ; dim et j. fériés 11h-14h. Fermé 1er et 6 janv et 25-26 déc. Entrée : 6 € ; réduc ; gratuit - de 9 ans. Audioguide (anglais ou espagnol).* Ayant convaincu la bourgeoisie locale de la nécessité d'améliorer le traitement et les conditions d'internement des malades mentaux, le docteur *Emili Briansó* s'adressa au célèbre architecte ***Lluís Domènech i Montaner*** pour réaliser cet hôpital. Édifié de 1897 à 1912, cet ensemble moderniste majeur, facilement repérable par sa tour haute de 30 m, abrite toujours un hôpital universitaire et psychiatrique. Seule partie ouverte à la visite, le *pavelló dels distingits* (« pavillon des illustres » !) est un joyau de l'Art nouveau catalan. Orné de riches mosaïques et d'élégants vitraux, il a conservé son mobilier d'origine.

Marché et fêtes

- ***Marché :*** *lun-sam mat, et jeu et ven tte la journée au Mercat central (plan A-B1-2), c/ Sant Joan.* Brocante le samedi.
- ***Trapezi :*** *1 sem vers mi-mai. • trapezi.cat •* Festival du cirque de Catalogne.
- ***Festa major de Sant Pere :*** *fin juin, pdt près de 1 sem.* Spectacles, concerts et parade des géants s'enchaînent en l'honneur de Sant Pere (Saint-Pierre), patron de la ville. Le 29 juin, jour de sa fête, est férié à Reus. Parmi les moments forts, les *tronadas* (orages), grosses pétarades au mortier sur la place du marché.
- ***Festes de Misericòrdia*** *(fêtes de la Miséricorde) : 20-25 sept.* C'est la 2e fiesta la plus importante de Reus. Plein d'animations, notamment les célèbres *castells* (tours humaines).

LA RUTA DEL CISTER : LE TRIANGLE CISTERCIEN

Carte *p. 359*

LES MONASTÈRES : UN PEU D'HISTOIRE

Il faut remonter au Moyen Âge pour comprendre la raison de la profusion de monastères dans cette province. En 985, le calife de Cordoue ***Ibn Abi Amir al-Mansûr,*** autrement dit *Almanzor* (le Victorieux, en arabe), enchaîne les campagnes pour étouffer les prémices de la *Reconquista.* Il y parvient et détruit Barcelone, contraignant ses habitants à quitter la ville... Les comtes de Barcelone font bien appel aux Francs, mais Lothaire est occupé en Alsace et Hugues Capet fait semblant de ne rien savoir...

Les Barcelonais trouvent alors refuge dans les hautes vallées, comme celle d'Urgell. Mais l'afflux de population est si important et l'espace agricole si restreint que la famine fait rapidement son apparition. Seule façon de s'en sortir : retourner dans les plaines. Les 1ers à oser sont des ordres monastiques. Beaucoup viennent de Bourgogne et appartiennent à ***l'ordre de Cîteaux,*** fondé en 1098 par ***Robert de Molesmes*** et boosté dès le début du siècle suivant par un certain ***Bernard de Fontaine,*** abbé de Clairvaux (saint Bernard, en fait !). Ce dernier, par un habile tour de passe-passe, réussit à réconcilier 2 règles religieuses : celle très stricte des cisterciens (qui prône le dénuement pour rester fidèle à l'Évangile) et celle de ***saint Benoît,*** qui invite à cultiver la terre tout en s'isolant du monde extérieur.

DITES-LE AVEC DES FLEURS !

Pour calmer un méchant dragon qui semait la terreur dans toute la région, il fut décidé de lui offrir la princesse de Montblanc... Rien que ça ! Alors que le monstre s'apprêtait à la gober toute crue, le beau saint Georges débarqua à cheval et le terrassa. Un rosier rouge poussa alors sur les lieux du massacre. Et voilà pourquoi, depuis, les amoureux offrent une rose rouge à leur bien-aimé(e)...

Du coup, la réforme de Cîteaux, jusqu'alors balbutiante, essaime un peu partout en Europe. Rien qu'en Catalogne, les cisterciens fondent pas moins de 150 monastères !

Santes Creus, sorti de terre en 1150, sera le 1er en terre ibérique, suivi de près par ***Poblet*** (en 1150) et ***Vallbona de les Monges*** (en 1153). Pour assurer la *Reconquista,* le besoin en hommes est tel que la terre est distribuée à qui veut bien la cultiver (y compris esclaves en fuite, faussaires, criminels et autres malfrats).

➢ Appartenant respectivement aux comtés catalans d'*Alt Camp, Conca de Barberà* et *Urgell,* les monastères de *Santes Creus, Poblet* et *Vallbona de les Monges* définissent les sommets d'un triangle (d'où l'appellation de « triangle cistercien »).

Tout cela englobe dans son périmètre quelques petites villes et villages non dénués d'intérêt dans lesquels le routard curieux trouvera quelques sites et musées remarquables, ainsi que de nombreuses possibilités d'excursions. Les ***marcheurs et vététistes*** s'intéresseront notamment au GR 175 qui parcourt la région sur 105 km.

– ***Billet Ruta del Cister :*** • *larutadelcister.info* • *En vente dans les 3 monastères ou en ligne sur* • *patrimoni.gencat.cat/en/la-ruta-del-cister/cistercian-route-pass* • *Tarif : 15 €.* Inclut la visite des 3 monastères.

LA CATALOGNE

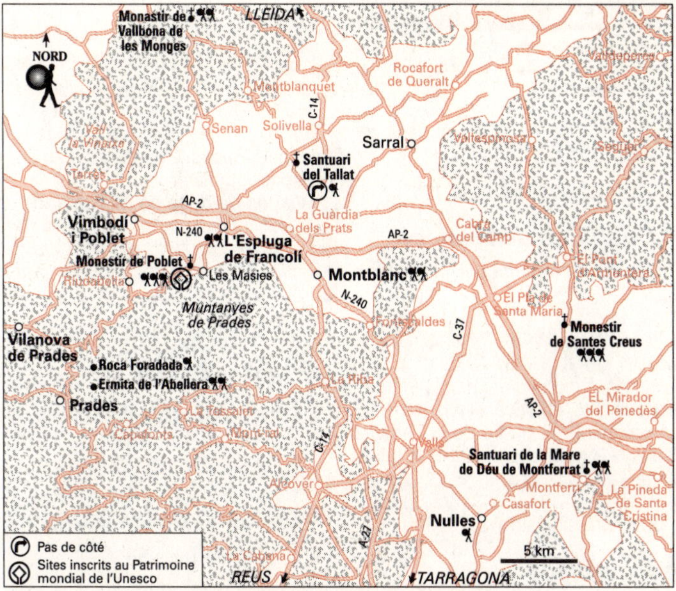

LA RUTA DEL CISTER

Arriver– Quitter

Montblanc, L'Espluga de Francolí et Vimbodí

Proches du monastère de Poblet, ces petites villes sont desservies par la ligne ferroviaire Barcelone-Lleida. En revanche, sur place, à l'exception du monastère de Poblet, relié en bus depuis Tarragona, les transports publics manquent cruellement pour rejoindre les 2 autres...

En train

Estación RENFE : *la gare de* ***Montblanc*** *se situe c/ Aguiló, 12, non loin de la poste. Celle de* ***L'Espluga de Francolí*** *au nord de la ville et celle de* ***Vimbodí i Poblet,*** *passeig de l'Estació, vers la piscine municipale. ☎ 912-320-320 et 900-41-00-41 (rodalies). ● renfe.com ● rodalies.gencat.cat ●*

➢ ***Barcelona*** *(1h40-2h15)* **:** 4-5 trains/j. dans les 2 sens.

➢ ***Tarragona*** *(env 1h)* **:** 3 trains/j. dans les 2 sens.

En bus

Pour info, très peu de bus le w-e et aucune possibilité de connexion en transports publics entre les différents monastères.

➢ ***Reus*** *(1h45)* **:** avec la compagnie *Hispano Igualadina (☎ 902-92-91-92 ; ● igualadina.com ●).* 3 bus lun-sam à 6h, 7h et 14h10 de Reus pour Montblanc ; retour lun-ven à 15h55 et 19h50. Sinon, retour possible de Montblanc via Camp Tarragona lun-ven à 9h50, 14h50 et 17h20 avec *Plana (☎ 977-55-36-80 ; ● empresaplana.cat ●).*

➢ ***Ligne Tarragona-monastère de Poblet :*** avec *Plana (☎ 977-55-36-80 ; ● empresaplana.cat ●).* 1 bus/j. lun-ven à 12h ; retour vers 16h55. Il dessert Camp de Tarragona (gare des trains à grande vitesse), Montblanc et L'Espluga de Francolí.

Adresses et info utiles

Consulter : ● *larutadelcister.info* ●

À Poblet

Oficina de turisme : *pg Abat Conill, 6. ☎ 977-87-12-47. ● turismeconcadebarbera.cat ● Mar-sam 10h-13h.*

À L'Espluga de Francolí

Oficina de turisme : *pl. Millenari, 1. ☎ 977-87-12-20. ● esplugaturisme.cat ● À l'entrée de la ville. Juil-août, tlj 10h-14h, 16h-19h. Le reste de l'année, lun-ven 9h-13h, 15h-18h ; sam 10h-14h, 16h-19h ; dim et j. fériés 9h-14h.* Accueil très efficace et en français. Le bâtiment fait partie de la **Fassina Balanyà,** une ancienne distillerie qui se visite *(tlj sauf dim ap-m et lun 10h30-13h30, 16h-18h ; entrée : 3,20 € ; réduc ; ● fassinabalanya.cat ●).*

À Montblanc

Oficina de turisme : *muralla de Santa Tecla, 56. ☎ 977-86-17-33. ● montblanc.cat ● montblancmedieval.cat ● Lun-ven 9h-16h (17h juin-sept) ; sam 10h-14h, 16h-18h (19h juin-sept) ; dim et j. fériés 10h-14h.* Accueil en français. Expos temporaires d'art dans l'espace attenant.

– **Visites guidées de Montblanc :** *en catalan ou castillan, tlj à 11h ; en français, sur résa 1 sem avt et 4 pers min (vérifier les horaires sur leur site). Tarif : 8 €/pers ; réduc. Visites adaptées aux enfants également.*

À Santes Creus

Oficina Comarcal de turisme : *pl. Jaume el Just (Monestir). ☎ 977-60-85-60. ● turisme.altcamp.cat ●*

À Vallbona de les Monges

Oficina de turisme : *c/ Prat de la Riba, 6. ☎ 973-98-25-00. ● vallbonadelesmonges.cat ● Mar-mer et ven-dim 10h-14h.*

Où dormir ? Où manger ?

À L'Espluga de Francolí, Les Masies (43440 ; 3 700 hab.) et aux alentours du monastère de Poblet

L'Espluga de Francolí est une bourgade agricole qui doit son essor à la proximité du monastère de Poblet (2,5 km). Elle se prolonge jusqu'au hameau des Masies.

Auberge de jeunesse

Alberg Xanascat de L'Espluga de Francolí : ***Les Masies,*** *s/n. ☎ 977-87-03-56. ● alberg.espluga@gencat.cat ● xanascat.gencat.cat ● Au milieu des vignes, à 1 km du monastère de Poblet. Accueil tlj 13h30-22h (16h oct-Pâques). Résa très conseillée en hte saison. Selon période et âge (1-3 € de rabais si moins de 30 ans), lits en dortoir de 6 (avec sdb), 8 ou 17 pers 22-30 €, draps et petit déj inclus ; possibilité de doubles (2 lits séparés et pas de sdb). ½ pens 37-46 €.* Affiliée au réseau international des AJ. Presque 200 lits, dans une propriété organisée autour d'une grande cour. Certaines chambres disposent de la vue sur le monastère. Grande piscine en été. Garage à vélos, consigne. Accueil chaleureux. Anecdote : c'est dans la cour de cette AJ qu'eut lieu l'ultime revue militaire des brigades internationales, le 17 octobre 1938, immortalisée par un cliché de Robert Capa.

De prix moyens à très chic

Fonda L'Ocell Francolí : *passeig Cañellas, 2, à* ***L'Espluga de Francolí.*** *☎ 977-87-12-16. ● info@ocellfrancoli.com ● ocellfrancoli.com ● Dans le centre. Resto fermé jeu et dim soir. Doubles 78-85 €, petit* *déj inclus ; familiale aussi. Possibilité de ½ pens et pens complète. Menus 16,50 € en sem, 22 € w-e et j. fériés ; plats 12-25 €. Apéritif maison offert sur présentation de ce guide.* Sur une placette au cœur du village, ce petit hôtel familial (sans ascenseur) propose des chambres un peu datées mais proprettes, certaines avec balcon. Resto à l'ambiance d'autrefois pour une cuisine bien tournée dans la grande tradition locale. Le patron est un chasseur, et pas peu fier de ses trophées. On trouvera donc en saison du gibier dans l'assiette.

Hostal del Senglar : *pl. Montserrat Canals, 1, à* ***L'Espluga de Francolí.*** *☎ 977-87-01-21. • recepcio@hostaldelsenglar.com • hostaldelsenglar.com • À l'entrée du village en venant de Poblet. Doubles 66-78 €. Parking.* Cette grosse auberge des années 1970 abrite des chambres relativement petites mais pas déplaisantes (clim réversible) avec leurs couleurs douces et pans de mur en fausse pierre. Toutes ont un balcon, préférer celles sur l'arrière. Piscine municipale à 100 m. Accueil courtois. À éviter toutefois quand il y a fête au village (Sant Joan en juin ou Festa Major fin juillet), puisque tout se passe sous les fenêtres !

Castell de Riudabella : *finca Riudabella, s/n, à* ***Vimbodí i Poblet.*** *☎ 977-87-80-40. 659-99-56-23. • info@riudabella.com • castellderiudabella.com • En pleine campagne, à env 7 km à l'ouest de Poblet. 2 apparts : min 175 €/nuit pour l'appart 2 pers, 190 € pour 6 pers. Visite du château et dîner 65 €/pers.* Construction épiscopale sur les ruines d'une villa romaine, ce castelet un peu austère est dans la même famille depuis 1841 et abrite 2 appartements. Le 1er, dans les dépendances, peut accueillir 2 adultes et 2 enfants. Le 2d est perché au sommet et compte 3 chambres pour une salle de bains. Ce dernier, d'un rapport qualité-prix plus intéressant que le précédent, s'avère idéal pour une famille ou des couples qui se connaissent. Grande piscine en contrebas dans un beau jardin, avec jacuzzi extérieur et barbecue. Une adresse parfaite pour décompresser. Bon accueil de Pieter.

À Montblanc
(43400 ; 7 400 hab.)

À 8 km du monastère de Poblet.

De bon marché à prix moyens (max 30 € pour manger)

Fonda dels Àngels : *pl. dels Àngels, 1. ☎ 977-86-01-73. • info@fondadelsangels.com • Tlj sauf dim. Menu midi en sem env 19 € ; sinon, soir et sam env 26 €. CB refusées. Congés : 3 sem en sept et la dernière sem de déc.* Au cœur de l'ancien quartier juif *(judería)*, une adresse particulièrement prisée par les Catalans pour sa bonne cuisine familiale vraiment généreuse, avec *vino de la casa* sur la table dès votre arrivée. Accueil nature.

Les Quatre Taules : *muralla de Santa Tecla, 39. ☎ 977-86-22-07. • 4taules@jesusifina.com • Tlj sauf lun 9h (13h w-e)-15h30. Menu du jour en sem 18 €, 25 € le w-e.* Une devanture qui ne paie pas de mine s'ouvre sur une salle de bistrot décorée d'azulejos. Au fond, tables joliment dressées comme dans une salle à manger familiale. Plats alléchants et variés pour une cuisine élaborée à partir de produits locaux. Plats mijotés et, en vedette, les artichauts au four à déguster avec une sauce *romescu*. Le vin du patron est tiré d'un tonneau et servi dans une bouteille de bière ! Accueil pro sans chichis.

Pastisseria-confiteria Viñas : *c/ Major, 47. ☎ 977-86-01-58. Tlj sauf dim ap-m et lun 10h-13h30 (14h30 dim), 16h30-19h30. Congés : juil. Pâtisseries 4-7 €.* Depuis 1826, la réputation de cet établissement a largement dépassé la Catalogne. On s'y presse pour ses gâteaux et bonbons colorés débordants de créativité. Attention : prix au kilo, et ça grimpe vite !

Au monestir de Vallbona de les Monges

Coopérative L'Olivera : *La Plana, s/n. ☎ 973-33-00-92. • visites@olivera.org • olivera.org • Sur les hauteurs* *du village (fléché). Boutique ouv tte l'année, lun-jeu 8h30-14h, 15h30-18h ; ven-dim 10h (8h30 ven)-14h. Animations mars-oct seulement (envoyer un e-mail ou appeler pour visiter). Visite + dégustation (vins, cavas et huiles) 15 €/pers ; pique-nique 22 €/pers ; réduc.* Vente de vin blanc et d'huile d'olive produits dans un centre d'aide par le travail pour les handicapés. Une belle initiative. Propose des activités d'extérieur (visite du domaine avec kit-découverte fourni), ainsi que des pique-niques dans le vignoble (vin, charcuterie et fromage, pâté végétal pour les végan).

À voir et à faire dans le triangle cistercien

LE MONASTÈRE ROYAL SANTA MARIA DE POBLET ET SES ENVIRONS

Monestir de Poblet : *à* ***Vimbodí i Poblet,*** *4 km au sud-ouest de L'Espluga de Francolí. ☎ 977-87-00-89. • poblet.cat • Accès depuis L'Espluga en bus en sem avec Hispano Igualadina-Monbus (☎ 900-92-91-92 ; • igualadina.com •) ; pas de bus le w-e. Visites tlj 10h (10h30 dim)-12h30, 15h-18h (18h30 de mi-juin à mi-sept). Fermé 1er et 6 janv, 25-26 déc, ainsi que les ap-m de la Semaine sainte.* ***Billet combiné*** *vendu en ligne pour les 3 monastères : 15 €. • euromus.cultura.gencat.cat • Sinon, entrée : 8,50 € ; réduc. QR code à scanner et appli à télécharger pour la visite en français.*

En 1150, ***Ramón Berenguer IV,*** comte de Barcelone, donne des terres à 11 moines français venus de l'abbaye de Fontfroide, près de Narbonne. Ils y fondent ce monastère où la vie se partage entre prière et travail de la terre – aujourd'hui encore, les moines cultivent 10 ha de vignes. La communauté ainsi qu'une partie des cultures sont protégées par un triple mur d'enceinte long de 2 km. Sous patronage royal, Poblet se développe rapidement et compte dès le XIVe s plus de 60 villages sous sa juridiction. Saccagé puis abandonné en 1835, le monastère retrouve sa fonction religieuse en 1940, grâce à 4 moines venus d'Italie. C'est aujourd'hui ***le plus grand monastère cistercien d'Europe encore en activité,*** inscrit qui plus est sur la liste du Patrimoine mondial de l'Unesco.

La visite, enrichie de moyens audiovisuels, permet d'abord de découvrir le cloître, parfait exemple de la transition du roman au gothique avec ses chapiteaux ornés de motifs géométriques et végétaux. Tout s'organise autour : la cuisine, le réfectoire des moines, le chauffoir, le parloir et la ***salle du chapitre,*** un des joyaux du monastère. Cette dernière, agencée de telle façon qu'on pouvait y lire chaque jour un chapitre de la règle de saint Benoît, est remarquable pour sa cohérence architecturale. Pierres tombales au sol.

L'église abbatiale Santa Maria est, dans son ensemble, d'une tout aussi solennelle sobriété, avec son plan basilical à 3 nefs, croisée du transept et déambulatoire avec chapelles absidiales. Notez la richesse stylistique du ***grand retable Renaissance taillé dans de l'albâtre de Sarral.*** On ne peut manquer les impressionnants tombeaux royaux installés sur 2 larges arcades surbaissées reliant les piliers de la croisée du transept. Ici reposent les 8 rois d'Aragon et 6 de leurs épouses. Oh ! 2 petits chiens, symboles de fidélité, se font un bisou aux pieds d'Éléonore de Sicile.

On grimpe ensuite jusqu'à l'immense ancien dortoir de 87 m de long, d'une grande sobriété lui aussi.

Le petit musée installé dans l'ancien palais royal (quelques peintures du XVe au XIXe s et bois polychromes du XIIe s) est, quant à lui, vite vu.

Montblanc : *à 8 km de Poblet. Pour apprécier au mieux cette étape, récupérer un plan à l'office de tourisme (voir « Adresses et info utile. À Montblanc. Oficina de turisme »).* Cette attachante petite ville fortifiée datant du XIIe s tient son nom du modeste mont pelé, et ainsi plutôt blanc que vert... sur lequel se perchait autrefois son château. La pierre utilisée dans la ville, légèrement rosée, se colore au coucher du soleil d'harmonieuses nuances mordorées. Hauts de 6 m, ses remparts du XIVe s sont longs d'environ 1,5 km et flanqués d'une trentaine de tours carrées. C'est la muraille la mieux conservée de Catalogne *(de mi-juil à mi-sept, tlj sauf mar, visite d'une section de 300 m à partir de la porte Sant Jordi : 3 €, réduc).* La ville est riche en édifices médiévaux (églises, palais, couvent, hospice, pont) ainsi que d'un *Centre d'interprétació de l'Art rupestre...* Et, à ce titre, elle mérite vraiment qu'on s'y dégourdisse les jambes en arpentant ses pittoresques ruelles tortueuses pour aboutir à la plaça Major bordée d'arcades. Fin avril, Montblanc vit vraiment comme au Moyen Âge pendant toute une semaine à l'occasion de la fête de Sant Jordi. • *montblancmedieval.cat* •

Coves de L'Espluga : *c/ Catalunya. Infos et résas à l'office de tourisme de* ***L'Espluga de Francolí,*** *pl. Millenari, 1. En contrebas de la route qui contourne le centre, en direction du monastère de Poblet. ☎ 977-87-12-20. • covesdeles pluga.info • Mar-dim (plus lun juil-août) 10h30-13h30, 16h-18h (19h juil-août). Visite guidée en catalan de 1h15 : 7,40 € ; réduc ; gratuit - de 9 ans. Audioguide en français inclus. Prévoir une petite laine.* Se déployant sous le bourg et sur plus de 35 km, c'est l'une des plus grandes grottes du monde en roche de conglomérat. La visite se déroule sur les 500 premiers mètres de la galerie. Mais pas de concrétions spectaculaires : il s'agit d'une longue caverne où des animations multimédias assez réalistes retracent la dure vie des occupants aux époques préhistoriques. Quelques vitrines abordent la géologie du site. Dans une des branches de la grotte, la *Font Major,* reproduction des gravures rupestres datant du Paléolithique supérieur (il y a près de 15 000 ans) découvertes par hasard en 2019.

Museu de la Vida rural : *ctra de Montblanc, 35, à* ***L'Espluga de Francolí.*** *☎ 977-87-05-76. • museuvidarural.cat • Mar-sam 10h30-14h, 16h-18h30 ; dim et j. fériés 10h30-14h. Entrée : 6 € (incluant 20 % de réduc à la* Fassina Balanyà*) ; réduc ; gratuit - de 18 ans. Visite à l'aide d'un QR code possible en français. Compter min 1h de visite.* Aménagé (mais il faut le savoir) dans un manoir du XVIIe s, augmenté d'un bâtiment récent, une muséographie très contemporaine autour de la vie paysanne : après un sympathique petit film (français sur demande), une vaste salle expose les petits personnages de terre cuite de ***Josep Traité i Compte*** dans des dioramas de la vie quotidienne de la Catalogne d'hier. Superbe ! On passe ensuite, via une collection de charrettes, calèches et corbillards, au 2[d] bâtiment : collection d'outils en tout genre, agriculture (olive, vin et blé), reconstitutions d'ateliers et boutiques (pharmacien, fabricant d'espadrilles...), films d'époque, peintures murales... Retour ensuite dans le 1er bâtiment, pour terminer la visite avec de grands panneaux qui abordent les problèmes écologiques d'aujourd'hui et dressent un constat un peu pessimiste sur l'avenir de la région... Potager biologique.

LE MONASTÈRE DE SANTES CREUS ET SES ENVIRONS

À environ 35 km à l'est de Poblet, dans une région encore plus reculée. La route chemine le long de la vallée du riu Gaià, au milieu de vignes et de vergers. Le site, cerné d'épaisses forêts, est planté, lui, d'oliveraies et de vignes.
À Santes Creus, on accède au monastère en franchissant 3 enceintes par la jolie et baroque porte de l'Assomption. Superbe place, entourée d'anciennes dépendances de l'abbaye aux murs décorés de sgraffites. Mignon petit cloître dans l'hôtel de ville, un ancien palais abbatial.

Monestir de Santes Creus : *☎ 977-63-83-29. • patrimoni.gencat.cat • Sortie 11 de l'autoroute AP-2. Lun-ven, 4 bus/j. A/R depuis Valls, trajet 22 mn ; aucun le w-e (compagnie* Plana*, ☎ 977-21-44-75 • empresaplana.cat •).*

Ouv mar-dim, plus lun fériés, 10h-18h30 (17h oct-mai) ; dernière entrée 30 mn avt fermeture. Fermé 1er et 6 janv et 25-26 déc. Résa en ligne et QR codes à scanner pour la visite en 25 étapes. Entrée : 6 € ; réduc ; gratuit - de 16 ans, et pour tous le dernier mar du mois oct-juin. Contrairement à Poblet et Vallbona de les Monges, Santes Creus n'est jamais retourné à la vie monastique après la sécularisation de 1835. C'était pourtant la 1re implantation de l'ordre cistercien en Catalogne. Commencer la visite par le superbe montage audiovisuel *(ttes les 15 mn, durée 10 mn ; à 13h en français, dernière projection 1h avt fermeture),* didactique et distrayant puis de se rendre dans le cloître gothique où se trouve la fontaine d'ablution. C'est la partie la plus ancienne du monastère. La construction ayant démarré à la fin du XIIe s, les ornementations respectent scrupuleusement les règles de simplicité dictées par Bernard de Clairvaux. Mais la promotion du monastère au rang de panthéon royal de la couronne d'Aragon jusqu'en 1390 (Pierre IV, dit le Cérémonieux, le déplacera au monastère de Poblet), lui fait progressivement abandonner son idéal de dépouillement. Ainsi, seul ce *lavatorium* moussu garde sa sobriété, tandis que dans le cloître gothique chaque chapiteau déploie une grande variété de motifs sculptés : scènes bibliques (voir à l'angle sud-ouest la *Genèse,* et *Adam et Ève chassés du paradis*), animaux exotiques et créatures fantastiques.

L'église romane, l'une des rares d'Espagne à avoir conservé ses vitraux du XIIIe s, abrite le mausolée de Jacques II le Juste (Jaume) et de sa femme Blanche d'Anjou. Juste en face, la ***tombe de son paternel Pere III le Grand*** (voir encadré). Il paraît que leurs traits sculptés sont d'un réalisme étonnant par rapport à leurs visages réels.

Autre particularité, le maître-autel, du 100 % baroque ! En 2019, des experts, intrigués par la manière dont la Vierge était fagotée, ont entrepris d'alléger son buste des surcouches de peinture. Et quelle surprise ! La Madone montrait à l'origine un sein (référence au rêve d'allaitement qu'avait fait Bernard de Clairvaux). Visiblement troublés, les moines s'étaient chargés de la rhabiller à leur manière !

TROUVER BAIGNOIRE À SON PIED

Le tombeau de Pere III el Gran (« le grand ») est la seule sépulture des rois d'Aragon à n'avoir jamais été pillée. La raison ? C'est une sorte de baignoire en porphyre d'époque romaine et elle pèse un poids fou ! En 2010, une équipe de chercheurs est parvenue à mettre à jour sa dépouille et, ce faisant, les scientifiques se sont aperçus qu'on avait été obligé de lui couper les pieds pour le faire rentrer dans sa sépulture ! En voilà un qui ne volait pas son surnom !

Santuari de la Mare de Déu de Montserrat : *à env 1 km au nord-est du village de* ***Montferri.*** *621-22-38-15 (heures de bureau). • montferri.altanet.org • À 10 km au sud du monestir de Santes Creus. Tte l'année, tlj sauf lun et ven 10h30-13h30. Entrée : 4 €, réduc ; gratuit - de 7 ans. Et des visites guidées avec • caminskm0.com •* D'abord une petite vidéo instructive sous-titrée en français sur l'avènement de cette église pour le moins particulière. Sa construction fut initiée en 1925 par ***Josep María Jujol*** (un des bras droits de Gaudí), puis interrompue pendant plus de 60 ans. Visite de l'intérieur de cette prouesse moderniste constituée de briques de ciment confectionnées par les habitants eux-mêmes. Très photogénique !

La cave viticole moderniste de Nulles : *raval de Sant Joan, 7,* ***Nulles.*** *☎ 977-60-26-22. • adernats.com • À 15 km au sud-ouest du monestir de Santes Creus. Magasin ouv lun-ven 10h15-13h, 16h-19h ; w-e 10h-14h30. Visite guidée w-e à 10h30 et 12h15 (résa obligatoire) : 12,50 €, dégustation de 2 vins + 1 cava incluse. Balade en carriole dans le vignoble sur résa.* Construite en 1917 par ***Cèsar Martinell i Brunet,*** sa remarquable façade de briques, de pierre et de céramique rappelle celle d'une cathédrale aux pilastres de brique alignés verticalement, sans atteindre la majesté des caves *Codorníu* (voir « Le littoral barcelonais. Vilafranca del Penedès. Dans les environs. Sant Sadurní d'Anoia »). La maison *Adernats* élabore ici un *cava* de très bonne facture.

LE MONASTÈRE DE SANTA MARIA DE VALLBONA DE LES MONGES

HONGROIS RÊVER

L'église du monastère abrite depuis 1275 la dépouille de la reine Violant (Yolande) de Hongrie, épouse de Jaume Ier, roi d'Aragon. En 2002, le gouvernement hongrois débloqua une somme de 12 000 € pour la rénovation de son sarcophage, à condition de pouvoir jeter un coup d'œil à l'intérieur ! Refus catégorique des sœurs. La somme a quand même été versée. Non mais !

Monestir de Vallbona de les Monges : *à env 25 km au nord de Poblet et 50 km au nord-ouest de Santes Creus. ☎ 973-33-02-66. ● monestirvallbona.cat ● Avec Alsa (● alsa.com ●), 1 bus lun-sam depuis Lleida, mais pas de retour possible avt le lendemain ; trajet 1h35. Tte l'année, tlj sauf lun (ouv tlj en août) 10h30-13h30, 16h-18h (17h nov-fév). Entrée : 7 € ; réduc ; gratuit - de 8 ans. Visite guidée obligatoire ttes les heures (1re à 10h30, dernière à 18h ou 17h, alternativement en castillan et catalan ; dépliant en français). Petit film d'intro.*
Créé en 1153, ce monastère a été mixte jusqu'en 1175, quand les moines s'installèrent à Montsant pour faire du vin... Il abrite alors la principale communauté féminine de l'ordre cistercien en Catalogne. Depuis le XVIe s, afin d'être en accord avec le ***concile de Trente*** qui interdit aux nonnes de vivre dans un lieu isolé, un village a grandi tout autour. Désormais 6 religieuses (contre une bonne quarantaine autrefois) continuent d'y vivre. On n'en visite donc qu'une partie : la plus ancienne, avec le cloître (XIIe-XVIe s) où se combinent les styles roman (au sud) et gothique (au nord), l'église des XIIe et XIIIe s, ainsi que la salle capitulaire. Le clou de la visite étant cette vidéo grandeur nature et assez réaliste, projetée dans l'ancien dortoir : 2 nonnes en train de préparer leur pharmacopée traditionnelle.

Santuarí del Tallat : *env 6 km au sud de Vallbona de les Monges, fléché 2 km sur la droite. Jeu-dim 11h-14h.* Perché à 787 m d'altitude au beau milieu des éoliennes et des pins, ce sanctuaire marial de style gothique tardif abrite une Vierge noire à l'Enfant. Il veillait jadis sur les frontières des comarques (cantons) d'Urgell et de la Conca de Barberà. De là-haut, le panorama est splendide.

PRADES

(43364) 625 hab.

Entouré de forêts de pins et de châtaigniers, ce village ancien, perché à 953 m d'altitude, à environ 20 km du monastère de Poblet, se trouve en lisière du parc naturel de la serra de Montsant et du Priorat. Il doit son surnom catalan de *vila vermella* au grès rouge de ses pierres. La plaça Major, d'une belle cohérence architecturale, avec ses arcades, ses nombreux bars-restos et sa fontaine sphérique de style Renaissance, attire les citadins en fin de semaine. Rien de plus normal, car ses environs regorgent d'itinéraires de

rando. Quant à la légendaire pureté de son ciel, elle aimante depuis longtemps les amateurs d'astronomie. Joan Miró, « le peintre des étoiles », qui séjourna à Prades à l'été 1923, y peignit son 1er tableau qualifié de surréaliste. Les maraîchers de Prades cultivent une pomme de terre qui bénéficie d'une IGP. À l'automne, la prolifération des champignons dans les bois fait converger ici les mycologues amateurs.

Arriver – Quitter

En bus

Avec les bus *Plana (☎ 977-55-36-80. • empresaplana.cat •)*. Départs à côté de la pl. Major.

➢ ***Barcelona*** *(Passeig-de-Gràcia ; 3h15), via* ***Cornudella de Montsant, Reus, Cambrils, Salou*** *et* ***Tarragona :*** de Barcelone, lun-ven 1 bus vers 15h50 (7h50 sam), rien le dim. Retour de Prades, lun-ven à 6h40 ; pas de retour le w-e.

Adresse utile

🅸 ***Oficina de turisme i Centre d'Interpretació de les Muntanyes de Prades :*** *c/ de la Muralla, 3. ☎ 977-86-83-02. • prades.cat • Juin-sept, lun-sam 9h-15h, 15h-18h ; dim et j. fériés 8h-14h. Le reste de l'année, fermé lun-mar et ttes les ap-m.* Quelques infos et une excellente carte de randonnée (9 € ; et des cartes plus petites gratuites). Petite expo de sensibilisation aux écosystèmes de la région. Infos sur l'accès au Parc astronomique : *• par castronomicprades.cat •* Et bureau des guides sur place.

Où dormir ? Où manger à Prades et dans les environs ?

Camping

⛺ 🍽 ***Serra de Prades :*** *c/ Sant Antoni, à* ***Vilanova de Prades.*** *☎ 977-86-90-50. • info@serradeprades.com • serradeprades.com • ♿ À 15 mn en voiture au nord de Prades (9 km). Tte l'année. Compter 31-40 € pour 2 pers avec tente et voiture. Doubles 60-99 €, familiales aussi ; apparts 4-6 pers 139-219 €. Menus 13-35 €.* Un bien bel endroit, avec des emplacements bien ombragés sur des terrasses à flanc de montagne. Sanitaires impeccables, superbe piscine chauffée (solaire), resto de qualité, supérette, aire de jeux, tir à l'arc, tennis. Les tentes et certains bungalows thématiques sont implantés dans des zones faiblement éclairées afin de mieux observer les étoiles. Une petite carte des sentiers de rando alentour est fournie à chaque arrivant. Spa et massages. Accueil souriant et francophone. Une excellente adresse.

De prix moyens à chic (75-150 € pour dormir ; max 30 € pour manger)

🏠 ***Casa de Pagès Cal Crispi :*** *c/ Nou del Pont, 5. 📱 616-31-98-02. • calcrispi@calcrispi.com • calcrispi.com • En contrebas de la pl. Major. Téléphoner avt d'arriver, les proprios n'habitent pas sur place. Double env 85 €, petit déj inclus ; 1 studio pour 4 aussi.* Un jeune couple a transformé la demeure du grand-père du XIXe s en une agréable maison d'hôtes colorée et cosy. Chambres sobrement décorées mais mignonnes. Cuisine commune, espaces pour casser la croûte, salon et terrasse à disposition pour se sentir comme à la maison.

Apartaments turístics Can Llorenç : *c/ de la Muralla, 6. 607-38-10-04 ou 05. • info@pradescanllorens.com • pradescanllorens.com • Au cœur du village. Apparts 2-6 pers 80-110 € pour 2 (15 €/pers supplémentaire). Pas de petit déj.* Une poignée de gîtes en lourde pierre et au mobilier non moins léger, répartis autour d'une courette au centre du village. Pièce de vie en bas, couchage à l'étage dans 1 ou 2 chambres, certaines avec lits superposés selon les besoins, TV et chauffage pour tout le monde. Cuisine équipée avec tout ce qu'il faut pour tenir un siège en famille ou entre amis (à condition d'être passé à l'épicerie avant, bien sûr !). Bon accueil.

Xalet de Prades : *c/ Riu brugent, 16. ☎ 977-86-83-71. • info@xaletdeprades.com • xaletdeprades.com • Compter 95-230 € pour 2 selon saison.* Légèrement en dehors du village, ce complexe écologique apprécié des randonneurs offre plusieurs options originales : bungalows, chalets (jusqu'à 6 personnes), cabanes dans les arbres (minimum 2 nuits) et igloos. Déco rustique, certains bungalows disposent d'un jacuzzi. À dispo : terrains de jeux et de sport, balades en poney, mais aussi observatoire astronomique, spa et massages *(payants)*. Le resto **La Llosa** attenant *(ouv le soir ; plats 14-19 €)* propose une solide cuisine du terroir privilégiant les saisons et les produits locaux. Excellent accueil.

El Cafè de Prades – Cafè del Ball : *c/ de la Muralla, 3. ☎ 977-86-82-82. Tout à côté de l'office de tourisme. Tlj sauf lun, de 9h jusqu'au dernier client. Plat du jour env 8 € ; menu env 18 €.* Des pieds de cochon au poulet braisé servi avec des petites patates (de Prades bien sûr), aux pizzas maison ou au frichti du jour, l'assiette est bien remplie et le service rondement mené. Bon et pas cher.

La Taverna : *c/ del Centre, 6. 654-35-59-74. • casapageespons@gmail.com • Mer, jeu et dim le midi, plus le soir ven-sam. Congés : 1 sem après Pâques et 1 sem en sept. Résa fortement conseillée. Formule Tot Tapeta 22 €/pers ; carte 17-32 €.* Cette petite *braseria* chaleureuse, bardée d'affiches de ciné, dispense une cuisine simple, concoctée avec des ingrédients de la ferme familiale. Légumes du potager (dont les célèbres patates de Prades), quelques produits de la mer (hors potager !) et, à moins d'opter pour une formule *Tot Tapeta* (assortiment de tapas, le soir seulement), on a vite fait de se rabattre sur une grillade. Jolis desserts.

À voir. À faire

Accolé au parc naturel de serra de Montsant, l'espace protégé des montagnes de Prades offre de nombreux ***itinéraires de rando balisés*** à faire à pied ou à VTT ainsi que de l'escalade et du canyoning. Se renseigner au bureau des guides situé à l'office de tourisme.

Ermita de l'Abellera : *à 2 km à l'est de Prades ; compter 1h A/R depuis le village (départ de la pl. de Sant Roc). Ouv de mi-juin à fin sept, ven-dim 12h-14h (vérifier à l'office de tourisme). Entrée : 2 €.* Accrochée à sa montagne et entourée de falaises abruptes, cette petite église de grès rouge, comme suspendue dans le vide, mérite le détour. C'est ici que vint se retirer, en 1496, **Bernat Boïl,** le vicaire apostolique qui accompagna Christophe Colomb lors de son 2d voyage. Il est considéré comme le 1er à avoir prié dans une église du « Nouveau Monde ».

➢ **Roca Foradada :** *à 2 km de Prades ; compter 1h A/R depuis le village (départ de la pl. de Sant Roc ; se procurer le topoguide du sentier à l'office de tourisme).* Le grès rouge est un matériau tendre qui, soumis à l'érosion, engendre des formes particulières. Ici, une arche qui, toutes proportions gardées, rappelle les parcs américains de l'Utah.

LE PRIORAT

• Carte *p. 369*

À une quarantaine de kilomètres seulement mais aux antipodes de l'ambiance ultra-touristique des plages de la Costa Daurada, le Priorat, labellisé tourisme durable, est une région encore confidentielle. Lovée dans un cirque naturel qui lui confère un microclimat, cette terre de collines, plantée de vignes, d'oliviers et d'amandiers, ceinte de falaises escarpées et tailladées de ravines, réserve de belles surprises aux amateurs d'authenticité. Véritable sanctuaire de la nature – partiellement classé « parc naturel » –, le Priorat, avec ses petits villages perchés et ses coteaux abrupts peignés de vignobles, est aussi et surtout le pays du vin.

UN PEU D'ŒNOLOGIE

Si la tradition viticole du Priorat débute dès le XIIe s avec les moines de la chartreuse d'***Escaladei,*** elle est relancée dans les années 1980 par une poignée de passionnés, pour atteindre aujourd'hui l'excellence. On trouve ainsi 2 appellations – ***AOP Priorat*** et ***AOP Montsant*** – combinant principalement des cépages carignan et grenache, mais aussi merlot et cabernet. De plus, ***l'AOP Priorat*** est labellisée « Qualifiée », une distinction qu'elle partage seulement avec le ***Rioja*** en Espagne.
Généralement, ces vignes sont élevées au sein de petits domaines familiaux où les vendanges sont manuelles. Les vins du Priorat sont régulièrement plébiscités par les œnologues internationaux, et certains crus prestigieux affichent même des prix qui dépassent l'entendement !
À ne pas négliger non plus : la ***culture de l'olivier,*** présente dans la région depuis des millénaires. Elle couvre 3 500 ha et produit chaque année 4 800 tonnes d'olives, cueillies à la main, et près de 1 000 tonnes d'huile. La brochure *Ruta de l'oli* recense les coopératives qui organisent des visites avec dégustation.

LE PARC NATUREL DE LA SERRA DE MONTSANT

Couvrant 9 242 ha (soit une grande partie du Priorat), les paysages torturés de la ***cordillère de Montsant,*** classés « parc naturel » en 2002 et labellisé ***Europarc,*** constituent un véritable sanctuaire pour la flore et la faune. De hautes falaises calcaires percées de grottes et de gouffres, dont les sommets culminent à plus de 1 100 m, définissent autant d'itinéraires de rando et de voies d'escalade pour un tourisme actif et respectueux de l'environnement. Car ici, tout a été conçu pour les amoureux des grands espaces : les sentiers sont bien balisés et jalonnés de refuges confortables pour y passer la nuit. 80 % du territoire est protégé.
Infos : • *larutadelsrefugis.cat* • *et* • *turismepriorat.org* •
ℹ ***Centre d'info du parc naturel*** *(et du Priorat en général)* **:** *pl. de la Bassa, 1, à* ***La Morera de Montsant.*** ☎ *977-82-73-10.* • *parcsnaturals.gencat.cat/es/serra-montsant* • Point de passage obligé pour recueillir toutes les infos utiles sur le parc avant d'aller parcourir les parois et les sentiers du parc. Excellent accueil. Sur place, resto avec terrasse *(ouv ven-dim, sauf dim soir).* En dehors des heures d'ouverture, s'adresser au refuge situé dans le centre du village *(• morera.refugi@feec.cat •)* pour se procurer la carte du parc et quelques topos de rando.

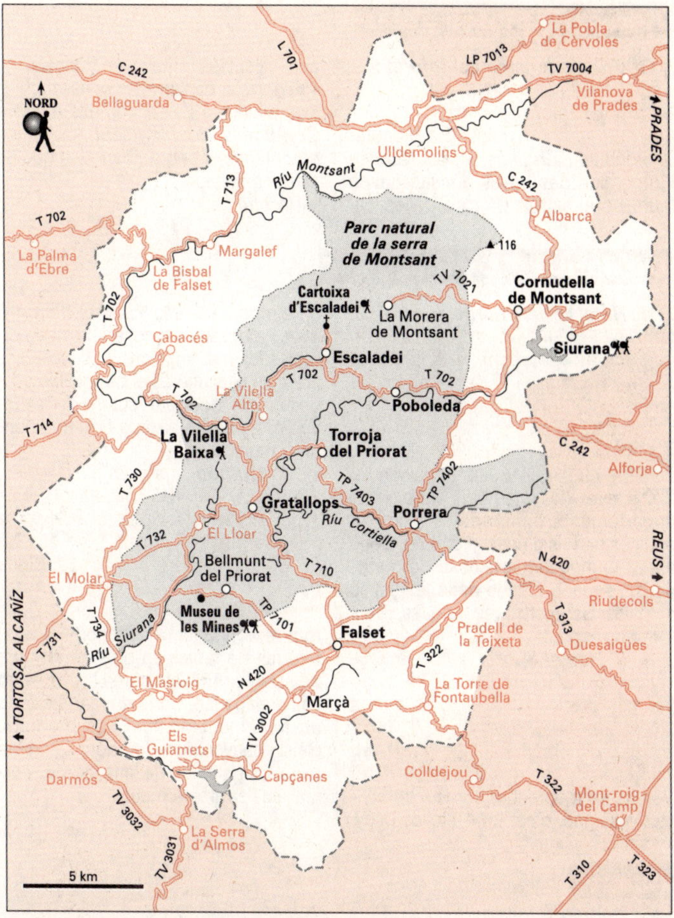

LE PRIORAT

Arriver – Quitter

➢ La ***voiture*** est le moyen de transport le plus pratique pour se rendre dans le Priorat et l'explorer. On suggère de commencer la visite par ***Falset,*** à seulement 30 km à l'ouest de Reus par la N-420.

FALSET *(43730 ; 2 740 hab.)*

Porte d'entrée sud du Priorat, ce bourg a conservé quelques beaux témoignages de son passé médiéval, comme le *portal del Bou* et le château des comtes de Prades.

Adresse et infos utiles

Oficina de turisme del Priorat : *pl. de la Quartera, 1. ☎ 977-83-10-23. • turismepriorat.org • Mar-dim 10h-14h (11h dim et j. fériés).* Se procurer la brochure *La ruta del Vi,* qui recense l'intégralité des caves à visiter (avec leurs horaires), et précise celles qui accueillent les visiteurs en français.

– ***Argent et carburant :*** pensez à faire le(s) plein(s) à Falset car, mis à part à *Cornudella de Montsant,* la région compte aussi peu de banques que de stations-service.

– ***Marché :*** *mar.*

Où dormir ? Où manger ?

Hotel Lotus Priorat : *c/ Baix, 33. ☎ 977-83-10-45. • mail@lotuspriorat.com • lotuspriorat.com • En plein centre. Double 95 €, petit déj inclus. Résa recommandée. Studios et apparts 2-4 pers 85-125 € sans petit déj. Resto tlj à la carte pour dîner 20-35 € ; menu déj le w-e 20 €.* Une haute maison du XIXᵉ s, avec des chambres et de petits appartements confortables (clim) et équipés parfois d'un coin cuisine. Déco assez humoristique à base de matériaux de récup jusque dans les salles de bains. Bar-resto avec terrasse, dans le même esprit.

Hostal Sport : *c/ Miquel Barceló, 4-6. ☎ 977-83-00-78. • info@hotelspriorat.com • hotelpriorat-hostalsport.com • Doubles 99 €, 110 € le w-e ; petit déj env 10 €. Menu en sem 25 € ; carte 25-30 €. Parking 12 €.* Ne pas se méprendre sur le « *hostal* » de l'enseigne, c'est un 4-étoiles cosy, à l'atmosphère très « sports d'hiver », avec 2 douzaines de chambres confortables (clim et tapis chics), spacieuses pour les plus chères et tranquilles pour celles qui donnent sur la terrasse-jardin, à l'arrière. Resto très traditionnel, un poil cher.

Quinoa : *c/ Miquel Barceló, 29. ☎ 977-83-04-31. • xeff-quinoa@hotmail.com • À côté de l'Agrícola Falset-Marçà. Tlj sauf mar 13h30-15h30, et ven-sam 21h-23h30. Menu du jour en sem 14,50 €, 25 € le w-e ; nombreux petits suppléments.* Salle tout en longueur, aménagement austère fait de tables en bois et de murs de schiste. Ambiance très bruyante en cas d'affluence. Carte du marché avec un traitement original des produits. Cuisine savoureuse (ou non) selon les plats. Large choix de vins locaux, normal, vu l'environnement.

Achats

Aguiló Vinateria : *c/ Miquel Barceló, 11. 619-791-053. • enric@aguilovinateria.com • aguilovinateria.com • Dans la rue principale. Tlj sauf lun 10h-13h30 (14h ven-sam), 17h-20h ; dim 10h30-14h30.* Si le temps vous manque pour faire la tournée des caves et rencontrer les vignerons, sachez que cette boutique vend la plupart des vins de la région et des produits locaux.

À voir. À faire à Falset et dans les environs

Castell de Falset – Museu de Falset i Comarca (musée de Falset et de la comarque) **:** *c/ de Bonaventura Pascó, s/n, à Falset. ☎ 977-83-04-34. • falset.org/llocs-interes/castell-de-falset-museu-comarcal • Sur les hauteurs de la vieille ville. Lun et jeu-sam 10h-14h, 16h-18h (17h-20h juil-sept, 16h-18h oct-mars) ; dim 10h-14h (15h juil-sept). Fermé mar-mer. Entrée : 3 € ; réduc ; gratuit - de 8 ans.* Entre les vieilles pierres d'un château médiéval (XIIᵉ s), un musée qui retrace l'histoire de la ville et de son territoire, de la préhistoire à l'ère moderne par le biais d'un espace immersif et interactif bien réalisé. Cela dit, le cours de l'histoire s'y arrête aux guerres carlistes du XIXe s. Le siècle suivant – notamment la guerre civile – est passé sous silence... sujet encore trop sensible sans doute ? Pourtant, le château servit de prison pour les opposants républicains après la victoire des franquistes en 1939.

Agrícola Falset-Marçà : *c/ Miquel Barceló, 31, à Falset. 617-92-90-38. • etim.cat • Mars-déc, visite guidée (en catalan, castillan et anglais ;* ***résa obligatoire****) et dégustation (3 vins + 1 vermouth) lun-sam (sauf mer) à 10h et 17h, dim à 10h ; peut varier selon saison et affluence (en général, visites en plus ven-dim, et pas de visites l'ap-m juil-août). Entrée : 12 €. Fermé 1er et 6 janv, lun de Pâques, 15 août et 25-26 déc.* Cette coopérative viticole est installée dans un beau bâtiment moderniste, construit en 1919 par Cèsar Martinell, disciple du grand Gaudí. Une impressionnante « cathédrale du vin » avec fenêtres aux arches paraboliques, cuves, chais, etc., où l'on produit des rouges, blancs et rosés. Aussi des cuvées plus prestigieuses et quelques vins sucrés (AOP montsant).

Museu de les Mines de Bellmunt : *c/ de la Mina, s/n, à* ***Bellmunt del Priorat.*** *☎ 977-83-05-78. 626-38-47-06. • minesbellmunt.com • À env 5 km à l'ouest de Falset. Visite guidée sur résa obligatoire en catalan ; audioguide inclus en français. Juil-août, tlj sauf dim ap-m et lun à 11h, 12h et 17h. Sept-juin, w-e et j. fériés seulement à 11h, 12h et 16h30 (sauf dim pour la dernière). Entrée : visite guidée + musée 8 €, musée seul 3 € ; réduc ; gratuit - de 8 ans.* Gisement de plomb déjà exploité au néolithique. On vous coiffe d'un casque de chantier pour explorer un boyau de cette mine à 35 m sous terre. Même s'il fait frais, on imagine facilement le travail pénible des ouvriers. Exploitée de 1870 à 1972, elle compte une vingtaine d'étages, soit 14 km de galeries, et s'enfonce à 620 m de profondeur ! Une fois remonté, le minerai était trié par des femmes, puis chauffé pour en extraire le plomb dans des bâtiments modernistes qui abritent aujourd'hui des expos temporaires. Une visite intéressante... déconseillée aux claustrophobes !

GRATALLOPS *(43737 ; 236 hab.)*

Resserré autour de sa petite église, ce village, fondé dès le XIIe s, ne manque pas de charme. Si la viticulture est l'une de ses activités principales depuis le XVIIIe s, il fut porté sur le devant de la scène viticole internationale dans les années 1980 grâce à l'arrivée des pionniers de l'appellation AOP Priorat. En effet, protégé des vents froids par la superbe cordillère de Montsant, ses coteaux de *licorella* (schiste) bénéficient d'un ensoleillement exceptionnel, tant et si bien qu'aujourd'hui on y élabore les vins les plus prestigieux (et les plus chers aussi) de la région.

Où dormir ? Où manger ?
Où acheter de bons produits ?

Pension Elvira : *c/ Piró, 43. 660-45-68-95. • info@hostalelvira.com • hostalelvira.com • S'il n'y a personne, s'adresser à l'agrobotiga juste en face. Doubles avec sdb 60-65 €.* Dans une ruelle au pied du village, 6 chambres à la déco simple, fonctionnelles et bien tenues, avec chauffage. Cuisine et salon (avec TV) à disposition. Bon rapport qualité-prix-tranquillité.

Hotel Cal Llop : *c/ Dalt, 21. ☎ 977-83-95-02. • hotel@cal-llop.com • cal-llop.com • Près de la mairie. Resto ouv ts les soirs sauf lun. Congés : janv-fév. Double 135 €, petit déj et parking inclus. Tapas et raciones 10-25 € ; menus 30-45 € ; carte 30-50 €. Pack œnologique aussi. Vermouth offert sur présentation de ce guide.* Tout en haut du village, cette maison ancienne à la façade orange et bleu, magnifiquement rénovée, s'organise autour d'une dizaine de chambres et suites tout confort, colorées et chaleureuses. Grande douche ou salle de bains tendance : toutes sont différentes. Vue sur les toits du village ou sur la campagne. Salon cosy avec bouquins d'art et d'œnologie. Bon resto avec terrasse face à l'hôtel. Accueil charmant et en français.

La Cassola : *ctra T-710 Falset-Gratallops, km 8. ☎ 616-31-93-45. • juanberruezzo@hotmail.com • Tlj sauf dim soir 13h-15h30, 20h30-21h30. Menu en sem 18 € ; carte 25-30 €.* Isolé à un petit kilomètre au sud du village sur la route de Falset, ce grand restaurant vitré qui regarde les vignes propose une cuisine catalane correcte et sans fioritures qui tient bien au corps. Idéal avant une bonne sieste ou pour attaquer une rando. Bien aussi pour prendre un verre face au paysage. Quelques simples chambres boisées au-dessus du resto : *75 € la double avec petit déj.*

Vinícola del Priorat : *c/ Piró, s/n. ☎ 977-83-91-67. • info@vinicolapriorat.com • Tlj sauf dim ap-m 10h-14h, 16h-19h.* Une vaste boutique bien achalandée de produits locaux (vins et huiles), qui organise également des visites de caves des environs.

LA VILELLA BAIXA *(43374 ; 177 hab.)*

On aime bien ce vieux village endormi dans le fond d'une vallée, avec ses curieuses maisons médiévales à plusieurs étages blotties les unes contre les autres et agrippées au relief escarpé de la montagne. Ces « buildings » locaux forment comme une « skyline » au long de la petite rivière Montsant : La Vilella Baixa est d'ailleurs surnommée « le New York du Priorat » !

TORROJA DEL PRIORAT *(43737 ; 141 hab.)*

Dans un décor de montagnes, un attachant village viticole hors des sentiers battus, encore bien dans son jus et presque désert, avec ses hautes maisons bordant des rues très étroites (attention, culs-de-sac !), avec un ciel sillonné de martinets au crépuscule.

Où dormir ?

Hotel Ora : *c/ Major, 25. ☎ 977-09-94-88. • info@orahotelpriorat.com • orahotelpriorat.com • Doubles 180-207 €. Parking au bout du village.* À proximité de l'église, un boutique-hôtel de charme dans un ancien bâtiment du XVIIIe s de l'abbaye du Priorat. Les lieux ont été modernisés et proposent 13 chambres fonctionnelles au design moderne épuré. Salons confortables pour consulter les livres sur la région tout en sirotant un verre de vin choisi, ou dégustation de vins dans le cellier, accompagnée de fromages et charcuteries. Petite terrasse à l'arrière pour prendre le petit déj. Dîner sur réservation préalable avec des plats faits maison reflétant la tradition catalane. Accueil tout à fait adorable de Christian et Alexandra.

ESCALADEI *(43379 ; 30 hab.)*

Ce hameau de quelques maisons réparties autour de l'église doit son nom à la chartreuse voisine qui s'y installa en 1194. Les moines construisirent leur monastère à l'endroit même où, paraît-il, un berger aurait eu la vision d'une échelle dressée vers le ciel, menant à Dieu : la fameuse *escala Dei* (« échelle de Dieu » dans la langue de Voltaire).

Où manger ?

El Rebost de la Cartoixa : *rambla Cartoixa, 15. ☎ 977-82-71-49. • elrebost@hotmail.com • Tlj sauf lun 12h-19h, jusqu'à minuit ven-sam. Menu déj en sem 23 € ; plats 13-27 €.* On s'installe sans chichis dans une petite salle ou en terrasse sous les platanes. Pour vous faire patienter, la patronne pose sur la table un pichet de l'excellent vin de la maison, des tomates, du pain grillé, ou un peu de charcuterie et de fromage... Puis on passe aux choses sérieuses : des ragoûts mijotés, des grillades et autres plats typiques de la région. Un sacré coup de canif au régime, mais quel plaisir !

À voir. À faire

Cartoixa de Santa Maria d'Escaladei : *camí de la Cartoixa. ☎ 977-82-70-06. • patrimoni.gencat.cat • À 2 km du village, bien fléché. Tlj sauf lun non fériés : mars-mai, 10h-17h ; juin-sept, 10h-19h30 ; d'oct à mi-déc, 10h-17h ; de mi-déc à fév, 10h-15h30 ; dernière entrée 30 mn avt fermeture. Entrée : 5 € ; réduc ; gratuit - de 16 ans et pour tous le dernier mar du mois oct-juin.* Joliment niché sur le versant sud de la serra de Montsant, ce monastère du XIIe s, flanqué de cyprès, fut la 1re chartreuse de la péninsule Ibérique. Les moines de ce « prieuré » (d'où le nom de la région) occupaient à son apogée une trentaine de cellules disposées autour de 3 cloîtres et travaillaient les terres alentour, contribuant ainsi à l'essor de la viticulture locale. En 1835, le désamortissement ecclésiastique entraîna le pillage du monastère, chassant les moines de leur logis. Les terres furent revendues à 4 grandes familles, dont certaines vivent encore au village, comme les propriétaires du ***domaine Scala Dei*** (voir ci-après). De cette chartreuse ne reste donc plus que les ruines roses des 3 cloîtres et la reconstitution d'une cellule de moine.

Cellers Scala Dei : *rambla de la Cartoixa. ☎ 977-82-70-27. • cellersdescaladei.com • Tte l'année 10h30-18h. Visite guidée avec dégustation, mais **résa en ligne** (en catalan, castillan ou anglais) : 25 €.* L'une des plus grandes exploitations du Priorat, tant par sa surface de vignes que pour la qualité remarquable de ses vins rouges, AOP Priorat *(10-75 € la bouteille).* Dans un bâtiment plusieurs fois centenaire, où les moines entreposaient jadis vins, olives et blé, le magnifique cellier voûté livre un alignement martial de chais. Vente aussi d'huile d'olive artisanale.

POBOLEDA *(43376 ; 327 hab.)*

Ce village paisible à flanc de coteaux est bordé par la rivière Siurana et le parc naturel de la serra de Montsant. Très central.

À voir. À faire

Genium Celler : *c/ Nou, 92. ☎ 977-82-71-46. • genium@geniumceller.com • geniumceller.com • Situé au chevet de l'église, juste à côté de la mairie. Visite guidée en catalan, en castillan et parfois en anglais, tlj sur rdv (appeler). Tarif : 10 €, dégustation incluse.* Petite coopérative viticole gérée par 6 familles de Poboleda, dont les installations occupent plusieurs maisons du village qui remontent au XIIIe s. Leurs vins sont rouges (appellation AOP Priorat), parfois bio, et frisent vraiment l'excellence, pour des prix honnêtes *(15-40 € la bouteille).*

PORRERA (43739 ; 430 hab.)

La route de Falset à Porrera tournicote jusqu'à ce que se dévoile ce charmant village blotti dans une vallée, au bord de la rivière Cortiella, parmi vignes en terrasses, amandiers et oliviers.

À voir. À faire

Celler Sangenís i Vaqué : *pl. Catalunya, 3. ☎ 977-82-82-38. • celler@sangenisivaque.com • sangenisivaque.com • Boutique ouv lun-ven 9h-13h30, 15h30-18h ; w-e et j. fériés 10h30-13h. Visite guidée en castillan et anglais tlj sur rdv (téléphoner avt) : 10 € ; w-e et j. fériés dégustation à 11h.* On a vraiment adoré les fabuleux vins rouges (AOP Priorat) de ce petit domaine familial qui collectionne les récompenses tout en ne plombant pas le porte-monnaie *(10-65 € la bouteille).* Et même si les œnologues américains classent certains de leurs vins parmi « les meilleurs du monde », on apprécie la modestie du patron, Pere, et de ses filles Maria et Nuria (anglophones).

CORNUDELLA DE MONTSANT (43360 ; 970 hab.)

Village viticole aux confins du Priorat et à 2 pas du parc naturel de Montsant, Cornudella est aussi une bonne étape sur la route des montagnes de Prades et du triangle cistercien. L'été, on peut même descendre prendre le frais sur les rives du *Pantà* (« barrage ») *de Siurana* (location de kayaks).

Adresse utile

Oficina de turisme : *c/ del Comte de Rius, s/n. ☎ 977-82-10-00. • turismesiurana.org • Derrière la coopérative viticole. En principe, sam 9h-14h30, 16h-18h ; dim et j. fériés 9h-15h.* Renseigne sur les randos et les sites d'escalade du coin.

Où dormir ? Où manger ?

Lo Refugi : *c/ Major, 37 ☎ 977-82-13-13. • info@montsantnatura.cat • montsantnatura.cat • Lit en dortoirs 4-10 pers 15 € (avec repas du soir 25 €). Resto tlj 18h-minuit. Menu du jour 10 € ; carte 15-20 €. Verre de vin de la région offert sur présentation de ce guide.* Aménagé dans un ancien manoir, ce refuge ouvert toute l'année dispense ses chambres et dortoirs sur 4 étages. Salles de bains à partager. Petite cuisine, salle commune. Coin pour entreposer et réparer son vélo. Nourriture simple et roborative au resto *Lo Refugi Gastro Bar.*

El Palauet del Priorat : *c/ de les Eres, 9. 670-96-14-64. • dolors@elpalauetdelpriorat.com • elpalauetdelpriorat.com • ♿ Prendre la rue qui part à gauche de l'église, c'est plus loin sur la gauche. Doubles 98-116 €, suites plus chères ; petit déj 12 €. Pas de parking.* En plein centre-bourg, dans une vénérable demeure âgée de 130 ans, un hôtel de charme avec 8 chambres tout confort. Déco qui mêle habilement l'ancien au moderne. Un point fort, la qualité du petit déj. Bon accueil de la maîtresse de maison. Resto chic.

Où manger à La Morera de Montsant ?

À env 9 km de Cornudella, en plein *parc natural de la serra de Montsant.*

La Morera : *c/ de la Bassa, 10, une petite rue au centre de La Morera.*

667-44-29-04. • restaurantlamorera@gmail.com • Jeu-dim 13h30-16h. Plats 10-15 € ; menu 30 €. Salle un peu sombre, poutres au plafond. Cuisine traditionnelle toute simple, avec des produits locaux comme les escargots ou le lapin au chocolat. Patronne volubile et empressée. Étape œnologique pour découvrir les crus de la région.

SIURANA *(43362 ; 27 hab.)*

La route qui y mène vaut à elle seule la balade, traversant des paysages aussi vertigineux qu'époustouflants, entre falaises de grès rouge et forêts de pins et de chênes verts. Puis surgit, entre ciel et terre, un hameau perché sur un plateau en haut d'une falaise. On tombe sous le charme de la mignonnette église romane du XIIe s (beau portail ; 1 € pour éclairer l'autel baroque). Les quelques vieilles maisons typiques sont fleuries de rosiers et restaurées avec soin. Et puis (hors saison, bien sûr) on savoure cette quiétude qui caractérise les sites à l'écart du monde. Même s'il s'agit de l'un de nos villages préférés dans le Priorat, le surtourisme affecte la quiétude des lieux en été, au point que le maire a demandé de retirer son village de la liste des « Plus beaux villages d'Espagne ». *Parking extérieur : 3 €.*

À CHEVAL SUR LA MONTAGNE

Dominant le village, les vestiges d'une forteresse maure rappellent que Siurana fut, après un long siège, le dernier bastion de Catalogne à tomber aux mains des chrétiens en 1153. Une légende prétend même que la reine maure Abdelazia, se voyant perdue, aurait masqué les yeux de son cheval pour le faire sauter de la falaise avec elle… D'ailleurs, on verrait encore les traces des sabots du destrier réticent, gravées dans la roche !

Où dormir ? Où manger ? Où boire un verre ?

Càmping Siurana : *coll del Ginebre. ☎ 977-82-13-83. • aarbones@gmail.com • campingsiurana.com • Sur la droite avt le village. Ouv tte l'année. Env 20 € pour 2 pers avec tente et voiture. Bungalows 2-4 pers 45-100 € selon taille ; double 60 €. Plat env 15 €.* Noyés dans une pinède escarpée, des emplacements en terrasse, ombragés et calmes. Et des bungalows en bois, assez sommaires mais bien tenus. Resto-bar sur place. Sanitaires nickel. Piscine couverte et gazon synthétique. Une adresse essentiellement fréquentée par les adeptes de l'escalade.

Hotel La Siuranella : *c/ Rentadors, 2. ☎ 977-82-11-44. • siuranella@siuranella.com • siuranella.com • Tt au bout du village. Congés : de mi-janv à mi-fév. Doubles 104-144 €, petit déj inclus ; + 30 €/pers en ½ pens. Prix dégressifs dès 2 nuits. Au resto* ***El Tallers*** *(fermé lun-mar), menus 35-58 € ; menu « tapas » (avr-oct) dans le jardin, 18 €.* Le seul hôtel du village, avec quelques chambres un peu exiguës mais à la déco fraîche et plaisante. Les plus chères ont vue sur les sublimes environs, les autres sur les toits du village. Côté resto, une cuisine du terroir, plutôt inventive mais pas donnée. On est en droit de préférer, aux beaux jours, les tapas servis dans le jardin-terrasse assis sur « le rebord du monde ». Piscine. Une belle adresse avec accueil en français.

Restaurant Siurana : *c/ Major. ☎ 977-82-10-27. • reserves@restaurantsiurana.com • Au centre du village. Ts les midis sauf mar, plus sam soir. Congés : 24 déc-6 janv. Plats 12-20 €.* On s'installe avec plaisir dans une salle rustique, réchauffée en hiver par la cheminée, et protégée en été par les murs épais de la vieille bâtisse. Une adresse surtout réputée pour ses grillades d'agneau venant du troupeau du propriétaire, mais si votre choix se porte sur les recettes du coin, vos papilles ne seront pas déçues...

À voir. À faire

Les environs de Siurana sont bien connus des grimpeurs. Plusieurs sentiers de rando appelés ***Camins de llegenda*** arpentent aussi la région, notamment vers les ***Gorgs de la Febró*** ou les piscines naturelles du ***Toll de la Palla.*** Carte de ces sentiers et topos d'escalade à l'office de tourisme de Cornudella de Montsant (voir plus haut « Cornudella de Montsant. Adresse utile »).

LES TERRES DE L'ÈBRE

Carte *p. 377*

Entre la Costa Daurada et la communauté de Valence, bordée au nord-est par le Priorat, la région de l'Èbre est surtout connue pour son delta. Formé par des alluvions patiemment déposées à l'embouchure depuis plus de 4 000 ans, c'est à la fois l'habitat aquatique le plus important de la Méditerranée après la Camargue et la zone de production d'environ 25 % du riz espagnol. Quant aux terres en amont du fleuve, elles sont touristiquement méconnues et pourtant riches d'histoire et de traditions. Cette région de moyenne montagne est encore marquée par les traumatismes de la guerre civile, mais c'est aussi une admirable région viticole : la *Terra Alta*.

– Sites d'information : ● *catalunyaexperience.fr* ● et ● *terresdelebre.travel* ●

LE PARC NATUREL DU DELTA DE L'ÈBRE

Vers 1860, un ingénieur entreprend d'améliorer la navigabilité de l'Èbre, jusqu'alors marécageux, en creusant un canal entre la ville d'Amposta et la baie des Alfacs au sud. Celui-ci se bouche rapidement, mais le projet rebondit avec l'introduction de la riziculture. Succès immédiat ! La culture du riz colore d'ailleurs les paysages du delta au rythme des saisons. Au printemps, lors des semailles, les rizières inondées servent de miroir au bleu du ciel. L'été, le riz pousse et irradie l'horizon d'un vert hypnotique. À l'automne, elles prennent une teinte jaune doré, c'est le moment de la récolte. L'hiver venu, le paysage est plus morne, car on assèche les rizières pour préparer la nouvelle saison. En somme, le coin ressemble (pour ceux qui connaissent) à la Camargue, sans les chevaux certes, mais avec beaucoup plus d'oiseaux !

Le parc lui-même ne couvre que la bande côtière, une zone humide de 7 700 ha sur une largeur variant de 100 m environ à quelques kilomètres.

Derrière des plages à perte de vue (où il y a donc toujours de la place), vous trouverez, entre dunes, marais et lagunes, des observatoires avec des panneaux recensant les espèces d'oiseaux : flamants, spatules, ibis, busards des roseaux, hérons (et petit patapon)...

C'est après la récolte, en septembre-octobre, que les emplumés sont les plus nombreux. On en dénombre 300 espèces. Respectez les aires de nidification,

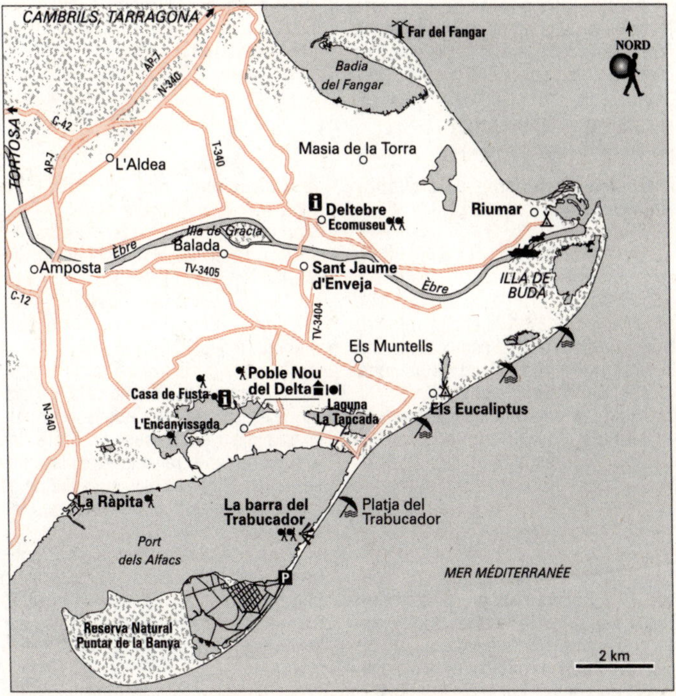

TERRES DE L'ÈBRE

généralement signalées par des filins marqués de petits rubans de couleur. Et dès la nuit tombée, roulez lentement, les phares sont des pièges implacables pour les oiseaux ! En journée, profitez de l'absence de relief pour enfourcher un vélo et pédaler entre terre et ciel sur le circuit fléché de 26 km de la *Route des Lagunes*, au départ de la Casa de Fusta.

Arriver – Quitter

En train

➢ ***Ligne Barcelona*** *(estació de Sants ou Passeig-de-Gràcia)* – ***Tortosa*** *(env 2h30)* **:** dessert Tarragone, PortAventura World, L'Ampolla (Deltebre) et L'Aldea (Amposta). Env 10 trains/j. dans les 2 sens. Moins cher que le bus.

En bus

➢ ***Barcelona*** *(Palau Reial ; 2h10)* **:** avec *Hife* ☎ 977-44-03-00 ; ● hife.es ●. Lun-sam, env 10 liaisons/j. dans les 2 sens avec L'Aldea (Amposta) ; plus rare, voire aucun dim. La ligne se poursuit jusqu'à Tortosa. On peut embarquer son vélo.

Comment se déplacer dans le Delta ?

En dehors de la route côtière, les transports publics sont faiblards dans la région, voire quasi inexistants dans le delta.

➢ L'engin idéal pour se déplacer reste le ***vélo,*** le delta étant plat comme une limande, et le réseau des pistes cyclables très bien agencé. On en trouve à louer quasiment partout *(compter env 10 €/j. pour un vélo classique, 29 €/j. pour un vélo électrique).*

Adresses utiles

Oficina de turisme de Deltebre-Riumar : *c/ Dr Martí Buera, 22, à* ***Deltebre*** *(43580). ☎ 977-48-96-79. • parcsdecatalunya.net • terresdelebre.travel • Avr-sept, tlj sauf dim ap-m 10h-14h, 16h-19h ; hors saison, sam 10h-14h, 16h-19h et dim 10h-14h.* Boutique de produits locaux. Consulter la rubrique « À voir. À faire » pour l'écomusée. Service minimum.

Oficina de turisme del parc natural - Casa de Fusta : *Partida Cuixota, dans les rizières à 2 km du village de Poble Nou ; prendre la route derrière l'Hotel L'Algadir del Delta. ☎ 977-26-10-22. • parcsdecayalunya.net • terresdelebre.travel • Lun-sam 10h-14h, 15h-18h (19h mai-sept) ; dim et j. fériés 10h-14h.* Boutique de produits locaux. Expo permanente et parcours extérieur, lire plus loin la rubrique « À voir. À faire ». Accueil agréable et renseignements pertinents. Location de vélos.

Deltacleta : *ctra TV-3451, km 3, à* ***Masia de la Torra,*** *à env 2,5 km au nord du stade de foot de Deltebre, par la ctra TV-3451. 648-72-58-62 ou 606-62-74-57. • deltacleta.cat/fr/ • En été, tlj sauf lun 9h30-20h30 ; hors saison, mêmes horaires mais seulement w-e et j. fériés. Compter env 29 €/j. la loc d'un vélo électrique pour adulte ; réduc.* Spécialisé dans le vélo à assistance électrique pour adulte et enfant, et tout plein d'accessoires. Prête des jumelles aussi et renseigne sur les choses à voir. Propose plusieurs itinéraires thématiques, soit guidés, soit gratuits.

Marché : *le jeu mat à Deltebre.*

➢ Nombreuses activités nautiques possibles en saison : voile, kayak, *paddle,* kitesurf... Les moins sportifs profiteront des croisières fluviales sur le dernier tronçon de l'Èbre avant la mer.

Où dormir ?

Campings

Càmping Eucaliptus : *c/ Eucaliptus, s/n, 43870* ***Amposta.*** *☎ 977-47-90-46. • info@campingeucaliptus.com • campingeucaliptus.com • Dans la petite station balnéaire d'Els Eucaliptus. Fermé fin sept-début mars. Compter 23-45 € pour 2 pers avec tente et voiture. Bungalows 3-5 pers 50-178 €. En basse saison, menu de bienvenue à prix réduit sur présentation de ce guide.* À 5 mn de la plage, un camping partiellement à l'ombre des... eucalyptus, sur un terrain mi-gazonné, mi-sablonneux. Évidemment, très fréquenté en haute saison par les caravanes et camping-cars à touche-touche. Équipements récents et de bonne qualité, à l'exemple des sanitaires. Mare à canards (pour de vrai !), ping-pong, belle piscine avec pelouse et bar-resto. Très bon accueil.

Càmping L'Aube : *camí de Càmping, 1, Riumar, 43580* ***Deltebre.*** *☎ 977-48-99-04. • aube@capfun.com • campinglaube.com • À 8 km de Deltebre, par la route de Riumar. Fermé fin sept-avr. Compter 20-26 € pour 2 pers avec tente et voiture. Bungalows (2 nuits min) 2-4 pers 44-150 €.* Proche de l'embouchure du fleuve. On est un peu trop les uns sur les autres à notre goût dans cet immense camping sans charme de 400 emplacements. Il est néanmoins parfaitement équipé (piscine, *paddle,* tennis, terrain de foot, supermarché et bar-resto, location de vélos) et surtout à 700 m à peine d'une belle plage de dunes.

Auberge de jeunesse

Alberg Xanascat Poble Nou del Delta : *pl. Jardí, s/n, 43549* ***Poble Nou del Delta.*** *☎ 977-74-22-03.*

• poblenoudelta.xanascat@gencat.cat • xanascat.gencat.cat • ♿ Sur la place de l'église. Congés : fin oct-début mars env. Selon période, nuitée 12-26 € (1-3 € de réduc - de 30 ans), petit déj et draps inclus. Pens complète et ½ pens possibles. En plein cœur du village, une AJ moderne, style « colonie de vacances ». Plus de 60 lits, répartis en chambres de 4 (réservées aux familles) et de 6. Le couchage est toujours superposé, et les sanitaires situés à l'extérieur (sauf pour les chambres pour personnes handicapées). Bonne tenue, clim, casiers et petit bureau. Cuisine, salle à manger et salon pour les hôtes. Accueil chaleureux.

De bon marché à prix moyens (40-60 €)

Toutes ces adresses de chambres d'hôtes *(turismos rurales ou casas de pagès)* sont situées à ***Poble Nou del Delta.*** La plupart des maisons du village sont construites sur le même modèle, et les chambres donnent toutes sur une cour intérieure. Il en va de même pour les services : pas de petit déj, mais cuisine à dispo, clim en été et chauffage en hiver.

Can Juvimar : *c/ La Cinta, 12. 📱 648-20-87-79. • canjuvimar@gmail.com • Doubles sans sdb 47-52 € ; une familiale avec sdb aussi. Résa 2 nuits min. CB refusées.* Une cour, évidemment, mais ici avec une euphorbe impressionnante en prime. Exiguës mais sobres et impeccables, 2 des chambres doubles se partagent une salle de bains. La familiale (avec 1 grand lit et 2 lits superposés) possède la sienne. Coin cuisine à dispo. Bon accueil du proprio.

Can Gilabert : *ronda Fortalesa, 14. ☎ 977-74-42-34. 📱 639-68-97-51. À l'orée du village. Double avec sdb env 50 €. CB refusées.* Une mamie propose 4 chambres pas bien grandes mais au confort suffisant et climatisées. 2 en rez-de-jardin, et 2 (nos préférées) donnant sur un long balcon surplombant la courette envahie de plantes grasses. Coin cuisine et barbecue à dispo.

Lo Segador : *c/ Major, 14. 📱 636-51-77-55. • info@losegador.com • losegador.com • ♿ Résa fortement conseillée. Double avec sdb env 60 € ; familiale aussi. CB refusées.* Une petite maison aux 6 chambres simples et confortables. Cour-jardin tranquille et cuisine à dispo super bien équipée. Terrasse sur le toit, meublée de quelques tables et transats. On peut y observer les étoiles grâce à 2 télescopes. Idéal pour passer quelques jours au calme, mais souvent complet. Accueil francophone de Laura.

De prix moyens à très chic (70-135 €)

Hotel L'Algadir del Delta : *ronda dels Pins, 27, 43549* ***Poble Nou del Delta.*** *☎ 977-74-45-59. • info@hotelalgadirdelta.com • hotelalgadirdelta.com • Congés : de mi-déc à fév. Doubles 99-148 €, petit déj inclus. Resto mer-sam midi et soir. Menus 45-75 € ; plats 14-36 €. Apéritif maison offert sur présentation de ce guide.* Un bel hôtel contemporain disposant d'une petite piscine dans un jardinet clos. Calmes, douillettes et modernes (minibar, belles salles de bains), ses chambres sont parées de grandes photos du delta. Les plus grandes sont à peine plus chères. Élégante salle de resto où sont servis de gourmands plats régionaux labellisés « Km 0 ». Espace fitness, salle de lecture avec nombreuse doc sur les oiseaux. Location et atelier de réparation pour les vélos. Excellent accueil en français (Marcel est suisse) !

Delta Hotel : *avda del Canal Camí de la Illeta, s/n, 43580* ***Deltebre.*** *☎ 717-71-57-75. • reserves@deltahotel.net • deltahotel.net • ♿ Fléché sur la gauche de la TV-3454 direction Ruimar. Congés : 2 sem en janv. Doubles 99-125 €. Supplément ½ pens 18 €/pers. Menu du jour 40 €.* Dans cet hôtel tourné vers la nature, un long couloir couvert de gazon synthétique donne sur une vingtaine de chambres familiales (4 chambres doubles). Toutes lambrissées avec mezzanine et bien équipées (frigo, clim réversible), elles sont vraiment très cosy. Jardin plaisant, piscine et spa complètent l'envie de se poser ici. Resto correct, sans plus.

Où manger ?

De bon marché à prix moyens (10-30 €)

La Terrasseta : *c/ Major, 1, à* ***Poble Nou del Delta.*** *621-25-53-31. • juanimarti43@gmail.com • Tlj sauf lun. Fermé 4 mois en hiver. Tapas et salades 8-18 € ; paellas, viandes et poissons grillés plus chers.* Cour-terrasse et salle sans chichis fréquentée par les locaux qui refont le monde autour d'une bière. Une adresse conviviale.

Casa Nuri : *c/ Final Goles de l'Ebre, s/n, ou Pas Illa de Buda, vora el Riu, à* ***Deltebre.*** *☎ 977-48-01-28. • restaurantnuri@live.com • À env 10 km de Deltebre par la T-340 (suivre le fléchage Illa de Buda). Tlj 9h-20h (cuisine ouv en continu). Congés :. 15 j. mi-janv. Menus 19-32 €.* Depuis plus de 25 ans, le succès de cette adresse ne se dément pas. Ne vous laissez pas impressionner par le grand parking et les stands de souvenirs qui s'y sont incrustés, la cuisine est restée familiale. La jolie salle aux touches rustiques et la large terrasse face à l'embarcadère des croisières sur le fleuve sont prises d'assaut par des habitués appréciant la variété de la cuisine, largement dédiée aux poissons et fruits de mer.

Plus chic (min 30 €)

Dans cette catégorie, ne pas négliger le resto de l'hôtel *L'Algadir del Delta* (voir plus haut « Où dormir ? »).

Can Paquita : *ronda dels Pins, 5, à* ***Poble Nou del Delta.*** *636-88-69-14. • canpaquita@hotmail.com • À l'orée du village. Tlj 8h30-18h sauf mar hors juil-août. Congés : 15 j. en fév. Menus 18 € midi en sem, 28-39 € soir et w-e ; plats 12-24 €.* Une des meilleures cuisines du coin, servie dans une grande salle aux airs de cantine. C'est le moment de goûter les spécialités du delta, comme tous les plats d'*arroces,* de poisson (spécialité d'anguille) et de fruits de mer.

Racó del Riu : *avda de l'Ebre, 162, 43877* ***Sant Jaume d'Enveja.*** *☎ 977-46-83-78. • info@racodelriu.com • Juste après le pont en quittant Deltebre, sur la gauche. Tlj sauf mar 11h-16h, et aussi sam 20h-23h. Tapas 6-8 € ; menu 32 €.* Une institution connue de tous les gens du coin, pour la sortie du dimanche en famille... mais aussi des groupes. Toutes les spécialités de fruits de mer, *arroces,* anguilles et autres plats de poisson sont de 1re fraîcheur et préparés avec talent. Profitez de la lenteur du service pour regarder la carte, véritable livre illustré de belles photos sur le delta d'antan. Vaste terrasse panoramique.

Ca'l Faiges : *ronda dels Pins, 13, à* ***Poble Nou del Delta.*** *☎ 977-74-27-03. • info@calfaiges.cat • À l'orée du village. Ouv ts les midis sauf lun, plus ven-sam soir. Congés : janv à mi-fév. Carte min 30 €.* Salle classique ou terrasse sur la rue. La maison est connue pour la qualité de ses fruits de mer, ses riz sous toutes les formes et ses paellas (min 2 pers), son canard et ses anguilles. Goûteux et copieux. Carte des vins bien choisie et à prix raisonnables.

Marisqueria Casa Ramon Marinés : *c/ Arsenal, 16, à* ***La Ràpita.*** *☎ 977-74-03-61. • casaramo@casaramon.com • Un peu sur les hauteurs, dans le centre. Tlj 13h-minuit. Menu déj 25 € ; carte 45 €.* Salles banales à la déco d'avant l'invention de la déco. Adresse tenue par une famille pittoresque... mais au menu, c'est le festin de Neptune ! De quoi transférer le contenu d'un aquarium dans votre assiette. Carte aussi dense que les fosses abyssales, qu'importe, il faut y plonger et faire un choix dans la longue liste qui navigue entre 15 et 100 € pour 2. Tout ce qui porte coquilles, carapaces ou écailles au royaume des mers s'y trouve et est servi en casserole, brut de décoffrage, mais on se goinfre sans culpabiliser. Qualité et fraîcheur garanties. Un resto qu'éviteront les chipoteurs. Service goguenard.

À voir. À faire

Séjourner dans le Delta de l'Èbre, c'est profiter des magnifiques plages désertes à l'extrémité du delta et à observer les oiseaux au fil d'une balade à vélo. Pour cela, prévoyez jumelles, chapeau, crème solaire et lotion antimoustiques. Et demander un plan où figurent les pistes cyclables dans l'un des centres d'information (voir « Adresses utiles » plus haut).

Ecomuseu del Delta de l'Ebre : *c/ Dr Martí Buera, 22, à* **Deltebre.** *Même bâtiment que l'office de tourisme de Deltebre et mêmes horaires. Entrée : 2,50 € ; réduc ; entrée combinée écomusée + Casa de Fusta : 4 €. Demandez la brochure en français.* L'expo commence à l'intérieur et fera plaisir à ceux qui aiment la lecture. On sort ensuite pour découvrir quelques canards, puis le parcours se poursuit : formation et évolution du delta, irrigation, riziculture, étude du biotope des lagunes, faune (petit aquarium) et flore, migrations, peuplement, lacs d'eau douce et salines, pêche, ostréiculture, navigation et transport de marchandises, notamment au moyen des fameuses *llaüt,* ces embarcations (sortes de felouques) caractéristiques de l'Èbre, etc.

Poble Nou del Delta : au sud du delta et au beau milieu des rizières, ce hameau aux basses maisons blanches toutes identiques, aux rues bordées de palmiers, de jacarandas et de lauriers-roses autour du clocher de son église, a des allures de mirage ! Il n'y a pas si longtemps, il s'appelait encore *Villafranco del Delta,* nom qui trahit son origine puisqu'il fut créé en 1957 par l'administration franquiste pour loger les « colons » chargés d'assainir les marais et de développer la riziculture.
Fan de la chasse au canard, une spécialité régionale, El Caudillo y séjournait régulièrement. Le village concentre d'ailleurs la plupart des hébergements du delta (normal, c'est le seul à avoir un semblant de charme...).

La Casa de Fusta (museu del Parc natural del Delta) : *à 2 km (c'est fléché) de Poble Nou del Delta. Mêmes horaires que l'office de tourisme (voir « Adresses utiles »). Entrée : 2,50 €, réduc ; entrée combinée Écomusée + Casa de Fusta 4 €.* Ancien refuge de chasseurs, cette grande cabane en bois du Canada, construite à la fin des années 1920 (!) et la **barraca** (maison traditionnelle à toit de roseaux) voisine accueillent, pour l'une, une expo permanente consacrée à l'ornithologie, avec force espèces empaillées, et aux lagunes du delta et, pour l'autre, un centre d'info avec vente de produits locaux.
À l'extérieur, chemin de 4 km avec plusieurs observatoires au bord de la lagune de l'**Encanyissada** (la plus grande du delta) où les flamants roses se regroupent pour se reproduire et s'alimenter de petits crustacés qui leur donnent la pigmentation de leur plumage.
Une piste cyclable fait une partie du tour de la lagune et poursuit vers celle de la *Tancada.* La *route des Lagunes* (à vélo toujours, 26 km) démarre également ici. Resto attenant et pique-nique possible.

DE GRANDS VOYAGEURS

À cause de leur taille, les flamants doivent prendre quelques mètres d'élan pour décoller des eaux. Ils volent en formation, en gardant cou et pattes étirés. Leurs battements d'ailes, puissants et réguliers, les propulsent à plus de 60 km/h sur des étapes de plusieurs centaines de kilomètres.

Món Natura : *Llacuna de la Tancada.* ☎ *977-05-38-01.* • *monnatura delta.com* • *À 5 km à l'est de Poble Nou del Delta (c'est très bien fléché). Semaine sainte et de mi-juil à mi-sept, tlj 10h-20h ; hors saison, mer-ven 10h-14h, w-e et j. fériés 10h-18h. Fermé de mi-déc à mi-fév. Résa en ligne. Visites guidées w-e et j. fériés à 12h et 16h. Entrée : 10 € ; visite guidée 12 € ; réduc ;*

LA CATALOGNE

forfait famille. Les panneaux et projections audiovisuelles du bâtiment d'accueil abordent les différents aspects du delta (histoire, faune et flore, etc.). Balade ensuite à l'extérieur autour d'une saline reconstituée, et halte dans les miradors à oiseaux (équipés de jumelles). En complément, jeux traditionnels, comme les quilles, et promenade en barque à fond plat typique *(llaüt).* Au cours des visites guidées, initiation aux techniques de pêche.

La barra del Trabucador : *à 8 km env de Poble Nou del Delta, fléché sur la droite.* Un des plus spectaculaires paysages du delta. Une langue de sable qui s'étire sur 6 km mais seul le 1er kilomètre est accessible en véhicule (jusqu'au parking), après il faut marcher. Côté mer, la plage del Trabucador, superbe et sauvage (n'était cette ligne électrique...) ; côté continent, le *Port dels Alfacs,* un golfe, souvent venté, avec ses parcs à moules et à huîtres. Le site est très fréquenté par les amateurs de kitesurf.
➢ Pour rejoindre ensuite vers l'est la minuscule station balnéaire ***Els Eucalyptus,*** très jolie petite route, jalonnée de quelques *barracas* et de prairies où quelques taureaux paissent tranquillement.

Petites croisières dans le delta : *c/ Final Goles de l'Ebre, s/n, départ du côté de Riumar, embarcadère face à la Casa Nuri (voir plus haut « Où manger ? »). ☎ 977-48-01-28. • creuersdeltaebre.com • Tlj 1 départ/h 11h30-12h30, 15h30-16h30 ; plus, en été, 10h30, 13h30 et 17h30. Compter env 11 €/pers ; réduc. Achat sur place 30 mn avt le départ ou en ligne 3 j. à l'avance. Durée : env 45 mn.* Les bateaux se dirigent vers l'embouchure de l'Èbre et les îles de Buda et Sant Antoní ou vers l'ancienne embouchure du riu Migjorn (départs 11h et 15h30). Autre itinéraire jusqu'à ***La Ràpita*** avec dégustation facultative d'huîtres en cours de route.
À défaut, en saison, on peut louer de petits bateaux sans permis chez les autres compagnies *(env 20 €/h).* On peut aussi se balader à pied ou à vélo pratiquement presque jusqu'à l'extrémité du delta.

La Ràpita *(43540) :* *à 10 mn de voiture de Poble Nou del Delta (30 mn à vélo).* C'est une ville fondée sur l'emplacement d'un village de pêcheurs à la fin du XVIIIe s par le roi Charles III, dans le but d'en faire un grand port. Malgré la construction de quelques édifices et d'une église, le projet s'enlisa faute de moyens. De nos jours, c'est une agréable station balnéaire avec des villas cossues en bord de plage de sable fin, des parcs et des larges avenues bordées de jacarandas. Nombreux cafés-terrasses pour siroter un vermouth et restos de crustacés pêchés et élevés dans la baie des Alfacs, extension des lagunes et des marais du delta. Une excellente manière, en somme, de découvrir la culture piscicole et, en particulier, celle des moules, très développée dans la région.

TORTOSA (43500) 33 930 hab.

Alanguie au bord du fleuve, balafrée par l'immanquable monument (franquiste, à l'origine...) aux combattants de la bataille de l'Èbre, Tortosa, élue capitale de la culture catalane en 2021, est une ville un peu oubliée. Et c'est bien dommage, car malgré les intenses bombardements de la guerre civile, le centre ancien de cette ville, qui fut jadis une plaque tournante du marché du blé et de la laine, cache des palais gothiques ou Renaissance et quelques fantaisies modernistes d'un grand intérêt. Ça mérite une petite journée de visite.
– Chaque année, la 2de quinzaine de juillet, se déroule le Festival de la Renaissance. • *festadelrenaixement.org/fr* •

Adresse utile

🛈 ***Oficina de turisme :*** *rambla Felip Pedrell, 3. ☎ 977-44-96-48. ● tortosaturisme.cat ● Tlj sauf dim ap-m 10h-13h30, 16h30-19h30 (oct-avr, 15h30-18h30 et ouv à 11h dim).* Installé dans une aile des anciens abattoirs de la ville, un superbe ***bâtiment moderniste*** aux influences néo-mudéjares qui abrite également le musée local. Pour visiter la ville, procurez-vous la ***Tortosa Card*** *(7 €, valable 3 j.).*

Où dormir ? Où manger à Tortosa et dans les environs ?

Hotel Berenguer IV : *c/ Historiador Cristófol Despuig, 36. ☎ 977-44-95-80. ● berenguer@key-hotels.com ● hotelberenguer.com ● ♿ Doubles 63-90 € ; petit déj env 13 €. Parking 10 € (mais pas pratique).* Coincé entre 2 immeubles du même style, cet établissement, situé à 10 mn à pied du centre historique, ne brille pas par son aspect extérieur. Mais l'intérieur change la donne, avec de grandes chambres modernes impeccables et tranquilles, réparties sur 6 étages. Accueil variable, en revanche.

Parador de Tortosa : *castillo de la Zuda, s/n. ☎ 977-44-44-50. ● tortosa@parador.es ● parador.es ● Doubles 92-165 € ; petit déj 19 €. Plats 12-25 €.* Construite sur des ruines du château de la Suda datant du Xe s, cette forteresse se tient fièrement sur son promontoire dominant la ville depuis ses épaisses murailles. Il existe des *Paradores* plus séduisants que celui-ci, mais rien à dire sur le confort et le service. La plupart des chambres disposent d'un petit balcon, avec vue sur la vallée pour certaines. Piscine (de mai à mi-octobre). Resto chic aux belles baies gothiques.

Mercat Municipal : *rambla de Felip Pedrell. Tlj sauf dim 8h-14h30 (15h ven-sam).* Vaste halle moderniste, construite dans les années 1880, au bord du fleuve. Comptoirs pour picorer des *pinxtos,* avaler un *bocadillo* en partageant, au ***bar Esther,*** un verre de *cava* avec les employés du coin.

La Torreta de Remolins : *c/ David Ferrando, 4. ☎ 977-44-18-93. ● info@latorretaderemolins.cat ● De l'office de tourisme, continuer la rambla Pedrell vers le nord, puis prendre à droite c/ Rasquera, puis 1re à gauche, enfin 1re à droite. Tlj sauf lun-mar 13h-15h30, et aussi ven-sam 20h30-22h30. Menu déj 16 € ; carte 22-28 €.* À l'écart des circuits touristiques, à 2 pas de l'ancien quartier juif, on ferait vite sa cantine de cette adresse aux salles rustico-chics. On s'attable devant quelques amuse-tapas en sirotant le *tinto* de la maison (servi ici en bouteille) pour savourer ensuite une cuisine du marché généreuse et bien servie ! Bon rapport prix-qualité.

L'Antigua Estació de Benifallet : *ctra C-12, km 39, 43512* ***Benifallet*** *(à env 30 mn de route au nord de Tortosa). ☎ 977-09-41-85. ● info@estaciodebenifallet.com ● estaciodebenifallet.com ● Sur la Vía Verde ; depuis Tortosa, direction Gandesa et bifurquer à gauche au panneau, env 400 m après la station Tamoil. Congés : janv. Selon section (albergue ou pensión), nuitée en dortoirs de 4-6 lits 30 €/pers en ½ pens ; en chambre double 80 €, draps et serviettes inclus ; petit déj 7 € ; réduc ; sdb dans ttes les chambres. Resto : en été, ven soir-dim midi. Menu 23 €. Possibilité de ½ pens et pens complète. Parking gratuit.* Sur cette voie ferroviaire désaffectée transformée en itinéraire de plein air (lire « Dans les environs de Tortosa. Vía Verde del Baix Ebre »), l'ancienne gare de Benifallet a été aménagée en *albergue-pensión*-resto. La section *albergue* abrite 4 petits dortoirs aux lits superposés, équipés de la clim et du chauffage, d'un peu de mobilier sur des sols stratifiés. Dans la partie *pensión,* les doubles offrent un peu plus de confort. Resto-bar très convivial préparant une cuisine locale, simple et généreuse. Location de vélos.

À voir

Les bâtiments modernistes : les amateurs ne rateront pas les quelques édifices situés à l'est du marché municipal, comme la ***casa Brunet*** de 1913, maison d'angle d'influence baroque, la ***casa José Bau*** de 1912 mais d'inspiration gothique et tout en hauteur, la ***clinica Sabaté,*** véritable délire néo-égyptien, ou encore (plus près du centre) la très remarquable ***casa Grego*** située en coin avec ses bow-windows et son arc outrepassé (difficile à prendre en photo d'ailleurs). Pour les découvrir toutes, se procurer le plan de la ville à l'office de tourisme.

Les Reales Colegios *(collèges royaux)* **:** *c/ de Sant Domènec, 12-23. ☎ 977-44-46-68. Mai-sept, tlj sauf dim ap-m et lun 10h-14h, 16h-19h ; horaires légèrement réduits hors saison. Fermé 1er et 6 janv, Pâques, 5 sept, 25-26 déc. Entrée : 3 € ; réduc ; gratuit - de 14 ans et pour tous le dernier dim du mois et avec la Tortosa Card.* Ces 3 bâtiments constituent ***le plus bel ensemble architectural Renaissance de Catalogne.*** Le collège de *Sant Jordi* et de *Sant Domènec* ne se visite pas car c'est un institut privé (on voit juste le superbe portail). L'église *Sant Domènec,* en revanche, abrite l'exposition permanente sur ce que fut la ville lors de son apogée, au XVIe s, ainsi que sur le Festival Renaissance qui s'y déroule chaque année (2de quinzaine de juil). Mais le plus intéressant ici, c'est peut-être le collège de *Sant Jaume i Sant Maties*. Il conserve une cour carrée monumentale d'influence italienne où figurent, tout au long d'une frise, le trombinoscope et les armoiries de tous les rois d'Aragon. Le collège était destiné à « éduquer » les morisques pour les amener vers la foi chrétienne. Il abrite aujourd'hui les archives de la ville (on peut d'ailleurs le visiter gratos en semaine ; le week-end, il faut demander à la billetterie de l'église *Sant Domènec,* ils ont la clé).

Catedral Basílica Santa María : *port de Palau, 5. ☎ 977-44-61-10. En été, tlj sauf dim ap-m et lun 10h30-13h30, 16h-19h ; en hiver, seulement le mat, plus sam 16h30-18h. Fermé les 5 et 12 sept. Entrée : 4,50 €. Inclus dans la Tortosa Card.* Imposant monument sorti de terre au XIVe s, sur les ruines d'un forum romain et d'une mosquée, conjuguant les styles gothiques français et catalan, et depuis largement baroquisé à commencer par la façade, inachevée mais richement décorée. À l'intérieur, les 3 nefs sans transept abritent le polyptyque de Santa María en bois doré datant de 1351 avec des scènes du Nouveau Testament et un retable de la 2de moitié du XVe s. Dans le cloître 100 % gothique (XIVe s), auquel on accède par la très belle *portal de l'Olivera,* une pierre datant du VIe s écrite en hébreu, latin et grec, ainsi que de nombreuses pierres tombales encastrées. Dans ***l'expo permanente*** du musée sont exposées des œuvres du XVIe s : sculptures, orfèvrerie, codex et parchemins.

Museu de Tortosa *(musée historique et archéologique des Terres de l'Èbre)* **:** *rambla Felip Pedrell, 3. ☎ 977-51-01-44. Mai-sept, tlj sauf dim ap-m et lun 10h-13h30, 16h30-18h30 ; horaires légèrement réduits hors saison. Fermé j. fériés et 1er dim de sept. Entrée : 3 € ; réduc ; gratuit - de 14 ans, avec la Tortosa Card et pour tous le dernier dim du mois. QR code à scanner.* Dans les anciens abattoirs de la ville, ce petit mais néanmoins intéressant musée, et qui vaut aussi par la singularité de son architecture, bénéficie d'une muséographie moderne. Il retrace l'histoire de Tortosa et des environs depuis la préhistoire jusqu'au début du XXe s.

La Juderia *(ancien quartier juif)* **:** la présence d'une communauté juive à Tortosa remonte à une époque très ancienne. Après la conquête de la ville par Ramon Berenguer IV, on lui attribua les anciens chantiers navals arabes pour lui permettre de s'installer durablement. Au début du XIIIe s, un nouveau quartier fut construit. Il a conservé à peu près intacte la structure de ses rues et on y retrouve encore quelques-uns de ses toponymes. Pour vous permettre un voyage-promenade dans le temps au sein des étroites ruelles blanches, procurez-vous la brochure dédiée à l'office de tourisme.

Monument aux combattants de la bataille de l'Èbre : à côté du pont enjambant le fleuve se dresse un hideux mémorial de fer rappelant les combats de 1938 où tombèrent 150 000 combattants. Inauguré par le Caudillo en 1966, pour rendre hommage exclusivement à ses propres troupes, il a depuis été débarrassé de ses symboles trop franquistes. Une majorité de Catalans souhaiterait le voir disparaître, mais une loi protège les monuments commémoratifs.

DANS LES ENVIRONS DE TORTOSA

Conjunt rupestre de la serra de Godall – Abrics de l'Ermita *(gravures rupestres) : ctra T-331, à 4 km au nord d'Ulldecona. ☎ 977-57-33-94. 653-93-72-04 ou 619-77-08-69. • turismeulldecona.com • Dans la serra de Godall, à 30 mn de route au sud de Tortosa. En voiture, autoroute AP-7, sortie 42 puis panneaux. Pas de bus. En train, ligne Barcelona-Valencia, arrêt Ulldecona. Abrics de l'Ermita : visite guidée seulement (possible en français sur résa ; 6 pers max, donc résa recommandée de tte façon), tlj sauf lun à 10h et 12h (et 16h sam) ; en août, pas de visite à 12h à cause de la chaleur. Entrée : 13 € ; réduc ; gratuit - de 9 ans.* Ce site classé en 1998 au Patrimoine mondial de l'Unesco est adossé à des rochers escarpés, où plusieurs cavités conservent des gravures peintes par des chasseurs de la préhistoire entre 7000 et 2000 av. J.-C. Dommage, la visite guidée est un peu chère, et les quelques petites gravures, très expressives, intéresseront surtout les spécialistes. Le néophyte se contentera du centre d'interprétation, en contrebas de l'ermitage, où s'est installée une auberge de jeunesse. Et puis celle-ci dispose d'une ample terrasse surplombant la plaine, parfaite pour boire un verre... et comprendre pourquoi ça fait 8 000 ans que les humains apprécient le coin.

Vía Verde del Baix Ebre : *sur 58 km (5h min l'aller à vélo) de Tortosa aux environs de Lledó. Plusieurs points d'entrée dont, à mi-chemin, à* L'Antigua Estació de Benifallet *(voir ci-avant « Où dormir ? Où manger à Tortosa et dans les environs ? »). • viasverdes.com • Loc de vélos : • estaciodexerta.cat •* Désaffectée depuis 1973, l'ancienne ligne de chemin de fer de la vallée de Zafán construite pendant la guerre pour transporter les troupes franquistes – et jamais vraiment terminée – fait dorénavant la joie des cyclistes. Facile sur 30 km, elle est bitumée et ne compte que 100 m de dénivelée. ***Lampe frontale obligatoire*** pour franchir les 40 tunnels, dont certains ont servi d'hôpitaux de fortune pendant la guerre civile. Retour au point de départ organisé via une navette. La balade passe par le superbe bourg médiéval de *Horta de Sant Joan,* cher à Picasso et à partir duquel on peut s'adonner au canyoning ou profiter des zones de baignade.

Coves Meravelles : *ctra de Benifallet, Tivenys ; à env 3 km de* ***Benifallet.*** *☎ 977-26-78-00. • covesmeravelles@gmail.com • benifallet.cat • À env 30 mn au nord de Tortosa, par la C-12 puis la T-301 ; la grotte est 3 km après Benifallet. Visite mer-dim ttes les heures 10h15-13h15, 16h15-19h15 ; en hiver, seulement le w-e jusqu'à 18h30. Tarif : 8 € (paiement par CB exigé) ; réduc ; gratuit - de 5 ans. Visite de 45 mn, température fraîche, prévoir une petite laine.* Seule une partie des grottes des Merveilles est ouverte au public, mais celle-ci est riche en formations. Les plus insolites sont les *hélictites* qui, contrairement aux stalagmites et « -tites », partent dans toutes les directions, comme pour défier les lois de la gravité. Ce phénomène reste toujours inexpliqué.

Miravet : *à 37 km au nord de Tortosa, par la C-12. Petit office de tourisme ouv le w-e (à l'arrivée du bac ; 608-18-97-33 ; • turismemiravet.cat •).* Les bombardements de l'aviation franquiste en 1938 ont heureusement épargné le quartier médiéval légèrement en surplomb d'un large méandre de l'Èbre. Et le site est aujourd'hui franchement superbe !

Castell templer de Miravet (château templier) **:** *sur les hauteurs. ☎ 977-40-73-68. Tlj sauf lun non fériés 10h-17h (19h30 l'été ; 15h30 de mi-déc à fév). Entrée : 5 €, réduc, gratuit - de 16 ans. Visite guidée ; visites théâtralisées en été.* Dalí avait pensé l'acheter pour l'offrir à Gala... Considéré comme l'un des plus beaux exemples d'architecture romane religieuse et militaire du monde occidental, on visite aujourd'hui le réfectoire, l'entrepôt, la cave et, à l'étage, l'église du début du XIIIe s. Cartels explicatifs en français. À la sortie du village, direction Benissamet, plusieurs ateliers de poterie traditionnelle dont les céramiques *Ferran* qui pratiquent encore des prix raisonnables (boutique).

Le bac de Miravet (pas de barca de Miravet) **:** *fonctionne tte l'année, sauf 1er et 6 janv et 25-26 déc. Traversée voiture : 3 €.* Une petite aventure à vivre sur un assemblage étonnant de 2 *laúds* (barcasses traditionnelles) réunies par une plateforme en bois. Absolument bluffant puisque ce dispositif n'utilise que la force du courant et une corde pour traverser d'une rive à l'autre. On s'interroge encore pour savoir comment ça peut fonctionner...

Bar Amadeo : *c/ del Riu, 20. Tlj 7h-23h45. 636-46-26-86. Tapas 5-12 €.* En bordure du coude du fleuve, une large terrasse dotée de mobilier d'alu pour se poser sans chichis et partager agréablement quelques tapas ou salades sous les arbres.

Catedral del Vi del Pinell de Brai (cave moderniste) **:** *à* ***El Pinell de Brai,*** *à 29 km au nord de Tortosa par la C-12. ☎ 977-42-62-34. • catedraldelvi.com • Musée ouv tlj sauf dim ap-m et lun 10h-19h ; fermeture de la boutique 1h avt. Entrée libre avec dégustation 7,50-12,20 €, ou le w-e avec visite guidée à 12h ou 13h30 et dégustation 9,50-14,20 € ; réduc ; gratuit - de 6 ans.* C'est incontestablement l'une des caves qui mérite le plus l'appellation de « cathédrale du vin », pour l'élégance de sa façade de brique ornée de faïences colorées et sa triple nef aux impressionnantes voûtes de bois. Financée par les viticulteurs de la région, sa réalisation fut confiée en 1917 à un disciple de Gaudí, ***Cesar Martinell.*** La visite, qui commence par le couloir des arômes, se termine par les presses à huile. Demander à grimper à l'étage, pour profiter de la vue d'ensemble. Resto attenant.

LA TERRA ALTA

Autour de Gandesa, petite ville tranquille à une quarantaine de kilomètres au nord de Tortosa, une microrégion, montagneuse, comme son nom l'indique. C'est justement dans ces *serras* qui suivent le cours du fleuve que s'est déroulée, en 1938, la bataille de l'Èbre, dernier espoir pour les républicains d'arrêter la progression de Franco et des nationalistes...

LA BATAILLE DE L'ÈBRE

Si ce nom est entré dans l'histoire, c'est certes pour le tournant décisif que cette bataille a représenté dans le déroulement du conflit, mais aussi pour son âpreté. Entamés dans la chaleur torride de l'été, et sur un terrain très accidenté de 600 km², ***les affrontements se sont éternisés 115 jours, du 25 juillet au 16 novembre 1938.***

Après les succès initiaux de la fin juillet, le manque d'organisation et d'armement s'est fait rapidement sentir dans les rangs républicains. Pour ne rien arranger, le Caudillo, qui avait bien compris l'enjeu, s'installa alors dans la serra de Pàndols pour diriger en personne les opérations et soumettre les troupes républicaines à d'incessants bombardements aériens, assurés par la Légion Condor, ces volontaires allemands tristement célèbres depuis Guernica. Les nationalistes reprirent l'initiative des attaques lors de la 1re quinzaine d'août. Mais, en septembre, la ***Société des Nations*** imposa aux brigades internationales de se retirer du conflit. Affaiblis, les républicains subirent le coup de grâce en octobre, lors de l'assaut de leur QG, posté sur la *serra de Cavalls,* non sans avoir héroïquement résisté. 4 mois plus tard, la République s'effondra lors de la chute de Madrid, le 28 février 1939.
Au total, 100 000 à 150 000 hommes – appartenant aux 2 camps – sont morts au combat dans ces montagnes. Nombre d'entre eux reposent toujours sans sépulture, sous les pins, dans les précipices ou au fond de tranchées comblées...
Voir aussi « La guerre civile » dans la rubrique « Histoire » de « Catalogne-Valence : hommes, culture, environnement » en fin de guide.
– ***Site d'information :*** *● batallaebre.org ●* Ceux qui s'intéressent particulièrement à la guerre civile espagnole pourront y trouver l'agenda des visites guidées régulièrement organisées sur ce thème.

Où dormir ? Où manger dans le coin ?

Hotel-restaurante Piqué : *avda de Catalunya, 68, 43780* ***Gandesa.*** *☎ 977-42-00-68. ● info@hotelpique.com ● hotelpique.com ● Juste à la sortie de Gandesa, sur la N-420 direction Lleida. Resto tlj midi et soir. Double 63 €. Menu déj en sem 15 €, le soir et le w-e 25 €.* Un resto de bord de route, avec une grande salle sans âme mais aux tables bien mises. Service (en noir et blanc) plus qu'efficace. Généreuse cuisine de tradition dont (vu les prix des menus) il n'y a franchement rien à redire. Pour l'étape, ce grand bâtiment blanc abrite une cinquantaine de chambres, en grande partie rénovées, plutôt spacieuses et tout confort (clim).

À voir

Centre d'interpretació 115 Dies et Poble Vell : *c/ Freginals, 18-24, à* ***Corbera d'Ebre.*** *☎ 977-42-15-28. ● batallaebre.org ● poblevell.cat ● À 8 km au nord-est de Gandesa. Centre d'interprétation : tlj sauf dim ap-m et lun 10h-14h, 16h-19h (17h été). Fermé 1er et 6 janv et 25-26 déc. Tarif : 4 € ; réduc ; gratuit - de 12 ans et + de 65 ans. Brochure en français très complète. Visite de Poble Vell : mars-oct, tlj sauf dim ap-m et lun 9h30-14h, 16h-19h ; nov-fév, seulement w-e 10h-14h, fermé en sem. Résa obligatoire. Entrée : 5 € ; réduc ; 10 € avec visite guidée.* Moderne et très bien conçu, le musée ***115 Dies*** relate les 115 jours que dura la bataille de l'Èbre à travers une foule d'objets, de témoignages, de films et de photos d'époque.
Quant à ***Poble Vell,*** situé de l'autre côté de la nationale, il s'agit du vieux village de Corbera d'Ebre. Symbole de la violence des combats, il a été laissé en l'état après les bombardements de 1938. Ses ruines en disent plus qu'un long discours sur l'horreur de la guerre. Visite indispensable après celle du musée.

La terre est ici, en de nombreux endroits, encore marquée par la guerre. Vers Vilalba del Arcs, par exemple, les tranchées d'***El Barrancs*** sont encore clairement visibles (pas de visite). Au point culminant de la ***serra de Pàndols*** (la côte 705 pour les militaires), un monolithe rappelle que se sont déroulés ici, du 9 au 19 août, les plus violents combats.

LES PYRÉNÉES CATALANES

LA GARROTXA

• Carte p. 389

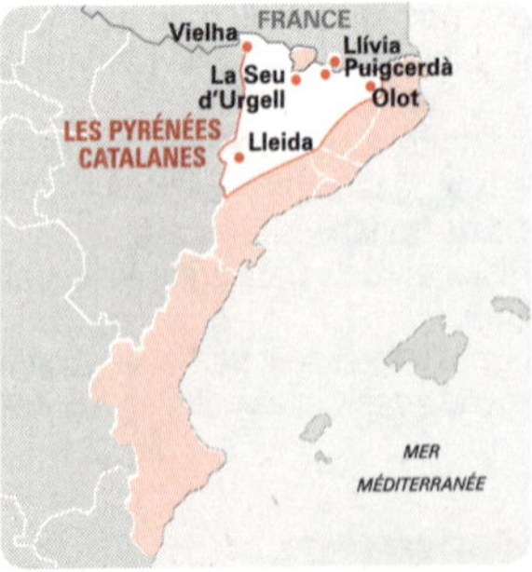

Cette région du piémont pyrénéen, à l'ouest de l'axe Figueres-Gérone, révèle un arrière-pays très vert, marqué au sud par un surprenant héritage volcanique. Les Barcelonais viennent s'y ressourcer pour des séjours nature, entre randonnées et balades à vélo, lorsqu'ils n'investissent pas carrément dans une résidence secondaire par ici. Au cœur de ce pays à mi-chemin entre Méditerranée et Pyrénées, un parc national de 12 000 ha, qui compte en son sein pas moins d'une quarantaine de volcans et des possibilités d'activités « outdoor » à n'en plus finir.

Autour d'Olot, principale ville de la Garrotxa (prononcez « Garrotcha »), les vieilles pierres des villages de Besalú et Santa Pau invitent à de charmantes escales. On y découvre une Catalogne chargée d'histoire, au patrimoine médiéval partiellement préservé malgré les séismes dévastateurs du XVᵉ s. Enfin, la Garrotxa est également réputée pour sa cuisine. La fertilité des sols a donné jour à une gastronomie (on parle de « *cuina volcànica* ») s'appuyant sur l'excellence des produits locaux.

– Voir aussi • *turismegarrotxa.com* •

OLOT (17800) 34 000 hab.

• Plan p. 391

Capitale de la Garrotxa, Olot n'est ni la plus belle ni la plus trépidante des villes catalanes, mais elle reste un excellent camp de base pour rayonner dans le parc naturel, situé à ses portes. Littéralement posée au milieu de l'une des zones volcaniques les plus importantes d'Europe (rien que sur le territoire de la commune, on ne compte pas moins de 4 volcans !), Olot est réputée pour ses bonnes tables (c'est le bastion de la fameuse *cuina volcànica*) et son riche passé artistique, notamment son école de peinture paysagiste. Le centre historique dégage une certaine opulence, avec ses monuments modernistes et ses villas cossues. Les environs proches, entre volcans et forêts, sont de toute beauté. De quoi poser ses bagages pour quelques jours.

Arriver – Quitter

En bus

Estació de autobusos *(plan zoom)* **:** *c/ Valls Nous, 12.*

■ ***Compagnie Teisa :*** ☎ *972-26-01-96.* • *teisa-bus.com* • Dessert tte la Garrotxa et au-delà.

➢ ***Santa Pau*** *(la Garrotxa)* **:** 3-5 bus/j.

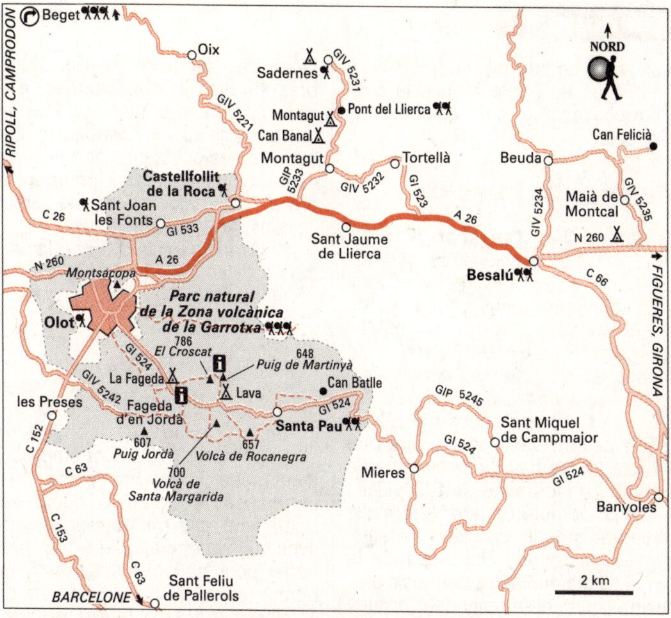

LA GARROTXA

➢ **Castellfollit de la Roca :** 1-2 bus/h en sem, 7/j. le sam, 5 le dim.
➢ **Besalú** *(20-30 mn)* **:** 6 bus directs/j.
➢ **Sant Joan de les Abadesses** *(30 mn)* et **Ripoll** *(45 mn)* **:** 7-8 bus/j. en sem, seulement 2 bus le w-e.
➢ **Camprodon** *(env 45 mn)* **:** 4 bus/j. en sem, 1 seul le dim. Le sam, 3 bus avec changement à Sant Joan de les Abadesses, compter 1h en tout.
➢ **Girona** *(1h-1h30)* **:** env 20 bus/j., dont 4 directs. Trajet : 1h (directs)-1h30.
➢ **Figueres** *(45 mn-1h)* **:** 6 bus/j.
➢ **Vic** *(45 mn)* **:** 8-9 bus/j. en sem, 4 le sam et 4 les dim et j. fériés.
➢ **Barcelona :** env 10 bus/j. en sem, 4 le sam, 4 le dim. Trajet : 1h40 (par Vic et Bracons), 2h30 (par Banyoles) ou 2h25 (par Amer).

Adresses et info utiles

i ***Oficina de turisme*** *(plan zoom,* ***1****)* **:** *c/ Francesc Fàbregas, 6. ☎ 972-26-01-41. • turismeolot.com • Juil-sept, tlj sauf dim ap-m 10h-14h, 15h-19h ; oct-juin, mêmes horaires mais fermé mar et dim ap-m.* Bonnes infos sur la ville et les environs, dont une carte détaillée des itinéraires à pied et à vélo. Excellent accueil en français.

Location de vélos *(plan A2,* ***3****)* **:** *au* ***Centre Logístic de Bicicletes,*** *avda Estació, 3. ☎ 972-69-20-23. • bicicletes.atma.cat • Lun-sam 9h30-14h, 16h-19h. Vélo classique env 21 €/j., vélo électrique 34 €/j.* De nombreux et bons VTT, électriques ou non (et même des tandems !). Propose aussi un grand nombre de balades guidées dans la région sur un ou plusieurs jours (transfert retour possible).

P ***Stationnement :*** pas mal de places gratuites dans les rues adjacentes au passeig Barcelona, autour de l'*Alberg Olot Xanascat* notamment *(plan A2)*.

Où dormir ?

Voir aussi un peu plus loin nos bonnes adresses figurant dans le chapitre consacré au parc naturel de la Garrotxa.

Auberge de jeunesse

Alberg Olot Xanascat *(plan A2,* ***10****) : passeig Barcelona, 15. ☎ 972-26-42-00. • alberg.olot@gencat.cat • olot.xanascat@gencat.cat • xanas cat.gencat.cat • Fermé de mi-déc à fin janv. Nuitée env 16 € moins de 30 ans, env 20 € pour les autres, avec petit déj. ½ pens et pens complète possibles.* Vous risquez de passer 3 fois devant sans oser croire que l'AJ se trouve bien dans ce superbe bâtiment moderniste de 1920. Oui ! Celui-là, entouré de jardins formels, avec ses gros lions, ses chapiteaux et ses colonnes ! Dans le hall, le vitrail du plafond et les dorures à profusion illustrent la splendeur passée de l'édifice. Les dortoirs sont un peu moins glamour (lits pas bien grands et confort assez spartiate), mais l'ensemble est tenu au cordeau. Un bon plan pour les routards.

Prix moyens (50-90 €)

Hostal Sant Bernat *(plan B1,* ***11****) : ctra de les Feixes, 31. ☎ 972-26-19-19. • bernat@turismegarrotxa.com • hostalsantbernat.com • ♿ Proche du centre, sur les basses pentes du volcan Montsacopa. Double env 62 €. Parking gratuit dans la rue.* Un peu en retrait du centre-ville, ce petit *hostal* aux allures de pension familiale est le moins cher du genre en ville. Chambres simples et confortables, à la déco gentiment surannée (tomettes ou carrelage au sol, rideaux à motifs, etc.). Toutes ont la clim et quelques-unes (pour le même prix, pourquoi se priver ?), un balcon avec vue sur les volcans. Accueil chaleureux.

Hotel La Perla d'Olot *(plan A2,* ***12****) : ctra La Deu, 9. ☎ 972-26-23-26. • reserva@laperlahotels.com • hotellaperlaolot.com • ♿ À 1 km du centre. Fermé 2-3 sem vac Noël. Double env 72 € ; apparts 2 adultes + 2 enfants 120-146 € selon catégorie ; petit déj-buffet 10 €. Menus 18-28 €. Parking extérieur gratuit, parking intérieur 10 €.* Cet établissement moderne dispose de chambres lumineuses et joliment décorées. Également des mini-appartements avec cuisine et canapé-lit, bien pratiques pour les familles. Le resto, de bonne tenue, propose des plats de cuisine volcanique (pieds de porc aux navets, lapin aux champignons, poulet et saucisses de la Vall). Proche du centre, mais dans un bel environnement (grand parc verdoyant à 2 pas).

De chic à très chic (90-150 € et plus)

Hotel Can Blanc *(hors plan par A2,* ***13****) : parajes La Deu. ☎ 972-27-60-20. • email@canblanc.es • canblanc.es • Doubles 100-125 €, petit déj inclus.* À 5 mn de route de la ville mais déjà en pleine nature, ce petit hôtel de charme a posé ses quartiers

Adresses utiles

- 1 Oficina de turisme (zoom)
- 3 Centre Logístic de Bicicletes (A2)

Où dormir ?

- 10 Alberg Olot Xanascat (A2)
- 11 Hostal Sant Bernat (B1)
- 12 Hotel La Perla d'Olot (A2)
- 13 Hotel Can Blanc (hors plan par A2)
- 15 El Jardinet de Sant Esteve (zoom)

Où manger ?

- 20 Can Guix (zoom)
- 21 El Celler (A1)
- 22 Ramon (A1)
- 24 La Quinta Justa (A1)

Où manger une pâtisserie ?

- 28 Pastisseria Ferrer (zoom)

Où boire un verre ?

- 29 Pit-Roig (A2)

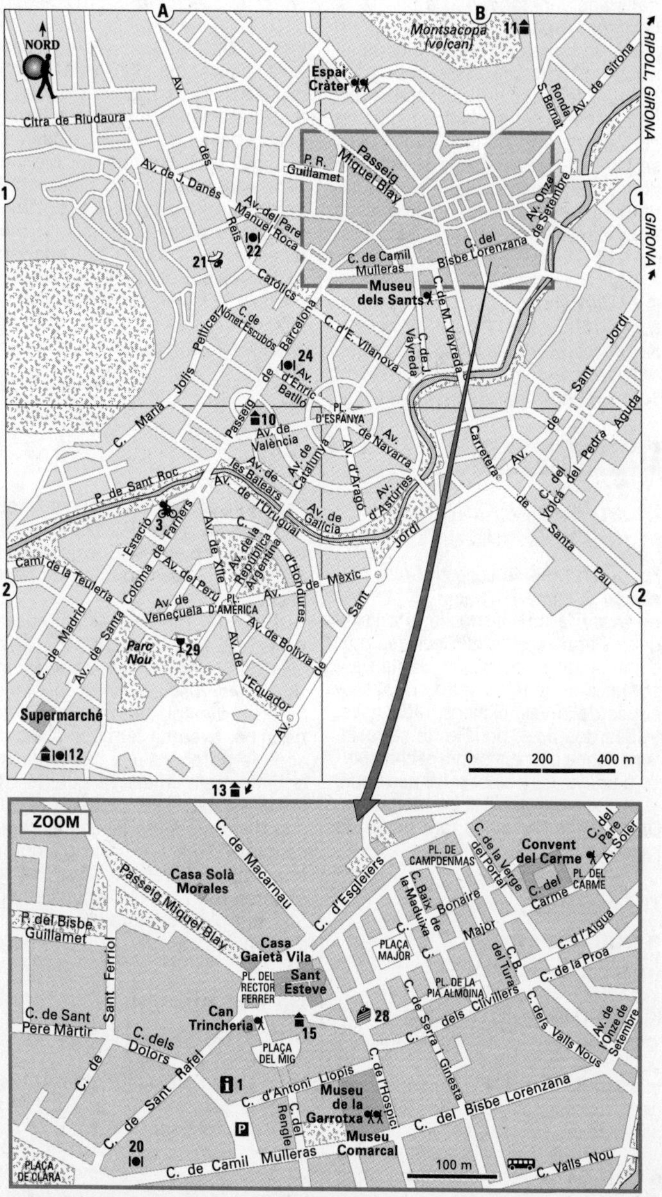
NORD
A
B
1
2
Montsacopa (volcan)
11
Espai Cràter
RIPOLL, GIRONA
GIRONA
Citra de Riudaura
Av. des Reis Catòlics
P. R. Guillamet
Passeig Miquel Blay
Ronda S. Bernat
Av. de Girona
Av. Onze de Setembre
Av. de J. Danés
Av. del Pare Manuel Roca
22
21
C. de Camil Mulleras
C. del Bisbe Lorenzana
Museu dels Sants
C. de M. Vayreda
C. de J. Vayreda
C. d'E. Vilanova
C. de Nonet Escubós
C. Pellicer
C. Marià Jolis
Barcelona
24
Av. d'Enric Batllò
Passeig de Barcelona
10
PL. D'ESPANYA
Av. de València
Av. de Catalunya
Av. d'Aragó
Av. de Navarra
Av. d'Astúries
Av. de les Balears
Av. de l'Uruguai
Av. de Galícia
P. de Sant Roc
Estació
3
C. Coloma de Farners
Av. de Xile
Av. de la República Argentina
C. d'Hondures
Av. de Mèxic
Av. del Perú
Av. de Veneçuela
PL. D'AMÉRICA
Av. de Bolívia
Av. de l'Equador
Av. de Sant Jordi
Carretera de Santa Pau
Av. de Sant Jordi
C. del Volcà del Pedra Aguda
Camí de la Teuleria
C. de Madrid
Av. de Santa Coloma
Parc Nou
29
Supermarché
12
13
0
200
400 m
ZOOM
C. de Macarnau
Casa Solà Morales
Passeig Miquel Blay
P. del Bisbe Guillamet
C. d'Esgleiers
PL. DE CAMPDENMAS
C. de la Verge del Portal
Convent del Carme
C. del Pare A. Soler
C. del Carme
PL. DEL CARME
C. Baix de la Maduixa
C. Bonaire
C. Major
PLAÇA MAJOR
Casa Gaietà Vila
PL. DEL RECTOR FERRER
Sant Esteve
PL. DE LA PIA ALMOINA
C. B. del Turas
C. d'l'Aigua
C. de la Proa
C. dels Clivillers
C. de Serra i Ginesta
C. dels Valls Nous
Av. de l'Onze de Setembre
C. de Sant Ferriol
C. de Sant Pere Màrtir
Can Trincheria
15
28
C. dels Dolors
PLAÇA DEL MIG
C. de Sant Rafel
1
C. d'Antoni Llopis
C. de l'Hospici
Museu de la Garrotxa
C. del Rengle
Museu Comarcal
C. del Bisbe Lorenzana
P
20
PLAÇA DE CLARA
C. de Camil Mulleras
100 m
C. Valls Nou

OLOT

dans une vénérable *masía* du XIXᵉ s. Chambres spacieuses et tout confort (préférez celles à l'étage, plus lumineuses), grande terrasse pour prendre le petit déj ou l'apéro aux beaux jours, petite piscine haricot et surtout, du vert partout où les yeux se posent. Calme absolu et réveil au chant des oiseaux... Le kiff ! À quelques mètres de là, la même maison gère l'excellent restaurant **La Deu** (☎ 972-26-10-04 ; tlj 13h-16h, 20h-22h30 ; menus 17-27 €).

El Jardinet de Sant Esteve *(plan zoom,* ***15****) : c/ Sant Esteve, 17. 📱 653-82-80-63. • info@eljardinetdesantesteve.com • eljardinetdesantesteve.com • Résa indispensable. Logement entier (2-5 pers) 160-310 €. Pas de petit déj (mais service thé et café inclus).* Un petit écrin de luxe caché en plein centre-ville, juste en face de l'église Sant Esteve. On y trouve 9 appartements cosy, spacieux et décorés avec goût, entre moderne et vintage. Tous ont une cuisine indépendante, plusieurs couchages et un balcon ou une terrasse. Nos préférés ? L'*Argenter* pour sa vue sur les montagnes et la *Campaner* pour son esprit rustico-chic. Petit jardin à l'arrière et piscine intérieure chauffée. Accueil aux petits soins d'Enric, qui veille aux moindres demandes. Un coup de cœur.

Où manger ?

La cuisine volcanique (*cuina volcànica*)

Fondé en 1994, le collectif *Cuina volcànica* (• cuinavolcanica.com •) met en avant la spécificité de la cuisine de la Garrotxa et le meilleur des produits locaux : haricots de Santa Pau, pommes de terre du val de Bas, saucisses de la Vall, oignons, radis noirs, truffes des bois, bouillie de sarrasin, *farro* (farine de maïs blanc) et charcuterie de pays, sans oublier les escargots et autres *escarlots* (des champignons). Une dizaine de restos font partie de l'association.

De très bon marché à bon marché (moins de 15 €)

Can Guix *(plan zoom,* ***20****) : c/ Mulleras, 3. ☎ 972-26-10-40. • canguix1040@gmail.com • Tlj sauf dim et mer soir 8h-22h30 (16h30 mer). Grand choix de plats 3-12 € (et même une omelette dès 2 € et plat du jour 3 € lun-ven !). CB refusées.* Un incontournable à Olot ! Ce bar-resto dans son jus fait songer aux estaminets de Flandre, avec ses 2 salles bondées (surtout le midi) d'habitués. Au menu : une tambouille authentique et familiale, simple et bonne, à des prix imbattables. On vous conseille de commander un seul plat à la fois, car les portions sont vraiment copieuses. Spécialité de la maison : les calamars. Service rapide et cordial.

El Celler *(plan A1,* ***21****) : c/ Josep Ayats, 12. ☎ 972-27-54-80. • celler.julis@gmail.com • Mar-sam, le soir seulement, jusqu'à minuit env. Tapas max 3 €.* L'emplacement ne paie pas de mine, avec sa terrasse planquée sous le porche d'une petite galerie commerciale, mais la qualité des tapas servies dans ce resto-troquet à la déco moderne justifie le déplacement. Dans la vitrine du comptoir, tout est frais, original, et les recettes renouvelées régulièrement. Souvent plein comme un œuf en fin de semaine.

De bon marché à prix moyens (10-30 €)

La Quinta Justa *(plan A1,* ***24****) : passeig Barcelona, 7. ☎ 972-27-12-09. • info@laquintajusta.cat • Tlj sauf mer-jeu. Formule déj env 19 € ; menus 27-36 € ; plat env 20 €.* Une bien belle adresse, assez chic mais pas guindée pour un sou, dont les tarifs restent dans les clous. On s'installe dans le dédale de salles au parquet sombre ou, mieux, sur la grande terrasse abritée qui donne sur le jardin à l'arrière. Dans l'assiette, une cuisine volcanique rehaussée de touches exotiques (côtelettes de porc à la cardamome, cabillaud sauce coco, etc.). Service impeccable.

Ramon (plan A1, **22**) : *c/ Xavier de Bolòs, 22. 660-89-62-80. • restaurantramon@gmail.com • Ts les midis sauf mer-jeu, plus le soir ven-sam. Congés : fin juil. Menus env 20 € en sem, jusqu'à 40 € le w-e ; plats 8-22 €.* L'une des très bonnes tables d'Olot avec ses faux airs de semi-gastro. Cuisine traditionnelle légèrement réinventée (paella de riz noir, *lomo de ciervo* à la truffe...) et assiettes joliment dressées. Un poil cher, mais on n'en ressort pas mécontent. En plus, les tables sont bien espacées, pour plus d'intimité ! Service sérieux.

Où manger une pâtisserie ?

Pastisseria Ferrer (plan zoom, **28**) : *pl. de Móra, 6. ☎ 972-26-08-93. • ferrerxocolata@gmail.com • Tlj sauf dim ap-m et mar 9h30-13h, 17h-20h30.* Quand la pâtisserie rejoint l'art de la joaillerie, cela donne ces petits bijoux sucrés ! Cette *bomboneria,* ouverte en 1907, a conservé son cadre moderniste d'origine et a su faire perdurer les recettes qui ont fait son succès, au fil des ans. Juste à côté, moderne et non plus moderniste, les chocolats de la même maison (tout aussi fameux !). En prime, quelques tables en terrasse sur la placette au calme.

Où boire un verre ?

Pas la ville la plus réputée pour sa vie nocturne délurée... Quelques terrasses sympas sur la rambla en face du théâtre municipal (passeig Miguel Blay, *plan zoom*). Elles s'animent de plus belle à l'heure de l'apéro et le week-end.

Pit-Roig (plan A2, **29**) : *dans le parc Nou. ☎ 972-74-50-28. • pitroigcoja@gmail.com • Juin-sept, tlj 8h-22h ; le reste de l'année, mar-dim 8h-20h.* Un *secret spot* niché au milieu des 4 ha de verdure du parc Nou. Parfait pour un petit apéro en regardant les écureuils crapahuter dans les grands chênes.

À voir à Olot et dans les environs

– Bon à savoir : à Olot, presque tous ***les musées municipaux sont fermés le lundi*** et ***gratuits le 1er dimanche du mois.***

Espai Cráter (plan B1) : *c/ Macarnau, 55. ☎ 972-27-91-32. • espaicrater.com • Juin-sept, tlj 10h-14h, 16h-20h ; le reste de l'année, fermé dim ap-m. Entrée : 7,50 € ; réduc.* Installé dans les hauteurs du centre historique, sur un emplacement hautement stratégique (on ne vous en dit pas plus !), ce centre d'interprétation a tout pour séduire petits et grands. Après une brève introduction vidéo, on pénètre dans une grande salle divisée en 7 modules et veillée par un énorme morceau de lave solidifiée. Chaque « atelier » aborde un thème lié à la géologie et, plus spécifiquement, à l'activité volcanique de la région, à grand renfort d'écrans tactiles, de maquettes, d'échantillons, de vidéos et même de petites expériences à réaliser soi-même. C'est ludique, interactif, multilingue et très bien pensé. Bref, arrêt vivement conseillé.

Museu de la Garrotxa (plan zoom) : *c/ Hospici, 8. ☎ 972-27-11-66. • museus.olot.cat • Tlj sauf dim ap-m et lun 10h-13h (11h-14h sam), 15h-18h (16h-19h sam). Entrée : 3 € ; réduc. Audioguide téléchargeable gratuitement* *sur smartphone. Quelques expos temporaires également.* Situé au 2e étage de l'*hospici,* un bâtiment néoclassique de la fin du XVIIIe s, cet intéressant musée retrace 2 siècles (XIXe s et XXe s) d'histoire locale et régionale à travers le prisme des courants artistiques majeurs dont la Catalogne a été le berceau. ***L'école paysagiste d'Olot*** (inspirée de celle de Barbizon) est évidemment au 1er plan, avec notamment des œuvres des « enfants du pays » : Joaquim Vayreda et Josep Berga i Boix. Du côté des modernistes, on retiendra surtout l'ensemble d'affiches publicitaires de Mala-grida, dont un certain nombre pour le compte des cigarillos « Paris » (notez celle qui montre 2 écoliers en train de s'en griller un... C'était il y a bien longtemps !). On termine par le ***noucentisme,*** mouvement artistique catalan du début XXe s, et quelques œuvres de pop art plus tardives. Instructif et bien fichu.

Casa-museu Can Trincheria *(plan zoom) : c/ Sant Esteve, 29. ☎ 972-27-27-77. • museus.olot.cat • Mar-sam 10h-13h (11h-14h sam), 16h-19h ; dim et j. fériés 11h-14h. Fermé lun. GRATUIT.* Annexe du museu de la Garrotxa, voici une demeure traditionnelle, témoin du mode de vie des familles aisées du XVIIIe s. Construite en 1725, elle appartenait à une riche famille d'origine française. On s'y promène librement. Elle a conservé son mobilier et nombre de ses peintures murales (alternant fausses moulures, scènes mythologiques et paysages), et une étonnante cheminée à l'âtre entouré de bancs de bois formant une alcôve (pratique pour se tenir au chaud en hiver). De là, on accède à la pièce la plus connue : l'énorme *pessebre* – la crèche, sans doute réalisée à la fin du XVIIIe s et complétée par la suite, qui remplit presque les murs de toute une pièce ! Les scènes bibliques y côtoient une foule de représentations d'événements quotidiens.

➢ À 2 pas, face à l'***església Sant Esteve*** *(tlj 11h-13h),* de style néoclassique, symbole de la ville mais sans grand intérêt, ne manquez pas la belle ***casa Gaietà Vila*** *(plan zoom)* moderniste (1905), à la façade rose saumon. Derrière, sur le passeig Miguel Blay, on verra aussi la ***casa Solà Morales*** (*plan zoom* ; 1913-1916), splendide avec ses 2 cariatides Art nouveau et sa tribune à l'ornementation florale.

Museu dels Sants *(plan B1) : c/ Joaquim Vayreda, 9. ☎ 972-26-67-91. • museus.olot.cat • Mar-ven 10h-13h, 15h-18h ; sam 11h-14h, 16h-19h ; dim 11h-14h. Fermé lun. Entrée : 3 € ; réduc.* Ce musée inattendu a été aménagé dans le 1er atelier d'images et de statues religieuses d'Olot, fondé en 1886 et toujours actif. L'utilisation de pâte à bois reçut l'assentiment pontifical en 1887 et révolutionna la production des images saintes ! Au sous-sol, on peut regarder les artisans travailler (derrière une vitre), et à l'étage, découvrir les ***têtes des fameux géants*** des *festes del Tura.* C'est aussi l'occasion d'apprendre que ceux qui réalisaient les saints faisaient aussi des écorchés en plâtre pour les étudiants en médecine ! Le peintre et écrivain Marian Vayreda vécut au 1er étage du musée : c'est là qu'il écrivit le roman *La Punyalada (Le Coup de poignard),* œuvre capitale de la littérature catalane – mais jamais traduite en français.

Convent del Carme *(plan zoom) : pl. del Carme. Sam 10h-17h30, dim 10h-12h30 ; horaires aléatoires en sem.* Le carmel, de style Renaissance (fin XVIe s), abrite aujourd'hui l'école des beaux-arts d'Olot. Son cloître, en grande partie détruit pendant la guerre d'Espagne, a été bien restauré.

Sant Joan les Fonts : *à 6 km au nord d'Olot.* Son nom provient des nombreuses fontaines réparties sur toute la commune. Avec la lave, l'eau est d'ailleurs l'élément le plus caractéristique de son paysage (voir plus loin la balade proposée dans le chapitre « Parc natural de la zona volcànica de la Garrotxa »). Sant Joan les Fonts a également conservé des vestiges de son prestigieux passé historique, comme l'église de l'ancien monastère bénédictin *(résa obligatoire pour les visites : ☎ 972-29-05-07).* Un bel édifice du XIIe s avec 3 nefs, réputé pour son somptueux portail surmonté d'une archivolte, ses reliefs et ses fonts baptismaux. Tout près du pont médiéval (XIIe s), construit avec des pierres volcaniques, se trouve l'***édifice roman le plus ancien de Catalogne*** : *Castell o Estada de Juvinyà,* une ancienne maison de maître fortifiée. Tous les ans, un spectacle de danse et de théâtre, le *Nit de les Dones d'Aigua,* y est présenté lors de la veillée de Sant Joan (23 juin).

Sant Feliu de Pallerols : *à 17 km au sud d'Olot.* La légende dit que l'on peut y pêcher le reflet de la lune, dans la rivière Brugent qui traverse la ville. Les habitants vouent d'ailleurs un véritable culte à l'astre nocturne, en l'affichant fièrement à leurs balcons et fenêtres. C'est en 1034 que Sant Feliu est mentionnée pour la 1re fois dans les écrits. Entre le XIIIe s et XIVe s, elle deviendra la commune la plus peuplée de la vallée. Le centre historique a gardé son caractère pittoresque et dans les ruelles adjacentes à la superbe *església parroquial* (XVIe-XVIIe s), on aperçoit la parcellisation médiévale du village, avec des maisons mesurant entre 4 et 4,50 m de large et 7 m de profondeur. Entourée de forêts épaisses, de falaises spectaculaires, d'innombrables sources d'eau, de grottes, de châteaux et d'ermitages médiévaux, Sant Feliu est aussi un terrain de jeux sans limites pour la randonnée et le VTT.

LA CATALOGNE

À faire à pied ou à vélo

➢ ***Le Montsacopa :*** *env 50 mn à pied A/R.* Le vieux volcan, dominant le centre-ville, offre une vue panoramique. Du cimetière (tout proche de *l'Espai Cràter, plan B1*), suivre l'itinéraire no 17 menant jusqu'au sommet et à l'ermitage de Sant Francesc (reconstruit en 1875), avec ses 2 tours de guet, bâties durant les guerres carlistes (2de moitié du XIXe s).

➢ ***Ruta del Carrilet :*** • *viesverdes.cat* • D'Olot à Gérone (ou inversement), la « route du Petit train » emprunte l'ancienne voie ferrée. Elle a été réaménagée en ***« voie verte »***, un agréable itinéraire de 54 km qui monte tranquillement (596 m de dénivelée positive), réservé aux vélos et aux marcheurs. Un prolongement permet de rejoindre Sant Feliu de Guíxols, sur la côte (environ 40 km). Une voie verte, toujours en construction, doit un jour relier Olot à Sant Joan de les Abadesses.

➢ ***Ermitages romans de la vall de Bianya :*** • *valldebianya.com* • *Se garer au niveau de l'Espai Jove, à Llocalou.* La zone verte de La Canya (accessible au nord d'Olot par la C-26) est le point de départ de plusieurs itinéraires autour des vallées de Bianya, Sant Ponç et du Bac. L'occasion de découvrir les superbes églises romanes (Sant Andreu de Socarrats, Sant Pere Despuig, Santa María de Sacot...) disséminées dans les vallées environnantes.

Fêtes

– ***Festes del Tura :*** *5 j. autour du 8-9 sept.* • *festesdeltura.olot.cat* • Cette fête, l'une des plus importantes de Catalogne, dédiée à la Vierge du Tura, patronne de la ville, donne l'occasion de croiser *gegants* (géants) de près de 3 m, *cabezudos* (grosses têtes), *nans* (nains) et *cavallets* (cavaliers). Au programme : pétarades, fanfares, sardanes, concerts, bal sur la plaça Major, etc. Sans oublier la fameuse (et non moins célèbre) farandole d'Olot !
– ***Cornamusam :*** *dernier w-e de mai.* • *cornamusam.cat* • Festival international de... la cornemuse, créé en 1992 ! Étonnant, voire assourdissant ! Concerts et défilés dans toute la ville. Infos et partitions sur

BESALÚ

(17850) 2 400 hab.

Sans aucun doute, le joyau de la Garrotxa. Ce joli village médiéval plein de charme s'amarre sur le río Fluvià, à mi-chemin entre Figueres et Olot, ou entre Gérone et Olot. Le pont fortifié du XIe s, très photogénique symbole de la bourgade, l'abondance des édifices romans et la présence de bains juifs uniques en Espagne lui valent le statut de Monument historique... et de capitale touristique de la région !

Arriver – Quitter

En bus

■ ***Bus Teisa :*** *☎ 972-20-48-68.* • *teisa-bus.com* • La seule compagnie à desservir les villages de la Garrotxa. Les bus se prennent sur l'avda President Companys, au bout de la c/ Major.

➢ ***Castellfollit de la Roca*** *et* ***Olot :*** 1 bus ttes les 2h tlj. Quelques-uns (2-3/j.) continuent vers Sant Joan de les Abadesses et Ripoll.

➢ ***Figueres*** *(25-35 mn)* **:** 6 bus/j. lun-sam, 3 seulement w-e.

➢ ***Girona*** *(45 mn-1h)* **:** 20 bus/j. en sem, dont 5 directs l'ap-m, 7 le sam et seulement 4 le dim.

➢ ***Barcelona*** *(2h)* **:** env 4 bus/j. lun-sam, 3 les dim et j. fériés.

Adresses et info utiles

ℹ ***Oficina de turisme :*** *c/ del Pont, 1. ☎ 972-59-12-40.* • *besalu.cat* • *Pas dans la vieille ville, de l'autre côté du pont. Tlj 10h-14h, 16h-19h.* En été, visites guidées de la ville en français *(jeu à 11h ; 2,50 € pour la visite de 30 mn du quartier juif, réduc ; autres visites en espagnol ou anglais).* On y parle le français. Parking juste en face.

🚕 ***Taxi :*** *☎ 972-59-12-40. 📱 659-92-27-90.*

Où dormir ?

🏠 ***Hotel 3 Arcs :*** *c/ Ganganell, 15. ☎ 972-59-16-78.* • *info@hotel3arcs.com* • *hotel3arcs.com* • *Résa obligatoire en été. Doubles 75-90 €. Pas de petit déj.* À 2 pas de l'église Sant Pere, en plein cœur du village, ce petit hôtel moderne et familial doit son nom aux 3 arches qui se dressent sur son flanc droit. Situation idéale et parking facile (gratos !), à moins de 3 mn à pied. Chambres bien tenues et lumineuses, avec de bons lits, les plus chères avec balcon donnant sur la rue.

🏠 ☂ ***Els Jardins de la Martana :*** *c/ del Pont, 2. ☎ 972-59-00-09.* • *info@lamartana.com* • *lamartana.com* • *Double env 120 €.* Une belle demeure bourgeoise de 1906, plantée à l'orée du vieux pont. Au total, une dizaine de chambres aux hauts plafonds (parfois peints), lumineuses et bien équipées (balcon pour la plupart). Celles du 1er étage (nos préférées) ont conservé leurs carrelages d'époque. On aime beaucoup les 2 salons et surtout la bibliothèque, qui s'ouvre sur la très agréable terrasse où est servi le petit déj.

Où manger ? Où boire un verre ?

🍴 ☂ ***Pont Vell :*** *c/ del Pont, 24. ☎ 972-59-10-27.* • *info@restaurantpontvell.com* • *Mer-sam midi et soir, dim le midi seulement. Congés : 1 sem fin juin. Fermé dim soir-mar. Menus 38-45 €.* Coup de cœur pour ce resto chic à l'incroyable terrasse, discrètement lovée au pied du pont roman, au-dessus des eaux de la rivière ! Forcément, le cadre et la qualité de la cuisine, orchestrée par le chef Robert Mora, salent un tantinet la *cuenta* finale, mais on en a pour son argent. Au menu : de la succulente viande cuite à basse température, des morilles à la crème ou un lapin à l'aigre-douce dont vous nous donnerez des nouvelles. Un régal, pour les yeux comme pour les papilles.

Els Fogons de Can Llaudes : *pl. Prat de Sant Pere, 6. ☎ 972-59-08-58. Resto sur résa seulement... à l'heure désirée ! Taverne tlj 12h-16h et à partir de 19h. Au resto, menu dégustation 66 €. Côté taverne : tapas 2,60-6 € ; raciones 4,50-16 € ; plats 8-16 €.* Ancien chef d'orchestre, *el senyor* Solé a raccroché la baguette pour s'atteler à son piano. En artiste amoureux de la bonne chère, il concocte des menus quasi sur mesure en fonction des produits de saison. Plus qu'un repas, c'est une authentique expérience, à déguster en prenant son temps, sur fond de musique baroque, dans l'ancienne chapelle du Xe s aménagée en resto. Sans réservation, on peut se rabattre sur la minitaverne attenante, où il sert poissons frais du jour, gaspacho et autres classiques espagnols, tous faits maison – mais un poil chers quand même.

Castell de Besalú : *c/ del Pont, 2. Tlj sauf mer 12h-16h. • castelldebesalu@gmail.com •* Lorsqu'on quitte la ville par le pont (en direction de l'office de tourisme), petite pause agréable sur la terrasse de ce bar-restaurant, installée sous des arbres centenaires et bercée par un air de jazz. Seul le glouglou de la fontaine pourrait venir troubler votre tranquillité... Cuisine moyenne, en revanche.

Où dormir dans les environs ?

Camping et appartements Can Coromines : *ctra Figueres-Olot (N-260), km 60, 17851* ***Maià de Montcal.*** *☎ 972-59-11-08. • info@cancoromines.com • cancoromines.com • Au km 60, en direction de Figueres. Fermé avr-sept. En camping, env 30 € pour 2 pers avec tente et voiture selon saison. Double 70 € ; apparts 5 pers à partir de 770 €/sem selon taille et période (min 2 nuits, selon dispo, sinon à la sem) ; bungalows 2-4 pers 385-490 €/sem. Resto ouv juin-sept, le soir jeu-dim (carte env 15 €).* Une belle adresse pour un séjour en pleine nature ! Au choix : chambres ou apparts spacieux, lumineux et confortables dans une traditionnelle ferme catalane du XVe s ; ou camping sur un terrain gazonné parfaitement entretenu. Piscine originale en forme d'éventail, miniferme, jeux pour enfants, tyrolienne. Location de vélos *(10 €/j.).* Côté resto, cuisine méditerranéenne à base de produits frais du marché ou du potager maison.

Can Felicià : *Veïnat de Segueró, 17850* ***Beuda.*** *☎ 972-59-05-23. 📱 670-70-99-59. • info@canfelicia.com • canfelicia.com • Prendre à droite à env 2 km au nord du village de Maià de Montcal (fléché) en allant vers Beuda ; à env 10 km de Besalú. À côté de l'église Santa María de Segueró. Double 80 €, avec petit déj (min 2 nuits). ½ pens possible.* Jordi et Clara ont reconverti cette ancienne école en gîte rural, tourné vers le tourisme écoresponsable. Leur credo : la reconnexion avec la nature. Ça tombe bien, ici, c'est forêts, collines et prairies à perte de vue ! Chambres lumineuses aménagées avec goût et simplicité. Belle piscine au milieu de la pelouse et nombreuses balades à effectuer dans les environs. Excellente cuisine *healthy* à base de produits bio, concoctée par Clara. L'endroit parfait pour une mise au vert.

À voir. À faire

L'office de tourisme organise en été des ***visites guidées*** de la ville (dont une en français, chaque jeudi matin), à réserver par téléphone ou e-mail

(● turisme@besalu.cat ●). Le circuit principal (environ 1h15, seulement en espagnol ou en anglais) inclut la visite des églises de Sant Pere et Sant Vicenç, des bains juifs et du pont roman, ainsi qu'une présentation audiovisuelle dans l'espace culturel de la Curie royale (qui possède aussi une belle salle gothique).

Puente medieval *(pont fortifié)* **:** l'emblème de la ville, aussi roman que romantique ! Long de 105 m, restauré à merveille, il date du XIe s. Inhabituellement coudé au centre, il supporte une haute tour qui faisait office de 2de porte d'entrée de la ville. Au Moyen Âge, on y payait l'octroi pour pénétrer dans le comté de Besalú.

Església Sant Pere : *Prat de Sant Pere, au centre-ville. Lun-sam 10h30-14h ; parfois ouv dim 16h-20h. Entrée : 1 €.* Mentionnée dès 977, elle appartenait à un monastère bénédictin disparu. L'édifice actuel, à 3 nefs, date de la fin du XIIe s. Il possède une belle façade romane sobre, greffée d'une lucarne gardée par 2 lions – symboles de la force et du pouvoir de l'Église. Les chapiteaux des 8 colonnes du déambulatoire s'ornent de scènes bibliques et d'animaux mythologiques.

LA CATALOGNE

➢ Derrière l'église Sant Pere, on peut admirer l'élégante façade romane (XIIe s) de l'***antic hospital de Sant Julià.*** De là, la ruelle de droite descend vers le ***portal dels Horts,*** une modeste porte du XIVe s débouchant sur des jardins potagers. Sur le côté, l'ancien moulin à eau ***(molí d'en Subirós),*** restauré. Des berges voisines se découvre un joli point de vue sur le vieux pont.

Plaça de la Llibertat : à quelques pas du pont, c'est un peu le cœur battant du centre historique, avec ses terrasses de cafés et restaurants. Ne manquez pas la superbe maison romane dressée à l'orée de la carrer Comte Tallafero. Elle abrite une épicerie au rez-de-chaussée.

Circusland : *Prat de Sant Pere, 15. ☎ 972-50-53-17. ● circusland.org ● Juil-sept, tlj 10h-19h ; mars-juin, jeu-dim 11h-19h. Fermé le reste de l'année. Entrée : 6,90 € ; réduc.* Un sympathique musée consacré, comme son nom l'indique, aux arts du cirque. On y découvre un incroyable bric-à-brac : costumes de clowns, affiches, décors peints, gravures et autres accessoires, dont les plus anciens affichent 250 ans au compteur. Parmi les pièces les plus remarquables, cette impressionnante maquette d'un cirque (chapiteau, caravanes et tout le toutim), réalisé par un passionné hollandais (40 années de boulot, quand même !). Les enfants seront aux anges, évidemment.

Mikvé *(bain juif)* **:** *visite guidée (voir plus haut) vers 11h (mar en anglais et jeu en français) ; mar, jeu, sam à 12h et mer, ven, dim à 17h en espagnol. Entrée : 2,50 €. Durée : 40 mn.* En remontant les marches depuis les berges du río Fluvià, à côté des vestiges d'une ruelle pavée médiévale, on rejoint l'ancien quartier juif. Il connut un essor important au XIIIe s – avant de voir la communauté persécutée, puis chassée, aux XIVe et XVe s. Il ne reste pour ainsi dire rien de la synagogue, mais on a redécouvert le *mikvé,* le bain de purification du XIIe s, dont on ne connaît qu'une dizaine d'exemples en Europe. Entièrement roman, il protège un petit bassin alimenté par une source. La propreté de l'eau est primordiale pour les rituels de purification juifs.

Manifestation

– ***Fête médiévale :*** *1er w-e de sept (ou dernier d'août).* La ville revient à ses origines, à l'époque du comté de Besalú, avec boutiques d'artisans, cuisine médiévale... Fête haute en couleur, animée par des bénévoles du village.

PARC NATURAL DE LA ZONA VOLCÀNICA DE LA GARROTXA

Cette zone volcanique protégée de la Garrotxa (classée « parc naturel » en 1982) s'étend sur plus de 12 000 ha : on y recense près de 40 volcans, une vingtaine de coulées de lave basaltique, des cascades, une myriade d'itinéraires à parcourir à pied, à vélo ou à cheval, et de nombreuses réserves naturelles... En bref : voici un terrain de jeu géant pour les amoureux de la nature ! Ses forêts, qui recouvrent environ 70 % de son territoire, abritent une faune d'une grande diversité (lapins, sangliers, belettes, taupes, hérissons, etc.), et une végétation dense et variée, à l'image de la superbe hêtraie de la *Fageda d'en Jordà,* dans les environs de Santa Pau. Une richesse à découvrir au fil de bien jolies balades...

Adresses et infos utiles

i On trouve ***2 centres d'information*** dans le parc. Celui de ***Can Serra,*** à La Fageda d'en Jordà, à 4 km d'Olot sur la route de Santa Pau, accueille les visiteurs toute l'année *(☎ 972-19-50-74 ; tlj 9h-14h).* On peut y louer un porte-bébé. Toujours à proximité de Santa Pau, celui de ***Can Passavent,*** au *Volcà Croscat (☎ 972-19-50-94 ; en principe tlj 10h-16h en été).* On trouve gratuitement des cartes avec les itinéraires détaillés dans tous les bureaux d'information.
– Voir également les ***sites internet*** • *fr.turismegarrotxa.com* •, • *parcsnaturals.gencat.cat* • et • *turismeolot.cat* •

Balades

Les centres d'info du parc disposent de dépliants très bien faits, avec les différents itinéraires. Parmi nos préférés : le nº 1, une boucle de 10,5 km (4h avec les pauses) qui part du parking de Can Serra, traverse la hêtraie d'*en Jordà,* puis grimpe sur les volcans Santa Margarida et Croscat. Sinon, l'itinéraire nº 3 permet une belle traversée du parc, entre la gare routière d'Olot et Santa Pau, sur 10 km (environ 3h30 de marche ; retour possible en bus).

★★★ ***Le Croscat :*** le plus grand et le plus jeune (10 500 ans) volcan de la péninsule Ibérique a été entaillé, côté nord, pour en extraire les dépôts de lapilli, ces fragments de lave utilisés dans la construction. Son cône volcanique, entièrement couvert de végétation, se creuse d'une étonnante entaille en forme de fer à cheval. Coulée de lave de plus de 6 km de long. On rejoint les anciennes carrières en 2,2 km (35 mn) depuis le centre d'info de Can Serra (itinéraire nº 1), ou en 2,9 km par l'itinéraire nº 15 depuis celui de Can Passavent.

★★★ ***Le volcan Santa Margarida :*** surprise ! Niché au fond du cratère circulaire se dresse un ermitage du XVᵉ s. On l'atteint en 5,5 km (environ 1h30) depuis le parking de Can Serra.

★★ ***Coulées basaltiques de Sant Joan les Fonts :*** près du ***Molí Fondo,*** une ancienne manufacture de papier, se trouve une chute d'eau formée par des pierres basaltiques. Une étonnante superposition de 3 coulées de lave, provenant de différents foyers d'éruption des volcans Batet et Garrinada, il y a des milliers d'années. Itinéraire nº 16 de 5,5 km (environ 2h) au départ de la *plaça Major* de Sant Joan les Fonts. Tout près de la route des 3 coulées, un autre itinéraire ***(route des Fonts i Verlets)*** mène à la découverte des fontaines, des marécages et des coulées de lave aux alentours. Il passe aussi par l'un des volcans les moins connus de la Garrotxa : le volcan de la Canya.

Fageda d'en Jordà : cette très belle hêtraie, classée « réserve naturelle », a pris racine sur une coulée de lave du volcan du Croscat datant d'environ 11 500 ans (un phénomène aussi rare qu'exceptionnel !). Le poète Joan Maragall l'a rendue célèbre lors de la Renaissance catalane. L'itinéraire nº 2, au départ du parking de Can Serra, fait une petite boucle à travers la forêt (1 km).

Cooperativa La Fageda : *Mas Els Casals, à 4 km de Santa Pau en venant d'Olot (indiqué). ☎ 972-68-10-11. • fageda.com • Mar-dim 9h-15h ; résa obligatoire. Visite guidée (en espagnol) : 8 € ; réduc.* Une vaste coopérative laitière (doublée d'un projet social qui emploie – pour partie – des personnes handicapées) cachée au milieu de la forêt (superbe route pour y accéder). La visite guidée (obligatoire) passe en revue chaque étape de la production : les vaches, évidemment (que les enfants peuvent nourrir), les ateliers, l'usine où l'on produit yaourts, crèmes, glaces, etc. Également un grand potager et une petite épicerie pour rapporter de bons produits à la maison.

➢ Le *Càmping ecològic Lava* (voir plus bas « Où dormir ? Où manger ? » à Santa Pau) organise toute l'année des ***promenades*** (notamment pour aller explorer les volcans) en *carrilet* (sorte de camion-train, réplique à l'identique de celui qui reliait à l'époque Olot à Gérone), en charrette à cheval *(10 €/pers pour 1h ; réduc)* ou en 4x4, mais en dehors de la zone protégée *(départs plus ou moins ttes les heures en plein été, selon affluence, 10h-18h, sauf à l'heure du déj).* Autre option : les excursions à cheval *(45 mn-1h pour 25 €).*

➢ ***Survol du parc en montgolfière :*** une expérience inoubliable, à réaliser (au petit matin) avec l'agence *Vol de Coloms (☎ 972-68-02-55 ; • voldecoloms.cat • ; compter 175-185 €/pers selon période, vol + collation – dans les airs et à terre – inclus ; réduc ; promos parfois sur le site).*

SANTA PAU *(17811)*

Au centre du parc, bien caché de la route de principale, on découvre ce beau village médiéval agrippé à un petit piton, avec sa tour crénelée qui domine les vénérables toits de lauzes. Sa place principale est un pur enchantement avec ses maisons à portique et ses arcades. Halte, voire étape, vivement conseillée.

Adresse utile

Oficina de turisme : *avda dels Volcans, 14. ☎ 972-68-03-49. • santapau.com • En été, tlj 10h-14h, 16h-18h ; hors-saison, seulement w-e 10h-14h, 15h-17h.*

Où dormir ? Où manger ?

Campings

Càmping La Fageda : *ctra d'Olot à Santa Pau, km 4, près de* ***Batet de la Serra.*** *☎ 972-27-12-39. • info@campinglafageda.com • campinglafageda.com • Ouv tte l'année. Resto tlj de juil à mi-sept ; hors saison, tlj sauf lun, seulement le midi. En hte saison, env 30 € pour 2 pers avec tente et voiture. Mobile homes 2-6 pers 100-150 € ; bungalows 4-6 pers 125-200 €.* Un calme et agréable camping lové dans ce joli coin de verdure, à 2 pas de la forêt. Pelouse nickel pour planter sa tente, mobile homes et bungalows tout confort. Chacun dispose de cuisine, salle de bains et d'une petite terrasse. Aire de jeux, terrain de sport et piscine (en été seulement). Salle de resto agréable, très fréquentée par les gens du coin (un bon signe !).

Càmping ecològic Lava : *ctra d'Olot à Santa Pau, km 7. ☎ 972-68-03-58. 654-19-09-70 ou 635-64-07-78. • reserves@campinglava.com • campinglava.com • À 3 km avt Santa Pau. Ouv tte l'année. Resto tlj le midi de juil à mi-sept ; hors saison, seulement le w-e. Selon saison, 35-46 € pour 2 pers avec tente et voiture. Bungalows 4 pers 120-160 € (min 2 nuits).* Un excellent choix pour rayonner dans le parc (on est en plein cœur !) et profiter des nombreuses randos aux environs. Camping bien pensé avec ses emplacements arborés au gazon parfaitement coupé. Agréable piscine entourée d'une pelouse pour lézarder au soleil, terrain multisport, barbecues, resto, sans oublier toutes sortes de balades organisées (voir plus haut « Balades »). Tarifs élevés en été, mais on est là dans le camping (très) haut de gamme.

Bon marché

Alberg rural Bellavista : *ctra Sant Martí, 10. 640-64-78-02. • info@bellavistasantapau.com • bellavistasantapau.com • À gauche de la route en arrivant d'Olot, face à la vieille ville (indiqué). Ouv w-e, j. fériés et vac scol d'été. Résa obligatoire. Dortoirs 4-6 pers avec lits superposés et lavabo env 24 €, petit déj 5 € ; double avec sdb env 46 €. Apporter un sac de couchage. Parking gratuit.* Occupant un bâtiment moderne (et pas très glamour) de 3 étages, l'AJ du village dispose de petites chambres basiques, propres, qui sentent bon les colonies de vacances. Aussi des familiales pour 4 avec lits superposés (bien pratique). Bon, l'eau chaude est un peu capricieuse... À l'arrière, petite pelouse avec piscine en été, cuisine commune *(payante)* et resto (basique).

Can Menció : *pl. Major, 17. ☎ 972-68-00-14. 616-66-96-80. • info@canmencio.com • canmencio.com • Ouv tte l'année. Resto tlj sauf lun, seulement le midi. Doubles 65-70 €, familiales également ; petit déj 8 €. Parking gratuit à côté.* Une ravissante maison en pierre ouverte depuis 1940, située sur la place médiévale de Santa Pau, abritant 7 petites chambres, toutes avec parquet, poutres apparentes et balcon pour les plus chères. Salon et terrasse à disposition des hôtes. Au rez-de-chaussée, le café-resto *Rocanegra* dispose d'une jolie terrasse sous les arcades et propose des pâtisseries, tartes, tapas et autres petits en-cas à déguster sur le pouce.

Prix moyens

Can Xel : *ctra Santa Pau, km 5. ☎ 972-68-02-11. • canxel@canxel.com • Tlj sauf dim, seulement le midi. Fermé 3 sem janv. Menus 15-25 € ; plats 8-19 €.* En bord de route, certes, mais tout sauf un routier basique, ce resto de *cuina volcànica* jouit d'une réputation cotée (et justifiée) dans le coin. Dans la grande salle aux larges baies vitrées qui s'ouvrent sur les volcans, on déguste une cuisine du cru maîtrisée (*botifarra* aux haricots blancs de Santa Pau, calamar farci, etc.). Service diligent.

À voir

Agréable ***promenade*** dans le centre de Santa Pau. Des hauteurs, où l'on se gare, splendides vues panoramiques sur la vallée du Ser. Depuis le portail del Mar, il est possible d'apercevoir le golfe de Roses et la mer, lorsque le temps est dégagé. Puis on se laisse glisser par les ruelles empierrées jusqu'à la plaça Major, ex-*Firal dels Bous* – la jolie place à arcades, qui accueillait le marché au Moyen Âge (d'où son ancien nom de « place de la Foire-aux-Bœufs »). Juste au-dessus se dressent l'*església Santa Maria* (beau retable doré de style gothique et étonnant clocher en forme de tour-forteresse !) et le vieux *castell de la Baronia* des XIIIe-XIVe s, à l'abandon.

Belle ***randonnée*** de 12 km (environ 3h30) depuis Santa Pau pour rejoindre la cascade de la ***salt d'aigua de Can Batlle*** et son paysage magnétique et verdoyant (itinéraire nº 14 du parc de la Garrotxa). Retour à Santa Pau par le sanctuaire des Arcs. Possibilité de réduire l'itinéraire en partant du hameau de Sant Marti (8 km, environ 1h45). En été, n'oubliez pas le maillot de bain !

Manifestations

– ***Fira del Fesol :*** *1er dim après le 17 janv (c'est la Sant Antoni).* C'est l'événement de l'année, pour célébrer le haricot blanc local, la spécialité du pays !
– ***Festa major de Santa Pau :*** *sur 3 j. autour du 15 août.* Au programme : défilés, sardanes, bal, messe, etc.

CASTELLFOLLIT DE LA ROCA (17856)

L'une des plus petites et abracadabrantesques communes du pays, perchée sur une énorme falaise (haute de 60 m et longue de 1 km), formée par le refroidissement de 2 coulées de lave des volcans d'Olot et de Begudà. Impression étrange que le village tient en équilibre ! Ne vous contentez pas d'admirer d'en bas ces orgues basaltiques, allez donc vous balader dans les ruelles du vieux centre médiéval et grimpez au campanile de l'église de Sant Salvador pour une vue sur les sommets de l'Alta Garrotxa. Ici, les édifices sont quasiment tous construits à partir de matériaux volcaniques (murs et pavés en basalte).

Où dormir ? Où manger ? Où boire un verre ?

Ca La Paula : *pl. Sant Roc, 3. ☎ 972-29-40-32. • calapaula@calapaula.net • lafondacalapaula.com • À l'entrée de la vieille ville, dans le virage. Double env 75 €. Menu 18,50 €.* Située juste à côté de l'étonnante *torre del Reloj* ou *Rellotge* (tour de l'horloge, datant de 1924), voici l'adresse à tout faire du village : *Ca La Paula* regroupe bar, resto et chambres – minimalistes mais rénovées. Demandez-en une de préférence à l'arrière : moins bruyantes et avec plus de caractère (l'ancien plancher a été conservé). Au rez-de-chaussée, resto chaleureux, organisé autour d'un grand comptoir en arc de cercle. Spécialités de viandes à la braise.

Cal Ganxo : *c/ de l'Església, 17. ☎ 972-29-41-64. Tlj sauf mar 10h-21h. Plat env 10 €.* Au bout du village, un resto-bar de poche, bien sympa pour boire un coup en terrasse, à l'ombre de l'église Sant Salvador, ou en salle, du côté des larges baies vitrées qui s'ouvrent sur les montagnes. Pour accompagner la mousse ou le verre de vin, quelques bonnes tapas et des petits plats sans chichis.

Où dormir ? Où manger dans les environs ?

Campings

Càmping Can Banal : *17855 Montagut. ☎ 972-68-76-81. 651-83-12-59. • canbanalrural@gmail.com • campingcanbanal.com • Sur l'A-26 direction Besalú, sortie Montagut, 3 km à l'est de Castellfollit ; traverser le village direction Sadernes, puis prendre à gauche env 500 m plus loin, vers Sant Eudald de Jou. Ouv Pâques-fin sept. Resto ouv seulement en été. Compter env 22 € pour 2 pers, avec tente. Apparts 2-4 pers 50-90 € selon saison.* Sur 6 ha d'un vaste domaine boisé de 86 ha, ce camping « pas banal » est géré par un sympathique couple hollando-catalan. Pas de béton ici ni de parcelles riquiqui, 75 emplacements ultra-spacieux sans voisins, herbeux et cernés d'arbres (une dizaine avec électricité).

Également des apparts lumineux et agréables dans le bâtiment principal. L'été, le camping prend des allures de camp de vacances, gentiment hippie sur les bords, avec moult activités proposées par les sympathiques proprios (excursions, soirées, conférences, jeux pour les enfants, petite piscine, etc.). Laverie et location de VTT *(10 €/j.).*

Càmping Montagut : *ctra de Sadernes, km 2, 17855* **Montagut.** *661-67-30-57. • info@campingmontagut.com • campingmontagut.com • Sur la route de Sadernes, env 1 km après l'embranchement menant au Càmping Can Banal. Ouv de début avr à mi-oct et pdt la Semaine sainte ; fermé hors saison. Résa conseillée en hte saison. Resto ouv w-e et juil-août. Selon saison, 23-37 € pour 2 pers avec tente et voiture. Cabanes 4-5 pers 120-200 €/nuit.* Ce petit camping d'environ 70 vastes emplacements au gazon impeccable, entourés de champs et bois, dispose d'installations parfaitement tenues. Belle piscine. Loue aussi 2 cabanes en bois tout confort dans la partie haute du camping, histoire de dormir la tête dans les arbres et un peu plus près des étoiles ! Resto, minimarché. Bon accueil en français.

Càmping Masia et Hostal de Sadernes : *17855* **Sadernes.** *☎ 972-68-70-77 (resto) ou 872-09-08-38 (camping). • camping@sadernes.com • sadernes.com • Ouv tte l'année le w-e (sauf congés : de mi-déc à mi-fév) ; juil-15 sept, tlj. Env 28 € pour 2 pers avec tente et voiture. Au resto (fermé mer, sauf juil-août), plats 8-15 €.* Envie d'un retour aux sources et de nature ? Voici Sadernes, minuscule hameau paumé dans la montagne, aux portes du val de Llierca. Occupant une vieille bâtisse, l'*hostal* sert une cuisine catalane traditionnelle de qualité, abordable, à déguster dans la grande salle typique ou sur les tables en bois en terrasse, sous les grands arbres. À l'arrière s'étend le camping, en terrasses, tout vert et gazonné. De Sadernes, beaucoup de possibilités de randos, dont une qui mène au superbe village de Beget (5h).

Très chic

Hotel rural & spa Mas Prat : *camí de Casteller de la Muntanya, 17813* **Vall de Bianya.** *621-21-20-61. • reserves@hotelruralmasprat.com • hotelruralmasprat.com • À 9 km au nord de Castellfollit. Double env 190 €.* Un très beau mas, provençal (ou catalan !) en diable, sur les hauteurs de la Garrotxa, qui abrite 9 chambres et suites de haut standing, la plupart avec vue imprenable sur les montagnes. En bonus ? Une superbe piscine à débordement, un spa, un resto de qualité (seulement pour les clients de l'hôtel) et un accueil aux petits oignons d'Hector et Roser, les charmants proprios. La grande vie !

À voir. À faire

➢ ***Balade :*** l'itinéraire n° 13 (1,5 km pour 40 mn) du parc de la Garrotxa propose de visiter ***Castellfollit*** en empruntant un pan de l'ancienne voie romaine. Du resto *Mont-Roc,* au pied du village, descendre sur 100 m, puis prendre la 1re petite route à droite, qui tourne à 180°. Petit parking gratuit. On commence en traversant l'ancien pont, remplacé par une passerelle en bois, au-dessus des rapides de la rivière. Une jolie promenade, entre petits potagers et paysages de pierre, se hisse ensuite hardiment jusqu'au centre historique de Castellfollit, tout à fait médiéval avec ses rues étroites, ses belvédères et ses maisons construites à partir de matériaux volcaniques. Pour ménager sa peine, on peut le faire dans l'autre sens !

À voir. À faire dans les environs

Le pont del Llierca : *rejoindre d'abord Montagut, à 3 km à l'est de Castellfollit, puis prendre la GIV-5231 vers Sadernes sur 2,5 km.* Cet audacieux pont médiéval à un seul arc de 28 m de haut est sans doute la plus belle réalisation de ce type dans les Pyrénées. Jadis situé sur le chemin des transhumances, il se trouve aujourd'hui sur le tracé du GR 1. En été, baignade possible dans la rivière qui coule à ses pieds.

Sadernes : *à 10 km de Castellfollit, au bout de la GIV-5231.* Ce charmant hameau de quelques maisons, perché au bout d'une route étroite en cul-de-sac, se serre autour de l'église romane Santa Cecília (rarement ouverte). Au-delà, la vallée pénètre dans la haute Garrotxa par des chemins balisés : nombreuses possibilités de randonnées. Région rendue célèbre par le romancier catalan Marian Vayreda dans son livre *La Punyalada* : c'est à Sadernes et les villages environnants (Sant Aniol d'Aguja, Molí d'en Galceran, Montagut...) qu'évoluent ses personnages.

La haute Garrotxa : seuls les sentiers et la voiture permettent d'explorer cette région de montagne boisée isolée, proche de la frontière française, desservie par une unique petite route tourbillonnante (GIV-5221) reliant Castellfollit à la haute vallée de Camprodon. Un itinéraire formidable (45 km), où l'on dépasse rarement les 40 km/h ! Les montagnes sont modelées par les torrents (chutes) et creusées par endroits de gorges impressionnantes, où les bassins naturels invitent à la baignade.

Beget : *à 28 km au nord de Castellfollit.* Une longue et tortueuse route mène depuis Castellfollit jusqu'à ce sublime village caché au bout du monde (lire plus loin « À voir. À faire à Camprodon et dans les environs »).

LE RIPOLLÉS

LA VALLÉE DE CAMPRODON

Cette vallée très peu peuplée, épousant le lit du río Ter, se niche au creux des Pyrénées orientales, à la limite de la haute Garrotxa. Le climat de montagne y tempère les grandes chaleurs estivales envahissant ses parties les plus basses, où ont grandi les principales agglomérations. Au-delà, villages et hameaux aux vieilles églises se dispersent entre vallons et alpages sillonnés de chemins de randonnée. On peut aussi y skier, à la station de Vallter 2000.

CAMPRODON (17867)

Petite ville charmante et reposante. Grandie au confluent du río Ter et du torrent du Ritort, cette bourgade (2 000 habitants) est connue pour son emblématique et pittoresque *pont Nou* (pont Neuf), au grand arc de pierre asymétrique du XIIe s. De part et d'autre, les habitations épousent les flancs des 2 cours d'eau qui traversent la ville. En remontant la carrer València, la plus animée et commerçante, on rejoint l'*església Santa María,* construite au Xe s (superbes reliquaires de sant Patllari, du XIVe s) et, juste derrière, le monastère bénédictin Sant Pere (fermé au public). Camprodon est également réputée pour ses bons produits du terroir : fromages, biscuits, et surtout, charcuterie. Une halte s'impose, donc, ne serait-ce que pour faire quelques emplettes !

Arriver – Quitter

En train

La gare la plus proche est à ***Ripoll.*** De là, plusieurs bus/j. de la compagnie *Teisa* rejoignent Camprodon, via Sant Joan de les Abadesses (voir ci-après).

En bus

■ ***Compagnie Teisa :*** *☎ 972-20-48-68. ● teisa-bus.com ●*

➢ ***Ripoll via Sant Joan de les Abadesses*** *(30mn)* **:** service très pratique, fréquent et régulier : 15 bus/j. en sem, en gros ttes les 30 mn ; 8 bus/j. le w-e, ttes les 2h env.

➢ ***Setcases :*** même ligne que pour Ripoll.

➢ ***Olot*** *(45 mn-1h)* **:** 4 bus/j. en sem, seulement 3 le w-e.

➢ ***Vic*** *(1h) et* ***Barcelona*** *(2h)* **:** 2 bus/j., 1 seul le w-e.

Adresse utile

Oficina municipal de turisme : *c/ Sant Roc, 22. ☎ 972-74-09-36. ● valldecamprodon.org ● albeniz.cat ● Lun-sam 10h-14h ; dim et j. fériés 10h-14h.* À l'étage se trouve le musée consacré au pianiste et compositeur Isaac Albéniz, né à Camprodon en 1860. Sa maison natale se trouve un peu plus bas, plaça de la Vila.

Où dormir à Camprodon et dans les environs ?

Campings

Càmping Vall de Camprodon : *Les Planes de Xenturri, à 2 km de Camprodon, au km 7,5, direction Ripoll. ☎ 972-74-05-07. ● info@valldecamprodon.net ● valldecamprodon.net ● Les bus de la ligne Ripoll-Camprodon y passent. Fermé déc. Compter 30-40 € pour 2 pers avec tente et voiture selon taille. Abri « pod » env 90 € pour 2 pers ; bungalows 4-12 pers 100-390 € selon saison.* Très organisé, ce camping situé en léger retrait de la route dispose d'un sacré bataillon d'emplacements, d'abris (pod), assez sommaires mais coquets, pour les « sans-tentes », et de jolis petits chalets en bois bien équipés. Ensemble propre et bien tenu, même si les emplacements sont un peu collés-serrés. Rien à redire du côté des activités et de l'équipement : mini-ferme, skate park, salle de jeux et de ciné, terrains de sport, piscine entourée de gazon, épicerie et resto-bar.

Càmping Els Solans : *ctra de Molló, km 13. ☎ 972-13-00-99. ● info@campingcamprodon.com ● campingcamprodon.com ● À 2 km au nord de Camprodon en direction de Molló. Ouv tlj fin juin-début sept et le w-e hors saison. Env 25 € pour 2 pers avec tente et voiture. Bungalows 4-6 pers 115 €/j.* Proche de la route, mais au calme, un agréable camping lové dans un coin de la vallée, aux emplacements répartis sur 2 terrasses – les plus proches de la rivière étant pour la plupart squattés à l'année par des caravanes. Les bungalows (jusqu'à 6 personnes) disposent de kitchenette, douche, TV et chauffage. Tennis de table et jeux pour enfants. Un peu *roots* sur les bords, mais pas cher.

De prix moyens à chic (50-150 €)

Can Illa : *à 12 km de Camprodon, au-delà de Molló par la C-38 en direction du col d'Ares, au km 22, 17868* ***Molló*** *(indiqué sur la gauche). 699-79-82-67. ● info@mascanilla.com ● mascanilla.com ● Double avec sdb env 50 € ; petit déj très complet avec produits de la ferme 8 €.* Il s'agit d'un gîte rural, un vrai, avec son corps de ferme en pierre et ses vaches dans les prés. Une bâtisse héritée de génération en génération depuis 1258, transformée en chambres d'hôtes en 1990. Une dizaine de doubles et de familiales, dont certaines au-dessus de... l'ancienne porcherie rénovée ! Planchers de guingois, vieux mobilier massif, poutres, poêle commun dans le couloir, ce n'est pas le grand luxe mais le cachet est indéniable (et la vue, royale !). Accueil adorable et en français de la patronne, qui a passé une grande partie de son enfance à Perpignan. Elle produit ses propres confitures, ses gâteaux, et même sa charcuterie. Une adresse de qualité, aux tarifs imbattables dans le coin !

Hotel de Camprodon : *pl. Dr Robert, 3, à Camprodon. ☎ 972-74-00-13. • info@hotelcamprodon.com • hotelcamprodon.com • Doubles 90-125 € selon saison, petit déj inclus.* L'hôtel historique de la ville, occupant un édifice moderniste ocre rouge. Bien situé sur une placette animée, bordée de bars et de restos. À l'intérieur, c'est un peu la folie des grandeurs avec ses portes 1900, ses grandes peintures murales, son immense salle de bal et son élégante salle à manger. Chambres de bon confort, simples mais spacieuses. Nos préférées ? Celles donnant sur la rivière, avec grande terrasse et vue magique sur la nature environnante et le pont Nou. Bon rapport qualité-prix en basse saison. Accueil pro et souriant.

Hotel Grevol Spa : *avda les Saletes, 7, 17869* ***Llanars.*** *☎ 972-74-10-13. • reserves@hotelgrevol.com • hotelgrevol.com • Doubles 115-190 € selon saison, petit déj inclus. Resto ouv tlj ; plats 16-26 €, menu gastro 42 €.* 4 étoiles et 10 sur 10 pour cet hôtel de charme à l'allure de gros chalet montagnard. Du jardin impeccable aux chambres spacieuses avec balcon, en passant par le spa et le resto-bar chicos, c'est un sans-faute ! Une bien belle adresse, qui donne envie de prolonger le séjour.

Où manger à Camprodon et dans les environs ?

El Pont 9 : *camí de la Cerdanya, 1, à Camprodon. ☎ 972-74-05-21. • info@restaurantelpont9.com • Mer-dim 13h-15h30, et aussi jeu-sam 20h-23h. Plats 15-25 € ; formule (mer-ven midi) env 22 €.* L'adresse semi-gastro du village, stratégiquement positionnée au bord de la rivière, avec sa terrasse qui fait face au pont Nou. Cuisine régionale soignée et maîtrisée (queue de veau de Ripollès, calamar farci à la catalane, joue de porc aux abricots secs...). À goûter également : les *croquetas* maison, un délice ! Service aux petits soins et en français.

Can Jepet : *c/ Molló, 8, à* ***Setcases.*** *☎ 972-13-61-04. • info@canjepet.es • À 12 km de Camprodon. Dans la partie basse du village, juste en retrait de la route principale. Resto à l'étage. Tlj 13h-16h en été et ponts fériés ; fermé mar hors saison. Fermé le soir (dommage !). Plats 12-19 € ; menu lun-ven env 22 €.* L'une des très bonnes tables de la région au rapport qualité-prix-originalité imbattable. Cet établissement plutôt chic, ouvert en 1959 (et toujours tenu par la même famille), s'organise autour d'une belle salle élégante. Spécialités régionales à l'honneur, cuisinées à la perfection. Énorme choix d'entrées et de viandes (en particulier grillées), de poissons (dont la truite locale) et de nombreux produits de saison (champignons, gibier, etc.). Clientèle familiale le week-end.

Achats

Pastisseria Pujol : *c/ Valencia, 1. ☎ 972-74-01-22. • pastisseriapujol@gmail.com • Tlj sauf lun 9h30-13h30, 16h30-20h.* Une institution à Camprodon. L'incontournable où acheter pâtisseries goûteuses et gâteaux crémeux. Très bon et pas cher.

Cal Xec : *c/ Isaac d'Albeniz, 3. ☎ 972-74-00-84. • info@calxec.com • Tlj 9h30-13h, 16h-20h.* Difficile de ne pas s'arrêter devant l'alléchante vitrine de cette charcuterie-épicerie fine située au cœur du bourg. Une fois passé la porte, c'est déjà trop tard : n'espérez pas repartir les mains vides ! Au menu : saucissons en pagaille, jambons, saucisses, terrines, etc. Que du bon !

À voir. À faire à Camprodon et dans les environs

Passeig de Maristany : *accès depuis le rond-point au début de la route de Setcases.* Allez faire un tour sur cette belle allée boisée encadrée de fières demeures modernistes noyées dans la verdure. Un autre visage de Camprodon.

Setcases : *à 12 km de Camprodon.* Niché dans sa vallée, ce village de montagne a vu la plupart de ses rues, ruelles et maisons de pierre restaurées parallèlement au développement de la ***proche station de ski de Vallter 2000*** (à 11 km). Jetez un coup d'œil au beau retable baroque de l'*église Sant Miquel* (1706). En chemin, celle de *Sant Esteve de Llanars,* romane, mérite aussi une halte pour sa belle porte ancienne en bois et fer forgé. Ah oui, petit secret : on y trouve même une petite plage de sable bien agréable, en bord de rivière. Mais chut...

➢ ***Balades et randonnées :*** l'office de tourisme de Camprodon propose un fascicule détaillé (en français) répertoriant 28 itinéraires de balade (payant), mais on peut demander quelques fiches à l'unité, gratuites. Consultable également sur • *valldecamprodon.org* • Au total, près de 900 km de sentiers de rando de tous niveaux parcourent la vallée de Camprodon. Parmi les plus accessibles, la ***route nº 3*** dessine une boucle de 6,6 km, qui mène par un chemin forestier à la colline de Sant Antoni (1 345 m), révélant une belle vue sur la région et sur le massif du Canigou, dans les Pyrénées françaises. La balade directe ne fait que 2 km.

Beget : *à 17 km à l'est de Camprodon.* Amateurs de villages secrets, de vieilles pierres et de... routes de montagne ? Allez donc faire un tour à Beget (prononcez « Begette »), situé à 30 mn d'une route aussi tortueuse que superbe de Camprodon. Ce village endormi (qui compte 12 habitants à l'année !) est un véritable bijou. Enjambant une gorge étroite, il a des allures de carte postale avec ses rues pavées et son imposante église romane Sant Cristòfol *(lun-ven 11h-13h, w-e 15h-19h),* où l'on peut voir le Christ en majesté du XIIe s, veillée par une élégante tour de 4 étages, et ses maisons en pierre restaurées, greffées de balcons en bois. Juste avant d'arriver, on découvre les ruines rougeâtres du castell de Rocabruna qui se dresse au sommet d'une colline. ***Bien vérifier le niveau d'essence avant de partir*** et surtout, prudence dans les virages !

Hostal El Forn : *17867* ***Beget,*** *dans le village (indiqué).* ☎ *972-74-12-30.* • *hostalelforn@elforndebeget.com* • *elforndebeget.com* • *Resto fermé mer. Double 106 €, petit déj inclus.* Menú del día *15-25 €. ½ pens possible.* Au bout du village, une bâtisse tout en pierre dont les fenêtres plongent sur la vallée boisée. Assez simple, mais panorama fabuleux. Très bon resto familial proposant une cuisine concoctée à base de produits locaux. Un établissement emblématique qui a accueilli pas mal de célébrités nationales, comme en témoignent les photos accrochées aux murs. Super accueil de Sylvana et Dany, les proprios, dont la famille de 6 personnes constitue... la moitié de la population de Beget à l'année !

Can Jeroni : *c/ Bellaire, 17, à* ***Beget.*** ☎ *972-74-12-39.* • *canjeroni@canjeroni.net* • *En été, tlj le midi ; le reste de l'année, appelez au préalable. Repas 25-33 €.* La maison ancienne, aux lourdes poutres, a été restaurée sur des notes contemporaines épurées, comme pour mieux mettre en scène le contenu de l'assiette. Inspirés par les produits de la région et du moment, les plats sont beaux et bons, joliment dressés et équilibrés. On peut aussi s'installer dans la cave revisitée, sur la large terrasse bordant les gorges ou... dans la salle privée avec cheminée.

Manifestations

– ***Festa Major de Sant Patllari :*** *fin juin.* 5 jours de folie douce dans les rues, les places et… les rivières de la ville ! Concerts, animations, chants traditionnels…
– ***Festival de musique Isaac-Albéniz :*** *juil-août. Résas auprès de l'office de tourisme.* Dédié au Maître, il se tient au monastère de Sant Pere.

SANT JOAN DE LES ABADESSES

(17860) 3 470 hab.

Un gros village situé sur la rive gauche du fleuve Ter, avec son long pont médiéval (XVe s) et son cœur ancien aux ruelles étroites, où se niche une gentille place centrale à arcades. Son histoire est intimement liée à celle de son *monastère,* fondé par Guifred « le Velu » en 887 et aujourd'hui totalement réhabilité. Sa visite est l'intérêt principal d'une halte à Sant Joan. Cela, et les belles balades à faire dans le coin, notamment sur l'ancienne voie ferrée, transformée en « voie verte » : un paradis pour les cyclistes et randonneurs.

Arriver – Quitter

En bus

■ ***Compagnie Teisa :*** *☎ 972-20-48-68. ● teisa-bus.com ●* Les bus se prennent sur la route principale (N-260), un pâté de maisons à l'est de la plaça Anselm Clavé – où se dressent les jolies ruines de l'église Sant Joan.

➢ ***Ripoll :*** env 18 bus/j. en sem, ttes 30 mn-1h ; 10/j. le w-e.
➢ ***Camprodon :*** même ligne que pour Ripoll.
➢ ***Olot :*** 2 bus/j. en sem ; 1 seul le w-e. Continuation possible vers Besalú et Gérone avec certains bus.

Adresses utiles

ℹ ***Oficina de turisme :*** *pl. de l'Abadia, 9. ☎ 972-72-05-99. ● santjoandelesabadesses.cat ● Dans le palais de l'Abadia (XIIe-XVe s). Lun-sam 10h-14h, 16h-19h ; dim 10h-14h.* Brochure en français et carte avec descriptif des itinéraires de balade et rando.

Location de vélos : *au* ***Centre BTT del Ripollés,*** *dans la estació de Sant Joan, à l'AJ* Ruta del Ferro. *☎ 972-72-04-95. Compter env 15 €/j.* Demander un plan des itinéraires.

Où dormir à Sant Joan et dans les environs ?

Alberg Ruta del Ferro : *parc de l'Estació, à 10 mn à pied du centre, sur les hauteurs de la ville. ☎ 972-72-04-95. 📱 636-23-72-81. ● stjoanabadesses.xanascat@gencat.cat ● xanascat.gencat.cat ● Réception 10h30-14h, 16h-19h30. Nuitée 20-30 €/pers selon saison et âge (+ ou - de 30 ans), petit déj inclus ; + 2 € pour les non-membres. Chambres 4-9 pers : si vous êtes 2, vous payez les lits non occupés (s'il y en a). Repas env 10 €.* Étonnante, cette AJ qui occupe les bâtiments de l'ancienne gare de la ville ! 80 lits au total dans des chambres modernes et bien tenues. Les quadruples, un peu plus chères, ont une salle de bains privative. Reçoit beaucoup de groupes d'enfants. Sentiers de randonnée et de VTT juste à côté (pour la location de vélos, voir ci-avant).

El Reixac : *signalé au km 103,8, à env 3 km au nord-est de Sant Joan dans la direction de Camprodon ; passer la gravière et la rivière, c'est env 500 m plus loin. ☎ 972-72-03-73. 638-10-06-16. • elreixac@elreixac.com • elreixac.com • Compter env 80 € pour 2 pers, 160-240 € pour 4-6 pers. Min 2 nuits, 1 sem de juil à mi-sept (sauf dispos).* On aime beaucoup cette grande *casa rural* du XIVe s, posée au bout d'un vallon boisé. Carme et Ferrán y ont aménagé 5 appartements charmants et pleins de caractère mêlant poutres, vieux parquet, mobilier peint, murs jaune et bleu, objets de déco rurale. Chacun dispose d'une entrée privée, d'une cuisine, d'un poêle ou d'une cheminée. On apprécie les efforts de déco et les détails rigolos (seau-lavabo, maïs pendu au plafond, etc.) et, pour les 2 du bas, la terrasse engazonnée qui domine la petite piscine *(ouv juin-sept).*

Où manger ? Où déguster une pâtisserie ? Où boire un verre ?

Café de l'Abadia : *pl. de l'Abadia. ☎ 972-72-05-35. Mar-jeu 9h-22h, ven-dim 9h-minuit (17h dim). Fermé lun.* Sur la jolie place de l'Abadia, à 2 pas du monastère, un resto-bar à la cool, parfait pour grignoter quelques tapas, s'enfiler un *bocadillo* ou un petit plat maison (pas mal d'options veg'). Fait aussi très bien l'affaire à l'heure de l'apéro (ou plus tard), en terrasse avec une bonne bière artisanale.

Mas Repuntxó : *ctra C-38, à env 4,5 km à l'est de Sant Joan, direction Camprodon (1,5 km après le grand rond-point). ☎ 972-72-13-24. Mer-dim 12h-18h. Fermé lun-mar. Congés : 1re quinzaine de juil et 2de quinzaine d'oct. Plats 7-16 € ; menu mer-ven 12 €.* Dans cette grande bâtisse en pierre, posée en bord de route face à un grand parking, on mitonne une excellente cuisine catalane ! Belle carte des vins et succulents desserts (essayez donc la mousse de *ratafia*). La maison fait ses propres *embutidos* (en vente au rez-de-chaussée). Service efficace et sympa.

Salvat : *c/ Comella, 9. ☎ 972-72-00-38. • pastisseria@cansalvat.net • Mar-sam 8h-13h30, 16h-19h ; dim 8h-14h. Fermé lun. CB refusées.* Une jolie pâtisserie-boutique, ou plutôt une épicerie fine de la gourmandise. On craque pour les *cocas* aux pommes, aux amandes, aux pignons et fruits confits. Service souriant. Une excellente adresse très réputée.

À voir. À faire

Monestir : *pl. de l'Abadia. ☎ 972-72-23-53. • monestirsantjoanabadesses.cat • Sept-avr, lun-sam 10h-13h ; dim 10h-13h. Le reste de l'année, tlj 10h-13h, 16h-18h. Entrée : 5 € ; réduc ; gratuit - de 12 ans. Fascicule détaillé en français. Photos interdites.* On vous conseille de débuter la visite par la vidéo de 10 mn (avec version française) qui résume l'histoire des lieux. Poussez ensuite la porte du ***musée.*** Vous y découvrirez peintures religieuses et objets liturgiques des époques médiévale et baroque, avec de beaux éléments

UNE BASSESSE POUR VIRER L'ABBESSE

En l'an 885, Guifred le Velu crée avec le monastère de Sant Joan le 1er couvent bénédictin de Catalogne, dont il nomme sa fille Emma 1re abbesse. 4 autres lui succèdent jusqu'à ce qu'en 1017 le pape ordonne la dissolution de la communauté à la suite d'accusations mensongères de « mœurs dissolues » portées à l'encontre des sœurs et de l'abbesse par le comte de Besalú – qui rêve surtout de récupérer les terres. Les sœurs sont alors expulsées du monastère et remplacées... par des moines. Pas très catholique, tout ça...

LA CATALOGNE

lapidaires romans (tympan de l'église de Sant Pol), une étonnante croix en bois peinte en rouge avec les visages du Soleil et de la Lune (XIIe s), et d'étonnants ***crucifix en cuir*** et en cristal de roche (XIIIe-XIVe s).
On accède ensuite à l'intérieur du monastère, par le beau ***cloître*** gothique, aux chapiteaux finement sculptés. Il a été rebâti après le séisme de 1428 sur les ruines du cloître roman d'origine. L'***église,*** elle, date pour l'essentiel du XIIe s. Immédiatement à gauche se détache la ***chapelle des Douleurs*** (XVIIIe s), coiffée d'une coupole à la décoration baroque luxuriante. Un ensemble qui tranche avec l'épuration mystique de la nef médiévale où on découvre, dans le chœur, le *Très Saint Mystère* (XIIIe s), une sculpture sur bois représentant une descente de Croix, un thème récurrent dans la région. Ne manquez pas non plus les 2 très beaux retables en albâtre du XIVe s situés dans les absidioles.

Palau de l'Abadia : *siège de l'office de tourisme ; mêmes horaires.* Ce palais des XIIe s et XVe s abrite à l'étage un centre d'interprétation *(entrée : 2,50 €)* consacré à la légende du comte Arnau, personnage célèbre (et maléfique) de la mythologie catalane. Explications et audiovisuel en français.

LA CATALOGNE

➢ De la plaça de l'Abadia, des marches descendent vers le riu et l'***ecomuseu El Molí Petit,*** centre d'interprétation des rives du Ter et des moulins à eau *(visite guidée sur résa au 686-11-33-44 ou sur • info@alt-ter.org • alt-ter.org •).* Vraiment sympa pour une petite halte au bord de la rivière ! En partant dans l'autre sens, on débouche rapidement sur la jolie ***plaça Major,*** bordée de maisons à portique et de colonnades. Astuce pour accéder au ***pont médiéval*** (à pied !) : laissez le centre-ville dans votre dos, allez tout au bout du pont moderne puis tournez à droite (suivre le panneau « parking »). De là, il est aussi possible d'accéder aux rives de la rivière en contrebas.

➢ ***Ruta del Ferro i del Carbó :*** ce sympathique itinéraire pour vélos et randonneurs de 12 km emprunte l'ancienne voie ferrée réaménagée en *vía verda*.

➢ ***Sender de les Quatre Ermites :*** itinéraire en boucle de 20,5 km, à réaliser à pied ou à VTT (passages raides). Passe par plusieurs ermitages, dont 3 romans.

RIPOLL

(17500) 10 800 hab.

• Plan *p. 411*

Ripoll est une petite ville moderne et animée, installée au creux d'une vallée, au confluent des fleuves Ter et Freser. On la visite surtout pour le monastère de Santa María fondé vers le IXe s, et plus précisément pour son superbe portail du XIIe s, considéré comme l'un des chefs-d'œuvre de l'art roman catalan. Du XVIe au XVIIIe s, la ville fut l'un des centres métallurgiques les plus importants d'Europe. C'est aussi le point de départ de jolies balades, telle la *ruta del Ferro i del Carbó.* Avec sa gare, Ripoll joue également un rôle central entre Ripollés, Cerdagne et les grandes villes du Sud. Une bonne étape pour 1 ou 2 nuits, plus qu'une option longue durée...

Arriver – Quitter

En train

Estació RENFE *(hors plan par B2) : c/ del Progrés, 49. ☎ 912-320-320.* *• rodalies.gencat.cat •* À 10-15 mn à pied du centre (à gauche en sortant).
➢ ***Barcelona*** *(1h40-2h) via* ***Vic*** *(35-40 mn) :* env 16 trains/j.

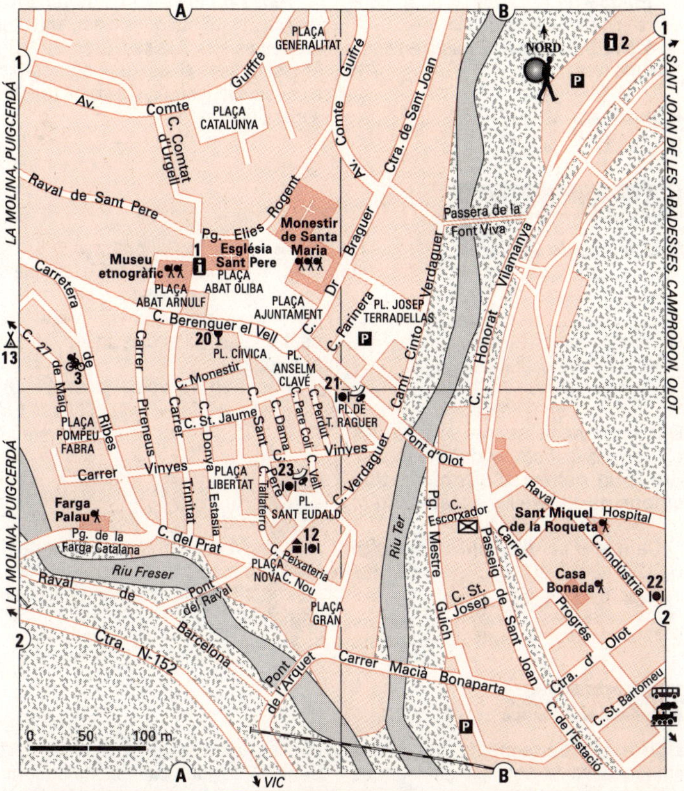

RIPOLL

■ **Adresses utiles**

- 1 Oficina de turisme (A1)
- 2 Centre d'acollida turística (B1)
- 3 Bicicletes Pirineu (A1)

Où dormir ?

- 12 Hostal del Ripollès (A2)
- 13 Camping Molí Serradell (hors plan par A1)

Où manger ?
Où boire un verre ?

- 20 Cafeteria Alesia (A1)
- 21 Snack-bar Ramón (A-B1-2)
- 22 Els Amigos (B2)
- 23 La Taverneta (A2)

➢ ***Ribes de Freser*** *(15-20 mn)* et ***Puigcerdà*** *(env 2h)* **:** 8 trains/j.

En bus

Estació d'autobusos *(hors plan par B2)* **:** *c/ del Progrés. Un peu avt la gare ferroviaire.* Horaires affichés sur place et disponibles à l'office de tourisme.

■ ***Compagnie Teisa :*** ☎ 972-20-48-68. ● teisa-bus.com ● Assure la plupart des services de la vallée.

➢ ***Sant Joan de les Abadesses*** *et* ***Camprodon :*** 15 bus/j., ttes les heures en sem, moitié moins le w-e. Durée : 30-35 mn.

➢ ***Olot :*** 6 bus/j. en sem, 2 le w-e.

➢ ***Girona :*** 2 bus/j. en sem, seulement 1 le w-e. Arrêt à ***Besalú*** en route.

➢ ***Puigcerdà*** *et* ***Llívia :*** 1 bus/j. lun-ven en fin d'ap-m ; aucun le w-e.
➢ ***Vic*** *et* ***Barcelona :*** 2 bus/j. en sem, 1 seul le w-e.

■ ***Autocars Mir :*** ☎ *972-70-30-12.* • *autocarsmir.com* •

➢ ***Ribes de Freser*** *et* ***Queralbs*** *(val de Núria) :* 16 bus/j. en sem, soit ttes les heures env, 9 le sam (ttes les 1-2h) et seulement 6 les dim et j. fériés. 2 continuent jusqu'à Queralbs (pas de service dim).

Adresses utiles

ℹ ***Oficina de turisme*** *(plan A1,* ***1****) : pl. de l'Abat Oliba, à gauche du monastère.* ☎ *972-70-23-51.* • *ripollesturisme.cat* • *visit.ripoll.cat* • *Avr-sept, lun-sam 10h-14h, 16h-19h ; dim 10h-14h. Le reste de l'année, mar-sam 10h-13h30, 15h30-18h ; dim 10h-13h30 ; fermé lun.* Doc en français sur les sites et les excursions à effectuer dans la région. Aussi un ***centre d'interprétation*** autour de l'histoire du monastère *(billet combiné : env 11 €).*
ℹ ***Centre d'acollida turística*** *(plan B1,* ***2****) : ctra C-26, km 126, à l'entrée de la ville en venant de Sant Joan de les Abadesses.* ☎ *372-71-80-01.* 📱 *618-38-99-23.* • *cat@fundaciomap.org* • *cat.fundaciomap.org* • *Tlj 9h-17h (minuit jeu-sam).* Ce complexe touristique avec resto s'est installé juste au début de la voie verte ; on peut y louer vélos classiques *(15 €/j.)* et électriques *(27 €/j.).*
🚴 ***Location de vélos*** *(plan A1,* ***3****) :* ***Bicicletes Pirineu,*** *ctra Ribes, 11 B.* ☎ *972-70-36-30.* 📱 *625-51-47-33.* • *jordiremolins@hotmail.com* • *bicicletespirineu.blogspot.com* • *Juste à l'ouest de la vieille ville. Lun-sam 9h-13h, 16h-20h30 ; parfois dim mat. Loc de vélos 10-15 €/j.* Essentiellement des vélos classiques pour la *vía verda* (adultes et enfants), VTT sur demande.

Où dormir ?

L'offre d'hébergements est assez limitée dans le coin (et ça manque vraiment d'adresses de charme !). Préférer les vallées alentour pour séjourner. Toutefois, voici quelques tuyaux, au cas où.

Camping

⛺ ***Càmping Molí Serradell*** *(hors plan par A1,* ***13****) : à 8 km au nord de Ripoll, en direction de Puigcerdà, ctra de Gombrèn, km 4,5.* ☎ *972-73-09-27.* • *info@campingmoliserradell.com* • *campingmoliserradell.com* • *Sur la N-260, prendre à gauche la GI-401 à hauteur de Campdevànol, puis continuer sur 4 km env. Congés : janv. Env 40 € pour 2 pers, avec voiture et électricité. Bungalows 2-8 pers 85-213 €.* Un camping vraiment sympa en bord de rivière, au milieu des arbres et de la nature. 80 parcelles bien ombragées pour planter sa tente et plusieurs bungalows tout confort. Sanitaires (nombreux et nickel) installés dans des sortes de petites maisons en bois : original ! Belle piscine (ouverte en été), parc pour enfants, resto et nombreux départs de rando à proximité. Dommage que les prix soient si élevés...

Prix moyens (50-90 €)

🏠 🍽 ***Hostal del Ripollès*** *(plan A2,* ***12****) : pl. Nova, 11.* ☎ *972-70-02-15.* • *hostaldelripolles@gmail.com* • *hostaldelripolles.com* • *Congés : dernière sem juin. Doubles avec sdb 51-90 €.* Un petit hôtel hyper central proposant 8 chambres. Du très basique encore une fois, mais ça reste bien tenu et propre. Bon, la déco et le mobilier ne sont pas folichons et les prix plutôt élevés en haute saison, mais faute de mieux... Fait aussi pizzeria (pizzas correctes).

Où manger ? Où boire un verre ?

De bon marché à prix moyens (10-20 €)

Els Amigos (plan B2, **22**) : *ctra d'Olot, 17. ☎ 972-70-00-09. • info@restaurantelsamigos.cat • Lun-sam, seulement le midi. Menu en sem env 14 € ; plats 6-13 €.* Une institution à Ripoll, depuis 1924 ! Les habitués se pressent chaque midi pour profiter du bon menu (imprimé sur le set en papier !) à prix attractif. On y mitonne une cuisine traditionnelle, simple mais bien exécutée : pieds de porc, paella, soupe aux 4 viandes, etc. Salle classique à l'avant, décorée de vieilles photos, et une plus moderne à l'arrière, aux murs en pierre. Micro-terrasse (sur rue). Service gentil, même quand c'est plein ! Notre meilleur choix en ville.

La Taverneta (plan A2, **23**) : *pl. Sant Eudald, 4. ☎ 972-70-32-80. • lataverneta@gmail.com • Jeu-lun 11h-23h30 (2h30 ven-sam, 17h dim). Fermé mar-mer. Menus le midi 16-19 € ; tapas 2-11 € ; plats 7-17 €.* En plein cœur du centre piéton, ce resto-bar tenu par un Basque exilé en terres catalanes est l'une des places fortes de la ville. Le midi, on y vient pour le menu à prix doux, le soir pour boire des coups et se régaler de délicieuses tapas (chips d'artichaut, tartines bien garnies, etc.). Très animé en fin de semaine, jusqu'à tard.

Cafeteria Alesia (plan A1, **20**) : *c/ Berenguer el Vell, 1. 📱 621-21-23-56. Tlj 10h-minuit.* *THE* terrasse, sur la place principale, face au monastère et son beffroi crénelé. Fait le job à toute heure, du café matinal au cocktail du soir.

Snack-bar Ramón (plan A-B1-2, **21**) : *pl. Tomàs Raguer, 3. ☎ 972-70-00-19. Tlj sauf dim 7h-21h (20h en basse saison). Congés : août. Menu du jour 12 €.* Avis à ceux qui veulent se farcir un vrai morceau d'Espagne (et qui n'ont pas peur de manger gras !), ce bar dans son jus, avec son comptoir où les anciens s'attablent pour s'enfiler une grillade ou quelques tapas, est une vraie pièce de collection. On peut aussi se contenter de venir y boire *una caña*.

À voir. À faire à Ripoll et dans les environs

Monestir de Santa María (plan A1) : *☎ 972-70-42-03. • monestirderipoll.cat • Avr-sept, tlj sauf dim ap-m (ouv dim ap-m en août), 10h-14h, 16h-19h ; oct-mars, tlj sauf dim ap-m 10h-13h30 (14h dim), 15h30-18h. Entrée : 7,50 € ; réduc. Dépliant en français.* L'un des plus fameux complexes romans de la région ! Fondé en 880 par Guifred « le Velu », 1er comte de Catalogne, ce monastère bénédictin a grandi dans le sillage de la Reconquête. Au XIe s, il abritait l'une des bibliothèques les plus importantes d'Occident, notamment grâce à sa collection de manuscrits (dont *La Bible de Ripoll,* exemplaire le plus célèbre). Abandonné après la sécularisation du monastère en 1835, il ne doit sa survie qu'à la renaissance catalane de la fin du XIXe s – qui le vit largement restauré. D'origine, seul subsiste vraiment le ***grand portail roman*** (XIIe s). Cela tombe bien, c'est un pur chef-d'œuvre ! Prenez le temps de l'observer en détail, il se parcourt comme un grand livre. Le magnifique cloître (XIIe-XVIe s), aux 2 étages de galeries soutenues par des colonnettes doubles, vaut également son pesant de cacahuètes. Les chapiteaux fourmillent de mille détails : animaux, motifs végétaux, figures humaines, et même... une jolie sirène (on vous laisse la trouver). L'intérieur de l'église est très dépouillé, avec peu d'ornements : il s'en dégage une certaine impression de sobriété et de sérénité... Par l'office de tourisme, on accède à un ***centre d'interprétation*** du monastère *(billet combiné : 8,80 €).* On vous confiera une tablette avec la traduction en français des panneaux. Au menu : histoire du sanctuaire et de l'ordre bénédictin, vie quotidienne des moines. Sinon, pas grand-chose à voir.

Museu etnogràfic (plan A1) : *pl. de l'Abat Oliba. ☎ 972-70-31-44. • museuderipoll.org • À gauche de l'office de tourisme. Mar-sam 10h-13h30, 16h-18h (19h*

Semaine sainte et juil-août) ; dim 10h-14h. Fermé lun (sauf août 10h-14h). Entrée : 4 € ; 8,80 € en billet combiné avec le monastère ; réduc ; gratuit le dernier dim du mois. Surfant sur la vague nostalgico-catalane, ce beau musée aménagé et scénographié avec goût offre un intéressant panorama des traditions des temps passés. Succession de salles thématiques : bergers, religiosité, jeux et passe-temps, métiers de la ville (du barbier au tisserand), puis salle d'armes, en souvenir de celles jadis façonnées dans les forges locales. L'occasion de découvrir un tas de vieux objets, beaux ou insolites : sonnailles en pagaille, fourches à 7 branches, ex-voto de toutes sortes, fauteuil de dentiste, métier à tisser, autels portatifs, pistolets et moules à hosties, etc. En fond, des chants replongent un peu plus dans l'ambiance.

Farga Palau *(plan A2)* **:** *passeig de la Farga Catalana, 16. ☎ 972-70-31-44. • museuderipoll.org • Visite guidée (3 €, mais en catalan) à réserver en ligne. On peut se contenter d'y jeter un coup d'œil à travers les portes vitrées.* Cette ancienne forge, qui fonctionna durant 5 siècles (jusqu'en 1978 !), évoque l'histoire industrielle du Ripollés, berceau de la proto-industrialisation de la Catalogne. Sa production de fer joua un rôle majeur au cours des XVIIe et XVIIIe s, notamment pour la production d'armes à feu. Fours, instruments et une grande roue hydraulique actionnée par la rivière Freser.

L'étonnante ***casa Bonada*** *(c/ del Progrès, 7 ; plan B2),* aux faux airs médiévaux, avec tour et gloriette, et la ***capella Sant Miquel de la Roqueta*** *(c/ de la Indústria, 1 ; plan B2),* située un peu au-dessus, sont 2 œuvres modernistes réalisées en 1912 par Joan Rubió i Bellver, disciple de Gaudí.

➢ ***Ruta del Ferro i del Carbó :*** itinéraire de 12 km jusqu'à Ogassa, au-delà de Sant Joan de les Abadesses, sur l'ancienne voie ferrée, aménagée pour les cyclistes et les randonneurs. Départ au niveau du *Centre d'acollida turística (plan B1).* *• viasverdes.com •*

➢ Quelques belles ***randos*** à faire dans les environs (parcours détaillés à l'office de tourisme). On a bien aimé celle des 7 Gorges (départ juste à côté du camping *Molí Serradell,* voir plus haut) : une série de 7 cascades à découvrir à travers la forêt. Parcours facile, pour toute la famille (environ 4-5h).

Estiula Aventura : *c/ de l'Auró, à* ***Campdevànol.*** *📱 649-64-00-39. • eestiulaventura.cat • À 8 km au nord de Ripoll, direction Puigcerdà. De mi-juin à mi-sept, tlj 10h-18h ; oct-mai, seulement le w-e 10h-17h. Fermé janv-fév. Tarifs : 12-35 € selon package.* Situé en pleine nature, tout près du camping *Molí Serradell* (voir plus haut « Où dormir ? »), ce parc d'aventure se targue de posséder la tyrolienne la plus longue de Catalogne (270 m). Également un espace d'escalade et plusieurs circuits d'accrobranche. Restauration en été.

LE VAL DE NÚRIA

Un espace naturel exceptionnel, entouré par des sommets de presque 3 000 m d'altitude, où naissent de nombreuses sources et torrents. Haut lieu du tourisme pyrénéen catalan, la vallée glaciaire est un grand moment de voyage dans la région, presque une étape obligée ! Célèbre pour son sanctuaire, la station de ski Val de Núria est desservie par un charmant petit train à crémaillère. C'est le point de départ de randonnées en direction du Puigmal (2 910 m), du refuge d'Ulldeter (près de la station de ski de Vallter 2000) ou des lacs d'altitude du versant français. Le GR 11, qui relie l'Atlantique à la Méditerranée, passe par là. En contrebas, quelques villages se dispersent sur les flancs de la vallée, comme Queralbs, avec sa belle église romane.

NÚRIA

(17534)

Perché à 2 000 m d'altitude, Núria forme une sorte de hameau, niché dans une combe où s'alanguit un splendide lac aménagé. Un gros complexe hôtelier (assez moche, malheureusement) s'est greffé autour du sanctuaire qui, depuis le XIe s, attire chaque 8 septembre une foule de pèlerins pour la fête de la Vierge de Núria. Mais beaucoup viennent plutôt, en hiver, prier les dieux... du ski ! L'été, les 7 km de pistes cèdent la place aux promeneurs venus avec leur pique-nique et aux activités (randonnée, équitation, tir à l'arc, minigolf, etc.).

Cela dit, on peut très bien faire l'aller-retour dans la journée, juste pour le plaisir de prendre le train ! Le train ? Oui, vous avez bien lu. Depuis 1931, un petit train traverse la vallée et gravit plus de 1 000 m de dénivelée, de Ribes de Freser pour arriver jusqu'à Núria. Jadis en bois, il a été remplacé par des michelines suisses. Un minivoyage vraiment sympa ! Si vous avez de bons mollets, vous pouvez monter à pied par le *camí Vell,* l'ancien chemin de pèlerinage de l'époque romane : une balade d'environ 8 km (4h).

– Prévoir une petite laine (le coin peut être assez venteux) et de la crème solaire (ça tape !).

Arriver – Quitter

➢ ***Train à crémaillère :*** *☎ 972-73-20-20. • valldenuria.cat •* Compter 31 € A/R depuis Ribes de Freser, 28 € de Queralbs. Aussi des forfaits train + ski. Les tickets s'achètent à la gare ou en ligne. Le train part de Ribes de Freser (40 mn de trajet), s'arrête au joli village de Queralbs (20 mn) et monte ensuite à Núria. Min 6 trains/j. en basse saison, avec 1 supplémentaire le ven soir (tte l'année) ; au cœur de l'été, les fréquences montent à 12 trains/j. Attention, en basse saison, le 1er part de la gare de Ribes-Vila (et non de Ribes-Enllaç).

➢ Le plus simple pour rejoindre Ribes de Freser est le train (gare *RENFE* juste à côté de celle du petit train), liaisons régulières avec Ripoll, Puigcerdá, Barcelone et Gérone. Infos sur *• rodalies.gencat.cat •,* même s'il existe aussi des bus depuis Ripoll (correspondance plus difficile). En voiture, plusieurs parkings gratuits juste à côté de la gare.

➢ De la gare de Núria, des ***télécabines*** se hissent sur env 500 m jusqu'à l'auberge de jeunesse : tte l'année 9h-17h (18h en hte saison et même 20h30 ven). Billet combiné avec celui du train crémaillère, 8 € sans.

➢ ***Taxi :*** *compagnie de* ***Ribes de Freser.*** *☎ 972-72-77-09. 📱 627-58-88-70 (24h/24) ou 637-21-52-55. • taxideribesdefreser@hotmail.com •* ♿

Adresse utile

ℹ ***Oficina de turisme :*** *dans l'édifice principal, à droite du sanctuaire. ☎ 972-73-20-20. • valldenuria.cat • Lun-ven 9h-14h, 15h-16h45 ; w-e 9h15-17h45. Autre office à Ribes de Freser, c/ Bruguera, 2 (à droite après le pont). ☎ 972-72-77-28. Tlj sauf dim ap-m et lun 10h-14h, 16h-18h (19h30 ven-sam).*

Où dormir ? Où manger à Núria ?

⛺ ***Camping :*** *☎ 972-73-20-20 ou 932-041-041. • valldenuria@valldenuria.cat • valldenuria.cat • Ouv mai-oct, selon météo. Fermé hors saison. Compter*

10,50 €/pers. Résa conseillée en été (attention, grandes tentes interdites) ; max 2 nuits. Aire de bivouac aménagée derrière l'*Hotel Vall de Núria,* le long du torrent, en pleine nature, avec les vaches comme seules voisines ! L'endroit est un peu *roots* mais bien fichu, avec quelques tables de pique-nique et des sanitaires (douches eau froide). Seul bémol : pas un pet d'ombre ! Feux interdits.

Alberg Núria Xanascat : *☎ 972-73-20-48. • alberg.nuria@gencat.cat • xanascat.gencat.cat • Depuis la gare ferroviaire de Núria, prendre la télécabine ou monter à pied (20 mn). Accueil 9h-13h, 17h-20h (plus tard ven). Congés : nov et Noël. En hte saison, env 26 € pour les - de 30 ans et 32 € pour les autres, petit déj inclus ; + 2 € pour les non-membres.* Cette grosse bâtisse perchée au-dessus de Núria est avant tout fonctionnelle et pas chère. D'une grosse capacité (174 lits), elle accueille beaucoup de groupes scolaires. Dortoirs de 3 à 18 lits, tous avec salle de bains et casiers (draps fournis). Cafétéria et billard. L'ensemble est quand même assez spartiate (matelas en mousse, peintures un peu décaties). Super vue depuis la salle à manger (petite restauration).

Hotel Vall de Núria : *☎ 972-73-20-00. • reserveshotel@valldenuria.cat • valldenuria.cat • Ouv début mai-fin oct et début déc-Pâques. En hte saison, doubles 150-300 € ; séjour de 2 nuits min. Également des apparts 2-6 pers.* Imposant et peu avenant, ce grand hôtel à l'architecture très soviétique abrite des chambres certes chères (l'isolement se paie), mais d'un bon confort et surtout très bien tenues. Le salon du rez-de-chaussée pour le café est assez classe, et les appartements sont eux aussi plaisants et confortables. Resto, cours de ski et location du matériel dans le complexe même.

La Cabana dels Pastors : *derrière l'hôtel et le sanctuaire. ☎ 972-70-00-00 ou 972-73-20-20. Horaires très irréguliers ; a priori en août et pdt la saison de ski, tlj ; sinon, seulement le w-e, et fermé en sem.* On vient y manger un bon petit burger le midi sur la grande terrasse, à moins que l'on ne se laisse tenter par l'intérieur, cosy-montagnard, qui se mue en *lounge* le samedi soir. Dommage qu'il soit plus souvent fermé qu'ouvert...

Vous trouverez aussi un resto en ***self-service*** à l'hôtel, bien pratique si vous n'avez pas prévu de pique-nique *(ouv 13h-15h, 20h-22h ; menu 23 €).* Buffet à volonté varié et franchement pas mal.

Où dormir ? Où manger dans la vallée ?

Hostal Les Roquetes : *ctra de Ribes, 5, 17534* ***Queralbs.*** *☎ 972-72-73-69. • info@hostalroquetes.com • hostalroquetes.com • À l'entrée de Queralbs, dans la montée après la gare. Doubles 70-90 €, petit déj inclus. Menú del día en sem 12 € ; dîner env 20 €.* Bien situé (à 200 m de la gare de Queralbs), ce petit hôtel au charme discret propose des chambres lumineuses et agréables : sol en terre cuite, lit confortable, coffre ancien en bois... Simple mais efficace ! Balcon-terrasse avec vue sur la montagne pour celles du 1er étage. Bon rapport qualité-prix au resto.

Mas La Casanova : *ctra Ribes de Freser a Queralbs, 17534* ***Queralbs.*** *☎ 972-19-80-77. 626-11-86-05. • estercampsconstans@gmail.com • maslacasanova.com • Pas sur la route principale, dans la campagne ; peu avt Queralbs, passer la voie de chemin de fer, puis prendre l'embranchement à droite à 300 m ; suivre panneau « La Casanova ». Double 79 € ; petit déj 9 €. Dîner (sur résa, pour les hôtes) 18 €.* Véritable coup de cœur pour cette ferme vieille de 3 siècles, située sur un coteau dominant le val de Ribes. Tout en pierre sombre du pays, elle abrite 6 chambres de bon confort, aménagées avec goût (certaines possèdent encore leurs épais carreaux de céramique d'origine). Bon accueil de la patronne, et au petit déj, charcuterie du coin et fromages maison !

La Perdiu Blanca : *ctra de Puigcerdà,*

LA CATALOGNE

5, 17534 ***Ribes de Freser.*** *☎ 972-72-71-50. • laperdiublanca@hotmail.com • Tlj sauf mer, midi et soir. Hors saison, fermé le soir en sem. Résa conseillée le w-e. Menus 25-35 €.* Cuisine de marché, produits frais et des menus du jour qui font la part belle aux recettes traditionnelles (large choix de cannellonis, pied de cochon, *butifarra* et entrecôtes mahousses costaud, entre autres). La recette n'a rien d'inédit, mais lorsque le chef connaît son affaire, comme ici, cela fait toute la différence ! En prime, accueil sympa et déco chaleureuse avec moult bibelots, tableaux et photos aux murs.

À voir. À faire à Núria

Le sanctuaire : *ouv tte l'année.* La légende affirme que saint Gilles aurait vécu ici en ermite, vers l'an 700, avant de fuir devant l'invasion arabe. En 1072, Amadeu, un pèlerin venu sur ses traces, y aurait construit une 1re chapelle. Quelques années plus tard, la croix, la marmite et la cloche de saint Gilles auraient été retrouvées grâce à un rapace qui grattait la terre avec insistance à un endroit précis... Ces 3 objets sont devenus les symboles du village. Depuis, le sanctuaire fait l'objet d'une grande dévotion, particulièrement le 8 septembre, jour de la fête de la Vierge de Núria (voir encadré). L'église actuelle, néogothique, reconstruite en 1911, n'est guère attrayante. Ne manquez pas, cependant, de monter au-dessus de l'autel, pour admirer la belle statuette romane en bois peint de la Vierge de Núria (XIIe-XIIIe s). Vous pourrez aussi jeter un coup d'œil, un peu plus loin, à l'***ermita de Sant Gil,*** bâti en 1615 sur le lieu même de la découverte de la statue. Messe le dimanche à 11h15.

PAS BESOIN DE POTION QUAND ON A LA BONNE MARMITE !

La Vierge de Núria (fêtée le 8 septembre), patronne des bergers pyrénéens, aurait le pouvoir de résoudre les problèmes de stérilité. La marmite (olla) de saint Gilles est supposée rendre les femmes fécondes si elles y glissent la tête pendant que l'on sonne la cloche ! Elle permet aussi de se prémunir contre les tempêtes... Multifonction, la marmite !

➢ ***Camí Vell :*** pour monter (ou redescendre) à pied par le chemin de pèlerinage médiéval, demander la brochure descriptive à l'office de tourisme ou à la gare. Il existe 2 variantes, s'étirant toutes entre 7,7 et 8 km depuis Queralbs, pour 3h45 à 4h de montée (et 3h20 environ de descente). Le circuit balisé en orange s'adresse aux randonneurs aguerris.

➢ ***Activités variées*** à partir de la station de Núria : ski en hiver, tir à l'arc, canotage, équitation, minigolf, parc de loisirs pour enfants et randonnées en été. Pas de quoi s'ennuyer ! La balade la plus facile *(camí de la Creu d'en Riba)* conduit, via l'ermitage, à un petit promontoire rocheux aménagé en point de vue (15 mn). Magnifique panorama sur le cirque et les gorges de l'autre côté. Par beau temps, on peut apercevoir des aigles. Plus d'infos sur *• valldenuria.cat •*

À voir. À faire dans la vallée

Le train à crémaillère : annonçant son départ d'un coup de sifflet (tout le monde à bord !), il remonte le long des eaux bouillonnantes du riu Freser, avant de pénétrer dans ses gorges, révélant de somptueux paysages de montagne alternant petites cascades et falaises abruptes. Pour avoir la meilleure vue en montant, mettez-vous de préférence à droite au début, puis à gauche pour les 5 dernières minutes. Le chemin du retour est encore plus impressionnant...

LA CATALOGNE

Queralbs : gare intermédiaire du train à crémaillère, facile d'accès par la route depuis Ribes. Agréable promenade dans ce joli village bien restauré, d'une belle unité avec ses maisons en pierre aux volets de bois, toits de lauzes et façades griffées de rosiers grimpants. Nombreuses icônes et statues religieuses accrochant l'œil sur les façades des maisons. Même les quelques bâtiments récents, à l'entrée, ont adopté le style traditionnel. L'***église romane Sant Jaume*** (XIIe s) est précédée d'un très beau porche reposant sur 5 colonnes de marbre bleu aux chapiteaux finement ciselés. Des randos (une quinzaine) partent du centre du village (durée : de 45 mn à 6h).

Le musée du Train à crémaillère : *à la gare de* ***Ribes Vila.*** *Tlj 8h30-20h. GRATUIT.* Ce petit musée très bien fait évoque l'histoire du train à crémaillère de la Vall de Núria, avec plusieurs machines anciennes. On y admire la locomotive à vapeur suisse Julian Fuchs (1892), surnommée « la bossue » en raison de l'inclinaison de sa chaudière, qui servit à remorquer le matériel lors de la construction de la ligne. Montez aussi dans le wagon de luxe des années 1930 *(coche salon)*, un vrai salon avec ses petites lampes et ses confortables fauteuils... qui se font face plutôt que de se tourner vers le paysage ! Circule encore lors d'événements spéciaux.

LA CERDAGNE

Voici un drôle de pays. Depuis le traité des Pyrénées (1659), la Cerdagne est en effet coupée en 2 : la basse Cerdagne appartient à l'Espagne (provinces de Gérone et Lleida), la haute Cerdagne à la France (département des Pyrénées-Orientales). Sa capitale, Puigcerdà, bute sur l'ancien poste des douanes ! Durant la 1re Guerre mondiale, les liens forts entre les populations de part et d'autre de la frontière favorisèrent un vaste trafic de chevaux et mulets importés de France, passés en Espagne puis revendus à l'armée française via le col du Perthus !
Cette sorte de haute plaine, irriguée par les eaux tumultueuses du Sègre, est délimitée au sud par la puissante barrière de la serra del Cadí-Moixeró. L'intensité de la luminosité est telle dans la région que l'on a implanté à Odelló le plus grand four solaire au monde (qui a essentiellement une vocation de recherche scientifique). Depuis les villages éparpillés sur le versant nord de la vallée où s'écoule le cours d'eau, le panorama est splendide. Pour les Espagnols (et les Français frontaliers), la Cerdagne est surtout synonyme de ski en hiver et de rando en été. Autour de Puigcerdà, de jolis villages médiévaux valent également le détour, à commencer par Llívia, mignonne petite enclave espagnole en terres françaises.

PUIGCERDÀ (17520) 8 840 hab.

• Plan *p. 421*

À 155 km de Barcelone et 100 km tout juste de Perpignan, Puigcerdà est une ville « à visage humain », pas particulièrement belle mais plutôt agréable à visiter et assez concentrée. Fondée en 1177, son importance stratégique lui valut d'être plusieurs fois assiégée par les troupes

françaises comme espagnoles... Le week-end, de nombreux Français, venus en voisins, déambulent dans les ruelles piétonnes de son vieux centre, perché sur un promontoire naturel. On finit toujours par se retrouver sous les arcades de la plaça Cabrinety (marché le mercredi), ou attablé aux terrasses de la grande plaça Santa Maria. Sans oublier de faire un tour au petit lac de Puigcerdà, une bulle d'oxygène, à quelques minutes seulement du centre-ville. Tout autour, panorama sublime sur les sommets pyrénéens.

Arriver – Quitter

En train

Estació RENFE *(plan A2)* **:** *pl. Estació.* ☎ *912-320-320.* • *rodalies.gencat.cat* • Au pied de la ville ; on rejoint le centre par un funiculaire puis un ascenseur (dans l'axe de la sortie).

➢ ***Ribes de Freser*** *(val de Núria),* ***Ripoll, Vic*** *et* ***Barcelona-Sants*** *(3h)* **:** 7 trains/j.

En bus

Les bus arrivent et partent devant la gare ferroviaire *(plan A2)* ; ils marquent un arrêt pl. de Barcelona, dans la ville haute.

■ Puigcerdà est essentiellement desservie par la compagnie ***Alsa*** : ☎ *902-42-22-42.* • *alsa.es* •

➢ ***Barcelona (via le tunnel del Cadí ;*** *min 3h)* **:** 2 bus/j. en sem, 1 seul le w-e.

➢ ***Llívia*** *(15-20 mn)* **:** 5 bus/j. lun-ven, 2 le w-e.

➢ ***La Seu d'Urgell*** *(1h)* **:** 4 bus/j. en sem, 2 le w-e. Arrêts à Bellver, Prullans, Pont d'Arsèguel.

■ ***Teisa :*** ☎ *972-20-48-68.* • *teisa-bus.com* •

➢ ***Girona*** *(3h30)* ***par Alp (La Molina,*** *env 20 mn),* ***Ribes de Freser, Ripoll*** *(1h30),* ***Sant Joan de les Abadesses*** *(1h45) et* ***Olot*** *(2h30)* **:** 1 bus/j. seulement, vers 6h.

Adresses et infos utiles

Oficina de turisme de la Cerdanya *(hors plan par B2,* ***1****)* **:** *légèrement en périphérie, à côté de l'hôtel Park, près du rond-point où se rejoignent la N-152 et la N-260.* ☎ *972-14-06-65.* • *cerdanya.org* • *Lun-sam 9h-13h, 16h-19h ; dim et j. fériés 10h-13h.* Excellentes infos. On y parle le français. Borne 24h/24.

Oficina municipal de turisme *(plan A1-2,* ***2****)* **:** *pl. Santa Maria, dans la tour (campanar) de l'ancienne église Santa Maria.* ☎ *972-88-05-42.* • *puigcerda.cat* • *Lun-sam 9h30 (10h sam)-13h30, 16h30-19h ; dim 10h-13h30.* Fascicules bien faits en français.

■ ***Location de vélos et de skis*** *(hors plan par B1-2,* ***3****)* **:** ***Esports Iris,*** *avda de França, 10.* ☎ *972-88-23-98.* • *esportsiris.com* • *En direction de Bourg-Madame, juste avt la frontière. En août, tlj 9h-14h, 15h-20h ; le reste de l'année, tlj sauf dim ap-m et lun 9h-13h30 (14h dim), 16h-20h ; pdt le w-e en saison d'hiver, ouv dès 8h, et l'ap-m dès 15h y compris dim. Loc de vélos classiques 22 €/j., vélos électriques 65 €/j. Équipement de ski 17 €/j.* On y parle le français.

■ ***Hípica Sant Marc*** *(centre hippique)* **:** *à l'hôtel Mas Sant Marc (voir « Où dormir ? »). Env 25 € 1h de balade à cheval avec un guide, 10 € pour un poney pour les enfants.*

Stationnement : suivre « parking *Antic Convent » (plan B1),* gratuit ; puis accès au centre-ville par un ascenseur. Autre option : se garer près de la gare et prendre le funiculaire (puis un autre ascenseur). Également quelques places gratuites autour du lac, sur les hauteurs *(plan A1).*

– ***Marché :*** *passeig Deu d'Abril, dim 8h-14h.* Bien agréable, très fréquenté par les transfrontaliers. *Également mer mat pl. Cabrinety.*

Où dormir ?

Camping

⛺ ***Càmping Stel*** *(hors plan par B1-2,* ***11****)* **:** *ctra de Llívia, s/n. ☎ 972-88-23-61. • puigcerda@stel.es • stel.es • ♿ À 2,5 km de Puigcerdà, en direction de Llívia, juste avt la frontière avec la France. Ouv de juin à mi-sept. Accueil 9h-14h, 17h-21h. Compter 31-45 € pour 2 pers avec tente et voiture selon saison. Bungalows en bois clair, bien équipés, 4-6 pers 104-192 €/nuit ; cabane 2-5 pers sans douche ni cuisine 56-102 € selon saison.* Une grosse machine de 400 places, organisée et agencée au cordeau, proposant toutes sortes d'activités et de services : bar-resto, épicerie, piscine, tyrolienne, jeux pour enfants, ping-pong, etc. Essayez d'obtenir un emplacement le plus loin possible de la route. Côté bungalows, on choisit entre version luxe et de simples abris, avec matelas et basta ! Attention, prix vraiment élevés de fin juillet à mi-août.

Prix moyens (50-90 €)

🏠 ***Hotel Parada*** *(plan A2,* ***17****)* **:** *pl. Estació. ☎ 972-14-03-00. • info@hotelparadapuigcerda.com • hotelparadapuigcerda.com • Dans la gare ! Doubles env 70 € (jusqu'à 140 € le w-e) ; petit déj 9 €. Réduc si résa en direct sur le site.* Un hôtel original qui occupe l'aile gauche... de la gare de la ville ! Pas d'inquiétudes : double vitrage de compète, on ne dort pas « bercé » par le boucan des trains qui passent. Côté chambres : bonne literie, parquet et déco soignée. Certaines sont un peu étriquées et ne disposent que d'un velux, en visiter plusieurs. Plein de petits détails dans l'hôtel rappellent l'histoire des chemins de fer du pays (comme ces répliques de tickets, qui font office de numéro de chambre). Spa avec piscine et jacuzzi. Accueil pro et excellent petit déj.

De chic à très chic (90-150 € et plus)

🏠 ***Hotel del Lago*** *(plan A1,* ***13****)* **:** *c/ Dr Piguillem, 7. ☎ 972-88-10-00. • info@hotellago.com • hotellago.com • Doubles 122-160 € ; petit déj-buffet 15 €. Parking gratuit.* L'hôtel est situé près du charmant lac d'Estany, sur les hauteurs du centre-ville. Une vingtaine de chambres douillettes et coquettes, avec baignoire et minibar. Certaines, avec terrasse, donnent sur le joli jardin (au même prix, pourquoi se priver ?). Le petit déj se prend dans la belle véranda octogonale dotée de confortables fauteuils en cuir blanc et d'une cheminée. En bonus, un sauna, une piscine couverte (verrière), une autre extérieure, et un jacuzzi. Accueil en français. Bref, une belle adresse !

🏠 🍴 ***Mas Sant Marc*** *(hors plan par B2,* ***14****)* **:** *camí de Sant Marc, 34. ☎ 972-88-00-07. • reservas@santmarc.es • santmarc.es • À 1,5 km du centre de Puigcerdà. Mal indiqué ; prendre la route de Ripoll sur env 600 m après le grand rond-point (passer la voie ferrée), puis tourner à gauche vers le centre hippique de la Cerdanya ; c'est à env 800 m sur une petite route à voie unique. Doubles min 90 € (jusqu'à 180 € en été) ; petit déj 16 €. Plat env 25 € (resto ouv mer-dim).* Aux portes de la ville mais déjà en pleine campagne, une bulle d'oxygène dans un cadre calme et séduisant, sans voisinage : magnifique bâtisse du XVIIe s (rénovée début XXe s), entourée d'un grand jardin et de prairies où gambadent des chevaux. Elle abrite une douzaine de chambres (dont 3 suites magnifiques) aux beaux meubles anciens, planchers qui craquent et atmosphère feutrée. Bar façon pub avec billard, piscine, resto et centre hippique fréquenté par les familles le week-end (voir plus haut « Adresses et infos utiles »).

Où manger ? Où boire un verre ?

Puigcerdá n'est pas vraiment réputé pour l'excellence de ses tables. Pour un bon gueuleton, n'hésitez pas à faire un tour du côté de Llívia (et on ne dit

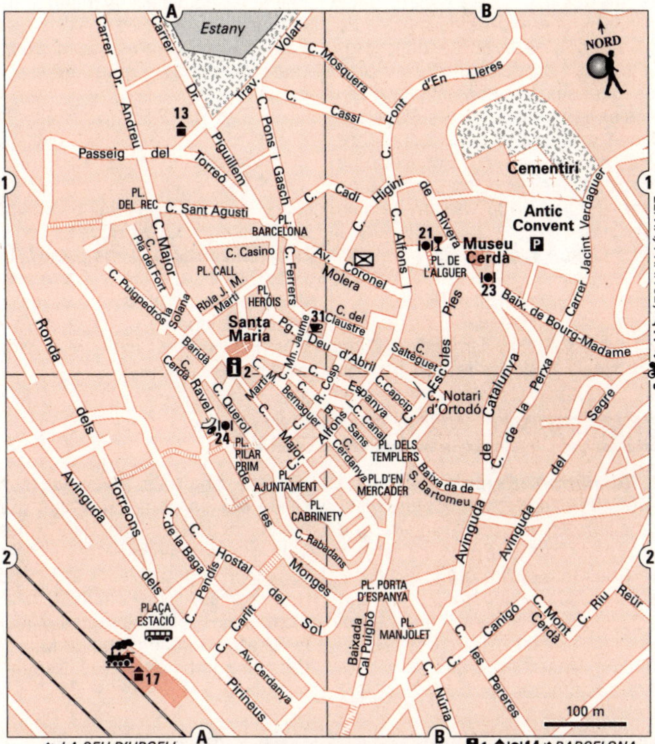

PUIGCERDÀ

LA CATALOGNE

Adresses utiles

- 1 Oficina de turisme de la Cerdanya (hors plan par B2)
- 2 Oficina municipal de turisme (A1-2)
- 3 Esports Iris (location de vélos et de skis ; hors plan par B1-2)

Où dormir ?

- **11** Càmping Stel (hors plan par B1-2)
- **13** Hotel del Lago (A1)
- **14** Mas Sant Marc (hors plan par B2)
- **17** Hotel Parada (A2)

Où manger ? Où boire un verre ?

- **21** Tapanyam (B1)
- **23** La Llesca (B1)
- **24** Tap de Suro (A2)

Où prendre un petit déj et grignoter ?

- **31** Aroma Café (A1)

pas cela parce que c'est en France. C'est l'histoire qui a décidé. Pas nous !).

Tapanyam *(plan B1,* ***21****) : pl. de l'Alguer, 2.* ☎ *972-88-23-60.* • *restauranttapanyam@hotmail.com* • *Tlj sauf mar 8h-minuit. Congés : 15 j. en juin et 15 j. en nov. Menu midi en sem 16 € ; plats 14-28 €.* D'un côté, une salle chaleureuse à l'ambiance un poil montagnarde, de l'autre une terrasse avec vue superbe sur la vallée et les montagnes. Et au milieu, dans l'assiette, une excellente cuisine du cru, concoctée avec de bons produits frais. On a beau être au pied des Pyrénées, la mer n'est pas si loin et ça se voit (dorade en croûte de sel, et une paella dont vous nous donnerez des nouvelles !). Beaucoup de monde le week-end, on conseille de réserver. Quant à la vue, on ne s'en lasse pas...

|●| ***La Llesca*** *(plan B1,* ***23****) : c/ Higini de Rivera, 2. ☎ 972-88-00-44. • orrimtb@gmail.com • Tlj sauf dim. Congés : vac de Noël. Menu env 14 € ; plats 5-15 €.* Un resto-bar où l'on trouve toujours le bon plat du jour et les nouvelles du matin. Parfait pour le déjeuner avec ses prix tenus. Large choix de *platos combinados* et quelques pizzas. Petite terrasse sur la rue.

|●| ***Tap de Suro*** *(plan A2,* ***24****) : c/ Querol, 21. 678-65-59-28. • tapdesurop@gmail.com • Tlj sauf lun 19h-23h. Congés de mi-mai à mi-juin. Plats 9-24 € (beaucoup disponibles en ½ portion).* On navigue ici entre la bodega (ambiance rez-de-jardin et tonneaux) et le bar à tapas. Carte courte (*tostada de sobrasada, escalivada* au jambon, burger...) et large choix de vins. Petit bémol : l'attente a parfois tendance à s'éterniser.

Où manger dans les environs ?

|●| ***Restaurant Estació*** *: à la gare ferroviaire désaffectée de* ***Queixans,*** *à env 3 km de Puigcerdà, en direction de Ripoll. ☎ 972-88-24-00. • estacioqueixans@gmail.com • info@estaciodequeixans.cat • ♿ Mer-dim le midi, plus le soir ven-sam. Fermé lun-mar. Plats 10-12 € ; menus 15-25 €.* Installée dans la petite gare désaffectée de Queixans, une adresse originale et chaleureuse, tenue par un chef qui manie aussi bien l'efficace (pas mal de viandes à la braise, notamment), que le créatif (lasagnes végétariennes aux cèpes, *botifarra* aux pois chiches et aux chanterelles, etc.). Aux beaux jours, la terrasse abritée prend de faux airs de guinguette avec ses loupiotes suspendues.

Où prendre un petit déj et grignoter ?

Aroma Café *(plan A1,* ***31****) : passeig Deu d'Abril, 10. ☎ 972-14-06-88. 639-35-84-60. Ouv 7h30-13h, 16h-20h. Fermé dim ap-m et lun.* Un bar-brûlerie bien sympa pour savourer un petit kawa en terrasse ou face au comptoir, entre briques apparentes et murs verts. Des thés et cafés du monde entier, des limonades frappées *(granites)* et, pour grignoter, crêpes, salades, pâtisseries, etc. Parfait pour le petit déj.

À voir. À faire

➢ Pas grand-chose, à vrai dire ! Faites un tour sur la jolie plaça Santa Maria, envahie de terrasses de cafés et dominée par le ***clocher octogonal*** *(campanar)* ***de l'església Santa María*** *(plan A1),* où s'est installé l'office de tourisme. Dernier vestige de l'église, construite à la fin du XIIe s, c'est le symbole de la ville. On peut grimper au sommet : 1,50 € et 182 marches pour une vue dominante de Puigcerdà. Par la carrer Querol, on rejoint rapidement la ***plaça de l'Ajuntament*** *(plan A2),* surnommée le « balcon de la Cerdagne » pour son joli panorama sur les montagnes. Non loin de là, la ***plaça Cabrinety*** *(plan A-B2)* s'entoure d'arcades ; un marché s'y tient le mercredi. À 2 pas du centre, agréable balade autour du lac où cygnes et canards ont élu domicile : le top pour se relaxer !

DANS LES ENVIRONS DE PUIGCERDÀ

La Molina : *à 19 km au sud de Puigcerdà, en direction de Ribes de Freser. ☎ 972-89-20-31. • lamolina.cat •* L'une des stations de ski les plus importantes et les plus fréquentées d'Espagne. Un peu trop bétonnée et étendue à notre goût, mais les fanas de sports de montagne y trouveront leur compte.

LLÍVIA

(17527) 1 500 hab.

À 5 km au nord-est de Puigcerdà, l'ancienne capitale de la Cerdagne est désormais une enclave espagnole de 12,8 km², cernée de terres françaises... Une situation étonnante, comme il n'en existe qu'une dizaine en Europe. Ce beau petit village a conservé dans son microcentre historique de superbes maisons en pierre apparente datant du XIXᵉ s, et une unique tour survivante du vieux château détruit par les Français à la fin du XVᵉ s. Il mérite assurément une petite visite, d'autant qu'on y mange très bien !

UN VILLAGE FRANÇAIS PAR ERREUR

La Cerdagne fut longtemps cause de guerre entre Espagnols et Français. Llívia, par sa position stratégique sur une colline, fut logiquement la plus convoitée. Grâce au traité des Pyrénées (1659), les frontières furent fixées : un traité octroya une grande partie de la Cerdagne à l'Espagne, la France gardant la vallée de Carol ainsi qu'un territoire permettant d'y accéder, équivalant selon le texte « à 33 villages ». Llívia échappa par erreur à l'annexion française, n'étant pas un village mais... une ville !

Arriver – Quitter

En bus

■ Llívia est essentiellement desservie par la compagnie **Alsa** *(☎ 902-42-22-42 ; • alsa.es •).*

➢ ***Puigcerdà :*** 5 bus/j. en sem ; 3 le w-e. Trajet : 15-20 mn.

➢ ***Barcelona :*** 2 bus/j. en sem, seulement 1 le w-e. Durée : 3h10-3h30.

■ Et avec ***Teisa*** *(☎ 972-20-48-68 ; • teisa-bus.com •)* :

➢ ***Girona*** *par* ***Puigcerdà, Alp (La Molina), Ribes de Freser, Ripoll, Sant Joan de les Abadesses*** *et* ***Olot :*** 1 bus/j., en sem seulement, vers 6h.

Vers la France

Pas de ligne directe, mais on peut prendre le célèbre ***Train Jaune*** (alias « le canari ») reliant (5 fois/j. en été) Villefranche-de-Conflent à Latour-de-Carol, et descendre à Estavar, à env 1,5 km (15-20 mn à pied) de Llívia (correspondance plus ou moins longue en provenance de Perpignan). Autre option : le bus du conseil régional reliant Perpignan à Bourg-Madame (1 € !), en descendant à Langoustrine (à 30 mn à pied de Llívia).

Adresses utiles

Informations touristiques (Casa de la Vila) : *c/ del Forns, 10 (à la mairie). ☎ 972-89-63-13. • llivia.org • Août-sept, lun-sam 10h-19h, dim 10h-14h ; oct-juil, mer-sam 9h-15h (18h la 2ᵈᵉ quinzaine de juil), dim 10h-14h, fermé lun-mar.*

■ **Ski-Bike :** *avda Catalunya, 103. ☎ 972-89-62-98. ● siscobike@hotmail.com ● Sur l'avenue principale, au pied de la vieille ville. Mar-sam 9h-13h, 16h30-20h ; dim 8h30-18h (13h30 en été). Fermé lun. Loc de bons vélos env 7 €/h ou 25 €/j. En hiver, loc de skis et raquettes.*

Où dormir ? Où manger ?

Alberg Anna Maria Janer : *c/ Forns, 19. ☎ 934-30-16-06. ● annamariajaner@peretarres.org ● reserves@peretarres.org ● peretarres.org/cases-colonies-albergs ● À 30 m du musée/office de tourisme. Lits en dortoir 30-40 €/pers selon saison et âge. Pens complète possible.* Sa situation au cœur de la vieille ville est idéale. Installée dans une vieille bâtisse traditionnelle, cette petite AJ dispose de dortoirs de 4 à 16 lits, tous avec salle de bains et casiers. L'ensemble est un peu spartiate, comme souvent, mais bien tenu.

Hostal Rusó : *c/ Pujada de l'Església, 2. ☎ 972-14-62-64. 📱 618-39-24-66. ● hostalruso@gmail.com ● hostalruso.es ● Juste en contrebas de l'église et du musée, dans la vieille ville. Doubles env 80 € selon saison, petit déj inclus. Menú del día 15 € (resto fermé lun). Café offert sur présentation de ce guide.* Tout juste 9 chambres, jolies mais plutôt petites, dans le style auberge, blotties entre de gros murs de pierre. En bas, un resto rustique, avec plafond bas aux lourdes poutres et lampes massives. Belle terrasse ombragée fréquentée par les gens du coin (ça gouaille fort !). Une adresse du cru.

Can Ventura : *pl. Major, 1. ☎ 972-89-61-78. ● can-ventura@hotmail.com ● Tlj sauf dim soir-lun et jeu. Fermé 2 sem en oct. Menu dégustation 65 € ; plats 16-30 €.* Installé comme il se doit sur la plaça Major, ce gastro chic jouit d'une réputation d'excellence qui va bien au-delà des ruelles pavées de Llívia. À la carte, des viandes succulentes (épaule d'agneau, côte de bœuf de 1 kg, veau confit, etc.) et des recettes régionales maîtrisées. Le menu dégustation en 6 étapes varie selon la saison et l'humeur du chef. Déco chaleureuse et rustique, entre charpente de bois et vieux plancher. Un must !

Cal Cofa : *c/ Frederic Bernades, 1 (angle pl. Major). ☎ 972-89-65-00. ● calcofa@gmail.com ● Tlj dès 12h et 20h. Congés : 2 sem fin juin. Plats 8-24 €. Apéritif maison ou digestif offert sur présentation de ce guide.* C'est un peu la version popu et plus abordable de son prestigieux voisin, le *Can Ventura.* Un bon choix dans le style classique-rustique (avec déco autour du thème des chevaux) pour déguster une cuisine régionale de qualité. Spécialité de viandes grillées, *cargols* (escargots), lapin, magret et confit de canard...

Où manger dans les environs ?

La Formatgeria de Llívia : *pla de Ro, à* ***Gorguja.*** *☎ 972-14-62-79. ● jj@laformatgeria.com ● ♿ À env 2 km à l'est de Llívia, direction Saillagousse. Tlj sauf mar-mer. Résa conseillée le w-e. Congés : 1re sem de mai et 1re quinzaine de juil. Plats 21-30 €.* Voici l'un de nos meilleurs souvenirs culinaires des Pyrénées catalanes ! Dans ce grand chalet en pierre et en bois, une ferme et une fromagerie, sous le même toit, qui raviront les gastronomes. Belle salle de resto aux baies vitrées donnant sur une agréable terrasse et une grande pelouse avec vue sur les sommets. Dans l'assiette, des viandes juteuses et généreuses, des raclettes, fondues et pierrades à partager, du canard rôti à la confiture de figues, du cochon de lait... on s'en lèche encore les babines. Et que dire de cette mousse de yaourt aux fruits rouges ? Service pro et vente de fromages maison à l'accueil.

À voir

Le *vieux centre,* agrippé à sa colline, ne manque pas de charme. Un lieu attachant avec ses ruelles, ses maisons en pierre et sa grosse église fortifiée (panneaux informatifs sur l'histoire des sites en français).

Església Nostra Sra dels Àngels : fortifiée et de style Renaissance, elle date des XVIe-XVIIe s. Elle conserve une très belle porte aux arabesques en fer forgé. L'intérieur vaut moins le détour, mais on peut néanmoins le visiter (clés à l'office de tourisme). Sur le flanc droit de l'église, un ancien forum romain (unique en son genre dans les Pyrénées catalanes) en cours de fouilles. En août, un petit *festival de musique classique* (orchestres internationaux) a lieu dans l'église *(11-35 € la place ; infos : ☎ 972-89-63-13 ; • llivia.org •).*

Museu municipal : *c/ dels Forns, 10. ☎ 972-89-63-13. Juste au pied de l'église. Tlj sauf dim ap-m et lun 9h-14h, 15h30-18h. Entrée : 3,50 € ; réduc.* L'histoire de Llívia depuis les origines ! On y trouve une réplique de la *farmàcia Esteva,* l'une plus vieilles d'Europe (XVIe s) : remarquable ensemble de boîtes peintes, pots, bocaux de médicaments et autres ustensiles, sans oublier quelques vieux grimoires.

LA CATALOGNE

DE PUIGCERDÀ À LA SEU D'URGELL

De Puigcerdà à La Seu se déroule la longue et belle *vallée du Sègre,* né en France sur les hautes pentes du Puigmal avant de s'écouler vers l'ouest, puis de s'incurver vers le sud pour rejoindre l'Èbre. Cet important cours d'eau (265 km) creuse une gorge par endroits profonde, séparant les hauts sommets pyrénéens, au nord, de ceux de la serra del Cadí, au sud. La tortueuse N-260 s'y engouffre, passant ainsi de la Cerdagne à l'Alt Urgell. De part et d'autre, sur les pentes, s'accrochent des villages pittoresques, pour la plupart bien restaurés, offrant autant d'occasions de haltes le temps d'une balade, d'un déjeuner ou pour la nuit. Un beau road trip en perspective !

MERANGES *(17539)*

Accessible (par une route aussi belle que sinueuse !) à 11 km à l'ouest de Puigcerdà, ce gros hameau d'une centaine d'habitants s'amarre au fond de la profonde vallée du riu Duran. C'est le siège de la plus haute municipalité de Catalogne (1 539 m) et le point de départ d'une jolie balade vers le cœur des Pyrénées. Toits de lauzes, maisons aux épais murs de pierre et vénérable église romane en son centre : la carte postale est parfaite !

Où dormir ? Où manger ?

Refugi de Malniu : *à 9 km de Meranges, dans la montagne. ☎ 972-19-75-58. 📱 616-85-55-35. • info@refugimalniu.com • refugimalniu.com • De Meranges, suivre la direction « Als Llacs » ; la petite route, de plus en plus cabossée, devient piste ; au bout de 7 km, bifurquer à gauche en direction du refuge. Ouv juin-sept ; le reste de l'année, sur résa pour les groupes (min 6 pers en ½ pens). Réserver en plein été. Compter 25 €/pers la nuitée en refuge, 4 €/pers en camping ; petit déj env 8,50 €. Dîner env 19 €. Réduc enfants.* Il en impose, cet authentique refuge en grosses pierres grises en haut de sa montagne (2 130 m d'altitude, tout de même) ! Pas bien grand mais chaleureux avec son poêle ronflant dans la petite salle commune du bas. Les 54 lits se regroupent au-dessus, en 2 dortoirs non chauffés (mais douche chaude dans les salles de bains). Possible d'y camper, mais il faudra bien arrimer sa tente, ça souffle fort, là-haut ! Le terrain est situé au bout du monde, près d'un petit lac. Pas de cuisine, mais barbecue extérieur. Si le refuge est fermé, un abri attenant (avec poêle à bois) permet de surmonter les nuits glacées...

Casa rural Vilamaroto : *c/ la Coma, 2. ☎ 972-88-50-13. 683-52-11-13. • info@vilamaroto.com • vilamaroto.com • À l'entrée du village, au croisement de la c/ Central et de la c/ la Coma. Doubles 70-90 €.* Une excellente surprise que cette grande *casa* cachée dans le village (mal indiquée, mieux vaut appeler avant d'arriver). Bâtisse du XIXe s rénovée avec goût, elle abrite 7 chambres coquettes, chacune avec sa déco personnalisée et sa salle de bains, les plus belles avec vue sur la montagne. On s'endort les yeux rivés sur la magnifique charpente d'origine, bercé par un silence... de pierre ! Cuisine commune bien équipée, barbecue dans le jardin et salon avec cheminée.

Can Borrell : *c/ Retorn, 3. ☎ 972-88-00-33. 629-79-47-58. • info@canborrell.com • canborrell.com • Congés : 9-26 déc. Double env 125 € ; familiale aussi. Petit déj 10 €. Menus 30-50 € ; plats 16-25 €. ½ pens possible.* Nichées dans une vénérable maison de village (4 siècles au compteur), les 8 chambres conservent certains de leurs éléments d'origine – poutres, mezzanine dans 2 d'entre elles... Le confort est au rendez-vous, même si l'atmosphère des lieux dégage une certaine austérité. Au rez-de-chaussée, la salle de resto, toute de pierres apparentes, avec vieux objets ruraux et cheminée qui crépite, est plus chaleureuse. On y déguste une cuisine traditionnelle maîtrisée (y compris des plats végétariens). Certes, tout cela n'est pas donné, mais on est loin de tout... Bon accueil de Laura, qui parle très bien le français.

Balade

Estany de Malniu, Pla de la Feixa : *en voiture, suivez les indications pour accéder au* Refugi de Malniu, *plus haut... ou grimpez-y à pied depuis Meranges, comme les purs et durs ! Accès en général possible Pâques-nov selon météo – ou à raquettes.* Le chemin pour le ***lac de Malniu*** (30 à 40 mn), situé à 2 223 m d'altitude, part juste avant le refuge, sur la droite. C'est un beau lac glaciaire en forme de gros haricot, semé de quelques blocs mastards où l'on peut se dorer au soleil en été. Un lieu serein, parfait pour pique-niquer. La petite histoire affirme pourtant qu'aux siècles passés, des sorcières s'y réunissaient... On peut pousser plus avant jusqu'à l'Estany Mal, moins fréquenté. Autre classique, pour une rando à la journée (environ 6h de marche) : la boucle menant, au-delà du lac de Malniu, au refuge d'Engorcs par le sommet du ***Puigpedrós*** (2 911 m) et retour. Tout le secteur est traversé par le GR 11.

BELLVER DE CERDANYA (25720)

Cette grosse bourgade située à 1 050 m d'altitude, sur le bord de la N-260, cache un joli cœur médiéval *(Casc antic)* accroché à sa colline. Ruelles, passages et placettes serpentent autour d'une charmante plaça Major encadrée d'arcades et veillée par le campanile de l'église Sant Jaume. On y trouve tout le nécessaire : restos, bars, hôtels, banques, pharmacies...

➢ Bus depuis ***Puigcerdà*** avec *Alsa* (• *alsa.es* •) ; env 10 bus/j. en sem, 5 le w-e.

Adresse utile

Oficina de turisme : *pl. Sant Roc. ☎ 973-51-02-29. • centredetallo@bellver.org • bellverecoturismecerdanya.cat • Juil-août, lun-sam 10h-14h,*

16h-19h ; dim 10h-14h. Hors saison, sam 10h-14h, 16h-19h ; dim 10h-14h. Infos sur les randos dans les environs. Juste à côté se dresse la superbe église romane Santa Maria, précédée d'un large porche (XIe-XVIIe s) ; ne se visite pas (dommage !).

Où dormir ? Où manger ?

La Calma de Bellver : *pl. Major, 8. ☎ 973-51-09-29. 646-22-40-51. • contacta@lacalma.com • lacalma.com • Ouv seulement w-e en basse saison. Congés : 2 sem en oct. Doubles 65-80 €, petit déj inclus. Menu 15 €.* Une maison du XIIe s, posée à l'angle de la place centrale, avec énormément de cachet, entre charme de l'ancien et mobilier de récup'. Coup de cœur pour le bar-resto avec sa voûte, ses murs de pierres apparentes et sa terrasse à l'arrière. Maribel a aménagé 4 chambres, toutes singulières, avec, là encore, un vrai effort de déco. Celles à l'étage sont plus lumineuses. Côté cuisine, en revanche, les avis divergent...

LA CATALOGNE

LLES (25726)

Atteint depuis Martinet par une petite route sinueuse et étroite, ce village perché à 1 470 m d'altitude, sur une sorte de large balcon naturel tourné au soleil du sud, se mue l'hiver en station de ski de fond. Quelques belles résidences secondaires y ont poussé, mais on y viendra surtout pour son camping et son panorama superbe sur la serra del Cadí.

Où camper ?

Camping El Cortal del Gral : *659-59-51-68. • camping@lles.net • Dépasser le village de Lles et continuer sur 3,5 km, direction Viliella. Ouv de mi-juin à mi-sept ; hors saison, ouv w-e et ponts fériés (et parfois fermé, téléphoner). Compter 30-40 € pour 2 pers avec tente, voiture et électricité. Café-bar ouv juil-août seulement.* Ce petit camping super calme, à taille humaine (70 places), est le plus haut perché de Catalogne. De cet emplacement privilégié, à 1 700 m d'altitude, la vue est évidemment splendide. Sur un terrain d'herbe rase, des rochers en forme de dolmens délimitent de larges parcelles. Il y a même une rivière qui glougloute et une piscinette entourée de transats sur la pelouse. Café-bar. Bon accueil. Un poil cher tout de même, mais on paie la situation...

ARSÈGUEL (25722)

Amarré sur le flanc sud de la route N-260, ce hameau comme hors du temps de 60 habitants, aux maisons typiques de la région, voit les jours s'écouler doucement à l'ombre du clocher de son église romane (Santa Coloma). Capitale catalane de l'accordéon (grand festival chaque année fin juillet), on y trouve un petit *museu de l'Acordió* (rarement ouvert cependant !) et une ***vieille fabrique de laine à ne surtout pas manquer.*** Nombreux départs de rando depuis le village.

Où dormir ? Où manger à Arsèguel et dans les environs ?

Càmping El Pont d'Ardaix : *ctra N-260, km 210, 25723* ***Pont de Bar.*** *☎ 973-38-40-98 • recepcio@pontdardaix.com • pontdardaix.com •*

Dépasser le village d'Arsèguel et continuer sur 7 km. Ouv tte l'année. Env 30 € pour 2 pers avec tente, voiture et électricité. Bungalows 2-6 pers 75-180 €. Resto ouv tlj. Un petit camping sans prétention, posé au bord du Sègre, dont les eaux bouillonnantes couvrent en partie le bruit de la route juste au-dessus. Emplacements bien ombragés, notamment pour ceux sur les berges. Piscine, aire de jeu, épicerie et resto. Simple et pas cher.

Font del Genil : *c/ Dr Llangort, 5, à Arsèguel. ☎ 973-38-41-46 ou 931-02-30-68. 619-33-01-30 ou 644-95-46-09. • fontdelgenil@gmail.com • fontdelgenil.com • Juste à côté de la mairie. Resto fermé lun-mar. Doubles 55-90 € selon saison (jusqu'à 110 € en été), gros petit déj inclus en été. Plats 10-15 €.* L'une des belles adresses de la région, très appréciée par les amoureux ! C'est qu'il a du cachet, ce petit hôtel installé dans un bâtiment du XVIIIe s, restauré en respectant les structures d'origine. 6 chambres (dont une suite avec salon et terrasse panoramique) spacieuses et colorées. On a aimé les nombreux clins d'œil à l'histoire des lieux (miroirs en bois, têtes de lit, carrelages muraux, etc.). Dans la salle à manger jaune soleil, on sert une cuisine catalane épurée de haut vol, dans le sillage du mouvement *Slow food*.

À voir

Fàbrica de Llanes (fabrique-musée de la Laine) **:** *à* **Pont d'Arsèguel,** *à 300 m de la N-260 en montant vers Arsèguel. ☎ 973-38-40-09. Tlj sauf dim ap-m 10h-14h, 16h-20h. Entrée : 5 €. Visite guidée en français.* Une incroyable plongée dans le temps grâce à cette authentique fabrique de laine ! La famille Isern fait encore vaillamment tourner cette vieille usine de 1901 dont les pieds baignent dans le Sègre, aux fantastiques machines entièrement alimentées à l'énergie hydraulique... La visite permet de découvrir tout le processus, depuis l'arrivée de la laine jusqu'au tissage des *mantas* (couvertures), bonnets, écharpes et chaussettes, en passant par le lavage, le cardage et le filage. Le plus impressionnant se trouve au fond du hangar du bas, où sommeillent des bécanes d'un autre âge, notamment l'une des 1res machines à laver de l'histoire (fabrication française) et des déboulocheuses (anti-peluche), vieilles de plus de 2 siècles, qui fonctionnent avec des épines de chardons ! À l'étage, dans une vaste salle envahie par les tas de laine, la poussière et les chats, on découvre une très british machine à filer tout droit sortie de la révolution industrielle et encore en pleine forme ! Jadis, 19 personnes travaillaient ici ; elles ne sont plus que 2. Miniboutique, aux prix ultra-raisonnables. On adore.

ESTAMARIU (25719)

Il faut laisser la N-260 derrière soi et grimper hardiment (9,5 km) sur le flanc nord de la vallée, par une petite route tout en virages, pour atteindre ce village perché sur un balcon naturel, coincé entre le Bescaran et le ravin Ribona. Une halte revigorante.

Où dormir ? Où manger ?

L'Era de Cal Bastida : *c/ Sol de Vila. ☎ 973-35-56-36. 626-03-19-42. Tt au bout du village (on peut y aller en voiture, mais attention, c'est étroit !). Parking gratuit. Doubles avec sdb 68-73 € selon taille, petit déj inclus. Dîner env 15 €.* On vous l'accorde, cet *hostal-pensió* n'a pas un charme fou. Cela dit, le rapport qualité-prix des chambres est excellent ; elles sont de bon confort, et, gros plus, ont une terrasse avec vue imprenable sur la campagne (bon, et un peu sur le garage...). La mieux, au 2e étage, la suite « Junior », regroupe chambre, minisalon et terrasse, tous 3 mansardés. Accueil très gentil.

À voir

Església Sant Vicenç : *pour la visite, téléphoner au ☎ 973-35-39-67 ou 628-89-28-89 (à l'avance si possible, c'est un monsieur âgé qui s'en occupe !).* À l'écart du village, sur un tertre, cette discrète petite église sans clocher est remarquable pour son style roman mâtiné d'influences lombardes – elle est parmi les plus anciennes de la région (1re moitié du XIe s). Seules 2 de ses 3 nefs ont survécu. L'abside conserve des vestiges de peintures romanes (en particulier un Christ pantocrator du XIIe s).

BESCARAN *(25719)*

Le bout du monde ! Au-delà d'Estamariu (6 km de plus), Bescaran est encore plus haut dans la montagne et plus petit (90 habitants). Ici, pas d'église romane, mais un clocher vieux de plus de 1 000 ans !

PARC NATURAL DEL CADÍ-MOIXERÓ

• Carte *p. 431*

Ce parc naturel de 41 060 ha, l'un des plus vastes et des plus beaux de Catalogne, englobe la *serra del Cadí* et celle *de Moixeró,* qui la prolonge vers l'est. Ce massif pré-pyrénéen, qui culmine à 2 648 m, forme une barrière imposante de plus de 30 km, orientée est-ouest, dont l'escarpement nord plonge à pic dans la vallée du Sègre. La richesse de son écosystème est importante : flore et faune alpines, euro-sibériennes et méditerranéennes s'y développent tour à tour en fonction de l'altitude. Traversé par plusieurs GR, le parc possède un dense réseau de sentiers, notamment autour de sa montagne emblématique, le majestueux *Pedraforca* et ses 2 sommets jumeaux qui attirent une foule d'amateurs d'escalade et de randonneurs. Nombreux circuits techniques et sportifs pour VTT également. La région reste assez sauvage et récompensera quiconque prend son temps sur ces chemins de traverse.

Arriver – Quitter

En voiture

Depuis Puigcerdà, obligation d'emprunter le tunnel du Cadí (13,50 €/véhicule). La suite, c'est une superbe route qui traverse le parc d'est en ouest, depuis les abords de Guardiola de Berguedà et jusqu'à La Seu d'Urgell, en passant par les principaux villages : Saldes, Gósol, Josa del Cadí et Tuixent (80 km en tout). En redescendant vers La Seu, arrêtez-vous au *mirador de la Traba,* qui offre un point de vue dominant la région avec, en toile de fond, les crêtes enneigées des Pyrénées.

En bus

➢ ***Depuis Berga :*** de juin à mi-sept, *Alsa* (● alsa.es ●) dessert la ligne Berga-Saldes-Gósol à raison de 1 bus/j. Trajet : 1h25.

Adresse et infos utiles

ℹ ***Centre del parc natural :*** *c/ de la Vinya, 1, à* ***Bagà.*** ☎ *938-24-41-51.* • *gencat.cat/parcs/cadi* • *Juil-sept, lun-sam 9h-13h, 16h-19h (18h30 sam) ; dim 9h-13h. Oct-juin, lun, mer et jeu 8h-15h ; mar et ven 8h-15h, 16h-18h30 ; sam 9h-13h, 16h-18h30 ; dim 10h-13h.* Bons conseils pour les randos ; vente de cartes détaillées sur place et quelques brochures en français.

– Renseignements également dans les offices de tourisme de Tuixent et de Bellver de Cerdanya.

Cartographie

– Les ***éditions Alpina*** *(Geo Estel)* publient une carte au 1/25 000 couvrant le parc, avec GR et hébergements *(12 €, en vente au centre d'info du parc).*

– ***Rando Éditions*** propose la *n° 21 Andorra-Cadí,* une carte au 1/50 000 (couvrant aussi l'Andorre), pratique quoique moins fiable.

Camping et refuges

Le camping sauvage est formellement interdit dans le parc, sous peine d'une amende salée ! On y trouve 8 refuges, ouverts en accès libre en basse saison, sur réservation en été et durant les vacances de Pâques. Plus d'infos sur • *cavallsdelvent.com* •

Randonnées

Vous aurez l'embarras du choix : le parc compte plus de 450 km de sentiers balisés ! Certains font l'objet de parcours didactiques à la découverte de la faune et de la flore (demandez les brochures au bureau du parc à Bagà).

➢ ***Pedraforca :*** la montagne emblématique du parc ! Au cœur de sa propre zone de protection spéciale, le Pedraforca impose sa silhouette reconnaissable entre toutes au-dessus du village de Saldes à tous ceux qui arrivent de l'est. C'est de Gósol que l'ascension de son « double sommet » (2 497 m) est la plus facile (environ 6h de marche). Les randonneurs plus aguerris partent du *mirador de Gresolet,* au nord de Saldes (même temps de marche, mais parcours bien plus technique).

➢ ***Cavalls del Vent*** *(Les Chevaux du Vent) :* • *cavallsdelvent.com* • Cet itinéraire en boucle étendu entre Serra de Moixeró et Pedraforca relie pas moins de 8 refuges du parc. Couvrant 84 km (balisés en orange) pour 5 600 m de dénivelée positive environ, il se parcourt (en prenant son temps) en 5-6 jours.

➢ Le ***GR 150*** effectue lui aussi une boucle, plus ample (157 km), épousant les contours du parc, via La Seu d'Urgell, Bellver de Cerdanya, Bagà, Gósol et Tuixent. Sa variante, le ***GR 150.1,*** est plus populaire, notamment pour les vues spectaculaires qu'elle offre. Elle suit les lignes de crêtes sur un axe est-ouest. Accès depuis Gósol, ou en combinant avec le GR 4 (qui traverse l'est du parc), depuis Alp ou La Pobla de Lillet.

➢ 🚴 Le parc est également traversé par le ***camí dels Bons Homes*** (« chemin des Bonshommes ») : • *camidelsbonshomes.com* • (en français), ou GR 107. Il déroule ses 220 km du sanctuaire de Queralt (Catalogne), à côté de Berga, au château de Montségur (Ariège), aux portes de Foix. Empruntant les routes utilisées par les Cathares fuyant les persécutions au cours des XIIe et XIVe s, il peut être parcouru à pied (en 9-10 jours), mais aussi en grande partie à VTT, ou même à cheval. Un dépliant, disponible dans les offices de tourisme, permet de se faire une petite idée du trajet, des infrastructures et des possibilités en route.

SALDES *(08697)*

Amarré au pied même du Pedraforca, côté est, ce village peuplé d'une centaine d'habitants offre la vue la plus spectaculaire sur la montagne aux sommets jumeaux. Un peu au-dessus du bourg (20 mn à pied) s'amarrent les ruines d'un château médiéval et sa chapelle restaurée dédiée à santa Maria (XIIe s).

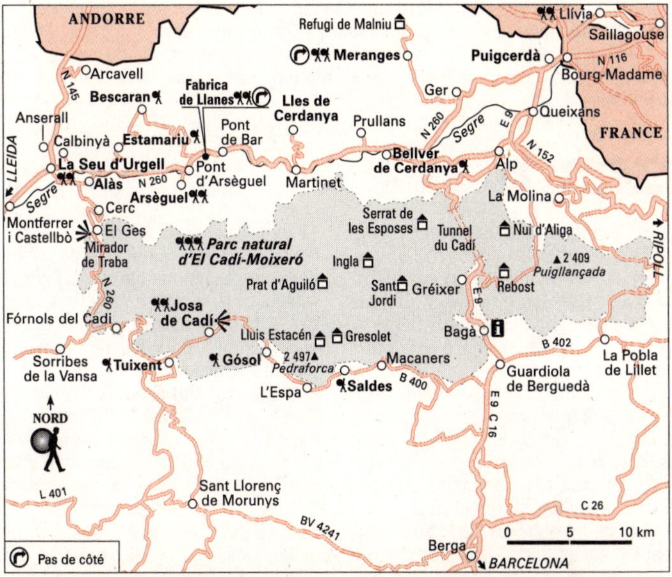

LE PARC NATUREL D'EL CADÍ-MOIXERÓ ET LA VALLÉE DU SÈGRE

Où camper ?

Càmping Susèn : *ctra B-400, km 10,5. ☎ 938-25-81-03. • campingsusen.com • À 5 km à l'est de Saldes, sur la route principale. Ouv tte l'année ; resto tlj en été, horaires aléatoires le reste de l'année. Env 33 € pour 2 pers avec tente, voiture et électricité. Bungalow 4 pers 115 €, caseta 4 pers 120 €.* Un camping à taille humaine sur les hauteurs (lointaines) du village. Emplacements bien ombragés, en pleine nature. Piscine, aire de jeux. Les prix relativement bas s'expliquent, en partie, par des installations plus toutes jeunes. Mais le gros plus, c'est l'emplacement. On est aux 1res loges pour aller s'attaquer au Pedraforca ! Resto avec sa terrasse qui domine toute la vallée (food truck bien sympa en été).

À faire dans les environs

Pedraforca Parc Aventura : *Pleta de la Vila, à 7 km au sud de Saldes, en direction de Coll de Pradell. 616-55-40-39. • pedraforcaparcaventura.com • Ouv tte l'année. Tarifs : 15-32 € selon circuit.* Un grand parc d'activités niché au cœur de la forêt, parfait pour une session d'accrobranche, de tyrolienne ou d'escalade. On peut également tenter la *via ferrata* ou du tir à l'arc. En hiver, sorties à raquettes possibles.

GÓSOL *(25716)*

Sympathique bourgade dominée par les ruines d'un château, Gósol s'enorgueillit d'avoir accueilli un certain ***Pablo Picasso*** quelques semaines, en 1906. Une rue porte aujourd'hui son nom et le minimusée local (avec salle ethnologique) présente des reproductions des œuvres qu'il réalisa durant son séjour sur place. En été, la place principale s'anime gentiment (restos, bars, parfois des concerts). Sans doute le meilleur camp de base pour les randonneurs souhaitant s'aventurer vers le Pedraforca.

Où dormir ?

Càmping Cadí Vacances : *camí del Molí, s/n. 636-06-64-65. • info@cadivacances.com • cadivacances.com • Accessible du rond-point, à la sortie est du village. Tlj de mi-juin à mi-sept et de mi-déc à début janv ; hors saison, ouv seulement le w-e. Resto tlj. Env 40 € pour 2 pers avec tente, voiture et électricité (en été, 2 nuits min). Bungalows 2-6 pers 86-230 € selon taille et saison (en août, parfois 1 sem min).* Le plus beau camping du coin, encerclé de montagnes. Très organisé, il ne manque de rien : bar, resto, piscine, location de VTT, aires de jeux pour les gamins, ping-pong, laverie... et même un joli petit spa *(payant, sur résa),* bien sympa pour attendrir les muscles endoloris après la rando. Les bungalows, en bois clair, sont bien, les 2 petites aires pour tentes un peu moins (peu d'intimité et manque parfois un peu d'ombre). À mi-chemin, il y a aussi quelques cabanes pour 4 avec juste une toute petite cuisine... et une très belle vue sur les montagnes, encore et toujours.

Refugi Molí de Gósol : *à 2 km du rond-point marquant l'entrée est de Gósol, en contrebas (indiqué sur la gauche), par une piste. 636-56-43-10. • info@molidegosol.com • molidegosol,com • Nuitée 26 €/pers, petit déj inclus. Loc de draps (3 €). Repas 18 €.* Posé au creux de la vallée, dans un cadre de nature revigorant, le vieux moulin de Gósol a été réaménagé en petit gîte d'une capacité totale de 18 places, avec 3 dortoirs de 4, 6 et 8 places. Salle commune avec cheminée, et douche chaude toute l'année. Ambiance à la cool en été, autour du bar-resto qui s'ouvre sur le jardin. Une escale idéale pour les randonneurs, simple et chaleureuse.

Hostal Cal Franciscó : *ctra de Berga, s/n. ☎ 973-37-00-75. • hostalfrancisco@gmail.com • cal-francisco.com • À la sortie du village en direction de Berga, au niveau du rond-point. Congés : 1re quinzaine de janv. Doubles 66-78 €, petit déj 8 €. Au resto (ouv tlj), menus env 16-23 €. ½ pens possible.* Hôtel familial d'une vingtaine de chambres, d'un très bon rapport qualité-prix. Demandez-en une sur l'arrière, avec balcon (même prix). On aime bien aussi celles du dernier étage, mansardées, pour 4 personnes (et négociables pour 2 en basse saison). Une adresse très agréable, au calme. Bon petit resto traditionnel. Location de vélos électriques. Accueil chaleureux de la patronne qui parle le français.

El Forn : *c/ Canal, 2. ☎ 973-37-02-74. • info@restaurantelforn.cat • Tlj sauf dim ap-m et lun-mar. Fermé nov. Plats 14-30 €.* L'excellente table du village, cachée dans une rue à 2 pas de la place principale. On vient s'y régaler de recettes qui font la part belle aux produits de coin (porc aux cèpes, magret de canard, foie gras maison, etc.). Les viandes à la braise sont particulièrement savoureuses... Pas donné, mais justifié.

JOSA DE CADÌ (25717)

Superbement perché sur son tertre rocheux dominant une gorge, c'est incontestablement l'un des plus pittoresques villages du parc. On repère de loin la silhouette de son église romane, bâtie sur les ruines d'un ancien château médiéval du XIe s. Du parvis, vue imprenable sur le *Coll de Jovel,* qui domine le village de toute sa hauteur.

TUIXENT (25717)

Encore un village tranquille et perché, à près de 1 200 m d'altitude, parmi les plus importants du secteur (170 habitants !). L'été attire les randonneurs, l'hiver les fondeurs et amateurs de raquettes – la station de Tuixent-La Vansa (*● tuixent-lavansa.com ●*) est à quelques kilomètres. Forte concentration d'artisans dans le secteur : fromages, confitures, herbes aromatiques, infusions... De quoi faire des provisions !

Adresse utile

Oficina de turisme : *au musée des Trémentinaires, pl. Serra del Cadí, 1. ☎ 973-37-00-30. ● centre.tuixent.cat ● Mar-sam 10h-14h, plus 17h-20h sam ; 11-23 août, ouv tlj 10h-14h, 17h-20h sauf dim ap-m.* Toutes sortes d'infos et de nombreux itinéraires de rando et de VTT.

Où dormir ? Où manger à Tuixent et dans les environs ?

Camping et Masia-restaurant El Molí de Fórnols : *ctra de La Vansa, 25717* ***Fórnols del Cadí.*** *☎ 973-37-00-21. 630-78-34-90 (masia) et 613-39-70-41 (camping). ● moli@molidefornols.com ● campingmolidefornols.com ● molidefornols.com ● À 3 km à l'ouest de Tuixent en direction de La Seu d'Urgell. Ouv tte l'année. Resto tlj 8h30-22h. Env 27 € pour 2 pers avec tente et voiture. Double 95 €, petit déj inclus ; familiales aussi. Appart 4 pers 710 €/sem. Menu 12 €. ½ pens possible.* Le camping (le seul de la vallée de La Vansa) est au creux d'un petit vallon, perdu dans la verdure et bercé par le gazouillis des oiseaux. Assez bien ombragé, il a même une piscine *(ouv juil-août).* Mais notre coup de cœur va à la *masia,* petite pension de famille située à quelques mètres du camping, dans un cadre atypique et reposant. Authenticité garantie ! Excellent resto où tout est fait maison (très fréquenté par les gens du coin, un bon signe !).

Cal Gabriel & Farragetes : *c/ Coll, 7, à Tuixent. ☎ 973-37-01-42. ● info@calfarragetes.com ● ● info@calgabriel.com ● calfarragetes.com ● Sur la place du village. Fermé nov. Resto seulement le soir (sur résa). Double env 103 €, petit déj inclus ; familiales aussi. Menu dégustation 45 € ; plats 9-20 €. Digestif offert sur présentation de ce guide.* Posée sur la place centrale, la maison se partage entre un bar-cafétéria aux avant-postes (bonnes *botifarres*) et 5 chambrettes toutes simples, avec carrelage, lambris et parures de lits colorées. Minijardin planté d'un olivier. Tout est très propre. Accueil, avec le sourire, d'Irene et Josep.

À voir

Museu de les Trementinaires *(musée des Trémentinaires)* **:** *pl. Serra del Cadí, 1. ☎ 973-37-00-30. ● trementinaires.org ● Sur la place principale du village. Semaine sainte, de mi-juil à mi-sept et à Noël, tlj sauf dim ap-m et lun 10h-14h, 17h-20h ; le reste de l'année, ouv seulement sam (mêmes horaires) et dim mat. Entrée : 3 € ; réduc. Ttes les notices sont en catalan ; livret en français à l'entrée.* Ce minimusée traite avec beaucoup de simplicité d'un vieux métier disparu : les trémentinaires. Ces routardes d'avant l'heure connurent leur heure de gloire à la fin du XIXe s. Elles partaient alors sur les chemins du pays récolter puis vendre – parfois jusqu'au-delà de Lleida – les champignons secs et plantes médicinales de leurs montagnes. Dans leur besace : huile de sapin (pour les poumons et les reins), saxifrage (pour les avortements), scabieuse contre la rougeole, « huile de typhus », ramondie (contre la toux et... les hémorroïdes), serpolet (pour la digestion et la coqueluche) et l'incontournable résine de pin rouge, transformée en térébenthine *(trementina),* qu'on utilisait alors aussi comme pommade et cataplasme. Cette activité s'éteignit avec la dernière survivante, Sofía Montané i Arnau, qui effectua son ultime voyage en 1982.

Manifestation

– ***Festa de les Trementinaires*** *(fête des Trémentinaires)* **:** *dernier w-e de mai.* La foire des plantes médicinales, en souvenir des trémentinaires (voir le musée ci-avant). L'occasion de faire des emplettes d'huiles essentielles, de miel et autres produits naturels.

L'ALT URGELL

De la partie centrale des Pyrénées catalanes au nord jusqu'à la serra del Cadí-Moixeró, à l'est, l'Alt Urgell épouse la haute vallée du Sègre, fleuve qui constitue l'axe principal de cette région. Dans sa partie basse, elle est entrecoupée de vastes lacs de retenue. Zone de confluence aux portes de l'Andorre, et transition flagrante entre climat alpin au nord et méditerranéen au sud. Ceux qui prendront le temps de musarder sur les routes sinueuses des vallées secondaires découvriront de nombreux trésors romans, ou se régaleront devant un bon plat de *pa de fetge* (un pâté de foie du cru), un fromage de brebis ou une délicieuse truite du Sègre. C'est aussi une excellente base pour pratiquer sports d'hiver et sports d'aventure (notamment le canoë-kayak). Mais à tout seigneur tout honneur : c'est à La Seu d'Urgell que se doit de commencer la balade.

LA SEU D'URGELL (25700) 12 500 hab.

• Plan *p. 435*

Capitale de l'Alt Urgell, « La Seu » (pour les intimes) a grandi à la confluence des rivières Valira et Sègre, dans une vaste plaine laitière, gardée au sud par la serra del Cadí. Son séduisant cœur historique, médiéval en diable, vit toujours à l'ombre d'une puissante cathédrale romane et de son palais. À leurs portes, les carrers Major et dels Canonges, où se tient le marché (les mardi et samedi), ramènent en plein Moyen Âge ! L'occasion d'une jolie promenade entre boucheries, fromageries et quincailleries. Pour la petite histoire, c'est aux évêques qu'elle doit son identité (*seu* signifie « siège épiscopal » en catalan). De fait, la ville est le siège du diocèse d'Urgell : son évêque est d'ailleurs, avec le président français, coprince d'Andorre.

Arriver – Quitter

En bus

Estació d'autobusos *(plan A-B1)* **:** *avda de Garriga i Masso, à 5-10 mn à pied du centre historique. Alsa (☎ 902-42-22-42 ; • alsa.es •)* dessert la plupart des lignes.

➢ ***Barcelona*** *(2h30-3h30)* **:** 9 bus/j.

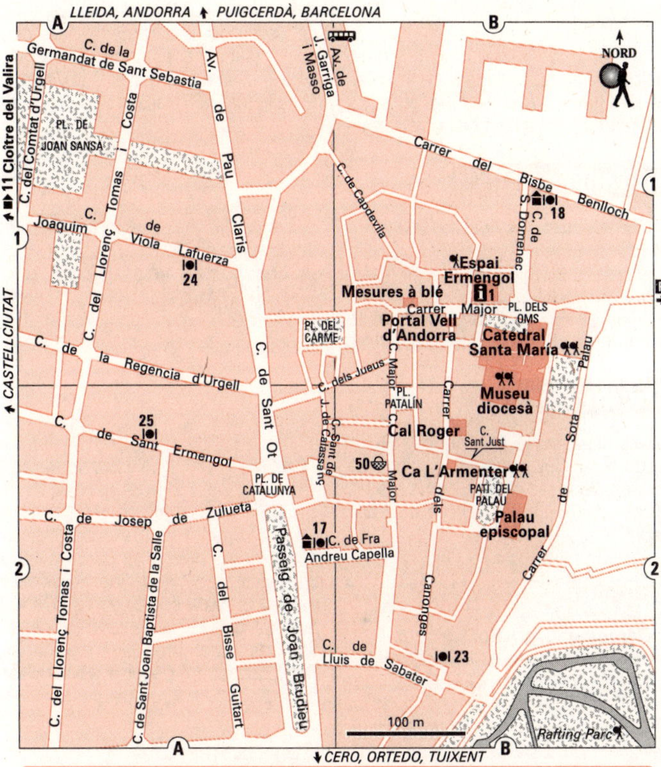

LA SEU D'URGELL

■ **Adresses utiles**

- 1 Oficina municipal de turisme (B1)

Où dormir ?

- **11** Alberg La Seu Xanascat (hors plan par A1)
- **17** Hotel Andria (A2)
- **18** Parador de la Seu d'Urgell (B1)

Où manger ?

- **17** Resto de l'Hotel Andria (A2)
- **23** Cal Pacho (B2)
- **24** Paisatges (A1)
- **25** Arlbaletxe (A2)

Achats

- **50** Formatgeria Eugène (B2)

➢ ***Lleida*** *(2h-2h30)* **:** 6-7 bus/j. en sem, 3 le w-e.
➢ ***Puigcerdà*** *(1h)* **:** 4 bus/j. en sem, 2 le w-e.

En taxi collectif

➢ ***Sort*** *(2h)* **:** 2 taxis collectifs de service public assurent la liaison 2 fois/j. L'un part à 11h15 (10h30 de fin mai à mi-sept), l'autre à 19h30 *(résas par tél : 689-49-57-77 le mat ou 610-47-71-57 le soir).*
➢ Il existe d'autres services à la demande, permettant de se rendre par exemple à ***Bescaran*** et ***Estamariu,*** à ***Calbinyà, Lles, Tuixent*** par ***Fórnols del Cadí...*** Détails à l'office de tourisme ou à la gare routière.

En voiture

En été et le week-end, souvent (très) difficile de se garer dans le centre. Pas de panique : grand parking gratuit à 300 m tout juste à l'est de la cathédrale *(hors plan par B1)*, avda del Camí Ral de Cerdanya. Les camping-cars peuvent y stationner (9 places) et même y faire le plein d'eau (payant) et vidanger (2 nuits max autorisées).

Adresses utiles

Oficina municipal de turisme *(plan B1, **1**) : c/ Major, 8. ☎ 973-35-15-11. • turismeseu.com • Lun-sam 10h-14h, 16h-19h ; dim 10h-13h en été. Fermé dim hors saison.* Très compétents et de bon conseil. Renseignements sur les différents villages et musées de la route des Métiers d'hier.

Location de vélos *(plan B2) : au Rafting Parc. ☎ 973-36-00-92. Tlj sauf dim ap-m et j. fériés 10h-14h, 16h-19h.*

Où dormir ?

Consultez aussi la section « De Puigcerdà à La Seu d'Urgell » pour nos bonnes adresses d'auberges dans les villages de montagne de la vallée du riu Segre.

Camping

Càmping Gran Sol *: ctra N-260, km 230 ; à 3 km de La Seu en direction de Lleida, 25711 **Montferrer.** ☎ 973-35-13-32. • info@campinggransol.cat • campinggransol.com • Ouv tte l'année. Env 25 € pour 2 pers avec tente et voiture. Bungalows, cabanes et tentes aménagées 2-6 pers 60-125 € selon confort.* Le camping le plus proche, en léger retrait de la route (passante), dans une zone d'activités pas folichonne... Caravanes et tentes s'y mélangent sur des emplacements gazonnés, pour certains ombragés. Quelques bungalows également. Équipements convenables quoique datés, mais sanitaires bien tenus. Piscine, jeux pour enfants, terrain de sport. Supermarché à 2 pas.

De très bon marché à bon marché (max 50 €)

Alberg La Seu Xanascat *(hors plan par A1, **11**) : c/ Joaquim Viola Lafuerza, 57. ☎ 973-35-38-97. • laseu.xanascat@gencat.cat • xanascat.gencat.cat • Juil-août et déc, tlj ; le reste de l'année, seulement w-e. Réception 24h/24. Congés : nov et Noël. Résa conseillée. Compter 12-15 € pour les - de 30 ans, 20-24 € pour les autres selon période (draps inclus). Petits déj 4-5 €. Repas env 10-11,50 € (pens complète possible).* Ce grand édifice, au calme à l'orée d'un parc où coule une rivière, servit de résidence officielle aux équipes de sports d'eau vive lors des J.O. de 1992. Une centaine de lits, dans des chambres de 8 personnes. Bon équipement de loisirs (billard, terrains de basket et de volley).

De prix moyens à un peu plus chic (50-100 €)

Hotel Andria *(plan A2, **17**) : passeig Joan Brudieu, 24. ☎ 973-35-03-00. • info@hotelandria.com • hotelandria.com • Resto ouv seulement mai-oct. Doubles 85-100 € selon saison et confort, petit déj inclus ; familiales. Réduc de 5 % sur les doubles sur présentation de ce guide.* Fondé en 1875, c'est l'un des classiques de la ville. On est séduit dès l'arrivée par le bel escalier majestueux, la jolie terrasse abritée et les plantes grimpantes. La quinzaine de chambres (toutes différentes), aux meubles anciens, sont relativement simples mais d'un bon confort, avec de belles salles de bains. En bas, le resto excelle dans les recettes traditionnelles (voir « Où manger ? »). Tables sous la tonnelle aux beaux jours. Accueil pro.

Chic (90-150 €)

Parador de la Seu d'Urgell (plan B1, **18**) : Sant Domènec, 6. ☎ 973-35-20-00. • seo@parador.es • parador.es • Doubles 90-150 € selon saison, petit déj inclus. Parking privé 8-10 € (ou parking gratuit à 100 m). Au resto (ouv tlj), plats 12-24 €. À 2 pas de la cathédrale, ce *Parador* a pris ses quartiers dans un ancien couvent ! L'ensemble de l'établissement a été redécoré et réaménagé avec goût, en respectant l'espace et l'histoire du lieu, comme son cloître Renaissance, reconverti en un immense patio, zen et végétalisé. Chambres spacieuses, calmes et lumineuses. Lit XXL avec excellent matelas. Piscine et sauna (gratuits) au sous-sol. Resto de bonne tenue. Et des tarifs pas excessifs hors saison pour un établissement de ce standing.

Où manger ?

De bon marché à prix moyens (moins de 15 €)

Paisatges (plan A1, **24**) : c/ Joaquim Viola Lafuerza, 9. ☎ 973-35-44-24. Tlj sauf dim 8h-21h. Plats 8-12 €. Le nom sent bon la *naturaleza* et l'ardoise du jour le confirme. Dans ce resto tranquille aux faux airs de salon de thé, tenu par une gentille dame qui s'active derrière son comptoir d'apothicaire, on déguste une cuisine simple et fraîche, préparée minute et à tendance végétarienne. Chaque jour, 3 ou 4 plats au choix pour le déjeuner. Bonheur aussi à l'heure du petit déj (bonnes pâtisseries et super café) ou du goûter.

De prix moyens à plus chic (15-30 €)

Cal Pacho (plan B2, **23**) : c/ la Font, 11. ☎ 973-35-27-19. 649-85-65-81. • calpachorestauracio@gmail.com • Tlj, seulement le midi. Congés : fin juin et vac de Noël. Menu env 14 € (22 € le w-e) ; carte env 25 €. Dans une ruelle du centre, une belle maison ancienne aux pierres apparentes cache ce petit resto accueillant et doucement éclairé. Très prisé pour son menu du midi complet, à prix attractif. Bonne cuisine familiale de la région : viande à la braise, morue à la catalane, pieds de porc farcis, etc. Autre spécialité du lieu : les escargots rôtis !

Arlbaletxe (plan A2, **25**) : c/ Sant Ermengol, 22. ☎ 973-36-16-34. • laseu@arbeletxe.com • Tlj à midi sauf mer, et aussi ven-sam soir. Fermé 1 sem en avr et 1 sem fin juil. Résa conseillée. Menu midi env 20 € ; plats 15-25 €. L'une des tables les plus cotées de La Seu, tenue d'une main de maître par un chef basque aussi à l'aise les pieds dans l'eau (délicieux *arroz* au homard, brochettes de langoustines géantes) que sur terre (tacos de magret, côtes de bœuf à la braise). Belle salle aux murs bleu canard et or, rehaussés par les pierres du bâtiment d'époque. Une arbalète qui ne rate pas sa cible...

Resto de l'Hotel Andria (plan A2, **17**) : voir « Où dormir ? ». Tlj sauf dim soir et lun. Congés : 1res quinzaines de fév et de nov. Menu env 30 € en sem ; plats 11-23 €. Apéritif maison offert sur présentation de ce guide. On viendra surtout ici aux beaux jours, pour profiter de son élégante terrasse sur 2 niveaux, dans la cour et à l'étage. Comme une bulle d'oxygène : on oublierait presque que la route est à 2 m ! Carte courte mettant à l'honneur les recettes traditionnelles catalanes et les produits *slow food.*

Où dormir ? Où manger dans les environs ?

Hotel-restaurant Dolcet : c/ Major, 45, à **Alàs** (25718). ☎ 973-36-13-49. • dolcethotel@hotmail.com • dolcethotel.com • Congés : de mi-juin au 10 juil. Résa conseillée le w-e au resto. Doubles 90-115 € selon saison, petit déj inclus. Carte 15-25 €. Ce restaurant ouvert depuis 1932 est réputé dans toute la région et fait souvent le plein le week-end. Cuisine du terroir de qualité, s'appuyant sur les produits locaux de saison. À 50 m de là, l'hôtel, dominant toute la vallée et jouissant d'une vue à couper le souffle, est bien moins rustique ! 12 chambres contemporaines et 2 apparts très confortables, alliant parquets modernes, notes épurées et déco design. La n° 7, spacieuse et en duplex, bénéficie d'une grande terrasse (avec panorama sur la campagne). En prime : très jolie piscine intérieure (avec vue, encore !).

Achats

Formatgeria Eugène *(plan B2,* ***50****) : c/ Major, 58. ☎ 973-35-04-01. • formatgeriaeugene@gmail.com • Lun-sam 8h45-14h, 17h-20h. Fermé dim.* Un énorme choix de fromages de l'Alt Urgell et du reste de la Catalogne, à déguster lors du prochain pique-nique ou à rapporter précautionneusement chez vous !

À voir. À faire

Une petite ***visite de la vieille ville*** s'impose. De la cathédrale (plaça dels Oms), suivre les arcades del carrer Major sur 50 m (terrasses de bars et cafés) jusqu'à l'angle du carrer de Capdevila. Là, on remarque immédiatement sous les arches un ensemble de 6 ***mesures à blé*** en pierre des XVIe et XIXe s *(plan B1).* Presque en face s'ouvre le ***portal Vell d'Andorra,*** vestige des 1res murailles de la ville (XIIIe s). Le passage débouche sur le ***carrer dels Canonges,*** qui porte furieusement les traces du Moyen Âge. On se demande presque comment piliers et colonnes tiennent encore debout ! Au n° 13, ***Cal Roger*** *(plan B2),* surnommée la *casa del Pelegrí* (maison du Pèlerin), date du XIVe s et arbore 2 coquilles Saint-Jacques (superbe porte en bois). À 2 pas, en tournant à la 1re à gauche dans la ruelle (carrer de Sant Just) située à la hauteur du n° 32, ***Ca L'Armenter,*** alias la *casa Luna* (maison de la Lune), mérite elle aussi qu'on s'attarde sur sa très belle façade gothique du XIVe s. Juste derrière *(plan B2)* s'ouvre le pati del Palau, une place ovale dominée par le ***palau episcopal,*** siège de l'évêché et résidence du coprince d'Andorre. De là, on voit déjà, à nouveau, se profiler la tour de la cathédrale sur le bleu du ciel.

Catedral Santa María *(plan B1) : pl. del Deganat, 16. ☎ 973-35-32-42. • museudiocesaurgell.org • ♿ L'accès se fait par le musée (voir ci-après). En été, tlj 10h-13h30, 16h-18h (19h de juin à sept) ; hors saison, mar-sam 10h-13h30, 15h30-17h30. Dernière entrée 30 mn avt fermeture. Entrée : 4 € (musée diocésain, cathédrale et cloître), 8 € avec visite guidée (en français, sur résa) ; réduc ; gratuit - de 11 ans.* L'unique cathédrale romane de la Catalogne. Monumentale et fortifiée, bâtie entre 1120 et 1195, elle fut (discrètement) retouchée au début du XXe s par le célèbre ***architecte moderniste*** Puig i Cadalfach. Sa façade passe pour être l'une des plus réussies dans le style roman lombardo-catalan. L'intérieur est en revanche dépouillé. Avant d'y parvenir, on découvre le très beau ***cloître,*** aux magnifiques chapiteaux de colonnes alternant motifs floraux et figuratifs. Au fond, l'***església Sant Miquel*** (il y avait à l'origine 4 églises dans le complexe), surtout notable pour ses vestiges de fresques (XIe-XIVe s).

Museu diocesà d'Urgell *(Musée diocésain ; plan B1-2) : pl. del Deganat, 16. ☎ 973-35-32-42. • museudiocesaurgell.org • Mêmes horaires et billet que la cathédrale.* Voici une visite à ne pas manquer ! Témoin privilégié de l'histoire urgelienne et de l'évêché, le musée présente un bel ensemble de pièces médiévales (orfèvreries, reliquaires, etc.), à commencer par de ***grands retables des XIVe-XVIe s.*** Plusieurs intéressantes reliques funéraires, comme l'urne en argent très détaillée où reposent les restes du patron de la ville, Sant Ermengol d'Urgell, ces sarcophages gothiques en bois peint ou cet autre en pierre du XIe s. Aussi de nombreuses fresques déposées des églises romanes de la région (XIIe-XIVe s) avec, en vedette, à l'étage, celles de Volta de Baltorga et d'Aineto. Ajoutez à cela des vierges en bois polychrome aux traits naïfs, comme celle de Ginestarre (XIIIe s), un christ d'Olop (superbe sculpture en bois du XIIIe s encore), un encensoir du XIIe s et un crucifix en émaux de la même époque, sans oublier quelques lipsanothèques (vous donnez votre langue au chat ? Il s'agit de petites boîtes destinées à ranger les saintes reliques...).

Espai Ermengol *(plan B1)* **:** *c/ Major, dans l'office de tourisme. ☎ 973-35-30-57. • espaiermengol.cat • Lun-sam 10h-14h, 16h-19h ; dim et j. fériés 10h-13h (fermé dim nov-avr). Entrée : 3 € ; réduc. Explications en français.* Ce musée se penche sur l'histoire de la ville (au 1er) et consacre une expo permanente (au 2e) aux... fromages de la région. Ce sont des moulages, mais on peut sentir les odeurs de chacun ! Amusant ! Au 3e étage, expos temporaires, et le 5e offre une vue sur la cathédrale et... sur la faune et la flore de la région.

Rafting Parc *(plan B2)* **:** *☎ 973-36-00-92. • raftingparc.cat • Ouv tte l'année. Rafting : 44 €/pers ; kayak et paddle 16 €/h.* Sur un parcours artificiel, on vient ici se mettre à l'eau pour rejouer les joutes des kayakistes des J.O. de Barcelone, qui disputèrent en 1992 leurs épreuves à La Seu. Le parc olympique est aujourd'hui un paradis pour tous les amateurs de sensations fortes : ***kayak, rafting, hydrospeed, paddle, VTT,*** etc.

Manifestations

– ***Mercat dels canonges*** *(marché médiéval des Chanoines)* **:** *en principe 1er dim de juin.* La ville revient au Moyen Âge : folklore (des géants en vadrouille !), musique, costumes et stands de produits artisanaux.
– ***Retable de Sant Ermengol*** **:** *1re quinzaine d'août.* Spectacle son et lumière à thème médiéval célébrant Sant Ermengol (évêque et patron de la ville). Concerts de musique baroque et chants grégoriens. À la même période, un ***marché cathare*** est organisé à Castellbó.
– ***Foire aux fromages*** **:** *3e w-e d'oct.* Dégustation et vente sur le parking de la cathédrale.

DANS LES ENVIRONS DE LA SEU D'URGELL

➢ ***La route des Métiers d'hier*** **:** cet itinéraire explore les fabriques d'antan et les vieux métiers de la région, à l'instar de la passionnante ***Fàbrica de Llanes*** de Pont d'Arsèguel (lire plus haut « De Puigcerdà à La Seu d'Urgell. Arsèguel. À voir ») et du ***musée des Trémentinaires*** de Tuixent (lire plus haut « Parc natural del Cadí-Moixeró. Tuixent. À voir »). Mentionnons entre autres le ***musée du Paysan*** *(museu del Pagès ; ☎ 973-35-28-09)* à Calbinyà, le ***musée des Radeliers*** (ceux qui conduisaient des radeaux) ou *museu del Raiers (📱 636-41-76-78)* à Coll de Nargó (où l'on trouve aussi une salle d'expo d'œufs de dinosaures !).

➢ ***Le parcours roman*** **:** plusieurs églises de la région méritent un détour, voire une excursion à la journée ! Parmi nos préférées : le monastère bénédictin ***Sant Serni de Tavèrnoles,*** à ***Anserall*** ; ***Santa María d'Organyà,*** édifice qui comporte encore des traces visibles de l'ancien temple roman où fut proclamée la prédiction des Homélies d'Organyà (le plus vieux texte écrit en catalan) ; ***Sant Ciment de Coll de Nargó,*** sans doute l'un des plus beaux exemples de l'art romano-lombard ; ***Sant Martí d'Ars*** et sa tour circulaire (la plus parfaite d'un point de vue technique !). Ces églises sont souvent fermées. Heureusement, c'est surtout l'extérieur qui vaut le coup d'œil !

LE PALLARS

De La Seu d'Urgell, la route traverse une zone de montagnes quasi inhabitée, puis se hisse vers le col del Cantó, avant de redescendre vers une profonde vallée où s'écoulent les eaux turbulentes de la Noguera Pallaresa, capricieux affluent du Sègre. Voici le Pallars, territoire historiquement délimité par les Pyrénées au nord et la serra de Montsec au sud. En poursuivant vers le val d'Aran, on découvre une vallée verdoyante traversée par la rivière avec, en toile de fond, les sommets du parc national d'Aigüestortes (traité pour plus d'unité dans le chapitre du val de Boí, plus loin). Le coin est très prisé des randonneurs et des amateurs de sports d'eaux vives, qui se régalent en rafting ou en kayak dans les remous frisquets de la Noguera.
– *Sites d'information :* • *turisme.pallarssobira.cat* • et • *pallarsjussa.net* •

SORT

(25560) 2 200 hab.

Ville sans grand charme, à l'image du béton qui domine dans ses constructions, Sort s'amarre sur les rives de la Noguera Pallaresa, au confluent de la route venant de La Seu d'Urgell et de celle remontant vers le val d'Aran. Une courte étape, sauf pour les amateurs de sports d'eaux vives, qui trouveront ici tout le nécessaire (guides, matériel, agences) pour se jeter à l'eau en toute sécurité.

Arriver – Quitter

En bus

■ Avec la compagnie *Alsa* (☎ 902-42-22-42 ; • alsa.es •).
➢ ***Lleida*** *(2h30)* **:** 3 bus/j. en sem, 2 le w-e.
➢ ***Barcelone*** *(5h)* **:** 3 bus/j. en sem, 1 le w-e.

En taxi collectif

➢ ***La Seu d'Urgell*** *(2h)* **:** 2 taxis collectifs de service public assurent la liaison 2 fois/j., l'un vers 9h *(résas au 📱 689-49-57-77)*, l'autre vers 17h30 *(📱 610-47-71-57)*.

Adresses utiles

ℹ ***Oficina de turisme :*** *camí de la Cabanera, 1. ☎ 973-62-10-02. • pallarssobira.cat • En face du poste de police (mossos d'esquadra), à l'étage. De fin juin à mi-sept, Pâques et j. fériés, tlj sauf dim ap-m 9h-15h, 16h-19h ; le reste de l'année, tlj 10h-14h, plus ven-sam 16h-19h.*

■ ***Rafting Sort Rubber River :*** *c/ Diputació, 14. ☎ 973-62-02-20. • rubber-river.com • De la vieille ville, après le pont, à gauche. Tlj 9h-13h30, 17h-20h30.* Organise des excursions avec guide-moniteur : à cheval *(30 €/1h)*, en rafting *(Llavorsí-Sort sur 18 km, 40-45 €/pers)*, en canoë, hydrospeed, canyoning... Bref, il y a de quoi faire !

Où dormir à Sort et dans les environs ?

Campings

⛺ ***Càmping Noguera Pallaresa :*** *ctra Sort-Rialp (km 0,3) ; à 200 m du centre, à la sortie nord de la ville. ☎ 973-62-08-20. 📱 620-97-69-91. • info@noguera-pallaresa.com • noguera-pallaresa.com • Fermé déc-mars. Env 30 € pour 2 pers avec tente et voiture. Mobile homes et bungalows* *(max 4 pers) env 35 €/pers.* Jouxtant le torrent, un camping et un centre de sports d'eau vive (kayaks, rafting) ouverts en 1964. Emplacements gazonnés et ombragés par de grands arbres (on s'installe où on veut), mobile homes bien équipés (kitchenette et salle de bains) et 2-3 bungalows super chouettes, posés pile-poil face à la rivière, avec petite terrasse. Agréable piscine. Mini épicerie et accueil sympa (en français).

Càmping L'Orri del Pallars : *25569* **Montardit de Baix.** *☎ 973-62-12-92. • info@orridelpallars.cat • orridelpallars.cat • ♿ À 5 km au sud de Sort par la N-260, km 284. Congés : de mi-mars à mi-oct. Env 25 € pour 2 pers avec tente et voiture. Bungalows 4-5 pers 70-105 € (2 nuits min). Réduc de 10 % en basse saison sur présentation de ce guide.* L'un des meilleurs campings du coin, idéalement situé le long de la rivière et au pied des montagnes. Et bien éloigné de la route pour être tranquille ! Au choix : emplacements de camping bien arborés et espacés, agréables petits bungalows en bois avec mezzanine, et tentes safari *(bengalís)*, avec électricité mais sans eau. Super zone de pique-nique, sur les berges. Piscine, terrain de foot, jeux pour enfants, laverie, bar, resto. Propose tout un tas d'activités (dont le rafting, *of course* !). Accueil dynamique et sympa de Ruth, qui parle un peu le français (appris au Sénégal).

Prix moyens (50-90 €)

Can Josep : *ctra de La Seu d'Urgell, 12. ☎ 973-62-01-76. • info@hostalcanjosep.com • hostalcanjosep.com • De l'autre côté du pont sur la Noguera Pallaresa, en direction de La Seu. Double 65 €, petit déj inclus. Menu midi et soir 18 €.* Un hôtel familial d'une quinzaine de chambres, agréables et boisées, avec parquet flottant pour les plus belles (carrelage pour les autres), la plupart avec balcon. Certaines sont assez petites : demandez à voir. Bon petit resto de plats de montagne au rez-de-chaussée. Le menu du jour, avec entrée, plat, dessert et pichet de vin est un sacré bon plan !

Florido Hotel : *pl. Joan Carles Dolcet. ☎ 973-62-02-37. • info@hotelflorido.com • hotelflorido.com • De la vieille ville, passer le pont et longer la rivière vers la droite. Congés : de mi-oct à fin nov. Doubles 90-105 €, petit déj inclus.* Ce grand chalet revisité se dresse au calme, aux marges de la ville, devant une chouette piscine cernée de gazon et de chaises longues. Les 20 chambres, plutôt classiques côté déco, sont agréables et spacieuses. Les proprios, qui sont aussi ceux de l'agence *Rubber River,* proposent des forfaits hébergement + activités : attention de bien se faire préciser tout ce qui est inclus (ou pas) dans le package, des lecteurs nous signalent des programmes un peu amputés... Accueil francophone.

Où manger ? Où boire un verre ?

Escalarre Rock Café : *c/ Comtes del Pallars, 39. ☎ 973-62-06-94. • escalarrerockcafe@gmail.com • ♿ Tlj (sauf lun hors saison) 11h30-23h. Plat env 10 € ; menu midi 15 €.* C'est un peu le poumon festif de la ville ! Musique pop et riffs de guitares pour la bande-son, photos de rockers et affiches de concerts aux murs, kayak graffé suspendu au plafond... On pioche dans la carte bourrée de références mélomanes pour trouver son bonheur parmi les burgers, pizzas, sandwichs et petits plats plutôt réussis. Vraiment sympa !

Cafè Pessets : *c/ Comtes del Pallars, 28. ☎ 973-62-05-17. • aaytesg@hotmail.com • ♿ Ne pas confondre avec le resto de l'*Hôtel Pessets *(face à la poste), beaucoup plus cher. Tlj sauf lun-mar 13h-16h, 19h-23h30. Congés : nov. Tapas et raciones 3-12 € ; carte env 18 €.* Ouvert sur la rue principale par une grande baie vitrée d'époque (maison fondée en 1861 !), l'édifice, typiquement moderniste, présente une superbe façade vert pomme greffée de 2 sirènes et de balcons aux élégantes volutes. La carte met en avant les produits des artisans locaux et navigue habilement entre snacks, tapas améliorées, charcuterie et fromages, comme l'emblématique et excellent *xolís* (saucisson bien sec de porc), servi entier (coupez ce que bon vous semble !). Sans oublier des viandes et quelques plats plus recherchés comme la *llonganissa* ou *longaniza* (saucisse) grillée à l'aïoli de coing. Bonne cave également. Service dynamique.

Voir aussi, plus haut, le restaurant de l'hôtel ***Can Josep.***

À voir. À faire

1h suffit pour visiter l'étroit centre historique ! De la placette surélevée située au pied de l'église, un passage voûté s'ouvre sur le ***carrer Major.*** Remarquez les 5 visages de style baroque des modillons qui soutiennent le balcon. La Major est la rue historique et commerçante, flanquée par endroits d'arcades, d'édifices pastel et de ruelles prolongées par de vieux escaliers. Ensuite, jetez un coup d'œil, au nº 43 de l'avda Generalitat, à la belle villa moderniste du ***Xalet Emiliana.*** En face de la station de bus, vous pouvez aussi visiter la ***Camí de la Llibertat,*** l'ancienne prison de la ville, aujourd'hui transformée en musée-mémorial : c'est ici que furent enfermés ceux qui tentaient de fuir l'Allemagne nazie, une fois franchie la frontière française.

– Nombreuses ***activités sportives*** dans les environs : rafting, kayak, parapente, équitation, etc. (voir « Adresses utiles »).

DANS LES ENVIRONS DE SORT

Monestir de Santa María : *à* ***Gerri de la Sal,*** *à 12 km au sud de Sort sur la N-260. 677-70-18-20. • turisme.pallarssobira.cat • Accès par le pont voûté (piéton) sur la rivière. Visite guidée* ***sur résa*** *par tél ; juin-août et 2de quinzaine de sept, lun-ven 10h-14h ; le reste de l'année, seulement certains w-e. Entrée : env 5 €.* Fondé en l'an 807, ce monastère abandonné en 1835 conserve une église romane de 1149 et un campanile du XIIIe s. On peut se contenter d'un coup d'œil extérieur en passant et d'une jolie petite balade le long de la rivière, jusqu'au sanctuaire de la Mare de Déu d'Arbolo, à 20-25 mn de marche vers le nord. Possible également de visiter les anciens marais salants locaux, qui fournirent tout le comté en sel durant 1 000 ans (comment ça, on est loin de la mer ?).

LE VAL D'ARAN

• Carte *p. 445*

Cette superbe vallée de 633 km², creusée par les glaciers de l'ère quaternaire, se niche à l'extrême nord-ouest de la Catalogne. Elle est bordée d'un côté par la France, de l'autre par les hauts sommets enneigés de la chaîne du Maladeta. Isolés derrière leur corolle de montagnes, les Aranais ont longtemps vécu en autarcie. Ils n'étaient reliés au monde que par 2 « portes d'entrée » : au nord, le passage vers la France *eth Pònt de Rei* (au Pont de Rei), le plus aisé ; à l'est, le superbe col de la Bonaigua (2 072 m), nimbé de rus s'écoulant des névés (ouvert à la circulation en 1924 au gré d'une petite route aux interminables épingles à cheveux). En 1935, enfin, on commença à percer au sud les 1ers mètres d'un tunnel qui, à la force des poignets de malheureux prisonniers républicains, aboutit, 13 ans plus tard et 5 km plus

loin, dans la vallée aux eaux tumultueuses de la Noguera Ribagorçana – ouvrant définitivement le val d'Aran sur l'Espagne.
La richesse naturelle du coin offre bien des possibilités de randonnée (environ 300 km de sentiers) et de cyclotourisme (plus de 400 km de voies homologuées). Sans parler du ski en hiver ! Le val d'Aran compte également une myriade de villages médiévaux de grand charme (Arties, Betren, Salardu...). Hourra pour l'Aran, donc !
Coincés dans leur réduit montagneux, sur les berges de la Garonne, les Aranais ont développé une culture singulière, portée par leur propre langue aux racines occitanes, par un riche patrimoine roman et par une gastronomie locale incarnée par l'*òlha aranesa,* un mix entre cassoulet et soupe épaisse au boudin. Au nombre de 10 000 habitants environ, ils se concentrent pour moitié à Vielha, le chef-lieu. Au-delà, on distingue 2 vals : à l'est, le *haut Aran,* plus riche et développé, bénéficiant de la manne économico-touristique de la très chic (mais peu esthétique) station de ski de Baqueira-Beret ; à l'ouest, le *bas Aran,* aux villages perchés en retrait de la route, porte d'entrée des Français qui viennent s'y approvisionner en alcools, entre autres, à prix réduit.
Au début des années 2000, le haut val a connu une véritable fièvre immobilière, qui a vu ses attachants vieux villages en partie entachés de résidences modernes. Même si elles sont souvent construites en pierre du pays (pour minimiser l'impact visuel), elles affectent un peu le charme des lieux.

UN PEU D'HISTOIRE

Aux XIIe et XIIIe s, le val d'Aran jongle avec les alliances : il est tantôt rattaché à la maison des comtes de Comminges (qui rend la plupart du temps hommage au roi de France), tantôt placé sous la protection de l'Aragon et de la Catalogne. En 1313, l'Aragon s'impose pour de bon, avec la confirmation des privilèges de la vallée : l'Era Querimònia octroie au val d'Aran une bonne dose d'indépendance. Mais ce n'est là qu'une alliance politique : du côté du bénitier, les Aranais dépendent toujours de l'évêché de Saint-Bertrand-de-Comminges.
Les nombreuses exemptions, l'absence de régime féodal et l'exploitation communale des richesses sylvicoles permettent de maintenir le particularisme aranais au fil des siècles. Tout juste le val profite-t-il de la Révolution française pour passer sous l'autorité de l'évêché d'Urgell.
En 1979, dans le sillage de la démocratisation espagnole, le val se voit reconnaître son statut d'autonomie. Depuis 1990, les Aranais siègent au sein de leur propre parlement, qui administre le val selon une division territoriale en terçons. ***L'aranais devient langue officielle de la vallée,*** au même titre que le catalan et le castillan – il est même, depuis 2006, considéré comme officiel dans toute la communauté catalane. La moitié de la population le parle au quotidien et son érosion a été stoppée. À l'école, d'ailleurs, certains cours se donnent en aranais.
Attention, au printemps (avril-juin), beaucoup d'hôtels ferment pour les vacances. Réservation vivement conseillée, au risque de se retrouver le bec dans l'eau ! Et c'est valable pour tout le val d'Aran...

Arriver – Quitter

En bus

■ La compagnie *Alsa* (☎ 902-42-22-42 ; ● alsa.es ●) assure la plupart des services dans la région. ***Depuis Vielha :***
➢ ***Lleida*** *(2h30-3h)* **:** 8 bus/j.
➢ ***Barcelona*** *(4h30-6h15)* **:** 6-7 bus/j.
➢ ***Pont de Suert*** *(30-45 mn)* **:** 8 bus/j.
➢ ***Sort :*** de mi-juin à mi-sept seulement, 4 bus/j. pour Esterri d'Àneu (à l'est du col de Bonaigua), où l'on change pour Sort (8 bus/j. depuis Esterri d'Àneu). Les bus à destination d'Esterri d'Àneu marquent aussi l'arrêt à ***Espot,*** l'une des portes d'entrée du parc national d'Aigüestortes.

■ ***Les villages du val d'Aran (Salardú, Arties...) :*** un service assure la desserte des villages de la vallée. En principe, ttes les heures en sem ; le w-e, ttes les 1-2h.

➢ ***Toulouse*** *(2h35)* **:** 1 départ/j., à 4h (ça pique !), est assuré par *Flixbus* (*• flixbus.fr •*).

En taxi

En transports en commun, on ne peut pas atteindre tous les recoins du val d'Aran. Certaines compagnies de taxis proposent donc un transport à la demande, vraiment pratique. Demandez-en la liste à l'office de tourisme de Vielha.

VIELHA

(25530) 5 240 hab.

• Plan *p. 447*

Au 1er coup d'œil, bâtiments administratifs, immeubles et hôtels récents pas bien beaux n'incitent pas vraiment à s'attarder dans la petite « capitale » du val. Mais une fois dans le centre historique, en balade le long du torrent Arriu Nere, au milieu des rues empierrées, des vieilles maisons du XVIe s et des anciennes bordes (étables traditionnelles), on se dit que Vielha n'est pas si vilaine, après tout ! C'est surtout un excellent pied-à-terre pour rayonner dans la région, avec son offre pléthorique d'hôtels, de bars et de restos.

Adresses et info utiles

Infos et services

ℹ *Oficina de turisme du val d'Aran* *(plan A-B1)* **:** *c/ Sarriulèra, 10. ☎ 973-64-01-10. • visitvaldaran.com • À côté de l'église. De mi-juin à mi-sept, tlj 9h-21h ; le reste de l'année, lun-sam 10h-13h30, 17h-20h30, fermé dim.* Nombreuses brochures (en papier ou à télécharger via un QR code) bien faites répertoriant les sentiers de randonnée, les pistes de VTT, etc. Côté culture, documentation sur le patrimoine roman. Ici, on parle le français.

P *Stationnement :* 3 ***parkings gratuits*** tout près du centre, un caché derrière la plaça dera Llibertat *(plan B1)*, un autre le long de la grande avda Pas d'Arró, immense *(plan B1-2)* et un à côté de l'avda Castiero *(plan A1)*.

Sports et activités

Plusieurs agences à Vielha proposent des activités d'aventure (demander la liste complète à l'office de tourisme). Dans tous les cas, on vous recommande :

■ ***Camins*** *(plan B1,* ***4****)* **:** *avda Pas d'Arró, 5 (au fond du centre commercial). ☎ 973-64-24-44. 📱 616-33-56-91. • camins.net • andandosinequipaje.com • Juin-sept, lun-ven 9h-13h, 17h-20h ; en mi-saison, ouv seulement le mat. Fermé le w-e. Congés : oct-nov.* Propose tout un programme d'activités de plein air, de la rando à l'escalade en passant par le canyoning, la *via ferrata*, les raquettes et le ski de randonnée.

■ ***Deportur :*** *c/ Paissas, s/n, à* ***Les****. ☎ 973-64-70-45. • deportur.com • Avr-sept, tlj 10h30-13h30, 16h-19h.* Des prestations en sports d'aventure, particulièrement pour le rafting et l'hydrospeed.

🚴 ***Copos Bike (& Ski) Center*** *(hors plan par B2,* ***5****)* **:** *apartamentos Elurra Bajos, à la sortie de Vielha, au début de* ***Betren*** *(face à l'hôtel* Beret*). ☎ 973-64-00-24. • coposbike.com • copos-ski.com •* Bike & Ski Center *ouv mai-oct : juil-août, tlj 9h-13h, 16h30-20h30, sinon fermé dim ap-m et lun. Compter 35 €/j. pour un VTT classique, 85 € pour un vélo électrique ; tarifs dégressifs.* Location, vente, réparation de VTT et plein d'infos et de conseils sur les itinéraires. L'hiver, on loue ses skis juste en face.

LE VAL D'ARAN

Où dormir ?

L'hiver, les prix grimpent vite au val d'Aran. Une conséquence du développement touristique autour du ski. En été, les prix sont dans la ligne du reste des Pyrénées catalanes. Souvent des promos, cela dit.

De bon marché à prix moyens (50-90 €)

☗ ***Hotel Anglada*** *(plan A1,* ***15****) : c/ Anglada, 11. ☎ 973-64-10-31 ou 25-27. • hotelanglada@hotmail.com • Doubles 50-60 € en été, jusqu'à 100 € à Noël. Pas de petit déj.* Un hôtel central aux allures de pension de famille, tout simple, sur 3 niveaux, abritant des chambres pas bien grandes et à la déco un poil surannée. Celles du 2e étage sont mansardées. Bien pour 1 nuit ou 2.

☗ ***Ostau d'Òc*** *(plan A1,* ***11****) : c/ Castèth, 13. ☎ 973-64-75-97. • info@ostaudoc.com • ostaudoc.com • Légèrement en retrait de la rue. Selon saison, doubles 60-100 € ; triples et quadruples aussi ; petit déj 9 €. Garage privé 15 € (mais parking gratuit tout près).* Excellent petit *hostal* (3 étages avec ascenseur) situé dans une rue bien calme. Au dernier étage, les chambres familiales (jusqu'à 5 personnes), toutes carrelées et avec Velux, sont vraiment impeccables. Notre préférée : la suite en duplex, sous les toits, aux tonalités grises et blanches relevées de touches rouges. Cafétéria. Bon petit déjeuner-buffet montagnard.

De prix moyens à chic (60-150 €)

Hotel El Ciervo (plan A1, **10**) : *pl. de Sant Orenç, 3. ☎ 973-64-01-65. • info@hotelelciervo.net • hotelelciervo.net • Congés : de mi-avr à mi-juin et de mi-oct au 4 déc. Doubles 59-99 € selon saison (jusqu'à 140 € en hiver), petit déj inclus. Parking 12 € (ou gratuit à 100 m).* Ultra-centrale mais bien au calme, cette accueillante adresse familiale aux faux airs de chalet suisse abrite de jolies chambres à la déco individualisée (entre ambiance montagnarde, maison de poupée et british attitude). Bon rapport qualité-prix. Tout cela est très cosy, à l'image de l'accueil, invariablement souriant.

Hotel Albares (plan B1, **13**) : *passeig dera Llibertat, 11. ☎ 973-64-00-81. • reservas@hotelalbares.com • hotelalbares.com • ♿ Congés : 16 juin-10 juil. Doubles 60-115 € selon saison, petit déj inclus (min 2 nuits en été). Parking gratuit à 2 pas.* L'hôtel propose une quinzaine de chambres et une suite, toutes différentes, soignées, de tendance moderne et sobre ; la plupart ont une baignoire, et certaines sont mansardées. Au rez-de-chaussée, patio avec sa fontaine centrale. À l'étage du dessous, salle de gym et sauna. Ludothèque pour les enfants. Une autre adresse de choix, avec un bon petit déj en prime et un accueil en français.

Hotel Fonfreda (plan B1, **12**) : *passeig dera Llibertat, 18. ☎ 973-64-04-86. • info@hotelfonfreda.com • hotelfonfreda.com • Congés : avr-début juil et oct-nov. Selon saison, doubles 90-115 € (jusqu'à 160 € à Noël), petit déj inclus. Grand parking gratuit à l'arrière ou privé (et payant) dans l'hôtel.* Ce bel établissement à taille humaine, central tout en étant tranquille, mérite amplement ses 3 étoiles. Confort feutré, déco rustique élégante, avec parquet, jolis rideaux, meubles en bois... Chambres bien conçues et lumineuses, avec salle de bains agréable (et balcon aux 1er et 2e étages). Salle de repos avec cheminée. Bon petit déj varié et copieux.

Eth Refugi d'Aran (hors plan par B1, **14**) : *avda Garona, 27. ☎ 973-64-30-02. • info@elrefugiodearan.com • elrefugiodearan.com • ♿ Apparts 2 pers 55-150 € selon saison, duplex 4 pers 100-200 €. Parking extérieur gratuit, garage 10 €/j.* À environ 800 m du centre, le long de la Garonne, cet appart-hôtel propose de spacieux studios et duplex de style rustique, bien équipés avec cuisine aménagée. La plupart avec balcon. La piscine intérieure avec jacuzzi, entourée de champêtres fresques murales du val d'Aran, est agréable sous sa verrière. Sauna *(gratuit)*, spa-massages *(payants)* et resto.

Où manger ?

Bon marché (10-15 €)

Tauèrna Urtau (plan B1, **21**) : *avda Pas d'Arró, 4. ☎ 973-64-26-71. • urtau@urtau.com • Au pied de l'église. Tlj (sauf mer hors saison) 8h-22h30. Fermé nov. Tablas fromages-charcuterie et plats 8-26 € ; cocktail 10 €.* Minichaîne locale aussi implantée à Arties et Bossòst, *Urtau* a trouvé le concept idéal entre bar à tapas et « vrai » resto. En plus de la pléiade de *pintxos* qui s'étalent sur le comptoir, on peut déjeuner ou dîner en piochant dans la carte : salades généreuses, soupe à l'oignon, burger, ou encore cet excellent pot-au-feu maison (saucisse, poulet, pâtes, pommes de terre : ouf !).

Can Pere (hors plan par B2, **23**) : *c/ Pas d'Arró, 29. ☎ 973-64-29-12 ou 873-49-18-34. • restaurant.canpere.vielha@gmail.com • À env 400 m du*

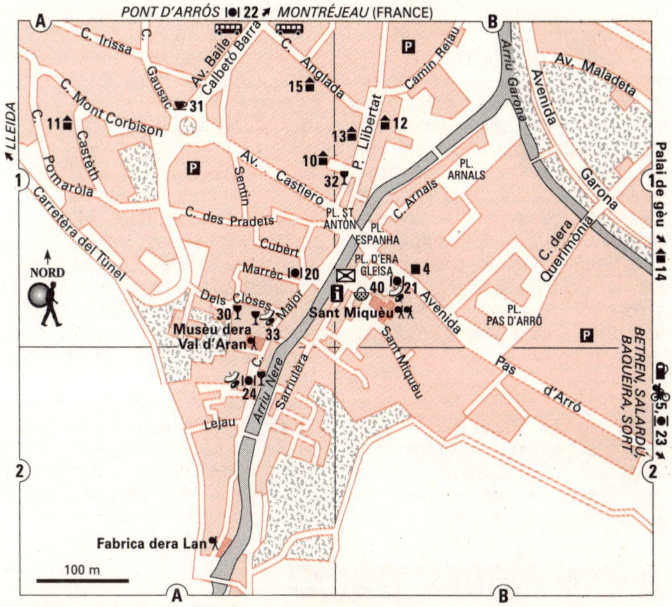

VIELHA

■ **Adresses utiles**

- Oficina de turismo du val d'Aran (A-B1)
- 4 Camins (B1)
- 5 Copos Bike (& Ski) Center (hors plan par B2)

Où dormir ?

- 10 Hotel El Ciervo (A1)
- 11 Ostau d'Òc (A1)
- 12 Hotel Fonfreda (B1)
- 13 Hotel Albares (B1)
- 14 Eth Refugi d'Aran (hors plan par B1)
- 15 Hotel Anglada (A1)

Où manger ?

- 20 Woolloomooloo (A1)
- 21 Tauèrna Urtau (B1)
- 22 Era Lucana (hors plan par A1)
- 23 Can Pere (hors plan par B2)
- 24 DeVins (A2)

Où manger une pâtisserie ?

- 31 Pastisseria Setó (A1)

Où boire un verre ?

- 30 Era Canaula (A1)
- 32 Tauèrna deth Gascón (A-B1)
- 33 Refu Birrería (A1)

Où acheter des bons produits ?

- 40 Eth Galin Reiau (B1)

centre. Tlj sauf dim soir. Menu midi env 16 € ; plats 10-15 €. CB refusées. Une petite adresse bien connue des locaux, où l'on se régale de plats qui tiennent au corps, comme l'*olla aranesa,* servie en taille soupière ! Au déjeuner, les travailleurs du coin débarquent pour profiter du menu du jour (à l'ardoise), d'un excellent rapport qualité-prix. Service efficace.

De prix moyens à plus chic (15-30 €)

Woolloomooloo *(plan A1,* ***20****) : c/ Major, 8. 653-48-27-49. • info@woolloomooloovielha.com • Ouv midi et soir, tlj sauf dim-lun. Menu midi env 20 € ; plats 9-25 €.* Melting-pot de saveurs et de recettes dans ce resto tenu par un Australien (le nom très « hululant » du resto est celui d'un quartier de Sidney), et dont le chef est... mexicain ! *Ramen* japonais, risotto italien, *canelons* catalans ou encore wok thaïlandais, la carte brasse large... mais la cuisine vise juste. Pour ne fâcher personne, on y sert également des recettes plus locales (côte de bœuf, steak de *vaca*, etc.). Ambiance assez intimiste le soir, autour des tables hautes en rondin, avec musique jazzy et lumières tamisées. Une belle adresse.

Era Lucana *(hors plan par A1,* ***22****) : avda Calbetó Barra, 10 C. ☎ 973-64-17-98. • info@eralucana.com • Tlj sauf lun. Congés : 1res quinzaines de mai et de juil. Menus 24-31 € ; plats 14-28 €.* Dans une belle ambiance de chalet chic, la sympathique patronne vous aiguillera vers les meilleurs choix du jour. Le menu « Montagne » affiche presque toutes les spécialités locales, dont la soupe aranaise et d'excellentes viandes. Assiette généreuse. Terrasse. Service très pro. Une adresse fiable et de qualité.

DeVins *(plan A2,* ***24****) : c/ Major, 23. 647-51-11-46. À Pâques, Noël et aux w-e de mauvais temps, ouv le midi (sauf mar) ; sinon, seulement à partir de 16h ! Plats 13-18 €.* Dans cette maison dont les baies vitrées dominent les eaux glacées de l'Arriu Nere, on accompagne son verre de vin de tacos de saumon, d'artichaut confit, de cannellonis au foie gras et de plein d'autres petites choses inspirées par les produits de saison. Atmosphère chaleureuse et déco travaillée façon récup'. Musique à partir de 23h en saison. Vient alors l'heure de passer au gin (autre must maison). Attention quand même à la note ! Petit magasin pour ramener un souvenir maison : alcools, charcuterie...

Où manger une pâtisserie ?

Pastisseria Setó *(plan A1,* ***31****) : c/ Gausac, 1. ☎ 973-64-09-62. • cchesa@hotmail.com • Tlj sauf dim ap-m et lun 8h-20h30. Congés : fin juin.* La spécialité de la maison, ce sont les viennoiseries et les gâteaux secs, notamment les tronquets (« petits troncs »), des petites douceurs à l'anis rappelant un peu les croquants, en moins dur. La maison fait aussi salon de thé, avec des tables en recoin nichées tout autour du comptoir central.

Où boire un verre ?

Refu Birrería *(plan A1,* ***33****) : c/ Major, 18. ☎ 973-64-07-89. • vielha@refubirreria.com • Tlj sauf lun 18h-1h en principe.* Au bord du torrent, une microbrasserie où l'on déguste des bières artisanales pointues et de petits en-cas bien bossés et créatifs (tacos, *veggie* burger, *bocadillos,* etc.). Pour chaque plat, une bière est conseillée en accompagnement, façon sommelier de la mousse ! Dans la petite salle toute de bois vêtue, ambiance à la cool, gentiment hipster sur les bords.

Era Canaula *(plan A1,* ***30****) : c/ dels Clòses, 9. ☎ 973-64-22-99. 693-66-91-40. • eracanaula@gmail.com • Tlj sauf lun. Verre de vin ou bière et pintxo 2,50 €.* Un de nos endroits préférés à Vielha, bien caché dans la vieille ville (juste avant le musée du Val d'Aran). Quand le temps est clément, une petite terrasse joyeuse s'improvise dans la courette pavée. Ici, on sirote un verre de vin, une *cerveza* ou un gin tonic, systématiquement accompagnés d'un petit quelque chose à grignoter. À l'intérieur, déco façon brocante et coin bibliothèque sur fond de pop-rock tout doux.

Tauèrna deth Gascón *(plan A-B1,* ***32****) : pl. Sant Orenç, 1. ☎ 973-64-22-87.* Une vieille maison en pierre qui a vu passer les siècles. En terrasse ou autour du poêle à l'intérieur, on s'y retrouve entre habitués avec, comme recette du bonheur, une *copa* et un bon *pintxo* du jour. Ambiance chaleureuse et authentique.

Où acheter de bons produits ?

Eth Galin Reiau *(plan B1,* ***40****)* **:** *pl. dera Gléisa, 2. ☎ 973-64-19-41. Tlj sauf dim 10h-13h, 17h-21h.* Une jolie boutique située au pied de l'église. L'endroit tout trouvé pour faire le plein de produits du val : pâtés, fromages, confitures, liqueurs, etc.

À voir. À faire à Vielha et dans les environs

Egleisa Sant Miquèu *(plan B1)* **:** *pl. dera Gléisa. Tlj 10h-19h. GRATUIT.* De style essentiellement romano-gothique, cette église a subi plusieurs transformations entre le XIIe et le XVIIIe s. Son portail gothique présente une inhabituelle juxtaposition de personnages religieux et profanes, assez naïfs. À l'intérieur, on découvre un retable du XVe s (dans l'abside) très bien restauré et surtout, le buste du Christ de Mijaran en bois polychrome, du XIIIe s – présenté dans une vitrine éclairée. Pour les historiens, c'est ***l'une des pièces les plus importantes de l'art roman catalan.*** Il faisait sans doute partie d'une descente de Croix. Récurrent dans la région, ce thème mettait également en scène les 2 larrons crucifiés en même temps que Jésus, une tendance qu'on ne trouve que rarement ailleurs dans l'Europe médiévale. Ne pas manquer le très bel orgue dans le transept droit, construit en 1778.

Musèu dera Val d'Aran *(musée du Val d'Aran ; plan A1-2)* **:** *c/ Major, 26. ☎ 973-64-18-15. En été, tlj 10h-13h, 17h-20h ; le reste de l'année, mar-sam 10h-13h, 17h-20h et dim 10h-13h. Congés : 15 j. en oct. Entrée : 3 € ; réduc. Audioguide en français.* Situé dans une belle maison seigneuriale du XVIIe s, on y présente la culture, la géographie et la géologie du val d'Aran, avant de conter son histoire, de l'âge de pierre aux temps modernes, illustrée par quelques beaux objets, comme ce christ en croix polychrome des XIIIe-XIVe s. Muséographie moderne et limpide, avec moult vidéos et écrans interactifs.

Fabrica dera Lan *(musée de la Laine ; plan A2)* **:** *c/ de Ribaèta (dans le prolongement de la c/ Major, sur les hauteurs). ☎ 973-64-18-15. De mi-juil à mi-sept, tlj sauf lun 17h-20h ; hors saison, sur résa seulement. Entrée : 3 € ; réduc.* Cette vénérable fabrique de laine, exploitant la force du ruisseau Nere, témoigne de l'industrie textile apparue à la fin du XIXe s dans les Pyrénées centrales. On peut y voir les machines utilisées à l'époque et y sont expliqués les processus d'élaboration de la laine.

Naturaran Adventure Park **:** *ctra de França, s/n, à* ***Les.*** *☎ 973-64-70-45. • deportur.com • Ouv avr-nov. Forfaits 23-42 €.* Ponts tibétains, tyrolienne, murs d'escalade, accrobranche et tout le toutim ! Un beau parc d'aventure pour faire le plein d'adrénaline en famille. Géré par l'agence *Deportur* (voir plus haut « Adresses et info utiles »), qui propose également des packages à la journée, avec entrée au parc plus rafting sur la Garonne (infos sur le site).

– ***Palai de gèu*** *(patinoire ; hors plan par B1)* **:** *avda Garona, 33. ☎ 973-64-28-64. • palaidegeu.com • Lun-ven 9h-13h, 15h-22h ; sam 10h-14h, 16h30-20h30. Fermé dim.* Ce centre sportif, situé à 10 mn du centre-ville, regroupe une grande patinoire *(fermée mai-juin),* 2 piscines, un sauna, un gymnase avec appareils de musculation et de fitness et un mur d'escalade (bloc).

➢ ***Randonnées :*** l'office de tourisme de Vielha distribue une brochure détaillant 22 itinéraires courts, avec carte à l'appui (en français). Parmi les plus sympathiques : la balade entre les principaux villages du val, de Vielha à Salardú – l'occasion de butiner d'église en église, en revenant le soir en bus. Sinon, pour les plus courageux : le GR 211 fait le tour complet du val d'Aran en 93 km. Une version allongée vers le sud, empruntant une section du GR 11, porte le parcours à 103 km, sous le nom de *Setau Sagèth (• visitpirineus.com •).*

BETREN (25539) 540 hab.

Aujourd'hui faubourg de Vielha, Betren a conservé son charme et ses vénérables maisons de pierre recroquevillées les unes sur les autres autour de sa place principale. Son église dédiée à Sant Esteve vaut assurément le coup d'œil.

Où dormir ? Où manger à Betren et dans les environs ?

Çò de Pierra : *c/ Major, 23, à Betren. 619-09-65-26. • hotelpierra@gmail.com • hotelpierra.es • Doubles env 55-85 €, avec petit déj-buffet ; familiales également. Parking gratuit.* Un petit hôtel charmant installé dans une bâtisse du XVIIIe s, restructurée avec goût et sobriété. Chambres spacieuses avec beaucoup de cachet (beaux parquets, poutres apparentes, murs de pierre pour certaines), baignant dans des tonalités chaudes. Salon commun avec cheminée, entrepôt pour ranger les skis... Rien ne manque. Jeune proprio sympa parlant le français.

Casa Jansú : *c/ Sortaus, 18, 25539 Escunhau. ☎ 973-64-08-08. • casajansu@hotmail.com • casa-jansu.negocio.site • À env 1,5 km après Betren. Ouv tte l'année. Double env 55 €. Pas de petit déj. CB refusées.* La sympathique Marta a hérité de ses grands-parents cette superbe maison du XVIIe s, située dans le cœur du vieux village. Elle en a fait un petit hôtel de 4 chambres. Planchers qui craquent, grosses armoires d'autrefois, ambiance familiale, c'est simple et très bien tenu. Salon TV à l'étage, mais les hôtes préfèrent souvent faire la causette au rez-de-chaussée. Authenticité, calme et confort pour l'une des plus charmantes adresses du coin.

À voir à Betren et dans les environs proches

Egleisa Sant Esteve : *à l'entrée de Betren. De mi-juil à mi-sept, visites guidées sam mat à 11h, 12h et 13h. Entrée : 1,50 €.* Cette fascinante église romano-gothique des XIIe-XIIIe s est irrégulièrement ouverte, mais vous pouvez toujours admirer sa façade ocre et, surtout, son étonnant portail, qui illustre des scènes du Jugement dernier et de la Résurrection. Ouvrez bien les yeux sur les parties inférieures des archivoltes : voici l'Enfer et ses démons (hommes-dragons...). Certains semblent tout droit sortis d'un tableau de Bosch, comme ce malotru déféquant une grenouille (2e rangée sur la gauche). L'un a même la tête retournée à 180°, façon « l'Exorciste » ! En remontant, on passe des hommes aux saints pour aboutir, sur l'arc du portail, à la Vierge Marie. Ouf !

Egleisa Sant Pèir : *à **Escunhau.** Visites guidées de mi-juil à mi-sept jeu à 11h, 12h et 13h ; fermé hors saison. Entrée : 2 €.* Dominant le village, cette église romane des XIe-XIIe s est veillée par une tour-campanile plus tardive. On y verra en particulier le petit portail roman, assez inhabituel avec son Christ en croix assez naïf, sa frise ornée d'un chrisme, de croix grecques et d'étoiles, et ses chapiteaux simplement ornés de visages. Jetez aussi un œil à l'imposante porte dont les serrures et l'anneau sont en fer forgé et décorés d'incisions formant des dessins géométriques.

ARTIES

(25599)

Un village qui porte bien son nom ! Maisons colorées en bordure de rivière, sculptures de vaches bariolées et vieux vélos mués en déco urbaine : un bel élan créatif et artistique donne à Arties un côté « à part » parmi les villages du val. Si vous n'y séjournez pas, venez y faire escale, ne serait-ce que pour jeter un œil à son église, dont la belle tour gothique se repère de loin.
Le 23 juin, c'est la *Hesta deth taro,* la fête du Feu (inscrite au Patrimoine culturel de l'humanité par l'Unesco) : les plus courageux sautent au-dessus d'immenses feux de joie.

Adresse utile

Oficina de turisme : *ctra Ag. Arties. ☎ 973-64-51-97. De mi-juil à mi-sept, lun-sam 10h-13h, 16h-19h15. Fermé dim et hors saison.*

Où dormir ? Où manger ?

Camping

Camping Era Yerla d'Arties : *ctra C-142 de Vielha a Baqueira. ☎ 973-64-16-02. • info@yerla.net • yerla.net • À l'entrée ouest d'Arties, au rond-point, descendre par la petite rue, puis tt de suite à droite. Ouv de mi-juin à sept, puis de l'ouverture de la station de Baqueira jusqu'à Pâques. Env 38 € pour 2 pers avec tente et voiture. Bungalows 2-7 pers 80-180 € selon taille et saison.* On le repère de loin avec son pylône de télésiège, ses statues de têtes de chevaux et ses ours en acier à l'entrée ! Voilà un aménagement original pour ce vaste camping calme, situé le long d'un torrent. Les bungalows, un peu à touche-touche, se regroupent à l'entrée, pour certains face au parking... Demandez-en un de préférence tourné vers la piscine. Les campeurs sont mieux lotis, avec pas mal d'ombre et de belles pelouses. Piscines, resto et bar.

Prix moyens

Tauèrna Urtau : *pl. Urtau, 12. ☎ 973-64-09-26. • info@urtau.com • Tlj sauf mer 12h-23h. Tapas fromages-charcuterie 7-15 €, pintxo 2 €.* Sympathique bar-resto proposant des *pintxos* le long du comptoir. En saison, plus de 50 variétés au choix ! Tout est frais, des croquettes à la tortilla. Un bon rapport qualité-prix. Quelques bons petits plats aussi, avec pas mal d'options. Succursales à Vielha et Bossòst.

Chic

Parador de Arties : *c/ San Juan, 1. ☎ 973-64-08-01. • arties@parador.es • parador.es • Congés : de mi-avr à mi-juin. Doubles 85-150 €, petit déj inclus. Menu 45 € ; plats 20-25 €.* Le *Parador* d'Arties a choisi pour demeure un splendide manoir des XIVe-XVe s, rien que cela ! C'est donc dans un décor très « Renaissance », à l'ombre de la massive tour de pierre du bâtiment, qu'on s'offre ici un séjour royal. Piscine en L à l'arrière, rivière à 2 pas, spa, billard et plein de coins salon (avec cheminée) pour se poser. Chambres au confort infaillible, la moitié avec vue sur le cours d'eau. Resto chic (et cher).

Hotel Besiberri : *c/ Deth Fòrt, 4. ☎ 973-64-08-29. • info@hotelbesiberri.com • hotelbesiberri.com • Ouv juil-sept et déc-fév. Doubles 80-125 € (jusqu'à 150 € à Noël), petit déj inclus.* Au bord de la rivière, 2 bâtisses superbement fleuries abritent une vingtaine de chambres et suites aux tonalités boisées. Les 1res, réparties sur 4 étages, sont pour beaucoup mansardées (pas bien grandes, mais le cachet est là). Les 2des sont plus grandes et fonctionnelles. Rayon mauvaise note : l'insonorisation, assez légère. Pour le reste, très bien tenu et accueil attentif.

À voir. À faire

Egleisa Santa María : ☎ 973-64-18-15. • info.museu@aran.org • *Visite guidée seulement : en été, lun-sam à 11h, 12h, 13h, 17h, 18h et 19h. Fermé le reste de l'année. Entrée : 2 €.* Cette belle église romane (XIIe-XIIIe s) à l'élégant clocher gothique a bien failli disparaître sous le poids de sa voûte... et des siècles. À l'intérieur, les colonnes qui soutiennent la nef sont sensiblement penchées (des pilotis de bois assurent l'équilibre de l'ensemble). Sur la voûte de la nef, peintures Renaissance du Jugement dernier (XVe s) : image rare du Christ châtiant, une épée derrière le dos. De part et d'autre, le Paradis et l'Enfer. Même au Ciel, un démon vient apparemment chercher les âmes damnées...

➢ ***Via ferrata Eth Taro :*** *accessible depuis le parking principal de la ville (15 mn de marche).* Un parcours assez difficile (K4), ***réservé aux sportifs.*** Itinéraire de 330 m de long (avec un beau pont vertigineux), qui se fait en 1h-1h30. Plus d'infos auprès des agences *Deportur* ou *Camins,* à Vielha (• deportur.com • camins.net •).

SALARDÚ (25598)

1er vrai village du haut Aran, à 1 268 m d'altitude, Salardú fut fortifié à l'époque médiévale. Jadis, il accueillait les voyageurs après le passage du col de la Bonaigua. Aujourd'hui, c'est surtout le Q.G. des skieurs et des randonneurs ! Là encore, ne manquez pas l'église où se trouve une remarquable sculpture du Christ de Salardú, datant du XIIe s. Belle harmonie également dans le cœur du village, autour de la plaça Major et sa fontaine du XVIIIe s, son bronze de sanglier et ses terrasses animées aux beaux jours. Les 3 mai et 30 novembre, Salardú s'anime pour les *festes majors* de Santa Creu et de Sant Andrèu.

Adresse utile

Oficina de turisme : *trauèssa de Balmes, 2 ; kiosque rouge sur le parking principal du village.* ☎ 973-64-51-97. • o.s.torisme@aran.org • *Lun-sam 9h30-12h30, 16h-19h (9h-15h hors saison). Fermé dim. Congés : 15 j. en juin.*

Où dormir ? Où manger ?

De bon marché à prix moyens

Auberjà Era Garona : *ctra de Vielha, à Baqueira.* ☎ 973-64-52-71. • eragarona@peretarres.org • peretarres.org • *Congés : de mi-sept à fin nov. Selon saison, 17-28 € pour les - de 30 ans, 22-33 € pour les autres, petit déj inclus.* Un gros bâtiment (pas très glamour) à la sortie du village. 200 lits en chambres de 2 à 6 personnes – avec salle de bains partagée ou intérieure *(supplément de 6 €/j./pers en été).* Toutes s'ouvrent sur un grand balcon commun. Ensemble propre et fonctionnel. Nombreux équipements collectifs : cafétéria et self, salon TV, laverie, salle de jeux, etc. Un conseil : si vous voulez être tranquille (et espérer obtenir une place), évitez les périodes de vacances scolaires !

Refugi Rosta : *pl. Major, 3-4. ☎ 973-64-53-08. • refugirosta@gmail.com • refugirosta.com • Congés : nov. Nuitée 27-29 €/pers en dortoir 4-10 lits ; doubles 66-76 € ; avec petit déj. ½ pens possible.* Au cœur de Salardú, cette petite pension-gîte pleine de caractère a vu passer des générations de voyageurs et randonneurs depuis son ouverture en 1858. C'est le plus vieil hôtel de la vallée. Petites chambres et dortoirs d'un bon rapport qualité-prix. Sanitaires communs. Terrasse agréable. Location de draps et de serviettes possible. Resto de cuisine familiale, vente de cartes de rando.

Hostau Era Claveròla : *c/ Sant Andreu, 2. 609-45-97-86. • eraclaverola@gmail.com • hostalvaldaran.com • Près de l'office de tourisme et du parking (gratuit). Congés : avr-mai. Doubles 65-95 €, petit déj inclus.* 5 chambres confortables, avec parquet flottant, bons lits et salles de bains modernes. Pas le grand luxe mais rapport qualité-prix plus que correct (le tarif maximum ne s'appliquant qu'autour du Nouvel An et quelques jours en août). Proprios pleins de bons conseils. Au rez-de-chaussée, une petite épicerie bien pratique pour faire le plein avant de partir en rando.

Chic

Hotel Mauberme : *ctra de Bagergue, 3. ☎ 973-64-55-17. • info@hotelmauberme.com • hotelmauberme.com • Ouv tte l'année. Doubles 180-230 € selon saison, petit déj inclus.* Un boutique-hôtel aux airs de chalet montagnard qui plaira aux romantiques : une dizaine de chambres avec plafonds lambrissés, lumineuses et joliment décorées. Salon douillet où trône une cheminée et salle de petit déj qui embrasse une superbe vue sur l'Aneto, la Maladeta et le clocher. Salle de fitness. Terrasse extérieure et solarium. Le patron, passionné de faune et de flore, propose des visites guidées gratuites.

LA CATALOGNE

À voir. À faire

Egleisa de Sant Andrèu : *• info.museu@aran.org • Tlj 11h-19h. GRATUIT.* Cette remarquable église à 3 nefs est flanquée d'un campanile octogonal datant des XIVe-XVe s. Emblématique de la transition entre roman et gothique, elle conserve aussi des vestiges de fresques postérieures (XVIe-XVIIe s), sur les murs et le plafond de l'abside. Le plus remarquable, néanmoins, est son magnifique crucifix en bois peint du XIIe s, la Santa Creu, protectrice de Salardú et de tout le val d'Aran. Chaque 3 mai, pour la fête de Santa Creu, elle est portée en procession.

Unha : *sur les hauteurs, à 1,5 km de Salardú.* Ce village se serre autour de son **egleisa Santa Eulària,** de style roman lombard (XIIe s), ouverte seulement en été *(visite guidée lun-sam à 17h, 18h et 19h ; fermé dim ; tarif : 2 €).* À l'intérieur, superbes et étonnantes peintures murales. Malgré les résidences modernes qui ont poussé aux alentours, le noyau historique conserve un certain charme. On y trouve le petit **museù dera Nhèu** *(de mi-juil à mi-sept, lun-mer 10h-13h, jeu-sam 17h-20h ; fermé dim et hors saison ; tarif : 3 €)* consacré à la neige, aux glaciers, aux stations de ski et aux sports d'hiver. Remarquez aussi au passage la **casa Ço de Brastet,** une belle bâtisse seigneuriale datant de 1580, dont les tourelles d'angle veillent sur l'entrée du village. Son jardinet irrégulier et vallonné évoque un clos de la Renaissance.

➢ Chemin de rando pour rejoindre Bagergue depuis le centre du village (environ 1,5 km).

➢ ***Via ferrata Poi d'Unha :*** les amateurs de sensations fortes se laisseront happer par l'appel des cimes sur la *via ferrata* aménagée au-dessus d'Unha. D'une dénivelée de 600 m, elle est constituée de 3 sections, la 1re aisée (initiation, parfaite pour les enfants), les 2 autres nettement plus ardues – avec en particulier une échelle en spirale et des ponts tibétains (traversée sur de simples cordes) très aériens. Superbes panoramas sur la chaîne du Maladeta. Compter 3-4h pour le parcours complet (1h de descente). Plus d'infos auprès des agences *Deportur* (● deportur.com ●) ou *Camins* (● camins.net ●), à Vielha.

➢ ***Estahns de Colomèrs :*** *de Salardú, une petite route grimpe sur 9,5 km jusqu'à la microstation thermale de Banhs de Tredòs (hôtel) et se prolonge jusqu'à 2 000 m d'altitude (parking) par une piste sur 4 km (fermée juil-sept, lorsqu'un service de taxis-navettes payant est mis en place).* Vous voilà aux marges du parc national d'Aigüestortes. Au programme : une jolie randonnée enchaînant pas moins de 7 lacs dans un cirque dominé par des sommets de près de 3 000 m. Compter 4h30 à 5h de marche (6h30 à 7h depuis Banhs de Tredòs). La balade est aisée pour peu que l'on ne vienne pas trop tôt dans la saison (gros névés jusqu'à début juillet en général). L'itinéraire peut être diminué de moitié en suivant les marques jaunes plutôt que rouges. En hiver, chaussez vos raquettes !

BAGERGUE

(25598)

Typiquement aranais, ce joli village, aux maisons de pierre fleuries, est le plus haut du val (1 419 m). De nombreux francophones, notamment des frontaliers français, se sont installés ici pour profiter de sa douceur de vivre. Il faut dire qu'entre Bagergue et la France, c'est une longue histoire. Durant la 2de Guerre mondiale, plusieurs chemins, cachés entre forêts et montagnes, rejoignaient l'Hexagone : ils servaient aussi bien aux contrebandiers qu'aux résistants. Là encore, il faut garer son véhicule sur le parvis de l'église, en contrebas, pour entrer à pied en quête de son âme (celle du village, pas la vôtre !).

Où dormir ? Où manger ?

Hotel Seixes : *c/ Seixes, 3. ☎ 973-64-54-06. ● seixes@hotelseixes.com ● hotelseixes.com ● À l'entrée du village. Congés : avr et oct. Resto-bar ouv seulement le soir. Doubles 88-150 € selon saison ; familiale aussi ; petit déj inclus. Menus 16-24 €. Parking max 12 €.* Il faut distinguer l'*hostal,* plus ancien et ouvert seulement en été, de l'hôtel, certes un peu plus cher mais aux chambres plus spacieuses, lumineuses et agréables. Pour le même prix, demandez-en une avec vue sur la vallée. Salon commun avec cheminée. Agréable terrasse.

Unhòla : *c/ Major, 16. 646-25-61-41. ● unholabagergue@hotmail.com ● Tlj sauf dim. Congés : avr-juin. Plats 12-28 €. Digestif offert sur présentation de ce guide.* Le cadre rustico-montagnard est joli, et les plats proposés sortent de l'ordinaire : salade de caille en escabèche, jarret d'agneau au miel de thym, lasagnes au pesto et aux cèpes, etc. Mais le must, ce sont les viandes, vraiment excellentes. Assiettes copieuses et joliment dressées. Desserts maison de bon aloi. Terrasse aux beaux jours.

À voir

Museu ethnographic Eth Corrau : *dans le centre du village (panneau). ☎ 973-64-01-93 ou 973-64-54-10. 686-84-61-83. Tlj 10h-13h30, 15h30-20h (appeler avt, c'est souvent un habitant du village qui a la clé). Entrée : 2,50 € ; réduc.* Une ancienne ferme de 1803 transformée en petit musée, sur l'histoire de la région et des traditions locales. Plus de 2 500 objets anciens décorent avec harmonie les différents espaces de la maison, du jardin et des étables. En plus, les villageois qui font visiter la ferme ont toujours une tonne d'anecdotes à raconter (souvent en français) !

BAQUEIRA-BERET

Née en 1964, Baqueira-Beret-Bonaigua est l'une des plus grandes stations espagnoles et possède le plus vaste domaine skiable du val d'Aran. Dans cette sorte de Courchevel catalan, les hôtels chics et les résidences de standing ont fleuri au fil du temps, au point de se retrouver légèrement en surnombre. Un poil trop bling-bling à notre goût en hiver, on préfère Baqueira-Beret aux beaux jours. Au programme : rafting, canoë-kayak, escalade, tir à l'arc, pêche, VTT et randonnée, bien sûr.

FICHE TECHNIQUE DE LA STATION

Le domaine skiable, de 1 922 ha, est l'un des plus grands des Pyrénées et le 2e d'Espagne. Divisé en 3 secteurs reliés (Baqueira, Beret et Bonaigua), il totalise près de 157 km de pistes de tous niveaux, situées entre 1 500 et 2 516 m d'altitude. Quelque 770 000 skieurs s'y pressent chaque année entre fin novembre et mi-avril. Beret, où l'on trouve un snowpark, est le plus adapté aux familles. Bonaigua est le plus nature et le plus pentu – la plupart des pistes noires sont là. Baqueira compte, lui, bon nombre de pistes rouges et un *run* hors-piste célèbre dans toute l'Espagne, Escornacrabes *(forfait 62-66 €/j. ; guichets ouv 8h45-16h).* Les fondeurs trouveront en outre un anneau de 7 km au pla de Beret.

Adresse et infos utiles

■ ***Central de reservas, oficina de Baqueira-Beret :*** *apartado 60, à* ***Vielha.*** *☎ 973-63-00-00. • baqueira.es • Infos 8h15-19h, résas jusqu'à 20h. Forfait chargeable sur le site internet.*

– ***Infos pratiques et enneigement :*** *☎ 973-63-90-25.*

– ***Urgence sur les pistes :*** *☎ 973-63-00-50.*

À faire

➢ ***Le sanctuaire de Montgarri :*** *départ du pla de Beret, à 8 km au nord de Baqueira. Boucle de 12,6 km. Compter 3-4h de marche.* Une belle balade assez facile, avec à peine 200 m de dénivelée, mène au sanctuaire depuis le pla de Beret. L'itinéraire traverse l'une des plus belles vallées du coin, entre vastes prairies où paissent chevaux, rivières tumultueuses et sommets enneigés au loin. En hiver, le sanctuaire est aussi un but d'excursion très apprécié, à raquettes, à motoneige ou en traîneau à chiens. S'adresser par exemple à *Montgarri Outdoor* (*• montgarri.com •*).

Superbement amarré sur les berges de la rivière Noguera Pallaresa, le ***sanctuaire de la Mare de Déu de Montgarri*** a été fondé au début du XIIe s à l'endroit où, affirme la légende, un bovin aurait trouvé une statue de la Vierge. Reconstruit au XVIe s, il forme un très joli petit ensemble avec la maison voisine devenue refuge (voir plus loin). Dommage que l'intérieur ait été passablement remanié dans les années 1900... Chaque année, ***le 2 juillet et le 15 août,*** les bergers français y rejoignent leurs confrères aranais à l'occasion d'une fête patronale doublée d'un grand festin. Les 1ers amènent leurs troupeaux et le fromage, les 2ds le pain et le vin !

UNE DÉCOUVERTE À L'EFFET BŒUF !

Selon la légende, l'image de la Vierge de Montgarri aurait été trouvée par un bœuf (ou un taureau, les versions divergent) ! Chaque jour, l'animal se couchait au même endroit. Intrigué, le berger découvrit alors, à ses côtés, la statue de la Vierge. Elle fut nommée patronne des bergers et une chapelle à sa gloire fut érigée, puis le sanctuaire.

Environ 600 m après le sanctuaire se détachent les ***ruines du hameau de Montgarri.*** Situé à 1 640 m d'altitude, il fut, jusque dans les années 1960, le plus haut village habité du val d'Aran. Situé sur le chemin traditionnel pour le Pallars Sobirà, il était fréquenté par de nombreux bergers, des contrebandiers et des pèlerins (sacré mélange des genres...).

Refugi Amics de Montgarri : *25598* ***Montgarri,*** *à côté du sanctuaire. ☎ 973-64-16-81 au refuge. 639-49-45-46. • kimcalbeto@hotmail.com • refugimontgarri.com • Ouv de juin à mi-oct et début déc-Pâques, selon météo. Fermé printemps et automne. Résa fortement conseillée en juil-août (aussi pour les repas). Nuitée 19-31 €/pers en dortoir, apparts 2-4 pers 160-290 € ; petit déj inclus ; loc de draps et serviettes 6 €. Dîner env 25 €. ½ pens 55 €/pers. Côté resto, plats 10-20 €, menu 35 €.* Tenu par une équipe internationale, ce refuge est installé dans l'ancien presbytère, à côté de l'église. 4 dortoirs tout simples de 7 à 12 lits bénéficiant de sanitaires communs avec douche chaude (payante !). Également des apparts bien pratiques (lit en mezzanine et canapé-lit). Aux beaux jours, on peut y manger salade, sandwich, magret ou viande *a la brasa* sur la terrasse – qui n'est autre que le parvis de l'église. En demi-saison, on se réfugie autour de l'âtre. Location d'e-bike *(35 €/2h).*

Casa Vall : *à* ***Montgarri,*** *à 2 pas du refuge (indiqué depuis le chemin descendant du parking haut). 689-80-29-11 ou 84-85. • casavalldemontgarri.com • Repas servis seulement sur résa, à 13h, 17h et 20h30. Menu 45 € ; en hiver forfait avec A/R à motoneige depuis Beret : 140 €.* À la belle saison comme en hiver, on vient dans cette vieille maison en pierre, perdue dans la nature, pour déguster un menu traditionnel fort copieux à base de viandes et saucisses grillées au feu de bois, sous vos yeux !

LE BAS ARAN

Irrigué par la Garonne, le bas Aran se déroule au fil de la N-230, qui relie Vielha à la France. De là, de petites routes tortueuses s'élèvent vers d'authentiques villages, perchés sur les flancs de la vallée, loin du développement touristique du haut Aran. En amont, Bossòst et Les offrent un visage plus commercial, avec leurs supermarchés où viennent s'approvisionner les frontaliers !

Où dormir ?

⛺ ***Càmping Verneda :*** *ctra Vielha-Francia (N-230), km 171. ☎ 973-64-10-24. 📱 606-75-63-93. • info@campingverneda.com • campingverneda.com • À Pont d'Arrós (25537), en contrebas de la route, le long de la rivière. Ouv tte l'année. Selon saison, 26-35 € pour 2 pers avec tente et voiture. Bungalows 2-8 pers 90-300 € selon capacité et saison.* Un camping écoresponsable, immense, propre et très bien organisé, idéal pour ceux qui recherchent calme et nature. Nombreux emplacements bien entretenus pour camper, au milieu des arbres, en bordure de la Garonne. Bungalows bien équipés. 3 aires de jeux en parfait état, piscine d'eau saline chauffée (de fin juin à mi-septembre), resto-bar-billard, mini-épicerie et salle de jeux pour les jours de pluie. Nombreuses animations organisées (concerts, spectacles, etc.). Un sans-faute.

⛺ ***Càmping Artigané :*** *ctra Vielha-Francia (N-230), km 168. ☎ 973-25-16-35. 📱 696-55-21-78. • campingartigane@hotmail.com • camperartigane@gmail.com • campingartigane.es • Un peu avt Pont d'Arrós en venant de Vielha. Ouv juil-sept seulement. Env 30 € pour 2 pers avec tente et voiture.* Ouvert en 1974, ce camping situé en léger contrebas de la route séduira ceux qui préfèrent le fouillis des grandes herbes au gazon parfait. Les emplacements, très bien ombragés, bénéficient d'un tapis d'herbe épais. Installez-vous près de la Garonne et vous n'entendrez plus la route ! Piscine, minigolf, tennis et café-resto. Seuls bémols : les sanitaires, plus de 1re jeunesse, et l'entretien de l'ensemble du camping qui laisse un peu à désirer...

Où manger ?

🍴 ***Boixetes de Cal Manel :*** *ctra Vielha-Francia, km 170. ☎ 973-64-11-68. • boixetesdecalmanel@gmail.com • ♿ Env 500 m après le rond-point de Pont d'Arrós. Tlj sauf dim soir et lun 12h-16h, 20h-22h. Congés : juin et nov. Menus 23-27 € ; plats 16-25 €.* Une grande maison en pierre où de nombreux voyageurs ont pris l'habitude de faire une pause... juste à l'heure du repas ! Plats variés, copieux et joliment dressés. Beaucoup de classiques locaux, avec large choix de poissons et viandes revigorant. Salle agréable aux baies vitrées donnant sur la campagne.

À voir. À faire

👁👁 ***Sauth deth pish :*** *à 10,7 km de Pont d'Arrós par une petite route partant au niveau du 1er rond-point (en venant de Vielha).* Le ruban de goudron, étroit, tortueux et cabossé par endroits, se glisse le long d'un torrent, dans un cadre bucolique à souhait, avant de s'élever en épingles à cheveux vers les hauteurs du vallon. Au printemps, à la fonte des neiges, ruisseaux et cascatelles se multiplient sur les côtés. Là-haut (1 555 m), tout au bout, l'apothéose : une jolie cascade de 12 m de haut s'abat avec fracas. Superbe ! En été, possibilité de faire escale en chemin au joli *Refugi Bòrda de Joanon* (viandes grillées), installé au-dessus de la rivière dans une vieille maison au toit de lauzes.

👁👁 ***Artiga de Lin :*** *env 2,5 km après Pont d'Arrós, prendre à gauche vers Es Bórdes puis continuer, sur 9 km. En été, venir tôt : parking souvent bondé !* La petite route goudronnée remonte une jolie vallée noyée sous la chlorophylle, jusqu'à rejoindre cette large combe dominée par le sommet altier du Malh dera Artiga (2 718 m). Au programme : une boucle facile de 2,5 km (45 mn à 1h) avec, en prime, les rapides-cascades d'Uelhs deth Joeu dévalant en plusieurs bras dans un joli cadre de forêt – et, peut-être, des marmottes. On y trouve un centre d'interprétation récent *(tlj en été 9h-18h ; GRATUIT)* : il propose un parcours interactif retraçant l'histoire et les spécificités de la région, depuis les glaciations qui ont façonné la Ribera de la Artiga, il y a 50 000 ans, jusqu'à la faune et la flore. Diaporama des différents sentiers de randonnée des environs. Petit train touristique pour découvrir le coin *(ouv juil-10 sept env, tlj 9h-17h ; fermé hors saison ; tarif : 2 €, réduc).*

Ecomuseu Ço de Joanchiquet : *à* ***Vilamòs,*** *un village perché 6 km au-dessus de Pont d'Arrós, dans le centre, après l'église. ☎ 973-64-18-15. • info.museu@aran.org • museus.conselharan.org • Semaine sainte et juil-sept, tlj 11h-14h, 16h-19h (parfois plus tard en août) ; le reste de l'année, tlj sauf dim ap-m et lun 11h-14h, 16h-18h. Entrée : 3 € ; réduc. Brochure en français.* Habitée jusqu'en 1962, cette maison familiale du village a été reconvertie en écomusée. C'est le prototype de l'habitat traditionnel aranais appelé « *auviatge* » : une maison principale, des granges, un pigeonnier et une porcherie, agencés autour d'une cour intérieure fermée où se trouvent aussi un potager *(casau)* et des arbres fruitiers. 3 générations y vivaient ensemble, y compris les frères célibataires jusqu'à leur mariage. Tout y est encore en place, comme autrefois.
Au rez-de-chaussée, on découvre d'abord la cuisine, où couchaient les plus âgés de la famille, avec son lit-placard, sa petite trappe dans le sol pour entreposer les pommes de terre et, dans la pièce à l'arrière, le pétrin, où les femmes faisaient, outre le pain, la lessive, et broyaient les racines de gentiane pour fabriquer le vermouth. Le petit salon accueillait les repas de fêtes, et le grand cellier, le principal garde-manger de la famille (tonneaux pour le vin, jarres en terre pour l'huile, caisse en bois pour le fromage). Au 1er étage, un dédale de chambres, dont celles (pas bien grandes !) des domestiques. On termine par le grenier avec ses coffres remplis de céréales et sa belle charpente. Enfin, faites un tour dans les dépendances entourant la cour : 2 étables (vaches d'un côté, autres animaux de l'autre) et un pigeonnier. Une visite intéressante, dans un lieu qui a une âme...

➢ **Mines Victòria :** *à 5 km de Vilamòs, dont 3 km par une piste assez cassante (carrossable par temps sec avec un véhicule de tourisme à condition de faire attention aux roches) ; bien fléché après Arres de Sus ; on se gare près du joli petit lac de Bassa d'Arres, parfait pour un pique-nique. ☎ 973-64-18-15. • info.museu@aran.org • Ouv début juil-10 sept env, tlj 11h-14h30. Entrée : 3 €. La balade guidée (en espagnol) en boucle dure 2h30 pour 3 km parcourus à pied.* L'itinéraire part à la découverte du patrimoine minier du val d'Aran, remontant au début du XXe s. On débute la visite guidée par la salle des machines, avant de pénétrer dans les galeries. En 1912, l'exploitation y battait son plein avec près de 80 t de minerai brut de zinc et de fer extraites chaque jour, par 100 à 150 mineurs ! Certaines galeries atteignent plusieurs centaines de mètres. L'exploitation cessa en 1953, en raison de la baisse du prix du zinc et du manque de main-d'œuvre. Même si vous êtes claustrophobe, ne manquez pas la balade jusqu'au lac : les panoramas sur la chaîne de Maladeta en montant sont splendides !

Aran Park : *en allant vers le col du Portillon, entre Bossòst et Bagnères-de-Luchon. ☎ 973-92-90-06. 653-89-88-05. • aran-park.com • Avr-oct, tlj 9h30-18h (19h juil-août) ; dernière entrée 1h30 avt fermeture. Fermé nov-fin mars. Entrée : 16 € ; 3-12 ans 12 €. Compter 2h de visite.* Ours, lynx, loutres, vautours, grands cerfs, isards, mouflons, marmottes, daims et 2 meutes de loups blancs et gris s'ébattent en semi-liberté ou dans de grands enclos dans ce parc animalier d'environ 20 ha, au cadre forestier, où sont présentées principalement des espèces pyrénéennes.

Era Mair de Diu dera Purificació : *à* ***Bossòst.*** *Tlj 10h-19h. GRATUIT.* Une superbe église du XIIe s, bâtie en pierre de taille et couverte d'ardoises, déclarée bien culturel d'intérêt national. Exemple parfait de l'art roman du val d'Aran. Elle est composée de 3 nefs, dont les piliers circulaires soutiennent des voûtes en berceau. Remarquables absides profusément décorées de sculptures de style lombard. Ses 2 portails à tympan présentent une grande richesse iconographique, comme cette représentation du Christ entouré par le tétramorphe (les 4 animaux ailés décrits dans l'Apocalypse selon Saint-Jean).

LE VAL DE BOÍ

Étiré sur une vingtaine de kilomètres, ce joli petit val bien tranquille (tout juste 1 000 habitants à l'année !) compte 2 atouts maîtres dans son jeu. Le 1er, c'est le magnifique parc national d'Aigüestortes i Estany de Sant Maurici (« Aigüestortes » signifiant littéralement « eaux tortueuses »), auquel on accède ici dans sa partie ouest (la plus belle, selon nous). Ce formidable terrain de jeux aux paysages sublimes (beaucoup de lacs d'altitude, notamment) fera évidemment le bonheur des marcheurs et des vététistes.
La 2de particularité du val est à chercher du côté de ses villages, et surtout, de ses clochers. De fait, cette microrégion se distingue par son étonnante concentration d'églises romanes au kilomètre carré. 8 d'entre elles (et un ermitage de la vallée) ont d'ailleurs été inscrites sur la liste du Patrimoine mondial de l'humanité par l'Unesco ! Chaque village ou presque possédait son église, statistique fort impressionnante pour une si faible population. Un ensemble unique à découvrir entre 2 balades au grand air. De la nature, de la culture... et largement de quoi passer quelques jours dans ce petit bout du monde.
À noter : au printemps (mars-juin), le val de Boí entre en phase de sommeil... Très peu d'hôtels restent ouverts durant cette période (réservation plus que conseillée !), et même les restos se font rares.

LES ÉGLISES CLASSÉES PAR L'UNESCO

Seules 7 églises des 9 édifices classés à l'Unesco sont, pour l'heure, accessibles – mais ça peut changer, renseignez-vous en arrivant. Inchangées malgré le poids des siècles, elles se distinguent en particulier par leur clocher, dressé en tour carrée élancée pouvant atteindre 6 étages ! Un hymne à la gloire divine, sans doute, mais aussi et surtout une manière de faciliter les communications et la défense du territoire... Afin de les protéger, la plupart des fresques qui recouvraient leurs murs ont été déposées et transférées dans différents musées (notamment le musée national d'Art de Catalogne à Barcelone – MNAC). Les plus remarquables sont, selon nous, ***Sant Joan de Boí*** et ***Sant Climent de Taüll*** (ne pas manquer l'étonnant spectacle audiovisuel qui y recrée les fresques d'origine ; lire plus loin, à Taüll, la rubrique « À voir »).
Des ***visites guidées en français*** sont organisées toute l'année par le *Centre romànic de la Vall de Boí* (voir plus loin, à Erill la Vall, « Adresse utile »). L'entrée coûte 2 € pour chaque église ouverte au public, exception faite de Sant Climent de Taüll (5 €). Des billets combinés sont en vente au *Centre romànic* (12 € pour 7 églises, 10 € pour 5 églises ou 7 € pour 3), intéressant seulement si l'on visite Sant Climent de Taüll (ce qu'on vous conseille vivement).
Pour toutes les infos, consulter • *centreromanic.com* • et • *vallboi.cat* •

Les églises, à pied

➢ Un réseau de chemins traditionnels sillonne la vallée et relie la plupart des villages les uns aux autres. On vous recommande vivement ces balades pour découvrir les églises d'une autre manière. Sentiers bien indiqués dans les villages. Dépliant dans les offices de tourisme du val.

Arriver – Quitter

En bus

■ Avec la compagnie *Alsa* (☎ 902-42-22-42 ; • alsa.es •). Au départ de **Pont de Suert** :
➢ ***Les villages du val de Boí* :** juil-août, 6 bus/j. Trafic très réduit hors saison (en général, 1 bus/j., seulement lun-ven).
➢ ***Vielha* :** 10 bus/j. en sem ; 7 le w-e.
➢ ***Lleida*** *(1h45-2h)* **:** 5 bus/j.
➢ ***Barcelona*** *(4h-5h15)* **:** 5 bus/j.

Manifestations

– ***Falles* :** *entre mi-juin et mi-juil.* Chaque village organise sa descente aux flambeaux *(baixada de falles)* pour célébrer le solstice d'été.
– ***Mountain Festival* :** *fin juin ou début juil.* Un événement qui met les sports et les activités de montagne à l'honneur : escalade, rafting, trail, VTT, etc. Initiations pour tous niveaux et ministages pour les enfants. Concerts, expos et projections de films sur le thème des sports outdoor. • *garminmountainfestival.com* •
– ***Dijous a la fresca*** *(« jeudis en plein air »)* **:** *fin juil-fin août, le soir vers 20h.* Musiques traditionnelles, musiques du monde, spectacle pour enfants, accordéon, chants catalans dans les villages.
– ***Nit de la llum* :** *fin août, à Erill la Vall.* Fête traditionnelle dédiée à la nuit, le feu et la lumière. Toutes les maisons sont éclairées par des bougies. Concert d'accordéon, bal, visite guidée de Santa Eulàlia, foire artisanale.

EL PONT DE SUERT

(25520)

Fondée au Moyen Âge et capitale du district de l'Alta Ribagorça, Pont de Suert n'est pas la ville la plus charmante de la région mais c'est un bon point de chute aux portes du val de Boí (et l'un des rares coins animés au printemps et à l'automne). Allez faire un petit tour dans le miniquartier historique entre la jolie plaça Major et les berges de la Noguera Ribagorçana, et visitez l'étonnante église de l'Assomption. Le *camí de l'Aigua* (sentier de l'eau) permet de rallier agréablement à pied les églises du val de Boí en longeant les berges de la Noguera de Tor.

Adresse utile

ℹ ***Oficina de turismo* :** *avda Victoriano Muñoz, 22.* ☎ *973-69-06-40.* • *visitaelpontdesuert.com* • *En face de l'église. En été, tlj 9h-14h, 17h-20h ; fermé marmer hors saison.* On y parle le français.

Où dormir ? Où manger ?

⛺ ***Camping del Remei* :** *c/ de la Vall de Boí, km 1,5.* 📱 *676-45-84-12.* • *campingdelremei@gmail.com* • *campingdelremei.com* • ♿ *À 3,5 km d'El Pont del Suert en direction du val de Boí. Ouv tte l'année. 30-36 € pour 2 pers avec tente et voiture. Caravanes 2-4 pers 55-75 €.* Un petit camping d'une quarantaine de places, calme et bien ombragé en bordure de la rivière Noguera de Tor. Sanitaires nickel et belle piscine avec transats. Idéal avec des enfants. Bar-restaurant en saison. Accueil en français. Loue aussi des caravanes aménagées avec kitchenette, douche et petite terrasse.

Hostal Canigó : *c/ Victoriano Muñoz, 18. ☎ 973-69-03-50. 629-21-55-04. • hostalcanigo.reservas@gmail.com • hostalcanigo.net • Doubles 60-70 €, familiales aussi ; petit déj complet 7,80 €.* Au 1er coup d'œil, on hésite : l'hôtel est situé sur la route principale, passante, et n'est pas franchement reluisant en façade. À l'intérieur, excellente surprise : des chambres simples, certes, mais d'un très bon rapport qualité-prix. La proprio, Conxa, parle bien le français et connaît les sentiers de rando de la région comme sa poche : elle est toujours pleine de bons conseils et vous servira le petit déj dès l'aube si besoin !

Hotel Can Mestre : *pl. Major, 8. ☎ 973-69-03-06. • info@hotelmestre.es • Doubles 70-95 € selon saison, petit déj 8 € ; familiale. Menu 19 €. Réduc de 10 % sur les doubles sur présentation de ce guide.* Quelle jolie façade ! Entièrement couverte de pots de fleurs, elle donne sur la placette principale, dans la mini-vieille ville entrecoupée de passages voûtés. Constitué de 5 maisons anciennes réunies, l'hôtel compte une trentaine de chambres assez différentes, plus ou moins spacieuses et lumineuses, la plupart avec salle de bains. Petite préférence pour les mansardées. On peut aussi simplement y manger à prix moyens : menus copieux à base de spécialités locales. Mention spéciale pour l'accueil : pro et charmant.

Hotel Cotori : *pl. Mercadal, 8. ☎ 973-69-00-96. 622-60-24-74. • info@hotelcotori.com • hotelcotori.com • Doubles 60-100 €. Parking 12 €.* Hôtel de charme sur une placette de la vieille ville, le *Cotori* abrite des chambres immaculées aux camaïeux de bruns, mêlant fausse pierre et bois dans un style assez design (bien qu'un peu tristounet). Certaines donnent sur la place, d'autres possèdent une terrasse avec vue sur le riu. Un très bon rapport qualité-prix.

Bar Can Manolo : *pl. Major, 4. ☎ 973-69-01-69. Tlj sauf mar.* Un endroit sympa pour grignoter quelques bonnes tapas copieuses, façon calamars grillés, *estofado de jabalí* ou *estofat de senglar* (ragoût de sanglier) et des petits plats du cru (queue de taureau, escargots, etc.). En été, la terrasse s'étend sous les arcades.

LA CATALOGNE

À voir

Església Nova de l'Assumpció : *avda de Victoriano Muñoz, 27. Tlj 9h-21h.* Une construction étonnante qui tranche radicalement avec les églises médiévales de la région. Bâtie en 1955, on dirait un vaisseau spatial vert et gris, prêt à décoller pour aller explorer les voies du Seigneur ! La nef unique, ogivale, est coiffée par des écailles de béton agencées comme celles d'un tatou (!) et s'ouvre sur des chapelles latérales ovoïdes. Les lignes et les couleurs évoquent la voûte céleste et ses étoiles (on reste dans le thème). Au-dessus de l'autel, croix suspendue qui semble flotter dans les airs. Remarquer aussi l'étroitesse de la porte d'entrée. Bref, un OVNI spirituel qui vaut le coup d'œil.

➢ Baladez-vous dans les ruelles de la minuscule ***vieille ville*** piétonne au charme suranné. Quelques passages voûtés, comme dans la carrer Escú, conduisent vers le noyau de la jolie plaça Major, partiellement soulignée d'arcades.

BARRUERA (25527)

Carte Le parc national d'Aigüestortes

Centre administratif et 1er village d'importance du val de Boí, Barruera compense son manque de charme par une concentration de commerces digne d'une mégalopole (à l'échelle du val, on entend !). Si pour poser ses valises, on préfère les villages des alentours, plus charmants, son église Sant Felíu mérite une visite.

Adresses utiles

Oficina de turisme Vall de Boí : *passeig Sant Feliu, 43. ☎ 973-69-40-00. • vallboi.cat • Tlj 9h-14h, 17h-19h (10h-14h dim en hiver).* Avant de vous élancer vers les merveilles romanes de la vallée, achetez-y le livret en français présentant ce patrimoine et les différentes églises (1 €). Cartes du val pour la rando, trail, VTT et parcours à vélo.

Location de vélos : *chez* ***Besiberri Esports,*** *à l'entrée du village en venant de Pont de Suert, juste à côté de l'office de tourisme. ☎ 973-69-40-05. • besiberri.es • Tlj 9h30-13h30 (9h-13h dim), 16h30-20h30 surtout juil-août ; irrégulier hors saison. Loc de VTT env 25 €/j.* Ce magasin de sport dispose des essentiels en matière de camping, d'escalade et de pêche, ainsi que de guides et cartes de rando. Si c'est fermé, essayer **Bicius,** dans la même rue *(📱 613-00-72-72 ; • bicius.eu • ; tlj 9h-21h).*

Guies de muntanya Taüll : *c/ Graïeres, 15. 📱 672-22-50-72. • guiesmuntanyataull.com • Ouv 18h-20h30.* Cette petite agence organise des randos dans le parc d'Aigüestortes et toutes sortes d'activités : canyoning en particulier, mais aussi initiation à l'escalade, *via ferrata,* balade à raquettes et skis de randonnée.

Où dormir ? Où manger ?

Camping Boneta : *c/ del Riu, s/n ; en contrebas de l'église. 📱 644-93-20-88. • info@campingboneta.com • campingboneta.com • Env 28 € pour 2 pers avec tente et voiture. Bungalows et apparts 2-4 pers 60-120 € selon taille, confort et saison.* Les campings situés dans la vallée sont rares, et celui-ci a l'avantage d'être proche des commerces. Installé au calme, en bordure de la rivière, petit et tout simple, il compte une quarantaine d'emplacements gazonnés et (relativement) ombragés autour d'une allée circulaire et pavée. Rien d'extraordinaire, mais ça fait le job. Petit bar-café en été. Jeux pour enfants.

Lola Coffee & Brunch : *passeig Sant Felíu, 33. 📱 635-99-52-70. • lolacoffeebrunch@gmail.com • Tlj sauf mar-mer 7h30-13h30, 17h-20h. Fermé nov. Brunch env 12 € ; plats 4-9 €. Un 2e café offert pour tout brunch commandé sur présentation de ce guide.* Un adorable resto-salon de thé, idéal le matin pour avaler un bon petit déj (viennoiseries, *bowls,* jus frais, *tostadas,* etc.) ou se faire confectionner un sandwich avant de partir en rando. À la carte, plein d'options « *veggie-healthy-detox* ». On est loin de la tortilla qui marine dans l'huile ! Petite terrasse sur la rue. Accueil sympa de Lola, la patronne.

À voir

Església Sant Felíu : *tlj 10h-14h. Fermé janv-mars. Entrée : 2 €.* Cette église des XIe et XIIe s comporte une seule nef mais 2 absides jumelles – dont on mesure mieux l'harmonie depuis la balustrade du 1er étage. L'abside principale est décorée d'arcatures et de bandes lombardes. Également 2 christs baroques en bois sculpté polychrome et un intéressant verrou à tête de taureau sur la porte principale. Accès au clocher par un escalier.

DURRO (25527)

Carte Le parc national d'Aigüestortes

Perché à 1 380 m, ce petit village tranquille (70 habitants à peine !) aux rues pavées de petits cailloux polis, atteint depuis Barruera par une route

secondaire tortueuse, offre une belle unité malgré la présence de quelques résidences modernes à l'entrée. L'église de la Nativitat et l'ermitage de Sant Quirc (fermé au public jusqu'à nouvel ordre) sont tous 2 classés par l'Unesco. La taille de la 1re laisse imaginer l'importance de Durro au Moyen Âge. Mi-juin, on célèbre la fête traditionnelle de la Saint-Quirc, avec descente des *falles* (flambeaux) depuis la cime de la montagne jusqu'au village.

Où dormir ?

Hostal Aude : *c/ Sarais, 22. ☎ 973-69-41-39. • hostalaude@gmail.com • hostalaude.cat • Doubles 50-80 €, petit déj 6 €.* En plein cœur du village, une belle maison traditionnelle transformée en *hostal rural*. 6 chambres aux tons pastel, avec salle de bains et vue sur le village ou la campagne (certaines avec balcon). Grande salle commune avec cheminée. Restauration possible (sur résa) pour les clients. Accueil pro et souriant.

À voir

Església de la Nativitat : *dans la partie basse du village. Tlj 16h-19h (20h juil-août), sauf 1er janv et 25 déc ; fermé janv-mars. Entrée : 2 €.* Consacrée au XIIe s et en partie remodelée entre le XVIe et le XVIIIe s, cette grande église est dotée d'un large porche latéral et accolée à un clocher à base carrée à 5 niveaux. À l'étage, ne pas manquer les 3 tables Renaissance peintes : suite à un incendie en 1482, elles furent reconverties en marches pour accéder au clocher ! En 2002, lors de travaux de restauration, on a trouvé une sculpture romane de Nicodème cachée derrière un retable baroque ; il faisait à l'origine partie d'une descente de Croix. Sous le porche, remarquez la barre de serrure extérieure, sculptée en tête de serpent. Ce n'est pas une gargouille, mais le protecteur des lieux. Aussi des gravures au niveau de la serrure, représentant un homme, un animal et un édifice.
De là, on aperçoit l'***ermita de Sant Quirc*** *(ouv seulement 3 ou 4 j. par an)* construit au XIIe s (fermé à la visite) que l'on peut rejoindre depuis le haut du village, par un chemin (1,5 km) ou par la route. Vue imprenable sur la vallée. Idéal pour les couchers de soleil !

➢ Depuis le centre, plusieurs sentiers mènent aux villages de Boí, Barruera, Sarais, ainsi que sur la ***route de la Faune des Pyrénées*** : une boucle de 7,5 km pour découvrir le patrimoine historique et ethnologique de la région.

ERILL LA VALL (25528) *Carte Le parc national d'Aigüestortes*

Posé en hauteur de la route principale, Erill la Vall est l'un des villages les plus typiques et attachants du val, avec sa belle église léchée par les hautes herbes et sa petite place insensible au passage du temps. Il porte le nom d'une grande famille seigneuriale, les Erill. Participant à la Reconquête sous les ordres du roi d'Aragon, Alphonse Ier, ils accumulèrent un important butin de guerre qui finança la construction de certaines églises de la région. Sans doute quelques péchés à racheter... C'est également ici que se trouve le *Centre romànic,* point d'info sur les églises du val.

Adresse utile

Centre romànic de la Vall de Boí : *c/ del Batalló, 5. ☎ 973-69-67-15. • centreromanic.com • Dans l'édifice voisin de l'église, légèrement en contrebas. Ouv tte l'année (sauf 1er janv, 10 avr et 25 déc), tlj 9h-14h, 17h-19h. Entrée : 3 € ; gratuit - de 10 ans.* C'est à la fois un centre d'exposition et le point info officiel des églises romanes du val de Boí. Il retrace l'histoire de la région et la vie à l'époque médiévale. Demandez à voir le film de présentation dans sa version française. On peut y réserver des visites guidées en français *(compter 21 €/église).*

Où dormir ? Où manger ?

Hostal La Plaça : *pl. de l'Església, 1. ☎ 973-69-60-26. • info@hostal-laplaza.com • hostal-laplaza.com • Congés : de déc à la Semaine Sainte, et 10 j. début mai. Selon saison, doubles 69-82 €, duplex 4-5 pers 120-168 € ; petit déj 12 €. Resto ouv tlj en saison, seulement le w-e en hiver. Menu 25 € ; carte 35-40 €. Digestif offert sur présentation de ce guide.* Dans leur hôtel situé pile-poil face à l'église Santa Eulàlia, Xavi et Oriol ont aménagé des chambres accueillantes, spacieuses, toutes différentes. Coup de cœur pour la déco originale, mêlant quelques touches contemporaines aux matériaux traditionnels : ici une tête de lit en bois sculpté, là une autre en fer forgé ou en pierre... Quelques familiales en duplex. Côté resto, cuisine fine et régionale, axée sur les viandes bio de la vallée. Super terrasse à l'arrière, donnant sur un agréable jardin avec chaises longues. L'une de nos adresses préférées du val, c'est dit !

Hotel L'Aüt : *c/ Santa Eulàlia, 7. ☎ 973-69-60-48. • lauthotel@gmail.com • laut.cat • ♿ Juste avt l'église. Congés : de mi-mai à mi-juin et nov. Doubles 75-90 € ; familiale. Menu 23 € ; plats 9-25 €. Parking.* Chambres simples et de bon confort, avec parquet flottant. Celles du 3e étage sont mansardées. Les nos 201 et 301 ont une vue sur le clocher, tout comme la no 101, très spacieuse, qui épouse l'angle du bâtiment avec ses... 5 fenêtres. Le resto (assez chic) sert un menu complet, copieux et de qualité (spécialité de viandes grillées).

À voir

Església Santa Eulàlia : *tte l'année (sauf 1er janv et 25 déc), tlj 10h-14h, 16h-19h (20h juil-août). Entrée : 2 €.* Cette église des XIe-XIIe s possède le plus beau clocher du val, avec une tour fine de 6 étages – souvent citée comme l'exemple le plus abouti du style roman lombard. Avant d'y entrer, repérez, sous les arcades du porche, ces discrets motifs de croix qu'on dirait tracés à la craie. Ils sont d'époque. Distinguez, aussi, les traces rouges et noires sur l'architrave. Elles représentaient un serpent, dont la mue symbolise la Résurrection. Nef unique terminée par 3 absides semi-circulaires. Dans le chœur trône une belle copie en bois d'une descente de Croix datant de 1123 – la seule de l'atelier d'Erill à avoir été conservée dans son intégralité (quoique... une moitié est exposée à Barcelone et l'autre à Vic !). À gauche, le bon larron regarde vers le Christ, tandis qu'à droite le mauvais tire la langue ! À l'étage, retables ruraux et colorés du XVIIe s. N'oubliez pas de monter au campanile.

MORTS EN COUCHES

Le cimetière accolé à l'église d'Erill la Vall fonctionne comme autrefois : les tombes sont superposées en couches, et ce sont les habitants eux-mêmes qui y pratiquent les inhumations à tour de rôle. Un héritage de l'ancienne confrérie médiévale !

LA CATALOGNE

BOÍ

(25528) *Carte Le parc national d'Aigüestortes*

La plupart des randonneurs désireux de partir à l'assaut du parc national d'Aigüestortes y font halte en raison de la présence de la Casa del parc et des taxis 4x4 desservant les zones interdites d'accès aux véhicules privés. Il ne faut rater sous aucun prétexte la visite de l'église, dont les fresques sont absolument remarquables. Nombreux départs de rando depuis le village.

Adresses et infos utiles

Voir la rubrique « Adresses et infos utiles » du parc national d'Aigüestortes i Estany de Sant Maurici, plus loin.

Où dormir ? Où manger ?

Bar-restaurante Pey : *pl. Treio, 4. ☎ 973-69-60-36. • info@hotelpey.com • À 50 m de l'église. Doubles à partir de 70 € selon confort ; familiales ; petit déj 7,50 €. Menu 20 € midi et soir ; carte env 30 €.* D'un côté, l'hôtel avec 12 chambres coquettes, au mobilier en bois clair et carrelage. De l'autre, l'*hostal,* assez similaire mais en version plus ancienne avec, en prime, quelques chambres bénéficiant d'une belle vue sur l'église. Au resto, cuisine locale servie en belles portions, avec de savoureuses viandes cuites à la braise. Agréable terrasse.

La Taverneta : *pl. Ballo, s/n. ☎ 973-69-60-29. • lataverneta@brokerbar.es • Tlj 13h-23h. Congés : mai et nov. Burgers 10-16 €.* De retour de rando et besoin de caler une fringale ? Ce petit resto propose des burgers savoureux, avec frites maison, viande bio et bon pain moelleux comme il faut. Les morfales s'attaqueront au « double grab »... énorme ! Option végétarienne. Également des tapas.

À voir

Església Sant Joan : *tlj (sauf 25 déc et 1er janv) 10h-14h, 16h-19h (20h juil-août). Entrée : 2 €.* Cette église romane à 3 nefs, datant des XIe et XIIe s, était à l'origine entièrement recouverte de fresques, au fort caractère byzantin. Pour éviter les vols et les reventes à l'étranger, la plupart des peintures ont été déposées en 1919 pour laisser place à des copies. Les œuvres originales sont disséminées entre le musée national d'Art de Catalogne à Barcelone, le Musée diocésain de Lleida et le musée d'Art médiéval de Vic. Chaque peinture porte un message religieux et sociétal, fascinant à décrypter. Ainsi, sur la 2e colonne à droite après l'entrée, le pécheur condense toute la symbolique du mal : position de profil (manque de franchise), fausse prothèse (dissimulation), habit jaune (couleur péjorative au Moyen Âge) et main sur le bas-ventre (péché d'onanisme). Le sexe a sans doute été gratté sous la Contre-Réforme, « âge d'or » de la tristement célèbre inquisition espagnole... Voir aussi, dans le coin sur la droite, l'Antéchrist, représenté par un monstre à 7 têtes sur le mur occidental, du côté des Ténèbres (là où se couche le soleil). Un peu plus loin, à gauche de l'abside, une représentation de la lapidation de saint Étienne : les différents personnages ne seraient en fait qu'un seul, l'artiste ayant, semble-t-il, voulu représenter la décomposition de ses mouvements – les traits sont assez naïfs mais d'un modernisme déroutant. Juste en dessous, sur les arcades, se profilent de drôles d'animaux... Le *lifan* n'est autre qu'un éléphant, aux défenses placées sur la tête, comme des cornes de vache (!) et le *carcoliti* (l'escargot) possède des pattes de chèvre ! Enfin, à l'extérieur, cherchez les petits graffitis à gauche de la porte. Ce ne sont pas des actes de vandalisme mais des dessins d'époque : chevaux, châteaux, homme sonnant son olifant... Accès possible au campanile. Écrans interactifs sur les églises de la région (intéressant).

TAÜLL (25528) *Carte Le parc national d'Aigüestortes*

Ce gros village est un peu la capitale officieuse du val de Boí. On y trouve 2 églises, véritables joyaux romans, dont l'incontournable Sant Climent, au clocher de 6 étages merveilleusement dressé sur fond de montagnes. Au Moyen Âge, il y en avait même une 3e, preuve de l'importance politique des lieux ! L'essor de la petite station de ski de Boí-Taüll, à quelques kilomètres au-dessus du village, a malheureusement fait sortir de terre des résidences et édifices modernes dont on se serait bien passé. Un mal pour un bien : le choix d'hébergements et de restaurants y est le meilleur de tout le val de Boí. Et le cœur du village, entièrement piéton, reste de toute beauté.

Où dormir ?

Camping

Càmping Taüll : *ctra de Taüll, km 3. ☎ 973-69-61-74. 📱 618-33-75-40. • campingtaull@gmail.com • camping taull.com • Congés : 15 oct-15 nov. Env 22 € pour 2 pers avec tente et voiture. Bungalows 2-8 pers 85-170 € selon capacité.* Ce camping d'une grosse centaine de places bien espacées se serre à l'entrée de Taüll, avec son gazon en légère pente (pas hyper pratique pour les campeurs) près de la route et toute une série de bungalows en bois plus au fond. Tous les services : laverie, barbecue, bar et petite restauration. Bonne propreté générale et sanitaires corrects. Attention, à 1 500 m d'altitude, il peut faire froid la nuit !

De prix moyens à chic (70-120 €)

Hotel El Rantiner : *c/ de Trestaüll, 5. ☎ 973-69-61-84. • info@hotelel rantiner.com • hotelelrantiner.com • ♿ Selon saison, doubles avec sdb 75-120 €, petit déj inclus ; familiales également. Parking gratuit.* L'intérêt majeur de cet hôtel familial ? Sa vue imprenable sur l'église Sant Climent et sur les montagnes ! Pour en profiter pleinement, demander une chambre avec balcon, côté parking. Les doubles sont spacieuses et lumineuses, quelques familiales mansardées au dernier étage. Bon petit déj montagnard, copieux et varié. Terrasse agréable (avec vue, encore !). Accueil pro et souriant. Bons conseils sur la région.

Hotel rural El Xalet de Taüll : *c/ El Como, 5. ☎ 973-69-60-95. 📱 629-02-21-67. • info@elxaletdetaull.com • elxaletdetaull.com • Double 115-145 € (jusqu'à 155 € avec balcon), bon petit déj inclus.* À mi-chemin du petit hôtel et du *B & B*, ce chalet moderne abrite 4 chambres doubles et 1 simple, cosy, chaleureuses et très agréables avec leur parquet sombre, leurs murs jaunes ou lambrissés et leur couette douillette. Les 2 plus spacieuses donnent sur un balcon face au panorama du village et des montagnes. Agréable salon-salle de petit déj-biblio aux grandes baies vitrées et cheminée centrale. Antonia, qui parle un peu le français, ne laisse rien au hasard et a même aménagé un coin thé (à disposition). Près du chalet s'alanguit un joli jardinet tout vert avec quelques chaises longues. Parfait pour une retraite sereine à la montagne.

Où manger ? Où boire un verre ?

El Calìu : *c/ Feixanes, 11. ☎ 973-69-62-12. • margarita@elcaliutaull.com • elcaliutaull@gmail.com • À la sortie du village en direction de la station. Tlj sauf mar hors été. Menus 20,40-37 €, vin compris ; plats 7-20 €. Apéro maison ou digestif offert sur présentation de ce guide.* Une excellente adresse pour s'initier aux spécialités catalanes, peut-être la meilleure table du village, familiale, simple mais goûteuse. Les proprios élèvent leurs propres volailles et utilisent les légumes de leur potager. Accueil chaleureux. Rien à redire.

El Fai : *c/ Els Aiguals, 10. ☎ 973-69-62-01. 699-70-12-65. • info@restaurantelfai.com • Tlj sauf mer. Congés : mai. Menu env 19 € ; plats 9-22 €.* On s'attable dans une salle chaleureuse donnant sur la vallée et le clocher, ou en terrasse à la belle saison. Mathilde et son mari proposent une cuisine locale et familiale présentée sur des notes un poil plus élaborées qu'au *Caliu.* Mention particulière pour l'agneau à la braise, le lapin à l'ail et la crème catalane, délicieuse.

Cerveseria Tribulosi : *c/ Aiguals, 4-5. 685-60-05-20. • tribulosi@taull.cat • En hte saison, tlj sauf lun 12h-2h ; en basse saison, jeu-dim seulement 18h-minuit. Congés : mai et nov.* Ambiance animée plutôt sympa en saison, façon pub à l'espagnole. Locaux et vacanciers se retrouvent sur la terrasse avec vue panoramique pour déguster une *cerveza* artisanale. On y mange aussi, et plutôt pas mal !

Mallador : *pl. de Sant Climent, 3. ☎ 973-69-60-28. • mallador@malladortaull.com • Tlj sauf mer (et dim en hiver).* On y viendra surtout pour profiter de son emplacement exceptionnel, au pied de l'église Sant Climent. Idéal pour prendre l'apéro à la fraîche, en terrasse sous les arbres. Le resto ne nous a pas convaincus, en revanche...

À voir

Església Sant Climent : *juste à l'entrée du village. Tlj (sauf 1er janv et 25 déc) 10h-14h, 16h-19h (20h juil-août). Entrée : 5 €. Visite guidée (en espagnol) à 10h30. Projections env ttes les 30-45 mn 10h15-18h30 (19h-19h30 juil-août).* Cette église romane des XIe et XIIe s est l'emblème et le joyau de la vallée. Elle est veillée par un campanile carré gracile de 6 étages (qui n'a jamais subi de modifications) à l'ornementation typiquement lombarde : arcades aveugles, pilastres et frises en dents de scie, fenêtres tantôt uniques, à double ou triple arcade... L'intérieur, aux 3 courtes nefs coiffées par un plafond en bois, conserve des vestiges de peintures murales – ou, plus exactement, des copies, les originaux ayant été transférés au MNAC de Barcelone. Dans l'abside, on contemple ainsi un Christ pantocrator (Christ-Roi) d'influence byzantine, flanqué d'une série d'anges. 2 d'entre eux croisent leurs ailes pour se protéger de la puissance divine. Sur le livre ouvert, on distingue encore (avec de bons yeux) l'inscription tirée de l'Évangile selon saint Jean : *Ego sum lux mundi* (« Je suis la lumière du monde », si vous avez perdu votre latin). Les lettres alpha et oméga (1re et dernière lettre de l'alphabet grec), qui figurent sur les côtés, indiquent qu'il est le début et la fin de toutes choses. Au-dessous sont représentés les apôtres et la Vierge. Le travail de la lumière sur les cheveux et le plissé des vêtements sont d'un réalisme rare pour l'art roman. Remarquez, aussi, en haut à droite du Pantocrator, Caïn tuant Abel à la hache. À chaque extrémité de la composition figure un ange, dont les ailes semées d'yeux symbolisent la Révélation. Vous avez de la peine à déchiffrer certaines fresques ? Il vous suffit d'être un peu patient(e). Une ***excellente projection audiovisuelle*** de 10 mn vient rendre aux peintures toute leur majesté d'origine sur fond de musique de film. Un grand moment à ne pas rater ! On s'y croirait ! Enfin, n'oubliez pas de jeter un coup d'œil aux retables des XVIe-XVIIe s, à la très belle Vierge romane en bois polychrome des XIIe-XIIIe s et au Christ voisin, main levée, à l'air passablement endormi...

Església Santa María : *tlj (sauf 1er janv et 25 déc) 10h-19h (20h juil-août). GRATUIT.* Les seigneurs du val de Boí ne manquaient pas de moyens : cette église a été consacrée le 11 décembre 1123, le... lendemain de Sant Climent ! Au-dessus de ses 3 nefs s'élève aussi un campanile à base carrée – qui, comme les autres, servait de poste de défense et de vigie. Sous son toit subsistent quelques traces de peinture rouge. Pour la plupart, les fresques de l'église ont été déposées pour rejoindre les réserves des grands musées catalans. On a donc ici affaire à des copies (pas terribles). Sur l'abside centrale figurent une Vierge à l'Enfant et l'Adoration des Rois mages. Sanctuaire encore actif, Santa María conserve aussi un énorme maître-autel baroque à l'entrée. Avant de partir, grimpez sur l'autel et retournez-vous pour regarder les piliers de la nef... l'église a été construite sur une pente raide, et ça se voit !

LE PARC NATIONAL D'AIGÜESTORTES I ESTANY DE SANT MAURICI

• Carte *p. 470-471*

Aux confins des régions de l'Alta Ribagorça, du Pallars Sobirà, du Pallars Jussà et du val d'Aran, voici le seul parc national de Catalogne... Et quel parc ! Un magnifique pan de nature de 14 199 ha (plus de 40 000 ha si l'on y additionne les zones tampons périphériques) composé de splendides vallées en U, de cirques glaciaires bien évasés, cernés de hauts pics et de crêtes abruptes, culminant au-delà de 3 000 m. Quelque 200 lacs s'y éparpillent, ainsi que plusieurs zones d'*aigüestortes,* où les eaux, « tortueuses », se répandent en centaines de petits rus. Résultat époustouflant de l'action glaciaire et de puissantes convulsions géologiques ! Le parc assure une zone de transition entre les vallées orientées au nord, à l'influence atlantique, et celles tournées vers le sud, déjà plus méditerranéennes. Ici des sapinières, là des pâturages semés de fleurs, des torrents, des lacs et des cascades.

De nombreux itinéraires de randonnée (bien fléchés) sillonnent le parc, desservis par une quinzaine de refuges pour les plus longues balades *(• parcsnaturals.gencat.cat •).*

– Attention, ne pas boire l'eau du parc, on ne peut garantir sa source.

Accès

L'entrée dans le parc est libre et gratuite. Accès en voiture jusqu'aux différents parkings aux abords du parc, mais les taxis-4x4 partant de Boí et d'Espot sont les seuls à pouvoir accéder aux zones intérieures reculées.

➢ 21 juin-fin sept, un bus circule (2 fois/j.) entre les villages de ***Boí*** et ***Espot*** par Vielha et le col de Bonaigua, avec arrêts dans les villages intermédiaires *(tarif au km : compter entre 1,70 et 20,30 €/pers).*

Le secteur d'Aigüestortes (secteur occidental)

Accessible depuis le val de Boí par 2 entrées :

➢ ***Par la Ribera de Sant Nicolau :*** en voiture individuelle, de Barruera, suivre la direction de Caldes de Boí sur 6 km env, puis bifurquer à droite vers le parking de La Molina. Les taxis-4x4 partant de Boí montent, eux, jusqu'au lieu-dit d'Aigüestortes.

■ ***Associació de taxis :*** *pl. del Treio,*

3, à côté de la Maison du parc, à Boí. ☎ 973-69-63-14 (été). 📱 629-20-54-89 (tte l'année). • taxisvalldeboi.com • Tlj 8h-19h juil-août ; nov-mars, il faut réserver avt. Compter 5,75 €/pers de Boí à Aigüestortes en taxi collectif (max 9 pers) ; réduc. Si vous êtes 2, il faudra attendre que le taxi se remplisse (min de 4 pers requis).

➢ ***Par le lac de barrage (embassament) de Cavallers :*** rejoindre Caldes de Boí et continuer jusqu'au bout de la vallée (à 4 km) pour atteindre le parking situé au pied du barrage. De là, le sentier grimpe, puis longe la rive orientale du lac de retenue, avant de s'élever vers la cascada de Riumalo et l'estany Negre. C'est la route dite de « la Marmota » (2h15).

Le secteur de Sant Maurici (secteur oriental)

➢ ***Par Espot :*** en voiture individuelle, se garer au parking « Prat de Pierró », à l'entrée du parc (à 4 km), ou prendre un taxi-4x4 jusqu'au lac de Sant Maurici.

■ ***Associació de taxis :*** *ctra Sant Maurici, à l'entrée d'Espot, sur la droite. ☎ 973-62-41-05. • info@taxisespot.com • taxisespot.com • Théoriquement, tlj 9h-18h (plus tard en hte saison selon affluence).* Prévoyez 5,75 €/pers jusqu'au lac Sant Maurici ; 20 € pour les lacs de Ratera et d'Amitges et 27,50 € pour le lac Noir (estany Negre) si vous redescendez à pied ; sinon, 38 € A/R avec 1h sur place ; réduc. Les taxis partent pour Sant Maurici avec min 4 pers (sinon, on attend) et 6 pers pour les autres destinations.

Autres accès

➢ ***Par le val Fosca :*** depuis cette vallée située au sud du parc, un téléphérique *(• vallfosca.net • ; juil-sept seulement ; 12 € l'aller, 18 € A/R)* permet d'accéder au lac Gento depuis le village de Sallente.

Adresses et infos utiles

ℹ ***Casa del parc du val de Boí :*** *c/ de les Graieres, 25528* ***Boí.*** *☎ 973-69-61-89. • parcsnaturals.gencat.cat • Prendre la ruelle qui passe sous une arche, au-dessus de l'église. Tlj (sauf dim ap-m hors juil-août) 9h-14h, 15h30-17h45.* Toutes les infos sur le parc, les randos et les refuges. Petite expo gratuite avec un espace interactif avec écrans présentant (en français) la faune et la flore du parc, la formation des Pyrénées et l'évolution des glaciers en Europe. Bulletins météo et cartes détaillées en vente.

ℹ ***Casa del parc d'Espot :*** *ctra Sant Maurici, 5, 25597* ***Espot.*** *☎ 973-62-40-36. Dans le centre du village, à côté de la mairie et des taxis. Mêmes horaires que celle de Boí.*

Cartographie

Vous trouverez les cartes suivantes en vente à la Casa del parc du val de Boí notamment :

– Aux ***éditions Alpina,*** il existe 2 cartes au 1/25 000 *(compter 10-14 €)* plutôt schématiques mais offrant l'avantage d'avoir les sentiers à jour sur la zone du parc. Ce sont les cartes à privilégier pour des excursions à la journée sur les sommets.

– La carte ***ICC*** (Institut cartogràfic de Catalunya) est la plus précise *(8 €).* Le relief frappe l'œil. En revanche, la lecture des sentiers est difficile et seuls les GR sont faciles à repérer.

Où dormir ?

– ***Attention :*** le camping sauvage ou bivouac, même à côté des refuges, n'est autorisé ni dans le parc ni dans la zone périphérique (comme partout en Catalogne, d'ailleurs).

Refuges

Résa plus que conseillée : ☎ 973-64-16-81 (lun-ven 9h-13h, 16h-19h). • info@refusonline.com • refusonline.com • (site

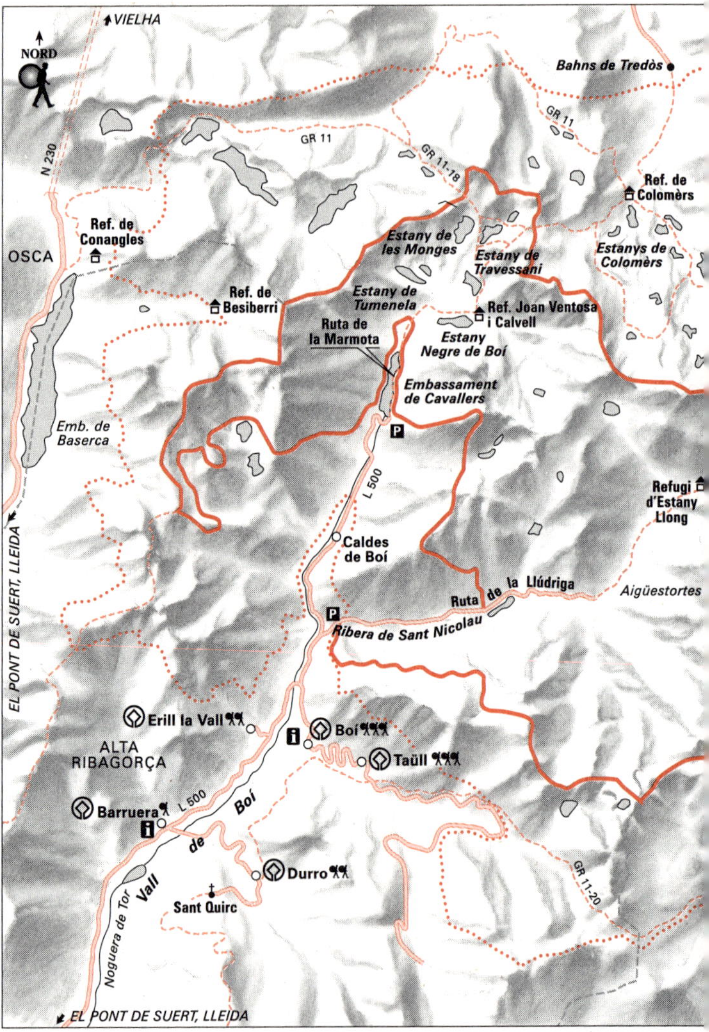

très clair, complet et intuitif). Ouv de mi-juin à sept, quelques-uns dès début juin et jusqu'à mi-oct. Fermé hors saison. ***Si vous n'avez pas réservé, renseignez-vous bien sur la dispo dans les centres d'info avt d'entreprendre la rando.*** *Compter 18-45 €/pers selon refuge, sans ou avec petit déj ; ½ pens obligatoire dans certains. Paiement en CB aléatoire, mieux vaut prévoir du cash. Dans tous, on peut en prime prendre un repas ou acheter un pique-nique.*

Dans le val de Boí

À notre avis, la meilleure base pour

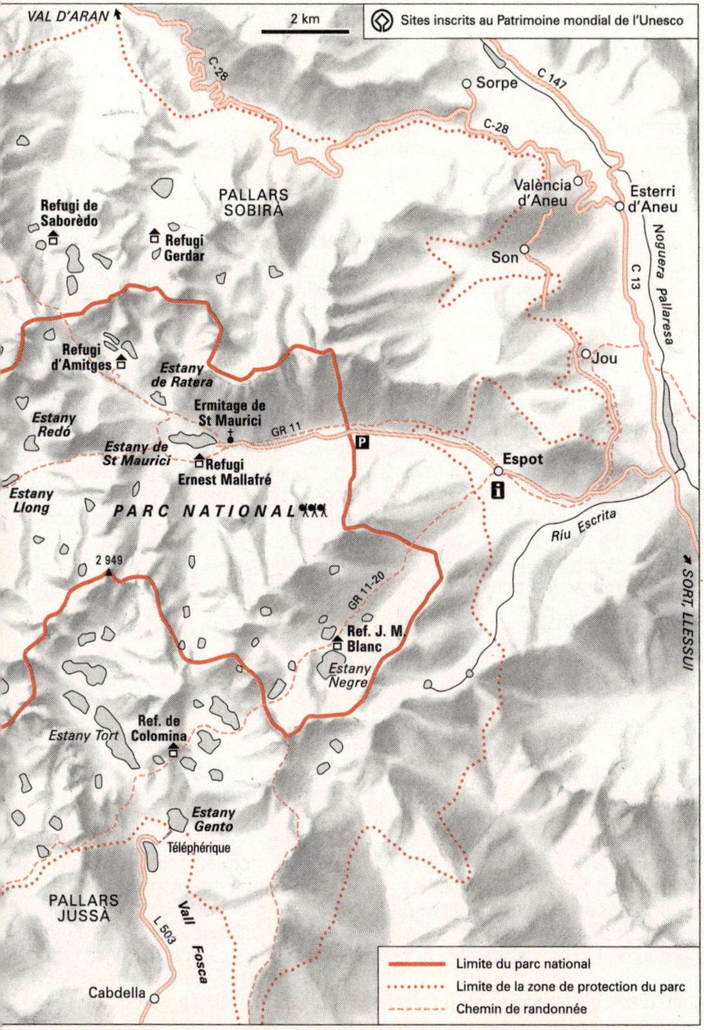

LE PARC NATIONAL D'AIGÜESTORTES

explorer le parc. Voir le chapitre précédent.

À Espot

À 32 km au nord de Sort (dans le Pallars) et 52 km au sud-est de Vielha (val d'Aran), c'est l'accès principal au parc national d'Aigüestortes. Un gros village doublé d'une station de ski qui permet d'explorer la zone orientale du parc, à commencer par le lac Sant Maurici. Populaire auprès des randonneurs, il est bien équipé en hébergements et restos. On y trouve aussi un distributeur et quelques épiceries.

Campings

Ce ne sont pas les campings qui manquent dans le secteur ! Voici nos 2 préférés :

Càmping La Mola : *ctra Llac de Sant Maurici, km 5. ☎ 973-62-40-24. • info@campinglamola.com • campinglamola.com • Sur la rive gauche de la rivière Escrita, à 1,8 km avt Espot. Ouv de mi-juin à mi-sept. Env 31 € pour 2 pers avec tente et voiture. Appart (« gaials ») 4-6 pers 85-115 €/nuit ou bungalows 4-6 pers 115-185 €/nuit selon saison, draps et serviettes en supplément (6 €). En été, min 7 nuits pour l'appart et les bungalows.* Ce camping bien entretenu, à taille humaine, dispose de jolis emplacements au bord de la rivière, au gazon bien tondu, et d'un appart en duplex dans le chalet qui abrite le resto – bien, même si les 2 chambres sont très mansardées ! On lui préférera les bungalows (qui ressemblent davantage à des petits chalets de montagne), avec cheminée, cuisine et terrasse (un bon plan à plusieurs). Bar-resto, piscine, terrain de football, tennis de table, laverie et jeux pour les enfants.

Càmping Vora Parc : *ctra Sant Maurici, à 1,5 km d'Espot en direction du parc d'Aigüestortes. ☎ 973-62-41-08 ou 973-25-23-24. • info@voraparc.com • voraparc.com • ♿ (sanitaires). À la sortie du village, fléché à droite dans un virage. Ouv de Pâques à mi-oct. Env 29 € pour 2 pers avec tente et voiture. Tentes glamping 2-5 pers 60-100 € ; bungalows 2-4 pers 70-115 €.* Ce beau petit camping se niche au fond de la vallée, au bord d'un torrent, à l'entrée du parc national. Les emplacements, légèrement en pente, sont situés de part et d'autre d'une allée ombragée. Il ravira les routards adeptes de glamping avec ses hébergements mi-tente/mi-chalet. Bar et mini-épicerie sur place, jeux pour enfants, massage, piscine, organisation de sorties en rafting.

De bon marché à plus chic (25-100 €)

Alberg Les Daines : *pla de Berradé. ☎ 973-11-69-00. 📱 647-57-71-77. • alberg@lesdaines.com • lesdaines.com • À 2 km au-dessus du village, dans la station de ski. Fermé oct-nov. Lits en dortoir 25-30 € avec petit déj, 32-38 € en ½ pens. Loc de draps et serviettes 3 €.* Installée au pied des pistes, cette grande AJ-refuge en pierre et bois dispose de chambres et dortoirs classiques de 2 à 5 personnes – dont 2 possèdent leur propre salle de bains. Ceux de l'étage, mansardés, sont plus sympa. Espace de jeux pour enfants, salle de lecture, baby-foot. Pratique et bien tenu. Accueil en français. À l'intersaison, mieux vaut réserver (ouverture aléatoire).

Els Encantats Hotel Spa : *ctra Espot, s/n. ☎ 973-62-41-38. • hotelencantats@hotelencantats.com • reservas@hotelencantats.com • hotelencantats.com • Doubles 78-145 € selon saison, petit déj inclus.* En plein cœur du village, à 30 m du bureau du parc, cet hôtel familial récent, en pierre et bois, dont le nom signifie littéralement « les rêveurs », abrite des chambres accueillantes, à la déco soignée, impeccablement tenues. Certaines ont un balcon. Nos préférées ? Les mansardées au 2e étage. Resto. Côté spa (payant) : jacuzzi, sauna, gymnase, bains turcs, espace détente... Le top après une journée de rando ou de ski !

Randonnées

Il existe de nombreuses randos partant des différents points d'entrée du parc, à la journée, ou combinables entre elles pour des circuits plus longs en logeant dans les refuges. Fiches détaillées des itinéraires, en vente aux différents offices de tourisme (0,50 €).

➢ **Carros de Foc :** *• carrosdefoc.com •* La rando la plus célèbre du parc d'Aigüestortes et du lac Saint-Maurice en effectue le tour complet en passant par chacun de ses 9 refuges gardés. L'itinéraire total fait 55 km pour 9 200 m de dénivelée positive ; il se parcourt généralement en 5 jours tranquilles.

Depuis le val de Boí

➢ ***La ruta de la Llúdriga*** *(route de la Loutre)* **:** une belle rando facile, aisément faisable en une journée (voire moins !) ! On accède à la plaine d'Aigüestortes en 2h (6,3 km) à partir du parking de La Molina. Au passage, possibilité de se rafraîchir à la cascade de Sant Esperit (mais sans boire de son eau !). Le même parcours est réalisable à VTT (ou en 25 mn en taxi...). Ensuite, on peut continuer jusqu'à l'estany Llong (1h30 pour 4,2 km) et, selon les conditions d'enneigement, pousser jusqu'à l'estany Redó en 40 mn et revenir dormir au refuge. Une belle randonnée familiale.

➢ En prévoyant une nuit au refuge de l'estany Llong, on peut rallier le lendemain Espot, base orientale du parc, en passant par le Portarró d'Espot (montée raide) et le lac Sant Maurici. Retour en bus (2 bus/j. en été) pour récupérer la voiture.

➢ ***La ruta de la Marmota*** *(route de la Marmotte)* **:** départ du parking du barrage de Cavallers. Cette rando de 2h15 environ (4,4 km) mène à l'estany Negre (lac Noir), à 2 130 m, près duquel se trouve le refuge Joan Ventosa i Calvell. En chemin, beaux panoramas sur le massif de Besiberri, qui concentre les plus hauts sommets du parc à près de 3 000 m. Les plus ambitieux continueront vers les lacs de Travessani (30 mn de plus) et des Monges (1h15).

Depuis Espot

➢ ***Estany de Sant Maurici* :** les économes se gareront à la limite du parc (à 4 km à l'ouest d'Espot) et monteront au lac à pied par la route de l'Isard (4 km, 1h15 environ) ; les autres prendront le taxi (voir plus haut « Accès »). Du lac, plusieurs randos possibles : balade en boucle autour du plan d'eau (2h15) par la cascade de Ratera et le mirador de l'Estany ; ou prolongement jusqu'au refuge d'Amitges (2 380 m), d'où l'on bénéficie d'un beau point de vue sur les aiguilles du même nom. De ce dernier, il est possible de rejoindre le jour suivant les lacs de Colomèrs (lire plus haut « Le val d'Aran. Salardú. À voir. À faire »).

Depuis le val Fosca

➢ ***La vall Fosca* :** rando menant aux lacs Gento, Tort, Mariolo et Cubieso *(● vallfosca.net ●)*. Départ du téléphérique du lac Gento *(fin juin-sept seulement, fermé hors saison)*. Environ 2h de marche.

SOLSONA (25280) 8 914 hab.

Ancien siège de l'évêché (jusqu'en 1851), Solsona constitue une étape agréable sur la route entre Lleida et la Garrotxa. Riche d'une glorieuse histoire religieuse et artistique, la ville a conservé un beau centre historique, cossu et agréable. Rues pavées, places frangées d'arcades, demeures gothiques, Renaissance et néoclassiques, fontaines et, bien sûr, inévitable cathédrale. Solsona est aussi la capitale espagnole du couteau (puissante corporation jusqu'au XVIIIe s, métier d'art qui se perpétue encore aujourd'hui). 2 événements à vivre absolument : son carnaval haut en couleur (début mars) et sa Fête-Dieu (fin juin) avec défilé de Géants dans les rues.

Arriver – Quitter

En train

Gare la plus proche à ***Manresa,*** à 40 mn de voiture.

En bus

■ Avec la compagnie *Alsa* *(☎ 902-42-22-42 ; ● alsa.es ●)*.

➢ ***Lleida*** *(1h55)* **:** 1 bus/j. en sem, tôt le mat.

➢ ***Barcelona*** *(2h-2h30)* **:** env 6 bus/j. en sem, 2 le w-e.

Adresse et info utiles

ℹ ***Oficina de turisme :*** *ctra Bassella, 1. ☎ 973-48-23-10. • solsonaturisme.com • À côté du palais Llobera. Tlj 9h-15h (10h-13h w-e), 16h-19h sauf dim ap-m.* Bonnes infos sur toute la région et visites guidées (en français, sur résa) de la ville. Abrite aussi un espace autour de la fabrication du couteau, l'un des emblèmes de la ville.

– ***Marché :*** *mar et surtout ven (grand marché) dans la vieille ville.*

Où dormir ?

Camping

Camping El Solsonès : *ctra de Sant Llorenç, km 2. ☎ 973-48-28-61. • info@campingsolsones.com • campingsolsones.com • ♿ À 3 km au nord de Solsona par la LV-4241. Congés : de mi-déc à mi-janv. Env 38 € pour 2 pers avec tente et voiture. Chalets ou bungalows 2-10 pers 121-260 € selon saison. Au resto, menu env 26 €. Réduc de 10 % sur les doubles en basse saison sur présentation de ce guide.* Un écocamping familial vraiment chouette, aux emplacements bien espacés et des bungalows et chalets tout confort. On aime bien aussi les petits abris tout simples, en bois, au design très scandinave. Tennis, piscine avec solarium, aire de jeux pour enfants et animations tout au long de l'année. Et même un resto réputé dans la région. Accueil charmant et en français.

De prix moyens à chic (60-130 €)

Hotel Solsona Centre : *c/ Àngel Guimerà, 3. ☎ 973-48-43-40. • hotelsolsonacentre@yahoo.es • Doubles 60-90 €, petit déj inclus.* Bon rapport emplacement-qualité-prix pour cet hôtel situé à 2 pas du centre historique. Chambres plutôt spacieuses, mais déco pas folichonne (carrelage et dominantes de couleurs beige-marron). Petite cafét' pour prendre un bon p'tit déj. Excellent accueil et conseils avisés pour profiter de la région.

Hotel Sant Roc : *pl. de Sant Roc. ☎ 973-48-00-06. • info@hotelsantroc.com • hotelsantroc.com • ♿ Au cœur de la vieille ville. Resto ouv tlj. Double env 130 €, petit déj inclus. Possibilité de ½ pens ou de pens complète. Menu midi 15 €.* L'hôtel emblématique de Solsona ! Inauguré en 1929, il est l'œuvre des architectes modernistes catalans Ignasi Oms et Bernardí Martorell. Les doubles sont simples mais claires et spacieuses (avec baignoire à hydromassage) ; les supérieures et les suites ont vraiment du cachet, conjuguant style contemporain et moderniste. Spa (payant). 2 restos également : *El Buffi,* un gastro de haut vol, mettant les produits locaux à l'honneur, et *El Petit Buffi,* proposant tapas et petites assiettes à picorer.

Où manger ? Où boire un verre ?

Cal Podo Xic : *pl. Sant Joan, 1. 📱 646-87-01-23. Tlj sauf mer, le midi seulement, plus soir jeu-sam (ts les soirs en été). Menu env 17 € ; plat env 15 €.* Sur l'une des plus belles places du centre historique, un resto qui surprend par la qualité de sa cuisine, étonnement créative et recherchée pour les tarifs pratiqués. À l'ardoise, chaque jour, un plat de « protéines », un accompagnement de *verdura* et une *tapa* en entrée. Si c'est plein en terrasse, l'intérieur n'est pas mal non plus avec son vieux parquet, son piano et sa déco design.

Sputnik Pub : *c/ Sant Agustí, 18 b. ☎ 973-48-34-01. • sputnikpub@gmail.com • Tlj 19h-3h. Concerts ven-sam.* On aime bien ce bar rock et alternatif du centre-ville. Aux murs, des photos en noir et blanc de groupes et musiciens célèbres, mais aussi une contrebasse et un trombone : pas de doute, ici la musique est à l'honneur ! En fin de semaine, on pousse tables et chaises pour laisser place à une scène improvisée pour des sessions live jazz, blues et rock. Belle carte de cocktails, grand choix de bières et ambiance vraiment sympa.

Où manger dans les environs proches ?

Restaurant Mare De La Font : *ctra Bassella, s/n. ☎ 973-48-01-52. À 1,5 km du centre historique, suivre le panneau « Parque Mare de la Font ». Tlj sauf mar-mer, le midi seulement, plus sam soir. Résa conseillée. Plats 15-20 €.* Dans un beau parc en périphérie de Solsona, un resto de qualité qui revisite les classiques catalans avec une touche moderne et des produits de saison. Terrasse au milieu de la verdure, bien sympa aux beaux jours. Penser à réserver, c'est souvent plein.

À voir. À faire à Solsona et dans les environs

Catedral de Solsona : *tlj 9h-13h, 16h-20h (18h w-e).* Cette imposante cathédrale gothique des XIIIe-XVIIe s renferme un chef-d'œuvre roman du XIIe s, la ***Mare de Déu del Claustre,*** considérée comme l'une des plus belles statues romanes au monde. À voir !

Museu regional (palau episcopal) : *pl. del Palau Episcopal. ☎ 973-48-21-01. ● museusolsona.cat ● Mer-sam 11h-17h (18h30 de mi-mars à mi-déc), dim et j. fériés 11h-14h. Entrée : 4 € ; réduc.* Installé dans un magnifique palais néoclassique du XVIIIe s, l'un des 1ers musées diocésains de Catalogne, qui retrace l'histoire de la région, de la préhistoire jusqu'à nos jours. Beaucoup de pièces remarquables, notamment dans les sections romanes et gothiques. D'autant que le bâtiment, à lui seul, est une œuvre d'art...

Balade en ville : toutes les rues mènent aux arcades de la ***plaça Major,*** épicentre de la vie festive de Solsona, notamment lors de la Fête-Dieu et du Carnaval (voir ci-dessous « Manifestations »). Remonter ensuite jusqu'à la ***plaça Sant Joan,*** où se trouvent plusieurs vestiges du passé : une fontaine du XVe s, la torre de les Hores (tour des heures, construite avant 1500). Jeter un œil un peu plus haut à la ***carrer de Llobera*** : ses maisons de marchands, construites en pierre de taille, s'ornent de têtes de poutres sculptées. Sans oublier le ***Portal del Pont,*** datant de la fin du XVIIIe s, qui demeure l'accès principal à la vieille ville.

Església de Sant Esteve : *à 6 km, à l'est de Solsona, à **Olius.** Ouv tte l'année, tlj 10h-17h30 (20h avr-sept). GRATUIT.* Une église romane construite en 1079, bien conservée, avec sa façade de pierre ocre. Crypte originale, cachée sous une voûte rustique soutenue par 6 colonnes. De l'autre côté de la route, un étonnant cimetière, conçu en 1916 par Bernadí Martorell. Un modèle d'art funéraire moderniste et un brin fantaisiste, aux pierres tombales directement sculptées dans la roche ! Notez le portail en arc parabolique et son joli verrou à double nœud.

El Miracle : *à 13 km au sud de Solsona. ☎ 973-48-00-02. ● elmiracle.cat ● Ouv tte l'année, tlj 10h-20h. Visite guidée à 11h le w-e (5 € ; gratuit - de 10 ans).* Ce sanctuaire a été construit suite à l'apparition de la Vierge à 2 bergers en 1458. Il est composé de plusieurs bâtiments assez austères qui accueillent toute l'année des pèlerins. Un décorum qui tranche avec la pièce maîtresse du site, l'impressionnant retable baroque de la basilique, du XVIIIe s. Il fallut 10 ans à Carles Morató pour le sculpter, et 10 autres années à Antoni Bordons pour le dorer ! Un travail titanesque pour un résultat tout simplement spectaculaire avec ses éclats d'or, ses anges et ses saints qui virevoltent, ses scènes d'évangiles, ses spirales de nuages et ses volutes. On se croirait presque devant une scène d'opéra qui prendrait vie sous nos yeux...

Manifestations

– ***Carnaval de Solsona :*** *début mars, 1 sem de festivités et d'animations dans la vieille ville jusqu'au mercredi des Cendres. Per Carnaval tot s'hi val* (« pour le carnaval, tout est permis ») affirme le dicton ! C'est l'une des fêtes les plus populaires du pays, jour où le Roi Carnaval arrive dans la cité. Pendant cette semaine de festivités, tout le monde se déguise et les *gegants bojos* (géants fous) paradent dans les rues. La tradition veut que l'on accroche un âne (en carton, on vous rassure) au clocher de la cathédrale, que l'on décroche le dernier jour.
– ***Corpus Christi*** *(Fête-Dieu)* ***:*** *fin juin.* Célébré depuis 1331, avec défilés de Géants et danses traditionnelles. La *cercavila* (défilé pour annoncer le début de la fête) avec les trabucaires (bandits armés de tromblons) est assez spectaculaire. S'ensuit une procession menée par l'évêque de Solsona.

LLEIDA (LÉRIDA) (25000) 139 800 hab.

• Plan *p. 478-479*

Ville universitaire et animée à mi-chemin entre Barcelone et Saragosse, Lleida (ou Lérida en castillan) s'amarre dans une plaine surchauffée, aux portes de l'Aragon. Le Sègre, dont les rives couvertes de pelouses invitent au farniente en été, la traverse de part en part. Fini les Pyrénées : le climat est ici méditerranéen, mâtiné de continental. D'où que l'on arrive, de jour comme de nuit, on aperçoit de très loin la Seu Vella, la vieille cathédrale romano-gothique, se détachant sur sa colline, à côté du château maure. La visite de ce superbe double monument mérite à elle seule qu'on s'arrête à Lleida.

Arriver – Quitter

En train

Estació RENFE *(plan D1)* ***:*** *pl. Ramón Berenguer IV. ☎ 912-320-320. • renfe.com •* Sur place : loc de voitures *Europcar* et *Enterprise/Atesa.* Lleida est desservie, entre autres, par l'*AVE* (le TGV espagnol) et l'*AVANT* (sa version *low cost*).
➢ ***Barcelona-Sants via Tarragona :*** trains très fréquents, ttes les 10-20 mn aux heures de pointe, 2h au max en journée. Les plus rapides (1h) sont les *AVE,* mais les *AVANT* et *ALVIA,* à peine plus lents (1h05-1h20), sont nettement moins chers. Bien sûr, il y a aussi les trains régionaux (env 8/j.), encore moins chers mais qui mettent 2h30-3h30.
➢ ***Madrid*** *(2h)* ***via Zaragoza*** *(40 mn)* ***:*** 4 *AVE*/j., pour la gare d'Atocha. Il y a aussi un régional, tôt le mat, qui met... 7h !

En bus

Estació d'autobusos *(plan B3)* ***:*** *c/ Saracibar, 3. ☎ 973-26-85-00. Près du pont de l'Universitat, presque à l'angle de l'avda de Madrid.* Nombreuses compagnies et autant de guichets. Pour remonter vers les Pyrénées, c'est avant tout à *Alsa* qu'il faut s'adresser.

■ Avec ***Alsa*** *(☎ 902-42-22-42 ; • alsa.es •)* :
➢ ***Barcelona*** *(2h-2h15/3h)* ***:*** env 8 bus/j., directs ou omnibus. Mieux vaut le train, plus rapide et confortable.
➢ ***Vielha*** *(le val d'Aran ; 2h30-2h50)* ***:*** 4-5 bus/j. Arrêt à El Pont de Suert pour correspondance vers le ***val de Boí.***
➢ ***Sort*** *(le Pallars)* ***:*** 1 bus/j. Dessert ts les villages de la vallée jusqu'à Esterri d'Àneu.
➢ ***La Seu d'Urgell*** *(2h15)* ***:*** 3 bus/j.

■ Avec d'***autres compagnies*** :
➢ ***Zaragoza*** *(2h30-3h)* **:** avec la compagnie *Agreda Automovil (☎ 976-30-00-80 ; ● agredasa.es ●),* 2 bus/j.
➢ ***Girona*** *(2h30)* **:** 2 bus/j. avec *Flixbus (● flixbus.com ●).*
➢ ***Vic*** *(3h30)* **:** 4 bus/j. avec *Teisa (● teisa-bus.com ●).*
➢ ***Huesca*** *(env 2h30)* **:** 3 bus/j. avec *Avanza (☎ 912-72-28-32 ; ● avanza bus.com ●).*
➢ ***Valencia*** *(6h-6h15)* **:** 2 bus/j. avec *Hife (☎ 902-11-98-14 ; ● hife.es ●).*

Adresses et info utiles

ℹ ***Oficina municipal de turisme*** *(plan C2,* ***1****)* **:** *c/ Major, 31 bis. ☎ 973-70-03-19. ● turismedelleida.cat ● Lun-sam 10h-14h, 16h-19h ; dim 10h-13h30.* Personnel dynamique. On peut télécharger des applications touristiques gratuites.
ℹ ***Oficina de turisme de Catalunya*** *(plan D1,* ***2****)* **:** *pl. Edil Saturnino, 1. ☎ 973-24-88-40. ● catalunya.com ● Lun-ven 9h30-18h, sam 10h-14h. Fermé dim. Et annexe sur le site de la Seu Vella (plan C1-2). ☎ 973-23-84-46. Mêmes horaires que le monument.*
🅿 ***Stationnement :*** le parking gratuit de la cathédrale *(plan C2)* est un super plan, d'autant que l'on peut accéder, de là, au centre historique par les ascenseurs.

Où dormir ?

Auberge de jeunesse

🏠 ***Alberg Lleida Xanascat*** *(plan A2,* ***10****)* **:** *rambla d'Aragó, 11, 25003. ☎ 973-26-60-99. ● alberg.lleida@gencat.cat ● xanascat.gencat.cat ● ♿ Fermé Pâques, août et Noël. Compter 17-22 €/pers jusqu'à 29 ans (sans ou avec sdb dans la chambre), 21-26,50 € pour les autres, avec petit déj.* Une grande résidence étudiante moderne, sans grand charme mais propre, bien tenue et centrale. La plupart de la quarantaine de chambres (toutes pour 4 personnes) dispose d'une salle de bains, d'un grand bureau et de rangements individuels. Laverie, terrains de sport, salle DVD/TV commune, espace restauration. De septembre à juin, l'auberge sert de résidence universitaire officieuse aux étudiants de la ville (souvent complet, donc).

Bon marché (moins de 50 €)

🏠 ***Hotel Goya*** *(plan B3,* ***12****)* **:** *c/ Alcalde Costa, 9, 25002. ☎ 973-26-67-88. ● hotelgoya@hotmail.es ● ♿ Double env 45 €. Parking 5 € (à 2 pâtés de maisons).* Pas le grand luxe, mais tarif imbattable à 2 pas du centre et de la gare routière. Cet hôtel familial propose une vingtaine de chambres fonctionnelles d'un excellent rapport qualité-prix (certaines avec balcon). Propreté irréprochable et accueil sympathique. Simple et bienvenu.

De prix moyens à chic (50-150 €)

🏠 ***Hotel Real*** *(plan C2,* ***14****)* **:** *avda Blondel, 24, 25002. ☎ 973-23-94-05. ● info@hotelreallleida.com ● hotelreallleida.com ● ♿ Doubles 70-95 € en été en général, parfois beaucoup plus ; petit déj env 10 €. Parking proche 12,50 €/j.* L'hôtel est idéalement situé, au centre-ville, tout près des rives du fleuve et de l'ascenseur qui grimpe jusqu'à la cathédrale. Chambres classiques, lumineuses et confortables, la plupart assez spacieuses et calmes (belle salle de bains, clim efficace). Personnel sympathique et parlant le français. Renseignez-vous sur les prix avant de venir, ils varient parfois du simple au double selon l'affluence (notamment des voyageurs d'affaires, nombreux à descendre ici).
🏠 ***Parador Lleida*** *(plan B2,* ***11****)* **:** *c/ Cavallers, 15. ☎ 973-00-48-66 ● lleida@parador.es ● parador.es ● ♿ Doubles 85-125 € ; petit déj 18 €. Parking 17 €.* Un hôtel de luxe installé dans un ancien couvent du XVIIe s, avec son cloître transformé en un superbe patio-salon cosy et surtout, un restaurant installé dans l'ancienne église. Le petit déj sous une coupole

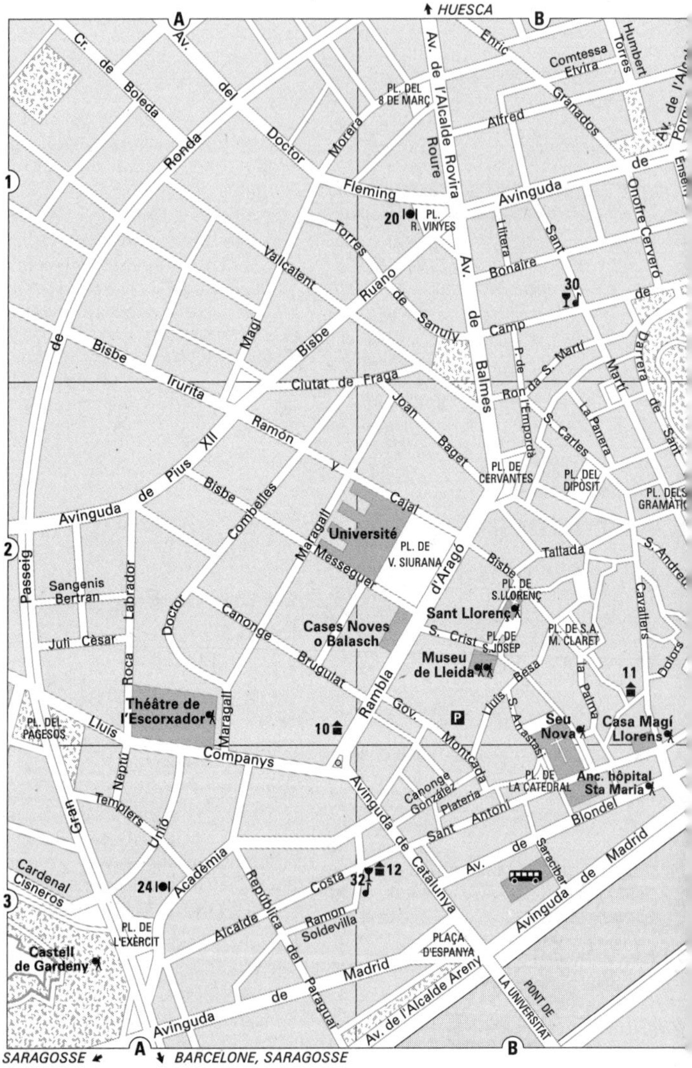

Adresses utiles

- 1 Oficina municipal de turisme (C2)
- 2 Oficina de turisme de Catalunya (D1)

Où dormir ?

- **10** Alberg Lleida Xanascat (A2)
- **11** Parador Lleida (B2)
- **12** Hotel Goya (B3)
- **14** Hotel Real (C2)

Où manger ?

- **20** Teresa Carles (B1)
- **22** Casa Tiell (D2)

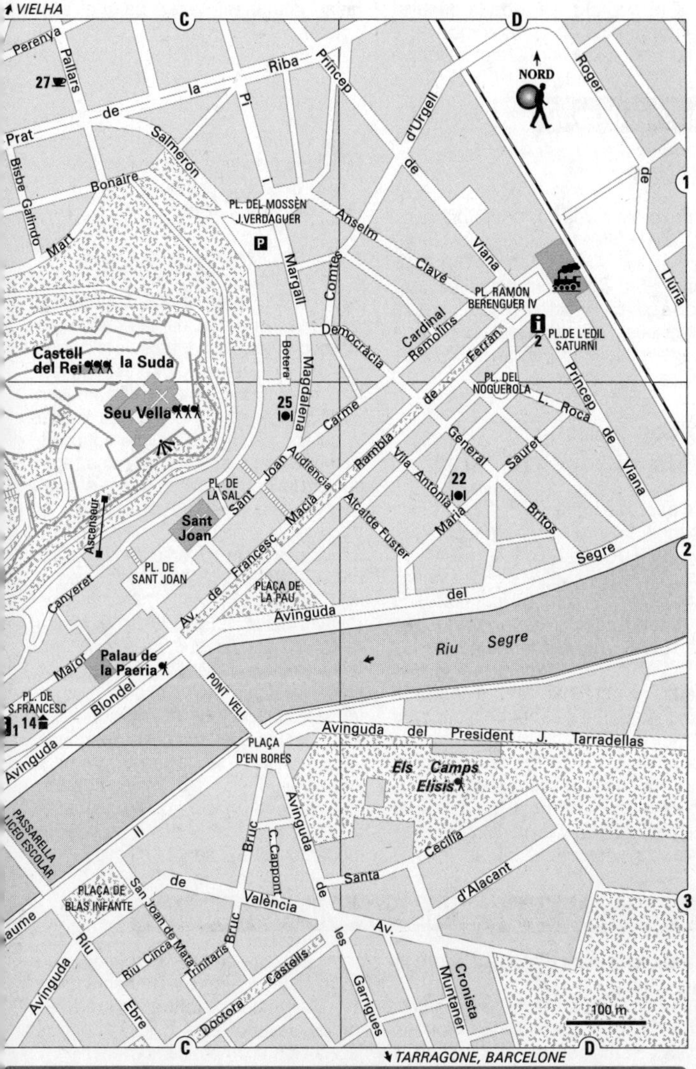

LLEIDA

24 Click Menú (A3)
25 Forn Nou Joan March (C2)

Où prendre le petit déjeuner ? Où goûter ?

27 Churreria Chocolateria J. Moreno (C1)

Où boire un verre ? Où sortir ?

30 Casa de la Bomba (B1)
32 Grans Records (B3)

de 30 m de haut, ça a de la gueule ! Chambres plus classiques mais tout confort, avec lits *king size* et salles de bains immenses (avec baignoire et douche).

Où manger ?

Sur le pouce

🍽 ***Forn Nou Joan March*** *(plan C2, **25**) : c/ Magdalena, 11. ☎ 973-23-69-86. Tlj sauf dim 8h-14h, 17h-20h30. Cocas 3-5 €.* Cette boulangerie-pâtisserie dispose d'une salle agréable, propre et lumineuse, pour déguster une bonne *coca de recapte* – la version catalane de la pizza. Pas cher et goûteux.

De bon marché à prix moyens (10-30 €)

🍽 ***Casa Tiell*** *(plan D2, **22**) : c/ Vila Antònia, 9 (angle c/ Maria Sauret). ☎ 973-22-30-03. 📱 652-30-53-44. Tlj sauf dim, le midi seulement. Congés : 15 août-7 sept. Menu du jour env 12 €.* C'est une maison verte, accrochée à sa ruelle... qui fait le plein tous les midis ! Très connu et apprécié des locaux, ce resto aux murs tapissés d'affiches de jazz est une valeur sûre de Lleida. Petit menu qui change chaque jour, où l'on retrouve du classique (gaspacho, pièces de viande, etc.) cuisiné à la bonne franquette et pour pas cher. Le patron navigue entre les tables pour saluer les anciens et faire connaissance avec les nouveaux. Parfait pour le déjeuner.

🍽 ***Teresa Carles*** *(plan B1, **20**) : pl. Ricard Vinyes, 5. ☎ 973-27-27-95. • soporte@flaxandkale.com • Tlj midi et soir. Formules midi dès 12€ ; plats 12-14 €.* Un resto 100 % végétarien, monté par l'enfant du pays (elle est née à 20 km de Lleida) et papesse de la cuisine *healthy* en Catalogne : Teresa Carles. Ici comme à Barcelone, où elle a ouvert sa 1re adresse en 2011, la cheffe revisite la cuisine espagnole et internationale (lasagnes, tacos, curry, ravioles, etc.) en version végétale. Des recettes créatives et savoureuses, à déguster sur la vaste terrasse ou dans la salle agencée à l'américaine, avec son grand comptoir convivial et ses petits box façon *diner*.

🍽 ***Click Menú*** *(plan A3, **24**) : c/ Academia, 40. 📱 633-86-89-39. • restaurantclick@gmail.com • Tlj le midi, plus le soir ven-sam. Menu midi dès 15 € env.* Bien qu'un peu excentré, le resto fait salle comble tous les midis et week-ends... et ça s'entend ! Tout le monde vient « clicker » sur le menu, qui offre un très large choix (10 entrées et plats, 7 desserts !). En rab', quelques tapas et une petite carte des vins. Cadre moderne épuré et service efficace.

Où prendre le petit déjeuner ? Où goûter ?

☕ ***Churreria-chocolateria J. Moreno*** *(plan C1, **27**) : c/ Pallars, 11. ☎ 973-23-98-59. • churreriajmoreno@gmail.com • Tlj sauf lun 7h-13h30.* Fondée en 1955, la maison débite du *churros con chocolate* comme personne. Peu de touristes ici (on est un peu excentré), juste des habitués, venus en famille dévorer leurs beignets dodus face au long comptoir. Excellent !

Où boire un verre ? Où sortir ?

C'est autour de la ***plaça Ricard Vinyes*** *(plan B1)* et de ses vastes terrasses que se concentre une bonne partie de l'animation nocturne. Juste à l'est, les ***rues Bonaire, San Marti*** et, dans une moindre mesure, ***Camp de Mart,*** sont jalonnées de pubs, brasseries, cafés-concerts et discothèques.

🍸 ♪ ***Casa de la Bomba*** *(plan B1, **30**) : c/ Camp de Mart, 31. 📱 687-84-06-65. Tlj sauf lun-mar 17h-tard.* Un bar grand comme un mouchoir de poche, tendance alternatif et rock'n'roll, avec 3-4 tables sur le trottoir en guise de terrasse. De nombreux jeunes DJs et musiciens y ont débuté sous le regard du boss, Gerard, une figure de la nuit à Lleida. Au menu, le week-end : électro-pop, indie, house, pop-rock, etc. Et puis si vous avez péché lors de vos nuits festives, vous pourrez toujours vous confesser à l'église juste en face...

Grans Records *(plan B3,* ***32****) : c/ Alcalde Costa, 11. 625-22-82-39. • gransrecords@gmail.com • Tlj sauf dim, et lun mat 11h-14h, 17h-22h. Bière 2,50 €.* Un magasin de disques vinyles ? Oui, mais pas que ! Après avoir flâné dans les rayons, allez donc tout au fond : surprise ! Voici le bar le mieux caché de la ville, avec son agréable jardin-terrasse dans l'arrière-cour, entouré de murs graffés. Vraiment sympa à l'heure de l'apéro. Bande son rock et underground. Ambiance à la cool.

À voir

Seu Vella i castell del Rei *(cathédrale et château du Roi ; plan C1-2) : ☎ 973-23-06-53. • turoseuvella.cat • L'accès peut se faire en voiture (parking gratuit), à pied par la c/ Sant Martí (escaliers) ou par la pl. Sant Joan en prenant l'ascenseur.* ***Cathédrale :*** *en été, mar-sam 10h-14h, 16h30-19h30 et dim 10h-15h ; le reste de l'année, mar-ven 10h-13h30, 15h-17h30, sam 10h-17h30, dim 10h-15h. Fermé lun tte l'année.* ***Château :*** *en été, sam 10h-14h, 16h30-19h30 et dim 10h-15h ; le reste de l'année, 10h-13h30, 15h-17h30 et dim 10h-15h. Dernière entrée 30 mn avt fermeture. Entrée : 5 € pour la cathédrale seule, 3 € pour le château seul ; 7 € pour les 2 ; réduc ; gratuit - de 7 ans et pour tous le 1er mar du mois.* Dressée sur le promontoire rocheux dominant Lleida, la Seu Vella, l'ancienne cathédrale, bâtie aux XIIIe et XIVe s, témoigne de la transition entre arts roman et gothique. Grand centre d'influence ecclésiastique, elle fut transformée en place forte en 1749 et garda sa vocation de caserne durant 2 siècles – ce qui explique nombre de ses cicatrices extérieures... Si sa grande tour gothique (XIVe s), haute de 60 m, s'impose immanquablement au regard (on peut y grimper), il faut impérativement pénétrer à l'intérieur pour découvrir ses richesses, à commencer par le ***sublime cloître*** aux galeries très élancées et aux remplages en véritable dentelle de pierre. Sur les 17 fenêtres, seules 2 sont identiques (à vous de les repérer !). L'un des pans du cloître s'ouvre sur une vaste esplanade dominant la ville : la vue porte loin. À ne pas manquer également, l'église, inhabituellement lumineuse pour un sanctuaire roman, qui compte plus d'un trésor en son sein. On notera en particulier les fresques de la petite chapelle San Tomás (nef de droite), intéressant mélange des genres entre la Vierge à l'Enfant et les motifs arabo-andalous qui l'encadrent. Juste à côté, la ***capella des Requesens*** abrite de magnifiques sculptures et une clé de voûte d'une finesse remarquable.

En sortant, un petit détour par l'esplanade s'impose, pour la vue, mais également pour l'impressionnant portail gothique que l'on découvre sur la façade extérieure du cloître. Si vous êtes de visite en fin de semaine, allez faire un tour sur la partie la plus élevée de la colline (Roca Sobirana) où le château du Roi, bâti au-dessus de l'ancienne forteresse musulmane de la Suda, domine la ville sur 360°. Rebâti aux XIIe-XIVe s et rebaptisé ***Castell del Rei,*** le lieu devint l'un des principaux centres de pouvoir catalano-aragonais. Seule l'aile sud-est a été conservée, le reste ayant succombé lors du siège de 1707, pendant la guerre de Succession d'Espagne. Vaut surtout pour les volumes imposants, les chapelles funéraires et les expos temporaires.

Le dimanche après-midi et le lundi, jours de fermeture, vous pourrez au moins vous balader dans l'enceinte et monter jusqu'au parvis du cloître, qu'on aperçoit de l'extérieur.

Museu de Lleida diocesà i comarcal *(plan B2) : c/ Sant Crist, 1. ☎ 973-28-30-75. • museudelleida.cat • Mar-dim mat 10h-14h, 17h-19h (16h-18h oct-mai). Fermé dim ap-m et lun. Entrée : 5 € ; réduc ; gratuit - de 10 ans et pour tous le 1er mar du mois. Brochure (classeur !) en français (très utile).* Un musée sur l'histoire régionale, très bien fait et très complet. Le panel est vaste (de la préhistoire jusqu'à l'ère moderne), mais la qualité des pièces présentées et la muséographie limpide (par ordre chronologique) rendent la visite agréable. On y apprend, entre autres, que l'on faisait déjà de la bière en Catalogne au Néolithique ; on découvre le résultat des fouilles réalisées dans la nécropole de Pedrera (XIe-IVe s av. J.-C.) : fibules, mors de chevaux en bronze, épée et casque ; et l'on s'émerveille devant la beauté de ce jeu d'échecs fatimide en cristal de roche (Xe-XIe s). Parmi les autres pièces qui nous ont tapé dans l'œil : un étonnant flacon de parfum du XIe s, la reproduction d'un atlas du VIIe s (dans lequel Lleida est mentionné), l'impressionnante (et énorme !) Bible de Lleida (XIIe s), des statuettes romanes polychromes en bois, des crucifix, le trône XXL de Blanca d'Aragon ou encore une face d'autel de la période XIIe-XIIIe s. On termine avec la Renaissance et le baroque, où l'on remarque surtout le bras-reliquaire et le buste en argent et pierres précieuses de sant Valeri (XVIIe s). Avant de sortir, ne manquez pas de jeter un œil à la collection de céramiques catalanes des XVIIe s et XIXe s.

Església Sant Llorenç *(plan B2)* **:** *pl. Sant Llorenç. ☎ 973-26-79-94. Horaires aléatoires.* Peu remarquable de l'extérieur, cette église romano-gothique réserve quelques belles surprises, notamment dans sa nef de gauche, avec 2 beaux retables en pierre polychrome du XIVe s (gothiques) et, dans un renfoncement, une statue de la même époque de la Mare de Déu de l'Esperança, une Vierge enceinte.

Palau de la Paeria *(plan C2)* **:** *pl. Paeria, 1. Tlj sauf dim ap-m et j. fériés 11h-14h, 17h-20h. GRATUIT.* Côté pile (plaça Paeria), un bâtiment civil roman du XIIIe s. Côté face (avinguda de Blondel), une façade néoclassique... L'hôtel de ville est installé ici depuis 1383. Le sous-sol, où se trouvaient sans doute des vestiges archéologiques médiévaux, est accessible ; repérez sur les murs de la plus petite salle les graffitis de christs en croix datant des XVIe-XVIIe s.

Antic hospital Santa María *(ancien hôpital ; plan B3)* **:** *pl. de la Catedral. ☎ 973-27-15-00. Juin-sept, mar-ven 10h-14h, 18h-21h, sam 10h-14h, 17h-21h, dim 10h-14h, fermé lun ; horaires réduits hors saison. GRATUIT.* Cet édifice civil de style gothique catalan (XVe-XVIe s) abrite une belle cour centrale aux galeries supérieures rythmées d'arcs en ogive. Il servit d'hôpital jusqu'en 1928. On y trouve maintenant l'*Institut d'estudis Ilerdencs* et 2 salles d'expos temporaires, *Sala Gòtica* et *Sala Montsuar*.

Seu Nova *(nouvelle cathédrale ; plan B2-3)* **:** *face à l'ancien hôpital de Santa María. Tlj 9h30-13h, 17h-19h (20h30 dim).* Construite entre 1761 et 1781 sur volonté du roi Charles III, elle mêle baroque et néoclassicisme dans un festival de grandiloquence. Sur l'une des grandes portes en fer extérieures, repérez donc l'écusson des Bourbons ! Parmi ses chapelles latérales dorées, quelques-unes, plus modernes et épurées, apportent un instant de répit. Enfin, jetez un œil au distributeur de cierges dans le bas-côté droit : il ressemble comme 2 gouttes d'eau bénite à un distributeur de boissons !

Balade moderniste : le centre historique conserve quelques jolis édifices d'architecture moderniste. C'est le cas, en particulier, de la **_casa Magí Llorens_** *(plan B2-3 ; c/ Major, 74-76 ; à l'angle de la c/ Cavallers),* avec sa superbe façade aux motifs floraux en pierre épousant l'angle de 2 rues d'un élégant arrondi aux bow-windows en fer forgé. Signalons aussi, avinguda de Blondel *(plan C2)*, l'**_edifici Pal.les_** (1915), surmonté d'une galerie en verre plus moderne, et, carrer Lluís Companys, le **_teatre municipal de l'Escorxador_** *(plan A2),* datant de 1906, lui aussi réalisé par Francesc de Paula Morera i Gatell, architecte municipal de la ville. Par le côté, on accède au café du théâtre : un lieu cosy qui gagne en décibels et en sueur le week-end, avec de nombreux concerts rock organisés pour une somme riquiqui *(env 10 €).* Pas mal de groupes français !

Els Camps Elisis *(plan C-D3)* **:** *sur la rive gauche du Sègre.* Par une chaude journée, ce beau parc à la française aménagé en 1864 offre une halte rafraîchissante.

Castell templario de Gardeny *(plan A3)* **:** *• castellgardenylleida.com •. De fin mars à mi-sept, mar-dim 10h-14h, fermé lun. Le reste de l'année, w-e et j. fériés seulement 10h-14h. Fermé janv-fév. Entrée : 3 € ; réduc ; gratuit - de 13 ans.* Cette colline stratégique, dressée à l'ouest du centre historique, fut offerte par Berenguer IV aux Templiers pour les remercier de leur aide lors de la reconquête de la ville en 1149. Ils y édifièrent, aux XIIe-XIIIe s, l'une de leurs principales commanderies. On distingue encore leurs croix dessinées à l'entrée de l'église, accolée à un donjon. Malheureusement, l'endroit, utilisé comme fort militaire par la suite, est largement endommagé. Il abrite aujourd'hui un centre d'interprétation de l'ordre des Templiers.

DANS LES ENVIRONS DE LLEIDA

Penelles : *à 40 km à l'est de Lleida.* Un village de 550 âmes, coincé au milieu des champs, devenu l'eldorado du ***street art*** en Espagne ! On y compte 1 graff pour 10 habitants (faites le calcul !). Chaque saison, le maire organise le *Gargar Festival (• gargarfestival.com •)* et fait venir des artistes du monde entier pour redécorer les murs de sa ville. Résultat : le nombre de visiteurs a grimpé en flèche ces dernières années. Les œuvres sont souvent de grande qualité et recouvrent parfois des façades entières de maisons. Une chasse aux trésors artistiques géante, bien agréable dans ce village (a)typique !

Fêtes et festivals

– ***Animac :*** *fin fév. • animac.cat •* Le plus grand festival de films d'animation d'Espagne.
– ***Fira de Titelles*** *(Festival international de marionnettes)* **:** *début mai, généralement le 1er w-e.* Spectacles partout en ville, dans les rues ou en salles. *• firatitelles.blogspot.com •*
– ***Festa Major de Maig :*** *2e w-e de mai.* Célébrée en hommage au saint patron de Lleida, sant Anastasi (11 mai), cette grande fête se double de batailles de fleurs et d'un défilé de chars veillé par le dragon Lo Marraco et les géants Marc Antoni et Cleòpatra (datant de 1840).
– ***Festa de Moros i Cristians :*** *3e w-e de mai.* Son origine remonte aux noces de Ramón Berenguer IV (encore lui), qui libéra Lleida de la domination musulmane. Mise en scène de luttes entre Moros i Cristians pour la possession de la ville, très fair-play puisqu'elle célèbre 1 année sur 2 le triomphe des Moros ! À voir absolument pour la diversité et la richesse des costumes.
– ***Aplec del Caragol :*** *4e w-e de mai, aux Camps Elisis. • aplec.org •* Cette fête populaire et gastronomique célèbre... les escargots ! En 3 jours, on dévore au total pas moins de 12 t d'escargots ! Jeux traditionnels pour que tout le monde sorte de sa coquille.
– ***Jazz Tardor :*** *nov.* Dédié au compositeur Granados, natif de Lleida, ce festival de jazz comprend aussi une sélection de courts-métrages.

LA COMMUNAUTÉ DE VALENCE

• Carte La communauté de Valence *p. 9*

Située à l'est de la péninsule Ibérique, face aux îles Baléares, la communauté de Valence se découpe administrativement en 3 provinces : Alicante, Castellón et Valence, riches d'une population de plus de 6,3 millions d'habitants.
Avec presque 500 km de côtes et 80 à 150 km de profondeur dans les terres, la communauté s'est construite autour du couple mer-montagne : plages et stations balnéaires sur les côtes, et villages tranquilles entourés de douces montagnes dans l'arrière-pays (avec un sommet frôlant les 1 900 m d'altitude). Entre le patrimoine culturel (certains sites sont d'ailleurs inscrits au Patrimoine de l'humanité par l'Unesco), héritage historique de 1re importance (Ibères, Carthaginois, Romains, Goths et Arabes ont vécu sur ces terres), et une géographie qui permet de pratiquer aussi bien les sports nautiques que ceux de montagne, cette région ne manque pas d'attraits. En plus, la communauté développe peu à peu un réseau de voies cyclables qui, combinées avec les trains régionaux, en permettent l'exploration au rythme de la pédale !

VALENCE (VALENCIA) (46000) 791 000 hab.

• Plan d'ensemble *p. 486-487* • Plan du métro *p. 491* • Plan I (centre) *p. 494-495*
• Plan zoom *p. 496-497* • Plan II (est) *p. 498-499* • Plan III (Ruzafa) *p. 501*

3e ville d'Espagne par sa population, 1er port marchand et capitale de la communauté du même nom, Valence s'étend dans une vaste vallée fertile, la huerta, drainée par 2 rivières : le Xúquer – Júcar en castillan – et le Túria.
La cité se distingue aussi par sa richesse architecturale et sa frénésie de développement. La preuve, les lignes futuristes de la Cité des arts et des sciences qui donnent un nouveau visage à la ville, longtemps refermée sur son centre ancien. À Valence, passé et modernité se conjuguent avec bonheur. On y trouve aussi bien une plaza de Toros avec un faux air de Colisée qu'un musée dernier cri sur l'histoire de la ville, ou encore un jardin botanique âgé de 2 siècles. N'oubliez pas de vous perdre dans la vieille ville qui cerne la cathédrale, un dédale de ruelles où la plupart des automobilistes ne s'aventurent pas. Ajoutez-y quelques très bonnes tables et une multitude d'adresses pour sortir et faire la fête... Et pour récompenser toutes ces qualités, Valence a été doublement élue en 2022 : Capitale européenne du Tourisme intelligent,

et Capitale mondiale du design, avec entre autres, sa Cité des arts et des sciences, à l'architecture avant-gardiste, ses joyaux du modernisme comme le *marché Colón,* ou encore ses espaces verts uniques tels que le *jardin du riu Túria* et le *parc central.* Résultat, tout le monde est d'accord, Valence est une ville vivante où il fait bon vivre et séjourner – d'autant qu'elle possède de vraies plages.

UN PEU D'HISTOIRE

Valence a connu toutes les civilisations, qui y ont chacune laissé leur empreinte. À l'époque des Romains et de l'Ibérie, les terres de la région étaient données aux soldats de l'Empire pour leur retraite (un grand classique des Romains pour implanter durablement des colons sur leurs terres nouvellement conquises). La vie de la principale cité du Levant s'est nourrie des apports de tous ordres de son arrière-pays, quelle que soit l'époque considérée (voir la rubrique « Histoire » dans « Catalogne-Valence : hommes, culture, environnement » en fin de guide). Parmi les événements significatifs qui ont marqué la vie de Valence depuis le Moyen Âge se situe évidemment l'épisode du *Cid Campeador.* Plus récemment, Valence a été la capitale de l'Espagne républicaine en lutte armée contre l'Espagne fasciste de Franco. La ville accueillit le gouvernement républicain venu de Madrid pendant les années noires de la guerre civile (1936-1937).

El Cid Campeador

Les lycéens français connaissent le personnage du Cid grâce à la célèbre tragédie de Corneille, ne retenant que l'histoire d'un amour juvénile, contrarié par les pères. En Espagne, c'est un mythe historique autour du dernier héros des temps gothiques.

Au XIe s, l'Espagne est coupée en 2. Grosso modo, le Sud à dominante musulmane et arabe, et le Nord de confession chrétienne et d'héritage wisigoth.

Sous l'impulsion des souverains et de la papauté, les chrétiens se lancent dans la conquête des territoires du sud de l'Espagne. Cette entreprise audacieuse va durer presque 4 siècles, du début du XIe jusqu'à la fin du XVe s.

Adoubé très jeune par l'infant Sanche, un petit noble de 23 ans du nom de ***Rodrigo Díaz de Vivar*** enlève Saragosse aux musulmans, et devient par ce haut fait d'armes l'un des grands princes territoriaux au service du roi de Castille. L'assassinat du roi Sanche et l'avènement de son frère, Alphonse VI, changent le cours de sa vie. Le nouveau souverain lui offre en reconnaissance sa nièce Jimena (la fameuse Chimène).

En 1081, suite à une rixe entre Rodrigo et un favori de la Cour, le roi le condamne à l'exil. Privé de tous ses biens, Rodrigo propose alors ses services au roi musulman de Saragosse, ville qu'il avait prise pour la chrétienté quelques années plus tôt !

C'est à cette période qu'il sera surnommé le *Cid,* nom qui provient probablement des mots *sidi,* signifiant « brave », ou *caïd,* le « chef ». Lorsque le roi musulman de Saragosse lui demande d'affronter directement les troupes d'Alphonse VI, le Cid refuse et demande pardon à Alphonse VI, qui le rétablit dans ses droits en le laissant libre de conquérir de nouvelles terres (mais pas les villes).

Levant 7 000 hommes, le Cid parvient à conquérir Valence en inondant la *huerta*. Il s'approprie une grande partie de l'est du pays, l'un des territoires les plus riches de la péninsule, et laisse la cité à son roi, comme promis. Finalement, après le soulèvement musulman et l'assassinat du roi de Valence, il s'empare de la ville pour son propre compte en 1094.

Le Cid victorieux tente de restaurer et de propager le catholicisme à Valence. L'un de ses 1ers actes est d'ériger la cathédrale sur la mosquée, tout en conservant une partie musulmane. En 1099, le Cid meurt, et son épouse Jimena préfère incendier la ville assiégée par les musulmans plutôt que de se rendre.

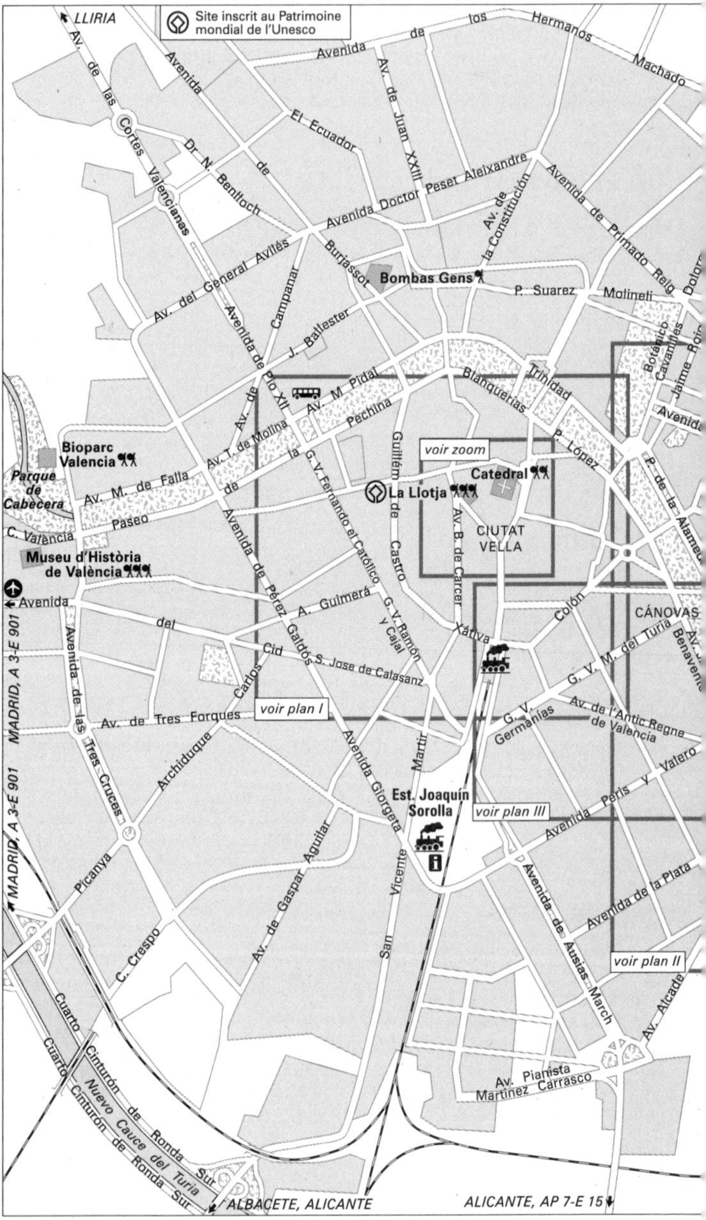
Site inscrit au Patrimoine mondial de l'Unesco
LLIRIA
Avenida de los Hermanos Machado
Av. de las Cortes Valencianas
Avenida El Ecuador
Av. de Juan XXIII
Dr. N. Benlloch
Avenida de Burjassot
Avenida Doctor Peset Aleixandre
Av. de la Constitución
Avenida de Primado Reig
Av. del General Avilés
Campanar
Bombas Gens
P. Suarez
Molineli
J. Ballester
Avenida de Pío XII
Av. M. Pidal
Av. T. de Molina
Pechina
Blanquerias
Trinidad
Botánico Cavanilles
Jaime Roig
Avenida
Bioparc Valencia
Parque de Cabecera
Av. M. de Falla
Paseo de la
G. V. Fernando el Católico
Guillém de Castro
voir zoom
Catedral
La Llotja
P. López
P. de la Alameda
C. Valencia
Av. B. de Carcer
CIUTAT VELLA
Museu d'Història de València
Avenida del Cid
Avenida de Pérez Galdós
A. Guimerá
G. V. Ramón y Cajal
Xàtiva
Colón
CÁNOVAS
Av. Benavent
MADRID, A 3-E 901
Avenida de las Tres Cruces
S. Jose de Calasanz
Carlos
G. V. M. del Turia
G. V. Germanías
Av. de l'Antic Regne de Valencia
Av. de Tres Forques
voir plan I
Archiduque
Avenida Giorgeta
Martir
Est. Joaquín Sorolla
voir plan III
Avenida Peris y Valero
Picanya
Av. de Gaspar Aguilar
San Vicente
Avenida de Ausiàs March
Avenida de la Plata
voir plan II
C. Crespo
Av. Alcalde
Cuarto Cinturón de Ronda Sur
Nuevo Cauce del Turia
Av. Pianista Martinez Carrasco
ALBACETE, ALICANTE
ALICANTE, AP 7-E 15

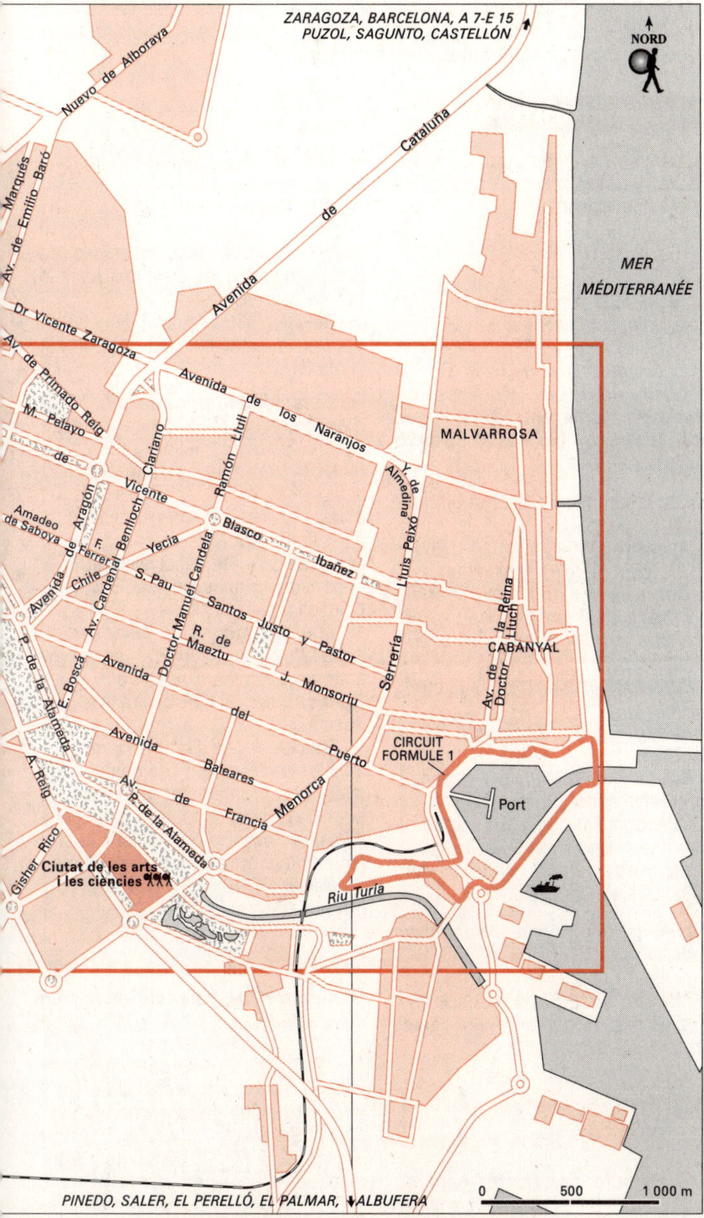

VALENCE – Plan d'ensemble

La période de la Reconquête par Jacques Ier d'Aragon et la prise de Valence en 1238 est évidemment détaillée dans la rubrique « Histoire » de « Catalogne-Valence : hommes, culture, environnement » plus loin.

Arriver – Quitter

Fréquences données pour la saison estivale, dans les 2 sens. Il y a moins de liaisons hors saison.

En bus

Estació d'autobusos *(plan I, A1, et plan d'ensemble)* **:** *avda Menéndez Pidal, 13. ☎ 963-46-62-66.* Desserte des principales villes du pays. Choisir les bus rapides. Les fréquences ci-dessous sont fortement réduites le w-e.
➢ De la gare routière, bus nos 62 ou 95 pour le centre-ville.

■ Avec la compagnie ***Alsa*** *(☎ 902-42-22-42 ; • alsa.es •).*
➢ ***Alicante :*** env 15 bus/j., 2h45-21h30. Trajet : 2h30-4h selon bus.
➢ ***Denia*** *(env 2h)* **:** env 9 bus/j., 6h-21h30 (18h35 selon j.).
➢ ***Elche*** *(2h30-3h30)* **:** 5-6 bus/j., 7h-19h30.
➢ ***Barcelona*** *(min 4h15)* **:** 10-12 bus/j., 1h-20h.
➢ ***Málaga*** *(min 10h)* **:** min 6 bus/j., 8h-22h15.
➢ ***Séville*** *(min 12h30)* **:** 3-4 départs/j. (dont 1 seul direct), 2h45-22h15.
➢ ***Córdoba*** *(9h-15h)* **:** 5-7 départs/j. (dont 1 seul direct), 2h45-22h15.
➢ ***Granada*** *(min 7h30)* **:** min 6 départs/j., 2h45-22h15.

■ Avec la compagnie ***Avanzabus*** *(☎ 912-72-28-32 ; • avanzabus.com •).*
➢ ***Madrid*** *(4h15-5h)* **:** 5-6 départs/j. Certains bus desservent aussi l'aéroport de Madrid.

En train

Rens : ☎ 912-320-320. • renfe.com •

Estació del Norte *(gare du Nord ; plan III, C4, et plan d'ensemble)* **:** *c/ Xàtiva, 24.* Si vous y passez, ne manquez pas d'admirer la salle avec les mosaïques *(ouv tlj 9h-21h)* et les superbes guichets anciens face à l'entrée.
➢ ***Alicante*** *(env 1h55)* **:** env 6 trains/j., les plus rapides.
➢ ***Barcelone*** *(env 3h15)* **:** env 4 trains/j. Compter env 3h15-3h40 avec les *Intercity.* Les plus rapides (les *Euromed*) partent de la estació Joaquín Sorolla ci-après.
➢ ***Séville*** *(7h30)* **:** 1 train/j. (env 8 *AVE* depuis la estació Joaquín Sorolla, ci-après).

Estació Joaquín Sorolla *(plan d'ensemble)* **:** *c/ San Vicente Màrtir, 171. Ⓜ Joaquín-Sorolla. Pour s'y rendre, navette-bus gratuite depuis la estació del Norte (à condition d'avoir déjà son billet), métro (c'est encore le plus simple) ou bus (lignes nos 9, 10 et 27).* La gare *AVE* (équivalent du TGV et de certains trains rapides). Sur place, point d'infos touristiques.
➢ ***Madrid*** *(Atocha ou Charmartín ; 1h50-2h)* **:** 10-11 *AVE*/j. dans les 2 sens. Certains desservent aussi ***Cuenca*** (env 55 mn) ou ***Xàtiva*** (env 40 mn).
➢ ***Barcelone*** *(env 3h)* et ***Alicante*** *(env 2h)* **:** les départs pour ces destinations avec les *Euromed* (les plus rapides pour Barcelone) se font de cette gare. Plus chers aussi ! Pour Alicante, préférer les *Intercity* de la estació del Norte.
➢ ***Séville :*** 7-10 *AVE*/j. (1 seul direct), en 4h35-7h50 selon train.

En avion

✈ ***Aéroport de Valencia*** *(hors plan d'ensemble)* **:** *à 8 km à l'ouest de la ville. ☎ 902-40-47-04 ou 913-21-10-00 (Aena), ☎ 961-59-85-15 (permanence à l'aéroport). • aena.es •* On y trouve un office de tourisme *(☎ 961-53-02-29 ; lun-ven 8h30-20h20, w-e et j. fériés 9h30-17h20).* Distributeur automatique pour se procurer la *Valencia Tourist Card* (24h/24). Pour les transports, on peut aussi se procurer la carte ***SUMA,*** au guichet du métro de l'aéroport (voir plus loin « Transports urbains »). Également les principaux

loueurs de véhicules (voir « Adresses et infos utiles »).
- ***2 lignes de métro,*** les n°s 3 et 5, desservent le centre-ville. À prendre au sous-sol de l'aéroport : 4,80 €/trajet. Fonctionne, pour la ligne 3, de 5h27 à 23h57 lun-ven (5h47-22h27 sam, 7h07-22h47 dim et j. fériés) ; pour la ligne 5, de 6h21 à 22h36 lun-ven (6h55-22h55 sam, 7h35-22h15 dim et j. fériés). Pour les 2 lignes, départ env ttes les 15 mn en sem, ttes les 20 mn w-e et j. fériés. Compter 20 mn env pour atteindre le centre. En direction de l'aéroport, dernier trajet à 23h30.
- ***En bus,*** ligne 150. Rejoint le centre-ville en 45 mn env : 1,50 €/trajet. Fonctionne de 6h21 à 22h36 (6h55-22h55 sam et 7h35-22h15 dim) ; en direction de l'aéroport, dernier départ à 22h35. Départ ttes les 20-40 mn en fonction du créneau horaire. Pas de service les jours fériés.
- ***En taxi*** vers le centre, compter 20-25 €.

En bateau

Estació marítim *(plan II, H8, et plan d'ensemble)* **:** compagnie *Trasmed (☎ 960-91-33-16 ; • trasmed.com •).* Le port est desservi par les lignes de bus n°s 1, 2 et 3, qui font la liaison avec la Estació del Norte, et par le bus nº 19, qui dessert la pl. del Ayuntamiento (mairie).

➢ Départs ***pour les Baléares : Ibiza*** (1 bateau/j. en été, le soir ; compter 5h-7h de traversée) et ***Palma*** (idem ; durée : 8h-9h30), arrivée le lendemain matin pour les 2 ; et 1 bateau/sem pour Menorca (15h30 de traversée).

Adresses et infos utiles

Infos touristiques

Oficina de turisme de València *(régional et municipal ; plan I, D2,* ***1****)* **:** *c/ de la Paz, 48. ☎ 963-98-64-22. • visitvalencia.com • comunitat valenciana.com • Lun-sam 9h30-18h30 (10h-18h hors saison), dim et j. fériés 10h-14h. D'autres bureaux : un à la estació Joaquín Sorolla (plan d'ensemble), San Vicente Màrtir, 171. ☎ 963-80-36-23. Lun-sam 10h-18h (15h sam), fermé dim et j. fériés. Un autre pl. del Ayuntamiento, 1 (dans la mairie ; plan I et plan III, C3,* ***2****). ☎ 963-52-49-08. Lun-sam 9h-18h (17h30 sam), dim 10h-14h ; 9h30-17h30 en hiver. Également à l'aéroport, hall des arrivées. ☎ 961-53-02-29. Lun-ven 8h30-19h30, sam 9h-17h, dim et j. fériés 9h30-15h30. À la plage, paseo Neptuno, 3 (à côté de l'hôtel* Las Arenas*). De mi-avr à mi-sept, tlj sauf lun 10h-15h.* Dans chacun d'eux, outre les infos et le plan de la ville, on peut se procurer la *València Tourist Card,* réserver et acheter ses entrées à la Cité des arts et des sciences, s'inscrire pour des visites guidées, des circuits à vélo, etc. Et, bien entendu, toutes les infos sur la communauté de Valence au bureau de calle de la Paz.

Argent

■ Pour les devises, il existe des ***bureaux de change*** dans le *Corte Inglés,* Colón *(plan III, D3).*

Représentations diplomatiques

■ ***Agence consulaire de France*** *(zoom, C2,* ***4****)* **:** *c/ Embajador Vich, 3. ☎ 963-51-03-59 (accueil tél lun-ven). • valencia@agenceconsulaire.fr • Au 4e étage, bureau S. Reçoit uniquement sur rdv préalable, sauf urgence. Fermé w-e et en août.*

■ ***Consulat honoraire de Suisse*** *(plan II, F6,* ***5****)* **:** *c/ Amadeo de Saboya, 16 (à l'intérieur de l'hôtel* The Westin Valencia*). ☎ 963-62-59-00. • valencia@honrep.ch • eda.admin.ch/madrid • Uniquement sur rdv.*

Santé, urgences

■ ***Service d'urgence :*** *☎ 112.*
■ ***Croix-Rouge :*** *☎ 963-67-73-75.*
■ ***Pharmacies de garde :*** *☎ 900-50-09-52.* On peut vous répondre en français.
■ ***Pompiers :*** *☎ 080.*

■ **Police municipale** (*policía local* ; *plan II, E6*) : *c/ Amadeo de Saboya, 12. ☎ 092.*
■ **Police nationale :** *☎ 091.*

Location de voitures

Compagnies internationales

■ On les trouve à la estació del Nord (*plan I, C4*), à la estació Joaquín Sorolla (*plan d'ensemble*) et à l'aéroport.

Location de vélos

Idéal pour circuler dans Valence, d'autant que la ville est plate et qu'il y a des pistes cyclables partout (168 km au total). Ne pas manquer la promenade du riu Túria sur le cours asséché de l'ancien fleuve. Près de 15 km de verdure à travers la ville (dont 9 km intra-muros), ponctuée de terrains de foot, tennis, de jardins et d'allées. Et aussi la toute nouvelle piste « anneau central » (qui fait tout le tour du centre-ville), idéale pour découvrir la ville. En complément du service de location local ***Valenbisi*** *(276 stations dans tte la ville ; abonnement 13,30 €/sem ; • valenbisi.es •),* voici 3 loueurs.

Valencia Bikes (*plan I, A1,* **8**) : *passeig de la Petxina, 32. 650-62-14-36. • valenciabikes.com • Tlj 9h30-19h (20h en été). Loc de vélos 15 €/24h, ou 34 €/j. pour les vélos électriques. Caution de 50 € ou pièce d'identité.* Propose aussi des visites guidées thématiques de la ville, en anglais, toute l'année *(tlj à 11h ; durée : 3h ; résa obligatoire la veille ; prix : 32,50 €/pers ; visites privées en français possibles, sur résa).*

Do You Bike (*zoom D2,* **9**) : *c/ del Mar, 14. ☎ 963-38-70-08. • doyoubikerental.com • Lun-ven 9h30-14h, 17h-20h15. Également une boutique à la plage (avda del Puerto, 141) et une autre à l'Ayuntamiento (plan III, C3,* **10** *; c/ de la Sangre, 9 ; fermé sam mat et dim). Loc de vélos à partir de 10 €/24h.* Même type de vélos, mais un peu moins cher que le précédent hors saison et en semaine. Cartes et excursions.

Solution Bike (*plan II, F7,* **11**) : *avda del Port, 34. 610-20-93-51. • solutionbike.com • Tlj 9h-14h, 17h-20h. Loc 12 €/j., 22 €/2 j. Caution de 50 € ou pièce d'identité.* Plusieurs boutiques en ville.

Transports urbains

Pour toute info sur les transports à Valence, consulter le site *• emtvalencia.es •*

– ***SUMA,*** la nouvelle carte de transport de la ville, a un avantage majeur, elle est utilisable dans tous les différents moyens de transport public de la ville : *Metrobus, Metrovalencia, EMT, tramway* et *Cercanías* (trains de banlieue). Déclinée en plusieurs options intéressantes, elle permet toutes les correspondances, entre 2 lignes d'un même transport comme entre 2 moyens de transports différents, dans la limite de 1h30 à compter de la validation si vous voyagez dans une seule zone, et jusqu'à 2h20 si vous traversez plusieurs zones.

La région métropolitaine de Valence compte dorénavant ***4 zones,*** valables tous transports confondus. La ***zone A*** comprend le centre-ville et la jonction entre celui-ci et la ***zone B,*** soit toutes les municipalités appartenant à la métropole de Valence (*L'Horta, Le Camp de Túria, de Morvedre* et *la Ribera*). Quant à la ***zone C,*** c'est celle de l'aéroport, et la ***zone D*** s'étend bien au-delà (jusqu'à Castellò, Segorbe, Utiel, etc.).

SUMA se décline donc en ***SUMA10,*** soit 10 trajets utilisables selon l'option choisie (8 € zone A, 12 € zone AB ou BC aéroport compris, et 20 € zone ABC aéroport compris), par plusieurs personnes (15 maxi) à condition de voyager ensemble jusqu'à la fin du trajet. La ***SUMA T1, T2, T3*** (valables 24h, 48h ou 72h, respectivement 4 €, 6,70 € ou 9,70 €) couvre les zones AB, mais pas le trajet vers l'aéroport. Enfin, la ***SUMA T1+, T2+, T3+*** (valables 24h, 48h ou 72h, respectivement 8 €, 10 € ou 12 €) comprend les 3 zones (ABC) et inclut aussi l'aéroport.

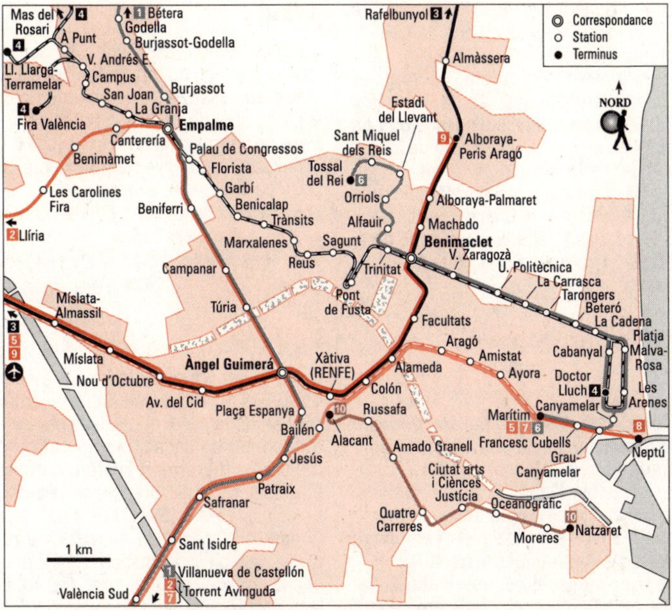

VALENCE – Plan du métro

La carte SUMA s'achète dans tous les kiosques, bureaux de tabac, guichets *FGV (Ferrocarrils de la Generalitat Valenciana)* et stations de métro.

– Autre option, la ***València Tourist Card (VTC)*** inclut les trajets illimités en bus, tramway, métro et train des zones A et B (y compris accès à l'aéroport en métro), correspondances comprises. Elle permet également de profiter de gratuités et de tarifs réduits dans les musées, sites municipaux, commerces et restos (voir le plan fourni avec la *VTC*). On peut se la procurer dans les offices de tourisme (dès l'arrivée à l'aéroport au distributeur, ou en ligne sur le site de l'office de tourisme *• visitvalencia.com •*, avec 10 % de réduc), certaines stations de métro ou dans certains hôtels, au prix de 15 €/24h, 20 €/48h et 25 €/72h ; versions enfants aussi. Sinon la carte 7 j. à 12 €, sans les transports, comprend l'entrée gratuite de la cathédrale et de son musée avec audioguide, en plus de la gratuité ou des tarifs réduits dans les musées, sites municipaux, commerces et restos. *Infos : ☎ 963-39-03-90. • visitvalencia.com •*

Bus

Rens : ☎ 963-15-85-15.

La plupart des bus de l'*EMT* (bus rouges) passent par la puerta del Mar *(plan I, D3 et plan II, E6)*, la gare routière *(plan I, A1)* et la gare du Nord *(plan I, C4)*. Rapides et pas chers. Outre les bus classiques, une dizaine de lignes sillonnent aussi la ville la nuit, en semaine ou seulement le week-end (et toutes passent par la estació del Nord). ATTENTION, repérez bien votre trajet ou munissez-vous d'un plan (disponible à l'office de tourisme), car il n'existe pas de liste des arrêts dans le bus même. De plus, il faut vous signaler pour que le bus s'arrête. De nombreuses rues étant en sens unique, les bus effectuent plutôt une boucle qu'un aller-retour, et les arrêts ne sont pas forcément en face les uns des

autres dans les 2 sens. Pour rejoindre les plages urbaines depuis le centre, prendre les bus nos 19, 31 ou 32. Pour les plages de l'Albufera, ce sont les bus nos 24 et 25 *(tlj de 7h à 22h20, ttes les 40 mn env).* Il existe aussi 2 ***bus de nuit,*** les nos 8 et 9, qui roulent de 22h34 à 2h le week-end.
Le billet simple sans correspondance (1,50 €) s'achète auprès du conducteur. Bien plus avantageux d'avoir une carte SUMA si vous souhaitez faire plusieurs trajets.

Métro et tramway

Rens : ☎ 900-46-10-46. • metrovalencia.es •
Valence est desservie par ***10 lignes de métro.*** Elles ferment à 2h30 les vendredi, samedi et jours fériés, et à 23h30 en semaine. Dans certaines stations, plusieurs lignes se partagent un même quai, donc regardez bien l'affichage avant de monter dans la rame.
La ligne 4 (bleue) est très pratique car elle permet d'accéder rapidement tant au palais des congrès qu'aux plages. La nouvelle ligne 10 (vert pâle), permet de rejoindre, de la nouvelle station *Alacant,* le quartier de la Cité des arts et des sciences, aux stations *Ciutat arts i ciències-Justícia* et *Oceanogràfic,* en passant par Ruzafa.
Le ticket de métro coûte 1,50 € pour les zones AB et jusqu'à 4,80 € pour la zone C. Il est valable 30 mn ; sinon, inclus dans les cartes SUMA.
La ligne de ***tramway*** n° 6, très utile, épouse à peu près le trajet de la ligne 4 du métro entre Benimaclet et Les Arènes, et poursuit jusqu'à Marítim-Serrería.

Taxis

Paradoxalement dans une ville qui vit tard la nuit, les transports en commun s'arrêtent assez tôt ! Heureusement, les taxis sont nombreux et bon marché. Prise en charge minimum 4 € le jour, 6 € la nuit, en centre-ville ; suppléments de prise en charge à l'aéroport 4,95 €.
🚗 ***Radio Taxi :*** *☎ 963-70-33-33. • radiotaxivalencia.com •*
🚗 ***Tele Taxi :*** *☎ 963-57-13-13. • teletaxivalencia.com •*

Voiture

Dans le centre de Valence, la voiture est une très mauvaise idée, puisque ***tout se fait à pied,*** et que le centre historique est en passe, petit à petit, de ***devenir entièrement piéton***, comme le préfigure la piétonnisation récente de la *plaza de la Reina*. Et c'est déjà le cas tout autour du *mercat central,* désormais piéton, et *plaça del Ayuntamiento* (place de l'hôtel de ville) totalement piétonne (sauf une voie sur l'un de ses flancs). Il est donc très difficile, voire impossible, de s'y garer.
Les emplacements extérieurs payants restent abordables, même s'il faut revenir mettre des pièces au bout de 2h *(env 0,80-1 €/h dans l'hypercentre),* mais ils se raréfient à toute vitesse. Leur avantage en effet, ce sont les horaires payants finalement assez restreints, généralement 9h-14h et 16h-20h, donc moins onéreux que les parkings couverts (comme ceux de la place Tetuán ou au *Corte Inglés*) qui sont payants 24h/24 *(env 2,50 €/h ou forfait 20-25 €/24h),* mais deviendront à terme la seule solution.

Les quartiers

Dans le ***quartier del Carmen*** *(plan I, C1, et zoom B-C1-2)* se concentre l'activité piétonne. C'est la vieille ville telle qu'on l'aime, avec ses rues qui se faufilent entre les anciens palais. La tranquillité des ***rues de la Seu*** *(zoom C1)* contraste avec les matinées à l'agitation fébrile du ***quartier del Mercat*** *(zoom C2).*
Les commerces et les magasins de mode se concentrent dans le ***quartier Colón*** *(plan I, D3),* et, la nuit tombée, les Valenciens fréquentent volontiers les cafés cosy de la place du *mercat Colón* et son architecture moderniste.
D'un urbanisme moderne et fonctionnel, le ***quartier Gran Vía*** *(plan I, D4 et plan II, E6)* se termine sur les rives verdoyantes de l'***ancien cours du riu Túria.*** Après les terribles inondations de 1957, Valence évita de

justesse le projet d'autoroute de l'administration de Franco, grâce aux protestations des Valenciens qui font entendre leur désaccord : « *Queremos un riu verde* ! » (« Nous voulons un fleuve vert ! »). Combat gagné par les Valenciens, le fleuve fut détourné au moyen d'un canal régulé par des barrages puis comblé pour devenir un immense jardin. L'ancien lit, désormais aménagé sur plus de 9 km (et même 15 km si l'on compte large), peut d'ailleurs faire l'objet d'une visite à lui seul. On y flâne à travers des jardins, véritables poumons verts de la ville, ponctués de ponts, de terrains de jeux et de sport et de quelques kiosques pour se rafraîchir jusqu'à la ***Cité des arts et des sciences,*** la Valence futuriste surgie de terre depuis le milieu des années 1990.

Au sud-est du centre-ville, au-delà de l'avenida del Reino de Valencia, ***Ruzafa*** est un ancien quartier ouvrier et populaire devenu le nouveau quartier branché et bobo de Valence. Il est animé dans la journée par son ***marché*** *(tlj sauf dim 7h30-15h),* moins touristique et moins léché que le marché central. Mais c'est en soirée qu'il faut venir profiter de l'ambiance et faire la tournée des bars. Également intéressant pour ses immeubles dont certains présentent de belles façades décorées et ses galeries d'art (voir plus bas « Achats et galeries d'art »).

Le ***quartier maritime,*** à l'est du centre-ville (accessible en métro et tramway), conserve encore de beaux restes de son passé industriel comme les entrepôts *(tinglados)* 2, 4 et 5 construits à partir de 1911, de style moderniste avec leurs céramiques décorées de guirlandes de fruits et de fleurs. L'ancienne gare maritime se repère grâce à sa tour de l'horloge, et le ***port de plaisance de Valence,*** officiellement *Marina de Valencia (ex-Marina Reial Juan Carlos I ; plan II, H7),* spécialement conçu pour l'America's Cup, affiche une belle jetée moderne aménagée de nombreux bars et restos, très appréciés des Valenciens le week-end. Pour une vue d'ensemble, grimper dans *Veles e Vents,* le bâtiment moderne qui marque l'entrée de la promenade et offre un panorama extra sur la grande bleue.

Il se prolonge au nord par la ***longue plage de sable de La Malvarrosa,*** véritable station balnéaire citadine bordée par l'***ancien quartier des pêcheurs Cabanyal*** *(**El Cabañal** ; plan II, H6),* composé de petites maisons qui se serrent les unes contre les autres. Allez y faire un tour avant qu'il ne devienne sans doute, un jour, le prochain quartier branché de la ville.

Où dormir ?

Campings

La plupart des campings se trouvent vers la plage d'El Saler, le village d'El Palmar et le joli parc naturel de l'Albufera, à une quinzaine de kilomètres au sud de la ville. Difficile toutefois d'en trouver un qui sorte du lot...

Camping Park : *ctra del Riu, 548, 46012* ***El Saler.*** *☎ 961-83-02-44. • reservas@campingparkelsaler.com • campingparkelsaler.com • Un peu avt le village d'El Saler. Compter 24-40 € pour 2 pers avec tente et voiture. Bungalows 2-4 pers 65-90 € ; cabanes 2-4 pers 50-70 €. CB refusées.* Emplacements séparés plus ou moins ombragés. Épicerie, piscine et terrasse. Quelques bungalows. Pas trop chargé mais assez vieillot, et sous-équipé côté sanitaires (surtout en été !). Seul avantage : à 200 m de la plage.

Auberges de jeunesse

Outre les 2 auberges de jeunesse officielles de la ville, vous trouverez ci-après des AJ privées à des prix sages.

Hôme Youth Hostel *(zoom C2,* ***20****) : c/ La Lonja, 4, 46001. ☎ 963-91-62-29. • youthhostel@homehostelsvalencia.com • homeyouthhostel.com • Réception à l'étage, et ça grimpe ! Tlj 24h/24. Nuitée 20-42 €/pers selon saison et confort ; doubles 52-127 € selon saison.* Une excellente

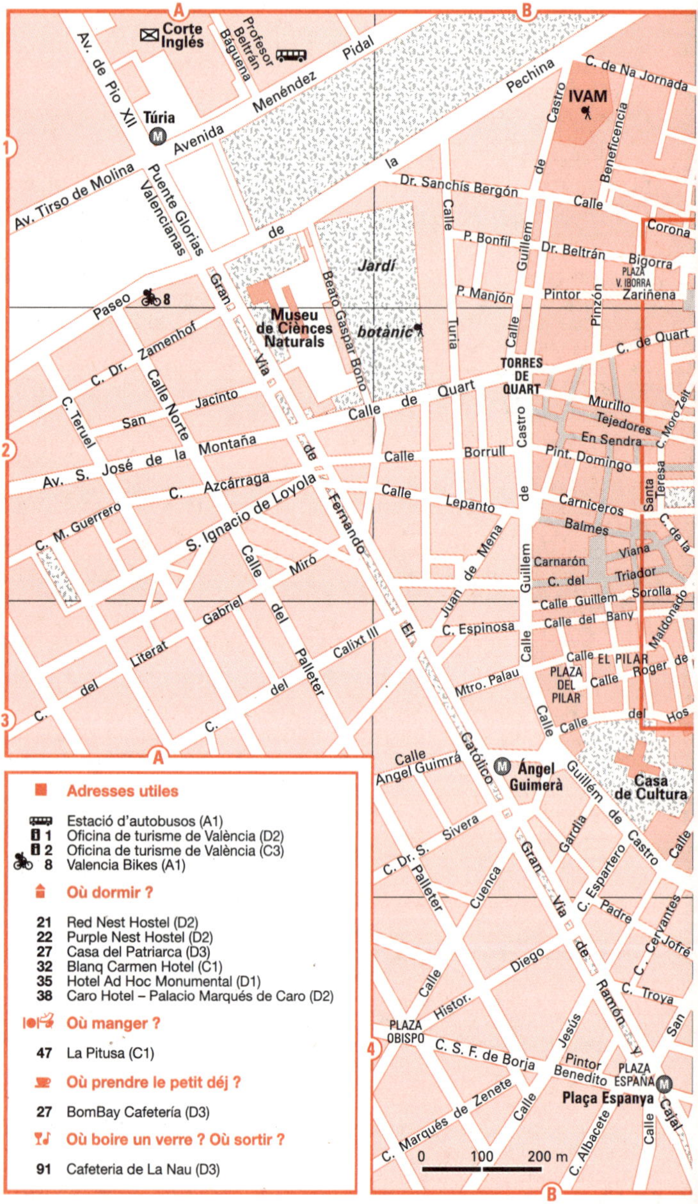

Adresses utiles

- Estació d'autobusos (A1)
- 1 Oficina de turisme de València (D2)
- 2 Oficina de turisme de València (C3)
- 8 Valencia Bikes (A1)

Où dormir ?

- 21 Red Nest Hostel (D2)
- 22 Purple Nest Hostel (D2)
- 27 Casa del Patriarca (D3)
- 32 Blanq Carmen Hotel (C1)
- 35 Hotel Ad Hoc Monumental (D1)
- 38 Caro Hotel – Palacio Marqués de Caro (D2)

Où manger ?

- 47 La Pitusa (C1)

Où prendre le petit déj ?

- 27 BomBay Cafetería (D3)

Où boire un verre ? Où sortir ?

- 91 Cafeteria de La Nau (D3)

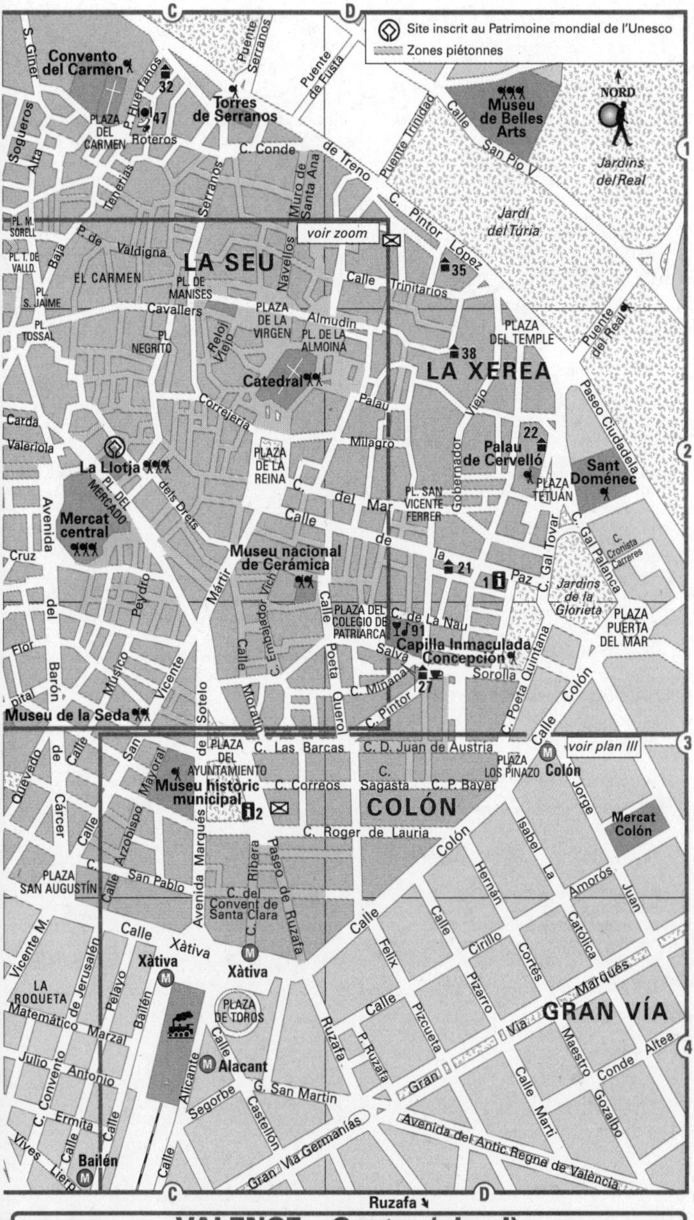

VALENCE – Centre (plan I)

Adresses utiles

4 Agence consulaire de France (C2)
9 Do You Bike (D2)

Où dormir ?

20 Hôme Youth Hostel (C2)
23 Center Valencia Youth Hostel (C1)
25 Mon Suites Catedral (C2)
26 Hostal Antigua Morellana (C2)
28 Cosy Rooms Tapinería (C2)
29 Cosy Rooms Bolsería (C2)
30 Cosy Rooms Embajador (C3)
33 Hotel Ad Hoc Carmen (C1)
36 Petit Palace Plaza de la Reina (C2)

Où manger ?

39 El Colmado de la Lola (C2)
40 El Kiosko (C2)
41 Central Bar (C2)
42 Boatella Tapas (C2)
43 Utielana (C3)
44 Orio (C3)
45 Birlibirloque Gastro Bar (D2)
46 Bar La Pilareta (B-C2)
48 Bisbe (C2)
49 Bar & Kitchen (C2)
50 La Sénia (C2)
51 Oslo (C2)
52 La Salvaora (C2)
53 La Riuà (D2)
54 Sidrería El Molinón (C2)
55 TagoMago (D3)
56 LaLola (C2)
57 Deli_rant Vlc (D3)

Où prendre le petit déj ?

80 Granier (C2)
81 Federal Café (C3)

Où boire une bonne *horchata* ?

83 Horchatería-chocolatería Santa Catalina (C2)

Où boire un verre ? Où sortir ?

85 Cafè Sant Jaume (C2)
86 Infanta (C2)
87 Café de las Horas (C1)
88 Restaurant La Tapinería (C2)
89 Radio City (B2)
90 Jimmy Glass Jazz (C1)

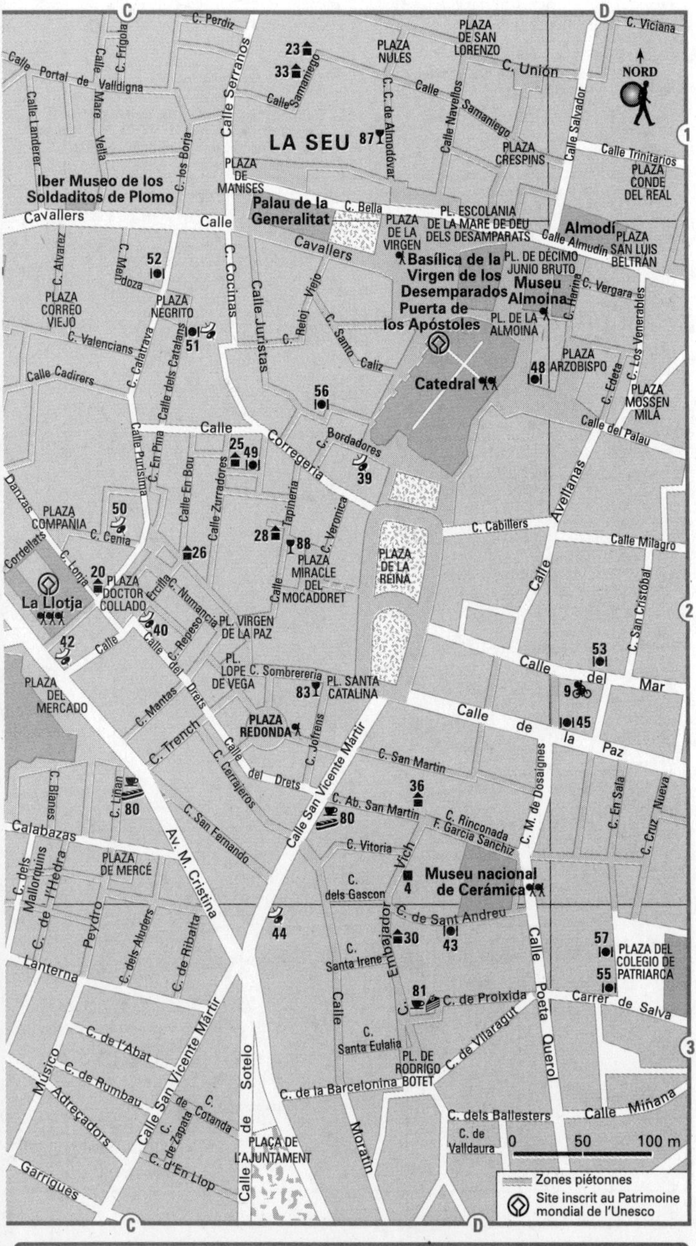

VALENCE – Zoom

Adresses utiles

- Estación marítima (H8)
- 5 Consulat honoraire de Suisse (F6)
- 11 Solution Bike (F7)

Où manger ?

- 71 Living Bakkali (F6)
- 72 La Pepica (H7)
- 73 Casa Montaña (H7)
- 74 Veles e Vents (H7)

Où boire un verre ? Où sortir ? Où danser ?

- 95 Café Alameda et Llebeig Café (E5-6)
- 96 Marina de Valencia (H7)
- 97 Marina Beach Club (hors plan par H7)
- 111 Akuarela Playa (H6)

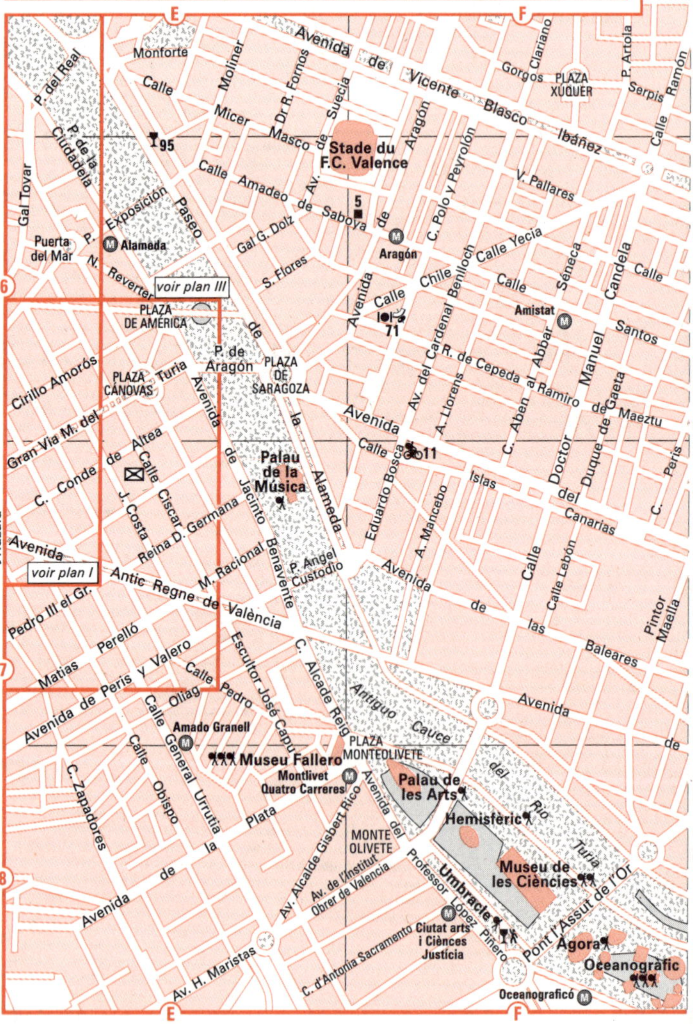

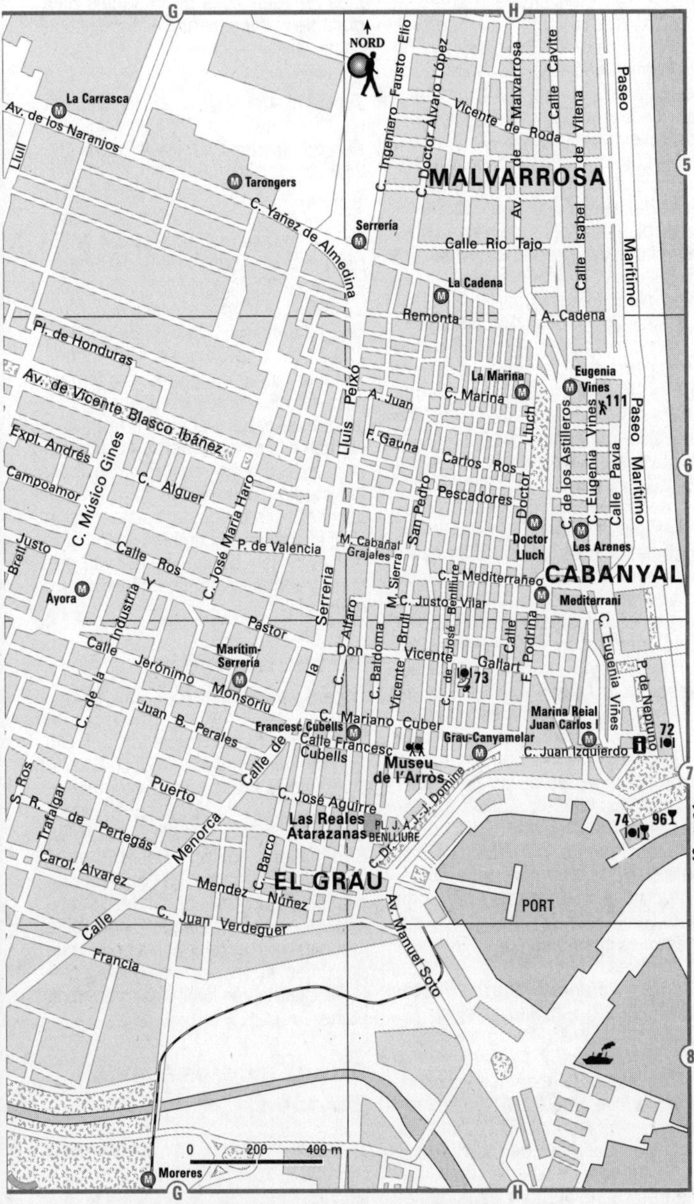

VALENCE-EST – Plan II

adresse très bien située derrière la Lonja. Salon sous verrière avec cuisine, et bonne musique. Chambres de 2 à 4 lits joliment décorées (pochoirs, peintures pop art, graffs), dont certaines avec vue sur la Lonja, desservies par des couloirs presque aussi colorés, meublés façon récup' vintage qui rappelle les sixties. Une salle de bains par étage. Plein de docs pour découvrir la ville (plans, location de vélos, etc.). L'ensemble est propre, convivial, et l'accueil très cool.

Red Nest Hostel (plan I, D2, **21**) : *c/ La Paz, 36, 46003. ☎ 963-42-71-68. • rednest@feetuphostels.com • nesthostelsvalencia.com • Dortoirs 4-12 lits 16-39 €/pers selon saison ; doubles 40-92 € ; petit déj 4,50 €.* Dans un superbe immeuble ancien aux fenêtres ouvragées avec des balcons en fer forgé. Les parties communes colorées, décorées de jolis graffitis, desservent des chambres et des dortoirs aux couleurs vives, spacieux et hauts de plafond. Également une grande cuisine-salle à manger, un salon-bar climatisé sous les toits avec billard et TV, etc. Atmosphère détendue, casiers individuels dans chaque chambrée. Terrasse pour laver son linge tout en prenant le soleil. Si le nid est plein, ne pleurez pas et allez chez sa petite sœur qui offre le même type de service, le **Purple Nest Hostel** *(plan I, D2, **22** ; pl. Tetuán, 5, 46003 ; ☎ 963-53-25-61 ; • reception@feetuphostels.com • purplenest@feetuphostels.com • nesthostelsvalencia.com •)*, elle aussi dans un bel immeuble mais moins au calme. Seuls les dortoirs ont vue sur la place, les chambres sont nettement plus sombres.

Center Valencia Youth Hostel (zoom C1, **23**) : *c/ Samaniego, 18, 46003. ☎ 963-91-49-15. • info@center-valencia.com • infocentervalencia@gmail.com • center-valencia.com • Dortoirs 4-12 lits 14-26 €/pers ; quelques doubles min 45 € ; petit déj inclus.* Une centaine de lits dans ce grand bâtiment moderne dans une ruelle très calme au nord de la cathédrale. Tous les services : casiers à profusion, laverie, cuisine, salle à manger, ordi à dispo et une petite terrasse très agréable avec vue sur les toits. Pas la plus personnalisée des AJ mais bien pratique et hyper centrale. Accueil efficace, sans empathie.

Appartements

Mon Suites Catedral (zoom C2, **25**) : *c/ Guillem del Rei, 1, 46001. ☎ 961-93-06-72 (résas centralisées). Accueil tlj 10h-20h. • info@monsuites.com • monsuitescatedral.com • En plein centre, à 2 pas de la cathédrale (parking c/ Tapinería, 15-17). Du studio 2 pers au 75 m² pour 6 pers, min 120 € pour 2 pers (en basse saison), min 180 € pour 6 pers ; réduc sur Internet.* Installés sur 5 bâtiments totalement rénovés, répartis dans le centre, dont 2 autour de cette placette, une grosse vingtaine d'appartements au confort et à la déco modernes. Bien équipés, les studios comme les plus grands alignent salle de bains, cuisine, salon (TV), et jusqu'à 3 chambres, le tout soigné et nickel : bonne literie, clim, etc. Très pratique en famille (lit bébé sur demande).

De bon marché à prix moyens (50-90 €)

Russafa Youth Hostel (plan III, D4, **24**) : *c/ Padre Perera, 5, 46006. ☎ 963-31-31-40. • info@russafayouthhostel.com • russafayouthhostel.com • Entrée discrète juste en face de l'église San Valero Obispo. Réception au 1er étage. Doubles 45-100 €. Pas de petit déj.* Petite pension de famille sans prétention mais bien tenue. 6 chambres (doubles, *twin* et de 3 lits), à la déco un peu datée, et des salles de bains à partager. Cuisine très lumineuse au dernier étage.

De prix moyens à chic (50-150 €)

Hostal Antigua Morellana (zoom C2, **26**) : *c/ En Bou, 2, 46001. ☎ 963-91-57-73. • info@hostalam.com • hostalam.com • Doubles 65-95 €. Pas de petit déj, mais thé et infusions à volonté et distributeur de boissons.* Ce petit hôtel familial

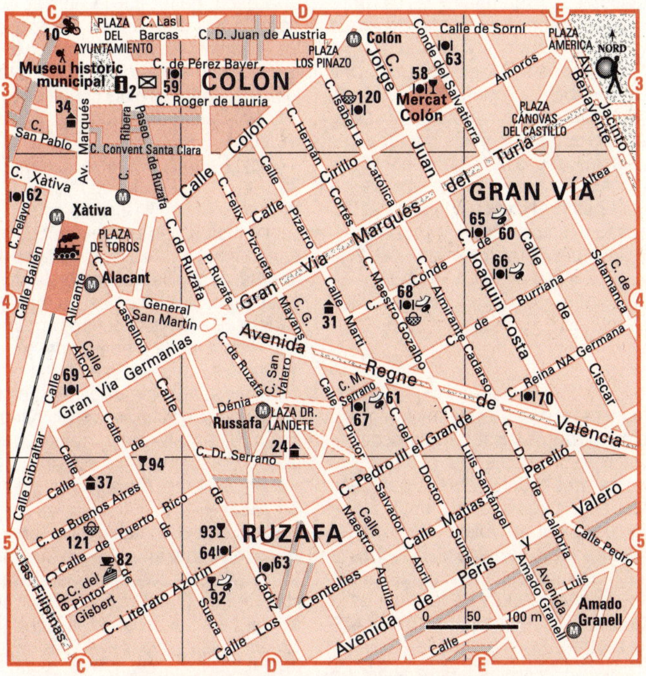

VALENCE – Ruzafa (plan III)

Adresses utiles

- Estació del Norte (C4)
- 2 Oficina de turisme de València (C3)
- 10 Do You Bike (C3)

Où dormir ?

- 24 Russafa Youth Hostel (D4)
- 31 ABC You (D4)
- 34 Casual Valencia del Cine (C3)
- 37 Yours Boutique Stay (C5)

Où manger ?

- 58 Mercat Colón (D3)
- 59 Vuelve Carolina et El Poblet (C3)
- 60 Taberna Andaluza El Albero (E4)
- 61 Cervecería Maipi (D4)
- 62 Gastro Trinquet de Pelayo (C4)
- 63 La Más Bonita (D5 et D3)
- 64 Copenhagen (D5)
- 65 Lambrusquería (E4)
- 66 MercatBar (E4)
- 67 Canalla Bistro (D4)
- 68 Ultramarinos Huerta (D4)
- 69 Bouet (C4)
- 70 Saiti (E4)

Où prendre le petit déj ?
Où déguster une pâtisserie ?

- 82 Dulce de Leche (C5)

Où boire un verre ? Où sortir ?

- 92 Ubik Café-Libreria (D5)
- 93 La Bella de Cádiz (D5)
- 94 Olhöps Craft Beer House (C5)

Achats

- 120 Poppyns (D3)
- 121 Gnomo (C5)

(également propriétaire de la boulangerie au bout de la rue) conjugue agréablement le style et le calme d'un immeuble ancien avec des prix raisonnables. Situation idéale, en plein centre-ville, derrière la Lonja. Chambres petites, mais confortables et lumineuses, avec balconnet sur rue ou fenêtre sur cour (soyez rassuré, ce n'est pas du Hitchcock !), clim et TV. Très bien tenu et excellent accueil.

Casa del Patriarca *(plan I, D3,* ***27****)* **:** *c/ Salvá, 12, 46002. ☎ 960-03-10-70. • info@casadelpatriarca.com • casadelpatriarca.com • Doubles 75-140 € selon confort. Pas de petit déj. Réduc de 10 % sur les doubles en hte saison sur présentation de ce guide.* Charmant petit hôtel totalement rénové, dont l'entrée ne laisse rien soupçonner. Certaines chambres sont petites, mais toutes très confortables, habillées de blanc, jusqu'à la tête de lit façon parquet peint, et volets intérieurs (et balcons pour certaines). Douches à l'italienne impeccables dans toutes les chambres, excepté la triple et la simple, dont les salles de bains privées sont à l'extérieur de la chambre. Attention, l'escalier est raide et il n'y a pas d'ascenseur. Pour le petit déj, il y a le *BomBay Cafe* au rez-de-chaussée (voir plus loin « Où prendre le petit déjeuner ? »).

Pour les 3 établissements suivants, une seule réception au **Cosy Rooms Tapinería** (ouverte 24h/24) : on vous y remettra une carte magnétique et un code pour accéder aux autres hôtels. Même tarifs pour les 3 et même concept : une vingtaine de chambres dans chaque établissement, confort moderne, mais déco minimaliste contemporaine et services réduits (pas de petit déj), autant le savoir. Sachez aussi que dans les 3 hôtels, les chambres du dernier étage disposent d'une terrasse.

– **Cosy Rooms Tapinería** *(zoom C2,* ***28****)* **:** *c/ Tapinería, 13, 46001. ☎ 963-15-50-42. • info.tapineria@cosyroomsvalencia.com • cosyrooms-tapineria.com • Doubles 81-130 € (117-170 € avec terrasse). Pas de parking.* Idéalement placé, à 2 pas de la cathédrale, dans une ruelle piétonne. Un établissement bien de son époque à la déco jouant sur le noir et doré dans le hall, des tons naturels pour les chambres (toutes différentes) et du noir dans les salles de bains. Pas toujours très grandes mais certaines avec balcon. Demandez à choisir. Accueil expéditif.

– **Cosy Rooms Bolsería** *(zoom C2,* ***29****)* **:** *Monje, 4.* Proche du marché central mais tranquille car en retrait de l'animation. Dans un ancien couvent entièrement restauré et relooké où le côté dépouillé est resté de mise. Chambres plus grandes qu'au *Tapinería,* avec pierres et poutres apparentes, mais avec la même déco, toutes différentes dans leur configuration et certaines sont communicantes : plutôt sympa pour les familles ou les bandes de copains. Micro-terrasse avec jacuzzi et superbe vue sur la ville.

– **Cosy Rooms Embajador** *(zoom, C3,* ***30****)* **:** *Embajador Vich, 5.* Ici, l'hôtel est carrément installé dans un bel immeuble... qui fut autrefois une maison close : on a conservé dans chaque chambre un grand miroir en souvenir du passé ! Les chambres sont (un chouia) plus spacieuses et plus hautes de plafond que dans les 2 autres. Celles sur cour sont plus calmes, celles sur rue plus lumineuses. Terrasse cosy et agréable donnant sur les toits.

ABC You *(plan III, D4,* ***31****)* **:** *c/ del Taquígrafo Martí, 10, 46005. ☎ 963-81-55-60. • info@abcyou.es • abcyou.es • Doubles 99-150 € ; 2 apparts 3-5 pers 100-150 €, selon saison ; petit déj-buffet 9 € (inclus si résa en direct). Réduc sur Internet.* Un bon point pour ce petit hôtel idéalement placé, dans une rue calme à 2 pas de tous les centres d'intérêt. Ce bel immeuble centenaire a été rénové avec goût, en préservant le cachet ancien du lieu, allié à une déco moderne. Carreaux de ciment, murs et linge blanc, égayés par quelques meubles de couleurs vives. Les chambres sont très bien équipées et 2 d'entre elles, en rez-de-jardin, donnent directement sur le charmant patio à l'arrière, très agréable en été. Agréable salle de petit déj lumineuse, salon de thé dans la journée, accessible à tous, pour un verre, une pause-café ou encore pour grignoter. En prime, un super accueil.

Blanq Carmen Hotel *(plan I, C1, **32**) : c/ Blanquerías, 11, 46003. 674-66-63-09. • info@blanqhotels.com • blanqhotels.com • Doubles 85-160 € selon saison ; petit déj-buffet 9 €.* Un établissement résolument moderne, aménagé dans un joli bâtiment historique à 5 mn à pied du cœur battant du barrio del Carmen. Belles chambres de tailles variables, assez grandes pour certaines. Draps blancs et lit épais, juste comme il faut, salle de douche à l'italienne immaculée. Préférez celles qui donnent sur le flanc ou sur la courette, plus calmes. Belle terrasse avec bar et jacuzzi, très joliment aménagée, avec vue sur les Torres de Serranos, où l'on prend le petit déj en été ; l'hiver, c'est au chaud dans la salle claire et lumineuse, à côté de la réception. Bon accueil en prime.

Hotel Ad Hoc Carmen *(zoom C1, **33**) : c/ Samaniego, 20, 46003. ☎ 960-45-45-45. • adhoccarmen@adhoc hoteles.com • adhochoteles.com • ♿ Doubles avec sdb 65-140 € ; duplex 4 pers 100-230 €.* Dans un environnement très calme, et installé dans un édifice historique datant du XVe s, comme en témoigne l'entrée avec son beau plafond à caissons. Chaque étage affiche une couleur différente. Les belles portes en bois cachent des chambres très contemporaines à l'ameublement dépouillé, certaines avec mezzanine. Au dernier étage, agréable duplex avec terrasse. Un hôtel avec du cachet et d'un excellent rapport qualité-prix.

Casual Valencia del Cine *(plan III, C3, **34**) : c/ del Convento San Francisco, 7, 46002. ☎ 963-51-74-60. • cine@casualhoteles.com • casual hoteles.com • Doubles 80-180 € selon saison (jusqu'à 250 € certains jours !).* Bien placé dans une rue piétonne, cet hôtel contemporain de 6 étages vous fait tout un cinéma. Les chambres, pas très grandes mais avec tout le confort, sont décorées de stickers, d'affiches ou de fresques illustrant un film ou un dessin animé en guise de tête de lit, entre autres. À vous de choisir si vous préférez dormir avec *Pirates des Caraïbes, Amélie Poulain, Harry Potter* ou bien *Singing in the Rain,* à moins que les enfants ne préfèrent *Mowgli et le livre de la jungle.* Petits balcons pour celles donnant sur rue, sans oublier une salle à manger agréable pour prendre un bon petit déj.

De chic à très chic (de 90 à plus de 150 €)

Hotel Ad Hoc Monumental *(plan I, D1, **35**) : c/ Boix, 4, 46003. ☎ 963-91-91-40. • adhoc@adhochoteles.com • adhochoteles.com • ♿ Doubles 89-180 €, jusqu'à 240 € en très hte saison ; petits déj-buffet 11-15 €.* Dans un ancien édifice du XIXe s, cet hôtel, loin des ambiances standardisées, a su garder ses éléments de construction d'origine. Il est superbe dès la réception aux murs et colonnes de brique d'origine, plafonds peints somptueux et carreaux de ciment anciens, disposés volontairement comme de grands tapis, et l'ensemble est meublé avec beaucoup de goût par un antiquaire. Les chambres côté rue, avec balconnet, sont plus spacieuses et les supérieures du dernier étage, plus vastes, disposent d'une terrasse. En résumé : classe, romantique, tout confort et d'excellente tenue.

Petit Palace Plaza de la Reina *(zoom C2, **36**) : c/ de l'Abadía de San Martín, 3, 46009. ☎ 963-94-51-00. • plazadelareina@petitpalace.com • petitpalaceplazadelareina.com • ♿ Doubles 92-180 € en général, jusqu'à 280 € en hte saison ; petit déj-buffet env 15 € (réduc si on le prend pour tt le séjour).* Ancien palace du XIXe s dont le hall a été totalement rénové et relooké pour adopter une déco et un confort plus moderne. Les chambres parquetées sont plus standard. Quelques-unes sous les toits avec terrasse, et des familiales bien pratiques. Petit déj-buffet copieux dans une salle devant la réception.

Yours Boutique Stay *(plan III, C5, **37**) : c/ de Cuba, 19, 46004. ☎ 960-43-93-20. • info@thisisyours.es • this isyours.es • Fermé 24-25 déc. Doubles 100-170 € selon saison (peut grimper à 280 € certains jours en hte saison) ; petit déj env 10 €.* En plein centre de Valence, dans le quartier animé de Ruzafa, ce bel immeuble à la façade

XIXe s a été magnifiquement rénové et transformé en cet hôtel au design moderne et minimaliste très réussi. Les chambres, aux lignes pures et sobres, aménagées en matériaux naturels (bois, béton ciré...), sont d'un confort optimal et invitent à la détente et à la zénitude. Certaines avec petit balcon et d'autres plus spacieuses avec mezzanine. Également quelques petits appartements avec kitchenette et une déco au diapason. Pour clore, penthouse avec terrasse privée (plus cher, y'a pas de mystère !). Petit déj servi aux beaux jours dans l'adorable patio, à proximité de la minipiscine.

Caro Hotel – Palacio Marqués de Caro (plan I, D2, **38**) **:** *c/ Almirall, 14, 46003. ☎ 963-05-90-00. • info@carohotel.com • carohotel.com • Double min 210 € (promos sur le site) ; petit déj 22 €. Parking privé 25 €/j.* C'est presque un hôtel-musée qui se cache derrière la façade de ce vieux palais niché dans la ville ancienne (pas simple de se garer dans le coin !). Il a subi une admirable rénovation, mariant avec succès confort, mobilier design et respect des murailles antiques. Vestiges archéologiques, escalier médiéval, voûtes gothiques ou murailles arabes, chaque espace et chaque chambre réservent des surprises. Seul bémol, certaines sont assez étroites : c'est qu'on ne pousse pas de tels murs ! Petite piscine extérieure. Le resto *Alma,* au sous-sol de l'hôtel dans d'anciens bains arabes restaurés élégamment et sobrement, vaut la visite rien que pour son cadre. Cuisine raffinée, résa recommandée, peu de tables *(menu déj 25 €).*

Où manger ?

Valence est bien sûr LA ville de la paella et autres *arroces* (plats à base de riz). Il est donc temps de vous plonger un peu dans la rubrique « Cuisine » dans « Catalogne-Valence : hommes, culture, environnement ».

Dans le centre historique

Tapas

El Colmado de la Lola (zoom C2, **39**) **:** *c/ dels Brodadors, 10. 637-62-72-47. • reservas@lalolarestaurante.com • Tlj sauf mer 12h-16h, 19h-minuit ; en continu jeu-dim (dernier service à 23h). Tapas 6-15 € ; plats 8-21 €.* Littéralement « L'Épicerie de la Lola », restaurant éponyme à 2 pas (voir plus bas). Ce bar à tapas, idéalement placé face à la cathédrale, est une belle opportunité dans ce coin de la ville hypertouristique. Bonnes tapas, copieuses de surcroît, autour d'une table en salle, ou sur l'une des tables hautes en terrasse, vite prises d'assaut (il y en a très peu). Bien aussi pour un petit poisson frais du jour ou encore des planches de bonnes charcuteries et fromages.

El Kiosko (zoom C2, **40**) **:** *c/ dels Drets, 38. ☎ 963-91-01-59. Tlj 9h-23h30 (17h30 dim-mar). Menu midi 11 € ; bocadillos et tapas 2-8,50 € (supplément en terrasse).* Petite salle à l'ancienne (miroirs, azulejos et mobilier bon marché) et terrasse toujours très fréquentée sur la placette (avec la photo du patron en façade !). Les touristes côtoient les habitués venus pour le menu, la bonne affaire du coin. Paellas, *arroces,* gaspachos, plats du jour et *raciones.*

Central Bar (zoom C2, **41**) **:** *dans le mercat central, stand 105-131 (à l'opposé de l'entrée principale, au fond à gauche). ☎ 963-82-92-23. • redes@ricardcamarena.com • Lun-sam 9h-15h30 (15h lun-ven). Fermé dim. Raciones 3,80-15 €, bocadillos 4,80-7,50 €.* Comme de juste dans un marché, des produits frais préparés à la commande, en particulier de délicieuses fritures de fruits de mer à déguster autour du comptoir en U, perché sur des tabourets. Sinon, de bons *bocadillos* à emporter. Et si tout est tellement soigné, c'est qu'il s'agit de l'annexe d'un chef renommé, Ricard Camarena (dont vous croiserez les menus dans d'autres restos en ville). Succès oblige, beaucoup de monde, surtout entre 13h30 et 15h30 (s'inscrire auprès du serveur ; on vous rappelle quand votre place est dispo) !

Boatella Tapas *(zoom C2, **42**) : pl. del Mercat, 34. ☎ 963-91-13-14. Tlj sauf mar de 8h jusqu'à tard. Congés : 1 sem en avr et 10 j. en août. Raciones 4,50-15 €, bocadillos 5-6,50 €.* Juste en face de l'entrée principale du marché, un petit bar à tapas ouvert sur la rue avec petite terrasse, populaire et sans prétention. Une adresse typique et fréquentée par les Valenciens.

La Sénia *(zoom C2, **50**) : c/ de la Sénia, 2, et c/ l'Estamenyeria, 4. 611-49-76-77. • laseniavlc@gmail.com • Tlj jusqu'à tard. Tapas 8-16 €.* Une très belle surprise que ce bar à tapas nouvelle génération : recettes revisitées originales et portions joliment présentées. Les tapas tradi (ou végétariennes) sont délicieuses et créatives. Ça a du goût, de la gueule et on en redemande ! Belle sélection de vins au verre et sangria maison. Service jeune et souriant. Terrasse dans la ruelle au calme. Un sans-faute, avec un effort dans le choix de produits bruts bio. Attention, ce n'est pas bien grand, ne pas venir trop tard pour avoir une table !

Orio *(zoom, C3, **44**) : c/ de San Vicente Màrtir, 23. ☎ 963-51-19-92. 679-20-20-40. • reservas@gruposagardi.com • info@gruposagardi.com • Tlj 12h-minuit. Pintxo 2,30 € ; raciones et plats 10-24 €. Vins au verre dès 3,50 €.* Ici, tout est en longueur, la salle, le bar, les tables (mais pas le service, ouf !). Au plafond, une grande barque accrochée à l'envers coiffe le décor. *Pintxos,* tapas et petits plats basques de bonne qualité. Pour les *pintxos,* on se sert sur le bar à sa guise, à la fin la serveuse compte les pics pour l'addition ! Accueil sympathique en sus.

De très bon marché à bon marché (max 15 €)

Utielana *(zoom, C3, **43**) : c/ de San Andrés, 3. ☎ 963-52-94-14. Juste derrière le musée de la Céramique. Tlj sauf sam soir et dim 13h15-16h, 20h30-22h30. Plats du jour 6,50-13 € ; repas 12-20 €.* Une cantine populaire comme on les aime. On se restaure dans l'une des 2 salles (l'une est décorée d'azulejos), un peu sombre mais climatisée, sous le portrait des fondateurs du resto. Pour les gros appétits, la spécialité de la maison est le *cordero al horno* (agneau au four). Bonne cuisine et bon accueil.

Birlibirloque Gastro Bar *(zoom D2, **45**) : c/ de la Paz, 7. ☎ 960-64-44-59. • info@birlibirloquebar.es • Tlj sauf dim-lun 13h30-16h, 20h-1h. Congés : 10 j. en août. Menu env 15 € au déj mar-ven et 19 € soir et w-e (entrée, plat, dessert). Birlibirloque* (qui veut dire : « comme par enchantement »), c'est un « gastrobar », au rez-de-chaussée du restaurant gastronomique *Entrevins,* du chef Guillaume Gloriès, Français élu meilleur sommelier en Espagne. On l'aime pour le rapport qualité-prix du menu déj, qui permet d'avoir un aperçu de la cuisine. Grande salle et bar à la déco vintage, doublé d'une petite terrasse sur la rue piétonne.

Bar La Pilareta *(zoom B-C2, **46**) : c/ Moro Zeit, 13. ☎ 963-91-04-97. • info@barlapilareta.es • Tlj 12h30-23h30. Tapas min 3 € ; carte 10-15 €.* Une institution, inébranlable, fondée en... 1917 : on vient toujours s'accouder au comptoir de ce bistrot patiné par le temps pour avaler sa ration de *clóchinas* (moules à la valencienne) ou de *mejillones,* plus grosses, tout en prenant bien soin de jeter les coquilles dans les casiers au pied du comptoir. Petite terrasse aussi. Et tout ça vraiment bon marché !

La Pitusa *(plan I, C1, **47**) : c/ Padre Huérfanos, 4. ☎ 963-91-12-19. • info@lapitusarestaurante.es • Tlj sauf dim 13h-16h, 20h30-1h. Menus midi en sem 10-12 € ; tapas et plats 5-19 €.* Dans ce coin tranquille du centre historique, *La Pitusa* bénéficie d'une belle terrasse, à l'ombre des murs du couvent del Carmen, sur une jolie place avec sa fontaine et ses angelots. À l'intérieur, une salle coquette et soignée dans un esprit rustique-chic : bois brut, grandes ardoises pour les menus, et jolis coussins colorés sous des lumières tamisées. Menu du jour vraiment intéressant et à prix très serré ; mais aussi des propositions à la carte, un peu plus travaillées. Accueil sympa tout comme l'endroit.

Bisbe *(zoom C2, **48**) : pl. de l'Arquebisbe, 6. ☎ 963-92-25-27.*

Derrière la cathédrale. Tlj sauf dim soir (fermé dim tte la journée en août) et lun, 12h30-minuit (plus tard s'il y a du monde). Cuisine fermée 16h-19h45, mais petite restauration possible. Menu dégustation 22 € (7 plats) ; paella sur commande min 14 €/pers. Pichet d'agua de València 15,50 € (cocktail à base de cava, jus d'orange, vodka et gin). Un joli gastro-*taberna,* comme il aime à se présenter. Déco moderne et chaleureuse. Petite véranda confortable, climatisée, fraîche et lumineuse. Très bien le midi pour une pause déj rapide avec les *puntitas* (mini-sandwichs aux ingrédients finement coupés). Également des salades et les incontournables paellas.

Bar & Kitchen (zoom C2, **49**) : *mercado de Tapinería. 626-16-26-22. • cuentame@mercadodetapineria.com • Tlj 9h-minuit (petit déj servi jusqu'à midi). Compter 10-15 €/pers ; plats 8-15 €.* Grandes tables de cantine et déco moderne vintage à l'intérieur. Belle terrasse sur la placette à 2 pas de la cathédrale. Cuisine méditerranéenne de bonne qualité, avec des petits plats rondement menés. *Patatas bravas* délicieuses, tout comme les *ceviches.* Également des *tostadas* au jambon, à l'avocat... et les petits déj ne sont pas mal du tout ! Bon rapport qualité-prix. Sympa aussi, ***La Bernarda,*** même style, sur l'autre placette (à 15 m).

Oslo (zoom C2, **51**) : *c/ Catalans, 8. ☎ 960-91-07-22. • info@restauranteoslo.com • Tlj sauf dim et lun soir 13h30-16h, 20h30-0h30. Tapas 2,20-11 € ; plats 9-16 € ; menus env 15 € (déj), puis 27-35 €.* Salle à la déco épurée, murs de brique, parquet d'origine et belle porte d'entrée en bois pour ce resto végétarien, qui ravira tous les adeptes. Une cuisine fine et créative délicieuse qui pourrait emporter également l'adhésion des carnivores. Quelques plats sans gluten également. Agréable petite terrasse aux beaux jours sur la rue piétonne.

Prix moyens (15-30 €)

La Salvaora (zoom C2, **52**) : *c/ Calatrava, 19. ☎ 963-92-14-84. • info@lasalvaora.com • Au niveau de la pl. Negrito. Mar-sam 20h-23h30, plus dim 13h30-15h30. Menus 25-37 € ; plats 11-24 € ; carte 30 €. Apéritif maison offert sur présentation de ce guide.* Animée le soir et la nuit, une taverne tout en longueur très prisée des Valenciens, dans une salle à la déco raffinée et aux tables nappées. Cuisine méticuleuse d'une grande fraîcheur, servie avec attention. Accueil cordial.

La Riuà (zoom D2, **53**) : *c/ del Mar, 27. ☎ 963-91-45-71. • lariua@lariua.com • Tlj sauf dim soir, lun et mer soir 14h-16h, 21h-23h15. Résa conseillée le w-e. Congés : 3 sem fin août-début sept. Menus paella et arroces (min 2 pers) 20-30 €/pers.* L'un des meilleurs restos de la ville, spécialisé dans la cuisine valencienne (voir les nombreux prix et récompenses accrochés aux murs). Réputé surtout pour sa paella et ses *arroces.* Salle un peu bruyante, avec une mezzanine à la déco chargée. Clientèle plutôt familiale le week-end, assez touristique en semaine (et la qualité s'en ressent parfois). Pas de terrasse.

Sidrería El Molinón (zoom C2, **54**) : *c/ Bolsería, 40. ☎ 963-91-15-38. Tlj 13h-16h15, 20h-minuit. Tapas min 1,40 € ; menú del día env 15 € ; plats 15-18 € ; carte 20-25 €.* On remarque à peine ce petit bar aussi étroit qu'un conduit de cheminée aux murs d'ardoise (où l'on inscrit les tapas et vins du jour !). On y vient avant tout pour le cidre qui, contrairement à son grand frère basque, est ici en bouteille capsulée. Pour vous régaler, mariez-le avec la pointe acide d'un fromage de Cabrales, le choix ne manque pas !

TagoMago (zoom, D3, **55**) : *pl. del Colegio del Patriarca, angle c/ de Salvá, 1. ☎ 963-24-63-25. Tlj 13h-16h30, 20h-minuit. Menus déj 14 € lun-ven, 18 € le w-e ; dîner 16 € dim-mer, 21 € jeu-sam.* Aux beaux jours, on profite de la grande terrasse bien agréable, à l'ombre des arbres de la place ; le reste du temps, de la grande salle à la déco très design, dans l'air du temps. Le menu (entrée, plat et dessert) est franchement copieux et d'un rapport qualité-prix exceptionnel pour cette adresse un peu chic. Assiettes joliment dressées et plats délicieux. Accueil charmant et agréable.

LaLola (zoom C2, **56**) : c/ Subida del Toledano, 8. ☎ 963-91-80-45. • reservas@lalolarestaurante.com • Tlj 13h30-15h30, 20h30-23h30. Carte 25-30 €. Déco entièrement relookée, à l'image de sa petite sœur, *Colmado de la Lola,* dominante de rouge, tables hautes ou basses au choix. Comptoir à poisson ouvert sur la salle, et produits d'épicerie en vente sur les étagères (rouges). Belle terrasse le long de la rue piétonne. Dans l'assiette, une bonne cuisine valencienne. Les *raciones* de la mer sont délicieuses, comme la brouillade d'oursin, les œufs de *sepia* (seiche) ou la tortilla de crevette. Très bonnes paellas également, tradi ou revisitées. Accueil sympa.

Deli_rant Vlc (zoom D3, **57**) : pl. del Colegio del Patriarca, 4. ☎ 963-25-89-19. • vlc@delirant.es • Tlj sauf dim soir et lun 12h30-0h30. Fermé en août. Menu déj 16 € en sem, 18,50€ le w-e ; autre menu 30 € (4 plats) ; plats 8-20 €. Salle moderne en longueur, murs blanc et noir côté bar contrastent avec les tables en bois blond. Dans l'assiette, une bonne cuisine : spécialités locales revisitées et plats d'ailleurs, comme le tataki de thon, les *bravas* à base de gnocchis, ou encore la crème catalane en version salée au fromage. Les végétariens vont aussi se régaler. Belle terrasse sur la place. Service rapide et pro.

Autour de l'Ayuntamiento

De bon marché à prix moyens (10-30 €)

Mercat Colón (plan III, D3, **58**) : de style moderniste, dans la même lignée architecturale que la gare et le marché central. Entièrement dédié à la restauration, il accueille sous sa halle de nombreux cafés très agréables pour prendre un verre, où l'ambiance bat son plein au moment de l'apéro, en fin de journée. Ou encore, pour boire une *horchata* ; au choix l'**Orxata Daniel** (tlj 10h-22h, jusqu'à 1h ven-sam) ou **La Casa de l'Orxata** (tlj 8h-23h45, jusqu'à 0h30 sam et 22h30 dim). Cuisines de plusieurs genres, dans des stands à la déco moderne et étudiée, avec cuisine ouverte. On mange sur le pouce ou autour de grandes tables. Pour vous mettre en appétit, citons, parmi d'autres, **Ma Khin Café** au sous-sol (tlj sauf dim ap-m 13h-17h, 20h-23h30 – minuit ven-sam) et sa cuisine fusion du Sud-Est asiatique, ou bien **Las Cervezas del Mercado,** qui propose 16 bières à la pression de pays différents, dont plusieurs locales.
Au sous-sol également – vestiges de l'activité d'origine du lieu –, 2 ou 3 épiceries fines (jambons, charcuteries, fromages, etc.), pour rapporter quelques mets locaux (sous-vide pour le transport). Sans oublier l'annexe, toujours au sous-sol, du chef valencien Ricard Camarena, **Habitual** (☎ 963-44-56-31 • info@ricardcamarena.com • ; tlj midi et soir, sauf dim juil-août ; menu arroz 38 €, carte env 35 €), ainsi que son resto **BarX** (tlj), clin d'œil au village de naissance du chef, Bárig. Chef à retrouver aussi dans ses restaurants le **Canalla Bistro** (voir plus bas dans Ruzafa), **Le Central Bar** (au marché central, voir plus haut) et **Ricard Camarena Restaurant,** son resto étoilé, à *Bombas Gens* (voir plus bas).

De prix moyens à plus chic (de 15 à plus de 30 €)

Vuelve Carolina (plan III, C3, **59**) : c/ Correos, 8. ☎ 963-21-86-86. 📱 677-99-07-37. • vuelvecarolina@vuelvecarolina.com • Tlj sauf dim 13h30-17h (17h30 ven-sam), 20h30-minuit (0h30 ven-sam). Résa conseillée. Menus env 29 € le midi, puis 37-69 € ; carte min 30-35 €. Dans une grande salle toute en longueur, aux murs lambrissés, à table ou accoudés au grand bar, les Valenciens branchés se pressent ici pour déguster la cuisine du chef Quique Dacosta (2 étoiles à Denia), qui détourne avec talent les codes des tapas et des plats traditionnels. Texture, préparation, présentation, attendez-vous à être agréablement surpris ! Gardez une place pour le cheesecake... une tuerie ! Si vous souhaitez découvrir la galaxie culinaire de Quique Dacosta, choisissez la porte voisine, **El Poblet** (menus 98-160 € !), pour goûter la cuisine de son gastro 2 étoiles, ou encore sa dernière création ***Llisa Negra*** *(c/ Pascual y Genís, 10 ; 📱 699-18-37-70 ; menus min 50 €),* centrée sur la cuisine de terroir. Mais aussi son ***MercatBar*** (voir plus bas).

À Ruzafa, Colón, Gran Vía et dans l'Eixample

Au sud du centre, ce quartier d'apparence résidentiel aux beaux immeubles anciens (surtout côté Eixample) est parcouru de nombreuses rues fort animées dont raffolent les Valenciens, jeunes et moins jeunes. C'est le nouveau quartier à la mode de la ville, les boutiques de créateurs y poussent comme des champignons et disparaissent à la même vitesse. Restaurants tendance et bars branchés fleurissent à chaque coin de rue et, le soir, c'est là que l'animation bat son plein, surtout à l'approche du week-end. Bref, un quartier plein de vie.

Tapas

Taberna Andaluza El Albero *(plan III, E4,* ***60****)* **:** *c/ Ciscar, 12 (angle c/ Conde de Altea). ☎ 963-35-62-73 ou 963-33-74-28. Tlj sauf dim 12h-16h, 19h30-0h30. Tapas min 5 €.* Fréquentée par une clientèle d'habitués, une taverne dans son jus où les logos des *ganaderías* le disputent sur ses murs aux affiches de flamenco. Très bon jerez, ça va de soi, ambiance andalouse (avec des guitares qui surgissent parfois en fin de soirée) et de bonnes tapas tradi. Quelques tables en terrasse.

Cervecería Maipi *(plan III, D4,* ***61****)* **:** *c/ Mestre Josep Serrano, 1. ☎ 963-73-57-09. • maipi.bar@gmail.com • À cheval entre Eixample et Ruzafa. Lun-ven 13h30-16h, 20h-23h30. Fermé w-e tte l'année. Congés : Semaine sainte et 1re quinzaine de sept. Carte 20-25 €.* L'esprit de famille règne sur ce petit troquet, ouvert depuis plus de 35 ans ! Un grand et vrai zinc, peu de tables : idéal pour faciliter les contacts ! Selon les jours, délicieux *esgarrat, ajoarriero, allipebre, chuletitas del palillo,* etc. Une bonne adresse.

Bon marché (10-15 €)

La Más Bonita *(plan III, D5,* ***63****)* **:** *c/ Cádiz, 61. ☎ 963-23-64-00. • info@lamasbonita.es • Cuisine tlj 8h30-21h30 (23h30 ven-sam) ; petit déj tlj jusqu'à 12h30. Congés : dernière sem de janv et 1re sem de fév. Bocadillos et sandwichs 9-14 € ; petits plats et salades 7-15 €.* Un endroit comme on pourrait en trouver à New York, murs de brique, tables en bois et sol en béton ciré. Idéal pour déguster selon l'heure une salade composée, un bon *bocadillo* ou sandwich, ou encore l'un de ces gâteaux à étages, cheese-cakes et autres pâtisseries colorées qu'affectionnent les Anglo-Saxons. On vous recommande aussi le délicieux chocolat chaud, plus local. ***Autres adresses*** juste à côté du mercat Colón *(plan III, D3,* ***63****)* : *c/ Conde Salvatierra, 19 (☎ 961-22-93-99) et passeig Marítim, 11 (☎ 961-14-36-11).*

Prix moyens (15-30 €)

Copenhagen *(plan III, D5,* ***64****)* **:** *c/ Literato Azorín, 8. ☎ 963-28-99-28. • contacto@restaurantecopenhagen.es • Tlj sauf lun 13h30-16h, 20h-23h30. Menus 14 € au déj lun-ven, puis 25 € ; carte 20-25 €.* Une cuisine végétarienne, fusion méditerranéenne vraiment réussie. Côté décor, l'inspiration, elle, est à 100 % scandinave, comme les propriétaires : lignes épurées, bois blond... Petite terrasse sur la rue. Sinon, à l'une des tables ou accoudé au bar.

Gastro Trinquet de Pelayo *(plan III, C4,* ***62****)* **:** *c/ de Pelayo, 6. ☎ 963-51-41-56. • infopelayo@grupogastrotrinquet.com • Tlj 9h30-minuit. Carte 15-25 €.* Voici une adresse authentique, dont l'entrée est presque planquée si l'on n'est pas attentif. Le *Trinquet* (pelote ancienne), façon cantine gastro, avec sa grande salle haute de plafond, ses briques rouges et ses colonnes bleues – à moins de s'accouder au bar face aux grandes cuisines – mérite un stop. D'abord, parce que la cuisine est bonne, mais surtout pour l'ambiance entre 2 matchs, dont le programme est écrit sur un tableau à l'entrée.

Pour profiter de l'ensemble : assister à un match puis terminer au resto, ambiance garantie ! On accède à la salle de trinquet par la porte à gauche du bar.

Lambrusquería (plan III, E4, **65**) : c/ del Conde Altea, 31. ☎ 963-34-07-53. • ainfo@lambrusqueria.com • Tlj 13h-1h. Pâtes 8-14 € ; plats 10-29 € ; repas 20-30 €. 2 espaces, de chaque côté du porche, pour le même resto, et une vraie déco de *trattoria* ancienne à l'italienne, avec ses grandes étagères pour les flacons. Dans l'assiette, une fois n'est pas coutume, une vraie cuisine transalpine, avec de la *pasta* maison. Terrasse sur la rue, très vite convoitée le week-end par les habitués du quartier.

Plus chic (min 30 €)

MercatBar (plan III, E4, **66**) : c/ Joaquín Costa, 27. ☎ 963-74-85-58. • mercatbar@mercatbar.es • Tlj sauf dim soir-mar-midi. Menu « Gargola » 34 € et « Vermut Lover » 40 € ; carte min 30-40 €. Encore une adresse signée Quique Dacosta : le *MercatBar* est le 1er des établissements qu'il a ouvert à Valence ! Et fut le tout 1er bar à tapas gastronomique de la ville, bien dans son époque ! Il joue ici tant sur le tableau de la modernité pour la déco, avec son long bar immaculé, ses tables au design scandinave et sa cuisine ouverte, que sur l'inventivité des associations culinaires, en travaillant des produits frais régionaux. Franchement réussi, et en explorant bien la carte, on peut s'en tirer à prix raisonnable.

Canalla Bistro (plan III, D4, **67**) : c/ del Mestre José Serrano, 5. ☎ 963-74-05-09. • reservas@canallabistro.com • Tlj 13h30-15h30, 20h-23h. Résa impérative. Raciones à partager 14-21 € ; menu « A compartir » 41 € ; carte min 30 €. Voici la cuisine fusion, aux influences multiples, de Ricard Camarena. Présentations colorées, produits frais, légumes travaillés et recomposés ; des plats à la fois imaginatifs, légers et généreux. Service jeune et efficace (mais vite débordé). L'intérieur, avec une déco datée, manque un peu de lumière, surtout dans les salles tout au fond, le resto s'étant étendu dans les immeubles voisins. Le soir, ça se sent moins. Si vous êtes plusieurs, essayez de réserver les tables rondes près de la cuisine ouverte. Si vous voulez en déguster plus du chef, son resto gastronomique est maintenant à Bombas Gens, au nord du centre historique (lire plus bas « À voir »).

Ultramarinos Huerta (plan III, D4, **68**) : c/ Maestro Gozalbo, 13. ☎ 963-92-92-74. • hola@ultramarinoshuerta.com • Tlj sauf dim-lun 13h-16h, 20h-minuit. Tapas 6-16 € ; plats 16-25 €. Encore la cuisine d'un grand chef, Jorge de Andrés du restaurant *Vertical* et de *La Sucursal* (voir plus loin « *Veles e Vents* »). À la fois épicerie fine, bar à vins et à tapas, et restaurant, repérable à ses enseignes en azulejos. D'un côté l'épicerie traiteur avec grande table d'hôtes, de l'autre la salle de restaurant. De très bonnes tapas créatives et copieuses à partager pour accompagner un verre de vin en terrasse. Des plats tout aussi délicieux, pour découvrir un peu plus la cuisine créative de ce chef réputé.

Bouet (plan III, C4, **69**) : Gran Via de les Germanies, 34. ☎ 960-07-07-89. • bouet@bouetrestaurant.es • Mer-dim 13h30-17h, 20h30-0h30 ; bar ouv jusqu'à 1h ven-sam. Fermé lun-mar. Menus (servis pour tte la table) env 26 € midi en sem, sinon env 37 € ; carte 25-35 €. Une table valencienne très en vogue, et c'est mérité. De cet ancien entrepôt, on a gardé les structures métalliques et les briques apparentes. En bref, l'esprit indus', accentué par des lampes et chaises de créateur, déstructurées. Très bonne cuisine tradi revisitée, carte courte, gage de fraîcheur et de qualité. Tout est délicieusement bon et bien présenté. Véritables *ceviches* péruviens, vraiment réussis, et les épices sont à l'honneur dans pas mal de préparations (mais c'est signalé). Accueil jeune, efficace et souriant en prime. Terrasse un peu bruyante, mais patio au calme.

Saiti (plan III, E4, **70**) : c/ Reina Na Germana, 4. ☎ 960-05-41-24. • info@saiti.es • Tlj sauf dim et lun soir 13h30-15h, 20h30-22h. Menus 45 € au déj, puis 65-90 € le soir. Restaurant bistronomique où les menus dégustation offrent une multitude de plats, mêlant terre et mer. Une cuisine raffinée et réussie, qui table sur la qualité des produits et leur mise en valeur, alliées à des cuissons parfaites. Il faut dire que le chef a un Bib Gourmand et 2 Soles (équivalent des étoiles Michelin) sur le guide *Repsol*. Cadre doux et moderne, nappes blanches et bois blond. Service pro.

De l'autre côté du riu Túria (plan II)

Living Bakkali (plan II, F6, **71**) : *c/ de Xile, 9. 696-38-42-59. • hola@livingbakkali.com • Tlj 13h-2h. Résa très recommandée. Tapas 3-5 € ; plats 7,50-22 €.* Au-delà du riu Túria, la nouvelle adresse où le Tout-Valence se précipite, pour son incroyable décor tout en douceur, avec l'enfilade de petits salons et recoins intimes entre les arches aux couleurs sable rouge qui évoquent le désert. Mais la cuisine méditerranéenne, fine et créative, y est aussi pour beaucoup. D'autant que les prix restent très accessibles.

Dans le quartier de Cabanyal et les environs du littoral (plan II)

Nombreux restos sur le paseo de Neptuno, quasi les pieds dans le sable et le nez dans le vent.

De bon marché à prix moyens (10-30 €)

La Pepica (plan II, H7, **72**) : *paseo de Neptuno, 6. ☎ 963-71-03-66. • info@lapepica.com • reservas@lapepica.com • Tlj 13h-16h, 19h30-23h. Résa obligatoire. Menus min 32 € (servi pour 2 pers min) ; paellas min 18 € ; poissons min 17 €.* Grand resto historique (fondé en 1898 – 125 ans en 2023 ! – et évoqué par Hemingway dans *L'Été dangereux*). Rien n'a vraiment changé dans cette salle immense avec son lot de photos rétro et ses tables espacées qui regardent de près (depuis la terrasse-véranda) ou de loin la mer. Riz réputés ; même la famille royale y a goûté. Une vénérable institution où plane le souffle de l'Histoire, et un incontournable de la paella valencienne. Demander une table sur la terrasse à l'ombre mais face à la plage.

Casa Montaña (plan II, H7, **73**) : *c/ de José Benlliure, 69. ☎ 963-67-23-14. • info@emilianobodega.com • ♿ Tlj sauf dim soir 13h (12h30 w-e)-16h, 19h30-23h30. Fermé Noël et Nouvel An. Tapas min 4 € ; menus min 33 €. Un verre de bienvenue offert sur présentation de ce guide.* De loin notre adresse préférée, un peu à l'écart, dans ce quartier. Une superbe bodega fondée en 1836, remplie de tonneaux et couverte de vieilles affiches à la gloire des grandes marques d'anis et de manzanilla. Spécialités de *habas* (haricots marron), *anchoas, sardinas, planchas* et aussi parmi les meilleures moules de la ville. Vins servis au verre. Plusieurs salles à l'arrière, dont une façon bodega moderne en bois clair qui donne sur la rue parallèle *(c/ Escalante, 94)*. Excellent mais assez cher quand même.

Veles e Vents (plan II, H7, **74**) : *Marina de Valencia. ☎ 963-74-66-65. • reservas@veleseventsvalencia.es • ♿ Tlj 10h-2h.* Nouvelle vie pour ce bâtiment emblématique, construit à l'origine pour la Coupe de l'America en 2007, transformé en espace dédié à la gastronomie et la formation avec une école hôtelière (2e étage). Cette tâche a été confiée aux Andrés, grande famille de restaurateurs valenciens (la mère, le fils, la fille...). On a le choix avec ces 3 restaurants : l'*arrocería* **La Marítima** *(au rdc ; 690-70-52-16. • reservas@veleseventsvalencia.es • ; tlj 11h-18h, plus 20h-23h mer-sam ; menu midi 24 €, carte 30-40 €)*, vaste éventail de spécialités à base de riz ; la **Hoja MalaBar,** restaurant plus international *(au 1er étage ; 677-06-95-48 ; • malabar@veleseventsvalencia.es • ; tlj 12h-minuit ; plats 8-25 €)* ; et le restaurant gastronomique du chef valencien Jorge de Andrés (le fils), mais ici, il a confié la cuisine à un tout jeune chef prometteur, de 24 ans, Franc Espí, et c'est lui qui est au piano de ***La Sucursal*** *(au 3e étage ; • info@restaurantelasucursal.com • ; tlj sauf dim soir-mar 13h30-15h30, 20h30-23h ; menu min 80 €).*

Où prendre le petit déj ?
Où déguster une pâtisserie ?

Granier : *avda María Cristina, 11 (zoom C2,* ***80****), salle intérieure et terrasse ; c/ Abadía San Martín (zoom C2,* ***80****), terrasse sur la rue piétonne. Tlj 8h-21h30.* Bon plan que cette chaîne de boulangeries qui ne cesse de se multiplier dans Valence, pour prendre un bon et copieux petit déj. Jus de fruits frais pressés, boissons chaudes, bonnes viennoiseries, mais aussi délicieux sandwichs avec les pains artisanaux maison. Prix démocratiques...

BomBay Cafetería (plan I, D3, **27**) **:** *c/ Salvá, 12 (au rdc de l'hôtel Casa del Patriarca). ☎ 963-52-31-36. Lun-sam 7h (8h sam)-17h. Fermé dim.* À gauche de l'entrée de l'hôtel, long bar en bois blanchi et fausse bibliothèque en papier peint, petite salle plus intime et cosy à l'arrière, à droite de l'entrée de l'hôtel. Aux beaux jours, terrasses dans la rue piétonne à l'angle et le long de la calle Salvà. Idéal pour le petit déj dans le quartier.

Federal Cafe (zoom, C3, **81**) **:** *c/ Embajador Vich, 15. • valencia@federalcafe.es • Tlj 9h-20h (21h ven-sam).* Grande salle moderne tout en longueur et très lumineuse en angle, très agréable. Pris d'assaut dès le petit déj par une clientèle jeune (et moins jeune).

Dulce de Leche *(plan III, C5,* **82**) **:** *c/ del Pintor Gisbert, 2 (angle c/ Cuba, 46). Tlj 9h-21h (22h en été). Petits déj 7-13 € ; brunchs 10-17 €.* Une déco un tantinet vintage, une belle terrasse (au soleil quand il est là) : que demander de mieux ! Mais on vient aussi et surtout pour les délicieuses pâtisseries argentines à base de *dulce de leche* (confiture de lait, crémeuse à souhait), comme le cheese-cake, et là, on craque ! Brunch le week-end (dont on dit qu'il est le meilleur de la ville !).

Où boire une bonne *horchata* ?

Horchatería-chocolatería Santa Catalina *(zoom C2,* **83**) **:** *pl. Santa Catalina, 6. • info@horchateriasantacatalina.com • Tlj 8h30-21h30.* Un endroit délicieusement rétro (la devanture – superbe – donne le ton !), avec ses tables en marbre et ses serveuses en tablier parme. Ne vous privez surtout pas du plaisir de déguster une bonne *horchata,* toujours accompagnée de *fartons* (sorte de viennoiserie inventée pour la *horchata*), que l'on trempe dedans, dans la jolie salle bien fraîche entièrement décorée d'azulejos.

Món Orxata : de petits kiosques mobiles disséminés un peu partout en ville (dans le centre, près des gares, à la Cité des arts et des sciences, etc.), et qui vendent, bien sûr, de délicieuses et rafraîchissantes *horchatas* artisanales, à emporter et à prix modiques.

– Voir également plus haut, au ***mercat Colón.***

Où boire un verre ? Où sortir ?

La ville a la réputation d'être l'une des plus animées d'Espagne ! La foule est partout, surtout en fin de semaine quand il fait beau. Dans certains quartiers, notamment à El Carmen et Ruzafa, c'est toute l'année.

Dans le quartier El Carmen (zoom B-C1-2)

El barrio del Carmen, ou El Carmen, comme on l'appelle, est un quartier animé des soirées valenciennes. Les bars, aux décors recherchés et aux consommations pas données, pullulent. Jeunes et moins jeunes, touristes en goguette, branchés et moins branchés s'y côtoient. Un peu détrôné par le quartier de Ruzafa, plus branché, El Carmen reste un coin vivant pour entamer la nuit, avec comme épicentre le carrefour de la plaça del Tossal et la carrer dels Cavallers.

Cafè Sant Jaume (zoom C2, **85**) : c/ dels Cavallers, 51. ☎ 963-91-24-01. • cafesantjaumevalencia@gmail.com • Donne sur la placette du même nom. Tlj 6h30-1h30. Tout petit café historique situé dans une ancienne pharmacie avec un émouvant plafond à caissons en bois et un comptoir sculpté. Agréable petite salle à l'arrière, mais la terrasse sous les arbres remporte tous les suffrages pour boire une *agua de València*. On y mélange aussi les *granizados* avec de la bière (un panaché, quoi !). Pas de tapas, mais une adresse bien typique.

Infanta (zoom C2, **86**) : pl. del Tossal, 3. Tlj 10h30-1h30. Un des QG du barrio del Carmen. Grande terrasse stratégique sur la place et très beau décor intérieur qui vaut un coup d'œil, typique également. Bon choix de tapas.

Café de las Horas (zoom C1, **87**) : c/ Conde de Almodóvar, 1. ☎ 963-91-73-36. • lashorasvlc@yahoo.es • ♿ Tlj 10h-1h30 (2h ven-sam). Dans un décor somptueux à l'esprit baroque très théâtral (tentures, bougeoirs d'église, tableaux, etc.), l'adresse idéale pour commencer la soirée, ou s'offrir un tête-à-tête intime en buvant la meilleure *agua de València*. Une adresse insolite et atypique ! Terrasse le long de la rue piétonne.

Restaurante La Tapinería (zoom C2, **88**) : c/ Tapinería, 16. Tlj jusque tard. CB refusées. Dans une ruelle à 2 pas de la cathédrale, une petite salle – dans la maison où vécut José Martí, poète et l'un des fondateurs du Parti révolutionnaire cubain – au bleu très méditerranéen, et surtout une belle terrasse ombragée sur une placette qui fait tout l'intérêt du lieu. Très agréable pour boire un verre. En revanche, évitez d'y manger.

Radio City (zoom B2, **89**) : c/ Santa Teresa, 19. ☎ 963-91-41-51. • oficina@radiocityvalencia.com • radiocityvalencia.com • ♿ Tlj 22h-4h. Concerts tlj en août ; le reste de l'année, jeu-sam à partir de 19h ou 22h30 selon les concerts (également parfois mar et mer, voir le programme sur leur site). Bel espace avec un bar tout de rouge vêtu, de gros tuyaux et des murs et plafonds égayés de fantaisies artistiques (comme cette fresque Kama sutra !). Clientèle jeune et estudiantine appréciant la programmation variée du lieu. Flamenco le mardi vers 22h30 (entrée : env 15 €), concerts, expos et café-théâtre régulièrement, festival de courts-métrages en mai, etc. Très convivial et super ambiance.

Jimmy Glass Jazz (zoom C1, **90**) : c/ Baja, 28. • reservasjimmyglass@gmail.com • Ouv en principe jeu-sam ; parfois des concerts ven-sam dès 20h45 (parfois en sem, programme et résa sur • jimmyglassjazz.net •). Entrée gratuite mais conso obligatoire. LE club de jazz de Valence. Quelques bœufs et concerts live dans une atmosphère bleue très reposante. Billard. Bref, un bar sorti tout droit d'un polar.

Cafeteria de La Nau (plan I, D3, **91**) : c/ La Nau, 2. • csaez@doscerezas.es • ♿ Lun-ven 8h-20h, sam 9h30-14h. Fermé sam ap-m et dim. Dans les bâtiments de l'ancienne université de Valence fondée au XVe s et reconvertie en centre culturel. Un café sympa pour boire un verre dans un agréable patio à l'abri des bruits de la ville. Profitez-en pour jeter un œil aux bâtiments et aux différentes cours. Expos temporaires au 1er étage.

À Ruzafa et dans l'Eixample (plan III)

Tout ce qui fait l'esprit branché de la ville. C'est ici que ça se passe, et les adresses bougent régulièrement, en particulier entre les calle Cuba à l'ouest, calle de Ciscar à l'est ; la calle Reina Doña Maria au sud et calle Denia, puis Conde d'Altea au nord.

Ubik Café-Libreria (plan III, D5, **92**) : c/ del Literato Azorín, 13. ☎ 963-74-12-55. • info@ubikcafe.com • ubikcafe.blogspot.com • ♿ Lun-mar 17h-minuit, mer-dim 11h-1h (1h30 ven-sam). Raciones et tapas 7-13 €. Un lieu alternatif comme on les aime ! À la fois café et librairie, resto bon marché avec des produits écolos et des options végétariennes, mais aussi expositions et concerts, c'est presque un centre culturel à lui tout seul. Toujours très fréquenté par la jeunesse intello-dynamique de la ville, dans une ambiance clairement décontractée.

La Bella de Cádiz *(plan III, D5,* **93***)* **:** *c/ Cádiz, 54.* 651-74-57-12. • *54labelladecodiz@gmail.com* • *Tlj 19h-1h (2h ven-sam et j. fériés).* On se croirait chez un antiquaire ou dans les coulisses d'un théâtre, mais rien d'étonnant, puisque nous sommes ici dans une ancienne brocante où tout est resté en l'état ; mannequins costumés, meubles anciens, bibelots en vrac... Le bar et les tables se sont invités au milieu de ce décor, dans une ambiance un peu hors du temps, idéale pour déguster une bonne *agua de València* (cocktail à base de *cava,* jus d'orange, vodka et gin) ou un cocktail en tête à tête, installé par exemple, sur de vieux fauteuils crapauds autour d'un guéridon. On y parle le français.

Olhöps Craft Beer House *(plan III, C5,* **94***)* **:** *c/ Sueca, 21.* • *info@olhops.com* • *Tlj 18h30-0h30 (1h30 ven-sam).* Un bar à bières original, qui invite à découvrir ses créations artisanales maison, comme l'*Imperial Torrija* qui fleure bon le... pain grillé ou sa fameuse *H2ÖL Brewing y Höp Cream,* la spécialité maison. Mais aussi les coups de cœur du monde entier. L'été, des glaces à la bière, déclinées en 10 parfums (café, chocolat-orange, *turrón...*).

Dans le quartier du paseo de la Alameda (plan II, E6)

En traversant par le pont de l'*Exposició,* puis sur la gauche le long du riu, de **nombreuses terrasses en enfilade.** Les Valenciens aiment à s'y poser tant la journée qu'à l'heure de l'apéro, pour siroter quelques verres avant d'aller swinguer vers le port ou d'autres lieux perdus. Par exemple au **Café Alameda** *(plan II, E5-6,* **95** *; lun-mer 16h-minuit, jeu-dim 11h30-3h)* ou au **Llebeig Café** *(tlj 10h-2h),* entre autres.

Du côté du port de plaisance

Marina de Valencia *(plan II, H7,* **96***)* **:** cette longue promenade, réaménagée pour l'America's Cup, aligne face au port de plaisance et à la mer toute une série de bars et restos, qui font pousser les décibels à celui qu'on entendra le mieux !

Marina Beach Club *(hors plan II par H7,* **97***)* **:** *Marina de Valencia.* • *eventos@marinabeachclub.com* • *Tlj 13h-16h30, 19h30-minuit (1h en hte saison).* Un immense bar-*lounge*-restaurant-boîte de nuit, digne de Marbella ou Ibiza, en surplomb de l'immense plage de Valence. Le QG des Valenciens branchés de tous âges, et si vous voulez voir ou être vu, vous êtes au bon endroit. Vue privilégiée sur la plage et la grande bleue, zone *chill out* avec chaises longues et bar sur le sable, piscine, bar à cocktails, snack, resto... sans oublier DJ et musique à fond toute la journée. Ça swingue au *Marina Beach Club* !

Où danser ?

Umbracle Terraza *(plan II, F8)* **:** *avda del Saler, 5.* • *contacto@salamandraonline.com* • *umbracleterraza.com* • *En été seulement, jeu-sam dès minuit et jusque... 7h30 ! Fermé hors saison.* Pour danser en plein air jusque très tôt au petit matin, dans le jardin d'Umbracle, au cœur de la Ciudad de las Artes. Belle vue. En dessous (à l'intérieur), une autre boîte, **Mya** *(ouv tte l'année).*

Akuarela Playa *(plan II, H6,* **111***)* **:** *c/ Eugènia Viñes, 152.* • *akuarelaplaya.es* • À 2 pas de l'océan, c'est actuellement la boîte préférée des jeunes.

Achats

Le matin, n'hésitez pas à vous promener dans et autour du ***mercat central*** *(zoom C2 ; tlj sauf dim 7h30-17h30 ou 15h).* Fruits de mer *(cigalas, rojos, almejas...),* fruits et légumes, charcuterie et volailles débordent des étals. C'est aussi là que vous trouverez les plats à paella de 1 m de diamètre.

On sent vraiment ici les influences mauresques de la ville. Olives, épices et gourdes côtoient jambons, fromages et céramiques rappelant l'ambiance des souks arabes. Également un ***bar à tapas*** à l'intérieur (*Central Bar,* voir plus haut « Où manger ? »), et, entre autres, une *horchatería* à l'extérieur de l'entrée principale.

Poppyns *(plan III, D3,* ***120****) : c/ Isabel la Catòlica, 21. ☎ 963-06-63-95. • hello@poppyns.com • Tlj sauf dim 10h-14h, 17h-21h.* Les créateurs du lieu ont transformé cet ancien et immense parking, en conservant murs de brique et colonnes et en accentuant le côté industriel avec des panneaux de verre et métal noir d'inspiration Art déco. Une belle sélection de vêtements et accessoires, en passant par la cosmétique, les livres... et les accessoires pour animaux... Un *concept store* très agréable, où l'on passe volontiers un peu de temps, d'autant que le patio couvert est idéal pour une pause-café ou pour le minimenu au déj *(env 11 €).*

Gnomo *(plan III, C5,* ***121****) : c/ Cuba, 32. ☎ 963-73-72-67. • gnomo@gnomo.eu • Tlj sauf dim 11h-14h, 17h-21h.* On y déniche des objets design, ludiques, mais aussi des cartes atypiques illustrées de la ville et des T-shirts. Un *concept store* rafraîchissant, à la déco à la fois pop et colorée, qui ne se prend pas au sérieux.

À voir

Les offices de tourisme vendent la ***València Tourist Card,*** qui permet d'utiliser gratuitement tous les transports en commun en zone A, B et C (y compris le trajet vers l'aéroport L3 et 5) correspondances comprises. Elle permet également d'obtenir la gratuité pour les musées et monuments municipaux, ou des réduc dans de nombreux autres musées ainsi que dans certains restaurants et boutiques (voir le plan fourni avec la *VTC*). *Compter 15 € pour 1 j., 20 € pour 2 j., 25 € pour 3 j. Infos : ☎ 963-39-03-90. • valenciatouristcard.com •* Bon plan : moins chère si vous l'achetez sur le site.

À noter que les musées municipaux de Valence sont gratuits pour les moins de 16 ans.

Le centre historique

Catedral *(zoom C2 et plan d'ensemble) : pl. de la Virgen. • museocatedral valencia.com • Lun-sam 10h30-18h30, dim 14h-18h30 (17h30 les w-e oct-juin) ; dernière entrée 45 mn avt fermeture. Fermé dim déc-fév, 1er et 6 janv, 19 mars, dim des Rameaux, Vendredi saint, 9 oct et 25 déc. Entrée (cathédrale et musée), audioguide en français inclus : 9 € ; pack famille (2 adultes, 2 enfants) 20 € ; réduc. Accès libre et gratuit 7h30-10h (13h30 dim) et 18h30 (17h30 dim)-20h30. Shorts en principe interdits. Garder son ticket : réduc au museu Mariano (basílica de la Virgen de los Desamparados).*

Elle succéda à une mosquée. Commencée au XIIIe s, achevée au XVe s en style gothique, puis profondément remaniée au XVIIIe s. Ça lui donne de l'extérieur un air bizarre. Côté calle de Palau, on découvre un porche roman, plaza de la Virgen, un portail gothique, et, plaza de la Reina, une superbe façade baroque (maquette en bronze devant la cathédrale, pour les aveugles). À côté, la ***Miguelete,*** une haute tour gothique dont nous vous recommandons vivement l'ascension *(tlj 10h-18h45, horaires réduits déc-fév ; dernière entrée 1h avt fermeture ; 2,50 €, réduc)* pour découvrir le plan en croix de l'édifice, ses élégants clochetons en tuile vernissée bleue et la vue sur la vieille ville, dont les limites se distinguent assez nettement en raison du mur d'immeubles récents qui l'entoure. Mais attention au son de la cloche, assourdissant.

À l'intérieur, à la croisée du transept, élégante tour lanterne avec fenêtres gothiques. Voir la ***chapelle du Saint-Calice,*** ancienne salle capitulaire. Magnifique

retable d'albâtre, d'un gothique flamboyant d'une grande richesse, encadrant le trésor, le ***calice dans lequel le Christ aurait bu la nuit de la Cène.***
La reconnaissance récente du calice comme authentique par le Vatican, donne lieu à la célébration d'une année jubilaire qui se déroule tous les 5 ans (depuis 2015) le dernier jeudi du mois d'octobre (prochaine célébration : octobre 2025 !).
Ne manquez pas de lever les yeux pour admirer la clef de voûte et les 12 apôtres. Dans la ***capilla de San Francisco de Borja,*** on peut admirer 2 Goya (à gauche et à droite), évoquant la vie de saint François. Dans les chapelles latérales : nombreux primitifs religieux, belle statuaire, riches custodes – dont on peut voir un somptueux exemple dans la ***capilla de San José*** –, ostensoirs, incunables, etc. Dans le chœur richement décoré, une tour lanterne (XIVe-XVe s) surmontée d'une coupole octogonale, 8 nervures supportent le dôme et rappellent les pétales d'une fleur. À la croisée de la nef centrale et du transept, la croix latine. Belle et puissante lumière qui s'infiltre par les fenêtres en albâtre. 6 tableaux retracent la vie du Christ et de la Vierge, sous la voûte étoilée d'un beau bleu où volètent des anges musiciens (XVe s), découverts lors d'une restauration sous une couche de plâtre... Dans le déambulatoire, au début à gauche, les cordes qui servent à actionner les cloches au moment de la consécration. À l'arrière du transept, la ***capilla de la Resurrección*** abrite la relique du bras de Sant Vicent Màrtir, patron de la ville. À l'opposé, la Vierge à la chaise protège les femmes enceintes.

UNE SACRÉE COUPE

Le Saint-Graal serait la coupe dans laquelle Joseph d'Arimathie aurait recueilli le sang du Christ, qui coulait de sa blessure au flanc droit provoquée par la lance d'un soldat romain. Ce serait aussi dans cette coupe que les apôtres auraient bu le sang du Christ !

– ***Le musée de la cathédrale :*** *mêmes horaires que la cathédrale.* Situé dans les anciens locaux des chanoines, totalement restaurés pour accueillir ce beau musée moderne. Les œuvres significatives de l'art religieux valencien (Ier au XXe s) s'admirent par zones thématiques. On débute la visite par l'ostensoir de procession (5 x 2,50 m), considéré comme le plus grand du monde. Offert par les Valenciens en réparation des sacrilèges commis pendant la guerre civile ! Il contient, pas moins de 600 kg d'argent et 5 kg d'or... Juste à côté, beau tableau de la Cène, avec ***le fameux Saint-Graal*** (voir plus haut la chapelle du Saint-Calice et l'encadré). Puis on enchaîne dans les salles suivantes, avec de superbes livres d'archives et statues en bois polychrome, puis peintures du XIXe s.
À l'étage supérieur, peintures du XVIe s, huiles sur bois des XVe et XVIe s, céramiques valenciennes, reliques, orfèvreries... Au fond à droite, le manteau de la Vierge pour la procession du 15 août. Un tableau de la Vierge à l'Enfant d'une grande simplicité contraste avec le cadre doré hyper chargé. Joli petit pont qui relie le palais épiscopal à la cathédrale, avec un superbe sol en céramiques valenciennes du XVIIIe s. Une *Adoration des apôtres* de Filippo de San Leocadio, l'un des peintres des anges musiciens de la nef principale. Ensuite, on pénètre dans la salle des reliques, dont les statues représentent la circoncision du Christ. Puis des pièces d'orfèvrerie, dont certaines proviennent des rois d'Aragon. Ne pas manquer le *Doute de saint Thomas,* tableau bigarré ; il faut regarder les traits exagérément massifs des visages affligés et bouleversés...

– Devant la puerta de los Apóstoles, à l'arrière de la cathédrale côté plaza de la Virgen, ***tous les jeudis à 12h précises*** (ou le mercredi si le jeudi est férié), se tient le ***tribunal de las Aguas.*** Depuis le Moyen Âge, dans un petit cercle fermé par une balustrade métallique, les syndics des 8 canaux de la huerta se réunissent pour discuter des problèmes et litiges nés de la distribution des eaux d'irrigation, vitales pour l'économie du maraîchage. Ils portent la blouse noire des paysans de la région et sont élus par leurs collègues pour un mandat de 2 ans. En période d'abondance, il y a peu de conflits. Cependant, lorsque la sécheresse sévit, chacun ne peut utiliser l'eau que proportionnellement à la superficie de ses terres. Tout contrevenant à cet usage peut être dénoncé (y compris un juge lui-même) et convoqué au tribunal du jeudi. Les syndics discutent alors de la validité de la plainte, de l'importance de l'infraction et de la sanction. Tout jugement est verbal, rien n'est écrit. Après délibération, le président rend la sentence, qui est sans appel. Nous conseillons à nos lecteurs d'être à l'heure, car lorsqu'il n'y a pas de litiges, la séance ne dure que quelques minutes. À défaut de pouvoir assister à une séance, on peut toujours admirer la ***Túria,*** la grande fontaine au centre de la place. L'homme représente le fleuve entouré des femmes qui symbolisent les canaux d'irrigation. ***À proximité, petit parc planté d'orangers et de citronniers.***

Toujours côté plaza de la Virgen, aux abords immédiats de la cathédrale *(zoom C2),* la ***basílica de la Virgen de los Desamparados*** *(• basilicadesampa rados.org •, tlj 7h30-14h, 16h30-21h ; GRATUIT, ou 4 € avec le museu Mariano (2 € sur présentation du ticket de la Catedral) – ouv lun-ven 10h-14h, fermé w-e et en août – audioguide inclus, réduc)* totalement baroque, abrite la statue de la patronne de la ville. Coupole peinte du XVIIIe s.

Museu arqueologico de la Almoina *(zoom C-D2)* **:** *lun-sam 10h-19h (18h de mi-oct à mi-mars), dim 10h-14h. Fermé lun. Entrée : 2 € ; gratuit dim et j. fériés.* Bel aménagement qui permet une balade souterraine au milieu des vestiges de la via Augusta et de la ville romaine, avec quelques incartades jusqu'à l'époque arabe. Grâce à des passerelles de verre transparentes, on chemine agréablement dans la ville antique, entre les traces des édifices bien mis en valeur. Voir particulièrement les thermes avec le reflet de l'eau. Petit film intéressant (en espagnol) qui explique les différentes strates de construction. Quelques vitrines avec poteries, verreries et objets de la vie quotidienne.

– À côté *(pl. de la Almoina),* dans un tout autre style, la ***casa del Punt de Gantxo.*** Édifiée en 1906, c'est un bel exemple du modernisme né au tout début du XXe s en Catalogne. Elle est recouverte de céramiques à décor de feuillage et ses fenêtres encadrées de motifs végétaux également.
Et juste derrière, le long de la carrer Almudín, l'***Almodí*** *(entrée pl. Sant Lluís Bertran ; mar-sam 10h-14h, 15h-19h et dim 10h-14h, fermé lun ; entrée : 2 €, gratuit w-e et j. fériés).* Une superbe et ancienne grange à blé tout en brique du XVe s, convertie en salle d'exposition temporaire.

– En suivant la carrer del Palau, le ***palau Almirantes de Aragón*** propose un superbe patio avec un gracieux puits. Les amateurs de belles demeures seigneuriales arpenteront d'ailleurs la ***carrer dels Cavallers*** *(calle de los Caballeros).* Aux n°s 20-22, l'***Iber museo de Los Soldaditos de Plomo*** *(zoom C1 ; • museoliber.org • ; mar-sam 11h-14h, 16h-19h et dim 11h-14h ; entrée, valable 2 j. consécutifs : 8 €, réduc, gratuit - de 6 ans),* l'un des plus grands musées au monde consacré aux soldats de plomb : plus de 95 000 pièces qui plairont aux enfants et aux amateurs du genre.

Església Sant Nicolau de Bari i Sant Pere Màrtir *(zoom C2)* **:** *c/ dels Cavallers, 35. ☎ 963-91-33-17. • sannicolasvalencia.com • Mar-ven 10h30-19h (20h30 juil-sept), sam 10h-18h30 (19h30 juil-sept), dim 13h-19h (20h30 juil-sept). Fermé lun. Entrée : 10 € avec audioguide ; ticket combiné església Sant Nicolau, museu de la Seda et església dels Sants Joans 12 € ; réduc ; gratuit - de 12 ans.* D'architecture gothique et de décor baroque, c'est l'une des églises les plus anciennes de Valence. Construite au XIIIe s sur une ancienne mosquée, sa structure actuelle date du XVe s. L'un des recteurs de l'église fut Alfonso Borgia, devenu pape (Calixte III). Ses superbes fresques relatent la vie de *Sant Nicolau,* d'un côté, et *Sant Pere Màrtir* (avec son épée dans la tête), de l'autre, les 2 saints auxquels elle est dédiée. Une importante et récente restauration (pour la petite histoire, en concertation avec l'équipe de restauration de la chapelle Sixtine) les met à nouveau en valeur. Les Valenciens la nomment d'ailleurs volontiers la « chapelle

Sixtine » de Valence : 2 000 m² de fresques, quand la grande sœur du Vatican n'en compte que 800. Prenez le temps d'admirer les ***fresques,*** l'arc d'ogive gothique encore visible, par la volonté de l'architecte qui ne voulait pas diminuer la hauteur. Dans la rosace au-dessus de la porte principale, on aperçoit, sur la droite, Palomino en noir (l'auteur des fresques) et son élève ; à gauche, ce sont les mécènes. À droite sous la rosace, un petit rectangle (fond rouge et jaune) laissé volontairement par les restaurateurs, pour rendre visibles les restes de peintures gothiques. Au fond, la chapelle de la communion, XVIIIe-XIXe s, avec ses 2 coupoles, dans un style baroque tardif (rococo).

La Llotja *(la Lonja ; zoom et plan I, C2, plan d'ensemble)* **:** *pl. del Mercado, mais entrée par l'arrière, c/ Llotja. ☎ 962-08-41-53. Lun-sam 10h-19h (18h de mi-oct à mi-mars), dim et j. fériés 10h-14h. Fermé dim ap-m, 1er et 6 janv, 1er mai et 25 déc. Entrée : 2 € ; réduc ; gratuit dim et j. fériés. Audioguide (très intéressant) : 3 €.* Ancienne Bourse des marchands de soie *(lonja de la seda)*, construite au XVe s : il s'agit du ***plus important monument civil de style gothique d'Europe.*** Prenez le temps d'admirer les linteaux et les arches finement sculptés, décorés de chardons et de personnages (certains dans des situations assez scabreuses !). Architecture intérieure également d'une rare élégance, avec fines colonnes torsadées éclatant en arches raffinées. Beaux plafonds à caissons (en bois brut au rez-de-chaussée, peints à l'étage dans l'ancienne salle de tribunal de la corporation). À ne pas manquer, car ils sont vraiment admirables et foisonnent de détails. Au sous-sol, d'anciens entrepôts aux belles voûtes. Jolie cour plantée d'orangers. Ensemble superbe et flamboyant, inscrit au Patrimoine de l'humanité par l'Unesco.

Museu de la Seda *(plan I, C3)* **:** *c/ de l'Hospital, 7. ☎ 963-51-19-51. 📱 697-15-52-99. • museodelasedavalencia.com • Mar-dim 10h-19h (14h30 dim). Fermé dim ap-m et lun, 15 août, 9 et 12 oct, 1er nov et 25 déc. Entrée : 8 €, audioguide inclus, à télécharger sur son smartphone (en castillan et anglais) ; 12 € avec visite guidée (min 10 pers) ; ticket combiné museu de la Seda, església Sant Nicolau et església dels Sants Joans 12 € ; réduc ; gratuit - de 12 ans.* Totalement rénové, le *Colegio de la Seda* abrite désormais le musée de la Soie, dans le cadre de l'***inscription de la route de la Soie au Patrimoine de l'humanité par l'Unesco, dont Valence fait partie.*** C'est l'endroit idéal pour découvrir et connaître cet art. Travail de la soie sur d'anciens métiers à tisser et reproduction de tissage du XIIIe s. On y apprend, si on ne le sait déjà, que les Arabes, qui élèvent les vers à soie depuis le VIIIe s, s'installent à Valence dès le IXe s pour y planter des muriers dont se nourrissent lesdits vers, en lieu et place du blé (beaucoup moins lucratif). ***La soie vit son apogée au XVe s.*** Puis la crise céréalière européenne amène à Valence des immigrés italiens, qui apportent avec eux la technique du velours. De l'entresol au 1er étage, visite très intéressante sur le parcours de la soie, jusqu'aux archives colossales au 1er étage, du XVe au XXIe s. À l'étage noble du palais, superbe exposition de costumes. Admirer également les sols pavés (de fabrication valencienne) des XVIe s et XVIIIe s, superbes, notamment le vert et blanc avec effet d'optique dans la salle de gauche. Jusqu'au XIXe s la couleur la plus chère est le pourpre car provenant de mollusques marins (les murex), le blanc n'étant apparu qu'aux XIe et XIIe s et restant dédié à la Vierge. Dans la 2e salle, l'escalier en colimaçon en plâtre, découvert derrière un mur au moment de la 1re restauration du palais, dans les années 1940. Dans la salle suivante, place aux expos temporaires et, au sol, aux 2 000 carreaux de céramique (issus des fabriques de Ruzafa) représentant les 4 continents. Enfin, passage par les ***passementeries*** avant de redescendre au rez-de-chaussée où l'on trouve la boutique, et la salle des métiers à tisser. Cafétéria très agréable dans la cour intérieure, ombragée et au calme.

Mercat central *(mercado central ; zoom C2)* **:** *pl. del Mercado, comme de juste. • mercadocentralvalencia.es • Lun-sam 7h30-15h. Fermé dim.* Dès le XIXe s se tenait ici le marché de la ville. Après un 1er *nou mercat* (nouveau marché) édifié vers 1840, il fallut agrandir le site. Tout en fer, céramique, brique et verrière, il doit son style résolument Art nouveau aux architectes Alejandro Soler et Francisco Guàrdia, tous 2 anciens collaborateurs de Lluís Domènech i Montaner, l'un des chefs de file du modernisme barcelonais. Inauguré finalement en 1928, c'est, paraît-il, le plus grand marché couvert d'Europe, avec quelque 8 000 m² et près de 400 étals. Fruits de mer *(cigalas, rojos, almejas...)*, fruits et légumes, fruits secs, charcuterie ou encore volailles débordent des étals. À l'intérieur, le ***Central Bar*** pour déguster un verre avec des tapas (voir plus haut). Une véritable cathédrale du commerce, représentative du dynamisme économique de la *huerta* valencienne du début du XXᵉ s, avec sa nef principale surmontée d'une coupole, flanquée de 2 contre-allées. Le plus étonnant, outre son immensité, c'est qu'il se marie très bien, d'un point de vue esthétique, à la très gothique ***Llotja*** qui lui fait face, et à l'imposante façade de style baroque italien de l'***església dels Sants Joans*** *(entrée jumelée avec le museu de la Seda et l'església Sant Nicolau)*, juste à côté. Le quartier piétonnier tout autour vaut la balade.

Et puis il ne faut pas manquer de flâner, de-ci de-là, dans le centre historique, d'apprécier les rondeurs et la belle fontaine glougloutante de la ***plaza Redonda*** *(zoom C2)*, qui accueille des boutiques de dentelle et de mercerie.

Museo nacional de Cerámica y Artes suntuarias González Martí *(musée national de la Céramique et des Arts somptuaires González-Martí ; zoom C2-3)* **:** *Rinconada de Garcia Sànchiz. ☎ 963-51-63-92. • mnceramica.mcu.es • Petite rue qui débouche c/ del Poeta Querol. Mar-sam 10h-14h, 16h-20h ; dim et j. fériés 10h-14h. Fermé dim ap-m et lun, 1er et 6 janv, 1er mai, 24-25 et 31 déc. Entrée : 3 € ; réduc ; gratuit - 18 ans et pour tous sam dès 16h et dim.* Le musée occupe l'ancien palais du marquis de Dos Aguas, propriété de la famille Rabassa de Perellós du XVᵉ s au milieu du XXᵉ s. En fait, la plus belle chose à voir est sans aucun doute cette ***façade géniale,*** véritable sommet du rococo délirant (l'artiste mourut d'ailleurs fou). À l'intérieur, c'est intéressant mais plus conventionnel. Au rez-de-chaussée, un carrosse tout droit sorti de *Cendrillon,* pavements d'azulejos valenciens du XVIIᵉ s, scènes de la vie champêtre en fresques de céramique, etc. Collections de céramiques sous toutes les formes, des Ibères à nos jours. Finalement, ce qu'on a préféré, c'est le palais du marquis reconstitué au 1er étage, avec la plupart des meubles de l'époque, la « salle de la lumière » (sans fenêtres), un salon chinois, un fumoir, etc., et aussi la ***belle cuisine valencienne typique,*** juste avant de redescendre.

Palau de Cervelló *(plan I, D2)* **:** *pl. de Tetuán, 3. ☎ 962-08-44-96. Mar-sam 10h-14h, 15h-18h ; dim et j. fériés 10h-15h. Fermé dim ap-m et lun. GRATUIT.* C'est dans cet agréable palais du XVIIIᵉ s que sont conservées les archives historiques municipales du XIIIᵉ s à nos jours, dont le fameux *Llibre del Consolat del Mar* (livre du tribunal maritime, de 1409), ou encore la « bannière de la Reconquête » qui flotta sur Valence après le départ des Maures, au XIIIᵉ s. C'est la *senyera,* la fierté de Valence. On la sort pour les grandes occasions, pour l'accrocher au fronton de la mairie. Manœuvre délicate puisque la hampe doit rester absolument droite : la *senyera* ne s'incline jamais ! Seuls l'ancien roi Juan Carlos et la reine Sofia ont eu droit à une légère inclination respectueuse, et c'est tout !

Nombreuses ***églises*** dignes d'intérêt, comme **Sant Doménec** *(Santo Domingo, plan I, D2 ; pl. de Tetuán)*, ancienne chapelle royale. Cloître et salle capitulaire superbes. Pour la visite, autorisation nécessaire à demander à la caserne voisine. ***Sant Martí*** *(c/ Sant Vicent Màrtir)*, bronze flamand du XVᵉ s sur la façade. ***Sant Tomàs*** *(pl. Sant Vicent Ferrer)*, orgie de baroque. ***Capilla de l'Inmaculada Concepción*** *(plan I, D3 ; pl. Colégio del Patriarca)*, une pure merveille pour ses ornementations, azulejos et fresques des XVIᵉ et XVIIᵉ s. Rare lieu où le chant grégorien est quotidien.

Museu històric municipal *(plans I et III, C3)* **:** *pl. del Ayuntamiento, 1. Dans l'ayuntamiento, demander le « museo Archivo ». Tlj sauf w-e et j. fériés 9h-15h.*

GRATUIT. N'intéressera que les mordus d'histoire. Quelques objets d'une valeur historique exceptionnelle : manuscrits rares, plans anciens, drapeau de la reddition de la ville au roi Jaime Ier de Aragón, etc. C'est aussi l'occasion de jeter un œil aux beaux salons de l'hôtel de ville et surtout à la ***plaza del Ayuntamiento*** (désormais piétonne) entourée de très beaux immeubles et de bâtiments représentatifs des différents styles en vogue à Valence au XIXe s. Façades fleuries ou de type mauresque, constructions néogothiques et même bel exemple d'Art nouveau avec la façade géométrique tout en hauteur du Teatro Rialto. 2 bâtiments retiennent encore l'attention, l'hôtel de ville lui-même avec sa façade éclectique et ses imposantes sculptures, et, lui faisant face, la poste centrale avec ses guirlandes de fleurs et sa tourelle métallique surmontée d'une mappemonde.

Autour du centre historique

IVAM *(Institut Valencià d'Art modern ; plan I, B1) : c/ Guillem de Castro, 118. ☎ 963-86-30-00. • ivam.es • ♿ Mar-dim 10h-19h (20h ven) ; dernière entrée 30 mn avt fermeture. Fermé lun, 1er janv et 25 déc ; horaires réduits 6 janv et 24 et 31 déc. Entrée : 5 € ; réduc ; gratuit mer après 16h et dim.* Un ***musée d'art contemporain*** installé dans un grand bâtiment moderne. Au rez-de-chaussée, expo permanente consacrée aux œuvres de Julio González (né à Barcelone en 1876 et mort à Arcueil en 1942), l'un des pionniers de la sculpture sur fer. Sinon, le centre présente son fonds par roulement (plus de 10 500 œuvres) au gré d'expos thématiques temporaires, et accueille régulièrement des artistes récents ou contemporains qui donnent un aperçu de toutes les formes d'art moderne des XXe et XXIe s. Ateliers pour enfants, librairie et petite cafétéria sur place.

Jardí botànic *(plan I, A-B1-2) : entrée c/ Quart, 80. ☎ 963-15-68-00. • jardibotanic.org • Mai-août, tlj 10h-21h ; avr et sept, tlj 10h-20h ; mars et oct, tlj 10h-19h ; nov-fév, tlj 10h-18h. Fermé 1er janv et 25 déc. Entrée : 3 € ; réduc ; gratuit - de 7 ans. Visite gratuite certains j. dans l'année, voir sur le site.* Prolongement d'un jardin de plantes médicinales du XVIe s, réimplanté à cet emplacement par l'université de Valence en 1802. Beau jardin touffu, plein de plantes tropicales, succulentes et médicinales. Voir notamment la belle collection de cactus mexicains, les plantes grasses africaines, la serre tropicale de 1860, celle aux orchidées, et l'*Umbraculo,* structure métallique reconstituée sur le modèle de 1900. Un petit havre de paix.

Centre del Carme Cultura Contemporania - Convento del Carmen *(plan I, C1) : c/ Museo, 2. ☎ 963-15-20-24. Ouv mar-dim lorsqu'il y a des expos : en été, 11h-21h ; hors saison, 11h-19h. Fermé lun. GRATUIT.* Il fut construit sur les ruines d'un ancien quartier musulman en 1281. Après avoir abrité le musée des Beaux-Arts, le *convento* accueille des expos temporaires d'art contemporain. À défaut de les visiter, on peut toujours déambuler dans les 2 beaux cloîtres. Le 1er, de style gothique, tandis que le 2[d], d'époque Renaissance, est plus ouvragé, avec une fontaine en son centre et des orangers.

Torres de Serranos *(plan I, C1) : pl. del Furs. ☎ 963-91-90-70. Mar-sam 10h-14h, 15h-19h (dernière entrée à 18h30), dim et j. fériés 10h-14h ; en hiver, fermeture en fonction du coucher du soleil. Fermé nov-déc, et les jours de pluie par sécurité. Entrée : 2 € ; réduc ; gratuit - de 7 ans et pour tous dim et j. fériés.* Ces 2 tours monumentales de la fin du XIVe s sont les derniers vestiges des murailles médiévales de la cité. Magnifique vue sur la ville du haut des tours.

Bombas Gens Centre d'Art *(plan d'ensemble) : avda Burjassot, 54. ☎ 963-46-38-56. • bombasgens.com • Mer-dim 11h-14h, 16h-19h. Fermé lun-mar. GRATUIT.* Un bel espace totalement dédié à l'art, installé dans l'ancienne usine de pompes hydrauliques, magnifiquement restaurée, l'un des rares exemples d'architecture industrielle des années 1930, inspirée du style Art déco. Certains bâtiments servirent de refuge antiaérien pendant la guerre civile et de centre de coordination d'une équipe de recherche médicale, que l'on peut également visiter, tout comme son énorme cave médiévale (découverte pendant les travaux) et le jardin arrière, paysagé. L'objectif de cette réhabilitation est d'exposer et de partager avec le public la collection privée *Per Amor a l'Art,* un ensemble de 1 500 œuvres de 150 artistes différents, photographies (et quelques peintures à tendance abstraite) d'artistes nationaux et internationaux. Dont la collection privée d'art abstrait et de photos des mécènes du lieu, le couple Soler-Lloret.

Sur place, le restaurant gastronomique du chef Ricard Camarena *(menu min 155 €... ; voir aussi plus haut le Canalla Bistro dans « Où manger ? À Ruzafa... »),* et sa cuisine fusion, à la fois imaginative, légère, ouverte aux influences multiples et généreuse.

Museu de Belles Arts *(musée des Beaux-Arts ; plan I, D1)* **:** *sur le quai San Pio V, 9. ☎ 963-87-03-20. • museobellasartesvalencia.gva.es • Entre le puente Trinidad et le puente del Real. Mar-dim 10h-20h. Fermé lun. GRATUIT.*

La 2e plus grande pinacothèque d'Espagne ! Installée dans un ancien monastère qui fut aussi, à une époque, l'école des beaux-arts, elle renferme de beaux chefs-d'œuvre. Passé la rotonde de l'accueil, c'est d'abord une très belle série de retables gothiques des XVe et XVIe s, puis baroques et Renaissance, issus pour la plupart des églises et monastères de Valence. On y trouve également les œuvres de ***Joan de Joanes,*** déjà Renaissance pour ce qui est du style. Dans les salles latérales, le ***baroque valencien*** dans tous ses états, dont le très expressif *San Pablo* de Vicente Requena le Jeune (XVIe s), ou les toiles de Francisco Ribalta (salle 9). Salle 7, allée centrale, peintures flamandes et italiennes des XVe et XVIe s dont un triptyque de Bosch. Toujours accessibles depuis le rez-de-chaussée, 2 belles salles (10) consacrées au peintre ***Joaquín Sorolla,*** natif de Valence (il fut élève ici même) et chef de file de la peinture espagnole fin XIXe-début XXe s. Outre ses toiles (belle farandole de couleurs, de portraits et de scènes de genre), évocation de ses liens avec les artistes et intellectuels de son temps, comme le sculpteur Mariano Benlliure ou le journaliste et romancier Vicente Blasco Ibáñez. Avant de quitter le rez-de-chaussée, en repassant par la rotonde, accès à un petit cloître agréablement ombragé (vestiges lapidaires – chapiteaux, etc.), et petit tour par le ***patio del Embajador,*** un étonnant bijou baroque éclatant de bleu et de marbre. Côté gauche de la rotonde, le pavillon Benlliure, qui ravira les amateurs de sculptures et de céramiques.

Montez donc au 1er étage : tout autour de la coupole (invisible de l'intérieur), une galerie au carré présente un panorama de la peinture espagnole des XIXe et XXe s, une salle consacrée aux arts décoratifs, une reconstitution d'un salon cossu du XIXe s. En mezzanine, au-dessus de la grande salle gothique, ne pas manquer la salle 15 qui regroupe les ***grands maîtres du Siècle d'or espagnol*** : ***José de Ribera, Velázquez, Murillo.*** Et dans la salle 18, on trouve, entre autres, quelques ***Goya,*** notamment des portraits de notables valenciens (l'artiste résida à Valence à plusieurs reprises) ainsi que 2 charmantes scènes de jeux d'enfants, qui tranchent sur les portraits très sombres.

La promenade du riu Túria : en sortant du musée, on note l'architecture gothique du ***puente del Real*** *(plan I, D1-2),* construit au XVIe s. Belle perspective sur tous les ponts enjambant le riu Túria et sur l'ensemble de la ville. D'ailleurs, à propos de ce fleuve, une explication s'impose car il a disparu, du moins en ville. Le cours d'eau aux crues capricieuses se révélait dangereux. Alors, on a employé les grands moyens en le détournant depuis le nord-ouest de la ville grâce à un canal passant au sud de Valence. Puis on a asséché le fleuve qui coulait autour des anciennes portes de la ville. Ce sont maintenant, sur près de 15 km (dont 9 km dans Valence même) de lit asséché à travers la ville, ***des promenades, des pistes cyclables, des terrains de foot et de tennis, des jardins*** – où les Valenciens viennent faire leur jogging ou la sieste –, ***des aires de jeux pour enfants.*** Une manière très agréable de traverser la ville et de la découvrir depuis un autre point de vue. On y trouve aussi le Palais de la musique (lire plus loin), bel exemple d'architecture moderne parfaitement intégrée. Il mène à son extrémité sud-est à la *Cité des arts et des sciences* (voir plus loin) et, à son extrémité nord-ouest, au *Bioparc* (voir également plus loin). Alors, si on vous indique une direction avec pour référence « *el riu* », ne cherchez pas d'eau !

Museu Fallero *(musée des Fallas ; plan II, E7-8)* **:** *pl. de Monteolivete, 4. ☎ 962-08-46-25. • fallas.com • valencia.es • Mar-sam 10h-19h, dim et j. fériés 10h-14h ; dernière entrée 45 mn avt fermeture. Entrée : 2 € ; réduc. Audioguide en français : 1 €.* Ceux qui n'auront pas la chance d'assister aux *fallas* (à prononcer « fayass »), les fêtes de Valence, peuvent s'en faire une petite idée. Elles transforment la ville en musée d'art éphémère pour célébrer l'arrivée du printemps. On retrouve ici les *ninots* qui ont échappé à la *cremà,* caricatures époustouflantes exposées pendant les *fallas* et conservées depuis les années 1930. Également des photos et des affiches en référence à ces fêtes traditionnelles. Voir aussi plus loin le chapitre « Les *fallas* ».

Palau de la Música *(plan II, E7)* **:** *passeig de Albereda, 30. ☎ 902-01-02-84 ou 963-37-50-20. • palauvalencia.com • Seuls le hall et la salle d'expo se visitent, tlj 10h30-13h30, 17h30-21h. Fermé août.* Situé entre le pont Aragón et le pont Angel Custodio, ce grand bâtiment construit en 1988 mérite bien son nom de « palais ». En marbre et en verre, entouré de beaux jardins et rempli de plantes vertes qui lui donnent un petit air de serre exotique vu de l'extérieur, il prend des allures de palais de conte de fées lorsqu'il est illuminé le soir. L'intérieur est tout aussi exceptionnel. Et puis pourquoi ne pas se faire un petit concert de musique classique et de jazz, tant qu'on y est. Programme (éclectique et qualitatif) à retrouver sur le site internet du Palau.

À l'extrémité ouest du riu Túria

Museu d'Història de València *(musée d'Histoire de Valence ; plan d'ensemble)* **:** *c/ València, 42. ☎ 963-70-11-05. • mhv.valencia.es • Ⓜ Nou-d'Octubre (ligne 3). ♿ Bus nos 3, 20 (seulement en été), 29, 70, 81 et 95 ; en voiture, aller jusqu'au pont Nou d'Octubre. Mar-sam 10h-19h (18h en hiver), dim et j. fériés 10h-14h. Entrée : 2 € ; réduc ; gratuit - de 16 ans et pour tous dim et j. fériés. Consigne. Demandez la doc en français.* Un musée installé dans un ***beau et grand réservoir d'eau*** en brique du XIXe s. Les larges voûtes, savamment mises en lumière, abritent une belle muséographie qui conjugue intelligemment des vitrines avec des objets soigneusement sélectionnés et des projections de scènes d'époque reconstituées (disponibles en français). Un grand voyage didactique sur 8 périodes historiques, depuis la fondation de Valencia en 138 av. J.-C. jusqu'à nos jours, en passant par Balansya la musulmane et l'invasion napoléonienne. Petite salle de cinéma projetant des films d'actu (période Franco, notamment). Le plus ludique est sans doute cette série de « ***machines à remonter le temps*** » qui permettent de choisir une époque et un thème particulier en tournant un volant. Bref, un musée très intéressant et bien de son temps, qui constitue une excellente introduction à la visite de Valence.

Bioparc Valencia *(plan d'ensemble)* **:** *avda Pío Baroja, 3. ☎ 902-25-03-40 ou 960-66-05-26. • bioparcvalencia.es • Ⓜ Nou-d'Octubre. ♿ Tlj sauf 1er janv et 25 déc. De mai à mi-sept, tlj 10h-20h ; fin mars-avr et de mi-sept à mi-oct, tlj 10h-19h ; le reste de l'année, tlj 10h-18h. Entrée : 26,90 € ; 4-12 ans 21 € ; réduc ; gratuit - de 4 ans. Parking : 6 € la journée. Compter min 3-4h de visite.* L'Afrique en ville ; une sorte de super zoo de 100 000 m², plus proche du parc animalier puisque certains animaux sont en semi-liberté. Reconstitution d'une savane, avec les diverses antilopes, girafes et autres lions, un milieu humide qui accueille singes, hippopotames, tortues et crocos, une forêt équatoriale, une île évoquant Madagascar, le lac des éléphants... la visite se fait à pied, et tout est prévu sur place pour pouvoir y passer la journée : restos, boutiques, jeux pour enfants. Pour le 10e anniversaire, une sculpture colossale d'éléphant, nommée *Escipíon,* de 11 m de long, 8 m de haut et 15 t (150 kg pour chacune des défenses...) a été créée pour l'occasion !

Du côté du port

Museu de l'Arròs *(musée du Riz ; plan II, H7)* **:** *c/ del Rosario, 1. ☎ 963-67-62-91. • museodelarrozdevalencia.com • Bus nos 2 et 19, Ⓜ lignes 5 et 6. Mar-sam 10h-14h, 15h-19h ; dim et j. fériés 10h-14h. Fermé lun, sauf j. fériés. Entrée : 2 € ; réduc ; gratuit dim et j. fériés.* Un beau moulin à riz de 1910 qui a fonctionné jusqu'en 1985. Restauré, il permet de comprendre l'importance du riz dans la culture valencienne... et dans la création de la paella ! Vous pourrez constater sur les 3 niveaux de l'édifice que tous ses mécanismes fonctionnent parfaitement ! Vidéo de présentation, sous-titrée en français, sur l'origine du riz et sa culture, plus particulièrement dans la région de l'Albufera. Juste à côté, ne manquez pas d'aller jeter un œil au ***musée de la Semaine sainte*** *(mêmes horaires ; gratuit),* qui conserve les tuniques des pénitents et des *hermandads* (les confréries religieuses) ainsi que des photos et des affiches.

Ciutat de les arts i les ciències (Cité des arts et des sciences ; plan II, F8 et plan d'ensemble)

Un quartier futuriste

Sorte de ville futuriste, conçue par l'architecte Santiago Calatrava, installée sur plus de 350 000 m², la Cité des arts et des sciences est composée de 4 pôles : ***l'Hemisfèric, le musée des Sciences Príncipe-Felipe, l'Oceanogràfic et le palau de les Arts.*** Sans oublier aussi le pont de l'*Assut de l'Or*, majestueux, avec ses 29 câbles qui le font ressembler à une harpe géante, ni l'***Àgora,*** ce drôle de bâtiment bleu très océanique, qui accueille le CaixaForum.

Infos pratiques

Avda del Professor López Piñero. ☎ 961-97-46-86. • cac.es • ♿
➢ Situé au sud-est de la ville, près de la sortie d'autoroute « El Saler ». Bus nos 13, 15, 24, 25, 35 et 95. Mais du centre, le plus simple est d'emprunter la toute récente ***ligne de métro nº 10 qui vous y conduit directement*** (stations *Ciutat arts i ciències-Justícia* ou *Oceanogràfic*). Si vous venez en voiture, 2 parkings payants sont disponibles, dont celui situé sous l'Umbracle (2,30 €/h, max 24 €/j. ; 7 €/j. avec l'un des billets d'entrée Ciutat – à demander au guichet du musée ou de l'*Hemisfèric*).
– ***Différents tarifs d'entrée :*** le billet global, intéressant si vous comptez tout visiter, d'autant qu'il est valable 3 jours consécutifs (mais avec un seul accès par site ; à noter, *l'Oceanogràfic* affiche 3 tarifs différents, haute, moyenne et basse saison) ; 41,90-46,70 € selon saison (33,20-36,70 € pour les 4-12 ans, les retraités et les personnes handicapées). Inclut l'accès à l'*Hemisfèric*, à l'*Oceanogràfic* et au *museu de les Ciències.* Également des *passes* jumelant les sites 2 par 2 (par exemple : *Oceanogràfic + museu de les Ciències* : 35,90-40,70 € selon saison). Sinon, on vous indique le tarif de chaque site. Vous pouvez ***acheter vos billets et réserver vos entrées à l'avance*** sur le site *• cac.es •* (mêmes tarifs) ou sur *• visitvalencia.com •* (avec 15 % de réduction !).

La visite

🏛🏛🏛 👨‍👧 ***Oceanogràfic*** *(plan II, F8) :* *• oceanografic.org • De mi-juin à mi-oct, tlj 10h-20h (22h en août) ; le reste de l'année, tlj 10h-18h (20h sam et certains w-e ou j. fériés) ; 24 et 31 déc, 10h-16h ; 1er janv et 25 déc, 12h-18h. Entrée : 33,70-38,50 € selon saison ; réduc. Audioguide : 4 € (7 € pour 2 audioguides) ; réduc. Consigne payante. Restos et buvettes dans le parc. Prévoir une ½ journée pour en profiter.*

Une vraie réussite, plébiscitée par les visiteurs. C'est le plus grand parc océanographique d'Europe (110 000 m²), conçu comme un centre à la fois scientifique, ludique et éducatif. Organisés autour d'un grand lac central en surface, les aquariums géants installés dans des espèces de tours souterraines recréent les principaux écosystèmes marins du monde. L'ensemble contient ***45 000 spécimens*** de 500 espèces différentes évoluant dans 42 millions de litres d'eau ! Dès l'entrée, l'aquarium cylindrique accueille le visiteur avec ses requins marteaux.

Vous pouvez observer dans différentes structures, parfois reliées par des tunnels sous-marins, la faune de l'Arctique et de l'Antarctique avec leur lot de pingouins et les nouveaux venus, les pingouins rois et autres baleines bélugas (seuls cétacés pouvant tourner la tête car leurs cervicales ne sont pas soudées), ou encore des tortues Aldabra, que l'on peut observer toute l'année ; celles de l'océan Atlantique (des Canaries aux Bermudes, avec leurs requins et leurs spectaculaires raies mantas) ; celles des mers tropicales (récifs coralliens multicolores, requins...) ; celles de la Méditerranée ; et enfin des zones littorales humides, comme l'Albufera toute proche ou la mangrove tropicale, implantée dans une grande boule-serre extérieure où s'ébattent de beaux ibis rouges... Et puis encore, dans des sections récentes : un aquarium de méduses (au ballet totalement hypnotique !), des crocodiles, de nombreuses espèces de papillons dans leurs différentes phases de développement et un aquarium spécial pour les poissons-clowns, qui plaisent beaucoup aux enfants ! Enfin, un arbre artificiel et un lac ont été aménagés pour permettre aux oiseaux migrateurs de s'arrêter... à Valence.

Le parc compte également un delphinarium (show toutes les 2-3h) et un resto *(tlj sauf dim soir 13h-15h30, 21h-22h30 ; menus 37-55 €, menu-enfant 20 €)* sous-marin cerné d'aquariums (au cas où vous auriez encore envie de manger du poisson...).

🏛 👨‍👧 ***Hemisfèric*** *(plan II, F8) : tlj 10h-21h en été ; 10h-19h le reste de l'année (ferme à 18h de mi-oct à avr, sauf ven-dim). Se renseigner pour les horaires de projection, notamment w-e et j. fériés ; en général, en hte saison, ttes les heures 10h-20h (dernière séance). Entrée : 8,70 €/séance ; réduc. Programme des films sur le site • cac.es •*

L'Hemisfèric est la seule salle en Espagne capable de combiner un ***show laser, un planétarium de plus de 9 000 étoiles et des films de technologie Imax*** avec un format de pellicule 10 fois plus grand que le 35 mm habituel. Ce ciné, le plus petit bâtiment de la cité, a malicieusement la forme d'un œil. Ses paupières (un demi-cercle composé de vitres et d'armatures en fer-blanc) reposent sur un lac artificiel et peuvent se replier sur elles-mêmes en l'espace de 20 mn. L'illusion est du meilleur effet puisqu'elles laissent alors apercevoir le bâtiment qui renferme la salle, une boule recouverte de petits morceaux de céramique blanche.

Son écran concave de 900 m² (un peu moins grand que la Géode à Paris) permet de frissonner bien assis sur un plan Incliné à 30°. 4 langues permettent d'apprécier les films et spectacles. Côté programmation : des documentaires du style *National Geographic (Le Corps humain, La Mer vivante...)* ou des dessins animés éducatifs.

🏛🏛 👨‍👧 ***Museu de les Ciències Príncipe Felipe*** *(musée des Sciences ; plan II, F8) : tlj 10h-21h en été, 10h-19h le reste de l'année (jusqu'à 18h lun-jeu en basse saison). Entrée : 8,70 € ; réduc. Boutique-librairie, resto et cafét'.*

Imposante construction de 42 000 m², dont 26 000 m² pour les expositions. Défie les plus grands musées scientifiques, avec sa hauteur de plafond hallucinante.

De l'extérieur, ça ressemble à un gigantesque squelette de dinosaure. À l'intérieur, tout en transparence, plusieurs étages abritent des ***stands éducatifs et ludiques*** (sur le sport, l'alimentation, l'électricité, le visage...) et de nombreuses expos temporaires. Bien entendu, vous êtes ici pour tester, découvrir, faire des expériences scientifiques, chimiques et même biologiques. Des ateliers sont organisés, essentiellement pour les enfants ; c'est une ***excellente école de la science.*** Le musée est réparti sur 3 étages. Au ***1er étage,*** aller voir les maquettes et l'expo qui explique la construction des différents bâtiments de la zone. Très intéressant. C'est à ce niveau que l'on trouve l'espace des petits 4-7 ans (accompagnés d'un adulte) pour une initiation à la science. Également un planétarium animé par un robot qui explique le système solaire *(ttes les heures, durée : 15 mn)* et un théâtre de l'électricité avec démonstrations et expériences *(show ttes les heures, durée : 45 mn).* Le ***2e étage*** abrite une expo consacrée à un siècle de prix Nobel et présente les travaux en médecine, biologie ou génétique de Severo Ochoa, Santiago Grisolia, Ramón y Cajal et Jean Dausset (Nobel de médecine marié à une Espagnole). Au ***3e étage,*** 23 étapes pour comprendre les secrets de la génétique, ainsi qu'un espace consacré à la conquête spatiale européenne et à l'exploration de l'univers.

Palau de les Arts *(plan II, F8)* **:** *• lesarts.com • Visites guidées du bâtiment, lun-sam 11h, 12h15, 13h30, 15h45 et 17h (ou 16h et 17h30 en été) ; dim 11h, 12h15 et 13h30. Résa conseillée. Tarif : 12 € ; réduc ; gratuit - de 12 ans. Billets et résa directement au guichet ou résa conseillée sur • lesarts.com •* L'édifice, haut de 75 m, rappelle vaguement, de l'extérieur, l'opéra de Sydney. L'architecture est en effet tout aussi audacieuse que pour les 2 complexes précédents et renforce le caractère exceptionnel de l'infrastructure. Le palais compte ***3 auditoriums*** différents : une salle principale de 1 800 places plutôt consacrée à l'opéra, une salle plus petite (400 places), plus adaptée au théâtre, et un auditorium en plein air, protégé par le toit principal de l'ouvrage. De quoi ravir, donc, tous les amateurs de culture.

Àgora – CaixaForum Valencía *(plan II, F8)* **:** *☎ 960-90-19-60. • caixaforum.com • Tlj 10h-20h (dernière entrée 30 mn avt fermeture). Fermé 25 déc, 1er et 6 janv. Entrée : 6 € ; réduc ; gratuit - de 16 ans.* Encore un drôle de bâtiment elliptique à l'architecture métallique de 88 m de large par 66 m de long (ou inversement !), dont le très vaste espace intérieur (10 000 m²) s'apparente à une agora, ou place publique. Inauguré en juin 2022, c'est le ***nouveau centre culturel*** de la *Caixa* (une banque catalane, de type Caisse d'épargne, qui investit beaucoup dans la culture) destiné à accueillir expos temporaires, concerts, etc. Dispose également d'une cafét'-resto.

Umbracle-Terraza *(plan II, F8)* **:** situé devant l'Hemisfèric et le musée des Sciences, c'est un grand jardin-promenade qui, le soir venu, dès le mois de mai (selon la météo), se transforme en **bar-lounge** et en ***boîte de nuit le week-end,*** avec une vue sur l'ensemble de la Cité. Agréable mais d'un intérêt plus limité (sauf qu'il abrite dans ses entrailles un vaste parking !).

Les *fallas*

C'est le grand événement de Valence, désormais classé par l'Unesco comme patrimoine immatériel. Chaque année, entre le 15 et le 19 mars (jour de la Saint-Joseph ; le 17 et le 18 étant les jours d'offrandes de fleurs à la Vierge), les *fallas* attirent plusieurs millions de visiteurs. Des ribambelles d'immenses personnages de carton-pâte – jusqu'à 15 m de hauteur ! – envahissent les rues. Processions, défilés, la fête bat son plein sous les rafales de pétards, et la nuit est illuminée par des feux d'artifice. Le dernier jour de la fête, un grand feu de joie réduit en cendres les sculptures éphémères.

Un conseil : prévoyez TRÈS longtemps à l'avance votre logement, car les hôtels sont très rapidement pleins. 2e tuyau : venez en train ou en avion ; si vous êtes en voiture, il vous faudra la garer à l'extérieur de Valence et finir le trajet en train, bus ou métro, car durant une semaine le centre de Valence est ***totalement interdit*** à toute circulation autre que celle des bus.
Côté pratique et avant de partir, vous retrouverez le programme des festivités sur les sites internet ● *visitvalencia.com* ● *comunitatvalenciana.com* ● ou sur celui des *fallas* : ● *fallas.com* ●
Sur place, les suppléments des journaux locaux (*El Levante, Las Provincias* et *El País*) publient un plan très pratique sur les différentes *fallas,* leur emplacement, la catégorie de compétition, l'artiste *fallero...* Enfin, les sponsors officiels publient aussi des petits plans de poche disponibles gratuitement dans les nombreux bars et les bureaux de l'office de tourisme.

Comment participer aux *fallas* ?

– Pour ceux qui ne peuvent assister à la semaine « S » aux *fallas* : du 1er au 19 mars se tient sur la place de l'Ayuntamiento une *mascletà.*
– Pour entrer au cœur des *fallas,* il faut savoir se concilier les bonnes grâces des *falleros.* Rendez-vous dans un *casal* et cherchez à faire ami-ami avec l'un des membres. En demandant, par exemple, le programme des événements et défilés. En théorie, il est affiché à l'entrée, mais faites comme si vous ne le saviez pas. Ce n'est pas un exercice très difficile car, généralement, on dresse une grande table dans la rue autour de laquelle dînent *falleros,* musiciens, artificiers...
– Pour voir les feux d'artifice, placez-vous sur le passeig de la Ciudadela, le puente del Mar, la plaça d'Amèrica, le puente Aragón et le passeig de l'Albereda.
– Une série de concerts gratuits accueillent chaque soir de la semaine les badauds. Généralement, ils se tiennent aux *jardines de Viveros.* Renseignements à l'office de tourisme.
– ***Gran Fira de València :*** Valence a remis à flot sa feria. Toute une série de concerts, de feux d'artifice, ponctués par une bataille de fleurs sur le paseo de la Alameda (généralement dernier dimanche de juillet).

DANS LES ENVIRONS DE VALENCE (VALENCIA)

Un petit tour dans le parc naturel et les villages de l'***Albufera*** *(bus nos 24 et 25 de la pl. de la Puerta del Mar – plan I, D2-3 –, direction El Perelló ou El Palmar),* à 10 km au sud de Valence, est un formidable moment de détente et de calme. Nous voici en plein cœur d'un écosystème méditerranéen extraordinaire, à la biodiversité riche, combinant plages sauvages de dunes, rizières, bois et même une lagune d'eau douce. Le parc naturel est protégé de la mer par un étroit cordon littoral dunaire spectaculaire.
Au programme : observation de la faune et de la flore, notamment des oiseaux (plus de 250 espèces, dont des flamants roses, si, si !) ; balade et pique-nique dans les bois et au bord des rizières ; tour en barque sur la lagune de l'Albufera. Ne pas manquer le coucher de soleil depuis le mirador de la Gola de Pujol : magique !
Renseignements au centre d'interprétation *Racó de l'Olla (sur la route d'El Palmar, depuis Valence ; ☎ 963-86-80-50 ; ● raco_olla@gva.es ● ; tlj 9h-14h).* On y trouve un petit musée, un belvédère avec vue panoramique sur le parc naturel, ainsi que des zones d'observation des oiseaux depuis des cabanons en bois équipés de jumelles (gratuites). Toutes les infos sur le parc et un audioguide à télécharger sur son portable, très bien fait pour la visite, mais uniquement en espagnol !

On peut également contacter les guides du petit musée culturel à *El Palmar,* à 6 km du centre d'interprétation *(c/ dels Redolins, 37 ; 620-80-26-37 ; • albufera@albuferavalencia.com • albuferavalencia.com •),* qui vous commenteront la richesse naturelle de l'Albufera et l'histoire de leur village. Des balades de 1h à 4h selon les options choisies, dont le tour en barque *(à partir de 5 €/pers).*
Le bon plan, pour finir en beauté : ***déguster une bonne paella,*** plat traditionnel qui est né ici, dans la région de l'Albufera, à El Palmar ! Le village ne manque pas de restos, presque tous aussi bons les uns que les autres, qui proposent tous des menus paella. Les week-ends et jours fériés, pensez à réserver votre table : malgré l'immense quantité de restos, la plupart sont complets. Évitez tout de même *El Palmar* (immense resto-usine, mauvaise cuisine et attente infinie...).

Pour les fanatiques de céramique, la ville de ***Manises,*** jouxtant l'aéroport, accueille un musée *(c/ Sagrari, 22 ; ☎ 961-52-10-44 ; • museumanises.es • mar-sam 10h-13h30, 16h-19h30 – 19h sam –, dim 11h-14h ; GRATUIT),* une école et des boutiques qui illustrent parfaitement cet art.

– ***La Tomatina de Buñol :*** *à* ***Buñol,*** *à 45 mn en voiture de Valence. • latomatina.info • Achat des billets (15 €) sur le site.* Chaque année, le ***dernier mercredi du mois d'août,*** plus de 30 000 personnes venues du monde entier y participent. L'origine de cette « fête » remonte à une dispute entre jeunes, survenue en 1945. Pendant près de 1h, on assiste à une gigantesque bataille de tomates mûres. La fête est déclarée d'Intérêt Touristique International !

LA COSTA DEL AZAHAR ET SON ARRIÈRE-PAYS

SAGUNTO (SAGUNT)

(46500) 67 043 hab.

Après Valence, il serait dommage d'ignorer Sagunto. Malgré ses abords de port industriel, le centre historique, à 4-5 km en retrait de la côte, vaut une petite pause de quelques heures, le temps de visiter son imposante forteresse et son théâtre romain. Situés sur les derniers contreforts de la sierra Calderona, ils offrent une large vue jusqu'à la côte. Clé stratégique au nord pour le contrôle de Valence, le site est occupé depuis les Ibères, et la prise de Sagunto fut l'un des prétextes de la 2e guerre punique opposant Rome à Carthage.
On ne dort pas à Sagunto, d'autant que Puerto Sagunto, son extension balnéaire, relève plutôt du registre bétonné.

Arriver – Quitter

Trains régionaux *(Cercanías)* ***Valence (estació del Norte)-Sagunto :*** ligne C6. Départs ttes les 30 mn-1h lun-ven, un peu moins le w-e, 5h38-22h30. Trajet : env 35 mn. À Sagunto, la gare est en contrebas de la forteresse, desservie par un bus urbain qui mène aussi bien vers la pl. del Cronista Chabret que vers la station balnéaire (Puerto Sagunto). À pied, la balade est de 10-15 mn.

➢ ***En voiture,*** se garer au parking gratuit près du resto *Taverna de la Serp* (vite pris d'assaut en été). Si vous voulez tenter le centre, suivez les panneaux indiquant la vieille ville et l'office de tourisme et essayez sur la grande place principale (pl. del Cronista Chabret), mais là non plus, c'est pas gagné !

Adresse utile

ℹ ***Oficina de turisme :*** *pl. del Cronista Chabret. ☎ 962-65-58-59. • sagunto turismo.com • Juil-août, tlj 10h-14h. Le reste de l'année, lun-ven 9h30-14h30, 16h-18h30, w-e 9h-14h.* Plan gratuit de la vieille ville avec les principaux sites à visiter. ***Annexes*** à la *Casa dels Berenguer,* dans le quartier juif *(c/ del Sagrari, 17 ; tlj sauf dim ap-m 10h-14h30, 16h-18h)* et côté plage *(avda Mediterráneo, 67 ; ☎ 962-69-04-02 ; juil-août, tlj sauf dim ap-m 10h-14h, 17h-20h – 16h-18h sam ; le reste de l'année, lun-ven 9h30-14h30, 16h-18h30 et w-e 10h-14h).*

Où manger ?

Taverna de la Serp : *c/ del Castell, 43. ☎ 961-19-36-42. • jesus@latavernadelaserp.com • Ts les soirs sauf lun, et ouv aussi ven-dim midi. Congés : 15 j. en janv, 1 sem en juin et 1 sem mi-oct. Tapas 4-8 €.* Juste avant l'avant-dernière grimpette vers le château, devant le théâtre romain, une petite terrasse très accueillante et ombragée où grignoter quelques bonnes tapas à prix très doux, et boire un verre. Petite salle toute simple par mauvais temps.

Le Fou : *c/ del Castell, 49. ☎ 962-65-13-57. • info@lefou.es • Dernier resto de la rue en montant au château. Mars-oct, tlj midi et soir sauf lun ; hors saison, ouv seulement ven-dim, midi et soir. Congés : de début janv à mi-fév. Résa le soir. Menus midi en sem 20 € (boisson incluse), sinon 30-35 € ; carte env 35 €. Digestif* (moscatel) *offert et réduc de 20 % sur la carte des vins sur présentation de ce guide.* Une jolie terrasse sous les arbres, juste en face, autour d'une petite fontaine et une salle au décor soigné, très blanc, tout comme la devanture. Cuisine variée et bien exécutée, mêlant saveurs méditerranéennes et inspirations asiatiques. Accueil jovial, parfois francophone (c'est que le cuistot est français !).

À voir

Ts les sites (castell, Teatro romano et Museo històrico) sont GRATUITS et ouv aux mêmes horaires : mar-sam 10h-18h (20h l'été), dim 10h-14h. Dernier accès : 30 mn avt fermeture. Fermé lun.

Le vieux village est entièrement piéton et vaut la balade, avec ses maisons médiévales comme la *casa dels Berenguer,* ancien palais restauré *(tlj sauf l'ap-m sam-dim, 10h-14h30, 16h-18h – en continu sam),* ses placettes et églises, son quartier juif (accès par la porte surmontée d'une arche, juste après le *Museo històrico*) et son petit musée. Parcours bien balisé avec bornes explicatives.

Castell : *accès seulement à pied.* Monumentale forteresse de 5 ha dominant la ville. La rue qui monte au château est raide mais superbe, au milieu des pins. Peu d'explications cependant, sauf dans le petit ***musée épigraphique,*** qui rassemble de beaux exemples d'inscriptions depuis la période ibérique. Car Ibères, Romains, Maures et bâtisseurs du Moyen Âge ont tous mis la main à la pâte pour modifier petit à petit cette citadelle, divisée en plusieurs espaces.

ALLUMEZ LE FEU !

En 218 av. J.-C., el castell fut le théâtre d'une tragédie incroyable. Alors qu'Hannibal assiégeait depuis 8 mois la forteresse et que la famine menaçait, les assiégés décidèrent d'allumer un gigantesque brasier dans lequel ils jetèrent tout ce qu'ils possédaient, puis femmes et enfants, pour s'y jeter ensuite eux-mêmes. Joyeux !

Teatro romano : en contrebas de la forteresse, un théâtre moderne ingénieusement installé sur les ruines d'un théâtre antique (construit au Ier s. apr. J.-C.). Belle programmation théâtrale et concerts en été (programme à l'office de tourisme).

En redescendant du château, jeter un œil à l'**ermita de la Sangre** *(c/ Sangre Nueva, à droite juste après la* Taverna de la Serp ; *ouv w-e 10h30-13h30),* aux tuiles vernissées, siège de la congrégation qui organise les processions de la Semaine sainte. Si c'est ouvert, jetez un œil aux chars de processions. Et pour les passionnés, un petit tour à l'ancienne halle médiévale transformée en ***Museo histórico,*** à 2 pas de l'*ermita,* afin de mieux comprendre l'évolution du peuplement de la cité.

Dans la ville basse, 2 sites illustrent l'existence de *Saguntum* à l'époque romaine : la ***casa dels Peixos*** (une demeure patricienne romaine du IIe s) et la ***via del Pòrtic*** (une belle voie romaine) ; visites guidées uniquement, sur réservation à l'office de tourisme *(les contacter pour les horaires, très changeants).*

PEÑÍSCOLA (PENÍSCOLA)

(12598) 7 882 hab. (env 100 000 hab. l'été)

• Plan *p. 529*

Malgré les 1res impressions de banalité qu'offrent les quelque 8 km d'immeubles modernes et d'hôtels coincés entre Benicarló et Peñíscola, le village ancien, perché sur sa minuscule presqu'île rocheuse, tel un éperon s'avançant dans la mer, possède un vrai charme, avec ses ruelles pavées et son atmosphère décontractée. Plusieurs scènes de la série *Game of Thrones* ont d'ailleurs été tournées ici ! Et la promenade du bord de mer plantée de palmiers aligne glaciers, restos et vendeurs de cartes postales, dans une ambiance de station balnéaire populaire et sympathique.

UN PEU D'HISTOIRE

Ville hospitalière et stratégique destinée à surveiller la côte entre Barcelone et Valence, elle reçut les apports des civilisations méditerranéennes : Phéniciens et Grecs, puis Carthaginois, Romains, Byzantins et Arabes... tous ont profité de cette forteresse irréductible, du climat avantageux et de la source jaillissant de la roche. À l'époque chrétienne, les mythiques Templiers y élurent résidence et en firent une place imprenable. Peñíscola est la 3e cité des papes après Rome et Avignon depuis que Benoît XIII en fit sa terre d'élection au début du XVe s. La ville résista héroïquement aux troupes napoléoniennes, et notamment au général Suchet.

Arriver – Quitter

En train

Estació RENFE *(hors plan par A2)* **:** *à* ***Benicarló.*** ☎ *912-320-320 (nº national).* Attention, la gare ne se trouve pas à Peñíscola, même si elle en porte le nom, mais à 7 km, à Benicarló, au-delà de la N-340. Bus au départ de la gare de Benicarló, de la compagnie *Amsa (Autos Mediterraneo,* • *autosmediterraneo.com* •*),* pour rejoindre le centre. Hors saison, départs à 10 mn à pied de la gare, sur la c/ San Francisco, face au MUCBE *(museo del Convento).*

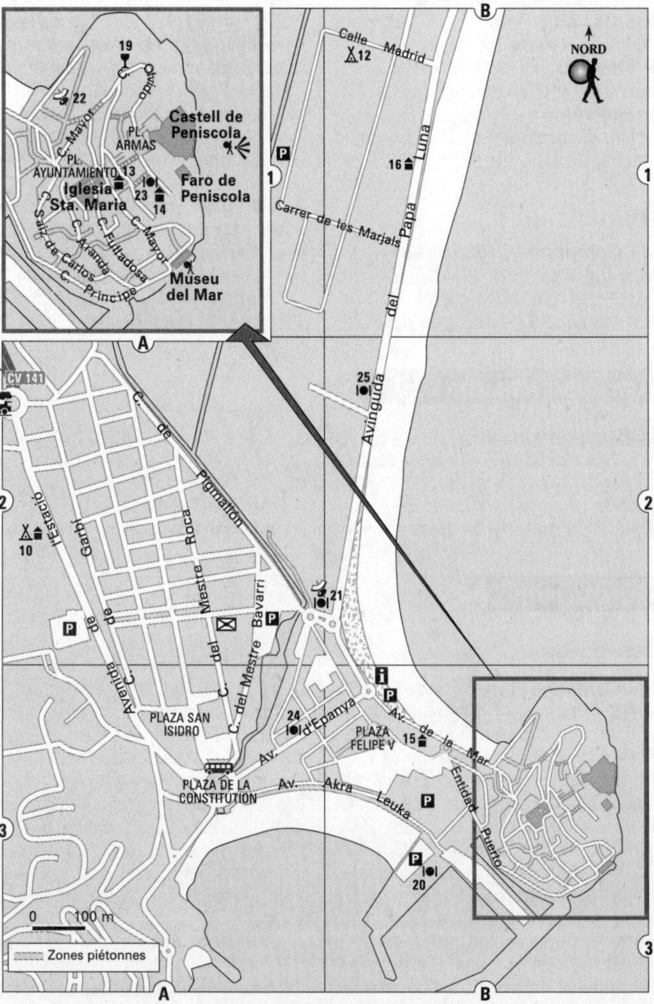

PEÑÍSCOLA

Adresse utile

- Oficina de turisme (B3)

Où dormir ?

10 Camping Ferrer (A2)
11 Camping Vizmar (hors plan par A2)
12 Camping Eden (B1)
13 Chiki (zoom)
14 Dios Está Bien (zoom)
15 Mare Nostrum (B3)
16 Hostería del Mar (B1)

Où manger ?
Où boire un verre ?

19 La Muralla et La Roca Fe (zoom)
20 Puerto Mar (B3)
21 Rojo Picota Vinoteca (A-B2)
22 Tasca La Bellota (zoom)
23 La Taverneta de Sant Roc (zoom)
24 Restaurante Tio Pepe (A3)
25 Casa Jaime (B2)

➢ On peut aussi arriver en train à ***Vinaròs,*** puis prendre un bus pour Peñíscola, il y en a toute l'année.
➢ ***Valencia*** *(1h30-2h30)* **:** 10-12 trains/j., les *Intercity* sont les plus rapides.
➢ ***Barcelona*** *(env 2h15)* **:** env 5 trains/j., préférer les *Intercity,* plus rapides.

En bus

Compagnies d'autobus *(plan A3)* **:** ***Amsa*** *(☎ 964-22-00-54, ● autosmediterraneo.com ●).* ***Auto-Res*** *(☎ 900-92-18-95 ou 912-72-28-32 ; ● avanzabus.com ●).* ***Hife*** *(☎ 977-44-03-00 ; ● hife.es ●).* Pas de gare routière à proprement parler, mais un arrêt commun pl. de la Constitución. Détails à l'office de tourisme.
➢ ***Benicarló*** et ***Vinaròs* :** avec *Amsa.* Ttes les 15 mn en été, un peu moins hors saison (de ***Vinaròs,*** ttes les 30 mn le reste de l'année).
➢ ***Zaragoza*** *(min 4h)* ou ***Barcelona*** *(2h45-4h)* **:** avec *Hife.* En été, 3-6 bus/j. pour Saragosse et env 3 bus/j. pour Barcelone ; service réduit en hiver.
➢ ***Madrid*** *(7h45)* **:** avec *Auto-Res,* 1-2 bus/j. dans les 2 sens.

Adresse et info utiles

Oficina de turisme *(plan B3)* **:** *avda de la Mar. ☎ 964-48-02-08. ● comunitatvalenciana.com ● peniscola.es ● Au bord de la plage principale. En été, tlj 10h-20h ; Pâques-juin et de mi-sept à mi-oct, tlj 10h-19h. Hors saison, lun-sam 9h30-14h, 15h-17h30 ; dim et j. fériés 10h-13h30.* Accueil professionnel, jovial et en général en français. – Voir aussi *● todopeniscola.com ●*

Où dormir ?

Campings

Camping Ferrer *(plan A2,* ***10****)* **:** *ctra de l'Estació, 27. ☎ 964-48-92-23. ● info@campingferrer.com ● campingferrer.com ● ♿ À l'entrée de la ville, sur la droite. Ouv tte l'année. Selon saison, 25-32 € (dégressif dès 3 nuits) pour 2 pers avec tente et voiture. Bungalows 2-5 pers 60-160 € (dégressif dès 2 nuits, draps non fournis). Doubles 60-80 € (draps et serviettes fournis).* De petite dimension, le plus proche du centre (à 5 mn à pied) mais aussi le plus éloigné de la plage. Bien équipé, bien tenu et ombragé, mais parcelles assez serrées. Quelques bungalows en sapin, au confort suffisant, et des chambres doubles basiques mais fonctionnelles (lits individuels) dans le bâtiment principal. Bons sanitaires et laverie. Piscine, bar-cafétéria, grand barbecue, *plancha*. Accueil adorable et en français.

Camping Vizmar *(hors plan par A2,* ***11****)* **:** *ctra Vieja de Peñíscola. ☎ 964-47-34-39. ● info@campingvizmar.com ● campingvizmar.com ● À 3 km au nord de Peñíscola et autant de Benicarló, et à 400 m de la plage. Ouv tte l'année. Min 30 € pour 2 pers selon parcelle et saison, avec tente et voiture. Bungalows 2-4 pers 265 €/sem (380 € en juil, 425 € en août). Wifi payant.* Un peu éloigné, ce camping de dimension familiale est assez vieillot (les sanitaires mériteraient un bon coup de neuf !) mais propre, calme, ombragé par des mûriers et moins chargé que les autres. Seulement 4 bungalows en bois. Belle piscine, resto. Bon accueil souriant.

Camping Eden *(plan B1,* ***12****)* **:** *c/ Madrid, 6. ☎ 964-48-05-62 ou 04-44. ● camping@camping-eden.com ● camping-eden.com ● ♿ Proche du centre et à 150 m de la plage. Ouv tte l'année : accueil 8h-minuit en été, 8h-21h en hiver. Selon saison et type de parcelle, 23-50 € pour 2 pers avec tente et voiture. Bungalows 4-6 pers 60-230 € selon saison.* C'est le camping le mieux équipé, le plus grand aussi : piscine, supermarché, entrée sécurisée... Grand resto juste en face (ouvert aux non-résidents) au rapport qualité-prix très correct. Bien ombragé et sanitaires bien fichus. Mais c'est carrément l'usine ! Confortable cependant. Propose tous les services ainsi qu'un accueil polyglotte.

De prix moyens à plus chic (50-100 €)

Chiki (zoom, **13**) : *c/ Mayor, 3-5. 665-87-39-77 ou 605-28-02-95. • info@pensionrestaurantechiki.es • pensionrestaurantechiki.es • Congés : janv. Resto ouv seulement de mi-mars à mi-oct, tlj sauf mer, puis tlj de mi-juin à sept ; fermé hors saison. Doubles avec sdb 90-110 € selon saison ; familiales aussi.* Tant qu'à séjourner à Peñíscola, autant que ce soit dans le *casco antiguo,* seul véritable attrait de la ville à nos yeux. Voici une pension familiale proposant 8 chambres simples, bien tenues, certaines avec balcon. Elles ne sont pas bien grandes, et les cloches vous tirent du sommeil le matin. Mais le rapport qualité-prix reste correct, et l'accueil très gentil. Resto traditionnel avec grande terrasse ombragée.

Dios Está Bien (zoom, **14**) : *c/ San Roque, 24. ☎ 964-48-22-53. 634-95-08-43 (Miia) ou 675-50-60-41 (Xavier). • reservas@diosestabien.com • diosestabien.com • Dans la citadelle, en contrebas de la place du château. Congés : nov-mars. Doubles avec sdb 70-95 € selon saison ; 2 nuits min. Et un appart 4 pers 80-105 €. Verre de bienvenue offert sur présentation de ce guide.* Signifiant littéralement « Dieu va bien » ou alors moins littéralement « Waouh ! c'est cool ». 2 vieilles bicoques, reliées l'une à l'autre, toutes biscornues, de plus de 500 ans, transformées en adorable *B & B,* plein de charme et de caractère. Chambres, petites pour certaines, joliment meublées et d'un bon confort (2 avec petit balcon), et très jolie terrasse commune sur le toit, avec plusieurs petits coins salon pour se poser, et au loin... la mer. Au rez-de-chaussée, coquet café qui privilégie les produits maison et bio : idéal pour le p'tit déj délicieux et ouvert à tous s'il y a de la place *(plusieurs formules 3-10 €).* Excellent accueil de Miia et Xavier, et en français (Xavier est Suisse).

Mare Nostrum (plan B3, **15**) : *avda del Mar, 13 (réception c/ Molíno, 4). ☎ 964-48-16-26. • info@hotelmarenostrum.net • hotelmarenostrum.net • ♿ Dans la ville basse, face à la plage principale. Congés : de janv à mi-fév. Doubles 50-120 € selon saison et vue, petit déj inclus. Ascenseur.* Confort, propreté et vue panoramique pour les chambres, côté plage ! En revanche, celles donnant sur le port ont une vue directe sur un parking, dommage. La déco est inexistante, mais on a la clim et du double vitrage (et, pour les plus chères, un balconnet avec vue sur la plage). Salle de petit déj au dernier étage.

De chic à très chic (min 100 €)

Hostería del Mar (plan B1, **16**) : *avda Papa Luna, 18. ☎ 964-48-06-00. • reservas@hosteriadelmar.net • hosteriadelmar.net • Sur la promenade au bord de la mer. Doubles min 115 €, petit déj inclus ; jusqu'à 300 € en hte saison en ½ pens (obligatoire en juil-août). Parking.* Un peu perdue parmi tous les hôtels en front de mer, l'*Hostería del Mar* se distingue par son accueil vraiment attentionné (c'est l'une des plus anciennes du coin), son environnement fleuri et son architecture : toutes les chambres ont un balcon et seules celles du rez-de-chaussée (moins chères) n'ont pas de vue directe sur la mer. Côté déco, plutôt cossue, version lits confortables et gros fauteuils cosy. Piscine et plage semi-privée aménagée de l'autre côté de la promenade.

Où camper dans les environs ?

Camping L'Orangeraie : *camino Peníscola-Calig, 12589* ***Calig.*** *☎ 964-76-50-59. • info@campingorangeraie.com • campingorangeraie.com • ♿ À mi-chemin entre Peñíscola (14 km) et Sant Mateu, bien fléché depuis l'autoroute AP-7. Congés : nov-fév. Selon saison et équipement, 20-42 €*

pour 2 pers avec tente et voiture. Bungalows en bois 4-6 pers 319-879 €/sem pour 4 (jusqu'à 1 690 € la 1re quinzaine d'août) ; ecotipy 4 pers 199-690 €/sem selon saison (jusqu'à 990 € 1re sem d'août). Perdu au milieu des orangers et des oliveraies, un joli camping à taille humaine, qui partage son espace entre quelques rares parcelles dédiées aux tentes et caravanes de passage (ombragées et sanitaires impeccables), et surtout des bungalows, tipis récents et autres dômes, bien aménagés et confortables (cuisine équipée, terrasse, etc.). Grande et jolie piscine avec espace bien-être, jeux pour enfants et petite supérette-resto. À proximité, nombreux circuits de balade, à pied ou à VTT (location de vélos). Accueil adorable et en français.

Où manger ? Où boire un verre ?

Puerto Mar (plan B3, **20**) : *explanada del Puerto, s/n. ☎ 964-48-03-63. • puertomar35@gmail.com • Vraiment dans l'enceinte du port de pêche, sur les quais. Tlj 10h-1h ; horaires plus restreints hors saison. Raciones et plats 6-25 €.* Quoi de mieux pour déguster poissons grillés et fruits de mer qu'à la descente du bateau, directement sur le port ? La petite salle lambrissée comme un bateau, avec ses lampes de marins, est chaleureuse, et les *raciones* sont un peu moins chères que dans la citadelle (ce qui ne veut pas dire qu'elles sont bon marché pour autant : bien se faire préciser les prix de la pêche du jour, pas toujours affichés). Grande terrasse couverte. Service prévenant.

Rojo Picota Vinoteca (plan A-B2, **21**) : *avda Papa Luna, 1. ☎ 964-48-92-60. • info@mandarinaclub.net • En front de mer, presque face à l'office de tourisme. Tlj, en continu l'été, sinon fermé 16h30-18h. Menu midi 18 € ; tapas et raciones 7-20 €.* Comme le nom le suggère, le vin est ici à l'honneur. Plusieurs atmosphères au choix dans ce bar-resto bien contemporain : guéridons et chaises haut perchés, ou canapés et tables plus traditionnels. Le tout dans une ambiance cosy, avec vue imprenable sur la cuisine ouverte d'un côté, la citadelle et la mer de l'autre. Le chef mitonne de bons plats à base de produits frais et aux portions généreuses (les *croquetas* sont énormes !). Agréable aussi bien pour un apéro tapas que pour un vrai repas.

Tasca La Bellota (zoom, **22**) : *c/ Porteta, 10. 📱 666-48-21-05. • tascalabellota@hotmail.com • Tlj sauf mar. Tapas 6-13 €, tablones (planches fromage/charcuterie) min 20 €.* Au pied des remparts, dans une petite rue à l'arrière du quai, cette adorable *tasca* typique, comme on les aime, avec ses jambons suspendus et sa minisalle aux murs rouges assez cosy, diffère des restos du coin. Quelques tables sur la rue. On vient ici pour un apéro tapas, ou plus, mais aussi pour l'ambiance chaleureuse et plus intime. Venir tôt en saison, c'est vite plein.

La Taverneta de Sant Roc (zoom, **23**) : *c/ San Roque, 15. ☎ 964-48-21-70. • tavernetasantroc@hotmail.com • Dans la citadelle, en contrebas de la pl. du château. Tlj midi et soir, sauf midi lun-mar. Plats 12-20 €.* Une adresse qui se transmet de bouche à oreille, entre connaisseurs ! On y vient autant pour son excellente cuisine familiale traditionnelle que pour l'accueil chaleureux (et en français !). Excellents conseils pour les accords mets/vins. Belle terrasse bien agréable et au calme, dans une rue peu fréquentée de ce quartier pourtant très touristique.

Restaurante Tio Pepe (plan A3, **24**) : *avda d'Espanya, 32. ☎ 964-48-06-40. • reservas@hoteltiopepe.com • Tlj au déj, plus ven-sam soir. Repas 24-40 €.* Facile à repérer, c'est le restaurant de l'hôtel du même nom, reconnaissable au loin grâce à sa façade totalement peinte en bleu azur. Grande salle de resto et terrasse sur la rue, pour déguster la cuisine locale, excellente. Même si les produits de la mer sont à l'honneur, les carnivores y trouveront leur compte.

Casa Jaime (plan B2, **25**) : *avda del Papa Luna, 5. ☎ 964-48-00-30. Tlj sauf mer et dim soir 13h-15h30, 20h-22h30. Résa indispensable. Menu 39 € ; repas 25-45 €.* La cuisine, dans la famille Sanz, c'est une histoire de père en fils. Jaime, le père, en cuisine avec son fils Jordi, et Jaime, le fils, sommelier en salle. Une des meilleures tables du coin. Salle pas bien grande et terrasse avec vue sur la mer, l'ensemble bien dressé. Dans l'assiette, une cuisine de la mer, avant tout, avec des plats traditionnels, revisités par le chef, dont l'un des fameux plats phares est l'*arroz calabuch* cuisiné avec des orties de mer et des *espardenyes* (sorte de concombre de mer).

En fin d'après-midi, un peu avant le coucher de soleil, la calle Olivido est idéale pour s'installer sur les terrasses posées sur le haut des remparts et prendre l'apéro face au coucher de soleil. Parmi les plus authentiques, ***La Muralla*** *(zoom, 19 ; tlj 10h30-22h)* ; mais ceux en mal de « branchitude » s'installeront à ***La Roca Fe*** *(zoom, 19 ; tlj 11h-1h),* juste à côté, bar à la déco moderne. La vue est la même pour les 2, superbe, sur la mer, tout Peñiscola et le coucher de soleil.

À voir

La vieille ville-citadelle, fortifiée et perchée sur sa presqu'île autour du château, est vraiment très belle, avec ses ruelles anciennes escarpées où l'on prend plaisir à se perdre. Belles promenades aménagées le long des remparts.

Castell (zoom) **:** ☎ *964-48-00-21. • castillodepeniscola.dipcas.es • L'été, ouv 9h30-21h30 ; l'hiver, 10h30-17h30 ; dernière entrée 30 mn avt fermeture. Fermé 1er et 6 janv, 9 sept, 9 oct et 25 déc. Entrée : 5 € (castell et parque de Artillería), audioguide inclus ; réduc ; gratuit personnes handicapées et - de 9 ans.*
Situé sur le promontoire naturel que représente cette ancienne île, devenue presqu'île par la construction d'une digue ferme et définitive, ce château du XIIIe s, construit par les Templiers sur les vestiges de l'ancien alcazar arabe, a résisté à plusieurs invasions au cours des siècles. Les touristes, beaucoup plus réguliers, le prennent d'assaut tous les étés.
L'histoire de cette forteresse est surtout liée à l'***étonnante destinée du pape Benoît XIII,*** qui fit de Peñiscola une ville papale pendant quelques années au XVe s (lire encadré).
Dans le château, pas grand-chose à découvrir : quelques salles voûtées, quelques meubles d'époque. Il est plutôt conseillé de s'y promener le matin ; après, c'est l'invasion. Tout en haut, intéressant point de vue panoramique qui vous permettra de juger de l'urbanisation de la côte. Expos temporaires, théâtre, concerts réguliers (se renseigner à l'office de tourisme). Pour les amateurs, exhibition de rapaces chaque année de mai à octobre (payant).
– À l'arrière et en contrebas du château, on accède au ***parque de Artillería,*** aménagé en jardin botanique, composé de la flore de la région (palmiers, oliviers, lavande) ou du parc naturel de la sierra de Irta. Du belvédère donnant sur la mer, superbe vue pour admirer toute la baie de Peñíscola.

PAS DE PAPE EN SOUPAPE

En 1394, à la mort de Grégoire XI, eut lieu le grand schisme d'Occident qui vit un pape élu puis destitué à Rome (Urbain VI) et un autre pape élu en Avignon, Clément VII. Benoît XIII (de son vrai nom Pedro de Luna, et surnommé Papa Luna) succéda à ce dernier. Mais entre-temps, en 1411, les choses s'arrangèrent entre Avignon et Rome. Le pape de Rome ayant remporté la primauté, Benoît XIII devint persona non grata. Vexé, il se retire alors à Peñiscola, pour en faire une 3e cité des papes. À sa mort, en 1423, son remplaçant, Clément VIII, ne tint le coup que 6 ans. C'en était fini de Peñiscola ville papale...

Museu del Mar *(musée de la Mer ; zoom)* **:** *tt petit musée sur le chemin du château. En été, tlj 10h-14h, 16h-20h (17h-21h juil-sept) ; oct-Semaine sainte,* *tlj sauf lun 9h-15h. GRATUIT.* Depuis son ouverture, le musée a pour mission la conservation et la sauvegarde du patrimoine culturel marin de la ville. Petite expo sur l'histoire marine, la pêche et la faune du secteur. Maquettes de bateau, objets de marine et panneaux d'explications.

L'arrivée des chalutiers *(plan B2)* **:** au port, vers 16h30, sauf en été (ah ben oui, la pêche est alors interdite pour cause de reproduction – des poissons, pas des chalutiers !). Bonne ambiance.

Fêtes et festivals à Peñíscola et dans les environs

– Les festivités les plus importantes ont lieu autour du 7 septembre (et 2 week-ends plus tard) en l'honneur de la patronne de la localité, la *Virgen de la Ermitana.* L'occasion d'organiser de grands défilés traditionnels et des bals populaires ponctués de somptueux feux d'artifice. Par exemple, ***Moros y Cristianos,*** qui a lieu le 2ᵉ week-end après le 7 septembre.
– ***Festivals de jazz*** *(juil),* ***de théâtre classique*** *(juil, au château),* ***de musique ancienne et baroque*** *(août),* etc. Renseignements à l'office de tourisme.
– ***Festival international de Benicàssim*** *(FIB)* **:** *à* ***Benicàssim,*** *en juil. L'une des stations très bétonnées de la côte, à 57 km au sud de Peñiscola et 58 km au nord de Sagunt.* Pour les fans de musique électro, rock alternatif ou encore indie pop.

DANS LES ENVIRONS DE PEÑÍSCOLA : LE MAESTRAZGO

Entre mer et montagne, cet arrière-pays de Castelló de la Plana offre de beaux paysages vallonnés, ponctués de points de vue superbes, d'oliveraies et de vergers. Chapelet de jolis villages, cyprès pointant vers l'azur, c'est aussi une région propice à la rando (le GR8 passe par là !), l'escalade, la spéléologie, le canoë-kayak ou au VTT.

SANT MATEU (12170)

À 28 km de Benicarló. Pour y accéder, prendre la CV-135, jolie route Peñíscola-Benicarló-Sant Mateu (oliviers et petite montagne). On peut aussi emprunter la N-232 depuis Vinarós, puis la CV-132 (plus de km, mais plus rapide). Un très beau village, datant des XIIᵉ-XIIIᵉ s, qui fut capitale historique de la Maestrat. Installé en plaine, il a conservé une partie de ses murailles bordées, en guise de douves, d'un petit ruisseau qu'enjambent de petits ponts de pierre. Plaza Mayor très animée, avec ses habitants jouant aux cartes, attablés aux terrasses des bars et restos. Ne manquez pas l'***église,*** monumentale pour la taille actuelle de la cité *(visite guidée de 45-60 mn, en principe tlj à 12h et 17h ; horaires et ticket à l'oficina de turisme ; 1,50 €).* Pas de doute, si vous préférez la campagne à la plage, Sant Mateu s'avère une base reposante pour rayonner dans le coin.
– Se garer à l'entrée du village, avant la muraille. Sinon, bus depuis Castelló ou Morella (voir ci-après « Morella »).

Adresse utile

Oficina de turisme : *c/ Historiador Betí, 13. ☎ 964-41-66-58. • santmateu.com • turismosantmateu.es • À côté de la pl. Mayor, dans le palau Vilanova du XVᵉ s. Tlj sauf dim ap-m et lun 10h-14h, 16h-18h30.* Plan et brochures bien faits.

Où dormir ?

🏠 ***La Casa dels Arbres :*** *c/ Historiador Betí, 27.* 📱 *654-30-80-42. • casadelsarbres@gmail.com • casasruralessantmateu.com • Doubles 55-65 € en sem, 110-130 € le w-e ; maison entière (8-10 pers) 240 €/nuit en sem et 480 €/nuit le w-e ; 2 nuits min ; petit déj inclus.* *Casa rural* familiale de 4 chambres à peine (dont une familiale), dans une belle petite maison de village rénovée, de style champêtre soigné. Plafonds bas (ah ! les vieux murs !) aux poutres apparentes. Salles de bains modernes et impeccables. Notre chambre préférée ? La « Carrasca », certes la plus petite mais prolongée d'une terrasse privée. Sinon, terrasse commune et cuisine-salle à manger à se partager. Accueil adorable d'Alberto, qui vit dans la partie arrière de la bâtisse. On peut également louer la maison entière.

🏠 ***Complejo rural Turimaestrat :*** *c/ Historiador Betí, 37.* ☎ *964-41-60-79.* 📱 *615-25-32-13. • info@turimaestrat.com • turimaestrat.com • Studios 85-110 € ; apparts 4 pers 135-180 € (min 4 nuits en hte saison) ; tarifs dégressifs selon durée.* Dans la rue de l'office de tourisme, une belle maison ancienne rénovée, soutenue par des arches en brique. Au total, une douzaine de studios et appartements tout équipés pour 2 à 5 personnes. Belle déco générale dans le style rural cossu, poutres, pierres, bois et objets rustiques. Certains avec balcon sur la petite rue ou terrasse privative. Au rez-de-chaussée, grand salon-cuisine commun.

MORELLA

(12300) 2 406 hab.

En quittant le littoral, on est loin d'imaginer ce qui se cache à une soixantaine de kilomètres de Peñíscola, dans l'arrière-pays montagneux. La route monte à travers un paysage de collines où moutonnent oliviers et amandiers, puis la végétation naturelle reprend le dessus. Le soleil tape fort en été. En hiver, le vent froid de l'Aragon voisin souffle et parfois il neige. Morella apparaît tel un nid d'aigle fier et haut perché, avec ses maisons altières, sa muraille ancienne, son château, et des églises discrètes serrées entre les ruelles étroites et les murs de pierre sèche. Dans ce beau village éloigné de l'agitation balnéaire, c'est déjà la montagne et son architecture qui dominent.

Arriver – Quitter

En bus

➢ ***Castellón*** *(2h10)* **:** avec *Autos Mediterráneo (☎ 964-22-05-36 ; • autosmediterraneo.com •).* 2 bus/j. lun-ven dans les 2 sens, via ***Sant Mateu.*** Rien le w-e.

➢ Possibilité aussi de rejoindre ***Vinaròs*** lun, mer et ven avec 1 bus/j. A/R.

Adresse et info utiles

ℹ ***Oficina de turisme :*** *pl. de Sant Miquel.* ☎ *964-17-30-32. • comunitatvalenciana.com • morellaturistica.com • Au pied de la tour Sant Miquel, juste après la porte d'entrée de la ville. L'été, tlj sauf dim ap-m et lun ap-m 10h-14h, 16h-19h. L'hiver, mar-sam 10h-14h, 16h-18h ; dim 10h-14h ; fermé lun.* Très bon accueil. Bonnes infos, notamment sur les maisons rurales à louer dans les environs. Plan du village et brochures en français.

Propose un *pass* (8 €) pour visiter 4 monuments : le château, l'església Santa María la Major, le museu Temps de Dinosaures et les torres de Sant Miquel.
– Le cœur de Morella est ***interdit à la circulation*** (sauf aux habitants). Si vous avez réservé un hôtel, il est possible de décharger les bagages à proximité (autant que faire se peut...), mais il est obligatoire, étant donné l'étroitesse des rues, de se garer ensuite le long de la muraille (places gratuites), vite chargée en été, ou aux parkings à l'extérieur des portes Sant Miquel et Estudis.

Où dormir ?

De prix moyens à chic (50-150 €)

Hostal La Muralla : *c/ Muralla, 12. ☎ 964-16-02-43. • hostalmuralla@yahoo.es • hostalmuralla.net • Au pied de la muraille et d'une volée de marches. Doubles avec sdb 55-75 € selon saison, petit déj inclus ; familiales (+ 20 €).* Pension à l'ancienne, simple, certes, mais c'est la moins chère du village. Chambres sans prétention et sans déco particulière mais propres, avec TV. Celles du 2e étage ont vue sur la campagne. Accueil aimable et souriant.

La Fonda Moreno : *c/ Sant Nicolau, 12. ☎ 964-16-01-05. • info@lafondamoreno.com • lafondamoreno.com • Au milieu du village. ♿ Ascenseur. Congés : 1re quinzaine de juil. Doubles 60-80 €, petit déj inclus. Au resto : menus 18-30 € ; plats 10-20 €.* Derrière une façade traditionnelle, petit hôtel moderne. Une dizaine de chambres chaleureuses et colorées, de très bon confort. Au rez-de-chaussée, traditionnel bar-resto du village, et resto plus chic au 1er. Très bonne cuisine au resto. Petit déj copieux et bon accueil.

Hotel Cardenal Ram : *cuesta Suñer, 1 (angle c/ Blasco de Alagòn). ☎ 964-16-00-46. • info@hotelcardenalram.com • hotelcardenalram.com • Doubles 75-110 € selon saison (jusqu'à 150 € juil-août) ; petit déj 8 €. Au resto : menu 25 € ; raciones et plats 12-22 €.* Le bel hôtel du village, installé sur la rue principale dans une superbe demeure en pierre du XVIe s, joliment rénovée. Grandes chambres avec belle hauteur sous plafond, murs tendus de tapisseries et meubles anciens, même si l'ensemble peut paraître un peu froid. Depuis celles du dernier étage, très belle vue sur la campagne et les alentours. Personnel souriant et de bons conseils. Abrite l'une des bonnes tables du village.

Où manger ?

La majeure partie des restos se concentrent le long de la calle Blasco de Alagón. Voir aussi les restos des hôtels plus haut. Parmi les spécialités du coin, fromages de chèvre et de brebis, et jambon de vache *(cecina)*, savoureux lorsqu'il est bien sec. Attention, les horaires d'ouverture sont parfois aléatoires : résa conseillée !

Casa Pere : *c/ Blasco de Alagón, 22. ☎ 964-16-02-15. Sous les arcades. Tlj sauf jeu et dim soir 7h-22h. Menu midi en sem 20 € ; raciones et tapas 4,50-10 € ; plats 14-25 €.* L'une des institutions du village, ouverte en 1905 ! Un bar-resto typique où le temps semble s'être arrêté, mais toujours animé, au gré des conversations des habitués qui se retrouvent, jusque tard, sur la terrasse située sous les belles arcades de pierre. Privilégier les tapas et assiettes de produits du coin (fromage, *cecina*) ; les plats sont plus décevants. Bien aussi pour un verre avant de parcourir le cœur historique.

Vinatea : *c/ Blasco de Alagón, 17. ☎ 964-16-07-44. • restaurante@restaurantevinatea.com • reservas@restaurantevinatea.com • ♿ Ouv ts les midis sauf lun, et aussi ven-sam* *soir. Congés : nov et 15 j. en déc. Plats 9-30 € ; menu dégustation 50 €.* Le versant contemporain de la gastronomie locale, qui marie agréablement produits traditionnels des producteurs du coin et modernité, dans l'assiette autant qu'en salle. Assiettes joliment dressées, desserts originaux et très belle carte des vins. Admirer au sous-sol, dans la bodega, le vieux puits médiéval. Petite terrasse coquette sous les arcades.

Casa Roque : *cuesta San Juan, 1 (angle avec Marques de la Fuente el Sol). ☎ 964-16-03-36. • morella@casaroque.com • Ts les midis sauf lun, plus le sam soir. Congés : 1re quinzaine de janv et 22-26 déc. Menu env 32 €.* L'une des valeurs sûres de la ville, lieu de passage des célébrités, dont le roi d'Espagne. Dans un agréable décor à l'ancienne, voici une belle occasion de découvrir la gastronomie de la *comarca,* à prix très raisonnables pour la qualité. Pas de terrasse mais quelques tables sur un balcon.

La Fonda : *c/ García, 21. ☎ 964-17-31-81. • restaurantlafondamorella@gmail.com • En saison, ouv tlj au déj (sauf lun), plus sam soir ; hors saison, ouv seulement le w-e. Congés : 2de quinzaine de mai. Menu env 27 € ; plats 12,50-27 €.* Dans un beau décor à la fois chic, coloré et moderne, la carte propose des spécialités régionales revisitées et créatives. Les assiettes sont gourmandes et très joliment présentées. Terrasse qui épouse l'escalier de la ruelle. Très bon accueil.

Achats

L'activité artisanale tient une place prépondérante et remonte au XIIIe s. Tout au long du Moyen Âge, la ville s'est transformée en fabrique textile. Chaque maison était un atelier, et la ***laine*** se filait au fuseau et à la quenouille. Au début, on tissait des tapis, des étoffes ordinaires et des draps connus sous le nom de *cordellats, barraganes* et *tartanes.* Il reste actuellement des tisserands qui produisent des couvertures, des sacoches et des tissus d'une extraordinaire qualité. Beaux ***produits de gastronomie régionale*** également.

À voir

Basílica Santa Maria la Major : *• basilicademorella.org • Lun-sam 11h-14h, 15h (16h lun)-18h ; dim 10h-11h15, 12h15-15h. En hiver, ferme à 17h et fermé lun ap-m. Entrée : 3 € ; réduc ; gratuit - de 6 ans. QR code pour la visite.* Superbe édifice du XIIIe s. Avant d'entrer, admirez la porte des Apôtres. On accède au vaisseau central de cette belle église par la porte de la Vierge sur le bas-côté méridional. À l'intérieur, le maître-autel et le retable, surchargé de colonnes torsadées, furent entièrement financés par les familles de Morella : une débauche d'ors dégoulinants de l'une des plus belles expressions (aux dires des spécialistes) du gothique valencien. Les projecteurs endommageant l'or fin, on a désormais opté pour le minuteur (1 €), qui offre quelques instants de clinquant à l'édifice. C'est dans cette église que se trouve l'orgue de Torull, datant de 1719, et l'un des plus importants harmoniums conservés actuellement (avec plus de 3 000 tubes !). Le musée du presbytère et les archives (accès à l'intérieur de l'église), sur 3 niveaux, abritent un ensemble intéressant d'œuvres d'art religieux, d'orfèvreries et de peintures datant du XVe s au XIXe s.

Un petit tour sur la ***muraille*** du XIVe s, longue de 2,5 km, permet de contempler les contreforts du village. L'édifice mérite le respect : 10 m de haut, 7 portes d'entrée et 14 tours crénelant l'horizon.

Si vous avez un peu de temps et de courage (ça grimpe !), le ***château*** se visite *(tlj 11h-19h, jusqu'à 17h en hiver ; entrée : 3,50 €, réduc, gratuit - de 6 ans).* Voir aussi l'***església de Sant Joan Baptista*** et l'***aqueduc*** du XIIIe s. Quelques petits musées plus ou moins insolites, comme le moderne ***museu Temps de Dinosaures*** *(face à l'office de tourisme ; mar-dim 11h-14h, 16h-19h, jusqu'à 18h l'hiver ; fermé lun ; entrée : 2 €, réduc, gratuit - de 6 ans),* présentant les découvertes régionales datant du crétacé inférieur, avec notamment un humérus de dinosaure et des grosses vertèbres.

DANS LES ENVIRONS DE MORELLA

➢ ***Retour dans le Maestrazgo :*** depuis Morella, pour rejoindre la côte, vous pouvez, au lieu de suivre la N-232, musarder sur les petites routes pour en apprécier toutes les beautés. Un circuit, vers le sud, permet notamment de découvrir des ***peintures rupestres*** d'Ares del Maestrat classées par l'Unesco et cachées au fond de gorges sauvages.
Pour prendre vraiment le chemin des écoliers, prenez la CV-12 à partir de Morella (en bas de Morella, N-232 vers Chert et tournez très vite à droite), puis la direction Villafranca et, au bout de 25 km de paysages âpres, tournez à gauche vers ***Ares,*** surprenant village construit à flanc de falaise et dominé par un rocher. Point d'infos touristiques *(• aresdelmaestrat.es •, tlj 10h-15h30).* ***Museu de la Cova del castell*** *(mêmes horaires que le point d'infos touristiques, d'où partent les visites guidées ; entrée : 2 €).* Installé dans la grotte qui occupe l'intérieur du massif rocheux de Ares, ce petit musée retrace l'histoire du village, de la préhistoire à nos jours (dépliant explicatif en français à l'entrée). Beau point de vue de l'esplanade juste devant. Petite balade sympa jusqu'au château, ou plutôt le rocher sur lequel il se trouvait. On grimpe par un escalier en métal et un petit chemin de ronde a été aménagé autour et jusqu'au sommet, d'où la vue, à 360°, est encore plus belle.

CHULILLA (46167) 615 hab.

À 54 km à l'ouest de Valence, dans l'arrière-pays. Aux cultures maraîchères succèdent les collines et les oliviers plantés dans une terre rouge sang. C'est dans cette nature que se cachent ces charmants villages vers lesquels les Valenciens se retirent le week-end. Parmi ceux-ci, Chulilla, une petite bourgade qui s'accroche le long de sa falaise. Elle est surplombée par une paroi montagneuse (devenu spot d'escalade renommé) et cernée de canyons aménagés pour de superbes balades.

Arriver – Quitter

➢ Le plus simple est de suivre, à partir de Valence, la direction de Llíria et la CV-35, puis de tourner à gauche à Losa del Obispo. Mais si vous êtes d'humeur buissonnière, empruntez la superbe CV-395 qui passe par Requena, Chera et Sot de Chera en traversant plusieurs sierras en d'innombrables lacets, ***dans un décor de gorges et de falaises calcaires.*** Attention, la route est très, très étroite : la prudence et les coups de klaxon s'avèrent vraiment utiles avant chaque virage ! Cette magnifique route est parfois fermée en cas d'intempéries, se renseigner avant pour ne pas avoir à rebrousser chemin. Camping-caristes, passez votre chemin...
➢ ***Bus*** depuis la gare routière de Valence, avec la *Hispano Chelvana* *(☎ 961-98-50-09, • hispanochelvana.com •).* Fin juin-début sept, lun-ven,

1 bus depuis Valence à 18h30, arrivée à 19h40 ; 1 bus depuis Chulilla à 7h30 (sur demande la veille). Le reste de l'année, consulter les horaires sur le site.

Adresse et infos utiles

Oficina de turisme : *pl. de la Baronia, 1. ☎ 961-65-79-79. • chulilla.es • Sur la place principale, en haut d'une volée de marches. En été, en principe tlj 9h (10h w-e)-14h ; hors saison, mer-dim mêmes horaires, fermé lun-mar.* Brochures et infos, notamment sur les sentiers de balade, et audioguide pour visiter le village.

– Prenez vos précautions, il n'y a ***pas de distributeur*** d'argent à Chulilla.

On trouve une ***station-essence*** à la sortie du village (à côté du resto *La Rueda*).

– ***Parking :*** assez compliqué de se garer, avouons-le ! Peu ou pas de places dans le centre. Se garer sur l'un des 2 grands parkings, à l'entrée et à la sortie nord du village (10 mn à pied du centre). Celui avenida Ermita (en face de la piscine) est gratuit.

Taxi pour Valence : *629-95-01-73.*

Où dormir ? Où manger ? Où boire un verre ?

Peu de restos ouverts hors saison et en semaine ! La réservation s'impose alors pour manger... Plus de choix le week-end, plusieurs terrasses sur la place principale animées du matin au soir. Mais il est préférable de réserver également : beaucoup de monde les samedi et dimanche.

Bon marché

Albergue El Altico : *c/ Maestro Amblar s/n, CV-394. 650-82-92-40. • info@elaltico.com • elaltico.com • À la sortie nord du village, sur la gauche, grand portail vert, env 400 m après le parking. Ouv selon affluence : résa indispensable. Nuitée en dortoir 18 € ; triple 54 € (gratuit - de 3 ans ; réduc 4-8 ans). Parking.* Le refuge sportif du village, fréquenté essentiellement par les amateurs d'escalade et de rando. Dortoirs et chambrées de 3 à 9 lits superposés, plutôt modernes, et salle de bains à se partager. Cuisine à disposition, et moult conseils pour explorer les falaises et canyons du coin. Une adresse à l'esprit routard vraiment top !

Prix moyens

El Pozo : *c/ Arrabal, 7. 653-30-29-56 et 679-05-97-51. • info@hostalelpozo.com • hostalelpozo.com • De la place centrale, prendre les escaliers qui mènent vers le bas du village. Resto ouv seulement w-e et j. fériés (ven-sam midi et soir, dim midi seulement). Doubles 60-65 €, avec petit déj ; familiale aussi. Menu midi 23 € ; plats 11-16 €. Possibilité de pens complète et ½ pens le w-e.* Située dans le dédale des ruelles du bas du village, une adresse familiale, tenue par un jeune couple, proposant 5 chambres fraîchement rénovées et décorées avec soin. Propreté et confort impeccables. À noter, une triple avec un patio. Ensemble un peu bruyant, dommage... Excellent resto, très réputé dans la région. Accueil adorable.

La Rueda : *c/ Ermita, 10. ☎ 961-65-70-25. • lacarreria@ruralrueda.com • ruralrueda.com • À l'entrée sud du village, à l'intersection de la route pour Requena. Congés : 1 sem en juin et 3 sem sept-oct. Apparts 2-6 pers 65-150 €.* Appartements à la déco assez sommaire mais bien équipés, avec terrasse, cuisine, meubles en bois clair, chauffage, clim, et poêle à bois. Le tout dans un style très rustique. Grande salle de resto et terrasse en été.

La Muela : *c/ Maestro Amblar, 52. 666-87-15-29 ou 605-51-29-07. • info@lamuelarural.com • lamuelarural.com • Sur la rue principale du village. Apparts 2 pers 70-100 €, 3-4 pers 100-140 €.* Des appartements sans charme particulier mais confortables, avec terrasse (et vue) pour celui du dernier étage, cuisine bien équipée, TV, clim et chauffage... Bon accueil, riche en conseils.

Casa Serena : *c/ Turia, 39. ☎ 961-65-70-83. 619-45-77-20. • infos@lacasaserenachulilla.com • lacasaserenachulilla.com • En bas du village, sur le chemin du Charco Azul (lire plus loin « À voir. À faire »). Congés : sept. Double 68 € ; familiale 90 € ; petit déj inclus. CB refusées. Parking.* Une adorable petite maison de village, rénovée et colorée, tenue par un couple d'Allemands. Chambres coquettes, décorées avec goût, et une salle de bains à partager pour 2 chambres. Très agréable terrasse commune, avec vue imprenable. Accès à la cuisine et à la machine à laver (supplément). Salle de fitness, salon-*lounge* avec TV et salle de jeux. Bons conseils pour les balades.

Ca Bárbara : *pl. de la Baronia, 16. ☎ 961-65-73-23. Jeu-lun 17h30 (11h w-e)-23h30. Fermé mar-mer. Menu du jour 16 € ; tapas et raciones 4-13 €.* Un vrai café de village resté quasiment dans son jus, tenu par une équipe jeune pleine de vie. 2 salles intérieures pour les jours maussades et terrasse agréable sur la place. Dans l'assiette, une cuisine locale très simple mais bonne et réalisée avec des produits locaux et de saison. Bon accueil.

Goscanos : *c/ Maestro Amblar, 72. 600-71-89-61. • goscanos@gmail.com • Ouv jeu-dim soir et le midi le w-e. Pizzas 9-11,50 € ; tapas et tabla 4,50-10 € ; plats 10-15 €.* À la sortie du village, pas loin du parking nord, salle chaleureuse et colorée. Bonne cuisine maison, avec un choix qui ravira toute la famille. 2 terrasses, dont une avec vue superbe sur les montagnes environnantes, et jeux pour enfants.

Hoces del Turia : *c/ Maestro Amblar, 25. 625-56-41-92. • hocesdelturiacomunicación@gmail.com • À 2 pas de la place principale. Mer-sam midi et soir, plus dim midi. Résa préférable le w-e. Congés : 2 sem en juil et en oct. Menus 20-28 € ; carte 20-25 €.* La bonne table du village ! Une cuisine méditerranéenne de haut vol, fine, pleine de saveurs et inventive, avec ses tapas traditionnelles revisitées. Ça cale bien, mais on vous conseille de garder un peu de place pour les desserts, vraiment excellents. Accueil au diapason. Micro-terrasse (2 tables en bord de route, dommage !).

Où dormir ? Où manger dans la région ?

El Pino : *c/ Casa del Conde, s/n, 46350* ***Chera.*** *☎ 962-33-21-52. 625-63-40-82. • elpinochera@gmail.com • el-pino.com • À la sortie de Chera vers Requena, petit chemin sur la droite avt un muret, panneau. Resto tlj juil-août ; seulement ven-dim et j. fériés le reste de l'année ; résa indispensable le w-e. Double 50 €, petit déj inclus. Repas env 20 € ; tapas 7-20 €.* Une adresse pour ceux qui veulent sortir des sentiers battus. Charmante maison ancienne patinée par le temps et tenue par une Londonienne enjouée. 2 chambres dans la maison, mais on peut préférer les 4 chambres rénovées dans l'annexe, avec salle de bains privée et cuisine commune. Fait aussi resto, dans la maison juste à côté. 4 petites salles à manger plus ou moins intimes, on aime bien la table près de la cheminée. Très agréable aussi, ses terrasses à l'avant (et au vent), plus protégées à l'arrière. De très bons plats locaux.

À voir. À faire

Castell : bien fléché depuis la place du village, il se campe sur un pic rocheux. L'entrée se situe derrière l'église. Il accueillait au Moyen Âge les prisonniers de l'Inquisition.

Le centre du village, avec sa place centrale et ses terrasses très animées le week-end, ses maisons blanches, sa petite fontaine glougloutante et ses vieux qui, assis sur une chaise sur la place, passent le temps en papotant et en regardant les gens passer.

➢ **Escalade, balades et randonnées :** le village est un excellent camp de base pour les fans de grimpe car on y compte près de 800 voies de tous niveaux (jusqu'à 8a). Également une petite dizaine de chemins et sentiers bien fléchés et bien aménagés (ponts suspendus, etc.) qui permettent de profiter pleinement de ***superbes paysages et canyons*** alentour. Outre le *Charco Azul* ci-après, tenter la *ruta de los Pantaneros,* sentier nº 5 (environ 5 km), avec ses 2 ponts suspendus (superbe point de vue sur le canyon), l'un de 5 m, l'autre de 15 m. Compter 2h aller-retour, sans difficulté. Pour toutes ces activités, infos et plans à l'office de tourisme *(attention, fermé l'ap-m)* ; et, en plus, les balades sont très clairement balisées dès le centre du village.

➢ **Charco Azul :** panneau à côté du bar *El Cantón* sur la place principale. Les moins courageux descendront la petite route à droite au niveau du terrain de jeux (direction Requena) et se gareront en bas avant la *Casa Serena.* De là, descendre le chemin et partir à droite à la fourche en suivant le fléchage blanc et vert. Compter environ 30 mn l'aller et 1h le retour. Une petite sente chemine sur les bords du lit majeur du río, entre jardins de curé, lauriers-roses, papyrus et champs d'orangers. Au bout, le Charco Azul est une retenue d'eau plus ou moins naturelle située au fond des superbes gorges du río Túria. On peut s'y baigner, bien qu'il n'y ait pas beaucoup de place pour étendre sa serviette, ou bifurquer en chemin vers la Peña La Judia, une vraie piscine naturelle. Essayer de venir quand le soleil est au zénith ou un peu après car sinon, l'eau est bien froide ! Belle balade.

➢ Pour les sentiers suivants, bien se renseigner auparavant à l'office de tourisme pour la faisabilité. Le sentier nº 4 vers la ***cueva del Tesoro*** et la ***cueva del Gollizno*** est aussi une belle balade. Même départ que pour le Charco Azul (lire ci-avant), mais, à la fourche, partir à gauche et passer le petit pont. Là aussi, balisage blanc et vert. Compter 15 à 20 mn de marche pour accéder à la *cueva del Tesoro,* un trou creusé dans la falaise par l'érosion, sous une couche de calcaire désormais surplombante. Pour les plus courageux ou expérimentés, d'autres sentiers plus longs comme le PR 76 (environ 12 km) jusqu'à ***Gestalgar,*** ou le PR 77 jusqu'à ***Sot de Chera,*** qui sont également de belles balades de difficulté moyenne (haute pour le PR 76).

LA COSTA BLANCA ET L'ARRIÈRE-PAYS

ELCHE (ELX)

(03200) 234 205 hab.

• Plan *p. 543*

À quelques kilomètres en retrait de la côte et des plages, voici une ville à taille humaine, animée et pleine de charme, qui vaut le détour ! Son centre urbain est occupé par une vaste palmeraie (200 000 palmiers adultes, presque autant que d'habitants !), la plus septentrionale au monde et la plus grande d'Europe. Et dont les palmiers magnifiques pètent la santé.

LA PALMERAIE D'ELCHE

Les palmiers d'Elche sont très vieux. Autochtones du Bassin méditerranéen, ils furent plantés par les Carthaginois, mais ce sont les Arabes, avec leurs techniques d'irrigation très inventives, qui ont donné son essor à la palmeraie. Aujourd'hui, l'agglomération ne cesse de s'étendre. La palmeraie n'est plus une oasis dans le désert mais un poumon vert et exotique au milieu des zones industrielles ! Beaucoup de palmiers ont été attaqués par le charançon rouge, mais les traitements réguliers ont enfin gagné. Les efforts d'entretien de la commune, propriétaire de la quasi-totalité de la palmeraie, ont été récompensés en 2000 par l'Unesco, qui l'a classée au Patrimoine mondial, tout comme le *Misteri d'Elx,* une représentation sacrée chantée du XVe s.

Arriver – Quitter

En train

Estació RENFE Elx-Parc *(plan A-B1)* ***:*** *avda del Alcalde Vicente Quiles, 6. ☎ 912-320-320. • renfe.com •*
➢ 3-4 liaisons/j. dans un sens comme dans l'autre, d'***Alicante*** (30-35 mn) à ***Murcie*** (env 55 mn).
➢ ***Valencia*** *(Estació del Nord ; 2h45-3h)* ***:*** 4-5 liaisons/j. selon saison (2 rapides qui vont jusqu'à Barcelone via Alicante et Valence et 2 *Intercity* via Alicante).
Estació RENFE Elx-AVE *(hors plan par A2)* ***:*** *à env 6 km au sud-ouest de la ville.* La gare des trains à grande vitesse. La ligne de bus urbains R4 (fréquences coordonnées avec les trains, théoriquement) dessert le centre d'Elche.
– Env 10 AVANT ou AVE/j. vers ***Alicante*** (21 mn) dans un sens, vers ***Murcia*** de l'autre (env 35 mn). Et env 4 AVE directs/j. jusqu'à Madrid (2h15-3h de trajet).

En bus

Estació d'autobusos *(plan B1)* ***:*** *avda del Alcalde Vicente Quiles, 4. ☎ 966-61-50-50.*
➢ ***Alicante*** *(45 mn-1h)* ***:*** avec la ligne 90, horaires et info : *☎ 965-45-33-62. • movilidad.vectalia.es •* 1 départ en moyenne ttes les 30-45 mn (ttes les 1h30 w-e et j. fériés), dans les 2 sens (ttes les heures hors saison). Et bus directs depuis l'aéroport : voir plus loin « Alicante. Arriver – Quitter. En avion ». D'Alicante centre, plein de correspondances possibles.
➢ Également des liaisons avec ***Valencia, Barcelona*** et ***Madrid.***
➢ ***Santa Pola*** *(plage ; 30 mn)* ***:*** ttes les 30 mn en été (ttes les heures le reste de l'année), dans les 2 sens.

Adresses et infos utiles

Oficina de turisme *(plan A1)* ***:*** *pl. del Parque, 3. ☎ 966-65-81-96. • visitelche.com • Lun-sam 9h (10h sam)-19h (18h nov-mars) ; dim et j. fériés 10h-14h. Fermé 1er janv, 1er mai et 25 déc.* Bon accueil et excellente documentation (plan gratuit, dont un avec itinéraire dans la palmeraie, indiquant les « palmiers remarquables », liste d'hébergements, etc.). Organise des visites guidées de la ville *(à 11h30 tlj et à 17h – 16h hors saison – les ven-sam et j. fériés ; durée : 1h30 ; 5 €/pers, réduc ; en espagnol et en anglais).* Également 2 fascicules à prendre ou à télécharger, pour des visites de la ville à faire avec les enfants sous forme de jeux en français : « *Ili Palmir et la quête du dragon* » ou « *Marco Topo* ».
■ ***Policía municipal*** *(hors plan par B1, 1)* ***:*** *c/ Mesalina, 12, route d'Alicante (Altabix). ☎ 966-65-80-92. Urgence : ☎ 092.*
■ ***El Trenet, petit train touristique :*** *• auesa.es • Tlj, départ ttes les heures 10h-17h (18h l'été). Tarif : 3,50 €/pers ; réduc.* S'il fait vraiment trop chaud !

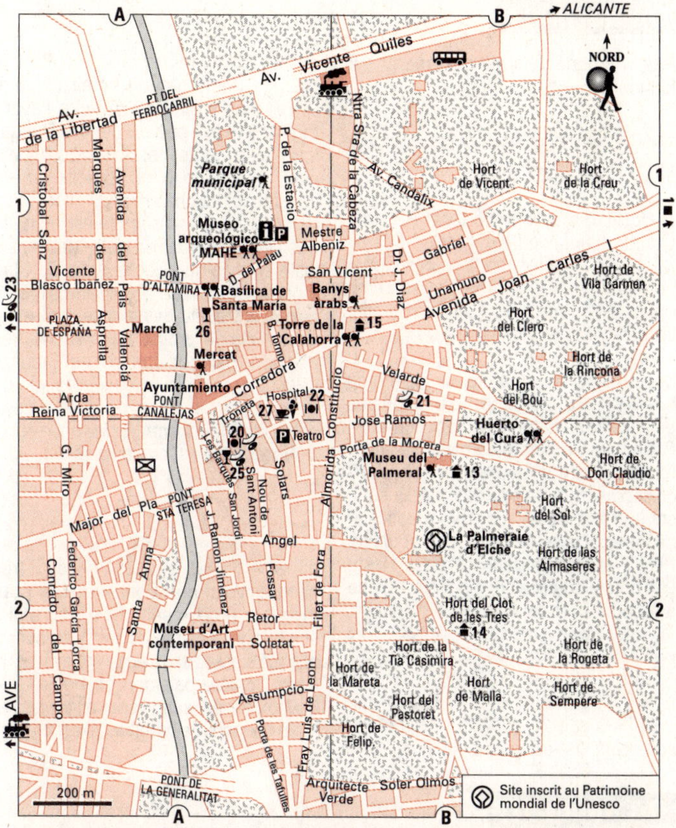

ELCHE

Adresses utiles

- Oficina de turismo (A1)
- **1** Policía municipal (hors plan par B1)

Où dormir ?

- **13** Hotel Huerto del Cura (B2)
- **14** Hotel Jardín Milenio (B2)
- **15** Hotel Elche Centro (B1)

Où manger ?

- **20** Mestizaje (A2)
- **21** La Latería Gastrobar (B1)
- **22** Taberna La Olivereta (A1)
- **23** Mesón El Granaino (hors plan par A1)

Où boire un verre en grignotant ? Où déguster une glace ?

- **25** El Garaje Bar (A2)
- **26** Malasaña (A1)
- **27** Heladería Borgonesse (A1)

Radio Taxi Elche : *☎ 965-42-77-77. ● radiotaxielche.es ● Compter 30-35 € depuis le centre vers l'aéroport d'Alicante.*

Parkings : celui devant l'office de tourisme *(plan A1)* et celui du Teatro *(plan A2)* sont les mieux placés pour visiter le centre.

Où dormir ?

Pas vraiment d'hôtels bon marché à Elche.

De prix moyens à très chic (70-150 € et plus)

Hotel Jardín Milenio *(plan B2,* ***14****) : Curtidores, 17, 03203. ☎ 966-61-20-33. • jardinmilenio@porthotels.es • porthotels.es • ♿ Doubles min 75 € en basse saison, 95-145 € en hte saison, petit déj inclus. Possibilité de ½ pens ou pens complète. Parking payant.* Au beau milieu de la palmeraie, et même si le bâtiment, moderne, ne dégage pas de charme, le cadre est plutôt agréable. Chambres confortables mais qui mériteraient tout de même un petit rafraîchissement, carrelage bien net (jusque sur les têtes de lit), couleurs méditerranéennes et salle de bains bien équipée. Resto, et piscine dans le jardin. Reste une bonne étape, à prix honnête, un peu à l'écart du centre. Accueil au diapason.

Hotel Huerto del Cura *(plan B2,* ***13****) : porta de la Morera, 14, 03203. ☎ 966-61-00-11. • huertodelcura@porthotels.es • porthotels.es • ♿ Doubles min 85 € hors saison, 95-210 € en hte saison, petit déj-buffet inclus. Possibilité de ½ pens ou pens complète. Parking payant.* Même groupe hôtelier que le *Jardín Milenio,* mais celui-ci a l'avantage d'être à 2 pas du centre. Bungalows charmants, totalement rénovés avec une déco bien actuelle (w – c séparés et douche en béton lissé), d'un grand confort. L'ensemble est magnifiquement disséminé en pleine palmeraie, juste en face du célèbre jardin du Curé *(huerto del Cura).* Parc ombragé et calme, entretenu de main de maître par une armée de jardiniers. Personnel très efficace. Salle de massages, jacuzzi, salle de gym, belle piscine entourée de palmiers, bar, et un resto réputé qui sert une cuisine méditerranéenne et créative.

Hotel Elche Centro *(plan B1,* ***15****) : avda Joan Carles Iero, 5, 03203. ☎ 966-61-00-33. • hotel.elche.centro@melia.com • melia.com • ♿ Doubles min 75 € hors saison, 92-130 € en hte saison, petit déj inclus. Parking payant.* Très central. Voici une bonne option pour rayonner en ville sans faire trop mal à son budget. Chambres à la déco surannée mais assez spacieuses et bien équipées. Copieux petit déj continental. Des travaux de rénovation sont en projet, les tarifs risquent de grimper... Accueil pro.

Où manger ?

Tapas

C'est dans la vieille ville, entre le Musée archéologique et la calle Almàssera *(plan A1-2),* que se concentrent, dans un dédale de ruelles et de placettes piétonnes ou semi-piétonnes, la plupart des bars à tapas et leurs terrasses. Notamment dans toutes les ruelles et places autour de l'*ayuntamiento* (la mairie)... Suivez votre instinct, tout en évitant les usines à touristes ! Ambiance assurée, surtout le week-end.

De bon marché à prix moyens (10-30 €)

Mestizaje *(plan A2,* ***20****) : c/ Mare de Déu dels Desamparats, 13. ☎ 865-64-72-75. 📱 658-47-06-31. • restaurante@mestizajeelche.com • Tlj sauf dim et lun soir 12h30-23h30 (16h lun), en service continu. Congés : 2de quinzaine d'août. Menu midi en sem 16,50 € ; tapas 2,50 € ; plats 11,50-23 €. Mestizaje,* littéralement « métissage », est un resto en L s'articulant autour de son grand bar. Déco moderne, lampes design, quelques plantes suspendues aux murs, comptoir mange-debout et tables en bois blond, salle à l'étage. La cuisine méditerranéenne est signée Tomás Lopez, jeune chef espagnol prometteur. Plats savoureux et copieux. Excellentes viandes et poissons bien cuisinés. Service souriant et réactif. Quelques tables en terrasse, dans la rue piétonne, au calme.

La Latería Gastrobar (plan B1, **21**) : c/ Alfonso X el Sabio, 17. ☎ 965-45-82-85 ; • lalateriadelalaurel@gmail.com • Ouv le soir mar-sam, plus ven-sam au déj. Fermé dim-lun. Tapas et pintxos 1,50-6,50 € ; raciones 6,50-13,50 € ; plats 11-18 € ; menus 20-30 €. Dans une rue un peu excentrée, au calme, *La Latería* mérite le détour. Avec ses quelques places au bar et quelques tables autour ou en terrasse, sans oublier le charmant patio au fond du resto, elle fait vite le plein. Dans l'assiette, la cheffe prépare de délicieuses tapas revisitées, dont certaines ont obtenu le 1er prix de la meilleure tapas. Accueil jeune et adorable.

Taberna La Olivereta (plan A1, **22**) : c/ Olivereta, 4. ☎ 965-45-14-40. • coralmonteymar@gmail.com • Tlj sauf dim soir (dim tte la journée en été) et lun. Menu déj en sem 15 € (boisson comprise) ; tablas et plats 8-26 €. Quelques petites tables, avec nappes vichy rouge et blanc, posées dans une rue étroite et une salle tout en longueur, chaleureuse et cosy avec ses tables en bois et son joli petit bar. Cuisine locale très bien mitonnée. Belle ambiance dans ce petit resto fréquenté par les habitués du quartier, et excellent accueil.

Plus chic (30 € min)

Mesón El Granaino (hors plan par A1, **23**) : c/ Josep María Buch, 40. ☎ 966-66-40-80. • info@mesongranaino.com • ♿ Tlj sauf dim 12h (10h ven-sam)-16h, 20h-minuit. Congés : 2de quinzaine d'août. Carte 35-45 € ; menus dégustation 50-63 €. Une adresse sûre, fondée en 1964, avec sa déco typique – azulejos, brique, bois sombre –, proposant une cuisine de marché inventive, à base de produits frais, et un bon assortiment de tapas. Une halte gastronomique incontournable. Plus abordable si l'on grignote quelques tapas au bar, mais réserver ou venir tôt.

Où boire un verre en grignotant ?
Où déguster une glace ?

El Garaje Bar (plan A2, **25**) : travessia de les Barques, 2. ☎ 965-16-85-29. • elgarajebarreservas@gmail.com • Ouv ts les soirs, plus le midi ven-sam. Tapas et raciones 2,20-16 €. L'un des bars où se retrouvent jeunes et moins jeunes de la ville. On opte pour l'intérieur ou pour les tonneaux sur la rue piétonne. Idéal pour boire un verre, dans la journée et avant ou après le dîner. Quelques tapas et petits plats à grignoter qui proviennent directement du resto d'à côté, *El Aguila* (même maison), comme le hamburger *Mick Jagger*, les *patatas Strogonoff* et *Ringo Starr*, ou encore le *Tarantino*...

Malasaña (plan A1, **26**) : c/ Major de la Vila, 29. Tlj sauf sam-dim mat et lun-mar soir 9h30-13h30, 18h (16h le w-e)-0h30 (1h30 ven-sam). Une halte agréable sur l'immense terrasse aux beaux jours, juste derrière la basilique. Sinon, la salle intérieure, avec sa déco vintage très sympa, et sa terrasse couverte avec vue sur le fleuve seront tout aussi plaisantes. Belle ambiance, bondé en fin de journée et le week-end.

Heladería Borgonesse (plan A1, **27**) : c/ Hospital, 10. Tlj 11h-minuit (21h mar-ven). Même maison qu'à Alicante, elle propose également, en plus des glaces, jus de fruits frais, boissons chaudes et de bonnes crêpes, pâtisseries et viennoiseries. On peut s'installer sur la place de la Glorieta juste devant, le temps de manger sa glace, s'il n'y a pas de place sur la terrasse.

À voir

Pour info, le ***Bono turístico*** permet, pour 8 €, de visiter les musées municipaux de la ville (à l'exception du huerto del Cura et de La Alcúdia) ; tous ces musées sont par ailleurs ***gratuits le dimanche.***

Huerto del Cura (jardin du Curé ; plan B2) **:** *porta de la Morera, 49. ☎ 965-45-19-36. • huertodelcura.com • ♿ Ne pas confondre avec l'hôtel* Huerto del Cura, *presque en face, dont le parc est interdit aux non-résidents. Juil-août, tlj 10h-21h ; sept, 10h-20h30 ; oct, 10h-18h30. Le reste de l'année, ouvre tlj à 10h et ferme lun-sam à 17h30 nov-janv, 18h fév, 18h30 mars, 19h30 avr-mai et 20h juin ; dim à 15h juin et nov-fév, 17h mars et 18h avr-mai. 1er janv, ouv 11h-17h30 ; 24 et 31 déc 10h-15h. Fermé 25 déc. Entrée : 6,50 €, audioguide à télécharger inclus ; réduc.* Dans ce jardin botanique, au cœur de la palmeraie, on découvre des cactus, des bougainvilliers, quelques orangers, des citronniers, et quasiment un millier de palmiers, dont un palmier impérial à plusieurs troncs (il doit son nom à la visite de l'impératrice Élisabeth d'Autriche alias Sissi, en 1894). Vieux de 180 ans, il est unique au monde : ses rejets (7 troncs) ont poussé non pas au pied de l'arbre comme d'habitude, mais sur le tronc principal, à près de 2 m du sol, ce qui lui donne une curieuse apparence de chandelier à 8 branches. Son poids (10 t au bas mot) l'oblige à être soutenu par une structure métallique. Voir aussi le buste de Jaime Ier d'Aragon, conquérant et libérateur d'Elche en 1265, mais surtout protecteur de la palmeraie. Étonnante petite chapelle à l'entrée.

Les plus fauchés se contenteront du ***parque municipal*** *(plan A1)* : *derrière l'office de tourisme. ♿ Tlj 7h-23h (23h45 août et 21h nov-mars). GRATUIT.* Jardin public étendu et fort bien tenu : agréable pour une balade ou pour une sieste à l'ombre des palmiers – dont certains remarquables –, aux heures chaudes de la journée. Et poursuivront la balade dans l'ensemble de la palmeraie, dont la plus grande partie se situe au sud de la *calle Puerta de la Morera (plan B1-2)*, et dans laquelle se trouve la plupart des palmiers remarquables. Itinéraires et plans en français très bien faits, disponibles à l'office de tourisme (gratuits), « Itinéraire des palmiers remarquables » et « Sentier de la palmeraie », pour faire la balade ; compter 1h30 si l'on se presse et 3h30 en flânant avec des pauses.

Museu del Palmeral *(musée de la Palmeraie ; plan B2)* **:** *porta de la Morera, 12. ☎ 965-42-22-40. ♿ Non loin du huerto del Cura. Tlj sauf dim ap-m et lun 10h-14h, 15h-18h. Fermé 24-25 et 31 déc et 1er janv. Entrée : 1 € ; réduc ; gratuit - de 6 ans et pour tous le dim. Brochure en français.* Dans une maison du XIXe s rénovée, petit musée moderne présentant l'histoire, la culture et la commercialisation de la palmeraie et de ses fruits (ben oui, les dattes, c'est croquant au milieu, paraît-il). Panneaux en espagnol et en anglais, plus quelques vidéos. Malgré tout, présentation un peu froide. On préfère la visite du jardin avec ses petits canaux d'irrigation, justement plus... chauds. Voir aussi le texte sur la palmeraie en début de chapitre.

MAHE (Museo arqueológico y de Historia d'Elche *; plan A1)* **:** *Diagonal del Palau, 7 (à gauche de l'office de tourisme). ☎ 966-65-82-03. ♿ Tlj 10h-18h (15h dim et j. fériés). Visite guidée w-e à 11h30 et 17h. Fermé 1er janv et 25 déc. Entrée : 3 € ; réduc ; gratuit - de 6 ans et pour tous le dim.*

Coup de cœur pour ce bel espace moderne qui réussit l'alliance parfaite entre antiques objets de fouilles et technologie audiovisuelle moderne. Le musée se divise en plusieurs parties : depuis le Néolithique jusqu'à nos jours, en passant par la fondation d'Ilici, la cité originelle ibérique du Ve s av. J.-C., l'art funéraire, la culture romaine ou encore l'influence de l'islam. On commence par un grand plan lumineux, bien fait, pour repérer les sites archéologiques. Ensuite, des films et des écrans tactiles présentent des images de synthèse sur les thèmes et les objets découverts, le tout sur fonds sonores. Instructif et esthétique à la fois. Reproduction d'un site archéologique grandeur nature avec présentation des différents outils et métiers du chantier de fouille. Seul bémol : aucune explication en français, ce qui limite la compréhension de certains espaces.

Pour info, le musée a comme mascotte la fameuse ***Dame d'Elche,*** cette célèbre et mystérieuse sculpture d'influence grecque qui représente le buste d'une déesse ou d'une dame ibère. Ce trésor tout en finesse a près de 2 500 ans. Découverte en 1897 sur le site archéologique de La Alcúdia, aux abords de la ville, la sculpture originale est exposée au musée national d'Archéologie de Madrid, au grand dam de la ville. Les Iliciens la réclament régulièrement, mais en vain... Une salle est entièrement consacrée à la Dame d'Elche, tout à la fin de la visite : on y trouve sans doute la plus belle reproduction de la ville. Une autre à découvrir à la Glorieta (place principale d'Elche).

Basílica de Santa María *(plan A1)* **:** *en plein centre. ☎ 965-45-15-40. 615-33-78-21 pour les visites du clocher. Basilique tlj 7h30-12h30, 17h30-21h. Clocher, tlj 11h-18h30 juil-sept, 10h30-15h le reste de l'année. Fermé 12 août ap-m, 13 août et 25 déc. Basilique gratuite ; accès au clocher : 2 €, réduc.*
Magnifique façade baroque et superbes dômes dont les tuiles vernissées bleues comptent parmi les plus belles d'Espagne. Orgue magistral. Les 14 et 15 août s'y déroule un spectacle sacro-lyrique qui représente l'Assomption de la Vierge, le fameux ***Misteri ou Festa d'Elche,*** classé Patrimoine mondial immatériel par l'Unesco. Les acteurs, tous masculins, reconstituent avec une scrupuleuse exactitude une fête du Moyen Âge avec costumes d'époque et chants sacrés.
À l'arrière de la basilique, par une autre entrée, petit ***museo de la Virgen de la Asunción*** *(pl. de Santa Isabel, 6 ; • museodelavirgen.es • ♿ ; mar-sam 10h-14h, 15h-18h et dim et j. fériés 10h-14h ; fermé lun ; entrée : 2 €)* : pour tout comprendre du *Misteri,* de ses rites et de ses costumes... à condition de comprendre l'espagnol ou le valencien ! On est accueilli par les statues des 3 Vierges à l'entrée.
Toujours à l'arrière de la basilique, la ***torre de la Calahorra*** *(c/ Uberna, 14 ; mar-sam 10h-14h, 15h-18h et dim et j. fériés 10h-14h ; fermé lun, 1er janv et 25 déc ; entrée : 2 €, réduc, gratuit - de 6 ans et pour tous le dim)* : cette tour de type almohade du XIIIe s, avec sa tour de guet plus petite juste en face, gardait la porte la plus importante de la ville fortifiée, la porte Lucentina, qui donnait sur la route d'Alicante. Elle était intégrée dans l'ancienne muraille et fut en partie détruite par un tremblement de terre en 1825. Dans la salle du rez-de-chaussée, surprenant, de belles décorations égyptiennes et des motifs francs-maçons : la salle tenait lieu de salle de réunion pour la loge maçonnique fondée à Elche. D'autres salles avec des fresques représentant la ville en panoramique au XXe s.

Banys àrabs *(bains maures ; plan A1)* **:** *passeig de les Eres de Santa Llúcia, 14. ☎ 965-45-28-87. Mar-sam 10h-14h, 15h-18h ; dim et j. fériés 10h-14h. Fermé lun. Entrée : 1 € ; réduc ; gratuit dim.* Datant du XIIe s, dans les sous-sols du couvent de Notre-Dame-de-Merci, restaurés et bien mis en valeur grâce à une scénographie « son et lumière » plutôt bien faite (environ 10 mn).

El Mercat *(plan A1)* **:** *avda Comunitat Valenciana. Tlj sauf dim.* Installé temporairement le long du fleuve, dans un bâtiment initialement provisoire devenu pour le moment définitif. En effet, le marché devait retrouver son emplacement dans le bâtiment ancien, après les travaux, mais ceux-ci ont été rapidement stoppés suite à la découverte de bains arabes dès le 1er coup de pioche (il est d'ailleurs question de le transformer en centre culturel-musée) ! Superbes étals de poissons (la mer est toute proche), charcuterie, fromages, fruits et légumes, délicieux pains de dattes et de figues aux amandes fraîches...

Fête

– **Misteri d'Elx :** *en août. • misteridelx.com • Billetterie : ☎ 902-44-43-00, ou sur le site.* Ce drame religieux du XVe s, chanté en valencien, raconte l'Assomption et le couronnement de la Vierge. Inscrit au Patrimoine mondial immatériel de l'Unesco, il est représenté chaque année en août (à l'Assomption) dans la basilique

Santa María. Entrée payante les 3 premiers jours (11-13 août). Le 13 août, gigantesque feu d'artifice pour la *Nit de l'Alba* (la « Nuit de l'Aube »). Le 14, *Nit de la Roà* (« Nuit de la Tournée »), les habitants partent en procession avant de veiller à la basilique. Le drame est joué le 14 et le 15, mais, face au succès, on le joue également les jours précédents, et même, les années paires, les 29 et 30 octobre (payant ces 2 premiers jours) et le 1er novembre (représentations extraordinaires et gratuites).

DANS LES ENVIRONS D'ELCHE (ELX)

La Alcúdia : *ctra de Dolores, km 2. ☎ 966-61-15-06. • laalcudia.ua.es • Site archéologique et musée, mar-dim et j. fériés 9h30-15h (dernière entrée à 14h). Fermé lun, 1er et 6 janv, 1er mai et 25 déc. Entrée : 5 € ; réduc.* L'un des plus importants sites de fouilles archéologiques ibériques et romaines en Espagne (10 ha). Musée présentant des objets du Paléolithique à l'époque des Wisigoths. C'est ici que fut découverte la *Dame d'Elche* (qui réside à Madrid, la coquette).

ALICANTE (ALACANT)

(03000) 337 304 hab.

• Plan *p. 550-551*

Lorsqu'on arrive à Alicante, en traversant les quartiers périphériques aux grands immeubles en rang d'oignons le long de la baie, on ne s'attend pas à l'agréable surprise que réserve le centre-ville. Une ville espagnole du Grand Sud animée toute l'année et non une station balnéaire sans âme. Alicante, avec la plage et le port en son sein, est une ville attrayante et pleine de charme. Une longue et large esplanade bordée de palmiers, des terrasses baignées de lumière (c'est l'une des villes les plus ensoleillées d'Espagne), des rues commerçantes et plusieurs belles plages à proximité.

Dans une moindre mesure, comparée à certaines de ses voisines, elle compte tout de même quelques monuments et quartiers d'un véritable intérêt architectural. Longtemps blottie au pied du Macho (le rocher calcaire Benacantil, sur lequel est perché le château) et ceinte de murs, l'Alicante moderne s'épanouit en damier autour de son vieux centre.

UN PEU D'HISTOIRE

Héritière d'une très longue histoire, puisqu'on a retrouvé des vestiges datant du IIIe millénaire av. J.-C., Alicante traverse les époques : ibère par quelques traces (Ve s av. J.-C.), romaine sous l'empereur Auguste, sous le nom de *Lucentum.* Puis elle devient cité sous Ferdinand le Catholique en 1490 et détient même le privilège d'être qualifiée d'« illustre, distinguée, noble, loyale et toujours fidèle » par Charles Quint en 1524, et d'arborer sur ses armes la Toison d'or.

Du XVIe au XVIIIe s, la prospérité commerciale des Alicantins suscite une importante immigration italienne, et particulièrement ligure. Il en reste quelques beaux édifices coloniaux et bourgeois.

Après la guerre de la Succession d'Espagne, au XVIIIe s, Alicante jouit d'une évidente prospérité urbaine dont témoignent, entre autres, le travail de la

façade de l'église Santa María, mais surtout l'*ayuntamiento,* et, dans les rues Maldonaldo, Labradores, Gravina, quelques beaux exemples (parfois complètement laissés à l'abandon) de maisons baroques.
Au XIXe s, la cité est touchée par la fièvre des bains de mer, et, en 1858, Alicante est la 1re ville de la côte espagnole à être reliée à Madrid.

Arriver – Quitter

En train et en tramway

Estació RENFE *(plan A2,* ***3****)* **:** *avda de Salamanca, 1.* • *renfe.com* • Fréquences en été :

➢ Min 5 liaisons/j. avec ***Barcelona*** (4h55-6h de trajet – les *Euromed* sont plus rapides que les *Intercity*), plus de 10 avec ***Madrid*** (env 2h30 de trajet, en AVE et AVLO) et plus de 7 avec ***Valencia*** (1h45-2h15 de trajet). Pour les ***villes du Sud,*** il faut changer sur la ligne de Madrid, sauf pour aller à Elche, bien sûr, ou à ***Murcie*** (6-10 directs/j. en moins d'1h en AVE).

➢ La ligne de tramway L 1 circule entre Luceros (à ***Alicante***) et ***Benidorm*** (à env 40 km au nord-est). Elle dessert tout le littoral et s'arrête à chaque plage, chaque village, et embarque aussi les vélos. Pour rejoindre Dénia, prendre la L1 jusqu'à Benidorm, puis la L9 qui longe la ***côte nord de la région,*** jusqu'à Dénia. Tlj 6h-22h11 jusqu'à minuit pour El Campello (mais ne va pas jusqu'à Benidorm). Les w-e d'été, prolongation du service en soirée sur la ligne 1. • *tramalicante.es* • *tramalacant.es* •

En bus

Estació d'autobusos *(hors plan par B3)* **:** *c/ Muelle Poniente, 13 A, s/n.* ☎ *965-12-37-44.* La compagnie *Bilman Bus* (☎ *965-92-06-93,* • *bilmanbus.es* •) se concentre sur les liaisons avec les grandes cités de la côte nord espagnole (surtout le Pays basque, via Valencia et Teruel).
– Pour les bus dans Alicante *(TAM)* et ses environs : ☎ *965-14-09-36.* • *alicante.vectalia.es* •

➢ ***Plage San Juan*** et ***El Campello :*** lignes n°s 21 et 21N.

➢ ***Elche*** *(45 mn-1h)* **:** ligne 90. Horaires et info : ☎ *965-45-33-62.* • *movilidad.vectalia.es* • 1 départ en moyenne ttes les 30-45 mn (ttes les 1h30 w-e et j. fériés), dans les 2 sens (ttes les heures hors saison).

En avion

✈ ***Aeroporto de Alicante-Elche*** *(hors plan par B3)* **:** *à 9 km de la ville, en direction d'Elche. Infos sur les vols :* ☎ *966-91-90-00.* • *aena.es* • Plusieurs liaisons directes avec la France (Paris), et vols nationaux *(Iberia, Air Europa, Vueling...).*

Taxis : ☎ *965-25-25-11 et 965-10-16-11.* • *taxienalicante.com* •

➢ ***Bus vers Alicante :*** ligne C6 env ttes les 20 mn (ttes les heures 22h-6h), jusqu'à la pl. Puerta del Mar ou la gare routière (40 mn de trajet, 3,85 €). Même fréquence dans l'autre sens, pour aller d'Alicante (pl. Puerta del Mar ou gare routière) à l'aéroport. • *aerobusalicante.es* •

➢ ***Bus vers Elche :*** lignes n°s 1A et 1B, ttes les heures, 6h10-23h20 (ttes les 2h le w-e), jusqu'à la c/ D. Palau (en gros, devant l'office de tourisme ; env 40 mn et 1,55 €). Même fréquence dans l'autre sens (5h55-20h55), pour aller de Elche (c/ Corredora, au niveau de l'*ayuntamiento*) à l'aéroport. • *aerobusalicante.es* •

➢ Également liaisons env ttes les heures (ttes les 2h l'ap-m) avec *Alsa* entre l'aéroport et ***Benidorm.***

Adresses et info utiles

Oficina municipal de turisme *(Tourist Info Alicante ; plan D2,* ***1****)* **:** *Marina Deportiva, muelle de Levante, 6.* ☎ *965-17-72-01 ou 17.* • *alicanteturismo.com* • *Juste en face de la pl. Puerta del Mar. De mi-mars à mi-oct,*

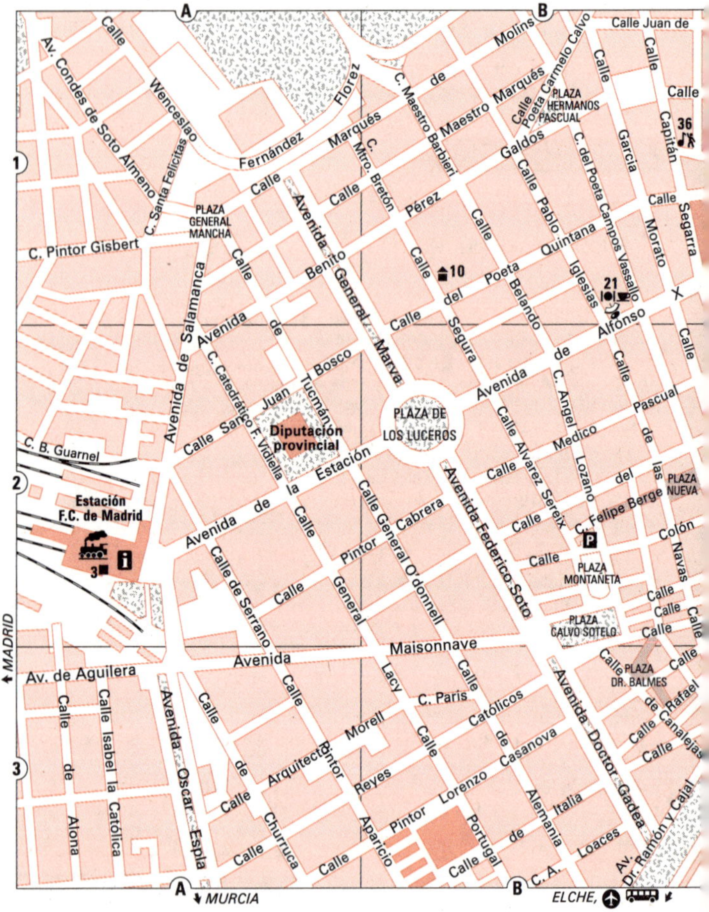

Adresses utiles

1 Oficina municipal de turismo (D2)

3 Estació RENFE et consignes (A2)

5 Blue Bike (D2)

Où dormir ?

10 Antonio Guest House (B1)

11 La Milagrosa Bed & Breakfast (D2)

13 Hotel Rambla (C2)

15 Hotel DormirdCine (D2)

Où manger ?

21 Colmado (B1)

22 La Casona Alicantina (C2)

23 Steki (C2)

tlj 10h-19h ; le reste de l'année, lun-sam 10h-18h, dim 10h-14h. ***Annexe*** *à la gare RENFE (plan A2) : de mi-mars à mi-oct, tlj 10h-14h, 17h-20h ; le reste de l'année, lun-sam 10h-14h, 16h-19h et dim 10h-14h.*

■ ***Consignes*** *(plan A2,* ***3****)* ***:*** *à la gare RENFE, après le contrôle des bagages,*

ALICANTE

24 La Taberna del Gourmet (C2)
25 El Portal Taberna & Wines (C2)
26 Nou Manolin (C2)

Où prendre le petit déjeuner ? Où déguster une glace ?

13 Borgonesse Heladeros (C2)
21 Colmado (B1)
32 Livanti Gelato di Sicilia (C2)

33 Kiosko Peret (D2)

Où boire un verre ? Où sortir ?

36 Sala Stereo (B1)
37 La Concha (C3)

Achats

41 Espi Turrones (C1)
43 Vinart (C2)

juste avt l'accès aux trains. ***Fermé jusqu'à nouvel ordre.***

■ ***Agence consulaire de France :*** *rambla Mendez Nuñez, 44. ☎ 865-68-00-42. • alicante@agenceconsulaire.fr • Au 5e étage. Lun-ven 9h-13h, plus mer 15h-16h30.*

✚ ***Hospital general :*** *c/ Pintor Baeza,*

s/n. ☎ 112 (nº d'urgence national) ou 965-93-30-00.

■ **Police municipale :** *Julián Besteiro, 15. ☎ 092 (nº national) ou 965-10-72-00.*

Blue Bike (plan D2, **5**) **:** *c/ Mayor, 45. 674-67-63-62. • bluebike.es • En été, tlj 10h-14h, 16h-18h (17h-20h juil-août) ; en hiver, 10h30-14h, 16h-18h30. Compter 6 €/h ; dégressif à partir de 4h, forfaits 24h et sem. Carte d'identité et caution de 50 €.* Location de vélos tradi et électriques, et on vous fournit une carte. Un bon moyen pour se balader à Alicante, sauf pour monter au château ! Organise également des tours guidés de la ville. Excellent accueil de Juan.

Parkings (plan D2) **:** *parking de la plage, le long du paseo de Gomiz ; entrée par la pl. Puerta del Mar, côté office de tourisme. Payant lun-ven 9h-14h, 16h-20h et sam 9h-14h ; gratuit dim. 1,20 € les 4h et 1,50 € les 5h.* Le vrai bon plan si on trouve de la place ; seule contrainte, revenir mettre des pièces à chaque tranche horaire. Sinon, le parking du casino *(près de l'office de tourisme, à 15 €/j.).* Inutile de se déplacer en voiture dans le centre d'Alicante, beaucoup de rues piétonnes et de sens uniques. La ville se parcourt facilement à pied.

Où dormir ?

Camping

Petite astuce : le bus nº 21 (départ d'Alicante à la gare routière) dessert le quartier des campings.

Camping El Jardín : *c/ Severo Ochoa, 39, 03560 Playa Muchavista,* ***El Campello.*** *☎ 965-65-75-80. • info@campingeljardin.com • campingeljardin.com • À 500 m de la plage. Selon saison, 22-31 € pour 2 pers avec tente et voiture. Bungalows et maisonnettes 55-150 € pour 2 pers ; dégressif selon durée.* Un camping idéal pour les familles aux emplacements malheureusement assez tassés, mais bons sanitaires, avec local pour bébés. Bar-resto, barbecue, machines à laver, jeux pour enfants et piscine. Accueil attentionné.

De prix moyens à chic (50-150 €)

Antonio Guest House (plan B1, **10**) **:** *c/ Segura, 20, 03004. ☎ 965-20-33-94. 650-71-83-53. • roomstourist@hotmail.com • guesthousealicante.com • Situé près de la pl. de Luceros, en plein centre-ville. Réception 10h-22h. Doubles avec sdb, clim et TV 50-75 € selon saison ; apparts 90-140 €. Parking 10 €.* Très bonne adresse. Voici un accueillant propriétaire (Antonio) qui connaît les besoins d'un routard en voyage. Des chambres propres et coquettes dans un environnement chaleureux : thé et café à volonté, table à repasser ; petite terrasse privée. Loue aussi des appartements anciens, restaurés et bien équipés, dont 2 avec terrasse et jardin.

La Milagrosa Bed & Breakfast (plan D2, **11**) **:** *c/ Villavieja, 8, 03002. ☎ 965-21-69-18. • info@bealicante.com • lamilagrosabealicante.com • Doubles avec sdb 65-90 €, petit déj inclus ; apparts 3-6 pers 95-150 €. Parking 15 €.* La petite pension de famille d'origine a fait peau neuve. Ce sont désormais 25 chambres modernes avec une déco contemporaine et sobre, de grand confort. Salle de bains en harmonie et literie neuve de qualité. Balcon pour la plupart. Quelques-unes donnent sur l'église Santa María, d'autres sur les rues. Également une dizaine d'appartements dans un bâtiment mitoyen, de même confort, pour les familles. Le plus ? Le petit déj-buffet sur le beau toit-terrasse avec la vue ! Toit-terrasse d'ailleurs ouvert à tous l'après-midi pour un verre et quelques tapas.

Hotel Rambla (plan C2, **13**) **:** *rambla de Mendez Nuñez, 9, 03002. ☎ 865-62-87-20. • reservas@hotelrambla.com • otelramblaalicante.com • Doubles 80-120 € selon confort, petit déj inclus. Parking 9 €.* Central, à 200 m du port et de la mer, cet hôtel moderne, bien tenu et à taille humaine, offre des chambres de très bon confort, à la déco standard mais à prix sages. Pour le petit déj, l'hôtel s'est associé avec le *Borgonesse Heladeros* (une référence à Alicante !), à 20 m de là : complet et varié ! Accueil pro et efficace.

De prix moyens à très chic (80-150 € et plus)

Hotel DormirdCine *(plan D2,* ***15****) : c/ Gravina, 5, 03002. ☎ 965-21-07-00. • info@ddchoteles.com • dormirdcine.com • Doubles 95-155 € selon confort et saison ; petit déj-buffet 13 €. Parking 15 €.* Ce tout nouvel hôtel, extrêmement bien situé, à 2 pas du centre historique et de la plage du Portiguet, offre pas mal d'atouts. De belles chambres modernes et d'excellent confort, placées sous le signe du cinéma et des séries (principalement espagnoles). Thème annoncé dès la porte de la chambre. Choisirez-vous plutôt « *Thelma et Louise* » ou votre série préférée ? 3 catégories de chambres, dont certaines avec terrasse privative, et d'autres standard, donnant sur un patio (plus sombres). Un beau toit-terrasse avec bassin pour se rafraîchir l'été et son bar *(ouv avr-sept)* pour les résidents, sur réservation pour les autres. Accueil professionnel et sympathique.

Où manger ?

De bon marché à prix moyens (10-25 €)

Colmado *(plan B1,* ***21****) : avda Alfonso X El Sabio, 18 bajo. ☎ 965-14-33-42. • info.colmado18@gmail.com • Tlj 9h (9h30 dim)-minuit (23h30 lun et mer-jeu). Menu du jour en sem (13h-16h) 12,50 € (boisson et pain inclus) ; tapas, sandwichs et planches 3-11 € ; plats 11-15 €.* À 2 pas du marché central, légèrement à l'écart du centre historique. On peut venir ici dès le petit déj, mais surtout profiter en semaine du menu, très économique. C'est bon, simple et bien présenté, que demander de plus ! Déco légèrement inspirée des épiceries à l'ancienne. Salle intérieure claire et aérée, avec mezzanine, et terrasse sur l'avenue.

La Casona Alicantina *(plan C2,* ***22****) : c/ Mayor, 14. ☎ 965-21-24-82. Tlj 10h-1h. Menú del día env 15 € ; tapas et raciones 5-20 €.* Dans cette rue éminemment touristique, où les restos et leurs terrasses s'alignent à touche-touche, cette maison de 1965, avec ses traditionnels jambons suspendus, se distingue par la qualité de ses produits régionaux, et son choix de *raciones* du jour. Fruits de mer (hmm, *a la plancha* !), et bons conseils des serveurs.

De prix moyens à chic (min 25 €)

La Taberna del Gourmet *(plan C2,* ***24****) : c/ San Fernando, 10. ☎ 965-20-42-33. • reservas@latabernadelgourmet.com • Tlj 12h-minuit (service non-stop). Résa fortement recommandée le soir et le w-e. Carte 25-40 € ; menus dégustation 34-68 € ; montaditos et tapas 5-16 €.* Un des bons restos du centre-ville à des prix justifiés, compte tenu de la qualité de la cuisine et du service. Cuisine espagnole plus créative que traditionnelle, délicatement travaillée et réussie, et belle carte des vins. Décor industriel avec des petites touches modernes, bonne ambiance style *wine bar delicatessen,* et tables bien espacées pour plus d'intimité (un bon point !). Service prévenant. Également une annexe (même carte), ***La Terraza del Gourmet*** *(📱 692-99-40-25 ; passeig Explanada, 2),* le long du passage ; avantage : une grande terrasse ! Mais tous les plats et tapas viennent directement de la *Taberna* (même carte). On suit le ballet des serveurs d'une rue à l'autre.

Steki *(plan C2,* ***23****) : c/ Argensola, 8. ☎ 966-39-81-54. 📱 693-55-06-77. • stekirestaurante@gmail.com •*

LA COMMUNAUTÉ DE VALENCE

Tlj sauf ven-sam 19h-22h. Plats 15-28 €. Une cuisine d'inspiration greco-sud-américaine (le patron est mexicain, la patronne grecque) revisitée version « semi-gastro » à prix doux ! Plats parfaitement relevés et joliment présentés. On vous conseille notamment le *ceviche,* juste parfait ! Service au top (on vous guide au gré de la carte, en fonction de vos envies). Résa indispensable, puisque la salle est riquiqui (5 tables à peine) et que l'endroit s'est rapidement taillé une belle réputation, bien méritée ! Accueil adorable.

El Portal Taberna & Wines *(plan C2,* ***25****) : c/ Bilbao, 2 (angle c/ Manero Mollà). ☎ 965-14-44-44. • info@elportaltaberna.es • Tlj 13h-2h. Résa conseillée le soir. Tapas et raciones 5-15 € ; carte min 40 €.* L'endroit en vogue à Alicante ! Dans un décor orientalisé par les tentures au plafond et les luminaires, et une ambiance branchée-chic, avec le bar à tapas et son jeu de miroirs, le bar à cocktails en zinc, on vient déguster la cuisine gastro du chef dans un mélange de tables hautes et basses, ou accoudé à l'un des comptoirs (tous les espaces sont exploités) : tout est réuni en un même lieu. Si l'on se contente de boire un verre accompagné de 1 ou 2 tapas, cela reste accessible. En revanche, côté resto, les prix grimpent vite. Ambiance assurée tous les soirs et plus encore en fin de semaine, avec DJ. Une autre adresse, ***Maneró Chapí*** *(pl. Ruperto Chapí),* le resto sous le théâtre, par un escalier qui le longe, et sa grande terrasse sur la place du théâtre.

Nou Manolin *(plan C2,* ***26****) : c/ Villegas, 3. ☎ 965-61-64-25. • eventos@noumanolin.com • Entrée sous l'arche, dans la ruelle. Tlj sauf dim soir et lun 13h-16h15, 20h15-minuit. Carte 35-45 € ; plats 13-25 €.* Un lieu comme celui-là, discrètement planqué dans une petite rue calme, avec sa porte dérobée à peine visible de la rue, c'est une pépite qui se mérite ! Voici un lieu différent, avec son grand comptoir en U autour duquel on s'installe (à moins de préférer plus d'intimité sur les quelques mange-debout face à la rue pour assister au ballet incessant des serveurs). La clientèle est là pour apprécier la qualité, et savourer les produits proposés. On fait son choix, on goûte, on partage, on se régale et on commande à nouveau... Le tout accompagné de bons flacons, choisis sur la carte des vins bien affinée. Le poisson et les produits de la mer sont à l'honneur, mais les carnivores ne seront pas en reste. Certes, l'addition grimpe vite, mais si l'on veut se faire plaisir, ça le vaut !

Où prendre le petit déjeuner ?
Où déguster une glace ?

Livanti Gelato di Sicilia *(plan C2,* ***32****) : c/ Munoz, 6. ☎ 965-06-23-41. Dans une ruelle entre la cathédrale et la c/ Mayor. • info@livanti.es • Avr-oct, tlj 12h-minuit (1h sam) ; nov-mars, 13h-22h (23h ven-sam).* D'authentiques et délicieuses glaces artisanales siciliennes. Plus de 40 saveurs, dont certaines aussi originales que chocolat-piment rouge.

Kiosko Peret *(plan D2,* ***33****) : passeig Explanada, devant le resto* La Terraza del Gourmet. *Tlj 11h-minuit.* Grand kiosque vert, à 2 pas de la plage, et sa belle terrasse avec tables et chaises sur la promenade : une institution qui a vu passer presque tous les enfants d'Alicante, mais à la qualité plus si régulière.

Borgonesse Heladeros *(plan C2,* ***13****) : avda Rambla de Mendez Nuñez, 7. ☎ 865-60-68-89. • eventos@borgonesse.com • Tlj 10h-22h30 (minuit jeu-dim).* L'un des glaciers incontournables d'Alicante, qui propose aussi jus de fruits frais, boissons chaudes et d'excellentes crêpes, pâtisseries et viennoiseries. En plus, tout est fait maison. Belle salle ancienne et grande terrasse sur la plaça Portal de Elche. Profitez-en pour admirer les magnifiques *Ficus macrophylla* (originaire d'Australie).

Colmado (plan B1, **21**) **:** *avda Alfonso X El Sabio, 18 bajo. ☎ 965-14-33-42. • info.colmado18@gmail.com • Tlj 9h (9h30 dim)-minuit (23h30 lun, mer-jeu).* Parfait également pour le petit déj ; voir plus haut « Où manger ? ».

Où boire un verre ? Où sortir ?

Le soir, pour étancher sa soif jusqu'à tard dans la nuit, l'animation bat son plein dans la vieille ville, entre les rues *Castaños, Alvarez Soto, Labradores* et *San Isidro*, et également *San Francisco*. Les adresses ci-dessous sont un peu plus excentrées.

Sala Stereo (plan B1, **36**) **:** *c/ Pintor Velázquez, 5. • salastereo.com • Entrée concerts : 9-20 € ; club : 9 €.* Dans le quartier du *mercado*. Pour ses concerts de musiques alternatives (rock notamment) en fin de semaine. Se transforme en club dance-électro dès 3h30.

La Concha (plan C3, **37**) **:** *passeig Explanada de España, s/n. Infos sur le programme à l'office de tourisme.* Auditorium en plein air qui propose, presque tous les soirs en été (et le dimanche vers 11h), des concerts gratuits.

Achats

Mercado central (plan B-C1) **:** *avda de Alfonso X el Sabio, 10. Tlj sauf dim 7h-14h30 (15h dim).* D'autres marchés tous les dimanches : un marché d'antiquités sur la place de la Mairie *(ayuntamiento ; plan C-D2)*, et un marché artisanal sur la place Santisima Faz *(plan C-D2)*.

Espi Turrones (plan C1, **41**) **:** *c/ Tomás López Torregrosa, 17. ☎ 965-21-44-41. • turronesespi.com • Lun-ven 10h15-13h45, 17h15-20h30 ; sam 10h30-14h, 17h30-20h30. Fermé dim.* L'une des plus vieilles maisons (1890) de *turrón* d'Alicante. Traditionnellement, cette sucrerie se déguste à Noël.

Vinart (plan C2, **43**) **:** *pl. Gabriel Miró, 4 (angle c/ Castaños). ☎ 965-20-30-40. • vinart@vinart.es • Tlj sauf dim-lun 11h-15h, 17h-21h.* Pour rapporter vins et spiritueux de la région.

À voir

Tous les musées sont fermés le lundi.

MACA (Museo d'Arte contemporáneo de Alicante ; plan D2) **:** *pl. de Santa María, 3. ☎ 965-21-31-56. • maca-alicante.es • Tlj sauf lun 10h (11h fin juin-fin sept)-20h (14h dim). Fermé 1er et 6 janv, 24-25 et 31 déc et certains j. fériés. GRATUIT.* Située dans le plus vieux bâtiment civil de la ville, datant de 1685 (mais élargi et modernisé), une belle collection d'art du XXe s. Nombreux artistes espagnols représentés, dont les plus grands : Picasso, Miró, Dalí, Tàpies, entre autres ; et aussi l'artiste alicantin Eusebio Sempere (qui a vécu à Paris dans les années 1950), dont le fonds fut à l'origine de ce musée. Mais également tous les grands courants européens qui traversèrent ce siècle. Belle muséographie aérée.

MARQ (Museo arqueológico ; hors plan par D1) **:** *pl. del Dr Gómez Ulla, s/n. ☎ 965-14-90-00. • marqalicante.com • En été, mar-sam 11h-22h, dim et j. fériés 10h-14h ; hors saison, mar-dim 10h-19h (14h dim et j. fériés). Fermé lun tte l'année. Expo permanente : 5 € (3 € dim). Expo temporaire : 3 € (1,50 € dim) ; réduc.* Situé derrière le château, dans l'enceinte des anciennes installations de l'hôpital provincial, ce musée est l'un des plus importants d'Alicante, avec une collection exceptionnelle d'objets archéologiques de la préhistoire, des périodes ibère (la céramique), romaine et médiévale (objets de la vie quotidienne). Accueille également des expos temporaires.

MUBAG (**Museo Bellas Artes Gravina** ; plan D2) **:** *c/ de Gravina, 13-15. ☎ 965-14-67-80. • mubag.es • Tte l'année, mar-sam 10h-20h, dim 10h-14h. Fermé lun. GRATUIT.* À quelques pas du port et de la mairie, ce musée, aménagé dans un ancien palais du XVIIIe s, regroupe des artistes locaux du XVIe au XXe s. Les tableaux sont très bien mis en valeur dans de longues salles claires. À noter, au 1er étage, une splendide *Crucifixión* de Rodrigo de Osona (XVIe s) et de charmantes allégories des différents continents (XVIIIe s). Au 2e étage, peintres figuratifs des XIXe et XXe s, d'un intérêt inégal.

Voir la façade baroque de la ***basílica Santa María*** *(plan D2),* sur la place du même nom. Il s'agit du plus vieil édifice religieux d'Alicante (XIVe s). À l'intérieur, les 3 bénitiers en marbre blanc de Carrare ont été réalisés par l'atelier de Michel-Ange ! Non loin, la ***mairie*** *(ayuntamiento ; plan C-D2),* dans un palais baroque du XVIIIe s, présente une façade à colonnes baroques qui ne manque pas de cachet. On peut visiter l'intérieur *(lun-ven 9h-13h ; fermé w-e, sauf sam mat avt les mariages)* : voir notamment la magnifique salle du Conseil, la petite chapelle avec son superbe sol en mosaïque, et un magnifique triptyque de Gastón Castelló, sans oublier l'immense salle des mariages et la galerie de portraits de tous les maires de la ville. On poursuivra la balade par la ***calle Mayor,*** l'une des rues piétonnes les plus vivantes de la ville.

Castillo de Santa Bárbara – MUSA (**Museo de Alicante** ; plan D1) **:** *monte Benacantil. ☎ 965-15-29-69. • castillodesantabarbara.com • Pour y accéder à pied, vous pouvez prendre un ascenseur pl. del Postiguet (2,70 € en saison, mais gratuit depuis le parking du château, à mi-hauteur, dans le baluarte de la Reina, et à partir de 19h45). Sinon, la route monte jusqu'à la forteresse (parking très limité), et un minibus y conduit (depuis la pl. Puerta del Mar ; 1,45 €). Château : tlj 10h-20h (23h 17 juin-4 sept, 18h de mi-nov au 27 fév) ; dernière entrée 30 mn avt fermeture. Fermé 1er et 6 janv, 24, 25 et 31 déc. MUSA : mêmes horaires que le château. GRATUIT. Visite guidée (gratuite) tlj à 11h, 13h, 15h30 et 17h30 (espagnol ou anglais). Programme d'activités, spectacles et expos sur le site internet.*
Fondé par les Arabes, le site fut reconquis par les chrétiens au XIIIe s avant de devenir cette grosse forteresse Renaissance perchée à 166 m d'altitude et parsemée de pins, de cactus et de quelques palmiers, en surplomb de la corniche. Le château a même servi de prison pendant la guerre civile espagnole.
Outre le superbe panorama depuis la terrasse la plus haute, sur la ville d'une part, sur la mer d'autre part, le MUSA, le musée de la ville, s'explore de terrasse en terrasse. Les 5 salles détaillent de manière didactique et même avec humour l'histoire et le développement d'Alicante et de ses échanges maritimes. Également un bel *aljibe* (réservoir souterrain), et un film intéressant. Seul bémol : rien en français, ni les visites guidées, ni même un dépliant !
Petit snack à l'intérieur, au pied de l'*alcazaba* (la partie la plus haute de la forteresse).

Museu de Fogueres (plan C2) **:** *rambla Méndez Núñez, 29 (angle c/ Teniente Álvarez Soto). ☎ 965-14-68-28. Mar-ven 10h-13h30, 17h-19h30 (18h-20h30 juil-août) ; w-e 10h-13h30 (fermé dim juil-août). Fermé lun et j. fériés. GRATUIT.* Ce musée, du même genre que celui des *fallas* de Valence, propose toute une collection de sculptures en carton, en papier ou en bois. Construits au cours de l'année, ces *ninots,* bonshommes en carton qui représentent des figures grotesques exprimant une critique sociale et politique du sentiment populaire liée à l'actualité, sont ensuite brûlés lors de la semaine de la Saint-Jean (voir « Fêtes » ci-après). Belle collection d'objets (fanions, affiches, photos) sur les traditions et la vie de la région, depuis la 1re partie du XXe s.

Museo de Belenes (musée des Crèches ; plan C2) **:** *c/ San Agustín, 3. ☎ 965-20-22-32. Mar-ven 10h (10h30 juil-sept)-13h45, 17h15 (17h45 juil-sept)-19h45 ; fermé l'ap-m en août. Horaires fantaisistes et capricieux à vérifier sur* place ! GRATUIT. Inventée par saint François d'Assise au XIIIe s, la 1re crèche fut sans doute vivante, composée d'hommes et d'animaux. Ici, on en trouve des 4 coins du pays et de toutes les époques, présentées sous vitrines ou sous forme de dioramas, à ne plus savoir où crécher.

Plusieurs ***belles plages*** à Alicante et aux environs, au nord-est de la ville, pour barboter ou pratiquer plongée et sports nautiques (voile, kayak, surf, planche à voile). La plus connue, celle de ***San Juan*** *(hors plan par D1),* à environ 6 km, longe la côte nord-est de la ville sur près de 3 km de long et 100 m de large *(accessible avec les bus n°s 21 et 22 et en tram depuis le centre-ville, également le 21N nocturne les w-e et j. fériés, arrêts Playa San Juan ou Costa Blanca)* : assez bondée en été mais suffisamment de places pour y poser sa serviette ; bien pour la pratique de la planche à voile (partie sud) et pour le jet-ski (partie nord). On aime bien aussi celles de l'***Albufereta*** *(à env 3 km au nord)* et de l'***Almadraba*** *(à env 4 km au nord ; hors plan par D1),* plus proches du centre *(accessibles avec les bus n°s 21 et 22 puis en tram depuis le centre-ville ; également le 21N nocturne les w-e et j. fériés, arrêts « Playa Albufereta » ou « Condomina »).* Quelques bons spots de plongée entre ***cala Palmera*** et ***cala de los Judios*** *(hors plan par D1),* entre la plage de l'Almadraba et le phare Cabo de las Huertas. Autre option, en plein cœur de la ville : celle du ***Postiguet*** *(plan D2),* en plein centre, au pied du mont Benacantil et juste en face du château. Une plage de sable fin, idéale pour le farniente !

Ceux qui veulent sortir des sentiers battus iront jusqu'à l'***île de Tabarca,*** située à 20 km d'Alicante *(accès depuis le port d'Alicante avec la compagnie Kontiki ; 686-99-45-39/40 et 695-21-20-63 ; ● cruceroskontiki.com ● ; départs d'Alicante passeig Tomás i Valiente (plan C3) ; en été, 4 départs tlj 9h45-13h15, 3 retours depuis Tabarca 16h-18h30 ; en hiver, horaires restreints ; traversée : 1h ; 22 €/pers A/R, gratuit - de 4 ans).* Toute plate (elle s'appelait à une époque isla Planera), c'est la seule île habitée de la région et l'on y trouve des plages splendides et des criques d'eau cristalline. Elle est réputée pour la qualité de ses eaux et la biodiversité de sa faune et de sa flore (réserve marine méditerranéenne). Une fois que vous aurez fait plouf, gardez un peu de temps pour arpenter les magnifiques places et ruelles du village. Quelques restos sur place, ou apportez votre pique-nique. Évidemment, ces eaux cristallines attirent : en plein été et les week-ends, il y a vraiment beaucoup de monde !

Fêtes

– ***Moros y Cristianos :*** *pdt 3 j. à différentes périodes selon les quartiers, dont mars, juin, juil, août et début déc.* Cette fête relate la lutte entre les chrétiens et les Maures, avec, à la fin, la reconquête de la ville par les 1ers. Coups de feu et de canon, chevaux, costumes d'époque. Tout cela dans la rue, donc gratuit.
La plus représentative de ces fêtes, qui ont lieu un peu partout dans la Communauté valencienne, se déroule du ***22 au 24 avril à Alcoy*** (sur la N-340). Pourquoi des dates aussi fixes ? En fait, c'est en raison de la Saint-Georges ***(San Jorge).***
La fête dure 3 jours. Le 1er est celui des *entradas* où défilent, chacun à son tour, les groupes de Maures et de chrétiens, les uns avec leur bannière dévouée à san Jorge, les autres avec le croissant de lune de l'islam. Le 2e jour est celui de la dévotion : défilés, pèlerinages, processions comme savent le faire les Espagnols. Le dernier jour est celui de l'affrontement. Les charges de pétards explosent et font trembler les murs de la ville. Un temps fort : le feu d'artifice sur le pont.
À Alicante même, la grande manifestation de l'année se déroule durant la ***semaine de la Saint-Jean*** (20-24 juin). Il s'agit des ***hogueras de San Juan,*** sortes de *fallas* à l'alicantine avec défilés, pantins et géants, pétards et autres

feux d'artifice, officialisés en 1928. La tradition ancestrale était de brûler des objets inutilisables à la venue du solstice d'été. La soirée commençait par des bals populaires, avant la mise à feu des bûchers. La célébration de la Saint-Jean s'est ensuite confondue avec ces traditions. À relever, surtout, l'offrande de fleurs à la Vierge du Remède (le 22 juin), le défilé folklorique international (le 23 juin) et les concours de concerts de pétards ou *mascletàs*. Dans la nuit du 24 au 25, à minuit, gigantesques bouquets de feux d'artifice du haut du mont Benacantil. On enflamme tous les bûchers, monuments en carton polychrome et en bois qui allient l'art à la satire. Les jours suivants, du 25 au 29 juin, feux d'artifice un peu partout.

DANS LES ENVIRONS D'ALICANTE (ALACANT)

La N-340, qui mène à Alcoy, passe par ***Jijona,*** la ***capitale du turrón,*** dont on peut visiter les *usines du turrón El Lobo (polígono industrial « Ciudad del Turrón » ; ☎ 965-61-02-25 ; • info@turron1880.com • ; ouv tte l'année, lun-ven ; également un museo del Turrón dans la même zone, • museodelturron.com • ; visite guidée 3 € ; la zone de production se visite de mi-juil à nov, sauf la 2e quinzaine d'août, lun-ven mat).* Voici la vraie recette de cette fameuse gourmandise qui ressemble à du nougat. L'ingrédient principal est l'amande (70 % de la préparation), que l'on grille. Ensuite, on y ajoute du miel, du blanc d'œuf et un peu de sucre (c'est tout !). On obtient une grosse masse que l'on moule et que l'on fait refroidir. C'est le *turrón* d'Alicante, dur et croquant (attention aux dents !). Pour le *turrón* de Jijona, l'ensemble des ingrédients est broyé (c'est pour ça qu'il est mou), puis moulu. Avis aux amateurs !

Après la cité du « nougat espagnol », le relief commence à s'élever et laisse apercevoir sur ses flancs un étagement de terrasses cultivées, beaucoup plus vert et offrant de nombreux points de vue intéressants.

Villajoyosa (La Vila Joiosa) : *sur la route côtière entre Alicante et Benidorm (à 35 km au nord d'Alicante et 15 km au sud de Benidorm).* À l'écart des flux touristiques, ce petit village de pêcheurs mérite une halte, notamment pour ses vestiges romains *(visites guidées possibles, rens à l'office de tourisme).* Mais surtout, pour se perdre dans le lacis des ruelles antiques, comme celles de *Colón* et *Canalejas,* et découvrir les maisons des pêcheurs, aux belles façades colorées, en surplomb et sur le front de mer. Vente de poissons à la criée tous les matins (sauf le week-end). Intéressant également, la visite de l'église-forteresse *Nuestra Señora de la Asunción,* bel exemple d'église fortifiée du XVIe s. Sans oublier les spectaculaires fêtes *Moros y Cristianos* célébrées ici sur la plage et dans la mer (le 28 juillet) – à la fin, les chrétiens gagnent !

Le village est aussi célèbre depuis le XVIIIe s pour sa production de chocolat ; on peut visiter le *museo del Chocolate Valor (avda Pianista Gonzalo Soriano, 13 ; ☎ 966-81-04-51 ; • valor.es/museo-del-chocolate • ; visites guidées de 45 mn lun-ven ttes les heures 11h-13h et 17h-19h en espagnol, plus à 10h et 16h en anglais ; sam à 11h, 12h et 13h, plus 10h en anglais ; fermé 23 juil-8 août, 23-31 déc ; GRATUIT, s'inscrire à l'accueil du musée ou résa sur leur site).*

BENIDORM

(03500) 69 118 hab.

Le symbole de la promotion immobilière à l'époque franquiste. Des immeubles géants, entassés et construits en dépit du bon sens : on y trouve le plus grand nombre de gratte-ciel par habitant au monde ! C'est la capitale

de l'inauthenticité et du surfait. Enseignes clignotantes, restos en forme de paellas pour attirer les clients, saynètes avec rideaux de paillettes derrière une chanteuse ou bars qui rivalisent de décibels. Mais, après tout, il y a des gens qui s'amusent et qui aiment ça. Nous, ce n'est vraiment pas notre truc.
Du point de vue environnemental, ce n'est pas non plus la fête, car les besoins en eau sont colossaux. L'usage individuel est déjà élevé. Pour les besoins de l'irrigation et surtout de l'infrastructure hôtelière (lessives, cuisines, entretien des piscines...), on puise sans réserve dans les nappes phréatiques, au risque de les épuiser. Pour toutes ces raisons, il serait vain de notre part de vous indiquer un hôtel sympa, puisque la plupart des chambres sont vendues dans le monde entier plusieurs mois à l'avance.

LA GUERRE DU BIKINI

À l'époque franquiste, le bikini était interdit en Espagne. L'évêque de Valence brandissait même l'arme de l'excommunication ! En 1969, une Anglaise se baladant en 2-pièces fut interpellée. Elle gifla le policier, qui lui répondit par une amende salée. Pedro Zaragoza, le maire, enfourcha sa Vespa et partit directement à Madrid, suppliant Franco d'intervenir. Efficace : le bikini fut alors autorisé ! Et le tourisme de masse commença à bétonner Benidorm.

DANS LES ENVIRONS DE BENIDORM

Le parc d'attractions Terra Mítica : *ctra Benidorm Finestrat – partida del Moralet, s/n. ☎ 965-00-43-00. • terramiticapark.com • Bien fléché depuis l'autoroute AP-7. Juin-début sept, tlj ; sept-oct, seulement w-e et j. fériés ; ouvre à 10h30, ferme à 19h en juin (20h le w-e), 21h juil-début sept. Entrée : 49 € adulte, 35 € enfants 4-12 ans ; réduc en basse saison, et si résa sur Internet ; parking 7 €.* Parc à thème de 105 ha, rassemblant héros et mythes de la Méditerranée. Attractions et spectacles répartis sur 4 aires correspondant à autant de thèmes : l'Égypte, la Grèce, Rome, la péninsule Ibérique et les îles. Nombreux spectacles pour toute la famille. Aire dédiée aux restos et magasins.

Terra Natura : *partida Foia del Verdader, 1. ☎ 966-07-27-70. • benidorm.terranatura.com • À côté de Terra Mítica, bien fléché depuis l'autoroute AP-7. Avr-oct, tlj 10h (10h30 avr, mai et oct)-18h à 20h selon mois ; de nov à mi-déc, ven-dim ; janv-fin mars, w-e 10h30-17h (18h les 2 derniers w-e de mars). Entrée chère : 36 € adulte (47 € avec Aqua Natura), 30 € enfant et senior (39 € avec Aqua Natura) ; réduc sur Internet. Parking 5 €.* Parc animalier, organisé en 4 grands thèmes : *Pangea* (les bestioles venimeuses comme les scorpions géants...), *Asia* (avec ses éléphants, ses lions d'Asie et ses reptiles impressionnants), *America* (tourné vers l'Amérique tropicale : du lama au jaguar en passant par les zoziaux, ponctué de reconstitutions de temples aztèques), et *Europa* (en fait, l'Europe méditerranéenne). L'ensemble, conçu pour immerger le visiteur dans l'habitat naturel des animaux, présente nettement mieux qu'un zoo classique, d'autant que les arbres et la flore n'ont pas été oubliés. Restos sur place. De mai à octobre, son voisin ***Aqua Natura*** permet de prolonger la journée dans un parc aquatique aux nombreuses piscines et toboggans (dont une zone enfants).

Altea : gros village côtier au nord de Benidorm. Son petit centre ancien, avec son église *La Mare de Déu del Consol* aux tuiles bleues vernissées, ses ruelles et ses maisons blanches, est quand même plus attirant que les tours de Benidorm. Plage agréable. Boutiques, restos, bars, ce n'est pas ça qui manque... Par ici, la côte, plutôt jolie, est parsemée de petites criques très sympas pour se baigner, entre Altea et Calpe. Pour les fans de voitures, ce village a donné son nom à un des modèles de la marque Seat.

Parc natural de la Serra Gelada (Sierra Helada) : *à 8 km au nord de Benidorm. Info touristique sur place : Oficina de la Serra Gelada Parc, camí Vell del Far, 18, à Alfàs del Pi. 629-32-12-48. • parquesnaturales.gva.es • Tlj 9h-14h (13h lun-ven juil-août, 12h sam juil-août). Et aussi mer-sam 17h-20h juil-août. Parking sur place. Plan QR code à télécharger sur place.* C'est le point de départ de 2 chemins de randonnée dans ce parc de 5 000 ha. Le plus court, et aussi le plus facile, *ruta roja,* va jusqu'au *Far de l'Albir,* avec de superbes points de vue sur la mer (5 km aller-retour, 1h30-2h de marche, praticable aussi en VTT). Le 2d, *ruta amarilla,* va jusqu'à la *croix de Benidorm* et traverse tout le parc (8 km aller seulement, 3h30-4h, difficulté moyenne à difficile). Une nature presque sauvage à 2 pas de Benidorm. Quelques panneaux explicatifs sur la baie. Penser à prendre de l'eau et de quoi grignoter. Peu d'ombre en été, aire de pique-nique sur place.

CASTELL (CASTILLO) DE GUADALEST

(03517) env 243 hab.

À 24 km de Benidorm, dans les collines de l'arrière-pays, l'un des plus beaux villages d'Espagne. Une proximité qui pose justement un problème, car cet endroit ravissant est noir de monde en été. Dès 10h30, les cars de touristes débarquent, mais après 18h, il n'y a plus personne. Venir tôt le matin quand il n'y a personne. Car l'intérêt, c'est de pouvoir observer le phénomène d'inversion thermique. Brume dans les fonds de vallée, temps superbe et dégagé en altitude. De Benidorm, prendre la CV-755 vers Callosa d'en Sarrià ; belle route bordée d'arbres fruitiers, essentiellement des agrumes, qui colonisent les alentours de Guadalest. Remarquez les formes géologiques décharnées.

Adresse et info utiles

Oficina de turismo : *avda Alicante s/n ; sur le parking central. ☎ 965-88-52-98. • guadalest.es • Tlj 9h-15h (14h sam).* Plan de la région. On y parle un peu le français. Très bon accueil.

– ***Parking :*** 2 €.

Où dormir ? Où manger ?

Amis camping-caristes, vous pouvez stationner sur le parking opposé à l'office de tourisme pour 2 €/j. par véhicule et 4 € la nuit.

Casa rural El Tossal : *c/ Aitana, 5. 657-14-84-74. • info@casaruraleltossal.com • alojamientorural.casa • Doubles 80-115 € selon saison, petit déj inclus ; familiales aussi.* Ce minihôtel de village dispose de quelques chambres rénovées. Certes, la déco est un peu kitsch (ah, ce carrelage en forme d'étoiles !), mais les chambres sont impeccables et tout confort, tout comme les salles de bains. Celles côté château, dont une avec balcon (plus chère), ont l'avantage d'avoir une super vue. Les hôtes sont adorables et aux petits soins.

Cases Noves : *c/ Achova, 1. ☎ 965-88-53-09. 681-94-40-17. • info@casesnoves.es • casesnoves.es • Congés : janv. Doubles 150-250 €*

selon saison et confort, petit déj inclus. Réduc de 10 % avec le code promo « ROUTARD » en réservant sur le site. Apéritif maison, digestif, café ou petit déj offert sur présentation de ce guide. Une véritable aubaine que cette superbe adresse, dans ce village qui n'en a quasiment pas, tenue par Sofi et Toni. Ils ont tout rénové eux-mêmes et magnifiquement, dans une très jolie maison de village. Pierres, poutres apparentes, sols en carreaux de ciment anciens, tissus et mobilier choisis. Au rez-de-chaussée, les différents salons (télé, musique, lecture...), aussi cosy et chaleureux les uns que les autres, sont ouverts aux hôtes. Les chambres sont au diapason, toutes différentes, avec douche (2 avec baignoire et douche), et une déco ravissante pour toutes. L'une d'entre elles possède un balcon avec vue sur la vallée, et au loin... la mer ! La plus grande est sous les toits. Proposent également 2 apparts pour les familles *(● destinoguadalest.com ●).* Une belle étape avec un accueil adorable de Sofi et Toni.

Venta Guadalest : *avda d'Alacant, 1. ☎ 965-88-53-09. ● ventaguadalest@casesnoves.es ● Tlj 10h-22h. Congés : janv. Plats 11-25 €.* C'est le resto de *Cases Noves,* à 2 pas des chambres d'hôtes avec vue sur la place centrale du village. Probablement la meilleure option du village, avec une cuisine réalisée par Sofi, du tout fait maison, uniquement avec des produits frais, locaux et de saison. Les menus changent tous les jours en fonction de l'offre chez les paysans du coin.

Où manger dans les environs ?

La Venta de Benifato : *ctra (CV-70) Benidorm a Alcoy, km 15, 03517* **Benifato.** *☎ 965-88-52-26. À 4 km à l'ouest de Guadalest, après Benimantell. Mar-dim le midi, plus le soir en août. Fermé lun. Congés : de mi-juin à fin juil. Menu le midi env 30 € (servi pour min 2 pers) ; paella 12 €/pers (min 2 pers) ; plats 8-18 €.* Bonne cuisine de campagne et locale, à déguster dans la salle rustique ou dans la cour-terrasse, à côté de la grosse cheminée où grésillent les grillades. Boutique de vente de produits bio du coin (huile d'olive, amandes grillées ou non, miel, poteries, etc.). Accueil familial et gentil.

À voir

Castell de San José : *en été, tlj 10h15-19h (18h en hiver, avec une pause jeu et dim 14h-15h). Entrée : 4 €.* Ce n'est pas une forteresse imprenable mais un nid haut perché composé de petites maisons. L'entrée se fait par la costa de Gabriel Miró et la porta de San José, donnant accès à la maison seigneuriale des Orduña et au château de San José. Les trottoirs en pente douce montent vers la petite place qui précède l'entrée du château et permettent aux autochtones d'acheminer des marchandises pondéreuses avec des motoculteurs munis de chenilles. Point de vue spectaculaire sur la région, notamment sur l'Aixorta (1 126 m), le barrage de Guadalest et son lac de retenue dont l'eau est d'une couleur superbe.

Les petits musées : outre la maison des Orduña au château (lire ci-avant) avec ses expos d'art contemporain au dernier étage, il y a 6 autres musées dans le secteur *(ouv en principe tlj 10h-19h – 18h en hiver).* À savoir : une maison du XVIIIe s, un musée ethnologique, 2 musées de miniatures, un musée sur les maquettes de maisons, un sur les motos anciennes, un sur le sel et le poivre (avec pas moins de 20 000 salières du monde entier !) et enfin un dernier sur... les instruments de torture ! À vous de voir selon vos penchants... Bien sûr, l'entrée est payante partout *(4-5 €).* Infos et brochures à l'office de tourisme.

– Évitez l'attrape-touristes que sont les *sources de l'Algar* à Callosa d'en Sarrià. L'entrée est payante et le parcours sans grand intérêt.

LE GOLFE DE VALENCE

XÀTIVA (JÁTIVA)

(46800) 29 459 hab.

Pour atteindre Xàtiva, préférez les petites routes, à travers des champs d'orangers, d'amandiers ou des vignes. La cité fut incorporée aux royaumes arabes de Dénia, puis de Valence et enfin de Murcie. Le papier de Xàtiva, élaboré par les musulmans à base de paille de riz, était très réputé. Berceau de la famille Borgia – Calixte III et Alexandre VI y sont nés –, ces papes qui n'étaient guère à cheval sur les principes religieux, c'est une petite ville parsemée de beaux restes de sa splendeur, surnommée la « ville aux fontaines ». Elle a su garder ses vieux quartiers, qui partent à l'assaut du pic en direction du *castell*, et, dans la ville basse, ses maisons aux façades colorées et de beaux monuments témoins d'une certaine splendeur médiévale. Les amoureux de l'Espagne sauront savourer.

Arriver – Quitter

En train

Estació RENFE : *Cavaller Ximén de Tovía. ☎ 912-320-320. • renfe.com • À 5-10 mn à pied de l'office de tourisme, en bordure de la vieille ville.*

➢ Pour ***Valence*** *(env 45 mn)*, trains env ttes les heures dans les 2 sens 7h30-21h (ttes les 2h w-e et j. fériés). 4-6 trains/j. pour ***Alicante*** *(1h15-1h30)*, dont certains poursuivent vers ***Murcie*** *(env 3h)*. Puis 3 trains/j. vers ***Carthagène*** *(min 4h)*.

En bus

Estació d'autobusos : *Cavaller Ximén de Tovía, à côté de la gare RENFE.*

➢ Départs pour les petites villes des alentours, mais aussi pour ***Gandia, Onteniente*** et ***Bocairente*** (via Onteniente). Pour les horaires, se rendre sur place la veille afin d'être sûr de partir le lendemain. Se renseigner auprès des chauffeurs.

En voiture

Sauf pour grimper au château, éviter la voiture dans le vieux Xàtiva : les ruelles étroites et les multiples sens uniques ne s'y prêtent pas et les GPS s'y perdent. Quelques places gratuites (très convoitées !) en plein centre le long de l'avenida de Selgas et également en montant vers le château, sur les 2 grands parkings avant la montée et l'*Hostería de Mont Sant*. Sinon, plusieurs parkings payants, assez chers, dont le très central *República Argentina* (sous l'*ayuntamiento*, presque face à l'office de tourisme).

Adresses et info utiles

Oficina de turismo : *avda de Selgas, 2. ☎ 962-27-33-46. • xativaturismo.com • Mar-dim 10h-17h (18h ven), w-e et j. fériés 10h-14h.* Bon accueil, bonne documentation, carte de la ville, et cartes d'itinéraires thématiques (*ruta Borja, ruta de les Fuentes,* etc.).

– ***Marché :*** *sur la pl. del Mercat, dans la ville basse, mar et ven mat.*

Où dormir ?

De prix moyens à un peu plus chic (50-120 €)

Casa Aldomar : *c/ Bosch, 11. ☎ 962-27-65-63. • casa.aldomar@gmail.com • casa-aldomar.com • Dans la ville basse, une ruelle à 3 mn à pied de l'avda de Selgas. Réception 8h30-14h, 16h-18h. Congés : 24-29 déc. Double avec sdb 69 €.* Une charmante maison de ville ancienne, rénovée et réaménagée avec simplicité, confort et beaucoup de goût. Les 4 chambres et la suite sont toutes différentes, et combinent patine ancienne et meubles contemporains aux matériaux choisis. Salles de bains charmantes avec douche à l'italienne, belle salle commune avec cheminée, et 2 terrasses pour profiter de la fraîcheur des soirées. Très bon accueil du propriétaire anglais, qui de surcroît parle très bien le français.

La Maga Rooms : *c/ Almas, 56-60. 695-79-65-87. • info@lamagarooms.com • lamagarooms.com • Doubles 58-113 € selon confort. À noter que les prix ne changent pas pour la Semaine sainte !* Gros coup de cœur pour cette maison très bien restaurée et parfaitement gérée par Estela, jeune proprio accueillante, souriante et pleine de bons conseils ! 7 chambres dans la maison principale, confortables, avec beaucoup de cachet et de beaux matériaux, qu'il s'agisse du béton patiné des sols et des salles de bains ou du mobilier très contemporain et recherché (préférer celles à l'étage, plus spacieuses). 2 autres, de même qualité de confort et de déco, installées à l'étage d'une petite maison à 100 m de là. C'est d'ailleurs dans cette annexe qu'est servi le petit déj, soit dans la cuisine-salle à manger, soit sur l'agréable terrasse au pied du château. Juste à côté, jetez donc un œil à la maison entièrement peinte avec des graffs et des trompe-l'œil : superbe !

Chic (min 100 €)

Hostería de Mont Sant : *subida al Castillo, s/n. ☎ 962-27-50-81. 658-96-26-59. • reservas@mont-sant.com • mont-sant.com • Traverser tte la ville basse en direction du château : c'est à mi-pente, sur la gauche. Congés : janv. Doubles 136-177 € ; familiales aussi ; petit déj 15 €. Menu dégustation 48 € et menu tapas 35 € (les 2 sans boissons) ; tapas 4-11 € ; plats 12-24 €.* Superbe hôtel de charme, construit sur les restes d'un ancien monastère, à flanc de montagne, avec 20 000 m² de jardins plantés d'orangers et des petites terrasses propices au repos. Les fortifications du château descendent jusqu'au parc ; très belles vues de toutes parts. Au choix, des chambres dans la maison principale qui met en valeur les carreaux de ciment anciens et les matériaux bruts (on aime beaucoup !), ou les *superior,* aménagées dans des *cabañas* dans le jardin, plus spacieuses et prolongées d'une terrasse. Et puis, si on vous le propose, ne manquez pas la visite de l'ancienne *aljibe* souterraine, la citerne médiévale, magnifique (résa à la réception). Excellent restaurant, piscine, service attentif et pas guindé du tout !

Où manger ? Où boire un verre ?

De bon marché à prix moyens (10-30 €)

Canela y Clavo : *c/ Alameda Jaime Iero, 64. ☎ 962-28-24-26. • info@canelayclavo.com • Sur le grand boulevard qui longe la ville basse, en face de l'hôtel de ville et à 2 pas de l'office de tourisme. Tlj. « Almuerzo popular » (déjeuner populaire) 7 € (bocadillo et boisson)-13,50 € (plat et dessert) ; sinon, menu 17 € le midi ; carte 30 €.* Son décor fait très chic, mais les prix restent sages pour la qualité proposée (on vous recommande l'*almuerzo popular,* bien entendu !). Vaste terrasse ombragée par des platanes pour profiter de la belle saison. Cuisine raffinée aux saveurs de la région (viandes, poissons, *arroces*, et spécialité de *fideuà con foie y setas*)...

El Tunel : *porta de Valencia, 22. ☎ 962-28-82-37. • restaurante@eltuneltapas.com • À l'écart du centre piéton. Mar-sam 13h30-15h30, plus jeu-sam 20h30-22h30. Fermé dim-lun et le soir mar-mer. Menus 16-18 € au déj en sem, 20-22 € le w-e (2 pers min) ; tapas et raciones 6-18 €.* Dans une très jolie maison ancienne à la façade ocre rouge, restaurée avec goût, où matériaux d'origine et modernes se partagent harmonieusement le décor. Dans l'assiette, cuisine méditerranéenne raffinée et délicieuse, qui met le produit à l'honneur. Accueil charmant.

Carpanel : *c/ Sant Francesc, 38. ☎ 962-28-15-85. Dans la ville basse. Tlj sauf lun 13h30-15h30, 20h30-23h. Tapas et raciones 3-10 € ; carte 20-33 €.* Un joli resto tout en longueur, au cadre moderne assez classe avec quelques touches *arty* bien senties, mais qui cultive toujours le goût de la cuisine régionale et l'esprit traditionnel de la taverne. Au fond, agréable patio, bien frais l'été.

El Gourmet del Socarrat : *c/ Trobat, 5. ☎ 962-27-27-90. • elgourmetdelsocarrat@hotmail.com • Mar-sam 9h (13h30 sam)-17h, 20h30-0h30. Fermé dim-lun. Menus 15 € midi en sem (sans boisson) et 28 € ; plats et raciones 7-22 €.* Un resto typique avec ses jambons suspendus, dont la déco moderne laisse envisager une cuisine revisitée. Et c'est le cas ! Une bonne surprise, cette délicieuse cuisine de marché, finement travaillée, avec juste ce qu'il faut de créativité pour ne pas dénaturer le produit. Aux murs du resto, des rayonnages d'épicerie fine, à vendre. Quelques tables sur la rue piétonne.

Plus chic (min 30 €)

La Picaeta de Carmeta : *pl. del Mercat, 19. 619-51-19-71. Mar-dim le midi, plus le soir ven-sam. Fermé lun. Repas 30-35 €.* Un resto où l'on se sent bien avec ses murs en brique, sa belle hauteur sous plafond et sa déco moderne et colorée. Cuisine typique et familiale, élaborée avec les produits du marché. Mais on vient surtout ici en famille pour manger une bonne paella qui, traditionnellement, se déguste au déjeuner. Riz conditionné.

Où déguster une glace ?
Où boire un verre en grignotant ?

Fan Rock : *pl. del Mercat, 15. 667-41-03-53. Tlj sauf lun. Env 10 €.* La grande terrasse de ce bar tenu par des jeunes, sur la place du marché, invite à l'apéro, avant ou après le dîner. On peut même y grignoter tapas et autres hamburgers, très pratique le dimanche soir, quand les restos sont fermés. La terrasse se remplit vite aux beaux jours.

La Heladería : *pl. del Mercat, 1. 695-79-65-87. Mars-nov, tlj 17h-minuit (et parfois plus) ; déc-fév, ven-dim 9h-23h. Tapas 5-7 € ; env 10 €.* De délicieuses glaces artisanales à emporter ou à déguster sur place, sur les tables en terrasse. Également une petite restauration, élaborée avec des produits bio (sandwichs, salades, tapas...).

À voir

De l'avenida Jaime I^{ero} (artère principale de la ville), prendre la calle del Portal del Lleó (après la poste – *Correos* – sur la droite). Là commence la ville basse, le ***vieux quartier,*** le plus intéressant, avec ses étroites ruelles, ses ***églises platerésques,*** ses ***palais anciens*** (en particulier de part et d'autre de la calle de Montcada), l'***ancien couvent Sant Domenech*** et sa ***Seu*** *(basilique Santa María ; pl. Calixto III ; mar-dim 10h30 (11h30 dim)-13h, fermé lun ; entrée : 3 €)* typiquement maniériste et, en face, l'***ancien hôpital médiéval*** *(ven-dim 10h-14h, 17h-19h, en été, mar-dim*

10h-14h) à la superbe façade Renaissance et au portique gothique. Les principales curiosités touristiques se situent en étoile autour de la plaça del Mercat.

Almodí *(Musée municipal)* **:** *c/ de la Corretgeria, 46. ☎ 962-27-65-97. Mer-sam 10h-14h, 16h-18h ; dim 10h-14h. En été, mar-dim 10h-14h30. Entrée incluse dans le ticket du château, ou 4 € incluant la visite du musée des Beaux-Arts ; réduc ; gratuit dim.* Beau petit musée. Commencer par le dernier étage, qui présente les pièces archéologiques trouvées dans la région, dont un sarcophage du XIe s. Petit film sur les fouilles et immense maquette de la ville ancienne. Quelques pipes à kif de l'époque almohade, et le superbe toit d'un ancien palais musulman. À l'arrière du musée (1re rue en sortant à gauche), jetez un œil sur l'ancienne bourse au blé *(lonja del trigo)*. On peut encore lire, au-dessus du porche, l'évolution des prix du blé de 1660 à 1712, puis à droite jusqu'en 1847.

Església de Sant Feliu : *sur la route qui grimpe à la forteresse, sur la droite, un peu avt l'Hostería de Mont Sant. Tlj sauf lun : en été, 10h-12h ; le reste de l'année, 10h-13h, 16h-19h (15h-18h en hiver) ; dim et j. fériés 10h-13h.* Au milieu des cyprès, jolie petite église gothique du XIIIe s, édifiée sur les vestiges d'une basilique wisigothe. L'auvent est soutenu par de superbes colonnes de marbre. À l'intérieur, intéressants tableaux primitifs. Un chapiteau de marbre blanc est utilisé en guise de bénitier.
– Pour les amateurs de ***balade,*** le chemin qui part derrière l'église mène, à travers les oliviers, jusqu'au *castell,* via une ancienne glacière (*nevera,* des XVIIe-XVIIIe s), et plusieurs antiques citernes, dont la *cova de les Gotetes.* On récupère la route du château juste avant l'entrée.

Casa de l'Ensenyança *(musée des Beaux-Arts)* **:** *pl. Arquebisbe Mayoral, 2. ☎ 962-28-24-55. Mer-sam 10h-14h, 16h-18h ; dim 10h-14h. En été, mar-dim 10h-14h30. Entrée incluse dans le ticket du château, ou 4 € incluant la visite de l'Almodí (Musée municipal) ; réduc ; gratuit dim et - de 10 ans.* Ce magnifique hôtel particulier du XVIIIe s, ancienne propriété de la famille Borja (Borgia), a été totalement restauré pour abriter le musée des Beaux-Arts. Une belle collection d'œuvres, du XVIe s gothique à l'art contemporain. L'un des trésors du musée est la ***série complète de gravures*** *Caprichos* et *Nonsense,* de ***Francisco de Goya,*** considérée comme essentielle dans l'œuvre de l'artiste. Les œuvres baroques viennent du Museo del Prado, comme celles de Josep de Ribera, né à Xàtiva (XVIe s). Également des créations de grands maîtres, tels que Giordano et Brueghel. Puis des artistes contemporains valenciens tels que Josep Vento, José-Hernández Quero et Manuel Boix-Àlvarez, Antoni Miró et Adrià Pina-Alegre. À noter, le portrait de Philippe V, vengeance symbolique ou représailles contre celui qui avait orchestré l'incendie de la ville en 1707, suspendu à l'envers, la tête en bas !
Nombreux vestiges des églises de la région (XIIIe-XIXe s) : tableaux, bas-reliefs, sculptures. Une partie du superbe retable de la Transfiguration (XVIe s), en 22 panneaux, attribué à Mestre Borbotó. À voir aussi, la croix de style gothique tardif qui se trouvait à l'entrée de la ville, sur la route de Valence. Expos temporaires tout au long de l'année.

Castell : *en surplomb de la ville. ☎ 962-27-42-74. En voiture, suivre la c/ del Portal del Lleó (à droite après l'office de tourisme), puis, sur la pl. Calixto III, prendre à droite la c/ Santo Domingo jusqu'à la pl. Sant Jordi ; grimper ensuite à gauche (c'est fléché). 2 parkings (gratuits) avt l'Hostería Mont Sant, à condition de trouver de la place en saison ! À pied, c'est une sacrée grimpette de 2,5 km (35-40 mn de marche). Mar-dim 10h-21h (19h sam en juil) mai-août, jusqu'à 20h avr et sept, 19h mars et oct et 18h nov-fév. Fermé lun. Entrée : 6 € incluant l'Almodí et le musée des Beaux-Arts ; réduc ; gratuit - de 8 ans. Résa conseillée en ligne sur • xativaturismo.com •. Feuillet en anglais seulement.*
Même si les origines sont ibères et romaines (le *castell* défendait la *via Augusta* – ou *Heraclea* dans sa version la plus ancienne –, qui menait les Romains des Pyrénées jusqu'à Cádiz, un emplacement hautement stratégique), les murailles, les édifices et les tours aujourd'hui visibles datent essentiellement des époques ***almohade*** (XIIe s) et ***gothique.*** La forteresse est constituée en fait de 2 châteaux, le *castell Menor* et

le *castell Major,* au sommet d'une ligne de crête rocheuse. Lors de la reconquête, Jaime Ier ne parvint à prendre le *castell Menor* qu'au prix de 5 mois de siège, et ne réussit à déloger les Almohades du *castell Major* que 2 ans plus tard ! Faut dire que le site est vraiment en nid d'aigle. Revenue dans le giron du royaume d'Aragon, la forteresse est embellie, et ses fortifications renforcées, avant d'être utilisée comme prison : elle voit passer entre ses murs une bonne brochette de nobles, du roi de Majorque Jaime IV à Dídac de Borgia (un cousin de saint François), en passant par l'évêque d'Urgell.
Du *castell Menor* (500 m de tour) et du *castell Major* (1 km de circonférence), vue imprenable sur les vallées environnantes : au nord, la ville et la huerta de Xàtiva ; au sud, les terres non irriguées *(secano),* les montagnes Grossa, Mariola et Benicadell.
Pour se rafraîchir d'une bière ou pour se restaurer, grande terrasse avec vue sur la ville et resto ***Talaia*** *(menus 15-22 € ; ouv dès 13h)* à l'entrée.

Fêtes

– Il existe toute une série de fêtes identiques à celles des autres villes de la région : ***fallas*** *(15-19 mars),* ***Pascua Florida, San Vicente*** et ***Pascua de Pentecostés*** *(au printemps),* ***Fira*** *(mi-août),* ***Les Catalinetes, Santa Catalina*** *(25 nov).*

DANS LES ENVIRONS DE XÀTIVA

Gorgo de la Escalera : *Diseminado Poligono 11, 34, 46820* ***Anna.*** *À env 20 km à l'ouest de Xàtiva par la CV-590. Droit d'accès 2 €/pers. Petit parking et gardien sur place.* Un escalier d'une centaine de marches permet de descendre jusqu'au site, praticable par toute la famille. Très belles cascades et bassins naturels, idéal pour passer la journée quand il fait très chaud. On peut s'y baigner dans des eaux limpides. Éviter le week-end, très fréquenté

DÉNIA (03700) 42 000 hab.

• Plan *p. 567*

Placée sur la corne de l'Espagne, à 86 km au nord d'Alicante et à 103 km au sud de Valence, cette station balnéaire à taille humaine offre une certaine tranquillité, jouissant d'une température moyenne annuelle de 20 °C. Étalée au pied d'une montagne (du sommet, par temps clair, on aperçoit l'île d'Ibiza), Dénia n'a pas vendu son âme au diable du béton armé, et c'est tant mieux. Les immeubles dépassent rarement la cime des pins parasols, même si leurs proches voisins commencent à pousser bien haut. Une série de belles plages et de calanques, idéales pour les sports nautiques, un port de plaisance en pleine ville, des possibilités de balades : Dénia est une ville où l'on se sent bien et reste une bonne halte dans ce secteur du littoral le moins moche.

Arriver – Quitter

En train et tram

Estació FGV *(Ferrocarrils de la Generalitat Valenciana ; plan B2) : paseo del Saladar, près du port. • fgv.es •*
➢ Liaisons seulement avec ***Benidorm*** ; de là, prendre le tram L1 pour

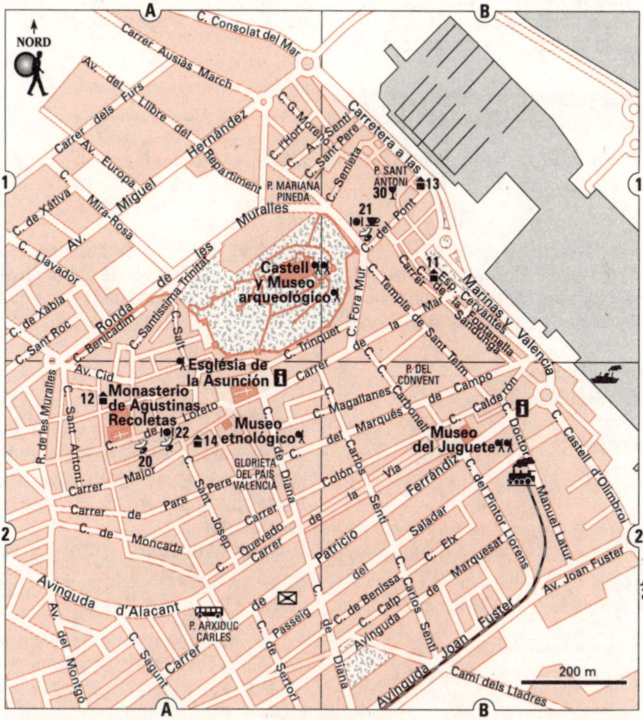

DÉNIA

Adresse utile Oficines de turisme (A2 et B2) **Où dormir ?** **10** Los Pinos (hors plan par B2) **11** Hostal L'Anfora (B1) **12** Hotel Nou Romà (A2) **13** El Raset Hotel (B1) **14** Hotel Chamarel (A2)	**Où manger ?** **20** Txoko Bar (A2) **21** Els Magazinos Street Food Market, A La Fesca et Les Cuinetes (B1) **22** Ca La Pepa Teresa (A2) **Où boire un verre ?** **30** Ca Tona, Gaudí et La Clandestina (B1)

Alicante (voir ci-dessous) ; env 12 liaisons/j., en 2h30. Voyage superbe à travers les montagnes et la végétation. Infos auprès de la *FGV (☎ 900-72-04-72 ; ● tramalacant.es ●)*. Depuis Alicante, nombreuses liaisons vers ***Valencia.***

➢ La ligne de ***tramway*** L9 circule entre ***Dénia*** et ***Benidorm,*** tlj 6h-20h30. Elle dessert tout le littoral et s'arrête à chaque plage, chaque village, et embarque aussi les vélos. Puis, pour rejoindre Luceros (à ***Alicante***), changer à Benidorm et prendre la L1.

En bus

Estació d'autobusos *(plan A2)* **:** *pl. del Archiduque Carlos.*

➢ La compagnie *Alsa (☎ 902-42-22-42 ; ● alsa.es ●)* dessert ***Alicante*** via

Benidorm (1h30 en bus express) et ***Valence*** via Gandia (2h). En été, nombreuses liaisons pour les grandes villes d'Espagne ***(Madrid, Barcelona, Murcie, Grenade, Málaga, Séville...).***

Adresses et infos utiles

Oficina de turisme *(plan B2)* **:** *pl. Oculista Buigues, 9. ☎ 966-42-23-67. • denia.net • En hte saison, lun-ven 9h30-20h, w-e 9h30-13h30, 17h-20h. Sinon, tlj sauf dim ap-m 9h30-13h30, 16h30-19h30.* Bon accueil, très pro et polyglotte, parfois francophone. ***Autres points d'info*** plaça del Consell, à côté de l'église *(plan A2 ; ouv juil-août seulement, lun-ven 9h30-13h30).*

Taxi : *☎ 966-42-44-44 ou 965-78-65-65.*

Aucun problème de stationnement à Dénia : on trouve de nombreuses places gratuites dans toute la ville (plus difficile tout de même en juillet-août).

Où dormir ?

Camping

Los Pinos *(hors plan par B2,* ***10****)* **:** *camino La Racona, 16. ☎ 965-78-26-98. • lospinosdenia@gmail.com • lospinosdenia.com • À 3 km au sud du centre, sur la route de Las Rotas qui longe la côte (fléché), après les plages Marineta Cassiana et El Trampolí. Accès aussi à pied en 20 mn env par la promenade aménagée le long de la plage depuis le port jusqu'à Punta Negra. ♿ Ouv tte l'année. Compter 29-32 € pour 2 pers avec tente et voiture selon saison.* Ouvert en 1965, voici un camping vraiment charmant, dans une petite pinède ombragée et fleurie, avec un accès direct à une plage de galets. Plus agréable et à taille humaine que la plupart des campings suréquipés et surchargés de la côte : ici, on n'est pas les uns sur les autres et la végétation préserve l'intimité. Laverie, machine à café et épicerie dès avril. Ambiance décontractée et très bon accueil, parfois en français.

De prix moyens à chic (50-150 €)

Hostal L'Anfora *(plan B1,* ***11****)* **:** *explanada de Cervantes, 8. ☎ 966-43-01-01, 📱 640-65-49-10. • info@hostallanfora.com • hostallanfora.com • ♿ Congés : Noël. Selon saison, doubles 50-109 € ; familiales aussi. Pas de petit déj.* Petit hôtel bien situé, avec des chambres, petites, à la déco vraiment surannée mais impeccables, donnant sur le port (plus tranquille) ou sur la rue à l'arrière. Quelques-unes avec balcon.

Hotel Nou Romà *(plan A2,* ***12****)* **:** *c/ Nou, 28. ☎ 966-43-28-43. • info@hotelnouroma.com • hotelnouroma.com • Doubles min 105 €, petit déj inclus.* Juste derrière le convent des Agustines Recoletes, séduisant petit hôtel en plein centre historique. Une dizaine de chambres bourrées de charme, avec volets intérieurs et d'un bon confort ; certaines avec une belle petite terrasse (les plus chères). Grand salon commun avec beau parquet ciré et grande baie sur le patio. Bon petit déj-buffet dans la salle du restaurant au rez-de-chaussée, ou dans l'agréable patio aux beaux jours. Accueil pro et sympa à la fois. Resto *La Senia* réputé.

El Raset Hotel *(plan B1,* ***13****)* **:** *c/ Bellavista, 1. ☎ 965-78-65-64. • info@hotelelraset.com • oficina@grupoelraset.com • hotelelraset.com • Sur le front de mer. Doubles 115-150 € selon saison et confort, petit déj inclus. Parking 15 €.* Il a de l'allure, cet édifice historique blanc et bleu, rénové de fond en comble ! Idéalement placé, l'ensemble est aménagé dans un style contemporain sobre et épuré, réveillé de touches de couleur et de quelques éléments design. Chambres d'un grand confort ; les supérieures, en angle, sont vraiment vastes et agréables, avec vue sur la mer. Seul bémol : salle de petit déj un peu en vitrine sur le port.

Hotel Chamarel *(plan A2, **14**) : c/ Cavallers, 13. ☎ 966-43-50-07. • info@hotelchamarel.com • hotelchamarel.com • Dans le centre ancien. Doubles économiques min 100 €, « supérieures » 95-135 €, petit déj inclus ; familiales aussi. 2-3 nuits min en hte saison.* Une vraie surprise que cette belle demeure du XIXe s ! Presque un petit palais avec ses beaux carrelages, son escalier monumental, ses vastes chambres toutes différentes, ses grandes hauteurs sous plafond, son adorable patio où se poser dans la verdure... et son mobilier ancien appuyé, pour le clin d'œil contemporain, par des tableaux accrochés un peu partout, œuvres de la propriétaire. Autre concession à la modernité : les salles de bains, ouf ! Une très belle adresse. Accueil pro et détendu à la fois, à l'image de l'ambiance vaguement décadente de ce lieu étonnant. Salon de thé charmant, ouvert à tous lorsque l'hôtel ne fait pas le plein !

Où manger ?

2 quartiers où se concentrent les bars à tapas et restos : le barrio dels Pescadores *(plan B1)*, au pied du château, dédale de placettes cachées derrière les petits immeubles du front de mer ; et la calle Loreto *(plan A2)*, piétonne et plus centrale, qui aligne une multitude de restos sur quasiment toute sa longueur. Sans oublier le nouveau *Street Food Market*, dans l'ancien marché *(plan B1)*.

De bon marché à prix moyens (max 30 €)

Txoko Bar *(plan A2, **20**) : c/ Loreto, 33. 673-61-98-75. Dans la rue piétonne. Tlj 12h-16h, 18h-0h30 (1h ven-sam).* Sympathique et chaleureuse taverne sans autre prétention que de proposer des tapas (et même une *tapita* offerte avec le 1er verre) fraîches, copieuses, traditionnelles et bon marché. Terrasse animée très fréquentée en soirée. Service très sympa en prime.

Els Magazinos Street Food Market *(plan B1, **21**) : c/ del Pont, 19. 696-65-02-24. • hola@elsmagazinos.com • Tlj 9h-1h30 (2h30 le w-e en été).* On le repère, entre autres, grâce à la caravane vintage verte à l'entrée, cet ancien marché transformé en marché gastronomique et en vitrine des produits de bouche de la région. Il abrite une vingtaine de comptoirs, avec tables ou mange-debout, tous avec des spécialités culinaires différentes. Des comptoirs à tapas aux bars à vins et à bières, en passant par la *pasta*, la *street food* thaïe et les glaces, il y en a pour tous les goûts. Nous n'allons pas tous les détailler, mais en voici 2 qui se partagent une immense cuisine à l'entrée :

– **A La Fresca** *(plan B1, **21**) : le 1er sur la droite à l'entrée du marché. ☎ 966-17-39-02. • hola@alafrescadenia.com • Tlj 9h-minuit. Tapas 2,80-12 € ; tablas et racione 12-22 € ; paellas et riz 14-20 €.* Grande et belle salle, ouverte sur un patio-terrasse, avec coin canapé et tables de toutes tailles et formes, pour accueillir aussi bien les bandes de copains que les couples. Dans l'assiette, *ceviche* et poulpe grillé délicieux, *patatas bravas* originales, croquettes de *jamón*... Tout est bon et les produits sont de super qualité. La vaisselle est jolie et le service hyper efficace et souriant. Bref, que demander de mieux, pour un rapport qualité-prix excellent ?

– **Les Cuinetes** *(plan B1, **21**) : le 1er sur la gauche à l'entrée du marché. ☎ 966-17-36-32. • hola@lescuinetes.com • ♿ Tlj sauf dim soir et lun. Plats 14-26 €.* Installé dans une partie couverte de l'ancien marché, avec plusieurs espaces séparés par des voûtes et un patio couvert. C'est l'équipe de l'ancien restaurant *La Seu* (un gastronomique) qui s'est installée ici. L'objectif ? Revisiter les recettes familiales (depuis 4 générations) pour les partager. Les produits sont choisis au marché local, les poissons, à la criée et les légumes bio, chez les petits producteurs locaux. Résultat, des assiettes joliment dressées, pour une cuisine aux saveurs méditerranéennes et de la mer, à la fois généreuse, créative et réussie.

Ca La Pepa Teresa *(plan A2, **22**) : c/ Loreto, 23. ☎ 965-78-45-47. • info@calapepateresa.com • Tlj 12h-16h, 19h30-23h30. Plats, tapas et raciones 6-18 € ; menu déj env 20 € ; ragoûts pour 2, à commander à l'avance, 24-28 €/pers.* Un établissement au cadre typique, où vieilles briques et bar en marbre épuré sont en harmonie. « *Chez la mère Teresa* » (dont la photo orne les murs !), on ne cuisine que du frais, quasiment sous les yeux des gourmands ! Les produits locaux sont à l'honneur, fruits de mer et poisson en tête. Beau choix de vins également, mais qui fait vite grimper la note. Accueil souriant. Agréable patio.

Où boire un verre ?

Ca Tona *(plan B1, **30**) : pl. San Antonio, 2. ☎ 965-78-91-21. • catona@hotmail.com •* On y vient surtout pour sa terrasse sur une charmante place aux palmiers maigrichons, pour boire un verre en soirée, dans une animation qui se prolonge tard ! Propose aussi des tapas (correctes mais sans plus). Et si la terrasse de *Ca Tona* est pleine, les autres bars de la placette vous tendront leurs sièges, comme le ***Gaudí*** et ***La Clandestina*** voisins *(pl. San Antonio, 1)*.

À voir

Castell *(plan A-B1) : ☎ 966-42-06-56. Accès à pied, par les escaliers qui démarrent près de la mairie. De juil à mi-sept, tlj 10h-minuit (18h pdt le festival de musique) ; le reste de l'année, tlj 10h-19h30 ou 20h en juin et sept-oct, et jusqu'à 18h-19h nov-mai. Dernier accès 30 mn avt fermeture. Entrée : 3 € ; réduc ; gratuit - de 8 ans.* Le monument le plus emblématique de Dénia, même si l'ensemble manque d'explications. La partie orientale du château présente des vestiges datant de l'époque romaine (*torre del Galliner,* ou « tour du Poulailler »). À l'époque musulmane, le château était divisé en 2 enceintes : l'enceinte inférieure, appelée *Al-bacar* (les troupeaux et la population s'y réfugiaient en temps de conflits), et l'enceinte supérieure, ou *Al-cazaba* (palais arabe). La partie extérieure du château (partie sud) abritait quant à elle la *médina* (ville arabe). De cette époque datent le *portal de la Vila* (porte d'entrée de la ville), l'arc outrepassé situé sur le *portal del Baluart* (porte du Bastion) et la *torre del Mig* (tour du Milieu). Bar avec terrasse dans la partie haute. Chaque été, à la mi-juillet, s'y déroule le ***festival Musica al Castel*** *(• musicaalcastell.com •)*.

Museo arqueológico *(plan A-B1) : dans le château. De juil à mi-sept, tlj 10h30-22h (dim fermé 13h30-15h) ; avr-juin, 11h-13h, 16h-18h45 (16h30-19h45 juin) ; le reste de l'année, 10h30-13h30, 15h30-17h45 (15h-19h45 16-30 sept ; 15h30-18h15 oct).* 4 sections pour découvrir l'évolution de la ville depuis ses origines jusqu'au XVIIIe s : époques ibère, romaine, musulmane et chrétienne. Intéressant pour comprendre l'évolution de la ville. Dommage que toutes les explications ne soient qu'en espagnol...

Ceux qui ont du temps et une curiosité intellectuelle insatiable poursuivront l'itinéraire culturel en visitant le ***Museo etnológico*** *(plan A2 ; c/ Cavallers, 1 ; ☎ 966-42-02-60 ; tlj sauf dim ap-m et lun 10h30-13h ; fermé 1er janv et 25 déc ; GRATUIT).* Un bon exemple d'édifice de la bourgeoisie du XIXe s qui s'est enrichie grâce au commerce du raisin sec. Ce musée abrite donc une expo de photos sur ces juteux échanges. Nombreux instruments, outils et ustensiles de l'époque ainsi que 2 couples en habits bourgeois et vêtements de travail. Notez le beau dallage de céramique de Manises, signé par le peintre Francisco Dassi (XIXe s).

Également le ***museo del Juguete*** *(musée du Jouet ; plan B2)* **:** *c/ Calderón. ☎ 965-78-87-41. Tlj 10h-13h, 17h-21h (16h-20h oct-avr). Fermé 1er janv et 25 déc. GRATUIT.* Accueille un centre d'exposition temporaire au rez-de-chaussée et des jouets anciens au 1er étage (voitures à pédales, tricycles, baby-foot, maquettes de bateaux...), témoignage du patrimoine industriel de la ville.

DES JOUETS POUR WALT DISNEY

Jusqu'aux années 1950, une société de Dénia avait l'exclusivité de la fabrication des jouets pour la compagnie américaine Walt Disney. Au musée du Jouet, la 1re effigie représente Grincheux, l'un des 7 nains, réalisé dans l'usine de Dénia...

Afin de compléter ce parcours, dirigez-vous ensuite vers la plaza de la Constitución et l'***església de la Asunción*** *(plan A2 ; lun-ven 9h-19h30, w-e pour les offices),* de style baroque « modéré » (XVIIIe s), puis, plaza del Convent *(plan B2),* vers l'***església San Antoni*** *(lun-ven 8h-20h, w-e pour les offices),* qui fait partie de l'ensemble architectonique formé par le couvent Saint-Antoine-de-Padoue (fondation franciscaine du XVIe s).

À faire

Sports nautiques

Dénia compte 20 km de plages qui rejoignent, au nord, celles d'Oliva et, au sud, la côte de Jávea, marquée par le cap de San Antonio. Évidemment, de nombreuses activités nautiques y sont possibles. S'adresser à l'office de tourisme et aux organismes suivants :

- ***Club nautique :*** *ctra Dénia a Xabia, 1, puerto de Dénia. ☎ 965-78-09-89. ● cndenia.es ●*
- ***Marina de Dénia :*** *dársena de Babor, edificio E, puerto de Dénia. ☎ 966-42-43-07. ● marinadedenia.com ●*

Les ***nudistes*** pourront s'installer à la *cala nudista,* au niveau de la *torre del Gerro,* à côté du cap de San Antonio et de sa grotte sous-marine. Prendre la route de Las Rotas. À 4,5 km du centre. Bus vers Las Rotas toutes les heures, de 8h à 21h (22h juillet-août).

– Les ***véliplanchistes*** s'en donneront à cœur joie sur les sites au nord du centre-ville, sur les plages de *Las Marinas* et de *Las Deveses.* En avril et août, le *levant* et le *ponant* se répartissent la tâche pour gonfler les voiles.

Les spots de ***plongée*** se trouvent vers les plages de *Las Rotas,* au sud de la ville. Des itinéraires sont proposés pour découvrir la réserve sous-marine du cap San Antonio. Pour pouvoir plonger dans cette zone, il faut obtenir au préalable un permis individuel ou collectif, qui vous sera délivré à l'office de tourisme sur présentation des documents suivants : photocopies de la carte d'identité ou du passeport, de l'assurance accident et du diplôme de plongeur sous-marin. Rapide et gratuit.

Randonnées

Envie de s'évader loin de la foule estivale, de retrouver un peu de fraîcheur et de calme, de découvrir une flore et une faune menacées par les boulimiques de l'immobilier ? Prenez vos chaussures de marche et partez pour quelques heures, voire quelques jours. Pour toutes informations, l'office de tourisme de Dénia dispose de brochures détaillées : 5-6 chemins de randonnée bien balisés, plus ou moins difficiles dans le *parc natural del Montgó* *(● parquesnaturales.gva.es ●).*

CATALOGNE-VALENCE : HOMMES, CULTURE, ENVIRONNEMENT

BOISSONS

Non alcoolisées

– La ***horchata*** (ou ***orxata***), que l'on traduit maladroitement par « orgeat de souchet », est aussi bonne que rafraîchissante. D'origine valencienne, elle est également populaire en Catalogne (et dans toute l'Espagne). Selon une légende, Jacques Ier d'Aragon aurait dit à une petite fille qui lui en offrait un verre : « *Açò es or, xata* », soit « Ceci est de l'or, fillette ». Plus prosaïquement, le mot viendrait de *ordiata,* « orge » en valencien ! Sa texture rappelle celle du lait (en plus farineux) et son goût celui de l'amande. Cela dit, si l'orgeat est à base d'amandes, la *orxata* est produite avec le suc des tubercules et des tiges de la *chufa* (en français, le « souchet jaune »), une sorte de papyrus d'origine égyptienne qui fut introduit par les Arabes et pousse désormais dans le nord de *la huerta* et les marais du Guadalquivir (pour tout savoir sur la *chufa* : ● *chufadevalencia.org* ●). Les *horchaterías,* qui fleurissent partout en été, se repèrent facilement à leurs grosses centrifugeuses blanches. Les Valenciens ont l'habitude d'y tremper des *fartons,* biscuits oblongs à la texture légère. Un délice quand le tout est réellement artisanal... d'ailleurs protégé par une appellation d'origine contrôlée (*denominación de origen* – DO – en espagnol).

– Le ***granisat*** (ou ***granizado*** en castillan) est la version locale du célèbre *granita* italien, élaboré ici à base de jus de citron, d'orange ou de café, mélangé avec de la glace pilée dans de grosses centrifugeuses. Sucré, rafraîchissant et pas cher.

– Dans la plaine de Lleida (Lérida), vous tomberez peut-être sur la ***boisson du pauvre (beguda del pobre),*** faite à base d'oranges, d'anis et de sucre. Assez surprenant.

– Le ***Cacaolat*** est LA boisson sucrée du pays. Recette simple : lait + cacao qui fait le bonheur des petits comme des grands. Fondé en 1931 à Barcelone, Cacaolat demeure une véritable institution en Catalogne.

– Autre incontournable espagnol depuis la découverte des Amériques, le ***chocolat chaud*** ne ressemble pas au nôtre. Ici, c'est une boisson riche et nourrissante, épaisse, dense en arômes, faite tout exprès pour y tremper les fameux *churros,* ces beignets allongés du petit déj. Un régal quand c'est bien fait, mais point trop n'en faut ! À noter, pour la petite histoire, que les Espagnols ont dû obtenir une dérogation de l'UE pour continuer à épaissir leur chocolat, avec de la fécule de maïs par exemple...

Alcoolisées

– ***La bière*** (***cerveza,*** ou ***cervesa*** en catalan) **:** la boisson la plus répandue ! Pour vous éviter des déconvenues, sachez que dans un bar, *una cerveza* est plutôt une bière en bouteille, la pression se disant *una caña* (demandez *un quinto* pour une 20 cl, *una mediana* pour une 33 cl et *una jarra* pour une 50 cl). Le panaché se dit *una clara.* La bière populaire par excellence restant, sans aucun doute, l'*Estrella Damm*. Fondée en 1876 par un maître brasseur d'origine alsacienne, cette bière est ancrée dans la culture hispano-catalane.

– ***Le vin :*** le berceau de la viticulture catalane se trouve à quelques kilomètres de Barcelone, dans la région du Penedès. Aux cépages traditionnels, *garnatxa* (grenache), *carinyena* (carignan), *ull de llebre* (tempranillo), entre autres, pour les vins rouges, *macabeu* (malvoisie), *xarello, parellada* pour les blancs, se mêlent désormais des cépages européens : cabernet-sauvignon, riesling, chardonnay, gewurztraminer. Il en résulte une grande variété de crus. De manière générale, privilégiez l'appellation DO *(denominación de origen)* : si elle figure sur l'étiquette de votre bouteille, c'est un gage de qualité. Une dizaine de crus catalans en bénéficient, la région du Penedès produisant à elle seule 2 millions d'hectolitres par an. On trouve également des vins rouges à la belle robe sombre et au goût puissant, produits dans le Priorat, au-dessus de Tarragone, qui titrent jusqu'à 16° ! À ne pas négliger non plus, la DO Costers del Segre, à base de : *garnatxa* (grenache), cabernet, merlot, *monastrell* (mourvèdre)... au nord de Lleida (Lérida) ; ni la DO Empordà, au nord de la Catalogne, produisant des rouges, des blancs et des vins doux.
Plus au sud, du côté de Valence, la production s'est sensiblement améliorée. On trouve aussi bien des vins rouges ou blancs que des vins doux. Mentionnons les 3 appellations d'origine : alicante, utiel-requena et valència. Sans oublier les vins produits à Beniarrés (au nord d'Alicante) et ceux de Castellón, qui portent l'indication géographique protégée *Vino de la tierra de Castelló*. La région d'Alicante produit des vins francs, très fruités, moyennement structurés mais très tanniques. Citons également le *fondillón,* un vin liquoreux à l'ancienne, assez fort en alcool, que l'on boit au dessert. Dans la région d'Utiel-Requena, vous trouverez des rosés frais et équilibrés, et des rouges joliment structurés.

– ***Le vermut de grifo :*** littéralement, « vermouth au robinet », du fait qu'à l'origine, il était tiré directement au tonneau. Le vermouth est un vin neutre « allongé » d'eau-de-vie dans lequel on a fait macérer quantité d'herbes dont de l'absinthe (sans absinthe, pas d'appellation vermouth possible). C'est d'ailleurs de l'allemand *wermut,* qui signifie absinthe, qu'il tire son nom. Normal : le vermouth a été inventé par des moines bavarois avant d'apparaître dans le Piémont puis à Chambéry. Ce n'est nullement un vin cuit comme on le pense souvent. En catalan, prendre l'apéro se dit « *fer el vermut* ». Mais attention, c'est à consommer avec beaucoup de tapas, car ça monte très vite à la tête ! Voir à Reus, le musée qui lui est consacré.

LA PANACÉE ?

On savait l'absinthe (consommée avec modération) efficace comme vermifuge et contre le mal de mer. Ce que l'on sait moins, en revanche, c'est que cette plante a été retenue comme candidate potentielle pour produire un médicament contre le SARS-CoV-2, autrement dit contre le Covid. De là à remettre une tournée d'apéro...

– ***Le cava :*** ce crémant catalan s'appelle ainsi depuis 1972, quand l'appellation champagne a été rigoureusement réservée à la région... champenoise française. C'est donc un vin blanc pétillant, élaboré à partir de cépages traditionnels espagnols et de chardonnay, ou éventuellement rosé (dans l'air du temps...) si on y ajoute, par exemple, des grains de grenache. Il fermente une 2de fois après la mise en bouteille, pendant 9 mois minimum. Il a un côté plus fruité et plus vert que notre champagne national. Les marques les plus connues sont *Codorníu* et *Freixenet* (voir « Dans les environs de Barcelone. *Sant Sadurní d'Anoia* »). Cependant, nombre d'amateurs estiment que le meilleur *cava,* à base de chardonnay, le *Raimat,* est produit dans le village éponyme, situé à 17 km au nord-ouest de Lérida. Pour varier les plaisirs, le *cava* peut

CAVA OÙ ? ÇA VA PAS !

Miró avait dessiné l'étiquette d'une célèbre marque de cava, qui ne put être commercialisée, car le peintre avait utilisé le mot « champagne », appellation déposée et jalousement protégée par les Français. Non, mais !

remplacer vin rouge et limonade dans une sangria blanche plus légère et fruitée que sa cousine écarlate. Il est aussi à la base de la fameuse ***agua de Valencia,*** un cocktail le combinant avec une larme de vodka, de gin et du jus d'orange, fruit emblématique de la région. Il a été élaboré pour la 1re fois en 1959 au *Café Madrid* de Valence.
– Dans les zones de montagne, les ***ratafias*** (alcools artisanaux) trouvent toujours leurs adeptes. Les parfums sont aussi divers et variés que les zones de production : nature, noix, herbes, café...
– Enfin, ne passez pas à côté du ***moscatell*** (sorte de vin doux), qui se consomme exclusivement en fin de repas ou avec certains desserts, comme le *mel i mató* (voir plus loin la rubrique « Cuisine »). Le *moscatell* Mistela est le vin doux le plus connu de Valence. À ne pas confondre avec son cousin portugais, le *moscatel,* provenant de la région de Setúbal.

CASTELLERS

Il existe une tradition toute catalane : les *castellers,* ou ***châteaux humains.*** Cette coutume remonterait aux croyances solaires... Cherchait-on à décrocher le Soleil, comme on voudrait parfois décrocher la Lune ? Elle se pratique en équipe *(colla),* il en existe aujourd'hui une soixantaine, dont la légendaire *colla Vella* (● collavella.cat ●), qui a plus d'un siècle d'existence. On a retrouvé à Tarragone des documents du XVIIIe s qui l'évoquent!

Les règles du jeu sont simples : monter le plus haut possible et redescendre sans aucune chute.

– ***Un peu de technique :*** d'abord, il faut élaborer une *pinya,* une mêlée ultracompacte, la plus stable possible ; parfois constituée de 100 à 150 personnes. Sur cette base s'élève le château, formé d'un tronc (le squelette de la structure) sur lequel s'érige l'*agulla,* puis la cime *(pom de dalt),* toujours composée de 3 étages. Toute la subtilité consiste à monter en même temps pour conserver l'équilibre de la structure, jusqu'à atteindre la taille voulue. Ce pinacle, où s'élève seul le plus jeune de tous, généralement un enfant, fille ou garçon de 5-8 ans, a pour nom *enxaneta*.

Il existe différentes techniques et stratégies plus ou moins complexes pour édifier un château (avec un barème de points complexe). Une fois la construction établie, il faut redescendre, et c'est là que ça se corse, les enfants glissent d'épaule en épaule en prenant grand soin de ne pas déséquilibrer l'ensemble. C'est le moment le plus périlleux ! Les pyramides qui s'écroulent ne sont pas rares. En bas, les parents s'inquiètent pour leur progéniture, mais bien souvent, ils sont eux aussi passés par là au moment de l'enfance. Rassurez-vous, bien que ce soit une faible protection, les enfants du sommet portent des casques depuis 2005.

Les plus importantes, qui raflent souvent toutes les distinctions dans les concours, sont la *Colla Vella* Xiquets et la *Colla Joves* Xiquets, toutes deux de Valls. Parfois, le 2e dimanche de juin, des *castellers* se forment à Barcelone, comme sur la plaça Sant Jaume, plaça de Catalunya, ou dans les fêtes de quartier (● castellersdebarcelona.cat ●). Autres lieux pour y assister : Reus, pendant la *festa de Sant Pere* (en juin), et à Tarragone entre juin et septembre. Sinon, à travers la région lors des *festes majors* (fêtes locales).

BABEL À BARCELONE

À croire que l'architecture est ancrée au sein de l'âme catalane. Les castellers (châteaux humains) sont une tradition qui consiste à bâtir une pyramide humaine la plus haute possible. Les plus audacieuses atteignent 9 étages ! Cela demande équilibre, sens de la solidarité et mollets d'acier. C'est aussi une construction sociale, où les plus forts garantissent une bonne stabilité de la base, pendant que la jeunesse, confiante dans la robustesse de ses aînés, part à l'assaut du sommet... Une Babel idéale et sans discorde !

CUISINE

La cuina catalana

De l'huile d'olive et de l'ail, du soleil, de la patience et du savoir-faire : voilà les principaux ingrédients de la cuisine catalane ! Si cette *cuina* (du catalan « cuisine ») possède des racines phéniciennes, grecques et romaines, l'un des tout 1ers livres de cuisine a été écrit au XVe s, en catalan, par Rupert de Nola, cuisinier du roi *Alfons el Magnànim*.

> **UNE AUBERGE ESPAGNOLE**
>
> *Autrefois, dans les auberges du pays, il n'était pas rare que la nourriture manque ou soit de piètre qualité. Il était ainsi préférable de venir avec ses propres victuailles. Aujourd'hui, l'expression désigne un lieu où l'on trouve... ce que l'on apporte – et, par extension, un lieu où l'on trouve un peu de tout.*

Sur la Costa Brava, l'un des hauts lieux de la gastronomie demeure la région de l'*Empordà*, blottie entre montagnes, plaines agricoles, fleuves et mer. On y trouve une cuisine métissée et savoureuse, mariant la terre et la mer, le sucré et le salé, le miel, la cannelle, les amandes, les pignons et les fruits secs. La charcuterie *(embotits)* est soit crue soit cuite, jambon cru, *fuet* (une saucisse sèche) ou ces *boutifarres (botifarra),* saucisses préparées avec intestin et viande de porc saupoudrés d'épices. On en compte une dizaine de variétés (au sang, au riz, aux champignons...). La *botifarra dolça de l'Empordà,* remontant au Moyen Âge, est sucrée et parfumée de zestes de citron et de cannelle. En pénétrant dans les terres, on rencontre sur les tables des *llonganisses* (saucisses) et autres plats nourrissants, surtout au petit déj, proposant salaisons, fromages, tomates et ail à frotter sur le pain grillé ! La variété des charcuteries de l'arrière-pays est époustouflante : chaque vallée possède ses spécialités et son savoir-faire. Entre autres, l'excellent *xolís* (saucisse sèche) du Pallars. Les Catalans sont également très friands d'escargots et de champignons, qui poussent en abondance dans la région.

Dans le delta de l'Èbre, en plus du riz local, les produits de la mer sont à l'honneur avec les anguilles, les grenouilles, les langoustines, les civelles et les canards, sans oublier les huîtres et les moules élevées en parcs.

Enfin, dans la région de la Garrotxa, terre de volcans, et plus particulièrement à Olot, tentez la *cuina volcànica* (cuisine volcanique) avec les produits du terroir : maïs, haricots, blé noir, pomme de terre, navet, oignon, truffe, escargot et châtaigne *(● cuinavolcanica.cat ●).*

Bref, ne vous évertuez pas à commander de la *paella valenciana* en Catalogne (descendez un peu sur la côte...) ni un gaspacho andalou (et encore moins du flamenco !), qui ont autant de liens avec la Catalogne qu'une arrière-grand-mère avec le trampoline !

Spécialités catalanes

Plats

– ***Pa amb tomàquet :*** tranches de pain frottées d'ail et de tomate, arrosées d'huile d'olive et salées, servies dans presque tous les restos, parfois pour remplacer le pain ou en guise d'accompagnement. Simple et savoureux.

> **RAGOÛT DE BÊTE VIVANTE**
>
> *À la Saint-Estève, pour faciliter la saillie, les bergers des Pyrénées catalanes ont l'habitude de couper la queue des jeunes moutons. On en fait alors un ragoût appelé carn de bèstia viva !*

– ***Escalivada :*** assortiment d'aubergines, d'oignons, de tomates et de poivrons rôtis (du verbe catalan *escalivar,* « rôtir dans les braises ») au four, servi tiède ou froid en entrée ou en accompagnement.
– ***Romesco*** (*romescu* en catalan) **:** une sauce typique de Tarragone, faite de tomates, de pain frit et d'amandes grillées, parfumée à l'ail et aux piments rouges (les *nyoras*), au vinaigre, aux herbes et aux épices. Certains la considèrent même comme un vrai plat.
– ***Calçotada :*** une véritable institution catalane ! En hiver et jusqu'au début du printemps, à la saison des oignons nouveaux, tous les restos la mettent au menu. Les *calçots,* les oignons nouveaux, sont grillés au feu de sarments, « décalottés » de leur peau 1re et dégustés religieusement, trempés dans la fameuse sauce *romesco.* Délicieux ! Ensuite apparaissent *botifarra* et *llonganissa* (saucisses), haricots secs et côtes d'agneau grillées. Le tout est arrosé du fameux vin du *priorat.* Pour terminer ces agapes, crème catalane avec l'incontournable *cava,* puis café, cognac et... *puro* (cigare). De nos jours, la *calçotada* se sert toute l'année, les *calçots* (oignons) étant congelés au moment de la récolte.
– ***Conill amb cargols :*** lapin cuit dans une sauce très parfumée à base de tomate, oignon, ail et herbes, avec des escargots.
– ***Esqueixada de bacallà :*** délicieuse salade à base de morue dessalée, accompagnée de tomates, d'oignons...
– ***Botifarra amb fesols :*** saucisse catalane accompagnée de haricots blancs, souvent au menu dans les Pyrénées et servie avec l'*allioli*.
– ***Sarsuela :*** un plat qui remonte à la fin du XIXe s, à base de poissons à chair ferme, revenus à l'huile d'olive, puis mitonnés avec tomates concassées, ail, oignons, cannelle, jerez, laurier et paprika. À la fin, on flambe au rhum ou au brandy et on ajoute langoustines, calamars, moules et petites palourdes.
– ***Suquet de peix :*** bouillabaisse locale à base exclusivement de poissons de roche.
– ***Fideuà :*** un plat semblable à la paella, avec crevettes, langoustines et poulet, poivrons et tomates, mais les pâtes (une sorte de vermicelles) y remplacent le riz. C'est également une spécialité de Valence.
– ***Mar i muntanya :*** figure du renouveau catalan, une cuisine moderne mariant la terre et la mer. Toutes les combinaisons sont possibles, tel l'assemblage poulet-langoustines...
– ***Graellada de peix i marisc (parrillada de mariscos) :*** assortiment de poissons et crustacés simplement grillés *(a la plancha)* et arrosés d'huile d'olive. On en trouve tout au long des côtes espagnoles, mais ce n'est souvent pas donné.
– ***Escudella i carn d'olla :*** le pot-au-feu local. Des viandes, des saucisses et des légumes cuits ensemble dans une marmite. Le bouillon est consommé en entrée, accompagné de pâtes. Pour Noël, il est accompagné d'une dinde farcie aux prunes, pommes, abricots, pignons et saucisse !
– ***Peus de porc estofat :*** pieds de porc à l'étouffée, purée d'oignons, tomates, ail, vin et *picada* (voir plus loin). On trouve souvent des pieds de porc dans les Pyrénées, parfois même en carpaccio !
– ***Arròs negre :*** riz à la seiche, cuisiné avec l'encre de la bestiole (d'où le goût et la couleur noire).
– ***Faves ofegades :*** plat de fèves tendres aux lardons et à la *botifarra* noire et blanche, petits pois frais et menthe.
– ***Bacallà a la llauna :*** morue *(bacallà)* cuite sur une plaque *(llauna)* et arrosée de sauce à l'ail, au piment et aux tomates, accompagnée de poivrons grillés.
– ***Bacallà amb panses i pinyons :*** morue farinée aux raisins, pignons, sauce tomate et œuf mollet.
– ***Mariscada :*** plateau de fruits de mer, où les langoustines et crevettes (et homard s'il y en a) sont passées à la poêle, avec de l'huile d'olive et de l'ail.
– ***Daurada a la sal :*** daurade en croûte de sel.

– ***Niu :*** morue séchée, entrailles de morue, œufs durs et pommes de terre, souvent agrémentés de saucisses, voire de gibier à plumes (pour les courageux seulement !).
– ***Picada :*** sauce préparée avec des amandes, de l'ail, des pignons, des noix, des noisettes, du pain et du persil, le tout pilé dans un mortier avec de l'huile.
– ***Sofregit*** (***sofrito*** en castillan) ***:*** sauce à base de tomates et oignons hachés menu et frits dans l'huile d'olive.
– ***Samfaina :*** ratatouille catalane.
– ***Espinacs a la catalana :*** une recette simple, d'origine médiévale, avec des épinards cuits dans l'eau salée, agrémentés de raisins secs, de pignons, d'ail et parfois de jambon. Très appréciée.
– ***Tiró amb naps :*** canard aux navets.
– ***Coca :*** sorte de pizza espagnole aussi bonne salée (*la coca de recapte,* composée d'un lit d'oignons, d'aubergines, de piments rouges pelés, d'anchois ou de sardines...) que sucrée (comme la traditionnelle *coca de Sant Joan,* dessert populaire hivernal, garnie de chantilly, crème pâtissière, pignons ou fruits confits).
– ***Cassola de tros :*** civet de porc confit, de lapin, d'escargots, accompagnés de pommes de terre, d'épinards, de poivrons grillés... hmm !
– ***Allioli :*** ici, on le prépare avec de l'huile d'olive et de l'ail, et sans jaune d'œuf.
– ***Xató :*** plat originaire de Sitges, mais repris à leur manière par d'autres villes. Salade accompagnée de morue, de thon et d'olives, le *xató* est servi avec la sauce *romesco.* Il fait l'objet d'une fête populaire, la *Xatonada*, célébrée à Sitges bien sûr, pendant le festival en février. Démonstration à l'appui des spécialistes en la matière, les *xatoneros* !
– ***Òlha aranesa :*** emblème du val d'Aran, cette soupe épaisse mêle viandes de veau et de porc, boudin noir, carottes, chou, pois chiches, quelques vermicelles, voire du poulet.

Desserts

– ***Crema catalana :*** notre crème brûlée nationale s'est inspirée de la catalane ! Précisons que la recette originale, est parfumée à l'anis, à la cannelle ou à la vanille.
– ***Mel i mató :*** fromage blanc de brebis, qui a la texture de la ricotta italienne, servi arrosé de miel.
– ***Bunyols :*** beignets fourrés, ou non. Dégustés durant le carnaval.
– ***Panellets :*** une des friandises emblématiques de la région, à base de massepain, panés avec des pignons et de différentes saveurs : rose, sirop de groseille, vanille, café, chocolat... Surtout préparés en automne, à la Toussaint *(Tots Sants).*
– ***Pastisset :*** gâteau moelleux à l'anis.
– ***Menjar blanc :*** à base d'amandes et de cannelle.
– ***Xuixo :*** spécialité de Gérone, cette viennoiserie est fourrée à la crème pâtissière et enrobée de sucre...
– Et encore les ***braços de gitanos,*** les ***becs d'Arbeca*** et les ***cremes cremades*** des grands-mères de l'arrière-pays et des montagnes.

CARAMÉLISER N'EST PAS BRÛLER !

La crema catalana est LE dessert catalan par excellence ! Pas question de la confondre avec la crème brûlée, que les puristes considèrent comme une grossière contrefaçon. Tout le secret résiderait dans le fer à caraméliser... tellement plus adapté, dit-on ici, que le chalumeau qui risque de calciner la croûte de sucre. Le fer chaud, manuel ou électrique, est juste positionné au ras du ramequin et... hop, voilà !

La cuisine valencienne

Introduit dans la région par les Arabes au XIIe s, le ***riz*** est au cœur de la cuisine valencienne. La région de Valence produit 30 % du riz espagnol. On en cultive

3 sortes : le *bahía*, le *senia* et le *bomba*. Comment s'étonner alors que la paella soit née ici ? Mais on trouve quantité d'autres plats à base de riz, les fameux *arroces* (*arroz* au singulier – *arròs* en valencien) : secs, moelleux, au court-bouillon, au four, etc. Grande plaine maraîchère, Valence produit également un nombre considérable de légumes exportés dans toute l'Europe et incorporés dans une tripotée de potées, pot-au-feu et ragoûts *(ollas, olletas, putxeros)*, et dans les *empanadas*, *cocas* et *minxos* (tourtes, tartes et chaussons), notamment à Alicante.
Bien sûr, la côte offre un bon éventail de poissons et de fruits de mer que l'on retrouve à toutes les sauces (et même sans !).
Il existe également une tradition de salaisons et de produits conservés dans la saumure tels que la *tonyina de sorra* (ventrèche de thon), les *mojamas* (thon salé puis séché), les *botiffares* (boudins noirs) ou encore les *blanquets* (boudins blancs).

La paella

Née au XIXe s dans la région d'***Albufera***, lagune près de Valence, la paella est toujours cuisinée en plein air et au feu de bois par les hommes (les paysans), qui prenaient une matinée pour la préparer. C'est un fond de riz cuit dans l'huile en même temps que les autres ingrédients : poulet, langoustines, haricots verts et haricots blancs, ail et safran, entre autres. C'est bien sûr le safran qui donne à la paella sa couleur jaune. Les pêcheurs d'Albufera ajoutent également au riz les produits locaux : anguille, lapin, artichauts des huertas, etc. On y introduit enfin les escargots de montagne, à coquille blanche rayée de noir (*xoneta* ou *vaqueta*, assez chers).
On dit qu'une vraie *paella valenciana* doit contenir des *ferraduras* (haricots verts longs et fins), du *garrofó* (gros haricot onctueux), et que l'eau saumâtre d'Albufera lui donne ce goût inimitable... Aujourd'hui, on compte quasiment autant de sortes de paellas que de villages !
À l'occasion de fêtes familiales ou villageoises, on la cuisine toujours en plein air dans une grande poêle *(paella)* posée sur un trépied, sous lequel on dispose des sarments de vigne. Quand le feu prend consistance, le riz s'ouvre à la cuisson, s'imprégnant des saveurs des aliments et produisant le délicieux *socarrat*, croûte brune et croustillante, qui se forme autour du plat. Dans la plus pure tradition, chacun se place autour du trépied et pioche dans la poêle avec une cuillère de buis tout en se rinçant le gosier à grandes lampées de vin sortie du *barral*, une gourde en verre.
Au resto, on trouve le plus souvent la *paella de mariscos*, au poisson et aux fruits de mer, et la *paella valenciana*, au poulet ou au lapin. Évitez la *paella mixta*, aux fruits de mer et à la viande : les Valenciens, eux, ne mélangent jamais les 2. Attention, quand elle est peu chère et rapidement servie, c'est en fait un « riz accommodé » *(arroz)*. La vraie paella nécessite jusqu'à 2 bonnes heures de préparation !

Autres spécialités valenciennes

– ***Arroces (riz) :*** on les trouve *al horno* (riz safrané cuit au four, avec porc, *morcilla* – boudin –, lard, tomates, pommes de terre, ail et pois chiches), *a banda* (riz et petits poissons cuisinés à part, d'où le nom), sans oublier le fameux *arròs amb fesols i naps* (haricots blancs et navets), l'*arròs amb costra* (en croûte) et ceux aux fruits de mer (voir plus loin).
– ***Fideuà :*** (voir plus haut). Plusieurs versions valenciennes : marinière avec des vermicelles fins, aux palourdes avec de plus gros vermicelles, ou encore noircis à l'encre (seiches ou calamars).
– ***Bullit :*** sorte de pot-au-feu au moins aussi traditionnel que la paella, composé de blettes, haricots, oignons et pommes de terre.
– ***Caldero :*** un ragoût de mer typique de l'île de Tabarca ! C'est un plat de riz cuit à partir d'un bouillon de poisson très complet (mulet, lotte, cardine...).

– ***Ollas et olletas :*** soupes assez rustiques. La région de Castellón en est riche. Il y a l'*olla de recapte,* typique de Morella, avec des légumes verts et secs, viandes, bœuf séché ; l'*olla de cardets* avec cardons, bettes et haricots blancs ; l'*olla barrejada* avec de la viande d'agneau, lard et pois chiches ; ou encore l'*olla de la Plana* (courge, haricots et navets) et l'*olla churra* (cardons, bettes, haricots, agneau et porc). À Valence et Alicante, on se régale de l'*olleta,* un pot-au-feu très raffiné et parfumé par les différentes charcuteries incorporées.
Le pot-au-feu est un plat associé aux fêtes, comme celle de Noël, qui obéit à tout un rituel. Le 1er jour, on boit la soupe et on mange la viande, les boulettes et la charcuterie ; le 2e jour, c'est au tour du bouillon et du riz ; enfin, le dernier jour, on se tape la *ropa vieja* (soit le « vieux linge »), c'est-à-dire les restes de viande passés à la poêle avec tomates et oignons. De quoi retrouver la foi si on l'avait perdue !
– ***Poissons et fruits de mer :*** les poissons sont souvent préparés très simplement, au four, braisés ou frits. Le *suquet de peix* est une sorte de bouillabaisse locale qui se concocte avec le menu fretin des petits poissons *(la morralla).* Il existe aussi de bonnes terrines de poisson *(cassoles).* Et puis il y a bien sûr l'*arroz de mariscos,* le riz aux fruits de mer et crustacés, et l'*arroz negro,* une variété de paella noire à base de calamars cuits dans leur encre. Et n'oublions pas toutes les tapas à base de fruits de mer...
– ***All i pebre :*** sauce à base d'ail, de poivre, d'huile, plus des pommes de terre, le tout mijoté avec un poisson, un fruit de mer unique ou, le plus souvent, dans un ragoût d'anguilles de l'Albufera.
– ***Fruits :*** les huertas (potagers) de la région produisent énormément de fruits, dont l'emblématique *naranja* (orange), réputée dans tout le pays. L'immense palmeraie d'Elche, classée au Patrimoine mondial de l'Unesco, produit d'excellentes dattes.
– ***Desserts et douceurs :*** grâce à la qualité des amandes et du miel produits localement, le *turrón* de Xixona (ou Jijona) connaît un grand succès (surtout à Noël). Tout comme les pâtisseries (souvent d'origine arabe) à base de sucre, amandes, pignons, raisins secs, cannelle, anis, etc. Citons notamment l'*arnadí,* composé de patate douce ou de citrouille, les *rollitos de anis* (chaussons à l'anis), les *empanadillas de boniato* (chaussons à la patate douce) ou encore les *rotllets* (gâteaux secs en forme d'anneau), également à l'anis.
Certains sont étroitement associés à des fêtes, comme les *buñuelos,* les beignets de la fête des *Fallas* (lire le chapitre consacré à Valence) ou les *pastís de glòria,* gâteaux du samedi de la Semaine sainte. Citons pour finir les glaces et crèmes glacées de la *Marina Baixa* (Jijona et Ibi), ainsi que les sorbets granités et le chocolat de *La Vila Joiosa*.

Autres spécialités culinaires nationales

– ***Tortilla :*** omelette servie froide ou chaude, le plus souvent avec pommes de terre *(patatas),* voire aux fines herbes, aux queues d'écrevisses (rare), au chorizo, ou encore aux oignons, tomates, lardons, petits pois, etc.
– ***Cocido :*** sorte de pot-au-feu avec autant de variantes que de régions, servi en plat de résistance.
– Côté douceurs, les ***churros*** (chichis), les ***porras*** (gros *churros*) et les ***buñuelos*** (***bunyols*** en catalan, beignets) sont probablement les meilleures pâtisseries de la péninsule. Trempés (sans honte) à l'heure du goûter dans le traditionnel chocolat chaud bien épais, c'est le petit Jésus en culotte de velours ! Autres délices, le plus souvent à base de lait et d'œufs : la ***leche frita,*** sorte de béchamel sucrée et épaisse d'origine andalouse, refroidie puis coupée en gros carrés frits dans l'huile et ensuite saupoudrés de sucre ; le ***tocino de cielo*** (gâteau aux cheveux d'ange) ; les ***natillas,*** crème anglaise épaisse et parfumée à la cannelle ou au citron ; l'***arroz con leche*** (riz au lait) ; les ***torrijas,*** l'équivalent de notre pain perdu...

Les tapas

En Catalogne et en pays valencien, comme dans toute l'Espagne, tous les bars populaires proposent des tapas mais ne l'affichent pas forcément. Parmi les nombreuses spécialités, voici les plus courantes : le *pa amb tomàquet* (pain frotté à la tomate) est basique mais il peut s'accompagner d'*escalivades* (assortiment d'aubergines, oignons, tomates et poivrons rôtis), de *pebrots* (poivrons, ou *pimientos* en castillan), d'*anxoves* (anchois ou *boquerones*). On trouve aussi des olives, des portions de *bacallà* (morue ou *bacalao*), des parts de tortilla, des *buñuelos* (beignets aux légumes, au fromage, à la saucisse...), des *amanides* (salades ou *ensaladas*) aux riz, poivrons, fruits de mer *(mariscades)*, etc.

UNE BOUCHÉE DE TAPAS

D'où vient la tradition des tapas ? La querelle fait rage. Certains affirment que, pour lutter contre l'alcoolisme, un roi, dont on a oublié le nom, aurait obligé les débits de boissons à poser une soucoupe avec un en-cas sur le verre de vin. D'autres soutiennent que les tapas auraient été créées pour éviter que les mouches ne tombent dans le verre. Et comme ça faisait tristounet, une soucoupe vide, on ajouta une olive ! Dans un cas comme dans l'autre, tapar signifie « boucher ».

La simple salade de tomates et petits morceaux de fromage, arrosée d'huile d'olive, est délicieuse. Sans oublier les assortiments de charcuteries ou de fromages. On peut, selon son appétit ou tout simplement pour goûter à plusieurs spécialités, commander *una tapa* (toute petite portion), *una mitja ració* (demi-assiette ou *media ración*) ou *una ració* (assiette entière ou *ración*). Autrefois, les tapas étaient incluses dans le prix de la boisson. Aujourd'hui, elles sont facturées à part, à l'exception des olives, chips et cacahuètes souvent servies gracieusement avec la bière.

Le soir, quel que soit le jour, les bars sont bondés. Les Espagnols ont l'habitude d'« aller de tapas en tapas » *(ir de tapas ou de « tapeo »)* entre potes. Ils se donnent tous rendez-vous dans leur bar favori et parcourent les *mesones* au gré de leurs envies et des spécialités... Ici *morcillas,* là *tortillas.* On mange debout en s'essuyant le coin du bec avec les serviettes en papier cigarette ; c'est souvent moins formel qu'un resto où l'on doit s'asseoir, attendre les plats, faire risette au serveur et se faire servir du vin. Pour les néophytes, il ne faut pas craindre d'insister auprès des serveurs : ils sont souvent débordés, et il leur arrive d'oublier carrément la commande.

Les charcuteries ibériques

L'Espagne est célèbre pour ses jambons depuis la plus haute Antiquité. Si le *Serrano* est un bon jambon de montagne à l'ancienne, on est loin du trésor gastronomique qu'est le ***jambon ibérique.*** Le porc ibérique est une race rustique, proche du sanglier, élevé en (relative) liberté dans le Sud-Ouest espagnol, dans la *dehesa.* Loin donc de Barcelone et de la Catalogne. Pourtant, pas un resto, pas un bar à tapas digne de ce nom n'omettrait ce pur délice sur sa carte. Le porc ibérique se nourrissant de glands et d'herbes sauvages, sa chair et sa graisse ont un parfum et un fondant exceptionnels. Après 2 à 3 ans de longue maturation, le jambon est prêt à être dégusté, à température ambiante, coupé à la main, en tranches fines, en le laissant fondre dans la bouche afin de bien s'imprégner des saveurs. Il n'a pas d'équivalent, et certains le considèrent, à juste titre (et on approuve !), comme le meilleur jambon du monde... Bien sûr, il est cher.

Il est appelé aussi *pata negra* (allusion à la race de porc) ou *jabugo* (du nom d'un des villages producteurs). Sa qualité est certifiée par le label *Real Ibérico* ; le terme *bellota,* voire *bellota-bellota,* désigne le top du top de l'ibérique... On le reconnaît

à la bague noire qui entoure depuis 2014 chaque jambon de ce type. Menacé un temps de disparition face à l'essor des races plus productives, ce cochon a retrouvé sa place sur les tables espagnoles et représente aujourd'hui plus de 5 % du cheptel.
Le porc ibérique ne produit pas seulement d'excellents jambons. On trouve également du *lomo* (filet mignon de porc fumé), du chorizo et toutes sortes de saucisses et saucissons... Là aussi, la différence est nette.

Les *embotits* catalans

Même si nous avons déjà évoqué la présence des *embotits* dans la *cuina catalana,* il convenait d'approfondir ce point, inséparable de la patrie de Gaudí. Si des références sont faites dans les textes de l'époque romaine à la consommation d'*embotits* sur les terres catalanes, ce n'est véritablement qu'au moment de la Révolution industrielle que se généralisent la vente et la consommation de ce mets. L'*embotit* catalan se compose (âmes sensibles s'abstenir) d'un emboutissage des boyaux du porc par un ou des éléments variables de ce même animal : le foie, la langue, le sang (miam-miam !) mais aussi, ce qui est moins fréquent, des œufs, de la farine ou encore des olives. L'ajout de poivre et/ou du sel dans le morceau de viande fait l'unicité des *embotits* de ces terres. Il existe évidemment des dizaines de variantes selon les producteurs et les territoires...
Cette spécialité se divise en 2 groupes ; l'un où la portion est emboutie telle quelle, sans être modifiée, comme le *llom* (longe), l'autre lorsque la viande est hachée et marinée. Ce 2[d] groupe se divise lui-même en 3 sous-catégories :
- *Embotits* crus : cuisinés préalablement. Cela concerne la *botifarra* rouge, la *salsitxa* rouge ou blanche, la merguez, l'andouillette, le bratwurtz... (les 3 derniers sont là pour indiquer un équivalent, tout n'est pas catalan, bien sûr).
- *Embotits curats* : asséchés et dégustés tels quels. Concerne le *fuet,* la *llonganissa,* le *xolís* ou la *txistorra.*
- *Embotits* cuits préalablement : se divisent en 2 sous-catégories : les *embotits* contenant du sang où l'on retrouve les *botifarrons* et *botifares negres* et ceux qui n'en contiennent pas comme les *botifarres* et *botifarrons blancs.*

Notez que la seule différence dans toutes ces variétés réside en fait dans la taille et/ou l'origine du produit.
Ajoutons que les *embotits negres* se distinguent par l'ajout d'oignon, de riz et même de pain, ce qui les dispense de la tradition du sel et du poivre comme unique condiment. Les *embotits* dits blancs sont plus raffinés et malgré l'exception de la *botifarra d'où* (la fameuse saucisse d'œuf – coucou nos amis végés !), ils ne contiennent que la viande, le sel et le poivre.
Enfin, le jambon, qu'il soit de pays *(salat)* ou blanc *(dolç),* entre dans cette catégorie même s'il devait être considéré comme de la charcuterie car non embouti dans un boyau.
N.-B. : il n'existe néanmoins que 2 IGP (Indication géographique protégée) qui valorisent les *embotits* des pays catalans : la *llonganissa* de Vic, et l'*embotit* de Requena, dans le *País Valencià.*
Fin de la leçon ! Vous n'êtes pas à l'abri d'une interro, écrite mais goûteuse.

ÉCONOMIE

La Catalogne fait preuve d'un dynamisme envié dans la péninsule. Ne dit-on pas qu'à force de travail, les Catalans sont capables de transformer des cailloux en pains ? Au point qu'on les juge parfois un peu trop durs à la tâche et âpres au gain... Reste que, comme toute l'Espagne, la Catalogne a subi de plein fouet la crise sociale et économique de la fin des années 2000. Son taux de chômage avait atteint 23,8 % fin 2012, avant de commencer à refluer franchement après la fin de la pandémie de Covid 19 (8,4 % mi-2023). Par ailleurs, la crise institutionnelle qu'elle traverse depuis le début des années 2010 a compliqué les choses. Au plus fort de la pandémie, Madrid avait persisté à refuser à la Catalogne le droit de creuser son déficit budgétaire : une mesure que certains observateurs n'avaient pas hésité à qualifier de « punitive »...

Le contexte espagnol

L'Espagne compte aujourd'hui parmi les 1ers producteurs mondiaux d'automobiles (avec 10 % de la population active dans ce seul secteur !). C'est un grand exportateur d'acier, de produits chimiques, de vêtements, le 1er producteur mondial d'huile d'olive, et elle est à la tête de la 1re flotte de pêche de l'UE, sans oublier le tourisme qui (hors période de pandémie mondiale !) contribue avec 58 millions de visiteurs par an pour environ 10 % de son PIB !

Après le boom de l'économie du début des années 2000, l'Espagne a été plongée dans la crise dès 2008, frappée de plein fouet par l'éclatement d'une bulle immobilière, ce qui a pour effet de pousser le gouvernement à imposer à ses concitoyens une cure d'austérité drastique. En 2011, elle a été le 1er pays de l'UE à inscrire dans sa Constitution la « règle d'or » de stabilité budgétaire exigée par l'Union européenne. Résultat : retour de la croissance mais avec un taux de chômage en hausse, surtout chez les jeunes.

La reprise s'est arrêtée net avec ***la crise de la Covid.*** Après 2 années noires, marquées par un recul de presque 11 % du PIB pour l'année 2020, l'Espagne a lancé un plan de relance ambitieux à l'automne 2021, avec notamment 248 milliards d'euros consacrés à la « dépense sociale ». Au printemps 2023, le pays est classé au 14e rang des puissances économiques mondiales, avec un PIB en hausse de 2,4 à 3 % prévu en 2024 par rapport à l'année précédente.

Le moteur catalan

Sous l'impulsion de capitaines d'industrie plus européens qu'espagnols, la Catalogne forme depuis 20 ans avec les anciennes régions Languedoc-Roussillon et Midi-Pyrénées l'***Eurorégion Pyrénées-Méditerranée***. Elle a par ailleurs constitué avec la Lombardie, la région Auvergne-Rhône-Alpes et le land du Bade-Wurtemberg, le club des « Quatre moteurs pour l'Europe ».

Grâce à sa situation géographique, à ses infrastructures et à ses partenariats intra-européens, la Catalogne est une véritable plaque tournante pour l'économie espagnole. La France est son 1er partenaire commercial (après l'Espagne, bien sûr). Les liens à la France se révèlent aussi par le raccordement récent de Barcelone au réseau ferré européen à grande vitesse.

Récemment, la Catalogne s'en est mieux tirée que le reste de l'Espagne. Même lors des années de récession ou de crise sanitaire, le PIB s'est moins affaissé ici que dans le reste de la péninsule. Et le chômage y a été aussi moins élevé.

Réalisant en moyenne près de 20 % du PIB national, la Catalogne a longtemps talonné Madrid dans la course à la 1re région économique d'Espagne. La crise de la Covid l'a lourdement impactée (davantage que d'autres « concurrentes » moins

ROYALES BANQUEROUTES

Au XVIe s, grâce à l'afflux d'or et d'argent des colonies du Nouveau Monde, l'Espagne est le pays le plus riche du monde. Mais Philippe II, fils de Charles Quint, dépense sans compter : construction de palais et, surtout, guerres sans fin contre les Ottomans, les Français, les Flamands... Son « Invincible Armada », bâtie à grands frais, coule à pic, et de nombreux navires transportant les trésors sud-américains sont interceptés par pirates et corsaires. Et par 3 fois, malgré ses revenus insensés, le roi ne peut payer ses dettes et le pays connaît la banqueroute...

dépendantes du tourisme), mais les prévisions économiques sont optimistes : la Catalogne va retrouver, d'ici 2024, avec un PIB en hausse de 2,4 à 3 %, sa place de « championne de l'économie européenne ». Traditionnellement dynamique dans l'industrie, avec le quart de la production espagnole à elle seule, la Catalogne est performante dans la construction automobile, la pharmacie, l'électronique, la chimie et l'industrie agroalimentaire... La région mise sur des activités à haute valeur ajoutée. Le textile y reste présent malgré la crise du secteur. L'aéronautique y occupe aussi une place de plus en plus importante, de même que le tourisme, avec 24 millions de touristes accueillis en moyenne chaque année (dont 19 millions d'étrangers). Seule ombre au tableau de ces prévisions optimistes : une hausse des prix de l'alimentation, pourtant en partie jugulée par la suppression de la TVA sur les produits de 1re nécessité.

Et dans la région de Valence ?

Ce tourisme, on le retrouve aussi sur toute la côte valencienne, et pas toujours dans les plus jolies réalisations, il faut l'avouer. La côte subit un vent de folie immobilière et attire chaque année des milliers d'adeptes du prêt-à-bronzer. Au cœur de cette communauté, Valence, capitale dynamique et 3e ville du pays, grande gagnante des mutations économiques contemporaines avec ses équipements culturels dernier cri et le développement de ses infrastructures. Outre une industrie solide (Elche, Sagunto, Alcoy et Valence) et un tissu très dense de petites et moyennes entreprises (notamment familiales), le 2e point fort de la Communauté valencienne reste l'agriculture. Grâce au sud du pays, en y incluant la région de Valence, l'Espagne est un grand pays exportateur de produits agricoles et agroalimentaires : elle se situe au 1er rang mondial pour les oranges et l'huile d'olive, au 3e rang pour le vin, et exporte en grande quantité fruits et légumes. L'essentiel de la production provient toujours des zones irriguées depuis les Romains, les *huertas* de la plaine valencienne, développées ensuite pendant l'époque musulmane. Comme nombre de régions méditerranéennes entre mer et sierra, la région joue donc sur tous les tableaux : agriculture en plaine, tourisme et spéculation immobilière sur la côte, et développement des infrastructures culturelles à Valence. D'autant que celle-ci se verrait bien rivaliser avec Barcelone...

ENVIRONNEMENT

On le sait, le littoral espagnol est victime d'une forte spéculation immobilière depuis de nombreuses années. Et on ne peut pas dire que ça va en s'arrangeant... Selon un rapport de Greenpeace datant de 2010, les 8 000 km de côtes espagnoles continuent tous les jours d'être défigurés par un bétonnage à outrance, à raison de l'équivalent de 7,7 ha par jour, soit 8 terrains de foot ! En 2013, l'Espagne a adopté une *loi littoral* pour permettre encore plus de constructions sur la côte. Pour certains géographes, ce phénomène porte le nom de ***marbellisation*** en référence à Marbella, la fameuse station balnéaire andalouse. Plus de la moitié de la côte méditerranéenne serait déjà construite. En résulte que la région qui a le plus détruit son littoral est la Catalogne, suivie de près par la communauté de Valence : Costa Brava (« côte sauvage » !) presque entièrement colonisée depuis les années 1950 pour la 1re, champs de tours de Benidorm et urbanisation rampante sur toute la côte entre Alicante et Valence pour la 2de.

Entre béton et nature

Selon le ministère de l'Environnement espagnol, les photos satellites montrent une augmentation de 40 % de la surface construite depuis 20 ans, jusqu'à 50 % en bord de mer (soit 3 fois plus que pour l'ensemble de l'UE)... Seules quelques rares zones de la Costa Brava, comme le cap de Creus (où se niche Cadaqués), échappent à la règle. Si le gouvernement Zapatero a semblé vouloir donner un

coup d'arrêt à cette frénésie immobilière en modifiant la loi d'occupation des sols, le gouvernement Rajoy, en mai 2013, a fait adopter une loi très controversée, considérée comme régressive par les principales associations écologistes.
La Catalogne, à l'instar de la majorité des régions et des pays côtiers, souffre de ce que l'on appelle la « littoralisation » : cette tendance bien humaine à vouloir habiter et travailler en bord de mer. Si la densité moyenne y est élevée (241 hab./km^2, contre seulement 93 pour l'ensemble de l'Espagne), les moyennes cachent de profondes disparités entre zones côtières et arrière-pays. D'un côté, l'agglomération de Barcelone concentre les deux tiers des 7,7 millions d'habitants de la Catalogne. De l'autre, les Pyrénées, dépeuplées, cherchent dans le tourisme vert un 2d souffle. C'est là que s'étendent la plupart des 18 parcs naturels et le seul parc national (Aigüestortes) de Catalogne. La différence ? Une protection plus intégrale pour le parc national, géré par l'État central, que pour les parcs naturels, régis par la région autonome.

Le cas Barcelone

Barcelone, coincée entre mer et montagne, est confrontée à de nombreux problèmes liés à la surconcentration et à la compétition pour l'espace entre les activités industrielles, les infrastructures de transport et l'agriculture périurbaine. Les terres irriguées du delta du Llobregat ne cessent ainsi de reculer devant les assauts de la métropole et ont perdu une bataille décisive avec la création de l'aéroport... Au nord de la ville, la production de légumes et de fleurs se réfugie sur les versants des collines et montagnes côtières, chassée de l'étroite plaine littorale par l'expansion des stations touristiques, grandes consommatrices d'eau (golf, piscines, etc.). Sachez, à ce propos, qu'un touriste moyen consomme environ 300 l d'eau par jour (le double d'un habitant hors saison) et jusqu'à près de 900 l s'il opte pour un séjour haut de gamme avec golf, spa, piscine et hôtel de luxe ! Cela rend la ville vulnérable et constamment menacée de stress hydrique comme ce fut le cas en 2008, lorsque Barcelone subit une violente sécheresse et interdit l'usage de l'eau pour le lavage des voitures, l'arrosage des jardins ou le remplissage des piscines. D'ailleurs, 13 % des eaux urbaines et industrielles se déverseraient actuellement dans la mer sans être assainies.

Le problème de l'eau

L'accès à l'eau potable s'annonce comme un enjeu essentiel des années à venir. La Catalogne est souvent en conflit avec Madrid sur le sujet, car la gestion des ressources (fleuves et rivières) relève des compétences de l'État central. Sans son feu vert, la Catalogne n'a pas d'autre issue que d'envisager des solutions telles que la désalinisation (la plus importante usine d'Europe fonctionne près de Barcelone depuis juillet 2009), la réutilisation ou l'approvisionnement par bateau-citerne. Pensez-y quand vous êtes sous la douche ! En Catalogne, la gestion de l'eau représente près de 57 % des investissements réalisés en matière d'environnement ; un chiffre qui donne la mesure du désastre écologique qui se prépare.

Solutions d'avenir

La Catalogne est la 1re région autonome à s'être dotée d'un ministère de l'Environnement. Côté développement durable et énergies renouvelables, la prise de conscience est avérée. Depuis 2000, Barcelone joue les précurseurs. Par arrêté municipal, tout nouveau bâtiment appelé à consommer plus de 2 000 l d'eau chaude par jour est tenu d'installer des chauffe-eaux solaires. Une mesure adoptée depuis par d'autres municipalités catalanes.
En matière d'hébergement touristique, les choses évoluent aussi progressivement, et le nombre d'établissements certifiés ISO 14001 (management environnemental) ou labellisés « Qualité touristique » ne cessent d'augmenter. Même les petits

hôtels, désormais, tendent à remplacer leurs vieilles ampoules par des LED, à installer des interrupteurs temporisés et des distributeurs de savon liquide pour éviter les kilos d'emballages inutiles. Certains baissent aussi le chauffage, mais là, on n'est pas toujours d'accord !
Enfin, en matière de tri sélectif, chapeau ! Des containers sont disposés à tous les coins de rue, perchés dans les villages de montagne, et même placés dans certaines écoles, auberges de jeunesse et hôtels. Barcelone s'est même équipée de bornes de collecte des déchets par tuyaux pneumatiques, procédé qui a l'immense avantage d'être entièrement souterrain.

GÉOGRAPHIE

La Catalogne, dont la superficie avoisine celle de la région PACA, réunit une étonnante diversité de paysages dans un espace relativement restreint : des pistes de ski pyrénéennes, on a une vue plongeante sur les eaux bleues de la Méditerranée et on peut même deviner, par grand beau temps, les îles Baléares ! Des plages de la Costa Brava aux sommets enneigés du val d'Aran, les millions d'habitants de Barcelone n'ont que l'embarras du choix pour s'oxygéner le week-end... Pays de mer, de lacs, de marais, de montagnes et de volcans, c'est la Côte d'Azur, la Camargue, la Savoie et le Cantal dans un mouchoir de poche, à rayures jaunes et rouges, bien sûr !

ORIENTER UNE CARTE ?

Autrefois, les cartes des grands navigateurs étaient dirigées vers l'est, en direction de Jérusalem et du tombeau du Christ, soit vers l'Orient. Avec l'introduction de la boussole en Europe vers le XIVe s, on comprit qu'il était bien plus simple de placer le nord en haut des cartes. Bizarrement, le terme « orienter » est resté.

La région du Levante (à laquelle appartient la province de Valence) offre cette même juxtaposition de hautes et de basses terres : la montagne n'y est jamais très loin de la mer. Les petites vallées du *rio Tùria* et du *rio Júcar* sont autant d'oasis, transformées en huertas depuis des siècles grâce aux eaux descendues des reliefs environnants.

Un littoral à 2 visages

La côte catalane présente 2 visages bien distincts. Au nord de Barcelone, sur une cinquantaine de kilomètres largement sacrifiés au tourisme de masse, la *Maresme* révèle une longue suite de plages bordées d'une barre quasi ininterrompue d'hôtels et d'immeubles. Au-delà de Tossa de Mar, à l'approche des 1ers contreforts montagneux, s'étire le littoral plus contrasté de la « Costa Brava » (la « côte sauvage » en espagnol). Cette succession de calanques, de criques et de caps bordés de pinèdes – dont ***Cadaqués*** est le point d'orgue – doit à son relief accidenté d'être restée en partie préservée. Vers la frontière française, la montagne s'affirme. On retrouve là des paysages grandioses de falaises plongeant dans la mer, qui confèrent à cette région un peu austère une beauté sauvage...
Au sud de Barcelone, la *Costa del Garraf* fait place à des plages un peu moins fréquentées. Après Salou, sa voisine la *Costa Daurada* annonce la clôture du littoral par une grande anse sableuse. Enfin, ce sont les plages situées à l'extrémité du delta de l'Èbre qui offrent le plus de tranquillité, y compris en pleine saison. Souvent ventées, elles sont très prisées des kitesurfeurs.

L'arrière-pays

L'arrière-pays ne cède rien au littoral en matière de diversité. Si l'agriculture ne pèse pas même 2 % dans l'économie locale, elle compte pour beaucoup dans la

structure du paysage. La vigne et l'olivier y disputent l'espace aux cultures maraîchères, fruitières et horticoles – comme dans la lointaine plaine de ***Lleida*** (Lérida), également occupée par de nombreux élevages porcins...
En s'orientant vers le nord depuis la côte apparaissent d'abord des petits massifs isolés, prémices des Pyrénées, largement recouverts de forêts (pins, chênes verts). Là, à moins de 1h de route de Barcelone, des milliers de kilomètres de pistes balisées mènent, à pied ou à VTT, à travers la ***serra de Montseny*** (classée par l'Unesco « Réserve mondiale de la biosphère »), au monastère de Montserrat, niché dans un somptueux cadre montagneux, ou vers les monastères cisterciens cachés dans les doux reliefs des *serres* ondulant au nord de Tarragone. La magnifique région du ***Priorat***, qui produit l'un des meilleurs vins d'Espagne, est à 2 pas, protégée par l'impressionnante serra de Montsant (parc naturel).
Plus loin, au nord, la région de la Garrotxa surprend, avec sa quarantaine de volcans endormis depuis seulement 11 000 ans. On touche là aux Pyrénées, et, déjà, le relief se redresse en toile de fond, avec de larges vallées aux cours d'eau s'écoulant depuis le nord.

Les Pyrénées catalanes

Fruit de la rencontre des plaques européenne et africaine, les Pyrénées dressent leur barrière naturelle entre France et Espagne, des abords de l'Atlantique à ceux de la Méditerranée. Rectiligne, étirée sur 430 km, la chaîne n'en est pas pour autant limitée à une unique herse montagneuse : les *serres* s'empilent les unes sur les autres, dessinant autant de vallées isolées. On y a longtemps vécu en complète autarcie grâce à l'élevage et aux maigres récoltes que le climat voulait bien concéder aux hommes (ainsi qu'à un peu de contrebande aussi, quand même !). C'est le domaine des magnifiques églises romanes (val de Boí), sentinelles perchées sur leurs éperons depuis près de 1 millénaire.
Du Puigmal (2 910 m), dressé sur la frontière, entre Ripoll et Font-Romeu, la ligne de crête mène vers l'ouest au point culminant du massif, le ***pic d'Aneto*** (3 404 m), qui garde de ses neiges le reclus du val d'Aran – où naît la Garonne. Cette exception constatée, les autres cours d'eau s'écoulent tous vers le sud, comme le *Sègre*, la *Noguera Pallaresa* et la *Noguera Ribagorçana*, qui ont affouillé la roche de leurs rapides, ciselant gorges et défilés dans leur long chemin vers le grand Èbre et la Méditerranée. Dans tout ce fouillis rocheux, les parcs naturels del Cadí-Moixeró et d'Aigüestortes i Estany de Sant Maurici offrent de quoi s'oxygéner à l'envi. C'est le paradis des randos, où s'évadent nombre de Barcelonais – qui, l'hiver, se retrouvent en masse dans les stations de ski de La Molina, Vallter 2000 et de Baqueira-Beret, et toutes celles qui gravitent dans leur orbite (Boí-Taüll, Super Espot, Sant Joan, Masella...).

L'Èbre et son delta

L'Èbre, le plus puissant des fleuves espagnols, long de 928 km, n'est catalan que sur une centaine de kilomètres – mais ces kilomètres sont essentiels. Son débouché dans la Méditerranée s'étend sur un delta (320 km^2), coupé en 2 branches par l'étrave de l'île de Buda. La région, classée « parc naturel », bénéficie des riches alluvions charriées par le cours d'eau : le riz qui y est cultivé est particulièrement réputé. Des dizaines de milliers d'oiseaux (300 espèces) y ont élu domicile ou y font une étape pendant leur longue migration vers l'Afrique.
Reste que le delta est en souffrance. Primo parce que la culture du riz est consommatrice de produits agro-toxiques. Une étude environnementale menée en 2020 y a détecté la présence de près de 35 pesticides différents, lourds d'impact et destructeurs pour les écosystèmes. Secundo parce que les nombreuses retenues en amont empêchent désormais les alluvions de rejoindre le delta en quantité suffisante, et les terres ont tendance à régresser. La construction de digues artificielles est envisagée pour éviter qu'elles ne soient complètement englouties par la

Méditerranée dès 2050. La transgression marine peut être particulièrement forte lors des tempêtes (comme en 2020) et les eaux salées peuvent remonter jusque Tortosa, soit à 40 km en amont.

HISTOIRE

Quelques dates

- ***550 av. J.-C. :*** civilisation des Ibères ; ces derniers reçoivent l'influence culturelle des Phéniciens et des Grecs.
- ***vers 218 av. J.-C. :*** occupation romaine.
- ***484 apr. J.-C. :*** le royaume des Wisigoths s'étend sur toute l'Espagne.
- ***711 :*** la Catalogne est, après Séville, une des 1res conquêtes des ***Maures*** d'Afrique du Nord.
- ***801 :*** Charlemagne s'empare de Barcelone et intègre à son empire la Catalogne, divisée en multiples comtés.
- ***1035-1492 :*** les royaumes chrétiens du nord de la péninsule reprennent progressivement possession des territoires perdus : c'est la « ***Reconquista*** » sur l'Espagne musulmane. En 1162, les comtés catalans s'unissent au sein de la Principauté de Catalogne, sous la souveraineté d'Alphonse Ier, roi d'Aragon.
- ***1469 :*** mariage de Ferdinand d'Aragon et d'Isabelle de Castille, les fameux ***Rois Catholiques***. Réunion des 2 puissants royaumes longtemps rivaux.
- ***1478-1479 :*** mise en place de l'Inquisition par Tomás de Torquemada.
- ***1492 :*** chute du royaume ***d'Al-Andalus*** après la prise de Grenade en janvier. Découverte de l'Amérique par ***Christophe Colomb*** (le 12 octobre, devenu fête nationale de l'Espagne). Expulsion des juifs « pour protéger l'unité religieuse de l'Espagne » (200 000 environ partent pour l'Afrique du Nord, l'Italie et l'Empire ottoman). À son retour du Nouveau Monde, Christophe Colomb se rend à Barcelone, où résident les souverains.
- ***1516-1556 :*** règne de l'empereur ***Charles Quint*** (Charles Ier pour les Espagnols), petit-fils d'Isabelle la Catholique. Domination d'un immense empire, tant en Europe qu'en Amérique.
- ***1700 :*** avènement au trône d'Espagne de ***Philippe V,*** petit-fils de Louis XIV, à l'origine de la guerre de la Succession d'Espagne (1701-1714), qui se termine par la perte des Pays-Bas et du royaume de Naples.
- ***11 septembre 1714 :*** la ville de Barcelone plie devant Philippe V, et la Catalogne perd son indépendance.
- ***1808 :*** Napoléon nomme son frère Joseph, roi d'Espagne, surnommé « *Pepe Botella* ». Madrid, occupée par les troupes françaises, se soulève. Début de la guerre d'Indépendance.
- ***1813 :*** victoire de l'armée anglo-portugaise de ***Wellington,*** jointe aux Espagnols. Ferdinand VII retrouve le trône d'Espagne.
- ***1814-1833 :*** morcellement de l'empire espagnol d'Amérique en États indépendants.
- ***1833-1839 :*** guerres civiles dites « carlistes » pour la succession au trône. Interventions françaises et britanniques jusqu'en 1846.
- ***1931 :*** aux élections municipales, la gauche l'emporte dans les grandes villes et proclame la république le 14 avril. Abdication du roi Alphonse XIII. La Catalogne tente de proclamer son indépendance, mais devra se contenter d'être la 1re région du pays à bénéficier d'un statut d'autonomie... jusqu'en 1936.
- ***1936 :*** succès pour le *Frente Popular,* groupant syndicats et partis de gauche, aux élections de février. En réaction, l'armée du Maroc, dirigée par le général Franco, se soulève. C'est le début de la guerre civile meurtrière. L'Espagne devient un banc d'essai pour les grandes puissances, qui offrent une aide importante aux 2 parties.

– ***1939 :*** Barcelone est prise par les nationalistes. Le gouvernement républicain se réfugie en France. Le 28 février, chute de Madrid, dernier bastion de la résistance républicaine.
– ***1969 :*** le général Franco désigne officiellement son successeur en la personne du prince Juan Carlos, petit-fils d'Alphonse XIII.
– ***1975 :*** mort de Franco, le 20 novembre. Le 22 novembre, Juan Carlos Iero devient roi d'Espagne.
– ***1978 :*** la nouvelle Constitution d'un État espagnol, « social et démocratique », entre en vigueur.
– ***1981 :*** tentative de coup d'État ratée du colonel franquiste Antonio Tejero. Cet événement est connu en Espagne sous le nom de 23-F.
– ***1986 :*** entrée de l'Espagne dans la Communauté économique européenne.
– ***1992 :*** Exposition universelle à Séville ; Jeux olympiques à Barcelone.
– ***1996 :*** après 13 années de pouvoir, défaite du socialiste Felipe González face à José María Aznar, du Parti populaire (droite).
– ***2003 :*** Jordi Pujol, chef du gouvernement de Catalogne depuis 23 ans, passe la main. Le leader socialiste et ancien maire de Barcelone, Pasqual Maragall, remporte les élections régionales.
– ***2004 :*** le PSOE gagne les élections nationales, et José Luis Zapatero devient 1er ministre.
– ***2005 :*** en juin, une loi légalise le mariage homosexuel, ainsi que l'adoption d'enfant par des couples de même sexe.
– ***2006 :*** débat houleux sur le statut d'autonomie de la Catalogne. Le texte élargissant l'autonomie de la Catalogne est approuvé par référendum local. Commémoration des 70 ans de la guerre civile espagnole.
– ***2007 :*** commémoration des 30 ans du retour à la démocratie. Polémique nationale : 498 religieux nationalistes sont béatifiés, au titre de « martyrs ». Le Vatican a beau parler de « réconciliation », beaucoup d'Espagnols y voient un soutien de l'Église à Franco...
– ***2008 :*** en mars, le PSOE de Zapatero gagne les élections générales. Le pays tout entier s'enfonce dans la crise : immobilière d'abord, économique ensuite...
– ***2009 :*** l'Espagne double son taux de chômage. La Catalogne n'échappe pas au naufrage.
– ***2010 :*** L'Espagne devient championne du monde de foot pour la 1re fois de son histoire, une consolation bienvenue pour oublier la crise !

UN HYMNE SANS PAROLES

Depuis la fin de la dictature, l'hymne national espagnol – la Marcha Real – est joué sans paroles. Son texte, appris par cœur par tous les écoliers du royaume depuis 1761, symbolisait par trop le franquisme. Une bonne manière, aussi, d'amadouer les régionalistes dans ce pays qui possède 5 langues officielles !

– ***2011 :*** mouvements spontanés pour l'émergence d'une autre société. Les socialistes sortent rincés des élections municipales et régionales et perdent notamment la mairie de Barcelone. En septembre, le Parlement de Catalogne interdit la corrida. En décembre, suite aux élections législatives anticipées, Mariano Rajoy (PP) devient Président. Il présente un 1er plan d'austérité 10 jours plus tard.
– ***2012 :*** la crise s'aggrave, le taux de chômage continue sa progression (plus de 25 %). La Roja remporte l'Euro 2012 de football, réalisant un triplé historique Euro-Coupe du monde-Euro. Le 11 septembre (fête de la Catalogne), de grandes manifestations indépendantistes parcourent Barcelone et les grandes villes catalanes.
– ***2013 :*** le chômage continue de monter : 27,16 % en début d'année. Le 11 septembre, une chaîne humaine de 2 millions de personnes est organisée tout le long des 400 km du littoral catalan.
– ***2014 :*** la croissance revient un peu, le chômage baisse à peine. En juin, le roi Juan Carlos abdique en faveur de son fils, Felipe VI. La tension monte

entre Madrid et la Catalogne. Lors d'une consultation, 80 % des 2 millions de votants catalans disent « oui » à l'indépendance !

– ***2015 :*** en mai, *Podemos* (parti né du mouvement des Indignés) crée la surprise lors des élections régionales et municipales, talonné par l'autre nouveau parti centriste, *Ciudadanos.* Aux législatives, c'est finalement le Parti populaire (PP) qui se classe en tête, mais loin de la majorité absolue. C'est la fin du bipartisme qu'a connu l'Espagne depuis le retour de la démocratie. En Catalogne, les élections régionales de septembre donnent la majorité aux indépendantistes (même s'ils plafonnent à 47,8 %). Dès octobre, les indépendantistes de *Junts pel sí* et de CUP (Candidatura d'Unitat Popular, très à gauche) proposent au Parlement catalan une résolution pour déclarer « solennellement le début du processus de création d'un État catalan indépendant ». Mariano Rajoy se montre fermement contre.

– ***2016 :*** avec un blocage politique sans majorité de 10 mois, le pays traverse la plus grande crise politique de son histoire récente. Finalement, en octobre, le président du Parti populaire (PP), Mariano Rajoy, est laborieusement reconduit à la tête du gouvernement national mais sans majorité marquée... Le Parlement catalan, lui, continue à vouloir l'indépendance de la région.

– ***2017 :*** le 17 août, un attentat revendiqué par l'État islamique endeuille Barcelone : 16 morts et une centaine de blessés, tous fauchés sur les *Ramblas.* Côté économie, le chômage régresse. L'embellie économique profite aussi à la Catalogne et à Valence. Un référendum sur l'autodétermination catalane est déclaré illégal par la Cour constitutionnelle espagnole. Le gouvernement Rajoy sort les grands moyens : mise sous scellés de bureaux de vote, saisie des bulletins, arrestations de hauts responsables catalans, envoi de 10 000 membres des forces de l'ordre... Le 1er octobre, le référendum se tient dans un climat plus que tendu.
Résultat (d'après le gouvernement catalan) : 42 % de votants, à 90 % favorables à l'indépendance ; et une bonne centaine de blessés dans les affrontements avec les forces de l'ordre... Le 3 octobre, Felipe VI, intervient en faveur du gouvernement central. Stupeur des Catalans qui espéraient un apaisement et un appel au dialogue.
Le bras de fer se poursuit : Madrid déclenche l'article 155 de la Constitution : gouvernement et Parlement catalans sont suspendus, certains de ses membres sont arrêtés et jugés. Carles Puigdemont s'exile, la région passe sous l'administration directe de Madrid. Le 21 décembre, les Catalans renouvellent leur Parlement, plus de 2 mois après le référendum d'autodétermination. Participation record (82 %) et victoire des indépendantistes avec 47,5 % des voix et la majorité au Parlement. Mais les Catalans restent plus partagés que jamais...

– ***2018 :*** après plusieurs mois de crise politique, le chef du parti socialiste espagnol, Pedro Sánchez, devient 1er ministre à la place de Rajoy. En Catalogne, Quim Torra est désigné président de région. Une fois la tutelle de Madrid levée, les 2 hommes se rencontrent pour une 1re tentative de déblocage politique entre le pouvoir central et la région. Le 11 septembre, plus d'1 million de Catalans se rassemblent à Barcelone pour célébrer la fête nationale. Un succès pour les indépendantistes qui n'ont rien perdu de leur capacité à mobiliser, même avec 9 dirigeants politiques en prison.

– ***2019 :*** la situation politique en Catalogne reste bloquée. Au fil des mois, des voix de plus en plus dissonantes se font entendre au sein de la sphère indépendantiste. Ce qui pousse Carles Puigdemont, toujours exilé en Belgique, à sortir de son silence. Dans un livre, il appelle les indépendantistes à recréer leur unité politique. En 14 octobre, au procès des 12 dirigeants (et élus) indépendantistes accusés de « rébellion, de sédition, de malversation et de désobéissance » lors du référendum d'autodétermination de 2017, le verdict tombe : la Cour suprême d'Espagne condamne 9 d'entre eux à de lourdes peines allant de 9 à 13 ans de prison, et 3 autres à de sévères amendes... Les tensions montent alors encore, sur fond de surenchères électorales à l'approche des nouvelles élections législatives en novembre, surtout que Pedro Sanchez n'a pas obtenu de majorité à l'Assemblée,

renvoyant les Espagnols aux urnes pour la 4e fois en 4 ans... Difficile, dans ces conditions, de rendre audibles des appels à la négociation... Si le PSOE arrive en tête (avec 120 sièges), on note une progression inédite de l'extrême-droite (Vox, avec 52 sièges, ce qui en en fait le 3e parti du Parlement) et un effondrement de Ciudadanos. Podemos marque un léger retrait mais reste l'interlocuteur privilégié de Pedro Sanchez et du PSOE pour former une fragile coalition gouvernementale.
– ***2020 :*** Pedro Sanchez tente de faire fonctionner son gouvernement de coalition instable. Des dissensions se font sentir entre les différents partis indépendantistes catalans et paralysent une fois de plus l'exécutif espagnol. Entre les exhortations de la droite pour la mise sous tutelle de la Catalogne, les élections régionales à venir et le meeting symbolique de Carles Puigdemont à Perpignan, Sanchez peine à apaiser les débats.
Enfin, l'émergence de ***la Covid 19*** engendre une crise sanitaire majeure et les relations avec les Generalitats se focalisent autour de la centralisation des prises de décisions. Dans un climat très tendu, Pedro Sanchez met en place un bouclier social en mai dans l'espoir d'éviter une nouvelle crise économique de grande ampleur. Revenu minimum vital (IMV), chômage partiel, interdiction d'expulser les personnes vulnérables, suspension des dettes des crédits à la consommation ; autant de mesures qui visent à protéger l'économie du pays, ce qui n'empêche pas le PIB de s'effondrer et le nombre de chômeurs d'augmenter d'un demi-million en l'espace de 6 mois...
– ***2021 :*** pays européen parmi les plus touchés – humainement et économiquement – par la pandémie, l'Espagne jongle pendant des mois, à l'instar de ses voisins, entre les vagues successives. En décembre, le parlement vote un budget « de combat » qui prévoit notamment un très large plan de dépenses sociales (240 milliards d'euros) afin d'accompagner la reprise post-Covid.
– ***2022 :*** comme dans la plupart des pays européens, l'invasion scandaleuse de l'Ukraine par la Russie en février met un coup d'arrêt à la relance économique d'après-pandémie. En mai, l'inflation atteint 8,7 %, son taux de plus élevé depuis plus de 30 ans... Dans un registre plus catalan, en juin, le leader indépendantiste Carles Puigdemont quitte la présidence du parti Junts per Catalnunya.
-***2023 :*** surprise aux élections législatives de juillet. Alors qu'on le disait battu d'avance, et sérieusement menacé par une future coalition de la droite avec l'extrême-droite de Vox, Pedro Sánchez sauve les meubles... mais parviendra-t-il à former un nouveau gouvernement ? Même si ce n'est pas gagné, les observateurs s'accordent à reconnaître que sa politique économique audacieuse a payé : il a relevé le salaire minimum, encadré les loyers et supprimé la TVA sur les produits essentiels, plafonné les prix de l'énergie, limité les ravages de l'inflation, lutté contre l'emploi précaire, favorisé les relations avec les entreprises, et pris en compte les nécessités de la transition écologique avec, comme boussole, le bien-être et l'intérêt de la majorité.

Valence et Barcelone, villes romaines

Barcelone est l'une des plus anciennes villes d'Espagne : la légende chuchote même que c'est Hercule qui l'aurait créée. Un boulot de plus ! En fait, ce sont les Romains qui, à la fin du Ier s av. J.-C. vont fonder une petite ville fortifiée autour du mont Taber : Barcino. Peuplée essentiellement de militaires, Barcino reste malgré tout dans l'ombre de Tarraco (Tarragone), surnommée « la petite Rome hispanique », fondée bien plus tôt (248 av. J.-C.) par les troupes romaines. Quant à Valence, les nombreux sites d'art rupestre trouvés dans le pays valencien prouvent que l'occupation des lieux ne date pas d'hier. Mais ce sont les Romains qui, en assimilant les Ibères qui occupaient la région avant eux, fondèrent la ville en 138 av. J.-C.

Les invasions

Rome tremble ? Voici les Alamans et les Francs qui arrivent pour chasser ses légions, entre 260 et 270 apr. J.-C., et Barcelone et Tarragone sont dévastées.

Pendant un siècle et demi, la Catalogne est envahie et occupée successivement par des hordes de barbares en provenance du Nord ou de l'Est ; Germains, Suèves, ou originaires d'Asie centrale : Alains et Vandales. Puis les Wisigoths déboulent en 413, repoussant les Suèves vers l'ouest (le Portugal actuel) et les Vandales (dans lesquels s'étaient fondus les Alains) en Afrique du Nord. La région de Valence passe également sous la coupe wisigothe et demeure une cité chrétienne importante, comme en témoigne son palais épiscopal.

LE PASSÉ ARABE DE L'ESPAGNE

Benicàssim, Benidorm... de nombreuses villes et villages portent des noms commençant par « beni », un préfixe d'origine arabe qui signifie « fils de ». La région de Valence a longtemps été peuplée de Morisques, ces musulmans restés en territoire valencien après la Reconquista chrétienne, avant d'être expulsés d'Espagne au début du XVIIe s.

En 711, un jeune guerrier berbère, ***Tarik,*** franchit le détroit qui désormais portera son nom (Gibraltar, de l'arabe *Djebel Tarik,* la montagne de Tarik) et entame sa progression vers le nord. En 714 et 715, c'est au tour des musulmans de s'emparer de Valence et Barcelone. Valence entre alors dans 4 siècles de domination musulmane, qui ne sera interrompue que brièvement par la célèbre épopée du ***Cid Campeador*** au XIe s (lire « Un peu d'histoire » en introduction à Valence, pour plus de détails) puis, définitivement, après la *Reconquista* menée par Jacques Ier d'Aragon. Mais n'allons pas trop vite. Au nord, Barcelone, contrairement à Valence, est rapidement reprise par Louis le Pieux, fils de Charlemagne, en 801. Les Carolingiens établissent un réseau de comtés, avec à leur tête des vassaux originaires de la région. Barcelone devient une ville frontière dans la Marche d'Espagne, cette zone tampon au sud des Pyrénées destinée à servir de bouclier en cas d'éventuelles invasions.

Naissance d'une autonomie

Attardons-nous sur un personnage important et, pour tout dire, assez rigolo. C'est le fils du comte d'Urgell, nommé ***Guifré el-Pilòs,*** c'est-à-dire Guifred le Velu (qui portait remarquablement son nom...). Né en 865, ce joyeux drille conquiert avec ses frères les bastions catalans voisins, dont Barcelone. Il crée de nombreuses fondations religieuses dans la ville et la région.

En 988, ***Borrell II,*** comte de Barcelone, décide de rompre avec le régime de vassalité qui le liait jusque-là à Hugues Capet, roi des Francs. C'est le 1er acte d'autonomie catalane ! Son comté agit alors en toute indépendance, en resserrant les liens avec les comtés voisins. Au XIIe s, le mariage de ***Raymond Béranger IV,*** comte de Barcelone, avec Pétronille d'Aragon donne naissance à la Confédération catalo-aragonaise.

Durant le règne de Jacques Ier (1213-1276), la Confédération devient l'une des grandes puissances méditerranéennes : elle annexe Majorque en 1229, Valence en 1238, la Sicile en 1282, la Corse en 1297. Voilà pourquoi on parle catalan dans

LA SAINTE (?) INQUISITION

Cette redoutable machine à tuer n'est pas une invention espagnole, mais française (pas de quoi être fier). Face à la montée des hérésies qui refusaient l'autorité papale, le pape Grégoire IX nomma, dès 1231, les dominicains pour tenir ces tribunaux religieux. Il s'agissait de torturer les hérétiques pour les faire avouer et les envoyer au bûcher. Les victimes comptaient majoritairement des femmes (les moines étaient plutôt misogynes) et des riches (l'Église récupérait leurs biens !).

les îles Baléares et à Valence. Au XIVe s, il y aura aussi l'annexion de la Sardaigne (1323) et des territoires grecs d'Athènes et Néopatrie (1387). Puis Naples tombe dans l'escarcelle de la Confédération. En fait, chaque possession garde son autonomie et ses institutions. Ce qui fait la richesse de la région, ce sont les échanges commerciaux des marchands catalans avec les pays du nord de la Méditerranée, mais aussi l'Afrique et le Proche-Orient. C'est sous le règne de Pierre III le Cérémonieux, à la fin du XIVe s, que se forme la ***Generalitat,*** organisme délégué des *Cortes* (assemblées) : elle exerce des fonctions exécutives en matière de droit, de politique et de finances.
L'autonomie s'est aussi affirmée avec la Reconquête. La présence musulmane fut de courte durée en Catalogne et n'a pas concerné les vallées pyrénéennes. Ces dernières participèrent activement à la ***Reconquista.*** Si on a retenu les grands noms, ce furent souvent les seigneurs locaux qui s'illustrèrent dans l'entreprise : ainsi les comtes d'Urgell, qui reprirent Balaguer, frontière nord d'Al-Andalus.

Valence après la *Reconquista*

Une fois conquise par Jacques Ier d'Aragon (Jaime Ier pour les Espagnols), Valence se couvre d'églises, et une cathédrale supplante l'ancienne mosquée. Au XIVe s, la ville s'enrichit à la vitesse grand V grâce à son port et à ses échanges marchands, notamment le commerce de la soie (voir la Lonja, bourse des marchands datant du XVe s). Mais n'oublions pas l'héritage musulman. Au début du XVe s, les échanges commerciaux avec l'Afrique du Nord restent très importants. Les dattes occupent le 1er rang, suivies par le blé, les épices (piment et cannelle), les teintures (indigo), ainsi que les gommes et résines. On importe aussi d'Afrique du Nord esclaves, cuirs, animaux vivants, tissus (laine, lin ou coton) et artisanat. Valence connaît alors une très grande prospérité.

Le déclin régional

C'est vers le milieu du XVe s que 2 événements historiques marquent le déclin de la région. En 1469, le mariage d'***Isabelle de Castille*** et ***Ferdinand d'Aragon*** annonce un début d'unité entre les 2 royaumes les plus prospères de l'Espagne : la Castille et la Confédération catalo-aragonaise. Et la découverte de l'Amérique déplace les échanges commerciaux vers l'Atlantique, au détriment de la Méditerranée. Or, la monarchie interdit à ses sujets catalans et valenciens le commerce avec l'Amérique : ils se trouvent donc exclus de juteuses conquêtes et opérations économiques. Malgré tout, jusqu'à la fin du XVIIe s, la Generalitat parvient à maintenir sa souveraineté politique et juridique : la Catalogne conservera jusqu'au début du XVIIIe s une monnaie, une langue et un système fiscal à part.

LES MARRANES

En 1492, les rois catholiques obligèrent les juifs à s'enfuir ou se convertir. Appelés marranes, ils pratiquaient parfois encore leur religion en secret. Certains sont célèbres : Montaigne, Spinoza, Juan Miró et même peut-être... Christophe Colomb.

En 1640 éclate la *revolta dels Segadors* (révolte des Moissonneurs), 1er épisode d'une guerre contre le roi d'Espagne qui durera 12 ans et se terminera quand la Catalogne, exsangue, déposera les armes. En 1705, elle est impliquée dans un conflit international : la guerre de la Succession au trône d'Espagne. En effet, à la mort de Charles II, 2 prétendants se disputent la couronne : ***Philippe d'Anjou,*** petit-fils de Louis XIV, et l'archiduc ***Charles d'Autriche.*** Les Catalans et les Valenciens soutiennent ce dernier. Les armes à la main, les Catalans essuient une sérieuse défaite lors du siège de Barcelone en septembre 1714. Philippe d'Anjou est intronisé roi d'Espagne sous le nom de ***Felipe V*** et instaure le décret de Nova Planta, des mesures qui abolissent les structures juridiques et administratives de la Catalogne et les privilèges de Valence. Il supprime la Generalitat catalane et érige un énorme fort à Barcelone, la Ciutadella, pour surveiller la ville. Le catalan est interdit dans l'administration, la justice et l'enseignement, au profit du castillan. La Catalogne et le Levant, bon gré mal gré, sont soumis à la monarchie espagnole.

Croissance malgré tout...

Malgré tout, Valence et Barcelone ne perdent pas courage. Valence fait déjà partie des 5 grandes villes qui comptent en Espagne, grâce à la richesse agricole de son arrière-pays, au dynamisme de son commerce et de son industrie urbaine. Si bien qu'au XVIIIe s, c'est une cité qui prospère. Le riz, la soie, les vins, les céramiques, les cordages assurent aux Valenciens un niveau de vie relativement élevé. Les réseaux de communication sont bien développés avec la France et Madrid. En 1778, la levée de l'interdiction de commercer avec l'Amérique stimule l'économie régionale. L'arrivée de la Révolution française et de la République – l'ennemie traditionnelle de la monarchie espagnole – masque quelque peu, voire complètement, ces progrès en matière d'échanges économiques.

OÙ EST PASSÉ LE POGNON ?

Les conquistadors espagnols rapportèrent d'Amérique des trésors considérables à leur mère patrie. À part à Séville et dans quelques cathédrales, on se demande pourquoi ces richesses ont laissé si peu de traces. Eh bien, ces grands navigateurs étaient des parvenus ; ils dépensèrent leur fortune en soieries et en épices, les produits de luxe de l'époque. Le grand bénéficiaire fut donc la Chine, et non pas l'Espagne.

Au début du XIXe s, la ***guerra del Francès*** (la « guerre du Français », le Français en question étant, bien sûr, Napoléon) marque douloureusement la région. Valence se soulève contre les Français en 1808, mais le maréchal Suchet l'occupe en 1812. Vers 1830, tandis que Barcelone développe l'industrie du liège et la viticulture, les guerres dites « carlistes » freinent une nouvelle fois le développement économique de la région. Les « carlistes », ce sont les partisans de ***Charles de Bourbon,*** qui se proclame héritier de son frère Ferdinand VII, car celui-ci n'a qu'une fille, Isabelle, qui a alors 3 ans. À la mort du roi, la guerre civile éclate, les carlistes contre les pro-isabelliens. Il faut attendre 1839 pour que les droits de la reine soient officiellement reconnus.

... et misère ouvrière

L'industrialisation de la Catalogne reprend son essor, on rapporte d'Angleterre de nouvelles machines à tisser, les machines à vapeur prennent le relais des chevaux. Mais on vit très mal dans les quartiers populaires, malgré des salaires plus élevés qu'à Madrid. Les multiples révoltes qui éclatent régulièrement sont le plus souvent réprimées dans le sang. En 1843, Barcelone sera bombardée du haut de la colline de Montjuïc, après plus de 2 mois de grèves et de manifestations, menées entre autres par les anarchistes. À côté de cela, les industriels comme ***Eusebi Güell,*** le mécène de Gaudí, tentent d'inventer des systèmes un peu plus humains, quoique très paternalistes, pour les ouvriers. Ils créent des *colònies industrials.* Celle de Güell est située à Santa Coloma de Cervelló, sur les rives du Llobregat, et a été construite en partie par ***Gaudí.*** L'usine, les maisons des ouvriers, l'église, l'école et la maison du directeur sont réunies à l'intérieur d'une même enceinte, et les enfants bénéficient d'un enseignement gratuit.

Extension et Exposition universelle à Barcelone

La population augmentant de 28 % par an, il faut bientôt agrandir la ville. Un concours destiné à ébaucher les plans futurs de la ville est ouvert en 1859. C'est finalement le projet d'Idelfons Cerdà qui est retenu pour l'***Eixample*** (l'Extension). Avec son quadrillage régulier, il était, sur le papier, aéré par des jardins publics et des parcs. Hélas, la spéculation immobilière aidant, les espaces verts se voient peu à peu grignotés pour faire place à de superbes maisons bourgeoises, parfois de style moderniste. La ville en profite pour accueillir l'Exposition universelle de 1888, une folie financière qui faillit la laisser sur la paille.

La Renaixença

Barcelone va mieux : elle exporte du vin et du liège un peu partout dans le monde. Et investit les bénéfices dans l'industrie textile, qui devient le moteur de l'économie catalane. Mais, surtout, un mouvement littéraire et social naît au milieu du XIXe s : la ***Renaixença,*** en même temps que le romantisme européen. Il verra fleurir des poèmes, des journaux et des magazines écrits en catalan, les intellectuels donnant ses lettres de noblesse à une langue qui n'était alors que parlée, car interdite dans l'enseignement et l'administration. C'est le réveil de la « catalanitude ». Le mouvement se veut social, allant de pair avec l'émergence de syndicats.
C'est aussi la naissance du ***modernisme,*** ce mouvement artistique dont Barcelone a été le plus beau théâtre (voir la rubrique « Architecture et design » dans le chapitre consacré à Barcelone) et qui a également laissé sa marque dans nombre de villes catalanes, à Reus ou Sitges, de même que dans les campagnes environnantes, où de nombreuses *cellers* (chais) ont été construites par les plus grands architectes modernistes du moment.
Quant à Valence, elle assoit sa nouvelle prospérité sur le développement de *la huerta*, cette immense plaine fertile (cultivée et irriguée depuis les Romains) qui bientôt inondera l'Europe en fruits et légumes.

Anarchie, grèves et coup d'État

Il semble que les Catalans aient été séduits par les thèses des anarchistes bien plus que par celles des socialistes : leur volonté d'autonomie, de municipalités indépendantes et souveraines y trouvait un écho. Jusqu'au début du XXe s, Barcelone sera le théâtre d'attentats anarchistes : on la surnomme même la « Rose de Feu » en raison des explosions et bombes en tout genre. Précisons qu'il faudra attendre 1907 pour que la journée de travail des femmes soit réduite à 11h et que l'emploi des enfants de moins de 10 ans soit interdit.
Le prolétariat de Barcelone augmente : la ville passe de 115 000 habitants en 1800 à 500 000 en 1900, accueillant les paysans pauvres de Catalogne et d'autres régions d'Espagne, sans compter les quelques immigrants de Cuba et de Porto Rico dépossédés par les États-Unis, qui s'étaient emparés des dernières colonies espagnoles. En 1909, Madrid décidant une nouvelle mobilisation des Barcelonais pour aller rétablir l'ordre au Maroc, le peuple se révolte, et c'est la *Semana trágica* (la « Semaine tragique ») : des dizaines d'édifices religieux sont saccagés, et plusieurs ouvriers exécutés en représailles.
En 1914 est créée la *mancomunitat de Catalunya,* réunion des 4 provinces catalanes, un Parlement sans pouvoir réel qui exige néanmoins la création d'un État catalan au sein d'une fédération espagnole. Des grèves terribles éclatent dans les années 1919-1920, à tel point que l'état de guerre est déclaré à Barcelone. Le coup d'État du capitaine général de Catalogne, ***Miguel Primo de Rivera,*** impose une dictature de 7 ans à l'Espagne tout entière. Il interdit la *mancomunitat,* le puissant syndicat anarchiste CNT, et même le football-club de Barcelone (!), trop symbolique. C'est lui qui appuie la candidature de la ville pour accueillir une nouvelle Exposition universelle, qui a lieu à ***Montjuïc*** en 1929. L'effarant *Palau nacional,* édifice néoclassique immense et pompeux, est construit en un temps record pour accueillir les cérémonies d'ouverture. On en fera plus tard le musée national d'Art de Catalogne.

La guerre civile

À la chute de Rivera en 1930, et après la formation de la 2de république d'Espagne en 1931, les nationalistes catalans de gauche (ERC) proclament la république de Catalogne ! Un nouveau gouvernement régional, la ***Generalitat,*** est créé. Mais il s'agit d'un monstre de papier. Madrid tient encore les rênes du pouvoir. À la mort du président Macià, en 1933, c'est ***Companys*** qui lui succède et proclame à nouveau l'État catalan de la fédération espagnole. Madrid répond en condamnant les membres de la Generalitat à 35 ans de prison. Lorsque le Front populaire remporte les élections en 1936, la Generalitat est restaurée et les prisonniers libérés : la Catalogne bénéficie, pour peu de temps, d'une réelle autonomie. Mais Franco, qui a soulevé l'armée d'Afrique au Maroc et rallié à lui nombre de places militaires en Espagne, dont celle de Pedralbes, à Barcelone, étouffe dans l'œuf ce fragile espoir. En mars 1938, les nationalistes franquistes lancent une offensive en Aragon, et le front de l'Èbre devient le théâtre de batailles sanglantes et atroces (lire la rubrique « À voir » dans le chapitre « La Terra Alta »). Mal armées, mal équipées, les forces catalanes en déroute abandonnent la ville aux nationalistes fin 1938. Valence, qui subit également un siège des troupes franquistes, oppose une résistance farouche mais finit par tomber à son tour.

L'ESCADRILLE ESPAÑA

Les forces antifranquistes n'ayant pas d'aviation, Malraux s'engagea vite dans la guerre d'Espagne. En quelques semaines, il récupéra 25 avions pour créer l'escadrille España, aidé par un inconnu, Jean Moulin. Ne sachant pas piloter, Malraux savait cependant commander et surtout convaincre. Il participa directement à 65 opérations aériennes. Respect !

L'ère Franco : les années de plomb

Environ 200 000 Catalans choisissent l'exil, près de 200 000 autres sont tués lors d'une impitoyable répression. Companys, réfugié en France, sera livré aux autorités espagnoles par la Gestapo et fusillé sur la colline de Montjuïc. L'ère Franco signifie un sévère tour de vis pour les Catalans : le catalan est banni des écoles, interdit dans la rue ; même la sardane est prohibée. Toutefois, les Catalans ne sont pas tous hostiles au régime franquiste : de nombreuses familles de la bourgeoisie adoptent le castillan, et l'Église coopère le plus souvent. Parmi les opposants, le docteur ***Jordi Pujol,*** emprisonné en 1960 pour avoir chanté un air catalan au cours d'une visite de Franco à Barcelone. Et, 3 ans plus tard, il fonde une banque pour soutenir l'économie catalane.

Pendant les dernières années du régime franquiste, l'opposition s'organise : l'*assemblea de Catalunya* est créée en 1971, et les militants sont nombreux et actifs. Mais c'est la maladie, et non les opposants, qui aura raison du vieux dictateur : il s'éteint le 20 novembre 1975.

FRANCO EST MORT, VIVE LE ROI !

Pour sa succession, le dictateur se méfiait de Juan de Bourbon, le roi en titre, à cause de ses idées démocratiques. Il préféra donc son fils, Juan Carlos, et son éducation fut assurée par des professeurs bien franquistes. L'élève cacha bien son jeu, et Juan Carlos succéda donc à Franco à sa mort. En instaurant la démocratie, le jeune roi tourna définitivement la page noire du franquisme.

La révolution olympique

Le 2d événement qui va bouleverser la vie des Catalans a lieu 7 ans plus tard. En 1982, Barcelone est choisie pour accueillir les Jeux olympiques de 1992. Pour la ville, c'est l'occasion de se faire connaître des investisseurs, de construire

des hôtels et d'améliorer ses infrastructures. Le slogan *Barcelona, posa't guapa* (« Barcelone, fais-toi belle ») s'affiche partout, et la ville tout entière résonne des bruits de marteaux-piqueurs. Elle ravale ses façades, nettoie ses rues, ses plages, réorganise et agrandit son port tant et si bien que la métropole bouillonne d'une intense activité culturelle et artistique.
Autre conséquence des J.O. : le développement du tourisme. Durant 15 jours, Barcelone s'offre une vitrine médiatique inégalable. Les images de fête retransmises à travers le monde entier en font une destination touristique incontournable. Depuis, la capitale catalane continue d'exprimer son dynamisme au travers de nombreuses manifestations.

L'autonomie, enfin !

Aujourd'hui, l'Espagne est divisée en 17 « régions et nationalités autonomes » *(comunidades autónomas)* qui disposent, notamment, grâce à la pression des Basques et des Catalans, du droit de se gouverner. Si le gouvernement autonome de la Catalogne (la Generalitat) a les mains libres pour la culture, l'urbanisme, le commerce, le tourisme et les affaires sociales, il partage le pouvoir en ce qui concerne les transports et l'énergie, par exemple. Il perçoit directement des impôts spécifiques, plus un tiers de l'impôt sur le revenu auprès de l'État. Une autonomie encore renforcée par l'adoption par référendum, en 2006, d'un nouveau statut.
Mais cette autonomie a encore franchi un pas avec la création de l'eurorégion Pyrénées-Méditerranée regroupant les régions Occitanie, Catalogne et les îles Baléares. La signature, en 2008, de la convention du Groupement européen de coopération territoriale permet même désormais à la Catalogne de mettre en œuvre des projets de coopération territoriale cofinancés par l'Union européenne. L'un des exemples les plus marquants est la création du 1er ***Eurocampus.*** Plus de 500 000 étudiants répartis dans 22 universités bénéficient d'une synergie commune unique en Europe. Une belle auberge espagnole !

MATCH BARCELONE-MADRID

Comme toutes les vieilles querelles, l'antagonisme Barcelone-Madrid remonte à la nuit des temps. En 1640, Barcelone se soulève déjà contre la tentative de centralisation de l'État de Felipe IV. Au XIXe s, le pouvoir bombarde la ville à plusieurs reprises depuis le château et la citadelle du Montjuïc, symboles toujours détestés des Barcelonais.
Madrilènes fainéants, vivant aux crochets du pays, contre Barcelonais égoïstes et radins mais vivant de leur travail, l'antipathie a parfois quelque chose de pathologique. Et l'ère de Franco n'a rien arrangé. Les Catalans paranos soupçonnèrent longtemps Madrid de vouloir transformer la province en une terre de paysans et de bergers pour éviter toute contestation...
De tout temps, les clubs de foot furent à couteaux tirés : dans les années 1920, le stade de Barcelone fut fermé, car on y chantait l'hymne national catalan. Et le Barça n'a jamais pardonné au Real de lui avoir piqué un joueur de légende dans les années 1950, l'Argentin ***Alfredo Di Stefano,*** qui permit à la capitale de rafler la Coupe d'Europe des clubs champions 5 ans de suite, de 1956 à 1960...
Aujourd'hui, Barcelone se plaint du peu d'empressement de Madrid à l'aider à éponger ses dettes des Jeux olympiques et à investir dans les infrastructures. Quant à certains Madrilènes « expatriés » à Barcelone, ils pestent de voir leurs enfants obligés d'apprendre le catalan à l'école. Et les 2 villes se chamaillent encore comme des gamines pour savoir qui immatricule le plus de voitures par an !
« *Polacos* » : c'est ainsi que les Espagnols nomment les Catalans quand ils veulent se montrer méprisants ; ils les traitent de... Polonais ! Mais quels rapports entre la Catalogne et la Pologne ? Le terme daterait de la guerre civile espagnole, lorsque

les troupes franquistes du front d'Aragon ont confondu les Brigades internationales (composées de Polonais) avec des républicains catalans. Les raccourcis étant vite pris, le terme est resté.
Une autre hypothèse argue que l'expression est entrée dans l'argot espagnol lors de la période franquiste, pour désigner les recrues catalanes. L'usage du catalan étant incompréhensible pour les Espagnols, l'assimilation à la langue polonaise (car, on le suppose, elle aussi incompréhensible) a été faite.
Le terme s'est aujourd'hui installé dans les mœurs au point que la chaîne catalane TV3 a créé en 2006, « Polònia », une émission satirique représentant le monde politique espagnol et catalan.

MÉDIAS

Votre TV en français : TV5MONDE, la 1re chaîne culturelle francophone mondiale

Avec ses 8 chaînes généralistes, ses 2 chaînes thématiques et sa plateforme numérique TV5MONDEplus, TV5MONDE est disponible dans 211 pays du monde et offre le meilleur de la production francophone, sous-titrée en 13 langues : information internationale, cinéma et séries, sport, documentaires et magazines découvertes, programmes jeunesse... Préparez votre séjour grâce à son site voyage • *voyage.tv5monde.com* •, et en voyage, restez connecté avec les applications et le site • *tv5monde.com* •

Presse écrite

Les 2 grands quotidiens nationaux, *El Mundo* (460 000 lecteurs), de sensibilité libérale droitière, et *El País* (750 000), plus à gauche, n'atteignent ces chiffres de diffusion que grâce à leurs éditions régionales. Comme partout, la presse écrite a perdu bon nombre de ses lecteurs quotidiens avec l'arrivée d'Internet et l'évolution de la presse numérique qui, elle, compte un nombre d'abonnés exponentiel ces dernières années. Aujourd'hui, on écrit d'abord en ligne puis on adapte le contenu à la version papier !
Dans les hôtels, les restos, les campings, on trouve surtout des quotidiens régionaux. Pour la plupart, ils traitent avec soin des nouvelles internationales (surtout européennes, en fait) et nationales, mais ajoutent d'innombrables pages locales. Pour le voyageur, ça peut être une aubaine : le moindre événement, le moindre concert, la moindre foire artisanale ou marché sont signalés. Ajoutons les annonces publicitaires, les agendas culturels souvent très détaillés (cinés, spectacles...), les pages TV, etc. Bref, une mine d'infos, même si elle est encore plus conservatrice que la presse régionale française.
Le poids lourd de la presse catalane reste *La Vanguardia* (« L'Avant-garde »), ses 380 000 lecteurs quotidiens et ses 2 éditions, l'une en catalan et l'autre en castillan ; même formule bilingue pour le *Periódico de Catalunya.* Ce qui n'empêche pas de trouver une multitude de titres locaux en catalan, dont la diffusion ne dépasse pas le périmètre d'une ville.
Côté magazines, la presse people (*prensa de corazón* en espagnol) caracole en tête derrière la revue *Pronto* et le vétéran *¡Hola!* Les concurrents sont nombreux : *Lecturas, Diez Minutos, Semana, ¿Qué me dices?...* La presse people espagnole fouille nettement moins dans les poubelles que ses homologues européens. Certes, on y parle des top models et de Caroline de Monaco, mais ce qui plaît aux Espagnols, ce sont les infos (pas les ragots) sur les toreros, les grands chanteurs de flamenco et les rejetons de la noblesse (la famille royale d'Espagne en particulier). Bref, la tendance serait plus *Point de vue* que *Gala.* En fait, c'est un bon moyen d'entrer dans la société espagnole par la (toute petite) porte.
• *elmundo.es* • *elpais.com* • *lavanguardia.com* •

Télévision

Les Espagnols regarderaient-ils peu la télé ? Certes non, ils sont même les champions cathodiques d'Europe. Au programme : séries, jeux, documentaires, journaux télévisés et films. TVE 1 et TVE 2 sont des télés d'État, complétées par une offre de chaînes régionales assez peu regardées, sauf au Pays basque et en Catalogne avec TV3 notamment, souvent critiquée ces dernières années pour son parti pris pro-indépendantiste. Du côté des chaînes privées, on trouve Antena 3, Cuatro (version gratuite de Canal +), Telecinco (Tele 5, chaîne des reality-shows, des jeux et des potins) et La Sexta. Les horaires des programmes sont indiqués dans le journal local, donc pas besoin de journal spécialisé. Sachez que les journaux télévisés suivent l'heure des repas (15h et 21h sur TVE 1).
Les téléréalités et les émissions people battent des records d'audience depuis des années. La *telebasura* séduit avec des formats tels *Sálvame,* où, chaque après-midi, un groupe de collaborateurs tous plus trash les uns que les autres étripe l'intimité de célébrités de série B. Belén Esteban, ex-femme de torero et figure de la télé espagnole, est l'égérie de ce drôle de cirque qui a failli à plusieurs reprises être supprimé en raison des nombreuses plaintes de collectifs de téléspectateurs. Véritable phénomène de société, ce type d'émission contraste avec la qualité des reportages sur des sujets politiques et sociaux, dans lesquels les journalistes espagnols excellent.

Radio

De ce côté-là, c'est un peu le bazar. Des centaines de miniradios inondent la bande FM. Pour écouter de la musique locale, c'est l'aubaine, sauf en voiture où le *cantaor* au *duende* fabuleux se trouve soudain remplacé par un débat sur la culture des olives au détour d'une colline. Des valeurs sûres : les stations de la Radio national de España, comme Radio Clásica ou la plus rock Radio 3. Sinon, sur les autres stations, c'est de la pop américaine en continu, entrecoupée de mauvaise variétoche espagnole... Ni très funky, ni très varié tout ça !

MUSIQUE

Les années 1980 figurent en Espagne comme une période foisonnante de libération culturelle. En Catalogne, ce changement s'inscrit dans une ère post-franquiste dans laquelle chanter en catalan est permis. Enfin ! Le style « rock » attire alors une jeunesse en quête d'affirmation d'une identité propre et nouvelle.
Si vous êtes curieux et avez envie de savoir ce qu'il se trouve dans les oreilles des Catalans, voici une liste non exhaustive des groupes cultes de l'histoire récente :
- ***Sopa de Cabra :*** groupe phare de la fin des années 1980 au début des années 2000, il a porté toute une génération de jeunes Catalans avec plusieurs chansons cultes comme *L'Empordà, Camins, Podré tornar enrere.* Son leader emblématique, Gerard Quintana, a ensuite entamé une carrière en solo qui lui a moins réussi.
- ***Els Pets :*** le groupe originaire de Constantí fait encore vibrer les scènes catalanes. À l'instar de Sopa de Cabra, il a connu ses heures de gloire des années 1980 aux années 2000. Emmené par le dynamique Lluís Gavaldà, le groupe continue d'écrire à pleins gaz. Chansons notoires : *Bondia*, *Tarragona m'esborrona*, *Mala cara.*
- ***Sau :*** fondé en 1988, c'est le groupe le plus « torturé ». Malgré un succès comparable à ses confrères tout juste cités, le groupe perd tragiquement son chanteur (et leader) Carles Sabater d'un arrêt cardio-respiratoire en 1993. L'héritage n'est pour autant pas négligeable, les chansons *Boig per tu* et *El Tren de mitjanit* en témoignent.

Plus récemment, des groupes moins rock et un poil plus pop-folk ont fait leur apparition dans le paysage musical catalan :

– ***Els Manel*** **:** avec 4 albums au compteur depuis 2008, la bande de Guillem Gisbert s'est affirmée comme un incontournable du panorama culturel actuel grâce à une évolution musicale intéressante et éclectique. Chansons notoires : *Al Mar, Benvolgut, Teresa Rampell.*

– ***Els Amics de les Arts*** **:** ce groupe détient la singularité de ne pas posséder particulièrement de leader. Les 4 membres chantent, composent et jouent sans distinctions. Caractérisés par la simplicité de leurs mélodies, ils écument depuis un peu moins de 15 ans les salles espagnoles et catalanes avec des tubes comme *Jean-Luc, Louisiana o els camps de cotó, Reykjavik.*

– ***Txarango*** **:** de loin, le groupe le plus politisé. Ce qui n'enlève rien à son talent et à son succès. La bande originaire de Barcelone est un véritable mélange de genres (reggae, rumba catalana, dub...) et fait bouger les foules. Quelques chansons phares : *Una lluna a l'aigua, Músic de carrer, Agafant l'horitzó...*

Et les Valenciens dans tout ça ? On peut citer des groupes propres à la *Comunitat valenciana* chantant en valencien comme ***Obrint Pas*** *(Camals Mullats, La Flama)* ou ***Zoo*** *(Estiu)* qui s'inscrivent dans la défense de leur langue et de leur identité culturelle.

PERSONNAGES

Architecture

– ***Antoni Gaudí*** *(1852-1926)* **:** il paraît que Picasso le détestait. Pourtant les œuvres de l'architecte sont devenues l'emblème de Barcelone (qui l'a largement fêté en 2002 pour le 150e anniversaire de sa naissance) ! Gaudí étudia l'architecture et la philosophie, ce qui explique cette fusion de la technique et du spirituel. Il dépassa rapidement le rationalisme d'un Viollet-le-Duc pour se lancer dans une œuvre de visionnaire qui inquiéta quelque peu ses contemporains. Il puisa dans toutes les sources offrant l'occasion d'enrichir son inspiration : architecture du passé, procédés techniques et utilisation des matériaux, exploitation de toutes les possibilités du végétal, pour aboutir à des formes dynamiques et originales, audacieuses pour l'époque, et qui font de lui l'un des plus grands architectes de tous les temps.

Ce n'est pas par hasard si 7 de ses œuvres ont été classées « Biens culturels du Patrimoine mondial » : le palau Güell, le park Güell, les casas Milà (connues comme la Pedrera), Vicens et Batlló, la façade de la Nativité, la crypte de la Sagrada Família et la crypte de la Colònia Güell. Celui qui devait mourir en 1926 sous les roues d'un tramway consacra les dernières années de sa vie à son chef-d'œuvre inachevé, la ***Sagrada Família***, allant même jusqu'à dormir sur le chantier ! Comme les cathédrales de naguère, la construction de la Sagrada risque de durer encore un bon demi-siècle, d'autant que les plans ont disparu dans un incendie. Pendant longtemps encore, on la visitera dans la poussière et les étincelles des soudeurs.

– ***Ricardo Bofill*** *(1939-2022)* **:** cet architecte surdoué et séduisant a dessiné le nouvel aéroport de Barcelone, l'hôtel *W* à la pointe de la Barceloneta, le Palais national des congrès à Madrid, le quartier d'Antigone à Montpellier, la place de Catalogne ou encore celle du Marché-Saint-Honoré à Paris, et des HLM aux airs de châteaux forts. Il aime les villes néo-antiques, les immeubles à colonnes et les décors de théâtre dans lesquels on peut habiter. Il crée le *Taller de Arquitectura* en 1963, un atelier qui compte aujourd'hui une équipe de près de 80 personnes.

– ***Santiago Calatrava*** *(né en 1951)* **:** né à Benimàmet, quartier situé au nord-est de Valence, cet architecte est l'auteur de plusieurs chefs-d'œuvre. On peut citer la Cité des arts et des sciences de Valence (le palais des Arts Reina Sofía – soit

l'opéra de Valence), la gare d'Oriente à Lisbonne ou les gares TGV de Saint-Exupéry à Lyon et des Guillemins à Liège. On reconnaît souvent les œuvres de cet architecte – et ingénieur de formation – à leurs formes ovales ou elliptiques. Comme si un animal marin émergeait de sous la mer (ou la terre). Assez impressionnant même si parfois controversé.
– ***Ramón Esteve Cambra*** *(né en 1964)* **:** né à Valence, cet architecte est l'auteur de la réhabilitation du nouveau centre d'art Bombas Gens à Valence, pour lequel il reçut le prix d'architecture Land Rover Born. On retrouve aussi sa patte, toujours à Valence, dans le restaurant *Bouet.*

Musique

– ***Montserrat Caballé*** *(1933-2018)* **:** cette cantatrice barcelonaise s'est révélée aux yeux du public néophyte par son duo avec Freddie Mercury, le défunt chanteur du groupe Queen. Sa grande technique vocale, l'étendue de sa tessiture et sa prestance lui ouvrent bien des rôles, des romantiques primesautières aux sombres vengeresses. C'est *Lucrèce Borgia,* au Carnegie Hall de New York, en 1965, qui la consacre véritablement auprès du public. À sa retraite, elle s'implique très activement dans l'action humanitaire, et fait partie des Ambassadeurs de bonne volonté de l'Unesco.
– ***Pablo Casals*** *(1876-1973)* **:** violoncelliste, compositeur et chef d'orchestre né Pau Casals à El-Vendrell, près de Tarragone. À 12 ans, il quitte sa ville natale pour Barcelone et son école municipale de musique. C'est là qu'il découvre les *Six suites pour violoncelle seul* de Bach, qui vont bouleverser sa vie. En 1939, il fuit le régime franquiste et s'installe à Prades, dans les Pyrénées-Orientales, donnant des concerts au profit des réfugiés espagnols. Il refusera longtemps de jouer à l'étranger tant que les grandes nations n'auront pas aidé l'Espagne à retrouver sa liberté... En 1963, il joue malgré tout, à la Maison-Blanche devant John Fitzgerald Kennedy, *El cant dels ocells,* noël de tradition catalane. Ce concert reste encore aujourd'hui une grande fierté pour les Catalans.
– ***Paco Ibáñez*** *(né en 1934)* **:** le vieux loup valencien de la chanson espagnole engagée. Mis au ban de l'Espagne franquiste en 1967, Ibáñez se réfugie en France. De ce séjour forcé, il a contracté (pour notre plus grand plaisir) un amour maladif des textes de Brassens, de Ferré ou d'Atahualpa Yupanqui. Il interprète les textes des poètes Rafael Alberti, José Goytisolo, Pablo Neruda ou Federico García Lorca lors de ses tournées qui le mènent régulièrement dans l'Hexagone. Le regard lucide qu'il porte sur son pays reste une référence.
– ***Lluís Llach*** *(né en 1948)* **:** les Catalans disent de ce chanteur septuagénaire qu'il a le *duende,* un frisson dans la voix, un supplément d'âme qui touche et donne la chair de poule. Il est LE chanteur catalan et ses concerts attirent 100 000 personnes au stade du Camp Nou. Passionné par le vin, il s'est installé à Porrera dans le Priorat et cultive ses vignes. Le *celler* Vall Llach fait le bonheur des amateurs, et ses romans (oui, il s'est mis à la prose) celui des lecteurs.
– ***Jordi Savall*** *(né en 1941)* **:** né à Igualada, dans la province de Barcelone, ce violiste (entendez par là « joueur de viole » de gambe) remet au goût du jour cet instrument et recrée un répertoire allant du Moyen Âge au XIXe s. Il

CHANTER, C'EST RÉSISTER !

Franco avait interdit de parler la langue catalane en public... mais avait oublié de la prohiber dans les chansons ! Lluís Llach, chanteur engagé, a toujours milité pour la Catalogne autonome et chanté en catalan. Il dut pourtant s'exiler à Paris en 1970 après avoir été déclaré « chanteur interdit » sous Franco. Sa chanson L'Estaca (« Le Pieu ») devint l'hymne de la résistance antifranquiste. Il a même refusé un contrat mirifique de CBS qui lui demandait de chanter en espagnol.

participe activement aux bandes originales des films *Tous les matins du monde* (1992), d'Alain Corneau, *Jeanne la Pucelle* (1993), de Jacques Rivette, et *Marquise* (1997), de Vera Belmont, pour n'en citer que quelques-uns...

– ***Rosalía*** *(née en 1993)* **:** on la croyait andalouse pour son inspiration flamenco, il n'en est rien. La native de Sant Esteve Sesrovires, en banlieue de Barcelone, se fait connaître sur la scène internationale grâce à son single *Malamente* issu de son 2e album *El mal querer* avec lequel elle enflamme ses fans et les réseaux sociaux. Mélangeant flamenco, reggaeton et pop latina, elle charme autant le public que les critiques (elle remporte, entre autres, le Grammy Award du meilleur album alternatif). En 2022, son 3e album, *Motomami,* confirme tout le talent de cette chanteuse, qu'on a également aperçu chez Almodovar (dans *Douleur et Gloire,* en 2019).

Littérature

– ***Ramon Llull*** *(à prononcer « youye » ; 1232-1315)* **:** poète, philosophe, théologien, missionnaire, apologiste chrétien et écrivain. Né à Palma de Majorque, il ne vole pas sa place dans ce guide, car il est considéré comme l'inventeur du catalan littéraire. Son œuvre, gigantesque et brillante, rédigée en catalan, en arabe et en latin, montre l'intérêt et la complexité du monde dans lequel vivait ce curieux personnage.

– ***Salvador Espriu*** *(1913-1985)* **:** né à Santa Coloma de Farners (Gérone), l'une des plumes catalanes parmi les plus emblématiques du XXe s. Profondément marqué par la mort subite de son frère et de sa sœur, tenaillé lui-même par la rage du sursitaire (il échappe à la grande faucheuse à l'âge de 10 ans), la mort et le repli sur soi émaillent la 1re partie de son œuvre. Puis l'auteur parvient à se défaire de cette obsession et appelle à la lutte, notamment contre le franquisme. Son message d'espoir connaîtra un retentissement considérable en Catalogne.

– ***Eduardo Mendoza*** *(né en 1943)* **:** cet auteur barcelonais cultive son image de provocateur gentleman. Titilleur professionnel mais loyal, dans *La Vérité sur l'affaire Savolta,* il s'étend à loisir sur la bourgeoisie et les anarchistes de l'année 1917. Il sait aussi souligner le fait que les fortunes colossales de la cité catalane se sont bâties sur l'indigence du petit peuple de la *Ville des prodiges,* ou encore vitupérer contre la Catalogne à l'heure du franquisme *(L'Année du déluge).*

– ***Manuel Vázquez Montalbán*** *(1939-2003)* **:** son père étant originaire de Galice, Montalbán écrit en castillan, la langue de sa famille, mais reste un ardent défenseur de la culture catalane, avec « une certaine distance émotionnelle » en plus. Journaliste, poète, romancier et même chroniqueur gastronomique, il s'engage en politique aux côtés du PSUC (parti socialiste unifié catalan à sensibilité communiste). Il reçoit quelques-uns des plus grands prix littéraires, comme le Planeta (équivalent du Goncourt français) en 1979 et le Grand Prix de littérature policière en 1981. Son héros fétiche, Pepe Carvalho, connaît Barcelone comme sa poche, et son péché mignon, entre 2 enquêtes désabusées, est de mitonner quelque succulente recette catalane ou de partir en balade autour du monde... Tout comme Montalbán, qui s'est d'ailleurs éteint à l'aéroport de Bangkok.

Arts plastiques

– ***Salvador Dalí*** *(1904-1989)* **:** né à Figueres, dans la province de Gérone. Dalí a une dette particulière envers Barcelone, car c'est dans cette ville qu'il montera ses 1res expos, chez le galeriste Dalmau. Il y rencontre Miró, de 8 ans son aîné, qui le prend sous son aile. À Paris, il est sous son parrainage amical, et celui de Picasso. Miró lui fait connaître les

LE SECRET DE DALÍ

Pour sa moustache, Dalí s'inspira de Vélasquez, qu'il admirait car riche, célèbre et vénéré par les puissants. En fait, pour l'allonger, il ajoutait des cheveux collés avec de la cire. Grâce à cette moustache, personne ne l'oubliait, même avant qu'il soit célèbre.

surréalistes, dont Dalí deviendra une figure de proue... avant de se fâcher avec eux ! Outre la peinture, le maître de l'excentricité touche à tout : il coécrit 2 scénarios avec Luis Buñuel (*Un chien andalou* et *L'Âge d'or*), se lance dans des happenings, tourne une pub pour les pralinés Lanvin (grand moment de télé)... mais reste inlassablement fidèle à sa femme et muse, Gala. Contrairement à Picasso ou à Miró, il ne critiquera jamais ouvertement le pouvoir franquiste et fera même, à la fin de sa vie, un éloge du Caudillo. D'ailleurs, voici comment Dalí parlait de Picasso : « Picasso est espagnol. Moi aussi. Picasso est un génie. Moi aussi. Picasso est communiste. Moi non plus ! » L'État espagnol est devenu à sa mort son héritier universel, un héritage estimé à quelque 850 millions de francs de l'époque. Le teatre-museu Dalí de la ville de Figueres, où il naquit et passa ses dernières années, demeure l'un des musées les plus visités d'Espagne après le Prado, à Madrid, et représente une des étapes du « triangle dalinien » en Catalogne.

– ***Joan Miró*** *(1893-1983)* **:** il a passé son enfance carrer de Ferran, en plein centre de Barcelone, bercé par les tic-tac familiers des mécanismes chers à son horloger de père. Très vite, Miró comprend que son goût pour les formes abstraites, les explosions de couleurs, détone et détonne ! Son passage aux cours de la Llotja, où il est mal noté par ses professeurs, en témoigne. Il rencontre Gaudí au Cercle artístic de Sant Lluc, avant de partir pour Paris, à l'instar de ses amis peintres : c'est là qu'il rencontre Picasso, de 12 ans son aîné, avant de revenir à Barcelone au début de la 2de Guerre mondiale. Pendant la guerre civile, il se bat avec ses affiches pour seules armes, afin d'alerter l'opinion internationale, de même qu'il soutiendra la cause catalane pendant la période du franquisme.

– ***Pablo Picasso*** *(1881-1973)* **:** Picasso est né à Málaga, en Andalousie, mais sa 1re expo, il la monte à Barcelone, sur les murs du café *Els Quatre Gats,* un peu l'équivalent de notre *Chat Noir* montmartrois. Lorsque le jeune Pablo arrive à Barcelone, il a 14 ans. Il habite alors avec ses parents carrer de la Mercè, près des quais, puis suit les cours de l'école des beaux-arts de la Llotja, où son père est professeur. On peut voir des œuvres de jeunesse, des scènes de rue, des croquis de pigeons de l'élève Picasso au musée qui porte son nom dans le quartier Ribera. Si son style s'est affirmé à Paris, Picasso a toujours aimé Barcelone, laquelle, avec ses rues vivantes, son port, ses carrioles et ses chevaux, a été sa 1re source d'inspiration.

– ***Xavier Mariscal*** *(né en 1950)* **:** dit « Mariscal ». Né à Valence, mais son cœur bat pour Barcelone ! C'est la ville qu'il adopte pour y mener une carrière de créateur tous azimuts : souvenez-vous, la mascotte Cobi, rendue célèbre lors des J.O. de 1992, c'est lui. Mais c'est lui aussi qui signe un dessin animé iconoclaste, *Los Garriris,* avec ses héros vagabonds, lui encore qui imagine un tabouret aux pieds ondulés ou une affiche à la gloire de la ville, avec ce slogan « Bar-cel-ona » (en catalan : « Bar, ciel, vague »). Il fait également partie des talents qui ont investi le Palo Alta, dans le Poblenou, réanimant ainsi la vieille friche industrielle de Barcelone.

– ***Antoni Tàpies*** *(1923-2012)* **:** Tàpies et ses toiles non figuratives, ses sculptures étranges et non dénuées d'humour, sont une création toute barcelonaise. Dans les années 1950, ce jeune artiste était considéré comme l'héritier de Miró, car il faisait preuve, comme lui, d'un tempérament inquiet et novateur. Sa fondation, carrer Aragó, dans le quartier de l'Eixample, abrite une collection permanente de son œuvre.

Cinéma

– ***Sergi López*** *(né en 1965)* **:** acteur fétiche de Manuel Poirier (avant *Western,* il avait tourné 4 films avec ce réalisateur). Si c'est donc en France qu'il a fait sa 1re apparition à l'écran, il est avant tout catalan et fier de l'être. Sa brillante prestation dans *Harry, un ami qui vous veut du bien,* de Dominik Moll, fut à juste titre récompensée par le césar du meilleur acteur en 2001. Depuis, Sergi López se partage entre cinéma et théâtre.

– ***Úrsula Corberó*** *(née en 1989)* **:** révélée dans la série *La Casa de Papel* avec son personnage Tokio, l'actrice, née à Sant Pere de Vilamajor, avait déjà fait ses preuves dans la comédie espagnole *Cómo sobrevivir a una despedida* (2015). Considérée également comme une icône de mode, elle est de loin une des personnalités publiques espagnoles les plus suivies d'Instagram, avec l'actrice principale de la série *Élite,* Ester Expósito.

Sport

– ***Pau Gasol*** *(né en 1980)* **:** les fans de basket-ball connaissent bien ce Barcelonais. Icône de NBA, il fut le 1er Catalan à y jouer, et fut même « meilleur *rookie* » de la saison lorsqu'il y débarqua en 2000. En peu de temps, il devient un des meilleurs joueurs à son poste et s'affirme comme une star internationale de ce sport. Il est également un des piliers de la sélection espagnole avec laquelle il a presque tout remporté. Il a joué aux Lakers de Los Angeles entre 2008 et 2014 où il a glané 2 titres de NBA. Il a pris sa retraite sportive en octobre 2021.

– ***Kilian Jornet*** *(né en 1987)* **:** il y a parfois des hommes qui naissent dans des endroits discrets et qui excellent dans des disciplines qui ne sont pas censées être les leurs. C'est un peu le cas de l'« ultraterrestre » Jornet. Né à Sabadell, en bord de mer, le Catalan est un spécialiste de ski alpin, alpinisme, ultra-trail et course de montagne. Doté de capacités physiques hors normes, il enchaîne les records d'ascension, les sommets et les performances... En guise d'exemple, on peut citer sa double ascension de l'Everest par la voie normale tibétaine, sans sherpas, sans bouteilles d'oxygène et sans corde fixe ; il y grimpe 2 fois en l'espace de quelques jours, se « sentant en forme »... Ça vous pose un bonhomme.

– ***Pep Guardiola*** *(né en 1971)* **:** joueur de football dans les années 1990-2000, il acquiert une réputation mondiale en tant qu'entraîneur. Dès sa 1re saison au Barça, le natif de Santpedor devient le plus jeune manager à réaliser un sextuplé historique : Championnat, Coupe du Roi, Ligue des champions, Supercoupe d'Espagne, Supercoupe d'Europe et la Coupe du monde des Clubs. Reconnu par ses pairs comme l'un des meilleurs entraîneurs du monde grâce à son style fondé sur la possession de balle et le « football total » de Johann Cruyff, il conquiert également les championnats d'Allemagne et d'Angleterre. Il est connu pour ses prises de position pro-indépendantiste qui lui ont valu de nombreuses critiques. En 2023, à la tête du club de Manchester City, il remporte haut la main le championnat et la coupe d'Angleterre ainsi que la *Champions League.*

– ***Gerard Piqué*** *(né en 1987)* **:** l'ex-joueur du FC Barcelone (il s'est retiré en 2022) est surnommé « Shakiro » pour sa relation avec la célèbre chanteuse colombienne Shakira. Sorte d'ovni dans le monde du football pour son sens des affaires et ses sorties médiatiques provocatrices, il n'en reste pas moins un joueur de football avec un palmarès long comme le bras. Il a aussi créé et dirige le groupe Kosmos, qui a largement participé à la réforme de la Coupe Davis.

Politique

– ***Carles Puigdemont*** *(né en 1962)* **:** connu pour s'être exilé en Belgique après avoir déclaré l'indépendance de la Catalogne en octobre 2017 en tant que *président de la Generalitat,* Carles Puigdemont est l'homme politique qui a remis le problème catalan au centre du jeu européen. Journaliste de formation, il reste actif depuis l'étranger et pèse malgré tout dans le domaine politique catalan. En 2022, il quitte la présidence de son parti.

Divers

– ***Ferran Adrià*** *(né en 1962)* **:** parcours singulier pour ce « cybersorcier des fourneaux » au nom souvent associé à la cuisine moléculaire. Après avoir fait la plonge dans un resto d'Ibiza, puis rassasié le mess des garnisons de Carthagène, il atterrit à 22 ans au resto *El Bulli* (à cala Montjoi, près de Roses) dont il fait, dans les années 2000, la table la plus connue du monde ! Dès ses débuts, il n'a cessé d'innover en commençant par tout déconstruire : aliments, cuisson, saveurs, textures, odeurs, formes. Grâce à l'informatique, chaque composant est entré dans une base de données qui lui permet de jouer à l'infini avec les mariages. « Il est le seul à inventer une cuisine que je ne sais pas faire », a dit Joël Robuchon au sujet de Ferran Adrià, qui vient d'ouvrir les portes d'*El Bulli1848,* renouvelé façon musée-centre de recherche gastronomique. Toutefois, il n'est pas le seul cuisinier fantasque de renom de Catalogne puisque depuis quelques années le *Celler de Can Roca* des frères ***Roca*** cherchent à retrouver et à recréer, grâce à la technologie, les arômes et les goûts des aliments façon madeleine de Proust.

– ***Caganer :*** date de naissance inconnue pour ce santon typiquement catalan (coiffé du bonnet traditionnel si cher à Dalí), qui a sa place dans toutes les crèches de Noël. Mais dans un coin discret. Et pour cause : *caganer* signifie littéralement « chieur ». Et la position du *Caganer,* accroupi et pantalon baissé, ne laisse aucun doute sur son activité. D'ailleurs, si vous le regardez de dos... Les caganers adoptent aujourd'hui les traits d'une foule de célébrités, de Madonna à Astérix (et les politiciens n'y échappent pas !).

– ***La Chupa Chups :*** au milieu du XIXe s, Josep Bernat, un petit confiseur de Barcelone, invente le bonbon-caramel, une boule de sucre caramélisé. Dans les années 1950, son petit-fils Enric rachète la société *Granja Asturias,* productrice de pâtes de fruits, et commande une étude de marché : si les enfants raffolent de ses bonbons, les mamans les apprécient beaucoup moins, vu qu'ils salissent les mains et les habits de leurs chers petits ! Il trouve la solution : piquer ses caramels sur un bâtonnet. La 1re sucette est lancée sous le nom de « Gol », à cause de sa forme de ballon de foot, avant de s'appeler *Chups,* nom trouvé par une agence de pub locale en 1958. Dalí dessine son logo, la célébrissime marguerite, et les amateurs la rebaptisent « Chupa » (tétine, en espagnol). La petite sucette ronde, suçotée par des générations entières de gourmands, vendue dans plus de 160 pays (y compris la Chine et la Russie), atteint des ventes spectaculaires.

Et n'oublions pas...

... les champions de tennis ***Sergi Bruguera*** et ***Arantxa Sanchez-Vicario*** ; les nombreux pilotes de vitesse moto catalans, parmi lesquels l'actuel sextuple champion du monde de MotoGP ***Marc Márquez*** ; les footballeurs ***Carles Puyol*** et ***Xavi,*** natifs de Catalogne et qui ont effectué toute leur carrière européenne au FC Barcelone, la nageuse ***Mireia Belmonte*** championne du monde (2006, 2017) et championne olympique (2016) ; le ténor ***José Carreras*** ; les écrivains ***Jaume Cabré*** (dont les remarqués *Voix du Pamano* ou *Confiteor,* le 2d se déroulant à Barcelone), ***Carlos Ruíz Zafón*** (emporté par la Covid ; voir « Livres de route » dans « Catalogne-Valence utile » en début de guide), populaire et médiatique, ou ***Victor del Árbol,*** distingué par de nombreux prix, auteur de polars très sombres qui revisitent l'histoire récente de la Catalogne et de l'Espagne.

POPULATION

Depuis l'Antiquité, les Catalans ont vu débarquer un certain nombre de voyageurs, depuis les Phéniciens jusqu'aux Arabes, en passant par les Grecs, les Romains et les Wisigoths. Sans parler des influences glanées en Italie, en Sardaigne et en Sicile... C'est donc un peuple avec une tradition et une culture riche de diversité. Contrairement aux Basques, les Catalans ont forgé leur identité culturelle à l'aune de leur propre histoire et non pas dans la recherche d'une quelconque homogénéité ethnique. Comme eux, en revanche, ce sont de grands navigateurs qui ont développé très tôt un sens aigu du commerce et de la finance, parcourant les pays méditerranéens où parfois ils se sont installés. Ce n'est pas un hasard si Barcelone et Bilbao sont aujourd'hui les 2 grands ports espagnols.

Si vous interrogez un Catalan sur les particularités de son peuple, il ne résiste pas bien longtemps et vous révèle le secret des gens d'ici : un savant dosage de *seny* (le bon sens) et de *rauxa* (la démesure, la folie des grandeurs). Et de vous citer Dalí, Gaudí ou Bofill, exemples de cet étonnant cocktail qui fait tout le charme du caractère catalan !

Il vous dira encore qu'il se sent plus européen qu'espagnol. Cela dit, à côté de ces Catalans « de souche », on trouve depuis un siècle des gens venus des régions les plus pauvres de la péninsule, attirés par la richesse de la région. Ces immigrants-là ne parlaient que castillan et ont dû se mettre au catalan, parfois avec réticence.

LES BÉBÉS VOLÉS DU FRANQUISME

Jusqu'en 1987 (donc 12 ans après la mort de Franco !), 300 000 enfants furent enlevés à des familles républicaines et vendus à des mères... bien-pensantes. Pour le prix d'un appartement ! Dans les maternités, on persuadait l'accouchée que l'enfant était mort-né. Des religieuses et des médecins participèrent à ce trafic inqualifiable et lucratif.

La centralisation du pouvoir sous le régime de Franco avait fait de la Catalogne un pôle d'opposition au franquisme. Auparavant, du moins jusqu'au début du XVIIIe s, elle avait ses propres institutions, retrouvées un moment en 1931 avec la création de la Generalitat de Catalogne. La mort de Franco et l'avènement d'une monarchie parlementaire allaient conduire à la renaissance de la Generalitat. Le statut d'octobre 1979 crée un Parlement catalan qui élit le président de la Generalitat.

Les tensions entre les Catalans et le pouvoir central résultent évidemment du degré d'autonomie financière et politique que ce dernier veut bien concéder. Dans l'ensemble, ça se passait plutôt bien : la Catalogne était une alliée indispensable au gouvernement madrilène. Il ne faut pas oublier qu'Aznar devait sa victoire de 1996 à l'appui de Jordi Pujol. Et ça, Pujol, qui l'avait très bien compris, avait su en jouer. Depuis, tout est beaucoup plus compliqué et indécis... (voir plus haut notre chapitre « Histoire »).

RELIGIONS ET CROYANCES

Les clichés ont la vie dure. Eh bien, d'après les derniers sondages, 55 % des Espagnols se reconnaissent de confession catholique ; parmi eux, plus de 17 % confessent être des pratiquants réguliers. Ces chiffres, en baisse constante, cachent donc une baisse encore plus prononcée de la fréquentation des églises, notamment lors de la messe dominicale, et surtout chez les jeunes. D'ailleurs, plus de 37 % des Espagnols s'affirmaient agnostiques ou athées en 2021.

Du reste, se déclarer catholique ne signifie pas forcément avoir la foi, mais plutôt être de culture catholique et se conformer à certains rites très ancrés. Le baptême, la communion, le mariage à l'église sont autant d'événements sociaux encore importants dans la vie de nombreux Espagnols.

Mais leur fonction consiste souvent plus à étaler ses richesses et à impressionner sa famille et ses voisins qu'à manifester sa foi. Il suffit pour s'en convaincre de jeter un œil sur les accoutrements des communiants : costume de capitaine de frégate le plus cher possible pour lui, robe de mariée couverte de fanfreluches pour elle ; c'est clairement l'ostentation méditerranéenne (que l'on retrouve aussi en Italie) !

En fait, ***la religion reste souvent le meilleur prétexte pour faire la fête :*** aux nombreux jours fériés à caractère religieux s'ajoutent les différentes fêtes des villes et des villages données en l'honneur du saint patron local, tandis que la Semaine

sainte et ses processions mettent les cités espagnoles dans un état proche de l'hystérie collective. Une hystérie à travers laquelle se mêlent joie de vivre l'instant et authentique ferveur religieuse.
Cela étant dit, l'Église reste suffisamment puissante pour s'opposer farouchement à la société civile sur le terrain social.
Et les non-catholiques dans tout ça ? Eh bien, comptez environ 2 millions de musulmans dans tout le pays, issus pour la plupart de l'immigration récente, bien que se développe un îlot de nouveaux convertis à Grenade... Les différentes églises protestantes sont aussi en plein essor, et comptent désormais plus de 1,2 million de fidèles, surtout en provenance d'Amérique du Sud et d'Europe du Nord. L'émigration en provenance d'Europe de l'Est a porté à plus de 1 million le nombre de chrétiens orthodoxes. Les juifs seraient environ 45 000. Quant aux sectes, elles paraissent peu implantées et souvent liées aux mouvements d'extrême droite.

SARDANE

La sardane est la danse nationale catalane, originaire de l'Empordà, région du nord de la Catalogne. Spécifique au Bassin méditerranéen, elle se dansait déjà, paraît-il, chez les Étrusques et dans la Grèce antique. Codifiée par Pep Ventura au XIXe s, elle fut largement médiatisée lors de la cérémonie d'ouverture des J.O. de 1992. Rien à voir avec le flamenco : c'est une danse simple et sobre, interprétée toutes générations confondues. On forme un cercle en attendant que le *flabiol* (petite flûte) commence à jouer. Un à un, tous les instruments de la *cobla* (l'orchestre) le rejoignent. Les danseurs entament une série de pas vers la droite, puis en arrière, et exécutent la même chorégraphie de l'autre côté. Au début, la danse est lente, puis elle s'accélère avec la musique, les pas s'enchaînent et deviennent de plus en plus compliqués, alternant sauts et mouvements des bras. Puis la musique ralentit à nouveau et on revient aux pas du début... D'autres danseurs peuvent entrer dans le cercle sans que la danse s'arrête, on leur fait simplement de la place.
Chaque sardane est composée de 2 unités mélodiques distinctes : les points courts, qui font usage de refrain comme dans une chanson, et les points longs, sorte de couplet. La coutume veut qu'une sardane commence par les courts (2 fois), puis les longs (2 fois), les courts (2 fois) et finalement les longs (4 fois). Les seules interruptions ont lieu uniquement après le 2e et le 3e des 4 derniers longs, par 2 arrêts nommés contrepoints. Le musicien fixe le nombre de courts et de longs de chaque sardane suivant son inspiration, mais la moyenne habituelle, imposée par le délai du temps à jouer (environ 12 mn par sardane), est de 21 à 45 courts et de 51 à 95 longs.
Pour voir danser la sardane à Barcelone, reportez-vous à la rubrique « Fêtes et manifestations locales » du chapitre consacré à cette ville. En août, la sardane est réservée aux fêtes locales. On peut consulter les dates sur ● *portalsardanista.cat* ●

SAVOIR-VIVRE ET COUTUMES

Quelques particularités

– Si le service est inclus dans l'addition, le ***pourboire*** (la ***propina***), lui, ne l'est pas : il n'est pas obligatoire, mais il est courtois de laisser quelque chose (jusqu'à 10 % de l'addition). N'oubliez pas que les salaires sont ici légèrement moins élevés qu'en France.
– Il est un rituel que l'on retrouve dans toute la péninsule Ibérique, celui du ***paseo*** (littéralement, la « promenade »). Vers 19h-20h, avant le dîner, les Espagnols ont l'habitude de déambuler dans les rues de la ville, le long des promenades de bord

de mer par exemple, en famille ou entre amis. L'élégance est de mise, chez les grands comme chez les petits. C'est un moment très convivial, souvent ponctué de retrouvailles : on croise un voisin, on dit bonjour à une cousine : « Et comment va Isabel ? », et on finit par s'asseoir sur un banc pour regarder les autres passer... Un spectacle à ne pas manquer.

– Il y a peu de ***toilettes publiques,*** mais on peut plus facilement qu'en France utiliser les toilettes des cafés et restos. On en trouve également dans les lieux culturels, et dans quelques grands magasins ou centres commerciaux dans les grandes villes.

– On fait attention à sa ***tenue*** quand on entre dans une église (les jambes nues sont mal vues, et il vaut mieux couvrir bras et épaules).

– Quant à la ***voiture,*** les Espagnols se garent n'importe où, y compris en double ou triple file, mais jamais sur les emplacements handicapés, qu'ils respectent scrupuleusement.

ON SE DIT « TU » ?

Le tutoiement est bien plus utilisé en espagnol qu'en français. Une manifestation de proximité qui surprend quand un chauffeur de taxi vous tutoie, par exemple. Il faut dire que le « vous » espagnol (usted) est autrement lourd de sens : il dérive, par usure phonétique, de vuestra merced (« Votre grâce ») ! Voilà pourquoi on vouvoie plutôt les supérieurs hiérarchiques ou les personnes âgées.

Fêtes à toutes les sauces

Tous les prétextes sont bons en Espagne pour organiser une fête. Bien sûr, tous les saints y passent, mais aussi les escargots, les ânes, les récoltes, les taureaux ! Il y en a pour tous les goûts et pour toutes les folies. On compte plus de 25 000 fêtes par an, soit une toutes les 20 mn ! La plupart sont concentrées en été.

L'origine de ces fêtes est avant tout religieuse. Le catholicisme a intégré toutes les célébrations païennes pour mieux les christianiser et, au contraire du protestantisme de l'Europe du Nord, est resté attaché à toutes les commémorations et à tous les rites ancestraux. N'empêche que les vieilles fêtes religieuses ont considérablement évolué, au point de parfois provoquer les critiques de l'Église. Mais ni la fin du franquisme ni la déchristianisation grandissante de la péninsule n'ont eu d'effet sur l'engouement festif des Espagnols : c'est aussi beaucoup le « vivre ensemble » que l'on célèbre. Mais comment fait-on la fête en Catalogne ? On réunit tout le monde autour de beaucoup de musique, de *falles* (feux de joie) et *correfocs* (feux d'artifice). On convie ensuite des *gegants* (géants) et des *capgrossos* (nains à grosse tête), ces loustics de carton-pâte qui s'agitent le plus souvent par couples (roi et reine, soleil et lune, berger et bergère...), que suivent *grallas* (cuivres) et tambourins. Puis tout ce beau monde se met à danser la sardane. Les fêtes permettent également de faire honneur aux spécialités et aux boissons *(¡Salud!)* du coin. Les grandes fêtes du calendrier liturgique ajoutent chacune leur particularité. Noël connaît ses crèches vivantes dans de nombreux villages, comme celui de Bàscara, entre Gérone et Figueres. Les habitants y rejouent ainsi les scènes de la Nativité chaque jour de la semaine précédant Noël. La *Semana santa,* elle, s'applique à faire revivre la passion du Christ, à grand renfort de roulements de tambours lugubres.

Vie nocturne

Ici, on ne dort pas ! Hors période de Covid, la vie nocturne barcelonaise (et espagnole en général) est certainement l'une des plus développées d'Europe, voire du monde ! La nuit, la rue appartient aux noctambules qui fourmillent dans les

quartiers les plus animés. Barcelone, outre toutes les fêtes religieuses ou commémoratives, a comme particularité d'être une ville très branchée, pour ne pas dire hype : l'un des temples européens de la musique électronique, *Sónar* oblige. On ne compte plus les bars et les boîtes, et la ville attire chaque année des milliers de jeunes venus s'éclater au rythme des derniers DJs, dans des ambiances et des cadres aussi variés que leurs envies ! Tout cela commence fort tard (en général, pas la peine de se pointer avant 2-3h) et se termine au petit matin, à moins d'embrayer avec un after...
Cet engouement festif n'est pourtant pas du goût de tout le monde. À Lloret de Mar près de Girona, les riverains sont, chaque été, plus excédés que le précédent, par les abus, voire les saccages en tout genre de la part des touristes venus faire « la fête ».

SITES INSCRITS AU PATRIMOINE MONDIAL DE L'UNESCO

Organisation des Nations Unies pour l'éducation, la science et la culture · En coopération avec le Centre du patrimoine mondial

Pour figurer sur la liste du Patrimoine mondial, les sites doivent avoir une valeur universelle exceptionnelle et satisfaire à au moins un des 10 critères de sélection. La protection, la gestion, l'authenticité et l'intégrité des biens sont également des considérations importantes.
Le patrimoine est l'héritage du passé dont nous profitons aujourd'hui et que nous transmettons aux générations à venir. Nos patrimoines culturel et naturel sont 2 sources irremplaçables de vie et d'inspiration. Ces sites appartiennent à tous les peuples du monde, sans tenir compte du territoire sur lequel ils sont situés. Pour plus d'informations : ● *whc.unesco.org* ●
– À Barcelone, les ***œuvres d'Antoni Gaudí*** (1984, 2005) : park Güell, palau Güell, casa Milà *(la Pedrera),* casa Vicens, Sagrada Família (façade de la Nativité et crypte), casa Batlló et Colònia Güell (la crypte), ainsi que le ***palau de la Música catalana*** et l'***hospital de Sant Pau*** (1997).
– Ailleurs en Catalogne : le ***monastère de Poblet*** (1991), les ***églises catalanes romanes du val de Boí*** (2000), l'***ensemble archéologique de Tarragone*** (2000).
– Dans la communauté de Valence : la ***Lonja de la Seda*** à Valence (1996), la ***palmeraie d'Elche*** (2000).
– Réparti sur différentes régions, car sur de multiples sites : l'***art rupestre du Bassin méditerranéen*** de la péninsule Ibérique (1998).

SPORTS ET LOISIRS

Le football *(fútbol)*

On trouve en Espagne les plus grands stades européens, et les grands clubs sont l'orgueil des villes. Barcelone vibre au rythme du Barça, club de foot phare du pays et symbole de la résistance catalane face au pouvoir de Madrid. Vainqueur de 26 titres de champion (le dernier en 2023), le Barça (FC Barcelone) s'enorgueillit surtout, depuis le passage d'un certain Johan Cruyff à la fin des années 1970, de proposer l'un des footballs les plus spectaculaires et offensifs d'Europe. Et ça marche !
Les joueurs au maillot bleu et grenat ont décroché tous les trophées européens, dont 5 fois la Ligue des champions, en 1992, 2006, 2009, 2011 et 2015. Il faut dire que le Barça a toujours accueilli de grosses pointures, parmi lesquelles les Argentins Diego Maradona et Lionel Messi, les Brésiliens Ronaldinho et Neymar Jr, le Camerounais Samuel Eto'o ou les Français

Lilian Thuram, Antoine Griezmann et Thierry Henry, et on en passe. À ces stars s'ajoute une flopée de joueurs formés à « La Masia » (littéralement « la ferme »), le centre de formation du club. Des joueurs comme Iniesta, Xavi, Carles Puyol ou Gerard Piqué en sont sortis. Par ailleurs, le Camp Nou et ses 99 000 places comptent 150 000 *socios,* un système unique d'abonnés-actionnaires qui leur octroie, par exemple, le pouvoir de renvoyer leur président. Mieux qu'une cotation en Bourse ! Les aficionados en quête de simplicité se rabattront sur l'autre club de la ville, l'Espanyol, peut-être moins performant mais plus authentique (malgré son rachat par un fonds d'investissement chinois...) !
Le FC Valence, de son côté, oscille entre années fastueuses (à la fin de la décennie 1990) et échecs, avec régulièrement des achats de joueurs un peu prestigieux ; du coup, les résultats suivent le même yo-yo...
Les victoires à l'Euro 2008, à la Coupe du monde en 2010, puis à l'Euro 2012 attestent de la santé insolente du football espagnol, même si l'élimination précoce à la Coupe du monde 2014 et à l'Euro 2016 a quelque peu calmé l'enthousiasme des supporters du pays. En 2021, l'Euro, disputé avec une équipe rajeunie et sans véritables stars, a ravivé la flamme : la *Roja* s'est inclinée en demi-finale contre le futur vainqueur, l'Italie. Parmi les joueurs de la sélection, on ne compte qu'un bon tiers de Catalans, mais c'est bien le drapeau national qui flotte dans les rues de Catalogne lors de ces compétitions ! En 2023, la Roja remporte la *Ligue des Nations* en battant la Croatie en finale.
Mais le football ibérique domine toujours la scène continentale. C'est ce que confirment notamment les victoires du Real Madrid (en 2016, 2017, 2018 et 2022) et du FC Barcelone (en 2009, 2011 et 2015) en Ligue des champions. Et, depuis 2004, les clubs espagnols ont remporté la Ligue Europa à 11 reprises : Séville (7), Atletico Madrid (3) et Valence (1).

Autres sports

Les succès sportifs des Espagnols ne se limitent pas au football. Dans les années 2010, nombreuses sont les performances abouties réalisées par les sportifs espagnols. Une vague déclenchée par l'équipe masculine de basket, qui a longtemps dominé les compétitions internationales derrière les États-Unis. En cyclisme, ***Alberto Contador*** a, quant à lui, longtemps joué les 1ers rôles en remportant les 3 grandes épreuves du cyclisme sur route (La Vuelta, le Giro et le Tour). Sans parler de ***Rafael Nadal,*** dans le domaine du tennis, qui a glané tous les titres du Grand-Chelem, 22 à son actif avec sa victoire en 2022 à Roland Garros, pour la 14e fois ! On pourrait également citer ***Fernando Alonso,*** champion du monde F1.

La randonnée

Avec les Pyrénées dans sa partie septentrionale, la Catalogne ravira tous les randonneurs. Pas moins de 30 GR sillonnent la province, de même que des centaines de sentiers propices à d'agréables balades d'une journée. Les 1ers sont, comme en France, balisés en rouge et blanc. Les couleurs jaune et blanc indiquent les sentiers de petite randonnée *(PR, Petit Recorregut),* et le vert et blanc de courts sentiers locaux *(SL, Senders Locals).* Vous trouverez des informations détaillées sur les plus intéressants dans nos pages, mais voici un aperçu général des grands itinéraires :
– le sentier des Pyrénées, ou GR 11, est sans doute le plus populaire. Il traverse les Pyrénées catalanes depuis le cap de Creus jusqu'au val d'Aran, au pied de l'Aneto, et se poursuit jusqu'à l'Atlantique (cap Higuer) pour les plus endurants. C'est un peu le contrepoint du GR 10 qui passe côté français. La route complète se parcourt en un peu plus de 1 mois.

– Le GR 92 est aussi très réputé. Il longe la côte méditerranéenne sur 579 km, de Portbou (à la frontière française) jusqu'à Ulldecona, au sud du delta de l'Èbre. Il alterne anciens chemins douaniers, passages dans les terres et sections montagneuses, mais sans jamais s'éloigner des zones habitées.
– Le GR 107, ou sentier des « bonshommes », correspond au chemin historique emprunté par les Cathares en exil du XIIe au XIVe s. L'itinéraire, transfrontalier, s'étale sur près de 190 km, en partant du sanctuaire de Queralt (dans le Berguedà) jusqu'au château de Montségur en Ariège. Il traverse le parc naturel de Cadí-Moixeró. • *camidelsbonshomes.com* •
– Le GR 211 fait le tour du val d'Aran en 93 km. Diverses variantes permettent d'embrayer sur d'autres sentiers, voire de bifurquer vers le sud et le parc national d'Aigüestortes i Estany de Sant Maurici.
– Le *Carros de Foc* dessine une large boucle dans le parc national d'Aigüestortes i Estany de Sant Maurici, en reliant ses 9 refuges sur une distance de 55 km. • *carrosdefoc.com* •
– Sur le même principe, le *Cavalls del Vent* passe par les 8 refuges du parc naturel de Cadí-Moixeró, pour un itinéraire complet de 90 km. • *cavallsdelvent.com* •
– Le GR 150 et ses variantes sillonnent eux aussi le parc naturel de Cadí-Moixeró ; le 150-1 suit toute la ligne de crêtes.
– Le GR 175, alias *ruta del Cister* (« route des Cisterciens »), parcourt la région de Montblanc sur 105 km en reliant les 3 principaux monastères cisterciens catalans : Poblet, Vallbona de les Monges et Santes Creus. • *larutadelcister.info* •
– Il y en a bien sûr beaucoup d'autres ! Consultez par exemple : • *laportadelcel.com* • *estelsdelsud.com* •
– Pour plus de renseignements sur la randonnée en Catalogne et les refuges, consultez le site de la *Fédération catalane d'alpinisme* (• *feec.cat* •) ou celui de la fédération espagnole (• *fedme.es* •). Voir aussi • *rutaspirineos.org* • pour son moteur de recherche de sentiers par région, très bien fait, avec guides PDF.

Cyclotourisme et VTT

Voilà une activité qui a le vent en poupe en Catalogne ! La région cherche à dynamiser ses « voies vertes » (• *viesverdes.cat* • *viasverdes.com* •), en requalifiant d'anciennes voies de chemin de fer. Les offices de tourisme à proximité des circuits diffusent des brochures détaillées à ce sujet. Une bonne manière d'allier sport, tourisme et culture. Le rythme est parfait pour savourer des détails imperceptibles en voiture. Il existe 11 itinéraires en Catalogne, entre autres :
– la classique *ruta del Carrilet* relie Olot dans les pré-Pyrénées à Gérone, avec option jusqu'à Sant Feliu de Guíxols, sur la Costa Brava. Au total, 135 km de pistes aménagées.
– La *ruta del Ferro i del Carbó* court de Ripoll à Ogassa, sur 15 km, par Sant Joan de les Abadesses.
Sinon, une bonne douzaine de centres d'accueil répartis sur toute la Catalogne proposent des circuits balisés et adaptés à la pratique du VTT (dites *BTT* en catalan !), avec location sur place. Celui de La Seu d'Urgell a conçu quelque 80 circuits à lui seul !

Le ski et les sports d'hiver

La Catalogne s'enorgueillit de posséder les équipements parmi les meilleurs d'Espagne. En tête, les stations de Baqueira-Beret, dans le val d'Aran, et Alp 2500, regroupant La Molina et Masella, en Cerdagne. À côté de ces 2 géantes, vous trouverez quelques stations familiales comme celle du Val de Núria ou Vallter 2000, idéales le temps d'un week-end. L'enneigement pyrénéen sous un ciel méditerranéen... À noter que l'un des avantages des stations de ski côté catalan (ou espagnol) des Pyrénées est la plus grande taille des appartements à prix équivalents. Pour plus d'infos : • *catneu.tgi1.com* • On pratique aussi le ski de fond, le ski de randonnée (avec guide de préférence), les balades à raquettes et la motoneige.

Les sports d'eau vive

Une spécialité des Pyrénées, dont le QG se trouve à Sort. À la fonte des neiges, les torrents gonflent et attirent les amateurs de sensations fortes... Ainsi sur la Noguera Pallaresa, le Sègre ou la Garonne dans le val d'Aran. Au programme : rafting, kayak, hydrospeed... Signalons aussi l'existence du parc olympique de La Seu d'Urgell, aménagé pour les compétitions des J.O. de 1992, et accessible aux amateurs de sports d'eau.

L'escalade

La Catalogne est une destination bien connue des grimpeurs. Des Pyrénées catalanes aux terres de l'Èbre en passant par les aiguilles de Montserrat, le parc naturel de la serra de Montsant, La Siurana et la Costa Brava (eh oui !), autant de voies équipées et de *via ferrata* pour satisfaire les amateurs de sensations fortes et de pleine nature. • *feec.cat* • *grimper.com* •

les ROUTARDS sur la FRANCE 2024-2025

(dates de parution sur • **routard.com** •)

Découpage de la FRANCE par le ROUTARD

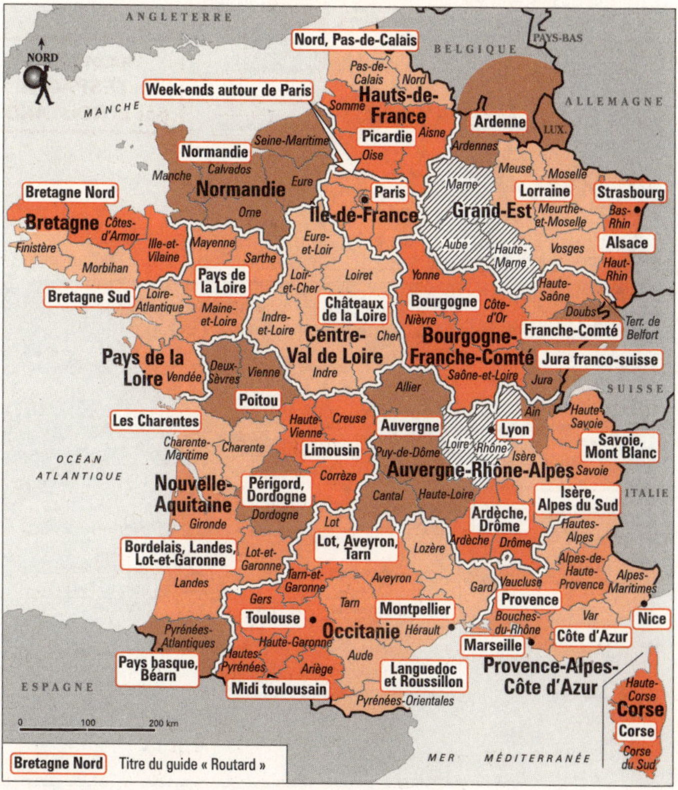

Autres guides sur la France

- Nos meilleurs campings en France
- Nos meilleures chambres d'hôtes en France

Autres guides sur Paris

- Paris
- Paris balades
- Restos et bistrots de Paris
- Le Routard des amoureux à Paris
- Week-ends autour de Paris

Le Routard à vélo

- EuroVelo6
- La Bourgogne du Sud à vélo
- La Flow Vélo
- La Loire à Vélo
- La Vélo Francette
- La Vélodyssée (Roscoff-Hendaye)
- Le Canal des 2 mers à vélo
- Paris Île-de-France à vélo
- ViaRhôna
- Les plus belles escapades à vélo en France

les ROUTARDS sur l'ÉTRANGER 2024-2025

(dates de parution sur • **routard.com** •)

Découpage de l'ESPAGNE par le ROUTARD

Découpage de l'ITALIE par le ROUTARD

Autres pays européens

- Allemagne
- Angleterre, Pays de Galles
- Autriche
- Belgique
- Bulgarie
- Crète
- Croatie
- Danemark, Suède
- Écosse
- Finlande
- Grèce continentale
- Hongrie
- Îles grecques et Athènes
- Irlande
- Islande
- Madère
- Malte
- Norvège
- Pays baltes : Tallinn, Riga, Vilnius
- Pologne
- Portugal
- République tchèque, Slovaquie
- Roumanie
- Suisse

Villes européennes

- Amsterdam
- Berlin
- Bruxelles
- Budapest
- Copenhague
- Dublin
- Lisbonne
- Londres
- Moscou
- Naples
- Porto
- Prague
- Saint-Pétersbourg
- Stockholm
- Vienne

les ROUTARDS sur l'ÉTRANGER 2024-2025

(dates de parution sur • routard.com •)

Découpage des ÉTATS-UNIS par le ROUTARD

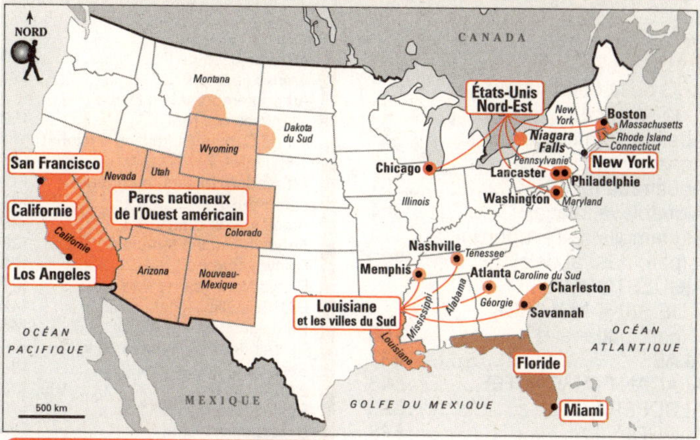

Autres pays d'Amérique

- Argentine
- Brésil
- Canada Ouest
- Chili et île de Pâques
- Colombie
- Costa Rica
- Équateur et les îles Galápagos
- Guatemala, Belize
- Mexique
- Montréal
- Pérou, Bolivie
- Québec et Ontario

Asie et Océanie

- Australie côtes est et nord + Red Centre
- Bali, Lombok
- Bangkok
- Birmanie (Myanmar)
- Cambodge, Laos
- Chine
- Hong Kong, Macao, Canton
- Inde du Nord
- Inde du Sud
- Israël et Palestine
- Istanbul
- Jordanie
- Malaisie, Singapour
- Népal
- Shanghai
- Sri Lanka (Ceylan)
- Thaïlande
- Tokyo, Kyoto et environs
- Turquie
- Vietnam

Afrique

- Afrique du Sud
- Égypte
- Kenya, Tanzanie et Zanzibar
- Maroc
- Marrakech
- Sénégal
- Tunisie

Îles Caraïbes et océan Indien

- Cuba
- Guadeloupe, Saint-Martin, Saint-Barth
- Île Maurice, Rodrigues
- Madagascar
- Martinique
- République dominicaine (Saint-Domingue)
- Réunion

Guides de conversation

- Allemand
- Anglais
- Arabe du Maghreb
- Arabe du Proche-Orient
- Chinois
- Croate
- Espagnol
- Grec
- Italien
- Japonais
- Portugais
- Russe
- G'palémo (conversation par l'image)

Livres-photos/Livres-cadeaux

- 50 voyages à faire dans sa vie **(nouveauté)**
- 52 escapades nature en France
- 52 villes coups de cœur en Europe (city trips)
- 52 week-ends coups de cœur en France
- 120 coins secrets en Europe
- 1 200 coups de cœur en France
- 1 200 coups de cœur dans le monde
- Cahier de vacances du Routard
- Expériences et micro-aventures en France **(nouveauté)**
- La France de Stéphane Bern
- La France à vélo **(nouveauté)**
- Nos plus belles balades et randos en France
- Road Trips Monde
- Road Trips en France
- Sacré : les 100 plus beaux sites de la planète
- Voyages
- Voyages : États-Unis
- Voyages : France
- Voyages : Italie

INDEX GÉNÉRAL